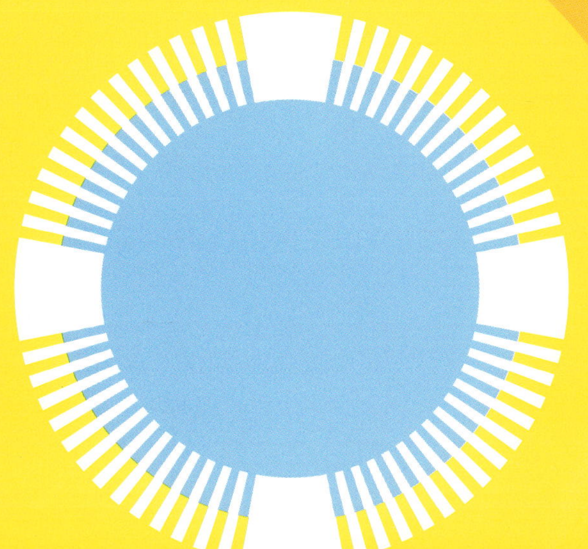

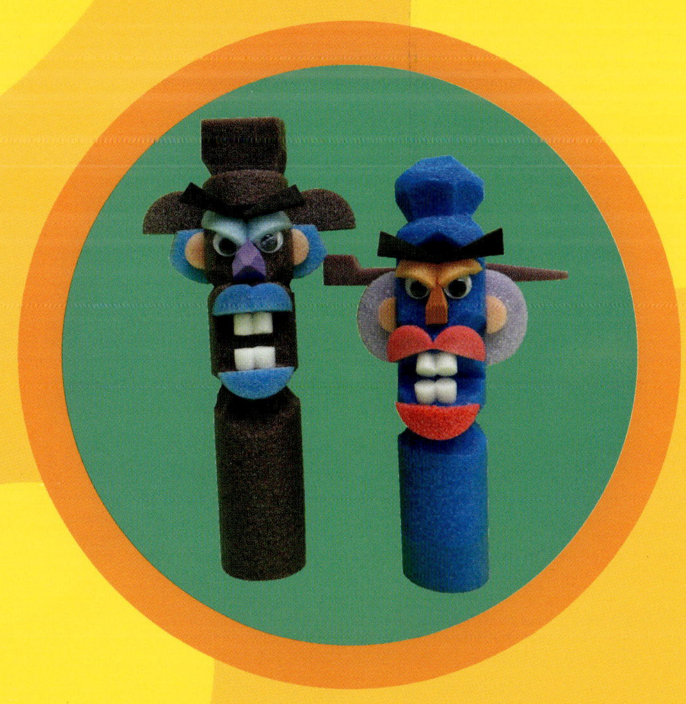

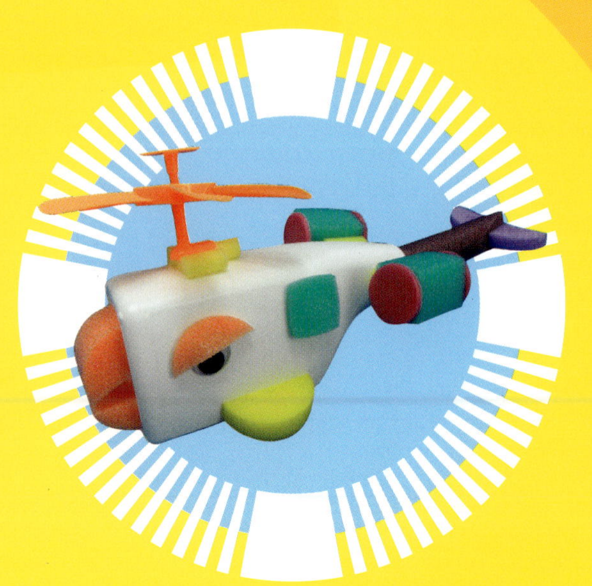

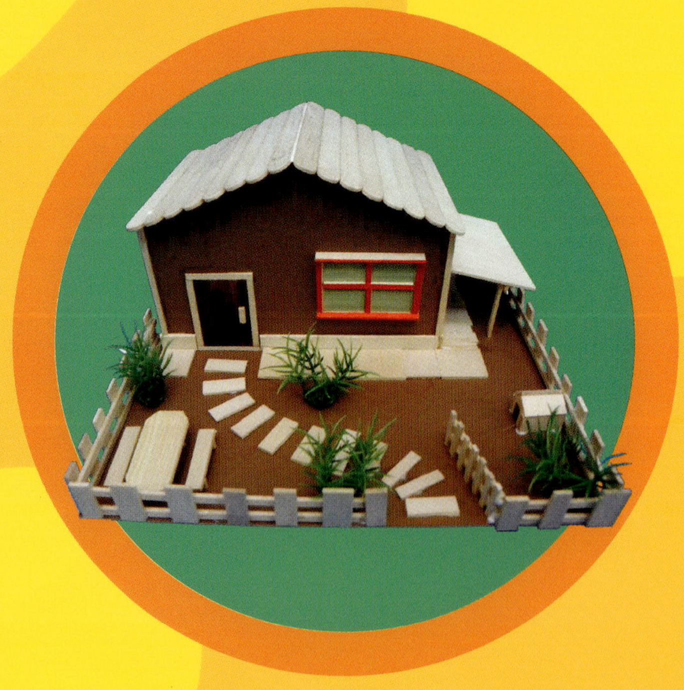

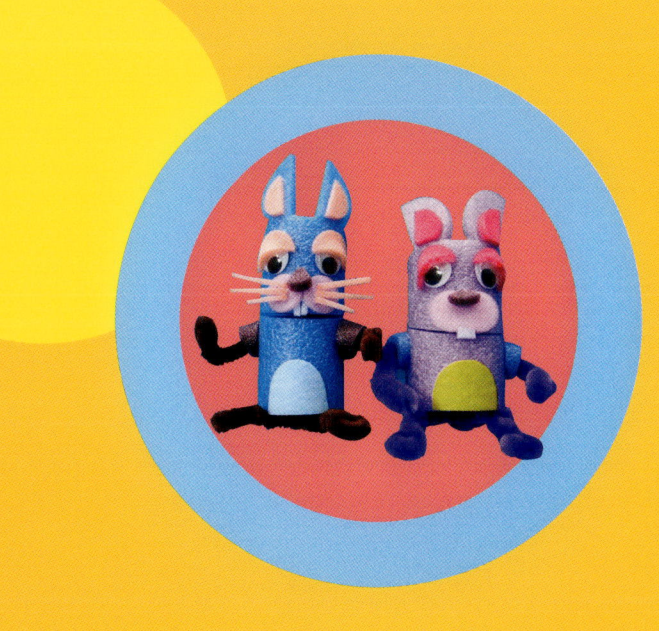
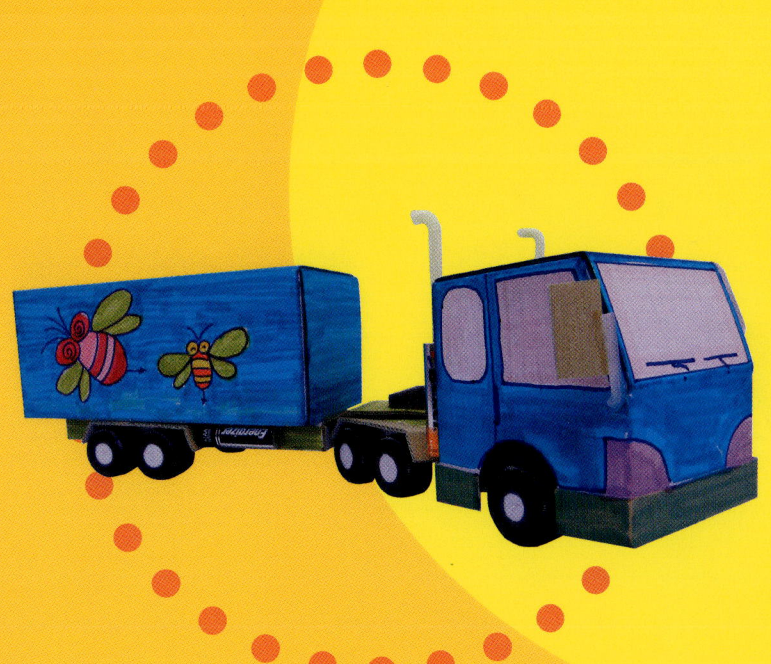

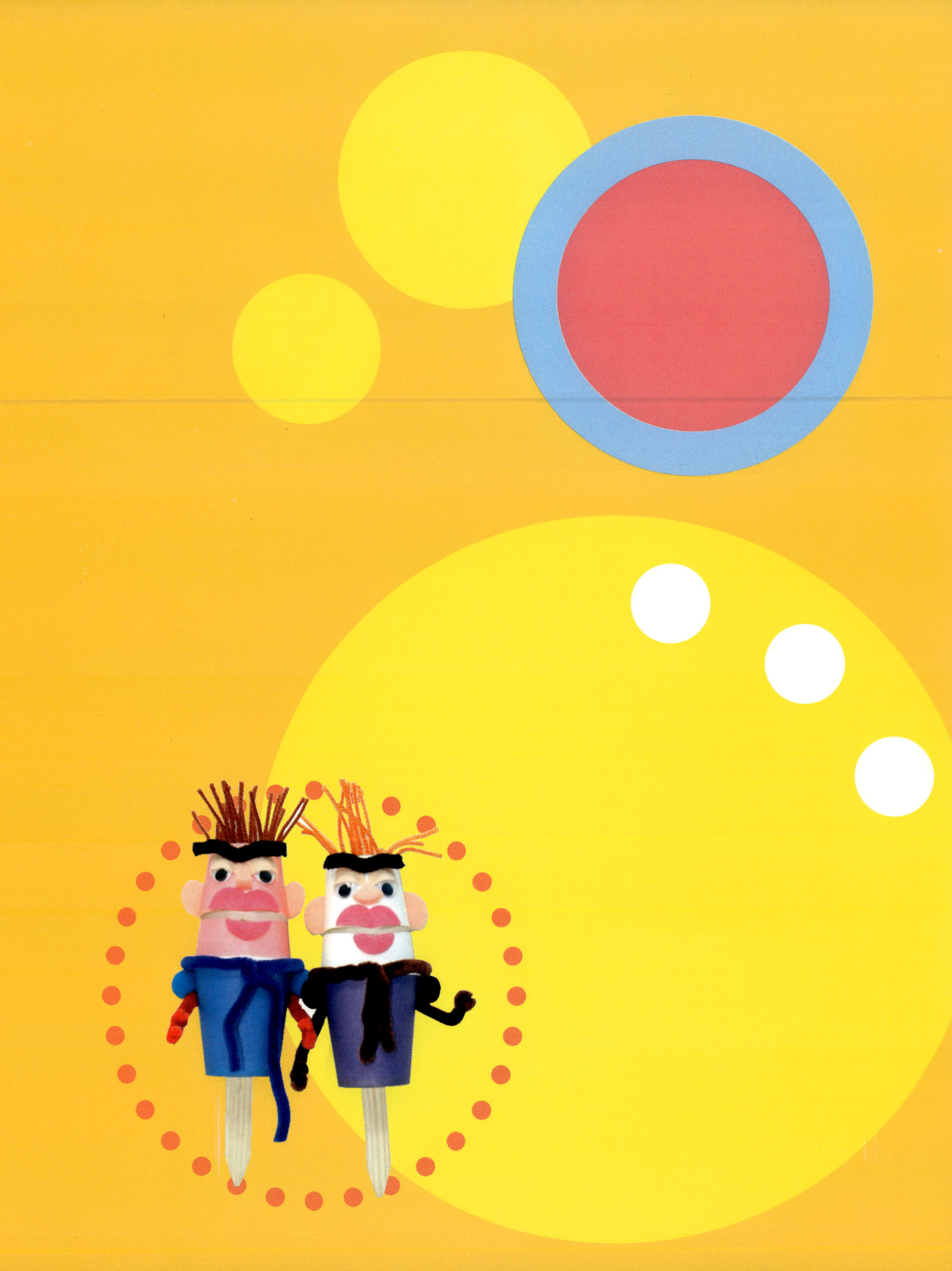

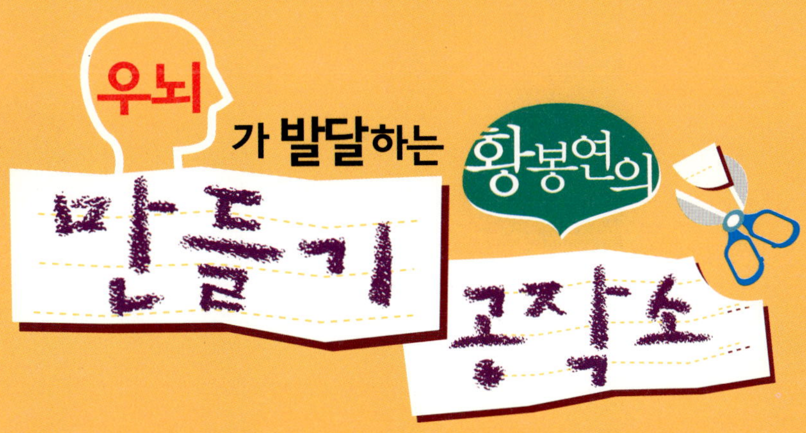
우뇌
가 발달하는
황봉연의
만들기
공작소

지은이 황봉연

이메일 : hby6767@naver.com

홈페이지 : www.green119.net (재료구입 문의 가능)

- 일본 동방대학 졸업
- 전)경찰청 범죄통역위원
- 전)청주소년원 보호소년 지도위원
- 전)(주)좋은선생님들 대표
- 내신클리닉학습관 대표
- 인터넷방송(CHA-tv) 재활용만들기 비법 강의 중
- MBC-tv 특종 놀라운 세상 출연
- MBC-tv 생방송 전국시대 초대손님 출연
- 환경청산하 환경보전협회 한강지킴이 세미나 특강
- 영등포구청 환경지킴이 특강
- 2010 대한민국 공익광고제 "저탄소 녹색성장" 재활용공예 체험 전담 진행
- 2011 청주국제공예비엔날레 재활용공예 체험 전담 진행
- 환경청 주최 자연순환 DIY 체험 진행

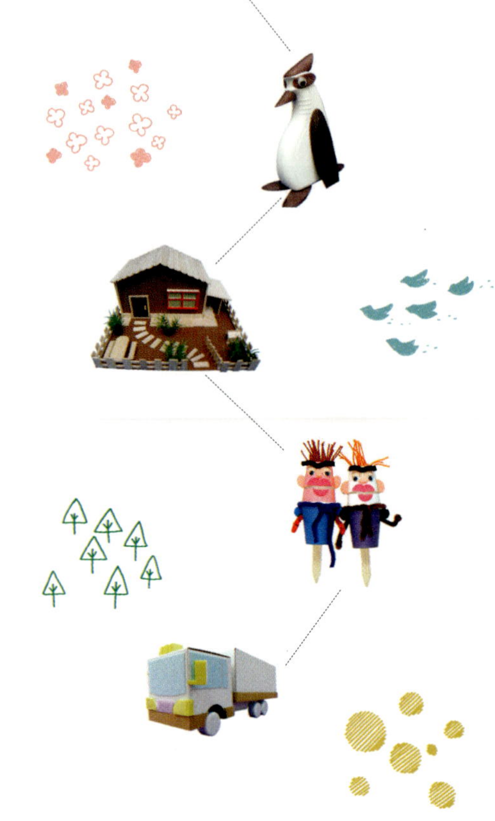

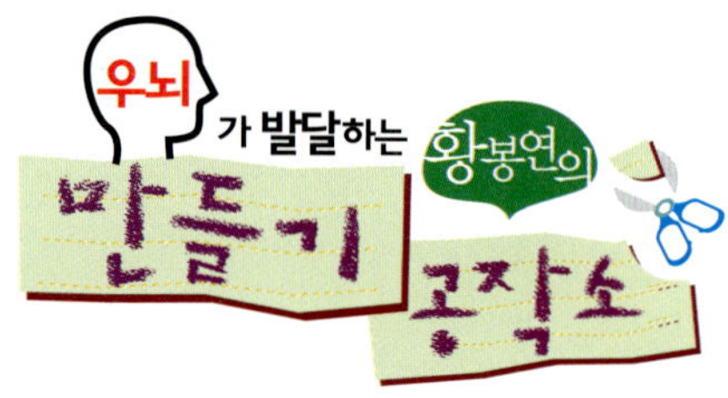

초판 인쇄일 _ 2011년 9월 14일

초판 발행일 _ 2011년 9월 21일

지은이 _ 황봉연

발행인 _ 박정모

등록번호 _ 제9-295호

발행처 _ 도서출판 혜지원

주소 _ (130-844) 서울시 동대문구 장안 1동 420-3호

전화 _ 02)2212-1227, 2213-1227 / 팩스 _ 02)2247-1227

홈페이지 _ www.hyejiwon.co.kr

ISBN _ 978-89-8379-697-4

정 가 _ 14,000원

편집 _ 송유선

디자인 _ 박혜경

표지디자인 _ 안홍준

영업마케팅 _ 김남권, 황대일, 서지영

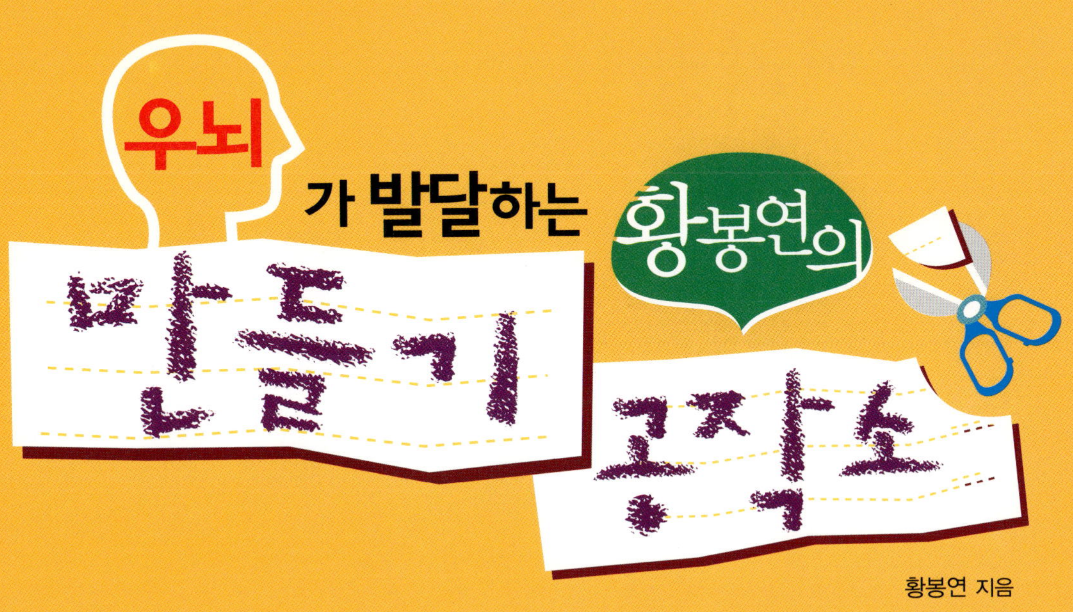

황봉연 지음

헤지연

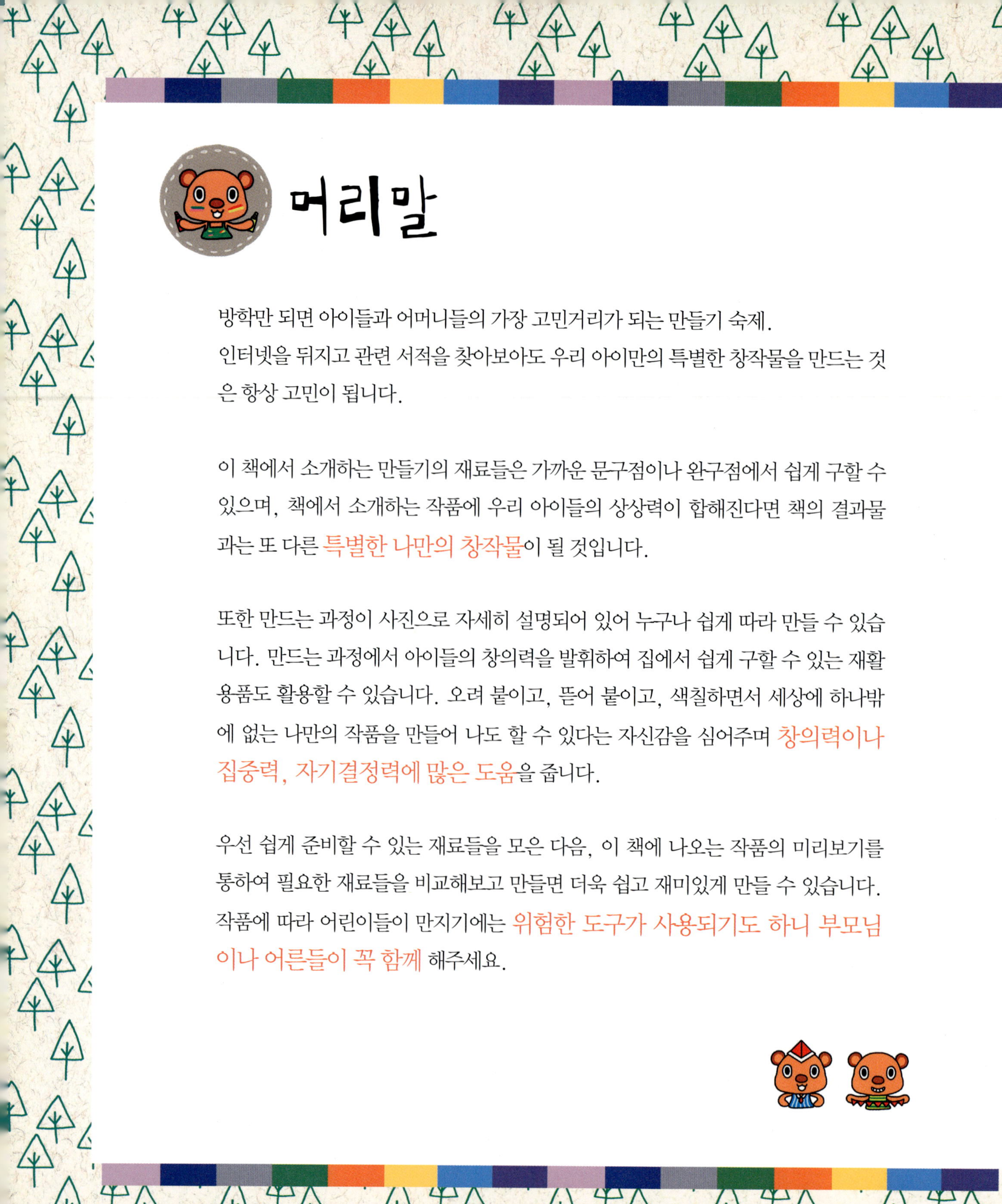

머리말

방학만 되면 아이들과 어머니들의 가장 고민거리가 되는 만들기 숙제.
인터넷을 뒤지고 관련 서적을 찾아보아도 우리 아이만의 특별한 창작물을 만드는 것
은 항상 고민이 됩니다.

이 책에서 소개하는 만들기의 재료들은 가까운 문구점이나 완구점에서 쉽게 구할 수
있으며, 책에서 소개하는 작품에 우리 아이들의 상상력이 합해진다면 책의 결과물
과는 또 다른 특별한 나만의 창작물이 될 것입니다.

또한 만드는 과정이 사진으로 자세히 설명되어 있어 누구나 쉽게 따라 만들 수 있습
니다. 만드는 과정에서 아이들의 창의력을 발휘하여 집에서 쉽게 구할 수 있는 재활
용품도 활용할 수 있습니다. 오려 붙이고, 뜯어 붙이고, 색칠하면서 세상에 하나밖
에 없는 나만의 작품을 만들어 나도 할 수 있다는 자신감을 심어주며 창의력이나
집중력, 자기결정력에 많은 도움을 줍니다.

우선 쉽게 준비할 수 있는 재료들을 모은 다음, 이 책에 나오는 작품의 미리보기를
통하여 필요한 재료들을 비교해보고 만들면 더욱 쉽고 재미있게 만들 수 있습니다.
작품에 따라 어린이들이 만지기에는 위험한 도구가 사용되기도 하니 부모님
이나 어른들이 꼭 함께 해주세요.

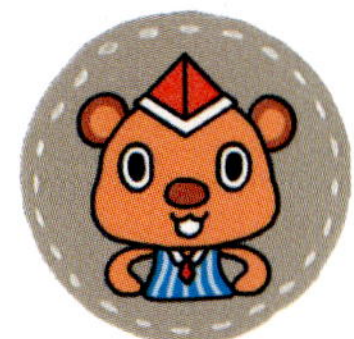

이 책의 구성

미리보기 만들어볼 작품들을 미리보기를 통해 확인하고 내가 가진 재료를 응용하여 어떻게 만들 수 있나 고민할 수 있습니다.

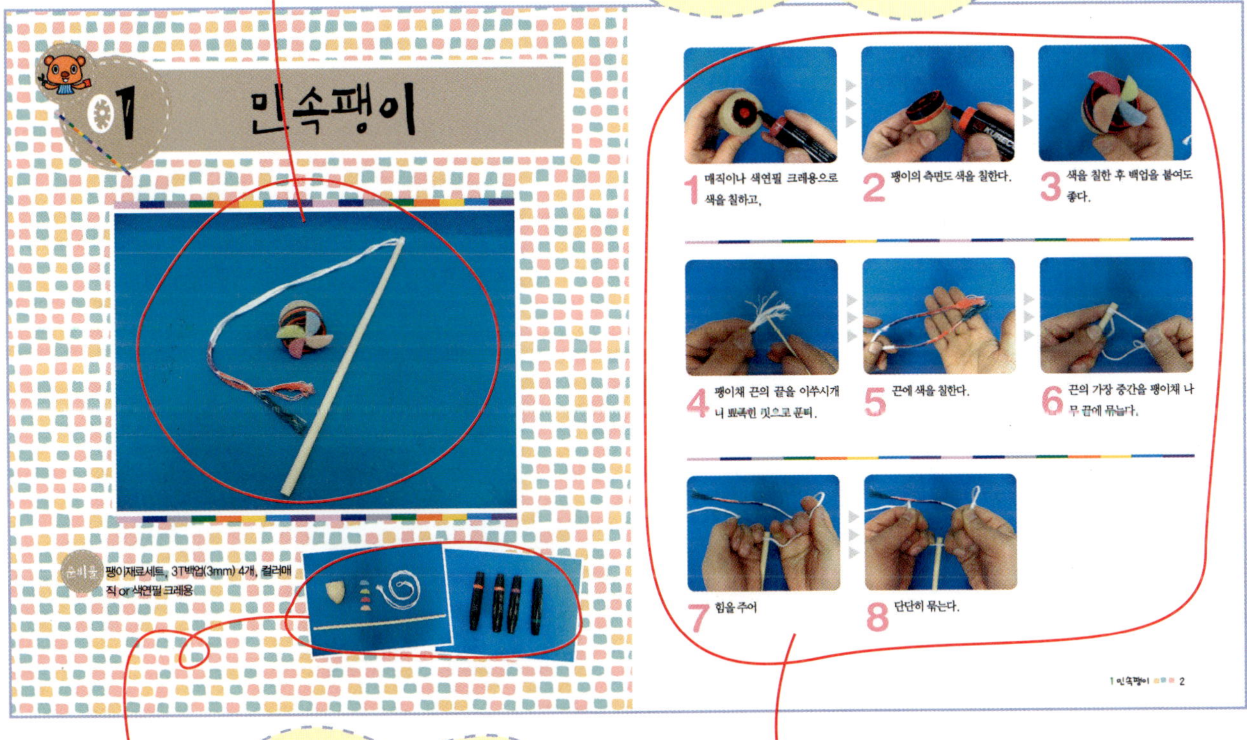

1 민속팽이
준비물 팽이재료세트, 3T백업(3mm) 4개, 컬러매직 or 색연필 크레용
1 매직이나 색연필 크레용으로 색을 칠하고,
2 팽이의 측면도 색을 칠한다.
3 색을 칠한 후 백업을 붙여도 좋다.
4 팽이채 끈의 끝을 이쑤시개나 뾰족한 핏으로 푼다.
5 끈에 색을 칠한다.
6 끈의 가장 중간을 팽이채 나무 끝에 묶는다.
7 힘을 주어
8 단단히 묶는다.

필요한 준비물 만들기에 필요한 재료들을 소개합니다. 꼭 그 재료가 아니더라도 다른 재료들로 대신할 수 있습니다.

따라하기 누구나 쉽게 따라할 수 있도록 만들기 번호를 붙여 사진과 함께 순서대로 설명하였습니다.

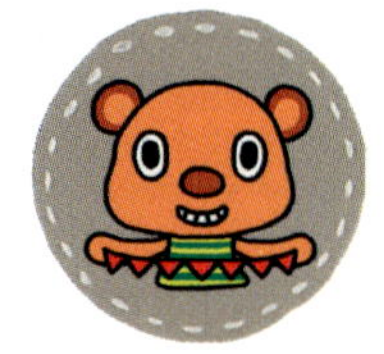

도구 설명

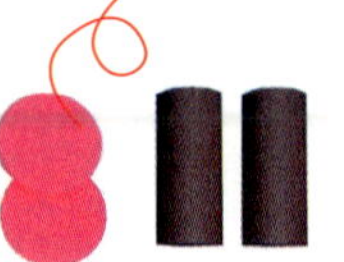

백업 : 교실환경이나 게시판을 꾸미는 데 많이 쓰이는 재료로 말랑말랑한 스펀지 막대입니다. 모양은 둥근 모양, 사각형 모양으로 지름이나 굵기가 1cm~5cm까지 다양합니다. 1cm를 1T라고 말합니다. 3cm면 3T가 됩니다.

EVA : 교실환경이나 게시판을 꾸미는 데 주로 쓰이는 재료로 사각형 모양의 말랑말랑한 고무 막대와 2mm~5mm 두께의 도화지 크기의 EVA지, 스티커와 같은 접착식의 EVA지도 있습니다. 1cm를 1T라고 말합니다. 3cm면 3T가 됩니다.

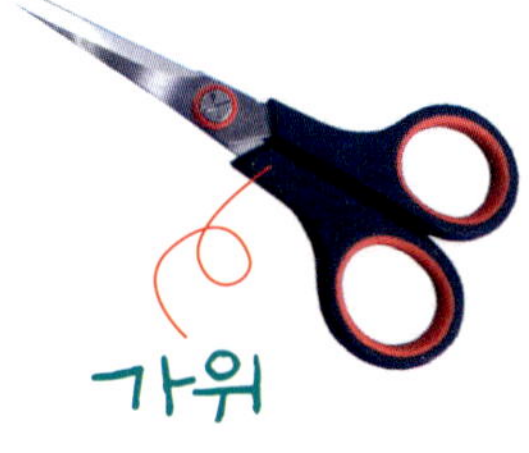

가위

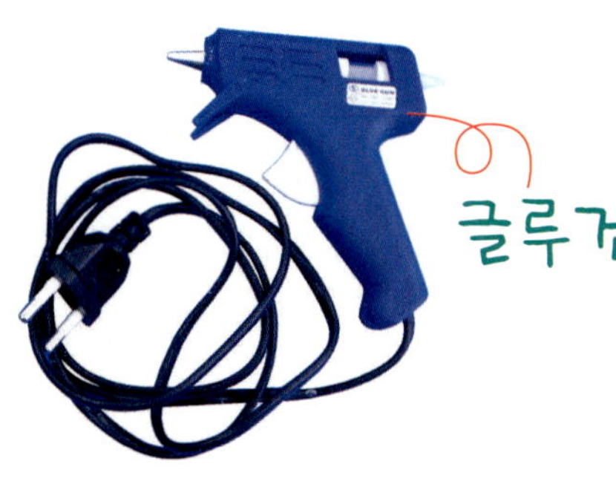

글루건

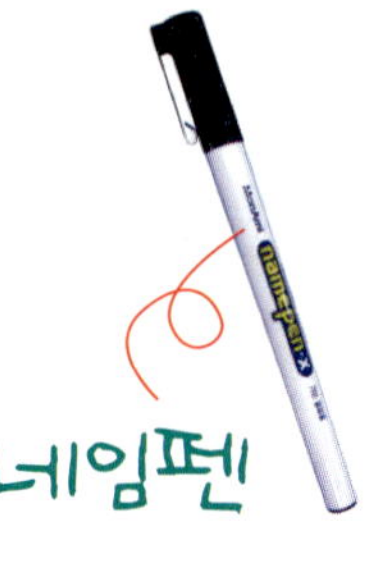

네임펜

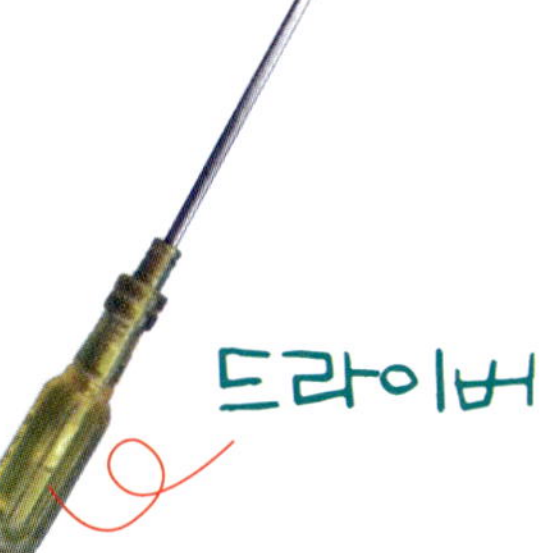

드라이버

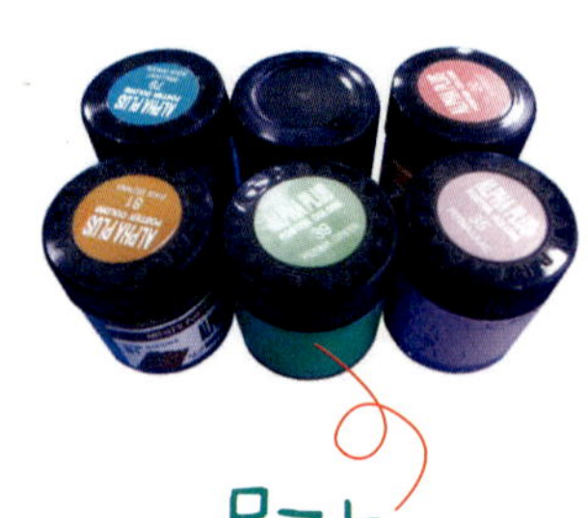
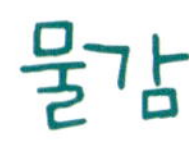

물감

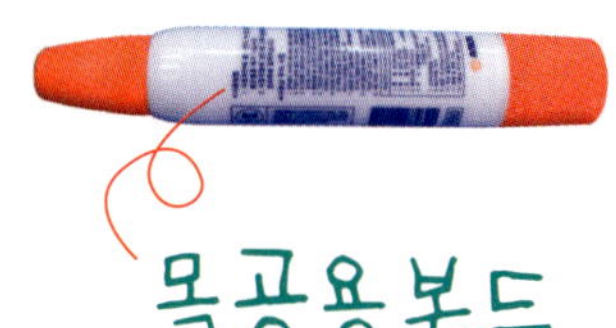

목공용본드

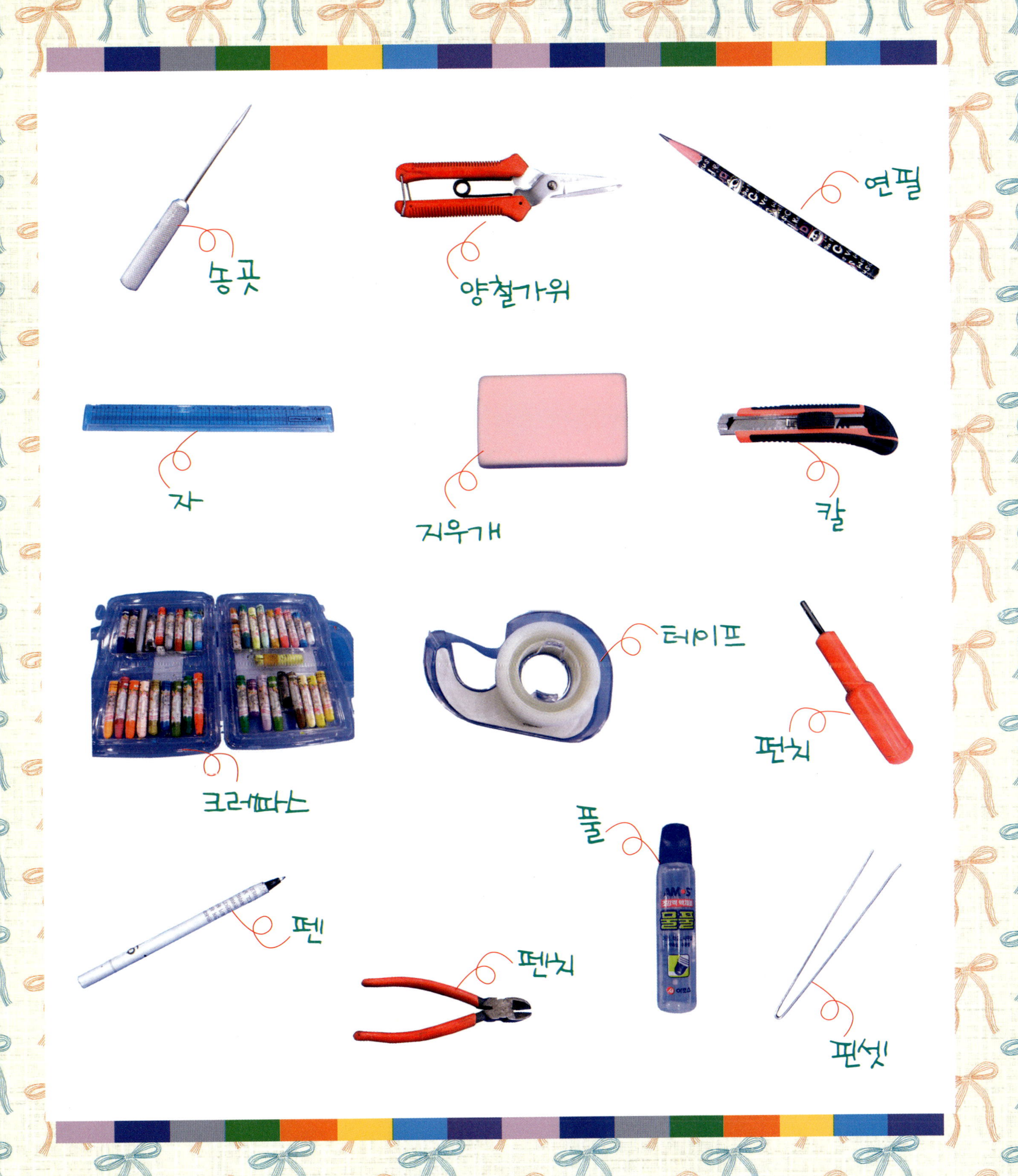
송곳
양철가위
연필
자
지우개
칼
크레파스
테이프
펀치
펜
뻰치
풀
핀셋

차례

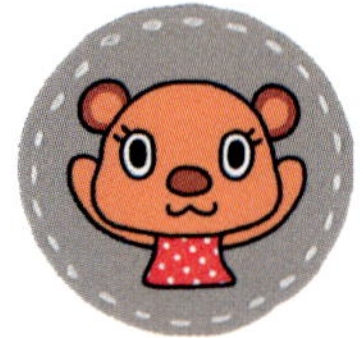

01. 민속팽이   26

02. 링 던지기   28

03. 거북선 저금통   30

04. 고무줄총   33

05. 꽃 바람개비   36

06. 독수리헬기 저금통   39

07. 돌고래 저금통   42

08. 미로찾기(보물찾기)   45

09. 삑삑이 벌 바람개비   48

10. 상모   51

11. 석궁   54

12. 스탠드 저금통(연필꽂이)   57

13. 스탠드 저금통(반달곰)   60

14. 스탠드 저금통(나비) · · · · · · · 63

15. 스탠드 저금통(북극곰) · · · · · · · 66

16. 스탠드 저금통(집) · · · · · · · 69

17. 작은북 · · · · · · · 72

18. 집게 로봇 · · · · · · · 75

19. 캐릭터 링 던지기 · · · · · · · 78

20. 코뿔소 저금통 · · · · · · · 81

21. 흔들이 북(소고) · · · · · · · 84

22. 투석기 · · · · · · · 87

23. 펭귄 저금통 · · · · · · · 90

24. 한지 스탠드 · · · · · · · 93

25. 펜 플루트 · · · · · · · 96

26. 삑삑이 몬스터 · · · · · · · 99

27. 전원주택 1 · · · · · · · 102

28. 전원주택 2 · · · · · · · 105

29. 나룻배 · · · · · · · 109

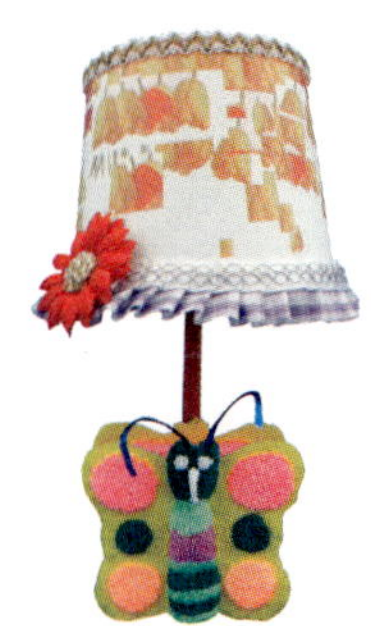

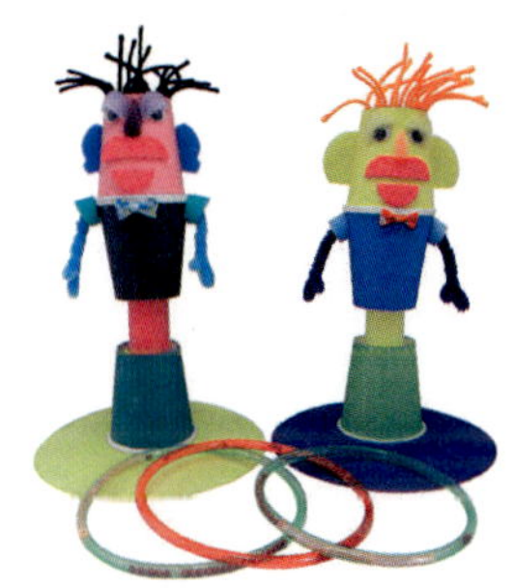

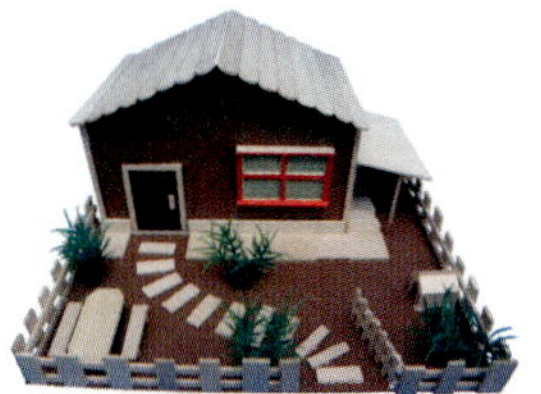

30. 삑삑이 개미   113

31. 카네이션 1   118

32. 카네이션 2   123

33. 카네이션 3   126

34. 카네이션 4   129

35. 무궁화 위성   132

36. 거울 액자   137

37. 날아가는 비행기   142

38. 미니 윷놀이   147

39. 말하는 토끼   152

40. 손전등   157

41. 캐릭터 호루라기   162

42. 편지꽂이   167

43. 트럼펫   173

44. 캔버스 스탠드   179

45. 미니밴 저금통   185

46. 떠버리 191

47. 장승부부 197

48. 미니 석궁 204

49. 육각 휴지 케이스 211

50. 필통 218

51. 헬리콥터 225

52. 화물트럭 저금통 233

53. 디딜방아 241

54. 사각 휴지 케이스 249

55. 덤프트럭 257

56. 보석함 265

57. 우주인 뿅망치 273

58. 트레일러 저금통 282

59. 풍향계 291

60. 삑삑이 타조 300

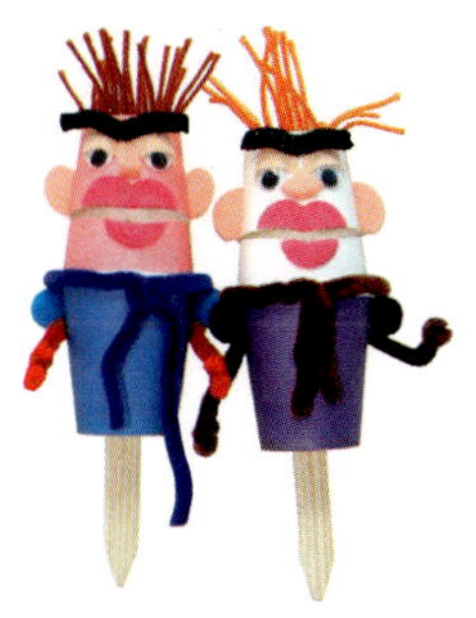
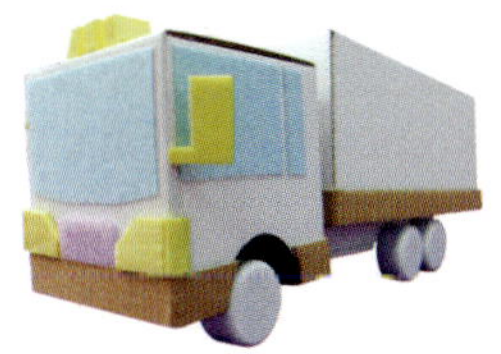
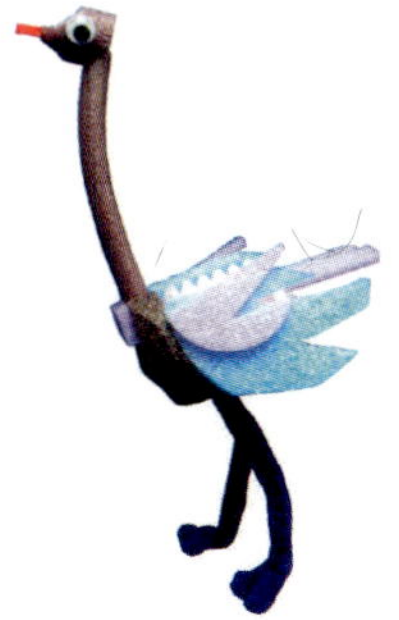

갤러리

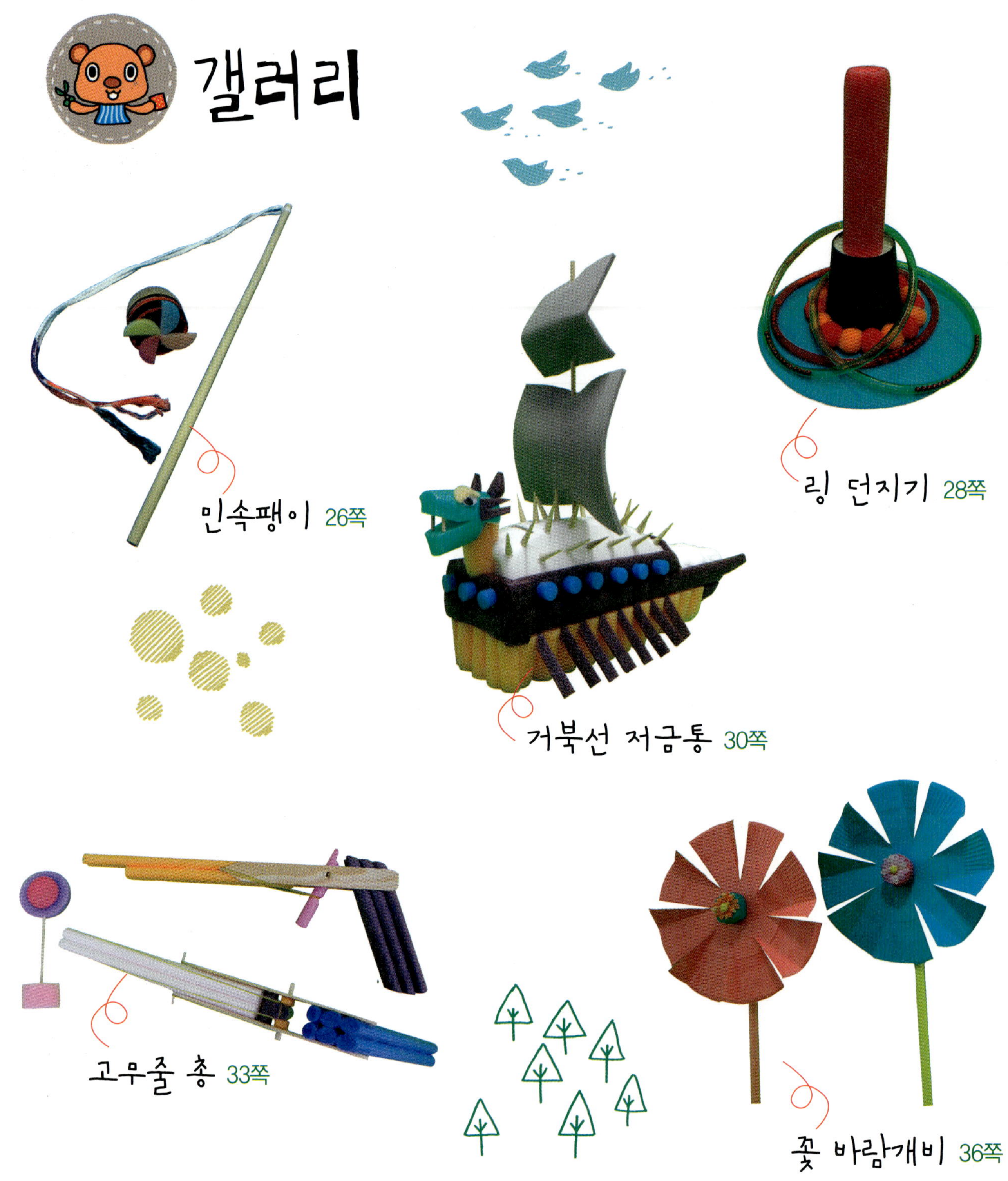

민속팽이 26쪽

링 던지기 28쪽

거북선 저금통 30쪽

고무줄 총 33쪽

꽃 바람개비 36쪽

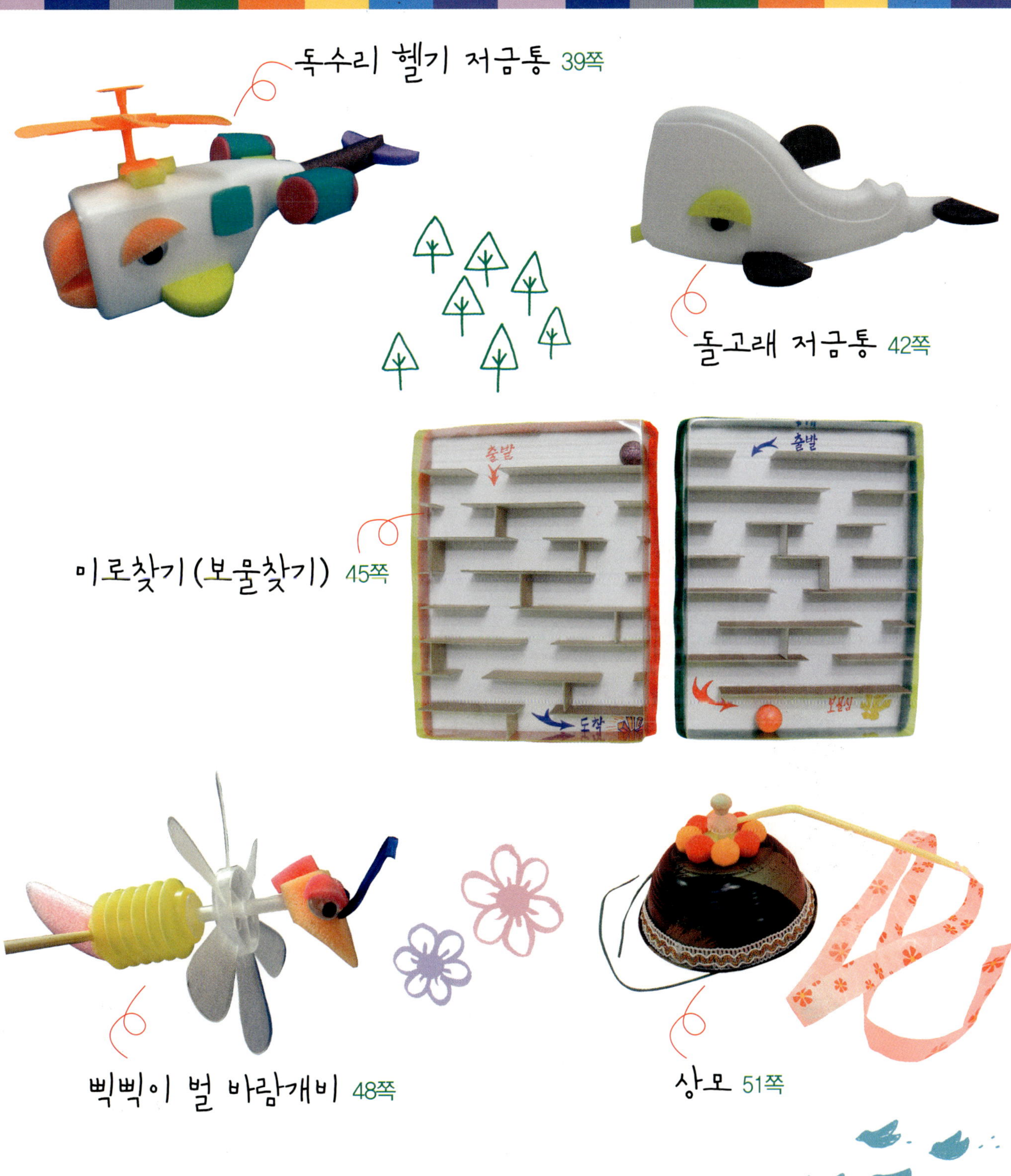

독수리 헬기 저금통 39쪽
돌고래 저금통 42쪽
출발
출발
미로찾기 (보물찾기) 45쪽
도착
삑삑이 벌 바람개비 48쪽
상모 51쪽

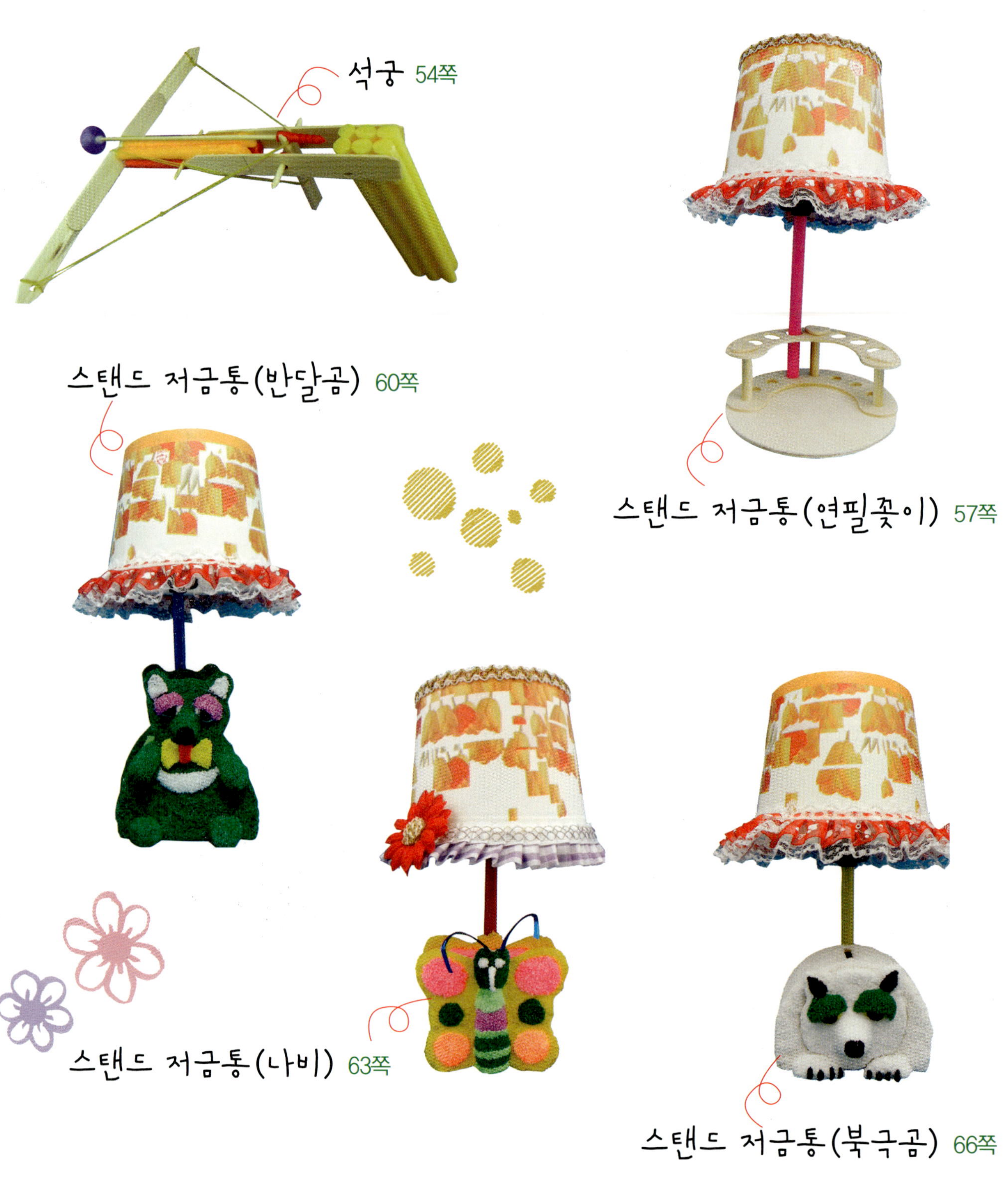

석궁 54쪽
스탠드 저금통(반달곰) 60쪽
스탠드 저금통(연필꽂이) 57쪽
스탠드 저금통(나비) 63쪽
스탠드 저금통(북극곰) 66쪽

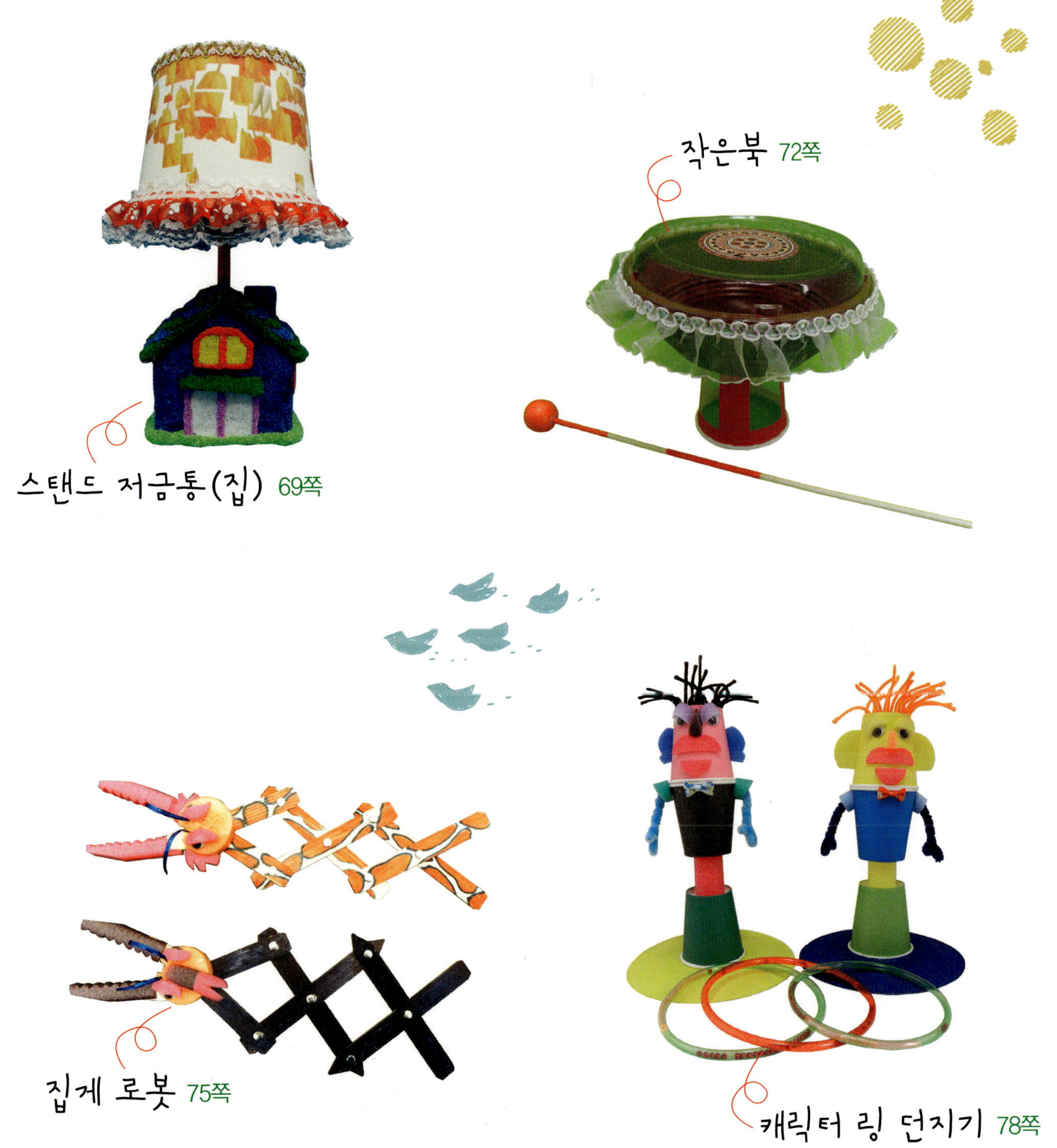

작은북 72쪽
스탠드 저금통(집) 69쪽
집게 로봇 75쪽
캐릭터 링 던지기 78쪽

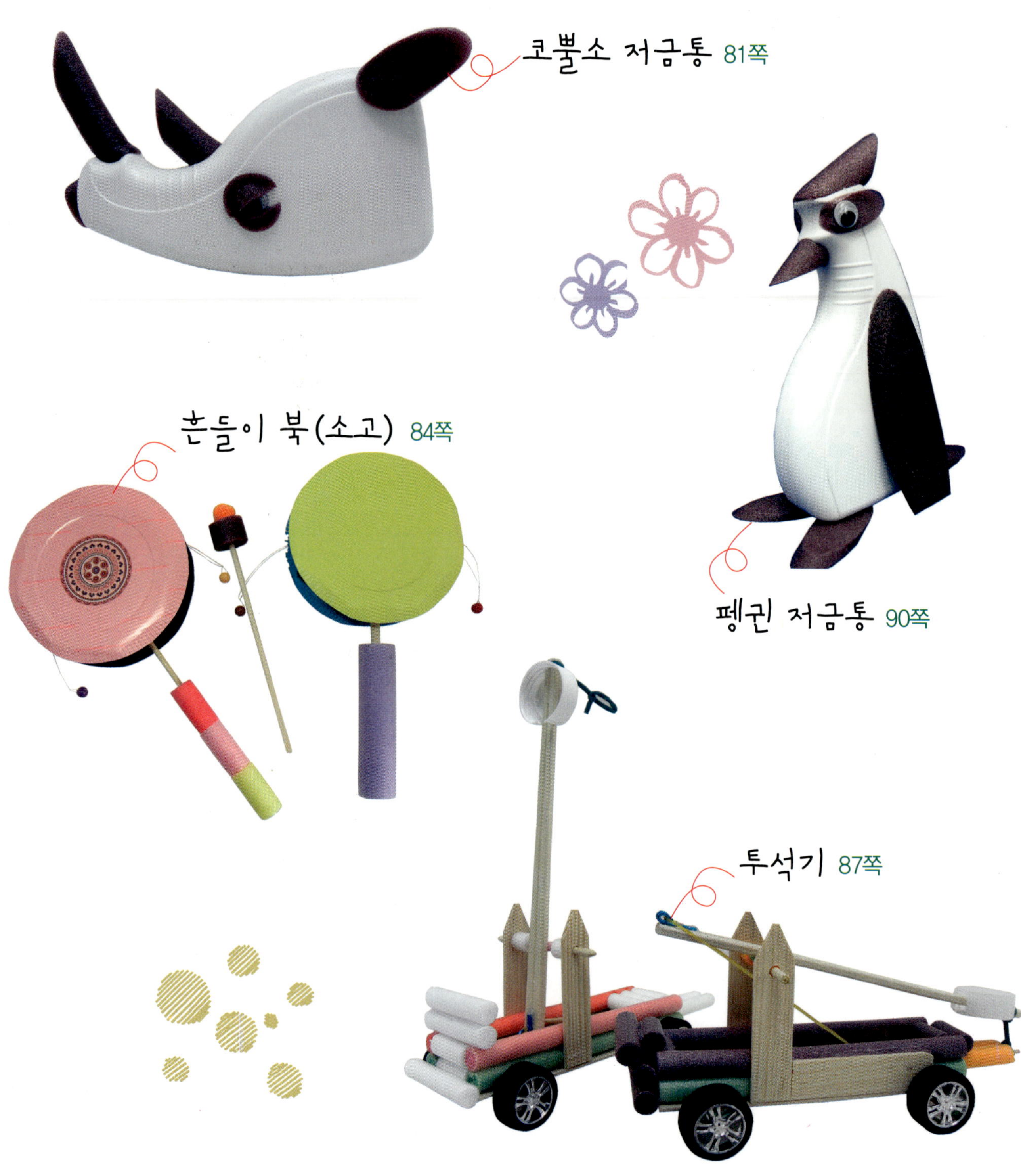

코뿔소 저금통 81쪽
흔들이 북(소고) 84쪽
펭귄 저금통 90쪽
투석기 87쪽

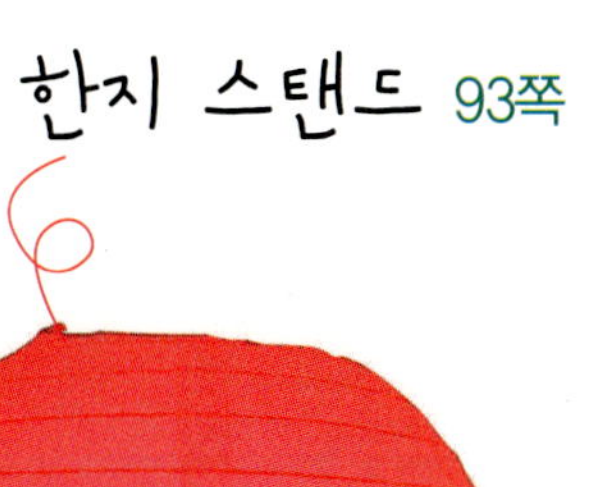
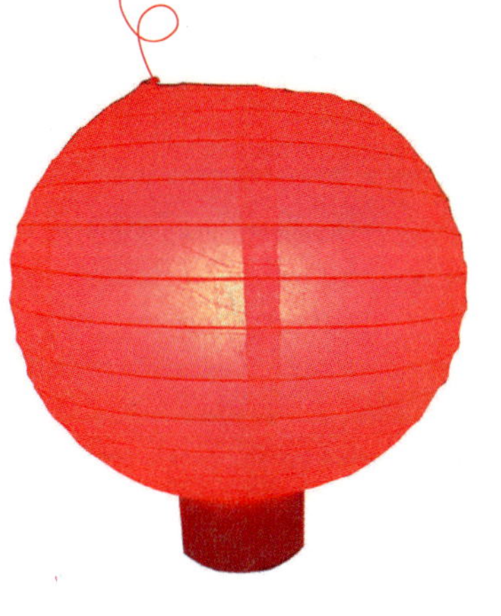

한지 스탠드 93쪽

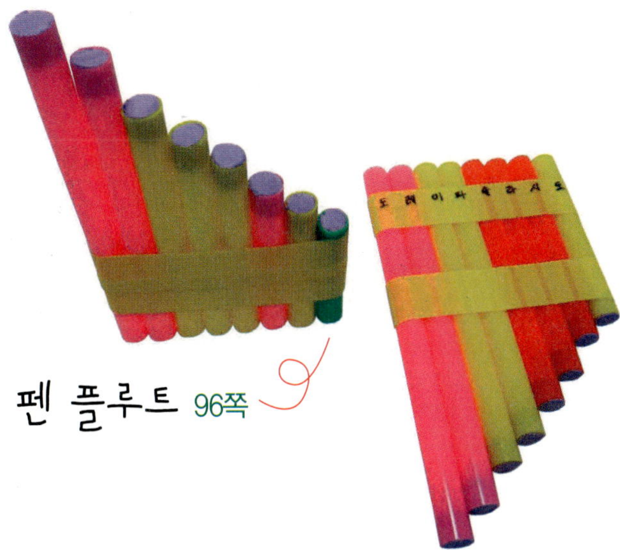

펜 플루트 96쪽

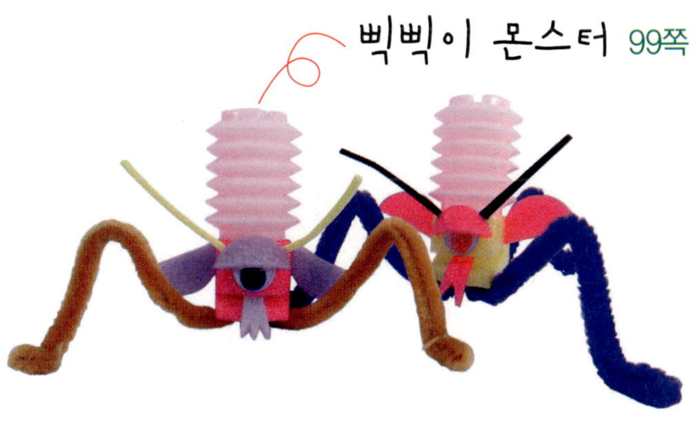
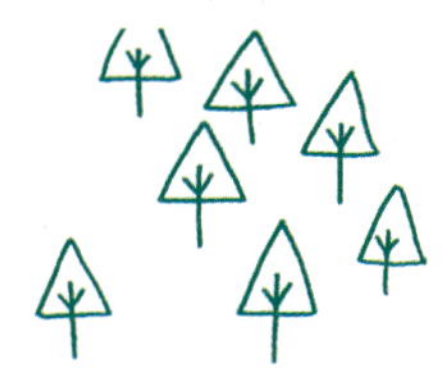

삑삑이 몬스터 99쪽

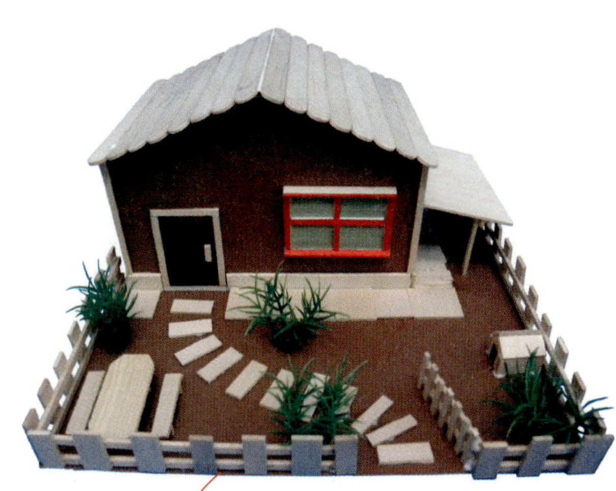

전원주택 I 102쪽

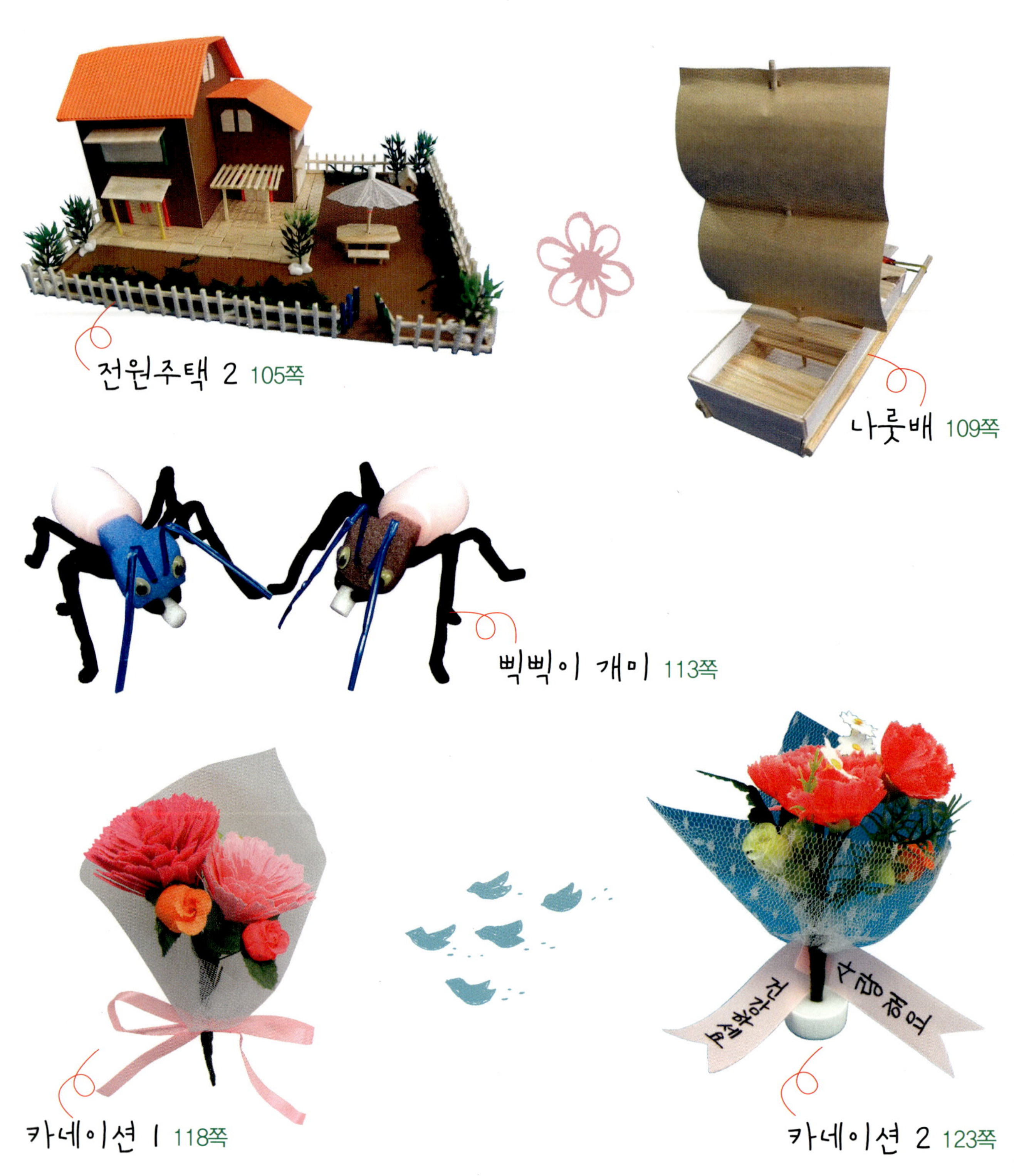

전원주택 2 105쪽

나룻배 109쪽

삑삑이 개미 113쪽

카네이션 1 118쪽

카네이션 2 123쪽

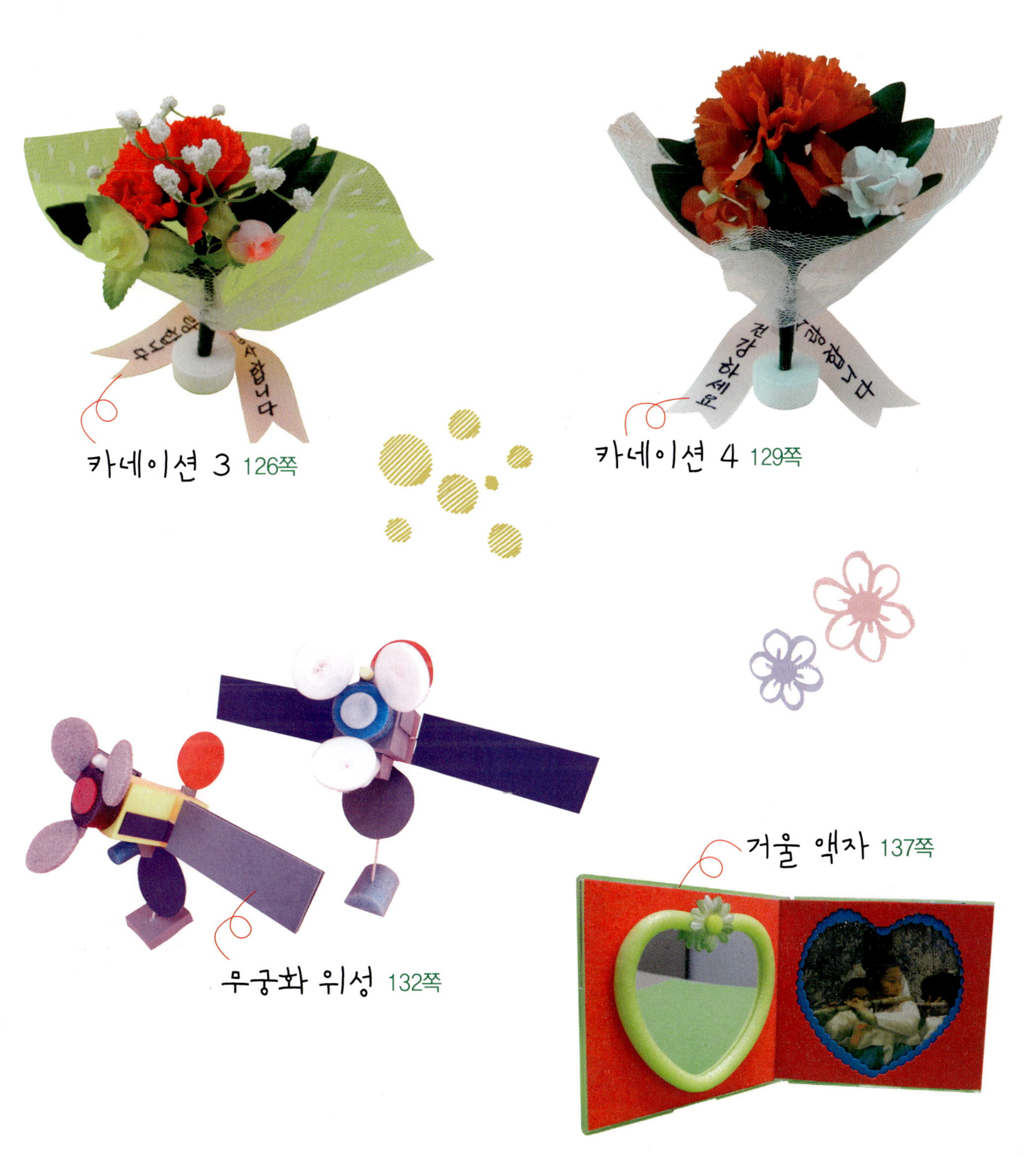

카네이션 3 126쪽

카네이션 4 129쪽

무궁화 위성 132쪽

거울 액자 137쪽

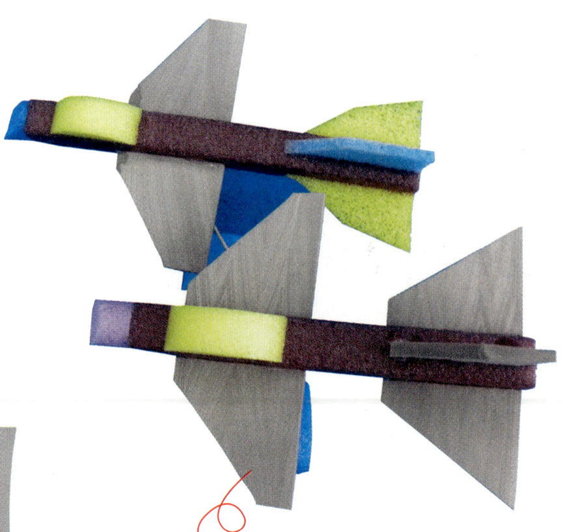

날아가는 비행기 142쪽

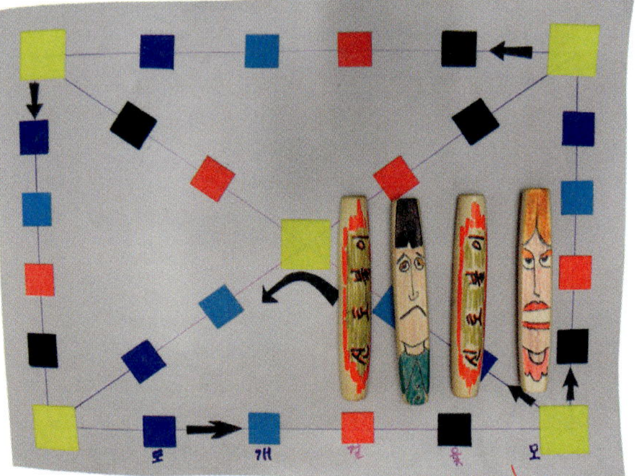

미니 윷놀이 147쪽

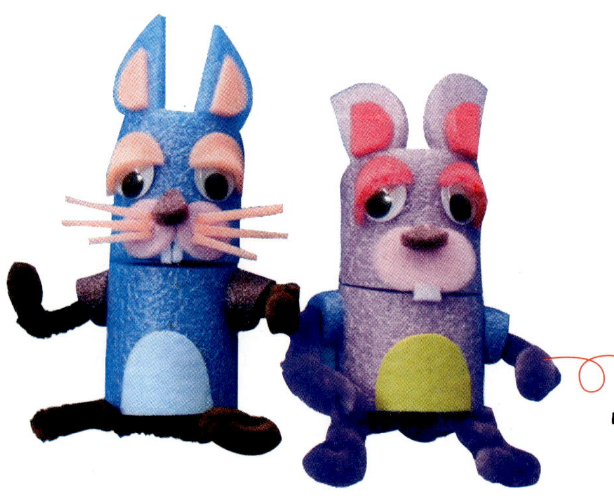

손전등 157쪽

말하는 토끼 152쪽

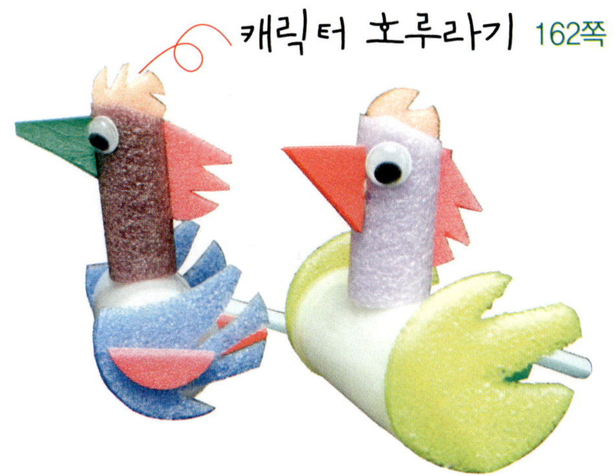

캐릭터 호루라기 162쪽

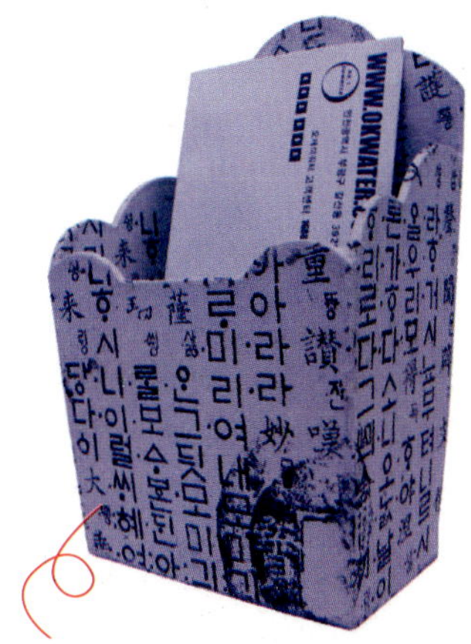

편지꽂이 167쪽

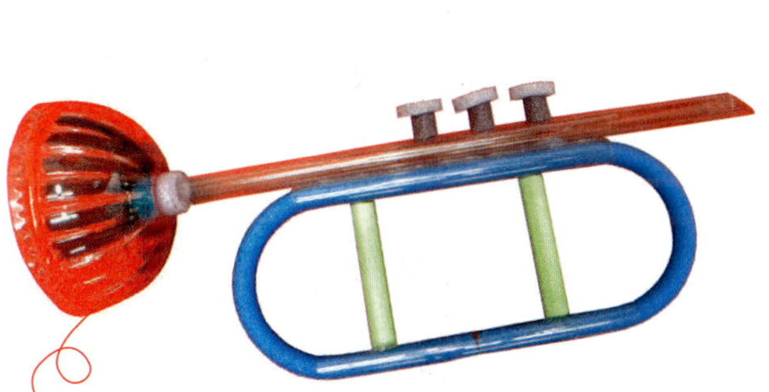

트럼펫 173쪽

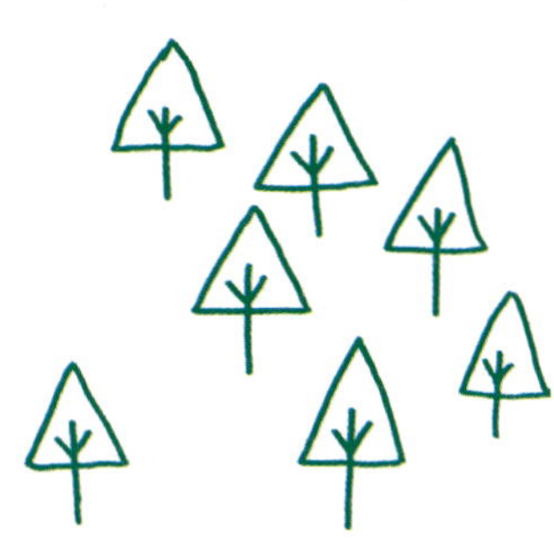

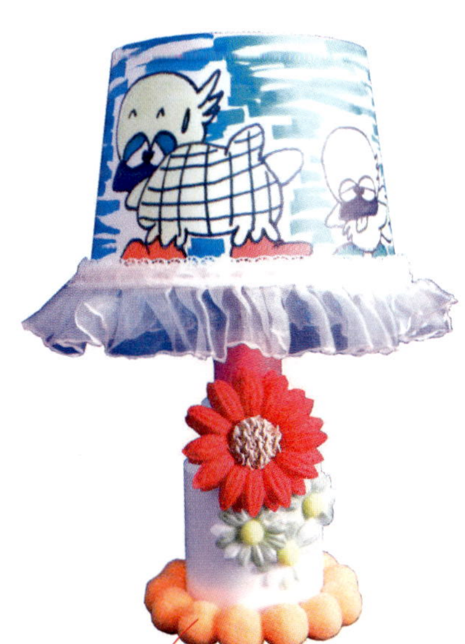

캔버스 스탠드 179쪽

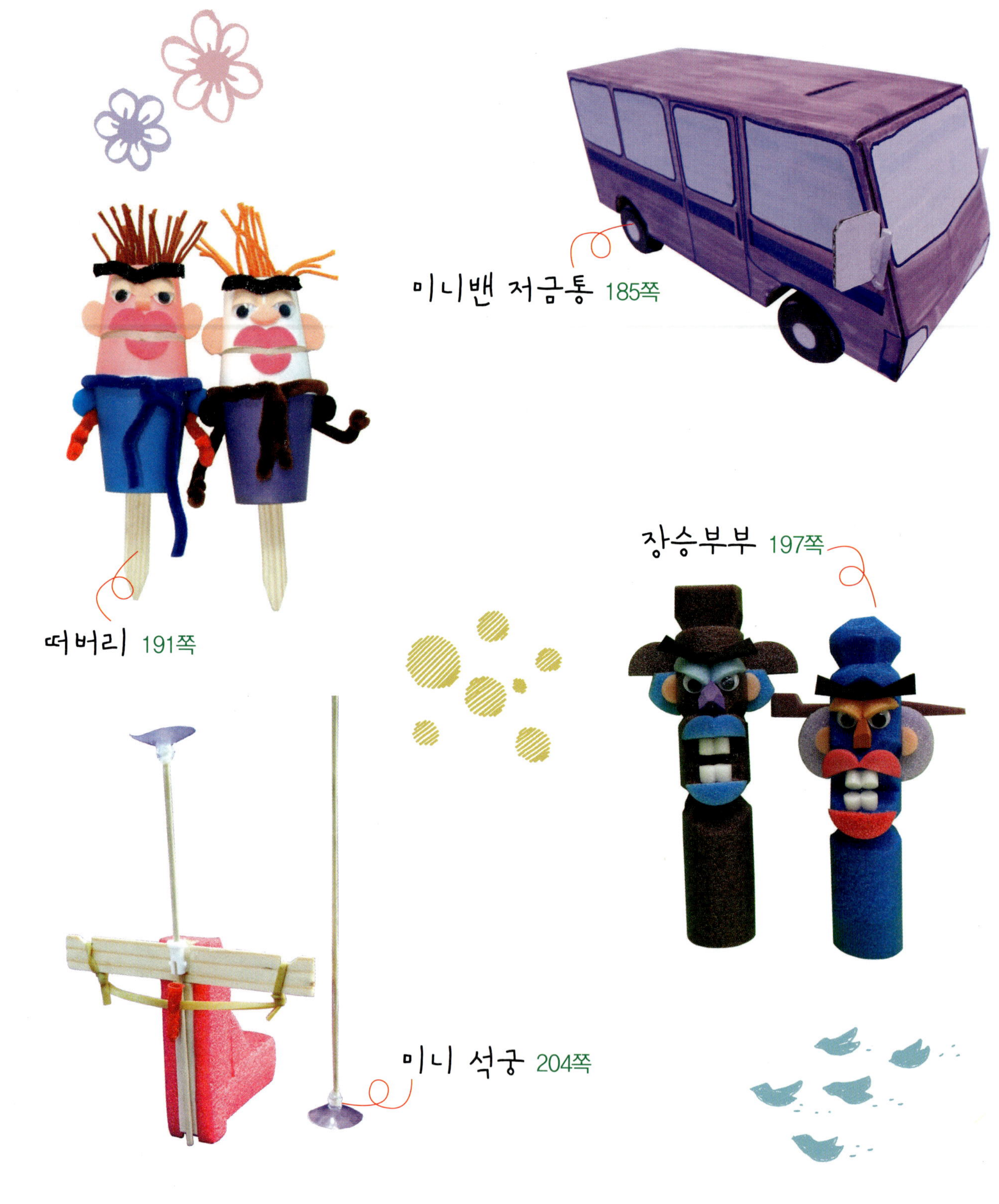

미니밴 저금통 185쪽
떠버리 191쪽
장승부부 197쪽
미니 석궁 204쪽

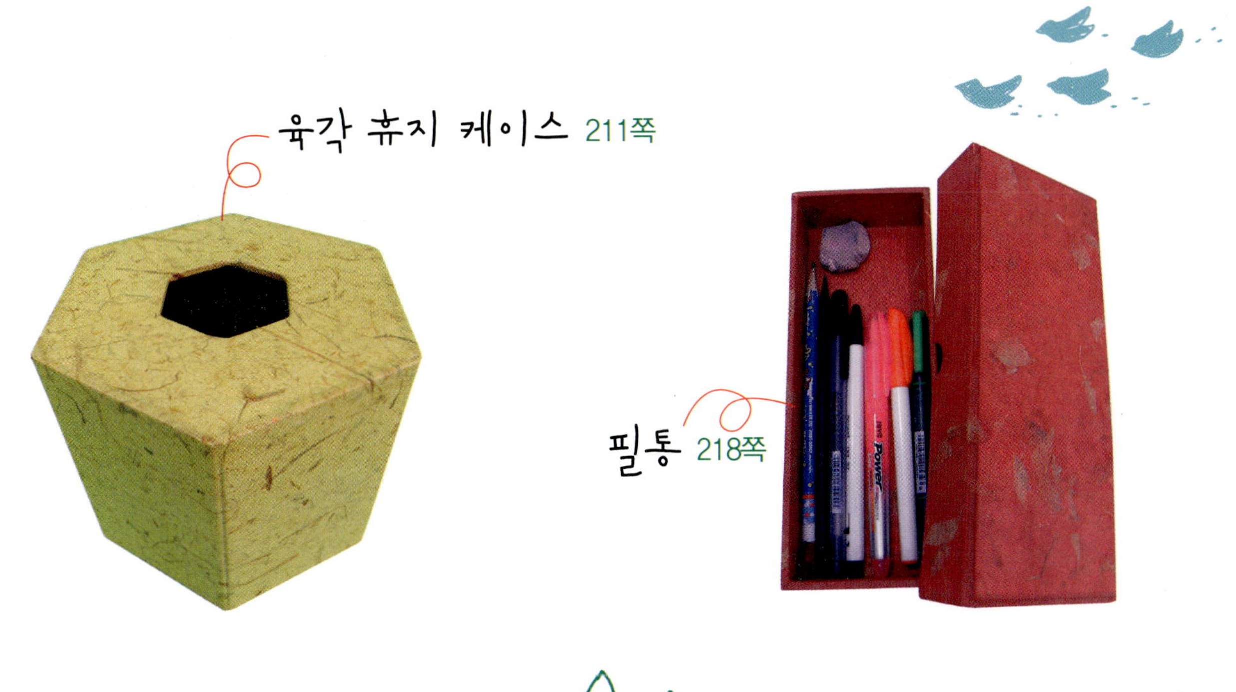

육각 휴지 케이스 211쪽

필통 218쪽

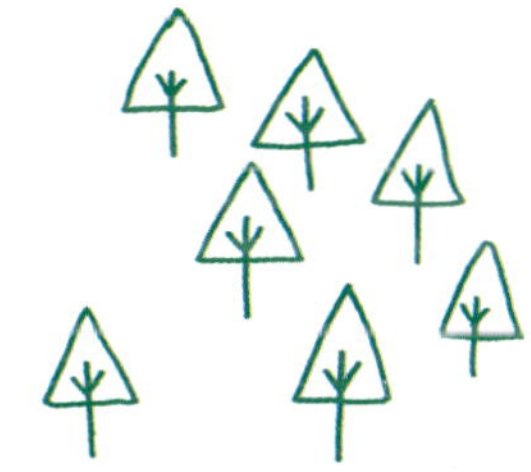

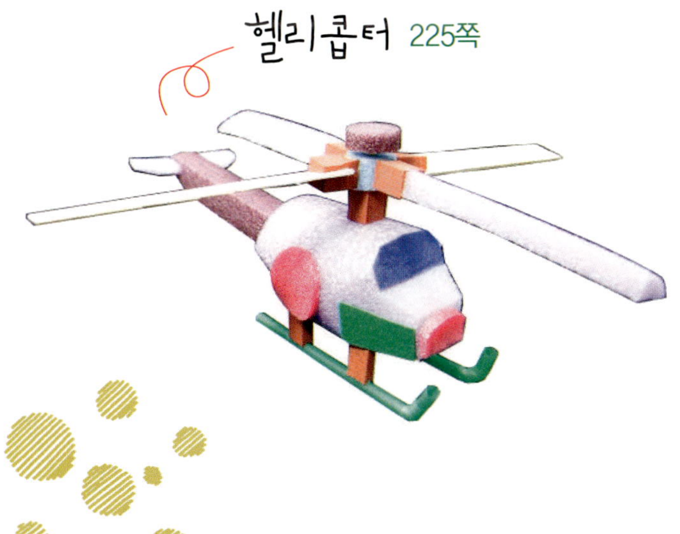

헬리콥터 225쪽

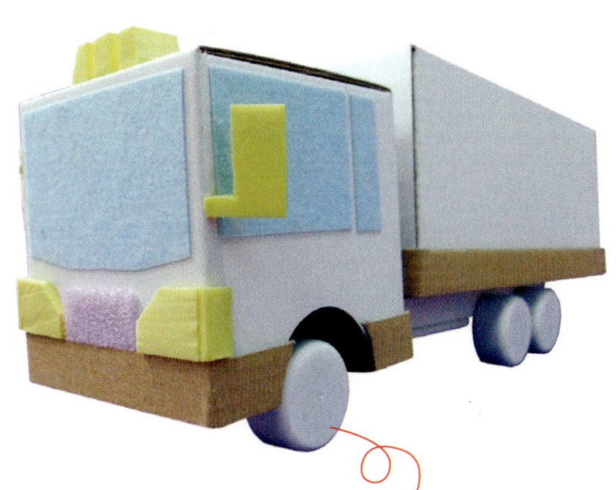

화물트럭 저금통 233쪽

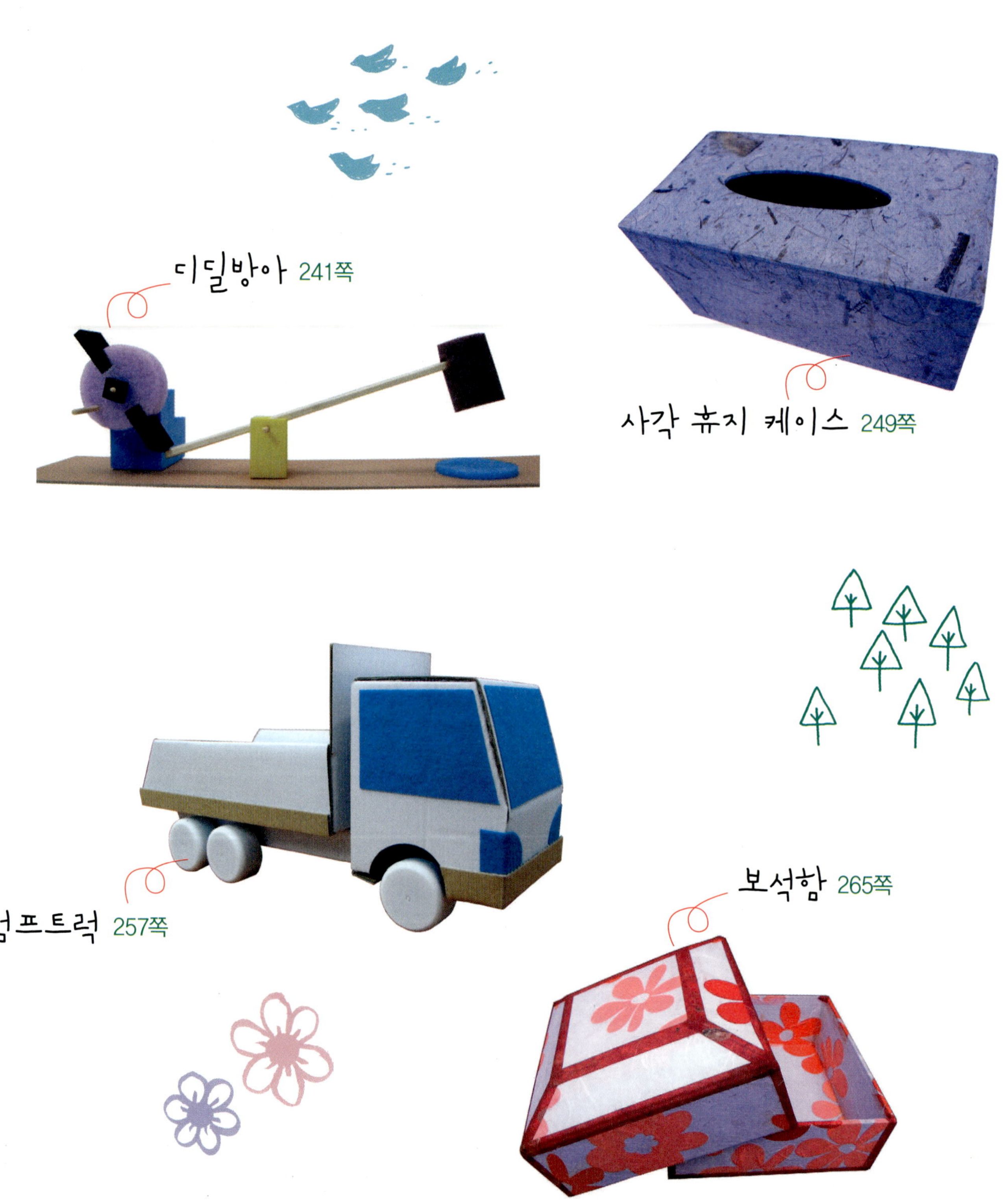

디딜방아 241쪽
사각 휴지 케이스 249쪽
덤프트럭 257쪽
보석함 265쪽

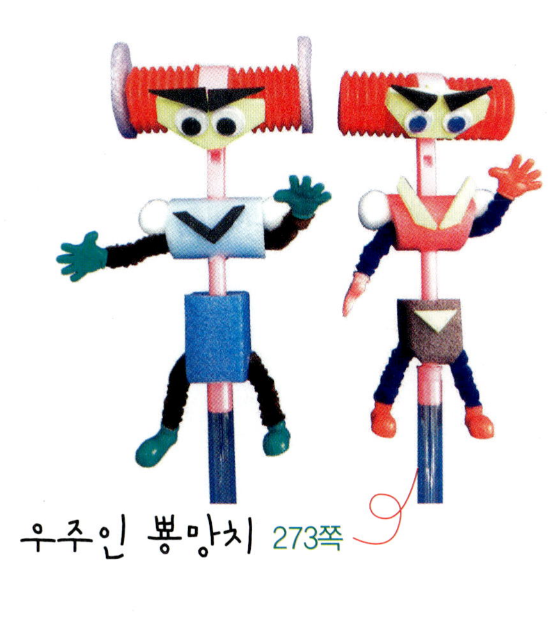

우주인 뽕망치 273쪽

트레일러 저금통 282쪽

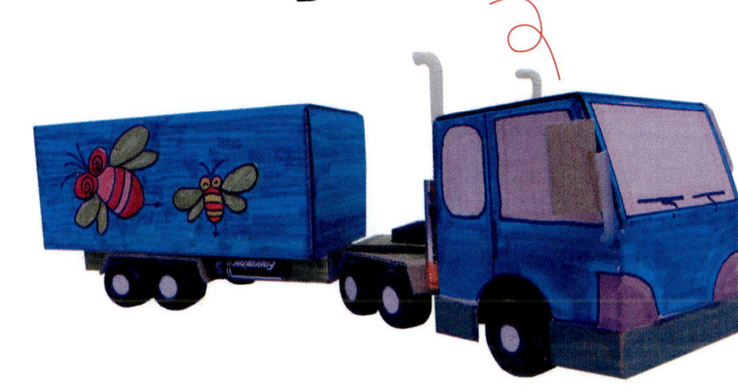

삑삑이 타조 300쪽

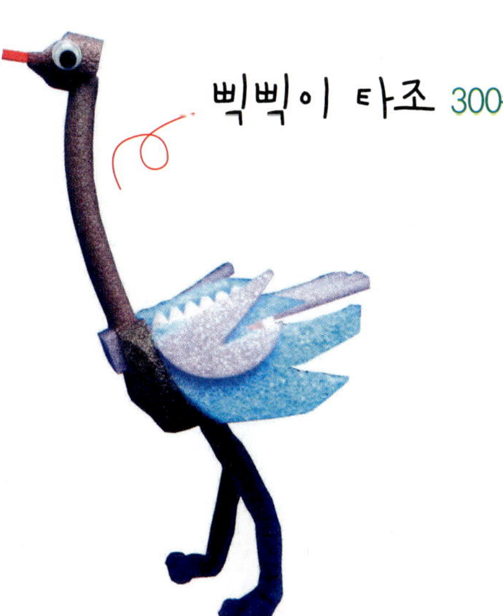

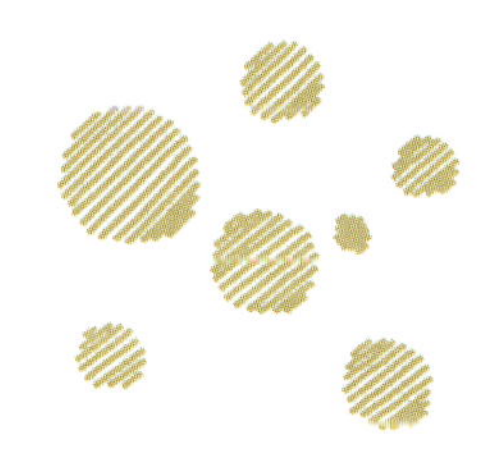

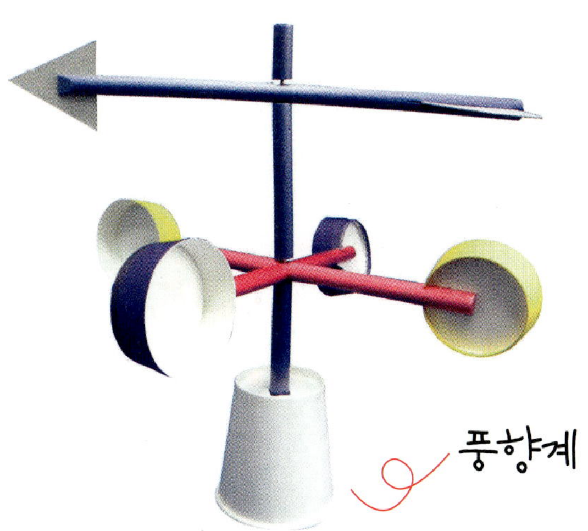

풍향계 291쪽

민속팽이

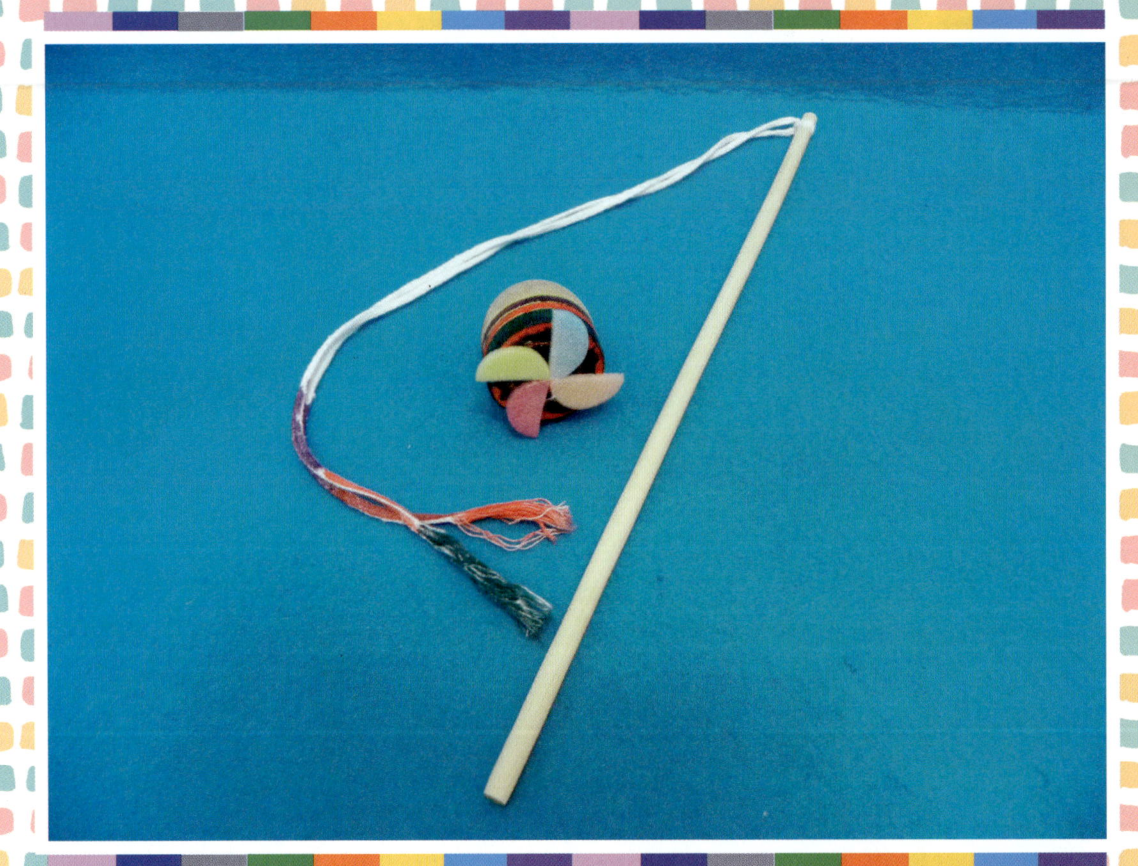

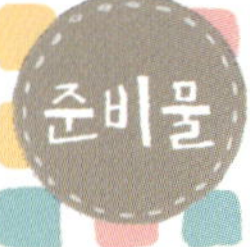 팽이재료세트, 3T백업(3mm) 4개, 컬러매
직 or 색연필 크레용

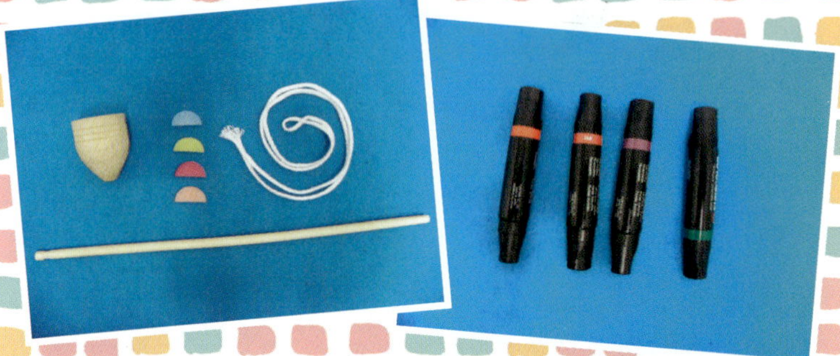

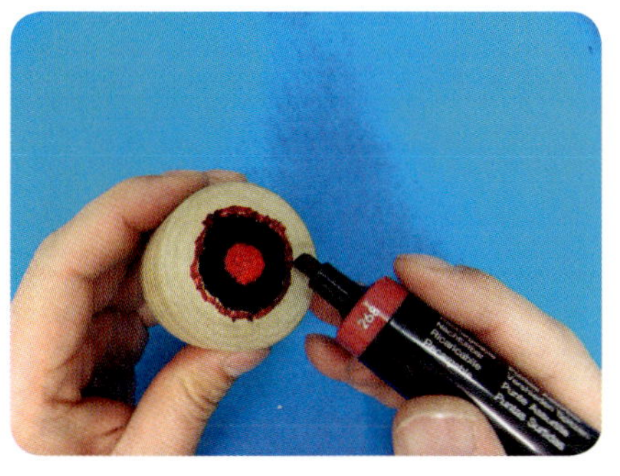

1 매직이나 색연필 크레용으로 색을 칠하고,

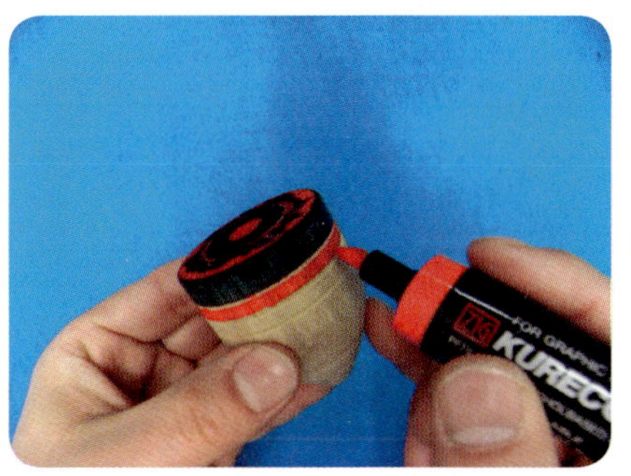

2 팽이의 측면도 색을 칠한다.

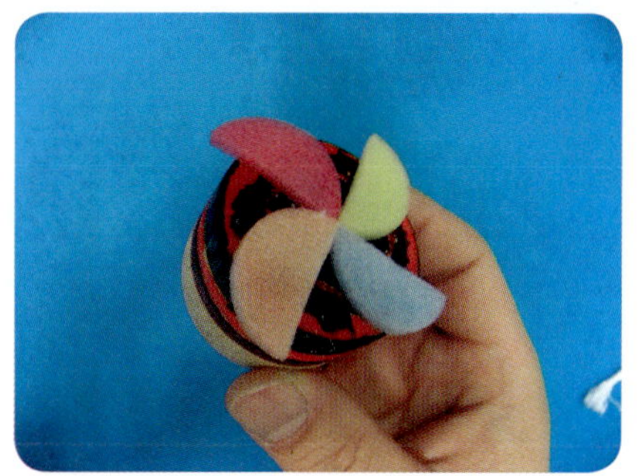

3 색을 칠한 후 백업을 붙여도 좋다.

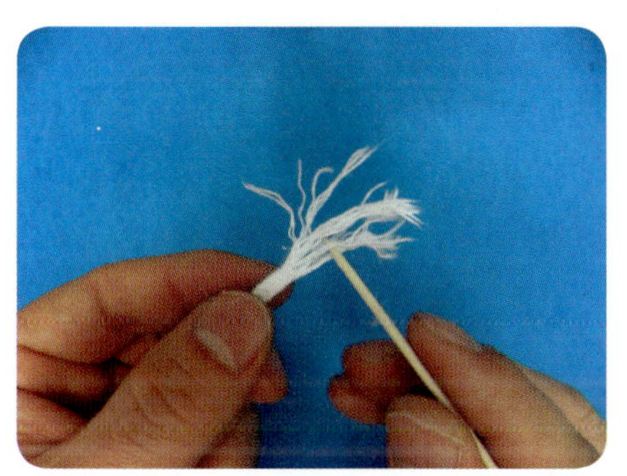

4 팽이채 끈의 끝을 이쑤시개 나 뾰족한 것으로 푼다.

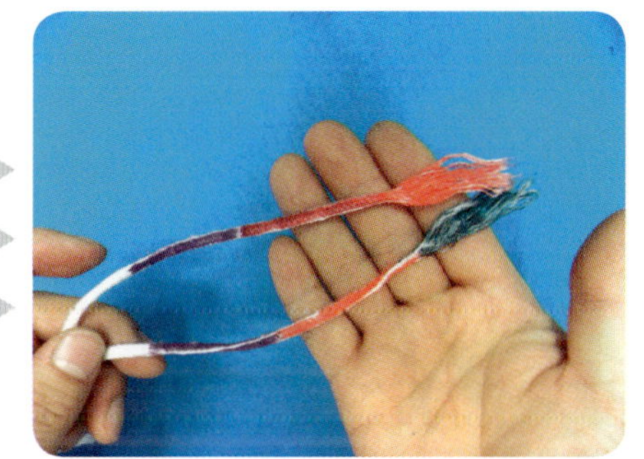

5 끈에 색을 칠한다.

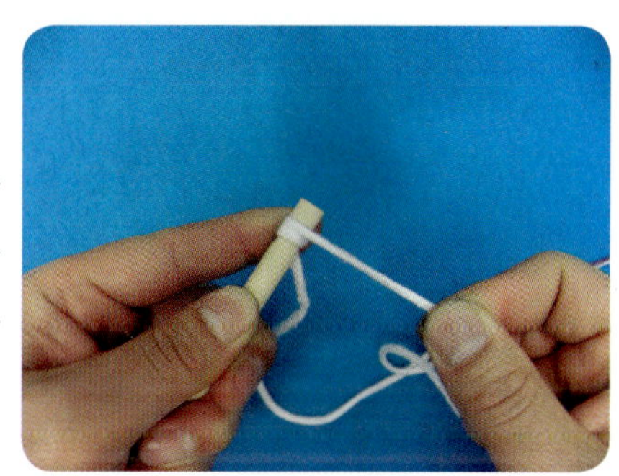

6 끈의 가장 중간을 팽이채 나 무 끝에 묶는다.

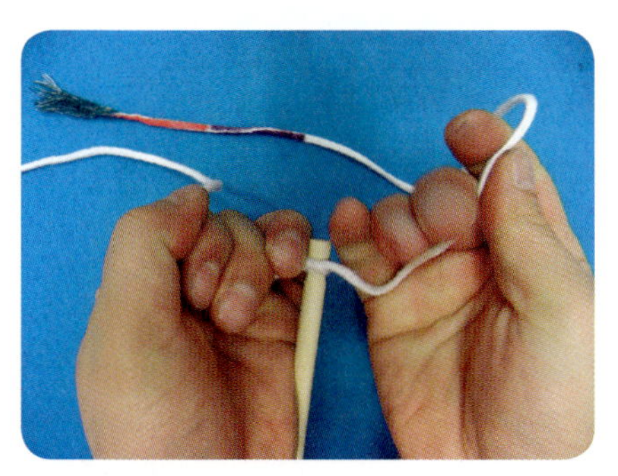

7 힘을 주어

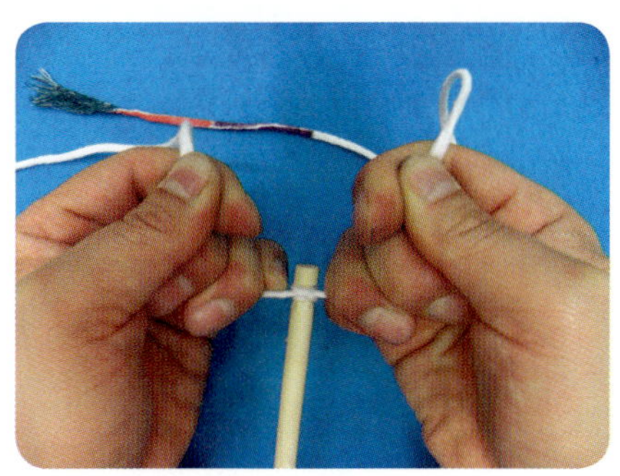

8 단단히 묶는다.

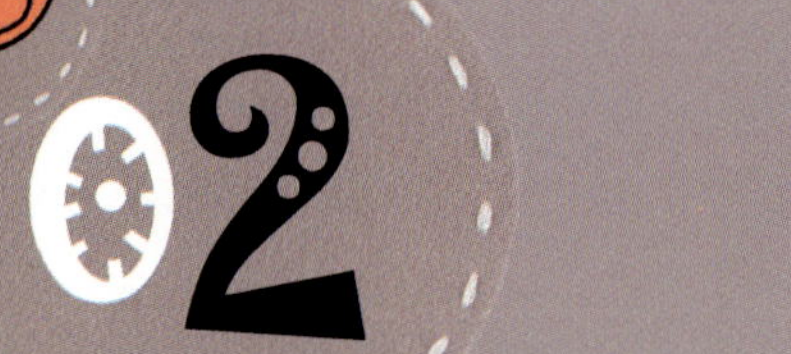

링 던지기

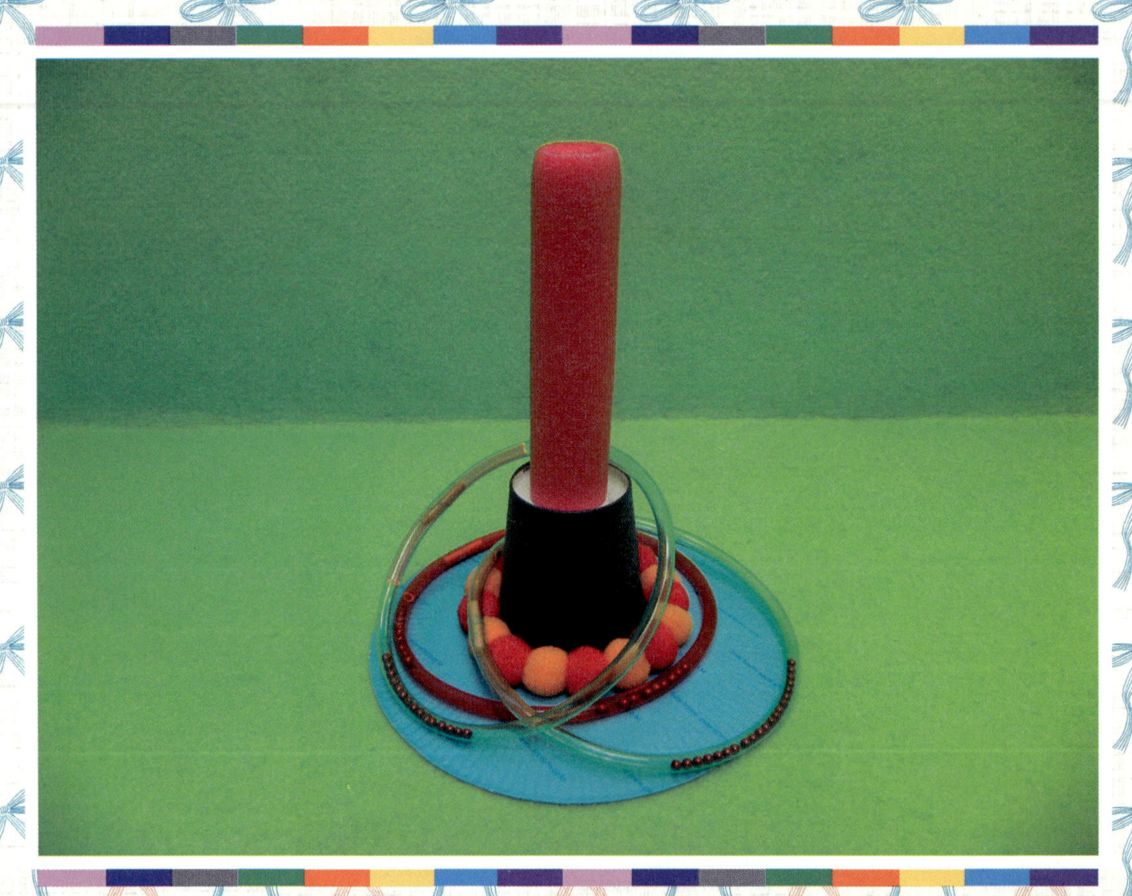

 백업 3T(15cm) 1개, 뽕뽕이(2가지 색) 각 7~8개씩, 종이컵 1개, 종이접시 1개, 고무 호스 – 7파이(45cm) 3개/ 5파이(10cm) 3개, 구슬 10~15개, 나뭇조각(2.5cm) 3개, 투명테이프, 글루건, 커터 칼

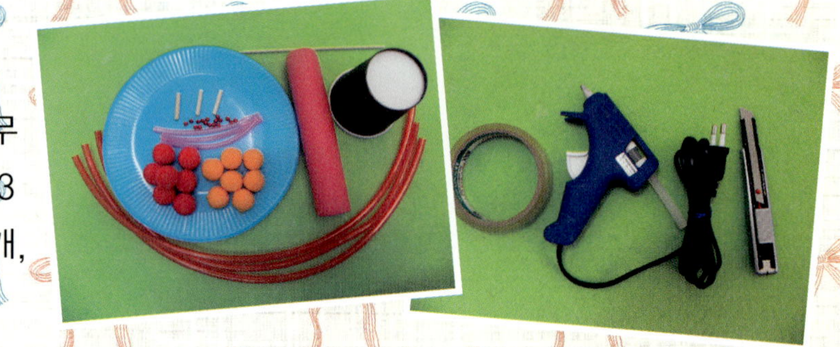

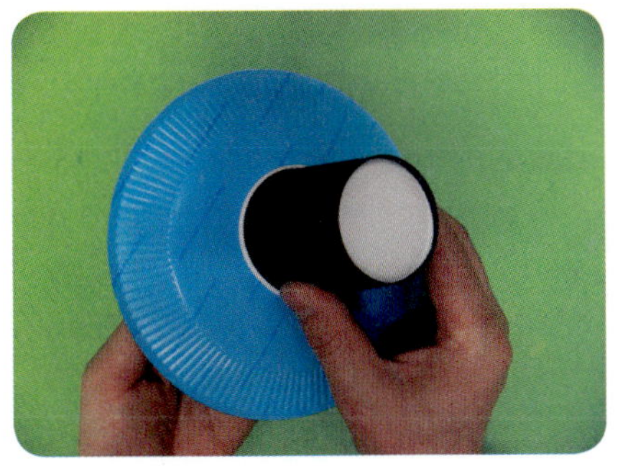

1 종이접시 뒷면의 중앙에 종이 컵을 엎어서 붙인다.

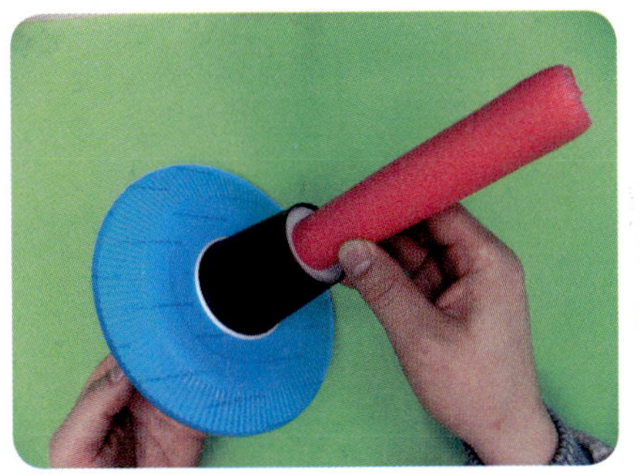

2 종이컵 바닥에 글루건을 이용하여 백업을 붙인다.

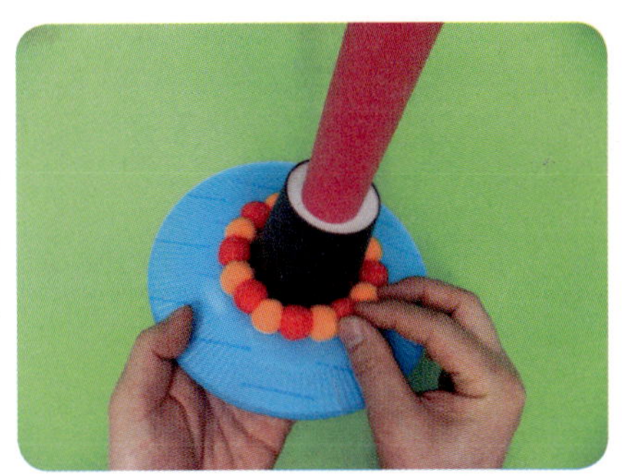

3 컵의 둘레에 뽕뽕이를 붙여 장식한다.

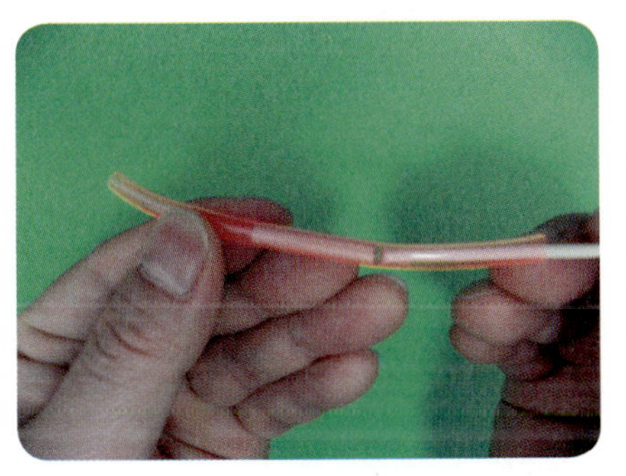

4 떡꼬치를 이용하여 나뭇조각을 5파이 호스의 중앙까지

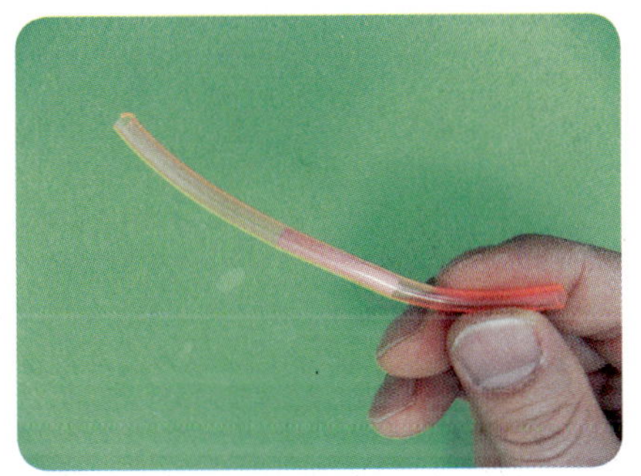

5 밀어 넣는다.

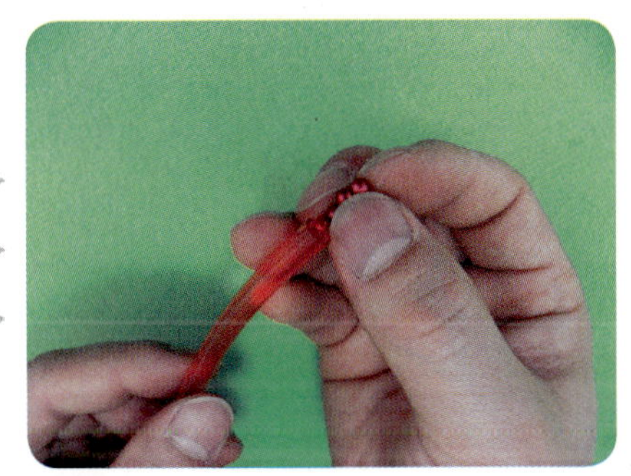

6 7파이 호스에 구슬을 넣고,

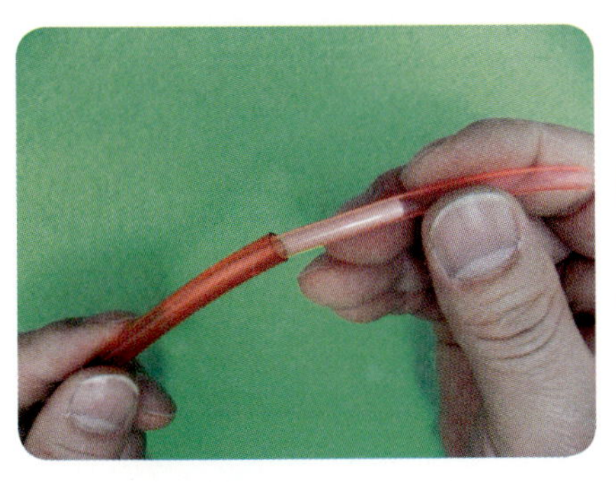

7 4의 호스를 다시 6의 호스에 끼워 넣는다. 나뭇조각의 가운데로 양 호스가

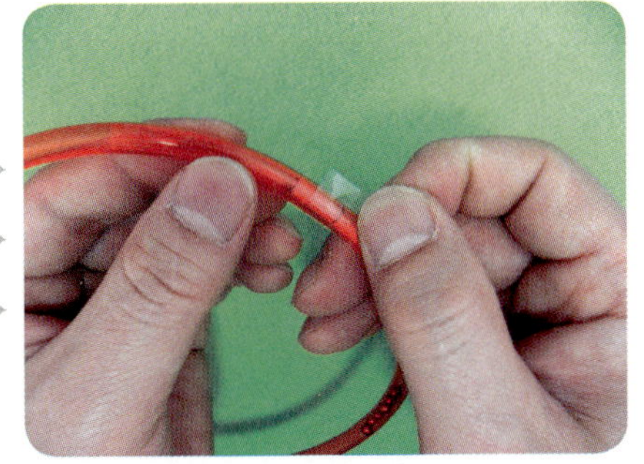

8 오게 하고 투명테이프로 연결 부위를 붙여 마무리한다.

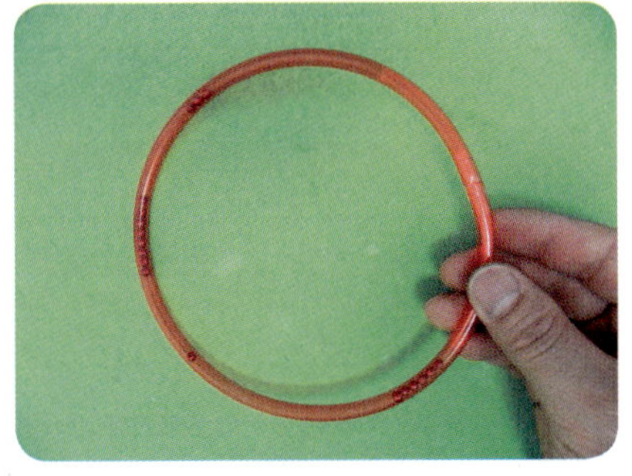

9 링이 만들어지면 잡는 위치에 따라 호스 안의 구슬들이 움직인다.

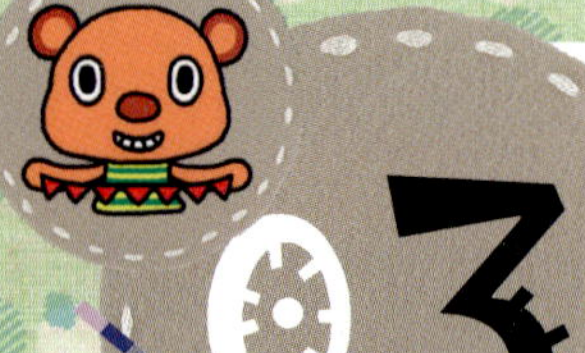

거북선 저금통

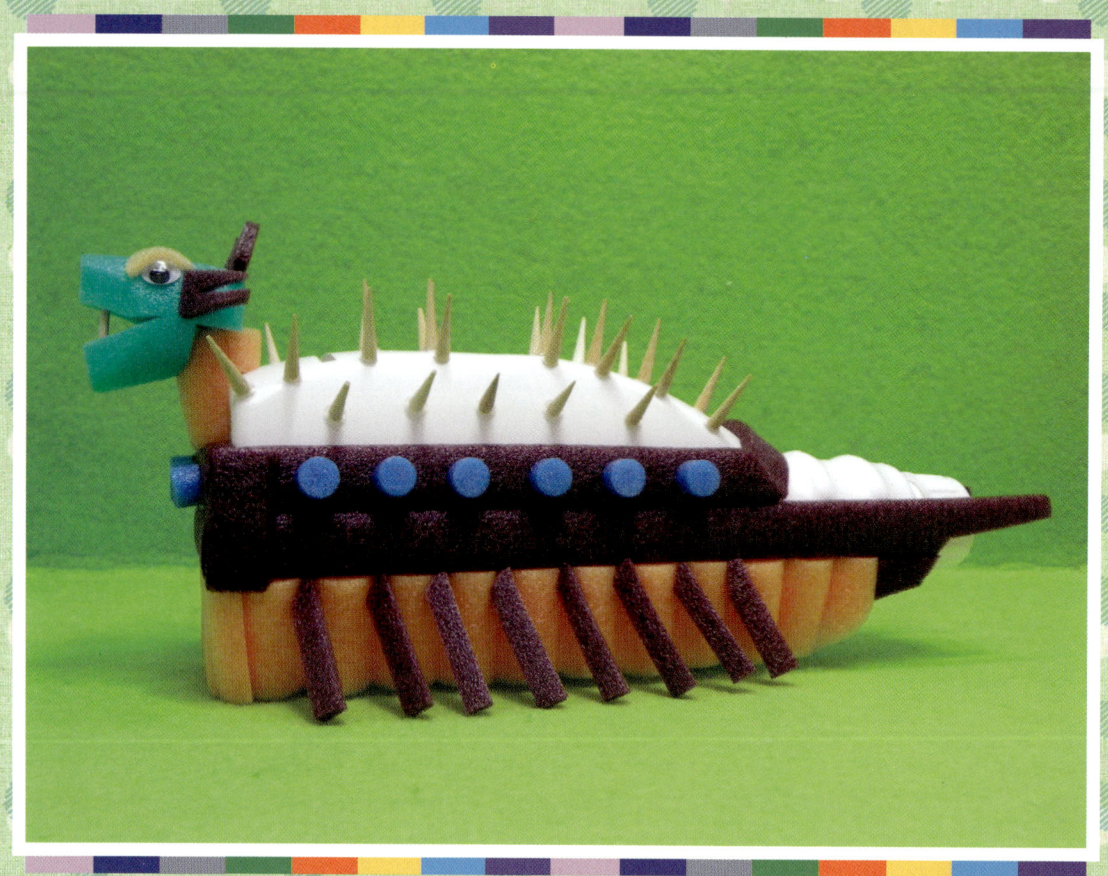

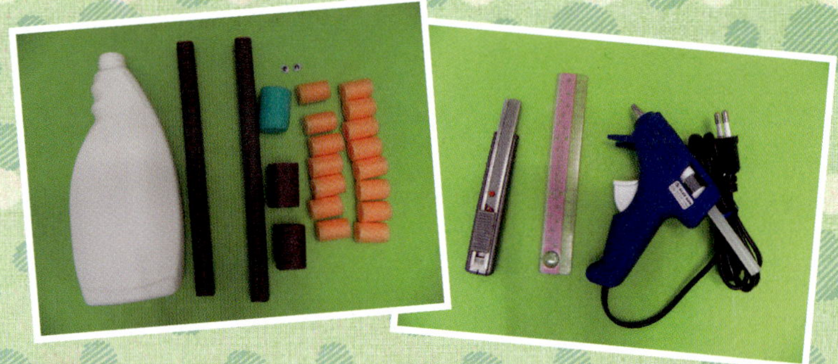

준비물 　백업 〈사각〉 – 2T(25cm) 2개/3T(3cm) 2개, 〈원〉 – 2T(3cm) 15~17개/3T(4cm) 1개, 세제페트용기 1개, 눈알(타원) 2개, 글루건, 커터 칼, 자

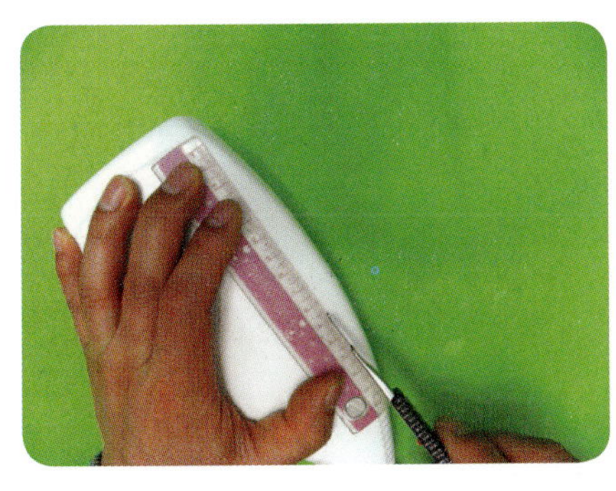

1 바닥 쪽의 끝에서 주름이 있는 곳까지 칼로 선을 긋듯 양쪽을 살짝 긋는다.

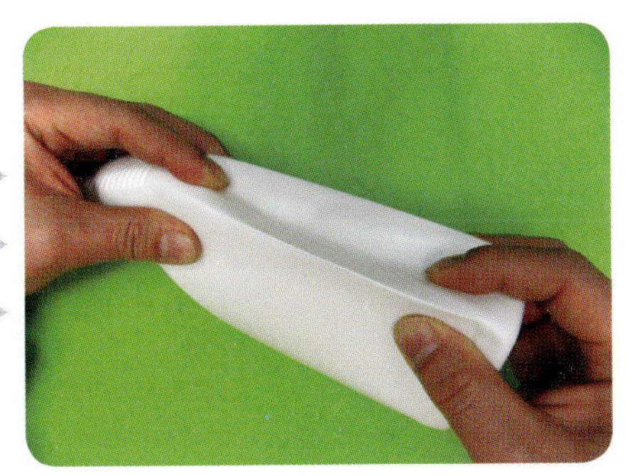

2 칼 선을 따라 손으로 눌러서 접어준다.

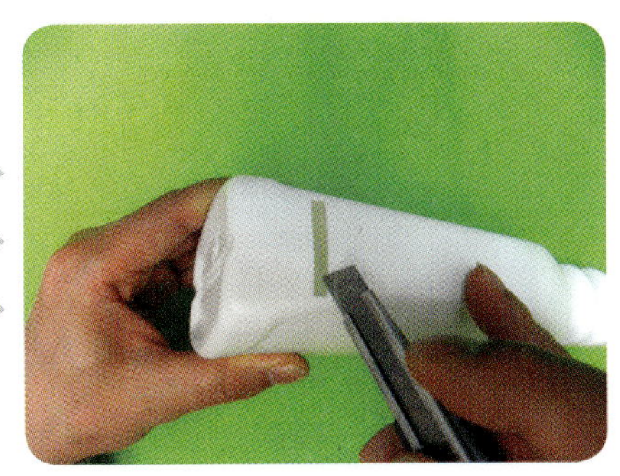

3 반대쪽에는 500원 동전 넓이의 구멍을 칼로 뚫는다.

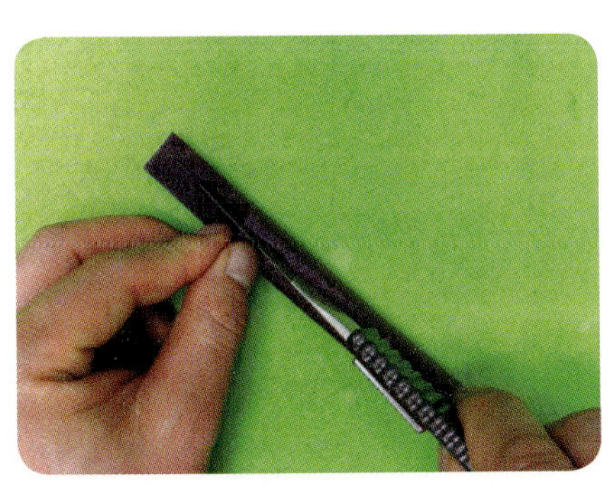

4 2T 사각 백업을 3장으로 얇게 잘라,

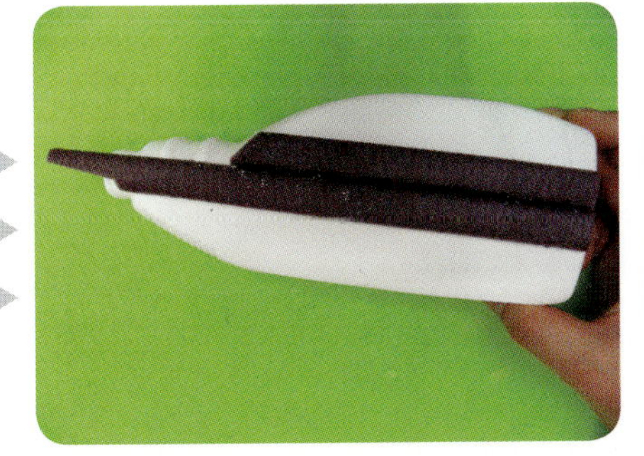

5 긴 것의 끝은 계단처럼 모양을 내서 글루건을 사용해 붙인다.

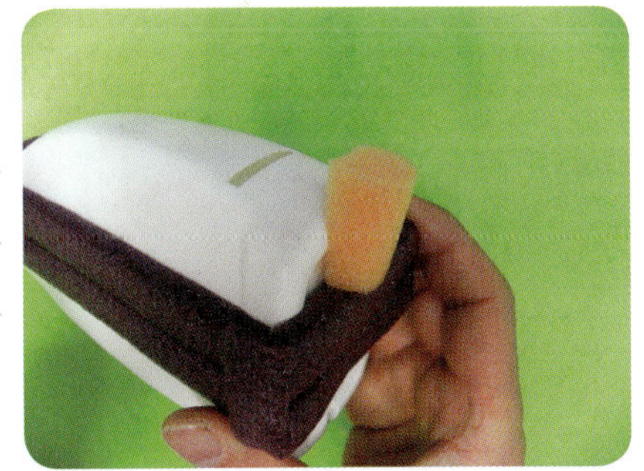

6 사각 백업 조각들을 몸체의 둘레에 붙인 다음 둥근 백업으로 목 부분을 붙이고

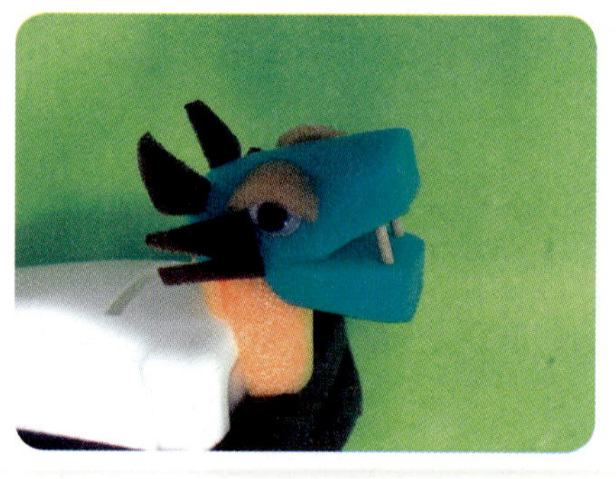

7 3T 백업을 ㄱ자로 자른 후, 칼로 잘라 입을 만들고 이쑤시개 등으로 이와 눈, 귀 등을 만들어 장식한다.

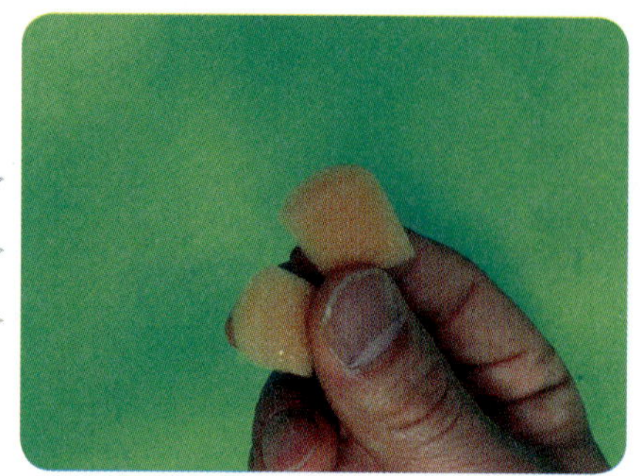

8 2T(3cm) 둥근 백업을 잘라서

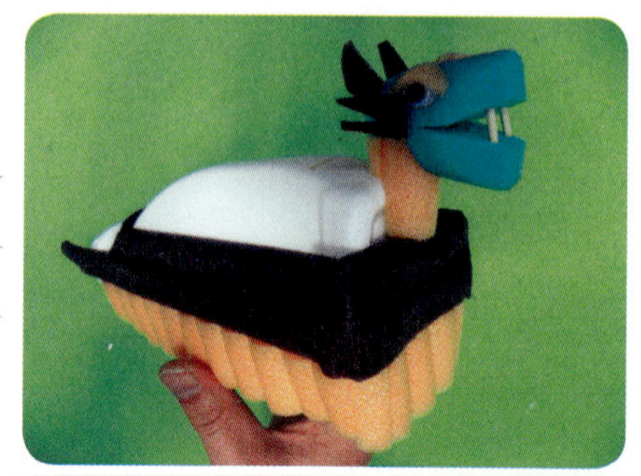

9 거북선의 하단 부위에 붙여 장식한다.

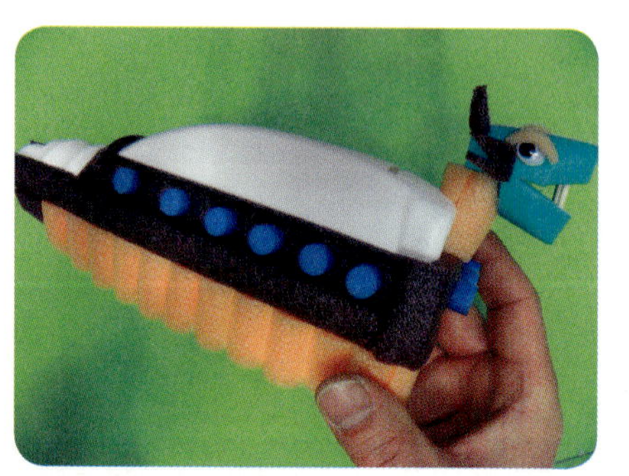

10 1T 백업을 잘게 잘라서 거북선의 함포 모양으로 장식해 붙인다.

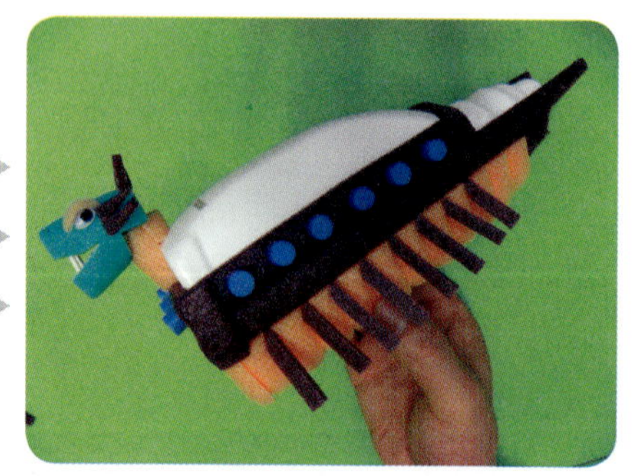

11 사각 백업을 5mm 정도의 넓이로 잘라 노를 장식한다.

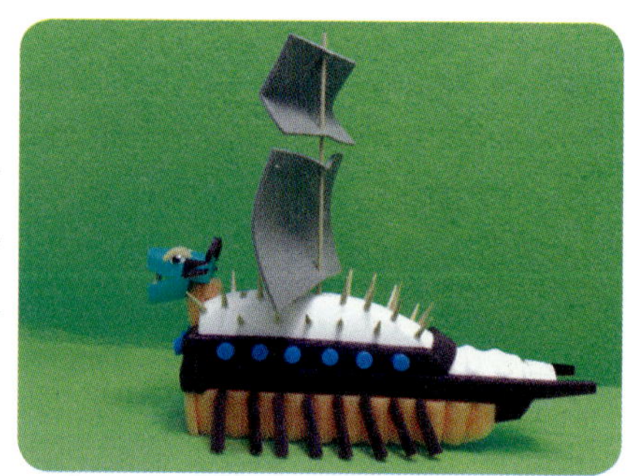

12 이쑤시개를 잘라 등을 장식하고 EVA나 골판지를 잘라 닻을 만들어 꽂아 완성한다.

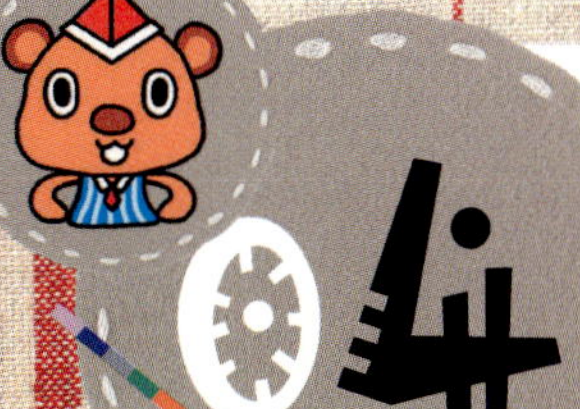

고무줄 총

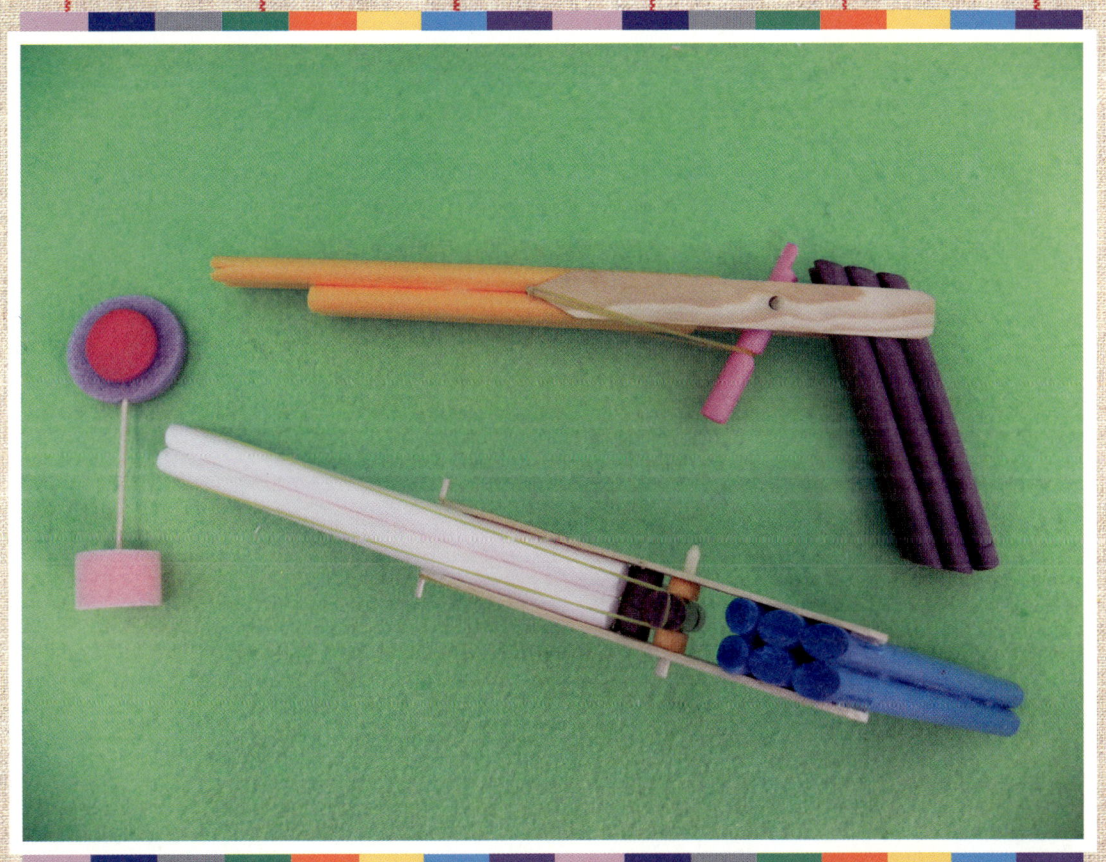

수수깡 5개, 방아쇠 걸림판 2개, 방아쇠 심 (4cm) 1개, 이쑤시개 1개, 고무줄 2개, 글루건, 커터 칼

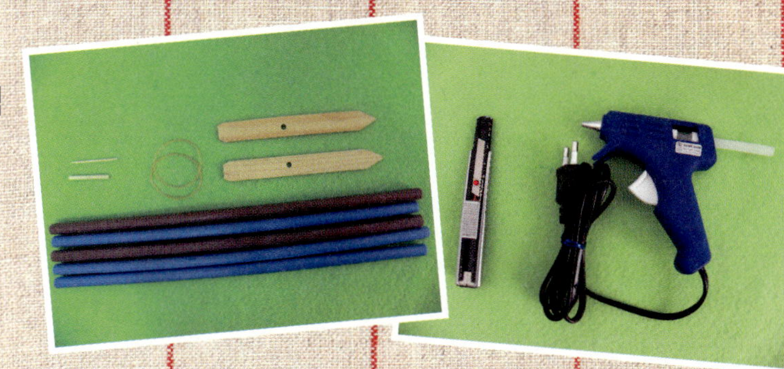

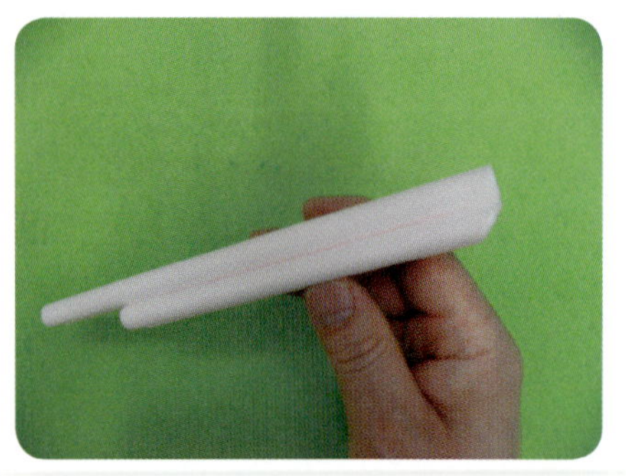

1 20cm 2개, 15cm 2개씩을 잘라 붙이고, 끝의 총열은 어슷하게 자른다.

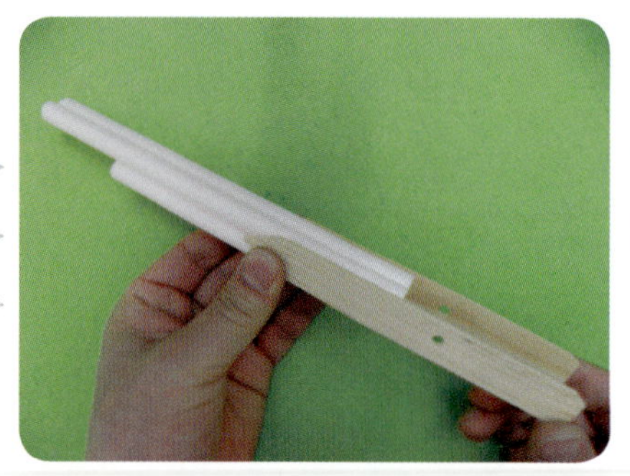

2 양쪽으로 방아쇠 걸림판을 붙여서 고정한다. (양쪽 구멍에 맞게 잘 붙인다.)

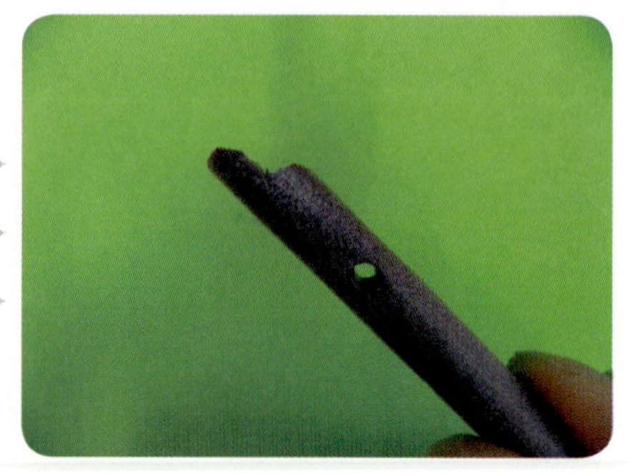

3 3cm 지점에 구멍을 뚫고 위 끝은 어슷하게 잘라 고무줄이 걸리도록 다듬는다.

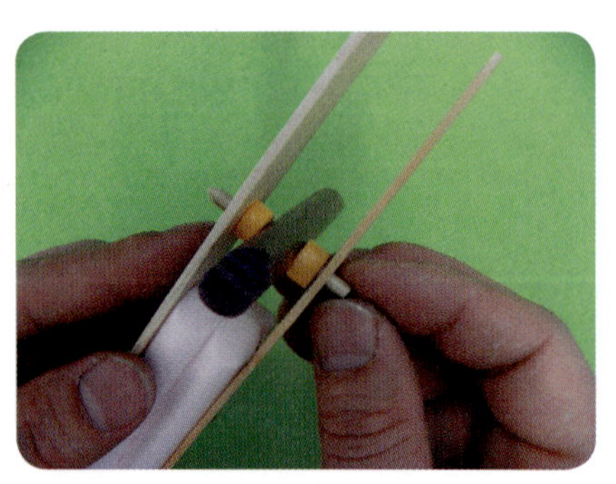

4 2의 구멍에 방아쇠걸이 나무를 끼우고 사이에 5mm씩 자른 수수깡을 끼운다.

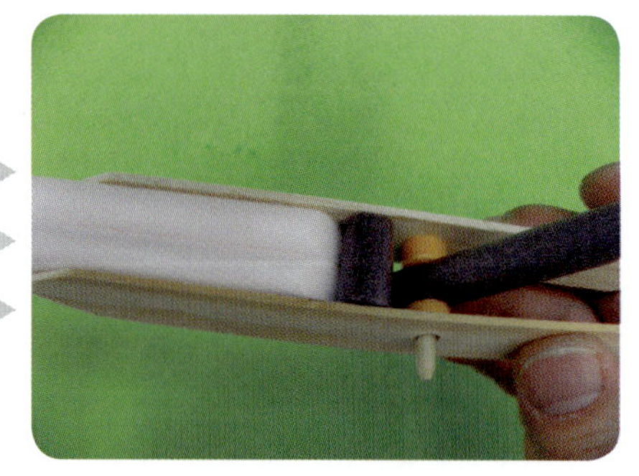

5 아래쪽에는 2cm의 수수깡을 잘라 방아쇠가 앞으로 너무 꺾이지 않게 한다.

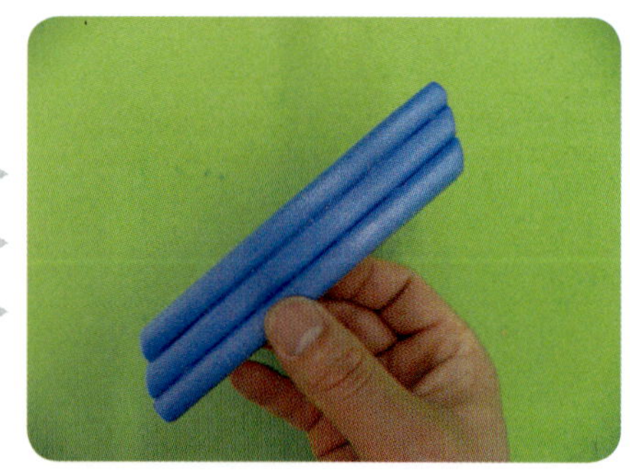

6 15cm 수수깡을 2개씩 겹처 붙이고 다시 3개를 겹으로 붙인 후 양끝을 어슷하게 잘라 낸다.

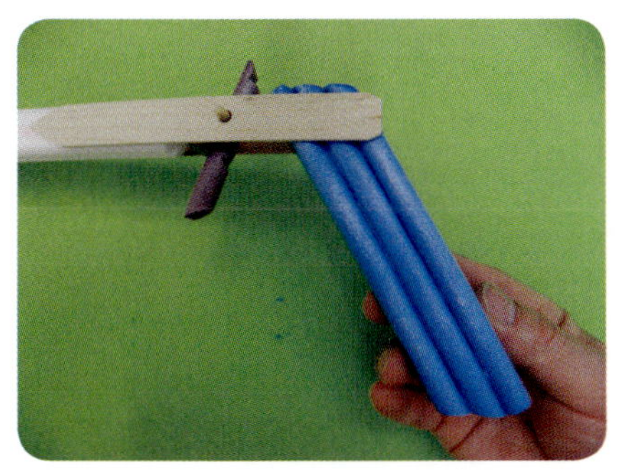

7 6을 손잡이로 붙인다.

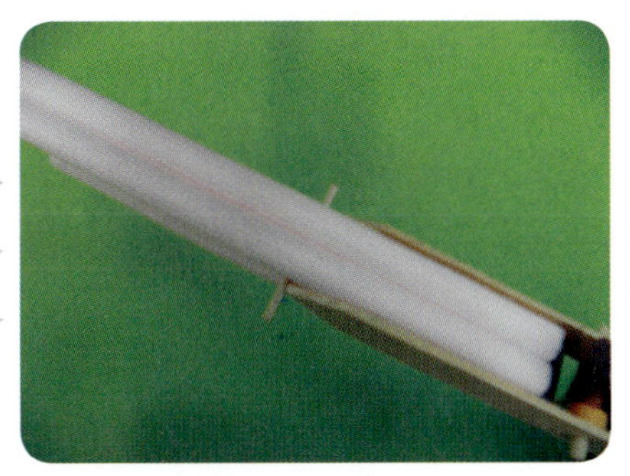

8 방아쇠 걸림판 끝에 이쑤시개를 꽂아 적당한 길이로 잘라 다듬는다.

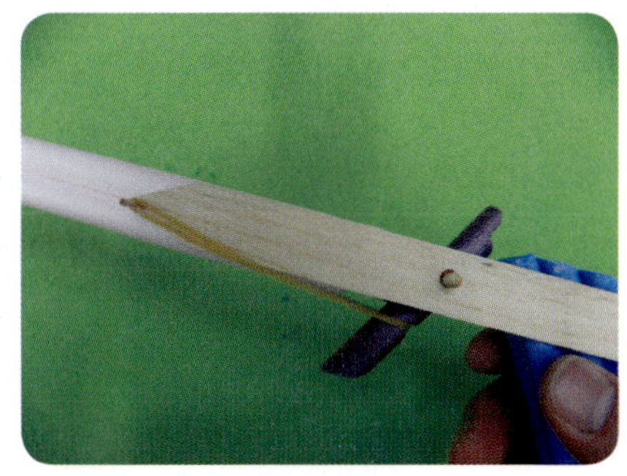

9 8의 이쑤시개 양쪽에 고무줄을 걸어 방아쇠에 홈을 파고 건다.

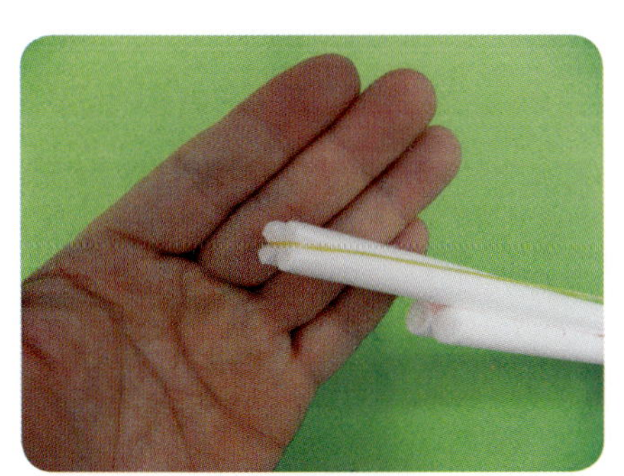

10 총열 끝에 V자 홈을 파고 고무줄을 당겨

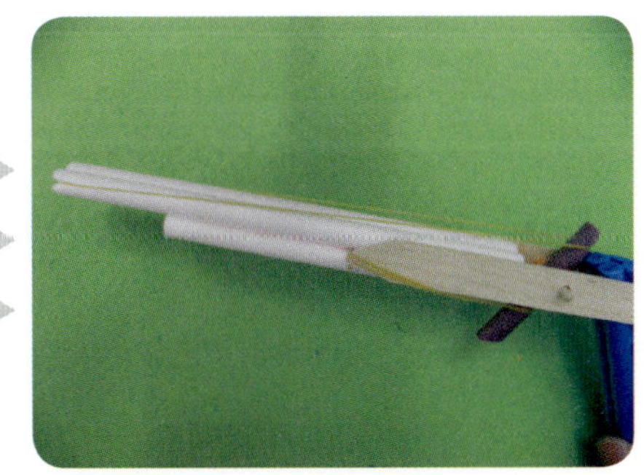

11 방아쇠에 걸고

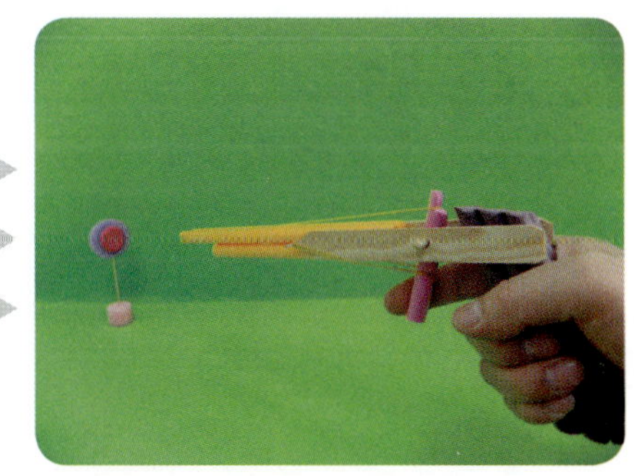

12 표적을 향해 쏴본다. (사람의 눈을 향해서는 절대로 쏘지 않는다.)

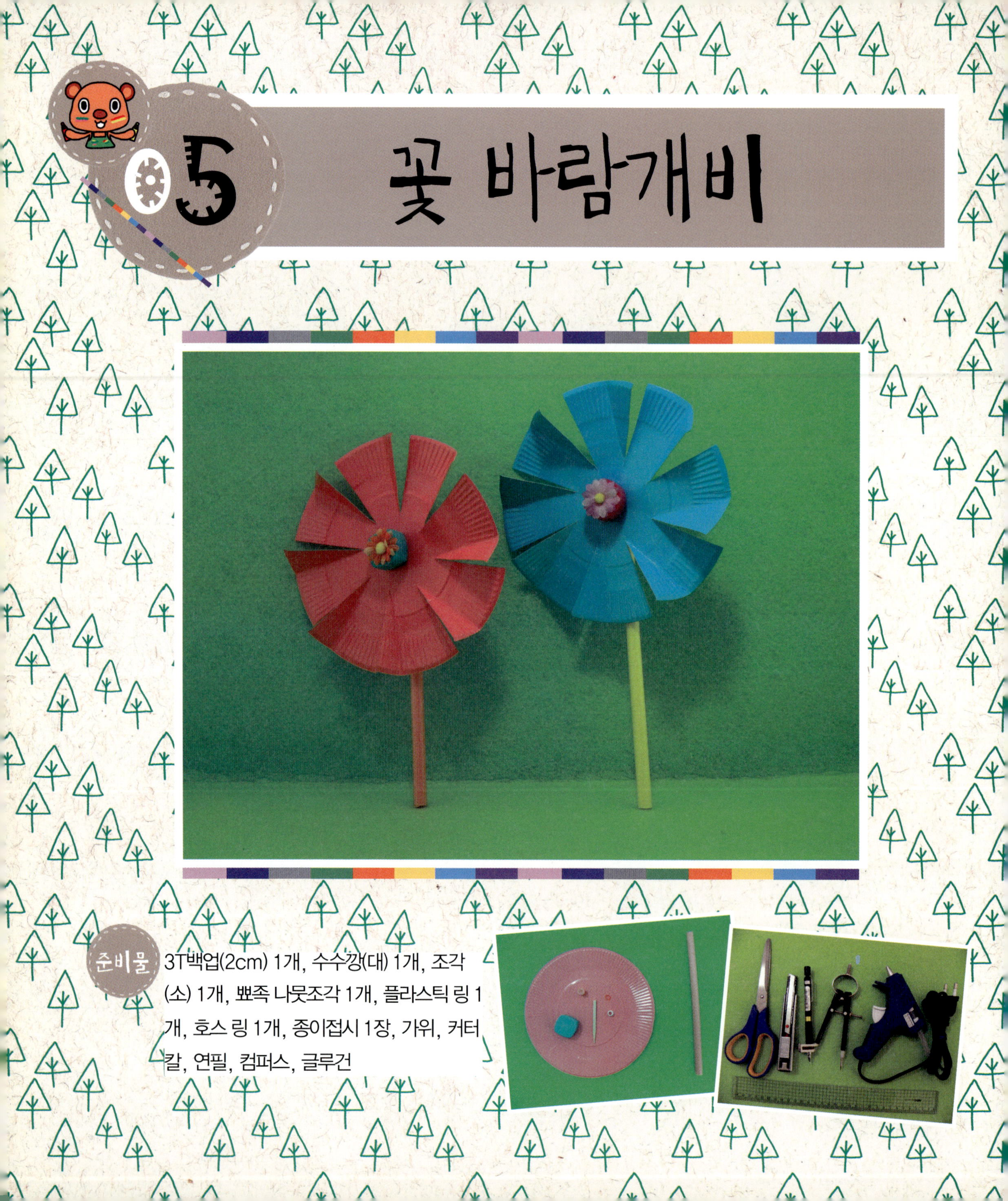

준비물 3T백업(2cm) 1개, 수수깡(대) 1개, 조각 (소) 1개, 뾰족 나뭇조각 1개, 플라스틱 링 1 개, 호스 링 1개, 종이접시 1장, 가위, 커터 칼, 연필, 컴퍼스, 글루건

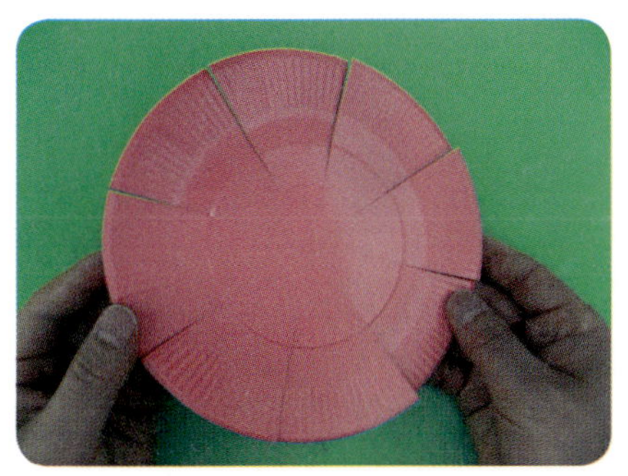 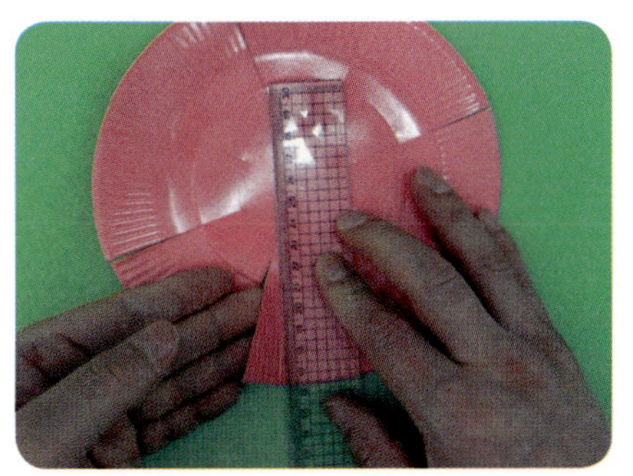 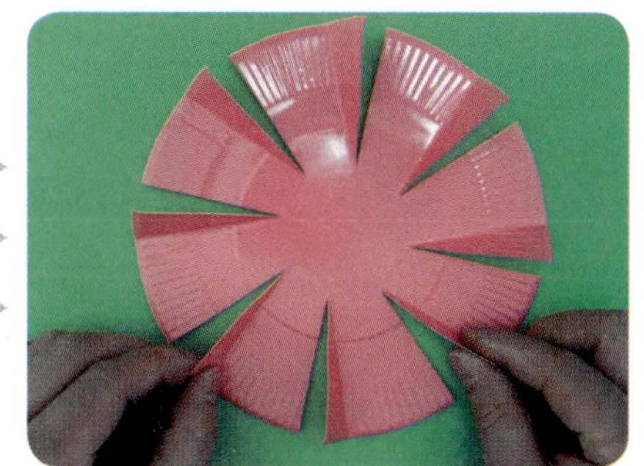

1 종이접시에 컴퍼스와 자로 원과 선을 그어 밑그림을 그리고, 가위나

2 칼로 중앙의 원까지 선을 따라 자르고 한쪽 면을 자를 이용하여 접어

3 공기의 저항을 받게 한다.

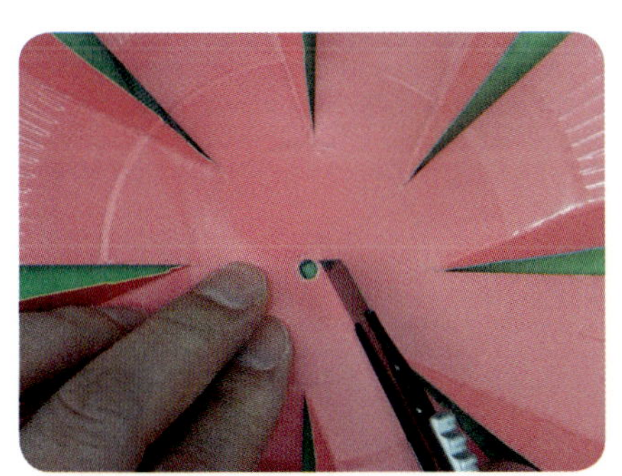 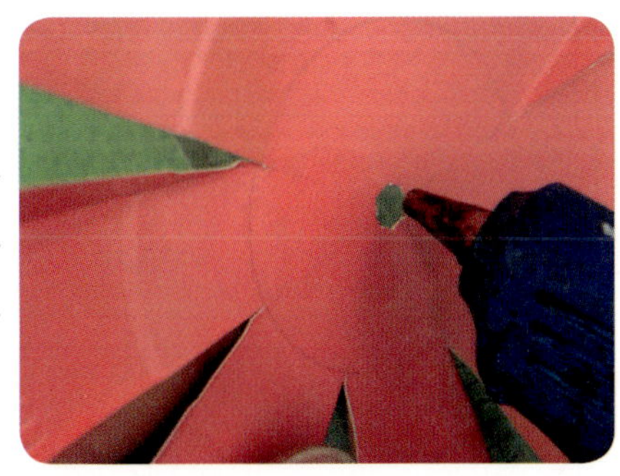 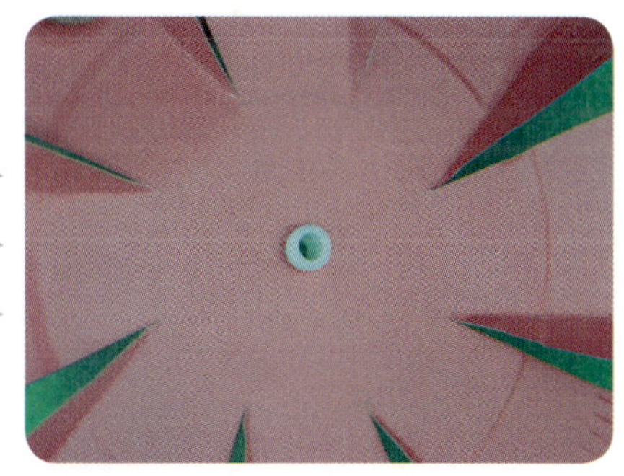

4 가장자리를 펀치나 송곳 등으로 예비구멍을 뚫고 플라스틱 링의 크기만큼 칼로 다듬는다.

5 뚫은 구멍 주위에 본드나 글루를 발라

6 플라스틱 링을 끼운다.

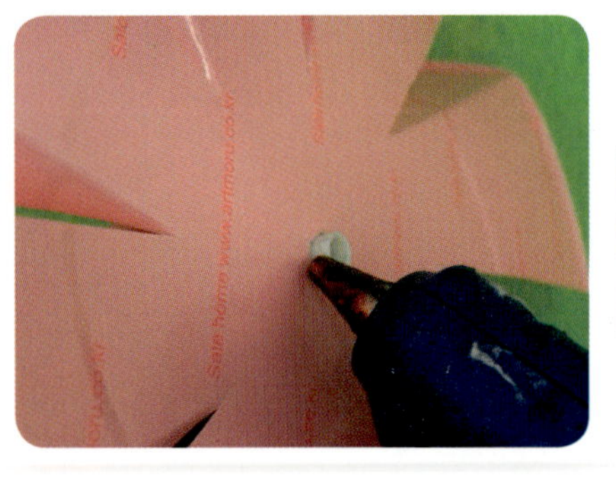

7 반대쪽 플라스틱이 튀어나온 바깥 면도 글루나 본드를 얇게 바르고,

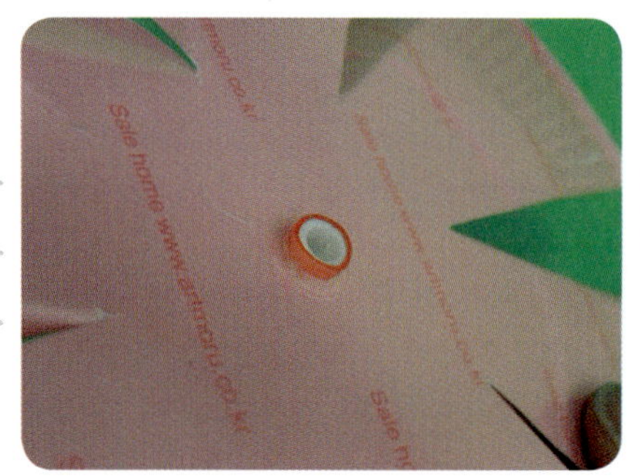

8 호스 링을 끼워 고정한다.

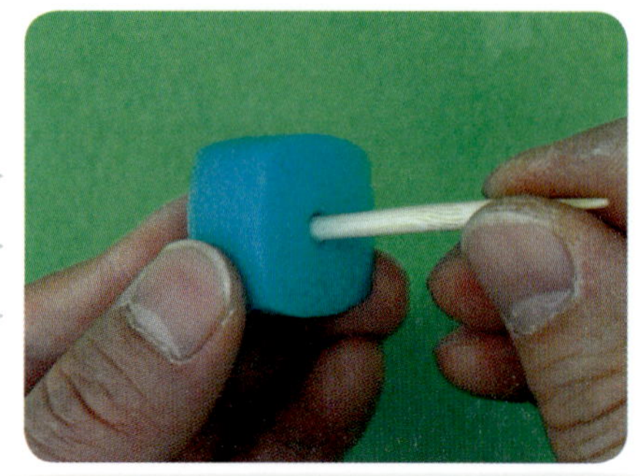

9 백업 조각에 예비구멍을 내고 글루를 한 방울 떨어트린 다음 뾰족 나무를 꽂고

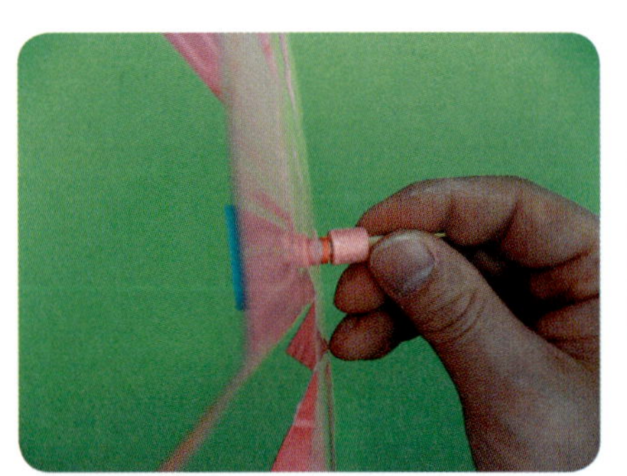

10 다시 수수깡 조각을 조심스럽게 끼워 넣는다.

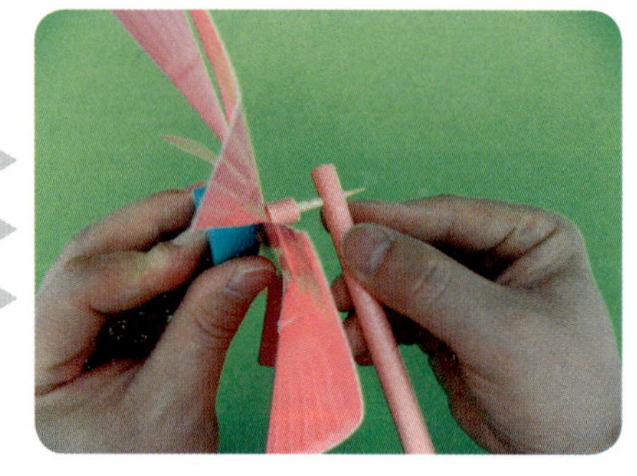

11 다시 뾰족한 부분을 돌리며 수수깡 손잡이에 천천히 끼워 넣는다.

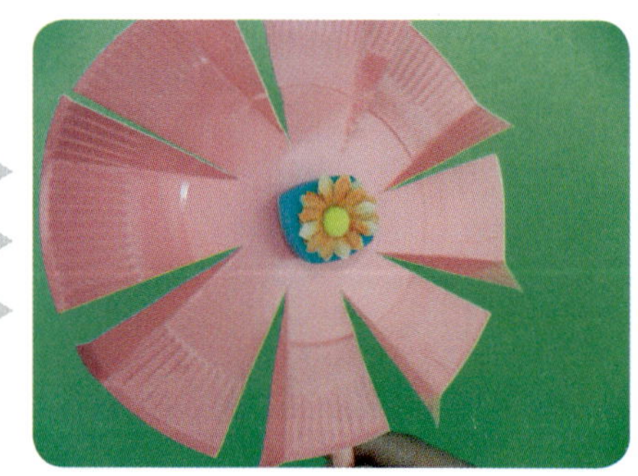

12 앞쪽 백업 가장자리에 꽃 등으로 장식하여 완성한다.

6 독수리 헬기 저금통

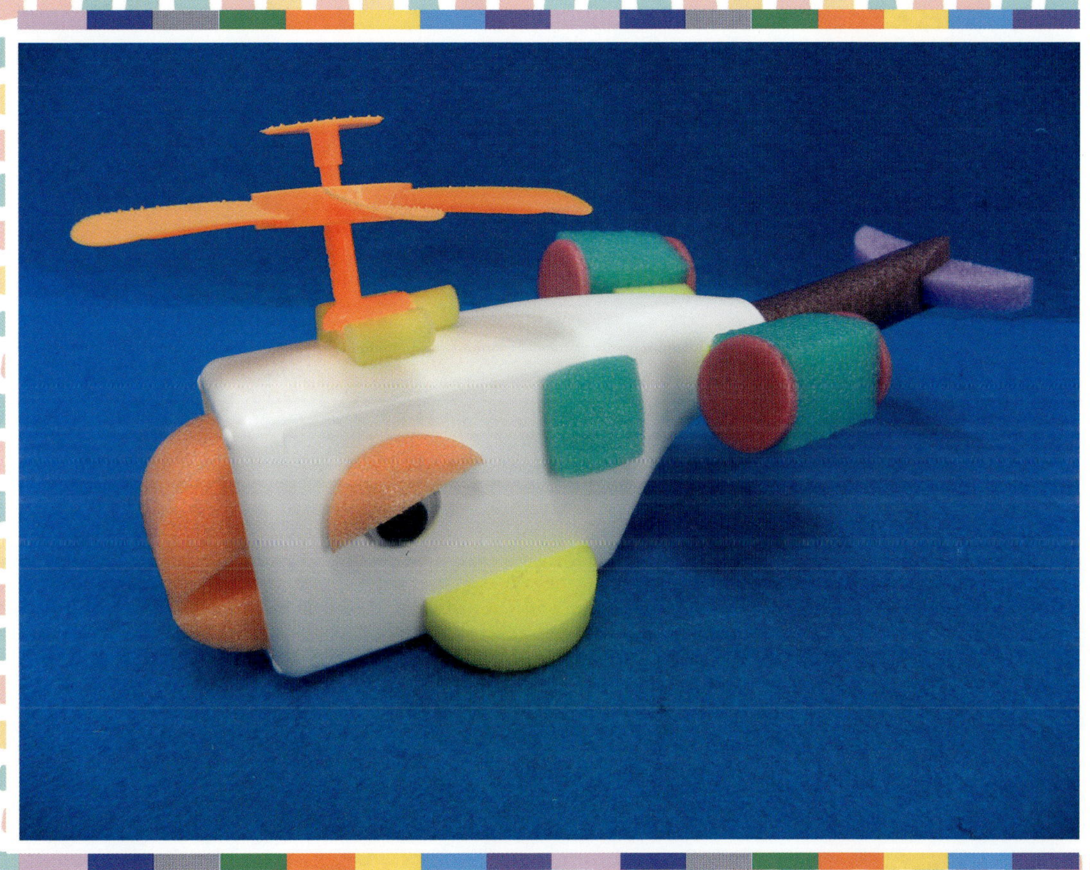

준비물 페트병(세제용기) 1개, 백업 〈사각〉 –
3T(4cm) 2개/(3mm) 3개/(5mm) 1개,
〈원〉 – 3T(3mm) 4개/5T(3cm) 1개,
1T(10cm) 1개/2T(8cm) 1개, 프로펠러 1
세트, 글루건, 커터 칼

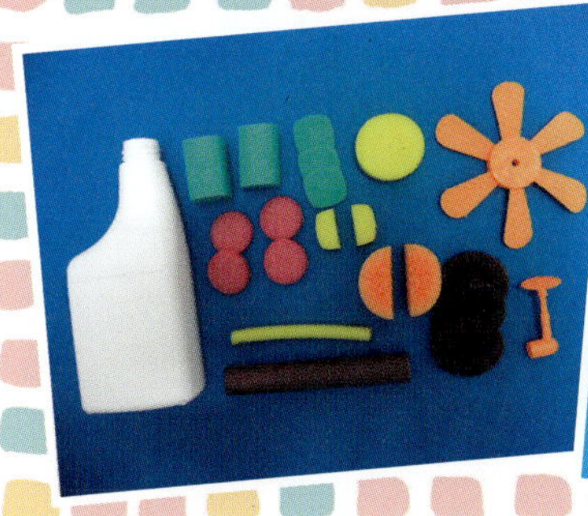

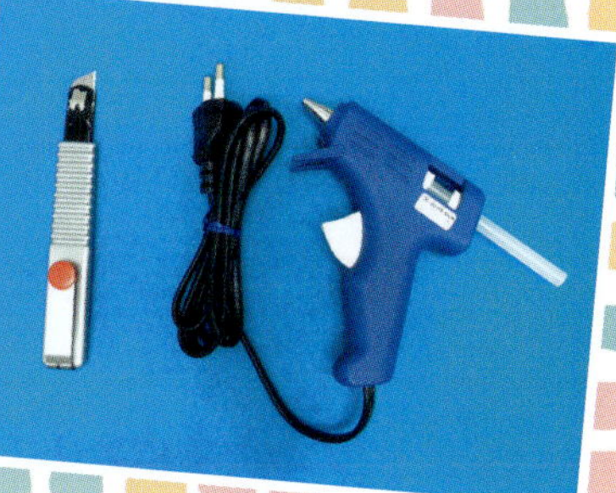

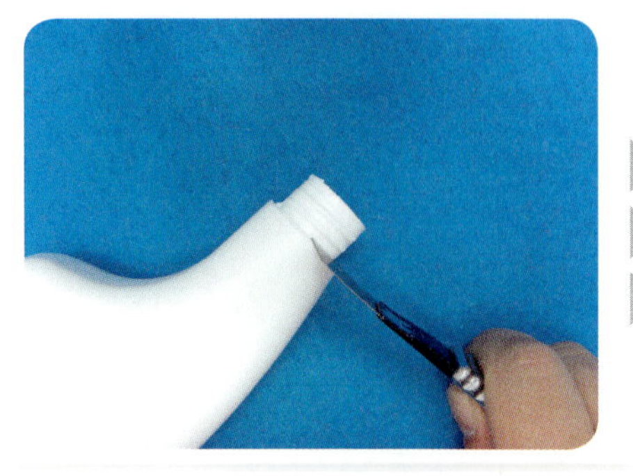

1 페트병의 주둥이를 칼로 반듯하게 잘라낸다.

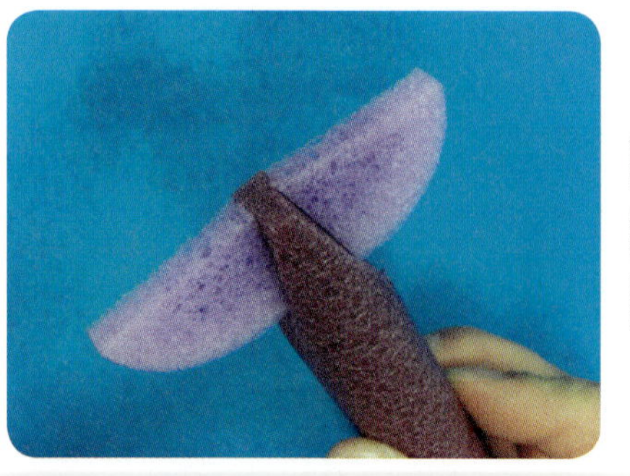

2 2T백업의 한쪽 끝의 양면을 어슷하게 잘라내고

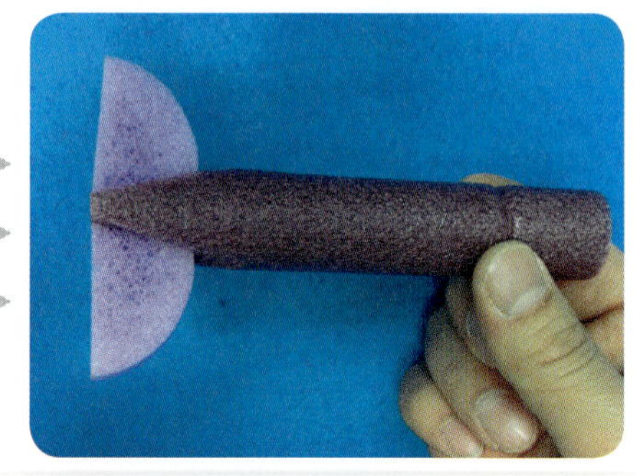

3 5T백업을 잘라 꼬리로 붙여 장식한다.

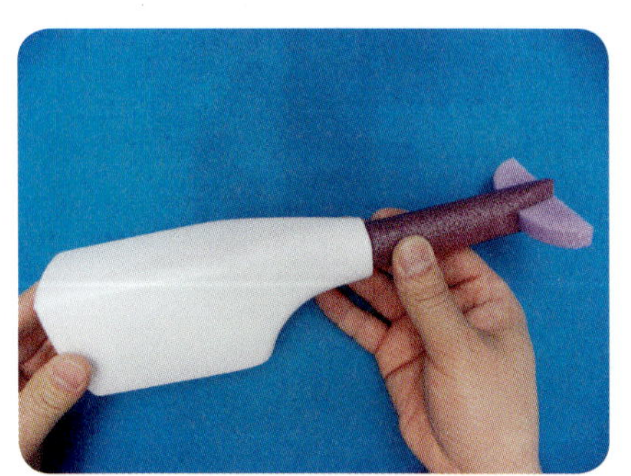

4 1의 잘라낸 부분에 3의 꼬리를 끼워 붙이고

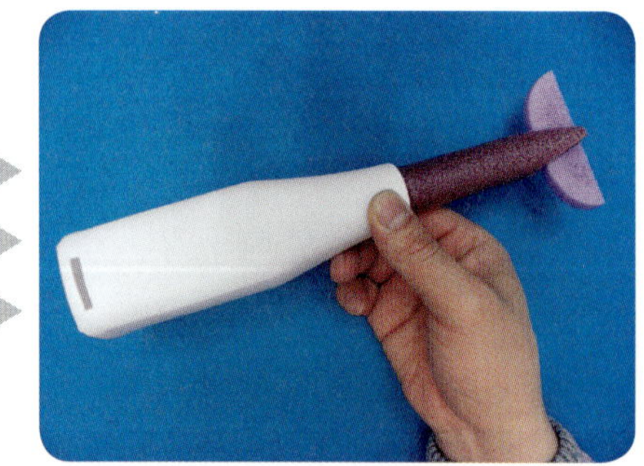

5 앞쪽 끝에 500원 동전 크기의 구멍을 칼로 파 뚫는다.

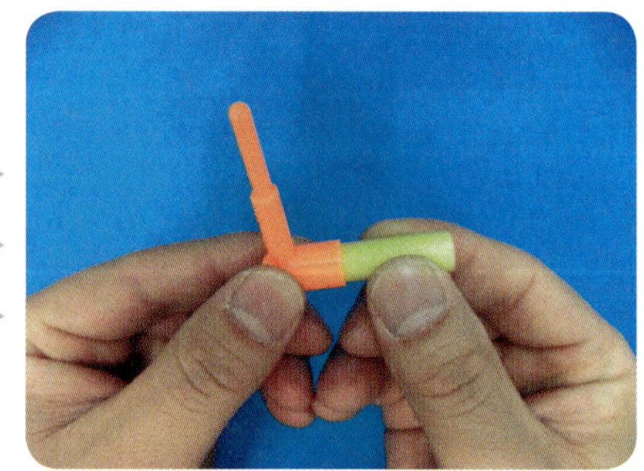

6 날개 아랫심에 1T백업을 잘라 끼워 넣고

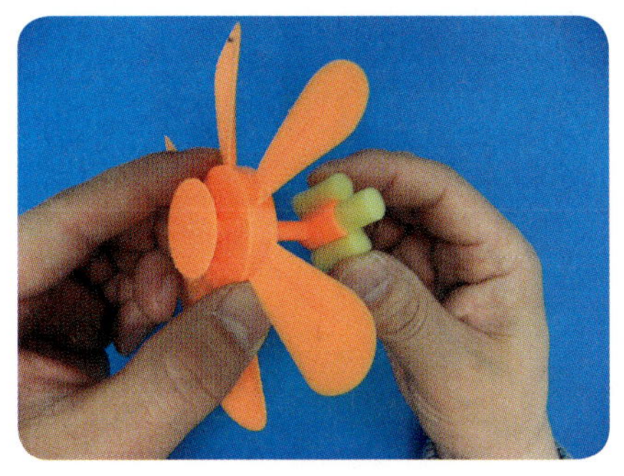

7 그 양쪽도 백업을 붙이고 날개를 끼운다.

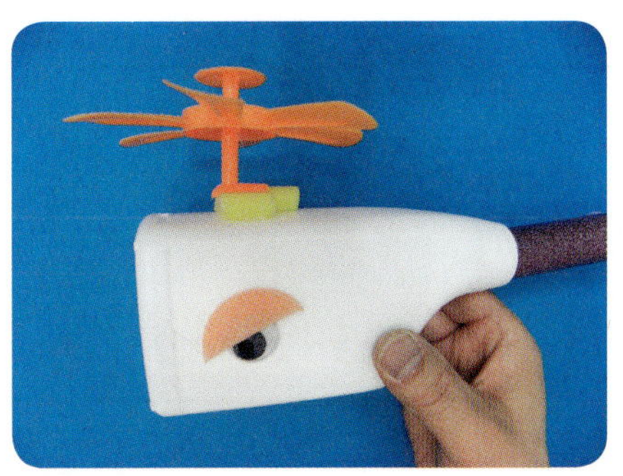

8 5의 구멍 옆으로 글루건을 이용해서 날개를 붙인다.

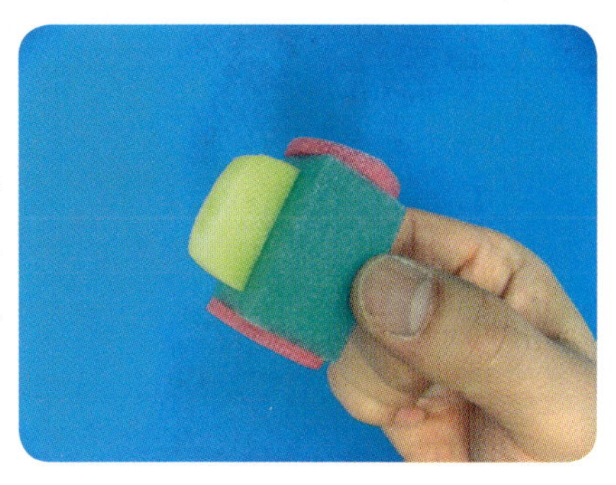

9 사각백업에 얇은 백업들을 붙여 장식하고

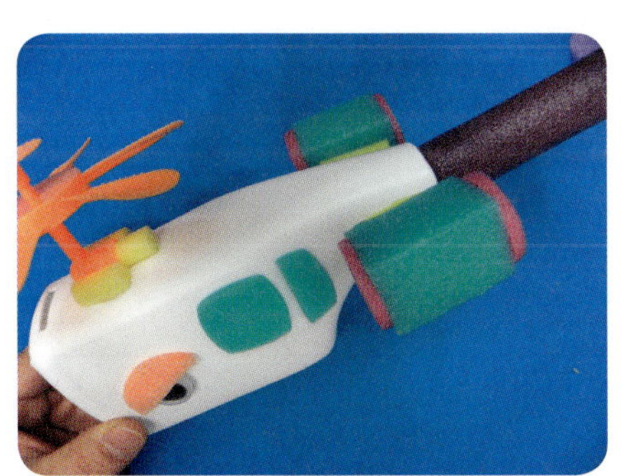

10 비행기의 몸체에 붙여 장식한 다음 썰어놓은 백업들도 붙여 장식한다.

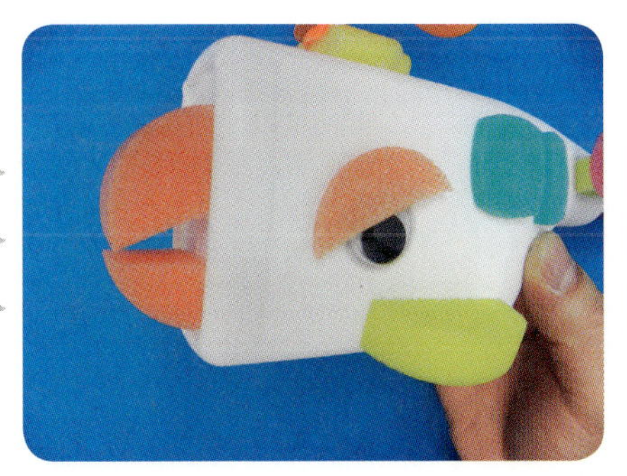

11 5T백업을 잘라서 부리모양으로 붙이고,

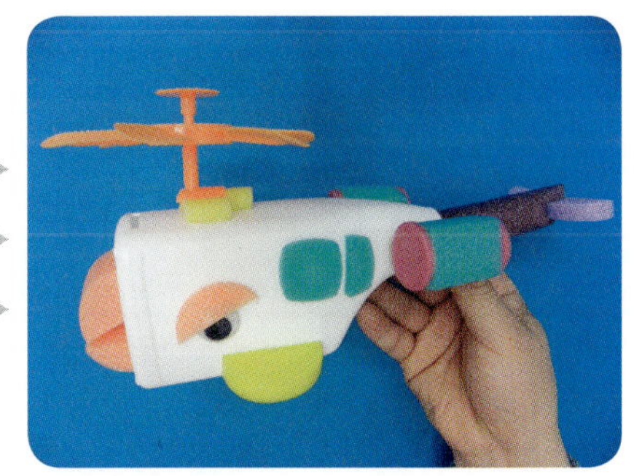

12 헬기저금통을 완성한다.

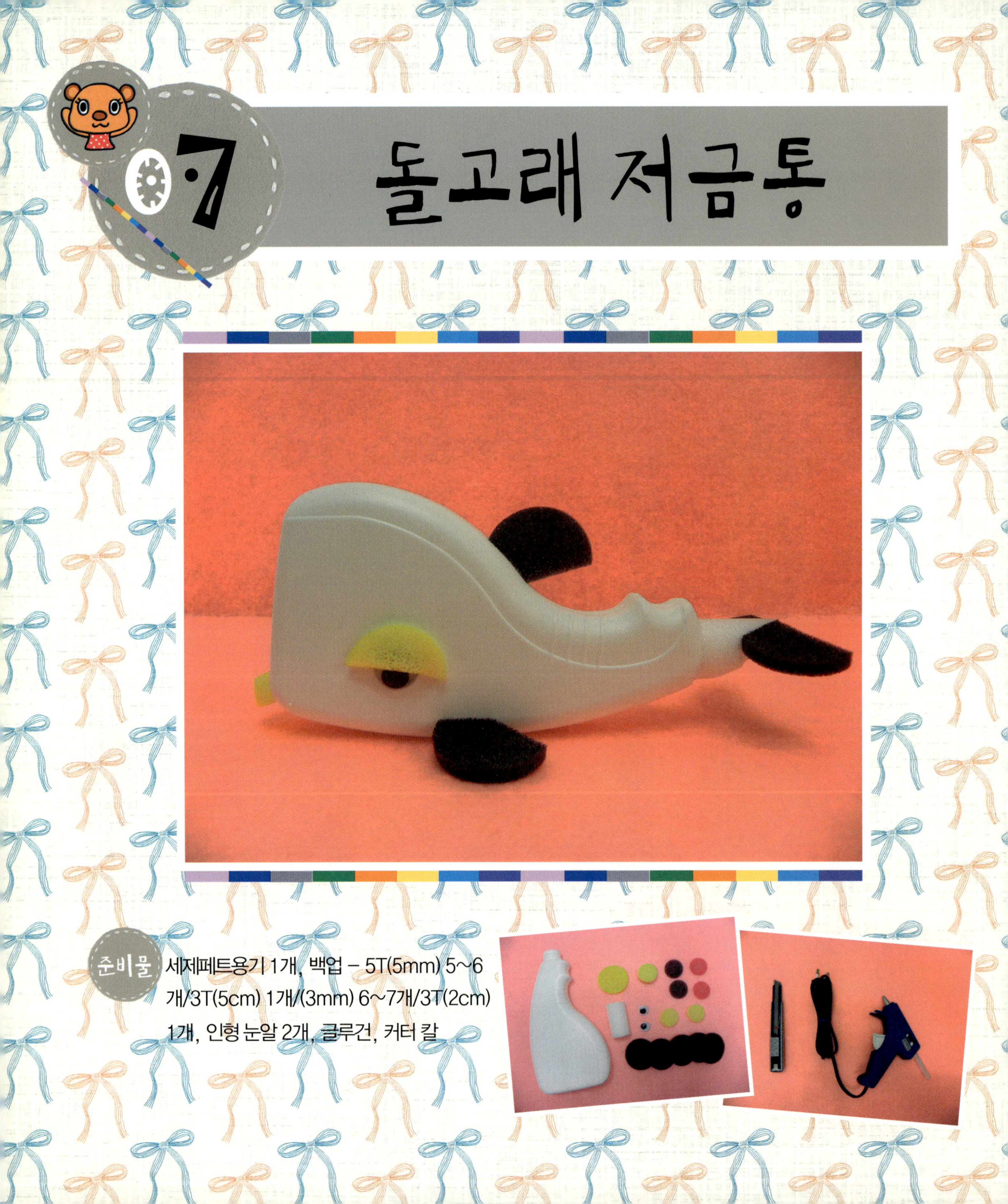

돌고래 저금통

준비물 세제페트용기 1개, 백업 – 5T(5mm) 5~6개/3T(5cm) 1개/(3mm) 6~7개/3T(2cm) 1개, 인형 눈알 2개, 글루건, 커터 칼

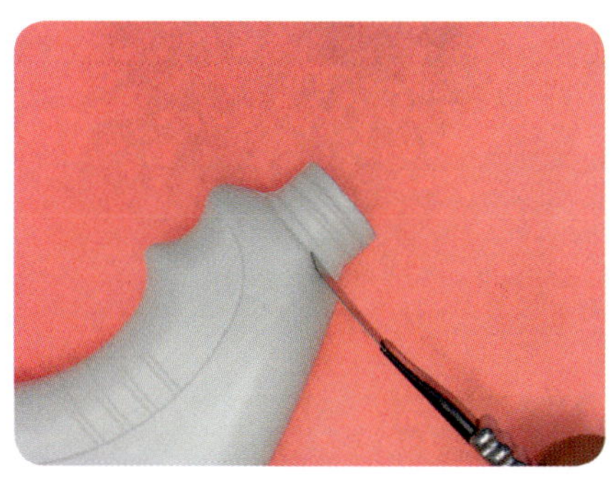

1 페트병의 주둥이를 칼로 잘라 낸다.

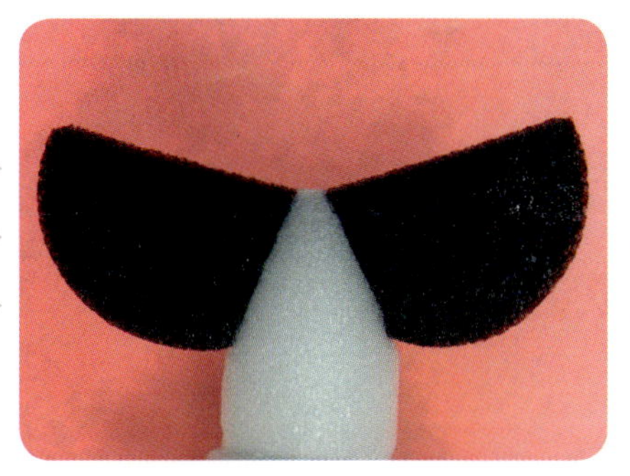

2 3T(5cm)백업의 양면을 칼로 비스듬하게 자르고 5T(5mm) 백업을 잘라 다듬어

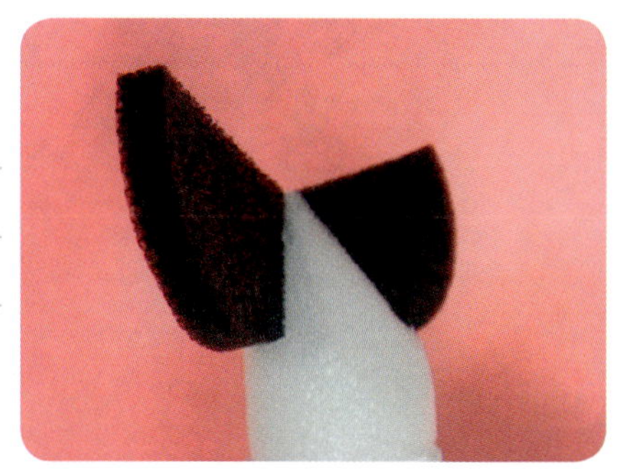

3 꼬리 지느러미로 만들어 붙여 **1**의 잘라낸 곳에 끼워 붙인다.

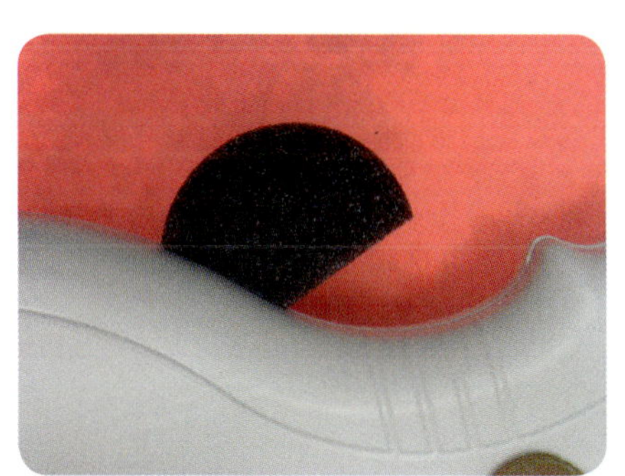

4 5T(5mm)백업을 잘라서 등 지느러미로 붙여 장식한다.

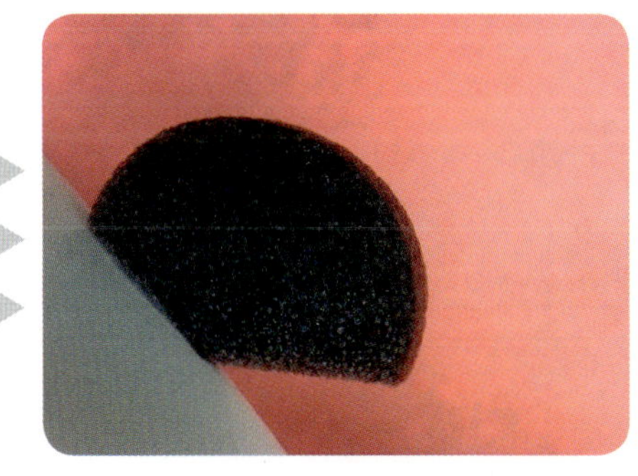

5 5T(5mm)백업을 잘라서 배 양쪽에 붙여 배 지느러미를 만든다.

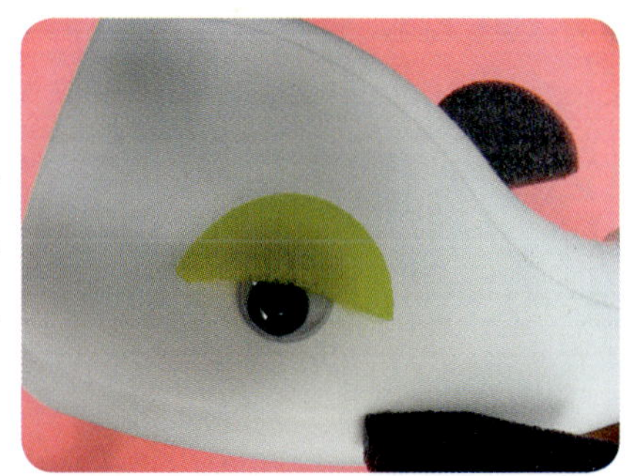

6 눈알을 붙이고 5T(3mm)백업을 잘라 눈 위에 붙여서 장식한다.

7 3T백업을 잘라 입을 만들어 붙인다.

8 균형과 위치에 맞게 백업을 잘 붙인다.

9 고래의 위에서 본 모습

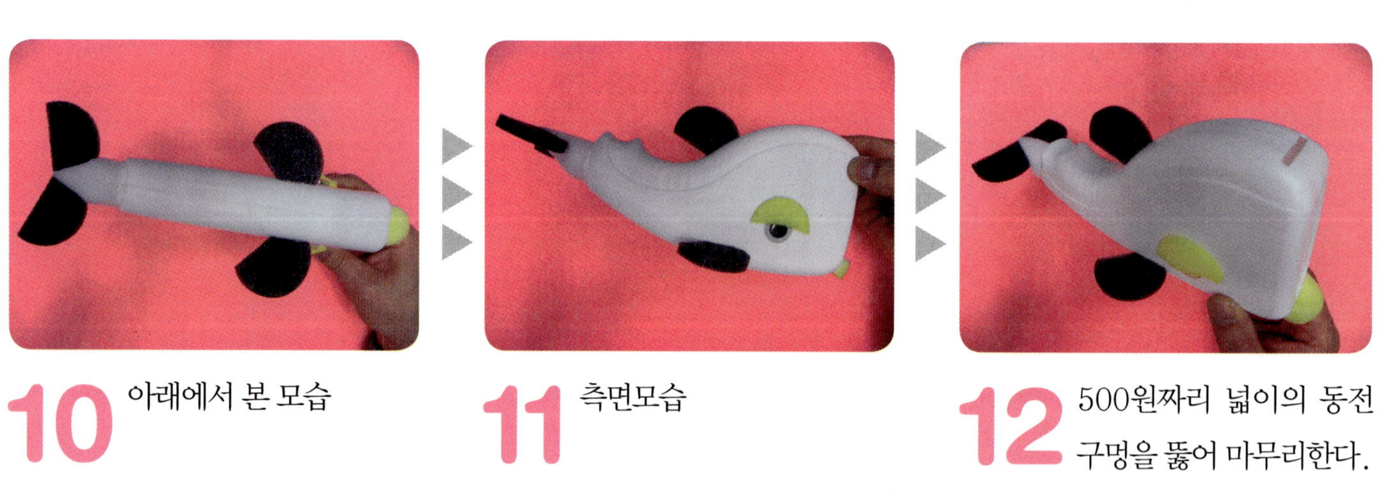

10 아래에서 본 모습

11 측면모습

12 500원짜리 넓이의 동전 구멍을 뚫어 마무리한다.

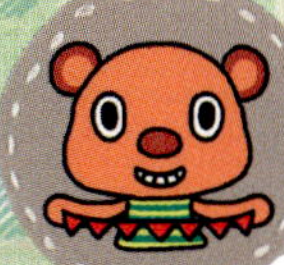

미로찾기(보물찾기)

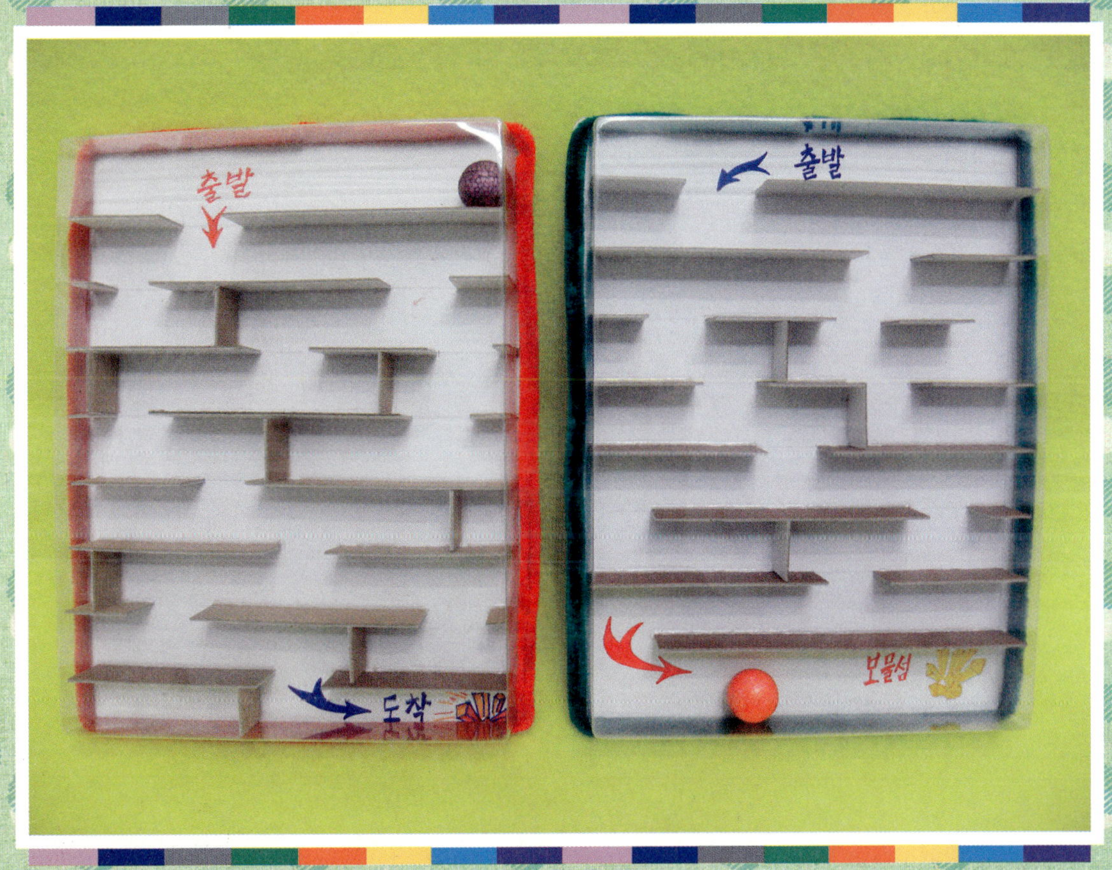

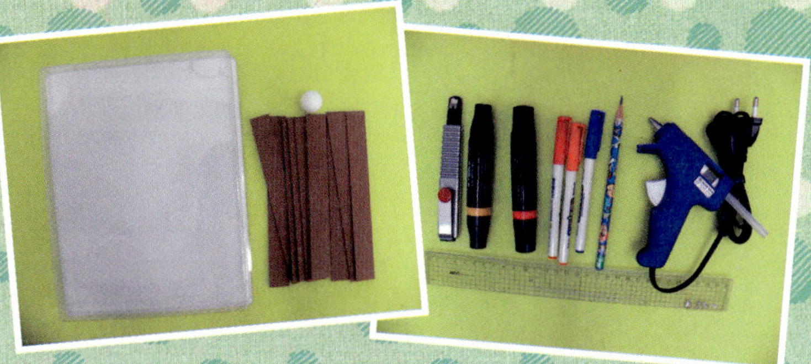

준비물 투명 사각액자 1개, 스티로폼 공(지름 2.5cm) 1개, 하드보드지(넓이 2.5cm) 7장, 연필, 자, 컬러 유성매직, 글루건, 커터 칼

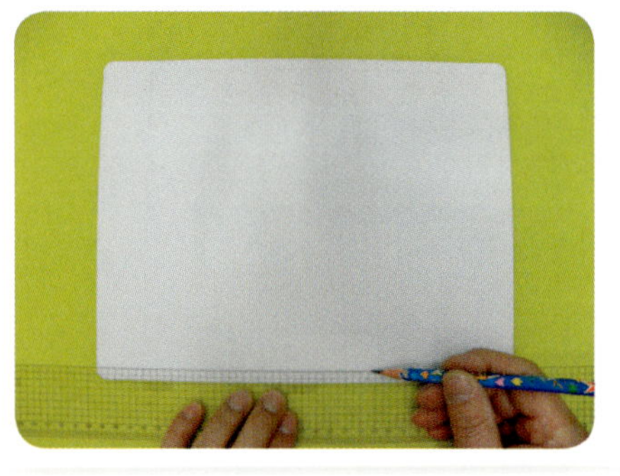

1 가장자리에서 약 5mm~7mm 정도 띄워 연필로 선을 긋는다.

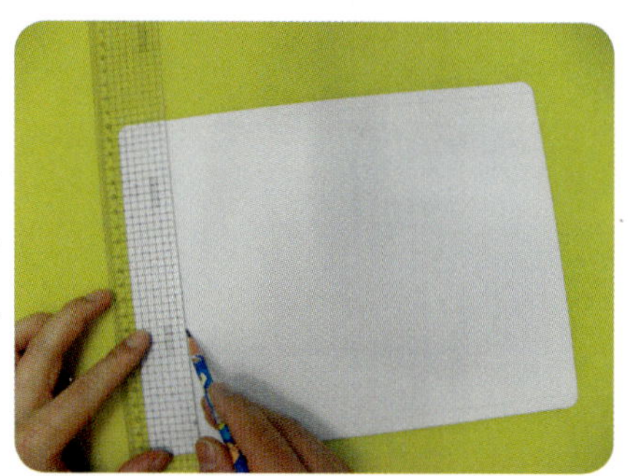

2 처음은 약 3.5cm~4cm를 띄운 곳에 연필로 선을 긋고,

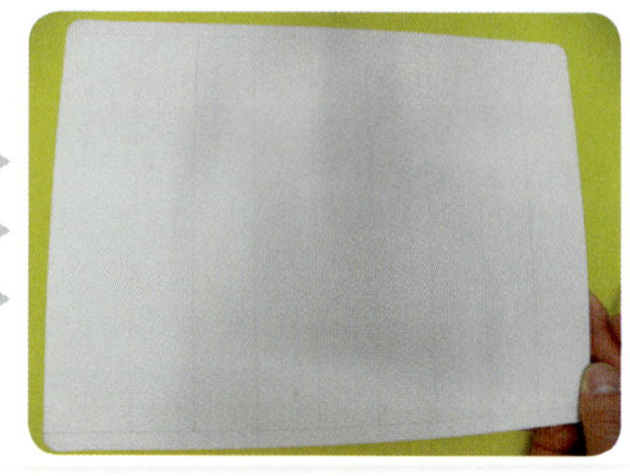

3 그 다음부터는 3cm씩 띄우면서 선을 그린다.

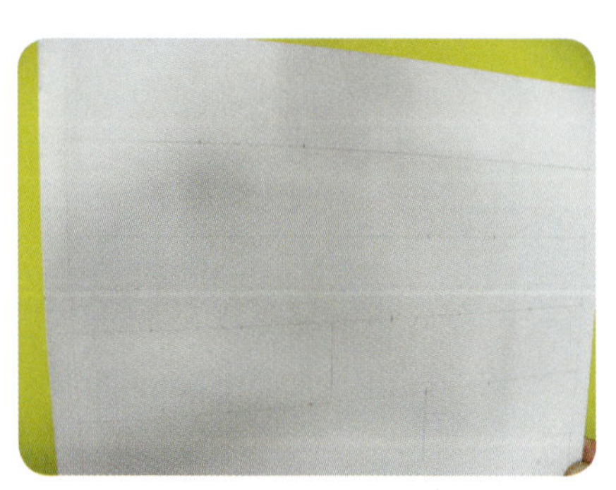

4 가로와 세로 밑그림이 완성되면 볼이 지나갈 곳을 자유롭게 점을 찍어 표시한다.

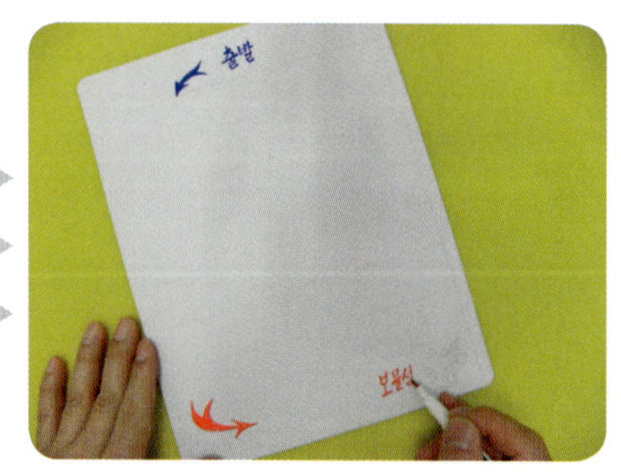

5 밑그림이 완성되면 출발지점과 도착지점, 보물 상자나 보물 등을 그린다.

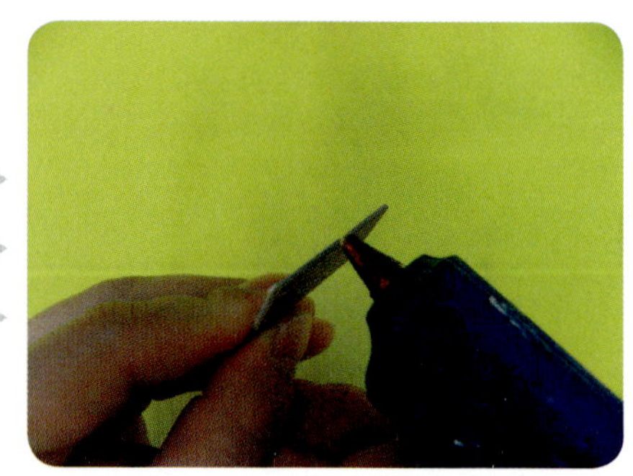

6 하드보드지를 잘라 글루를 바른 후,

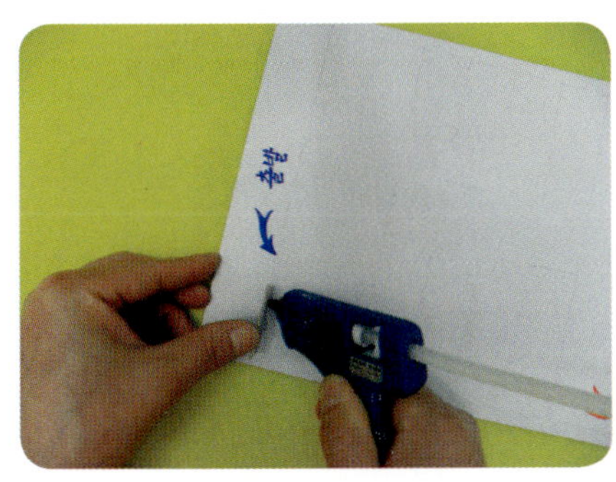

7 그려놓았던 연필 선에 붙이고, 붙인 면에 다시 글루를 가늘게 쏜다.

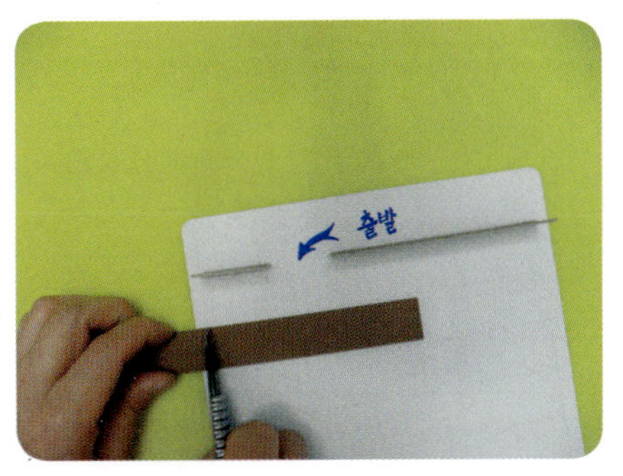

8 연필로 그린 밑그림 길이만큼 하드보드지를 자르며 차례대로 붙여 내려간다.

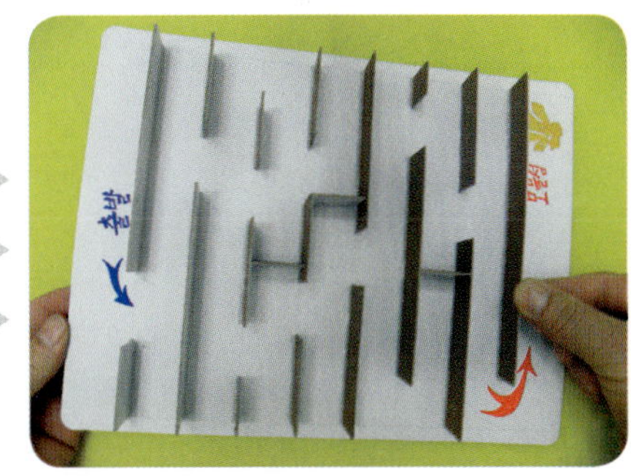

9 볼이 지나가는 통로 외에도 벽을 만들어 함정 통로를 만든다.

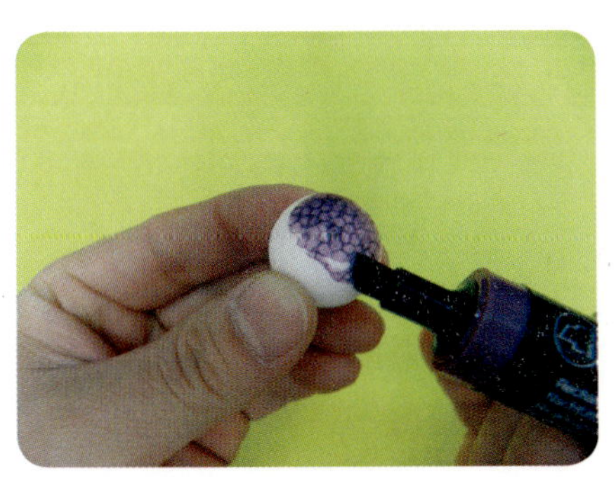

10 스티로폼 볼에 색을 칠하고,

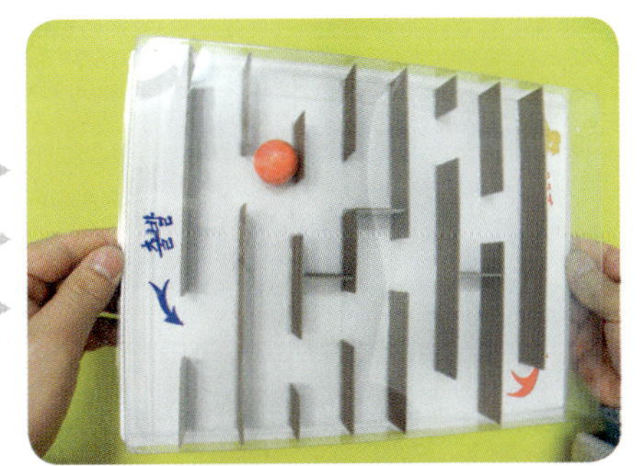

11 볼을 넣어 덮개를 덮고 볼을 굴려서 길을 찾아가본다.

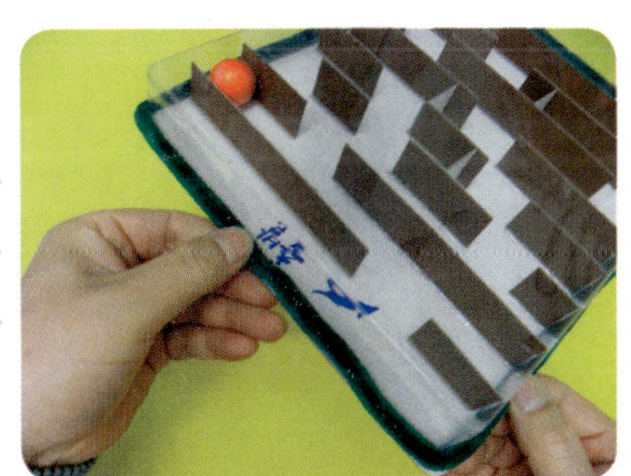

12 사각액자 둘레에 글루를 가늘게 쏘아 모루를 붙여 완성한다.

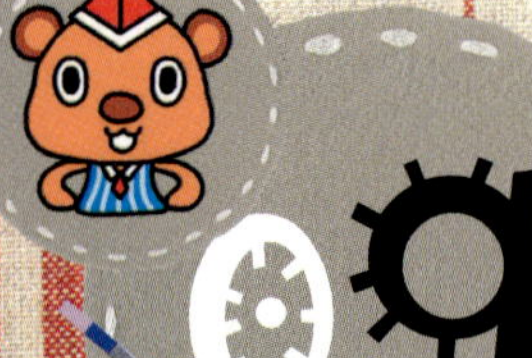

삑삑이 벌 바람개비

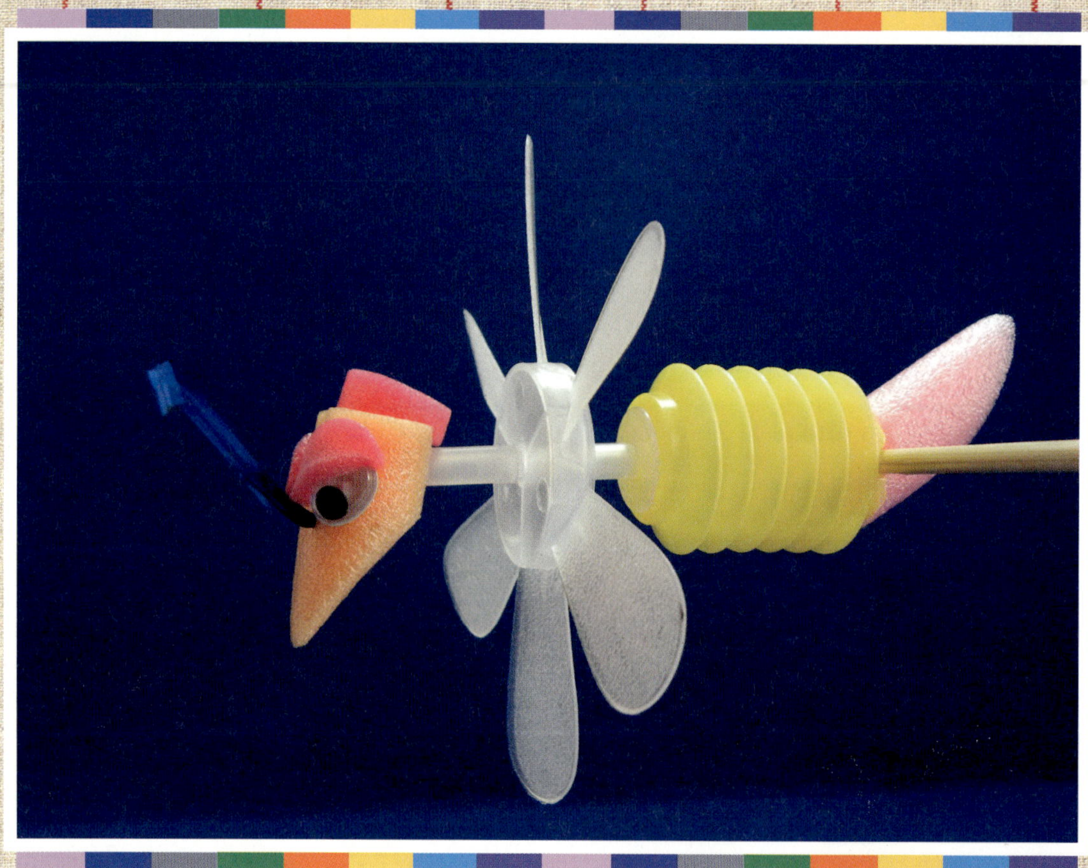

준비물 플라스틱 날개 1세트, 백업 3T – 4cm와 6cm로 비스듬히 자른 2가지 색 각각 1개씩/3mm 2장, 눈알 2개, 빵 끈 2개, 삑삑이 자바라 1개, 글루건, 커터 칼

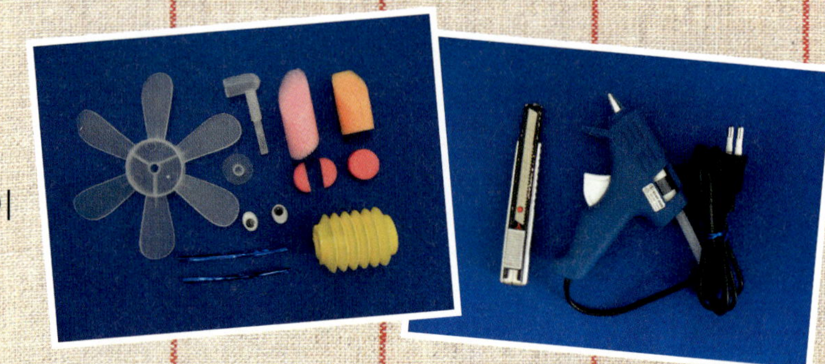

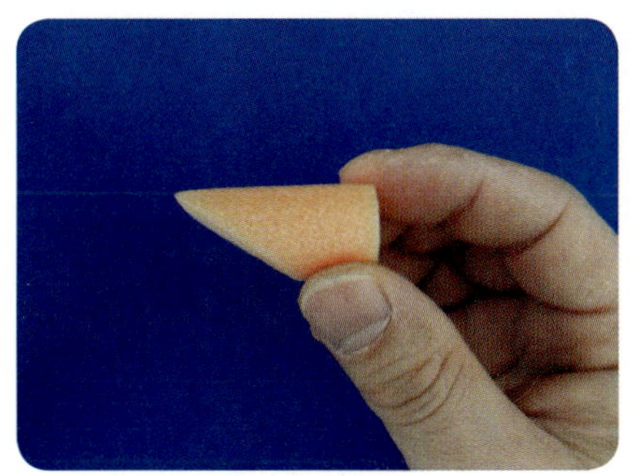

1 비스듬히 자른 백업의 중앙을

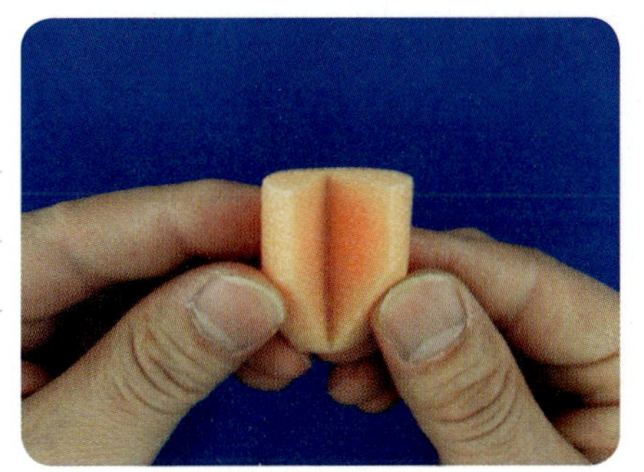

2 칼로 자른다.

🔔 완전히 잘리지 않도록 책을
펴는 듯하게 자른다.

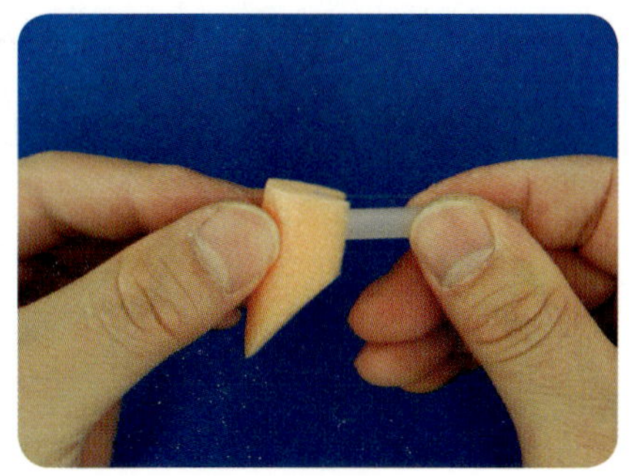

3 사이에 글루를 쏘고, 날개의
심을 붙인다.

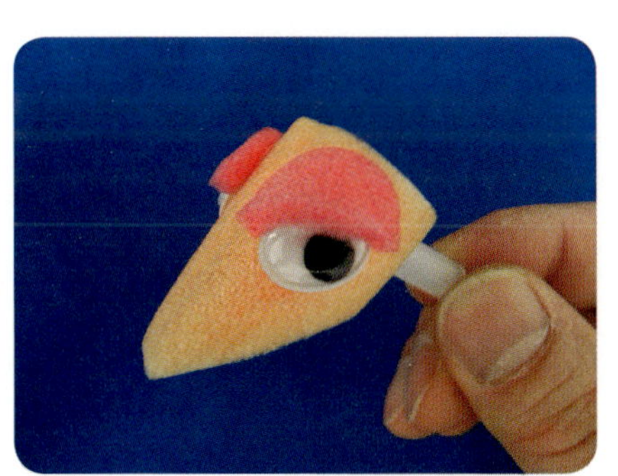

4 눈알과 3mm 백업을 반으
로 잘라 눈꺼풀로 붙인다.

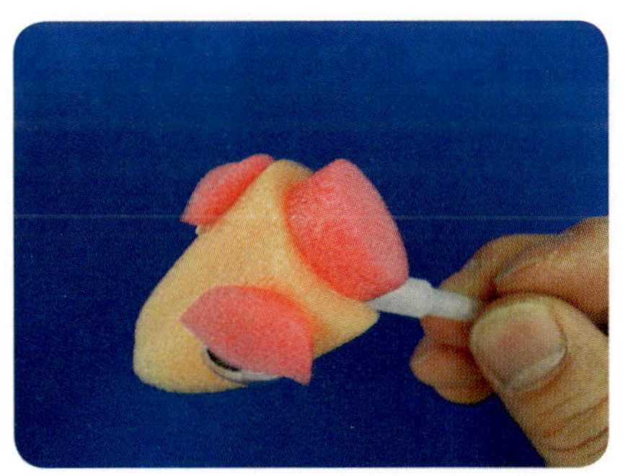

5 머리 위에 백업 조각을 붙인
다.

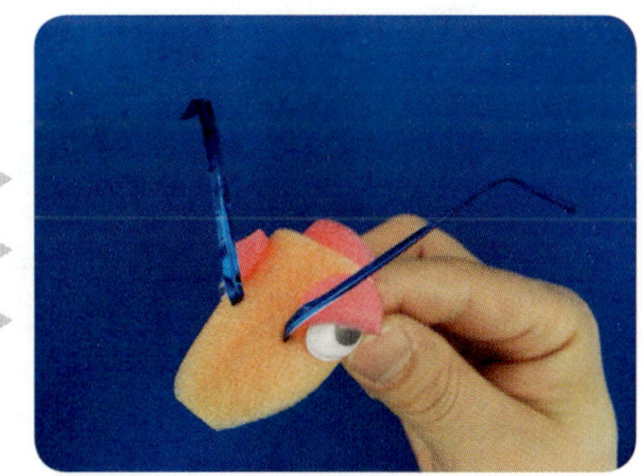

6 미간에 빵 끈을 꽂아 더듬이
를 만든다.

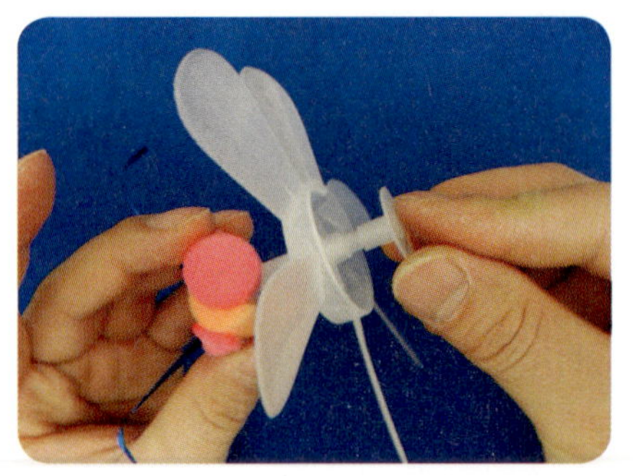

7 4에서 붙인 날개심에 날개를 끼워 넣고 심 뚜껑을 끼운다.

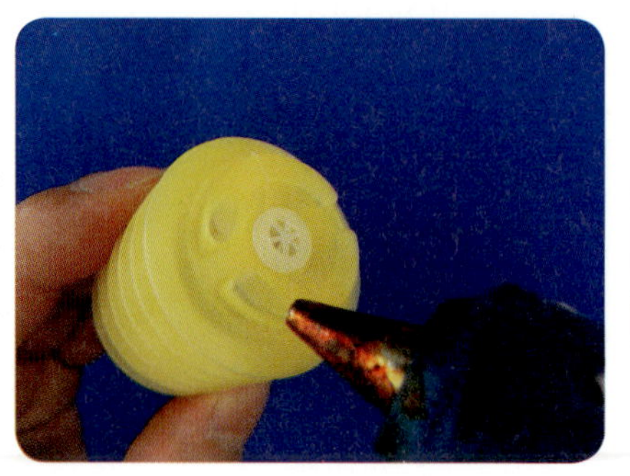

8 삑삑이의 양쪽 튀어나온 부분에 글루를 바르고

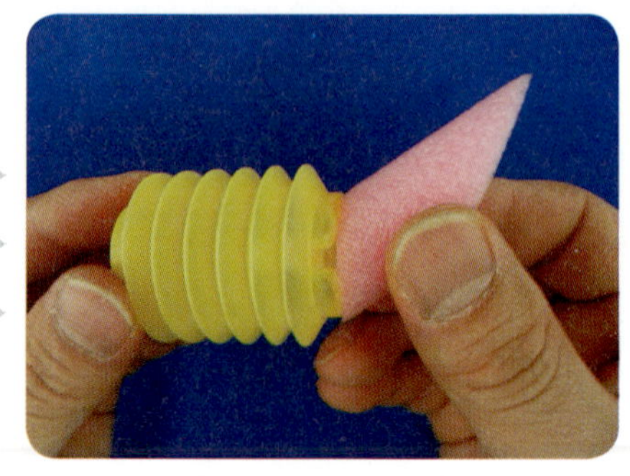

9 백업을 뾰족하게 잘라 붙인다.

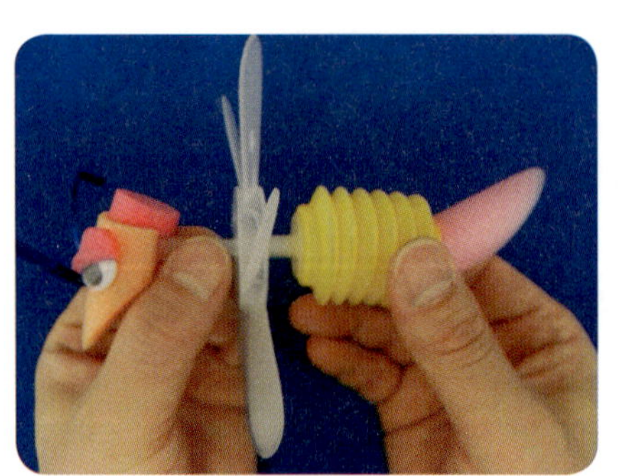

10 7의 뚜껑에 글루를 바르고 9를 붙여

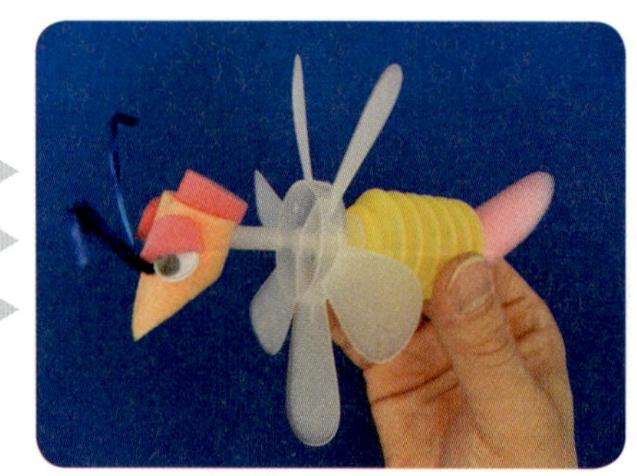

11 완성한다.

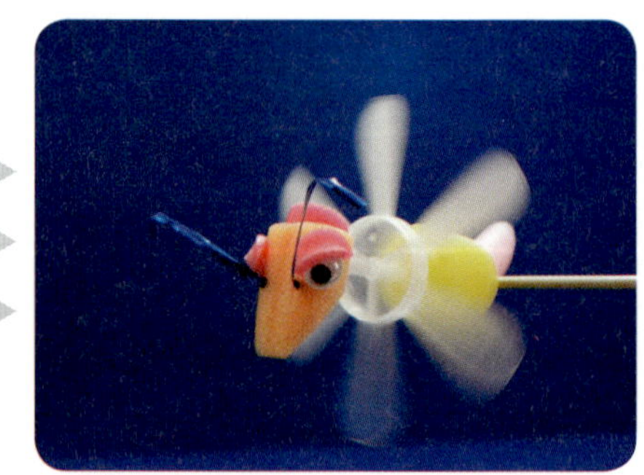

12 바람이 불면 날개가 돌아가고 손으로 누르면 삑삑 소리가 난다.

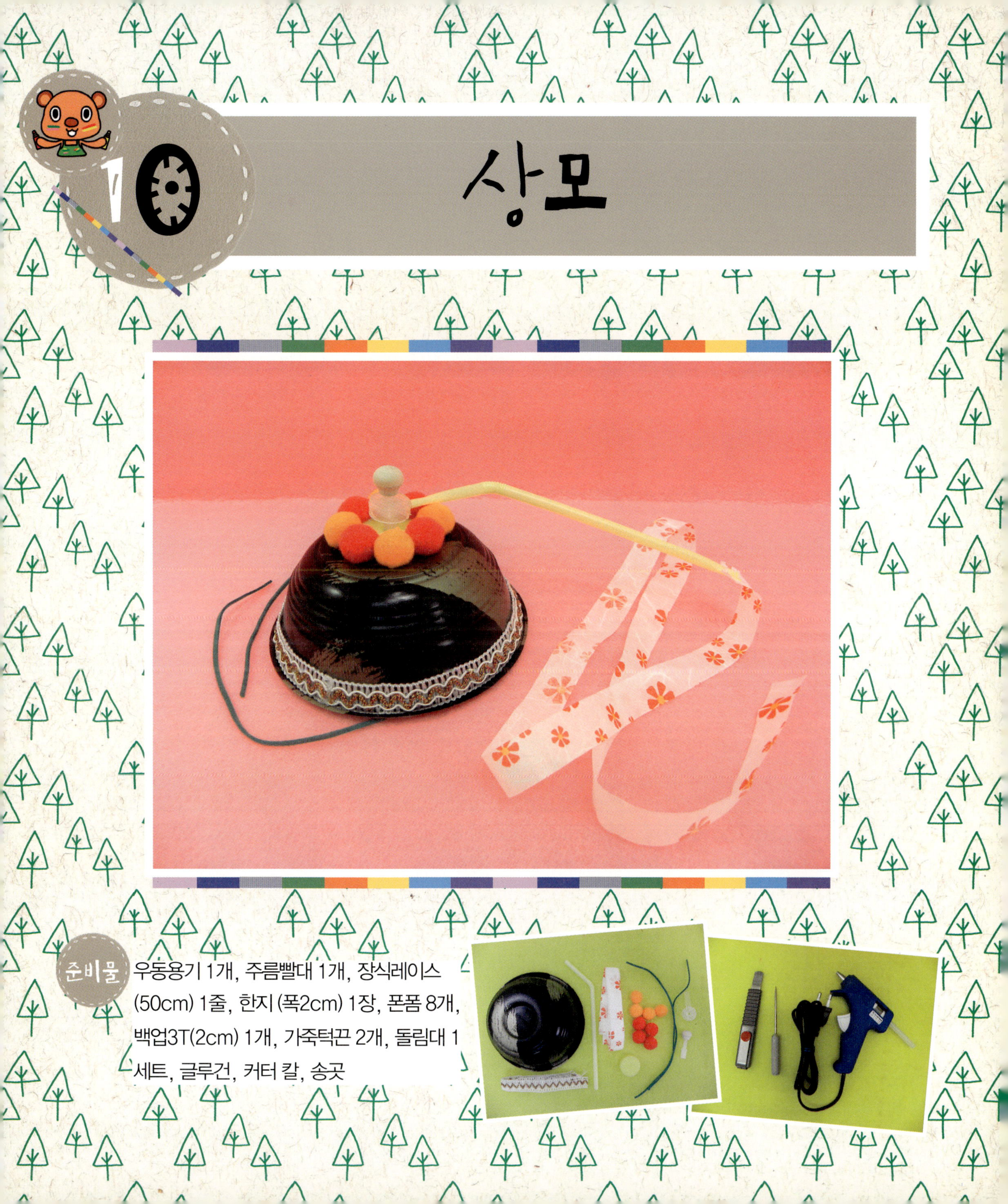

상모

우동용기 1개, 주름빨대 1개, 장식레이스 (50cm) 1줄, 한지 (폭2cm) 1장, 폼폼 8개, 백업3T(2cm) 1개, 가죽턱끈 2개, 돌림대 1 세트, 글루건, 커터 칼, 송곳

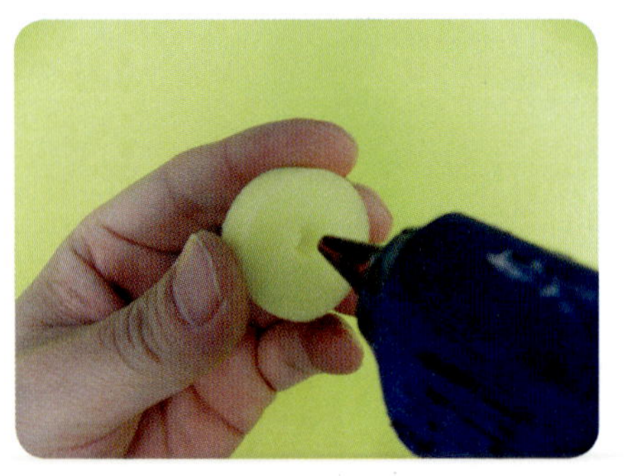

1 백업 중앙에 예비구멍을 내고 글루를 한 방울 떨어뜨린다.

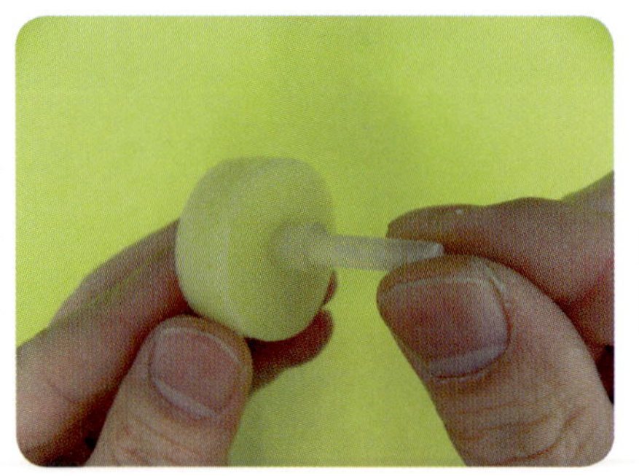

2 글루가 굳기 전 회전축을 끼워 넣는다.

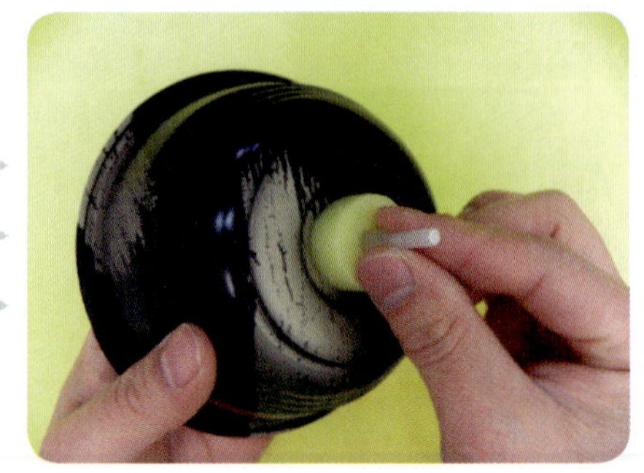

3 우동용기의 밑바닥 중앙에 글루를 이용하여 붙여 고정한다.

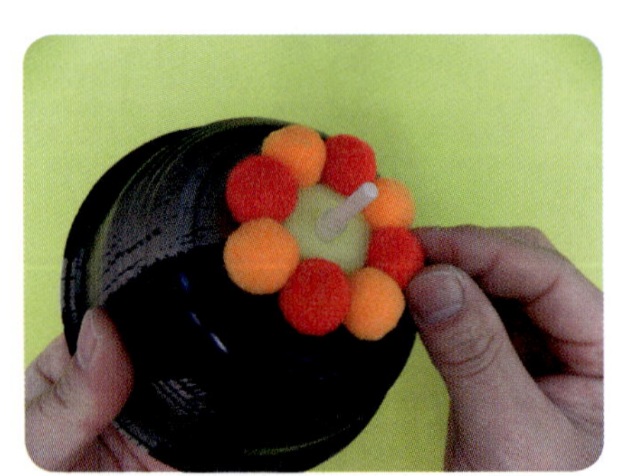

4 폼폼을 붙여서 장식한다.

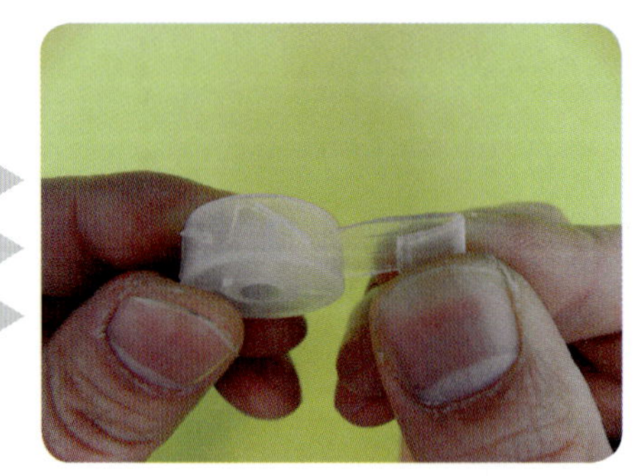

5 회전대를 약 5mm 정도 꺾고,

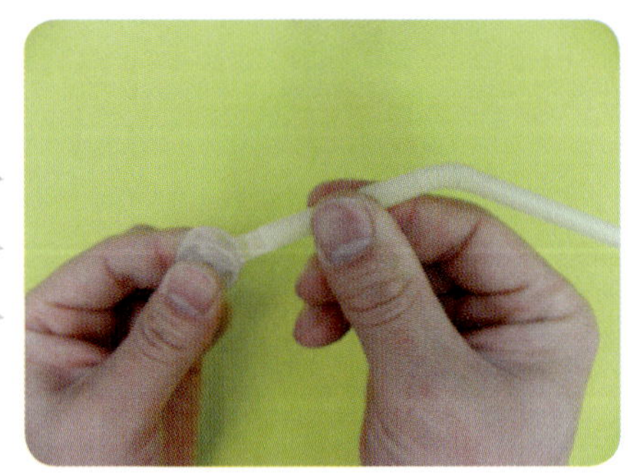

6 주름 빨대의 짧은 쪽을 끼워 넣는다.

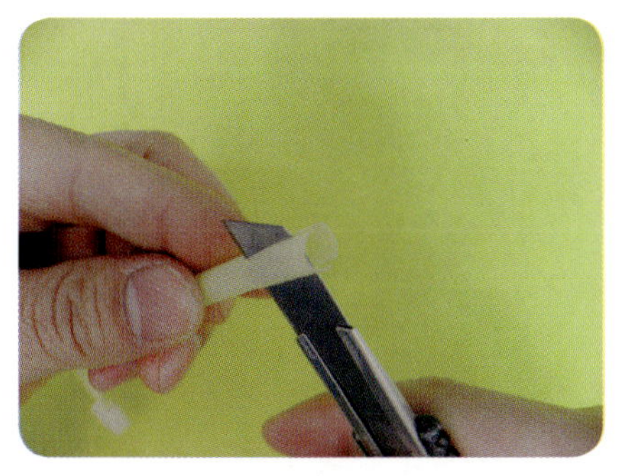

7 6의 반대쪽을 칼로 약 1cm 정도 자르고,

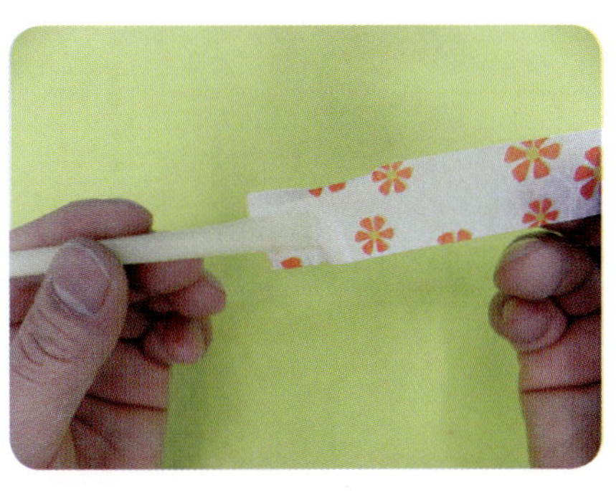

8 글루건을 조금 쏘아 한지를 끼워 붙인다.

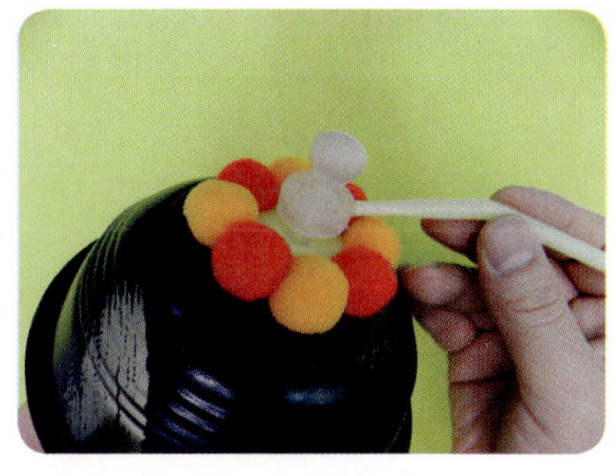

9 3의 회전축에 한지를 끼워 붙인 회전대를 끼워 조립한다.

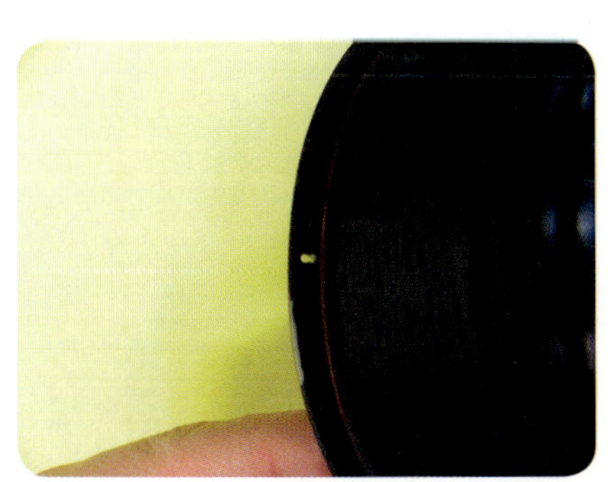

10 우동용기의 가장자리에 송곳으로 예비구멍을 내고 턱끈을 끼워 매듭지어

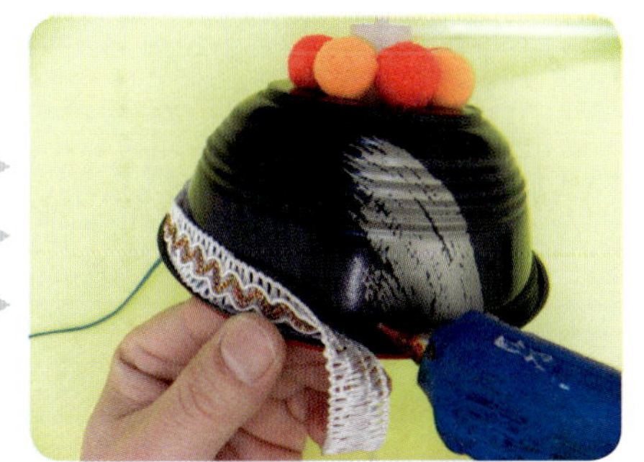

11 잡아당긴 다음 장식레이스를 붙여 마무리한다.

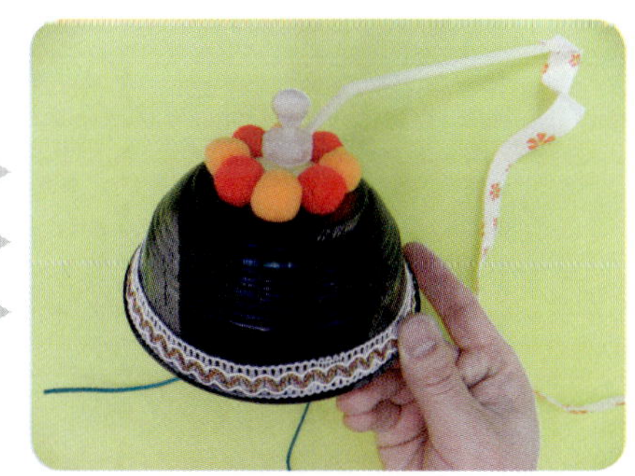

12 한지를 끼워 붙인 회전대가 잘 돌아가면 완성!

석궁

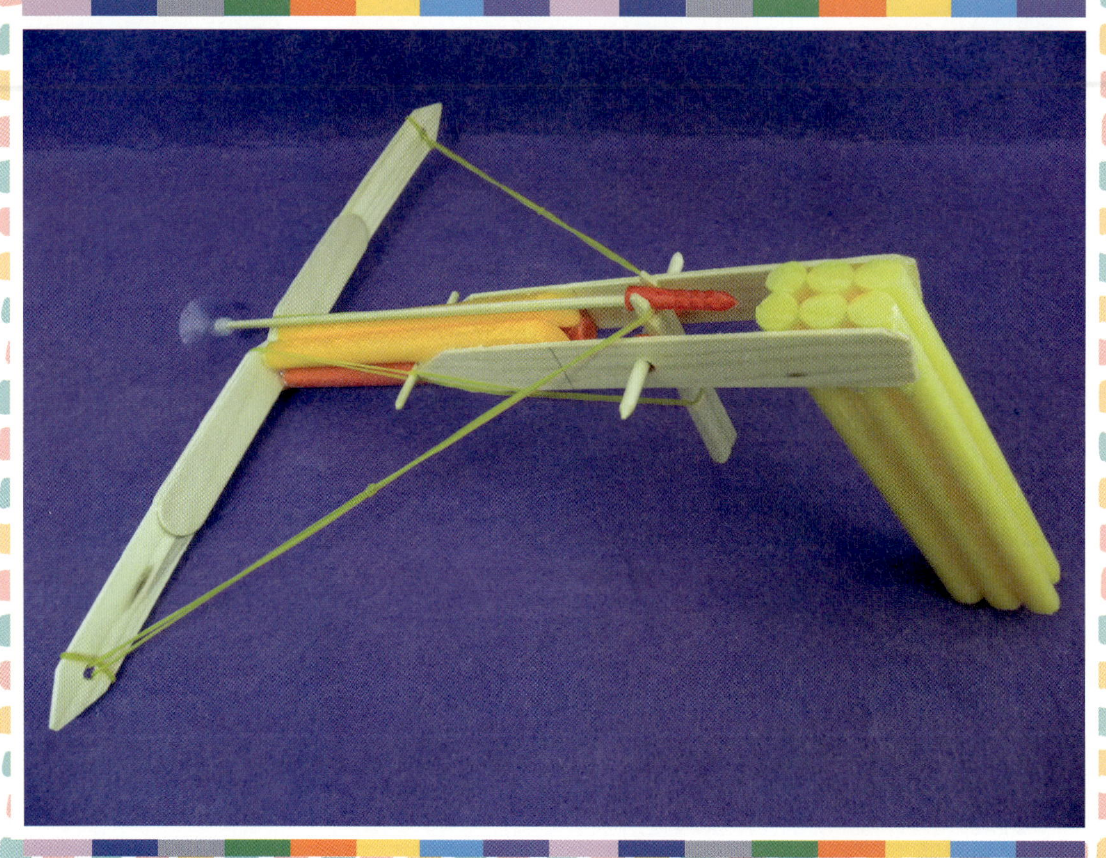

 수수깡 5개, 하드스틱(대) 2개, 뽀족스틱 4개, 고무줄 5개, 빨대 조금, 화살잡이큐방(소) 1개, 어묵꼬치(4mm/6cm) 1개, 떡꼬치 2개 정도, 나무젓가락 1개, 글루건, 커터 칼, 목공 만능본드

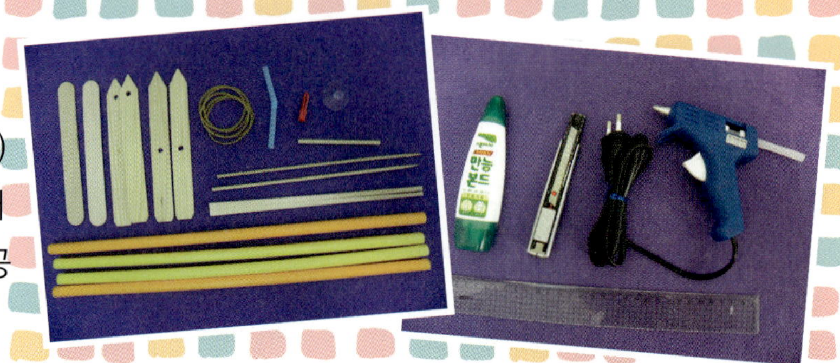

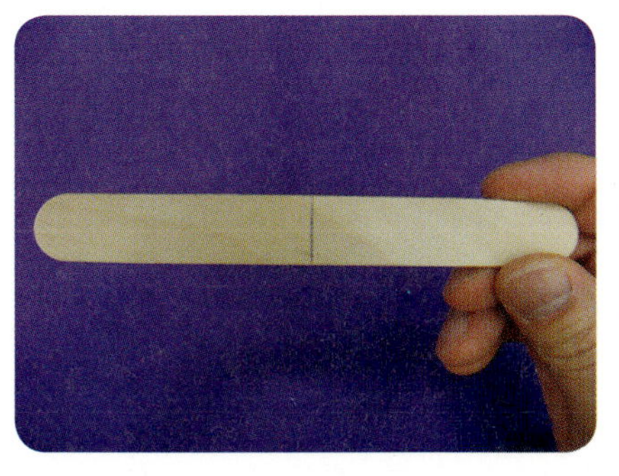

1 하드스틱 가운데에 중심선을 그리고, 그 중심으로 뾰족스틱 2개를

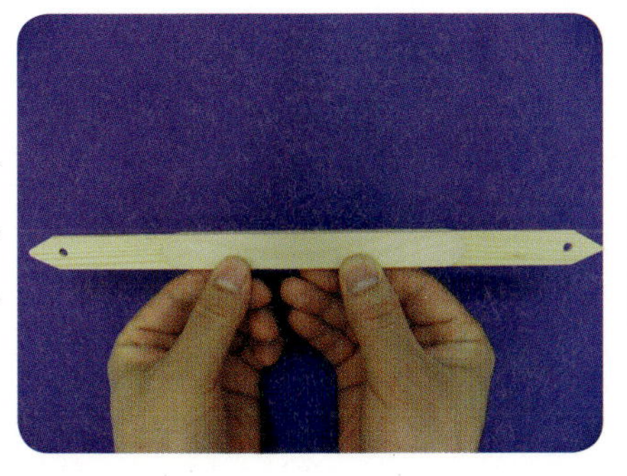

2 목공본드로 붙인 후, 다시 그 위에 하드스틱을 겹쳐 붙인다.

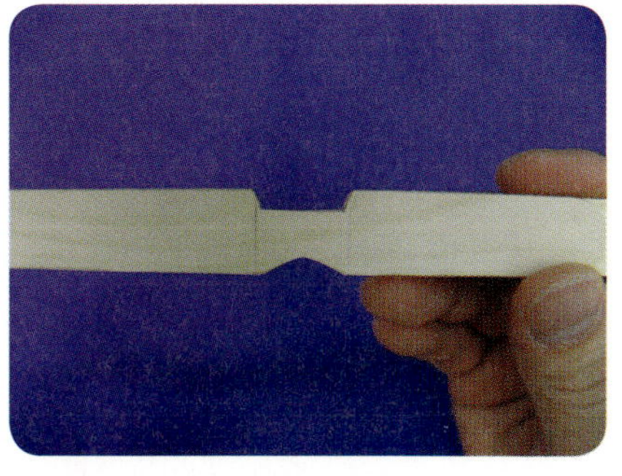

3 본드가 굳으면 **2**의 가장자리를 약 2cm 정도 사진과 같이 칼로 판다.

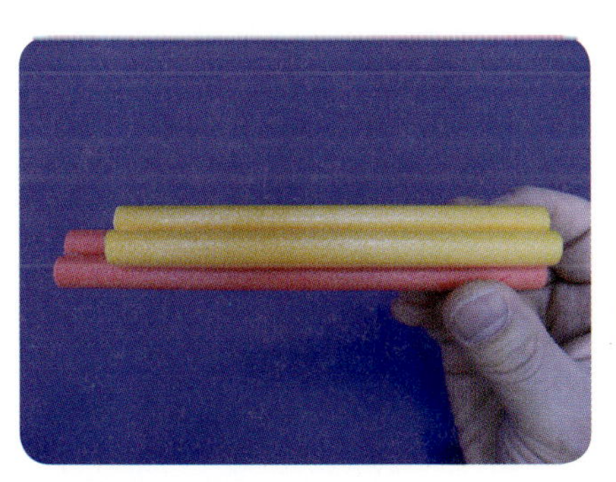

4 15cm 2개와 13cm 2개씩을 겹쳐 붙여서 총열을 만든다.

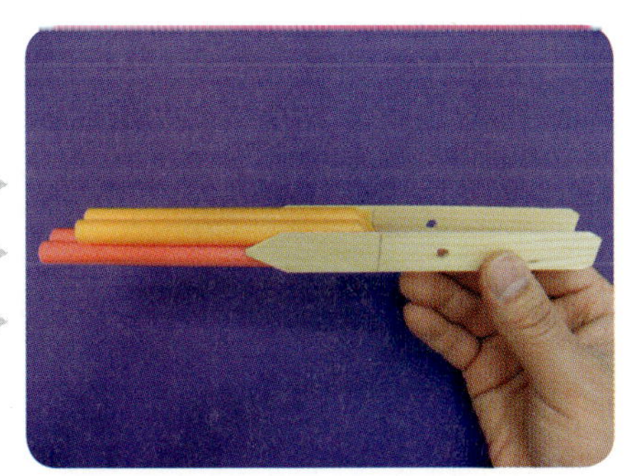

5 **4**의 위쪽 수수깡을 비스듬히 잘라 방아쇠걸이 판을 양쪽에 붙인다. (양 구멍이 나란하게 붙인다.)

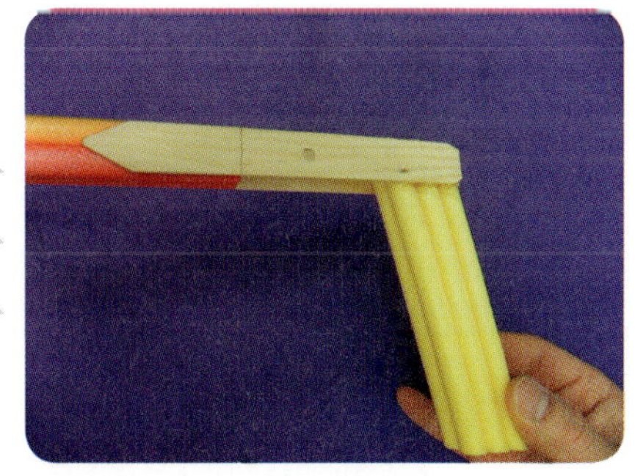

6 15cm씩 6개를 잘라 서로 겹쳐 붙여서 손잡이를 만들어 글루로 고정한다.

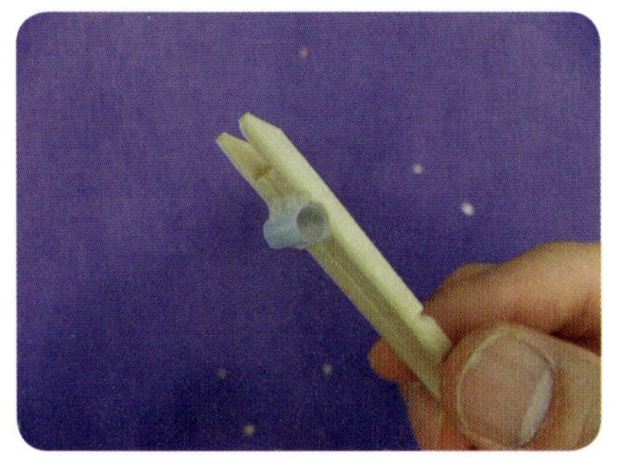

7 젓가락 7cm를 잘라 U자 홈을 파고, 2~3cm 아래에도 홈을 파 빨대를 붙인다.

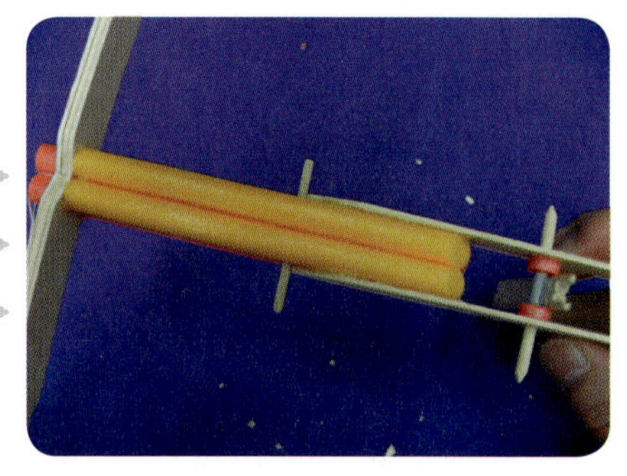

8 수수깡을 잘게 잘라 방아쇠 사이사이에 끼운다. 뾰족스틱 끝에는 떡꼬치를 잘라

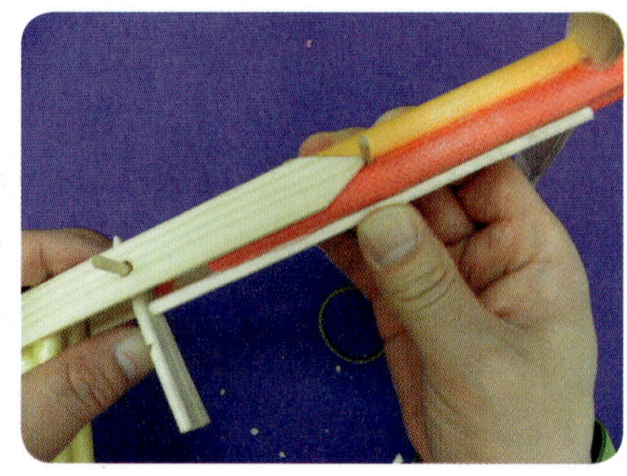

9 꽂고, 총열 끝엔 **3**을 붙이고, 남은 나무젓가락을 방아쇠 지지대로 붙인다.

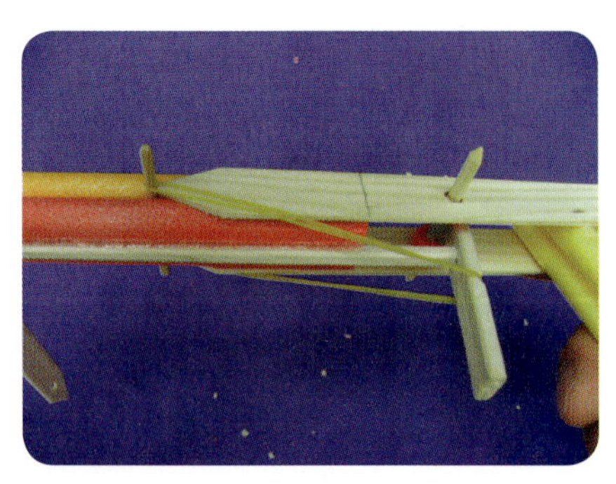

10 방아쇠에 홈을 파고 고무줄을 건다.

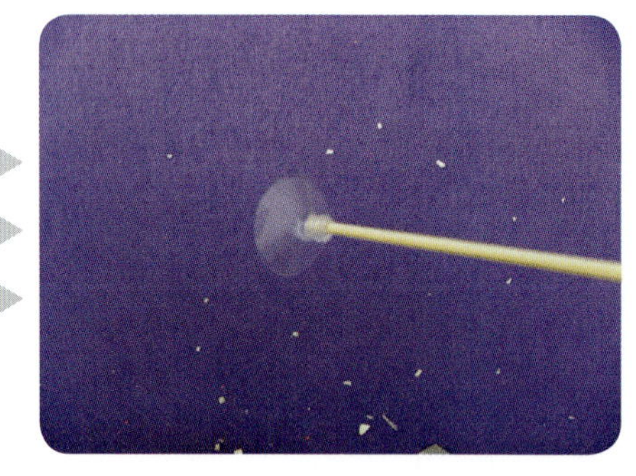

11 큐방에 송곳 등으로 예비 구멍을 내고 떡꼬치를 꽂아 글루로 고정한다.

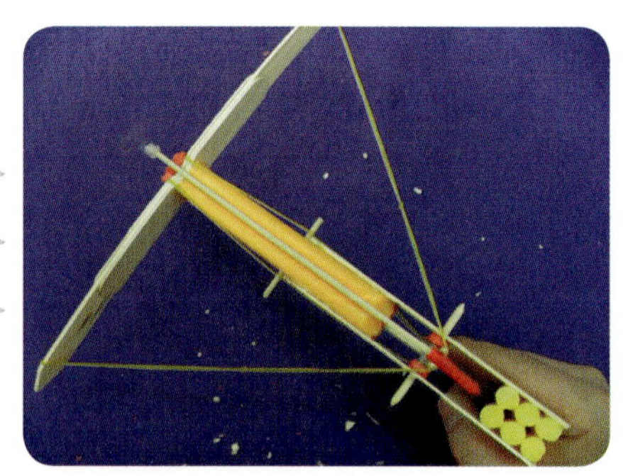

12 화살잡이 틈으로 고무줄을 끼워 활판에 연결하여 석궁을 완성한다.

스탠드 저금통(연필꽂이)

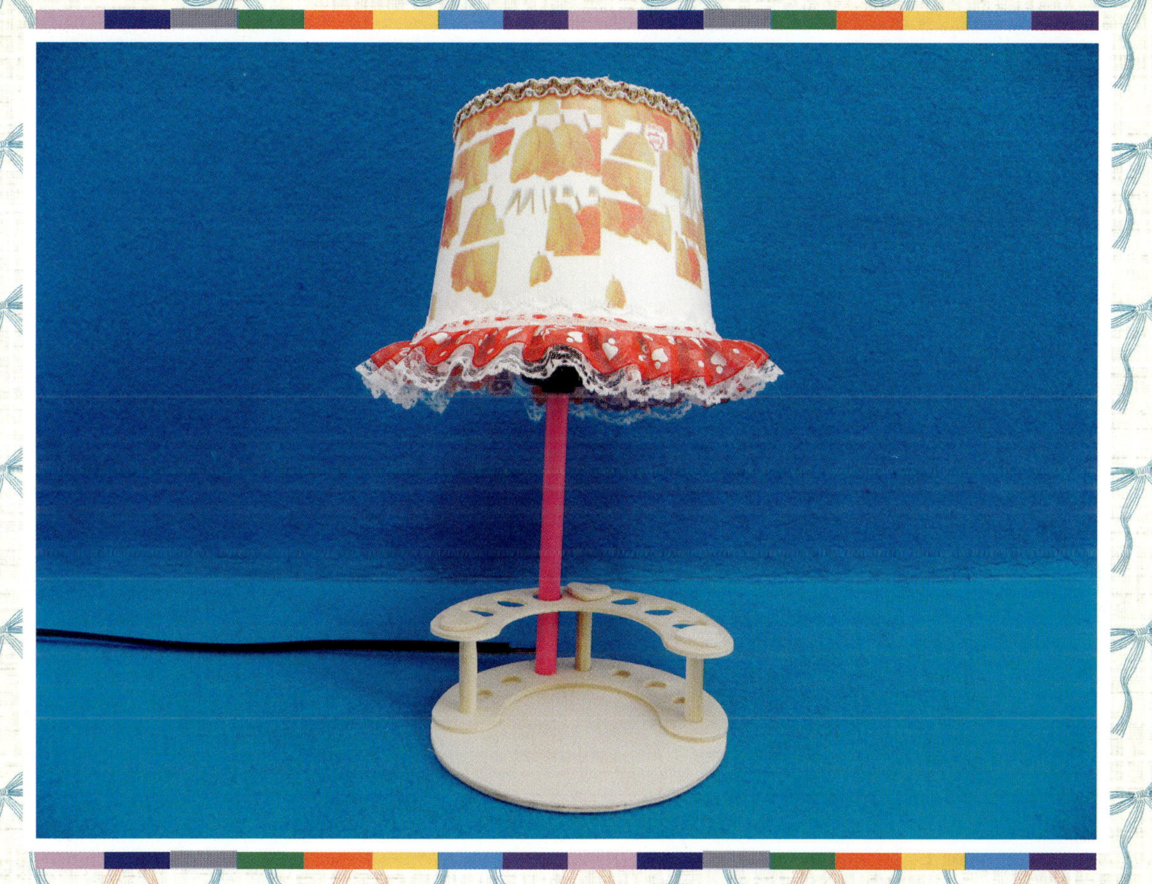

준비물 연필꽂이(원목) 1개, 종이컵 1개, 키소켓/전구 1세트, 알루미늄 와이어 1개, 압단자 2개, 장식레이스 1줄, 파워플러스 1개, 플라스틱 관(25cm) 1개, 글루건, 커터 칼, 드라이버

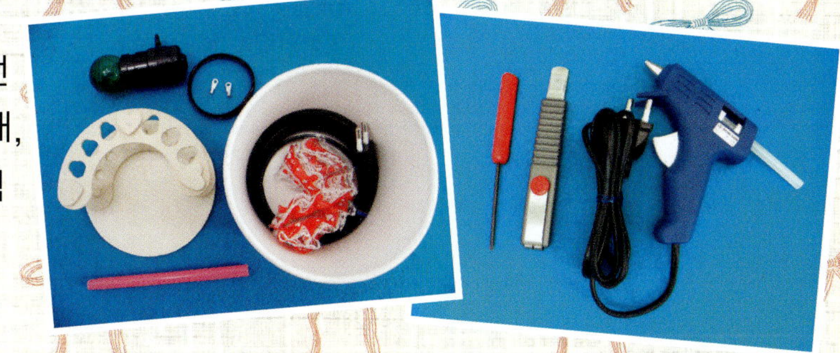

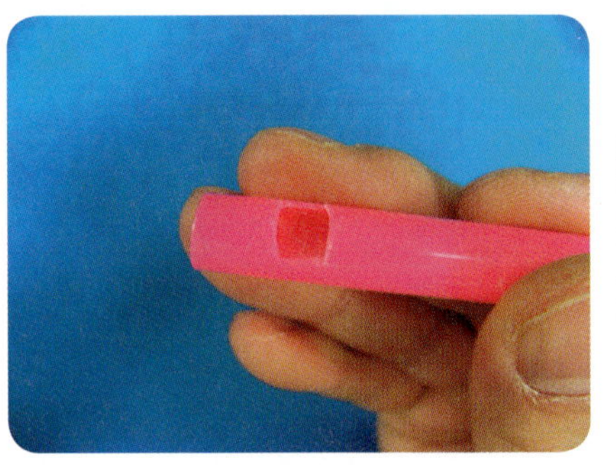

1 플라스틱 관 아래에서 약 1cm를 띄우고 전선이 들어갈 만큼 구멍을 낸다.

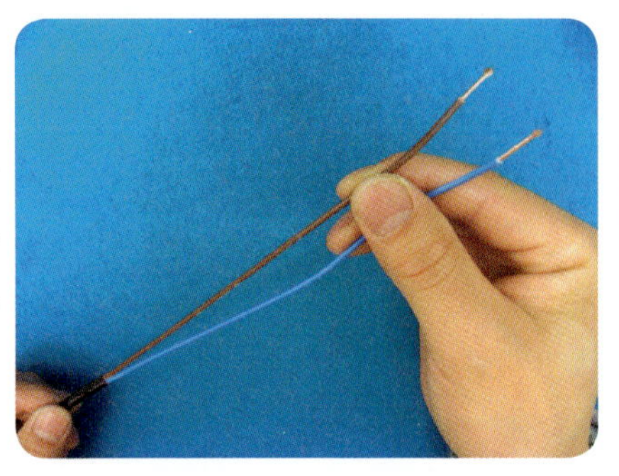

2 파워코드 전선의 겉 피복을 약 15cm 벗기고 다시 1cm 정도 속 피복을 벗긴다.

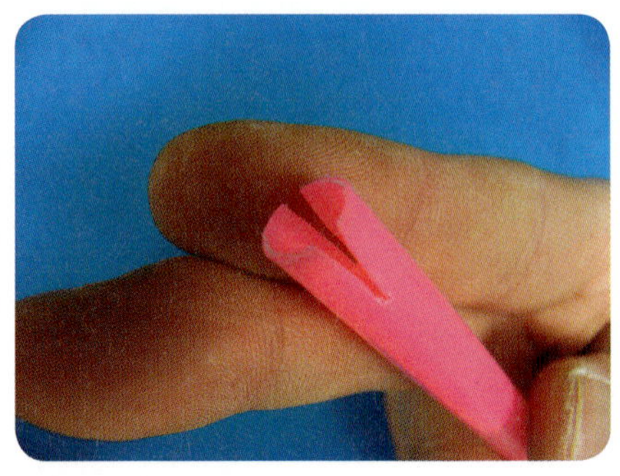

3 **1**의 반대쪽 약 1cm 정도를 V자 홈으로 잘라 파낸다.

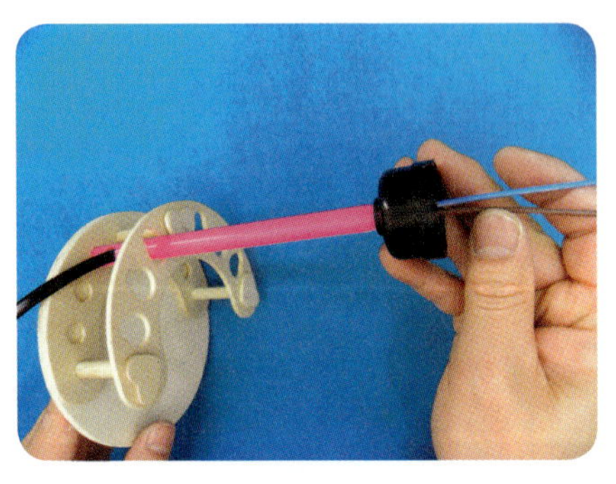

4 연필꽂이에 **1**을 끼우고 **1**의 구멍으로 전선을 끼워 위로 빼낸 후 다시 소켓의 뚜껑을 끼워 넣는다.

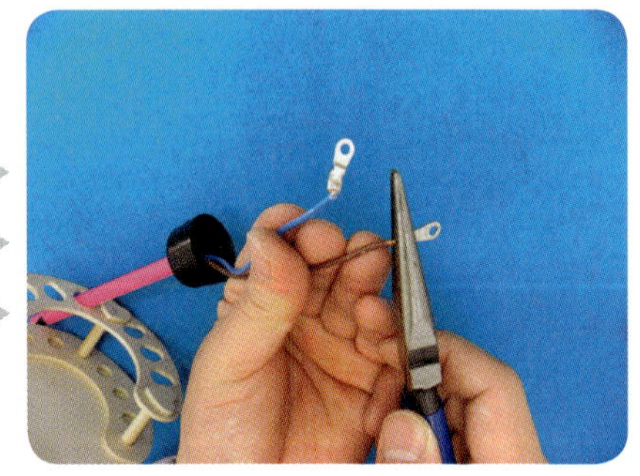

5 **2**에서 벗긴 구리선에 압단자를 끼우고 펜치나 니퍼로 힘 주어 조인다.

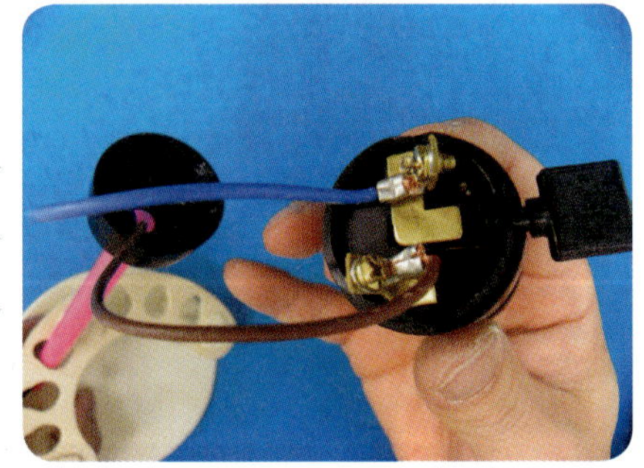

6 소켓몸통의 나사를 풀고, **5**의 단자를 끼워 드라이버로 조인다. (압단자를 90도로 꺾는다.)

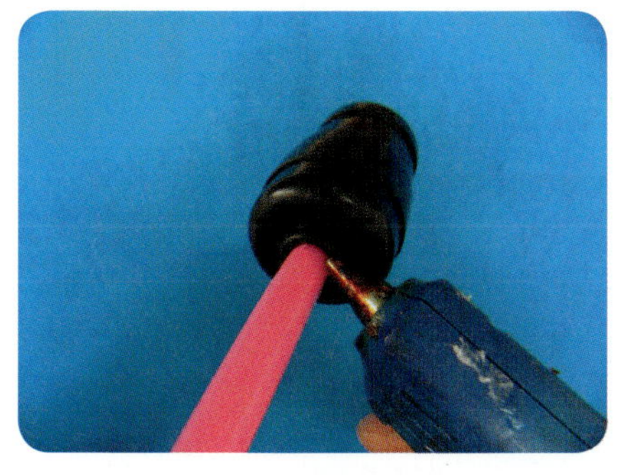

7 소켓의 뚜껑을 닫고, 글루를 쏘아 붙인다.

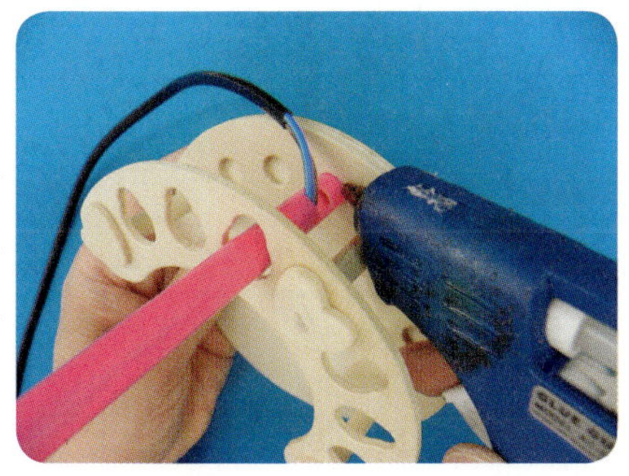

8 플라스틱 관에 글루를 쏘아 연필꽂이에 붙여 단단히 고정한다.

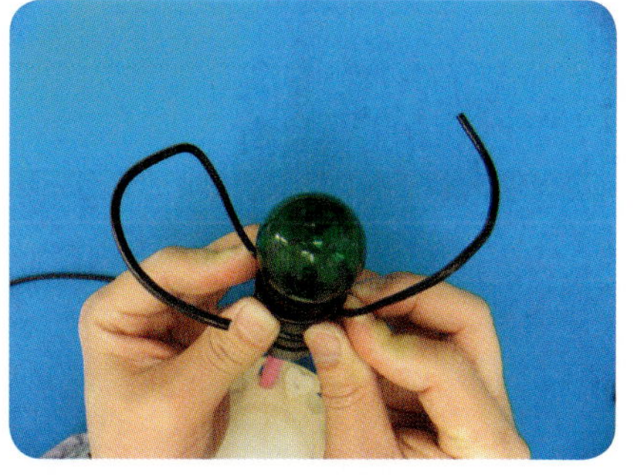

9 알루미늄 와이어를 소켓에 한 바퀴 반을 감아 사진과 같은 모양을 만든다.

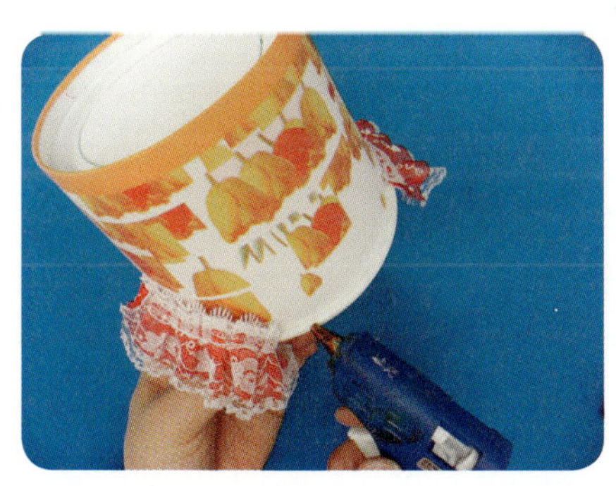

10 종이컵 입구 가장자리를 글루를 쏘아 레이스를 붙여나간다.

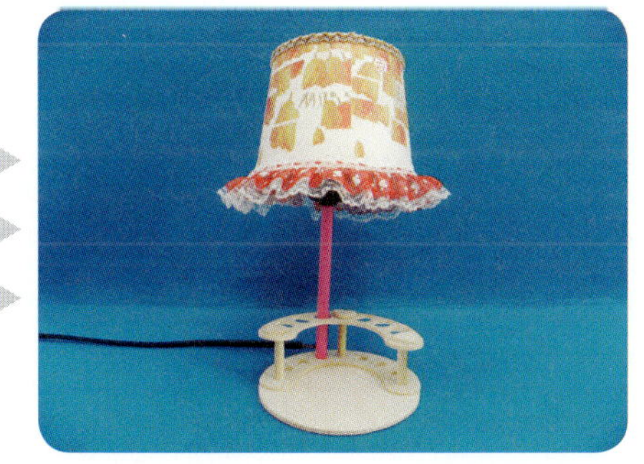

11 완성되면 연필꽂이 구멍에 연필을 꽂아 넣고 전원을 켜본다.

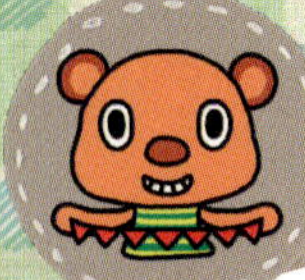

스탠드 저금통(반달곰)

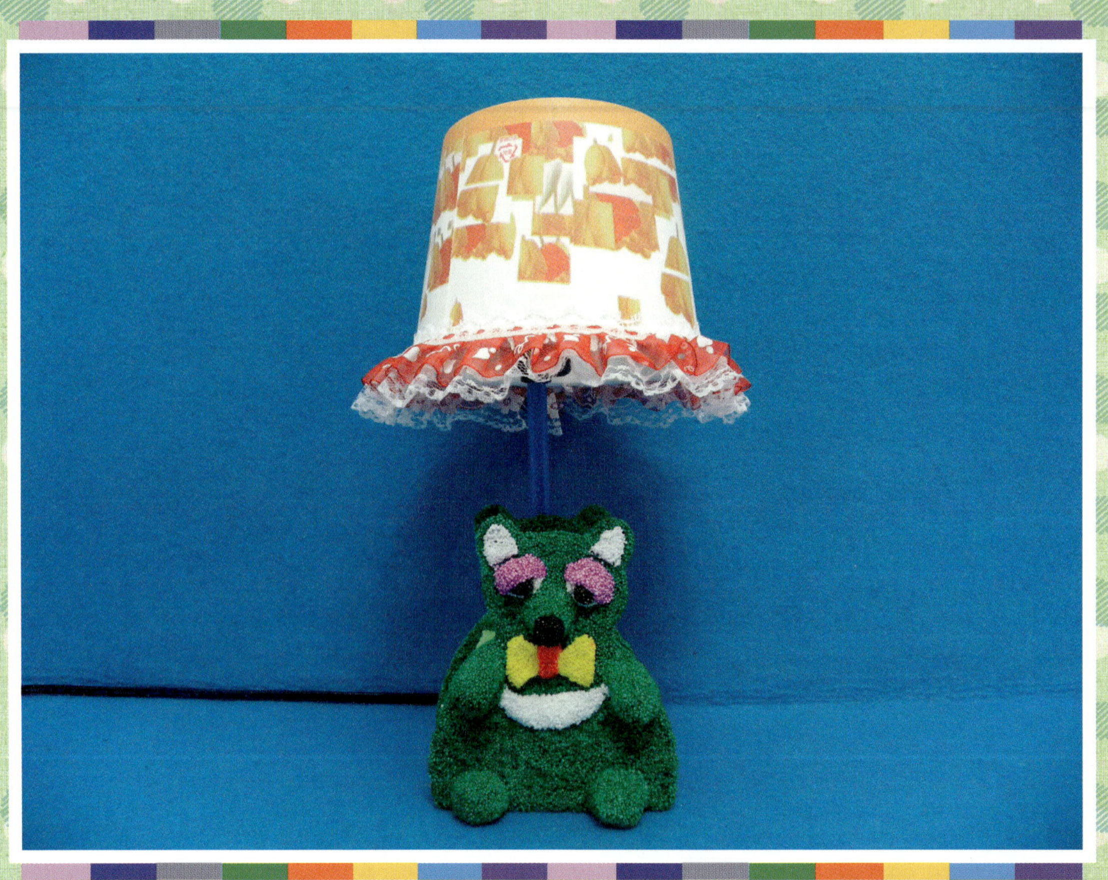

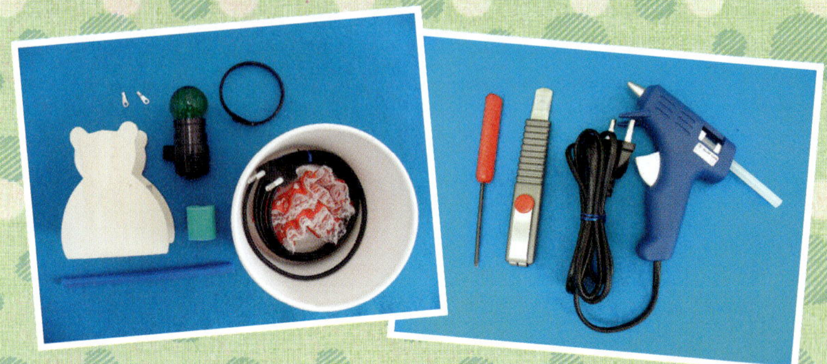

준비물 나무저금통(곰) 1개, 키소켓/전구 1세트, 압단자 2개, 알루미늄 와이어(45cm) 1개, 플라스틱관(25cm) 1개, 백업(3T/3cm) 1개, 종이컵(대) 1개, 파워콘센트 1개, 장식레이스(45cm) 1줄, 글루건, 커터 칼, 드라이버

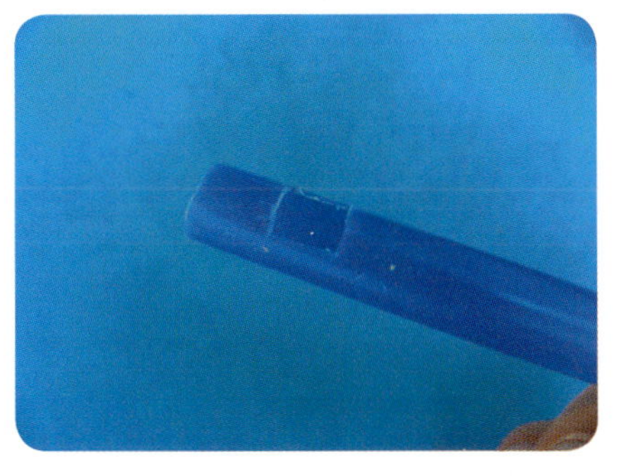

1 관의 한쪽 끝 1cm 정도에 전선이 들어갈 수 있게 구멍을 칼로 파낸다.

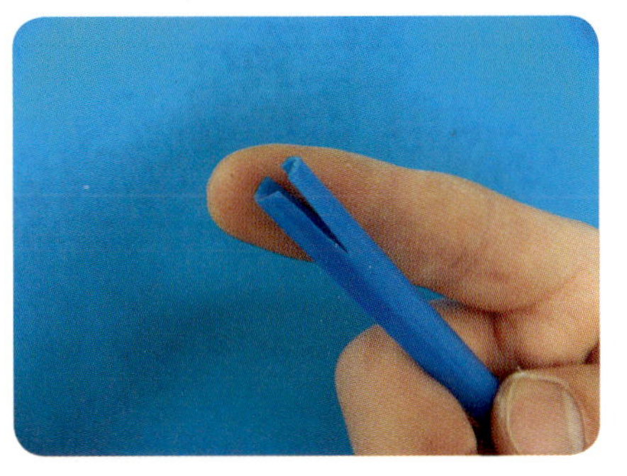

2 다른 한쪽 끝은 V자로 1.5cm의 홈을 칼로 잘라낸다.

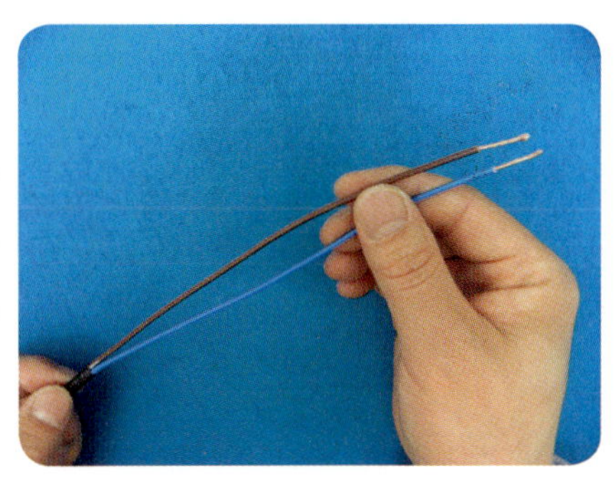

3 코드선의 겉 피복을 15cm 정도 벗기고, 속 피복도 1.5cm 벗긴다.

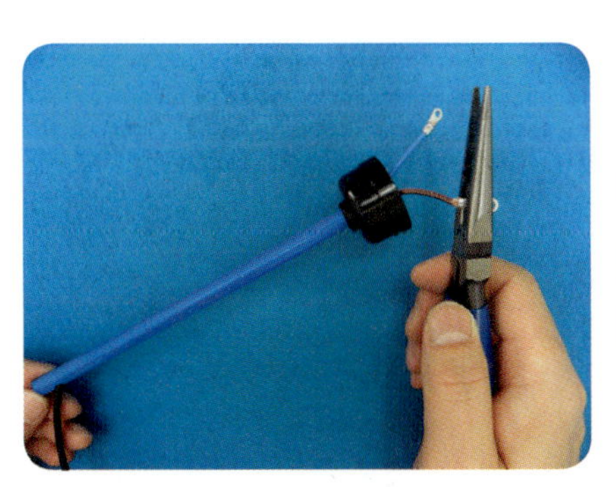

4 **1**의 홈에 **3**의 선을 끼워 빼고 소켓 뚜껑을 끼운 후, 구리선에 압단자를 끼워 눌러 조인다.

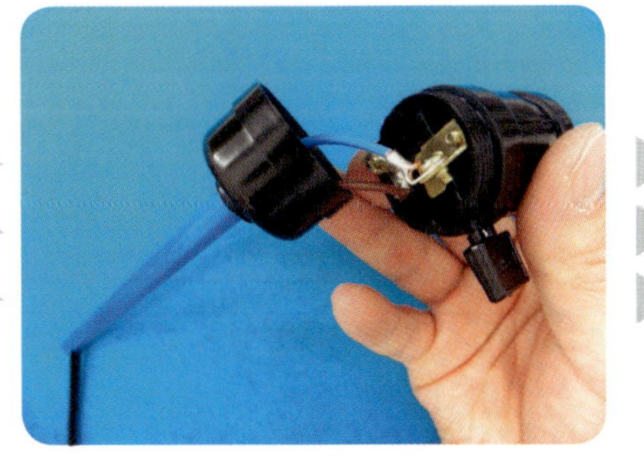

5 압단자를 90도로 꺾어 소켓 몸체에 나사를 끼워 조인 후 뚜껑을 닫는다.

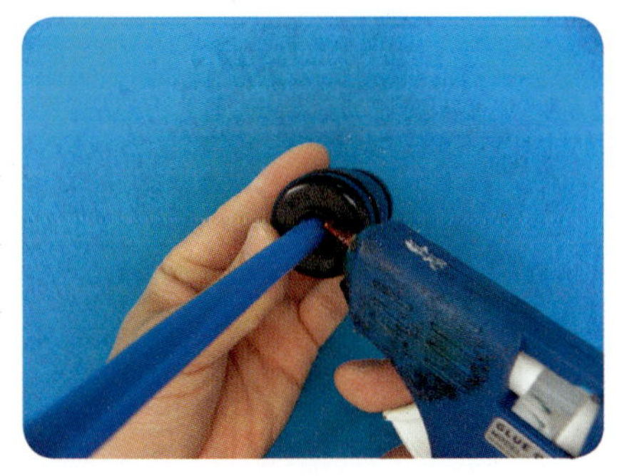

6 소켓의 뚜껑부분에 글루를 발라 움직이지 않게 고정시킨다.

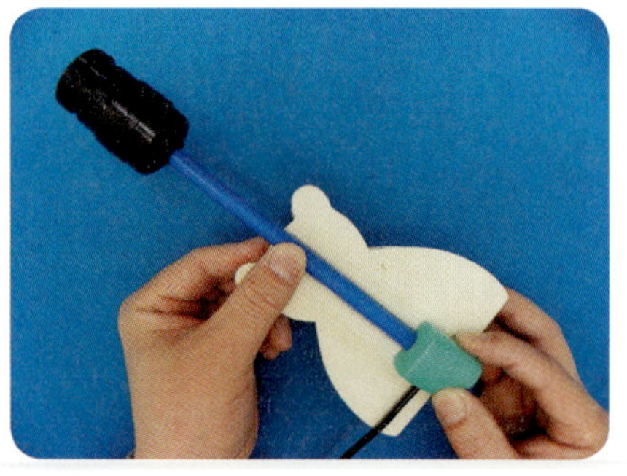

7 글루를 이용해서 저금통 뒤쪽에 소켓기둥을 붙이고 그 위에 백업을 다시 붙인다.

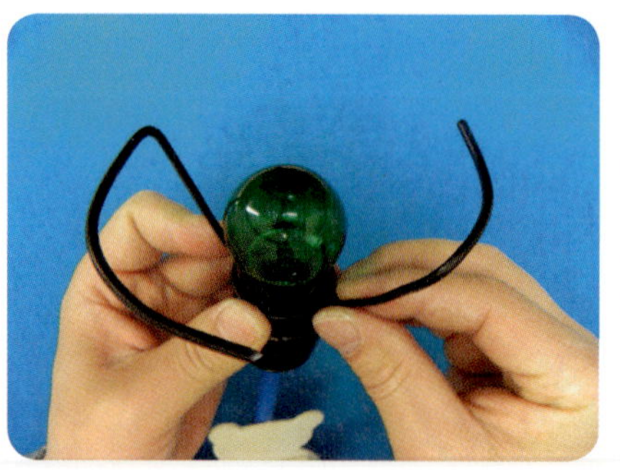

8 소켓 홈에 와이어를 한 바퀴 반을 감아 위로 꺾어 사진처럼 모양을 낸다.

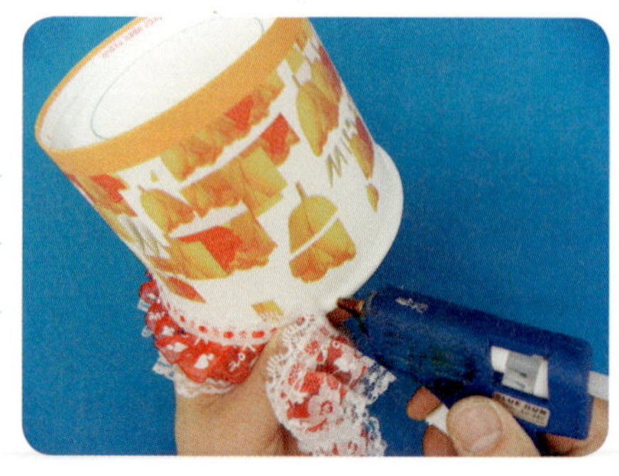

9 종이컵의 입구 테두리에 글루를 가늘게 쏘며 장식 레이스를 붙인다.

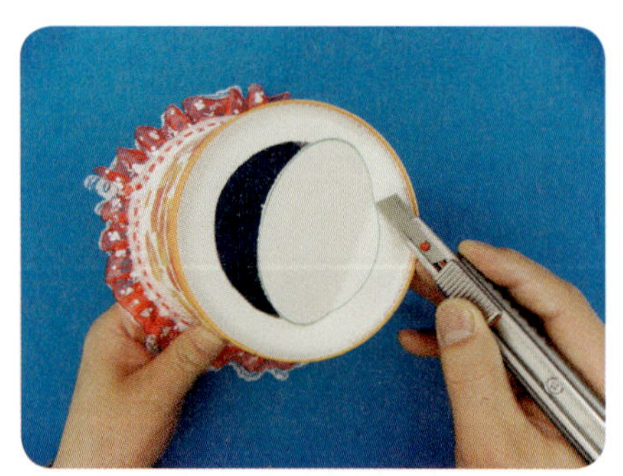

10 반대쪽 갓의 바닥에 밑그림을 그리고 칼로 오려낸다.

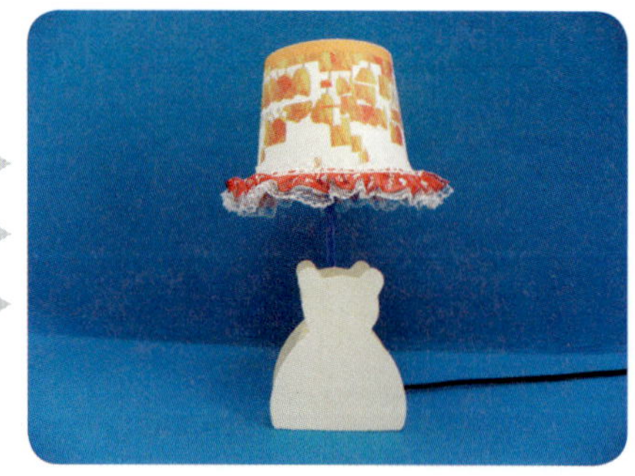

11 갓을 8의 와이어에 맞게 끼워 넣고, 저금통은 물감을 칠하거나

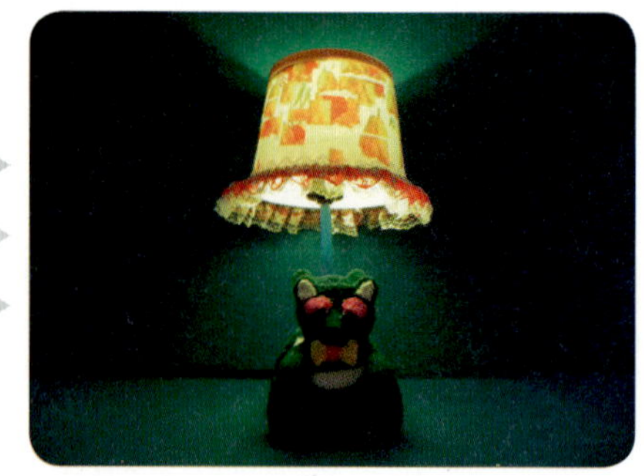

12 폼클레이를 붙여 완성하고 전원을 켜본다.

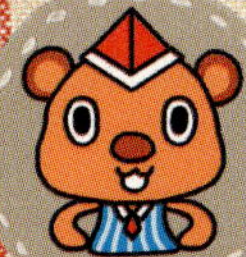

4 스탠드 저금통(나비)

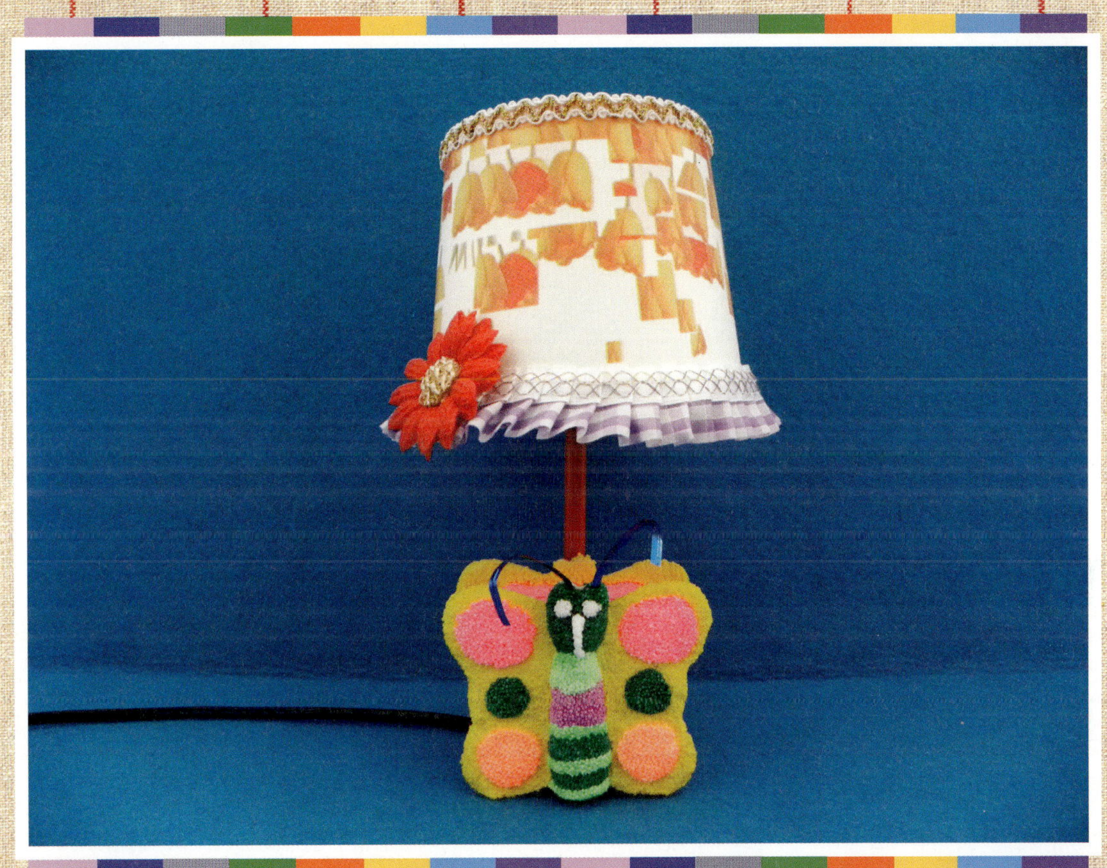

 나비저금통(원목) 1개, 플라스틱관(25cm) 1개, 키소켓/전구 1세트, 압단자 2개, 알루미늄와이어(45cm) 1개, 백업 3T(3cm) 1개, 파워코드 1개, 장식레이스 1줄, 종이컵(갓)[대] 1개, 글루건. 커터 칼, 드라이버

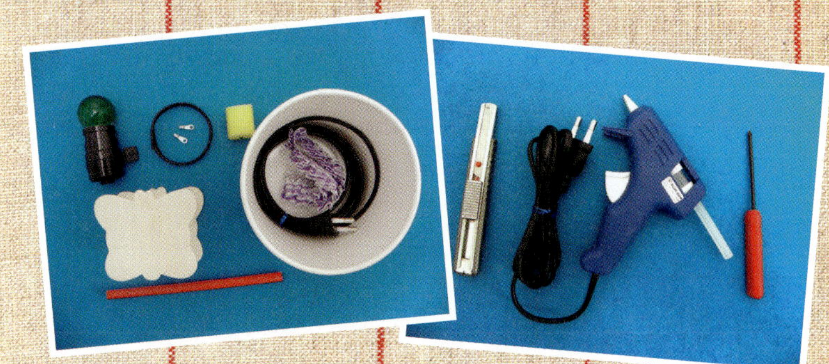

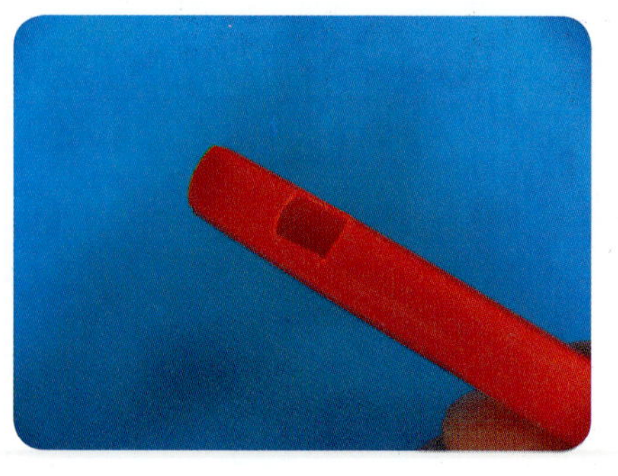

1 관의 한쪽 끝에서 약 1cm 정도 띄워 전선이 들어갈 구멍을 뚫는다.

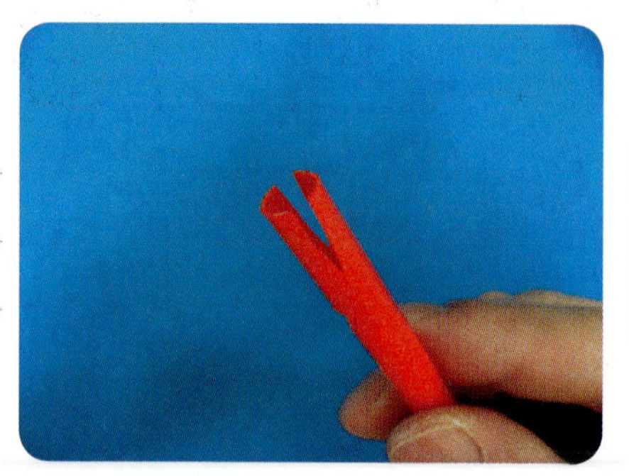

2 반대쪽은 1.5cm 정도 V자 홈을 칼로 파 잘라낸다.

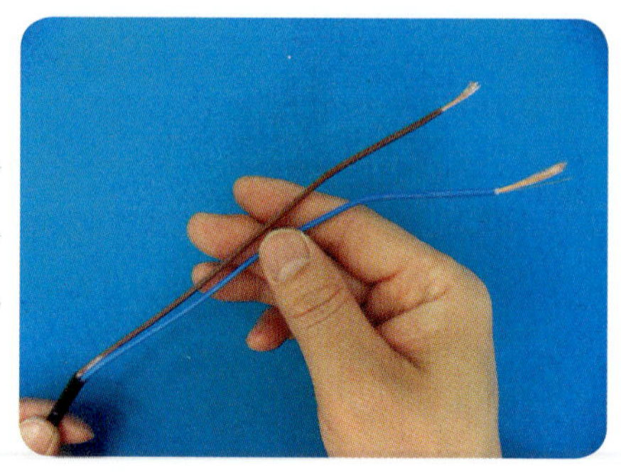

3 코드선의 겉 피복을 15cm 정도 벗기고 속 피복은 1cm 정도 다시 벗긴다.

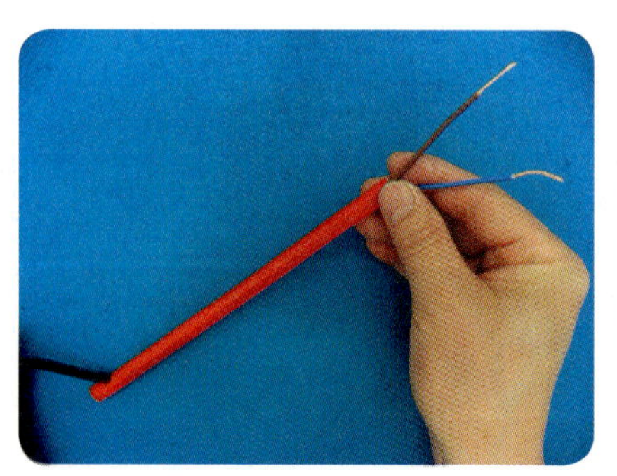

4 **3**의 코드선을 **1**의 구멍에 끼워 넣어 빼내고 구리선에 압단자를 끼우고 소켓 뚜껑에 다시 끼운다.

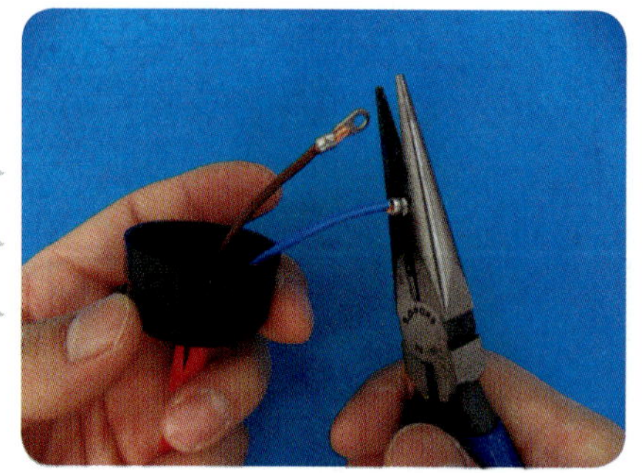

5 펜치나 니퍼 등으로 꽉 집어 빠지지 않게 고정하고, 다시 압단자를 90도로 꺾어서

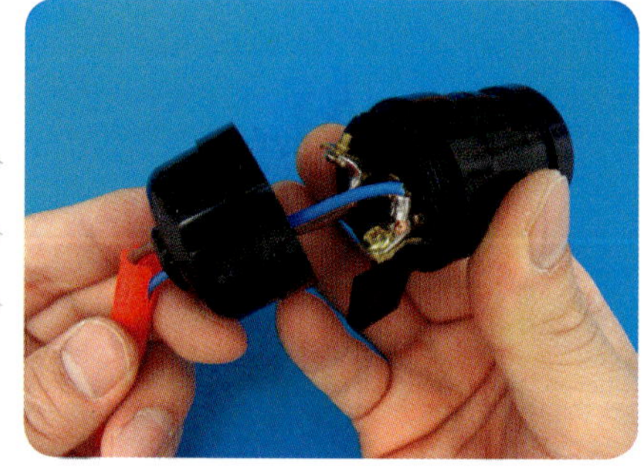

6 소켓 몸체의 나사를 풀고 압단자를 끼워 조인 다음 뚜껑을 닫는다.

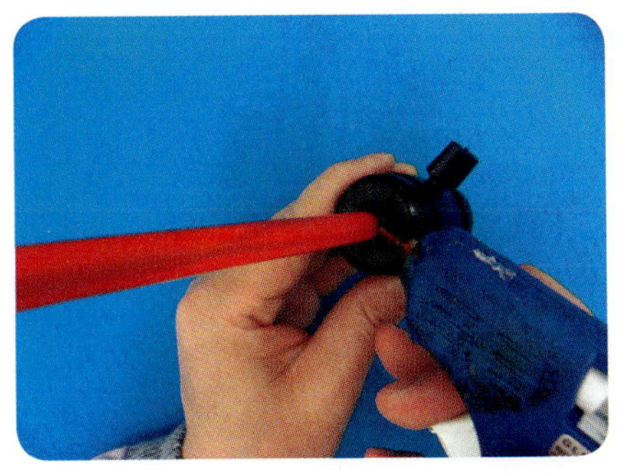

7 관을 소켓 쪽으로 단단히 밀어 넣고 글루를 쏘아 단단히 고정한다.

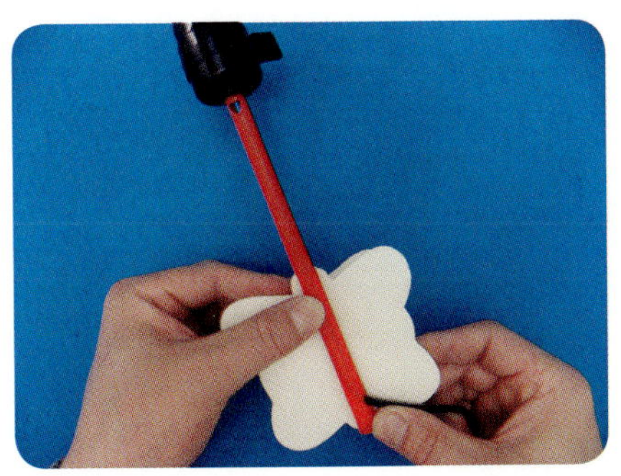

8 저금통의 한쪽 면 중앙에 글루를 사용해서 소켓 대를 붙여 고정하고

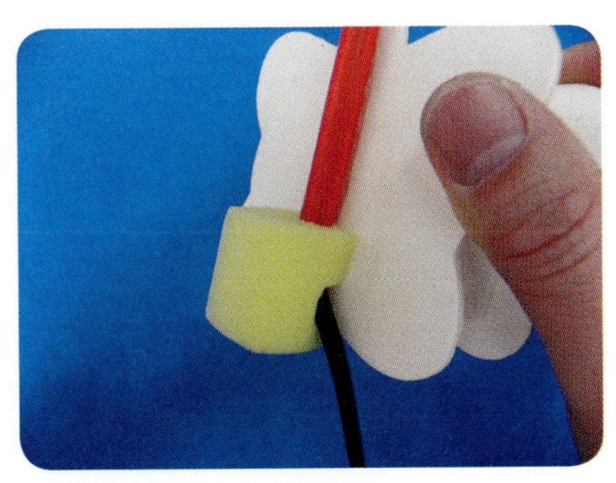

9 가장 아래쪽은 저금통의 높이와 같게 백업을 붙여 마무리한다.

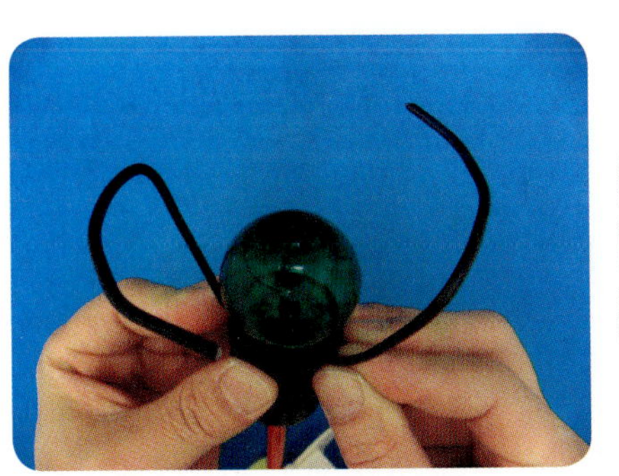

10 소켓의 홈에 와이어를 한 바퀴 반을 감아 다시 위로 꺾어 둥글게 모양을 낸다.

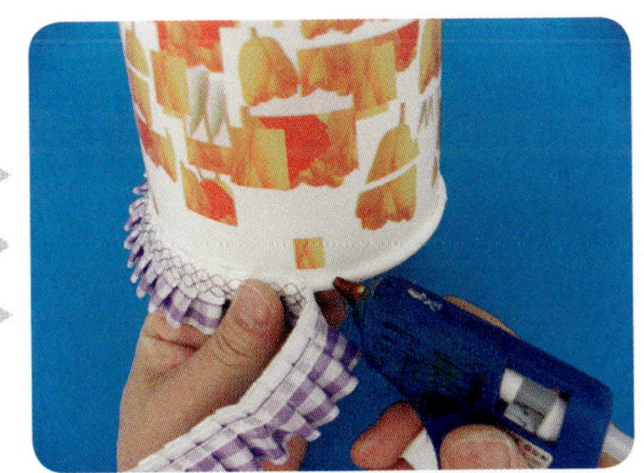

11 컵 입구의 가장자리에 글루를 바르면서 장식 레이스를 붙인다.

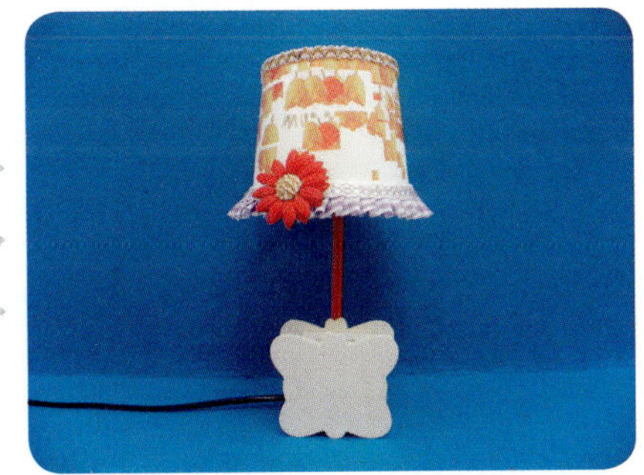

12 10에 갓을 잘 맞게 끼워 완성하고 전원을 넣어 확인한다.

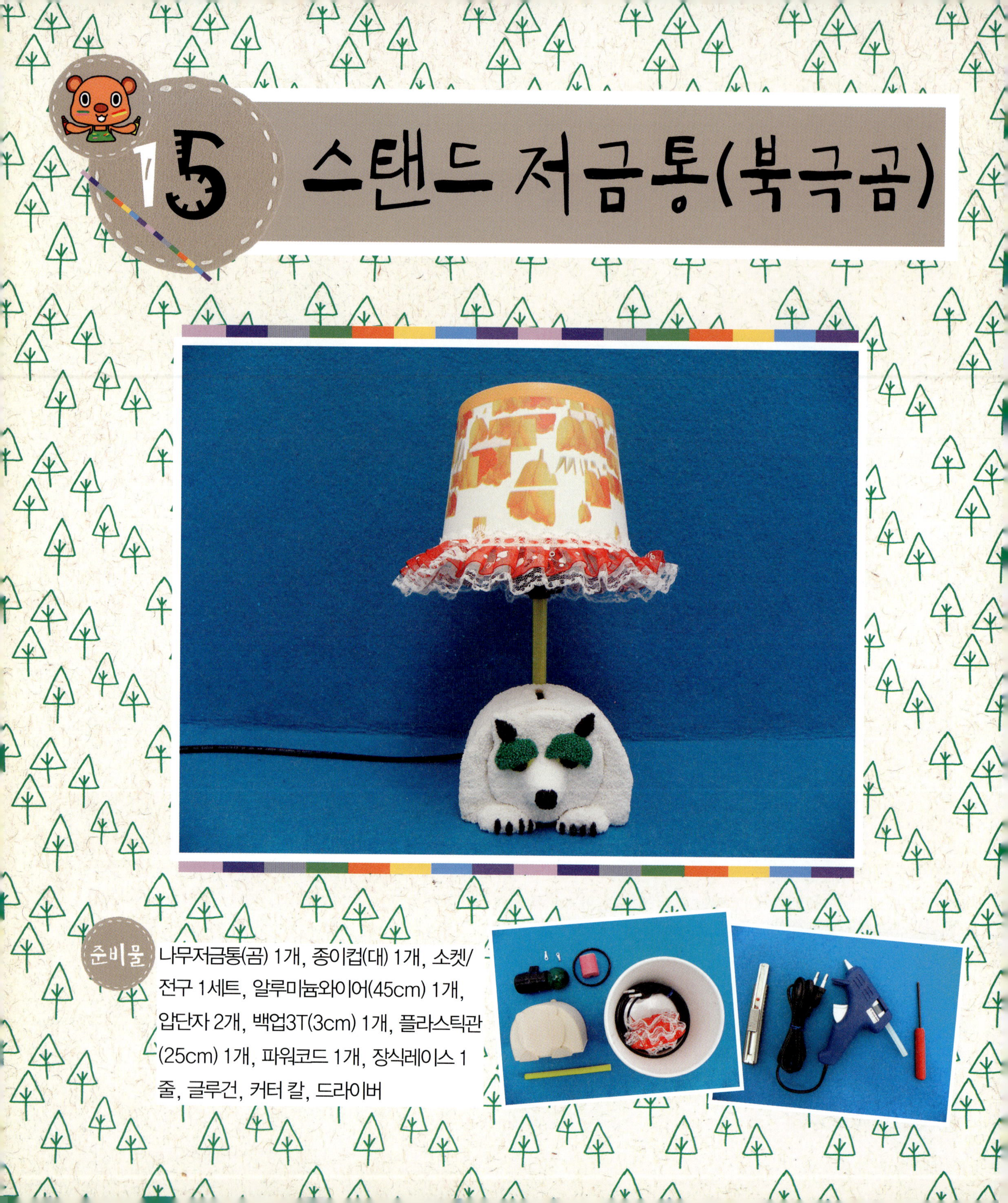

15 스탠드 저금통(북극곰)

준비물 나무저금통(곰) 1개, 종이컵(대) 1개, 소켓/
전구 1세트, 알루미늄와이어(45cm) 1개,
압단자 2개, 백업3T(3cm) 1개, 플라스틱관
(25cm) 1개, 파워코드 1개, 장식레이스 1
줄, 글루건, 커터 칼, 드라이버

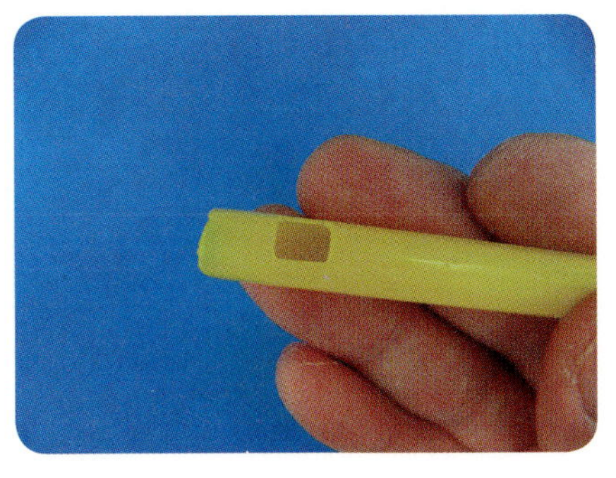

1 플라스틱관 한쪽 끝에서 약 1cm가량 띄워 전선이 들어갈 만큼 구멍을 낸다.

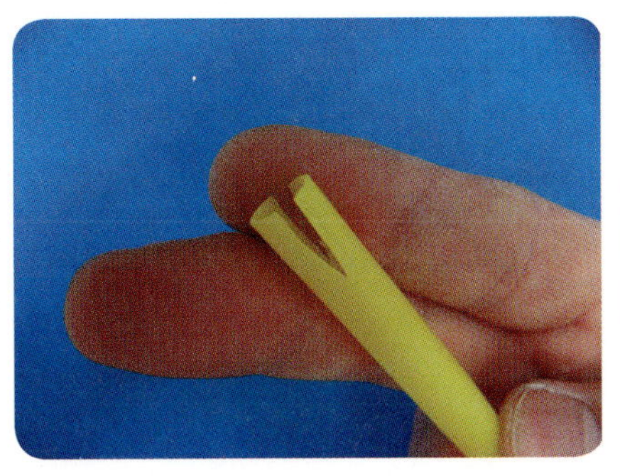

2 반대쪽 끝은 V자 홈을 약 1.5cm정도 갈라 파낸다.

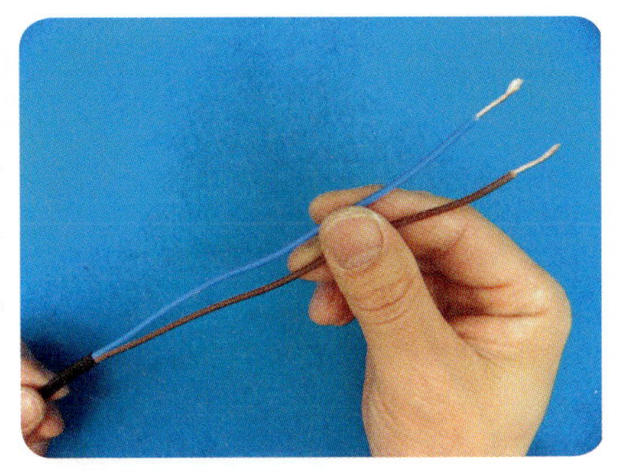

3 코드선의 겉 피복은 약 15cm 벗기고 구리선이 보이게 속 피복을 1.5cm 벗긴다.

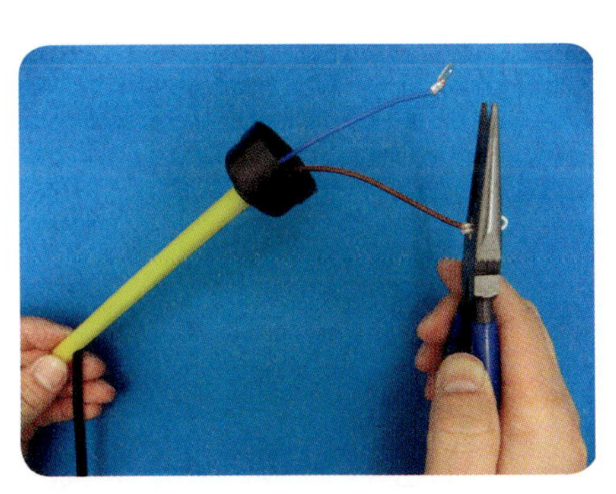

4 **1**의 구멍에 **3**의 선을 끼워 넣어 빼내고 소켓 뚜껑을 **2**에 끼우고 구리선 끝에 압단자를 끼워 조인다.

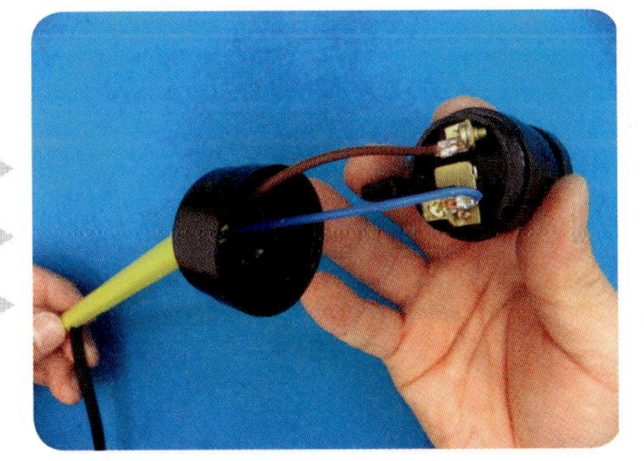

5 압단자를 90도 꺾어 소켓 몸체에 끼워 조인다.

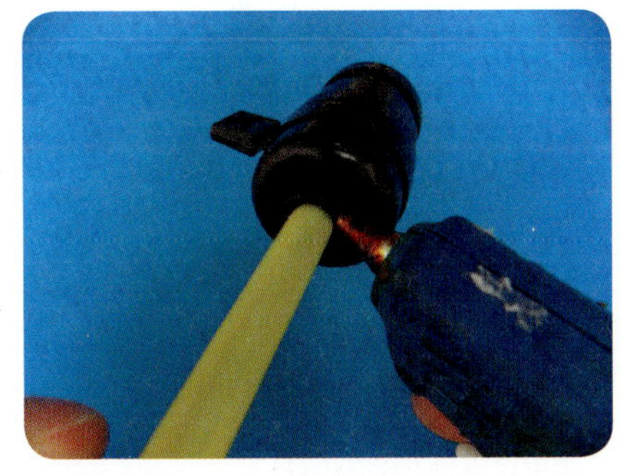

6 뚜껑의 아래쪽에 글루건을 쏘아 움직이지 않게 고정한다.

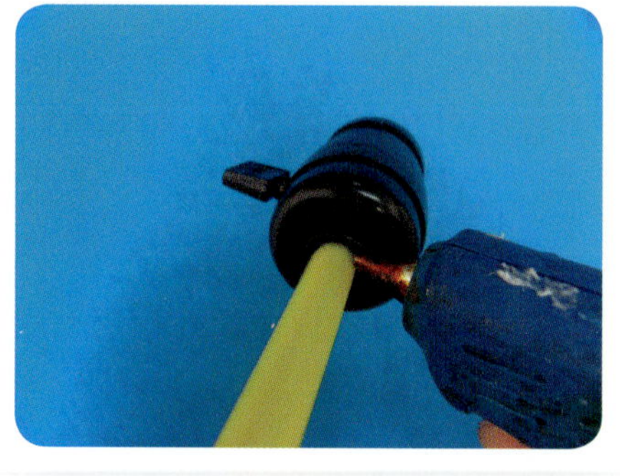

7 굳으면 글루건 끝을 사용해서 지저분하지 않게 마무리한다.

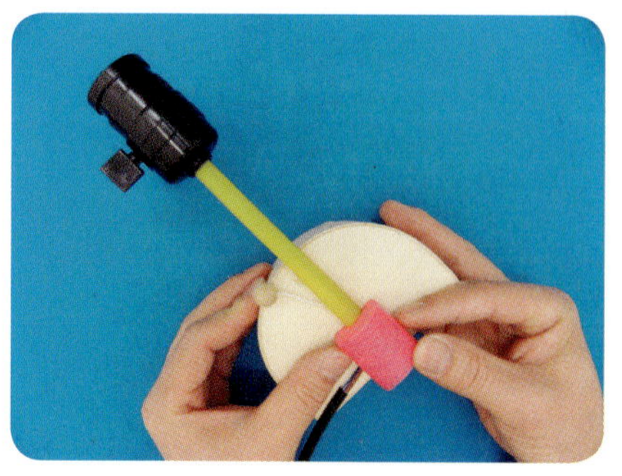

8 저금통의 뒷부분 중앙에 완성된 7을 글루로 붙이고 백업을 그 위에 다시 붙인다.

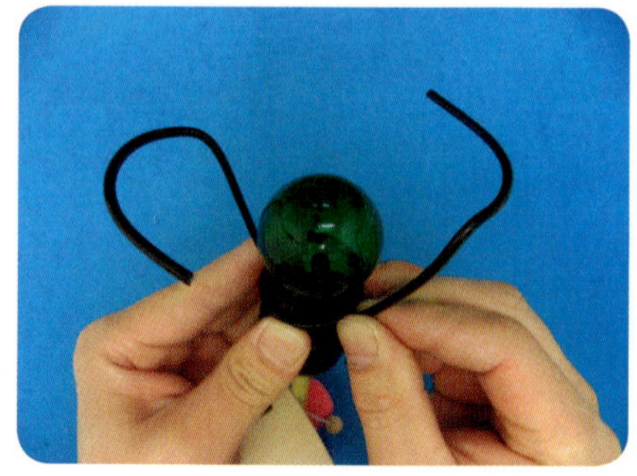

9 소켓의 홈에 와이어를 한 바퀴 반을 감아 모양을 위로 꺾고, 모양을 낸다.

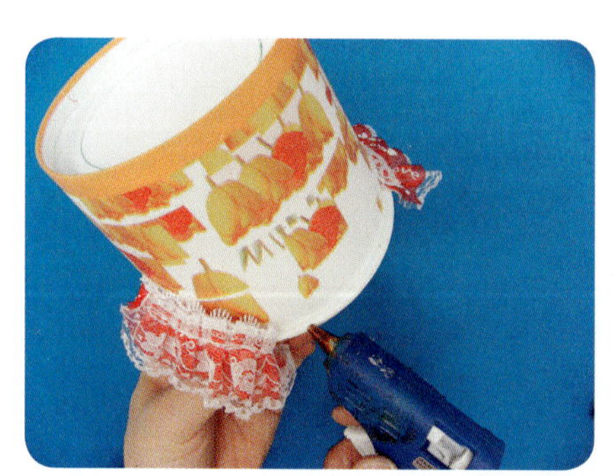

10 폼클레이나 물감으로 저금통을 칠하고 레이스를 붙인 갓을

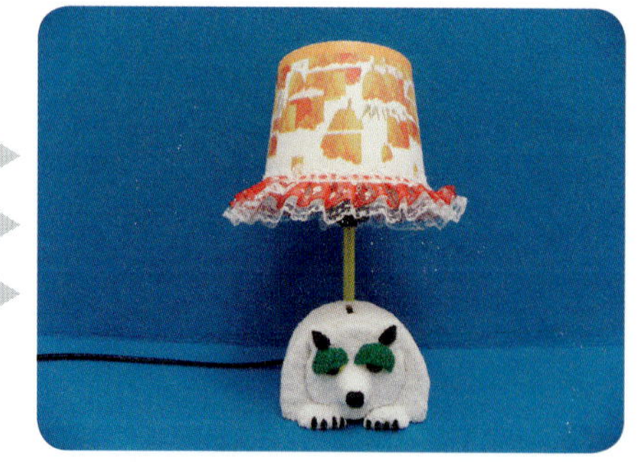

11 9에 끼워

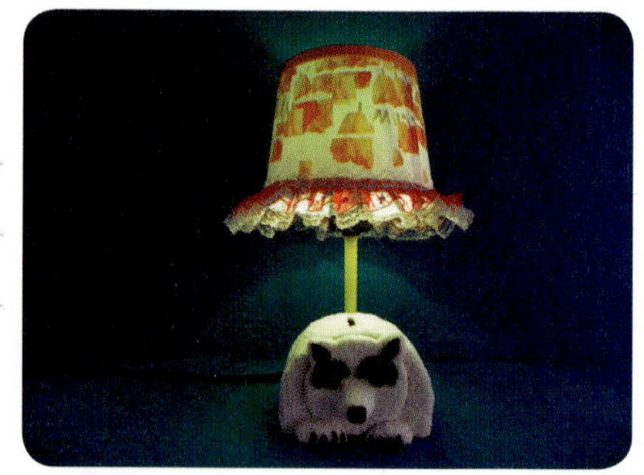

12 완성하고 전원을 켜본다.

스탠드 저금통(집)

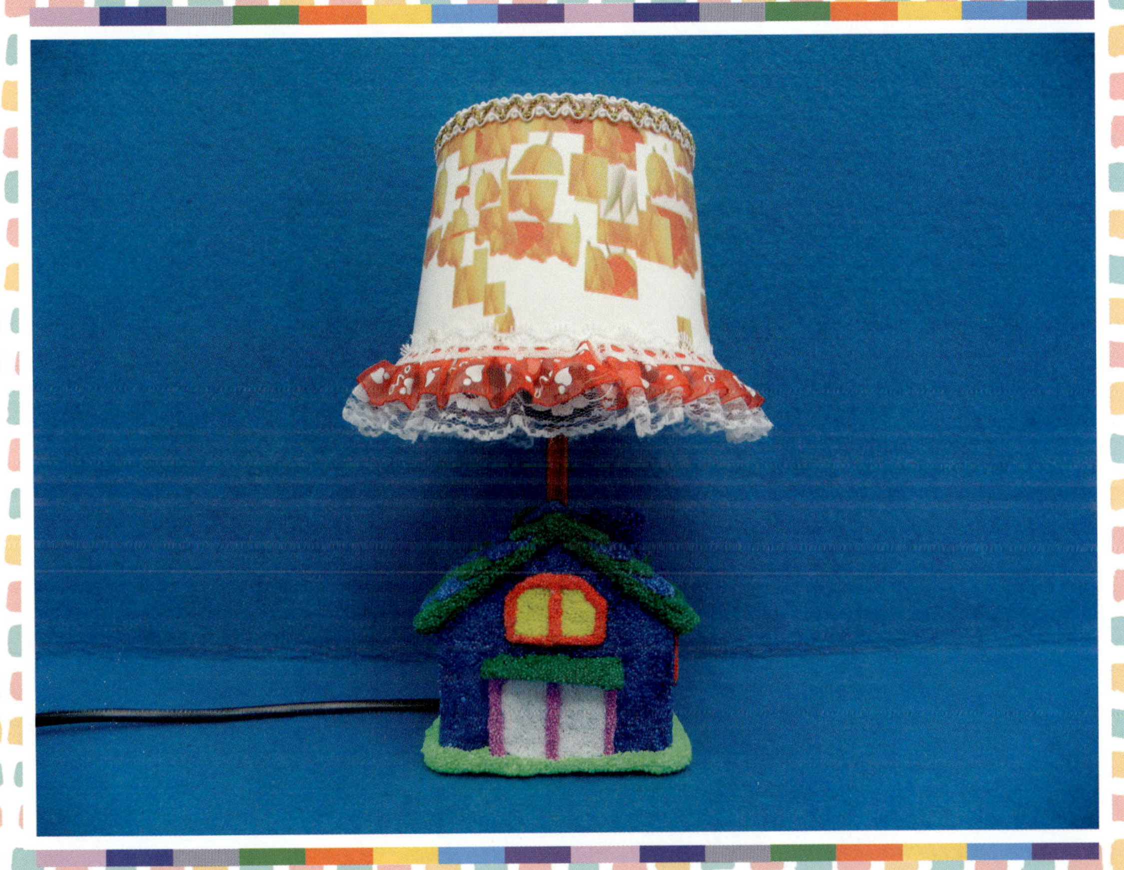

준비물 나무저금통(원목) 1개, 키소켓/전구 1세트, 플라스틱관(20cm) 1개, 압단자 2개, EVA(1cmX1cm) 4개, 종이컵(대) 1개, 파워플러그 1개, 장식레이스(45cm) 1줄, 글루건, 커터 칼, 드라이버

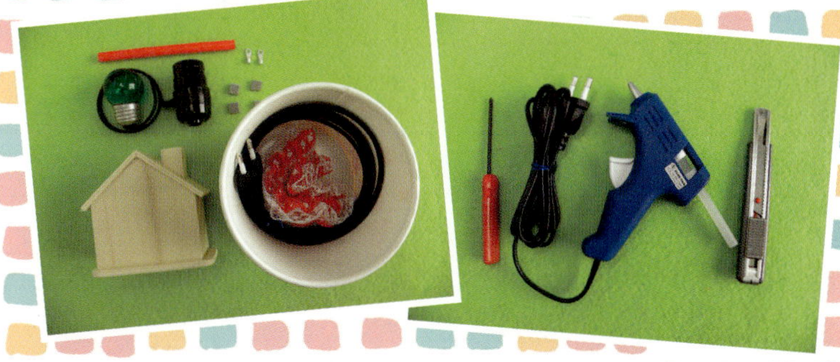

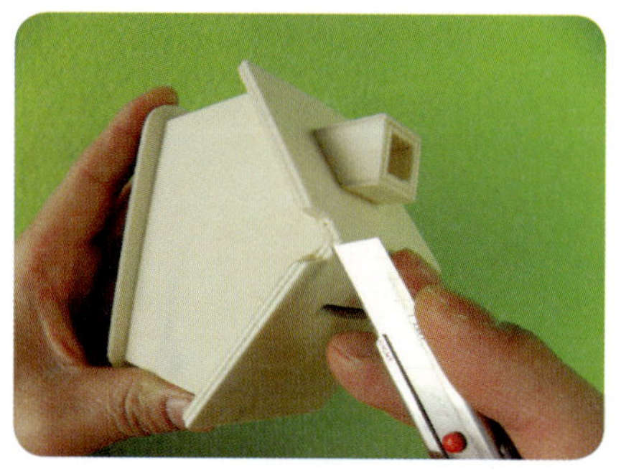

1 저금통 처마의 중앙을 플라스틱 관의 넓이만큼 칼로 홈을 파낸다.

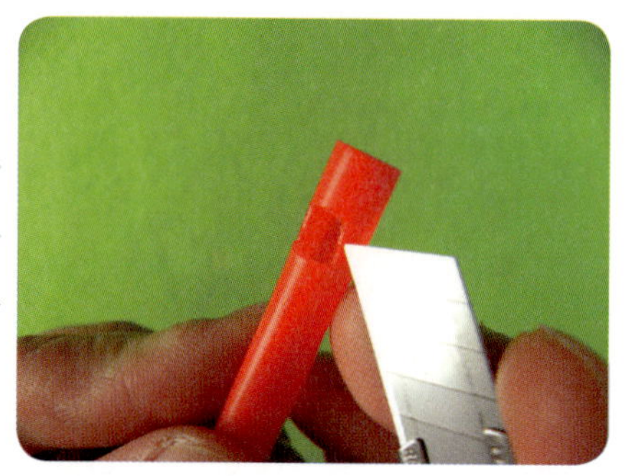

2 한쪽 끝을 약 1cm 띄우고 전선이 들어갈 만큼의 홈을 칼로 파낸다.

3 반대쪽은 V자형으로 약 1.5cm를 잘라 파낸다.

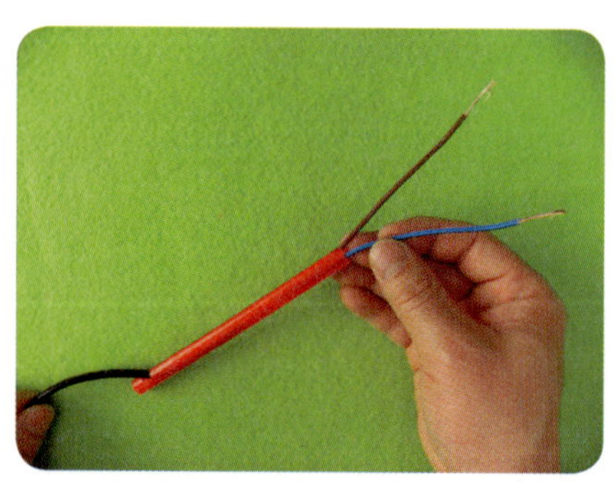

4 파워전선의 겉 피복을 15cm 정도 벗기고 다시 1cm 정도의 속 전선의 피복을 벗긴 다음 관에 선을 끼워 넣고

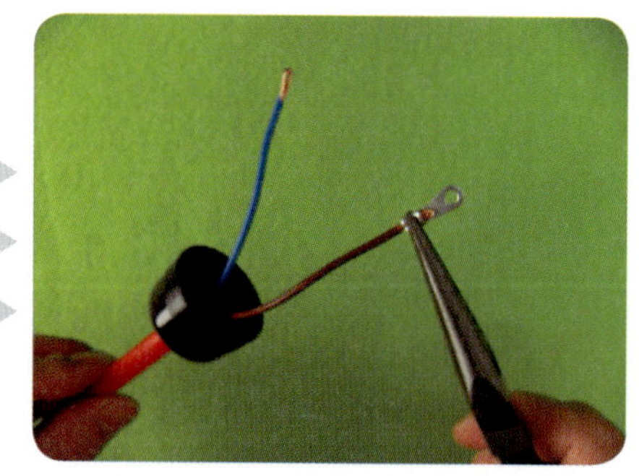

5 소켓 뚜껑을 다시 끼워 전선 구리부분에 압단자를 끼우고 니퍼나 펜치로 빠지지 않게 단단히 집는다.

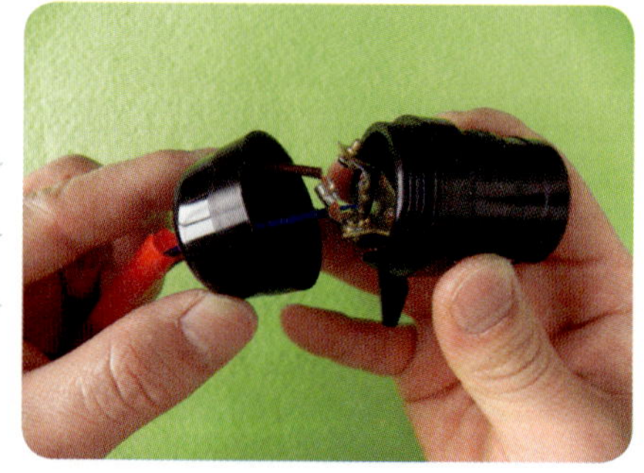

6 압단자를 90도로 꺾어 소켓 몸체의 나사를 풀고 압단자를 끼워 고정한다.

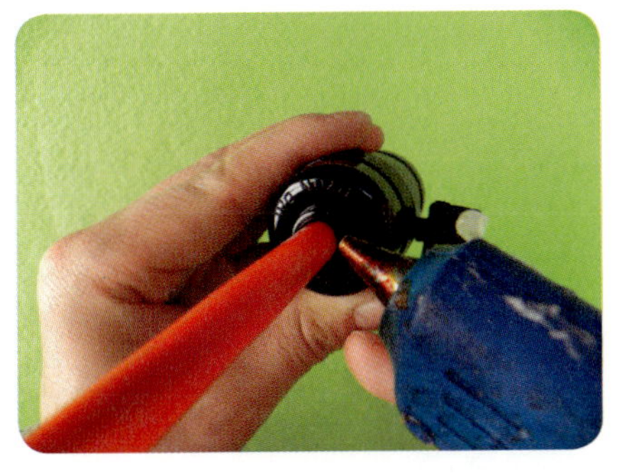

7 선이 들어간 관을 소켓에 밀어 넣고 글루를 발라 단단히 고정한다.

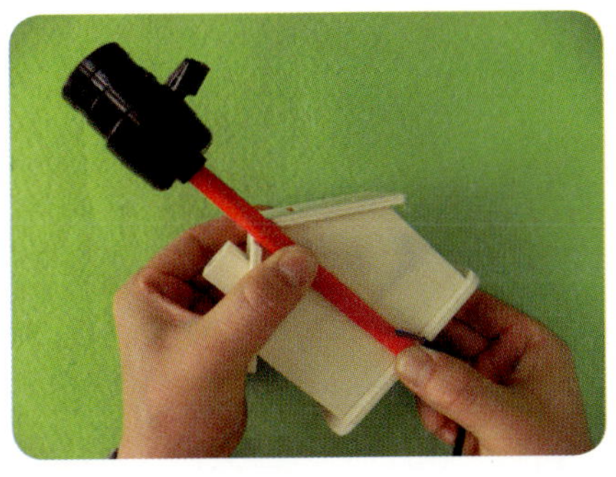

8 소켓기둥을 저금통의 **1**에 파 놓은 곳에 맞게 글루로 고정한다.

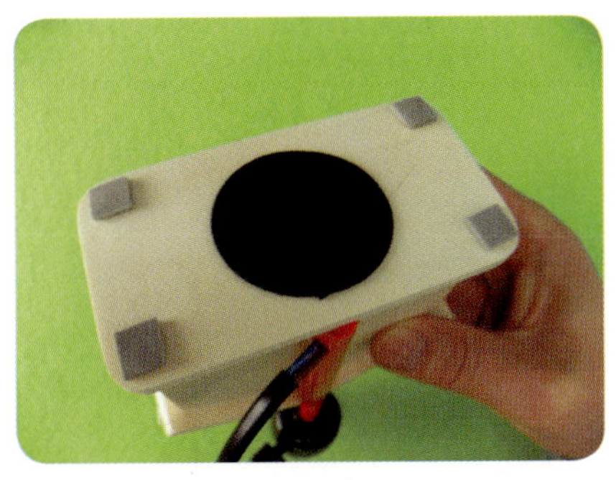

9 뚜껑의 높이와 맞게 바닥에 EVA조각을 붙여 스탠드가 똑바로 서게 한다.

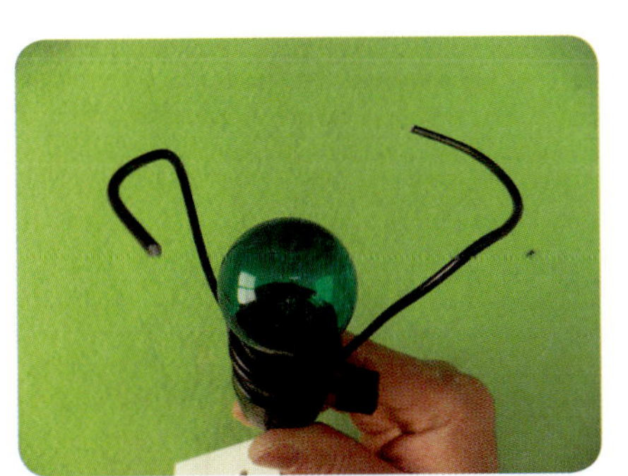

10 소켓의 홈에 와이어를 한 바퀴 반을 감아 다시 위로 꺾어 둥글게 모양을 낸다.

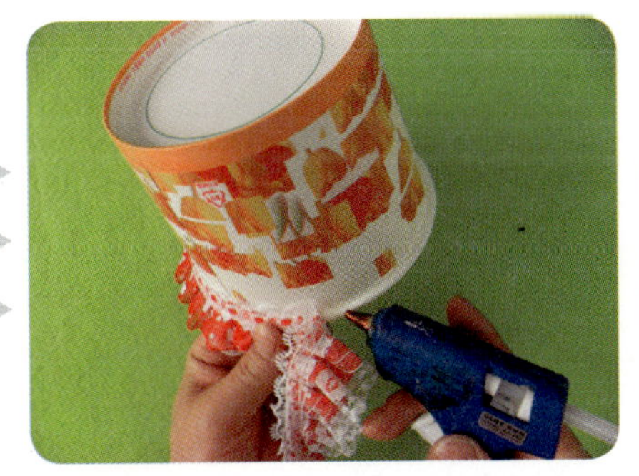

11 컵의 입구 가장자리에 글루를 바르고 장식 레이스를 붙여 나간다.

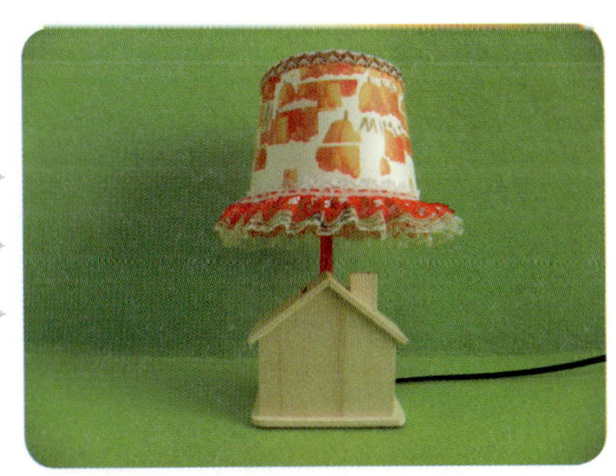

12 **10**의 와이어에 갓을 씌우고 전원을 넣어 켜지는지 확인하면 완성!

17 작은북

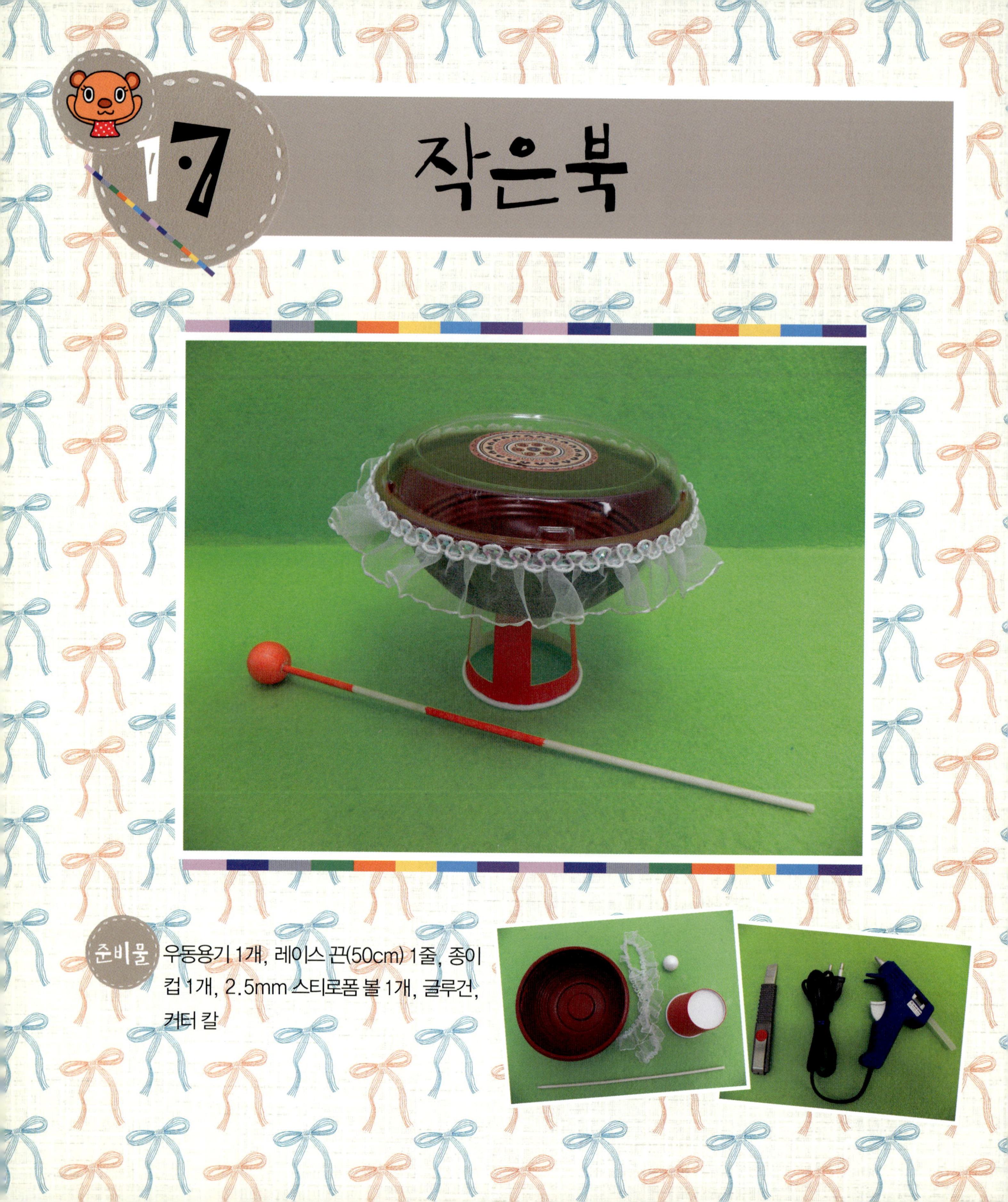

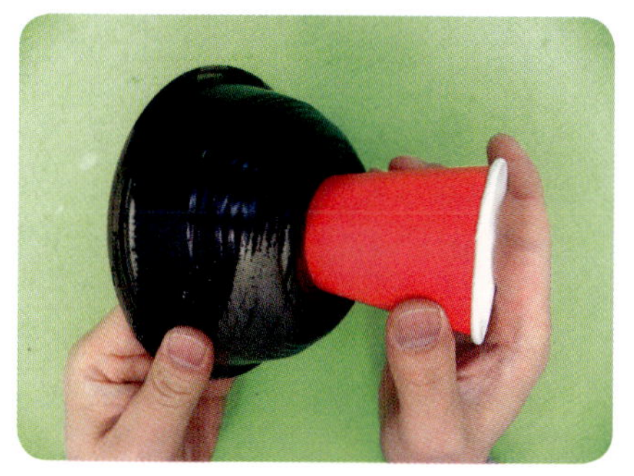

1 우동용기 바닥에 종이컵의 아 랫부분을 대고 밑그림을 그려

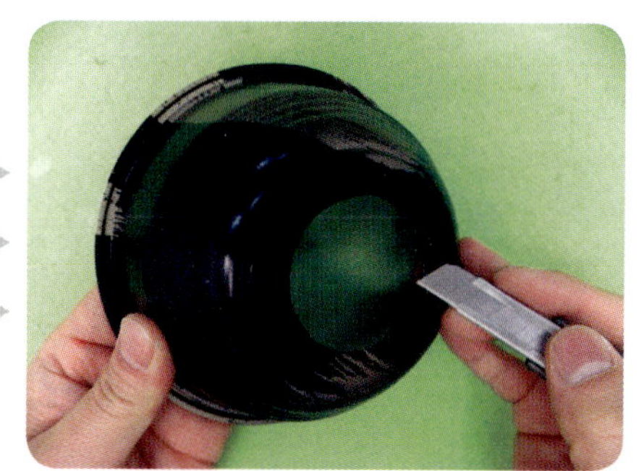

2 칼로 잘라낸다.

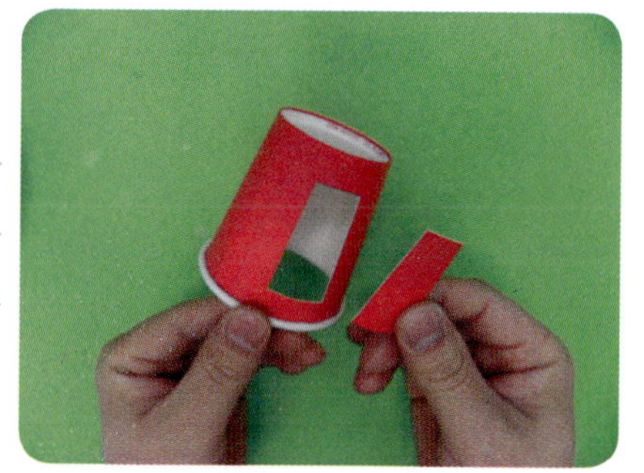

3 종이컵의 4면을 칼로

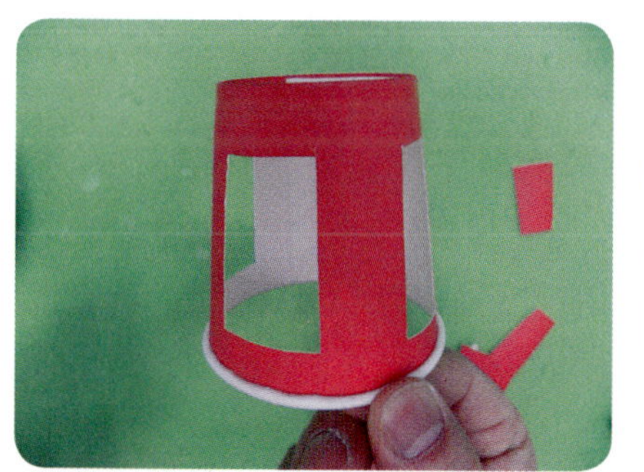

4 잘라내고 적당한 구멍을 낸 다. (구멍의 유무에 따라 북 소리가 다름)

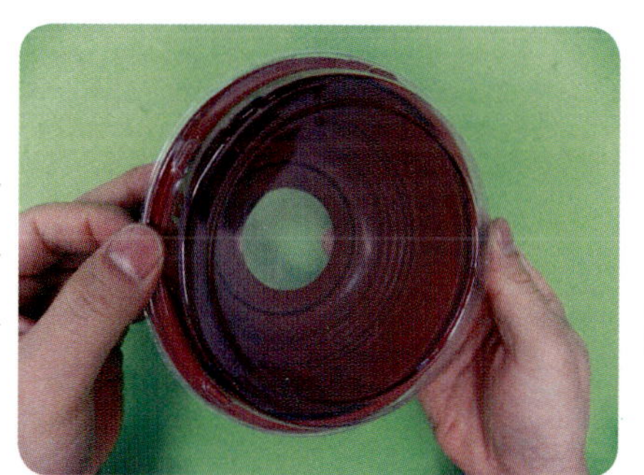

5 딱 소리가 나도록 뚜껑을 닫 는다.

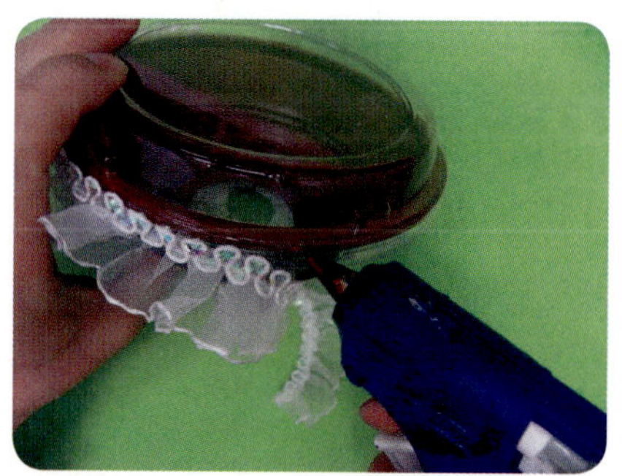

6 닫힌 뚜껑 부위에 글루를 쏘 고 레이스를 붙인다.

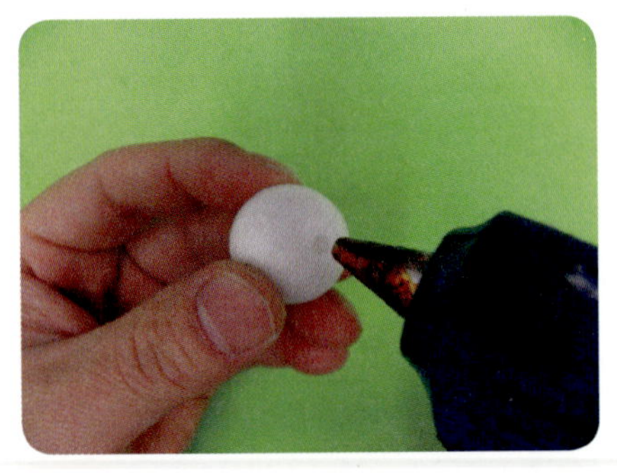 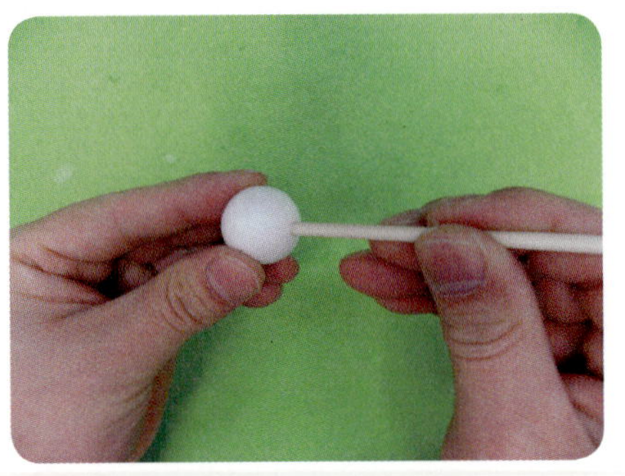 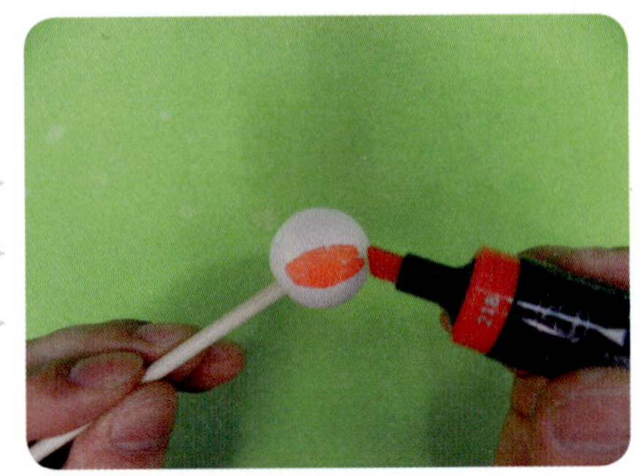

7 스티로폼 볼에 떡꼬치 나무로 예비구멍을 낸 다음 글루를 한 방울 떨어뜨리고,

8 나무를 꽂아 넣는다.

9 유성펜이나 매직으로 색을 칠한다.

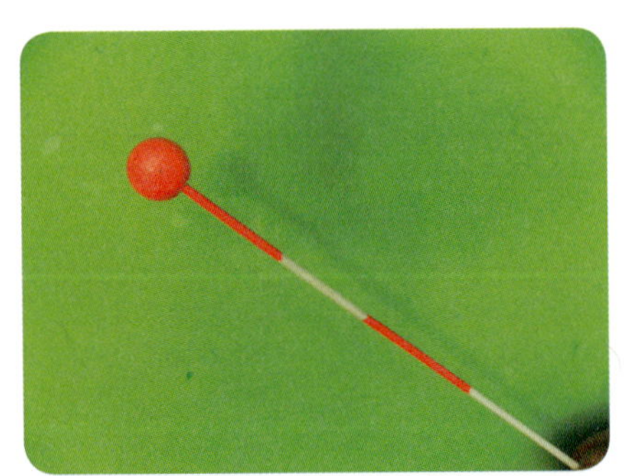 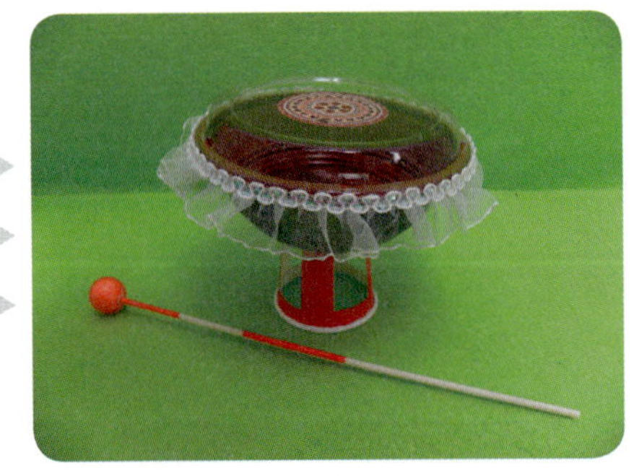 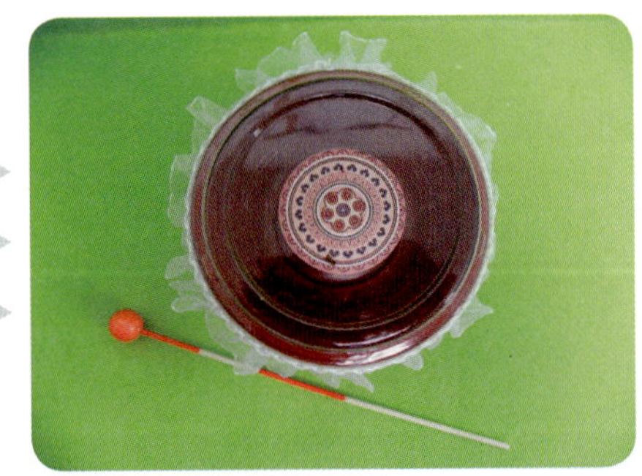

10 손잡이 나무에도 예쁘게 색칠한다.

11 완성된 북에 종이컵을 끼워 조립하고,

12 색종이나 한지에 무늬를 넣어 풀로 붙이면 예쁜 북 완성!

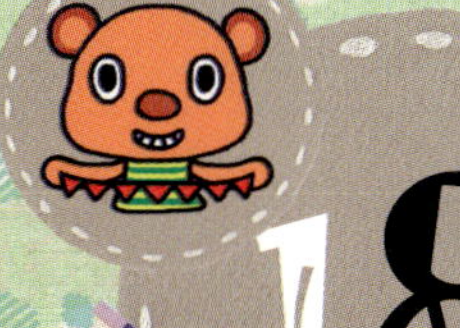

18 집게 로봇

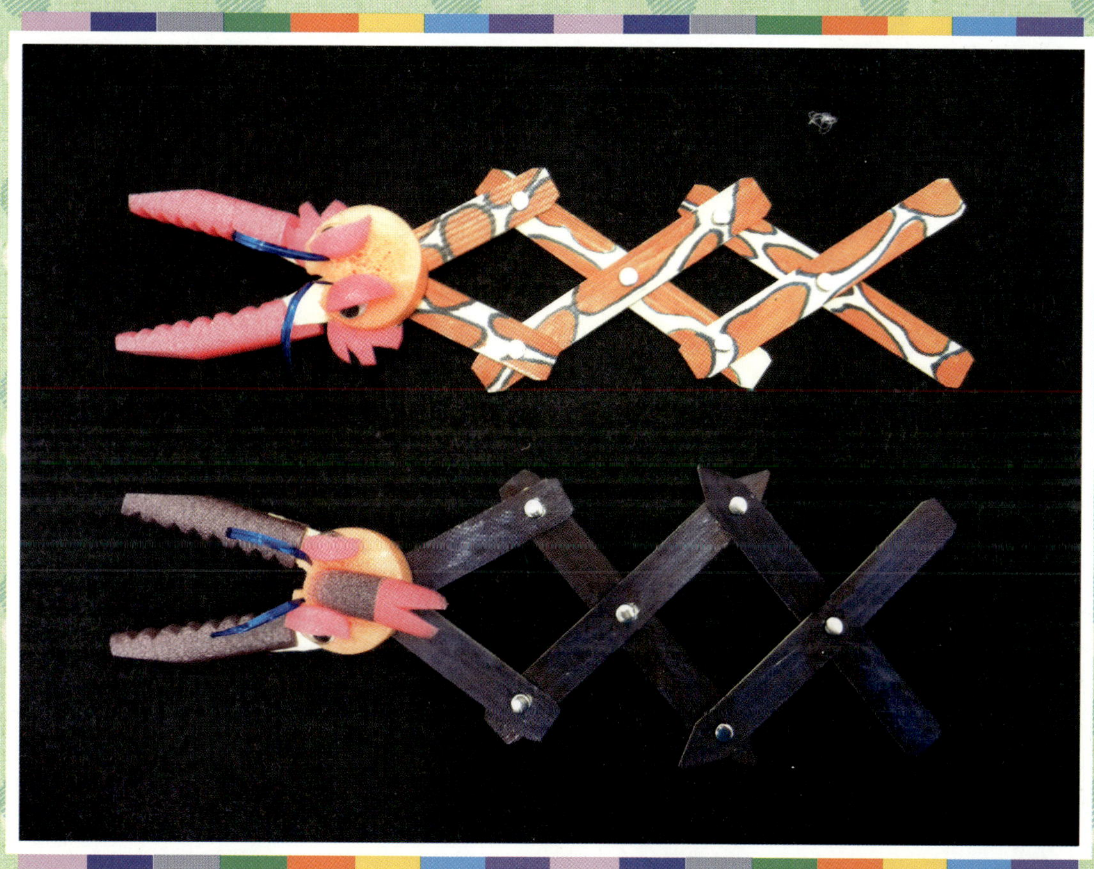

백업(원) – 5T(2cm)1개/3T(2mm) 2개, 백업(사각) – 1.5T(8cm) 2개, 활핀 7개, 고무링 7개, 인형눈알 2개, 나무스틱 6개, 빵끈 2개, 컬러펜, 커터 칼, 글루건

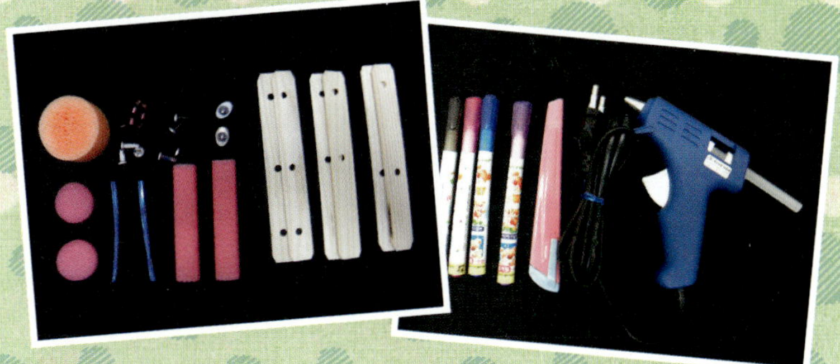

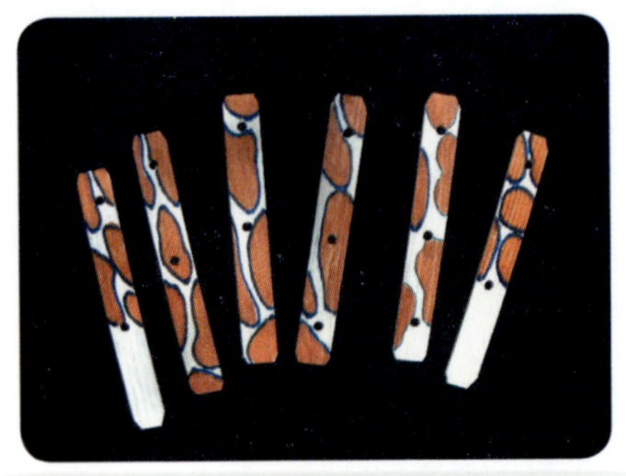

1 나무스틱에 색을 칠한다.

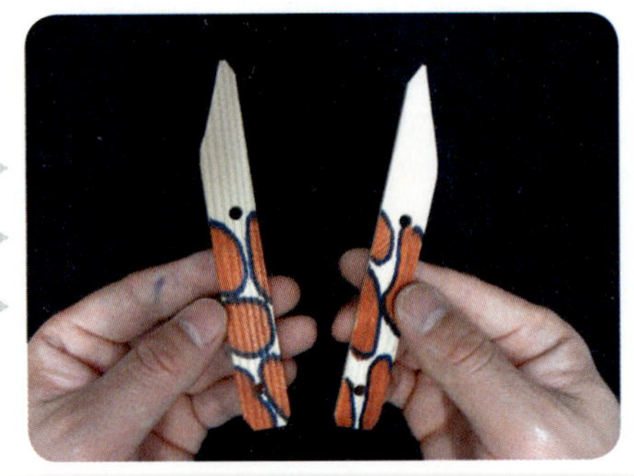

2 맨 앞부분 집게부분을 칼로 비스듬하게 자른다.

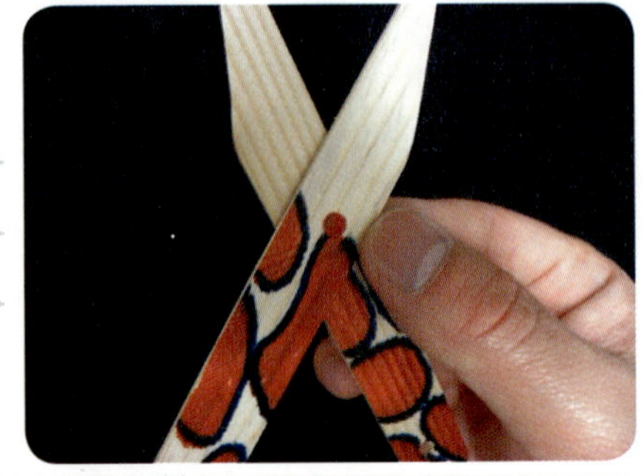

3 구멍을 맞춰 고무링을 끼워 넣고

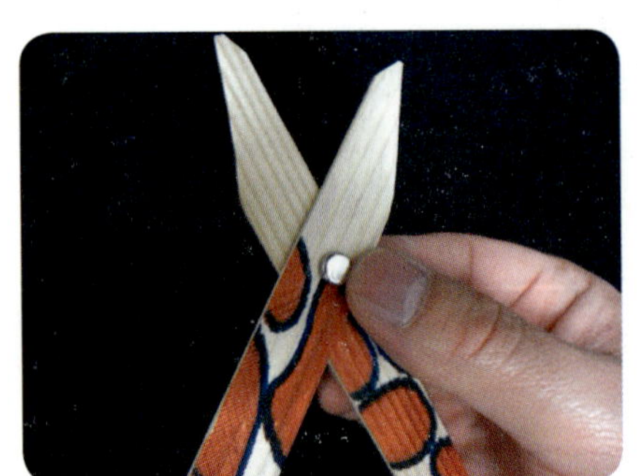

4 활 핀을 끼운 다음,

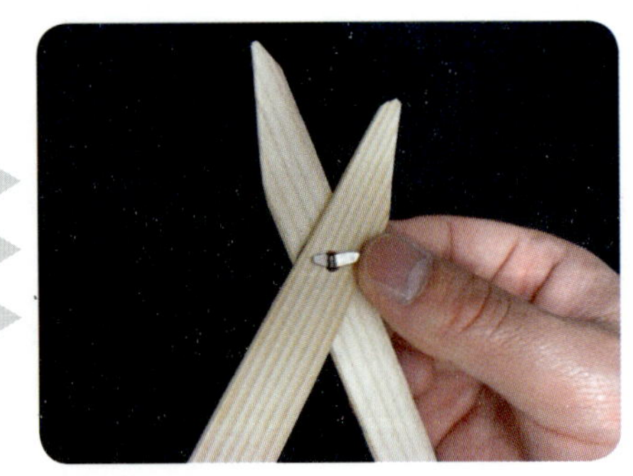

5 반대쪽에서 양쪽으로 펴서 고정한다.

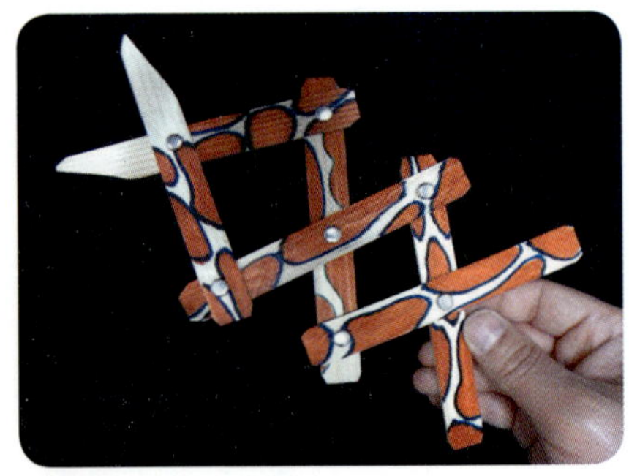

6 같은 방법으로 6개 모두를 연결한다.

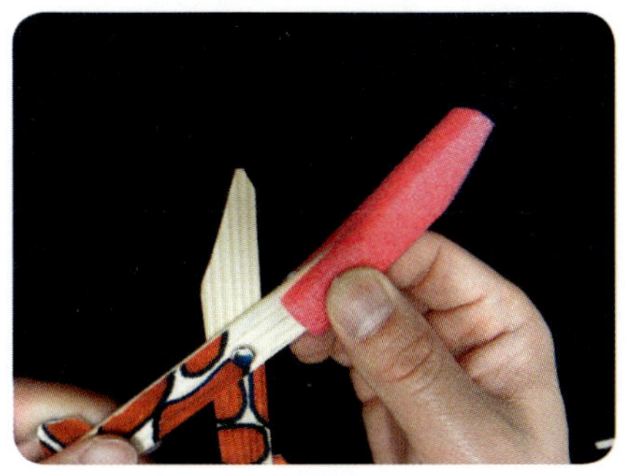

7 사각백업의 한쪽 끝은 비스듬히 자르고 반대쪽에 칼집을 내어 끼운다.

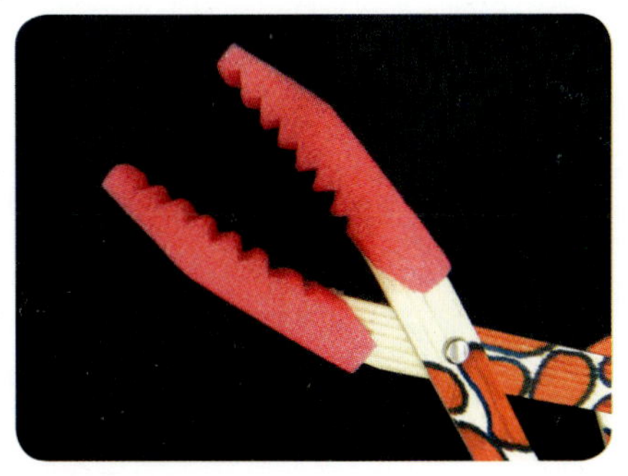

8 칼을 이용해서 톱니처럼 잘라낸다.

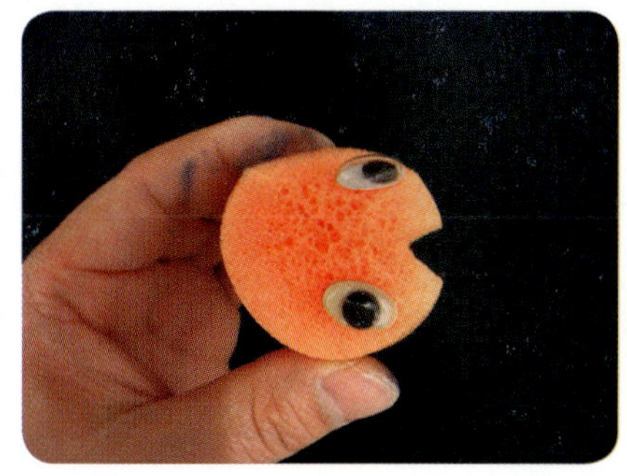

9 백업의 모서리를 비스듬히 잘라 세 각을 만들고 양쪽에 눈을 붙인다.

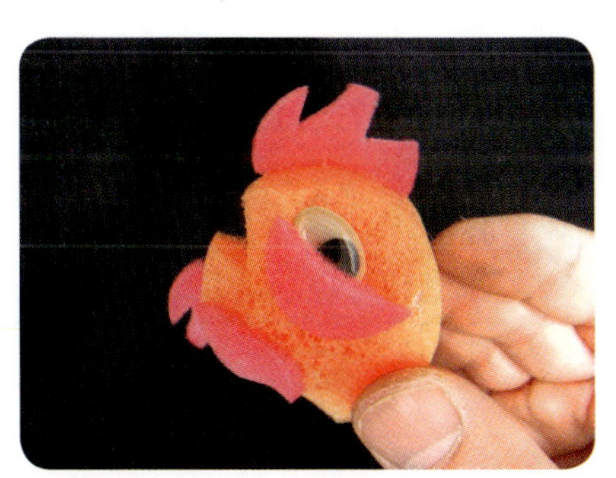

10 얇은 백업을 잘라서 얼굴을 장식하고 눈과 눈 사이에는 빵 끈을 끼운다.

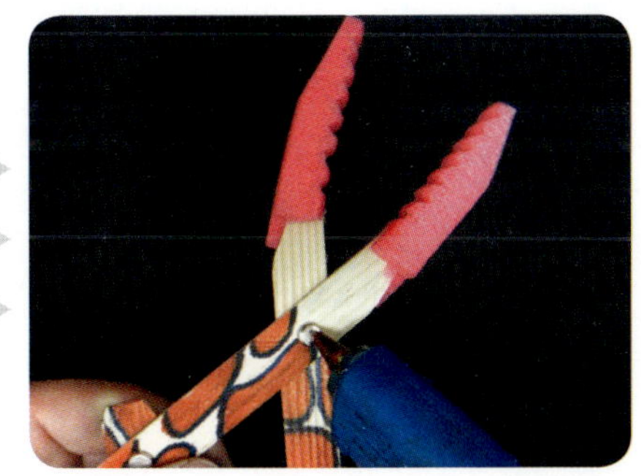

11 첫 번째 활 핀 머리에 글루를 칠하고

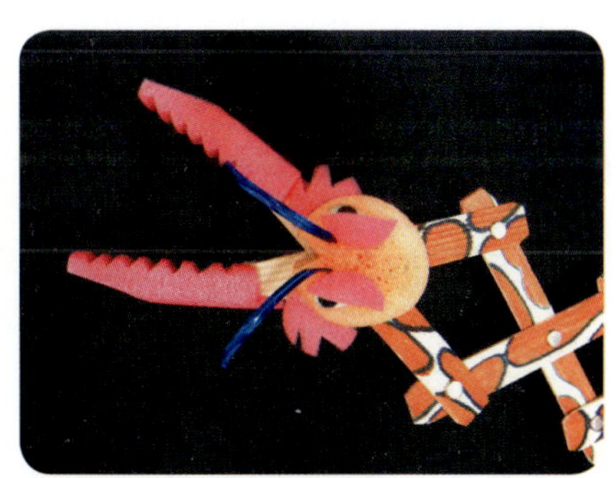

12 머리를 붙인다.

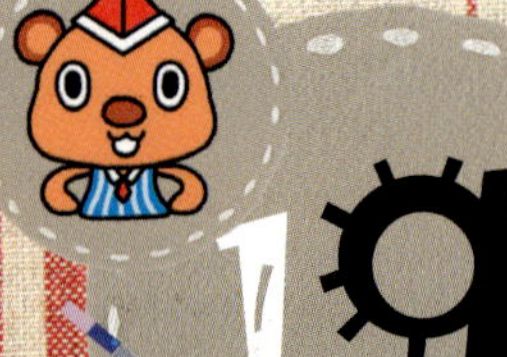

캐릭터 링 던지기

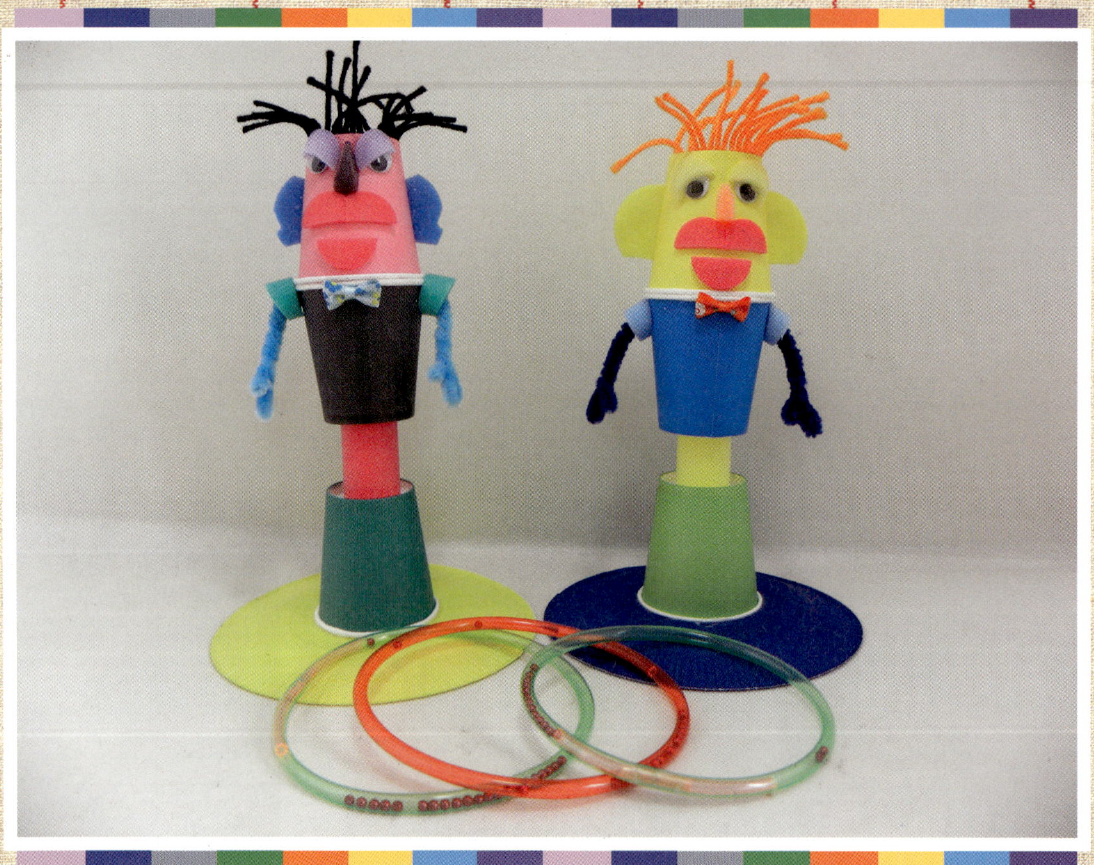

준비물 고무호스 – 7파이(45cm) 3개/5파이(10cm) 3개, 나무 조각(3cm) 3개, 떡꼬치나무 1개, 인형 눈 2개, 모루(소) 2줄, 플라스틱 술 15개 정도, 종이컵 3개, 종이접시 1장, 퀼트 털실 약간, 백업(3T) 5~6조각, 투명테이프, 글루건, 커터 칼

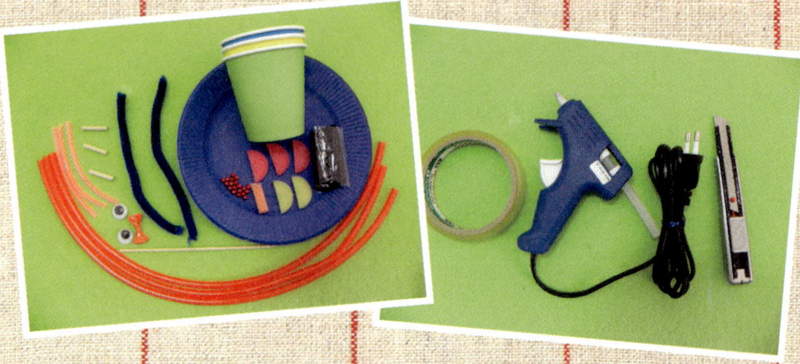

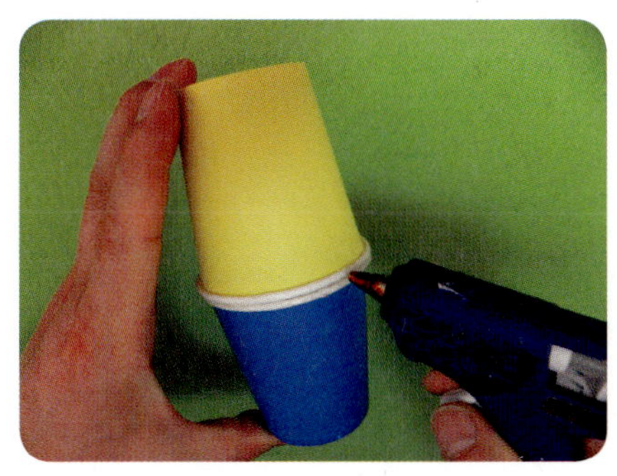

1 종이컵을 포개서 글루건으로 붙인다.

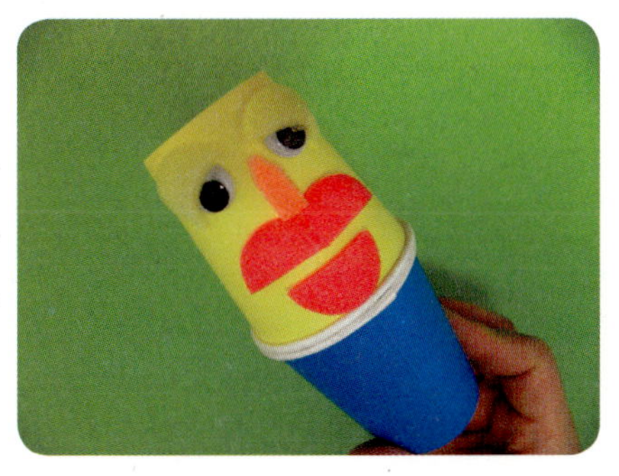

2 백업 조각으로 코와 입술 눈, 눈꺼풀을 만들어 장식한다.

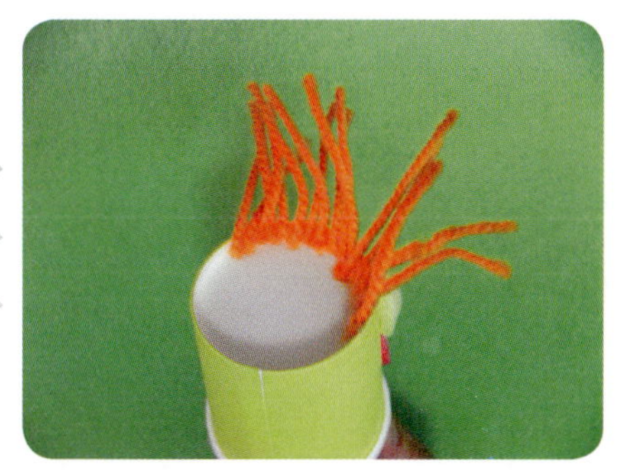

3 머리 앞쪽 안쪽에 글루를 칠하고 퀼트실을 붙여 머리를 장식한다.

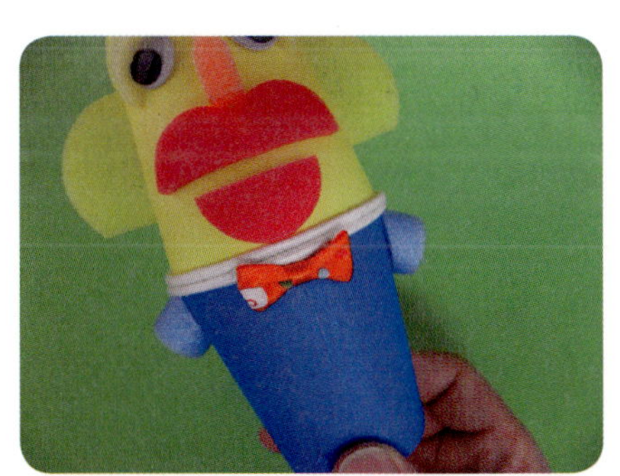

4 백업 조각으로 어깨를 양팔은 모루를 비틀어서 끝에 글루를 발라 꽂고, 턱 밑에는 리본을 단다.

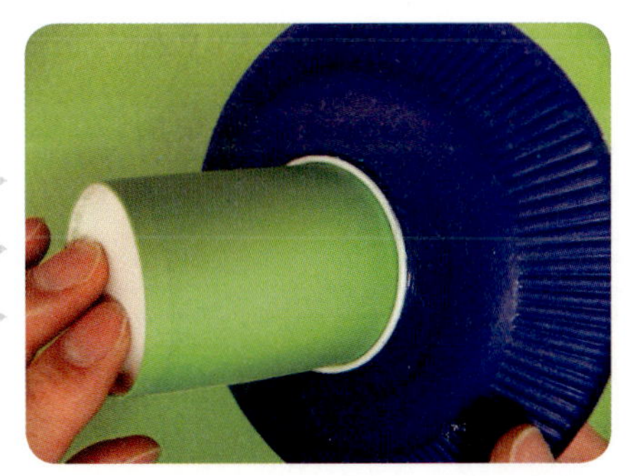

5 뒤집은 종이접시 바닥에 글루건을 이용하여 종이컵을 붙인다.

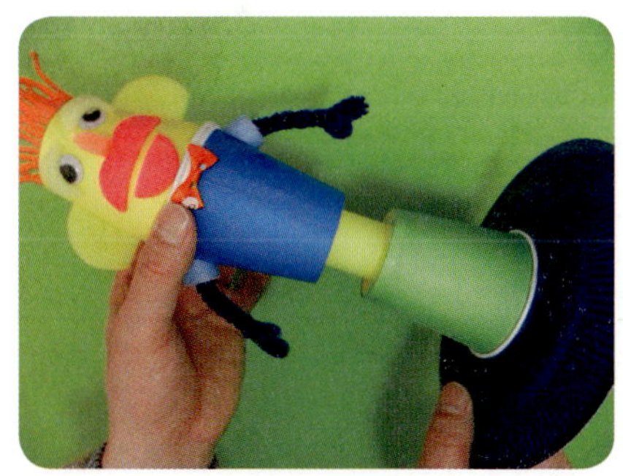

6 그 위에 백업조각을 붙이고, 다시 위에 **4**의 인형 캐릭터를 붙여 고정한다.

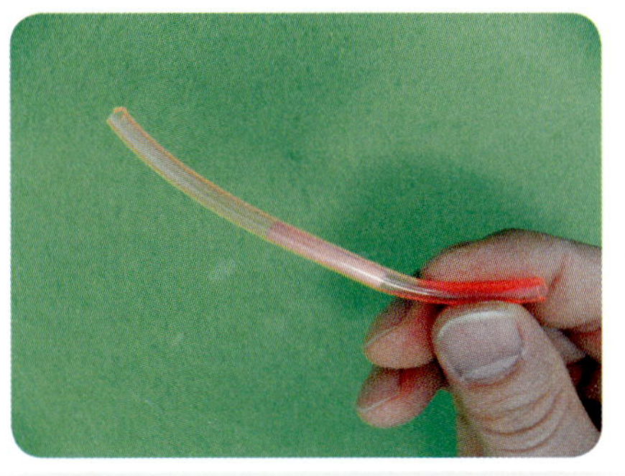

7 가는 호스의 중앙까지 나무 조각을 떡꼬치 나무로 밀어 넣는다.

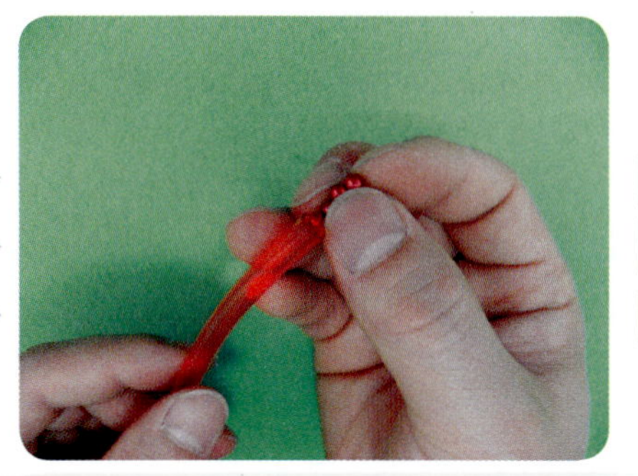

8 굵은 호스 안에 구슬을 넣고,

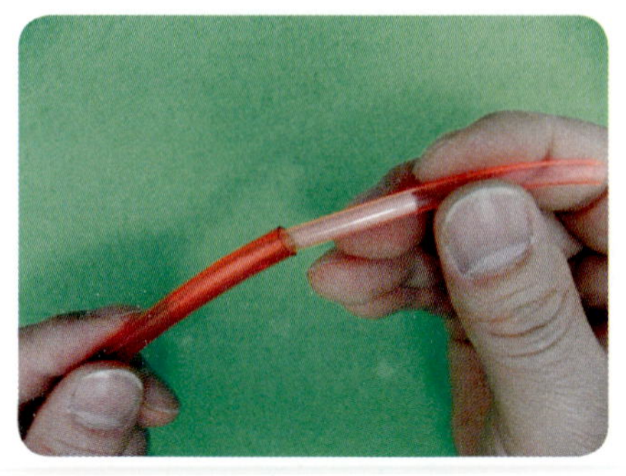

9 7의 가는 호스를 끼워 넣는다. (나무 조각의 중간부분까지)

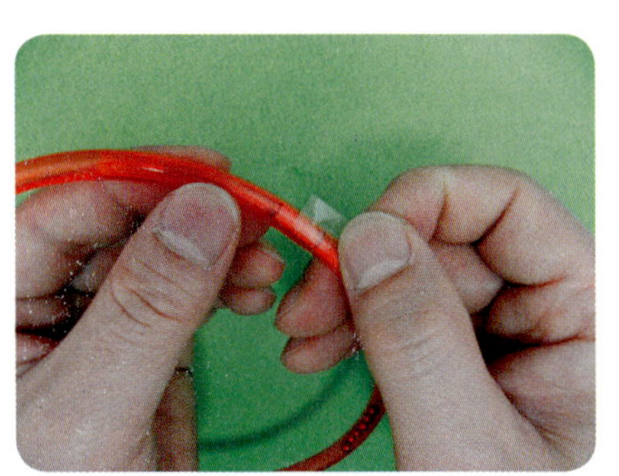

10 다시 다른 한쪽의 굵은 호스를 끼우고 투명테이프로 붙여 빠지지 않게

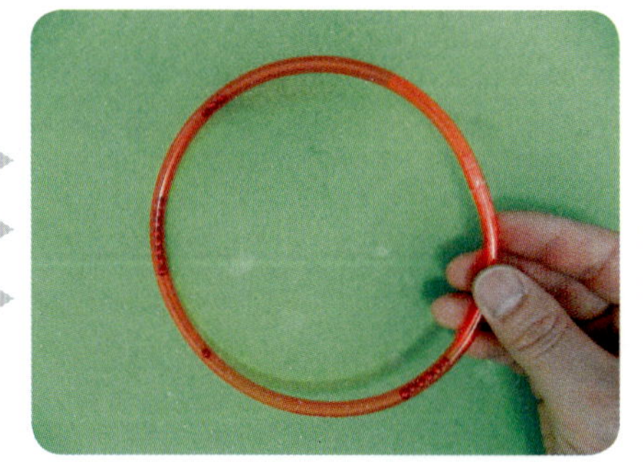

11 연결하여 링을 완성한다.

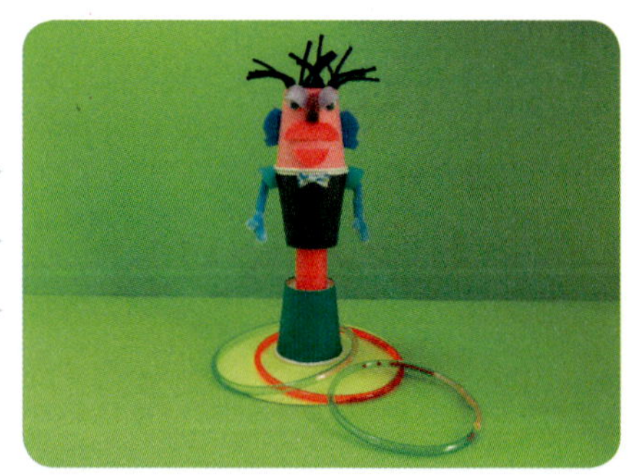

12 캐릭터를 놓고 링을 던져 본다.

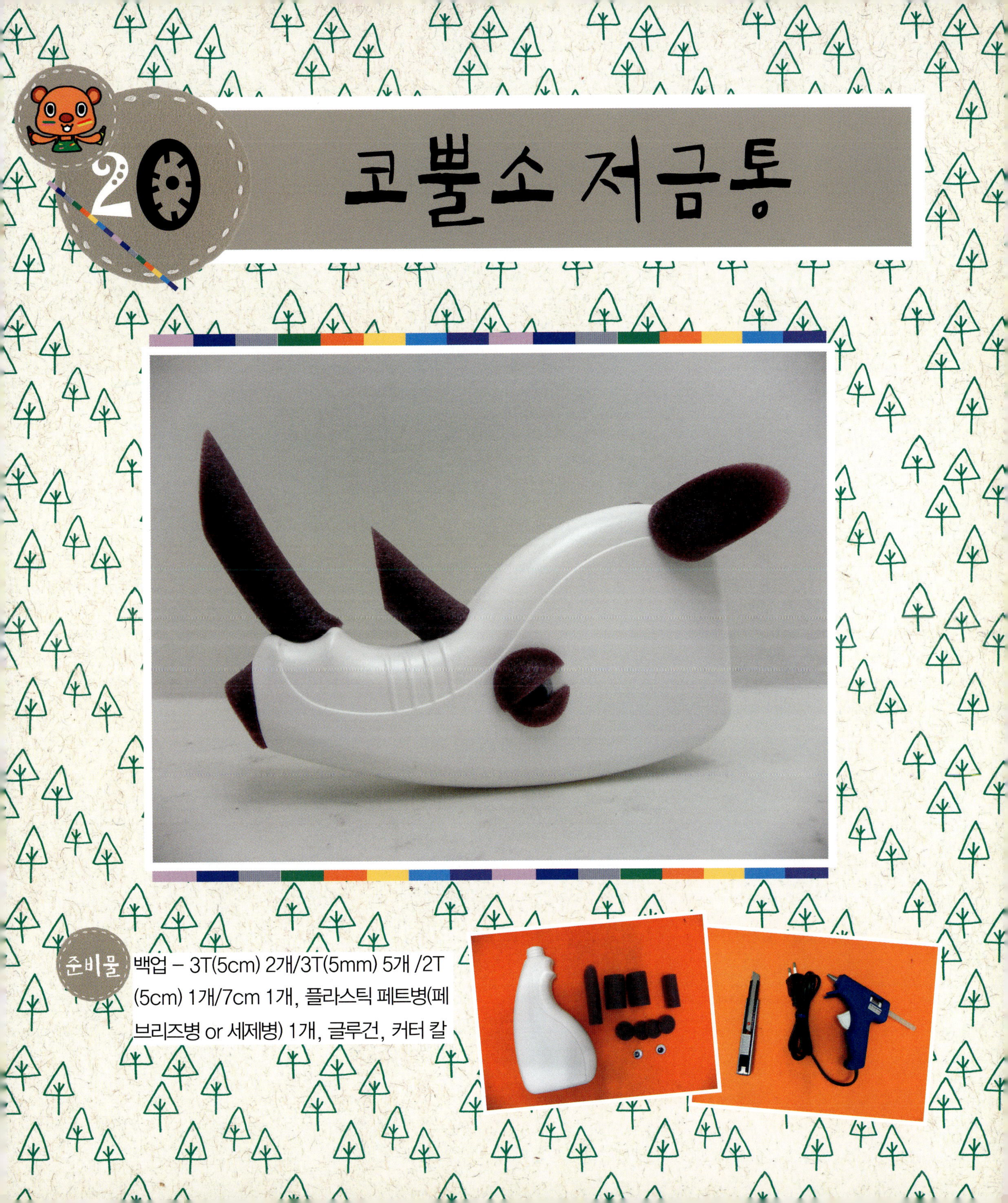

코뿔소 저금통

백업 – 3T(5cm) 2개/3T(5mm) 5개 /2T (5cm) 1개/7cm 1개, 플라스틱 페트병(페 브리즈병 or 세제병) 1개, 글루건, 커터 칼

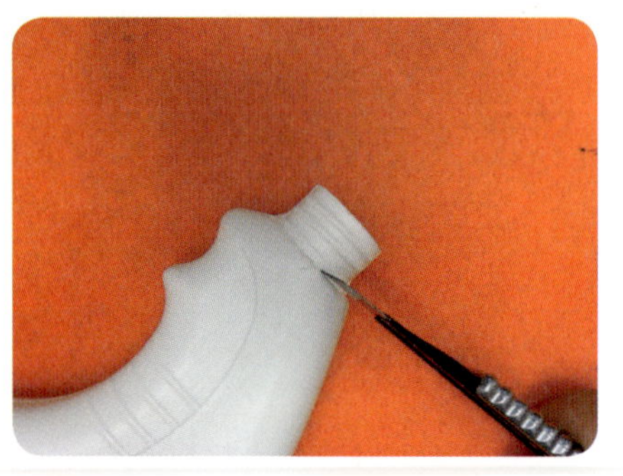

1 페트병의 주둥이를 칼로 잘라 낸다.

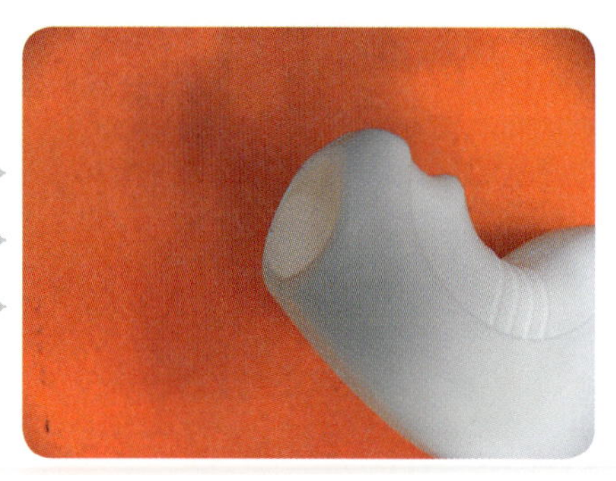

2 뚜껑을 끼우는 부분만 고르 게 잘라내고,

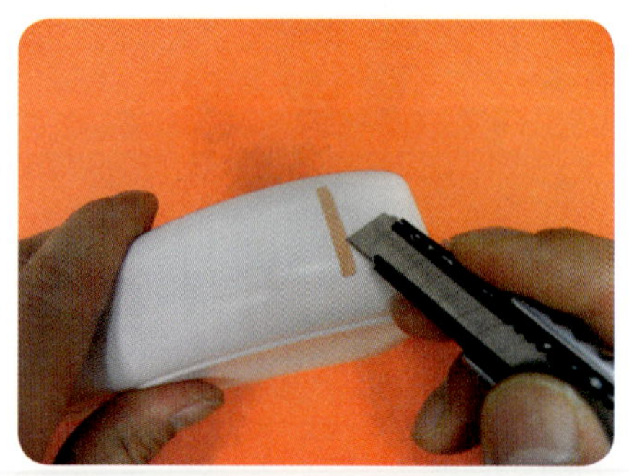

3 페트병의 아래쪽에 500원짜 리 동전이 들어갈 크기만큼 칼로 파낸다.

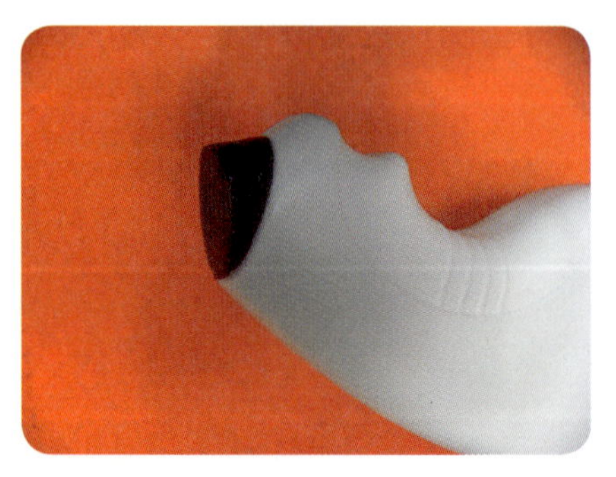

4 3T백업을 비스듬히 자르고 **2**의 구멍을 글루건을 사용해 서 막는다.

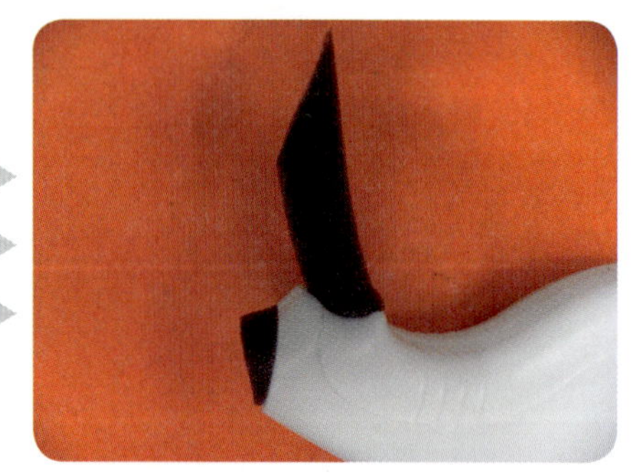

5 7cm의 백업을 비스듬히 잘 라 앞 뿔로 붙인다.

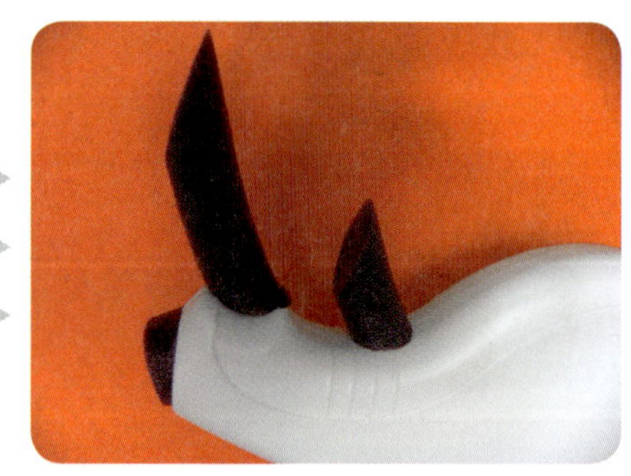

6 5cm의 백업을 비스듬히 잘 라 작은 뒤 뿔로 붙인다.

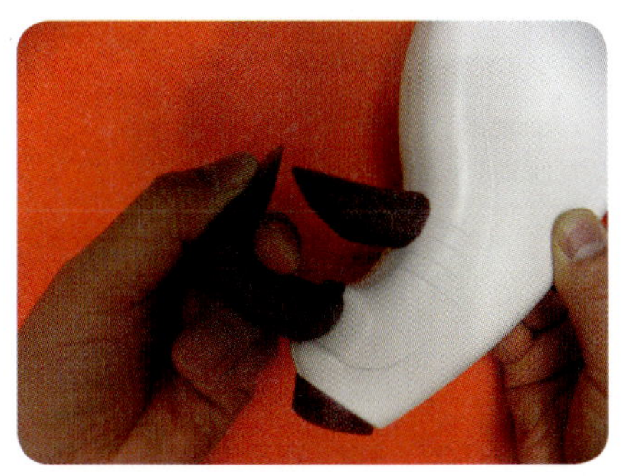

7 뿔 두 개를 손으로 휘어 뿔 모양을 갖추도록 해준다.

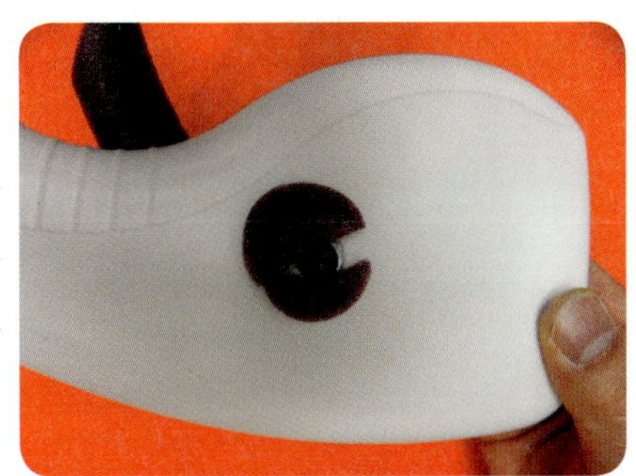

8 눈알을 붙이고 그 위에 3T 백업(2mm)을 잘라서 눈을 장식한다.

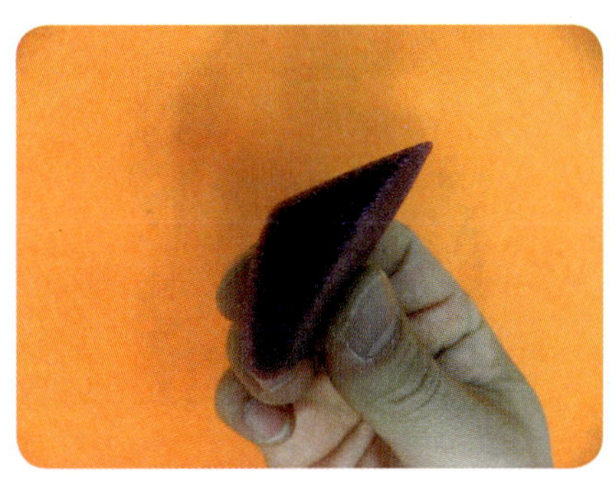

9 3T백업을 귀 모양으로 비스 듬히 잘라

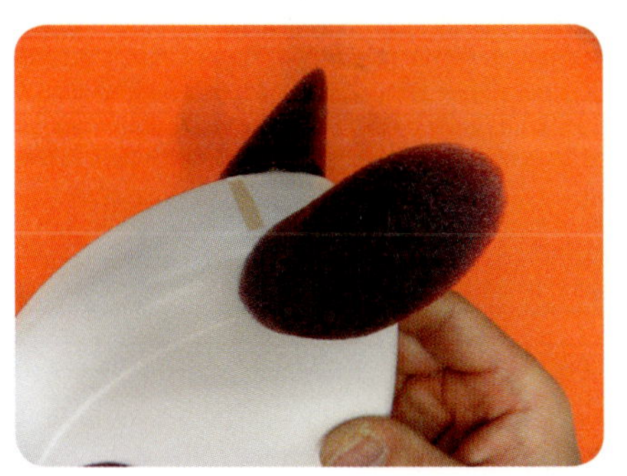

10 붙이고 귀를 장식한다.

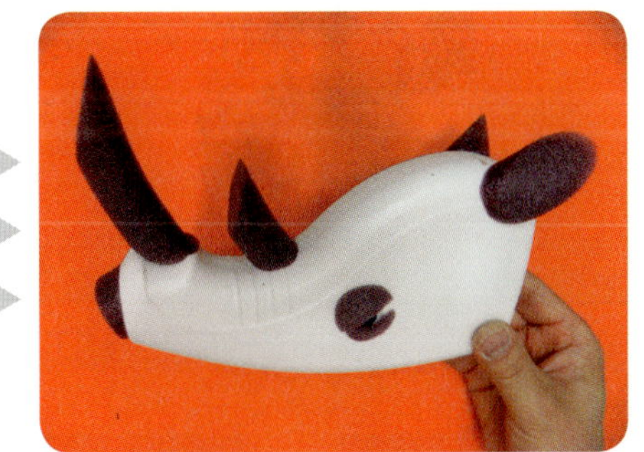

11 코뿔소의 얼굴 모양이 완 성되면 유성매직이나 아크 릴 물감으로 색을 칠한다.

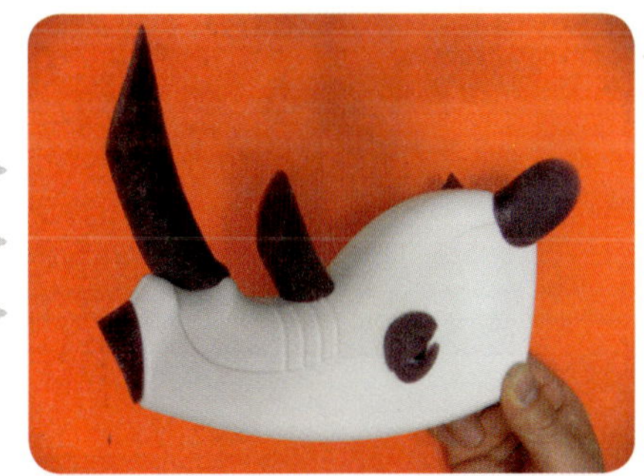

12 완성!

흔들이 북(소고)

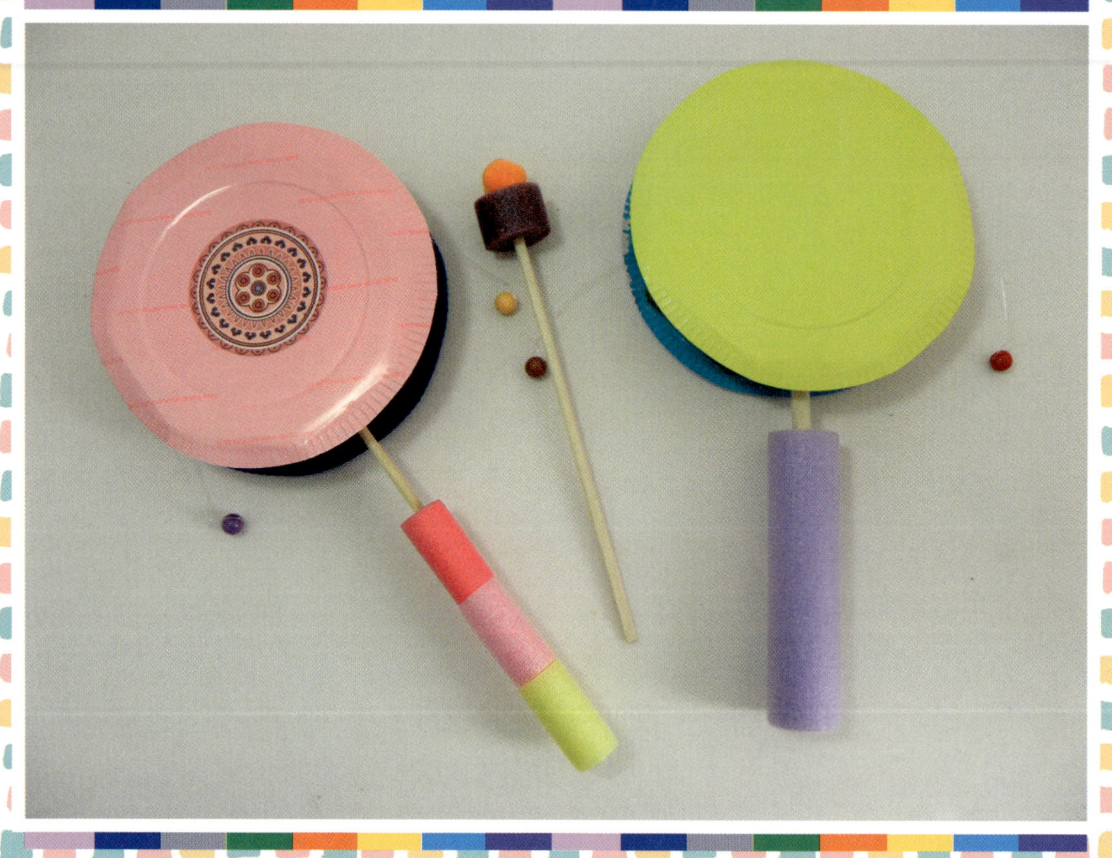

컬러종이접시 2장, 낚싯줄 2개, 플라스틱구슬 2개, 백업 – 2T(4~5cm) 3개/3T(3cm) 1개, 어묵꼬치 2개, 하드보드지 틀(테두리) 1개, 연필, 송곳, 자, 글루건, 커터 칼

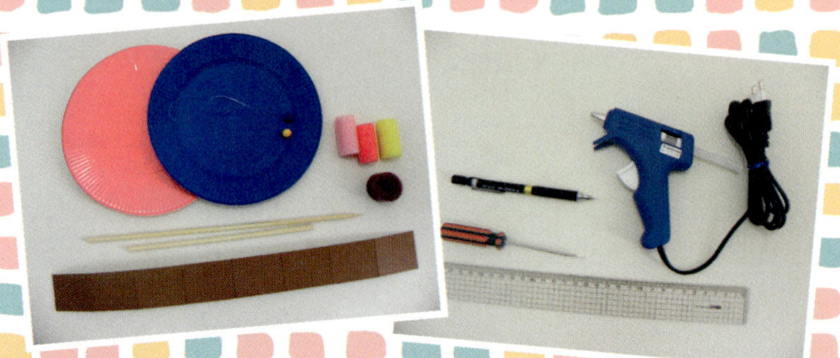

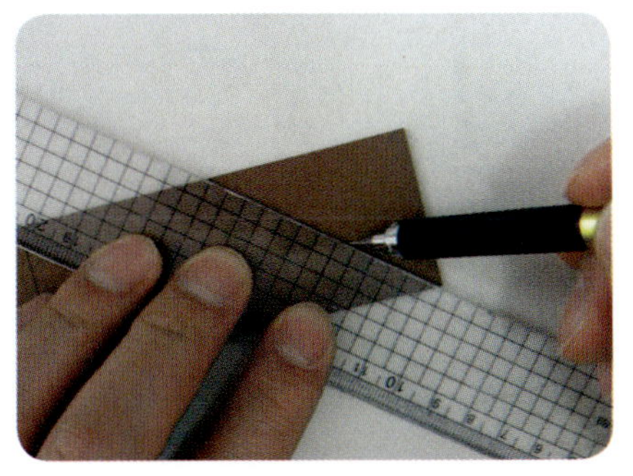

1 하드보드지의 첫 번째와 세 번째, 다섯 번째, 일곱 번째 칸에 자로 대각선을 그려

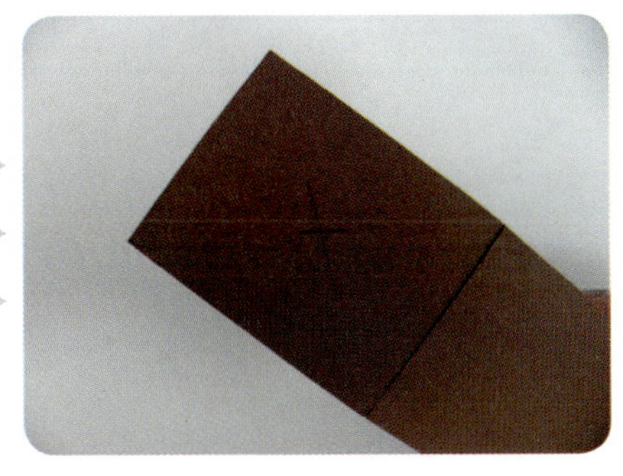

2 중앙에 X자를 표시해 놓는다.

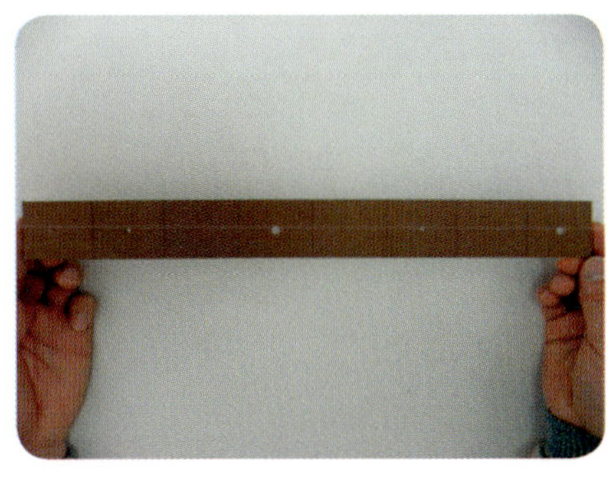

3 송곳이나 펀치 등으로 첫 번째, 다섯 번째에 어묵 꼬치의 구멍을 뚫고, 세 번째와

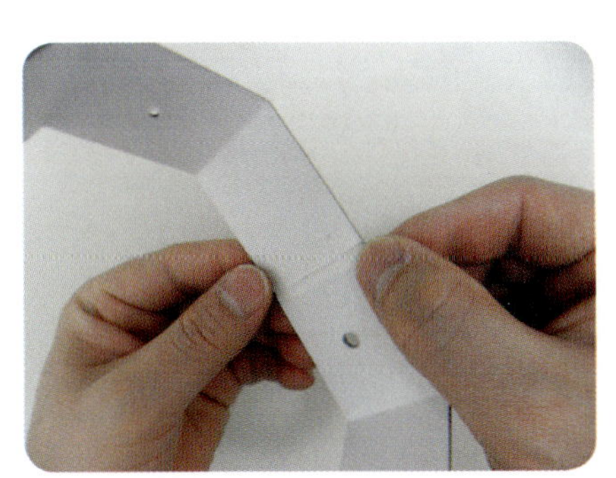

4 일곱 번째에 구슬을 단 낚싯줄 구멍을 뚫는다. 하드보드지를 연결해 안쪽에 투명테이프로 붙인다.

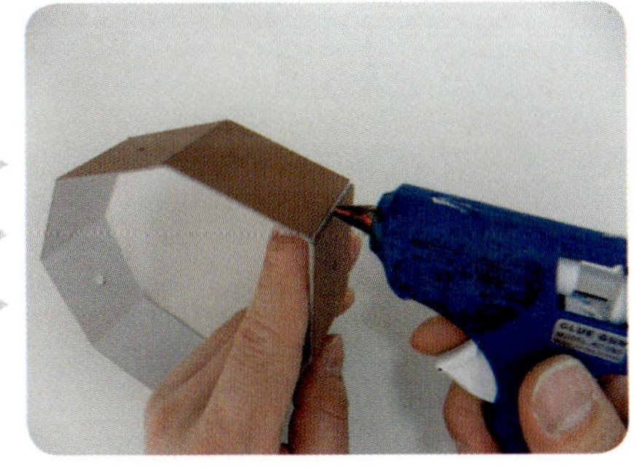

5 바깥쪽은 글루를 가늘게 쏘아 서로 붙인다.

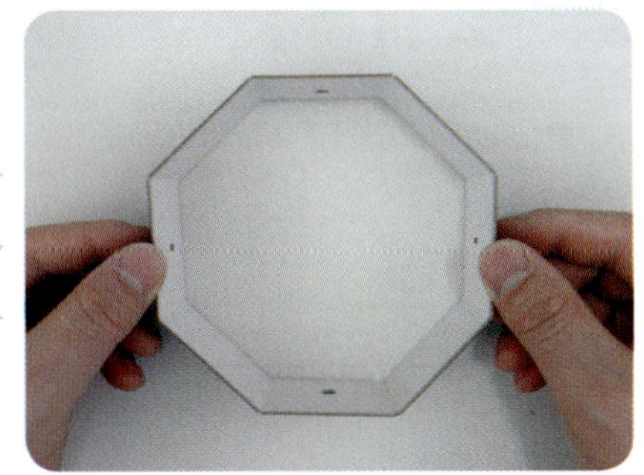

6 8각형으로 형태를 만들고

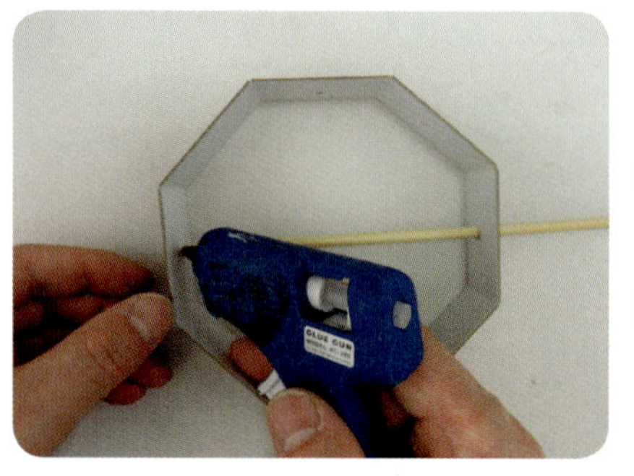

7 나무를 꽂고 안쪽에는 글루건으로 단단히 붙여 고정한다.

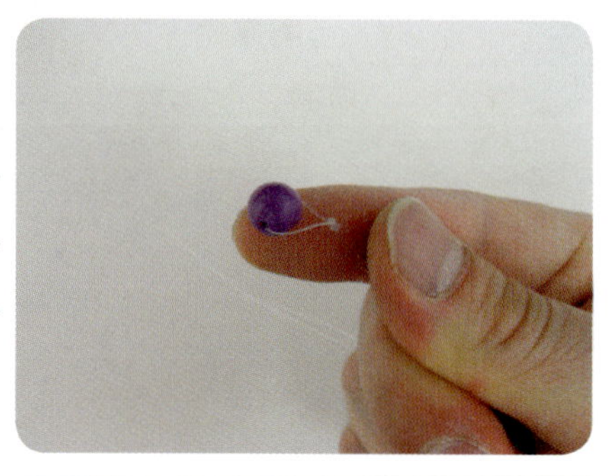

8 낚싯줄을 반으로 접고 가장 중간에 구슬을 끼운 다음 매듭지어 묶는다.

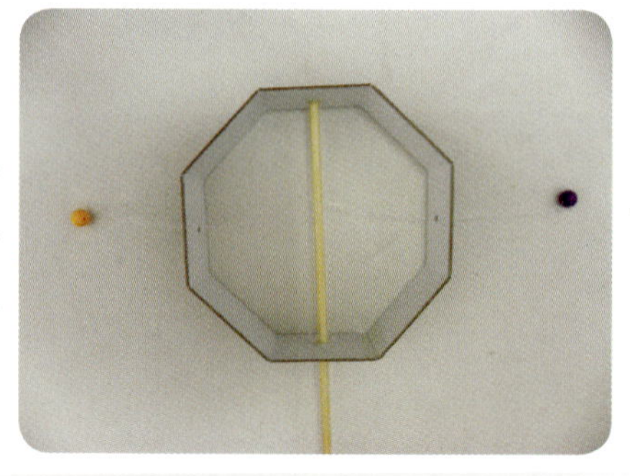

9 낚싯줄을 나무 사이로 묶는다. (구슬 줄의 길이는 구슬이 북에 닿는 위치를 감안해야 한다.)

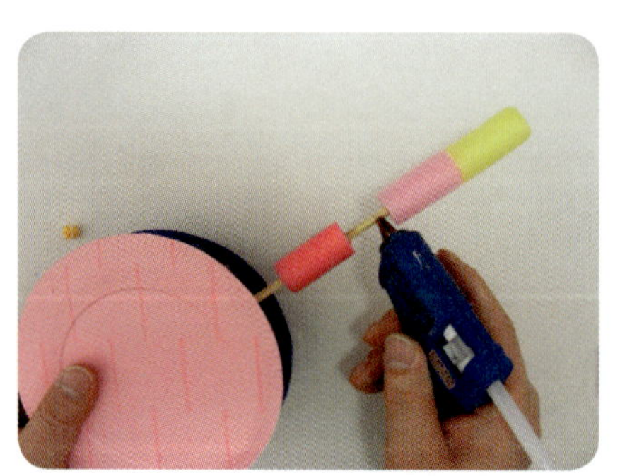

10 손잡이 나무에 글루를 쏘면서 백업을 끼워 넣는다.

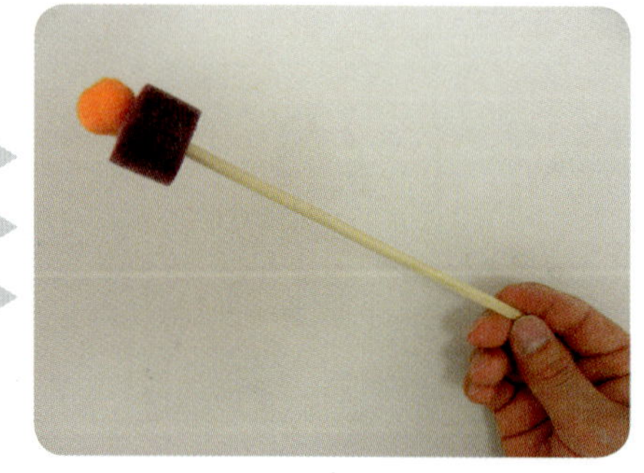

11 백업의 중앙에 예비 구멍을 내고 글루를 쏜 다음 나무를 꽂고 뿅뿅 등으로

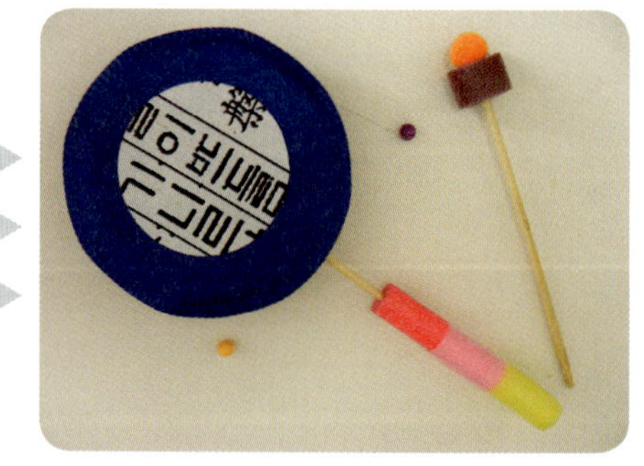

12 장식하여 북과 북채를 완성한다.

투석기

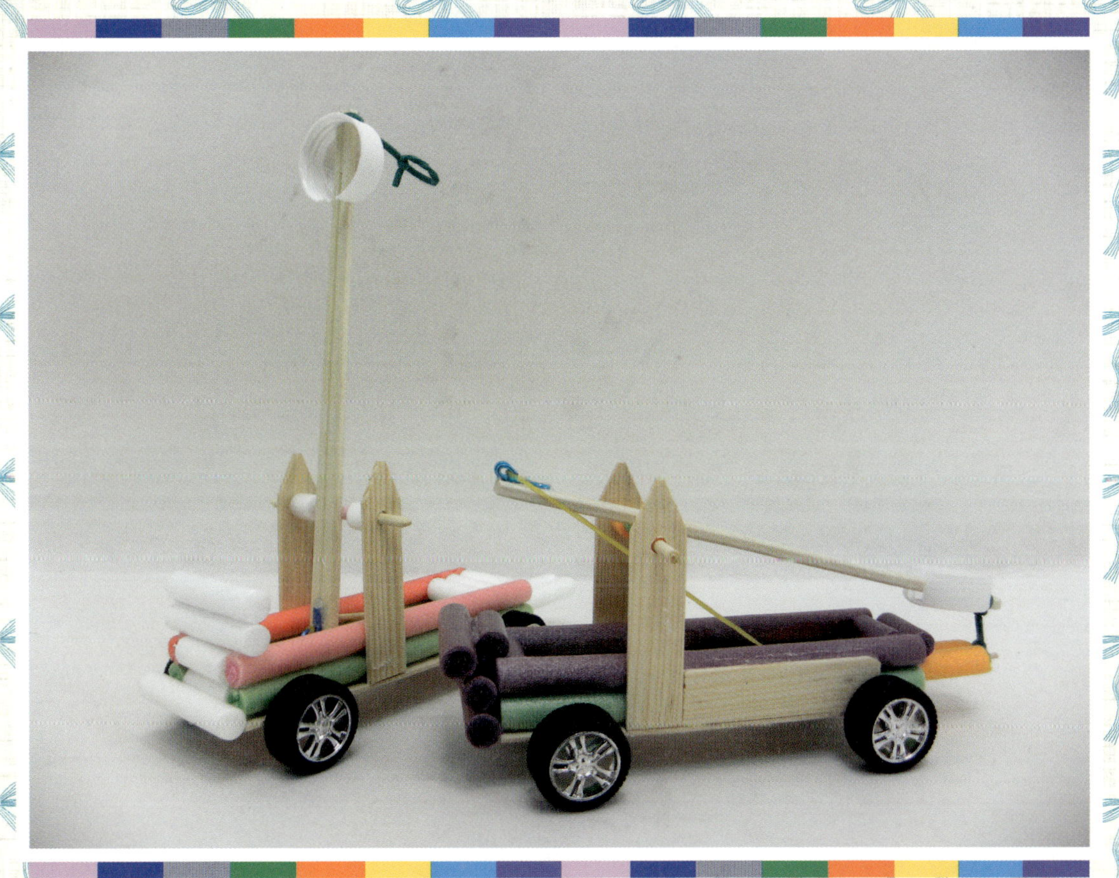

수수깡 4개, 나무판(5cm×15cm) 1개, 바퀴(소) 1세트, 뾰족막대 2개, 가죽 끈 1개, 고무줄 1개, 떡꼬치(7cm) 1개, 나무젓가락 1개, 빨대 1개, 철사 2개, 글루건, 커터 칼

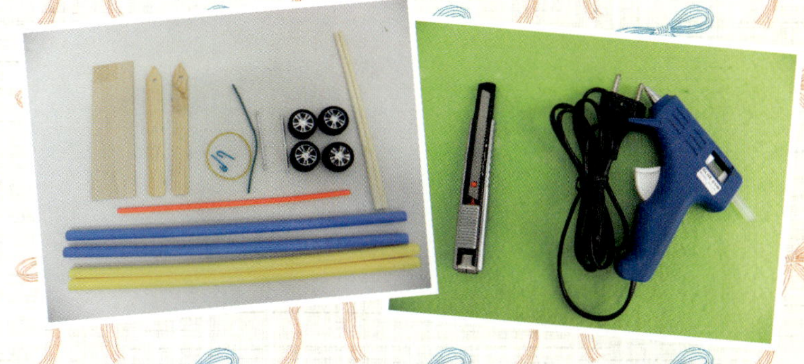

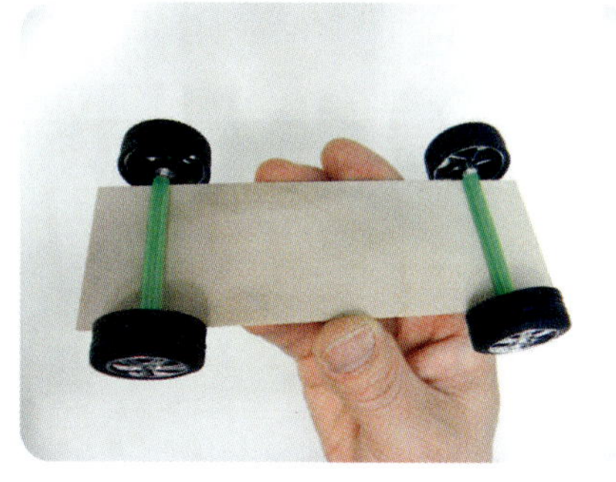

1 나무판 양쪽 3cm에 선을 그리고 빨대를 붙여 바퀴를 끼운다.

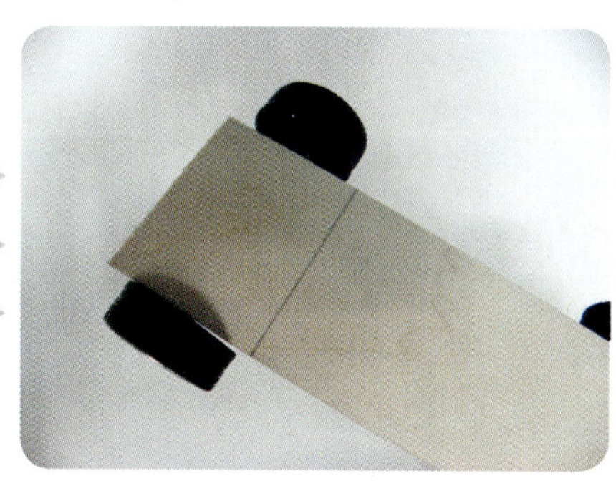

2 뒤집어서 끝에서 4cm 지점에 선을 그리고

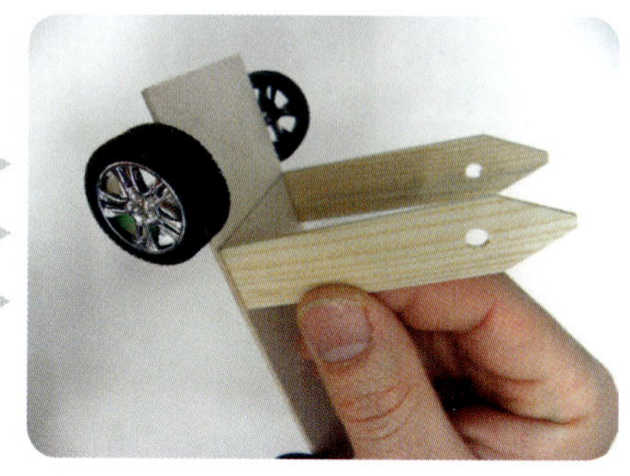

3 구멍 뾰족스틱을 5cm씩 각각 잘라 글루를 사용해서 단단히 붙인다.

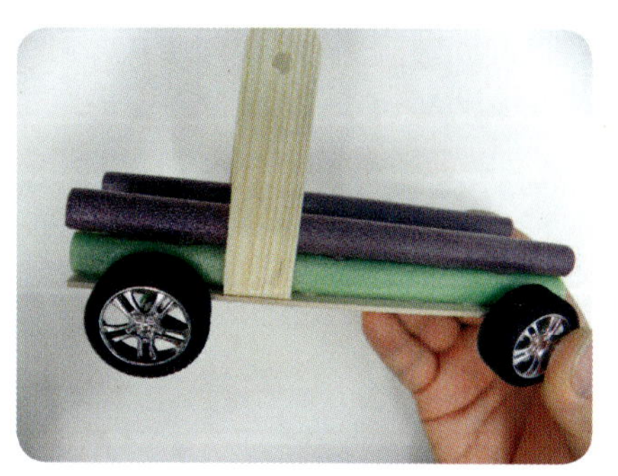

4 15cm씩 자른 수수깡을 양쪽에 2개씩 붙인다.

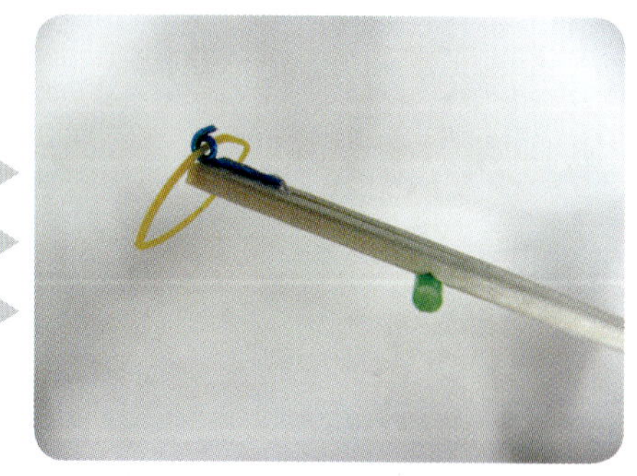

5 나무젓가락 5cm에 V자 홈을 파고 2cm 빨대를 붙인 후 반대쪽 철사고리에 고무줄을 끼워 붙인다.

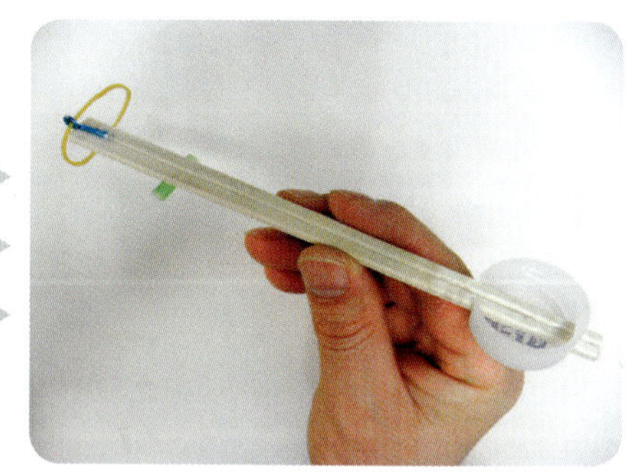

6 젓가락 끝에 1cm 정도의 여유를 남겨두고 페트병 뚜껑을 잘라 다듬어 붙인다.

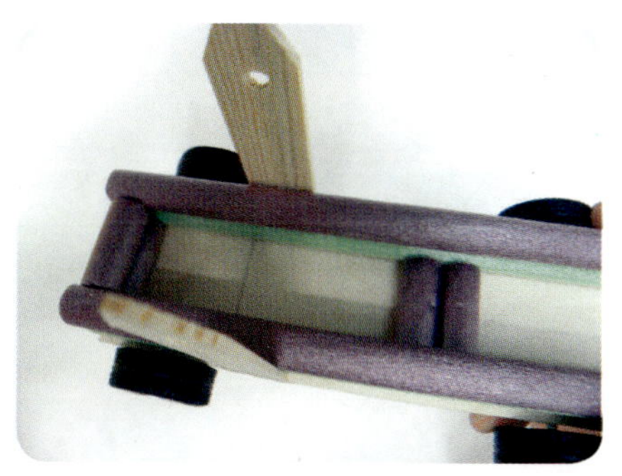

7 수수깡을 3cm씩 5개 정도 잘라 바닥과 앞부분에 붙여 장식한다.

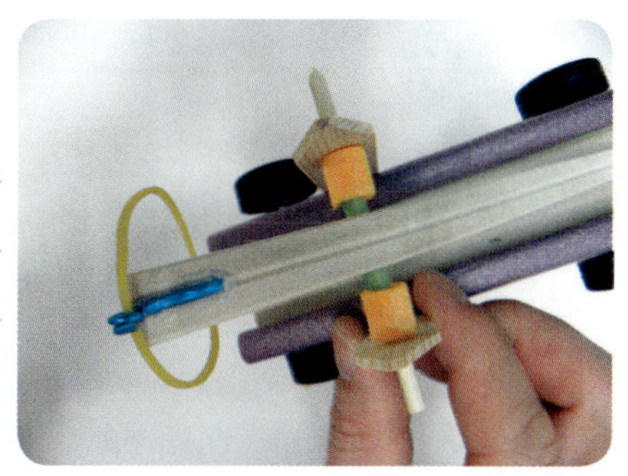

8 6에 7cm의 나무심을 꽂으면서 1cm의 수수깡 2개를 양쪽에 끼운다.

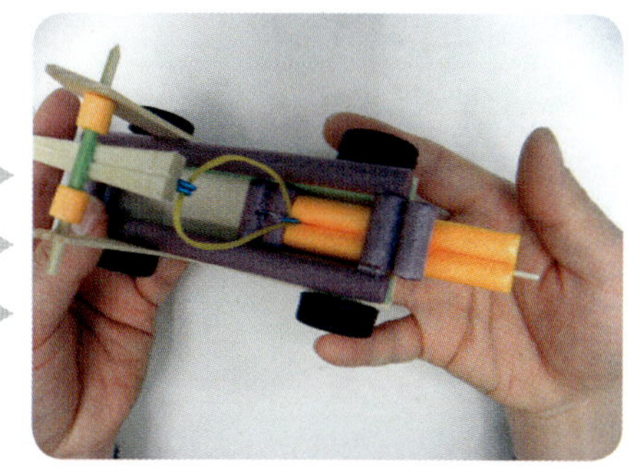

9 고무줄을 고정하고 8cm로 자른 수수깡 2개를 붙이고 이쑤시개를 꽂는다.

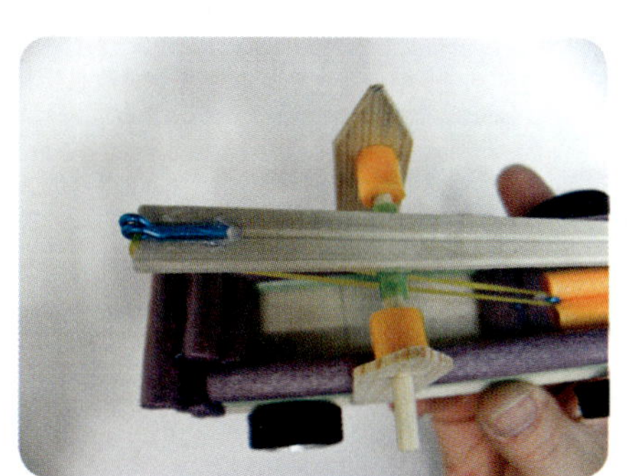

10 젓가락을 뒤로 젖히고

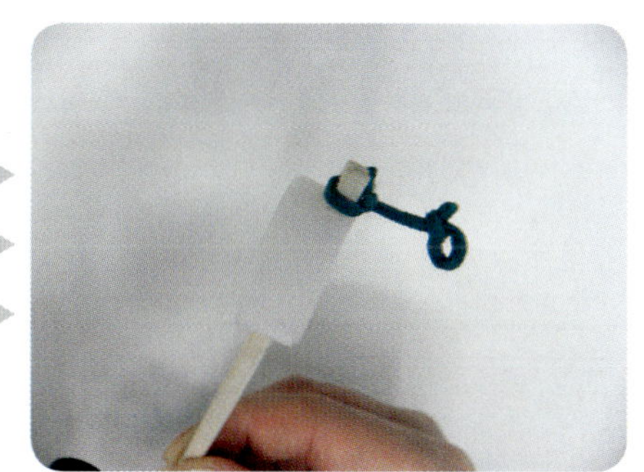

11 끈으로 묶어 만든 고리에 끼워

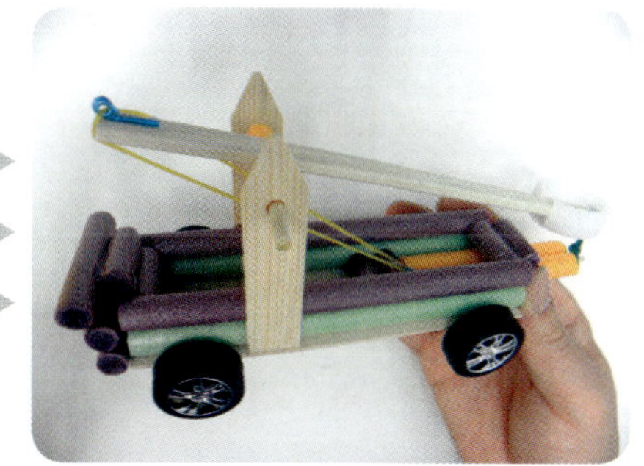

12 고정하고 젓가락 등으로 고리를 살짝 밀면 고무줄 동력으로 젖혀진다.

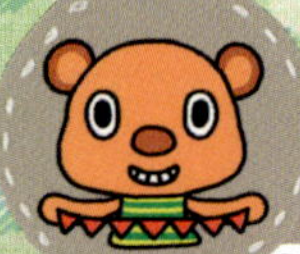

펭귄 저금통

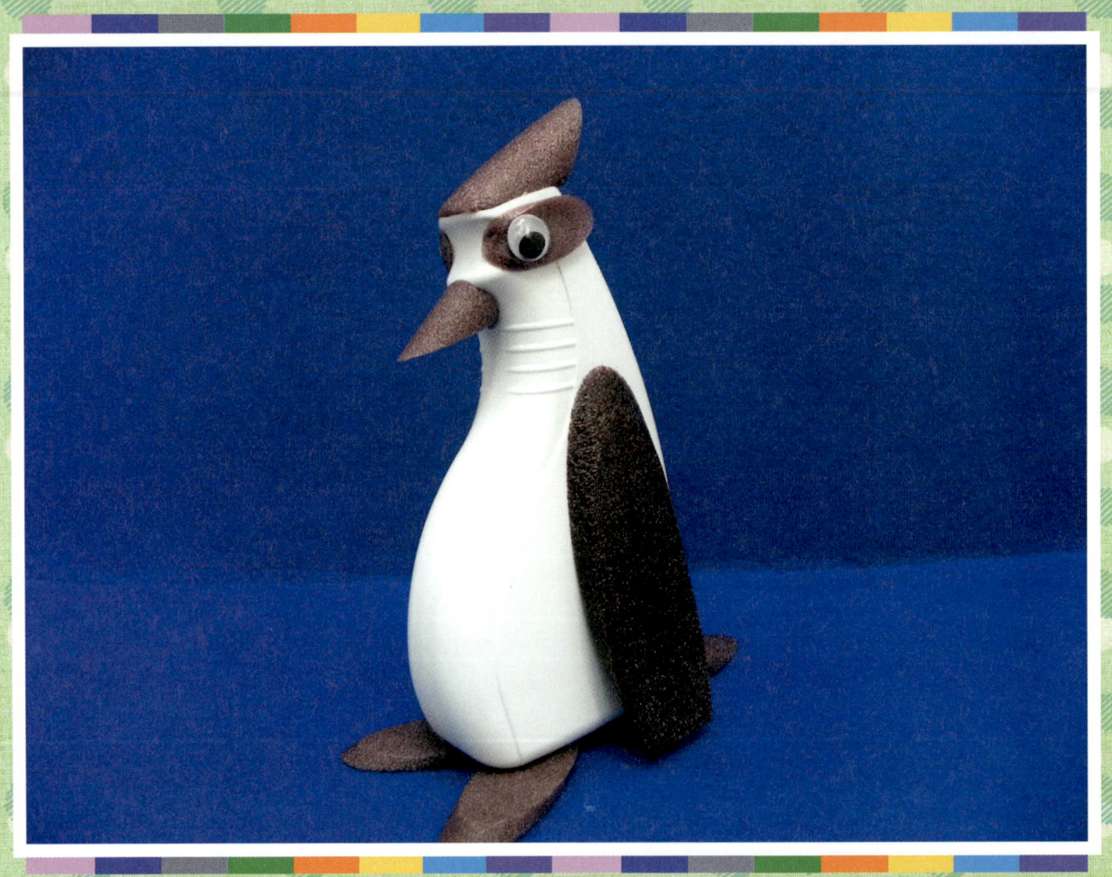

준비물 백업 5T(5mm) 어슷 썬 것 2개, 3T(5cm) 2개, 〈어슷 썬 것〉-2개, 〈3mm〉-1개, 2T(3cm)-1개, 2T(어슷 썬 것)-2개, 눈알 2개, 글루건, 커터 칼

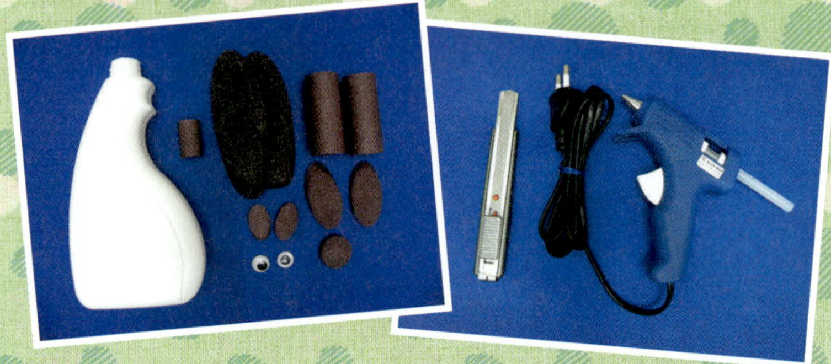

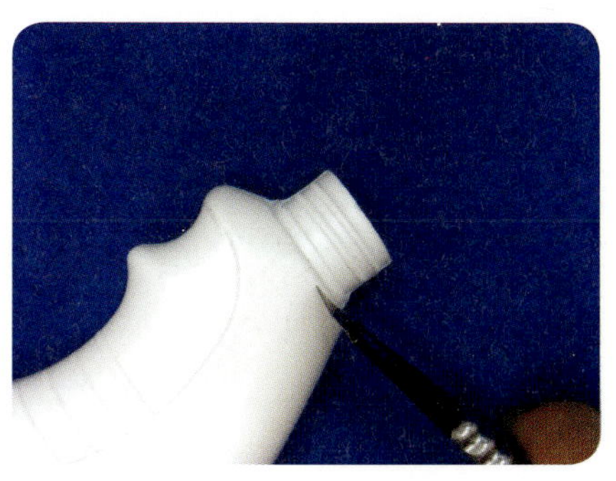

1 페트병의 주둥이를 칼로 잘라 낸다.

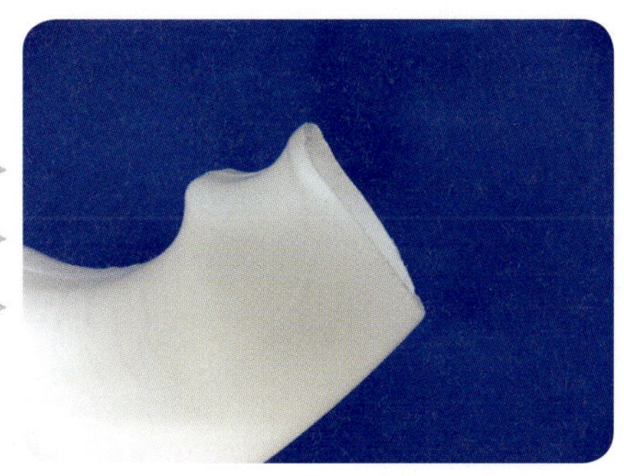

2 딱딱한 주둥이를 잘라낸 다음, 조금 더 아래를 잘라 다듬는다.

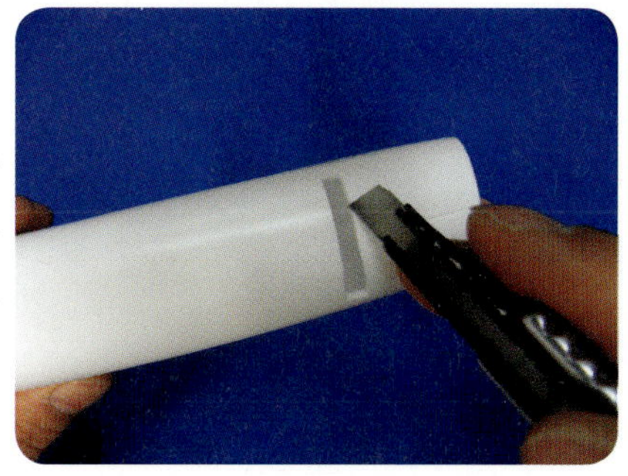

3 **2**의 잘라낸 굽은 뒷부분의 아래에 500원짜리 동전크기의 구멍을 낸다.

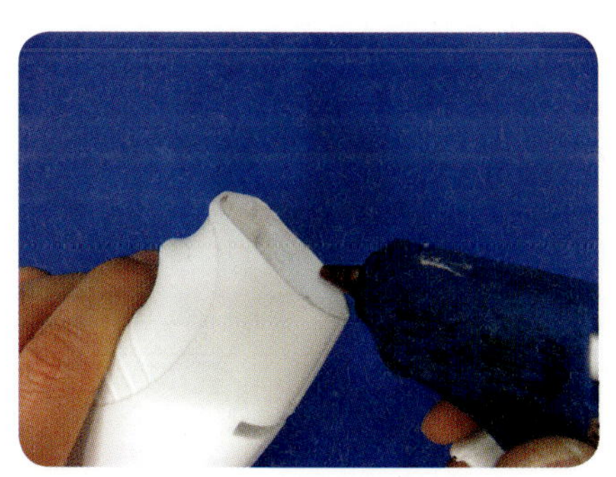

4 **2**의 안쪽에 글루를 바르고,

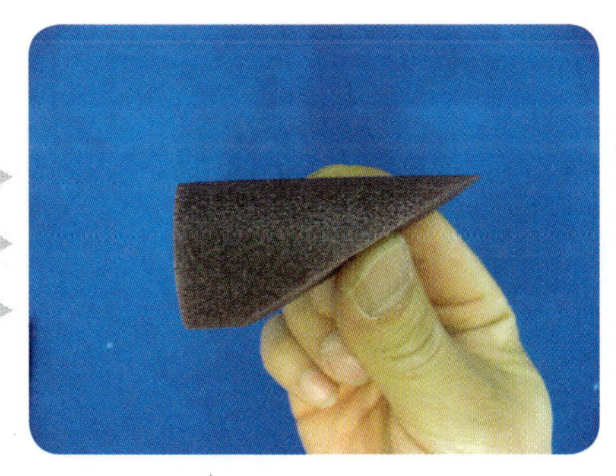

5 3T백업을 비스듬히 잘라,

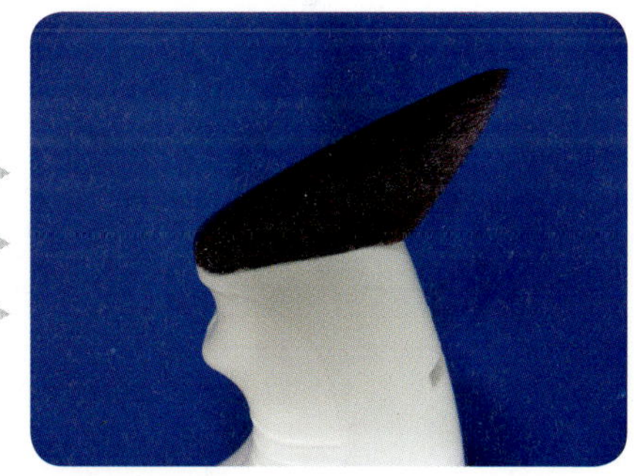

6 **4**에 끼워 넣는다.

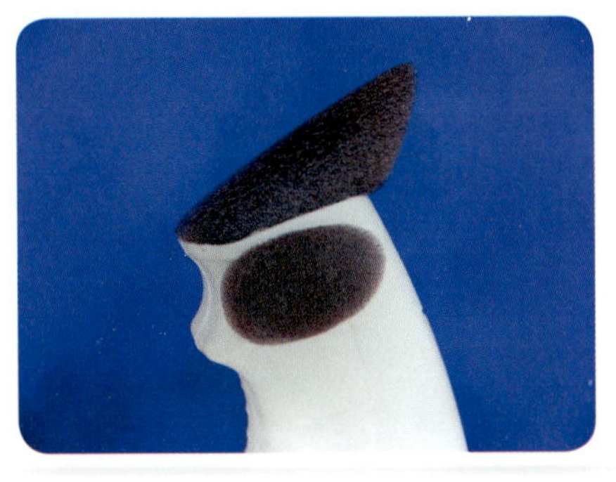

7 비스듬히 자른 2T백업을 붙이고

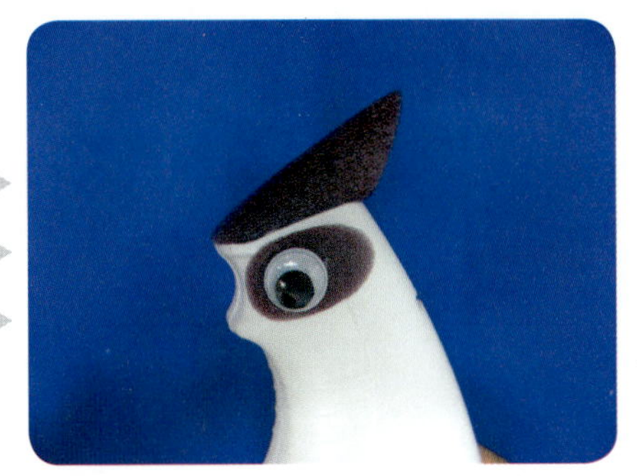

8 눈알을 붙인다.

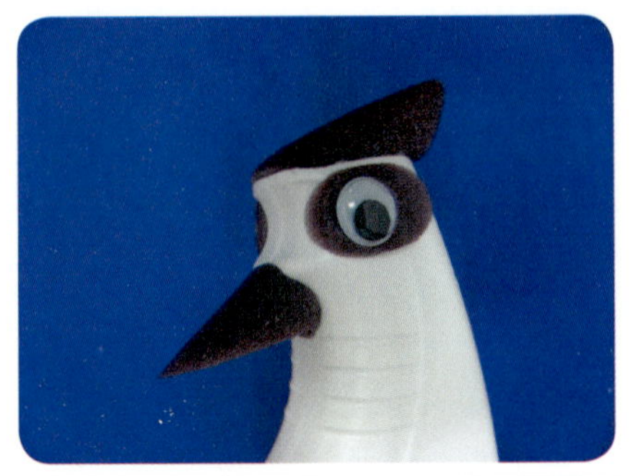

9 2T백업을 비스듬히 잘라 펭권의 입을 만들어 붙인다.

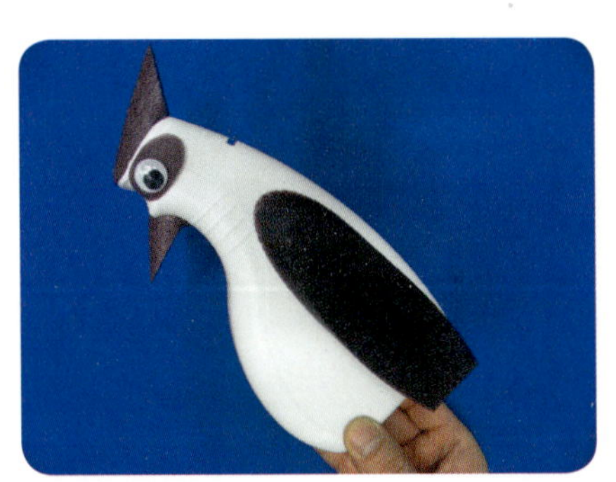

10 비스듬히 자른 5T백업을 펭권의 날개로 붙이고

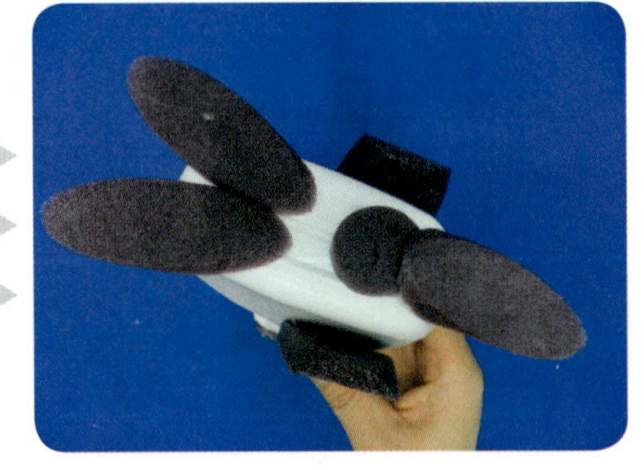

11 비스듬히 자른 3T백업을 바닥에 붙여 펭권의 발과 꼬리로 장식한다.

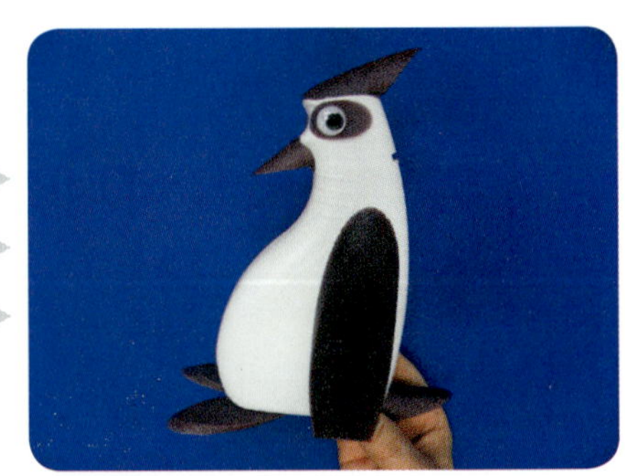

12 완성!

한지 스탠드

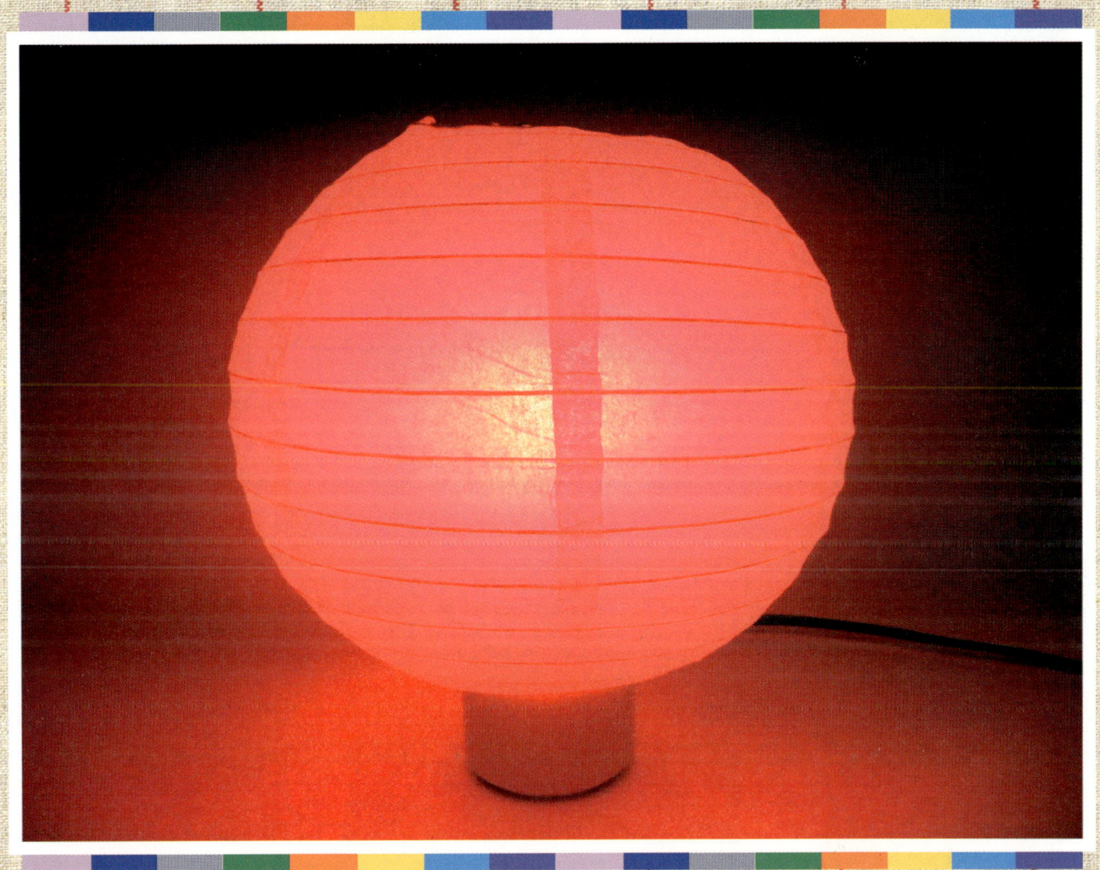

준비물 한지갓 1세트, 플라스틱용기 1개, 선타이 2개, 고무관(1.5~2cm) 약 4개, 미니스위치 1개, 고추구 1개, 파워코드 1개, 미니소켓 1개, 가위, 송곳, 커터 칼

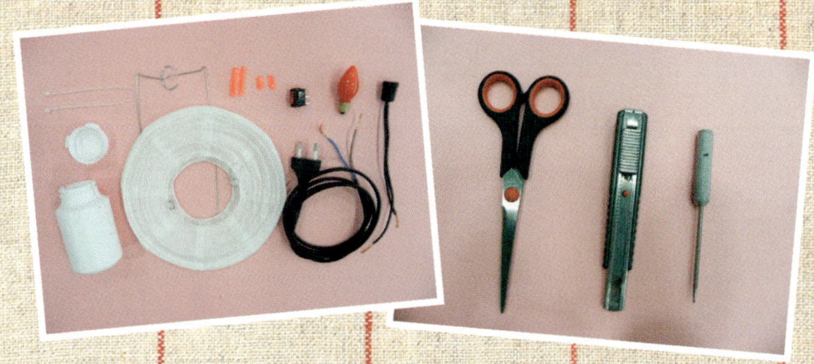

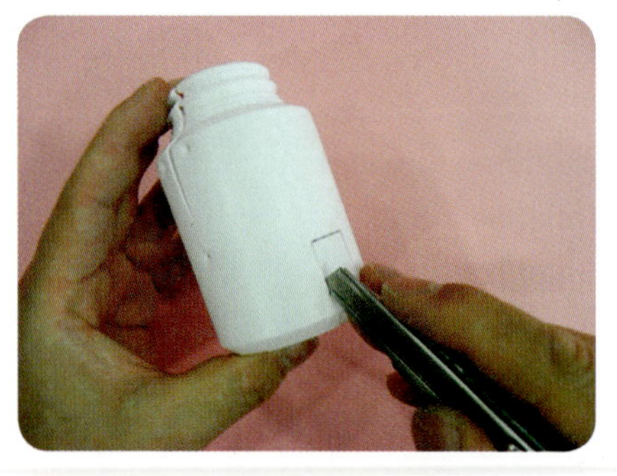

1 밑그림을 스위치 구멍과 그 아래 전선구멍을 그리고

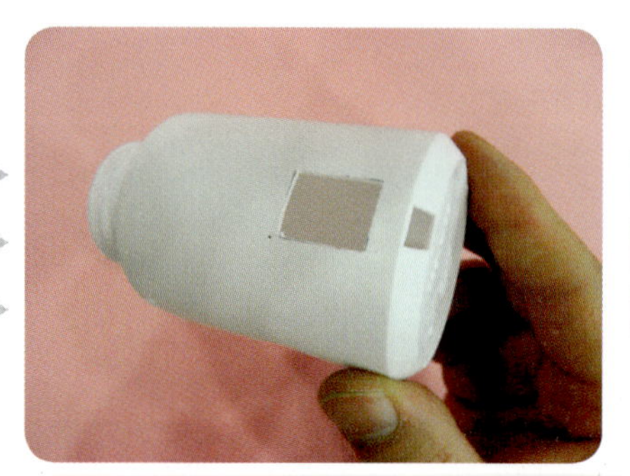

2 칼로 파낸다.

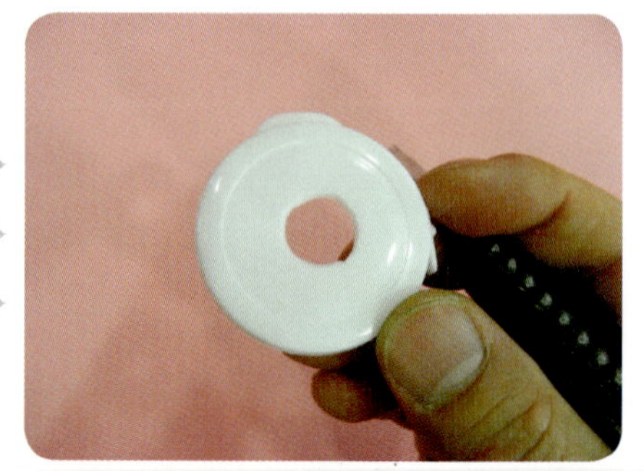

3 뚜껑의 가장 중심도 미니 소켓이 들어갈 크기만큼 구멍을 뚫는다.

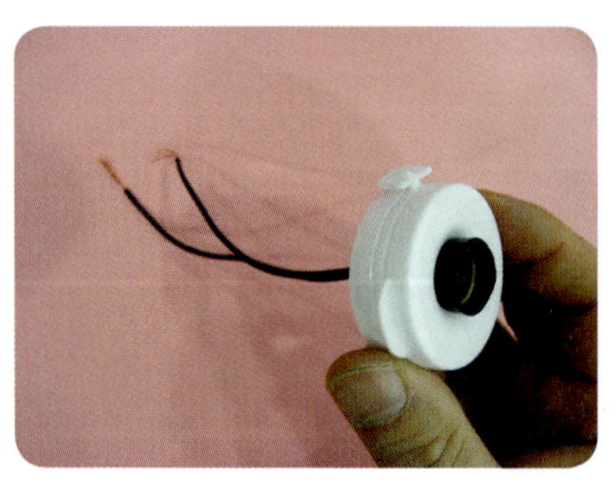

4 소켓 전선을 자르고 전선의 끝에서 약 1.5cm 정도씩 피복을 벗겨낸다.

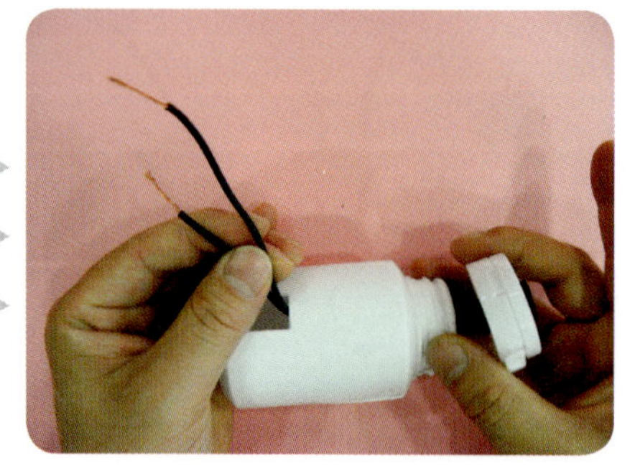

5 뚜껑을 닫지 않은 채로 소켓의 전선을 **2**의 큰 구멍으로 빼낸다.

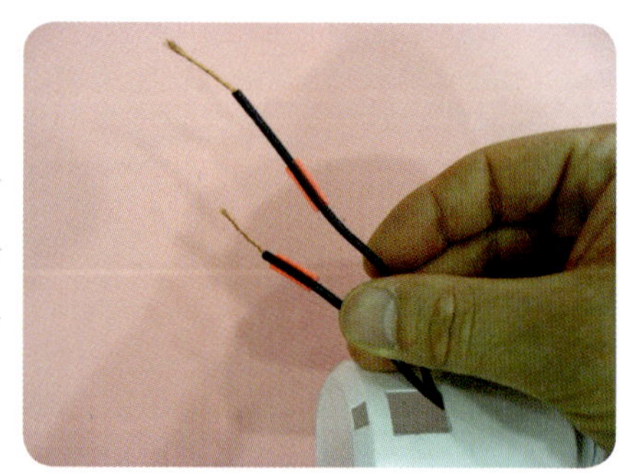

6 빼낸 전선의 고무관을 각각 1개씩 끼워 넣는다.

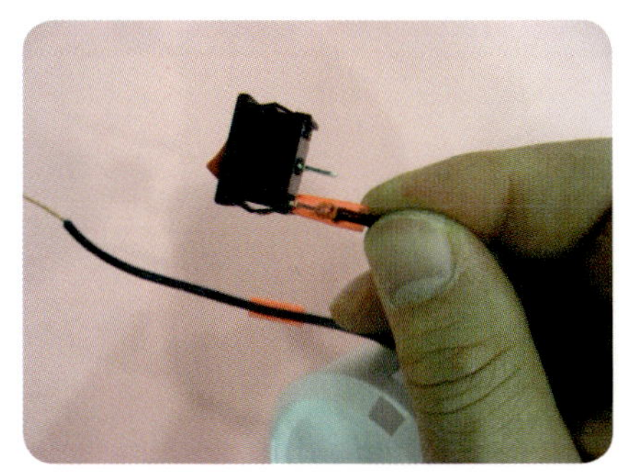

7 6의 전선 중 1개를 스위치에 연결하고 고무관을 밀어 끼워 넣는다.

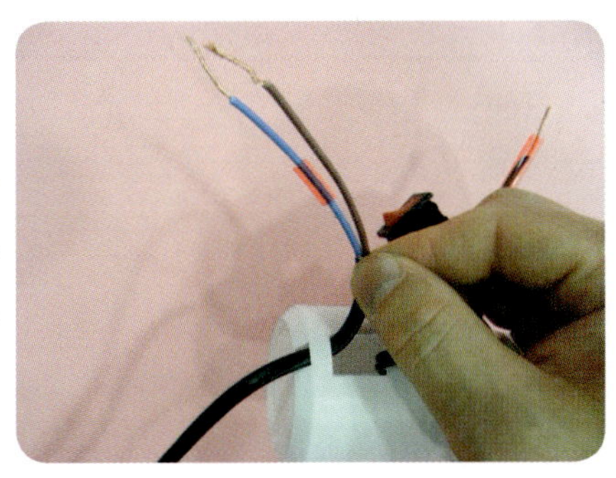

8 파워플러그의 전선을 2의 구멍에 바깥에서 안쪽으로 끼워 다시 스위치

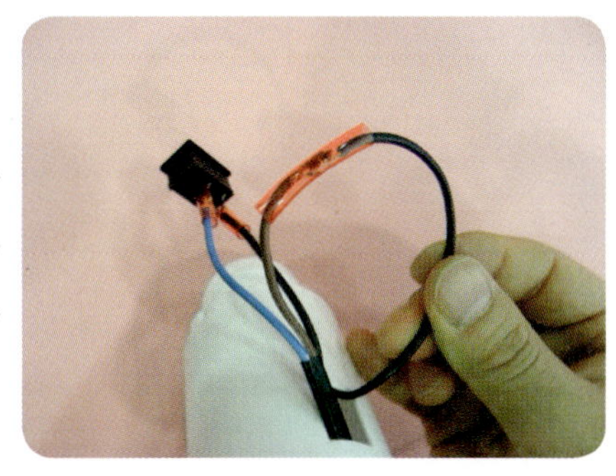

9 구멍으로 빼내 한 가닥은 스위치에, 나머지 한 가닥은 소켓의 선과 연결한다.

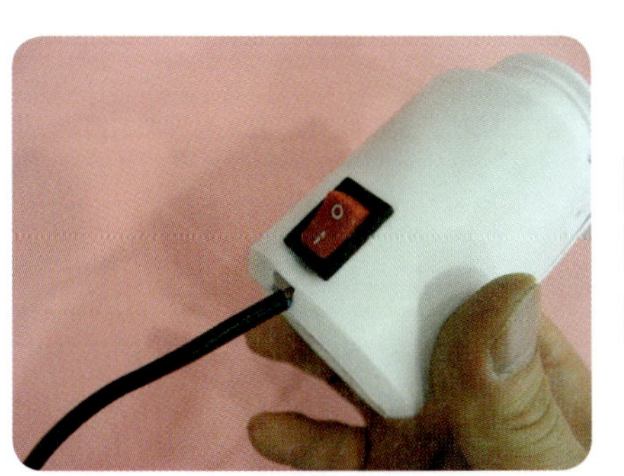

10 고무관을 밀어 잘 연결한 다음 스위치를 밀어 딱 소리가 나도록 조립한다.

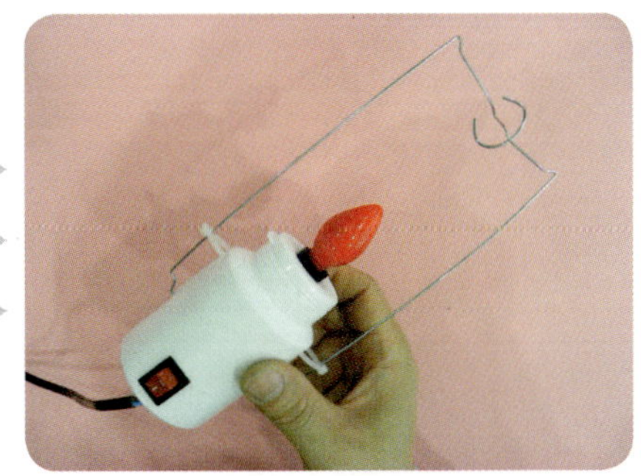

11 갓 지지대 철사를 끼우고 양쪽은 선타이로 철사를 묶고 여분은 잘라낸다.

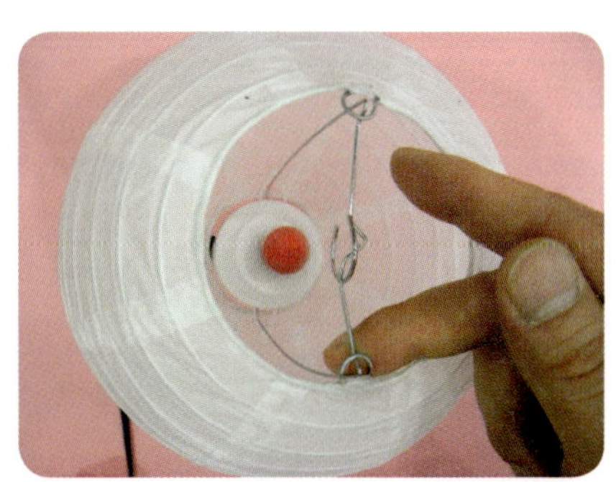

12 조립된 11을 위에서부터 넣어 고리에 끼우면 완성!

팬 플루트

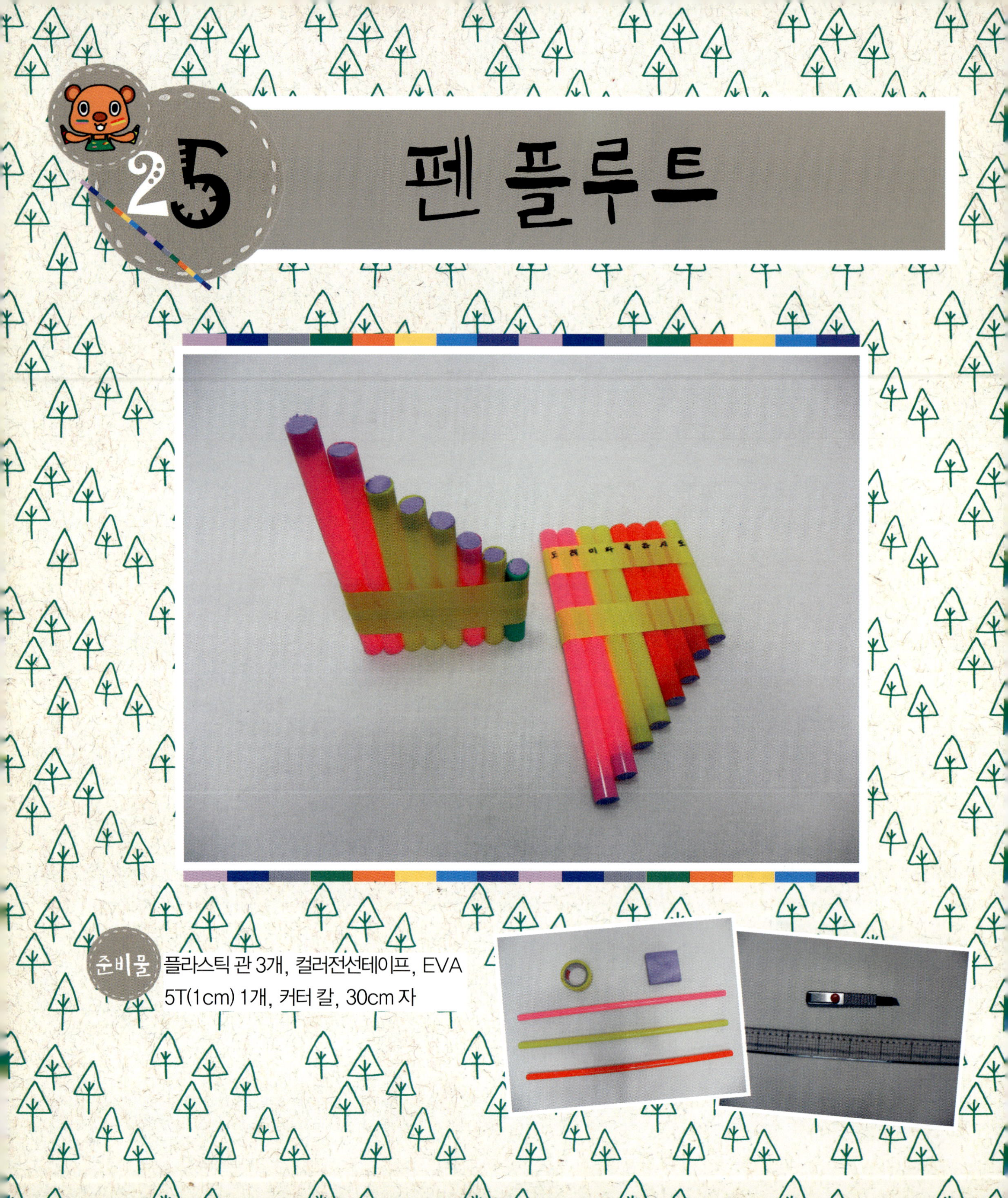

준비물 플라스틱 관 3개, 컬러전선테이프, EVA 5T(1cm) 1개, 커터 칼, 30cm 자

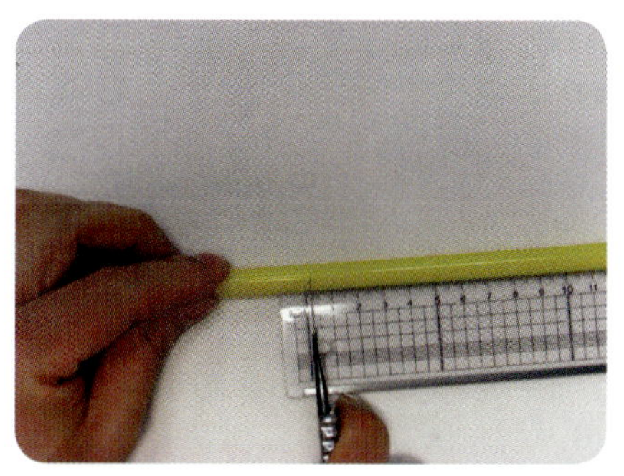

1 자를 대고 약 15cm를 자른다.

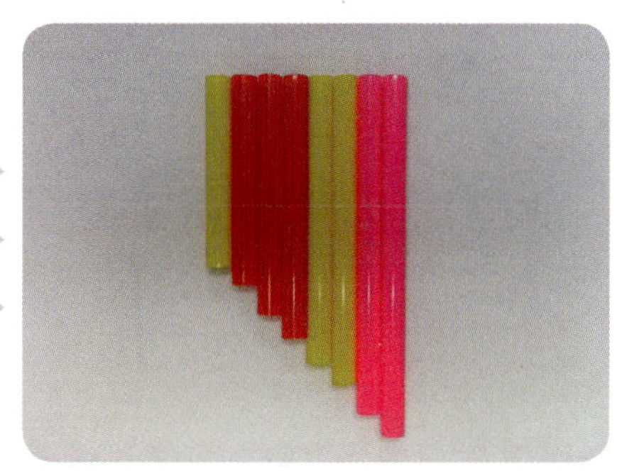

2 나머지 플라스틱 관은 1cm씩 작아지도록 자른다.

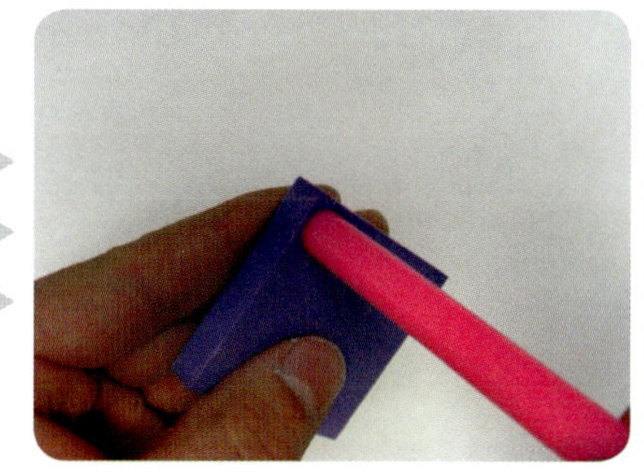

3 EVA에 관을 대고 양쪽으로 돌리면,

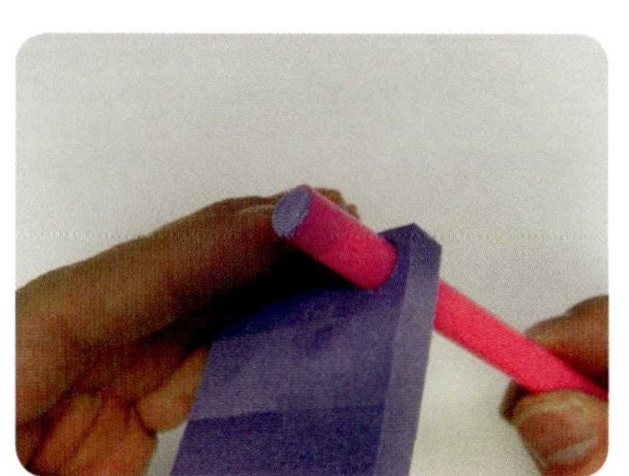

4 EVA가 관에 박혀 빠진다.

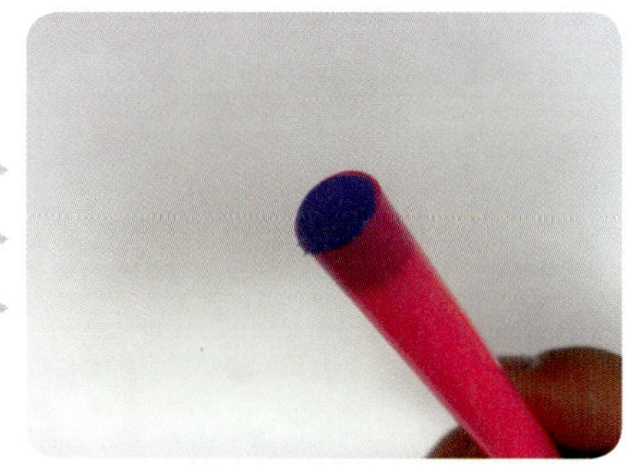

5 손끝으로 한 번 더 밀어 단단히 막는다.

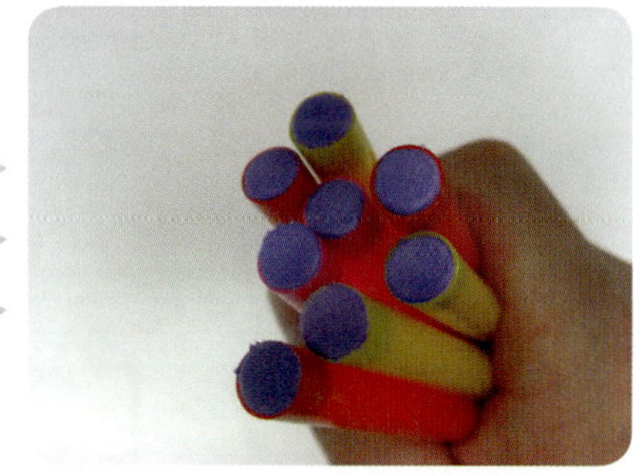

6 8개의 구멍 모두 같은 방법으로 막는다.

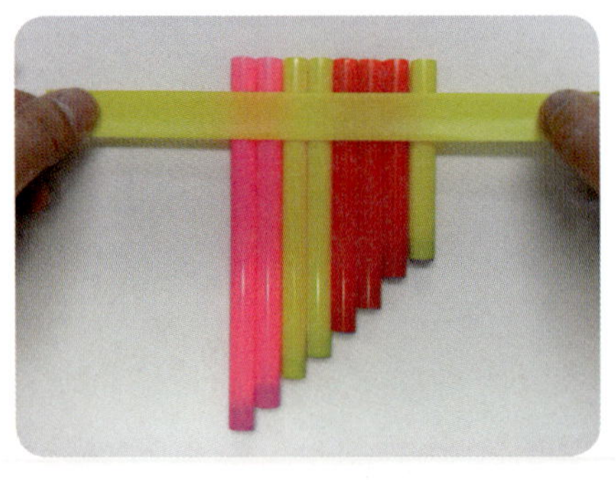 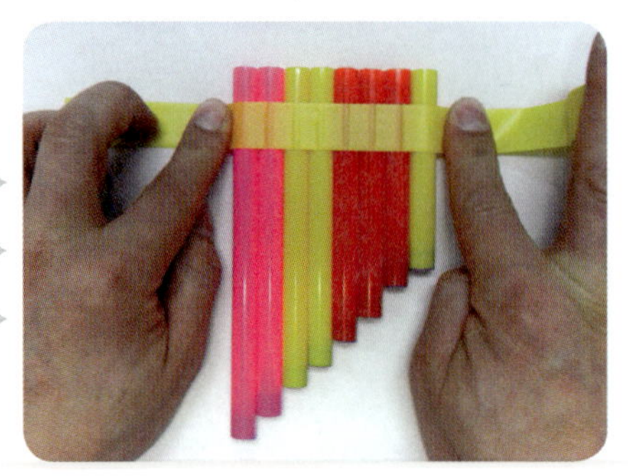 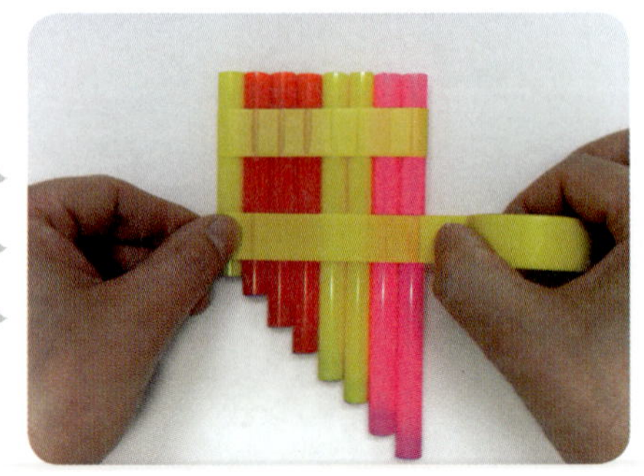

7 끝을 맞춰 눕힌 다음 테이프로 붙이고

8 손으로 고루 누른다.

9 아래에도 같은 방법으로 테이프를 붙인다.

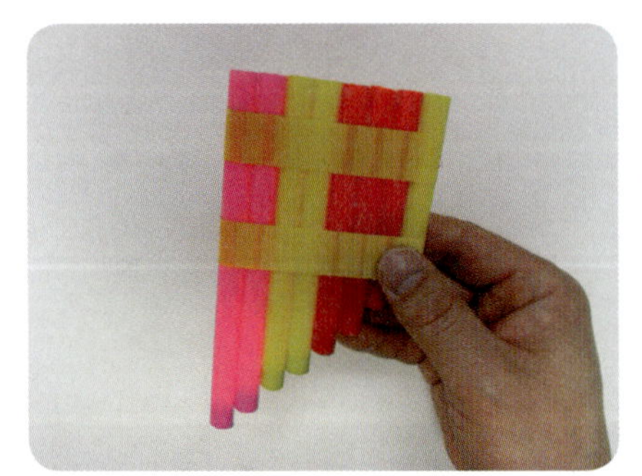 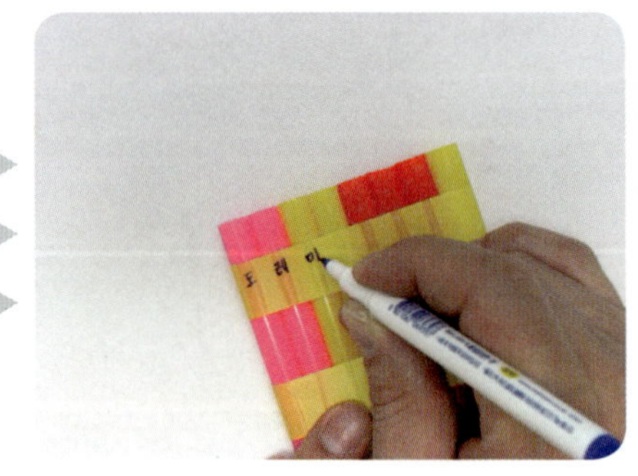 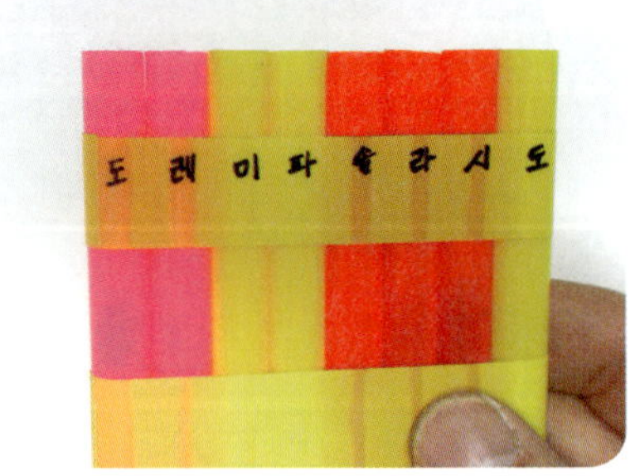

10 테이프를 붙였으면

11 유성펜이나 볼펜으로 도, 레, 미, 파, 솔, 라, 시, 도를 써 넣어

12 완성한다.

삑삑이 몬스터

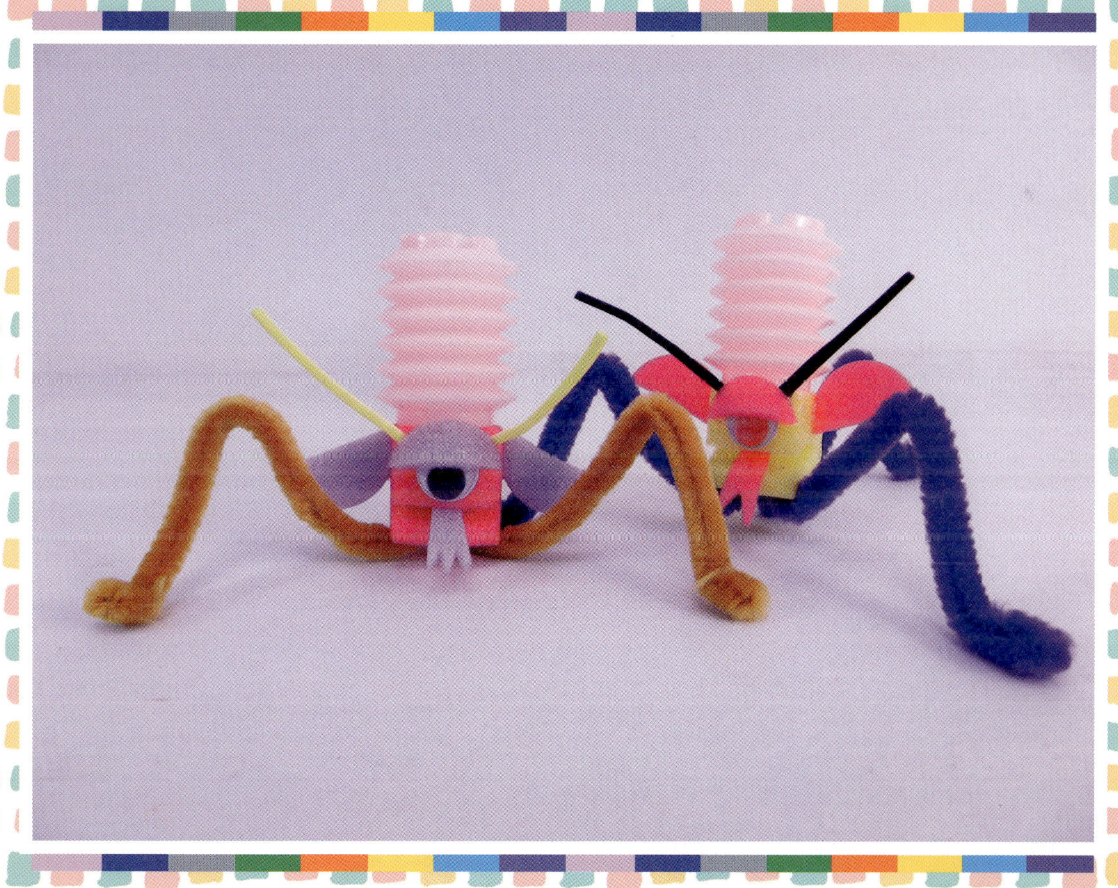

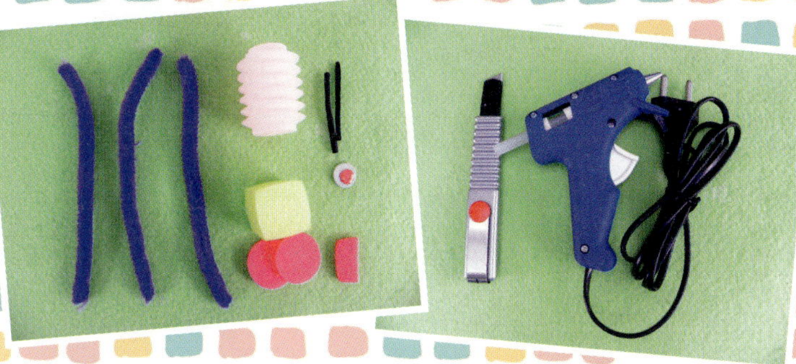

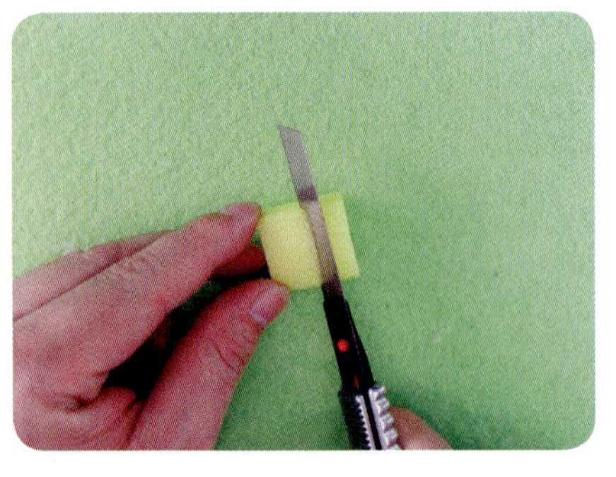

1 사각백업을 비스듬히 잘라

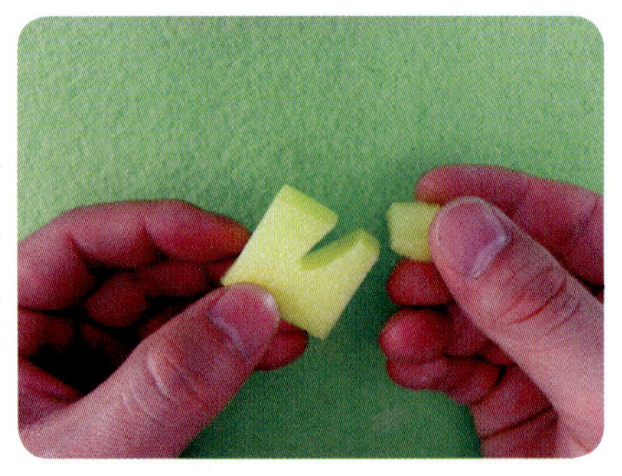

2 떼어낸다.

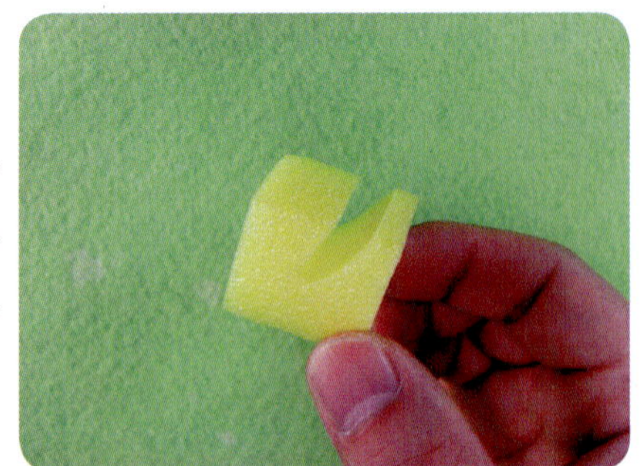

3 떼어낸 모습

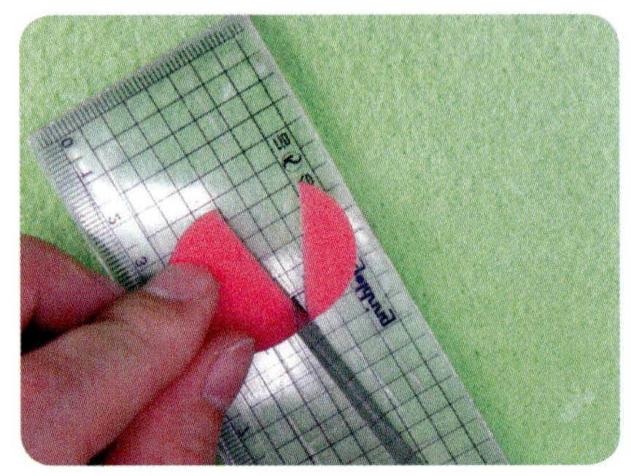

4 3T(2mm) 둥근 백업을 크기의 1/3만큼 잘라서

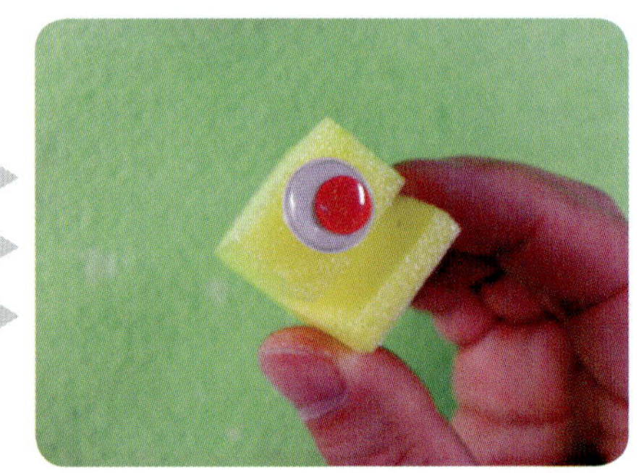

5 3의 정중앙에 눈알을 붙이고

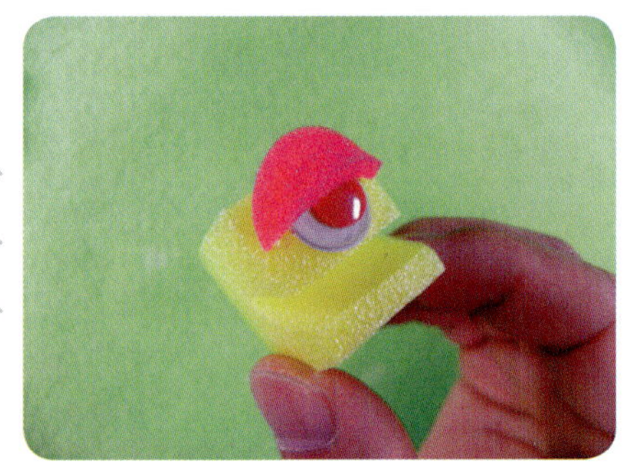

6 4를 눈꺼풀로 글루건을 이용해서 붙인다.

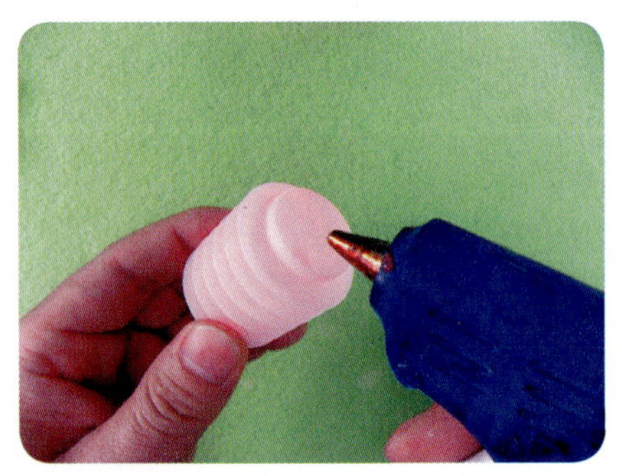

7 자바라삑삑이에 글루를 바르고

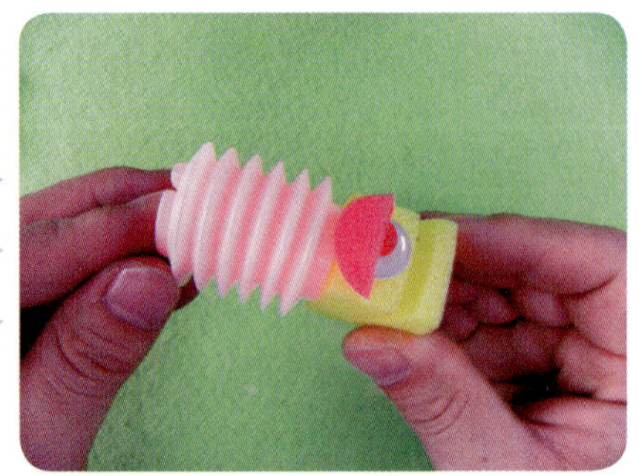

8 6을 붙인다.

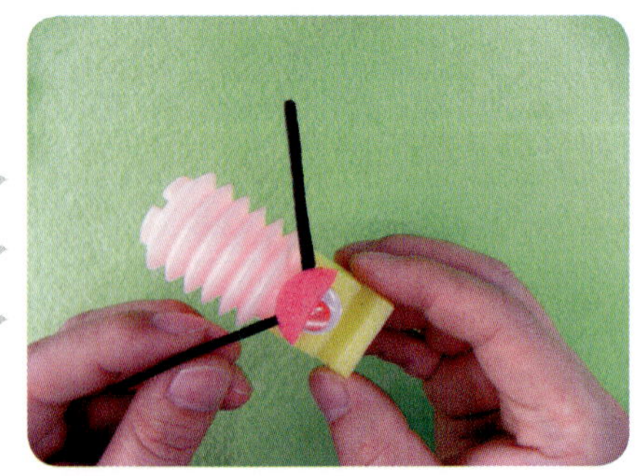

9 눈꺼풀 양옆으로 더듬이를 붙이고

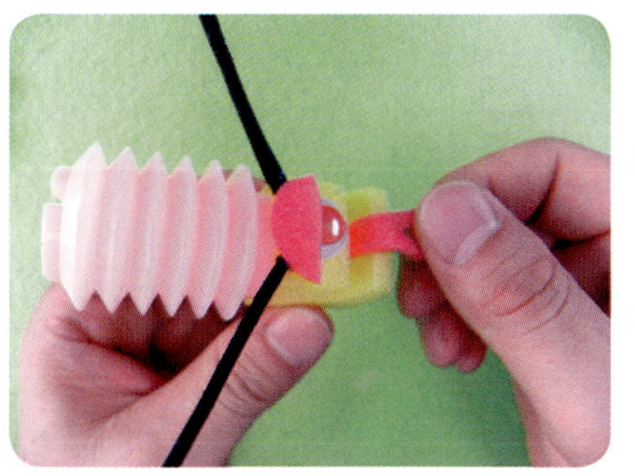

10 백업 조각을 다듬어 혀로

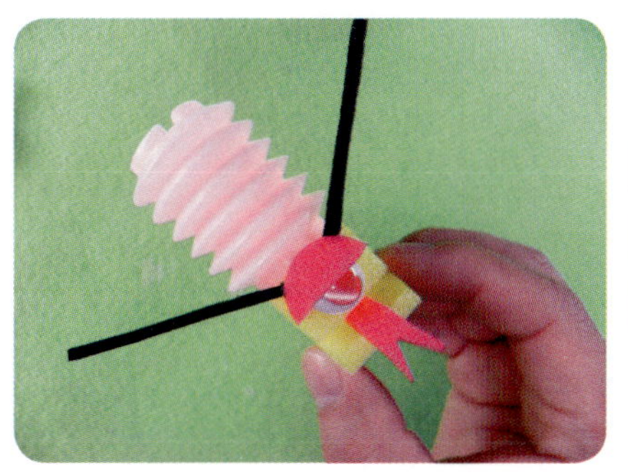

11 붙인다.

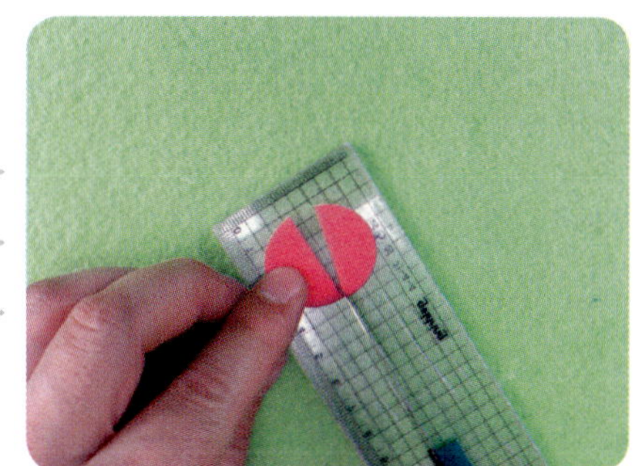

12 3T(2mm)백업을 반으로 잘라서

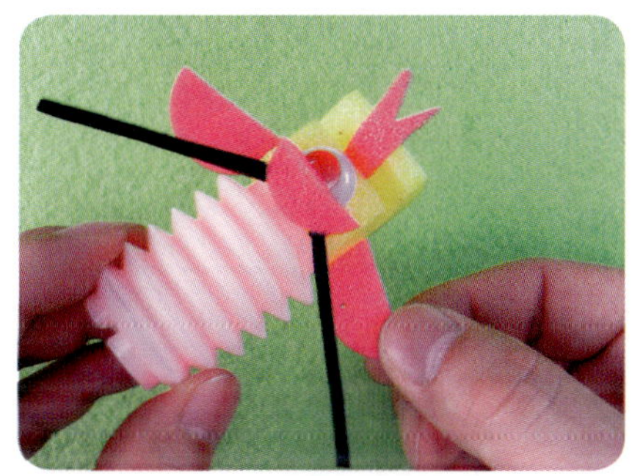

13 귀로 장식한다.

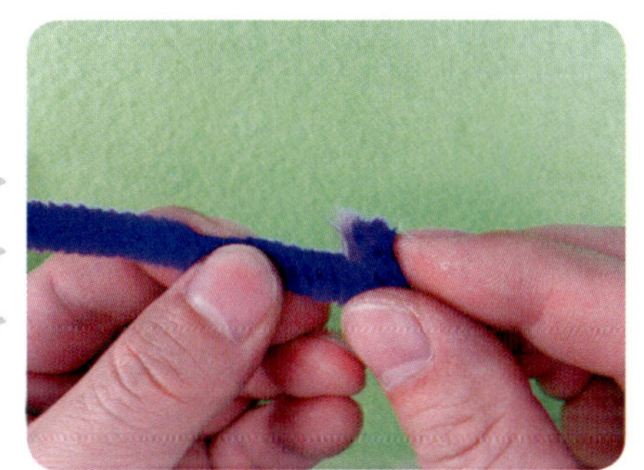

14 모루 끝을 약 1cm 정도 꺾어 접는다.

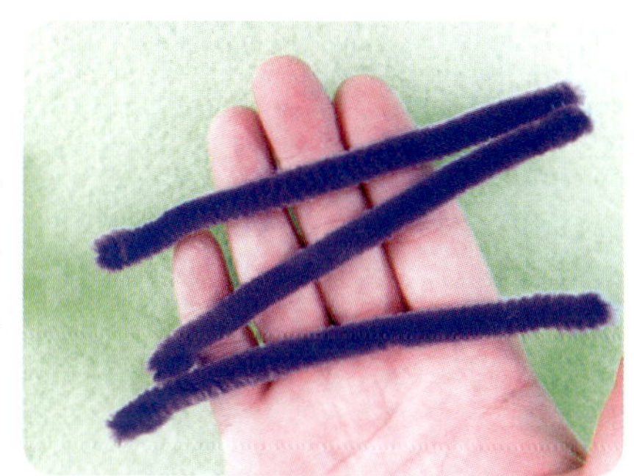

15 다리 3개 모두를 14와 같이 만들어 놓는다.

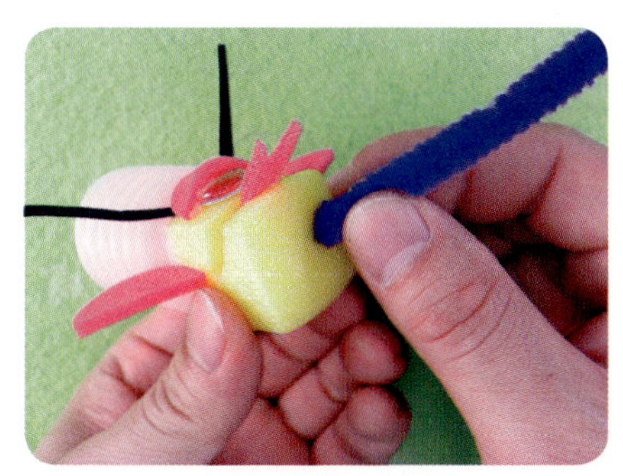

16 아래에서 하나씩

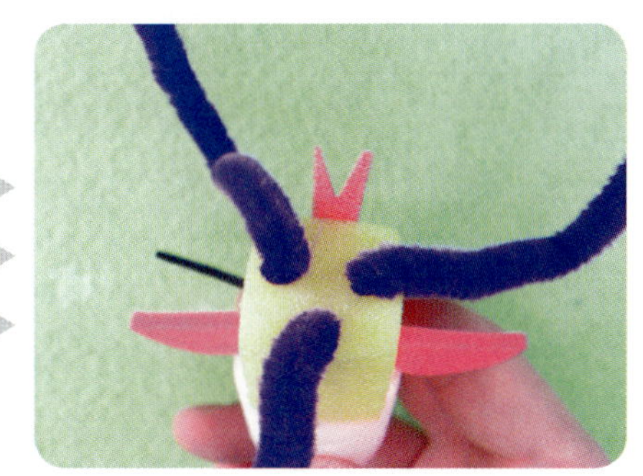

17 끼워 다리를 완성한다.

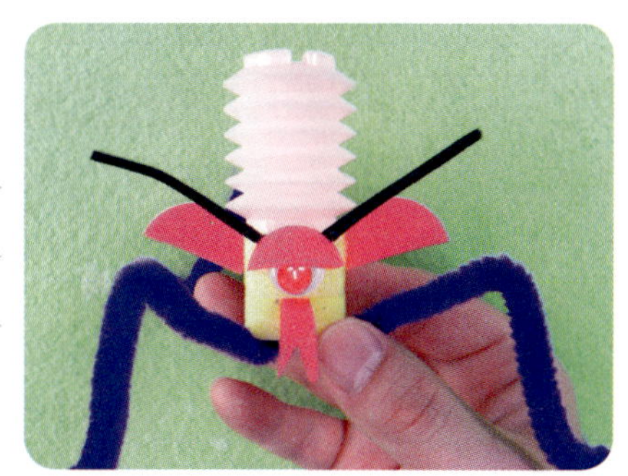

18 귀여운 몬스터 완성!

전원주택 1

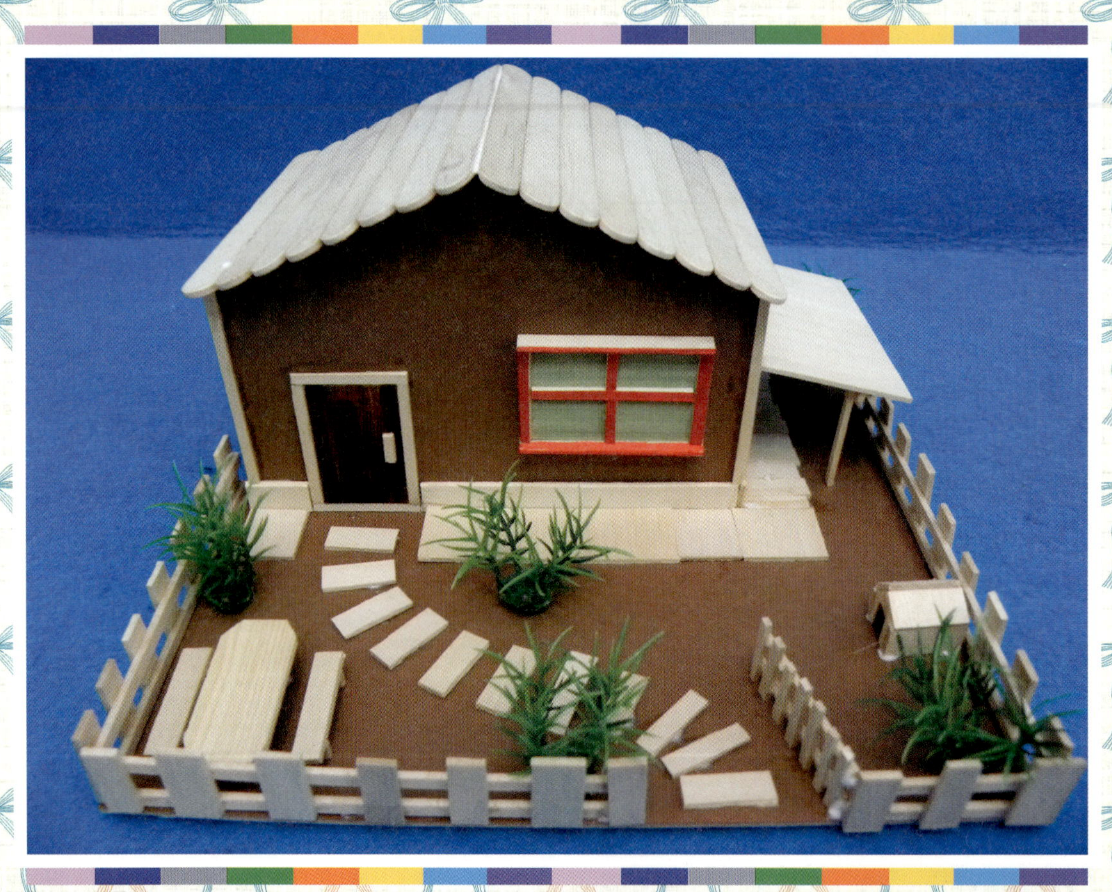

준비물 하드보드지 – 11cm X 14cm 2장/9cm X 7cm 2장/20cm X 20cm 1장, 바스목 2장, 하드스틱(소) 22개, 정원수 5그루, 만능 목공본드, 커터 칼, 연필, 자, 컬러수성펜

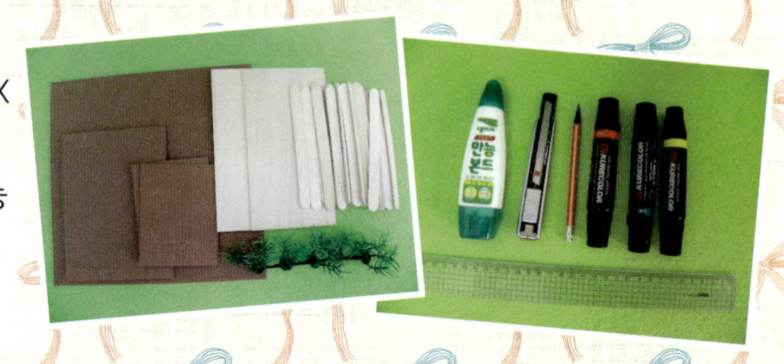

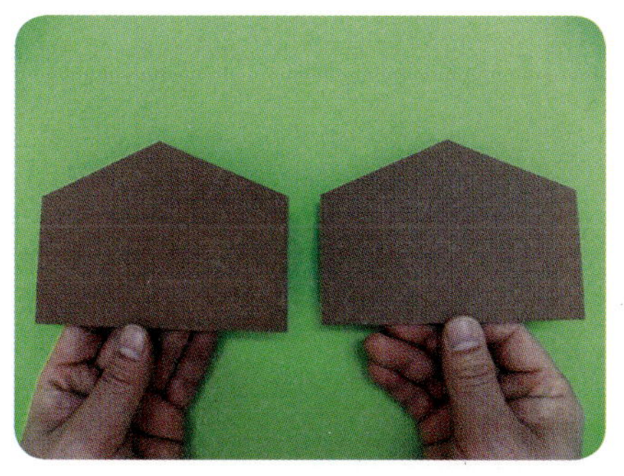

1 14cmX10cm의 하드보드지
의 중심에 연필로 표시하고 좌
우 약 3cm를 잘라낸 후,

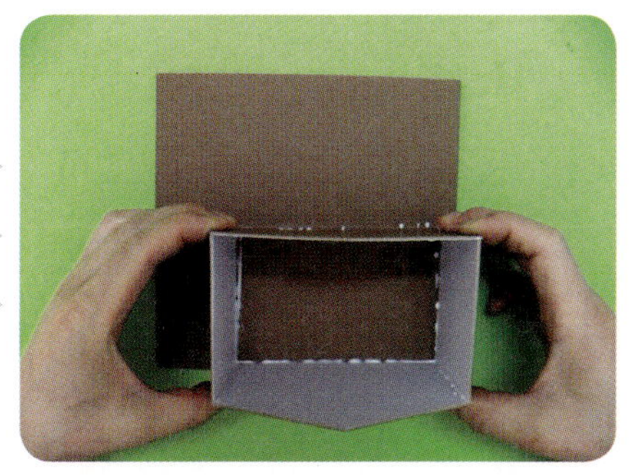

2 9cmX7cm 2장을 목공본드
로 붙여 고정한다. (손에 묻은
목공본드는 굳으면 잘 떨어진
다.)

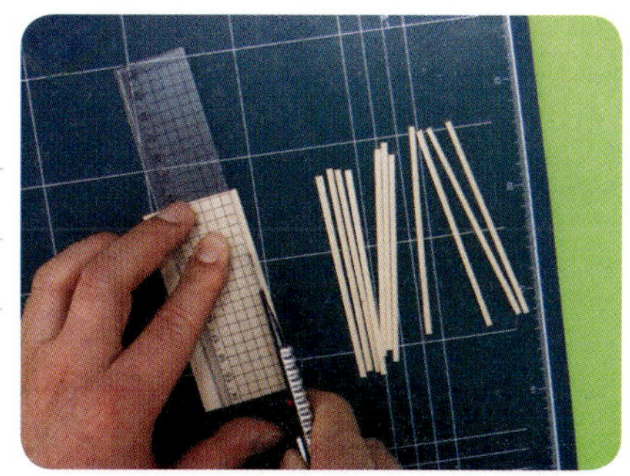

3 바스목을 3mm 넓이로 여러
개 잘라 놓는다.

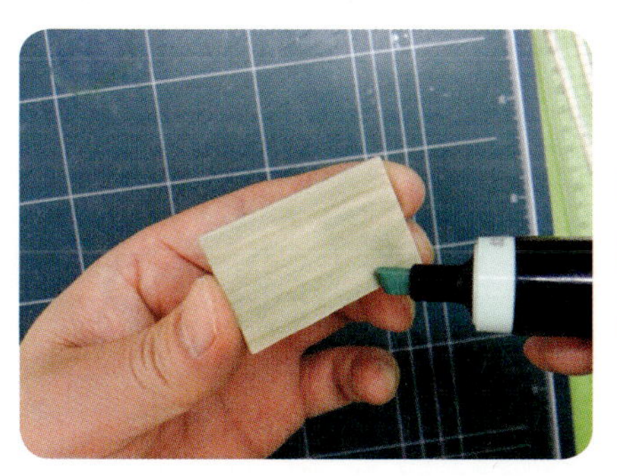

4 창문 크기의 바스목을 잘라
펜이나 물감으로 색을 칠한
다. (바스목은 종이 자르듯
자르기 편한 나무이다.)

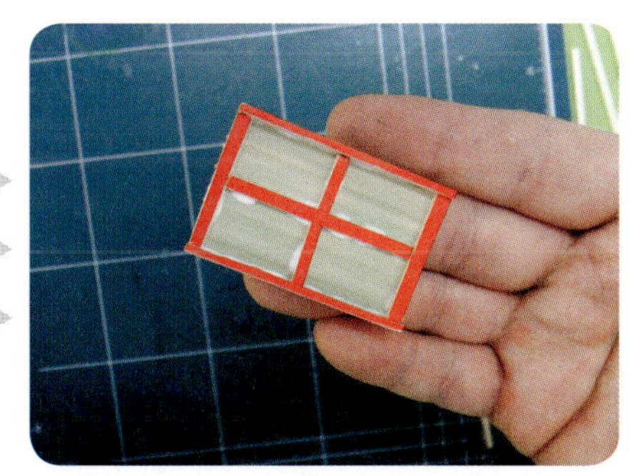

5 3에서 자른 나무들도 목공본
드를 이용해서 창틀을 만들
고 색을 칠한다.

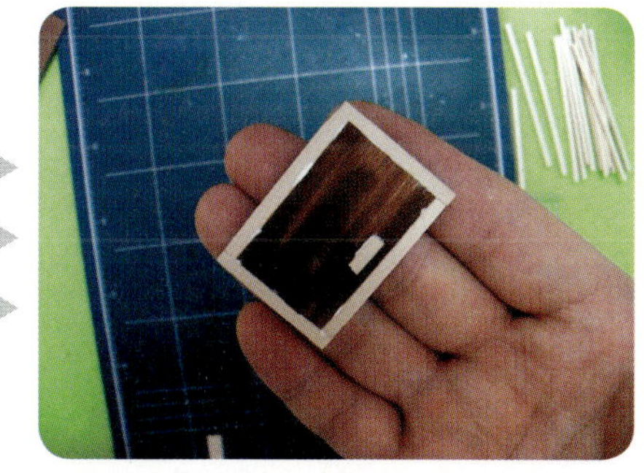

6 같은 방법으로 적당한 크기
의 현관문도 만든다.

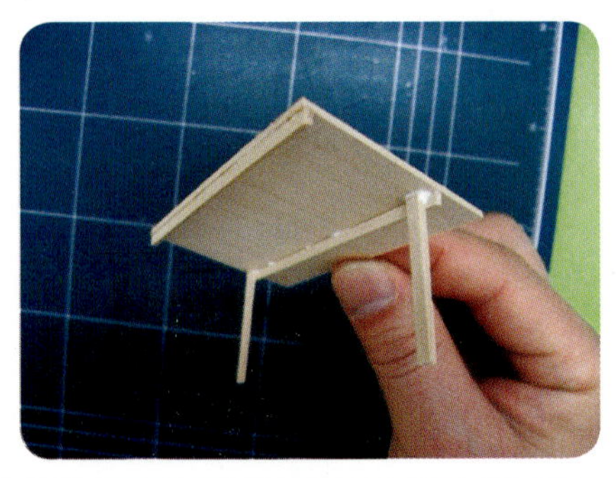

건물 오른쪽에 장식할 처마
지붕도 건물의 크기에 비례
해서 만든다.

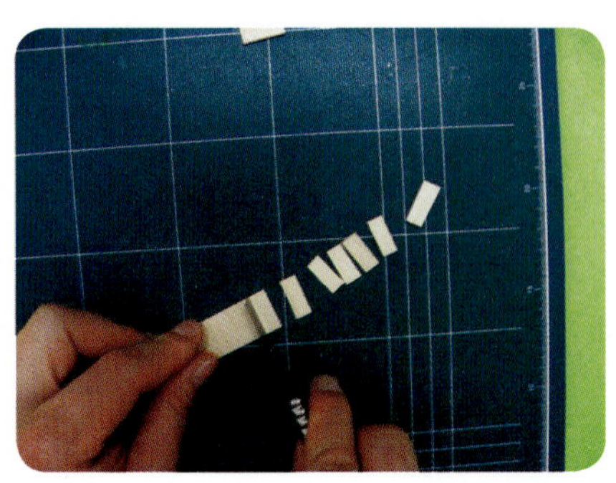

넓이 2cm의 바스목을 약
5~10mm의 넓이로 20여
개 잘라 놓는다.

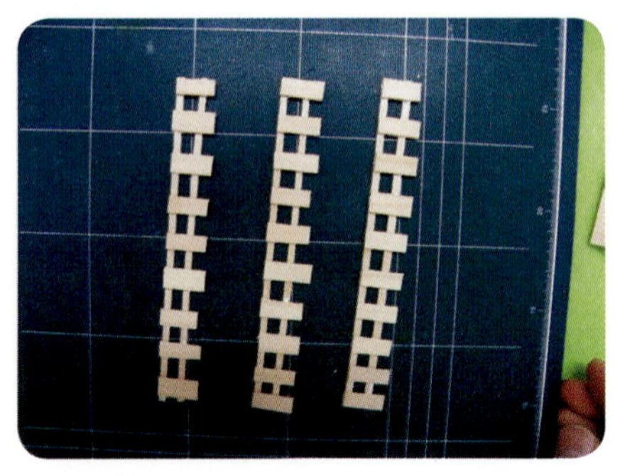

3에서 잘라놓은 나무를 사용
해서 울타리를 만든다.

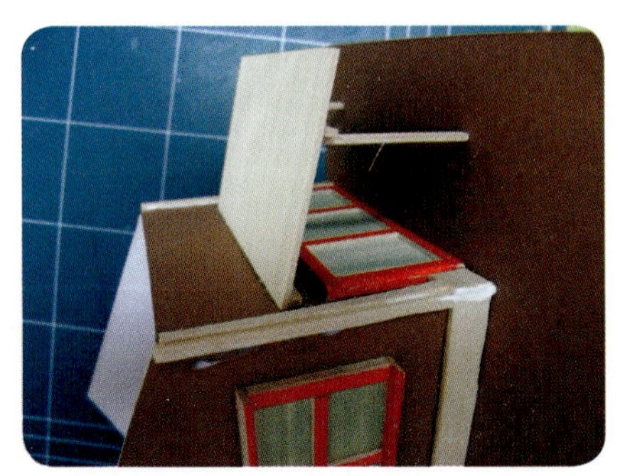

7의 처마지붕을 오른쪽
에 장식하여 붙이고,

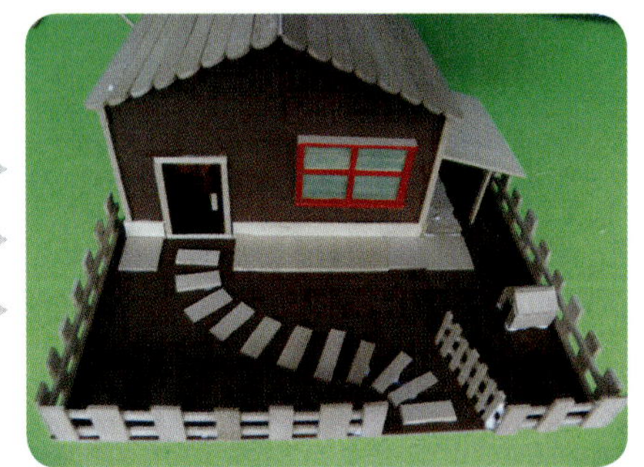

건물 주위에 남은 나무 조
각 등을 붙여 뜰과 울타리
를 만든다.

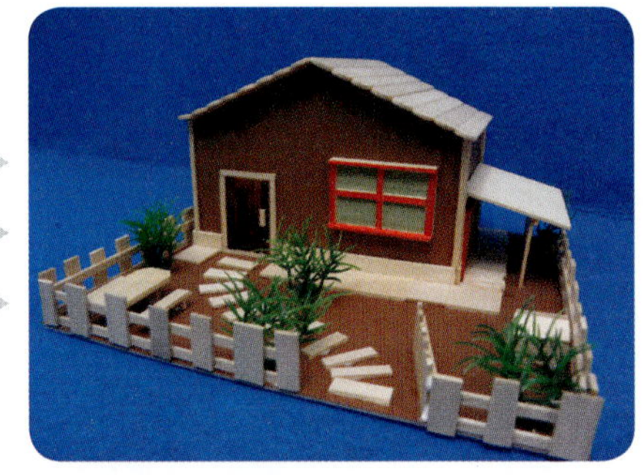

발판과 벤치, 강아지 집,
대문, 조경수를 붙여 마
지막 장식을 하여 완성!

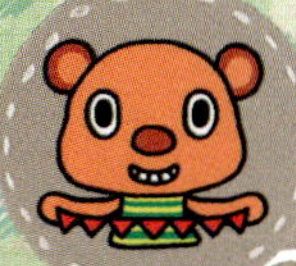

전원주택 2

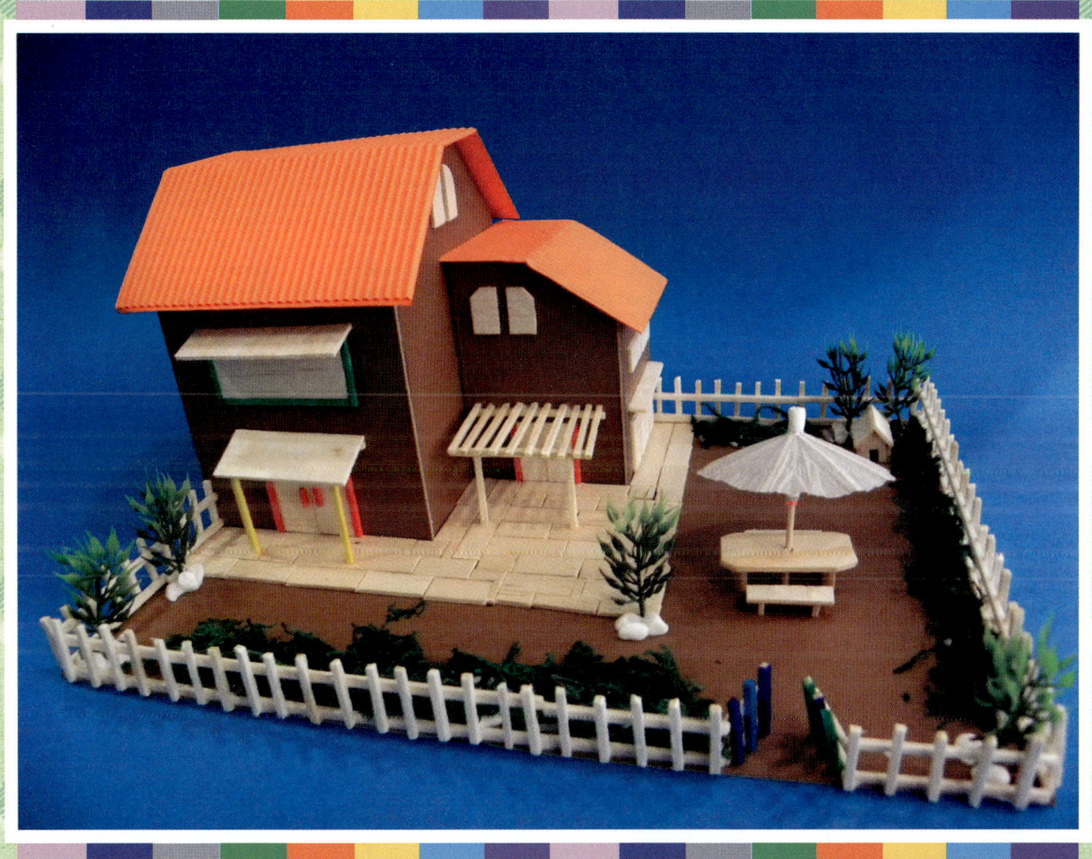

준비물 하드보드지 – 27cm X 20cm 1장/10cm X 13cm 2장/9cm X 10cm 2장/6cm X 9cm 3장/6cm X 7cm 1장, 미니파라솔 1개, 나무판(15cm) 1장, 아이스크림막대 – 대 2개/소 10개, 울타리나무막대 (5cm) 8개, 정원수 8그루, 성냥개비 – 무색 50개/컬러 4개, 이끼 조금, 골판지 – 11cm X 15cm 1장/7cm X 9cm 1장, 칼, 가위, 자, 목공본드, 핀셋

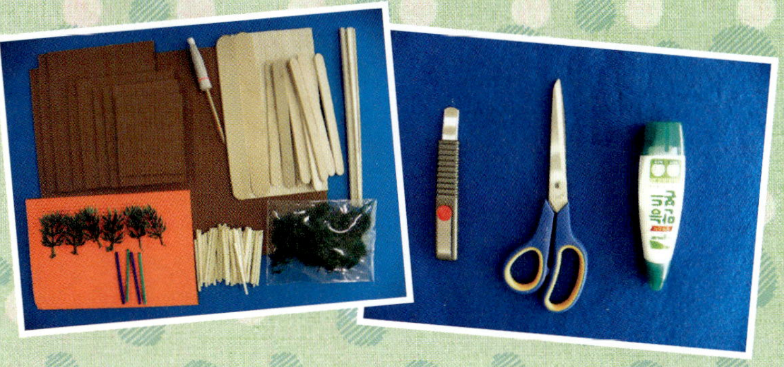

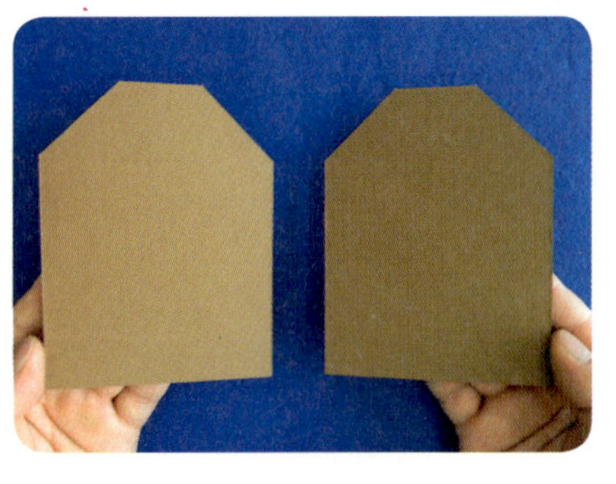

1 지붕의 골판지를 얹는 종이의 각도를 어떻게 자르느냐에 따라 집의 모양이 달라지므로

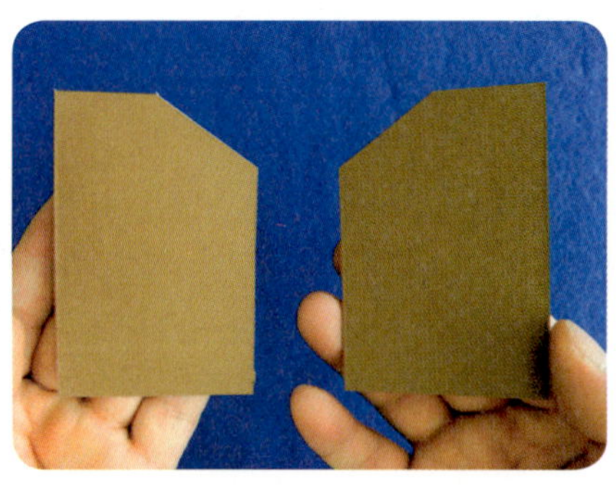

2 잘라내는 종이의 각도는 마주보는 2장만 크기가 같으면 된다.

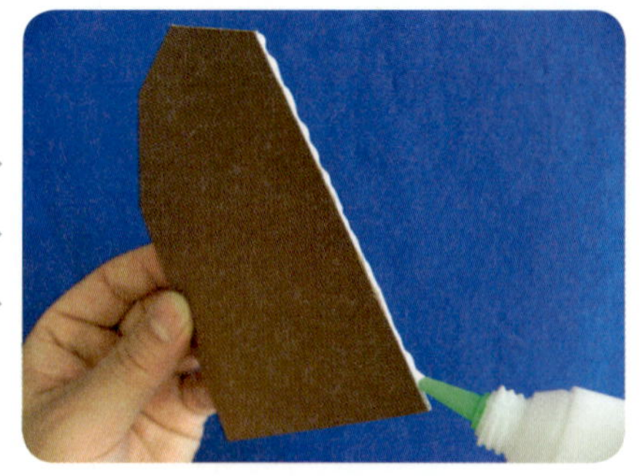

3 종이를 잘랐으면 목공본드를 바른다.

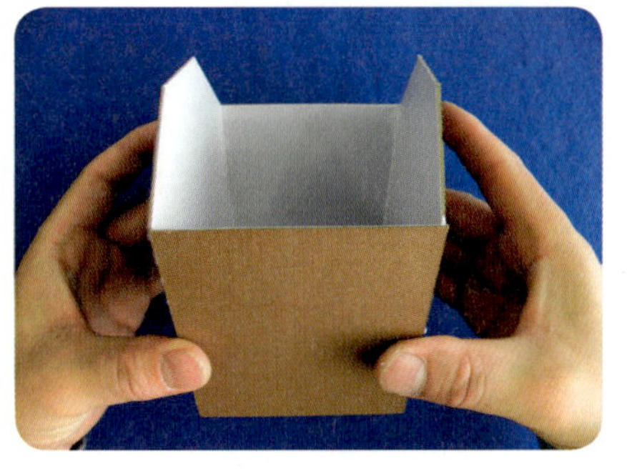

4 지붕을 얹을 2개와 나머지 2개를 조립한다. (목공본드는 굳는 데 시간이 걸림)

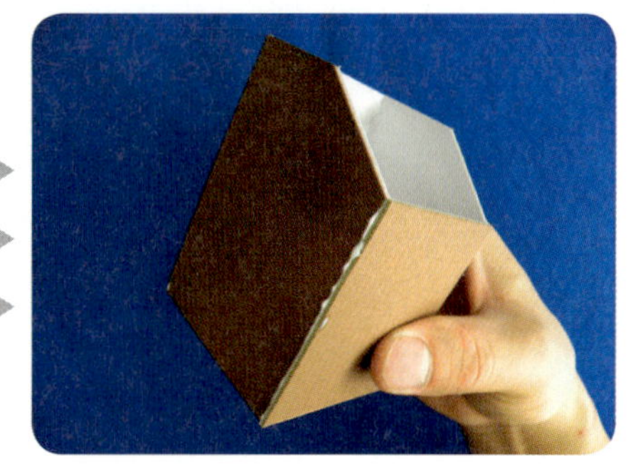

5 작은 건물도 목공본드로 조립을 한다.

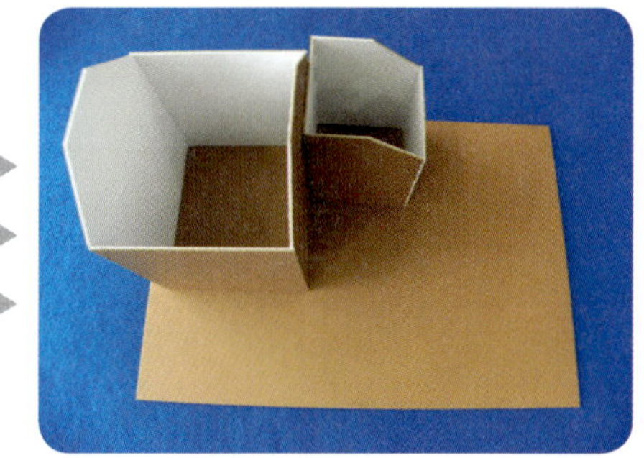

6 건물을 세울 밑판에 두 건물을 세워 위치를 잡는다.

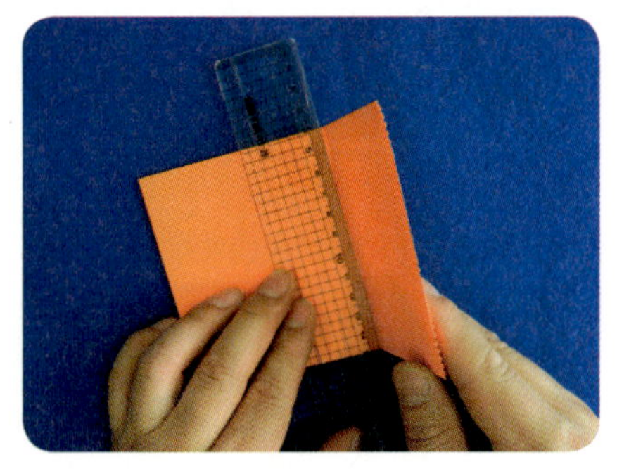

7 자로 골판지를 접는다. (골판지의 골이 바깥쪽으로 향하게 접는다.)

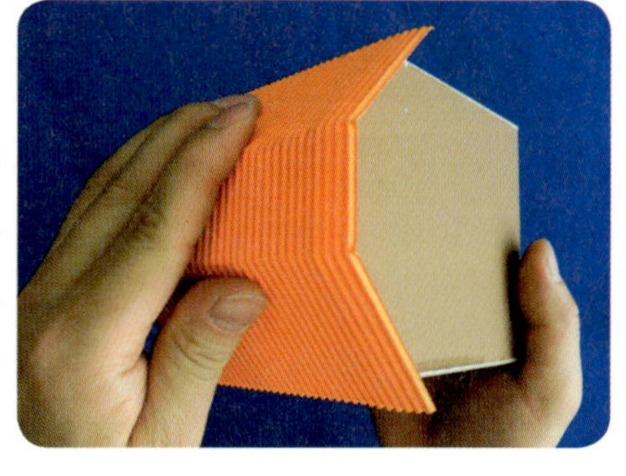

8 조립된 4의 지붕을 붙일 자리에 목공본드를 칠하고 7을 붙인다.

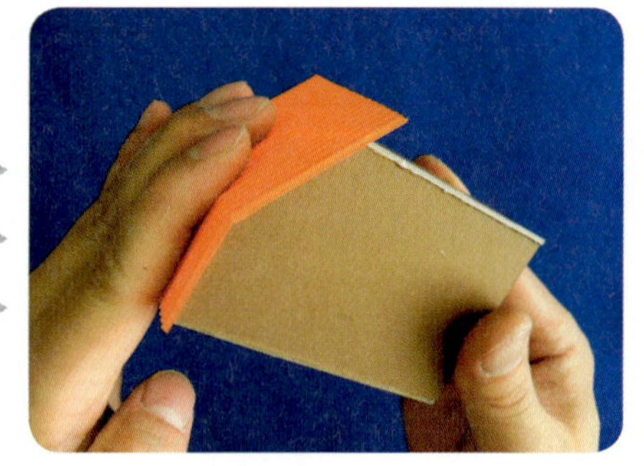

9 같은 방법으로 지붕을 얹어 붙인다.

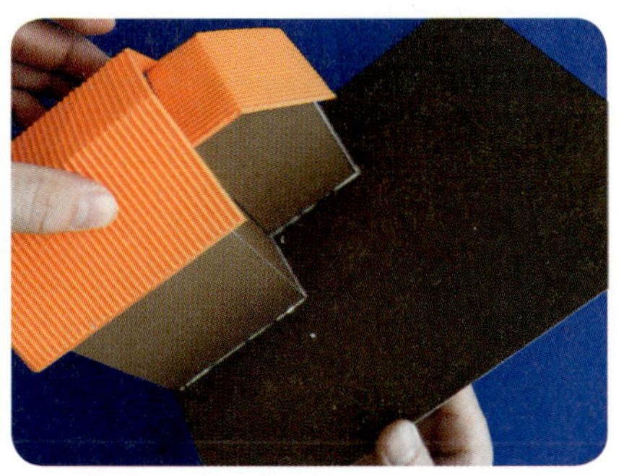

10 어느 정도 굳어지면 밑판에 건물을 고정한다.

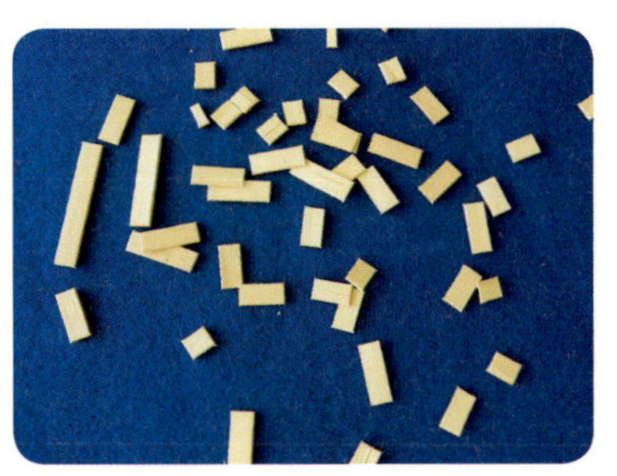

11 아이스크림막대(소)를 크기가 각각 다르게 여러 조각을 내어 놓는다.

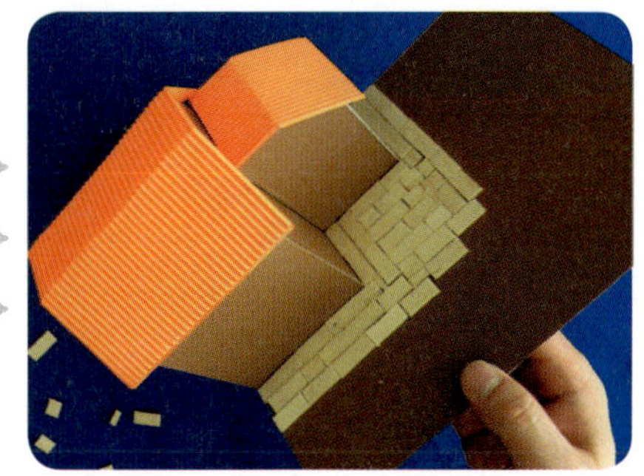

12 목공본드를 이용해서 타일같이 바닥에 붙인다.

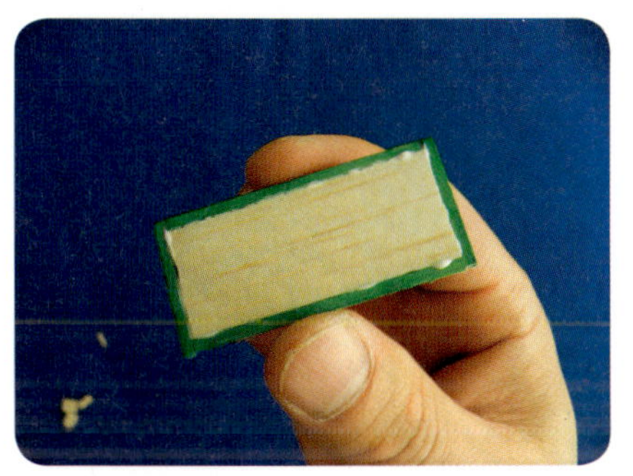

13 나무판과 성냥개비를 잘라서 건물에 맞는 크기의 창문과

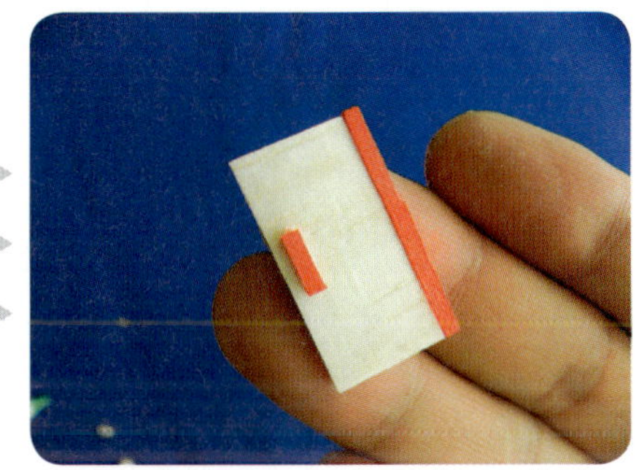

14 현관문 등을 만들어

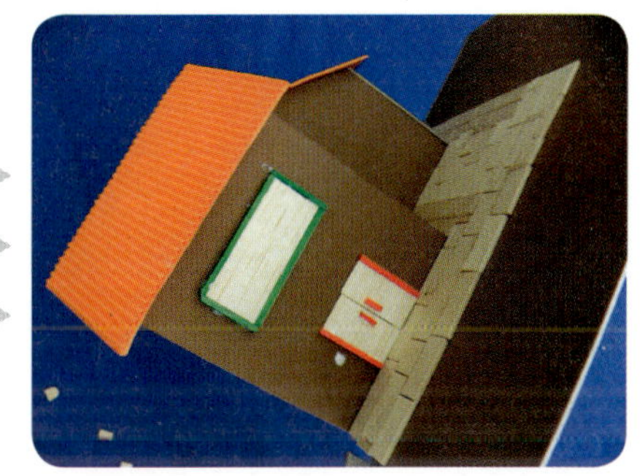

15 건물에 붙인다.

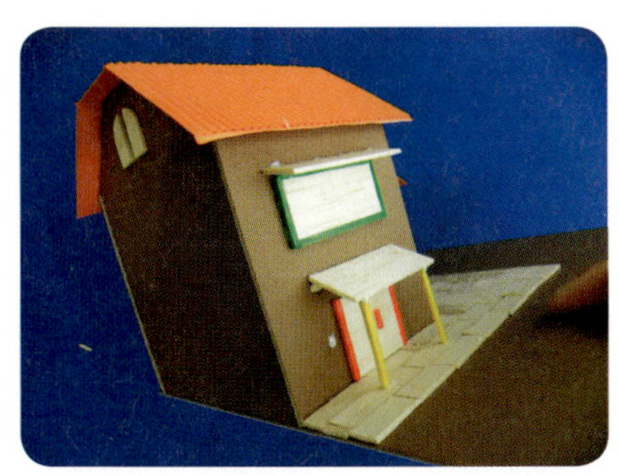

16 창문과 현관문에는 취향에 맞게 처마를 만들어 붙인다.

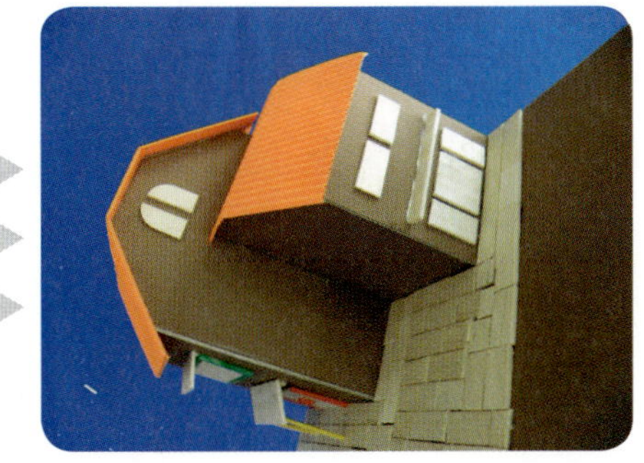

17 큰 건물의 옆 동 작은 건물에도 나무를 잘라 창문 등을 만들어 붙인다.

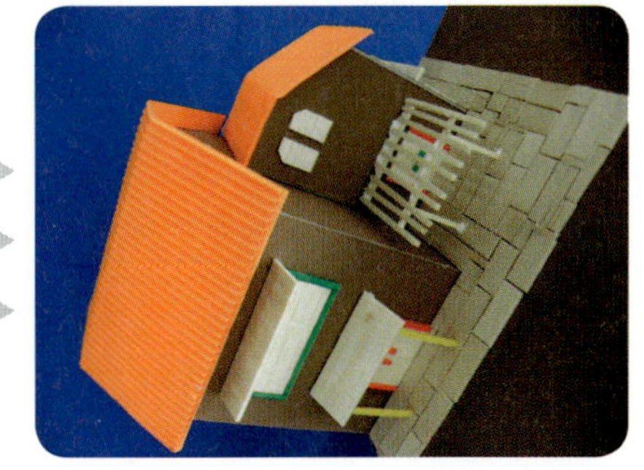

18 작은 건물의 현관 앞 처마 부분도 성냥개비를 이용해서 장식한다.

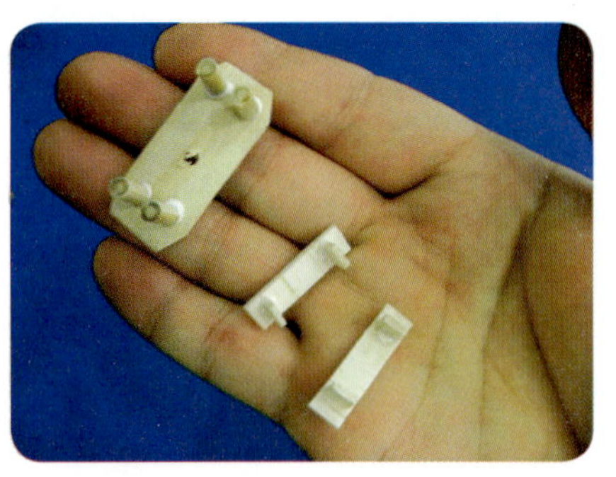

19 나무 조각들을 조그마하게 잘라 실외 식탁과 의자를 만든다.

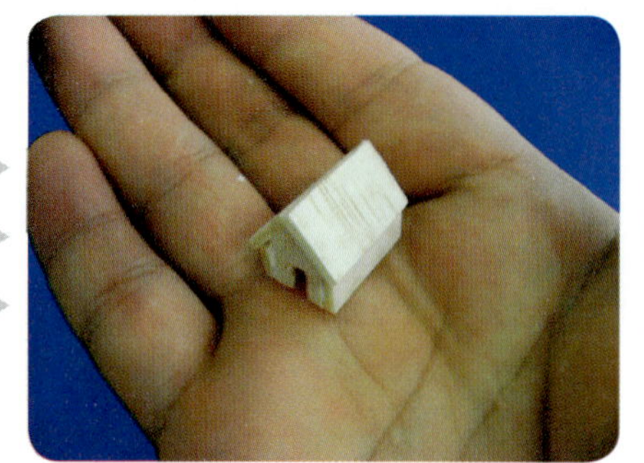

20 조각들을 이용해서 강아지 집도 만든다.

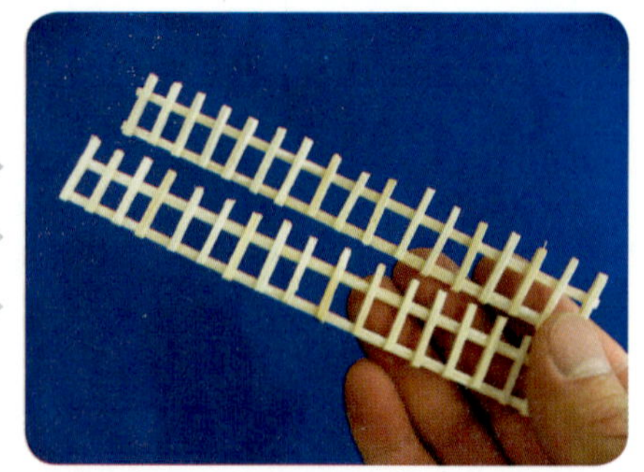

21 긴 나무막대와 성냥개비를 이용해서 울타리를 만든다.

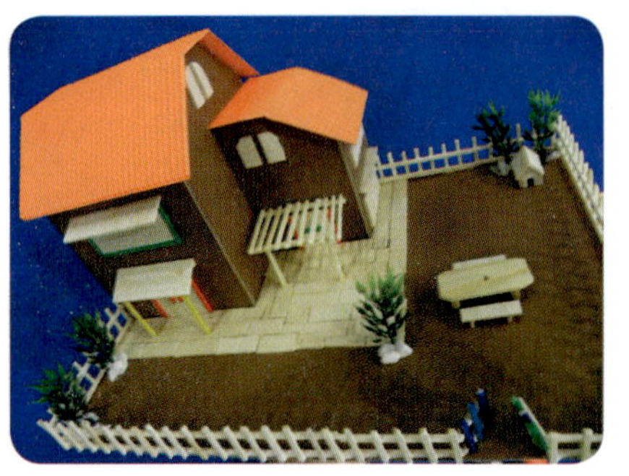

22 19~21까지 만들어진 식탁과 개집을 적당한 위치에 붙이고 울타리와 대문을 붙인다.

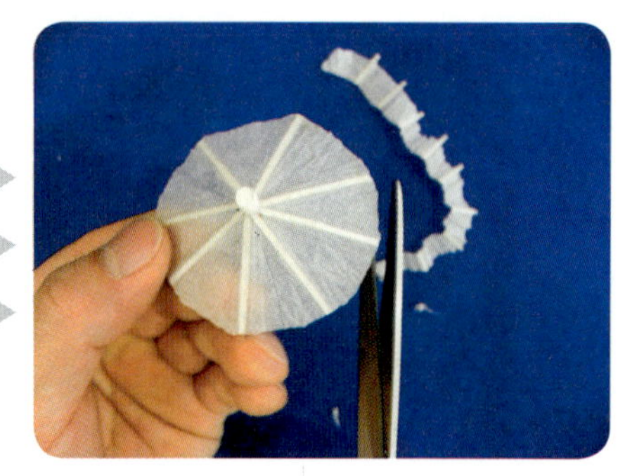

23 미니 우산을 가위로 둥글게 오려 파라솔을 만들어 의자에 꽂고

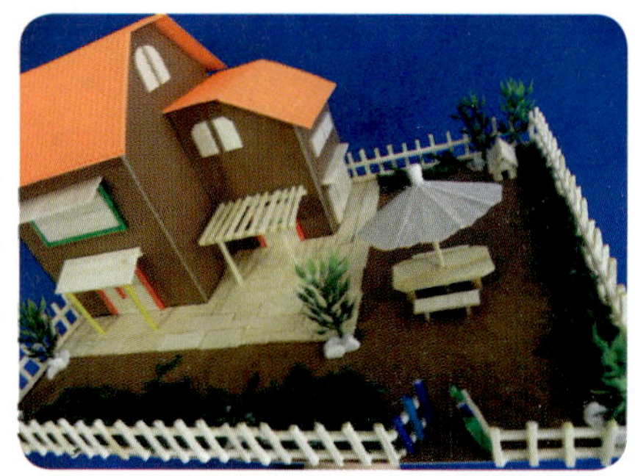

24 울타리 둘레에 목공본드를 발라 마른 이끼를 붙인 후 정원을 만든다.

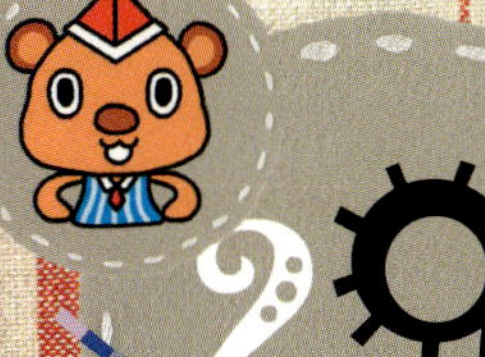

나룻배

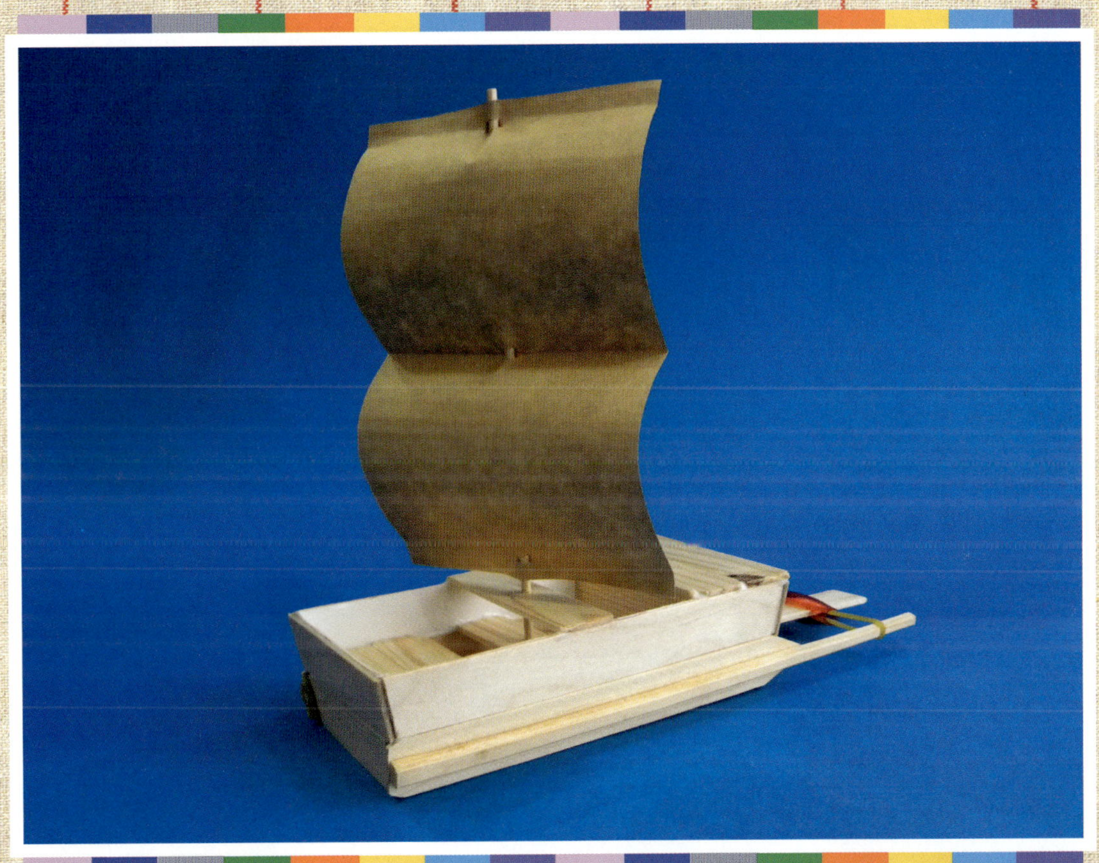

떡꼬치나무 1~2대, 뾰족나무막대 8~12개, 아이스크림막대(대) 2~4개, 황색종이 조금, 종이반찬용기 1개, 가위, 연필, 칼, 만능목공본드

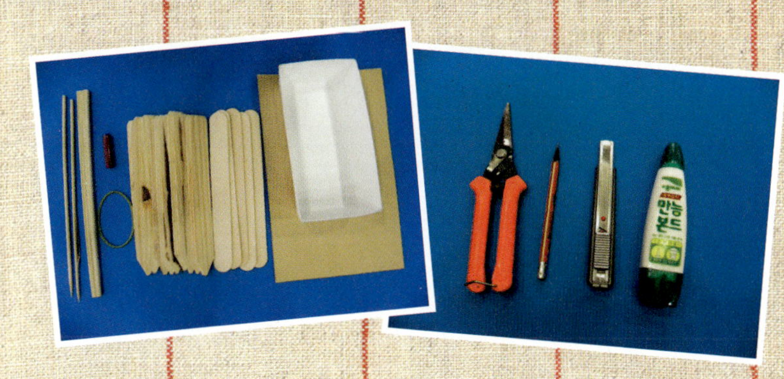

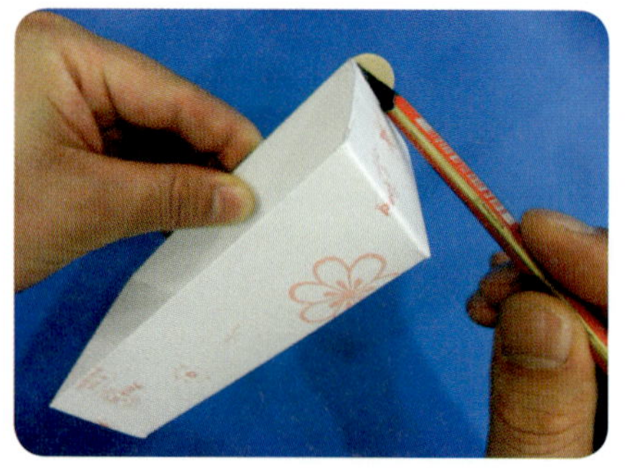

1 아이스크림막대(대)에 용기를 대고 연필로 밑그림을 그린다.

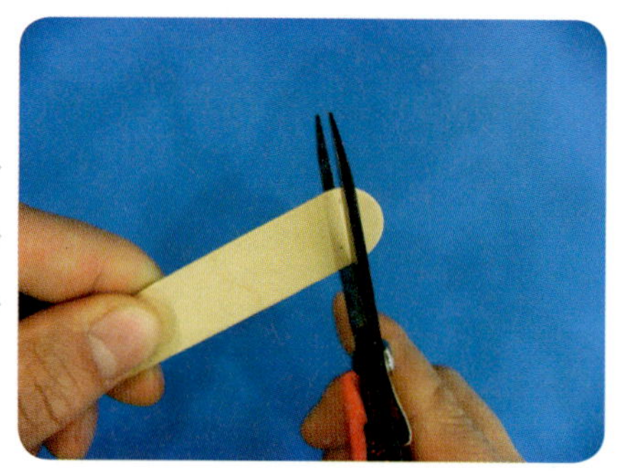

2 용기 크기에 맞게 가위로 나무를 자른다.

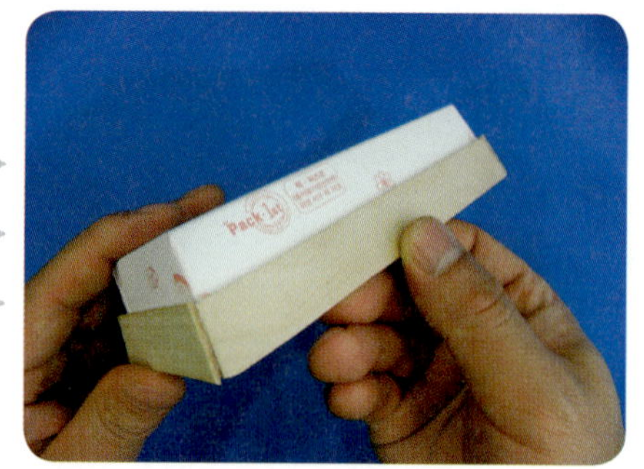

3 목공본드를 이용해서 종이 용기 위쪽부터 붙인다.

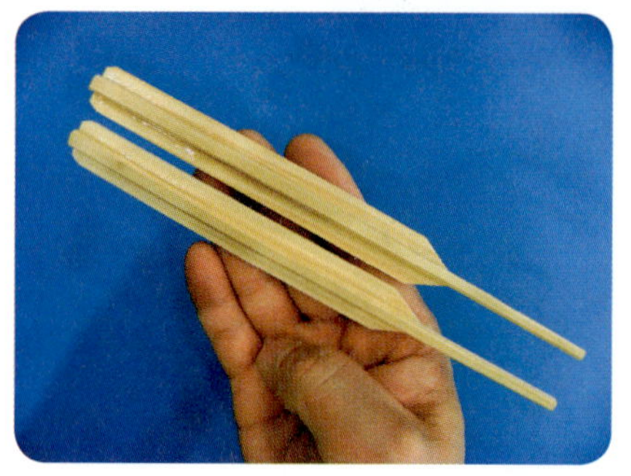

4 둘로 쪼갠 나무젓가락을 뾰족나무의 가장 중앙에 길게 붙인다.

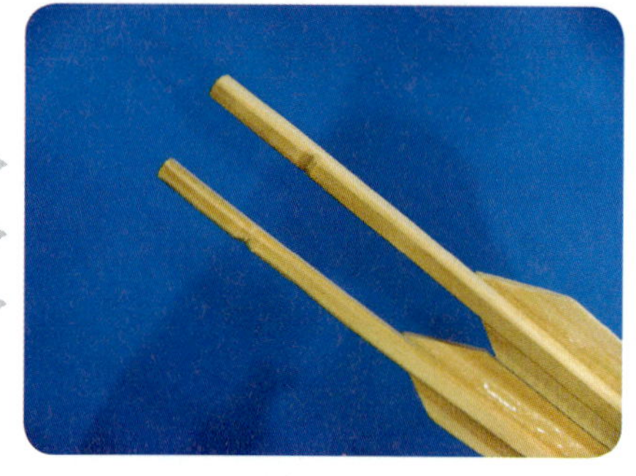

5 끝에서 약 2cm가량을 띄우고 고무줄이 걸릴 수 있게 홈을 판다.

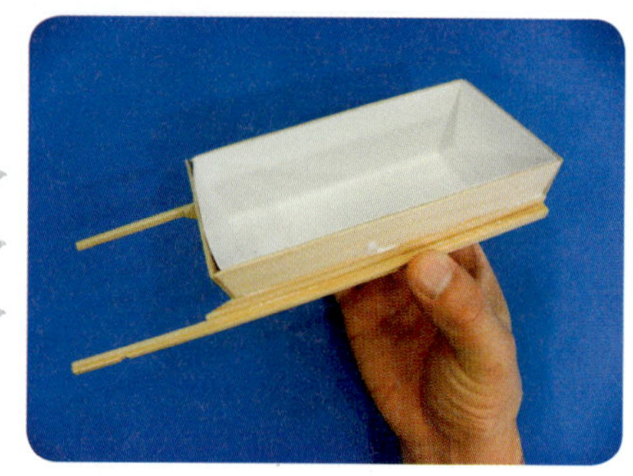

6 4를 3의 아랫부분에 붙인다.

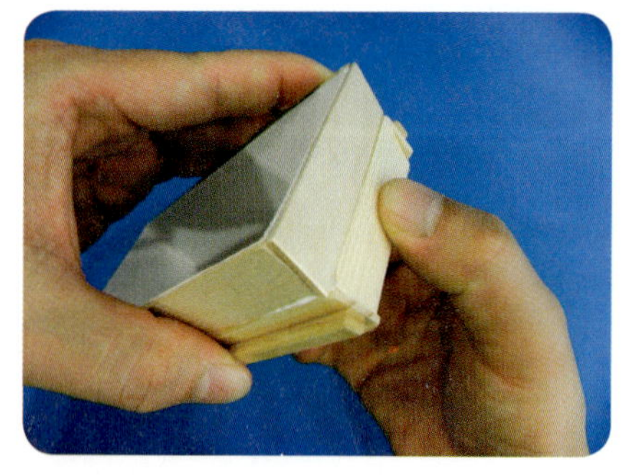

7 비어 있는 부분들은 나무 조각을 가위로 잘라 붙여 장식한다.

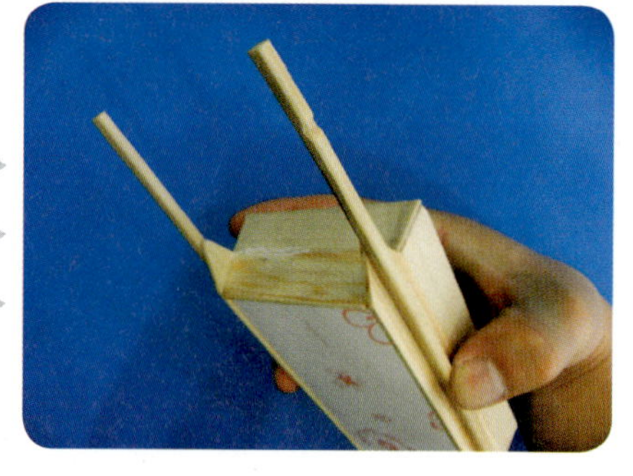

8 같은 방법으로 뒷부분의 공간에도 나무를 잘라 붙인다.

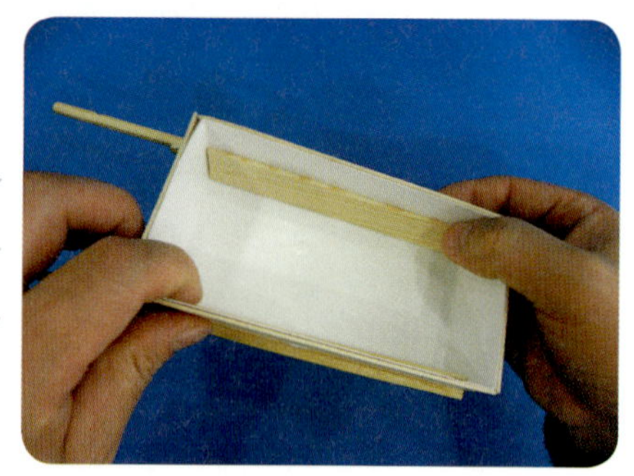

9 안쪽에도 뾰족나무를 잘라 목공본드로 붙인다.

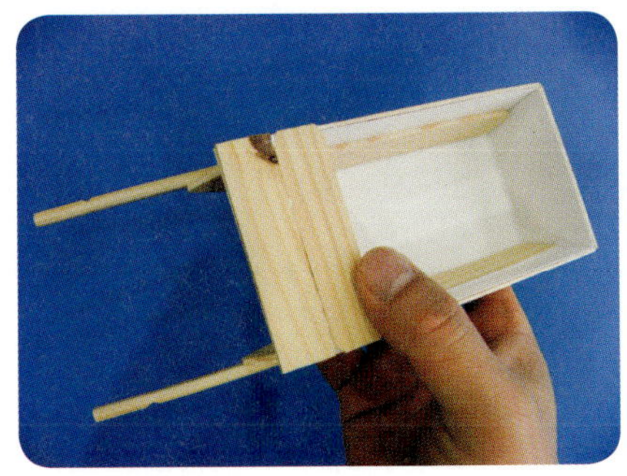

10 윗부분에도 나무를 대고 종이용기의 폭만큼 잘라 본드로 붙인다.

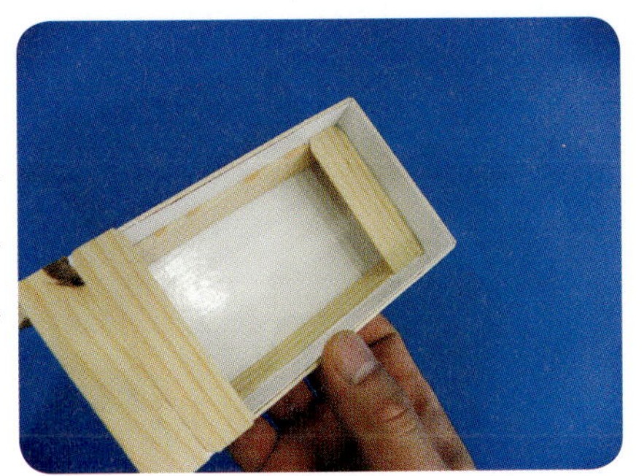

11 앞부분은 **10**과 달리 아래 쪽에 붙인다.

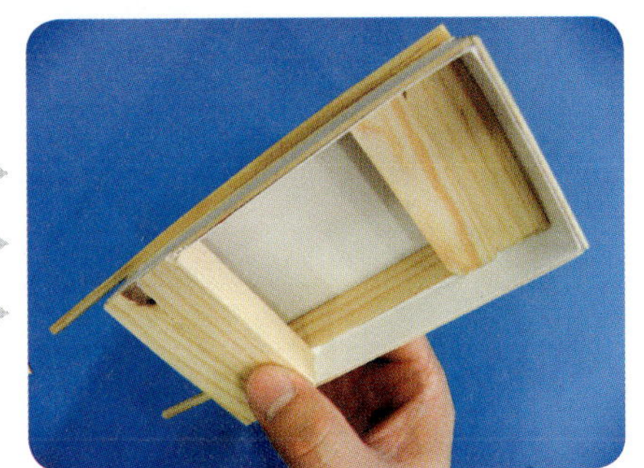

12 두 장 정도가 적당하나 개인의 취향에 따라 모두 붙여도 좋다.

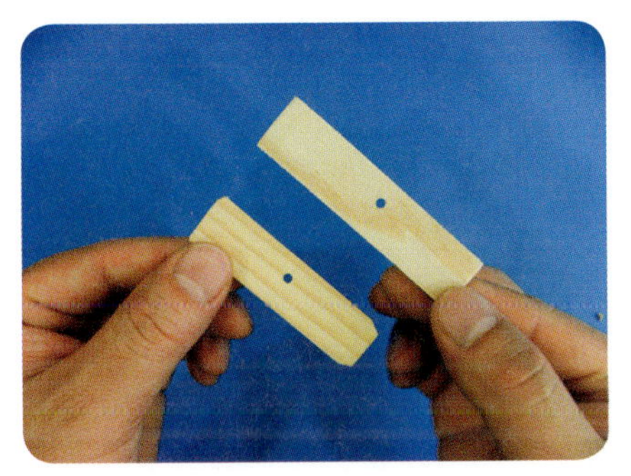

13 아래쪽의 나무 조각과 위 쪽의 조각을 포개서 송곳 이나 칼로 구멍을

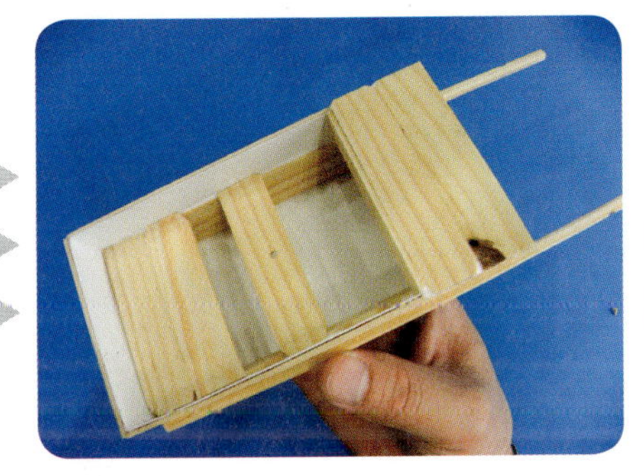

14 파서 아래쪽 먼저 붙이 고,

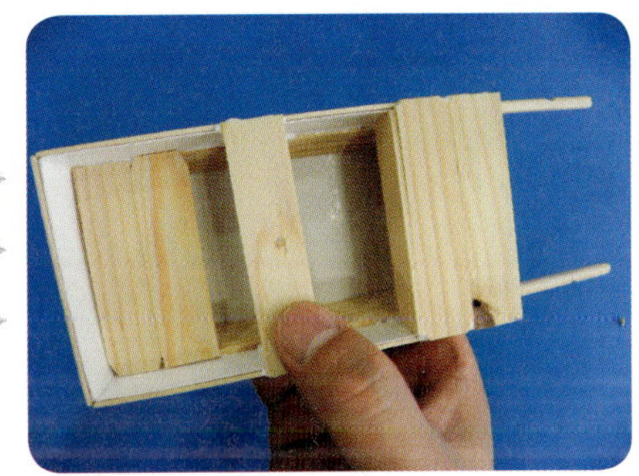

15 위쪽도 이어서 붙인다. (아래의 구멍과 맞춰서 나무판을 붙인다.)

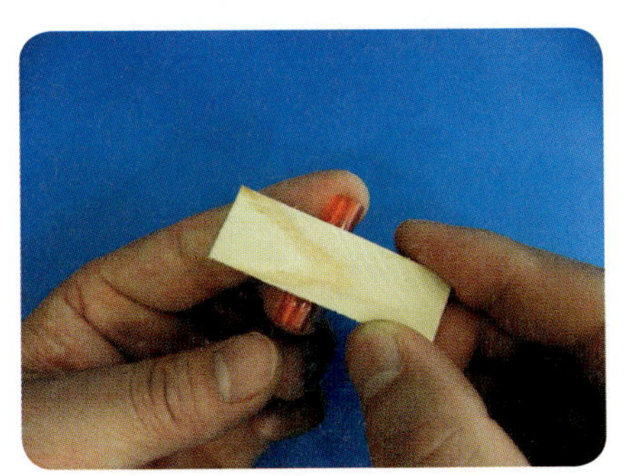

16 나뭇조각을 4cm 정도로 잘라 고무관에 대 보고

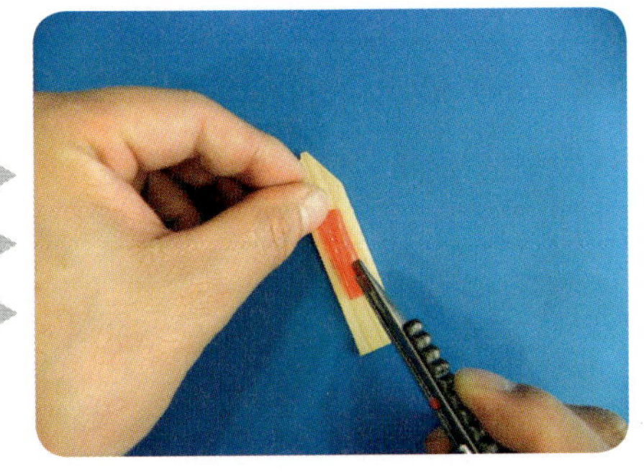

17 나뭇조각의 폭만큼 칼로 자른다.

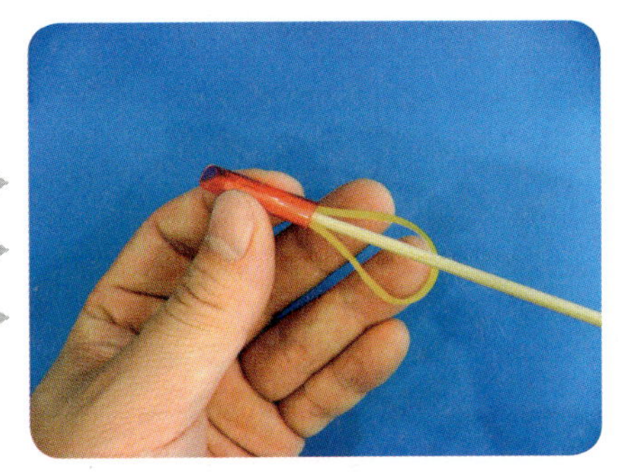

18 **17**의 고무관에 고무줄을 통과시켜 집어넣고

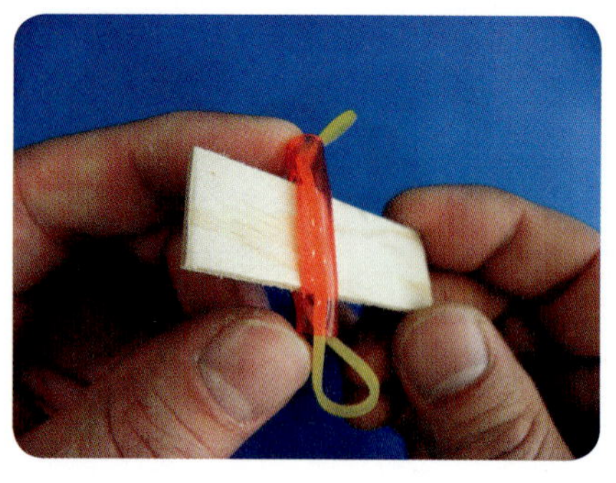

19 17에서 자른 틈으로 나무판을 집어넣는다.

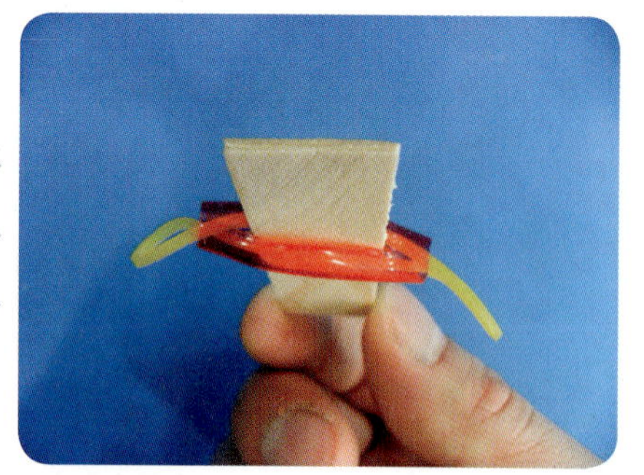

20 이때 고무줄의 두 가닥 사이로 나무판을 끼워 넣는다.

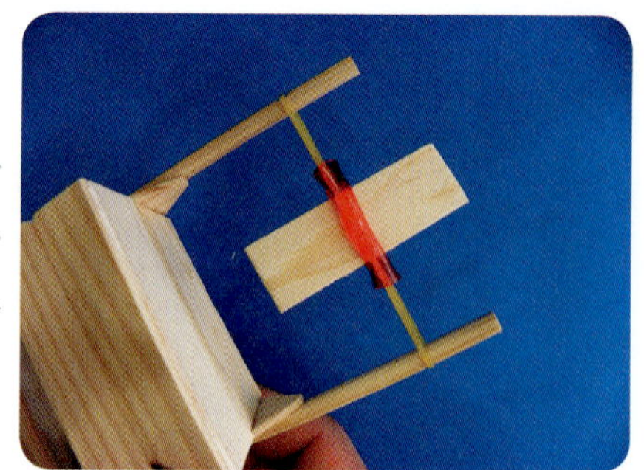

21 앞의 5에서 파놓은 홈에 고무줄을 건다.

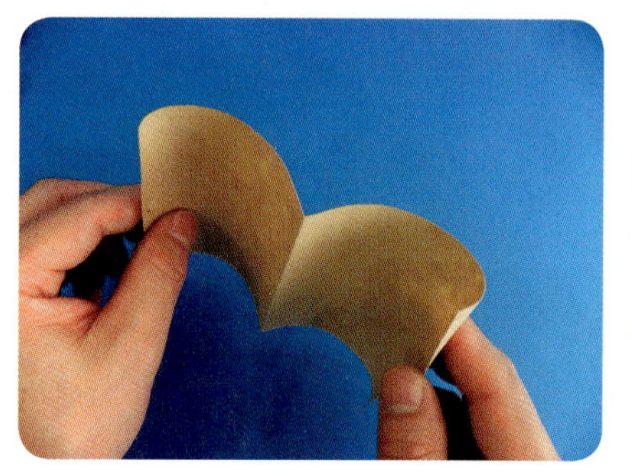

22 종이나 신문지 등을 연필을 이용하여 3자 모양으로 감아 편다.

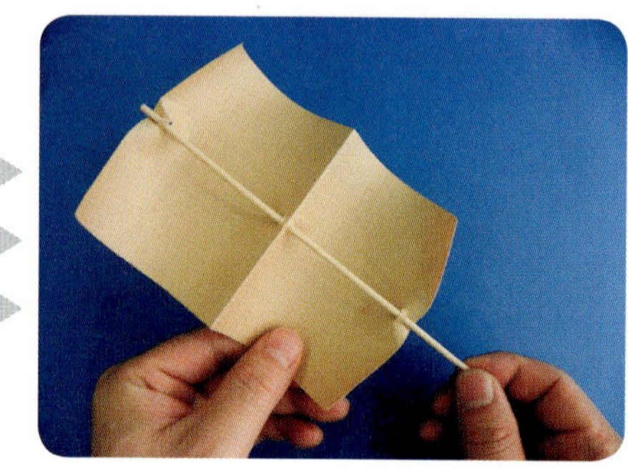

23 떡꼬치나무에 꽂아 돛을 완성한다.

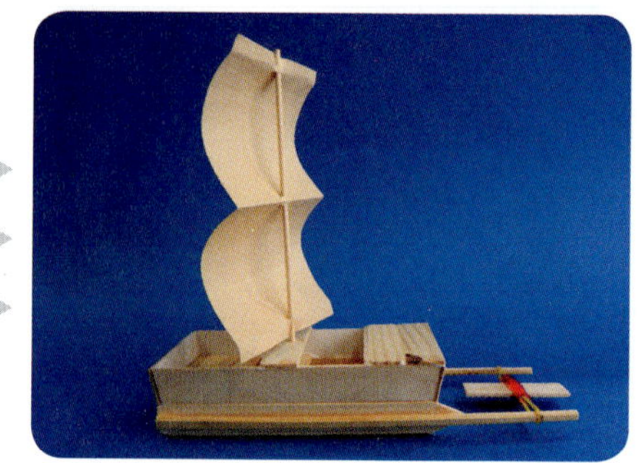

24 21의 나무판을 시계 방향으로 감아 물 위에 띄우면 전진한다.

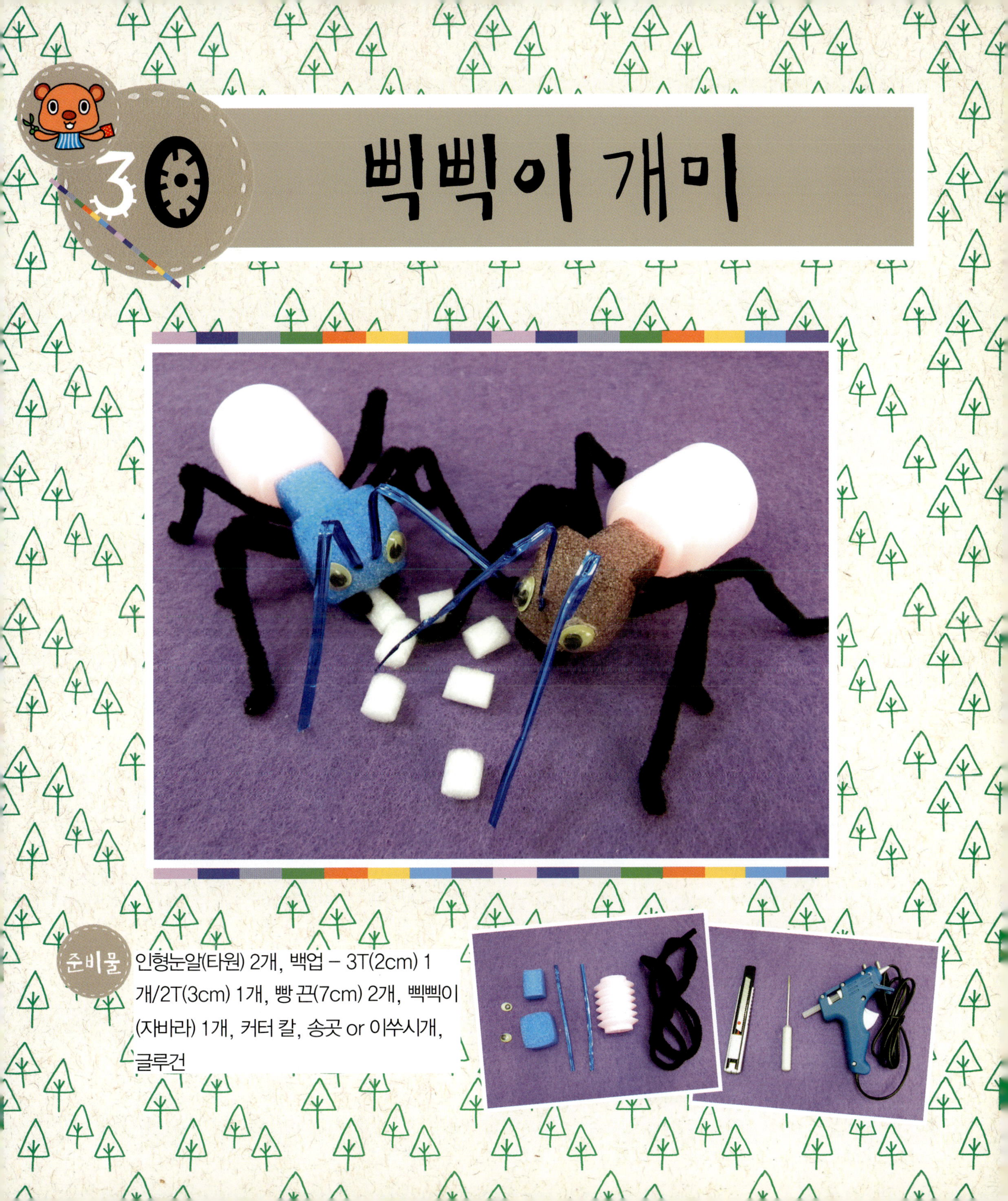

빽빽이 개미

인형눈알(타원) 2개, 백업 – 3T(2cm) 1개/2T(3cm) 1개, 빵 끈(7cm) 2개, 빽빽이 (자바라) 1개, 커터 칼, 송곳 or 이쑤시개, 글루건

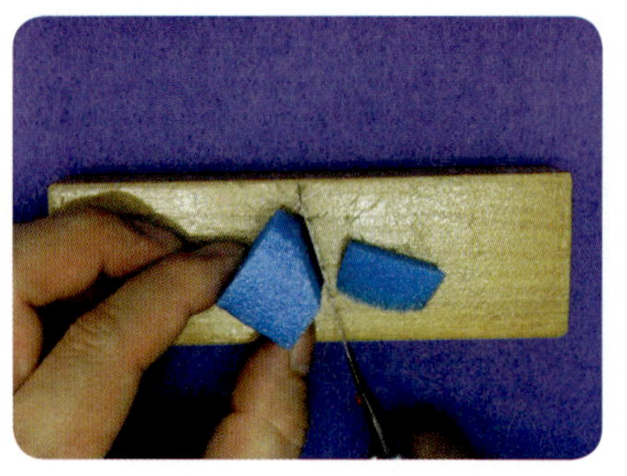

1 3T백업(3cm)을 비스듬하게 자른다.

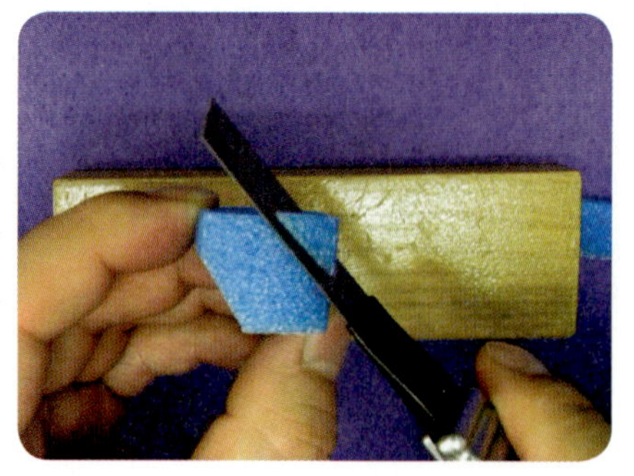

2 반대쪽 모서리를 삼각형 모양으로 비스듬하게 잘라낸다.

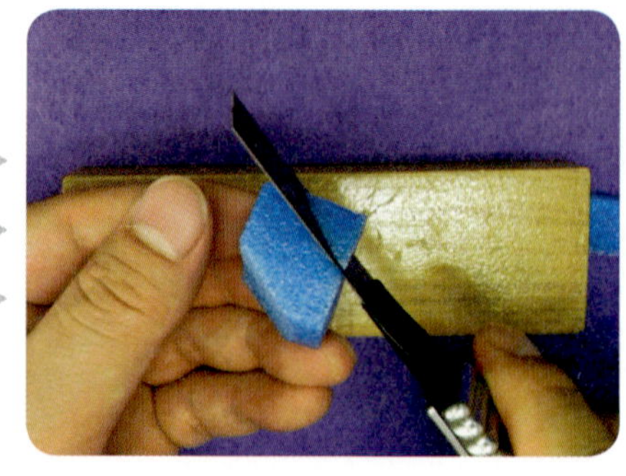

3 다른 한쪽도 **2**와 같은 방법으로 잘라낸다.

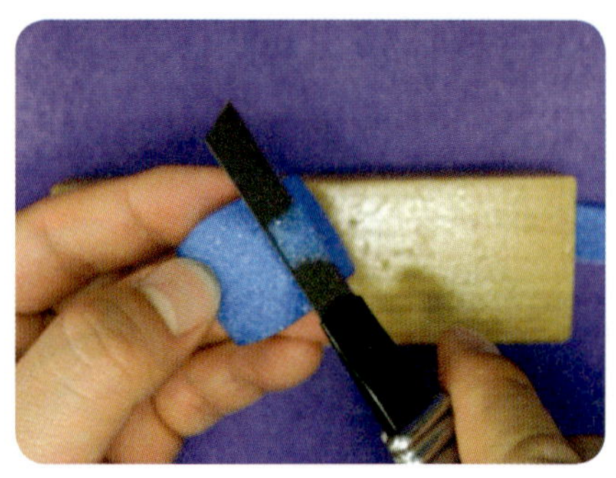

4 **2**와 **3**을 잘라낸 중간 부위를 비스듬히 자른다.

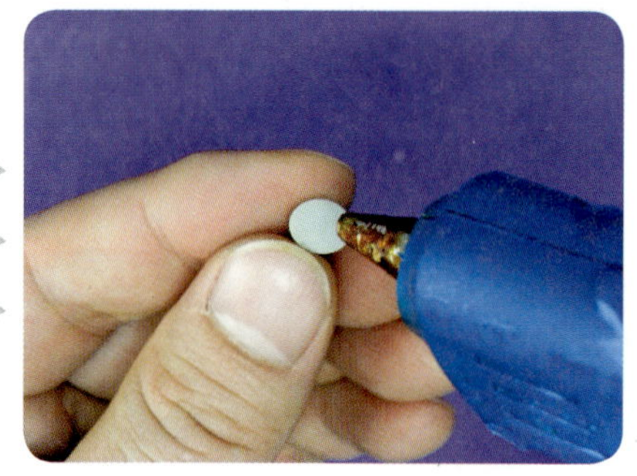

5 타원 눈알에 글루건을 살짝 쏜다.

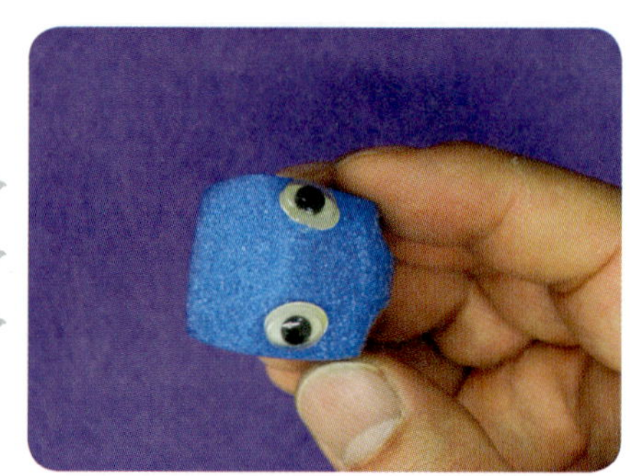

6 2개의 눈을 붙인다.

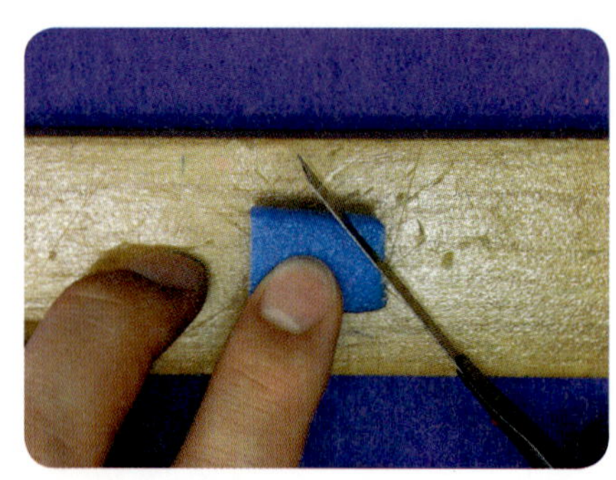

7 2T백업(3cm)의 모서리를 비스듬히

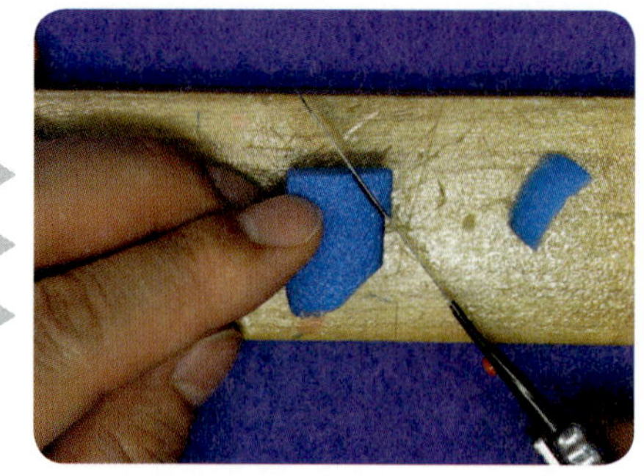

8 잘라낸다.

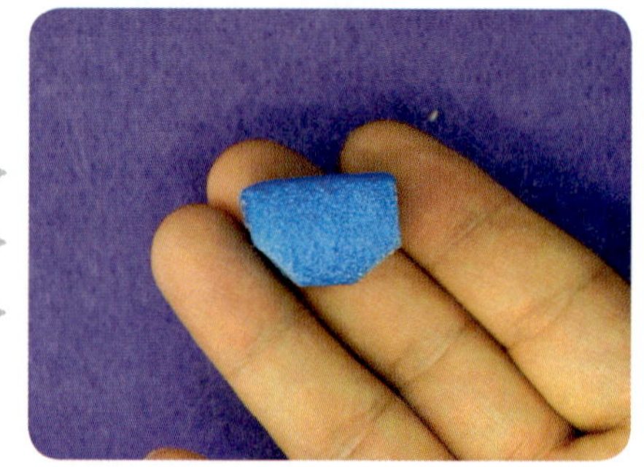

9 사진과 같은 모양이 되도록 자른다.

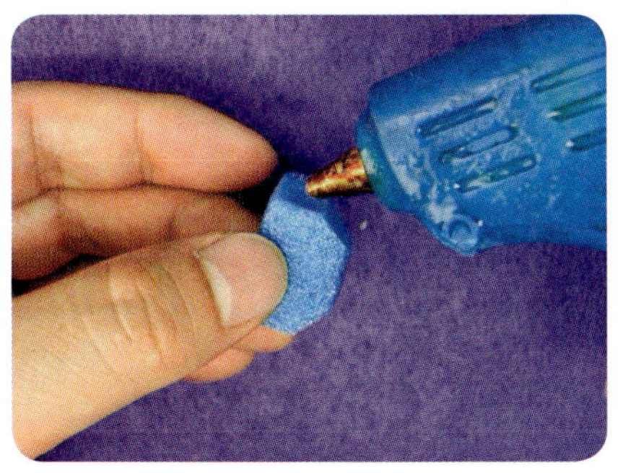

10 한쪽에 글루건을 쏘고

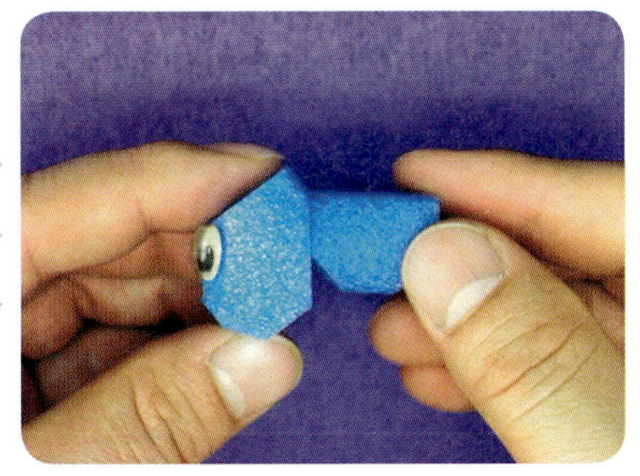

11 6을 붙인다.

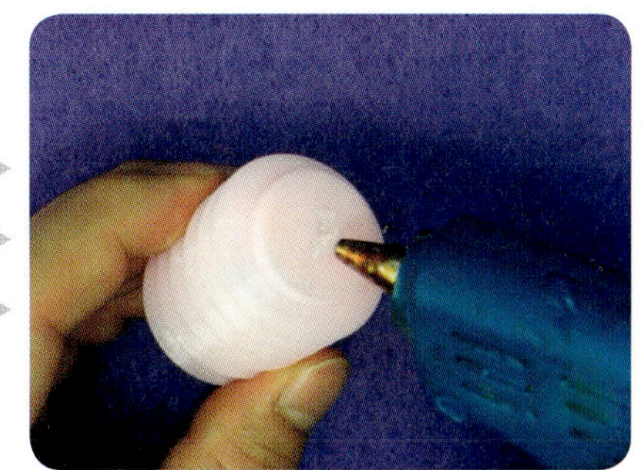

12 삑삑이 자바라 뒷면에 글루건을 쏘고

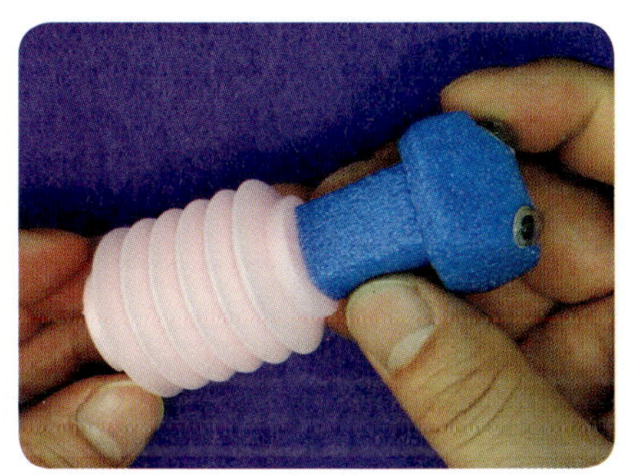

13 11을 붙인다.

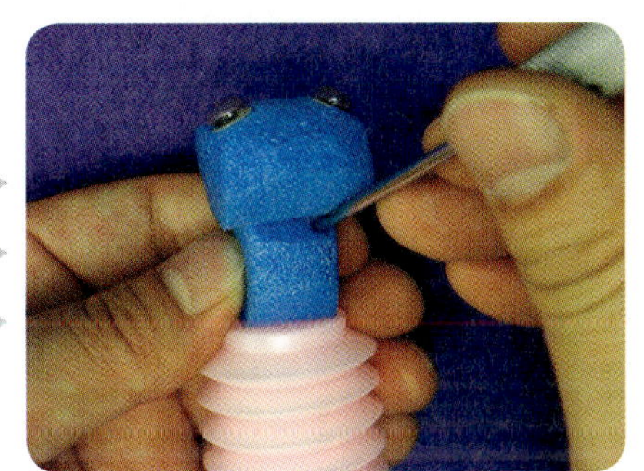

14 송곳을 이용하여 예비 구멍을

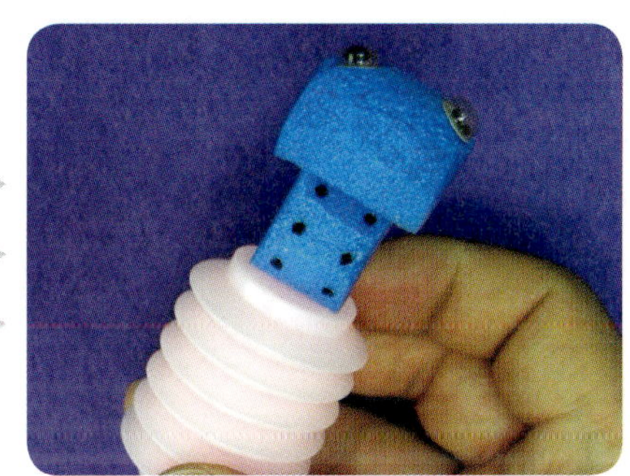

15 6개 뚫어 놓는다.

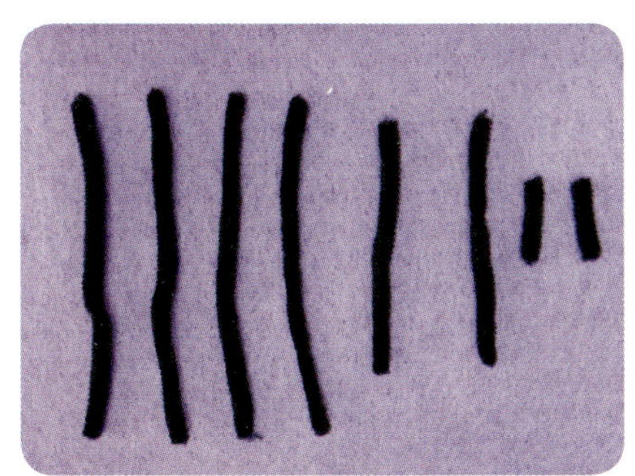

16 모루를 10cm 4개, 7cm 2개, 2cm 2개로 잘라놓고

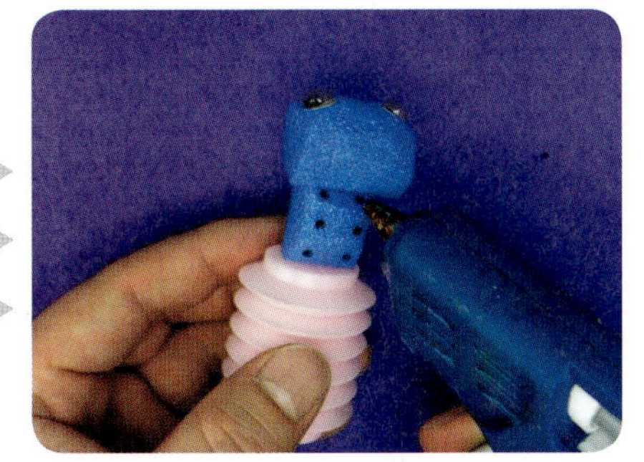

17 구멍에 글루건을 쏜 후

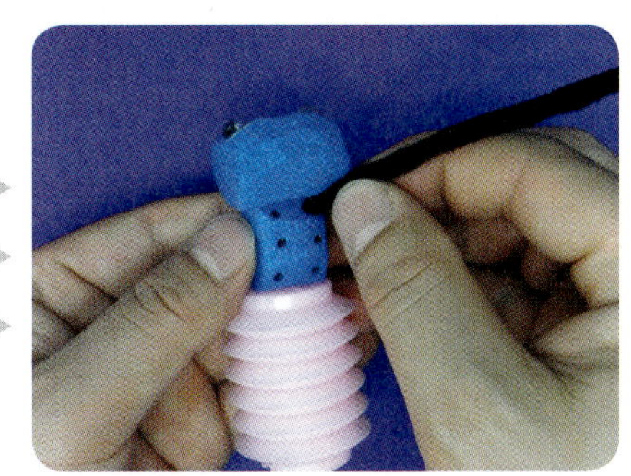

18 앞다리 2개는 10cm의 모루를 끼운다.

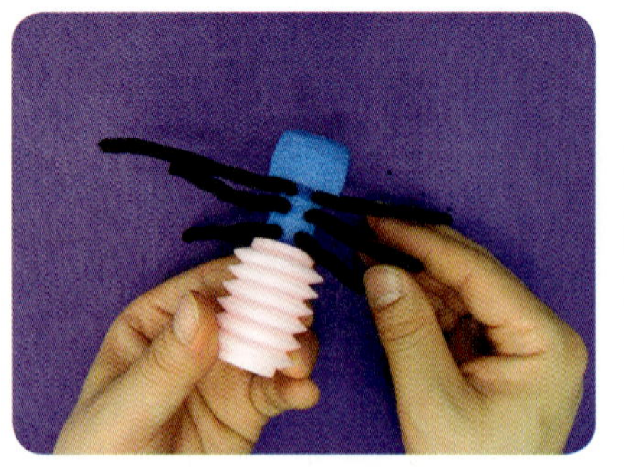

19 가운데 2개는 7cm짜리 2개를 끼운다.

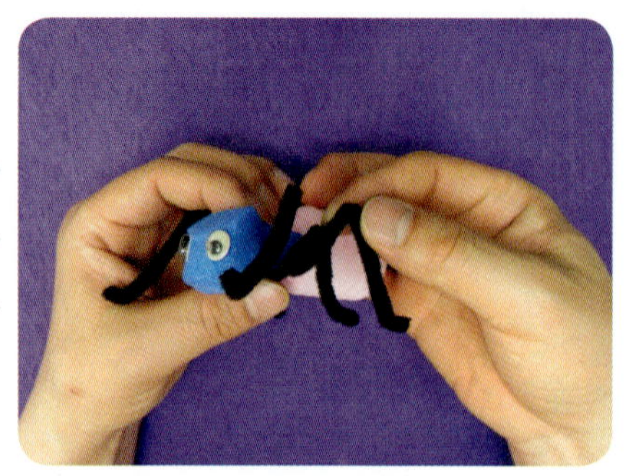

20 손으로 구부려서

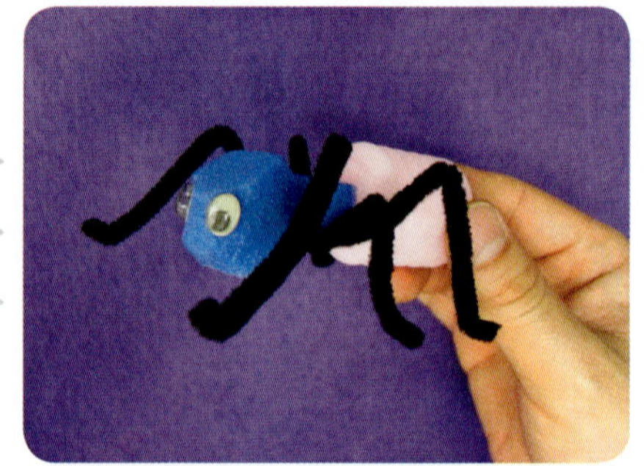

21 개미의 다리를 완성한다.

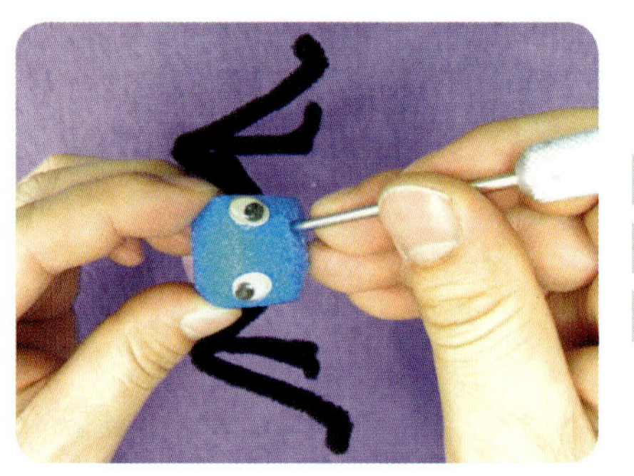

22 송곳으로 개미의 입 부위에 예비구멍을

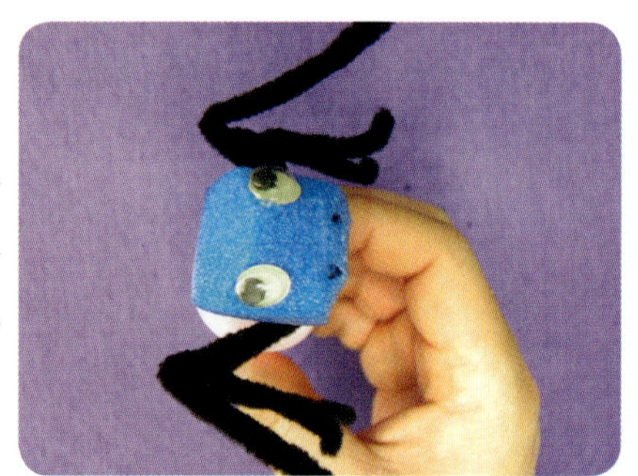

23 뚫는다.

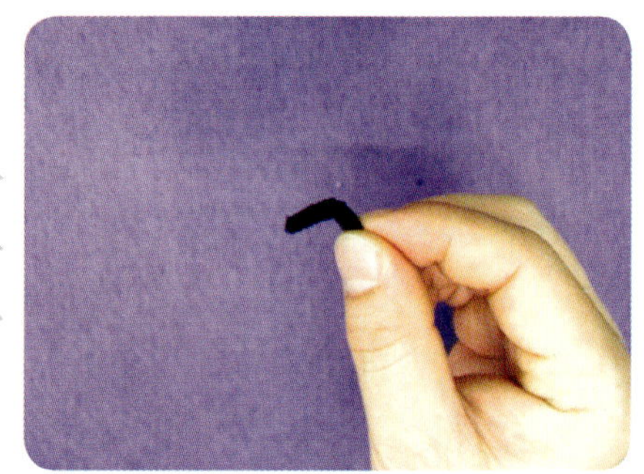

24 2cm의 모루를 V자로 꺾어서

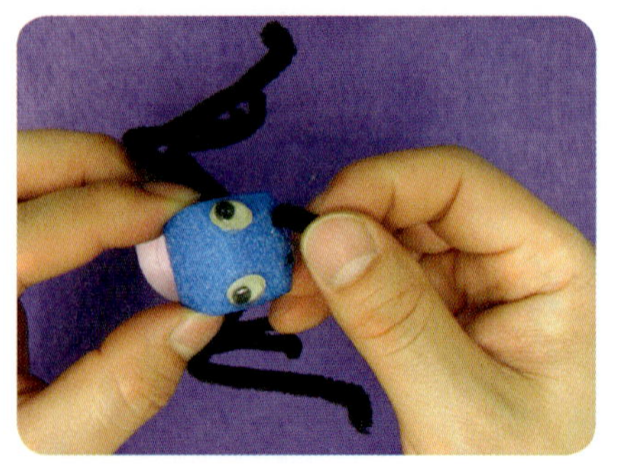

25 **23**에 끼워

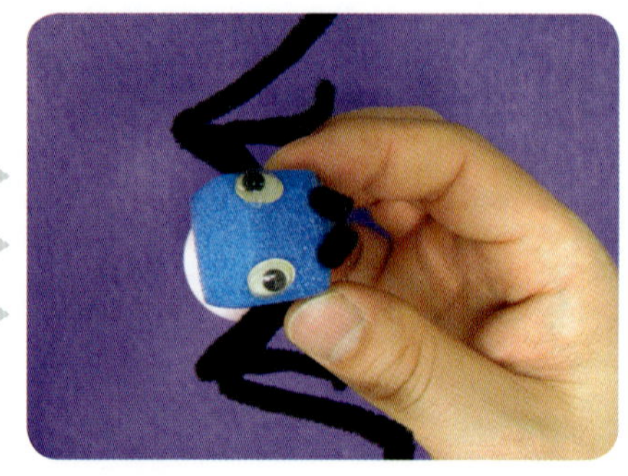

26 입을 완성한다.

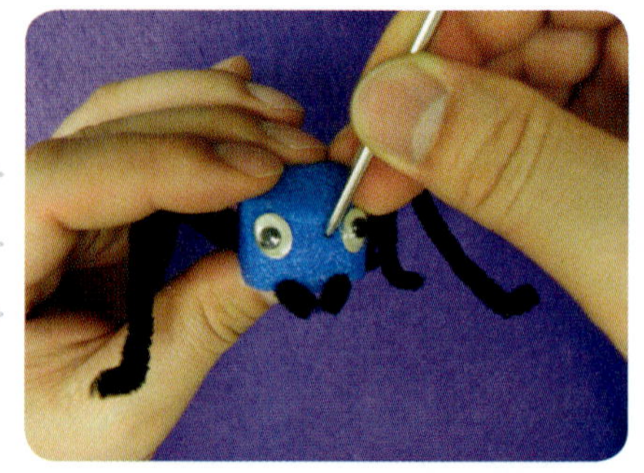

27 눈과 눈 사이에 V자 형태로 예비 구멍을 뚫어

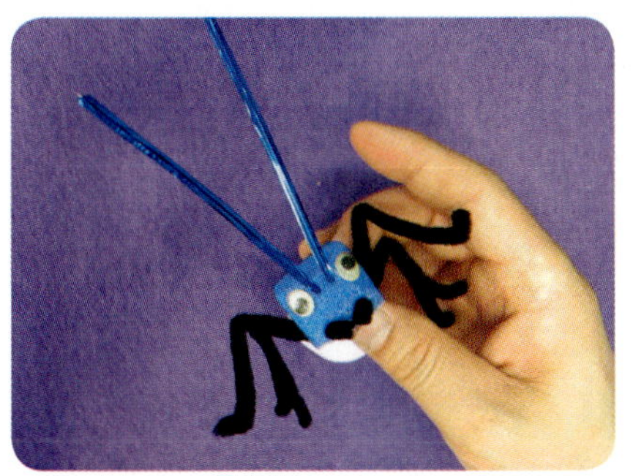

28 빵 끈으로 더듬이를

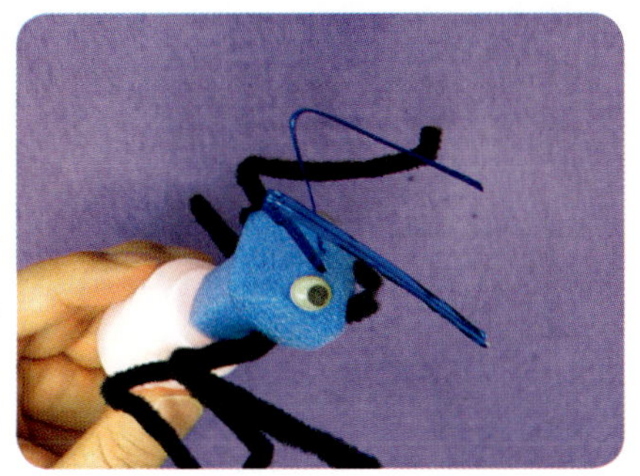

29 만들어 구부린다.

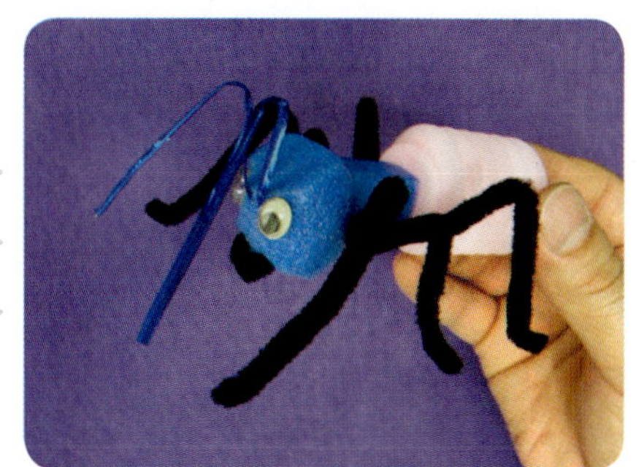

30 완성!

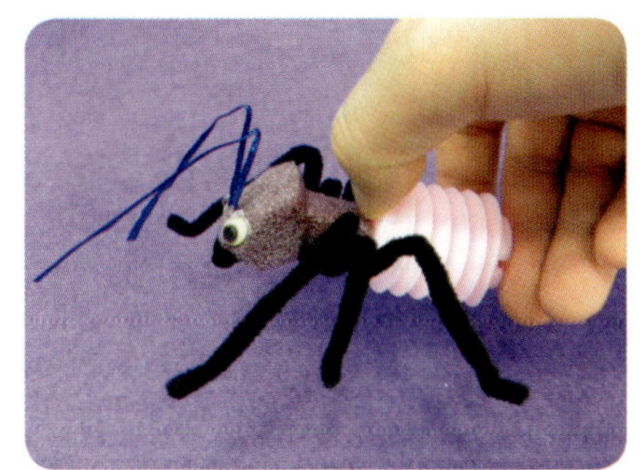

31 손으로 누르면

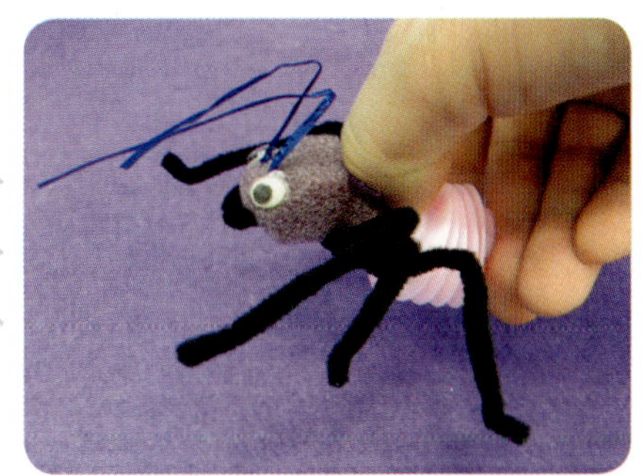

32 소리가 난다.

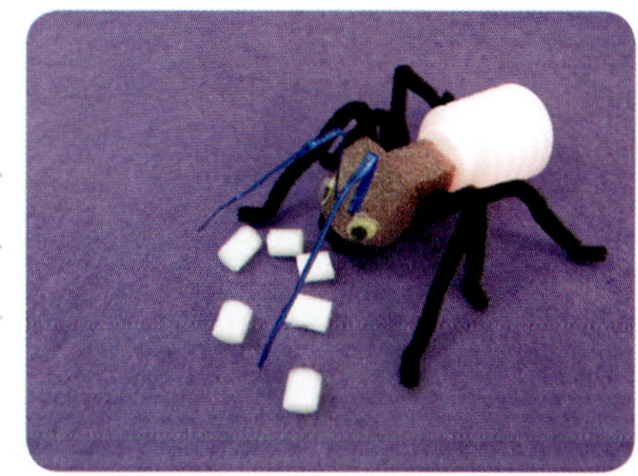

33 먹이 먹는 개미

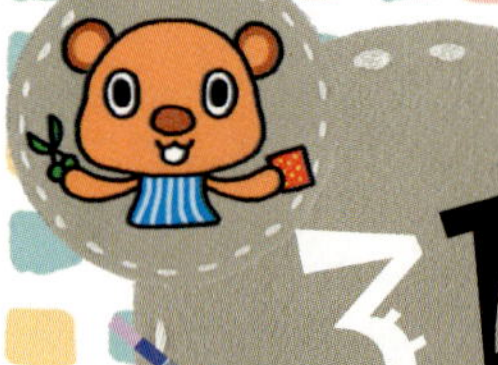

카네이션 1

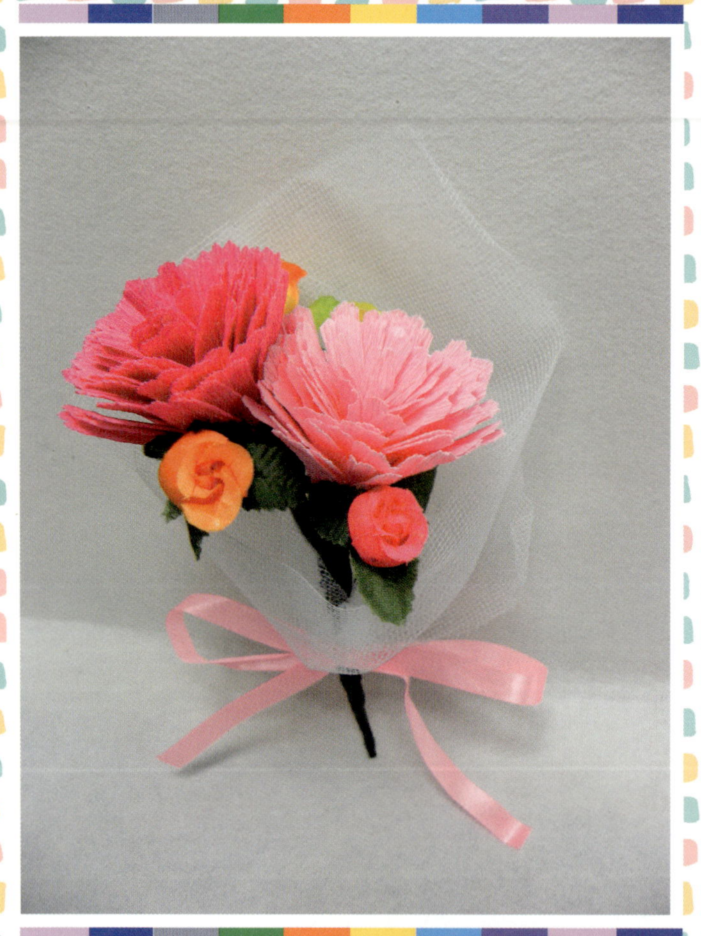

준비물 꽃잎 주름지 – 진분홍 or 빨강(5cmX60cm) 1개/분홍(5cmX60cm) 1개, 잎 주름지 녹색(5cmX15cm) 1개, 꽃 철사 – 굵은 것 2개/가는 것 2개, 꽃 테이프(15cm) 3개, 리본(35cm) 1개, 물풀 or 글루건 1개, 커터 칼, 핑킹 가위, 일반 가위

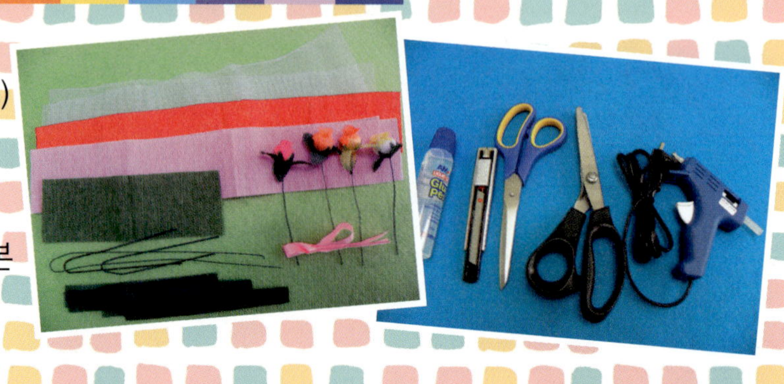

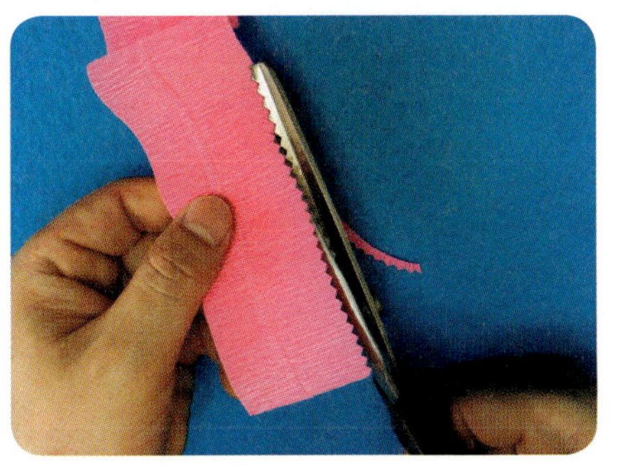

1 핑킹가위로 꽃 주름지의 한쪽 부분을

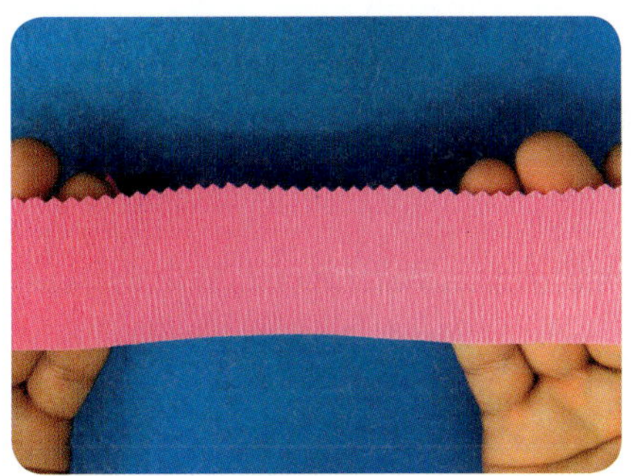

2 끝까지 자른다.

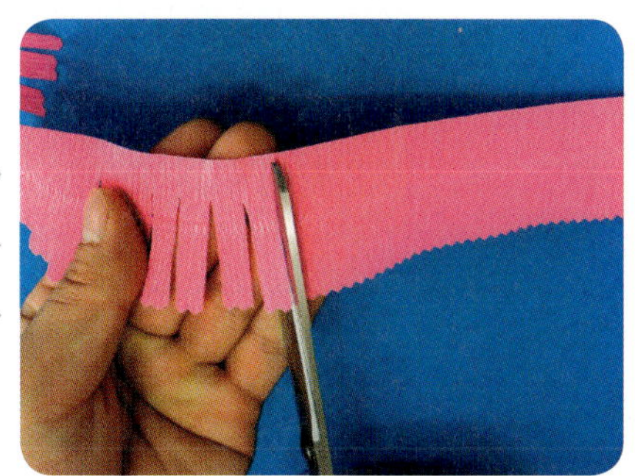

3 1cm만 남기고 가위나 커터 칼을 이용해서

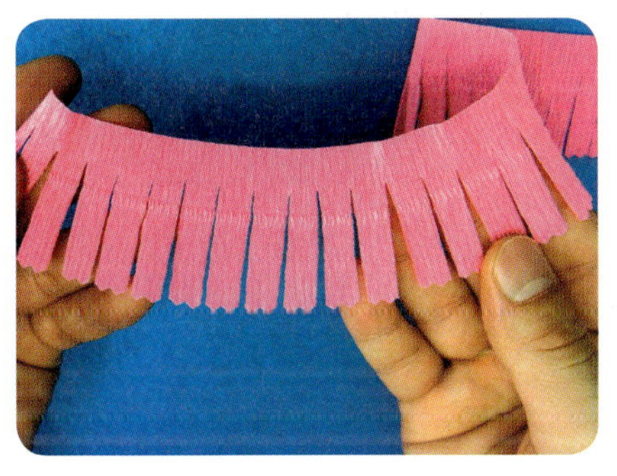

4 꽃잎 모양이 나오게 자른다.

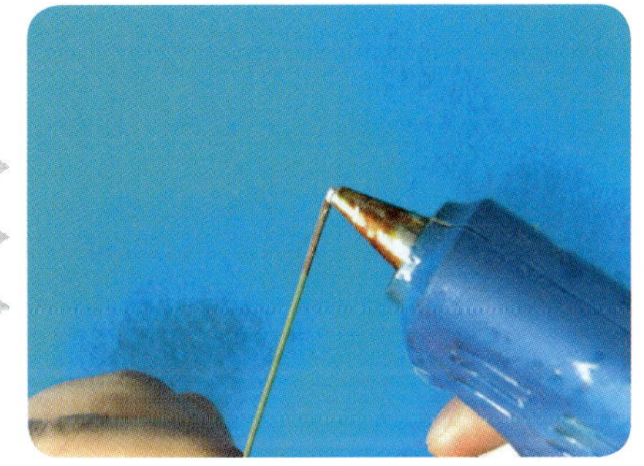

5 굵은 철사의 끝에서 1.5cm 정도에 글루건을 가늘게 쏘아준다.

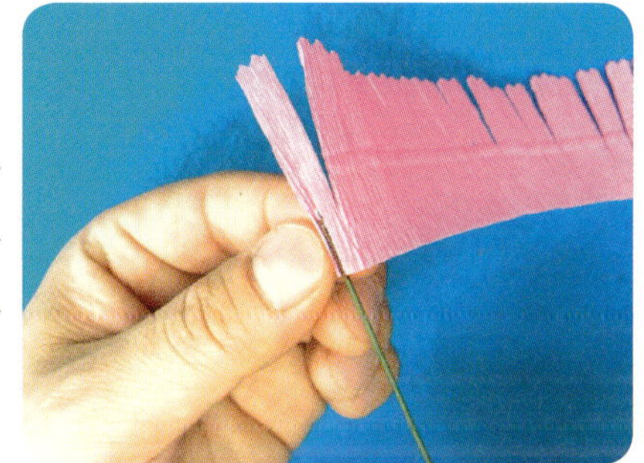

6 잘라놓은 꽃잎의 아랫부분에 붙이고 철사와 함께 말아준다.

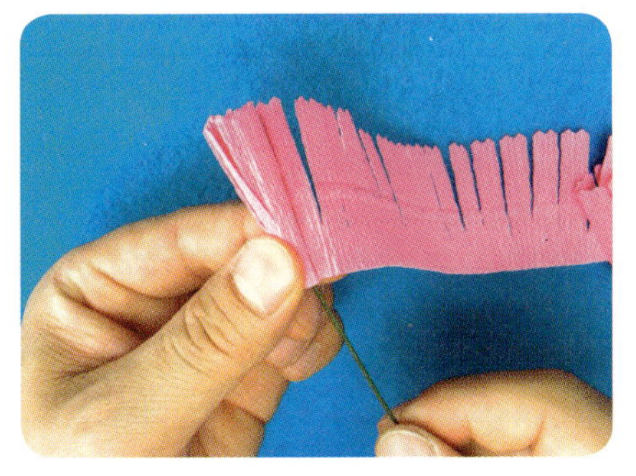

7 철사에 말 때는 꽃잎을 당기면서 탱탱하게 말아준다.

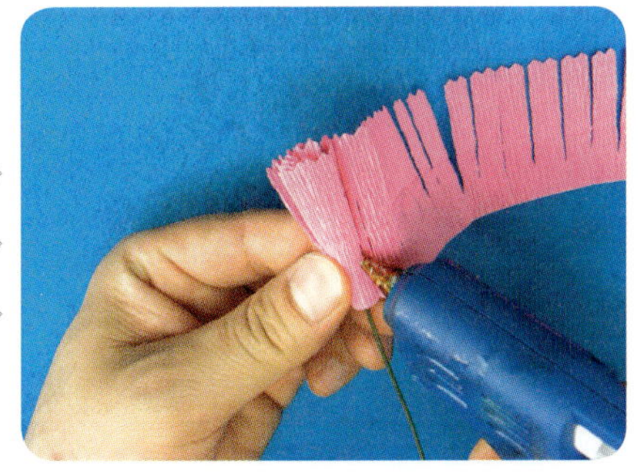

8 어느 정도 말렸다 싶으면 중간 정도에 글루건을 한 방울 쏘아준다.

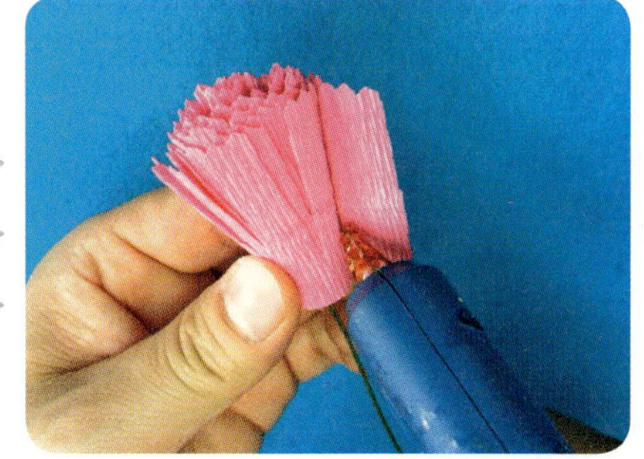

9 꽃잎을 끝까지 말았으면 맨 끝 부분에 글루건을 가늘게 쏘아 접착한다.

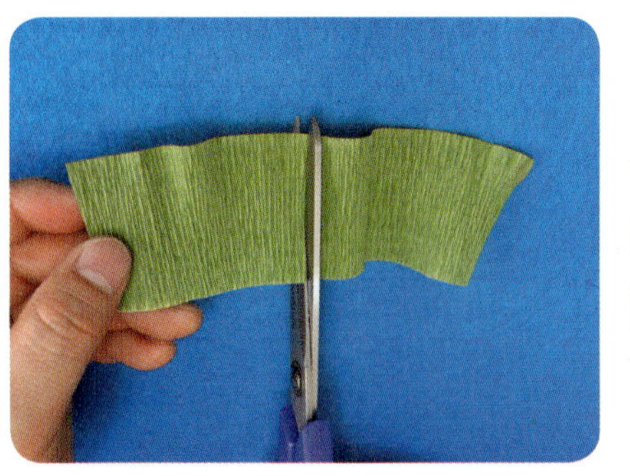

10 녹색 주름지를 반으로 자르고

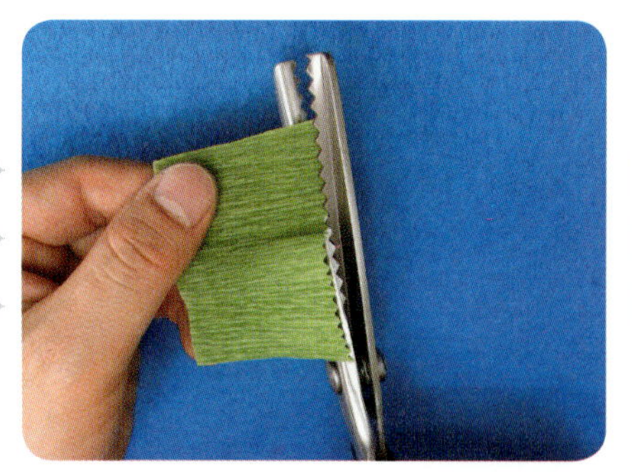

11 다시 핑킹가위로 한쪽 면을 자른다.

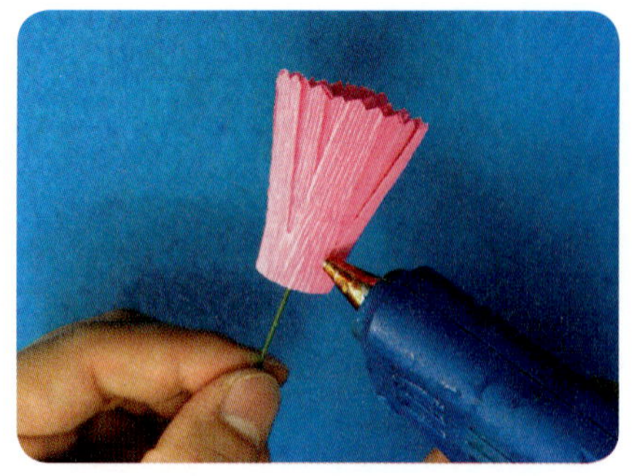

12 **9**의 만들어 놓은 카네이션의 아랫부분에 글루건을 가늘게 쏘고

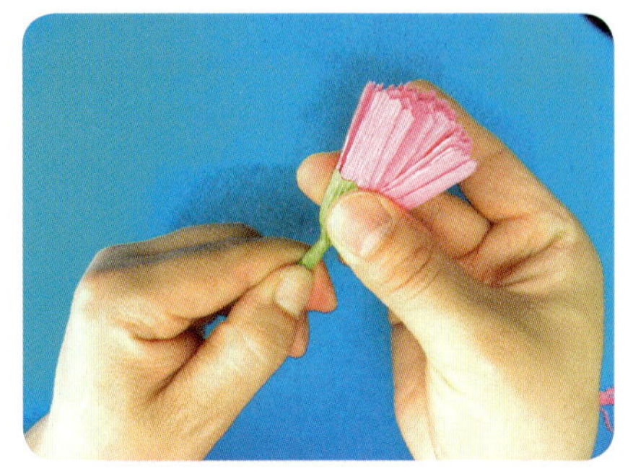

13 꽃받침을 붙이고, 비틀어 꼬아준다.

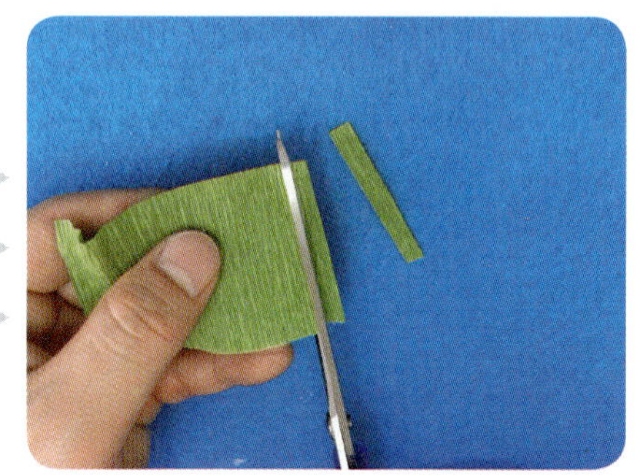

14 5mm 정도씩 가위로 잘라 잎을 만든다.

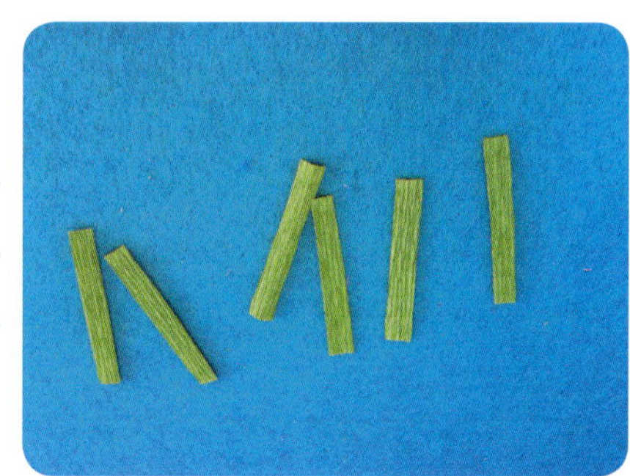

15 5~6개 정도만 준비한다.

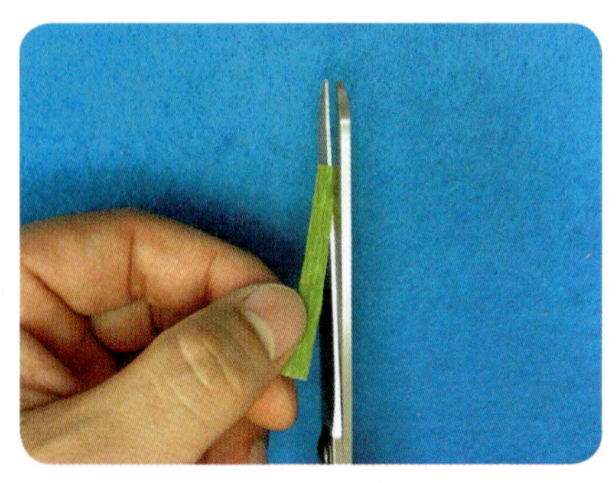

16 다시 끝을 뾰족하게

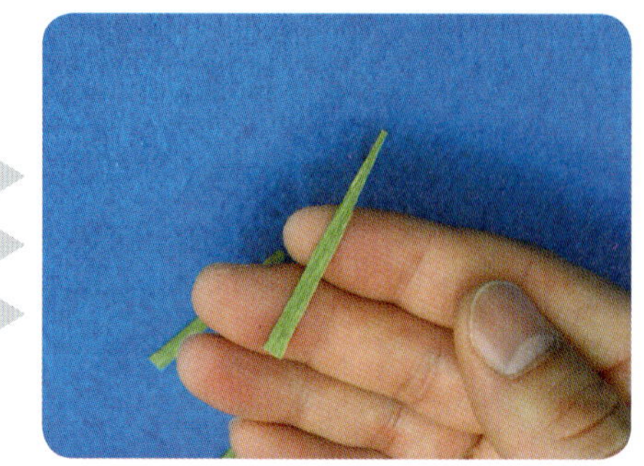

17 다듬는다.

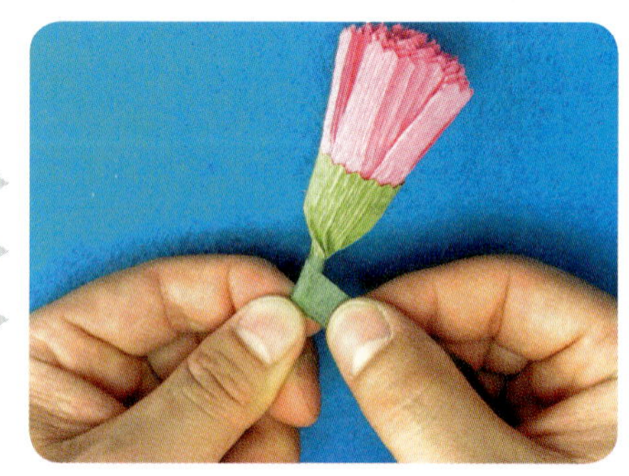

18 **13**에서 만들어 놓은 꽃받침부터 테이프를 감으며,

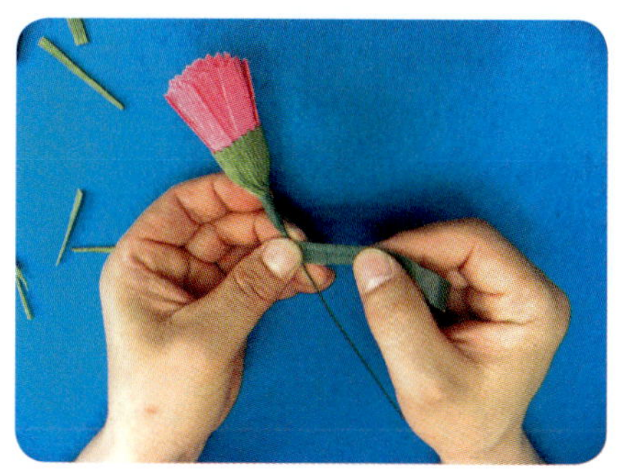 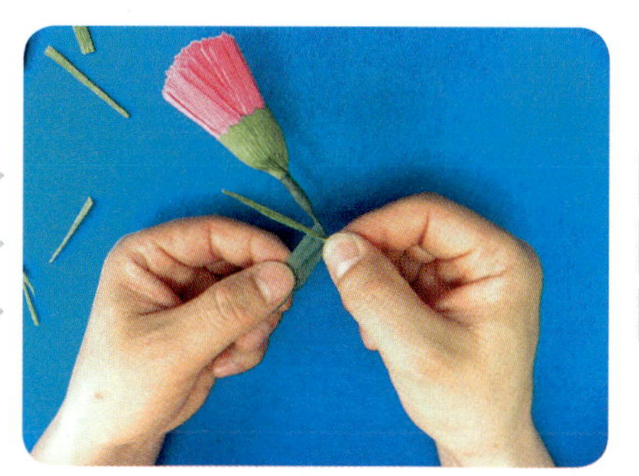 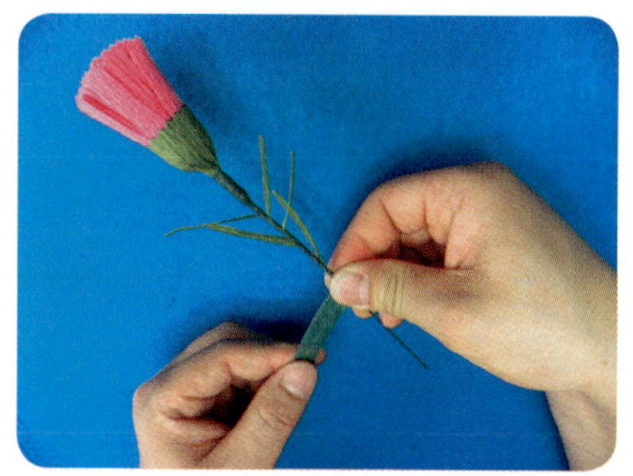

19 내려간다.

20 **17**의 꽃잎을 꽃대에 붙이고 계속 말면서 내려간다.

21 **20**과 같은 방법으로 테이프를 감으며 내려간다.

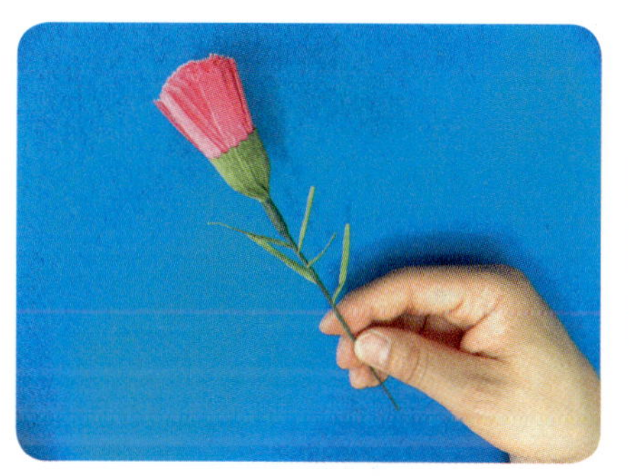 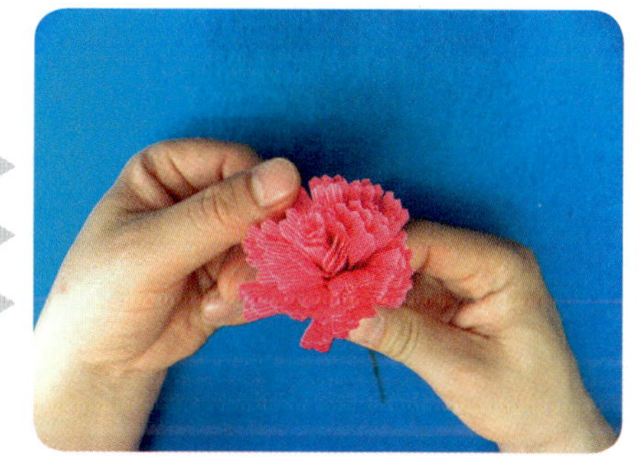 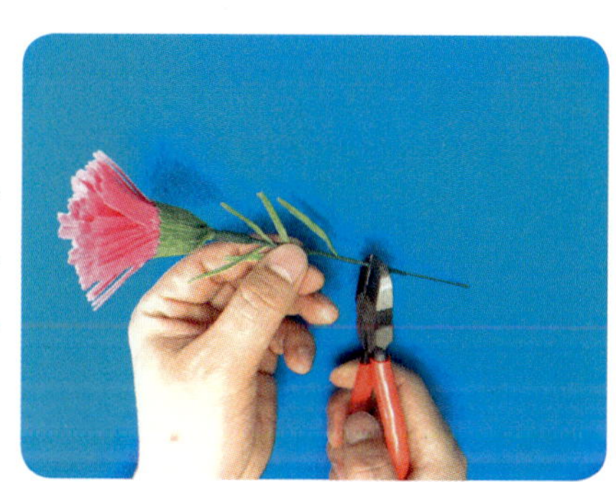

22 꽃잎과 테이프를 다 붙였으면

23 손으로 꽃잎을 하나씩 벌려준다.

24 적당한 길이로 자른다.

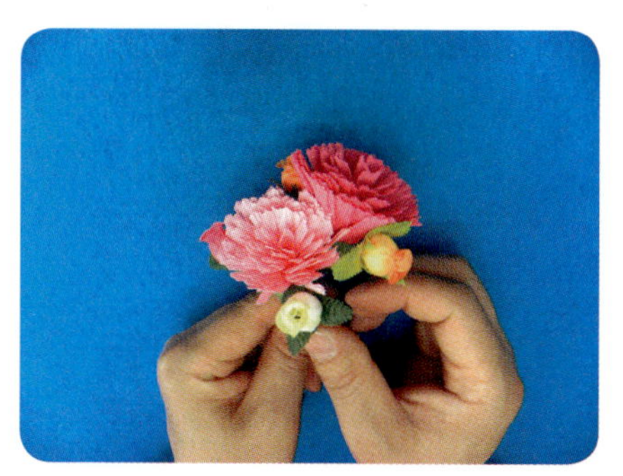 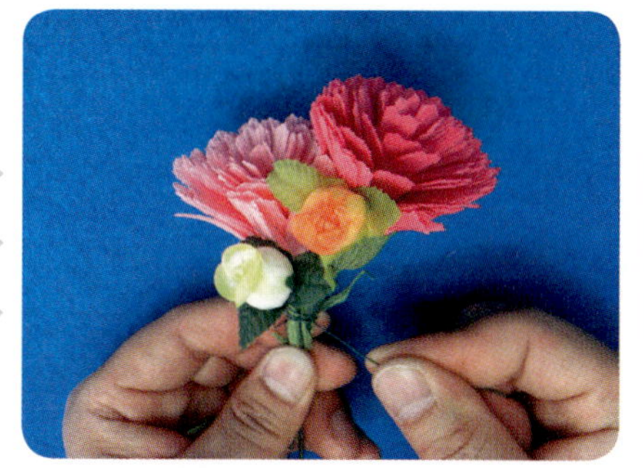 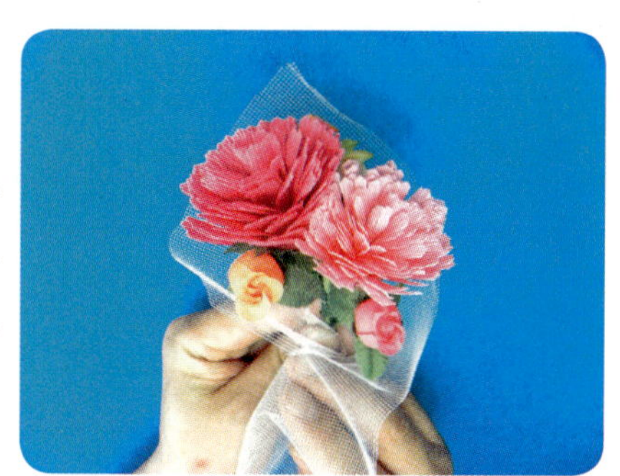

25 준비한 조화들을 좋은 위치에 배열 후

26 가는 철사로 묶는다.

27 꽃을 중심으로 망사로 싸고,

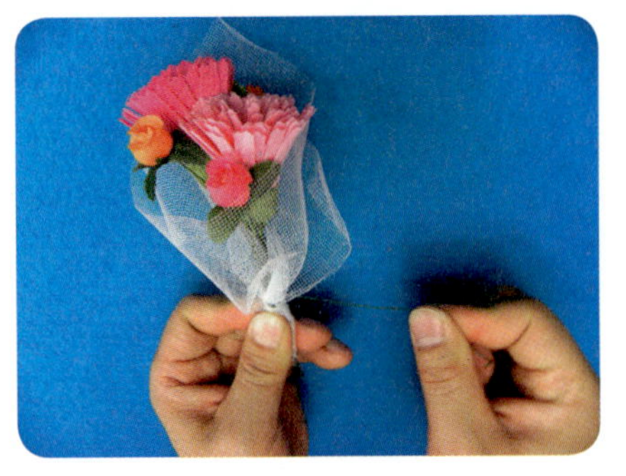

28 다시 가는 철사로 묶는
다.

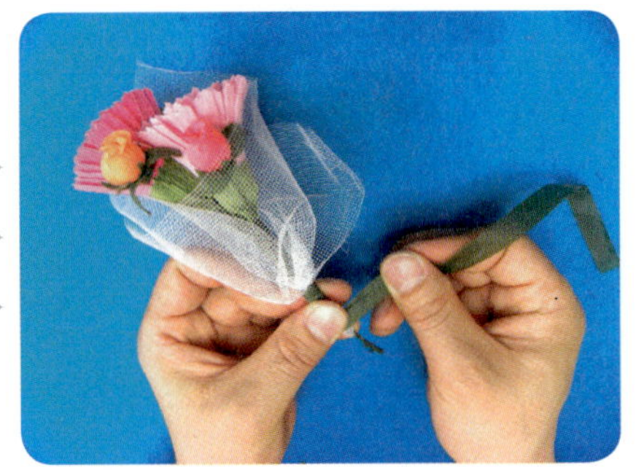

29 테이프로 감아 묶은 철
사를 가리고

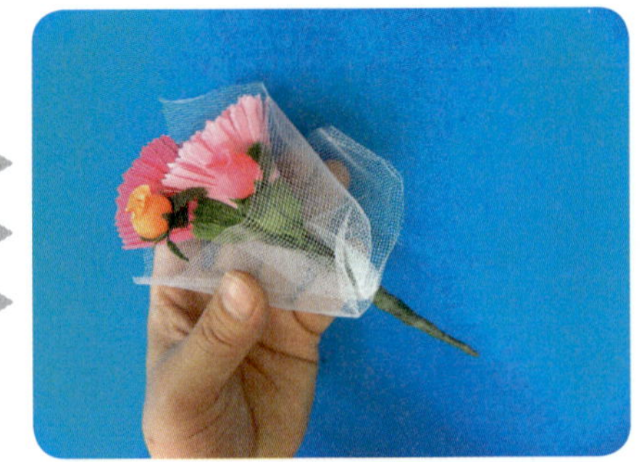

30 끝부분까지 감아 마무
리한다.

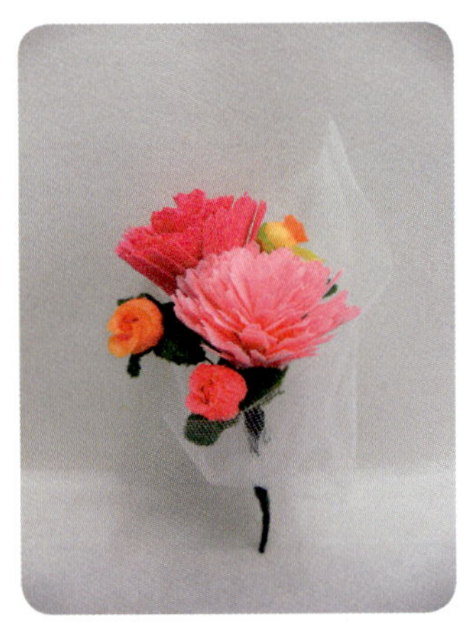

31 완성한 꽃 묶음에

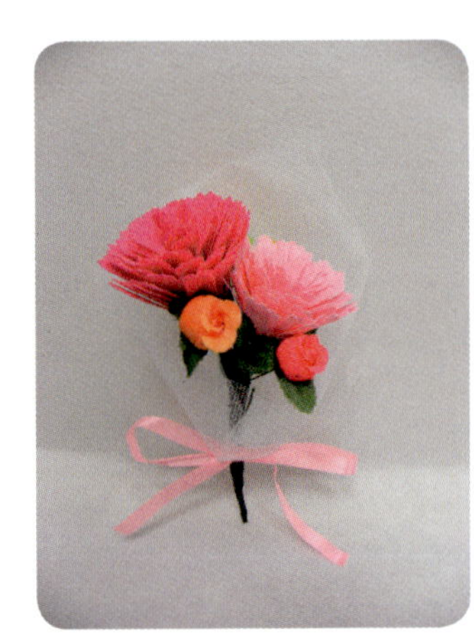

32 리본을 감아서

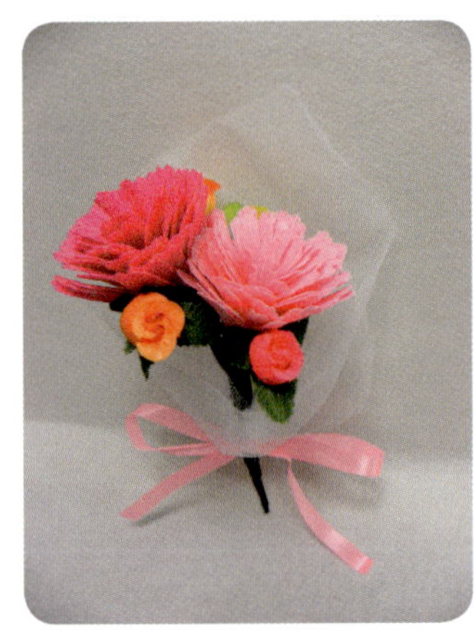

33 완성한다.

카네이션 2

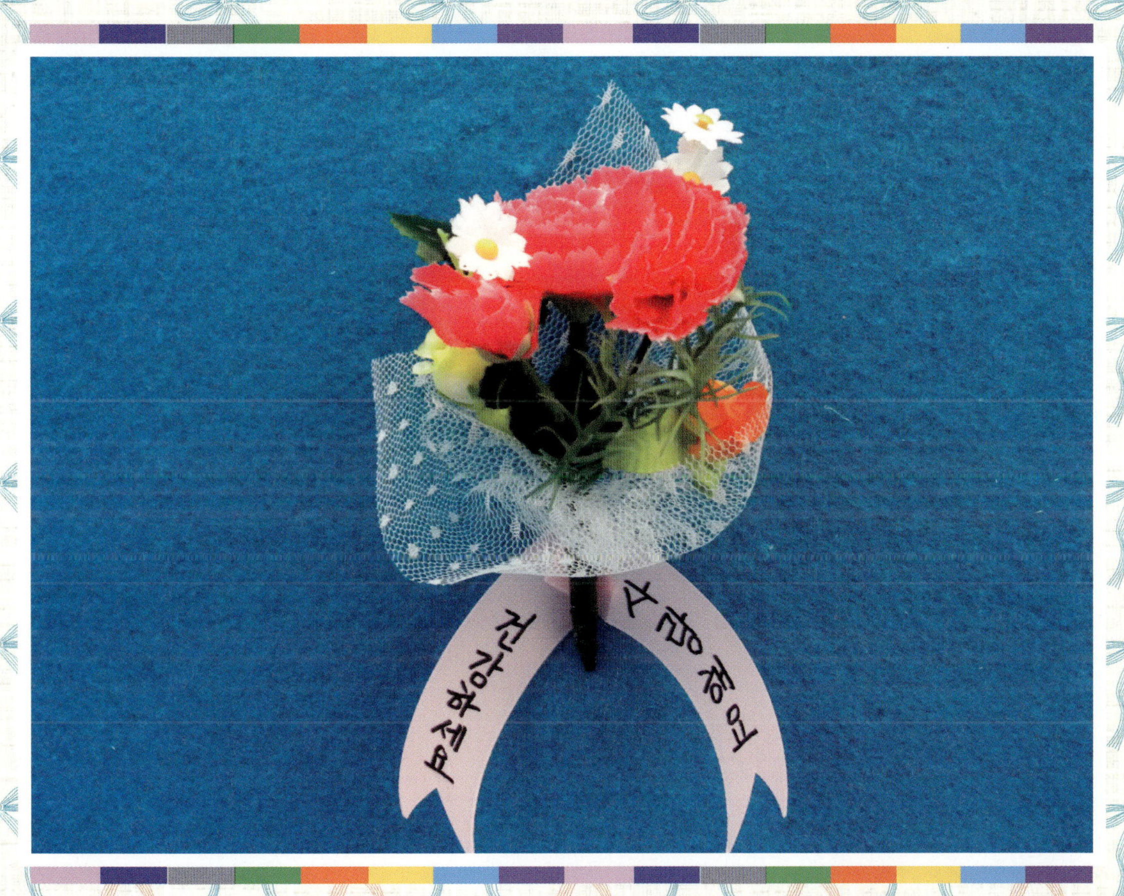

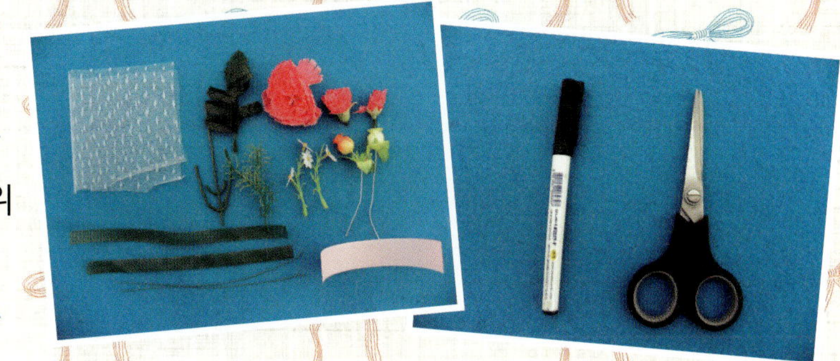

준비물 카네이션 3송이, 장미 2송이, 흰 꽃 4송이, 꽃대 1세트, 꽃 망사 1장, 꽃 종이테이프 2장, 가는 꽃 철사 2개, 리본 1장, 매직, 가위

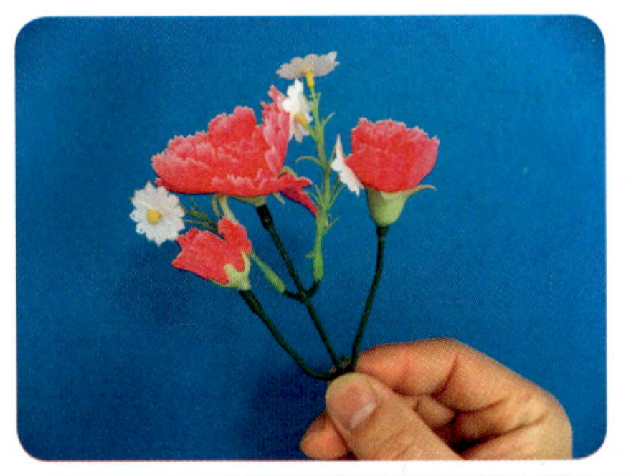 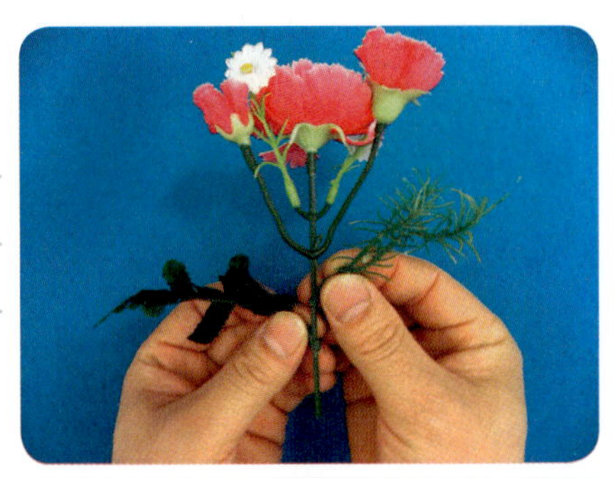 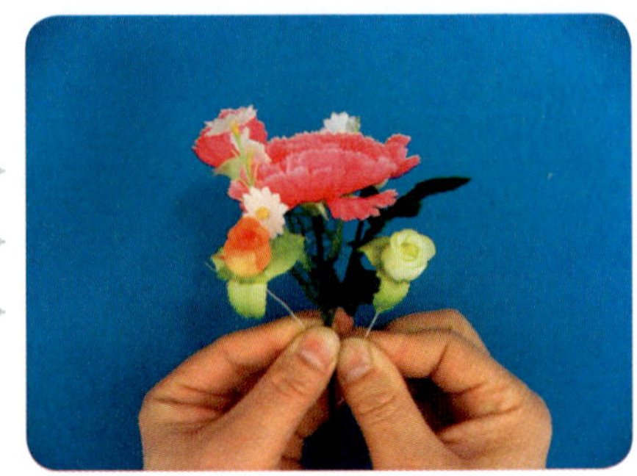

1 꽃대에 카네이션, 흰 꽃, 카네이션 순으로 꽂는다.

2 뾰족 잎을 끼워 넣고, 다음으로 넓적한 꽃잎을 끼운다.

3 장미꽃의 배열을 잘 맞춰서

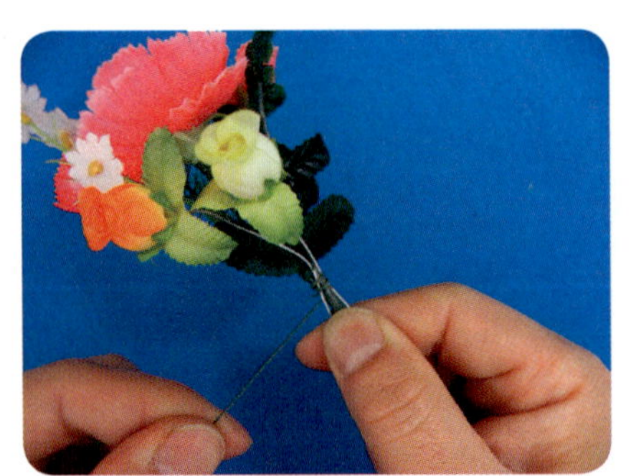 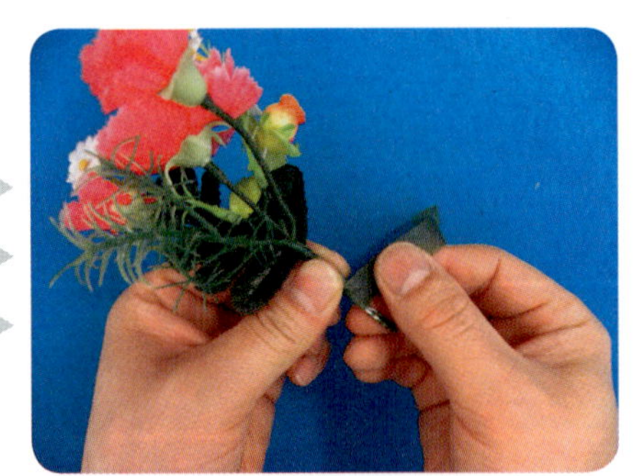 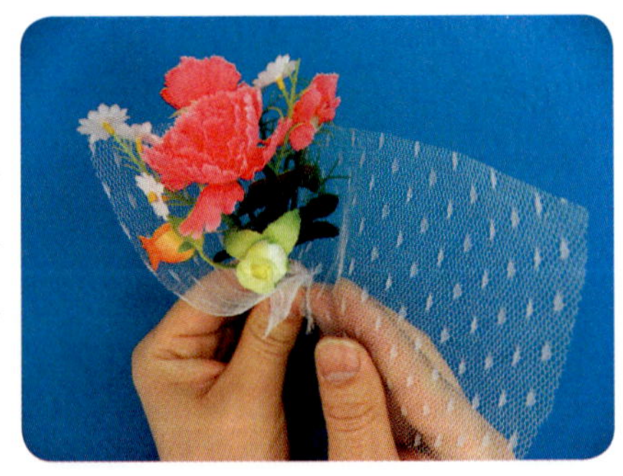

4 가는 꽃 철사로 감아 내려간다.

5 그 위를 다시 꽃 종이테이프로 촘촘히 감아 내려간다.

6 꽃 망사로 꽃다발 주위를 감싸고,

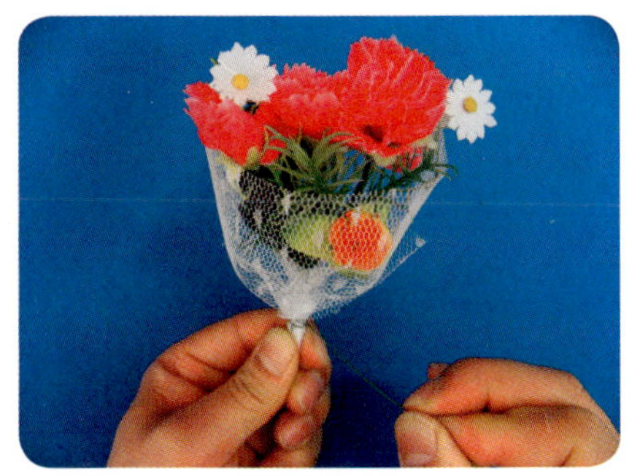

7 다시 가는 꽃 철사로 감아내려 간 다음

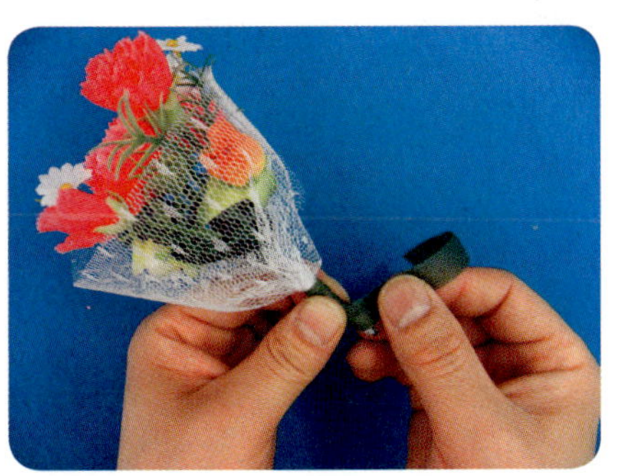

8 종이테이프를 살짝 잡아당기며 감아내려 간다.

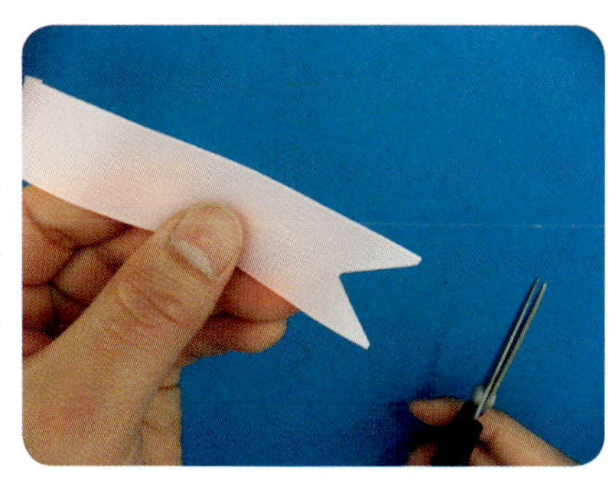

9 리본의 양끝을 겹쳐서 세모 모양으로 잘라낸다.

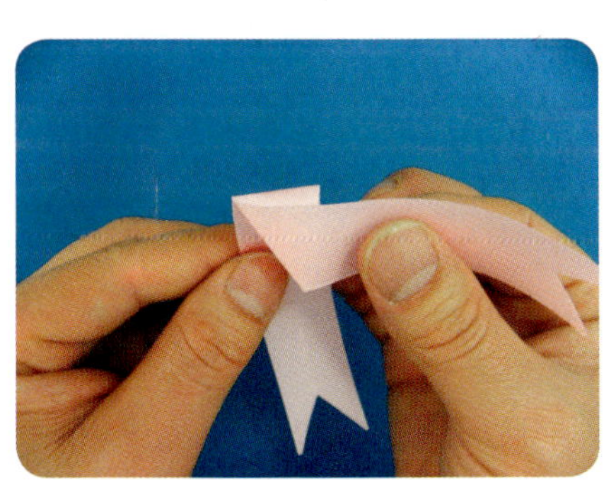

10 리본을 2회 꺾어 접고,

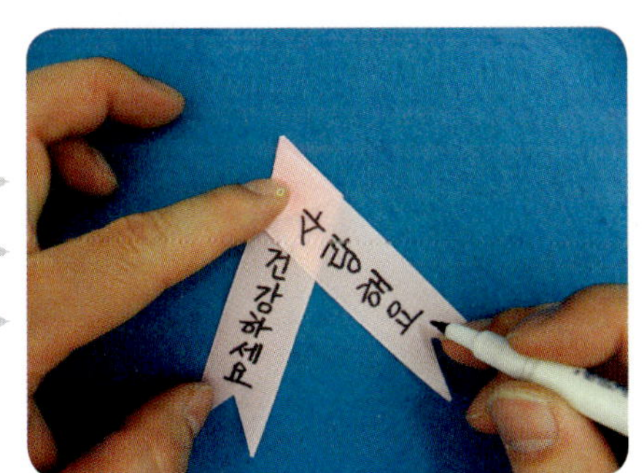

11 글씨를 쓴다.

🔴 리본의 오톨도톨한 쪽에 쓴다.

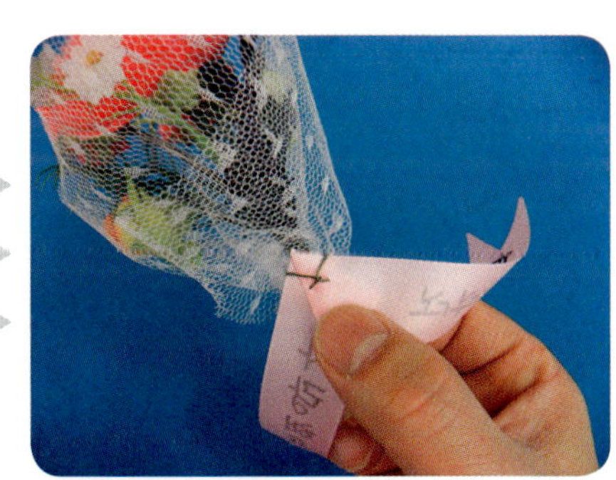

12 가는 꽃 철사를 U자로 꺾어 앞쪽에서 꽂아 뒤에서 매듭을 짓는다.

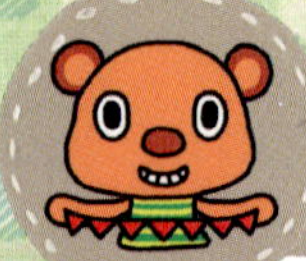

카네이션 3

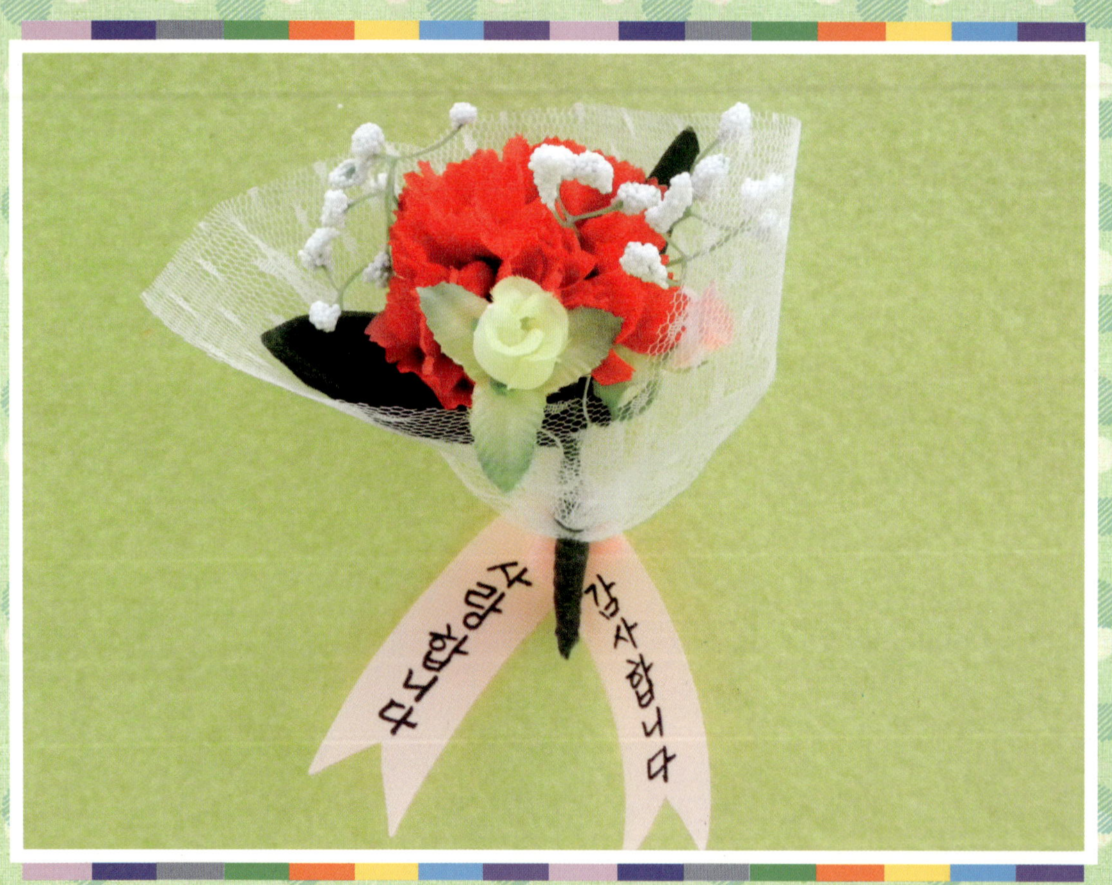

 카네이션 1송이, 장미(소) 3송이, 안개꽃 2송이, 꽃대 1세트, 꽃잎 1개, 리본 1개, 꽃망사 1장, 꽃 종이테이프 2장, 가는 꽃 철사 2개, 펜, 가위

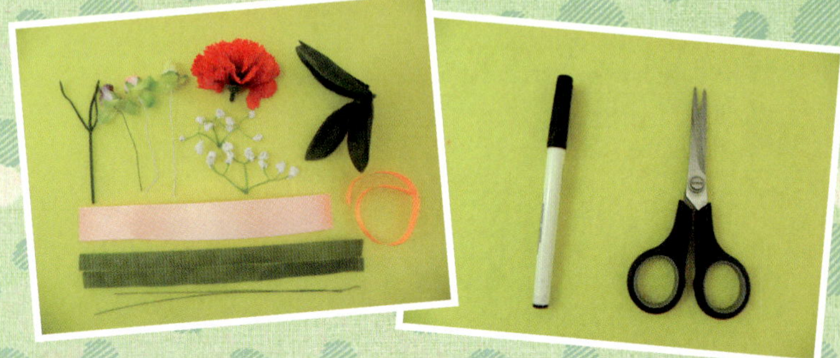

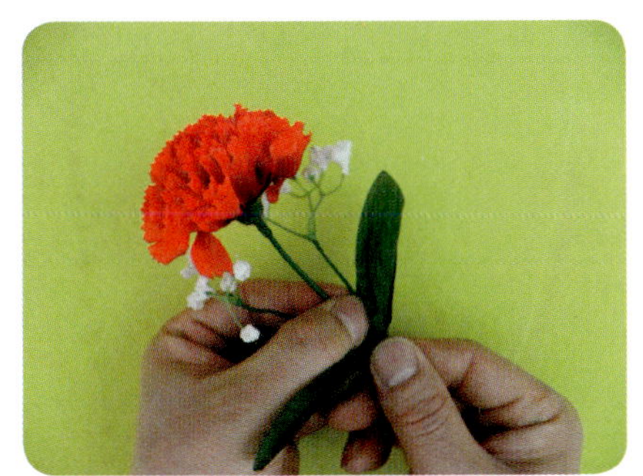

1 꽃대에 카네이션, 안개꽃, 꽃
잎 순으로 끼워 넣는다.

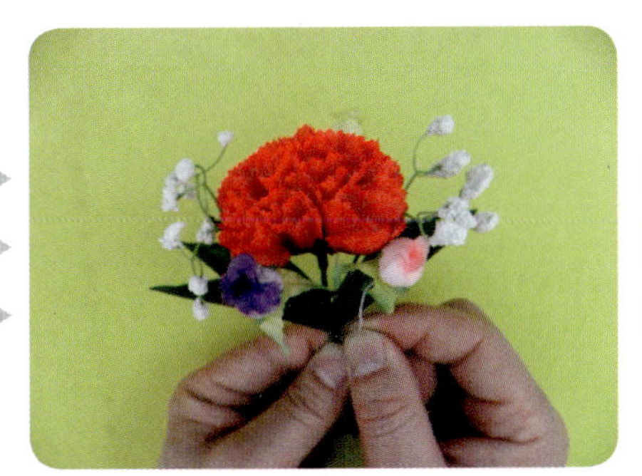

2 장미꽃을 카네이션과 잘 어
울리게 배열해서

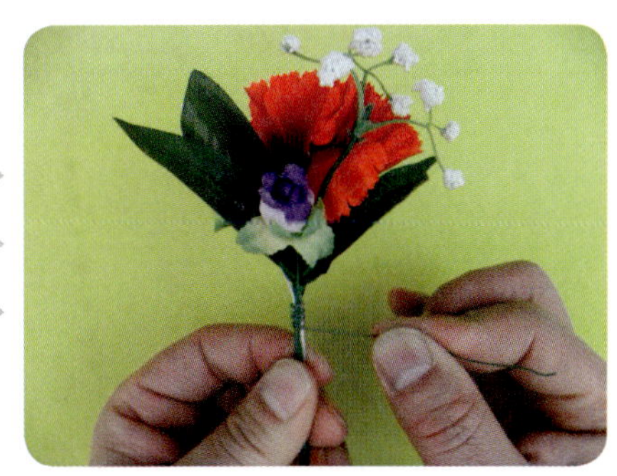

3 가는 꽃 철사로 감으며 내려
간다.

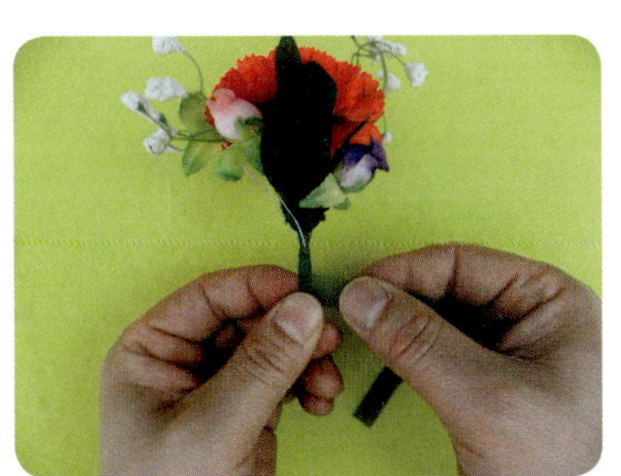

4 꽃 종이테이프를 철사가 보이
지 않게 감으면서 내려간다.

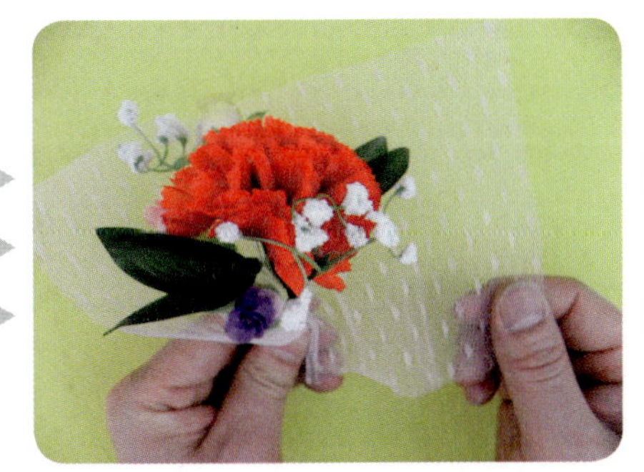

5 꽃 전체를 망사로 두르고,

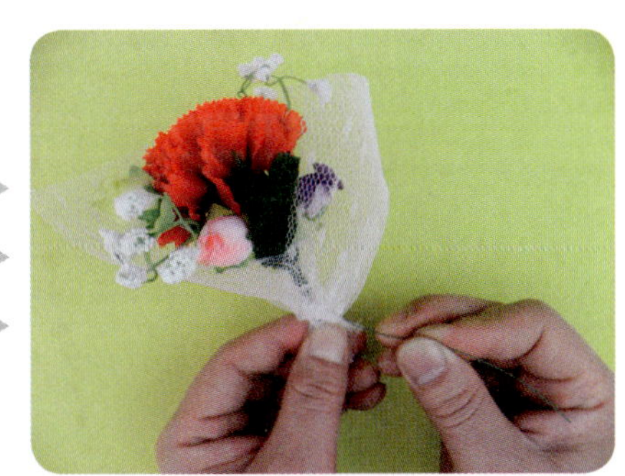

6 가는 꽃 철사로 **3**과 같이

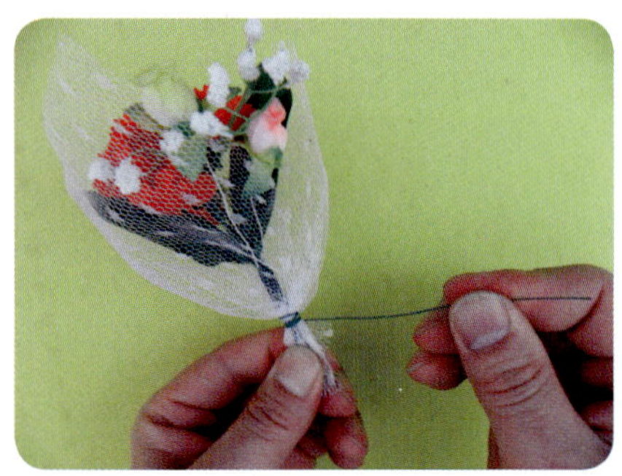

7 촘촘히 감으면서 내려간다.

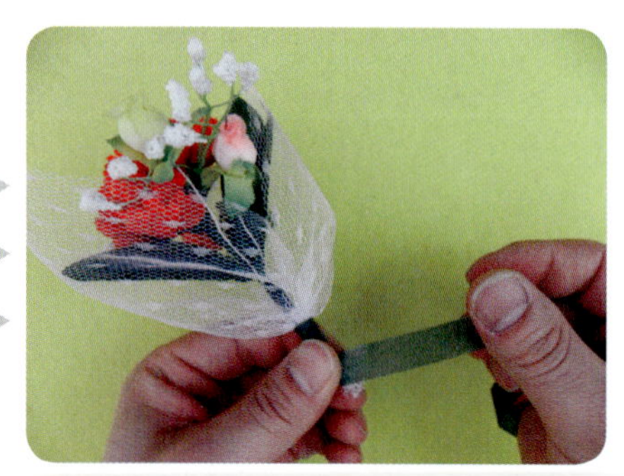

8 그 위에 다시 철사가 보이지 않게 꽃 종이테이프로 감으며 붙여 내려간다.

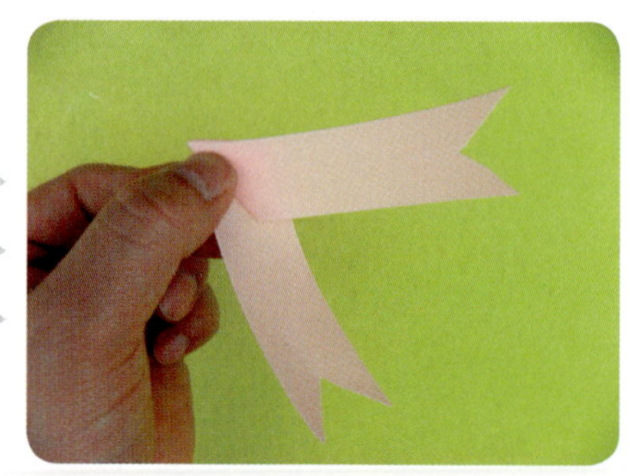

9 리본을 2회 꺾어 끝을 가위로 잘라내고,

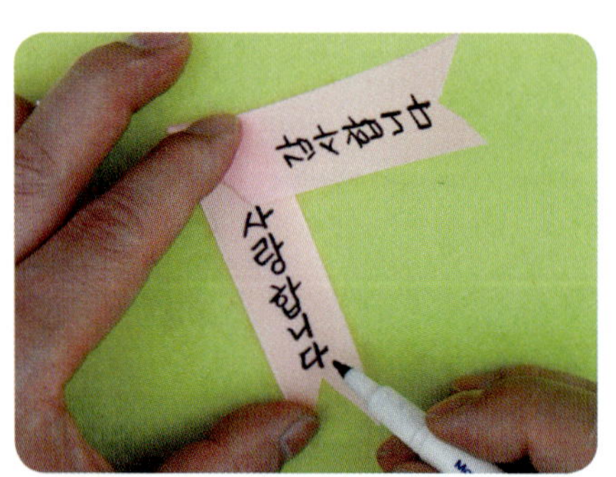

10 펜으로 글씨를 쓴다.

🚨 오톨도톨한 면에 글을 써야 번지지 않는다.

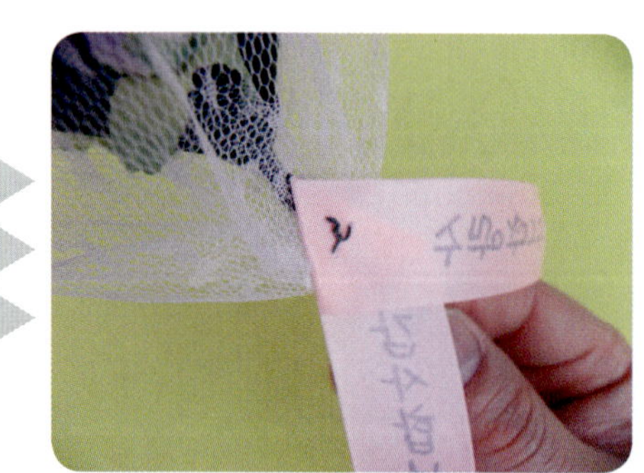

11 꽃 철사를 U자로 꺾어 앞에서부터 꽂아 뒤에서 매듭을 짓는다.

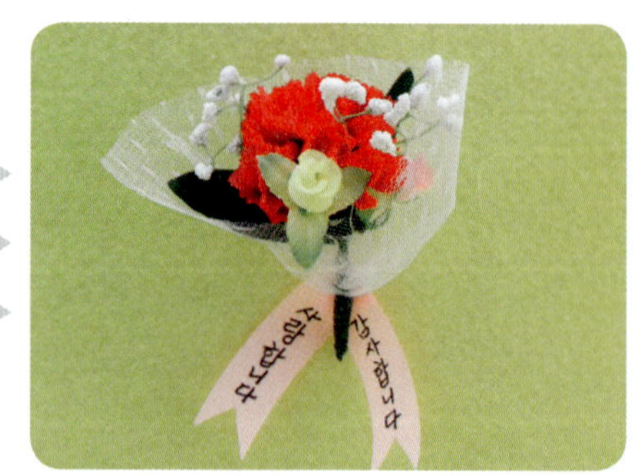

12 완성!

34 카네이션 4

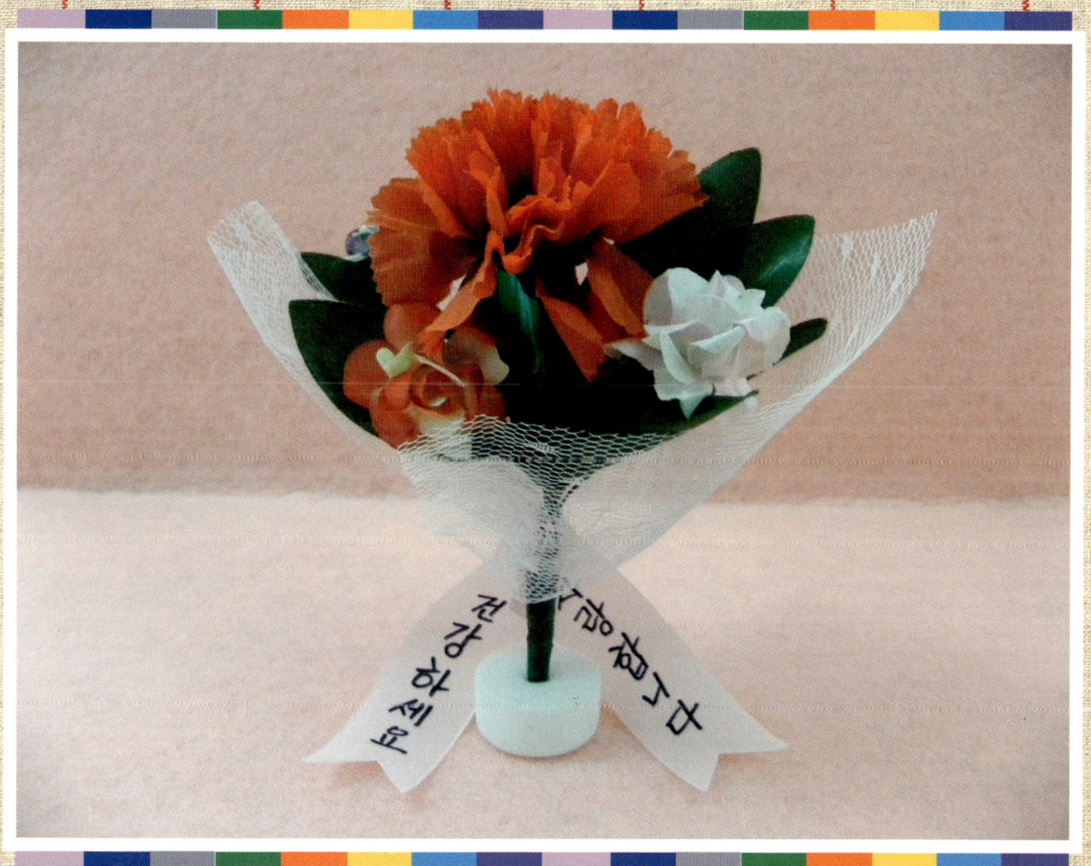

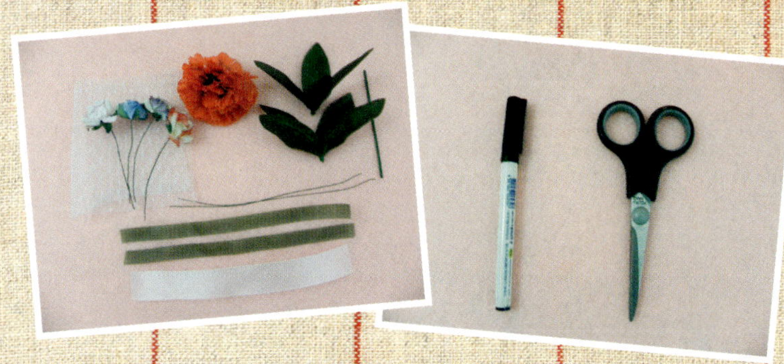

준비물 카네이션 1송이, 장미(소) 4송이, 꽃잎 2개, 꽃대 철사 1개, 가는 꽃 철사 리본 1장, 꽃 망사 1장, 꽃 종이테이프 2장, 펜, 가위

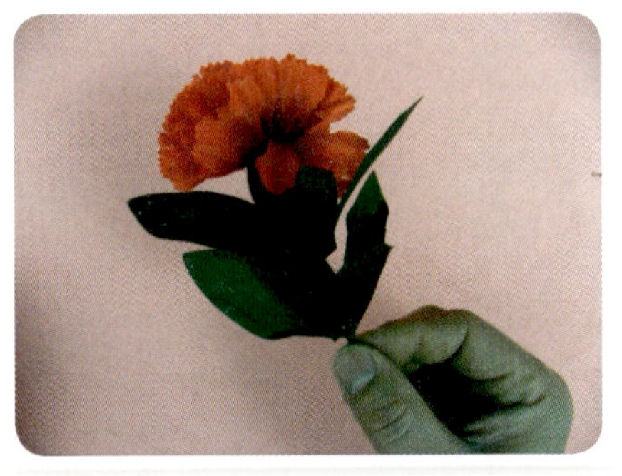

1 꽃대 철사에 카네이션과 꽃잎을 끼운다.

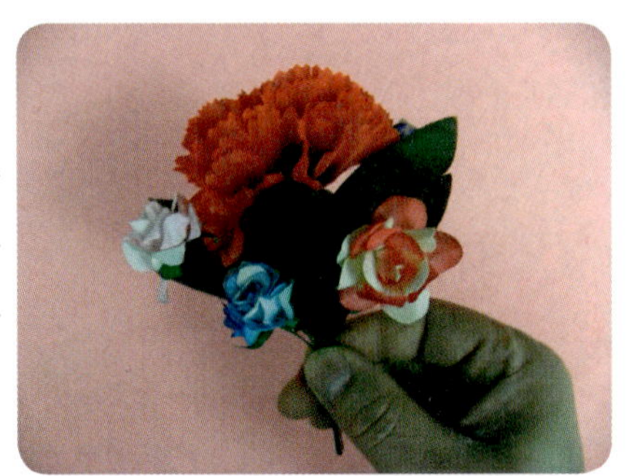

2 카네이션 주위에 장미꽃을 잘 배열해서

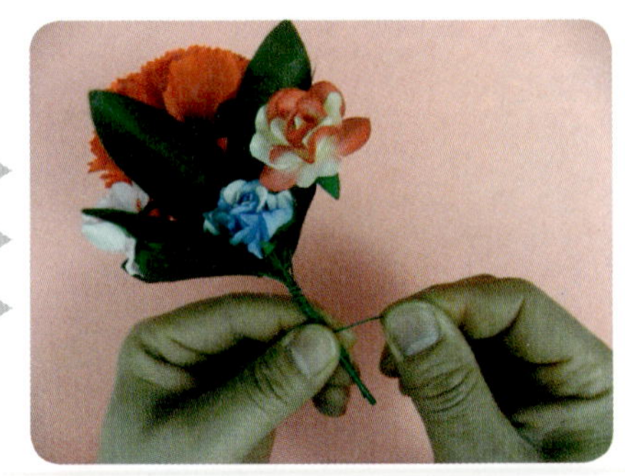

3 가는 꽃 철사로 감으면서 내려간다.

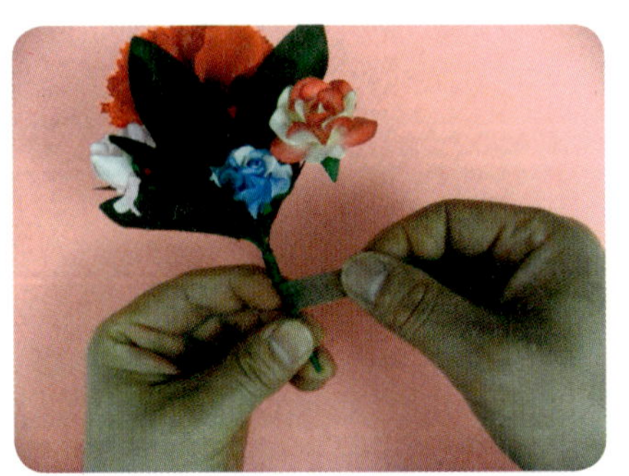

4 철사가 보이지 않게 꽃 종이 테이프를 촘촘히 감아 내려간다.

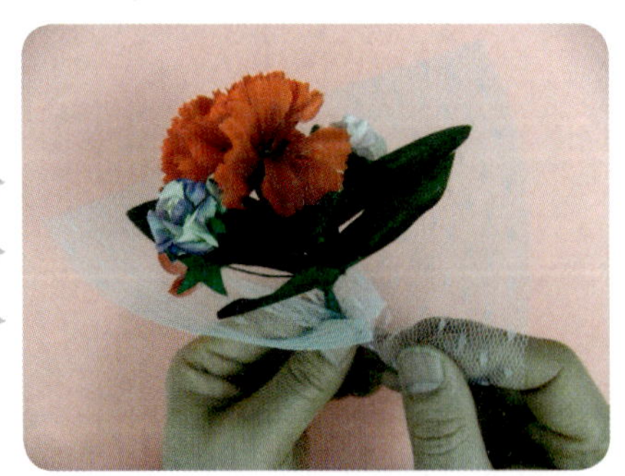

5 꽃 송이 둘레로 꽃 망사를 두르고

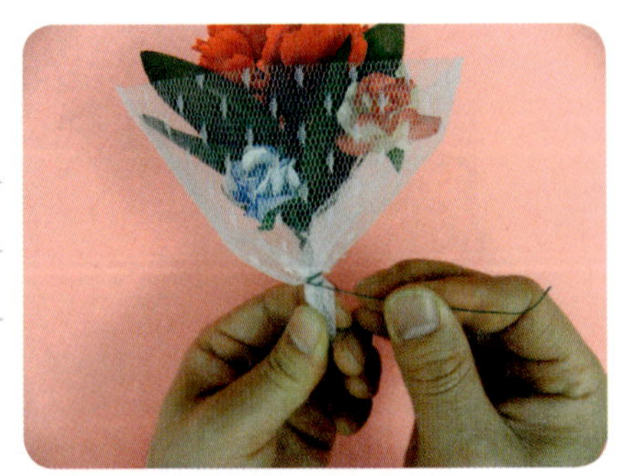

6 다시 가는 꽃 철사로 감아 내려간다.

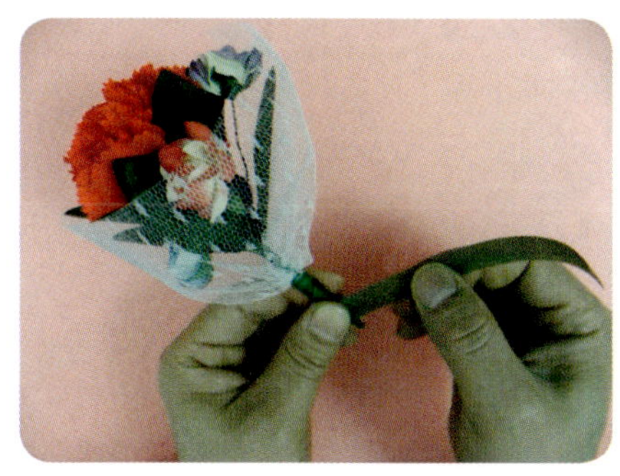

7 철사가 보이지 않게 다시 꽃 종이테이프를 감아 내려간다.

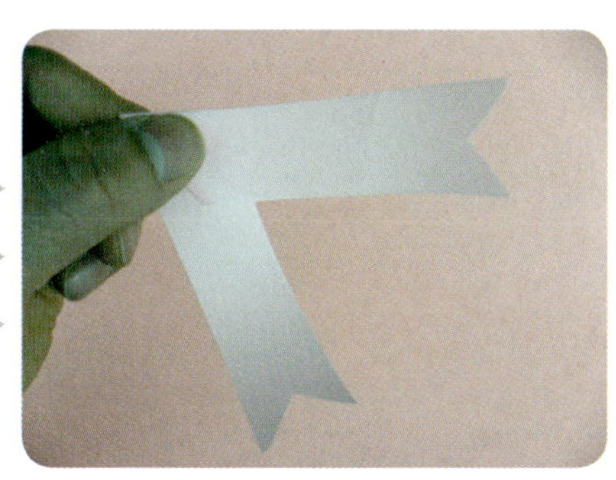

8 리본을 2회 꺾어 V자 홈이 나게 자른다.

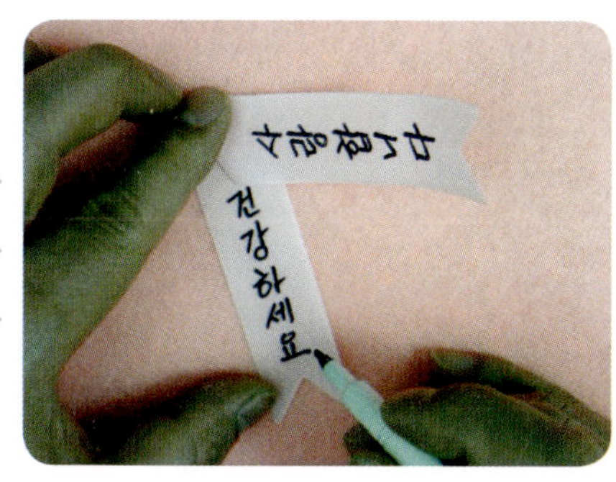

9 오톨도톨한 면에 펜으로 글 씨를 쓴다. (반대면은 글씨 가 번짐.)

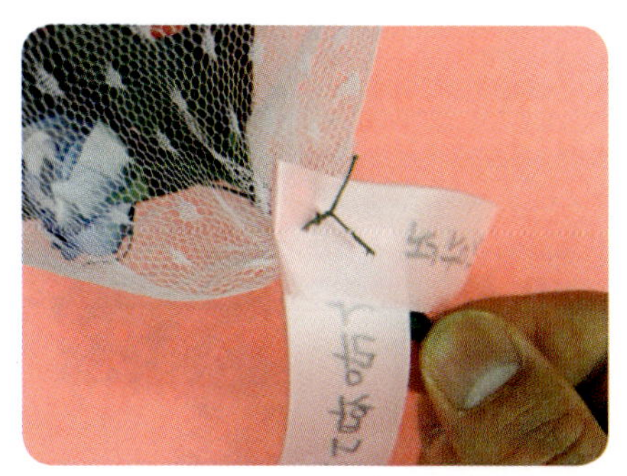

10 가는 꽃 철사를 U자로 꺾어 앞에서부터 꽂아 뒤 에서 묶어 매듭짓는다.

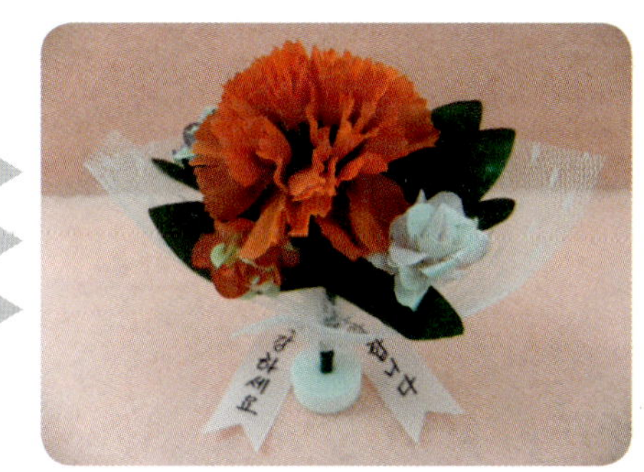

11 완성!

무궁화 위성

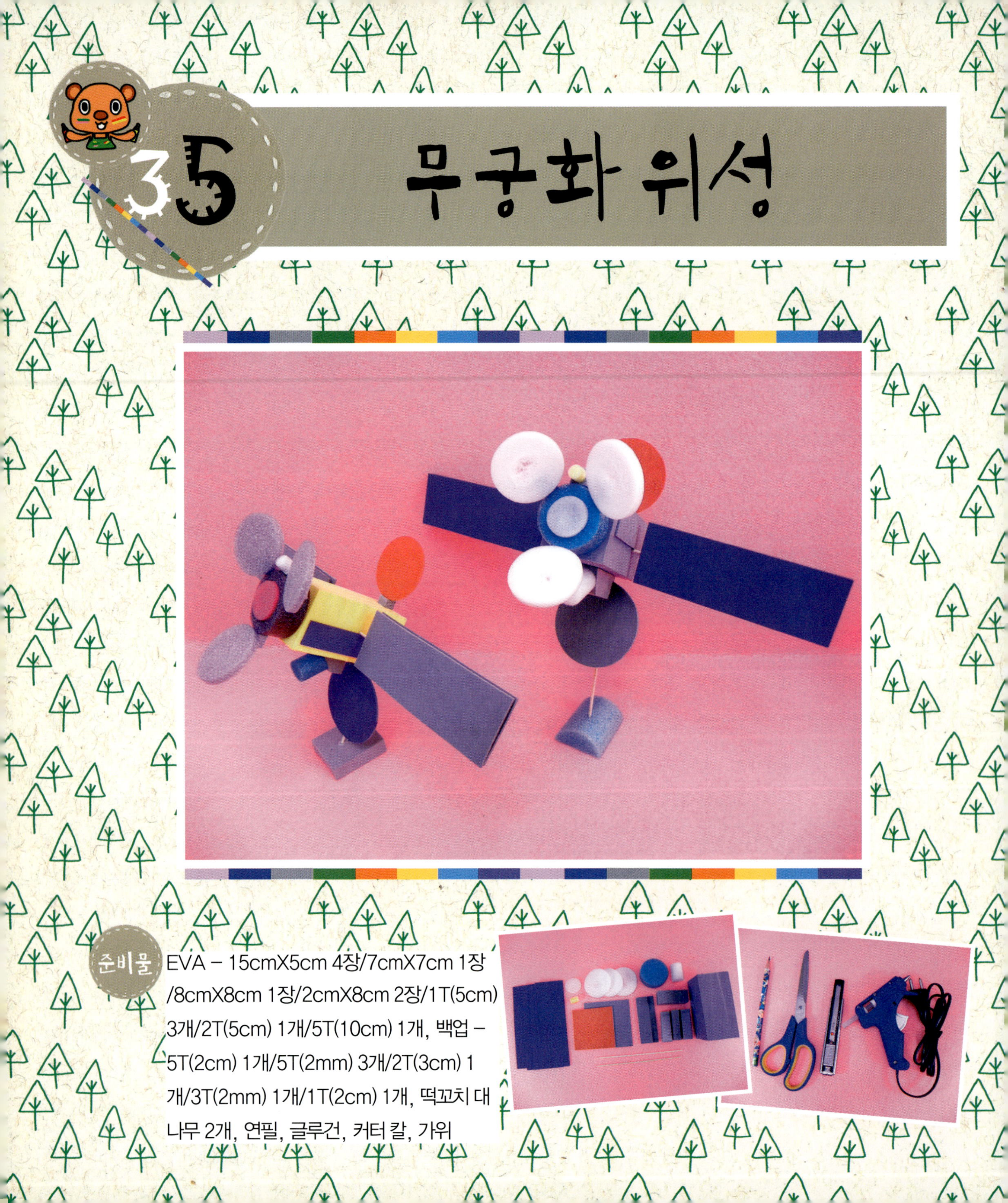

준비물 EVA – 15cmX5cm 4장/7cmX7cm 1장/8cmX8cm 1장/2cmX8cm 2장/1T(5cm) 3개/2T(5cm) 1개/5T(10cm) 1개, 백업 – 5T(2cm) 1개/5T(2mm) 3개/2T(3cm) 1개/3T(2mm) 1개/1T(2cm) 1개, 떡꼬치 대 나무 2개, 연필, 글루건, 커터 칼, 가위

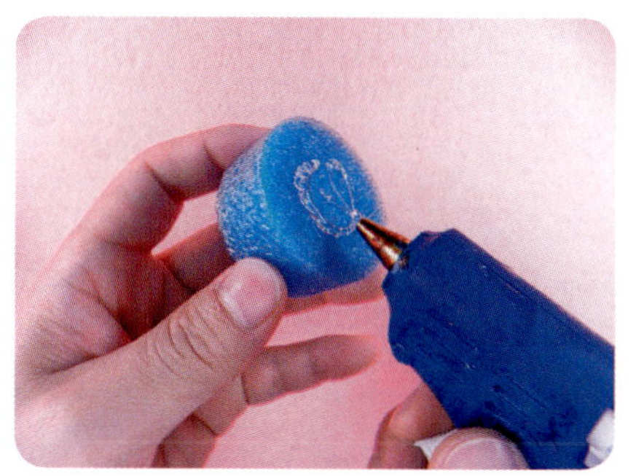

1 5T(2cm)백업을 입으로 불면서 글루건으로

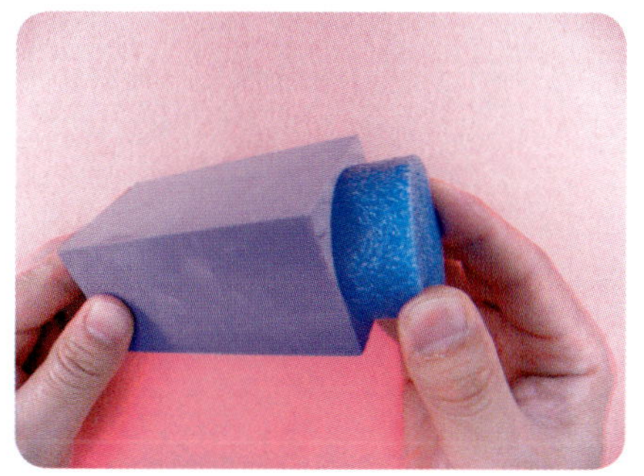

2 5T EVA에 붙인다.

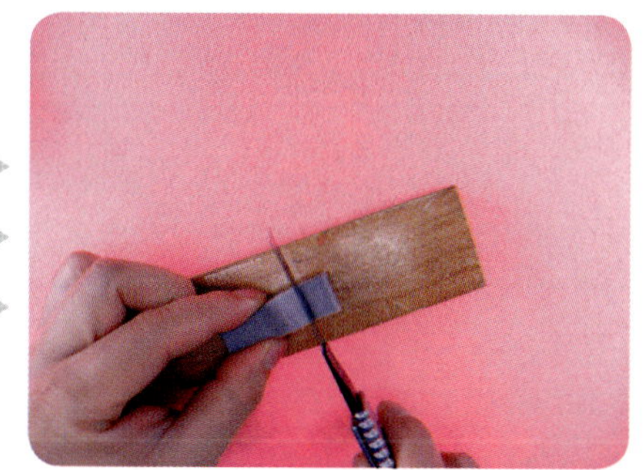

3 1T EVA를 2cm~3cm로 3개를 잘라

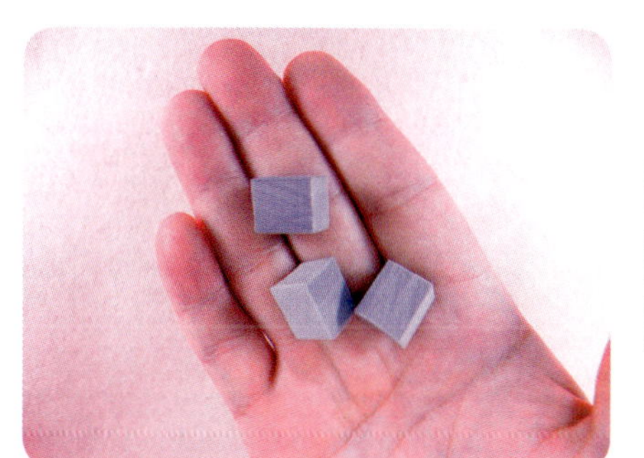

4 놓는다.

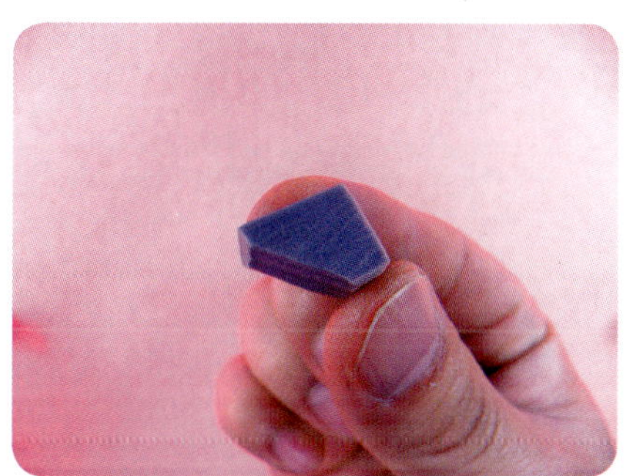

5 비스듬하게 잘라

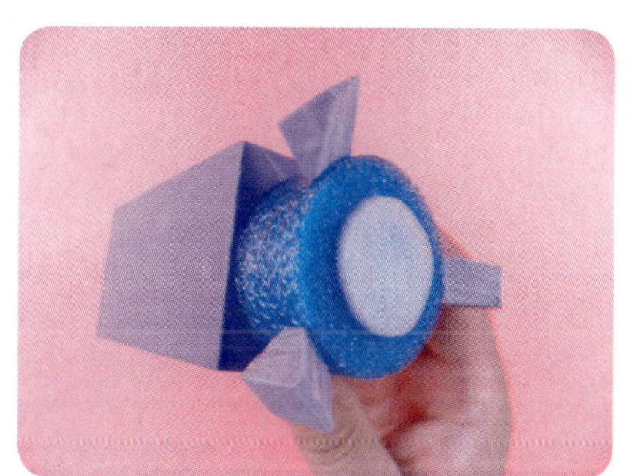

6 글루건으로 3군데

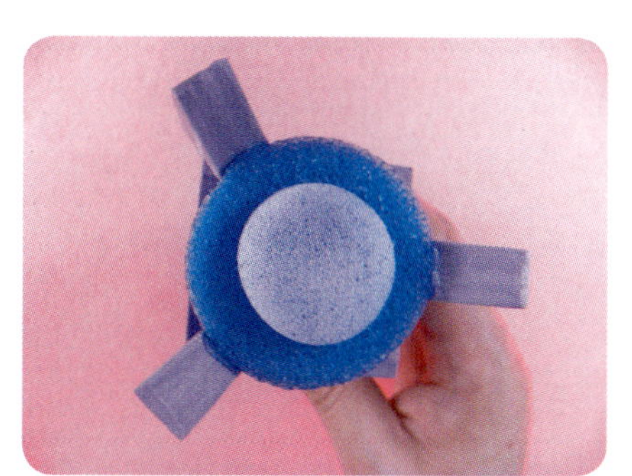

7 붙인다.

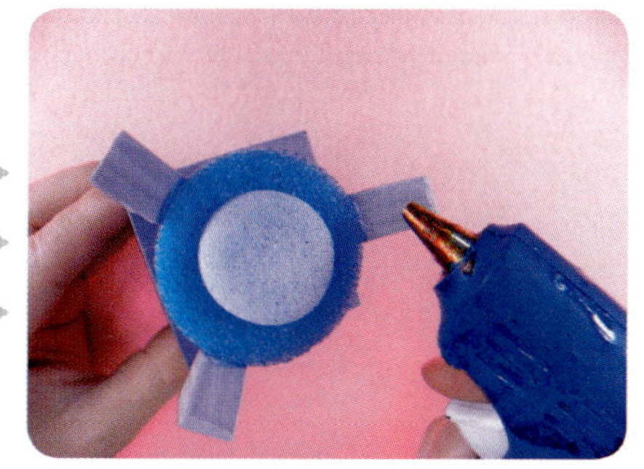

8 EVA에 글루를 바르고

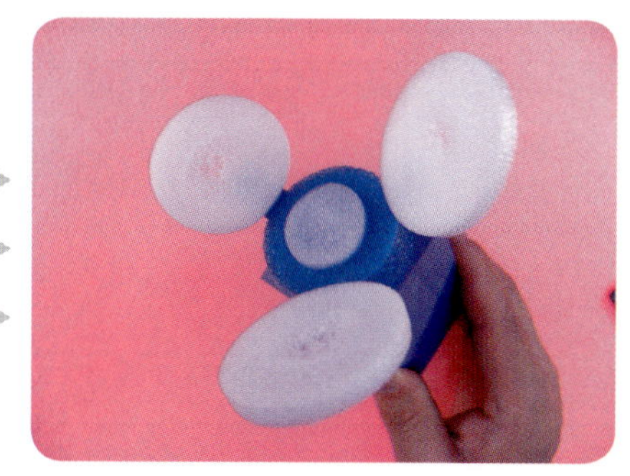

9 5T(2mm)백업 3장을 붙인다.

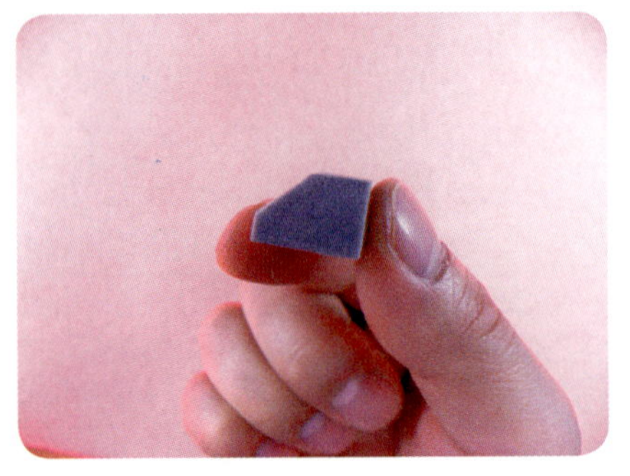

10 1T EVA 조각을 약 3cm 잘라서 비스듬하게 자르고

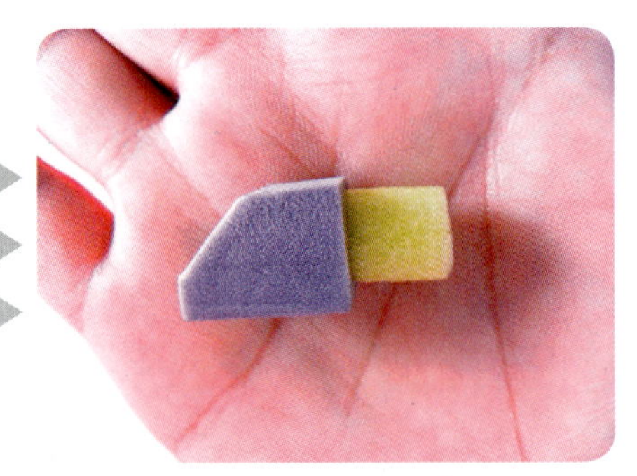

11 1T(2cm)백업을 붙여

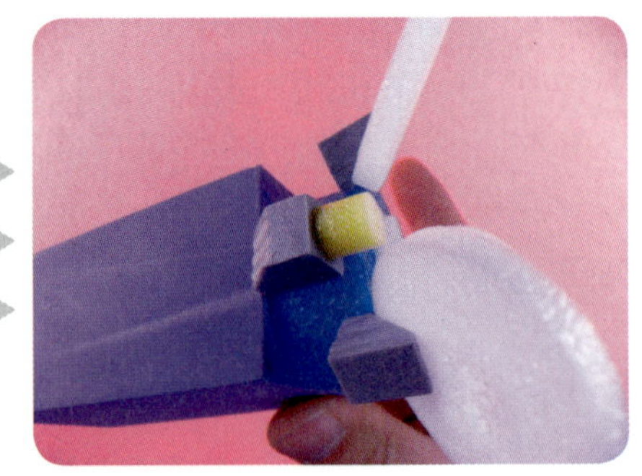

12 위성 몸체의 두 태양 열판 사이에

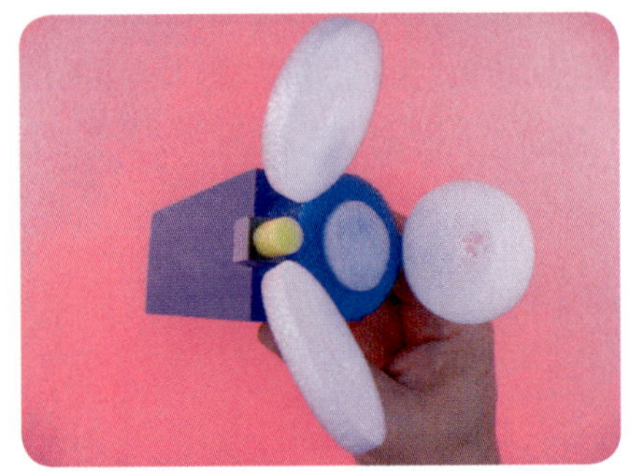

13 붙인다.

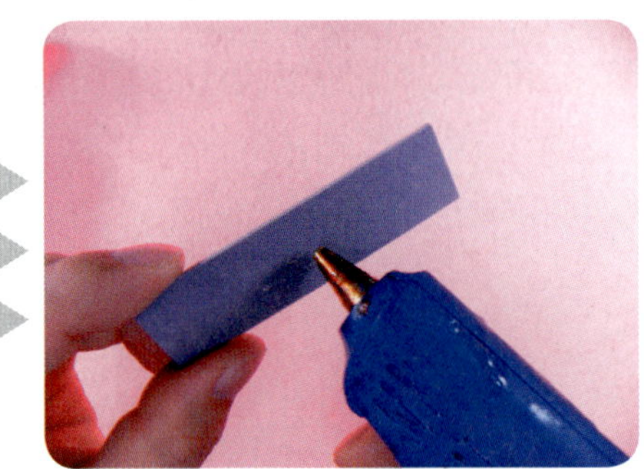

14 2cmX8cm EVA에 글루를 발라서

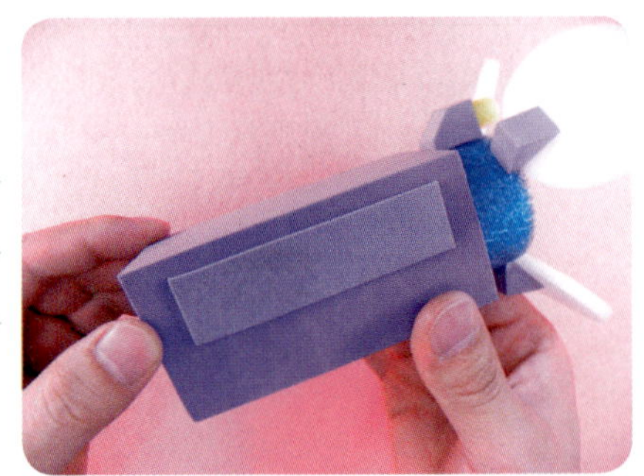

15 위성의 몸체에 붙인다.

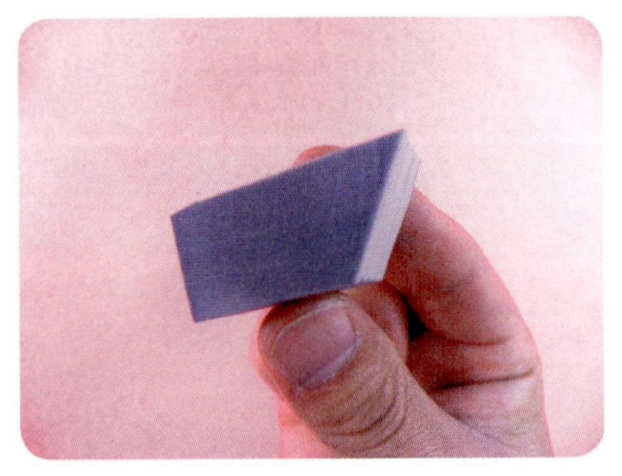

16 2TX5 EVA를 비스듬하게 잘라

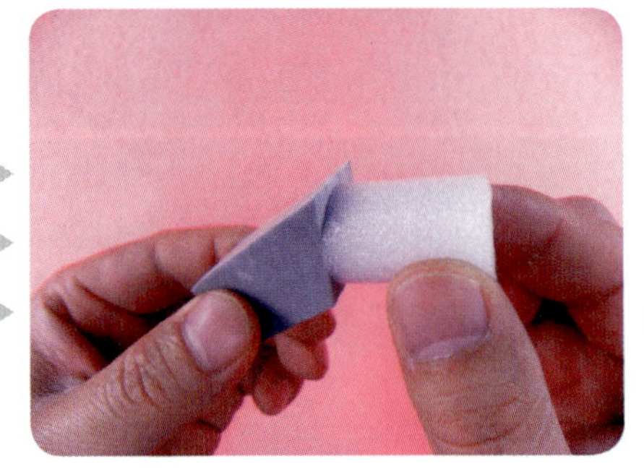

17 2T(2cm)백업을 붙이고

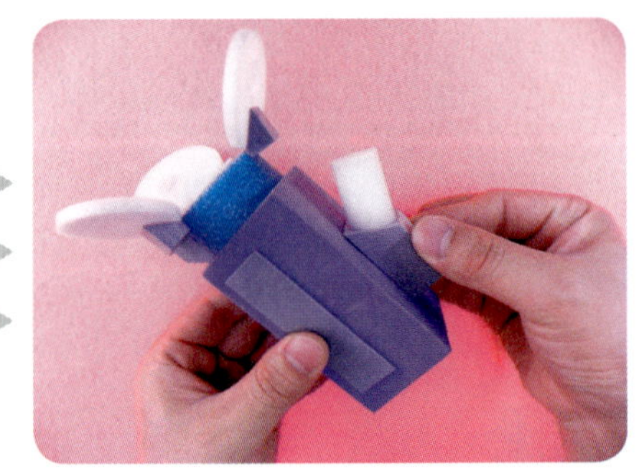

18 위성의 몸체에 붙인다.

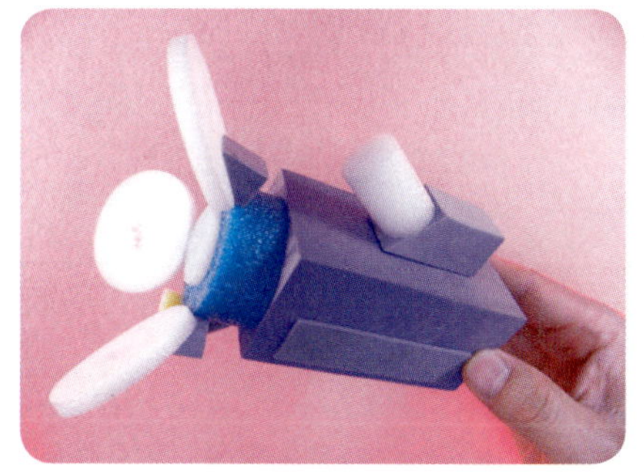

19 몸체 모습

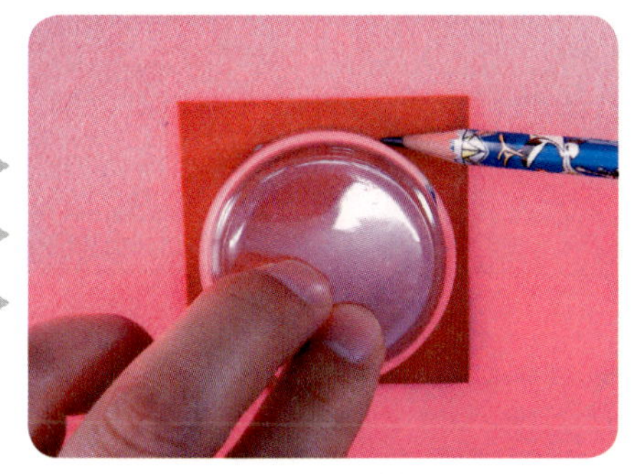

20 둥근 모양의 뚜껑이나 종이컵 등을 이용해서 밑그림을 그리고

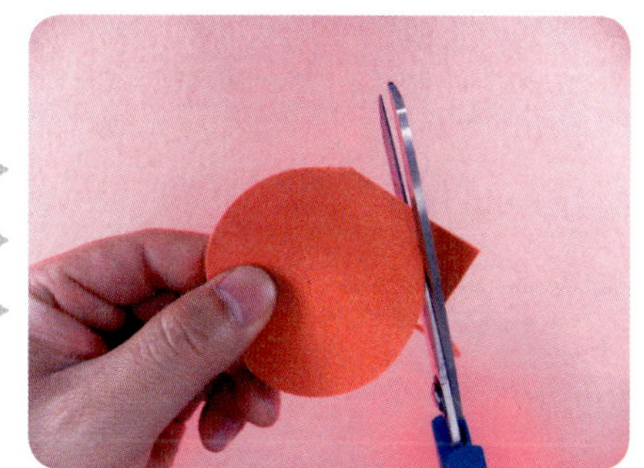

21 가위로 오려서

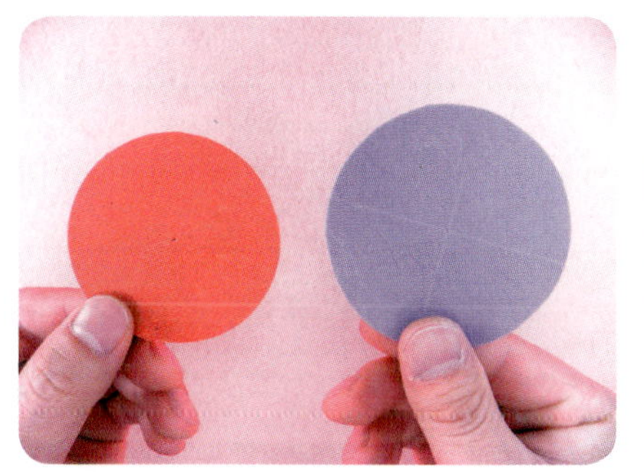

22 크기가 다른 두 원을 만 들어 놓는다. (가로, 세 로 7.8cm EVA)

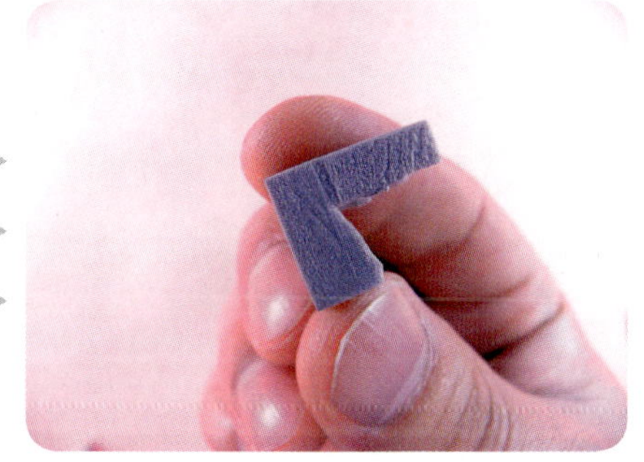

23 2cm~3cm의 EVA를 사진과 같이 잘라서,

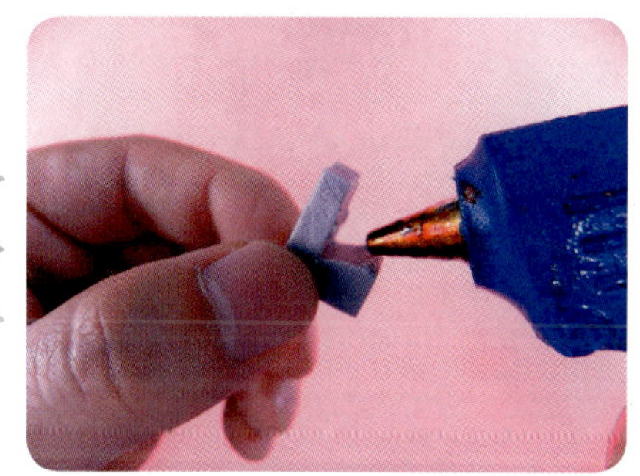

24 글루를 발라

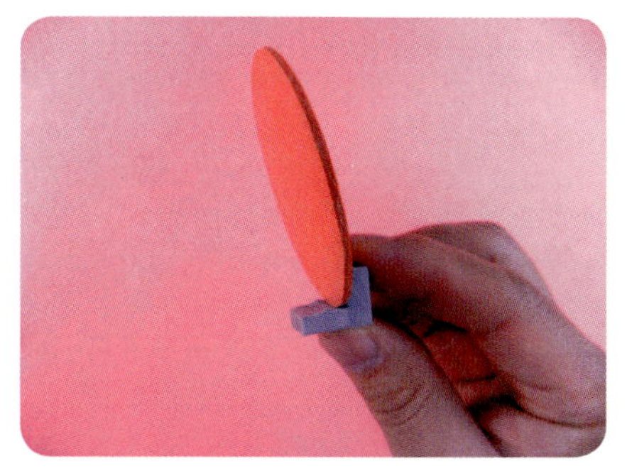

25 22를 붙이고

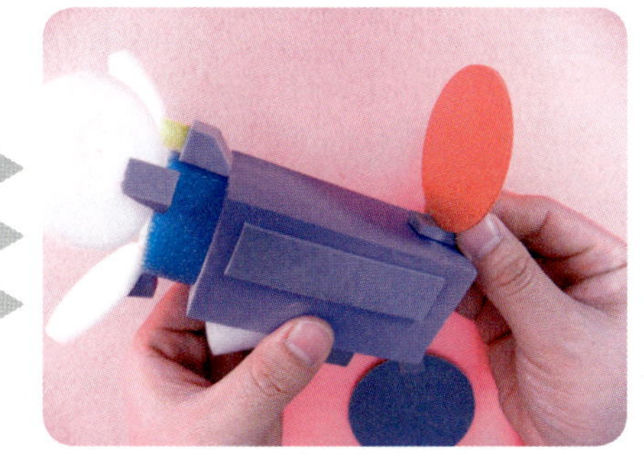

26 위성의 몸체 위쪽에 붙 인다.

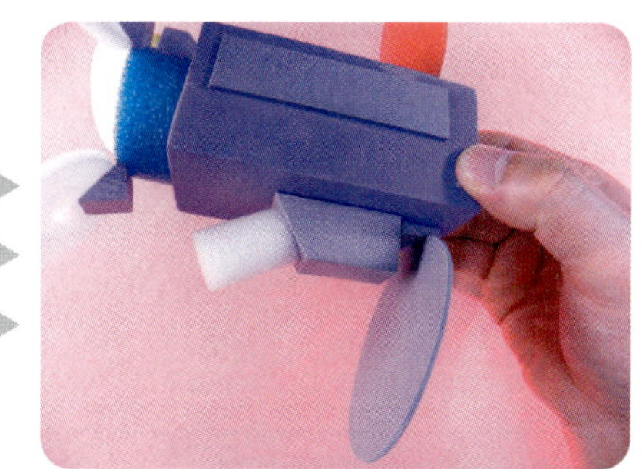

27 같은 방법으로 또 다른 한 개는 위성의 아래에 붙인다.

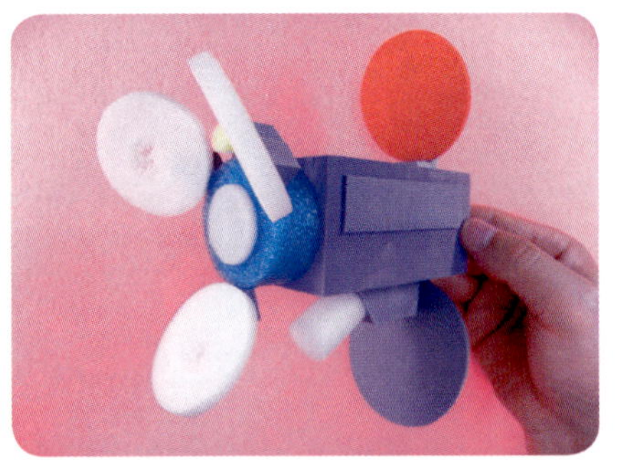

28 붙여서 완성한 모습

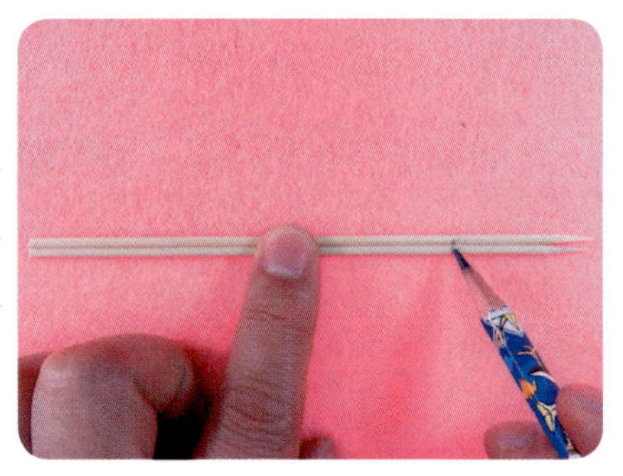

29 떡꼬치 대나무의 10cm 정도의 지점을 연필로 표시하고

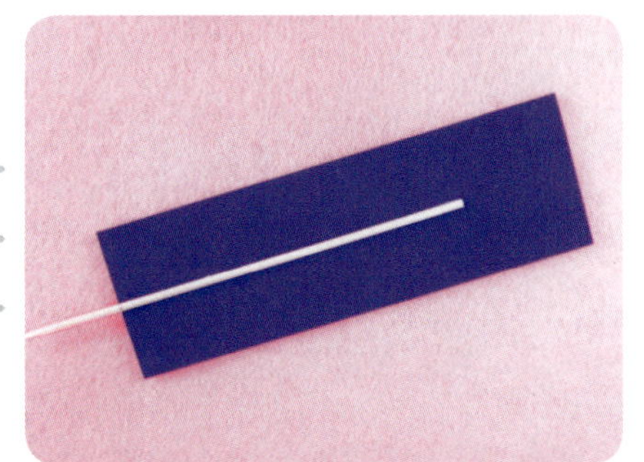

30 표시한 부분까지 글루를 발라 5cm✕15cm EVA에 붙인다.

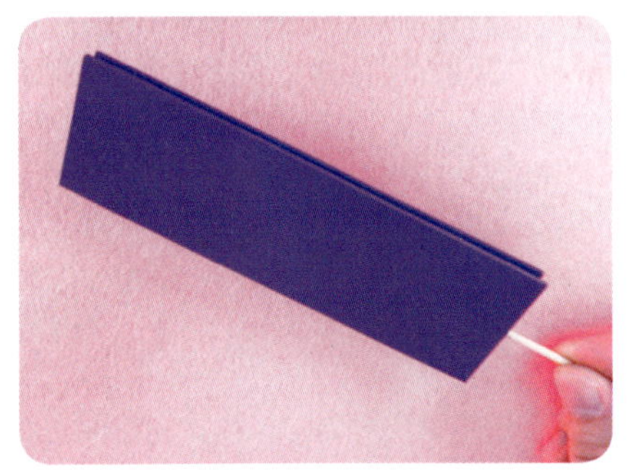

31 다시 나무에 글루를 바르고 또 한 장의 EVA를 겹쳐서 붙인다.

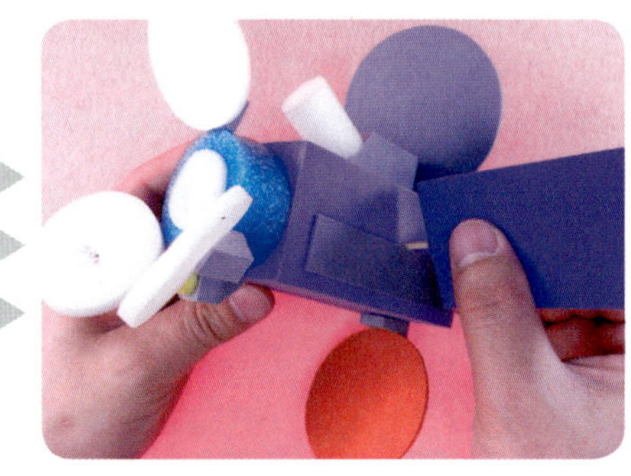

32 위성의 몸체 양쪽에

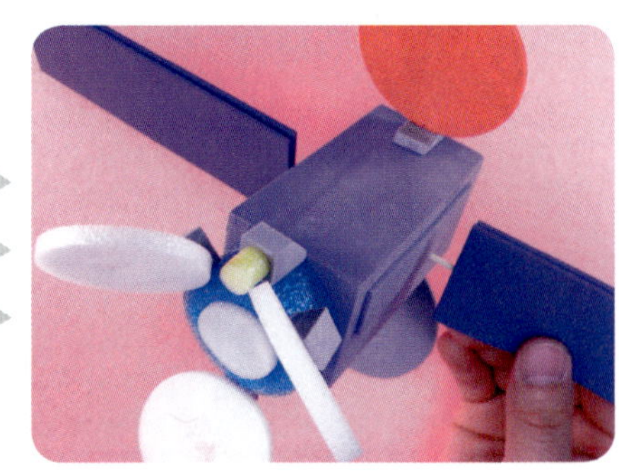

33 꽂아 장식한다. (양쪽 2개는 태양 전지판)

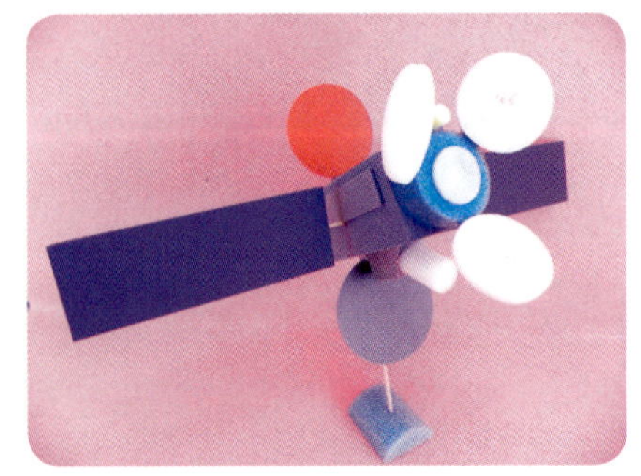

34 떡꼬치 나무와 EVA 조각 등을 이용해서 중심을 잡아 세운다.

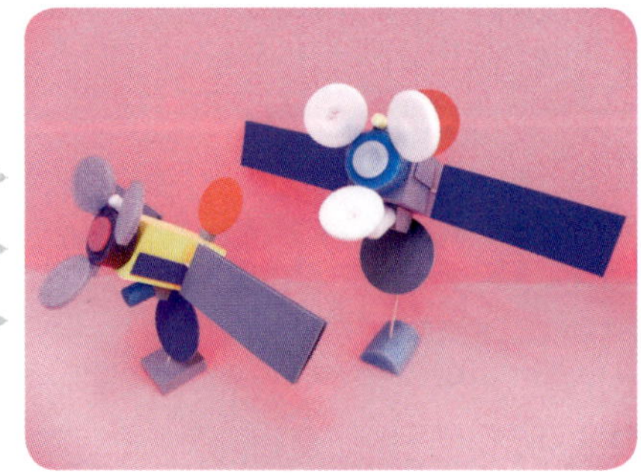

35 완성

거울 액자

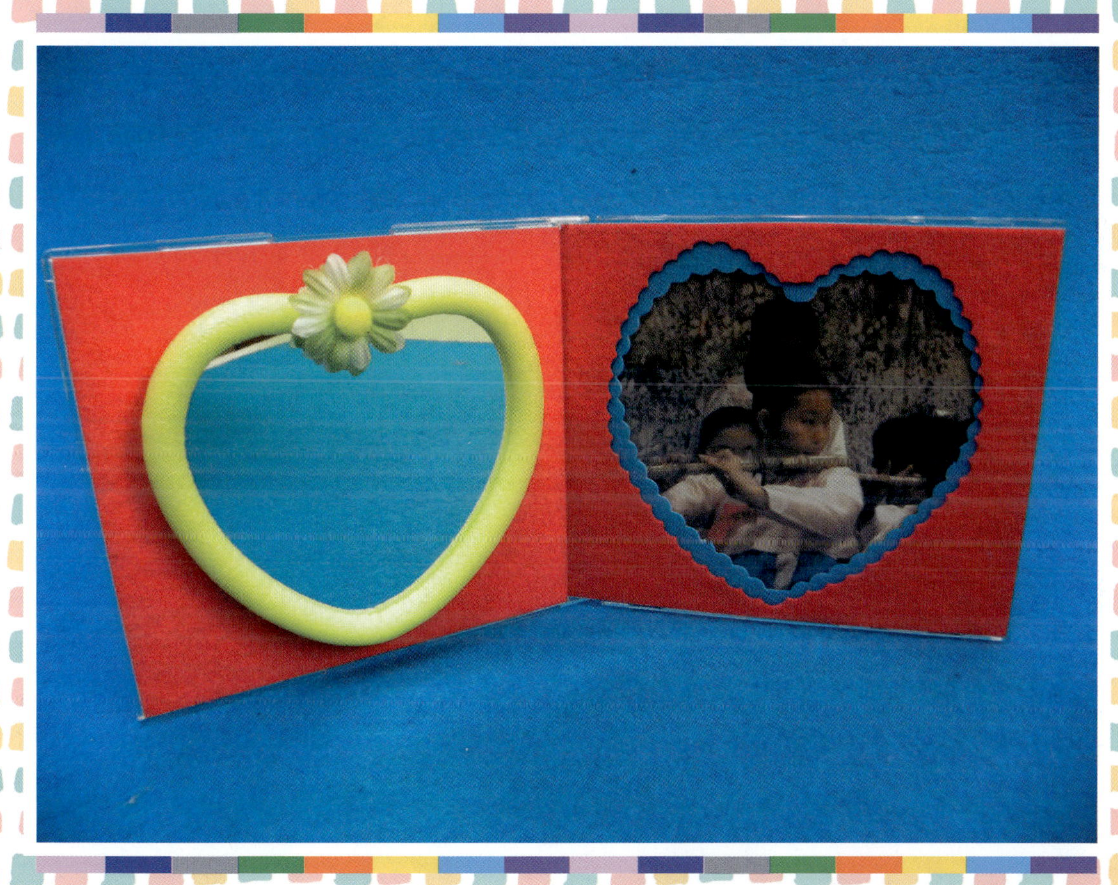

CD케이스 1개, 접착부직포(소) 3장, 거울 (하트) 1장, 뽕뽕이국화 1~2개, 백업 1줄, 연필, 네임펜, 커터 칼, 핑킹가위, 글루건, 자

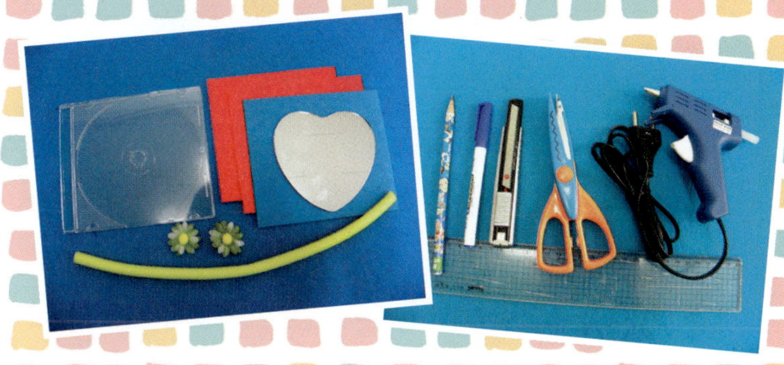

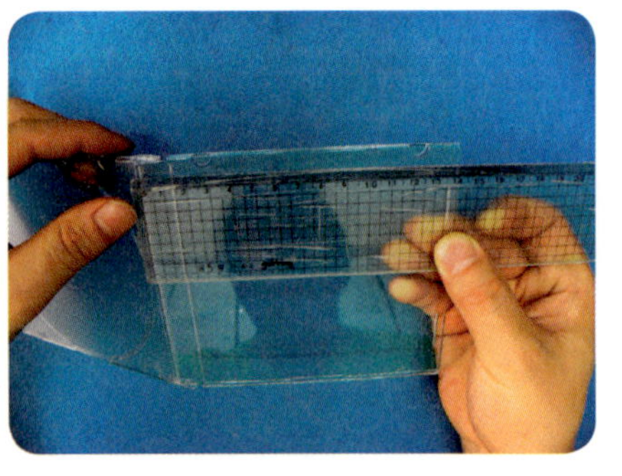

1 CD케이스의 가로와

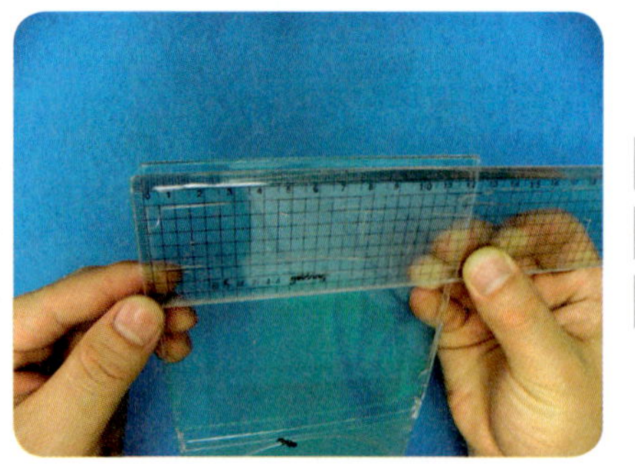

2 세로 면의 길이를 잰다.

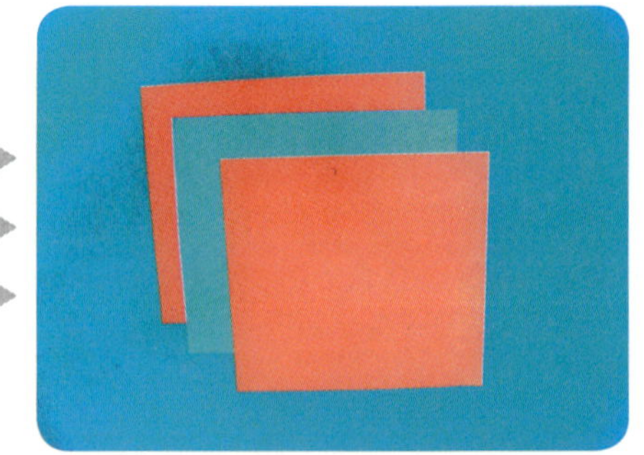

3 CD면의 길이만큼 접착부직포를 2가지 색 이상 3장을 잘라 놓는다.

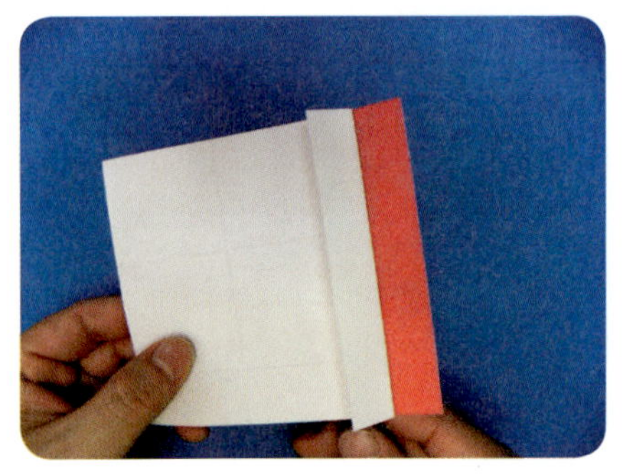

4 접착부위를 약 1cm~1.5cm 정도만 떼어서

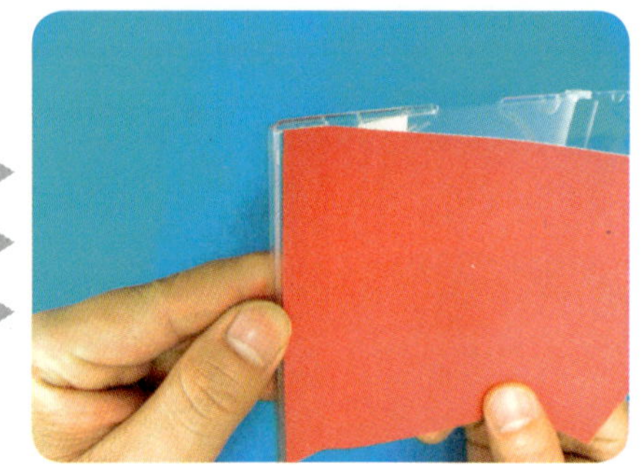

5 CD에 붙여

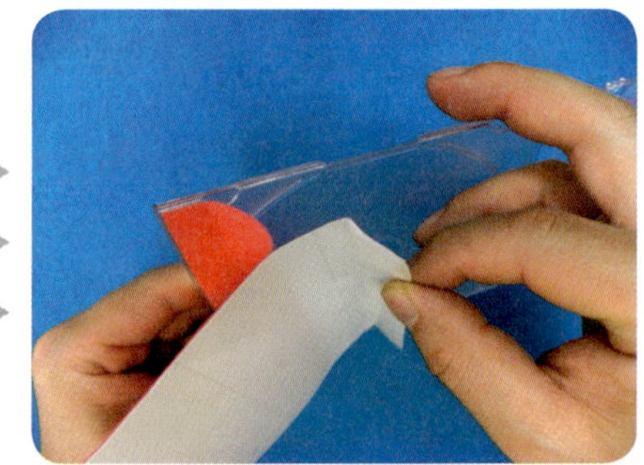

6 접착부위의 종이를 조금씩 떼어내면서

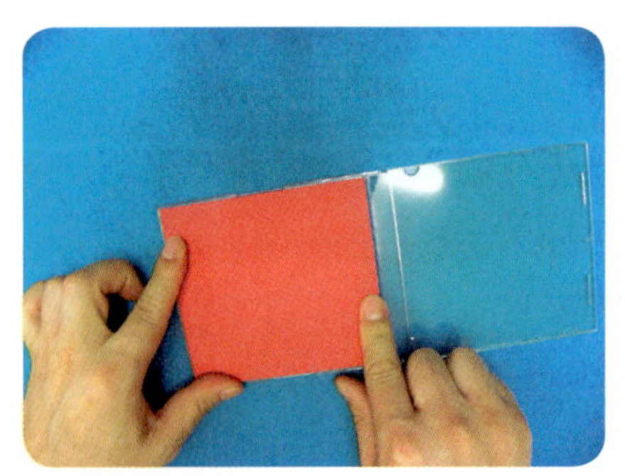

7 붙여 나간다.

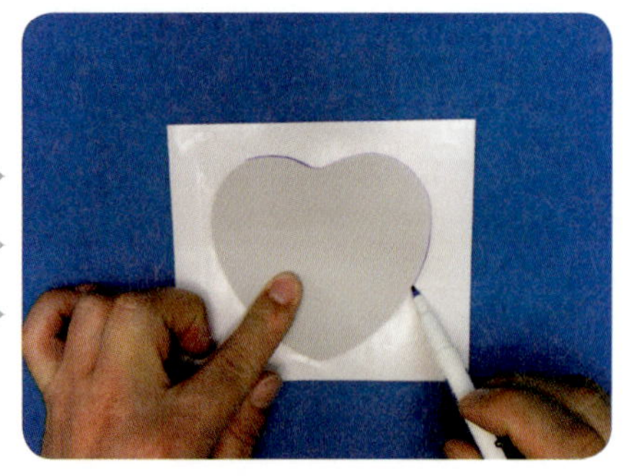

8 나머지 한 장의 뒷면에 거울을 대고 밑그림을

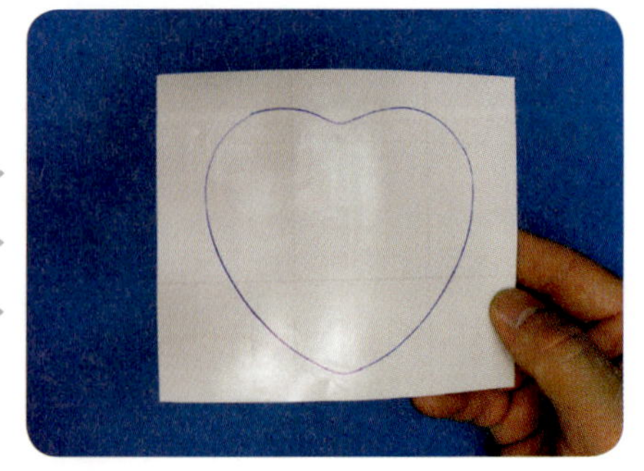

9 하트 모양으로 그리고

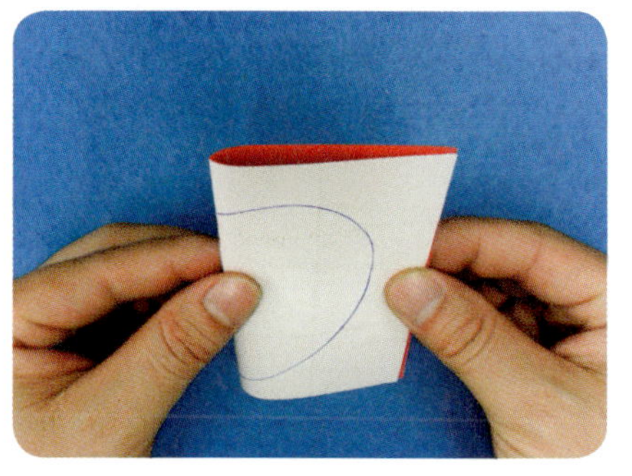

10 하트모양을 반으로 정확하게 접어

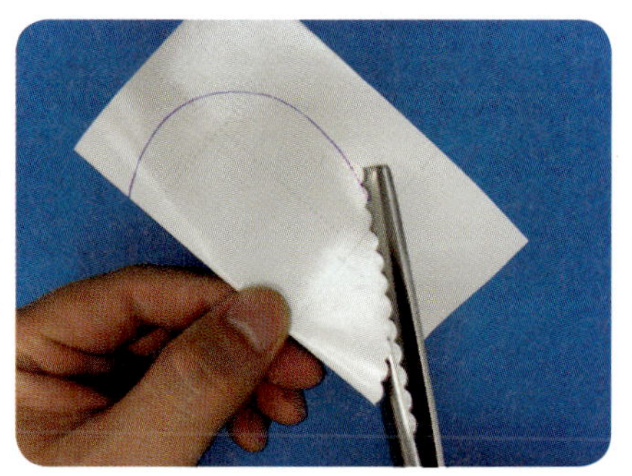

11 핑킹가위로 선을 따라 오려내면

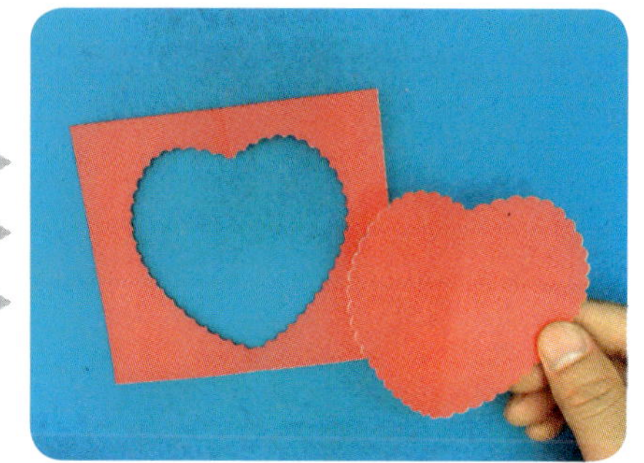

12 하트모양이 완성된다.

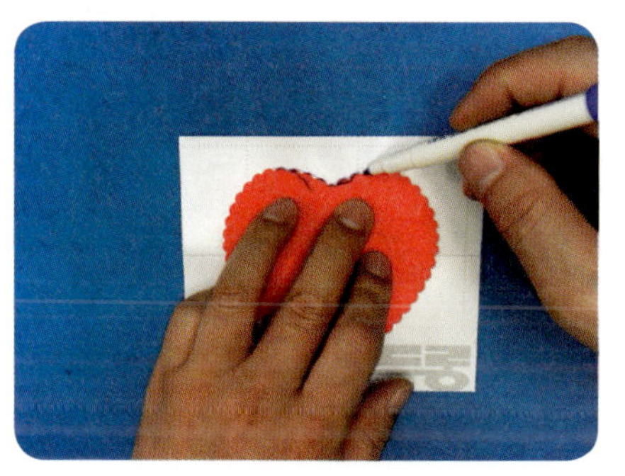

13 12의 오려낸 하트 모양을 남은 부직포의 뒷면에 대고 밑그림을

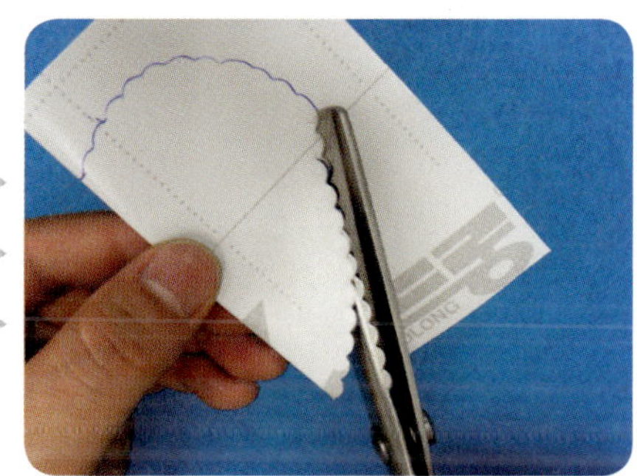

14 그리고 오려낸다. 이때, 밑그림보다 약 5mm 정도 안쪽으로

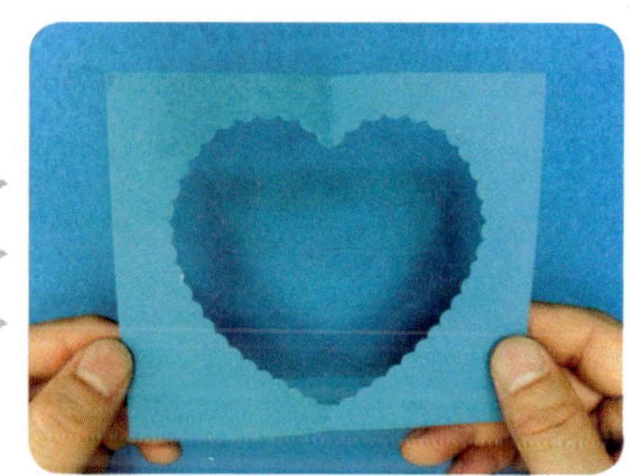

15 오려낸다.

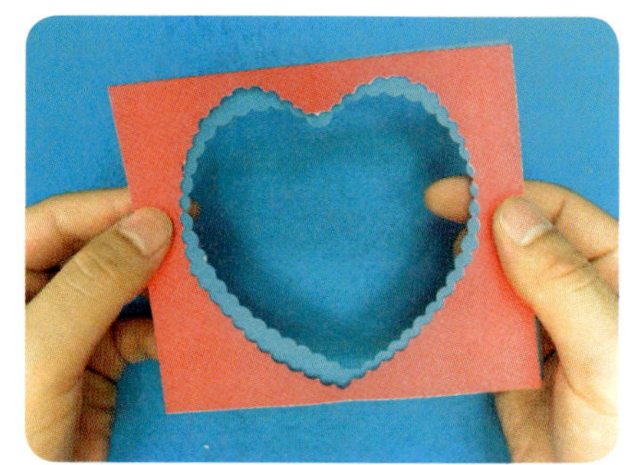

16 12와 서로 대어봤을 때 15의 하트가 12의 하트보다 작아야 한다.

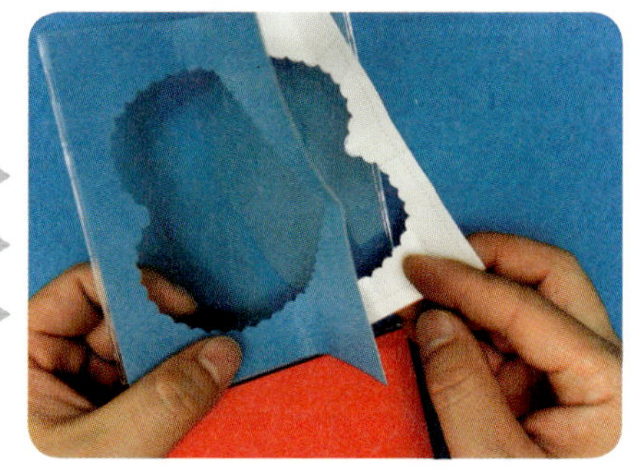

17 15를 CD에 고루

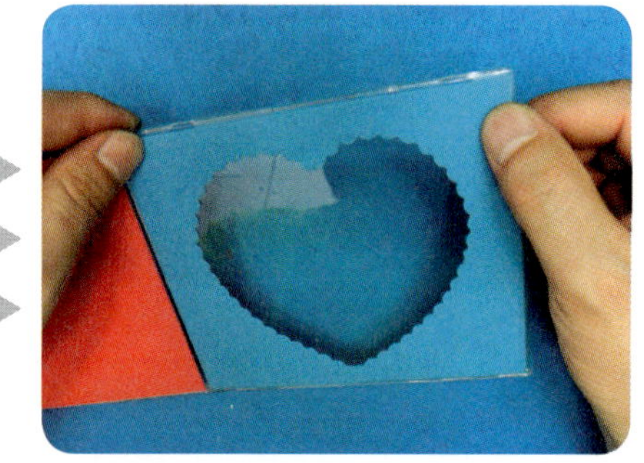

18 펴서 붙이고

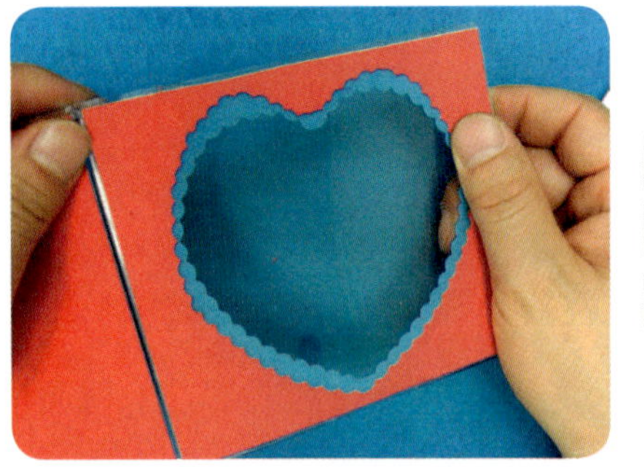

19 그 위에 12의 하트를

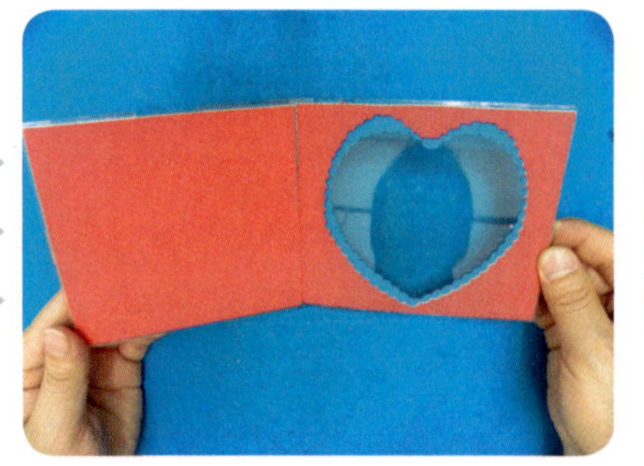

20 붙인다.

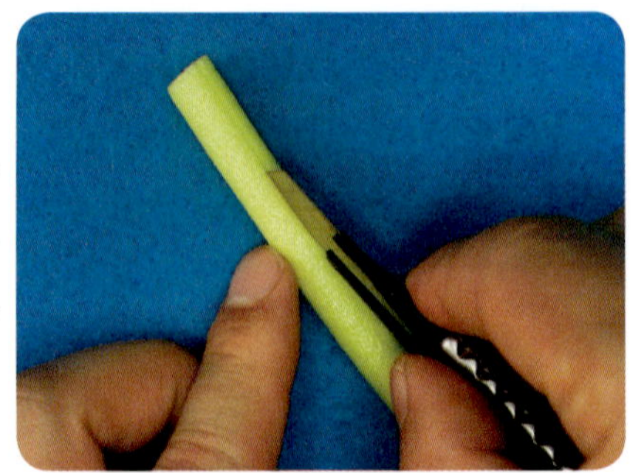

21 백업의 정중앙을 백업 두께의 1/2까지만 칼집을 낸다.

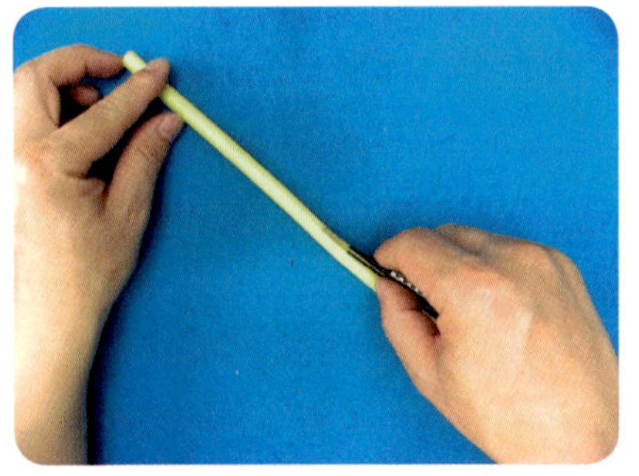

22 자를 때는 백업이 완전히 잘리지 않게 조심해서 칼집을 낸다.

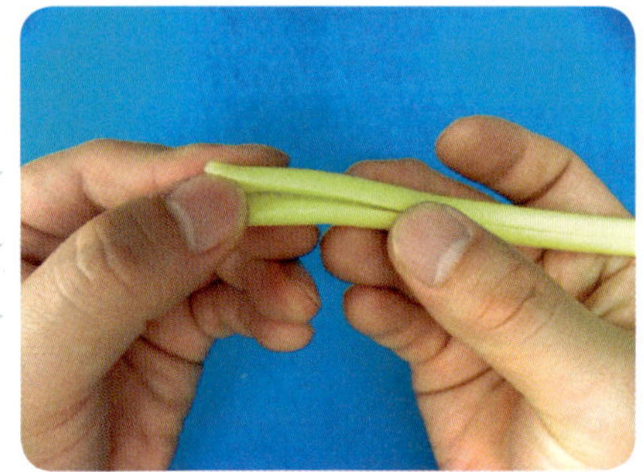

23 백업을 벌려서

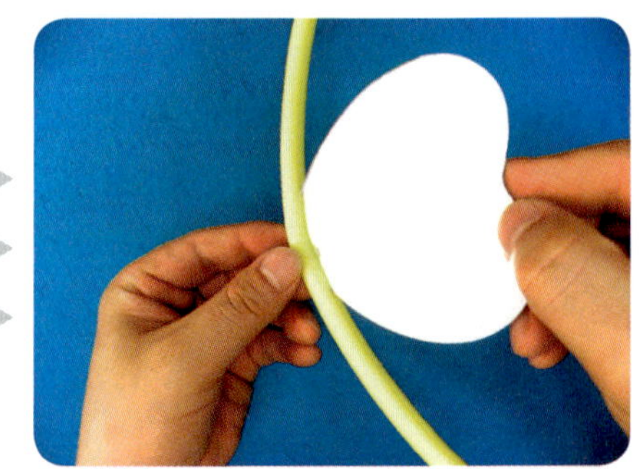

24 거울을 끼워 넣는다.

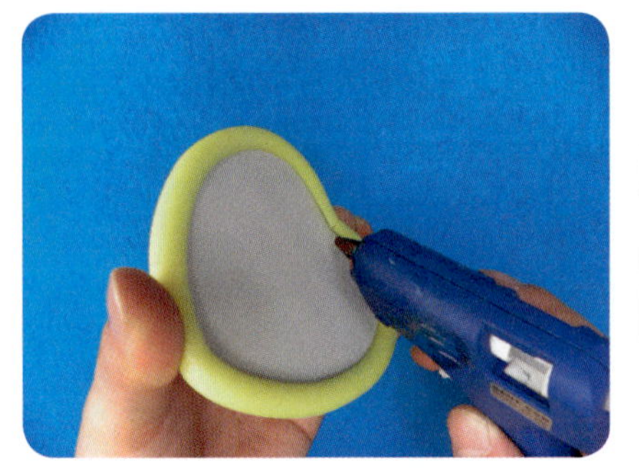

25 백업으로 거울의 둘레를 끼워 쌌으면 거울의 뒷면 백업 합쳐지는 부분에

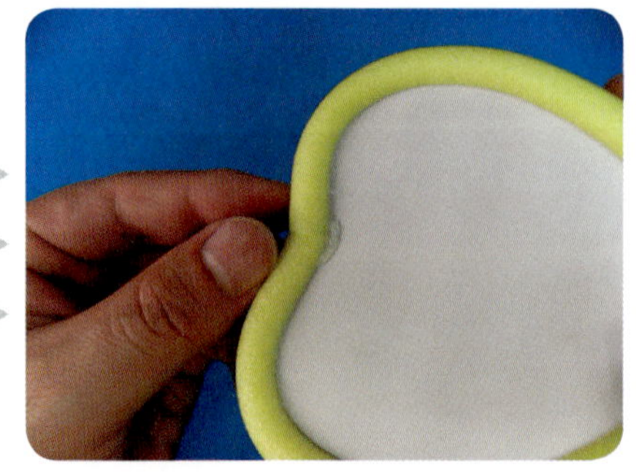

26 입으로 불며 글루건을 쏜다.

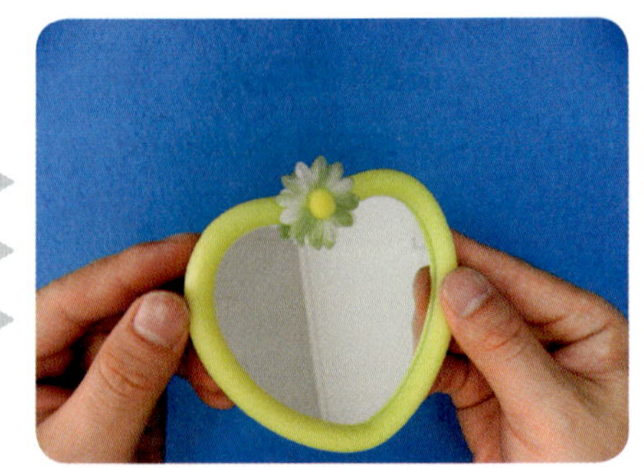

27 앞면에는 꽃을 붙여 장식한다.

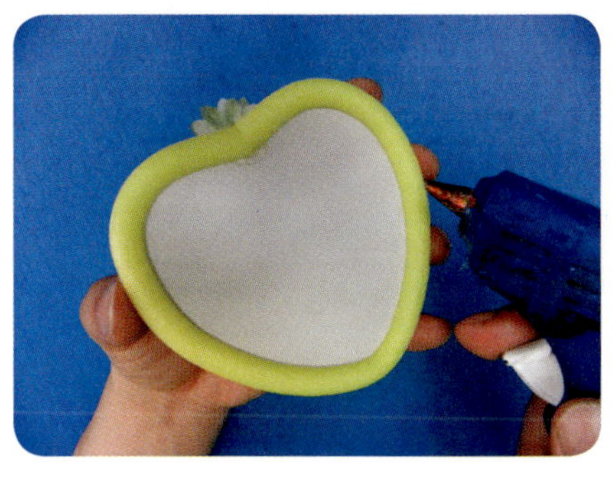

28 다시 뒷면의 백업에 듬성듬성 글루건을 쏘고,

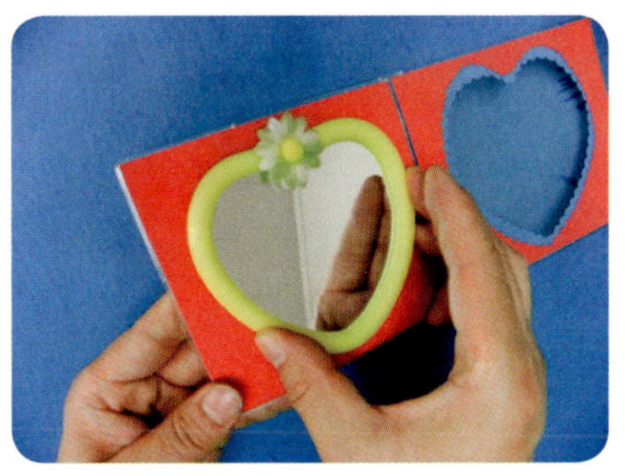

29 거울을 액자의 몸체에 붙인다.

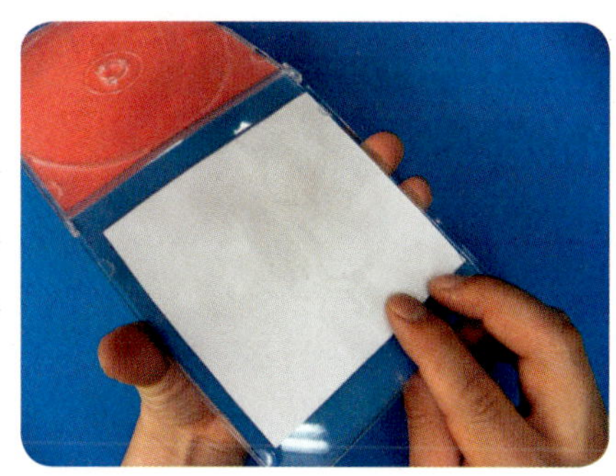

30 CD의 크기에 맞게 사진을 오려서 끼운다.

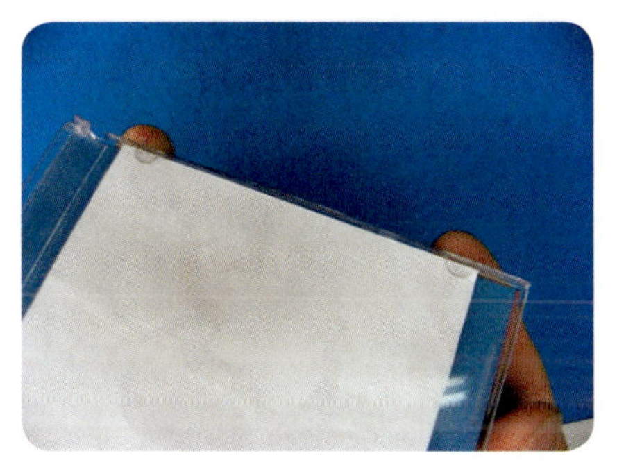

31 사진을 끼울 때 케이스 뒷면의 작은 턱을 잘 이용하여 끼운다.

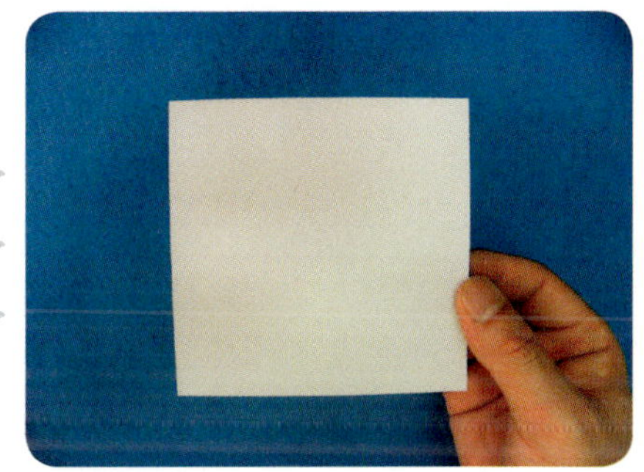

32 도화지 같은 뻣뻣한 종이를 케이스의 크기에 맞게 오려서

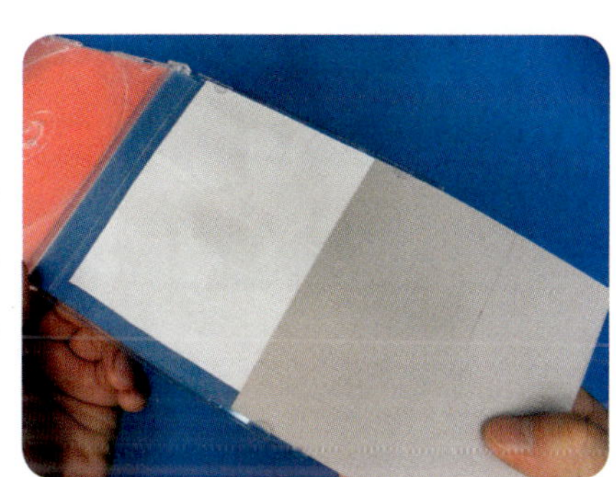

33 사진 뒤에

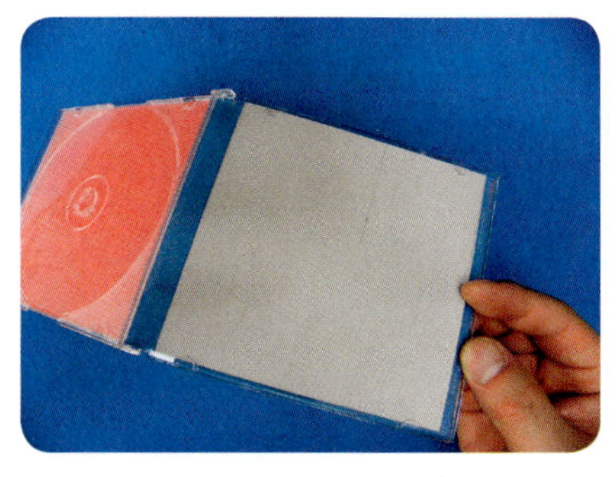

34 끼운다.

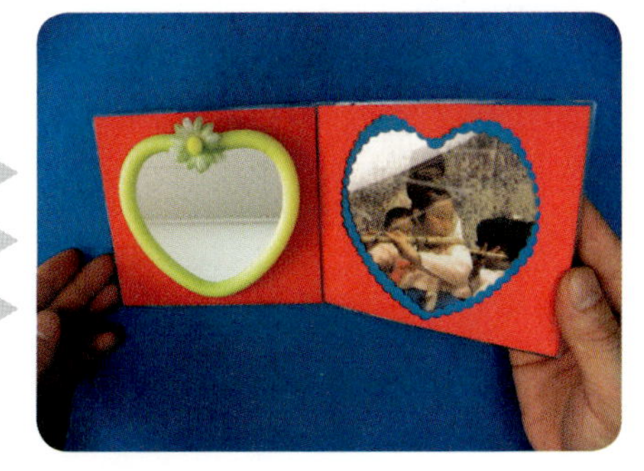

35 사진을 끼운다.

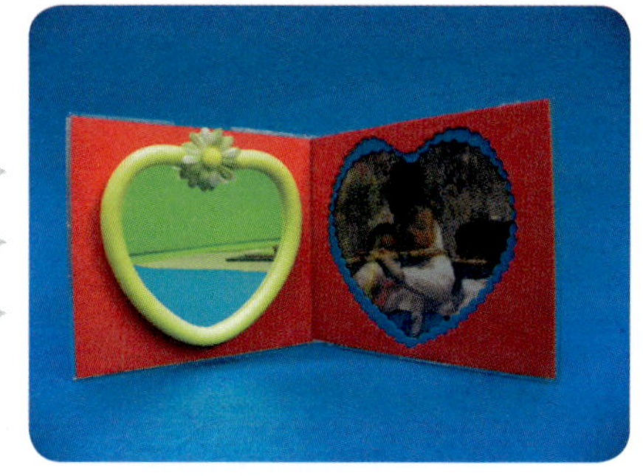

36 완성된 액자

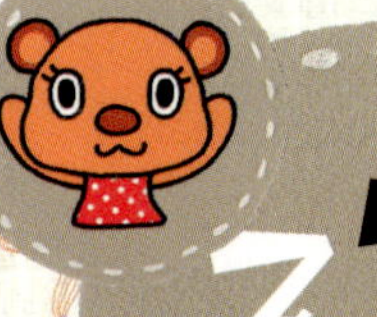

37 날아가는 비행기

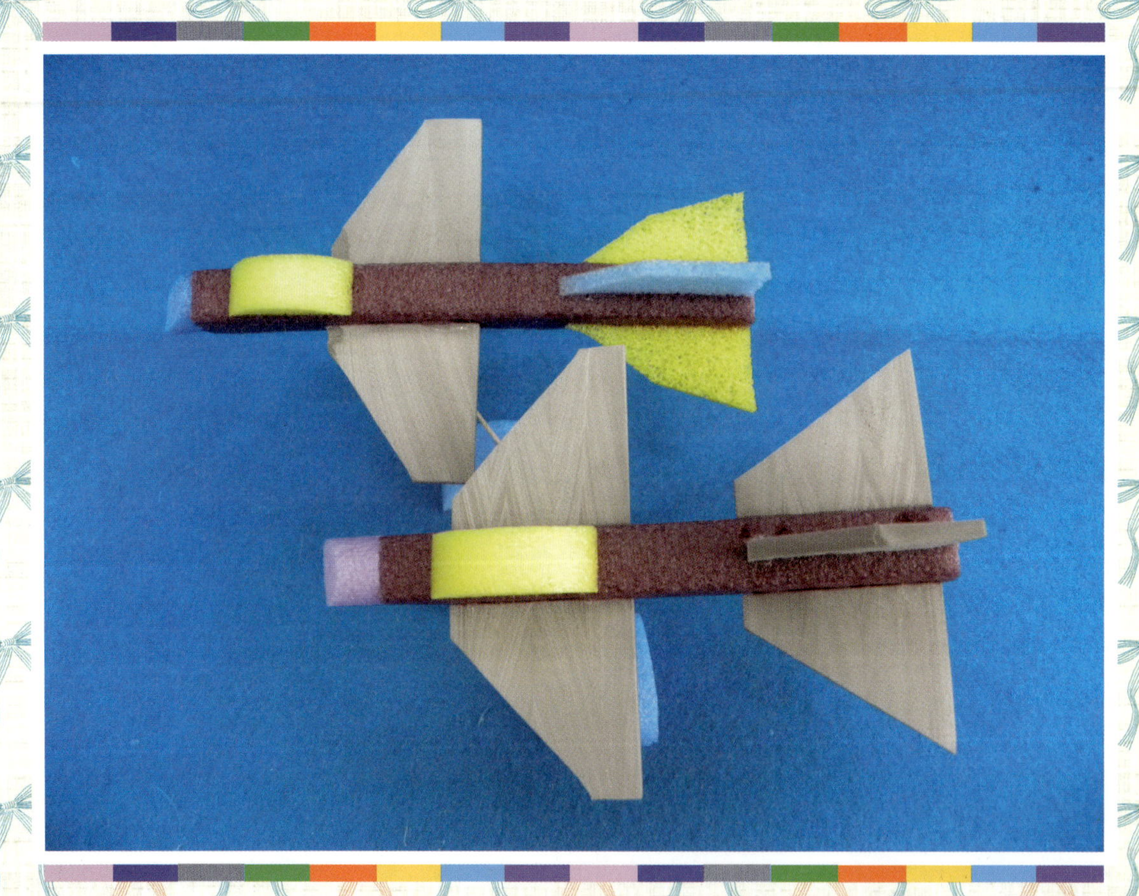

사각 백업(2T-15cm), 둥근 백업(5T-2cm, 2T-2cm)조각, 고무줄, 어묵막대(4~6cm), 알루미늄와이어(2mm-7자로 꺾은 것), 글루건, 커터 칼

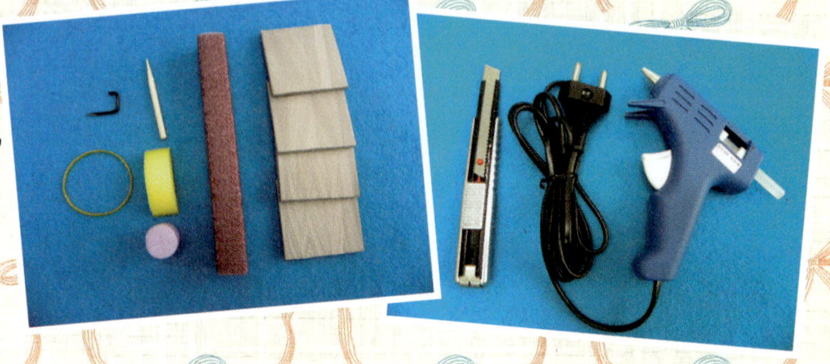

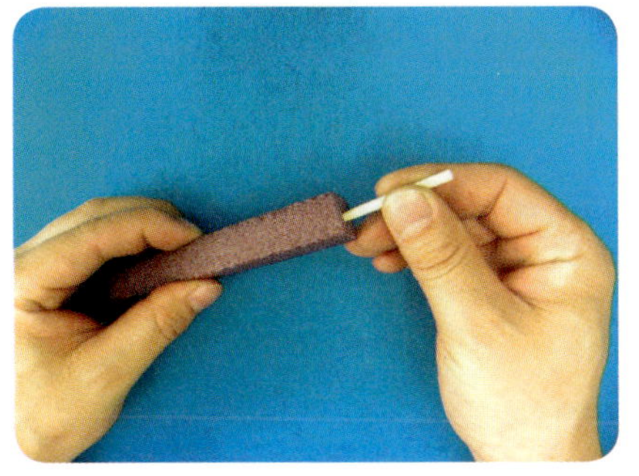

1 사각 백업의 한쪽 끝에 막대를 완전히

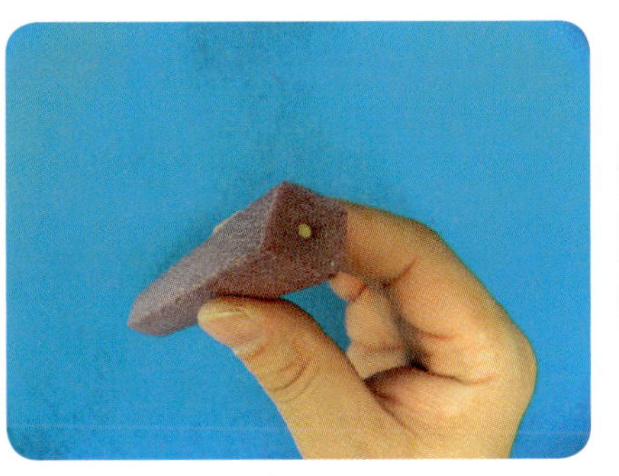

2 끼워 넣는다. (막대:비행기를 잘 날게 하는 무게중심역할)

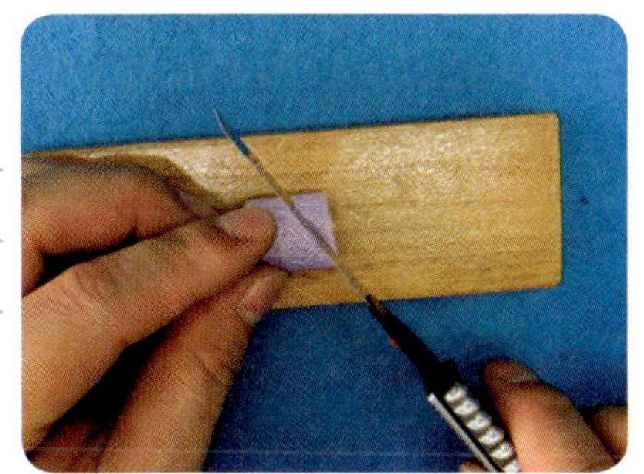

3 둥근 백업 2T의 한쪽 끝을 비스듬하게 자른다.

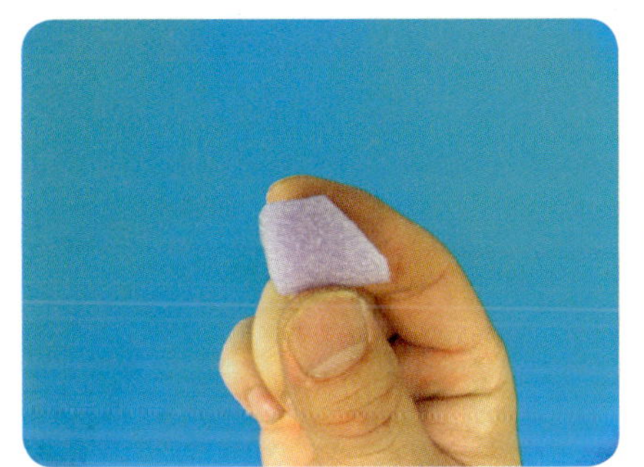

4 지른 백업

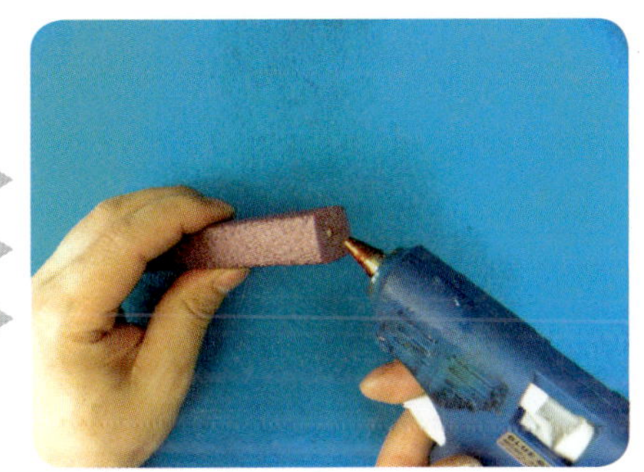

5 2의 끝에 글루건을 입으로 불면서 둥글게 쏘아준다.

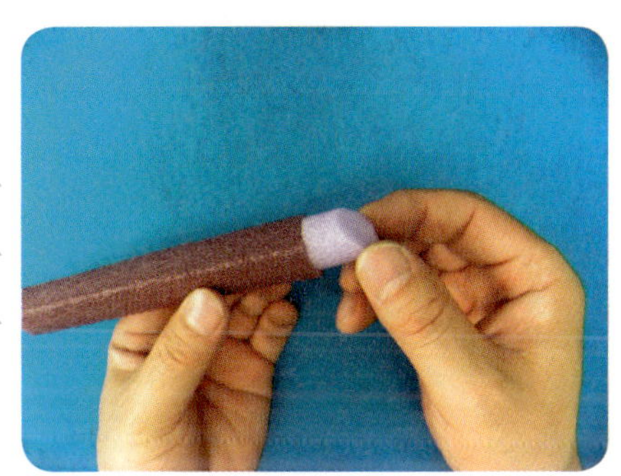

6 비스듬하게 자른 4를 붙인다.

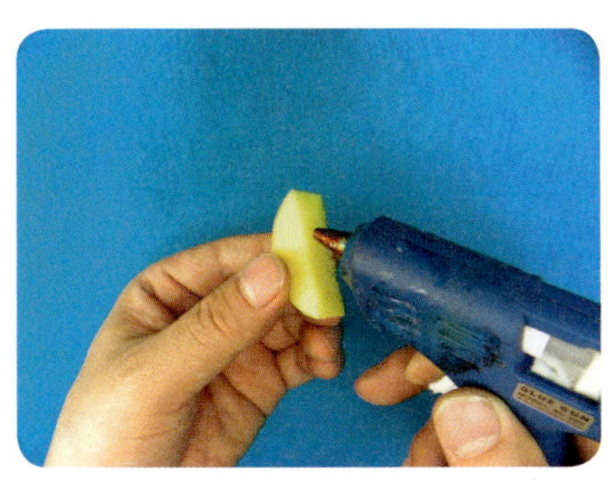

7 둥근 백업 5T에 글루건을 쏘고,

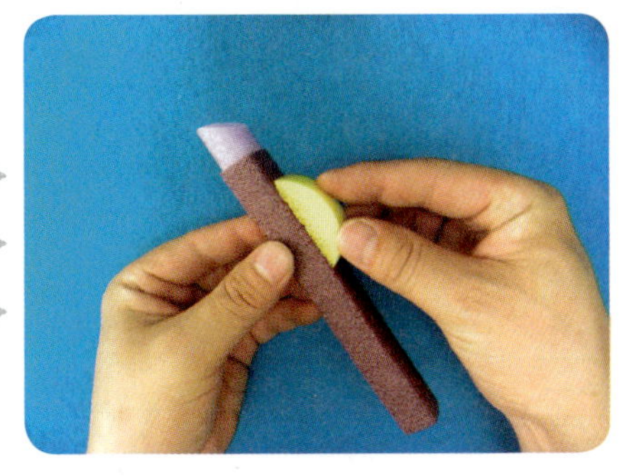

8 6의 몸체 앞쪽에 조종석으로 붙인다.

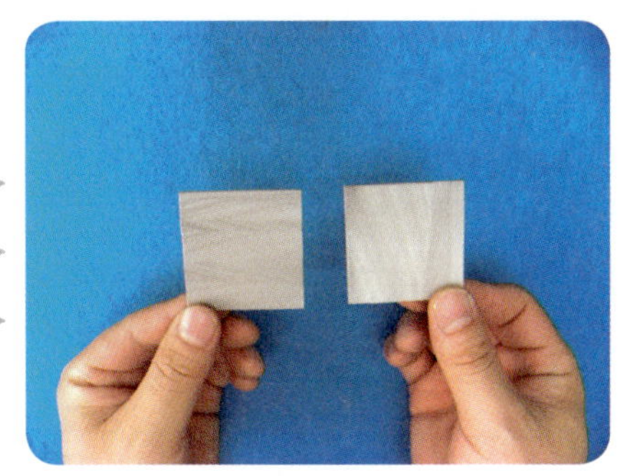

9 EVA 2장을

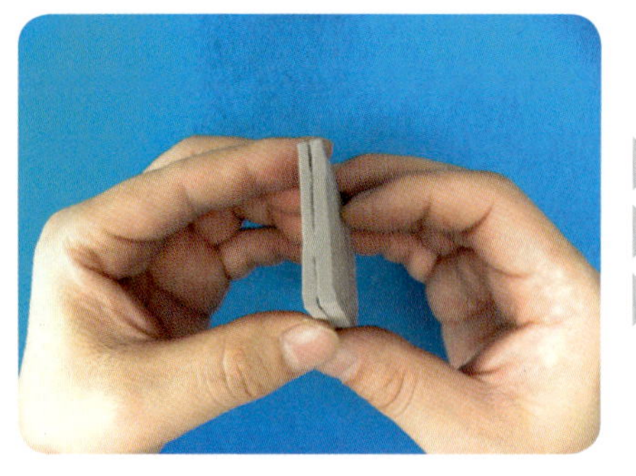

10 겹쳐서

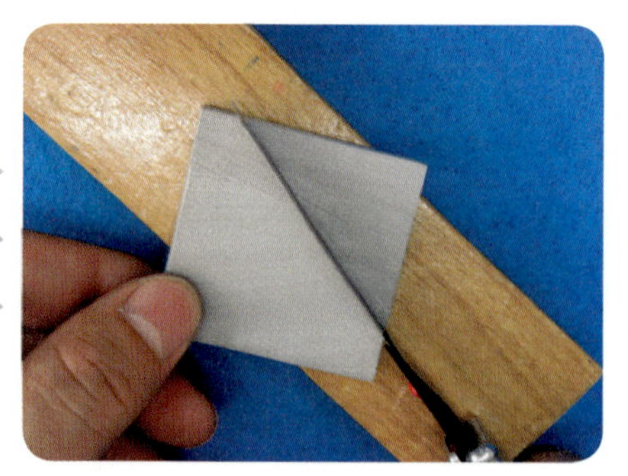

11 날개 모양으로

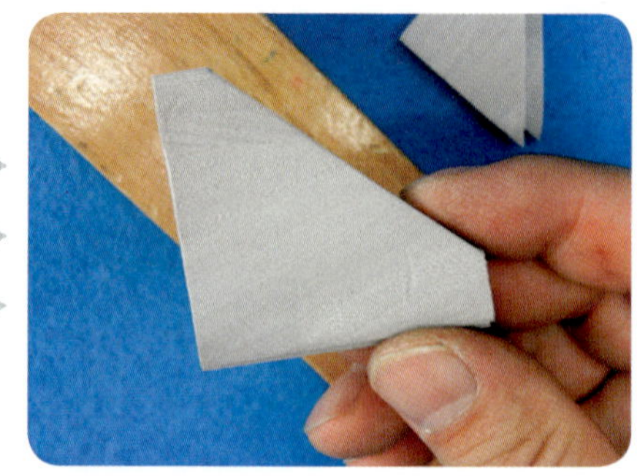

12 자른다.

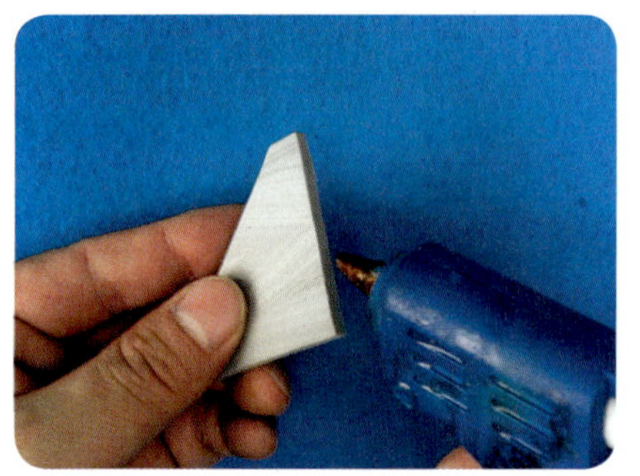

13 한쪽 면에 글루건을 가늘게 쏘고,

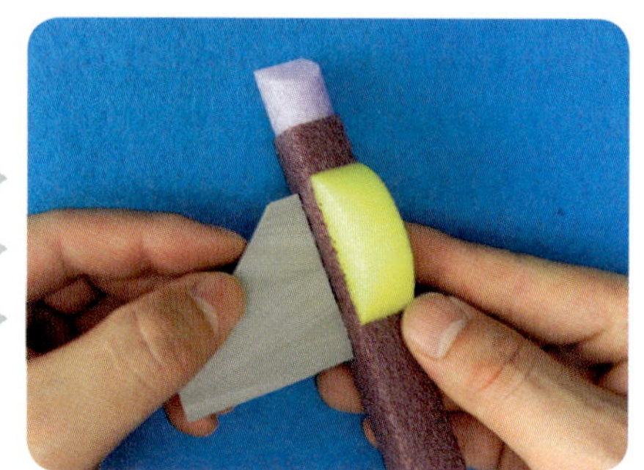

14 비행기 몸체의 조종석 옆에 붙인다.

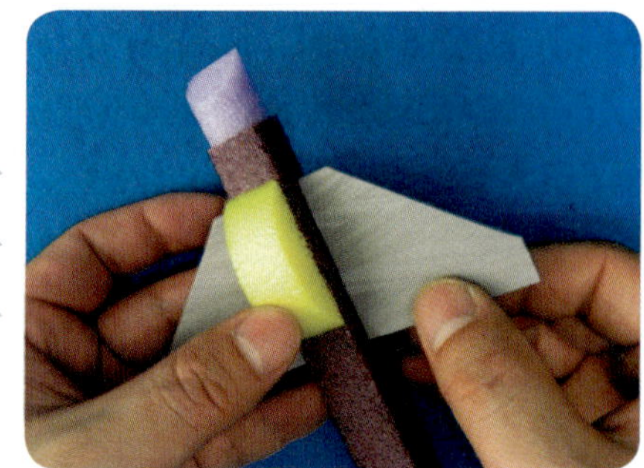

15 반대쪽도 같은 방법으로 붙여

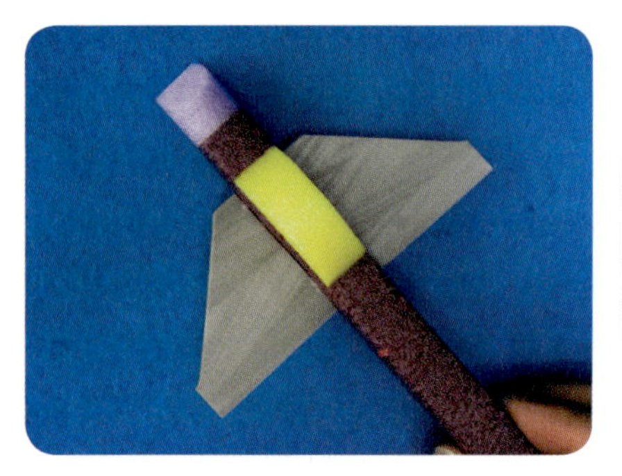

16 양 날개를 완성한다.

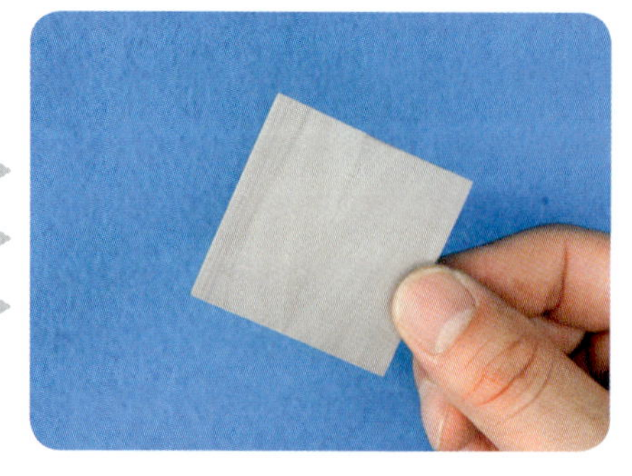

17 한 장의 EVA를

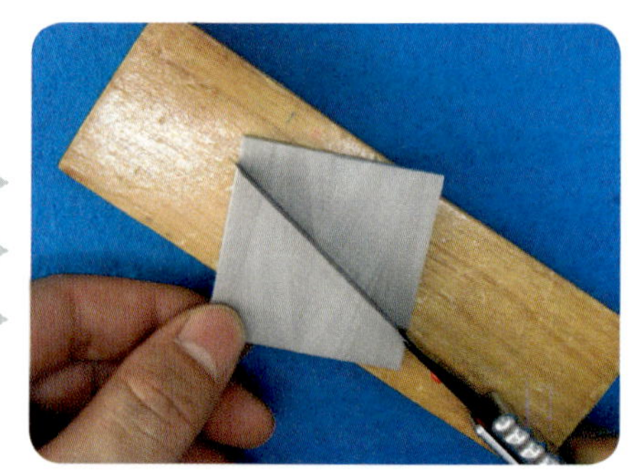

18 1/2로 비스듬하게 잘라

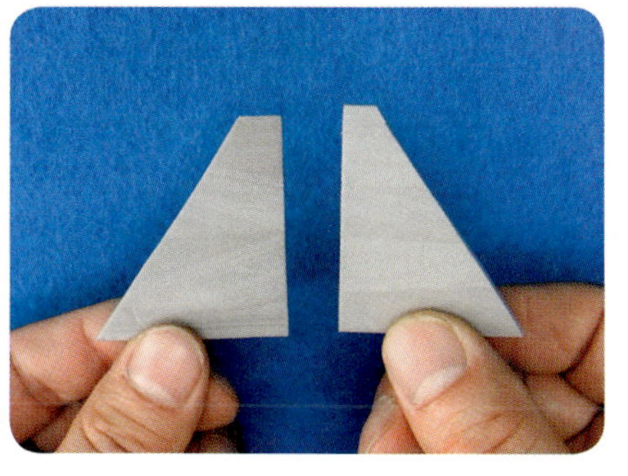

19 비행기의 양 뒷날개를 만든다.

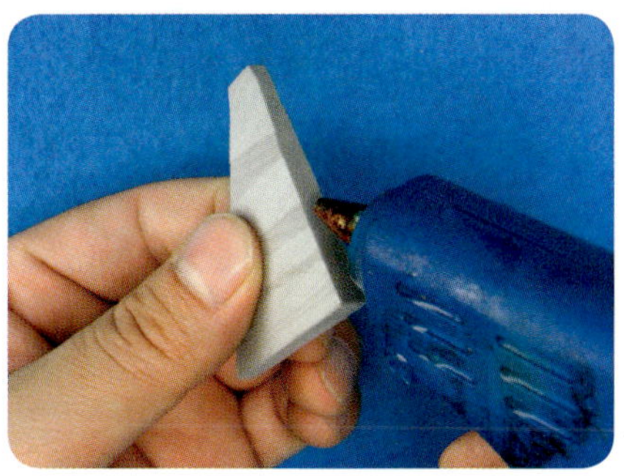

20 글루건을 가늘게 쏘고,

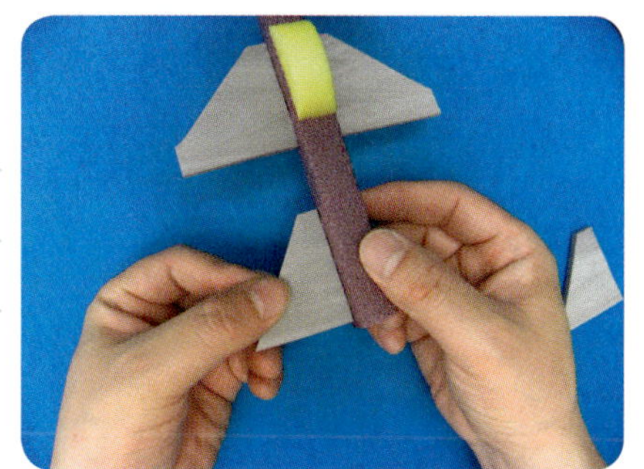

21 비행기의 뒷날개로

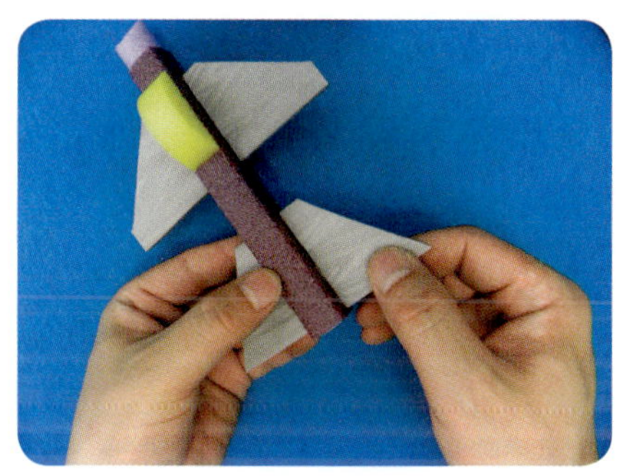

22 양쪽에 붙인다.

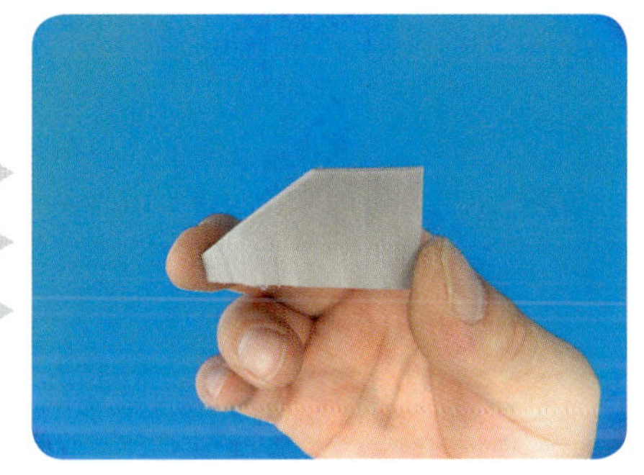

23 나머지 조각을 오려서 뒤쪽 윗날개를 만들어

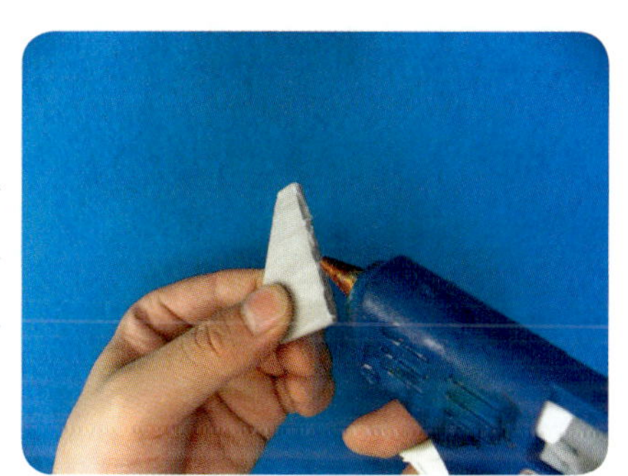

24 글루건으로 쏘아

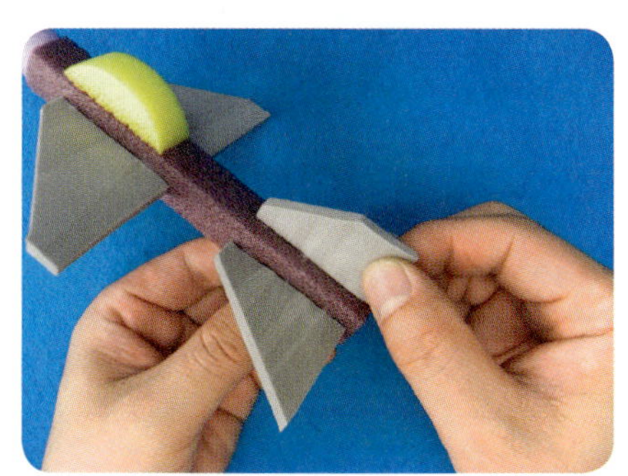

25 붙인다.

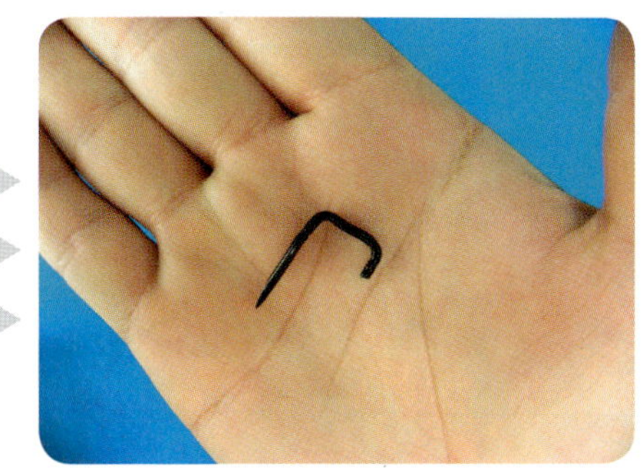

26 사진처럼 알루미늄 와이어를 7자로 꺾어

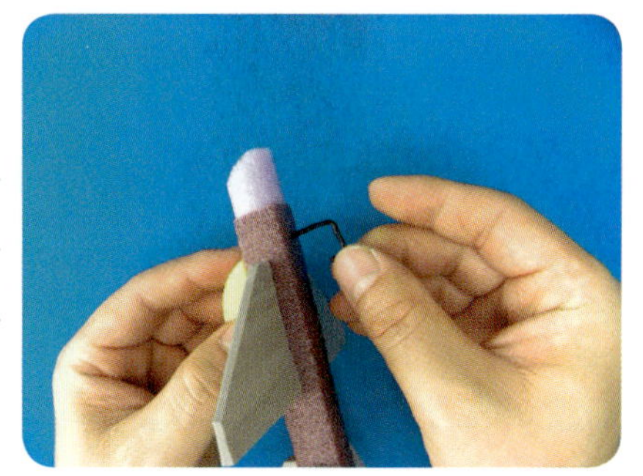

27 직각으로 꽂고

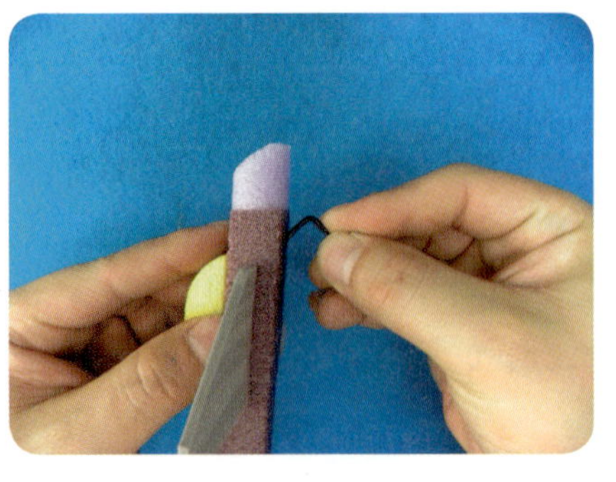

28 다시 비행기 몸체 방향으로 꺾어서

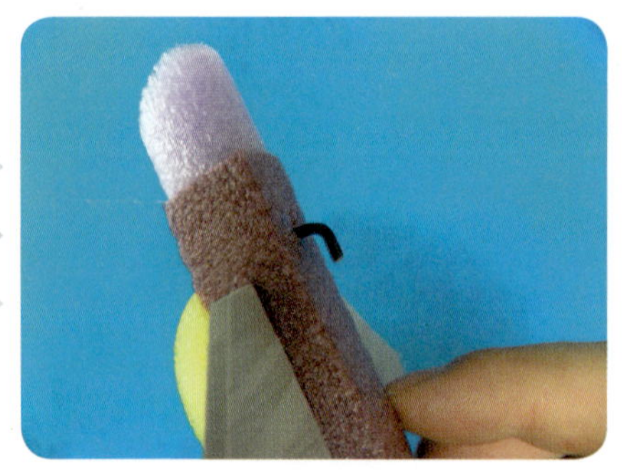

29 끼워 넣는다.

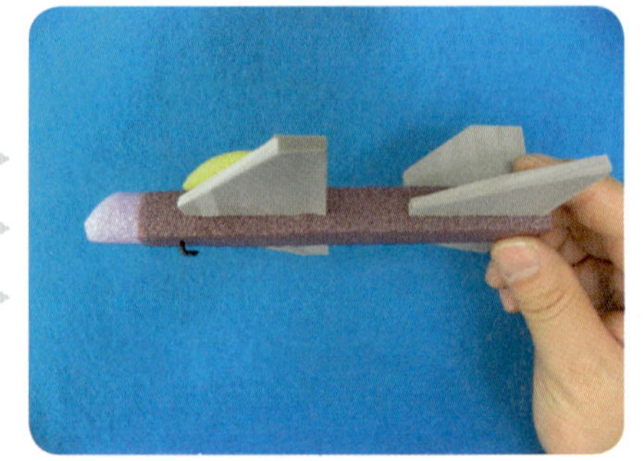

30 비행기의 옆모습

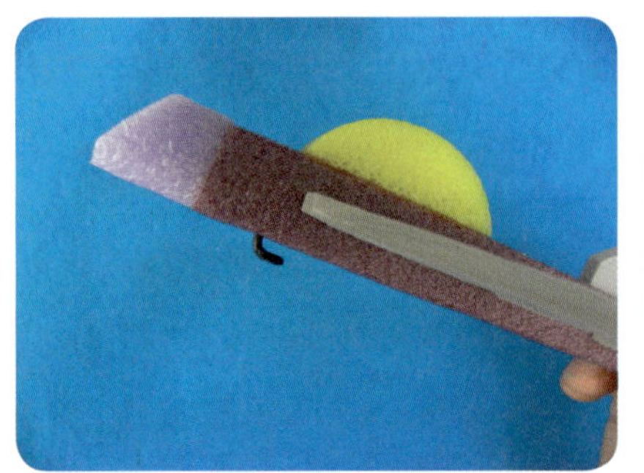

31 비행기의 옆모습

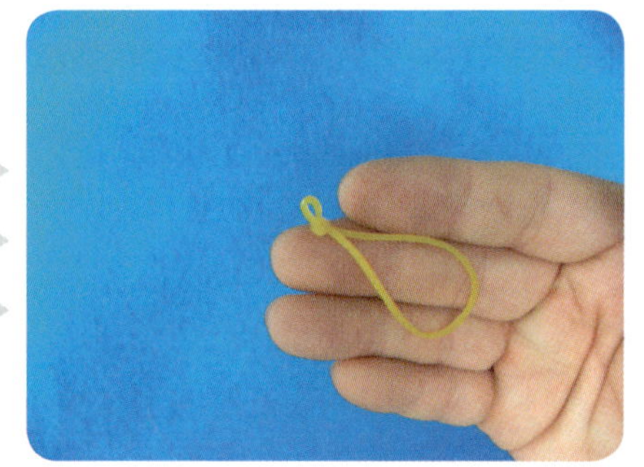

32 고무줄 끝을 한 번 묶어 매듭을 짓는다.

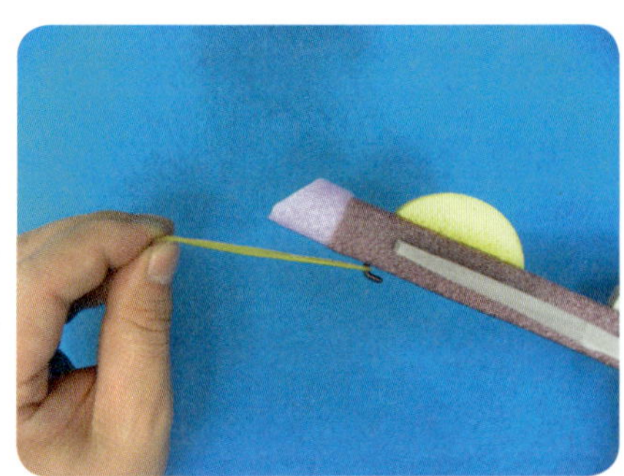

33 31의 고리에 고무줄을 끼워서

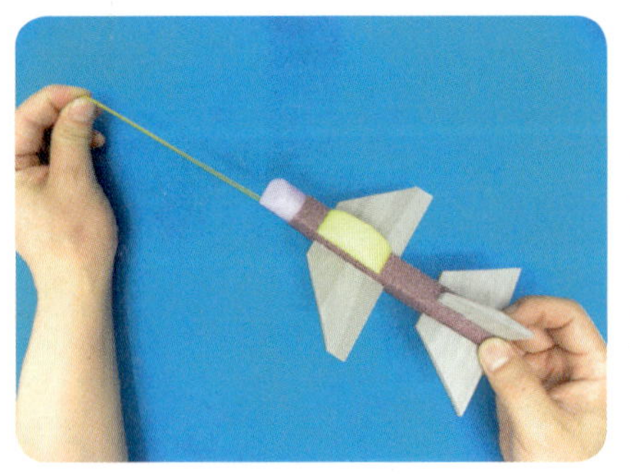

34 당겼다가 손을 놓으면 날아간다.

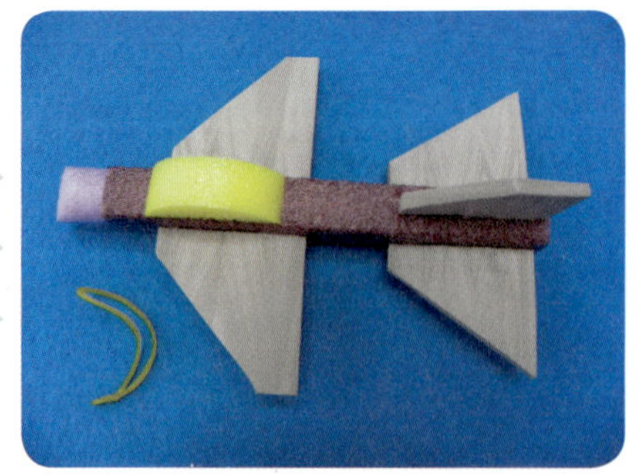

35 완성!

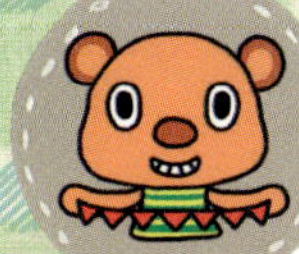

38 미니 윷놀이

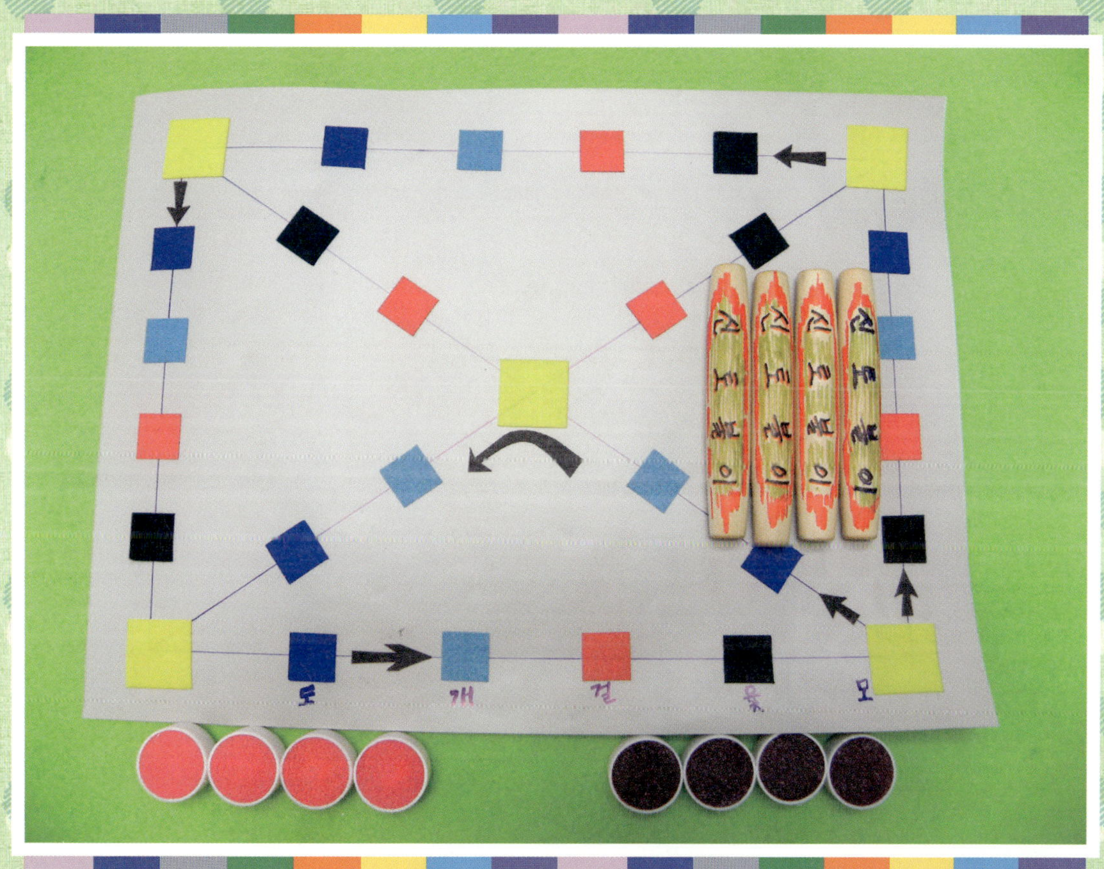

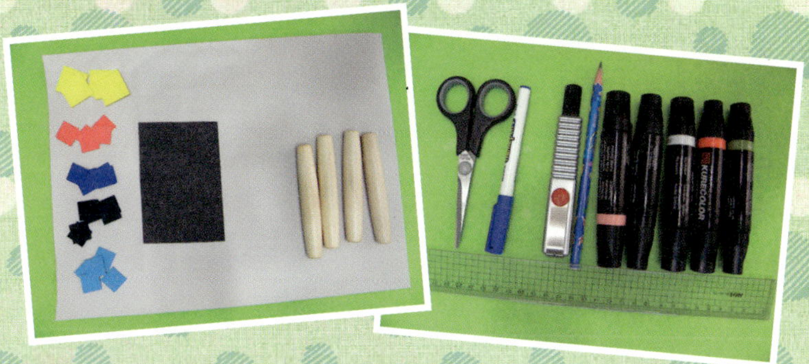

준비물 윷 1세트, 접착시트지(대) 1장, 6색(소) 29장, 가위, 펜, 연필, 컬러 유성펜, 글루건, 커터 칼, 자

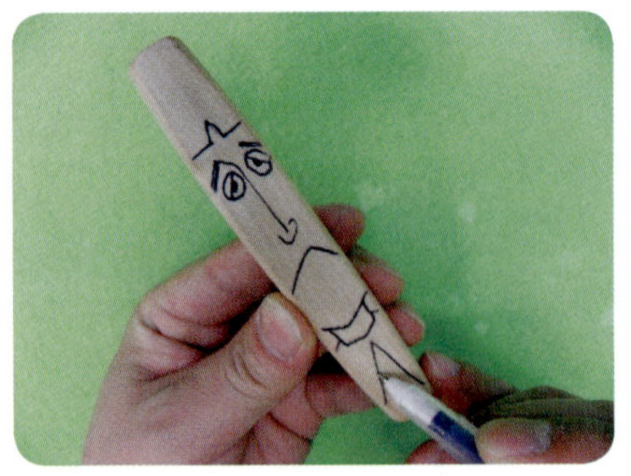

1 윷의 안쪽 면에 좋아하는 캐릭터의 밑그림을 그리고,

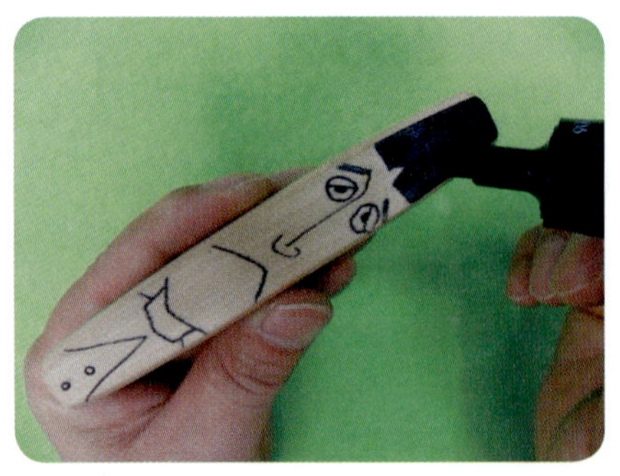

2 컬러 유성펜이나 아크릴 물감으로

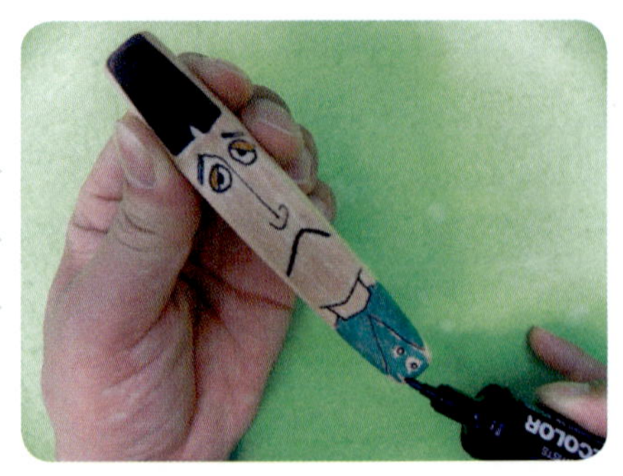

3 예쁘게 색칠한다.

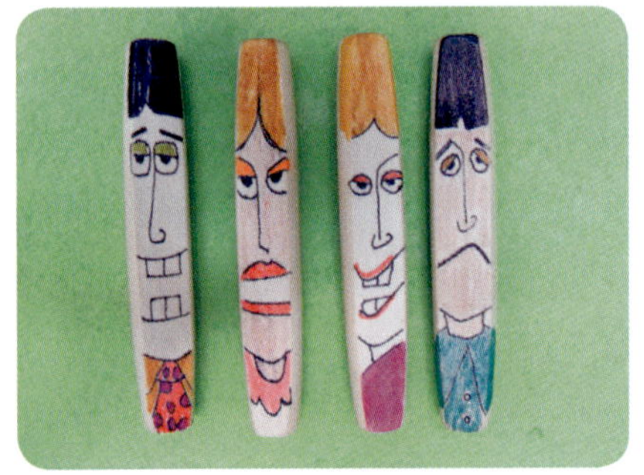

4 4개의 윷가락 모두 캐릭터를 그려 장식하고,

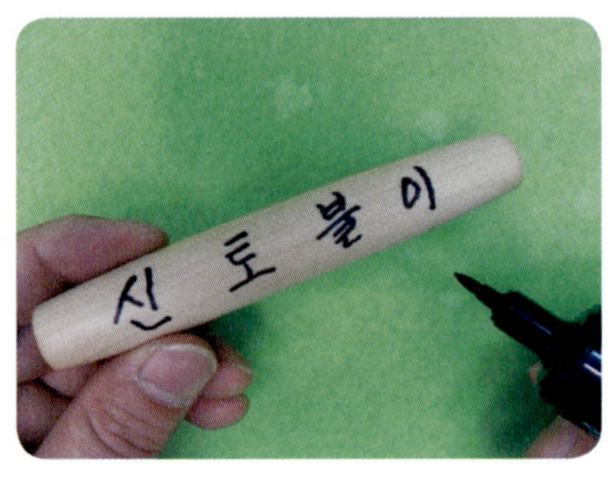

5 앞면은 펜으로 글씨를 써서 장식한다.

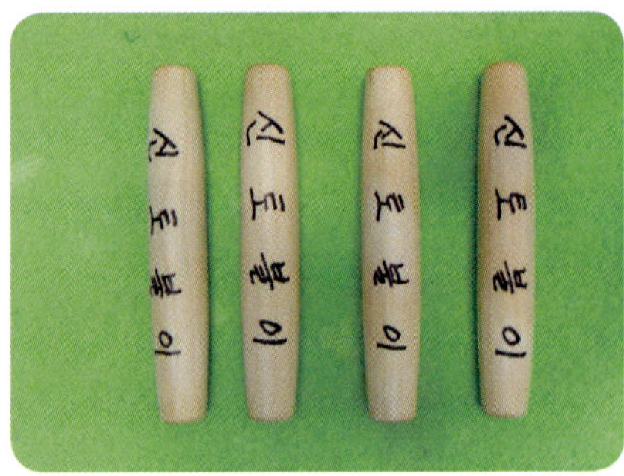

6 글씨를 써넣은 윷

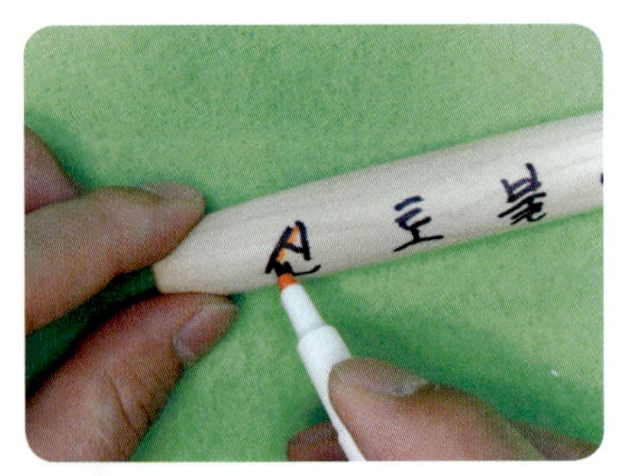

7 완성된 글씨에 덧쓰기를 하여도

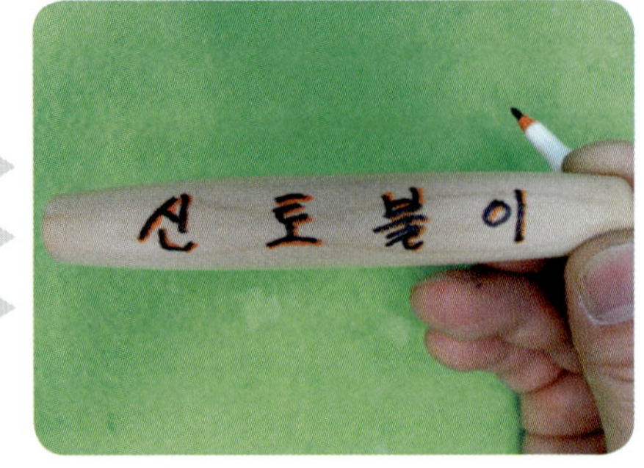

8 보기 좋다.

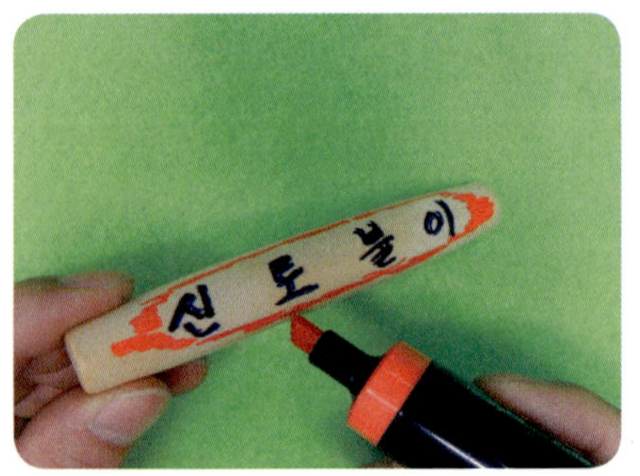

9 윷가락을 마음에 드는 색상으로

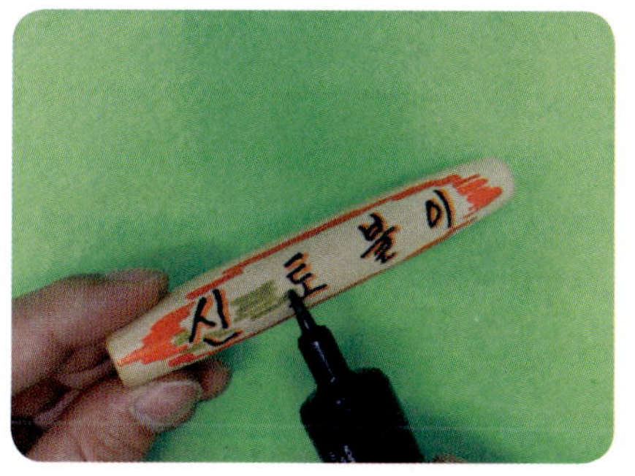

10 예쁘게 장식한다.

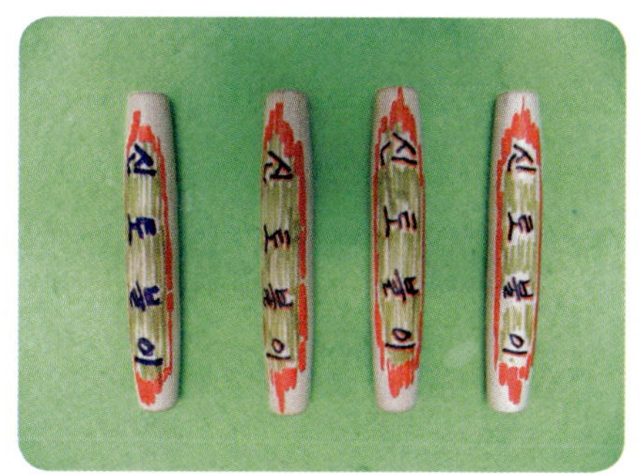

11 완성된 앞면과

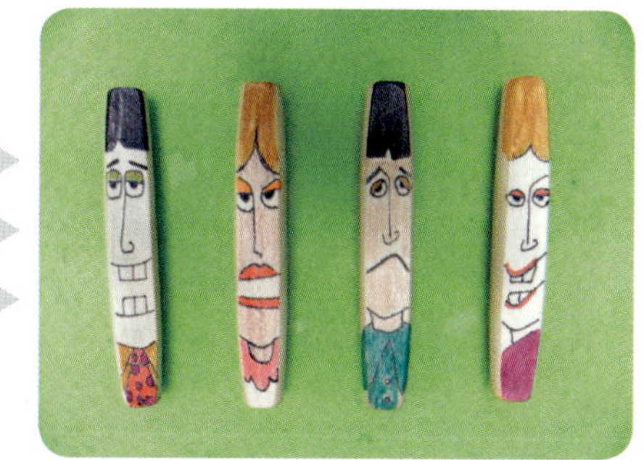

12 뒷면

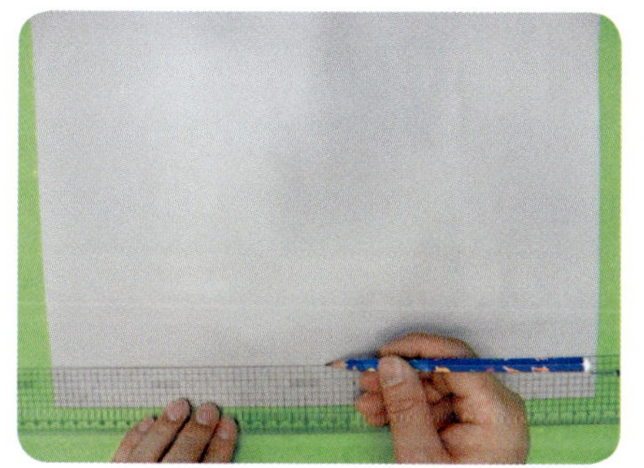

13 시트지에 연필로

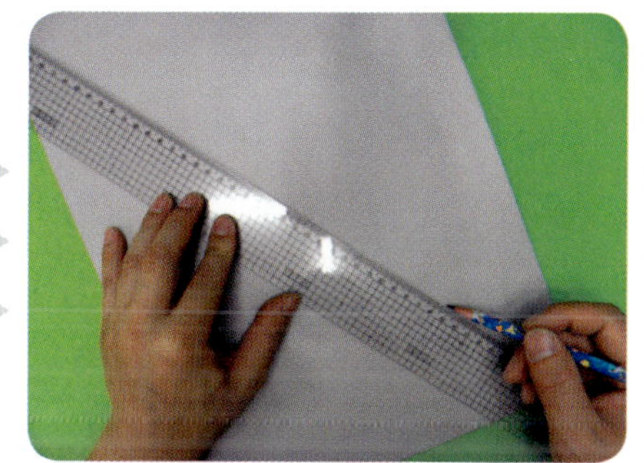

14 밑그림을 그린다.

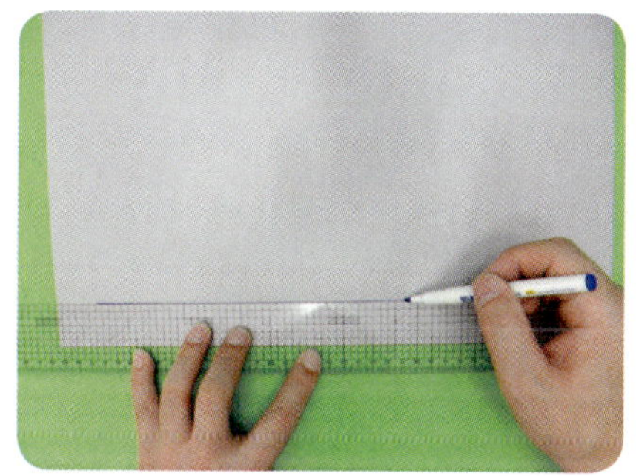

15 밑그림을 바탕으로

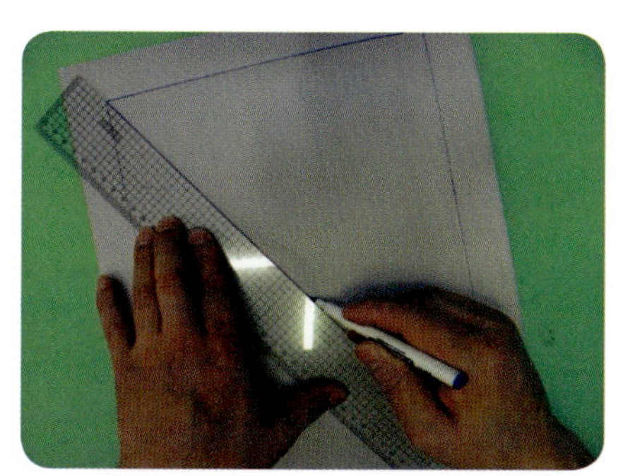

16 컬러 유성펜으로 덧그린다.

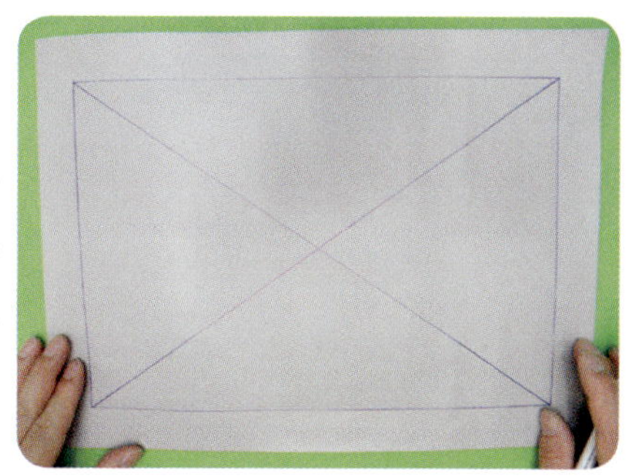

17 직사각형의 가운데에 X를 그리고,

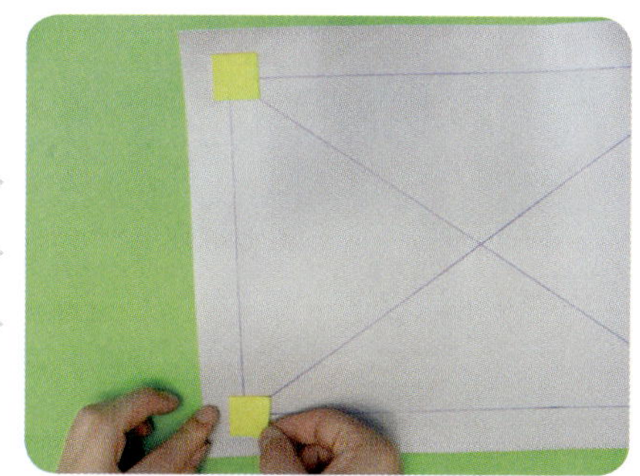

18 잘라놓은 시트지를 선이 합쳐지는 5개의 꼭짓점에 붙인다.

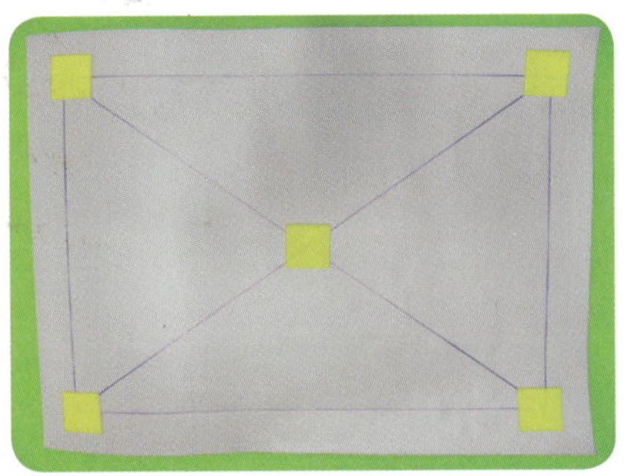

19 5개의 꼭짓점에 붙인 시트지는 "말"이다.

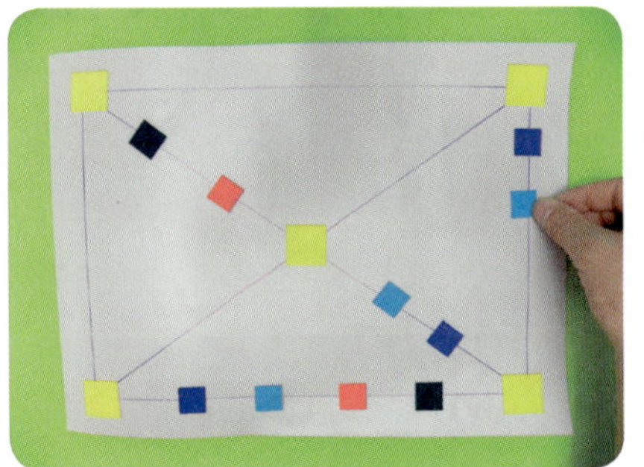

20 그리고 나머지는 4가지 색으로 돼지(도), 개(개), 양(걸), 소(윷), 모(말)

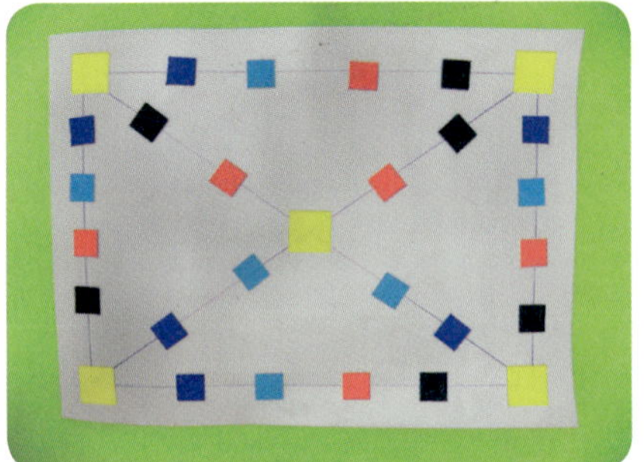

21 각자의 색을 선택하여 배열하고 서로의 간격이 일정하다면,

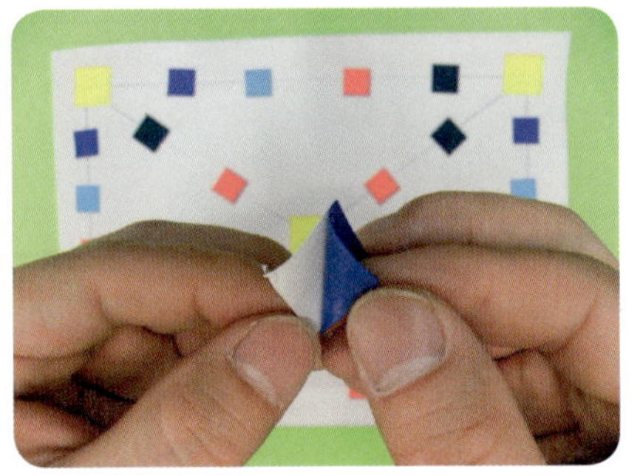

22 시트지를 떼어

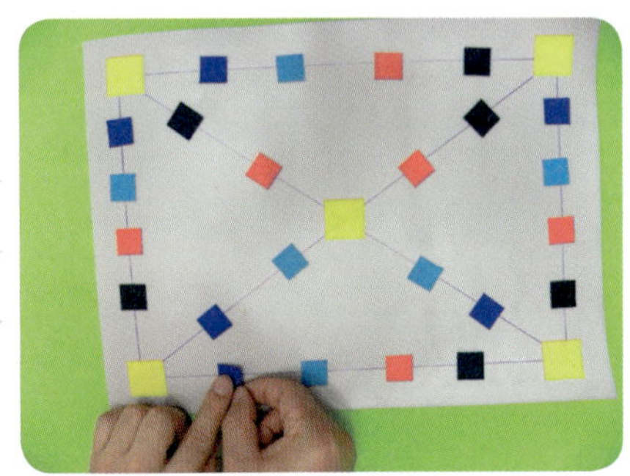

23 일정한 간격으로 붙여서

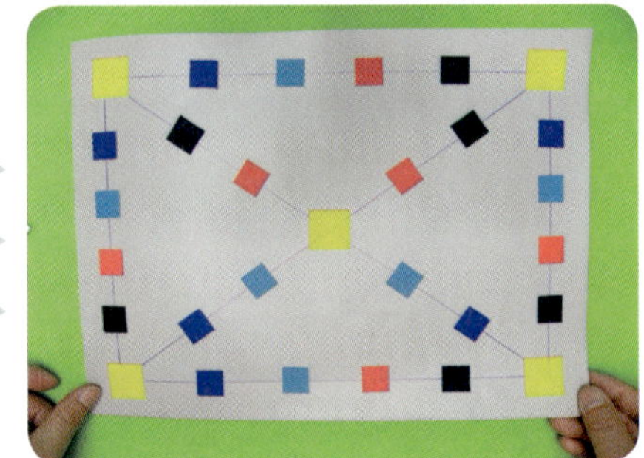

24 장식한다.

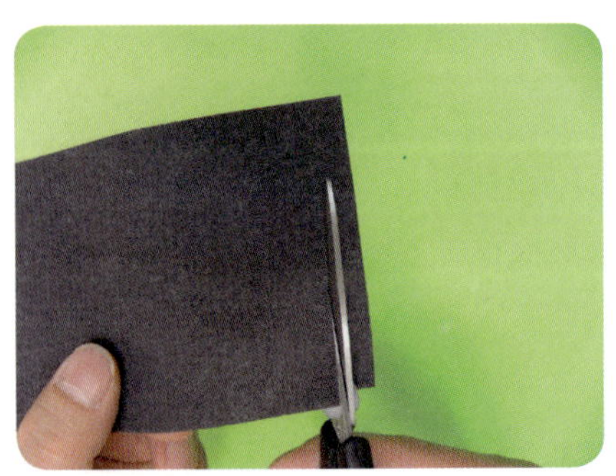

25 시트지를 적당한 넓이와 길이로 잘라

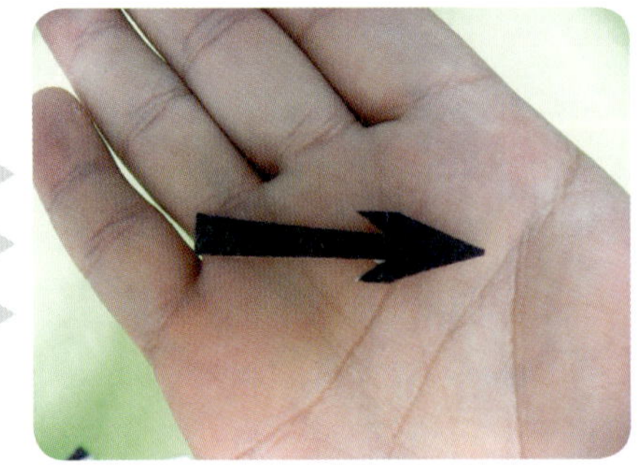

26 화살표를 만들어

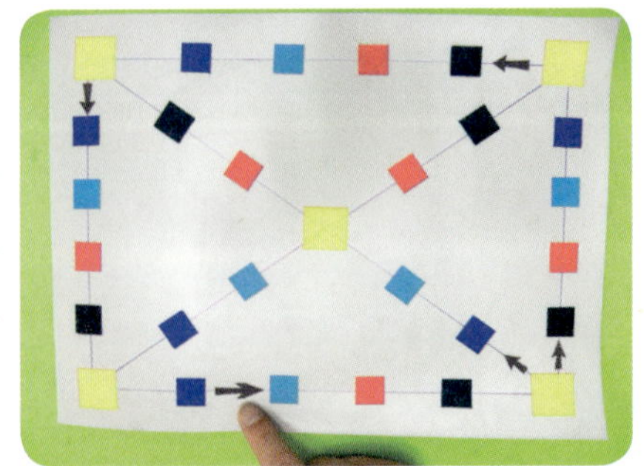

27 윷판에 붙인다. 처음 출발지점의 화살표는 나머지 4개의 화살표

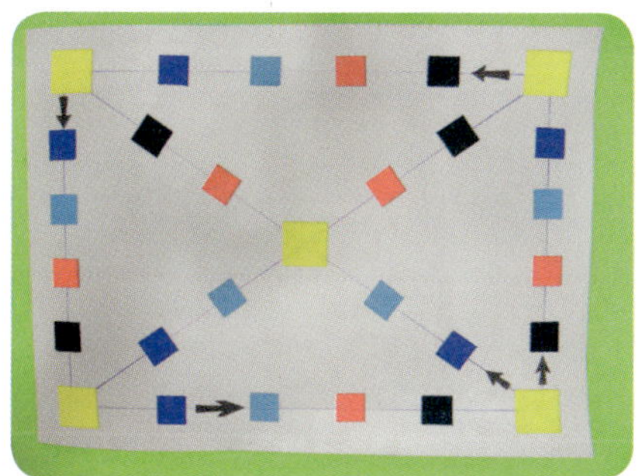

28 보다는 조금 크게 오려 붙인다.

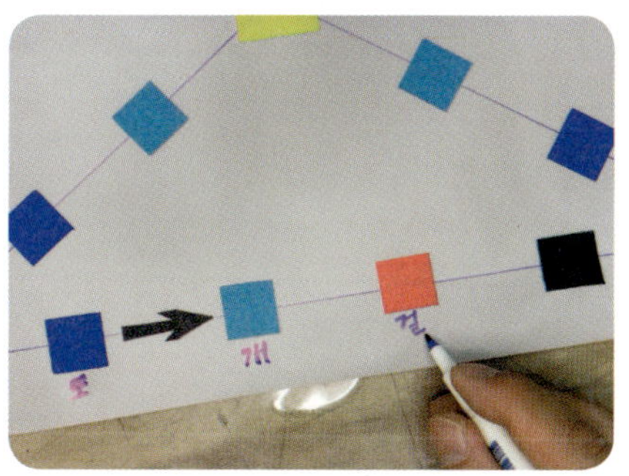

29 도, 개, 걸, 윷, 모 순으로 써 넣는다.

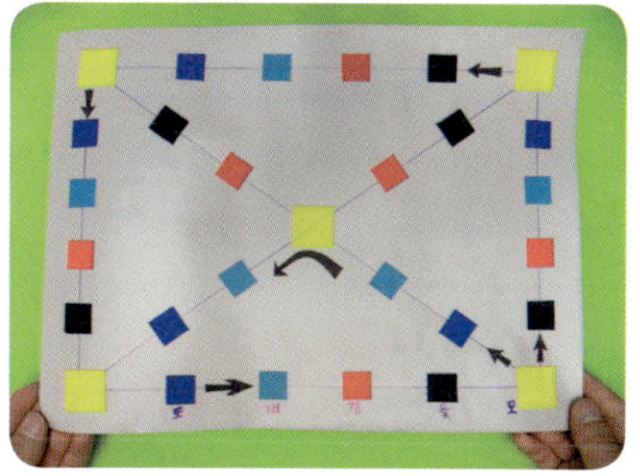

30 정중앙의 화살표는 구부러지게 가위로 오려서 붙인다.

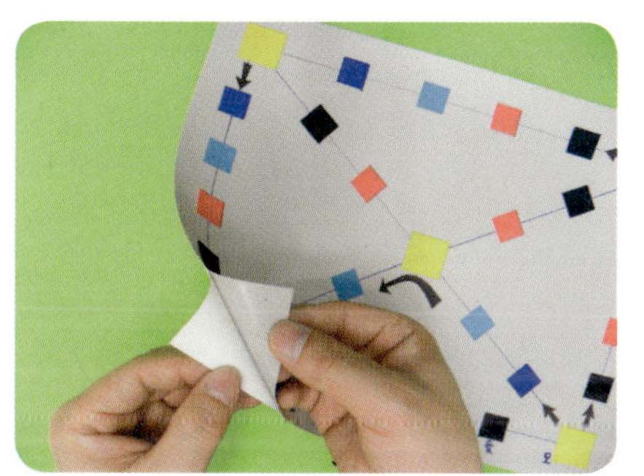

31 시트지로 완성된 윷판은 종이를 떼어내고 두꺼운 종이에 붙여 사용하면 더욱 좋다.

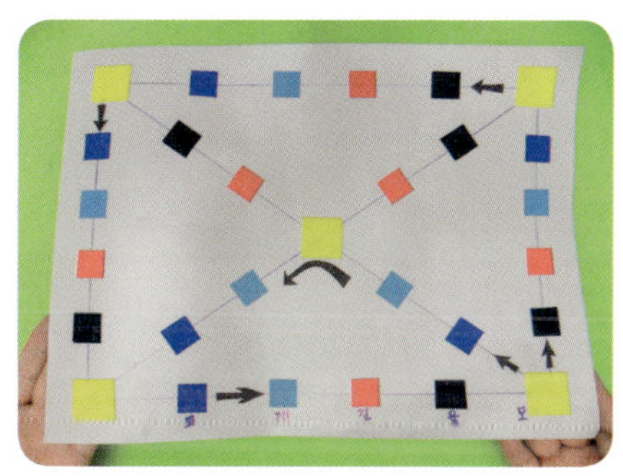

32 완성된 윷판

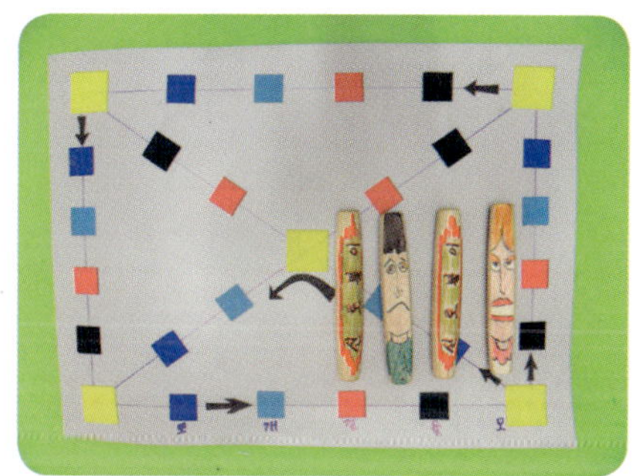

33 윷판과 윷

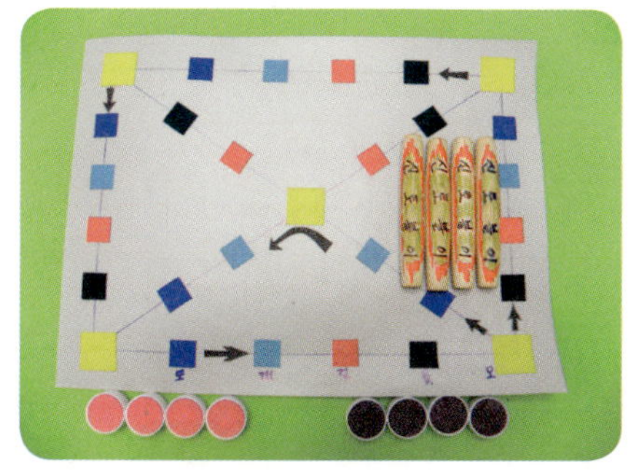

34 윷놀이 세트

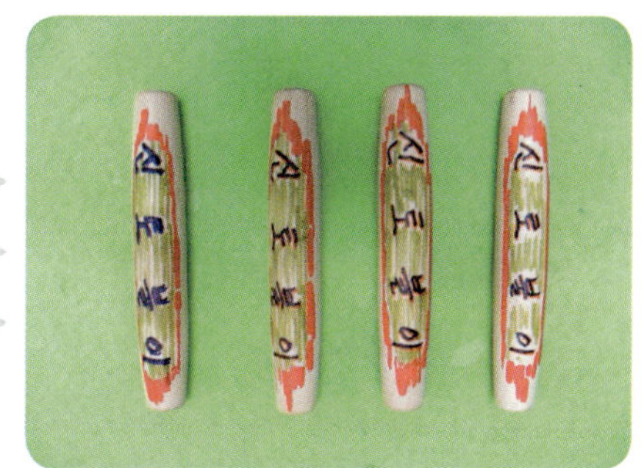

35 장식한 윷의 앞면과

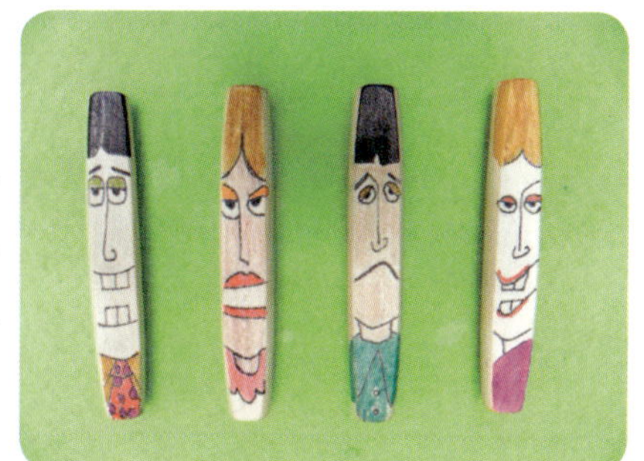

36 뒷면

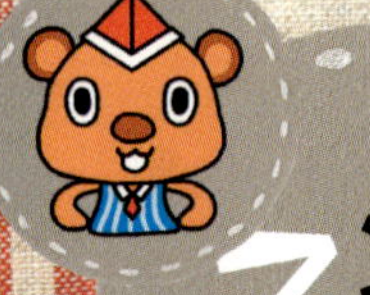

말하는 토끼

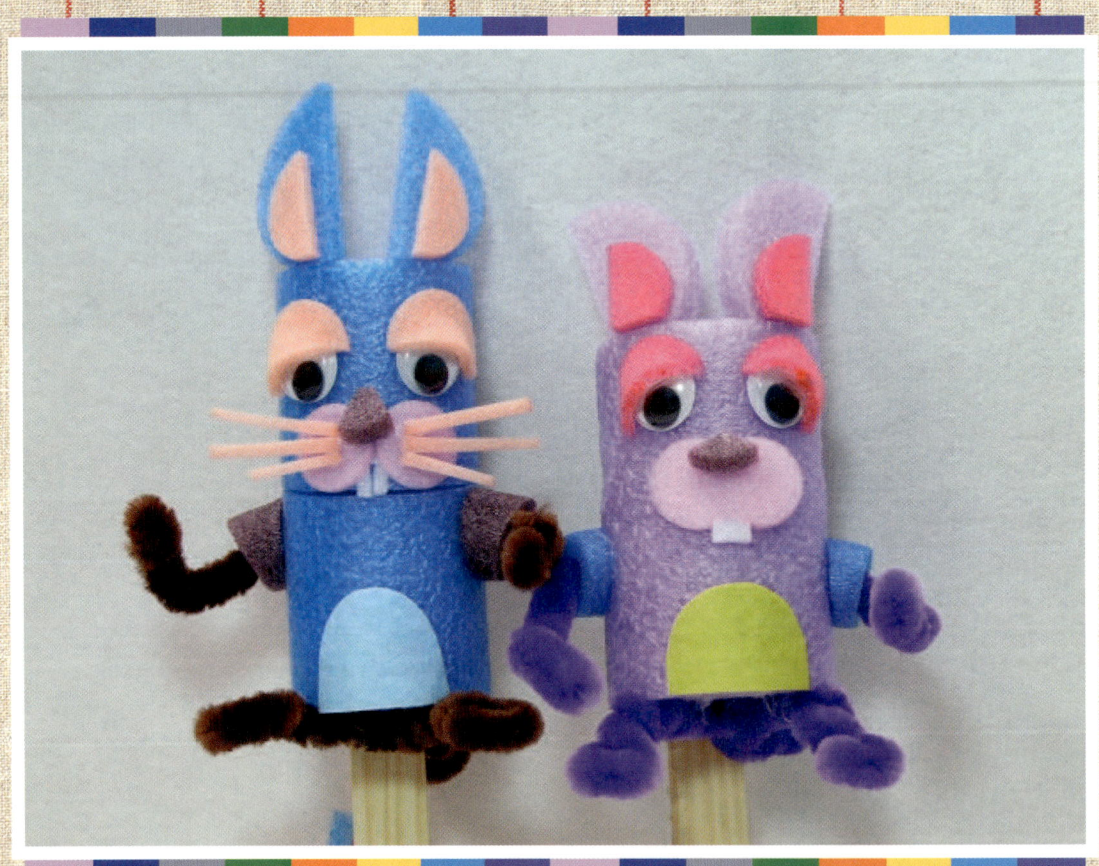

준비물 모루 1m 정도, 백업 – 5T(10cm) 1개
/3T(3cm) 1개/2T(3cm) 2개(각 다른 색)
/2T(1cm) 1개, 인형눈알(1.6cm) 1개, 뾰
족막대 1개, 컬러펠트 조금, 글루건, 핀셋,
송곳, 가위, 커터 칼

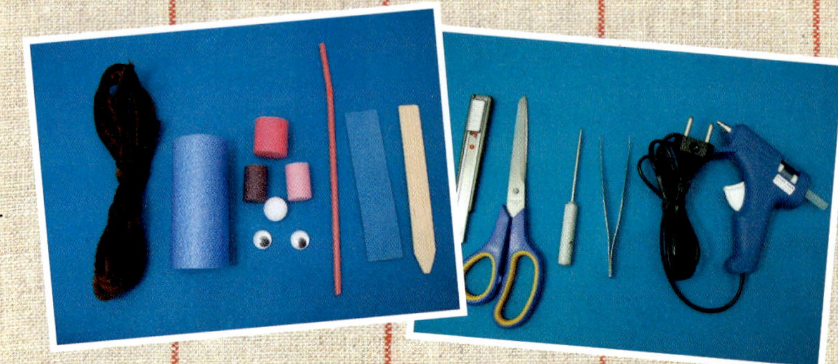

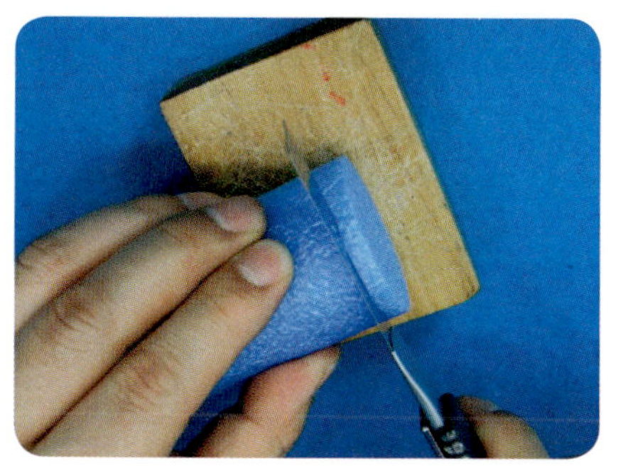

1 5T백업을 약 5mm 두께로 썰고

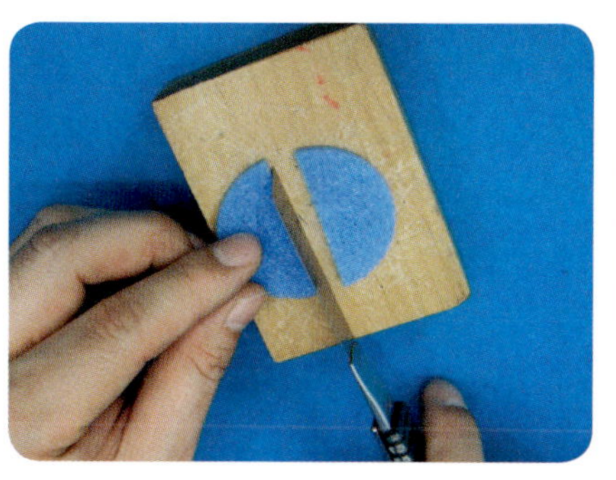

2 다시 반으로 잘라서

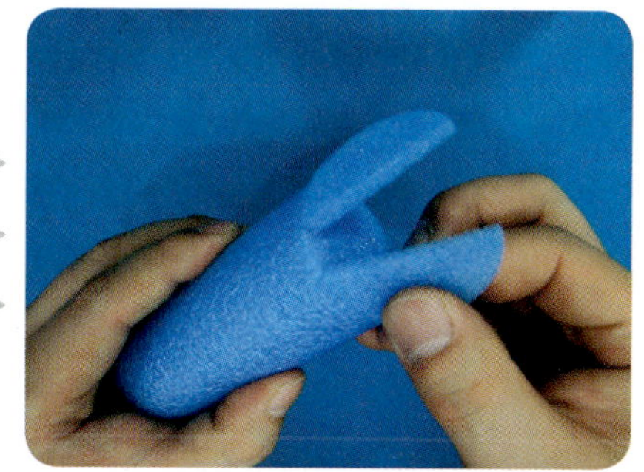

3 5T백업의 가장 앞쪽에 글루건을 사용해서 붙인다.

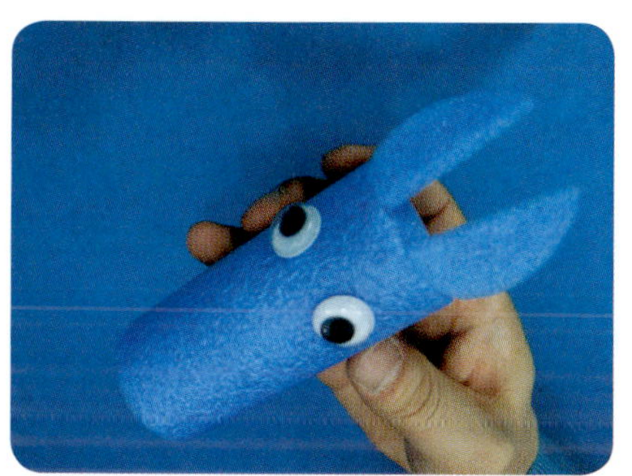

4 양기의 아래로 두 개의 인형 눈을 붙인다.

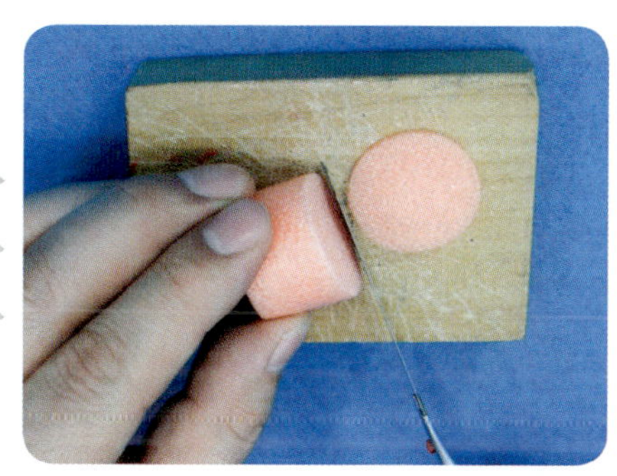

5 3T백업을 2장 정도 자르고

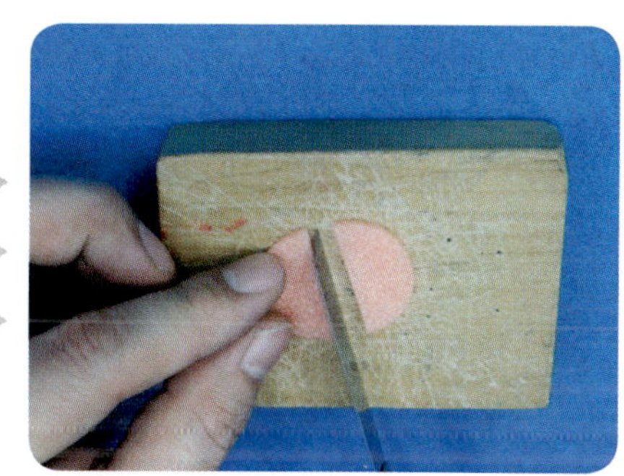

6 다시 반으로 잘라서

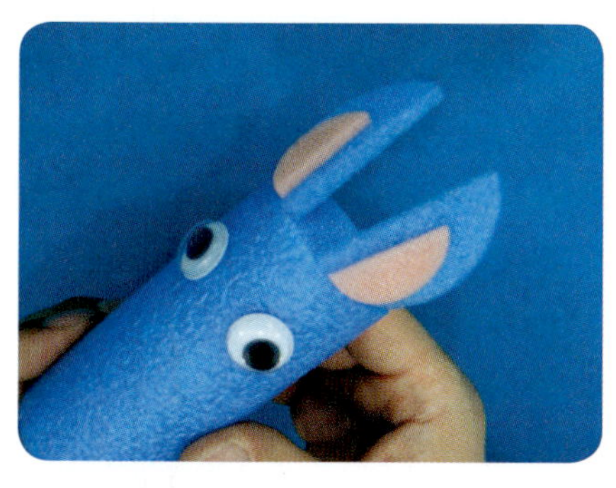

7 귀에 덧붙이기를 한다.

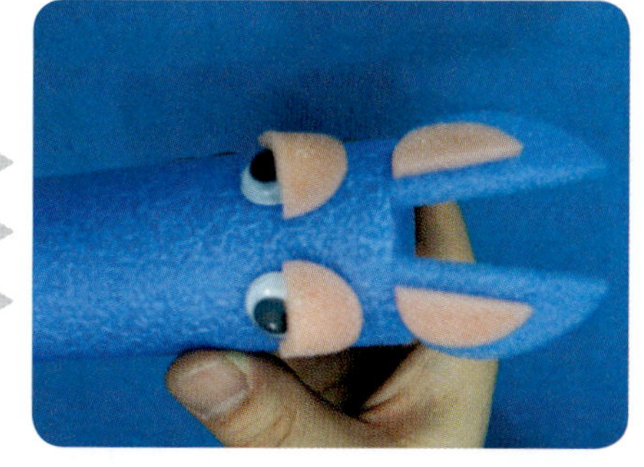

8 글루건을 사용하여 인형 눈의 1/2를 덮어 붙인다.

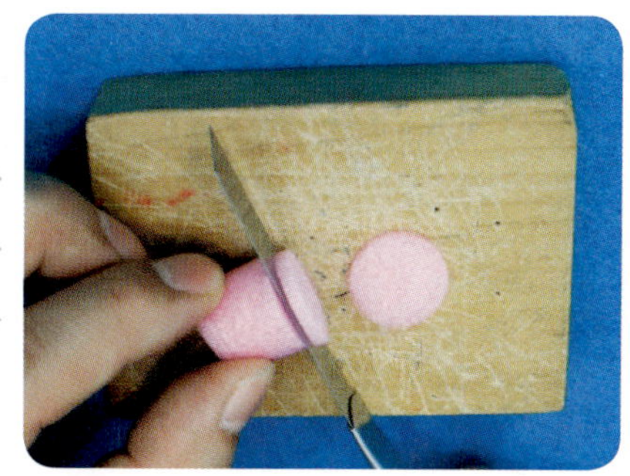

9 2T백업을 가늘게 2장을 잘라 놓는다.

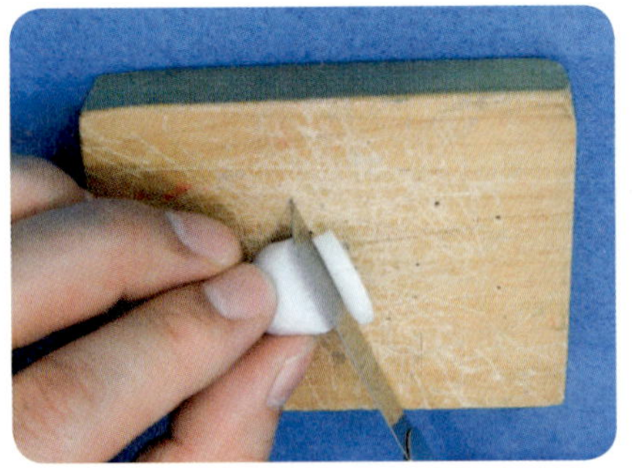

10 하얀색 백업을 잘라 토끼의 이를 만든다.

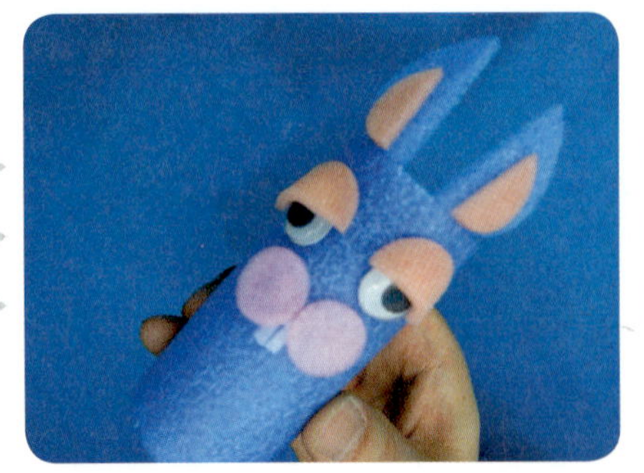

11 이를 붙이고 **9**에서 잘라놓은 백업을 그 위에 붙인다.

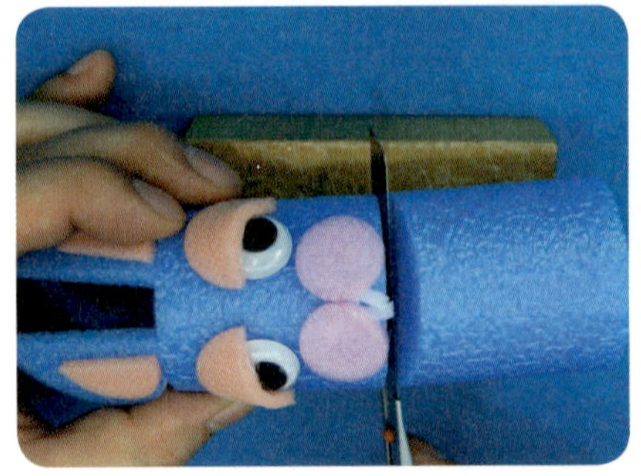

12 토끼 이의 바로 아랫부분부터 커터 칼로 자른다.

🔴 이때, 완전히 자르는 것이 아니고 토끼의 입이 움직일 수 있게 뒤에서 약 3~5mm만 남겨두고 자른다.

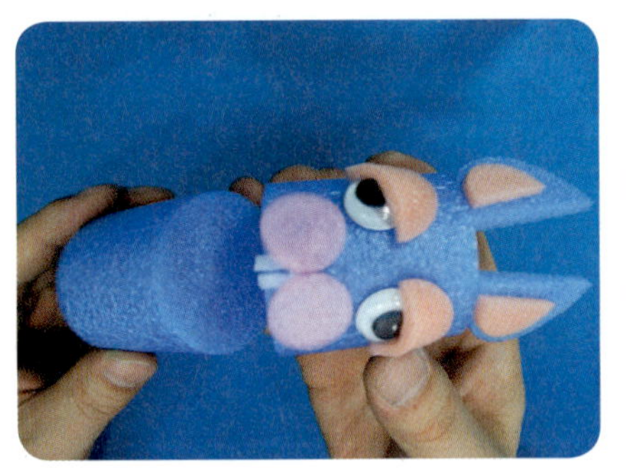

13 토끼의 입이 떨어지지 않고 자연스럽게 움직이도록 조심해서 자른다.

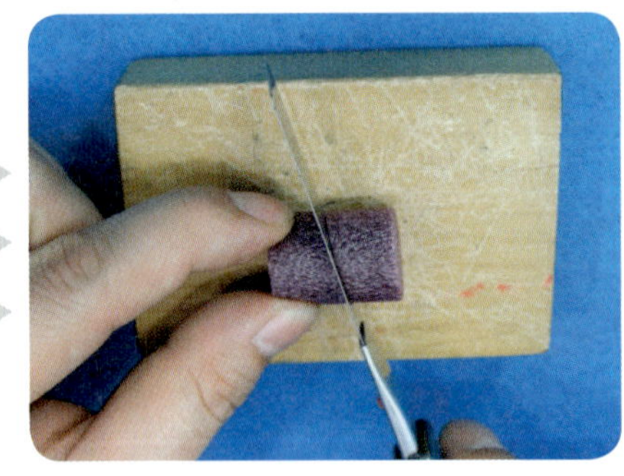

14 2T백업을 비스듬하게 잘라서

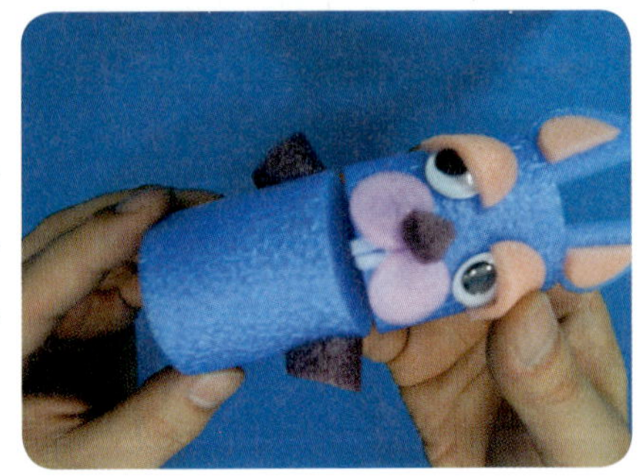

15 토끼의 양 어깨로 붙인다.

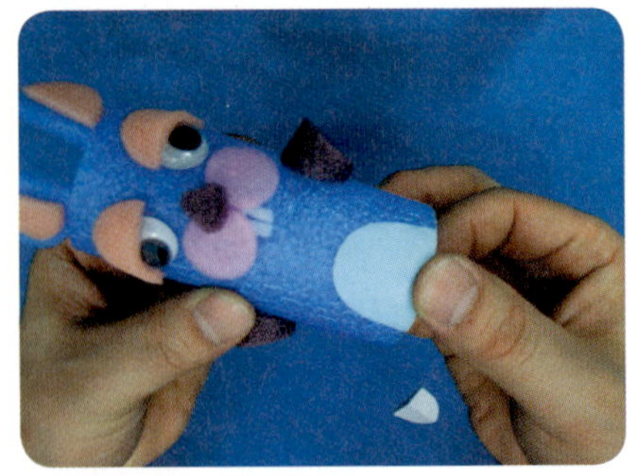

16 컬러펠트지를 모양을 내어 하단에 붙인다.

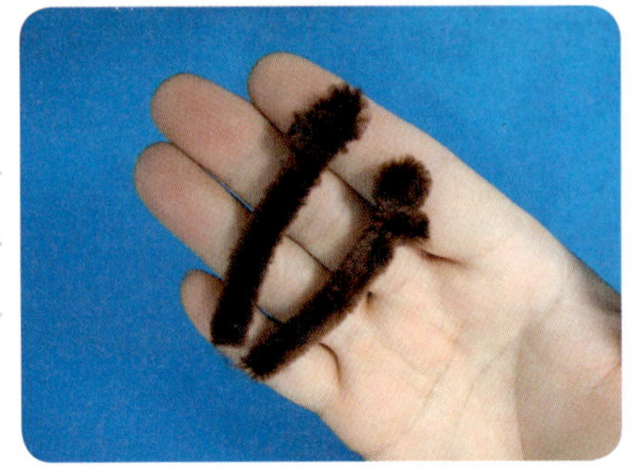

17 모루를 꼬아 손과 팔을 만들어

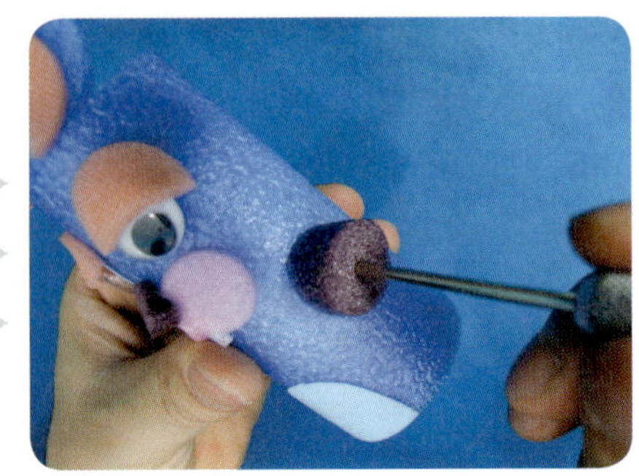

18 송곳으로 미리 구멍을 내고

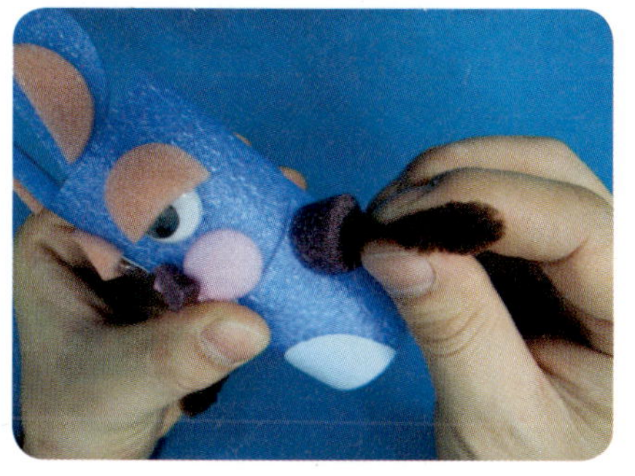

19 만들어 놓은 **17**번의 팔을 꽂는다.

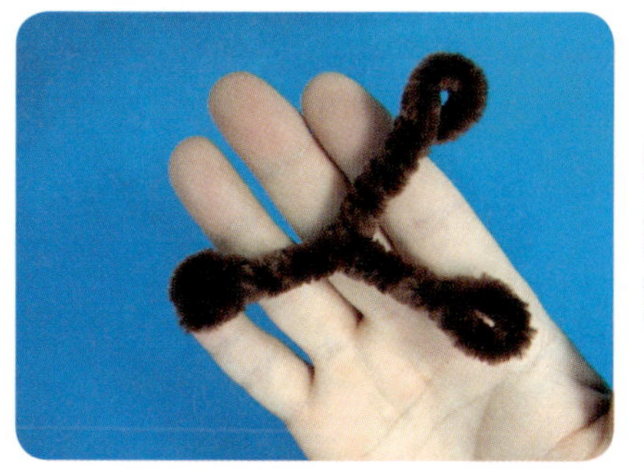

20 모루를 꼬아 Y자로 양 발과 꼬리의 모양을 만들어

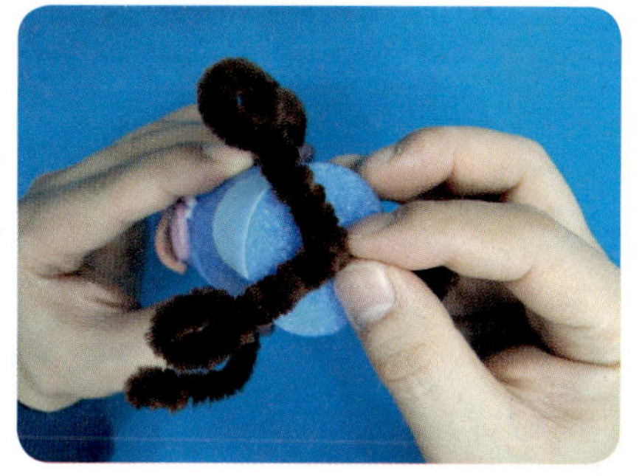

21 글루건을 이용해서 토끼의 맨 하단에 붙인다.

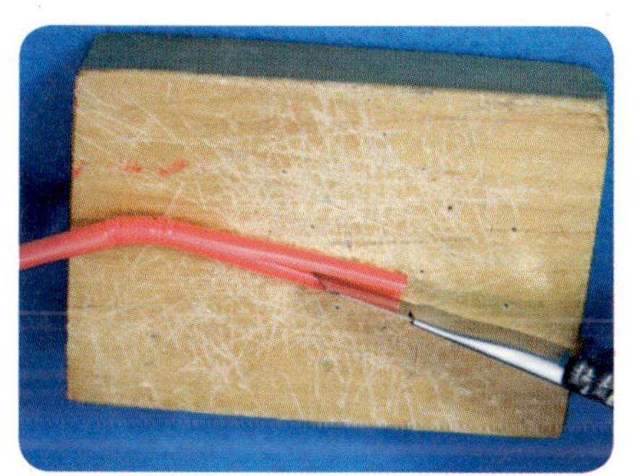

22 주름빨대의 윗부분 약 3cm를 반으로 자르고

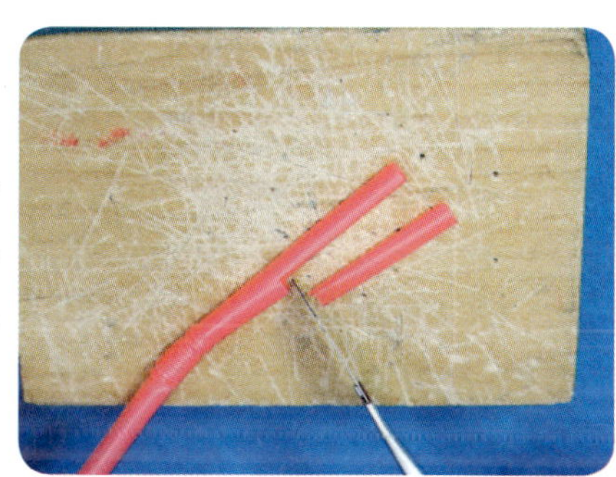

23 다시 잘라

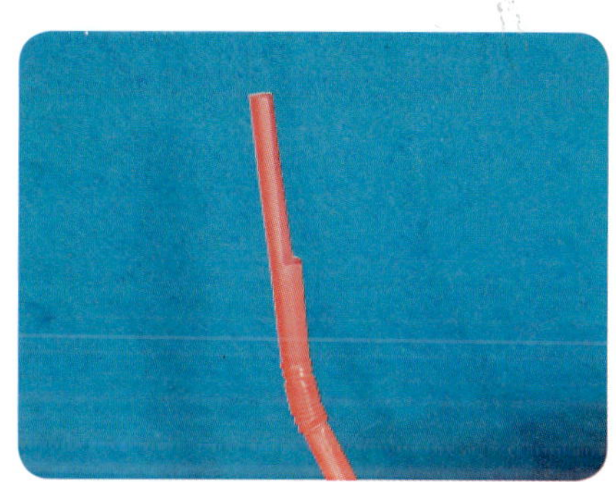

24 낸다.

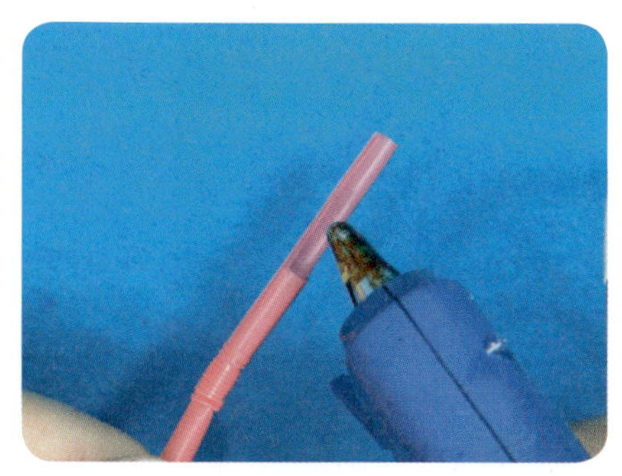

25 글루건을 가늘고 얇게 쏘아

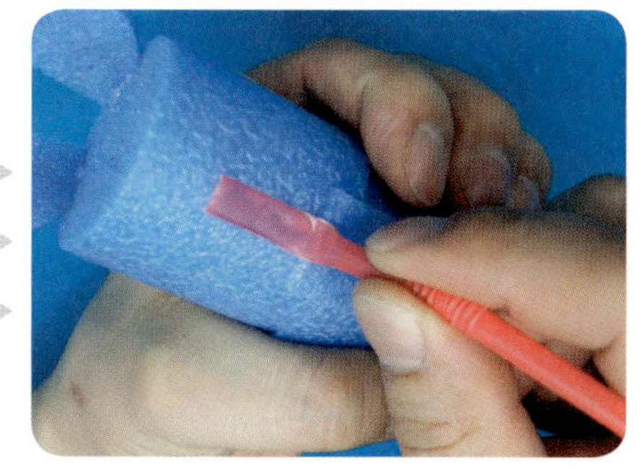

26 토끼의 머리 뒷부분에 붙여 고정한다.

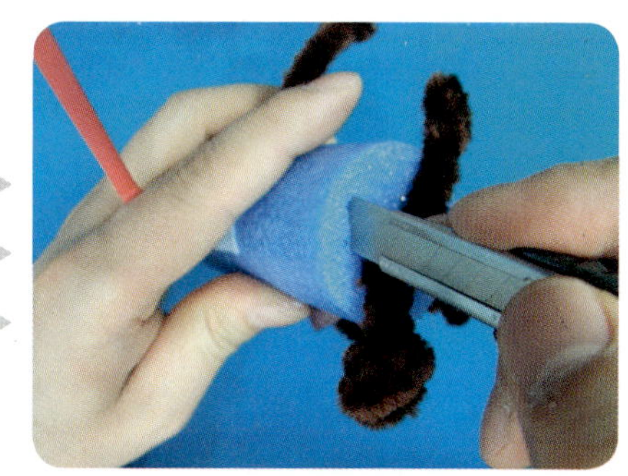

27 꼬리 부분에 꼬리를 옆으로 살짝 밀치고 커터 칼로 홈을 내고

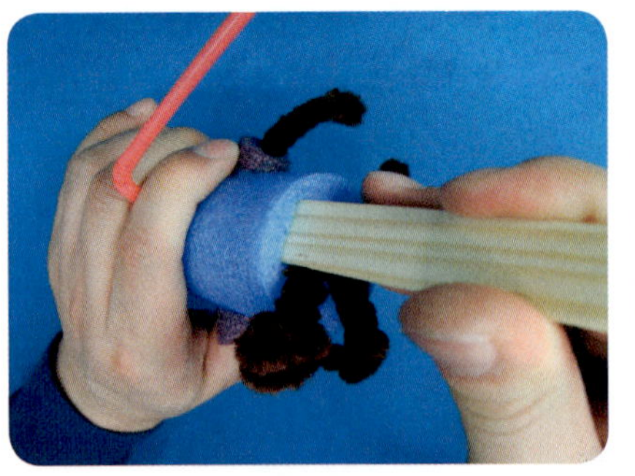

28 뾰족나무를 꽂는다.

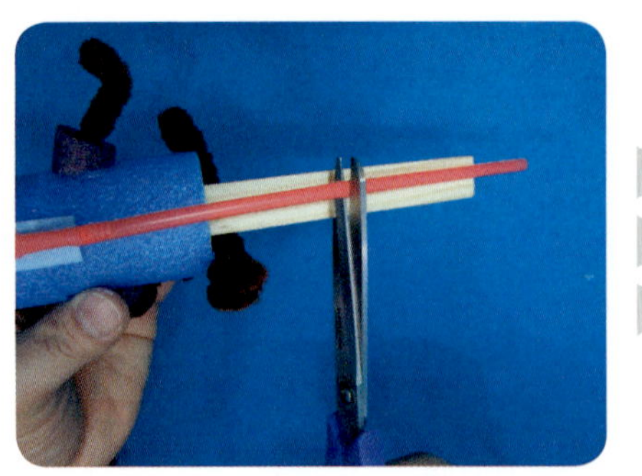

29 적당한 위치에서 가위로 빨대를 잘라내고

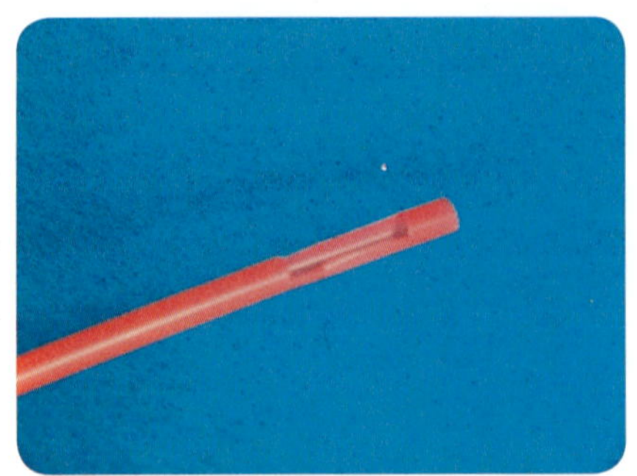

30 빨대의 끝부분에 홈을 내어 잘라낸 후

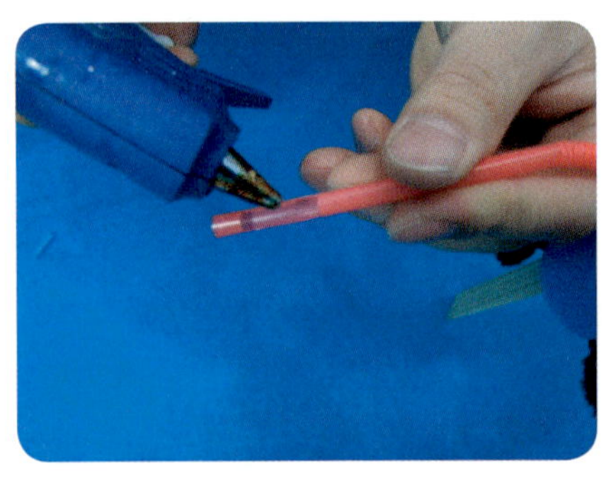

31 글루건을 얇게 쏘아준다.

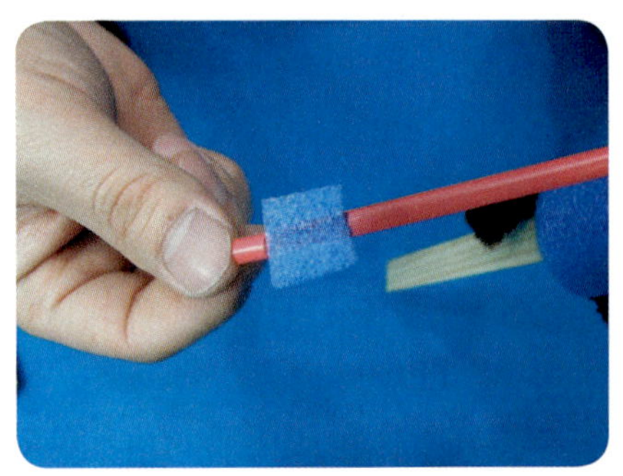

32 만들기를 하다가 남은 백업조각을 붙여

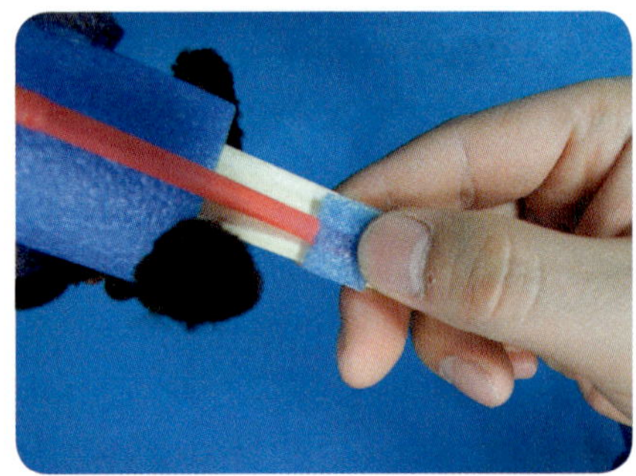

33 미끄럽지 않게 손잡이를 만든다.

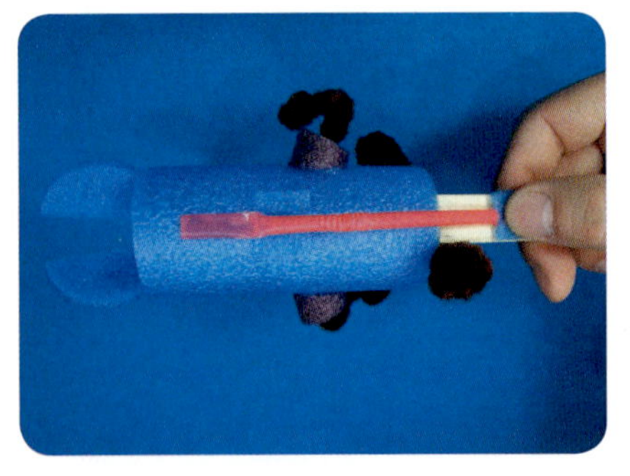

34 완성된 뒷모습

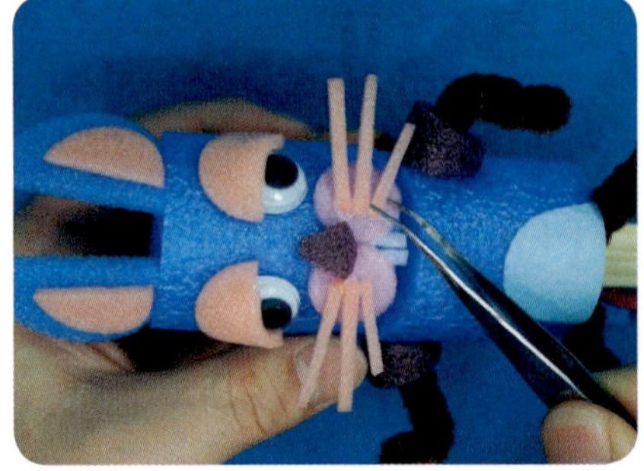

35 만들기를 하다가 남은 조각들을 가늘게 잘라 코에 붙여 장식한다.

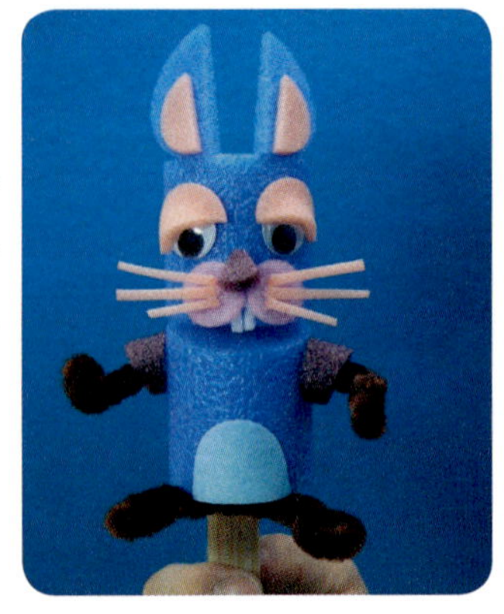

36 완성

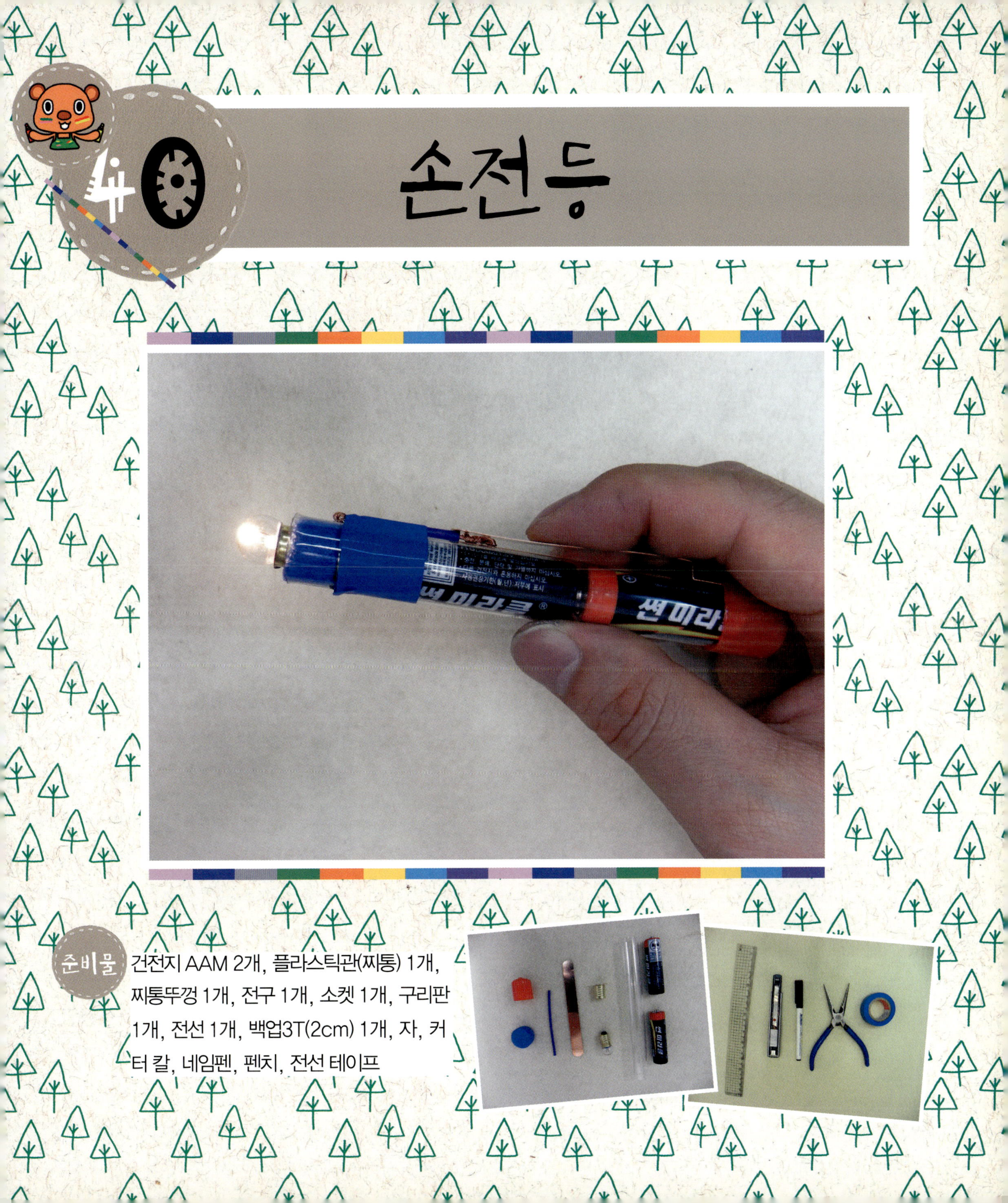

손전등

준비물 건전지 AAM 2개, 플라스틱관(찌통) 1개, 찌통뚜껑 1개, 전구 1개, 소켓 1개, 구리판 1개, 전선 1개, 백업3T(2cm) 1개, 자, 커터 칼, 네임펜, 펜치, 전선 테이프

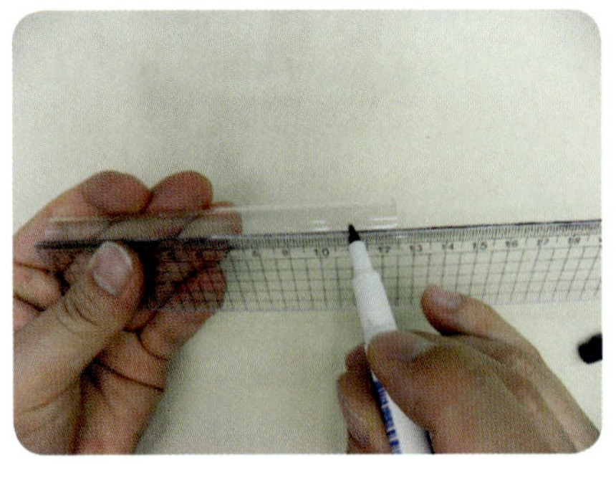

1 플라스틱관 11cm를 자로 체크하고

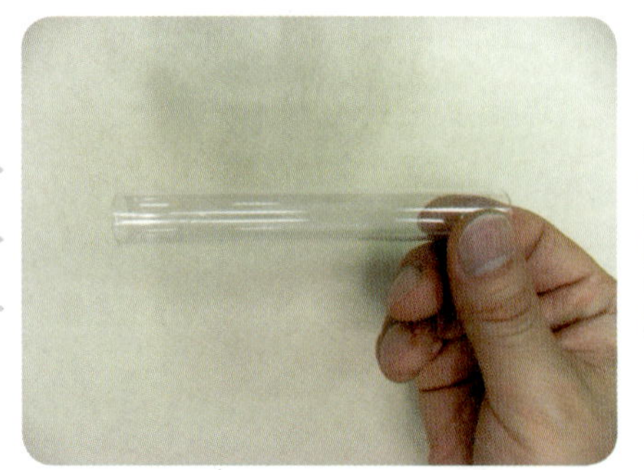

2 칼이나 가위로 자른다.

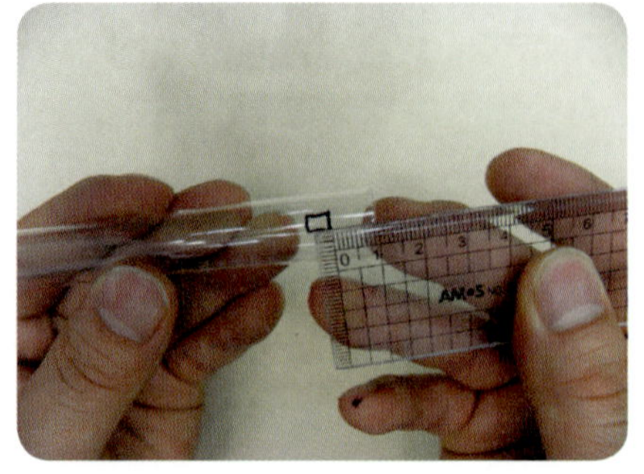

3 한쪽 끝에서 1cm 되는 곳에 가로 5mm, 세로 5mm의 사각 밑그림을 그린다.

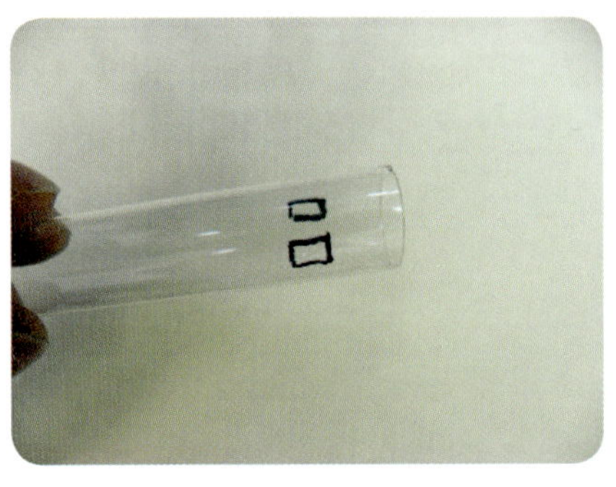

4 마주보는 쪽도 같은 크기의 밑그림을 그린다.

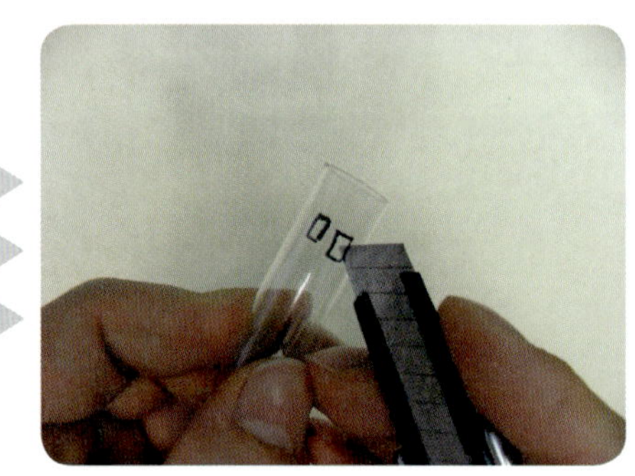

5 칼을 짧게 잡아 잘라낸다.

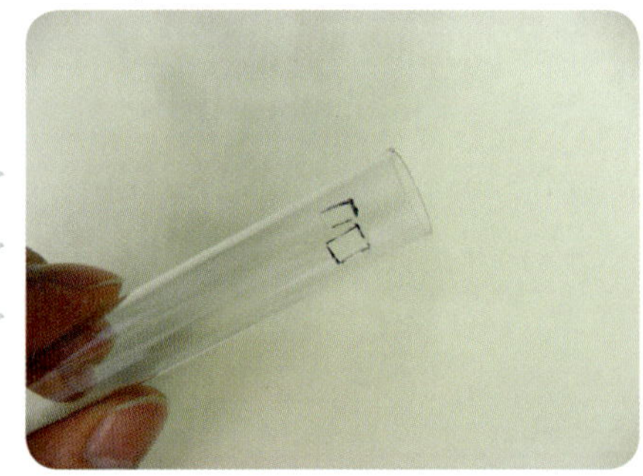

6 같은 방법으로 맞은편도 잘라낸다.

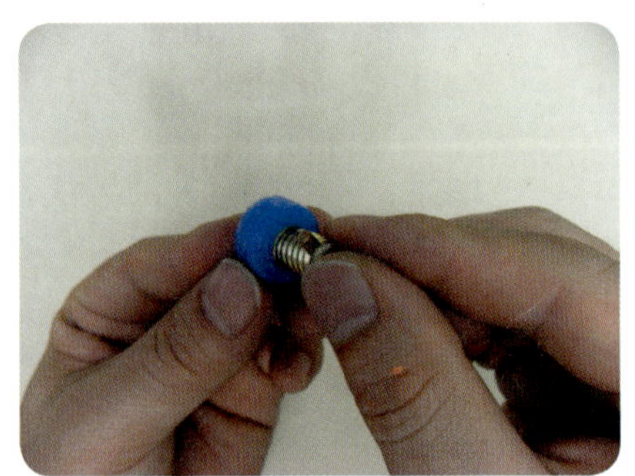

7 백업의 정중앙에 소켓을 거꾸로 대고

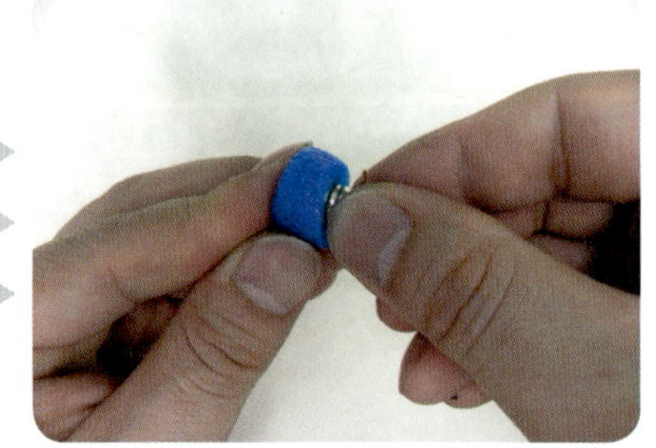

8 좌우로 돌리기를 반복하여

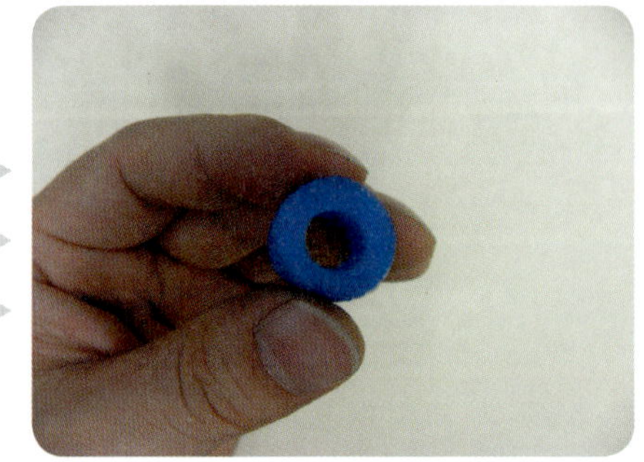

9 구멍을 뚫는다.

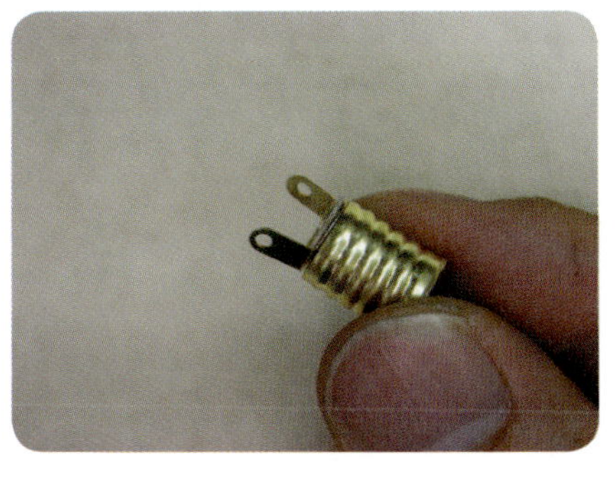

10 소켓의 전선 연결고리를 구부려서

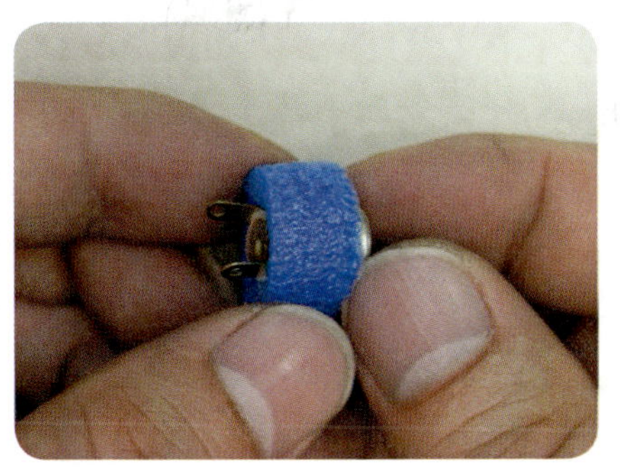

11 9의 백업에 소켓을 끼워 넣고 다시

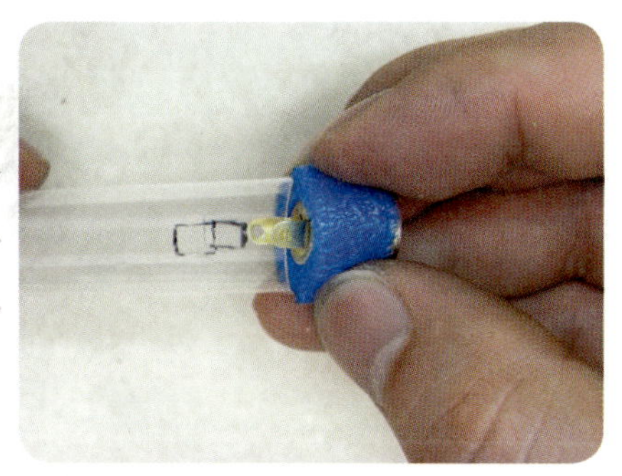

12 6의 구멍을 뚫어 놓은 쪽 에 끼워 넣는다.

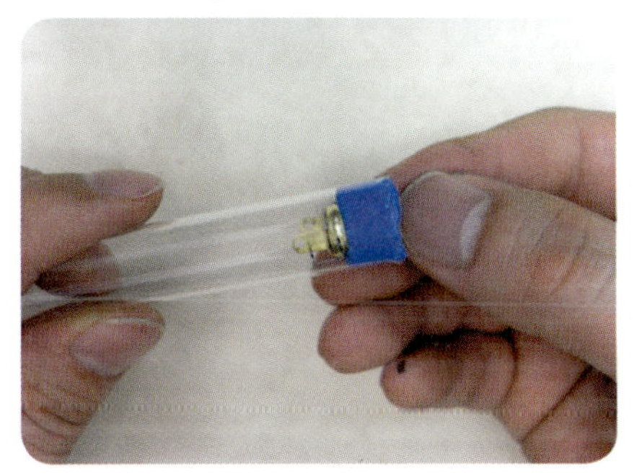

13 플라스틱 관을 돌리며 손 톱으로 밀어 넣는다.

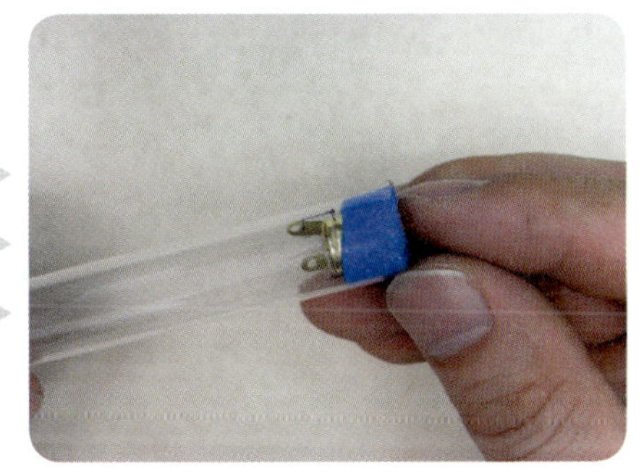

14 뚫어놓은 구멍과 소켓의 전선고리가 같은 위치에 위치하도록 맞추고

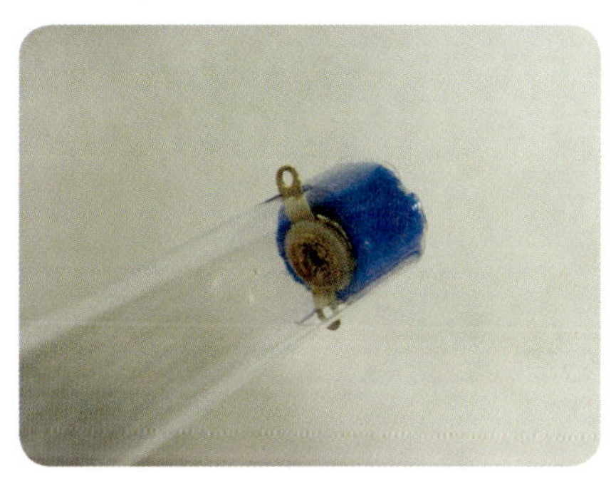

15 칼끝이나 뾰족한 것을 이 용하여 전선고리를 밖으 로 다시 펴고

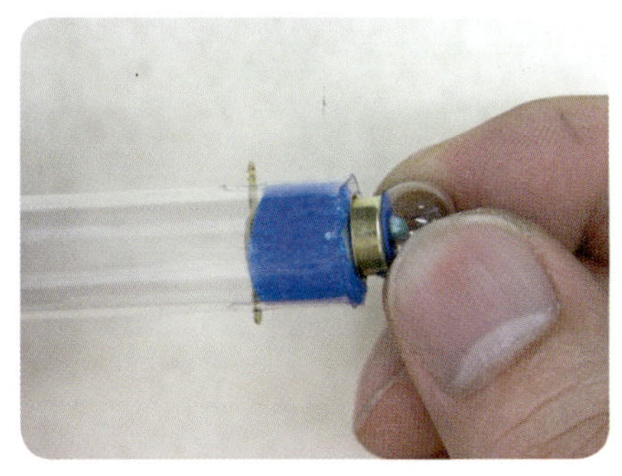

16 전구를 돌려 끼운다.

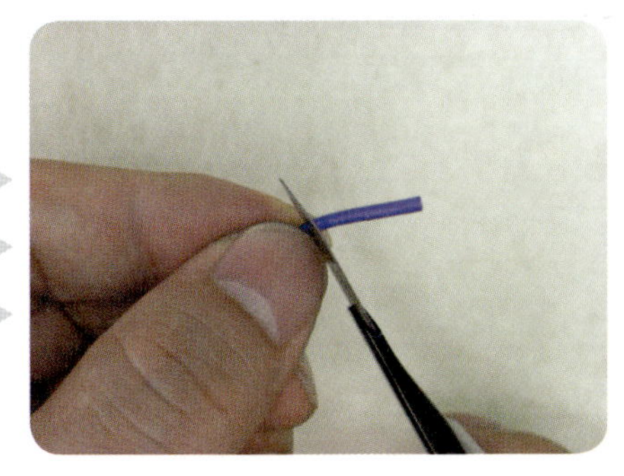

17 전선의 끝에서 약 3cm 에 칼을 대고

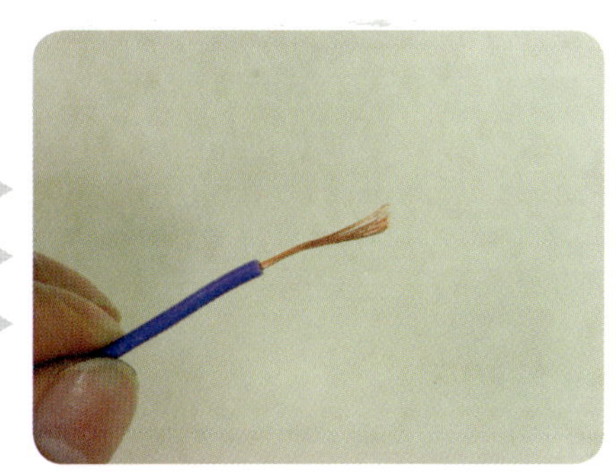

18 전선을 돌리며 피복을 벗 겨낸다.

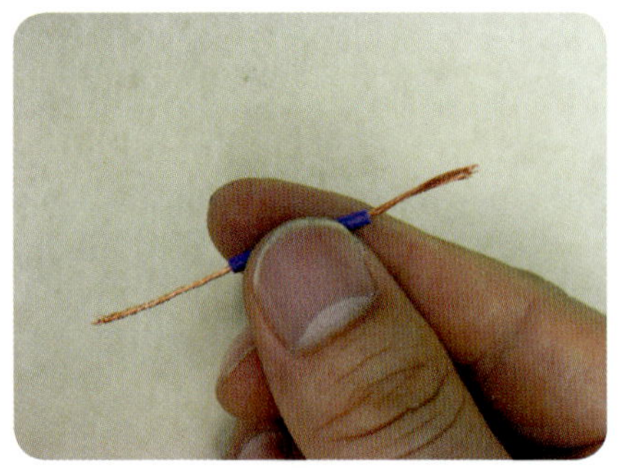

19 양쪽 모두를 같은 방법으로 피복을 벗겨낸다.

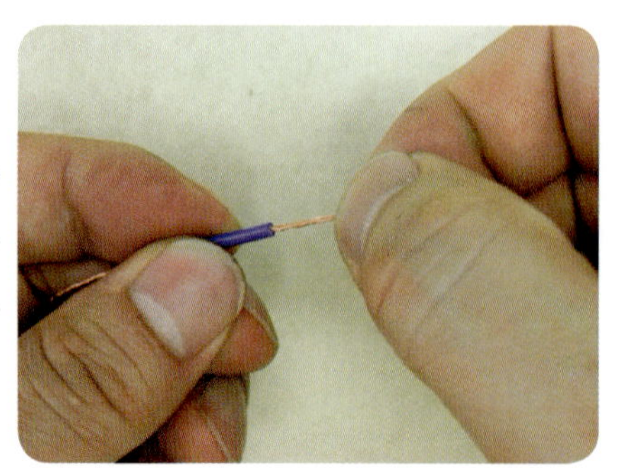

20 시계방향으로 전선을 비틀어 꼰다.

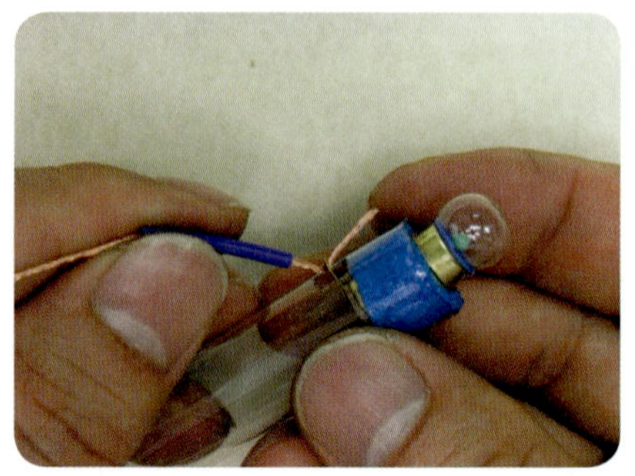

21 소켓의 외부 부분과 연결된 전선고리에 전선을 끼워 넣고

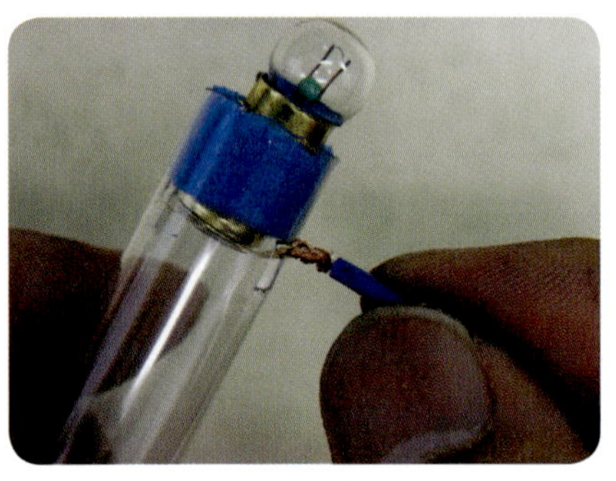

22 시계방향으로 비틀어 꼰다.

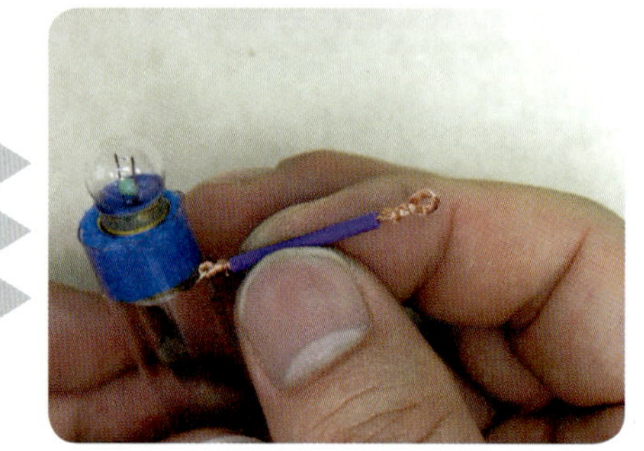

23 다른 쪽은 벗겨진 반을 접어 같은 방법으로 비틀어 꼰다.

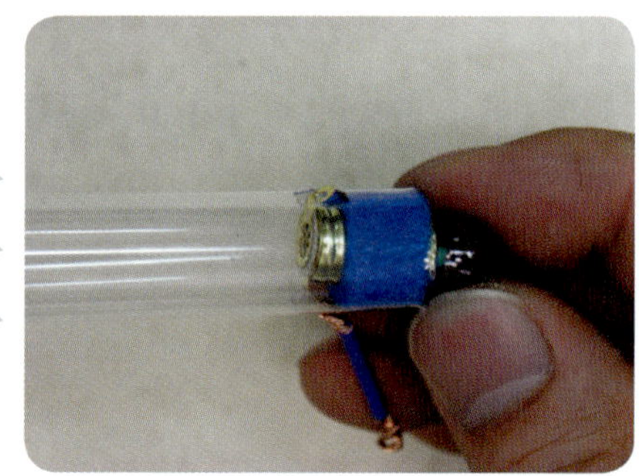

24 전구를 잡아 당겨서 전선고리가 뚫어놓은 구멍에 걸리도록 한다.

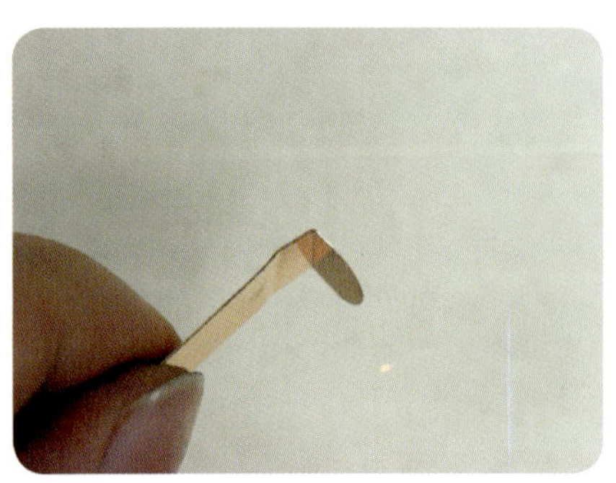

25 구리판의 끝에서 약 1cm를 90도로 꺾는다.

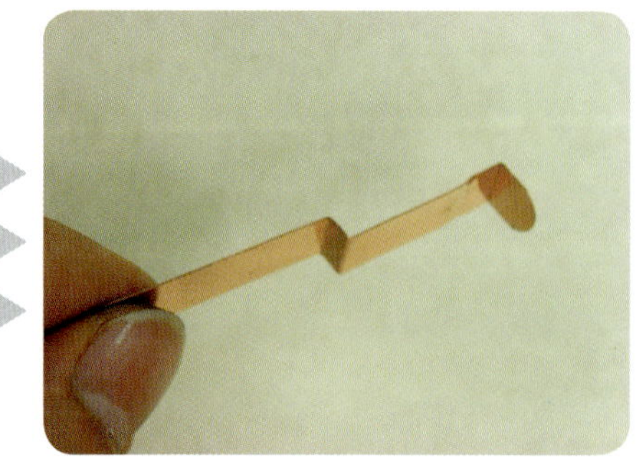

26 꺾인 곳에서 5cm되는 곳을 다시 계단처럼 90도로 꺾고 또 꺾는다.

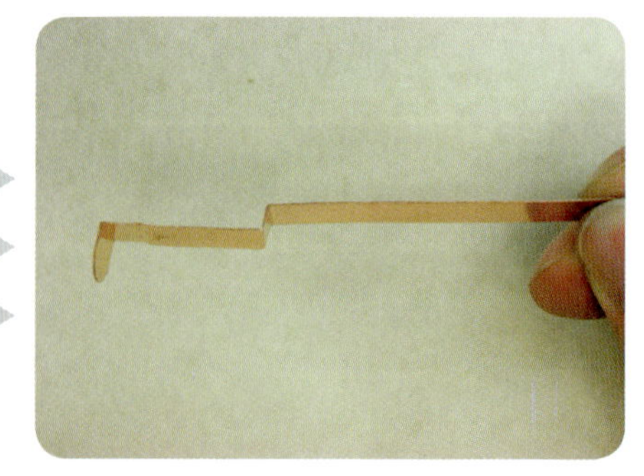

27 사진과 같이 꺾어 놓는다.

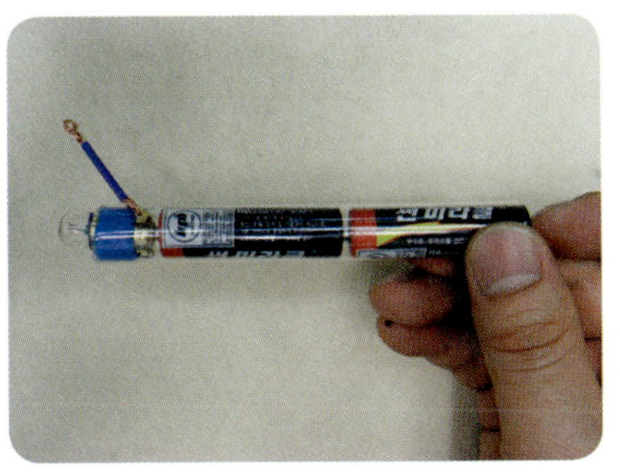

28 건전지의 +극이 전구를 향하게 끼워 넣는다.

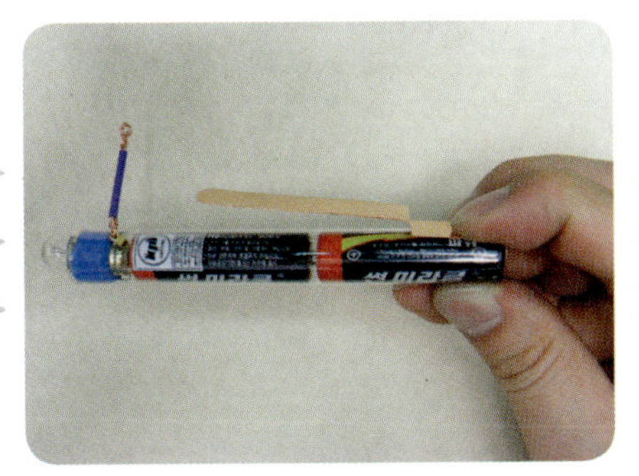

29 27의 구리판을 건전지 뒤 (−)극 끝에 대고

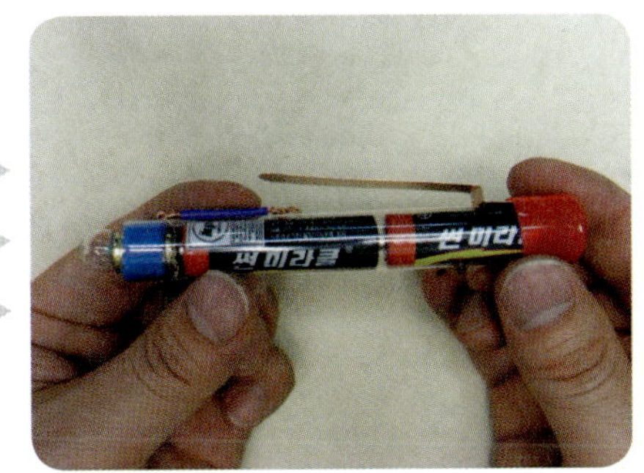

30 뚜껑을 끼운다.

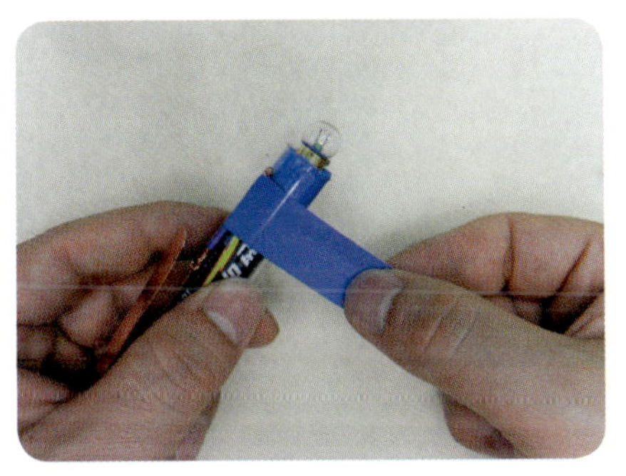

31 앞쪽의 진신을 −자로 펴고 전선테이프로 감아서

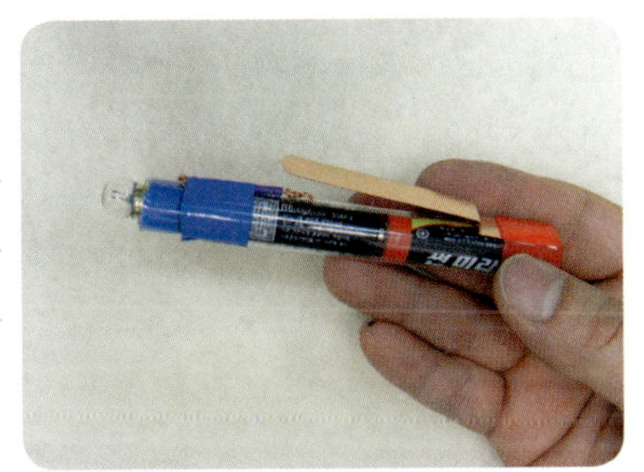

32 마무리한다.

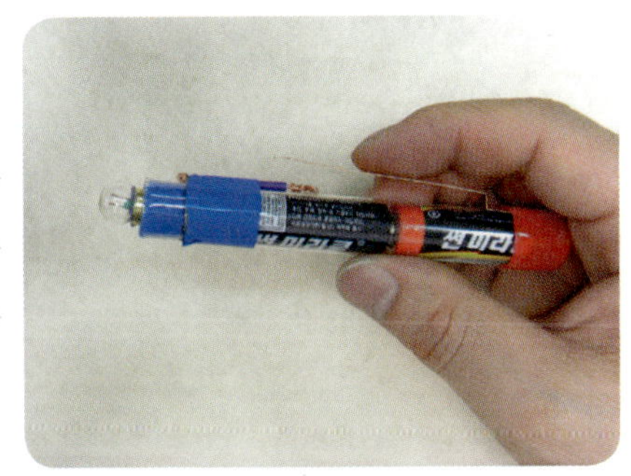

33 완성했으면 구리판을 눌러

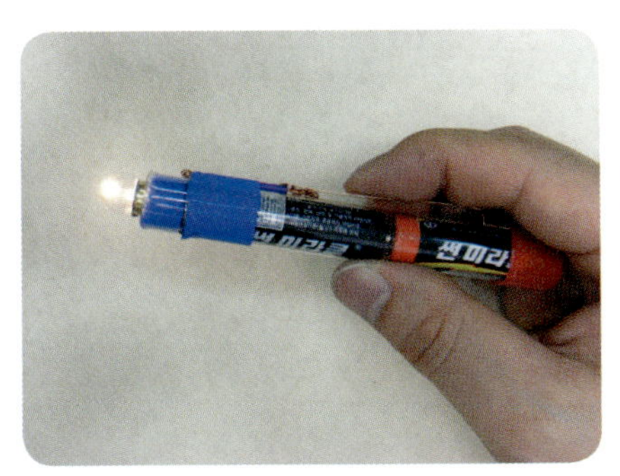

34 불이 들어오는지

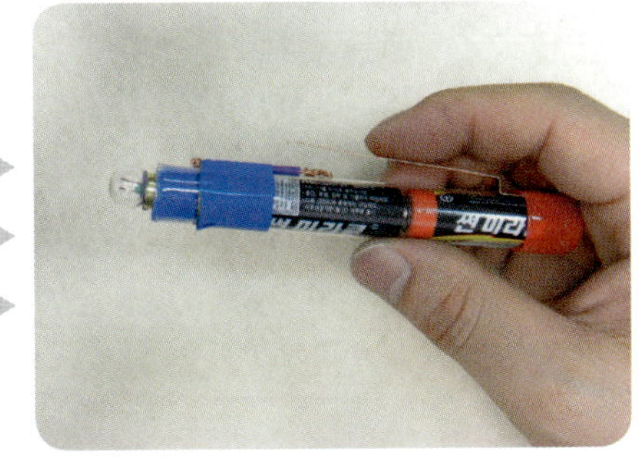

35 확인한다.

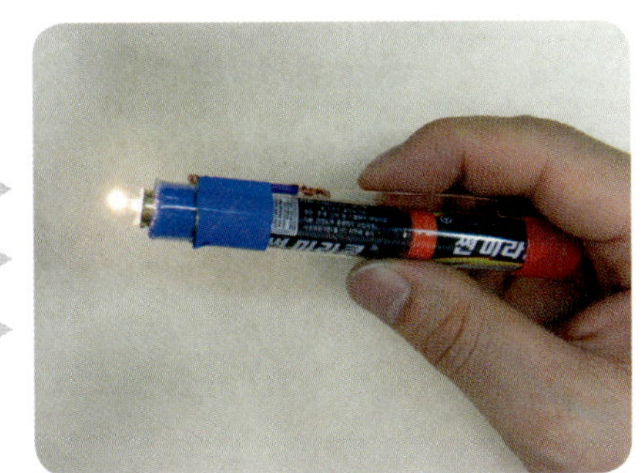

36 완성

캐릭터 호루라기

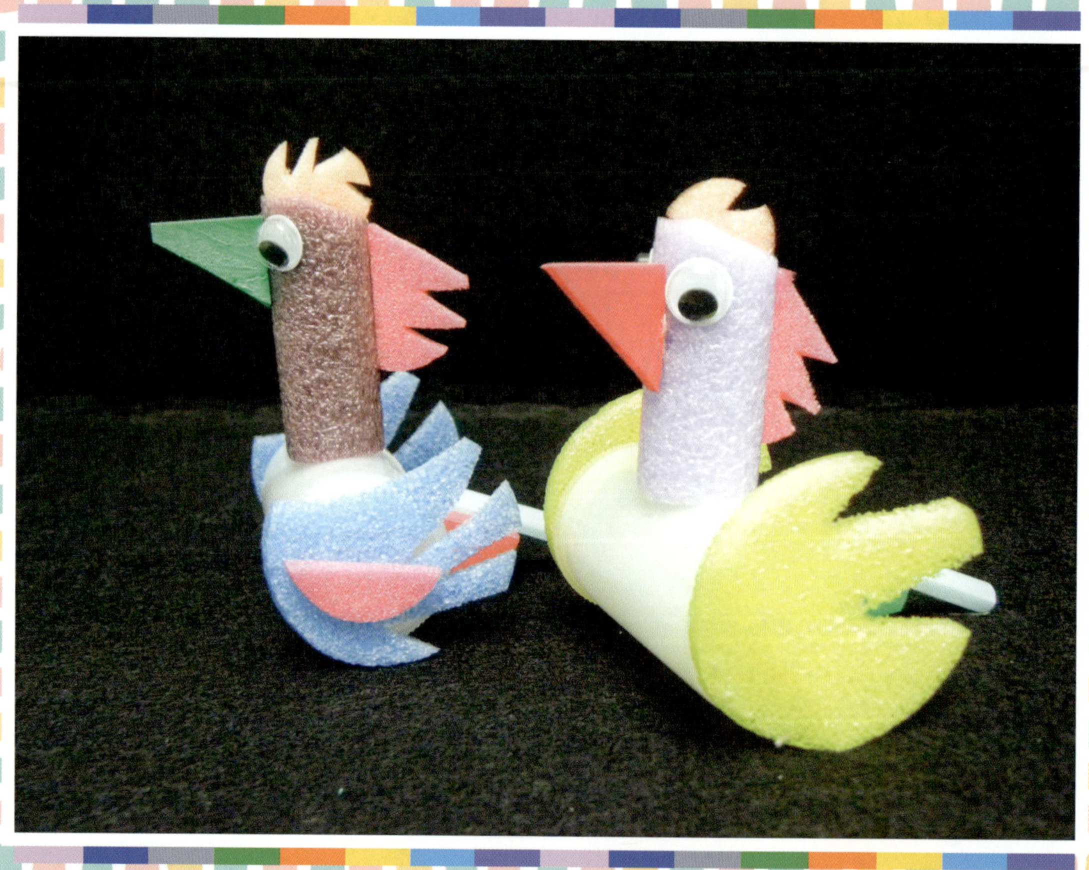

준비물 필름통 1개, EVA 2T – 2cm 1개/1mm 1개, 백업 – 5T(5mm) 2개/3T(2mm)1 개/2T(5cm)1개, 수수깡(2cm) 1개, 눈알 2 개, 빨대(5cm) 1개, 글루건, 커터 칼, 가위

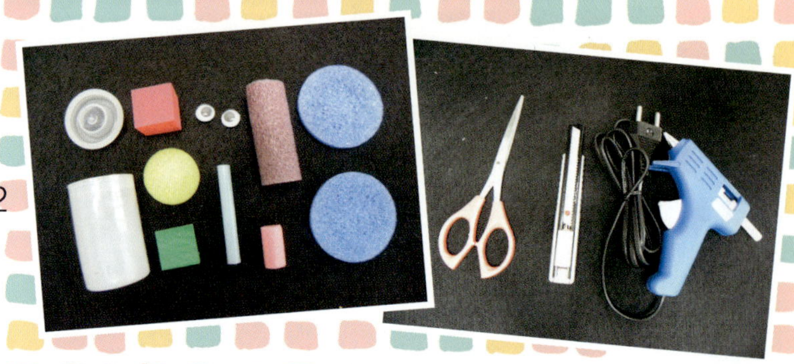

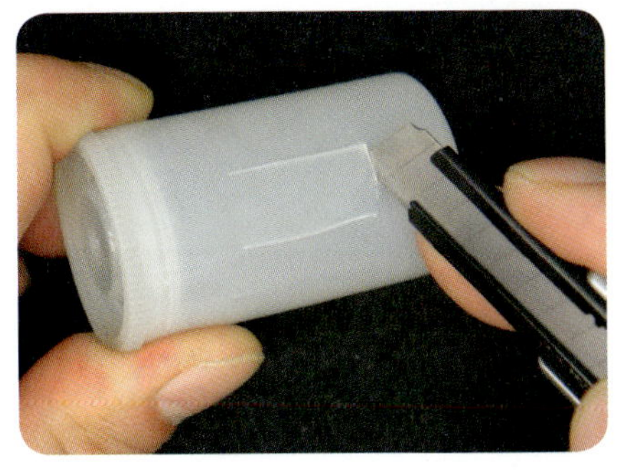

1 필름 통에 가로2cm 세로1cm 의 사각형을 칼로 살짝 누르면 서 잘라

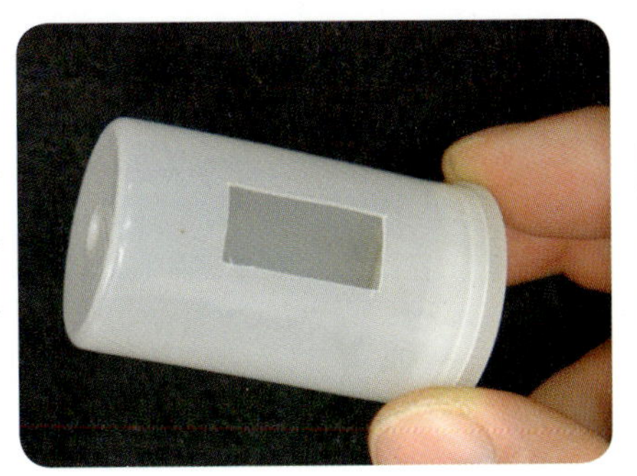

2 파낸다.

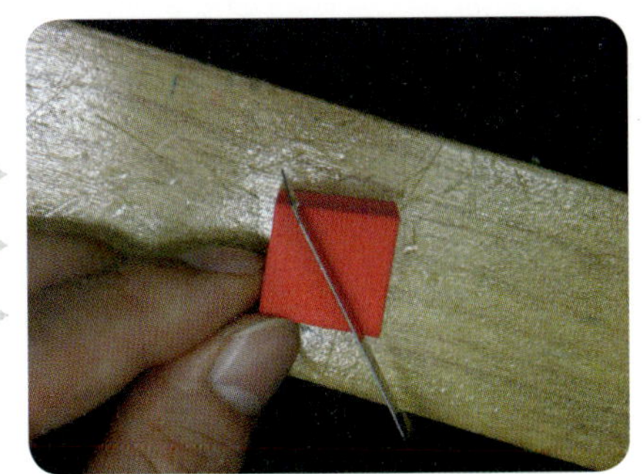

3 EVA를 비스듬히 자른다.

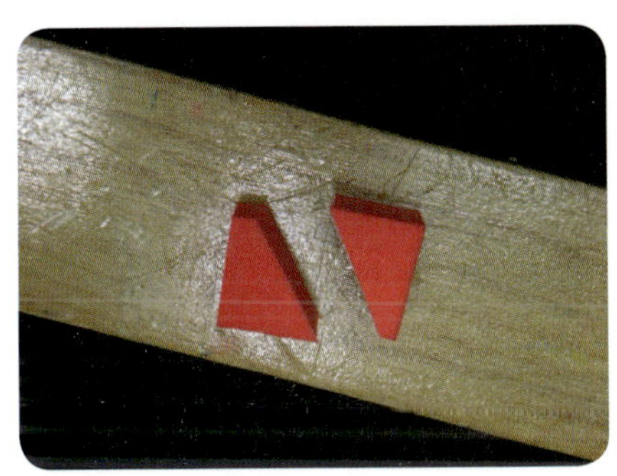

4 2개 중

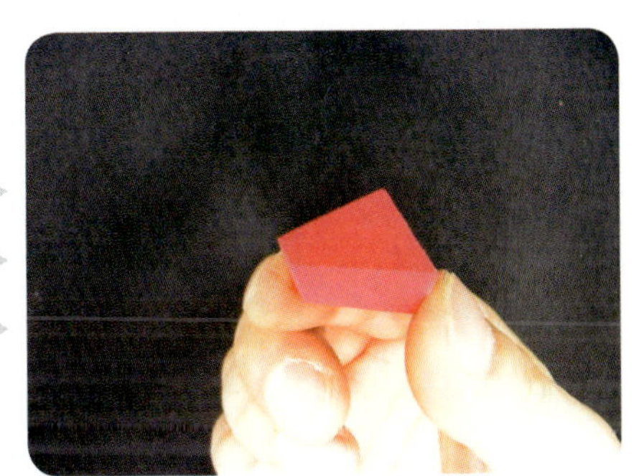

5 한 개이

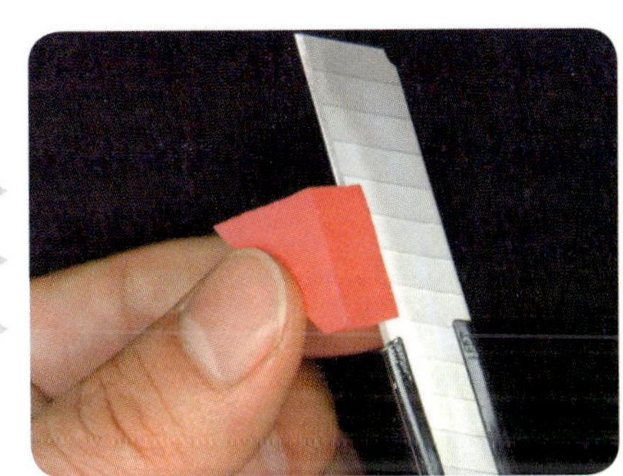

6 넓은 면을 V자로

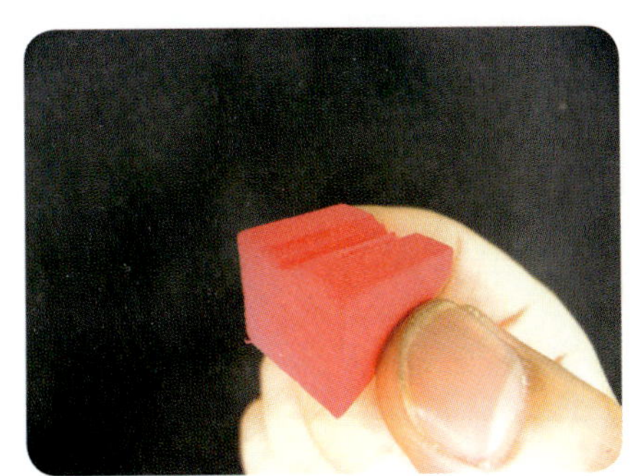

7 홈을 파내고,

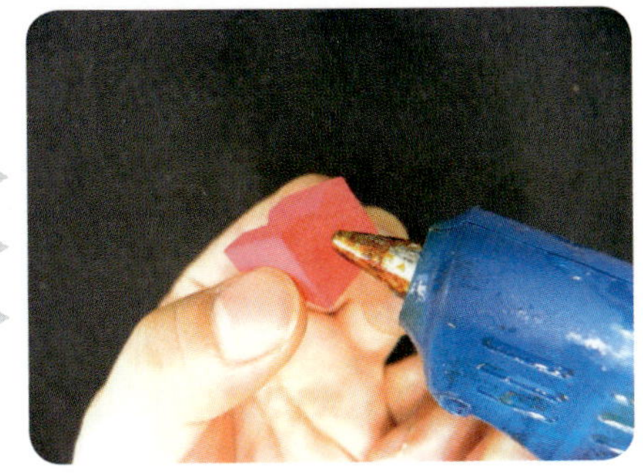

8 글루건을 아주 가늘게 쏘아

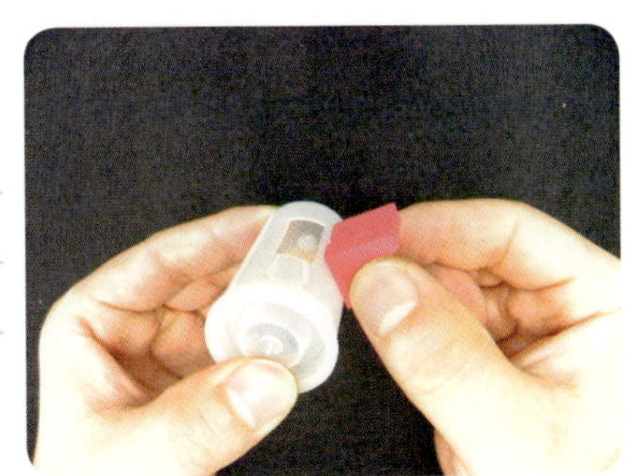

9 파낸 9의 구멍에서 2mm ~3mm의 간격을 두고 붙인 다.

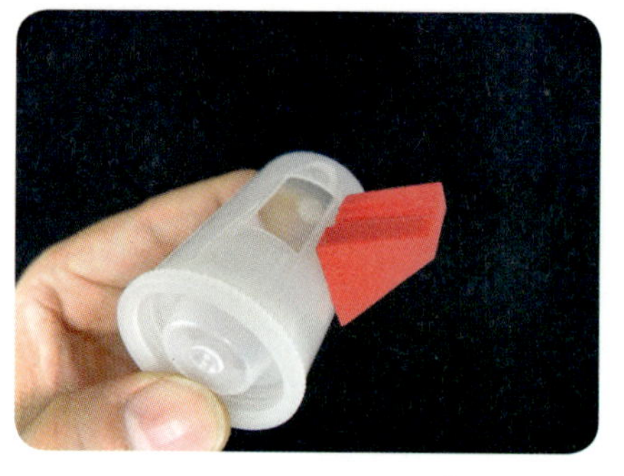

10 붙인 모습

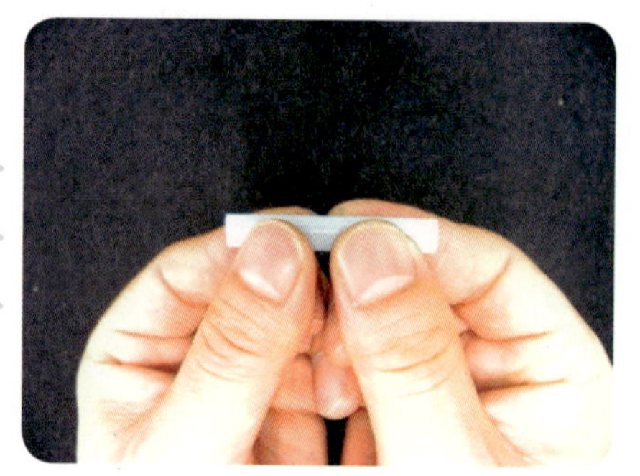

11 빨대를 양손가락으로 눌러 편 다음,

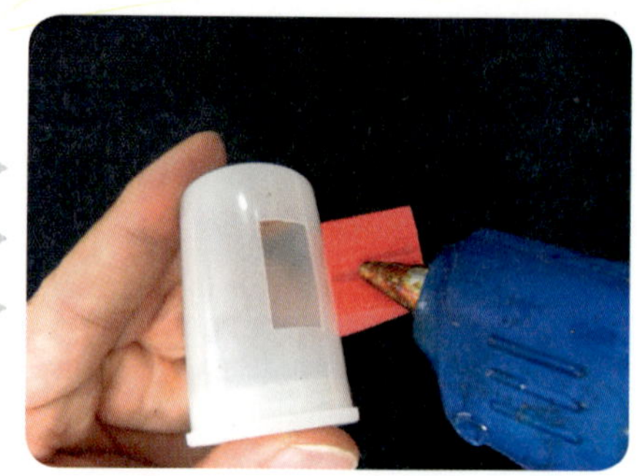

12 홈에 글루건을 가늘게 한 줄 쏘고,

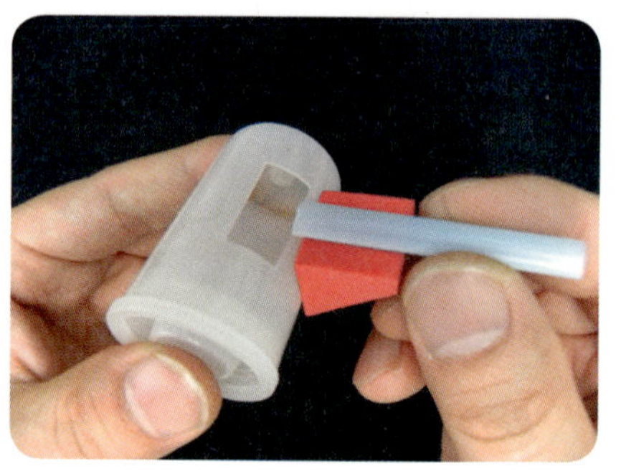

13 11의 빨대를 구멍의 끝 선까지 가져다 붙인다.

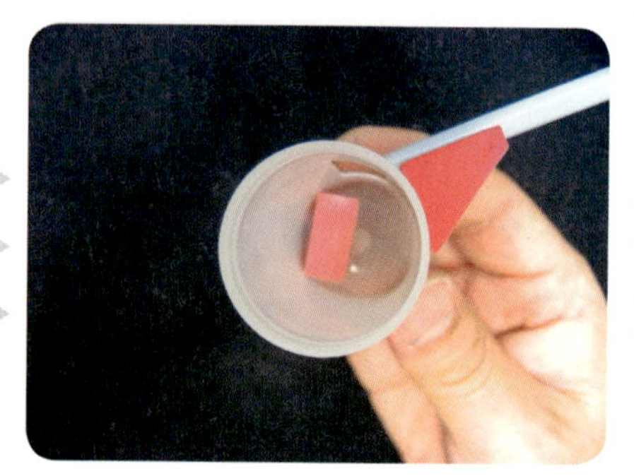

14 필름 뚜껑을 열고 수수깡 조각을 넣은 후 다시 뚜껑을 닫는다.

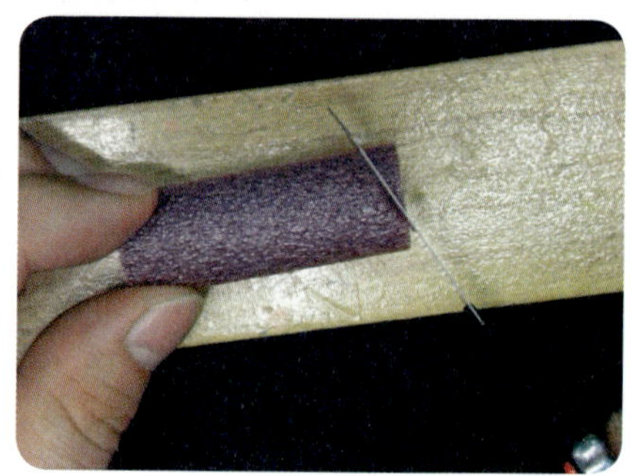

15 백업의 한쪽 끝을 비스듬히 자른다.

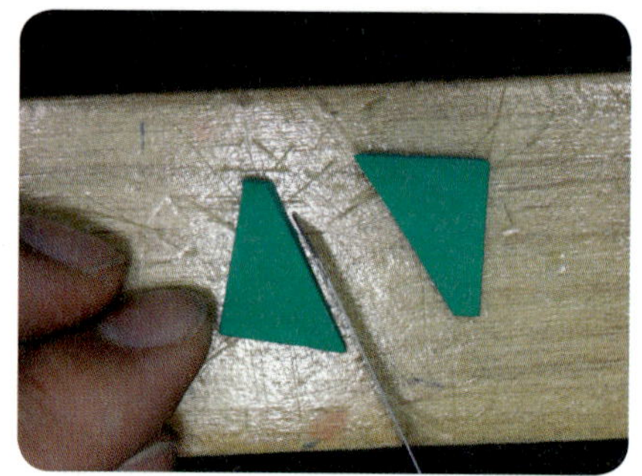

16 EVA-2cm를 비스듬히 자르고 그중 1개를

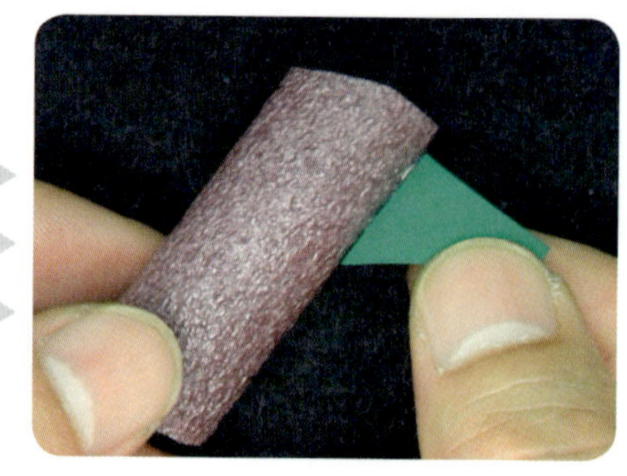

17 글루건을 이용하여 새의 부리로 붙인다.

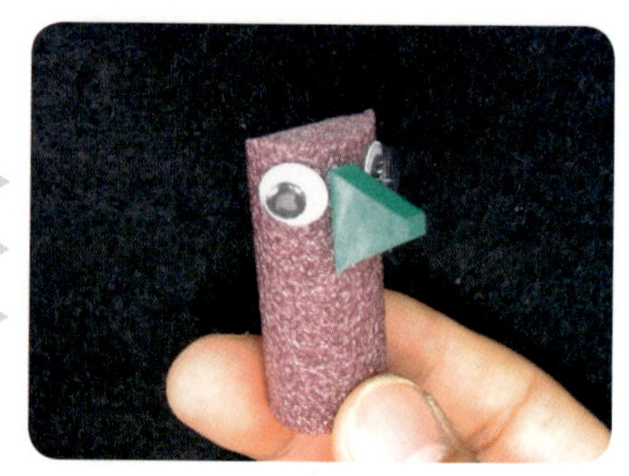

18 부리를 붙인 모습

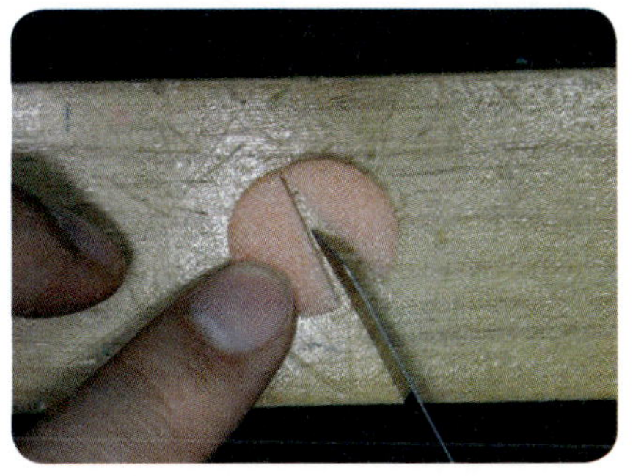

19 백업을 반으로 잘라

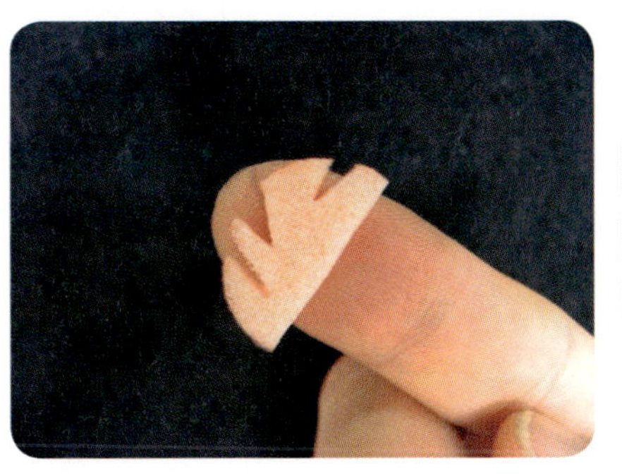

20 머리 깃털같이 다듬어

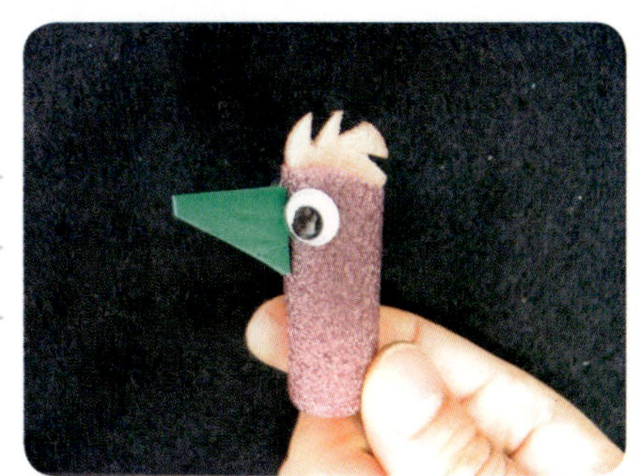

21 글루건으로 붙인다.

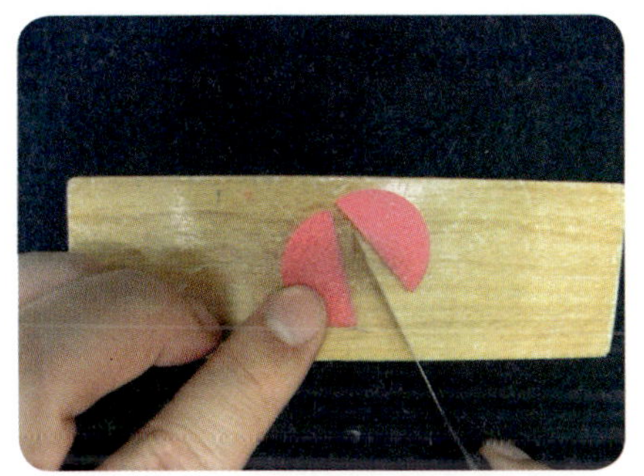

22 또 다른 백업을 잘라 가위나 칼로 모양을

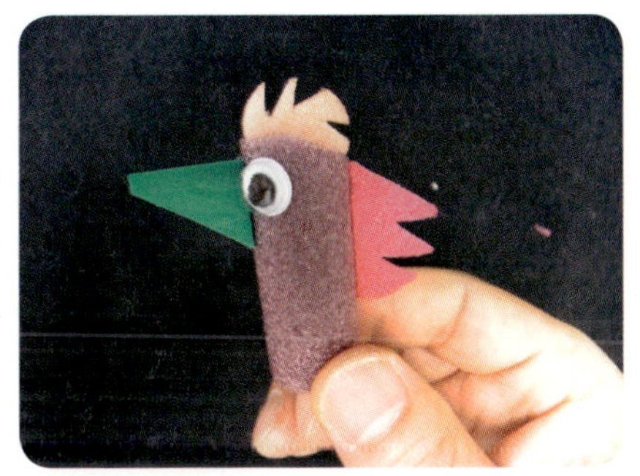

23 만들어 새의 머리에 붙인다.

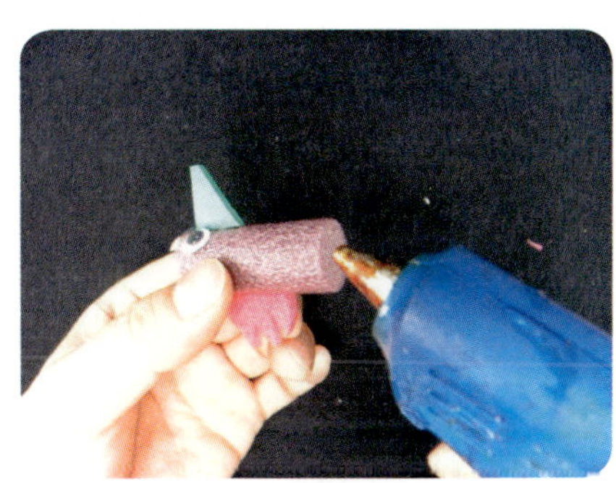

24 글루건을 원을 그리듯 가늘게 쏘아

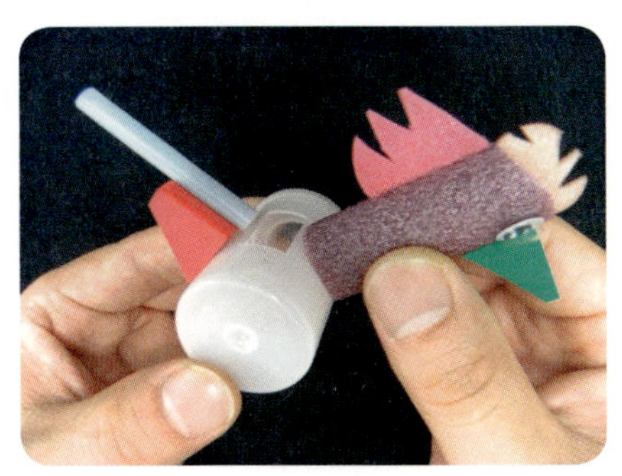

25 호각 몸체의 구멍 앞쪽에 붙인다.

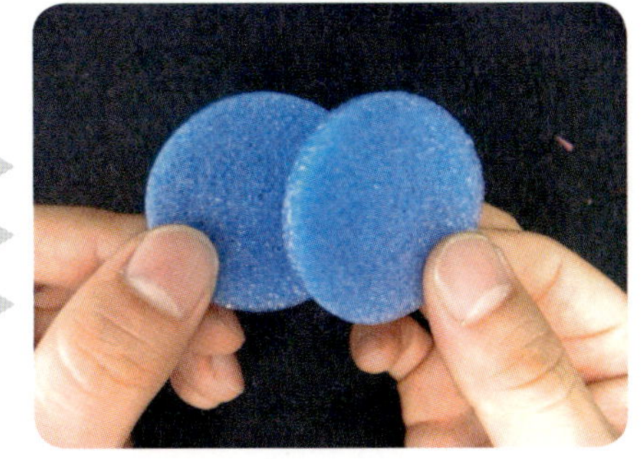

26 백업 2장을

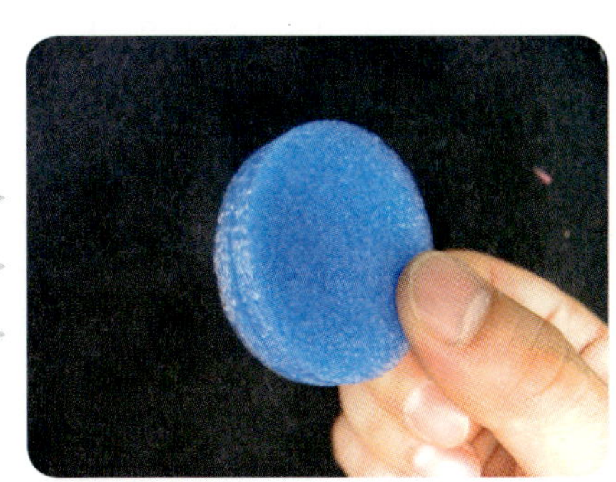

27 겹쳐서

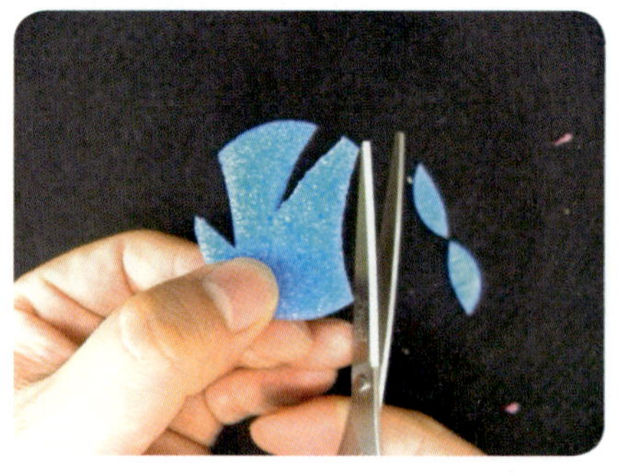

28 가위로 오리거나 칼로 잘라

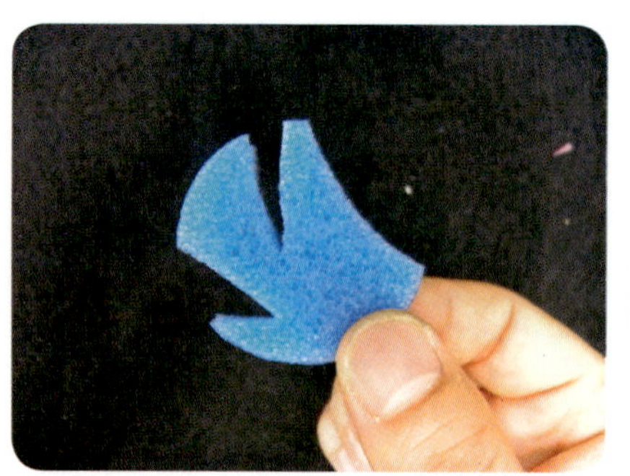

29 새의 날개 모양을 2개

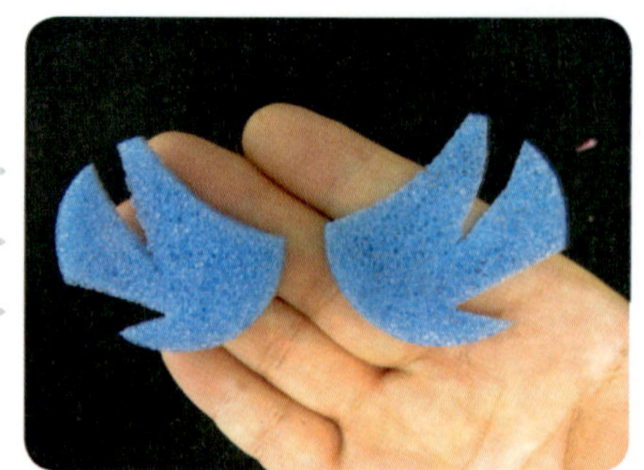

30 만든다.

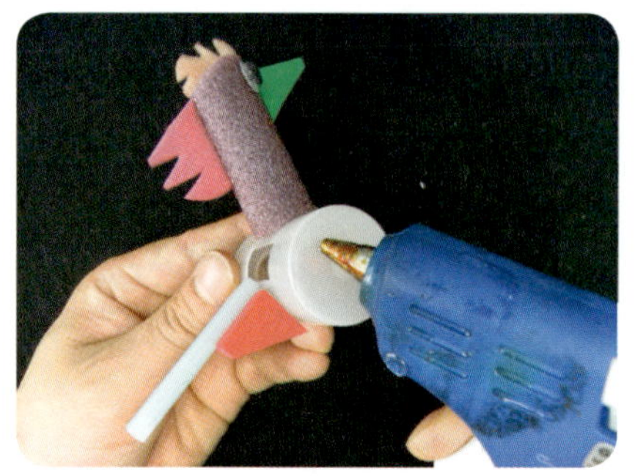

31 호각 몸체의 한쪽에 글루 건을 가늘게 쏘고

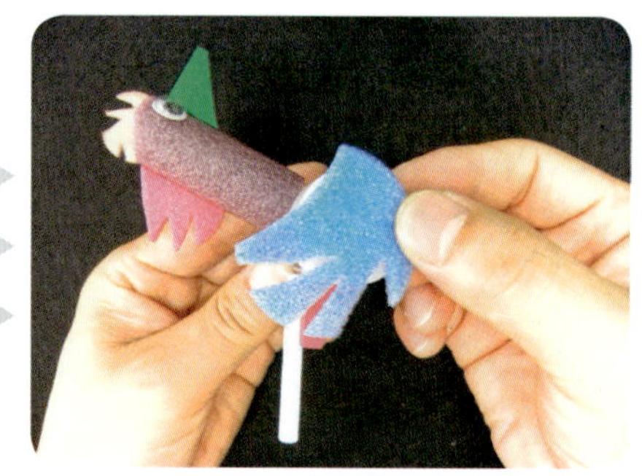

32 붙인다.

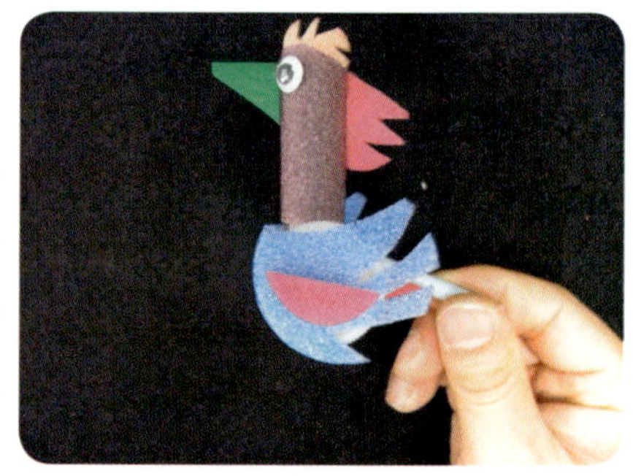

33 다른 쪽도 같은 방법으로 붙인다.

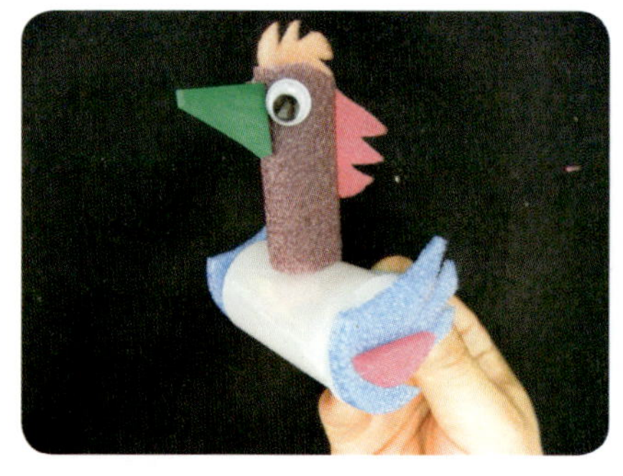

34 완성된 캐릭터

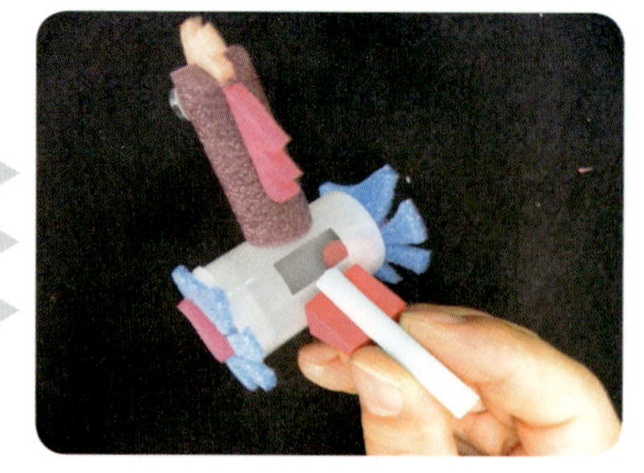

35 빨대에 입을 대고 불어 보자.

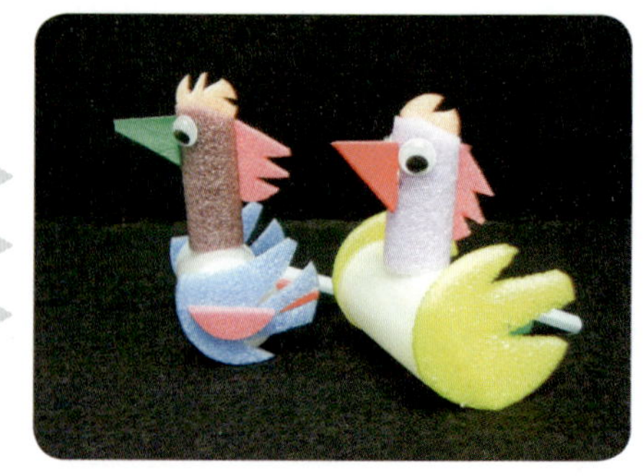

36 완성

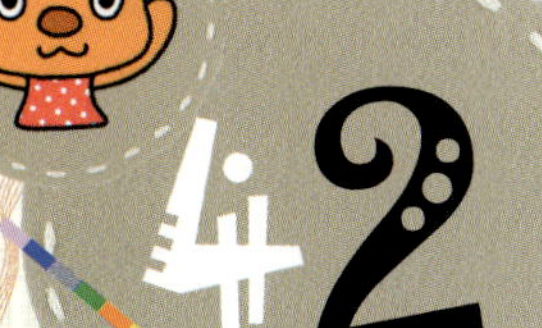

편지꽂이

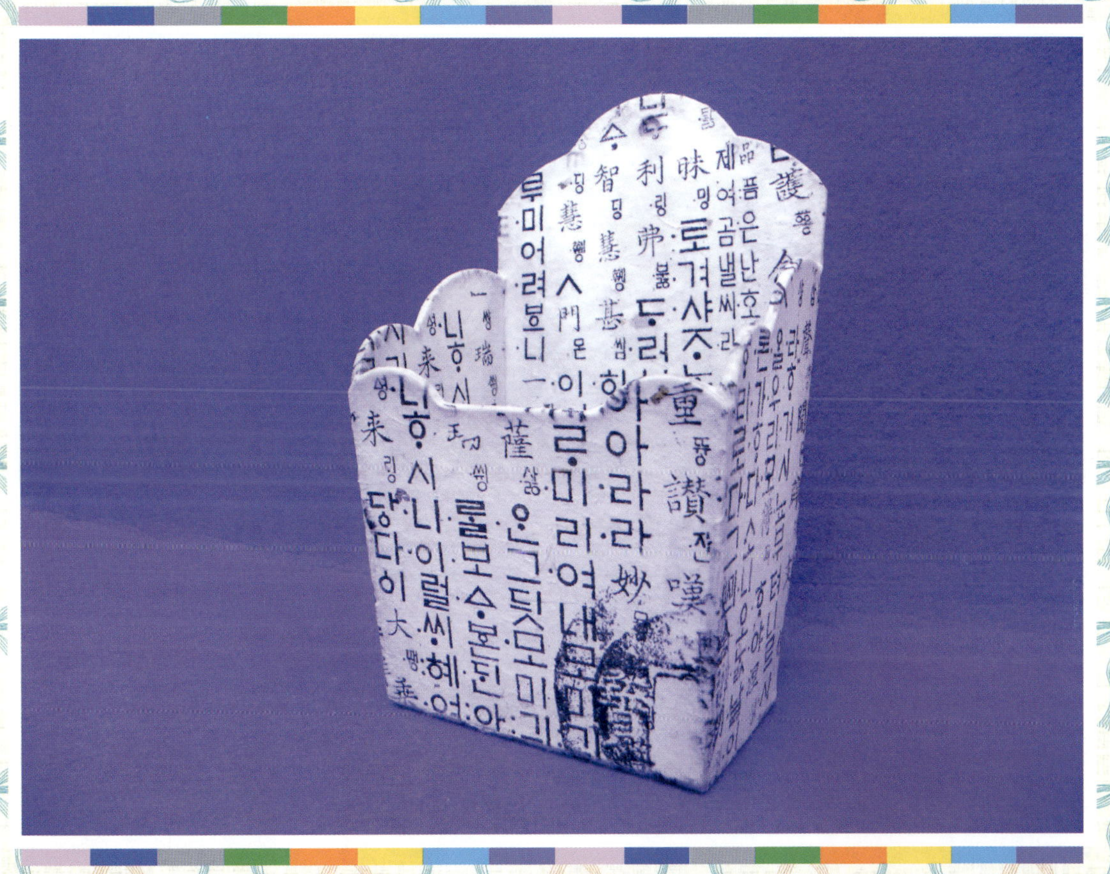

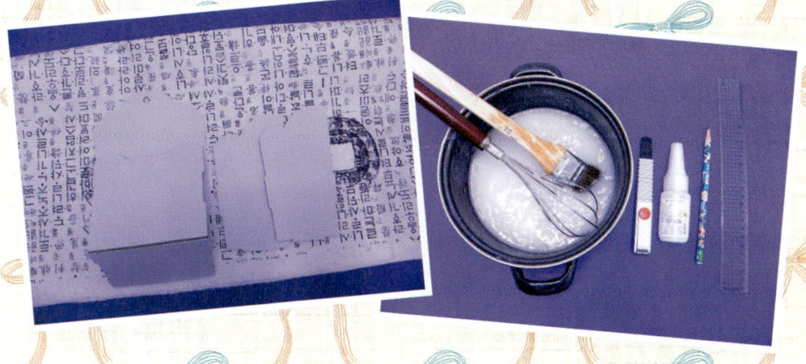

준비물 하드보드지 모형 1개, 고급한지 1장, 감자전분(1스푼)+밀가루(1스푼) 넣어 끓인 풀, 커터칼, 강력본드, 연필, 30cm 자

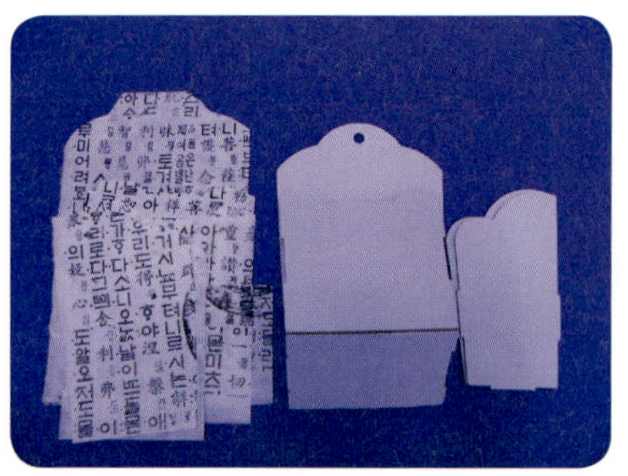

1 편지꽂이의 모형보다 약 2cm 더 크게 한지를 잘라놓는다.

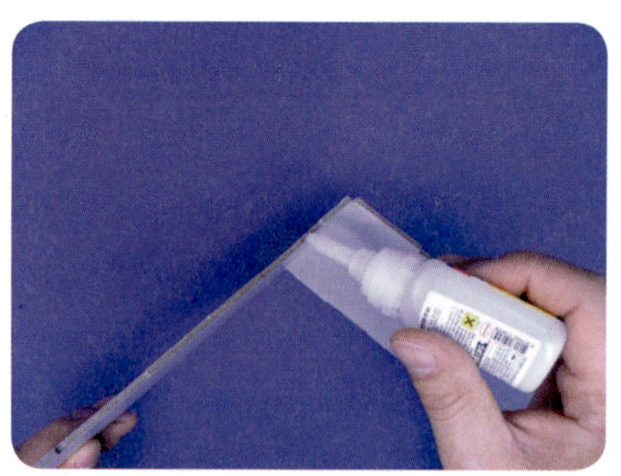

2 강력본드를 발라서

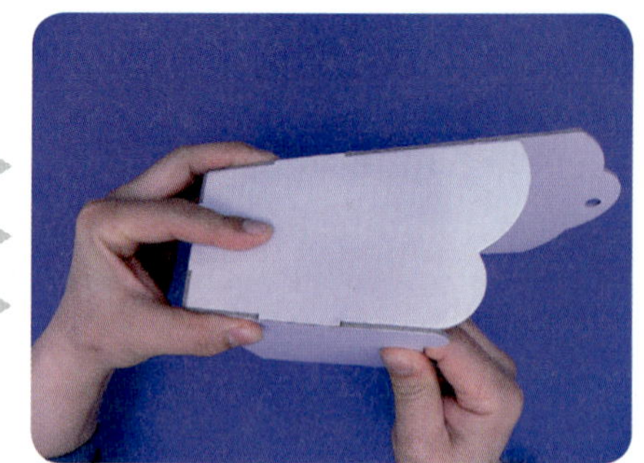

3 조립한다.

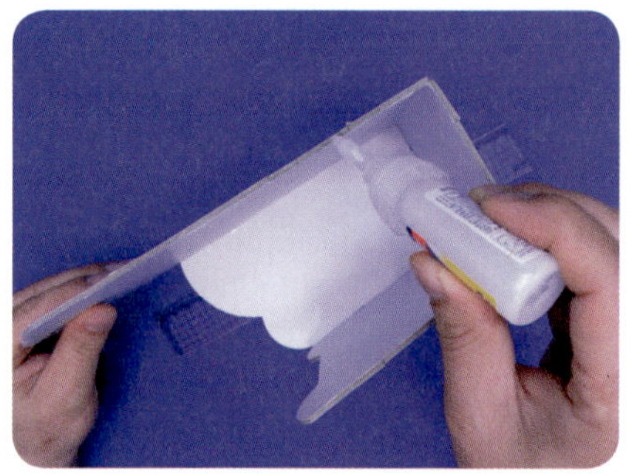

4 본드가 굳으면 반대쪽도 같은 방법으로 본드를

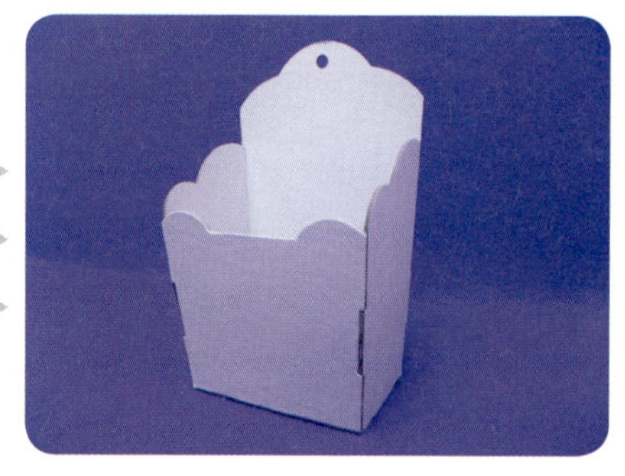

5 이용해서 붙여 모형을 완성한다.

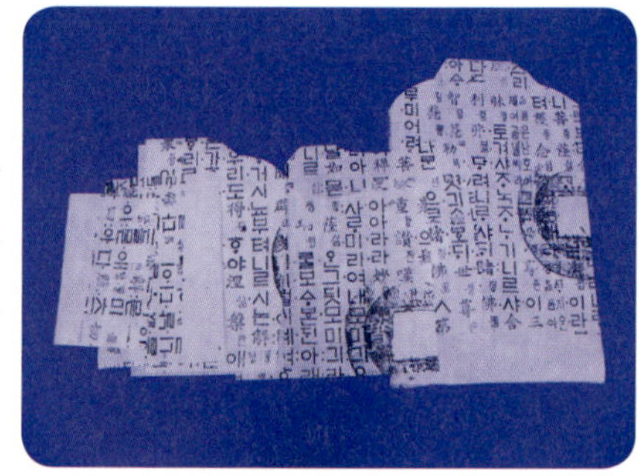

6 모형의 각 면을 자로 재어서 실제의 크기보다 약 2cm 넓게 자른다.

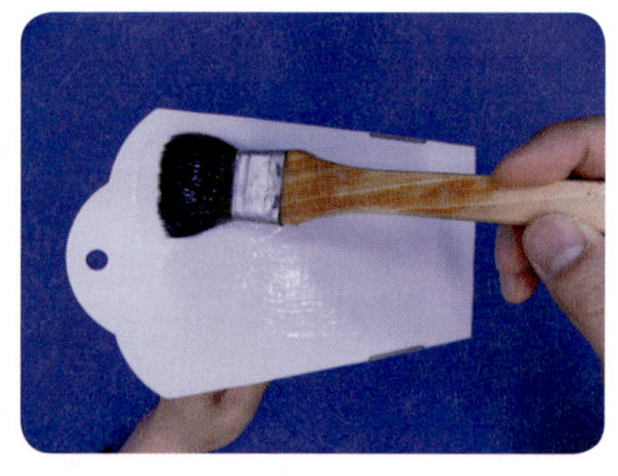

7 뒷면부터 풀칠을 충분히 하고

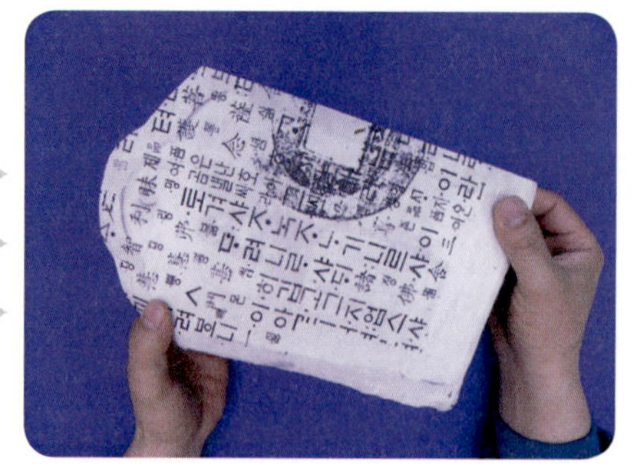

8 사면이 여유가 있도록 한지를 붙인다.

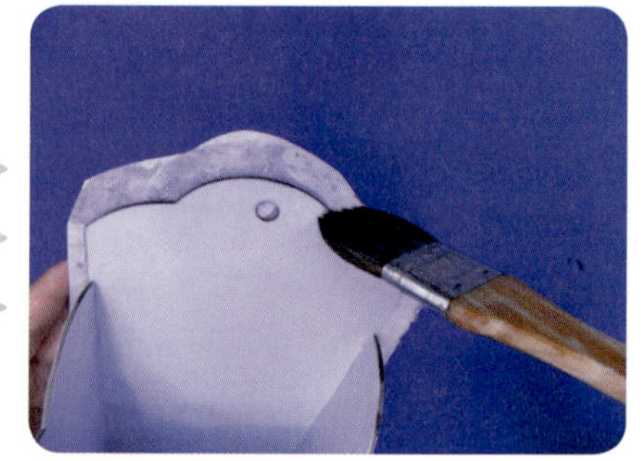

9 옆으로 튀어나온 여분에도 풀칠을 한다.

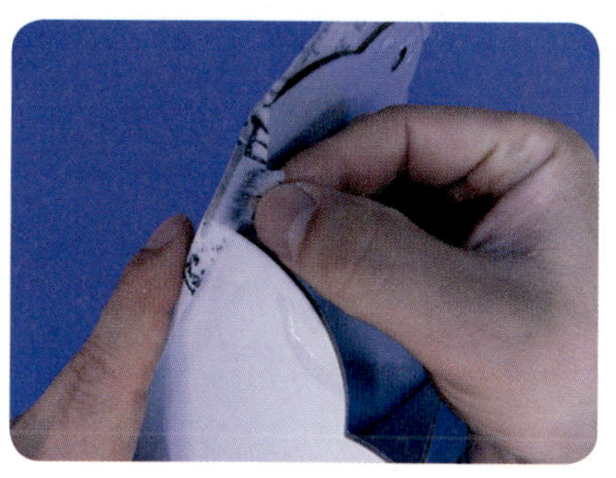

10 모서리를 바를 때는 한지를 잡아당기면서 찢듯 떼어내어

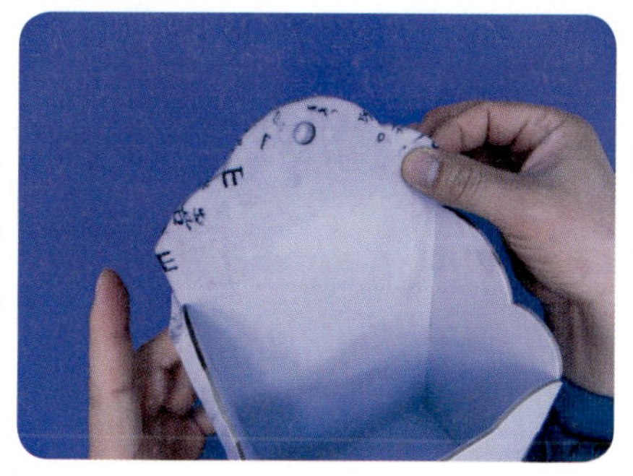

11 손으로 붙이며 비비듯 누른다.

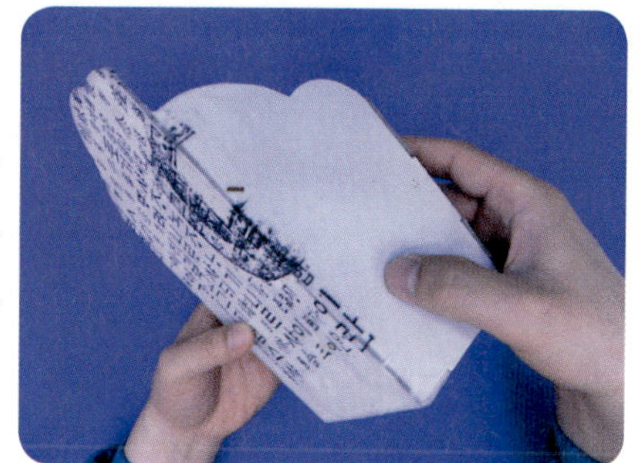

12 네 면 모두 같은 방법으로 마무리한다.

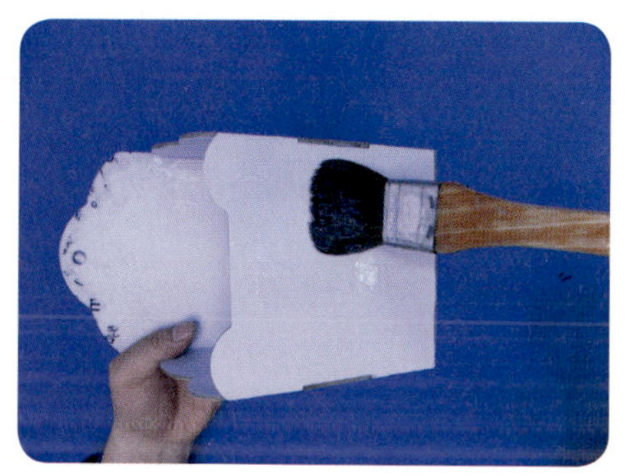

13 앞면에 풀칠을 하다.

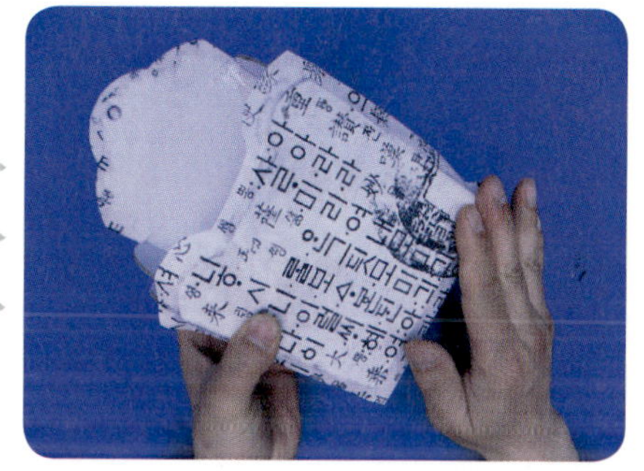

14 한지를 붙이고 모서리는 앞에서와 같이 잡아당기며 찢듯 붙인다.

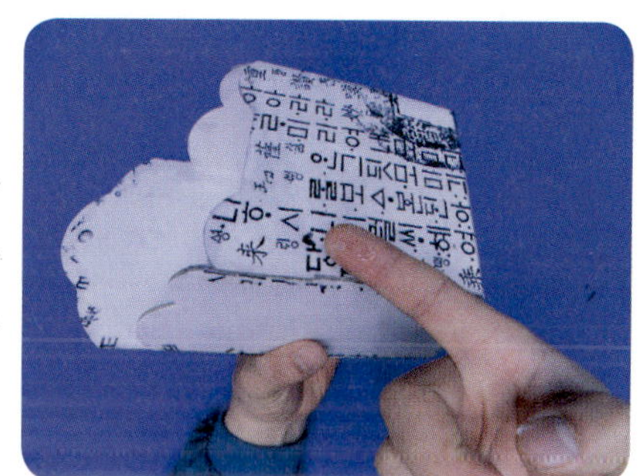

15 손에 풀을 충분히 묻혀서

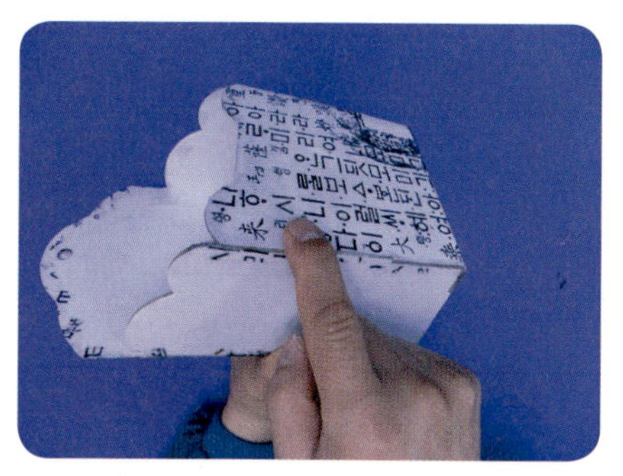

16 모서리를 비비듯 문질러 단단히 붙도록 마무리한다.

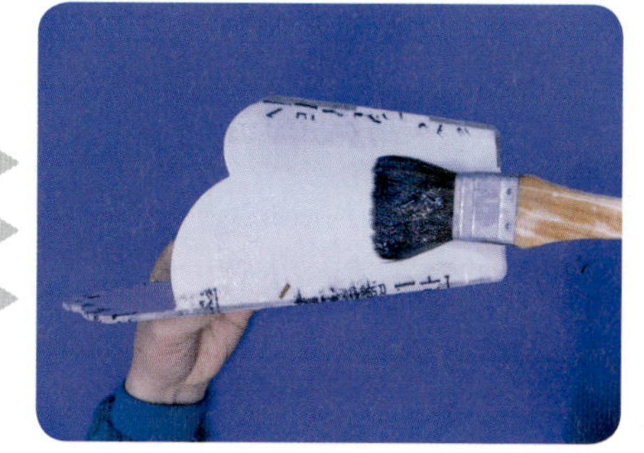

17 옆면에 풀칠을 하고

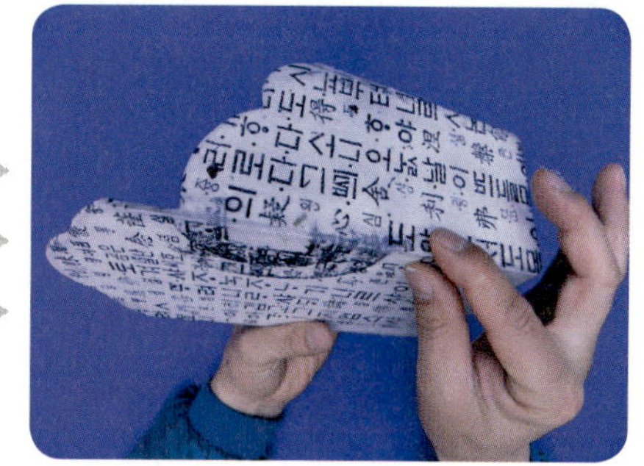

18 한지를 붙이고 모서리도 잘 마무리한다.

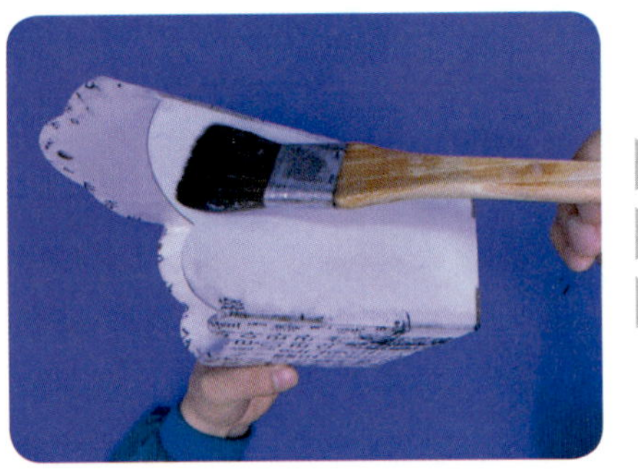

19 나머지 옆면에도 풀칠을 한다.

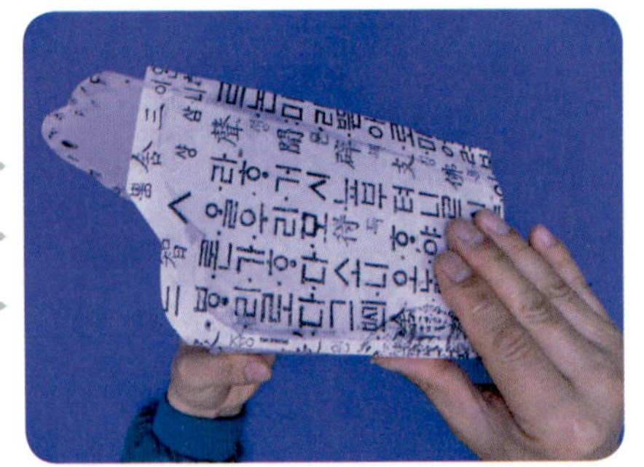

20 한지를 붙이고

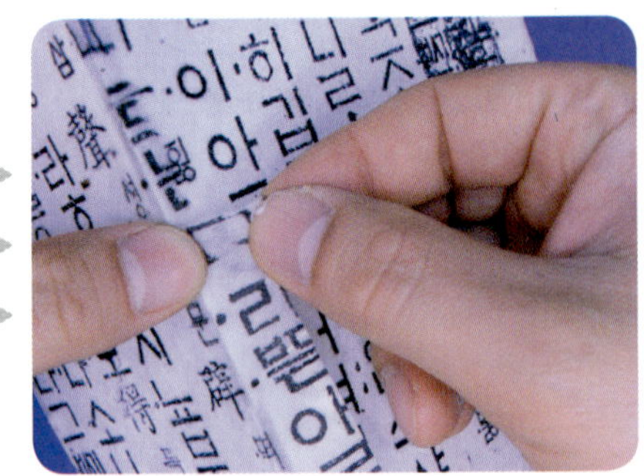

21 모서리는 앞에서와 같이 찢듯 잡아당겨

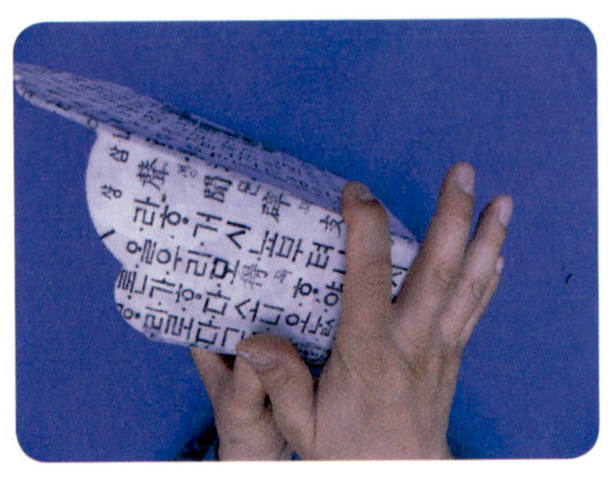

22 잘 붙이고 **15**와 같이 풀을 손에 발라 모서리를 마무리한다.

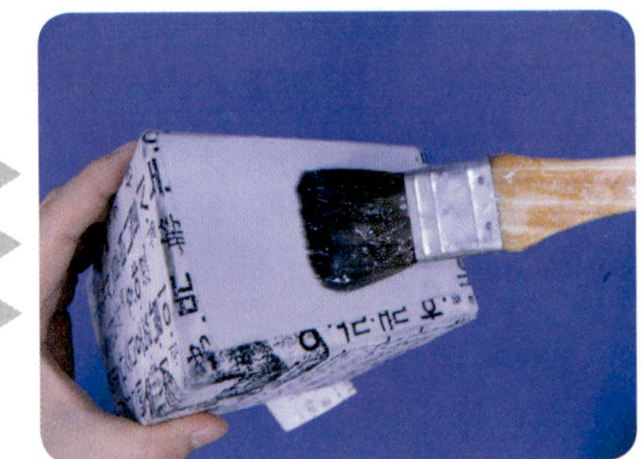

23 바닥과

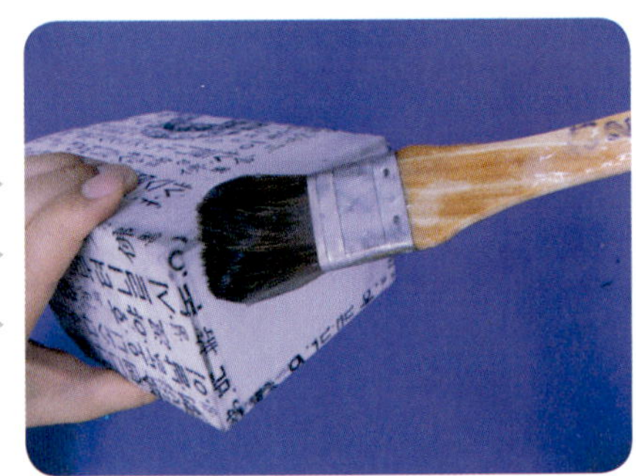

24 모서리에도 풀칠을 충분히 한다.

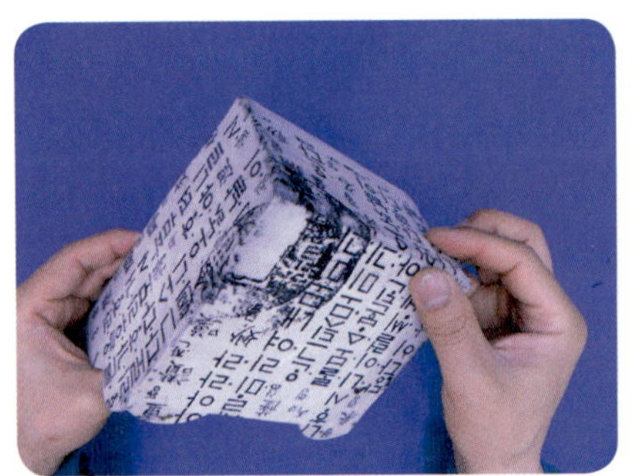

25 한지를 붙이고 모서리도 잘 마무리한다.

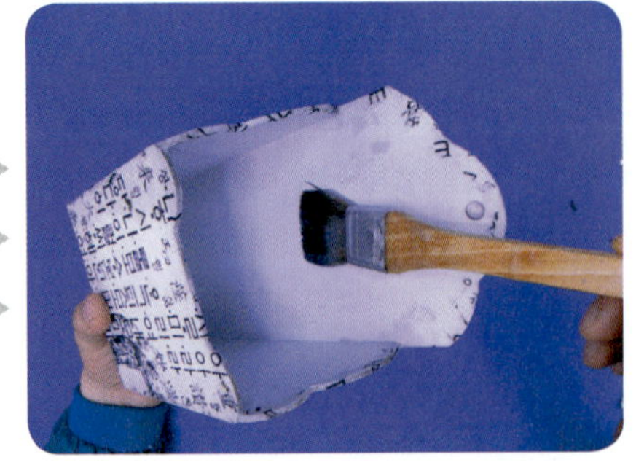

26 안쪽 뒤판에 풀칠을 하고

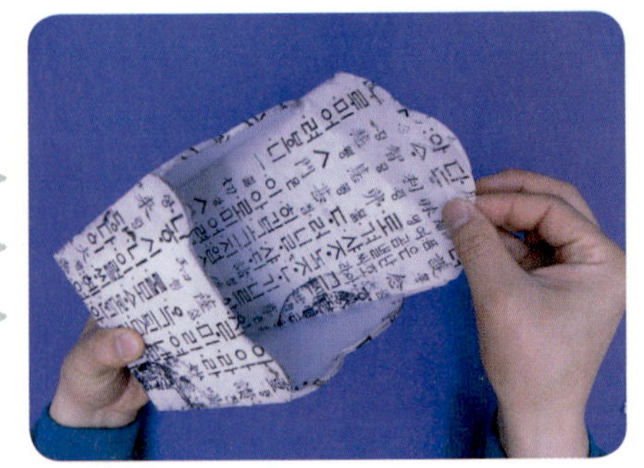

27 한지를 붙인다.

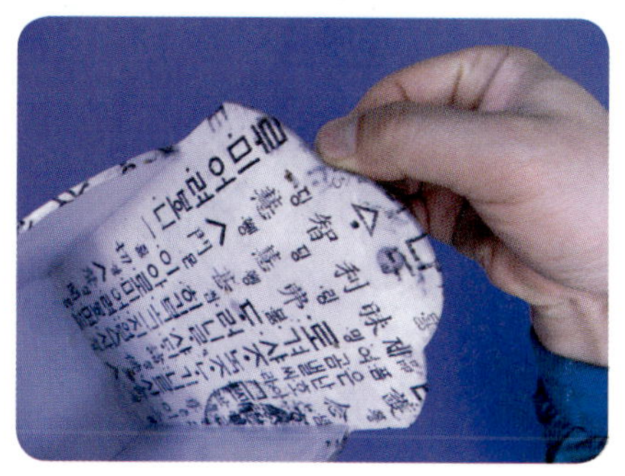

28 끝 모서리를 앞에서와 같이 찢듯 잡아당겨 붙인다.

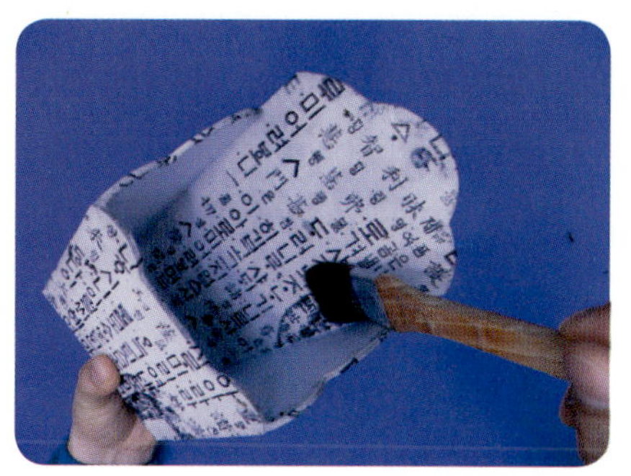

29 붓에 풀을 발라서 쓸듯 면 전체를 붙인다.

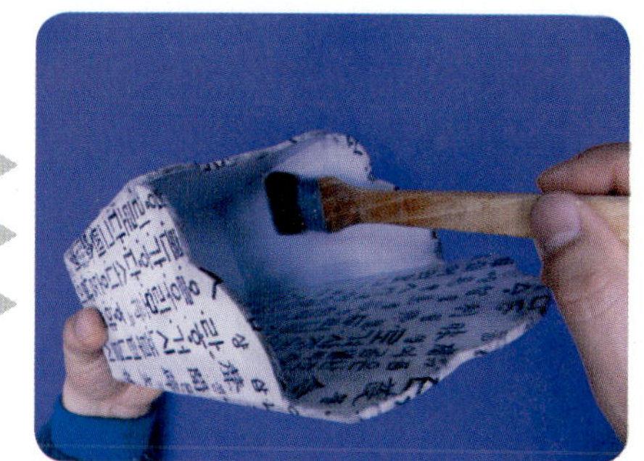

30 안쪽의 옆면에 풀칠을 한다.

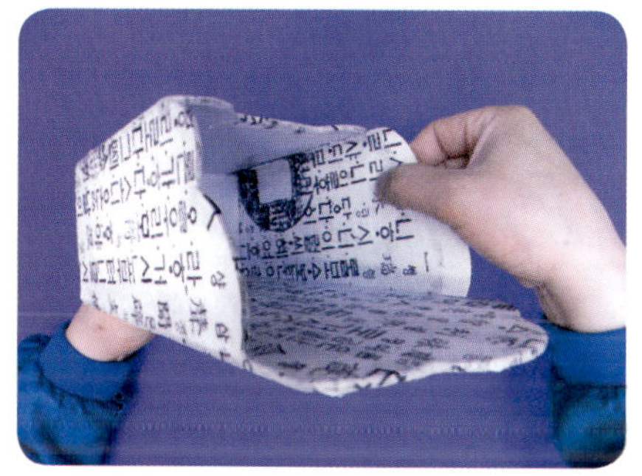

31 한지를 붙이고

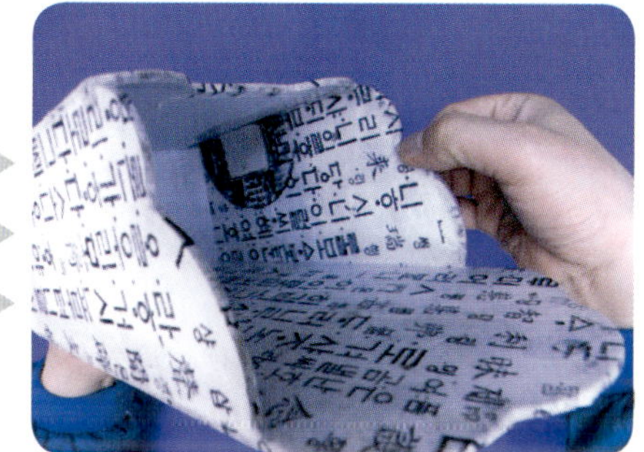

32 곡선과 깊이가 있는 홈은 손톱이나 자를 이용해서

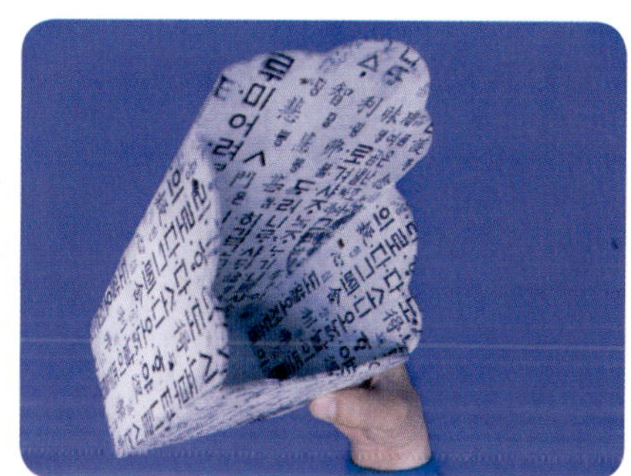

33 최대한 곡선을 살려 마무리한다.

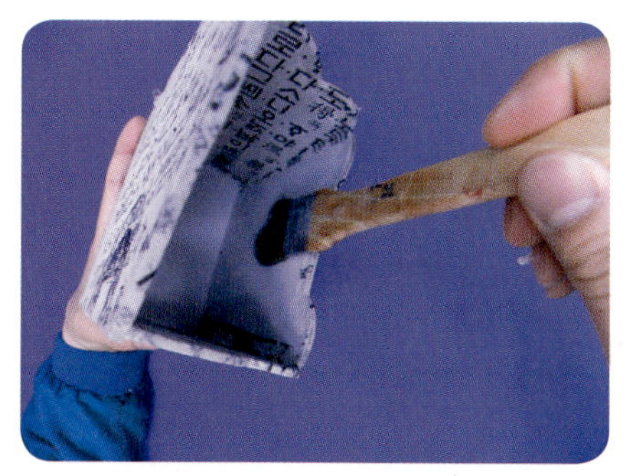

34 안쪽의 앞면에 풀칠을 하고

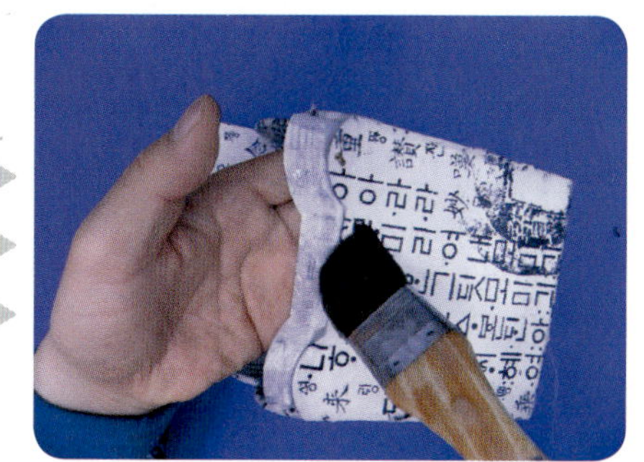

35 한지를 붙이고 여유분에도 풀칠을 충분히 하여

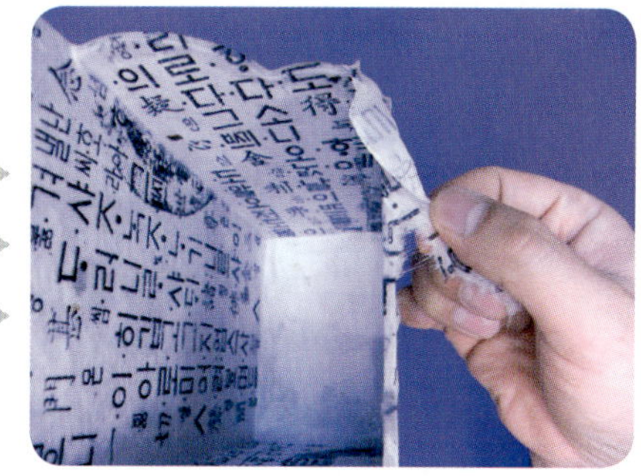

36 찢듯 잡아당기며 붙여서 모서리를 마무리한다.

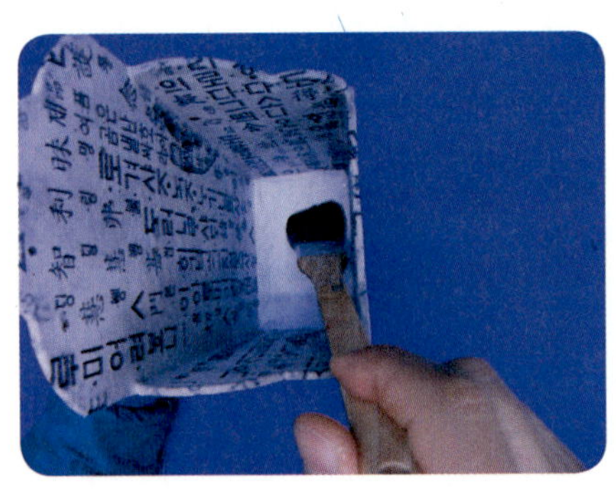

37 마지막으로 바닥에 풀 칠을 하고

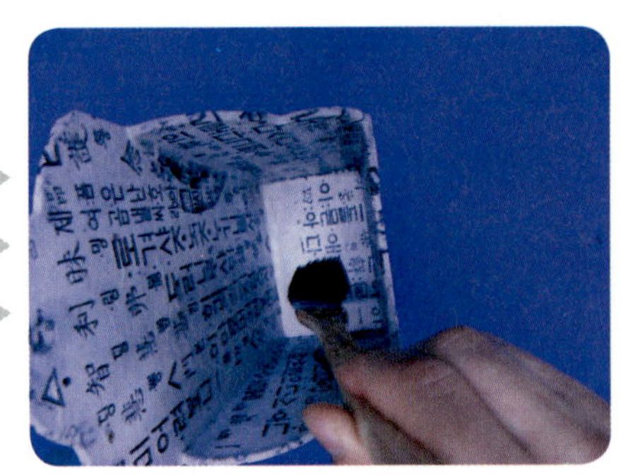

38 한지를 발라 붓으로 한 번 쓸듯 붙여준다.

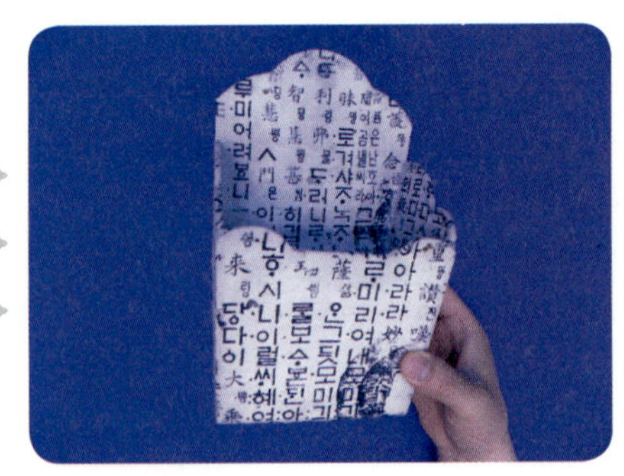

39 완성한 편지꽂이

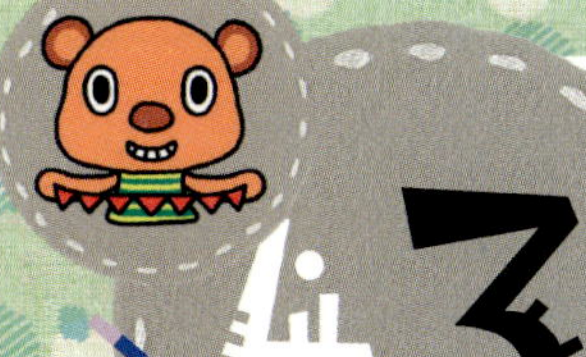

트럼펫

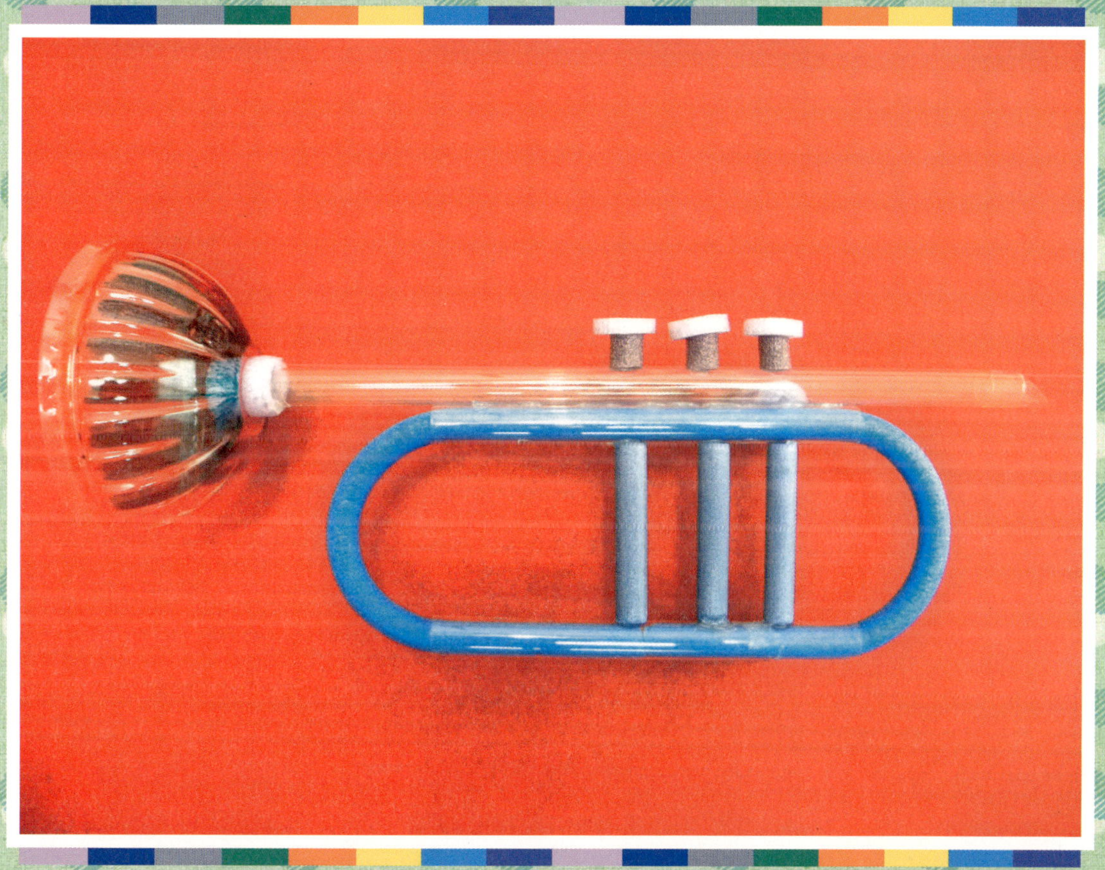

플라스틱 관 2개, 백업 – 3T(2mm) 3개
/3T(2cm) 1개/1T(1cm) 3개, 리드 1개,
수수깡(6cm) 2개, 플라스틱 캡 1개, 백업
1T(45~48cm) 1개, 글루건, 칼, 연필, 가
위, 유리테이프

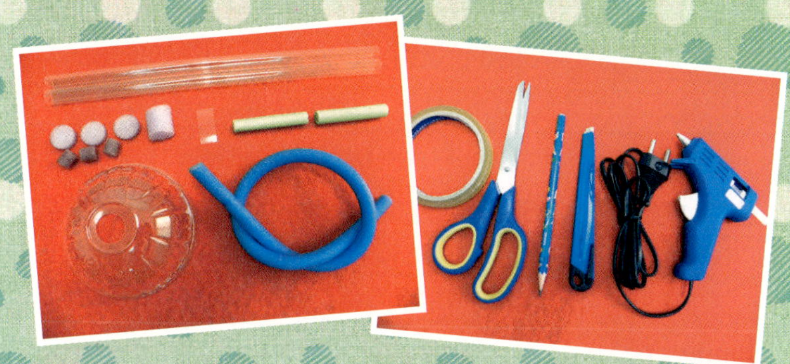

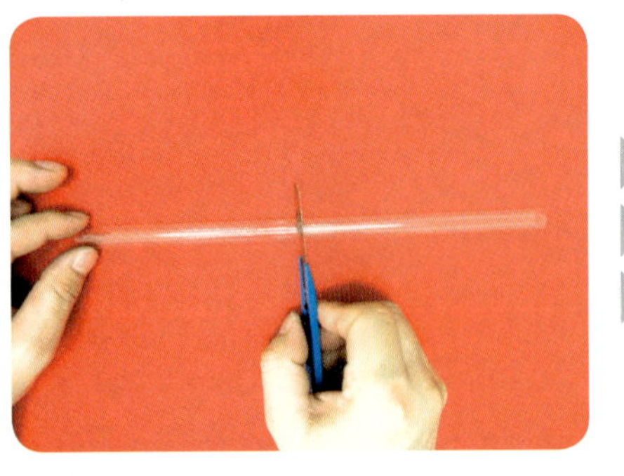

1 플라스틱 관 1개를 1/2로 잘
라

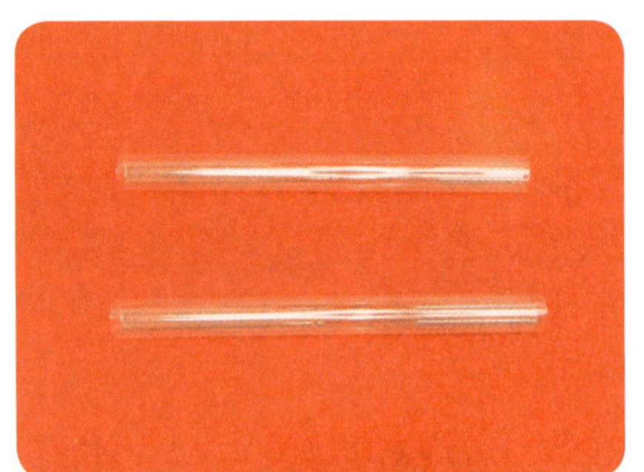

2 2개로 만들어 놓는다.

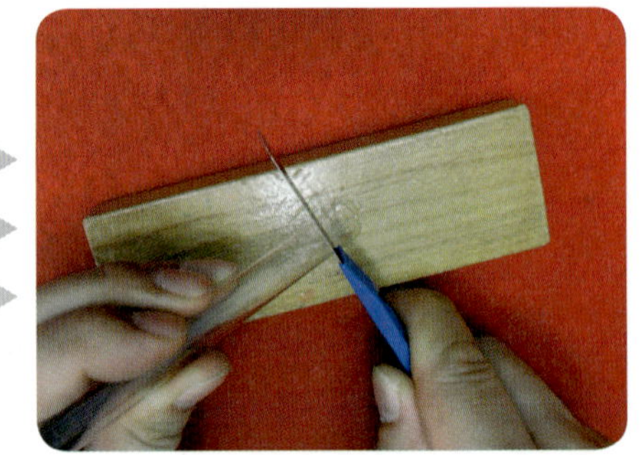

3 나머지 긴 것 1개의 한쪽을

4 비스듬하게

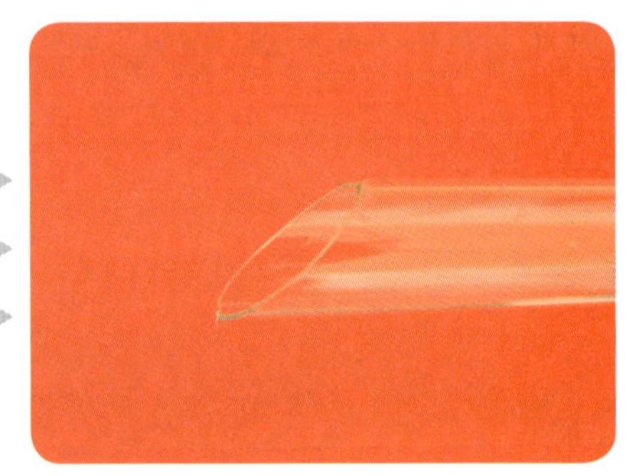

5 자른다.

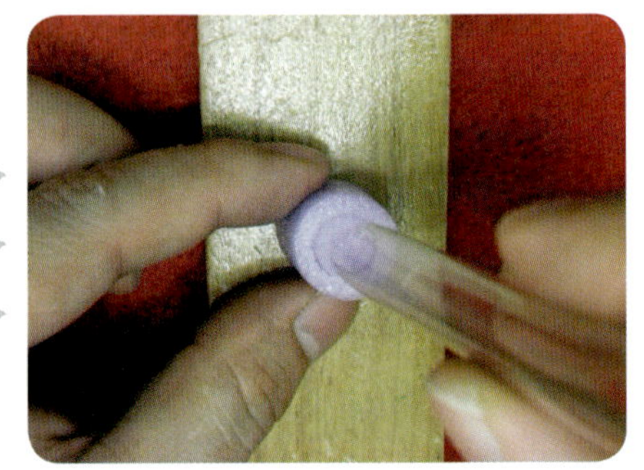

6 2에서 잘라 놓은 한 개를
3T-2cm 백업 위에 놓고

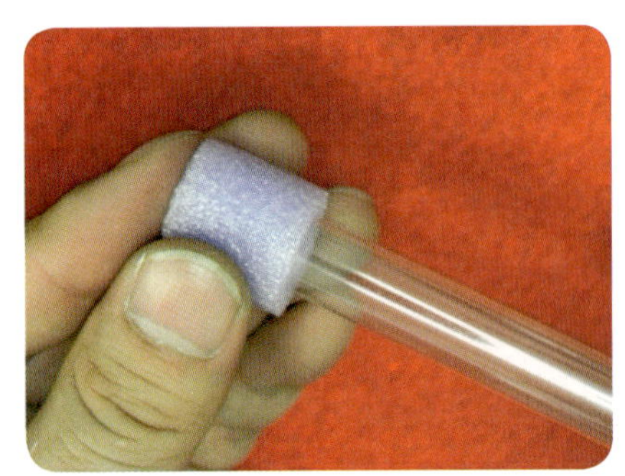

7 양쪽으로 돌리면서

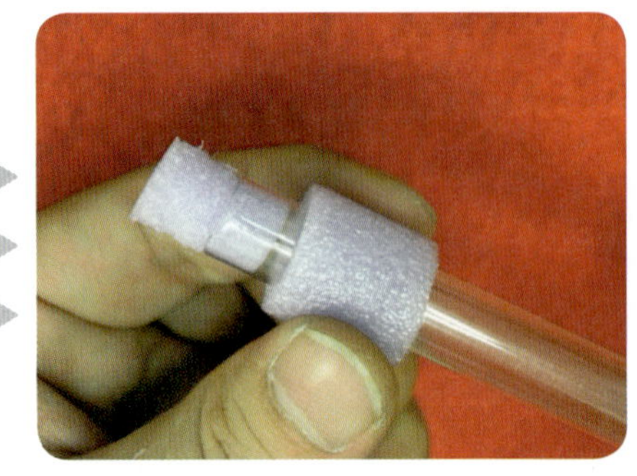

8 구멍을 뚫는다.

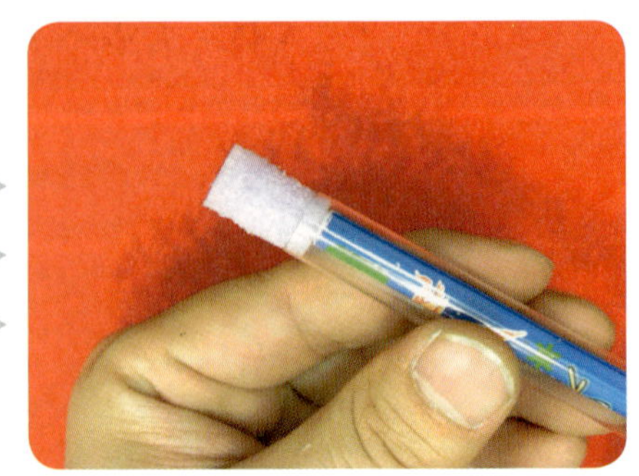

9 관 속에 끼인 백업은 연필로
밀어 빼낸다.

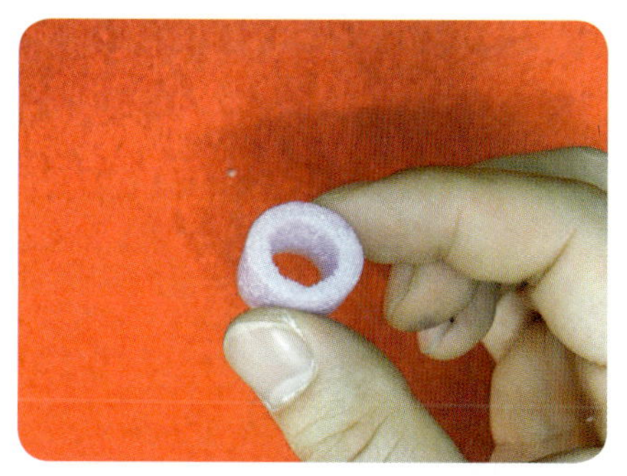

10 백업에 구멍을 뚫었으면

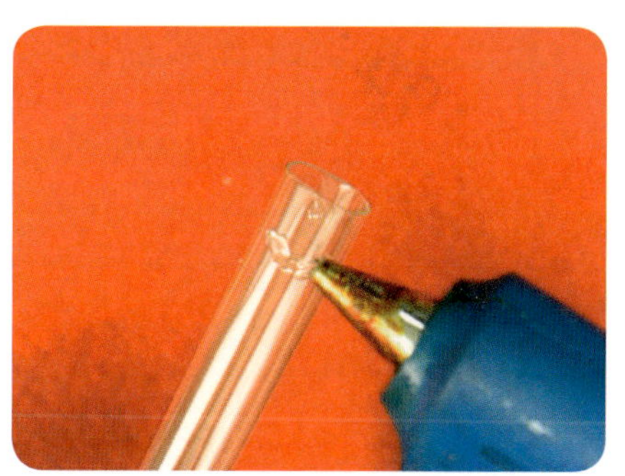

11 4번의 반대쪽 끝에 글루건을 가늘게 쏘고

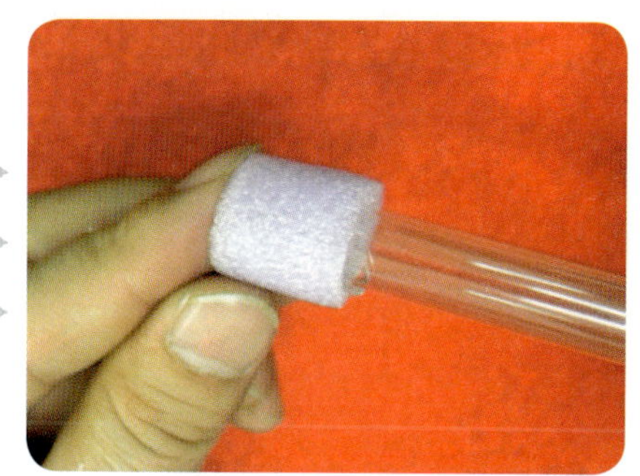

12 10의 백업을 끼워 넣는다.

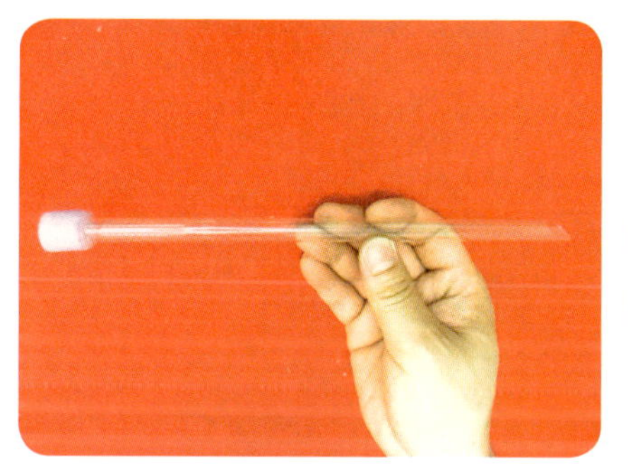

13 트럼펫 본체 관 완성

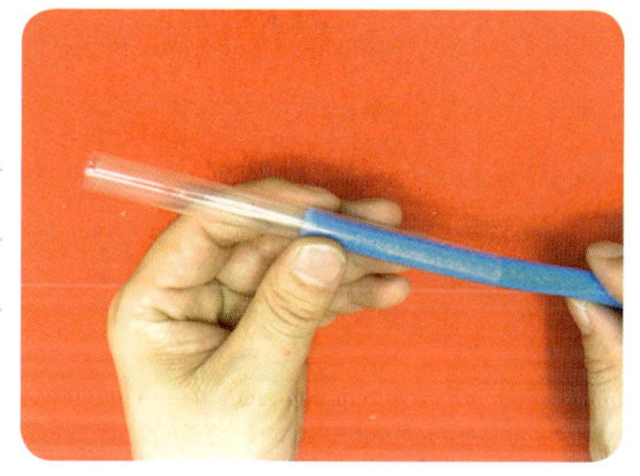

14 2의 한 개에 1T-47cm 백업을 끼워

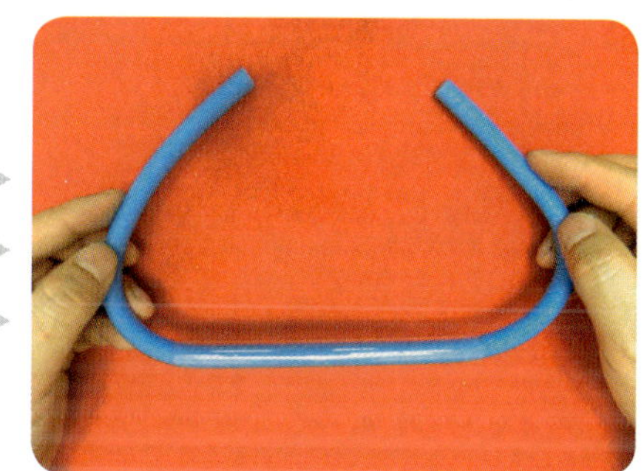

15 넣어 정중앙에 위치하게 한다.

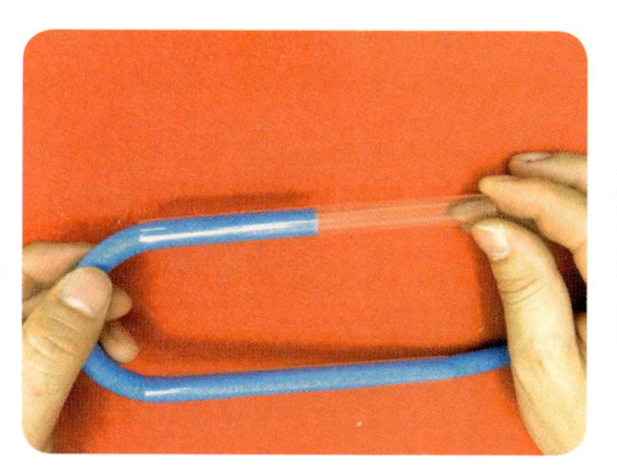

16 다른 1개에도 백업을

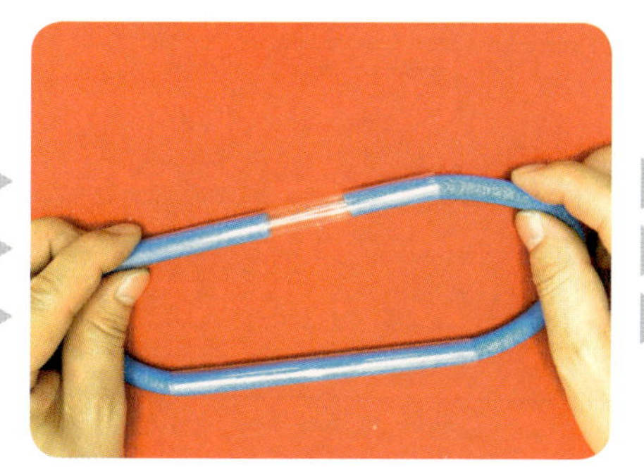

17 양쪽에서 끼워

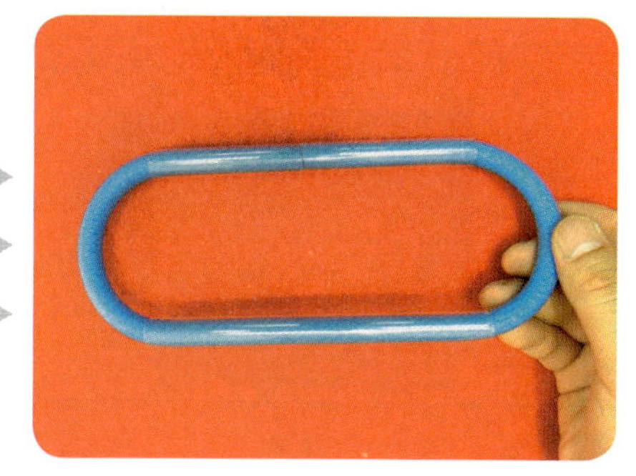

18 사진과 같은 모양을 만든다.

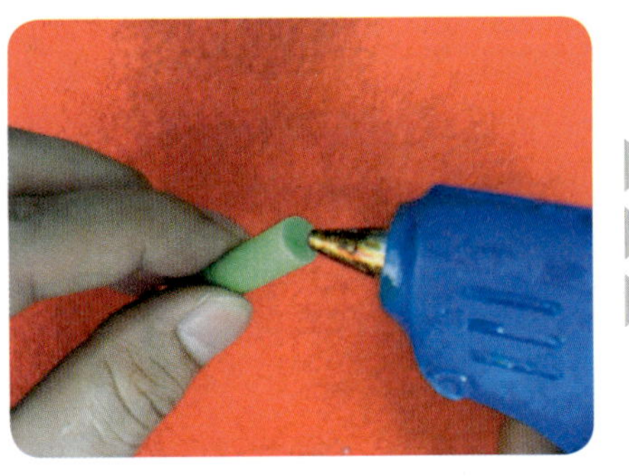

19 잘라 놓은 수수깡에 글루 건을 쏘고

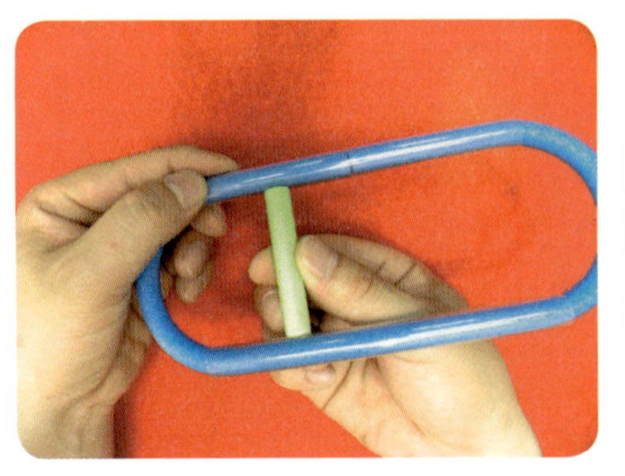

20 만들어 놓은 18에 붙인다.

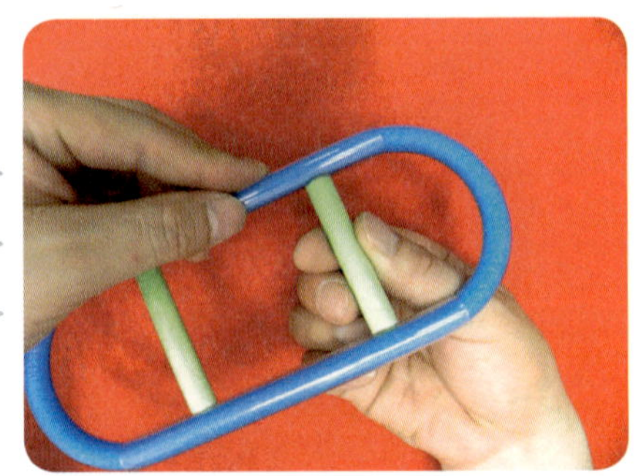

21 같은 방법으로 다른 1개도 붙인다.

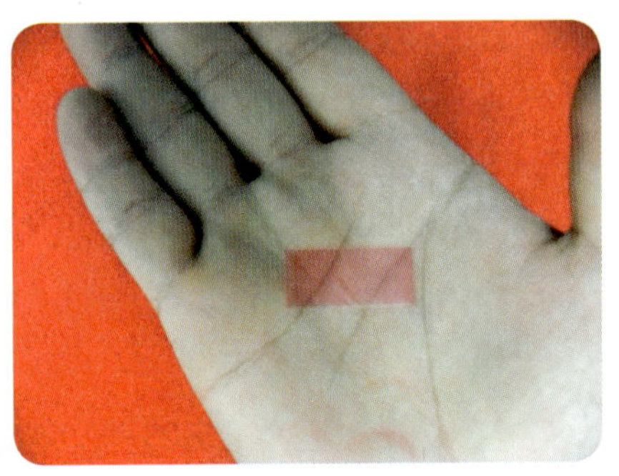

22 트럼펫의 리드를

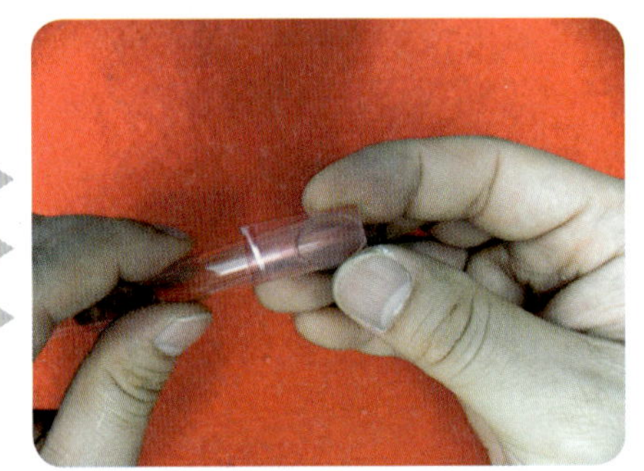

23 13의 오른쪽 끝 비스듬히 자른 부분에 대어보고

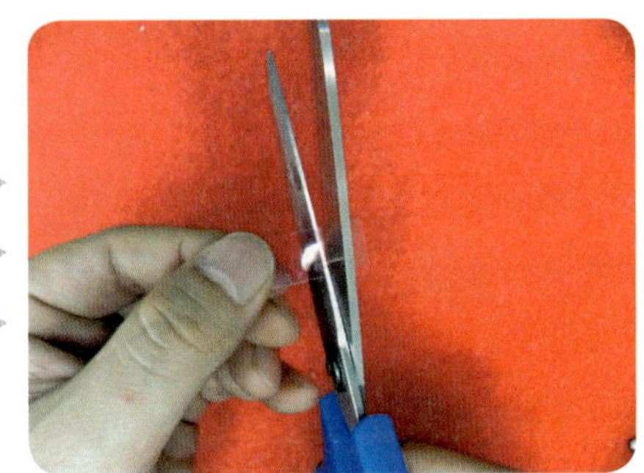

24 구멍 모양대로 가위로 다듬어 자른다.

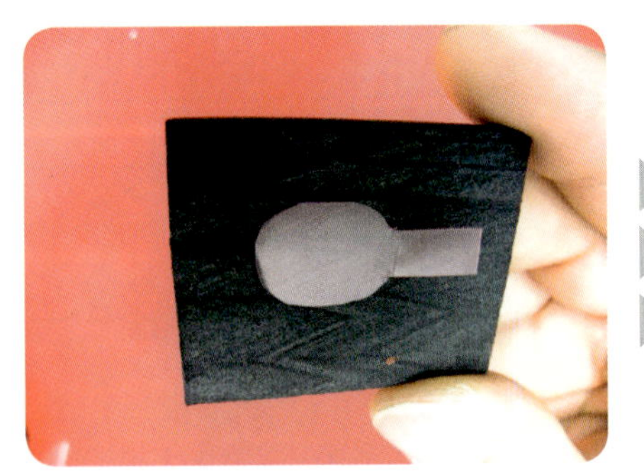

25 리드를 탁구 라켓 모양으로 다듬어

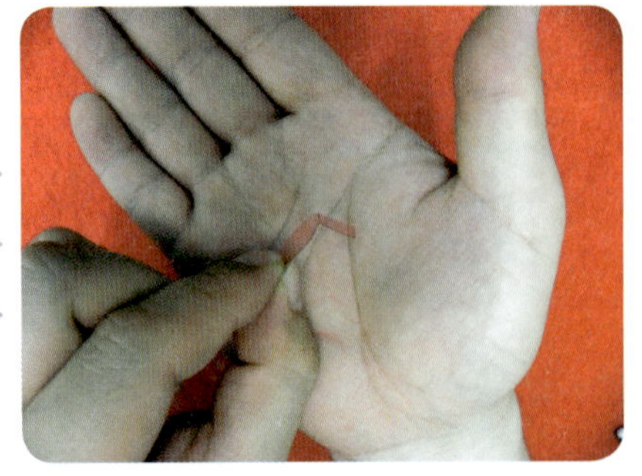

26 가는 부분을 90도로 꺾는다.

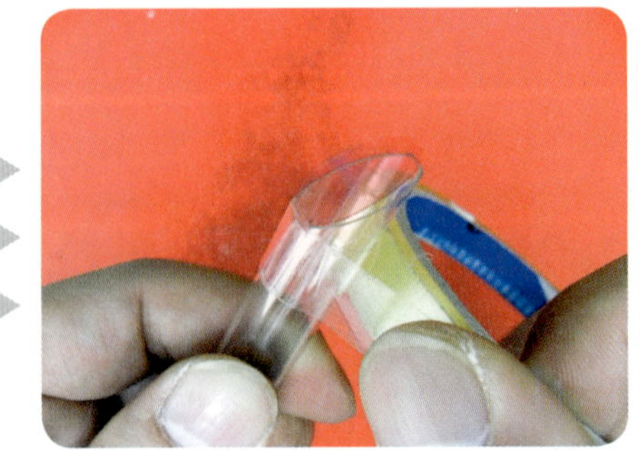

27 23에 다시 대고 투명테이프로 감는다.

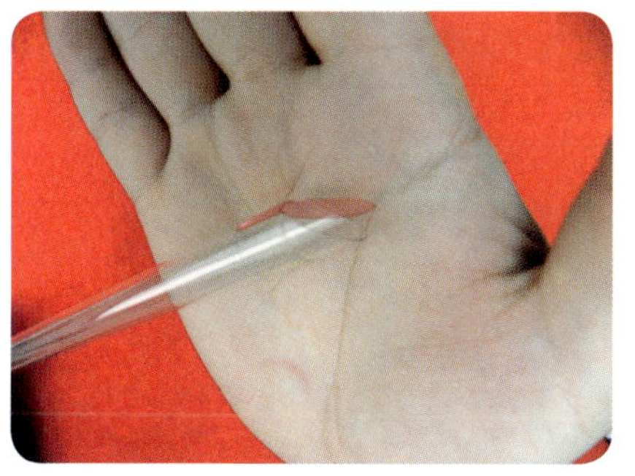

28 리드는 꼭 관의 구멍에 맞지 않아도 소리가 잘 난다.(한 번 불어본다)

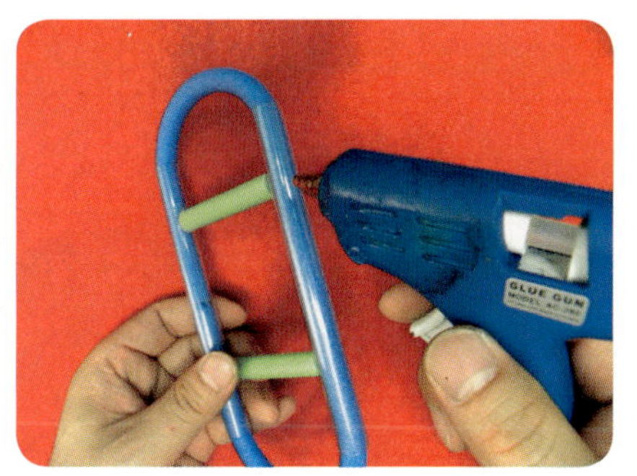

29 21의 한쪽 면 가장 자리에 글루건을 가늘게 쏘고

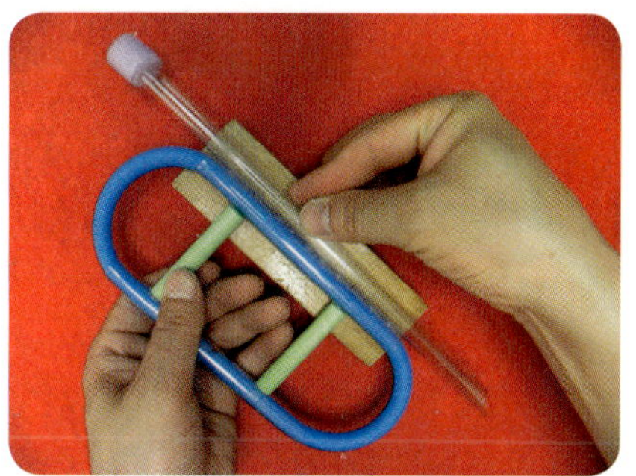

30 삐뚤어지지 않게 본관을 잘 붙여서

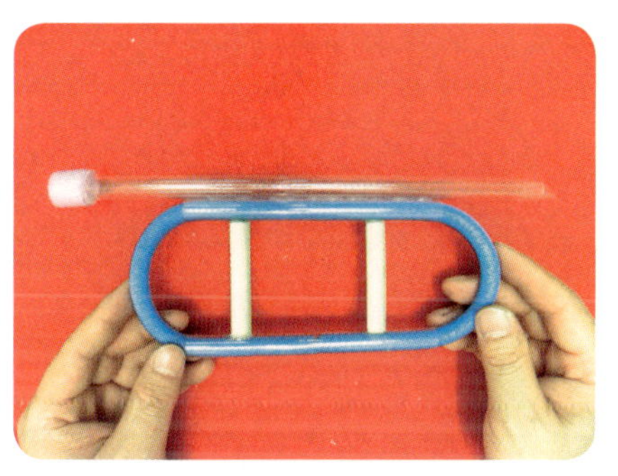

31 트럼펫의 몸체를 완성히고

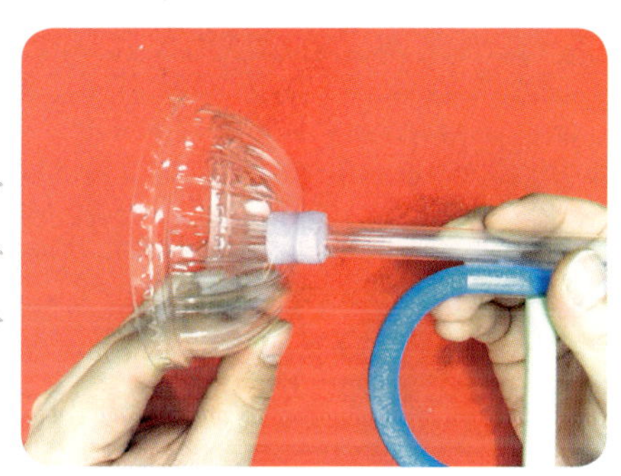

32 캡을 끼워

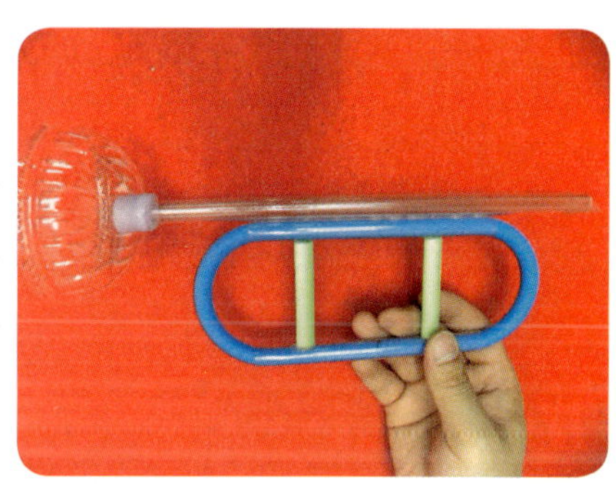

33 트럼펫의 본체를 완성한다.

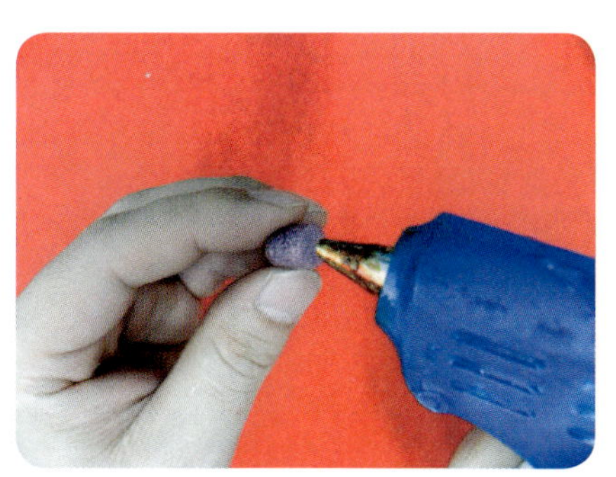

34 1T-1cm 백업 3개를 글루건을 이용해서

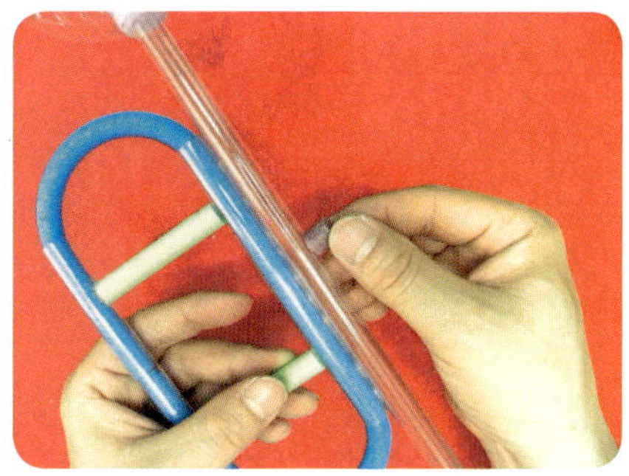

35 트럼펫에 장식한다.

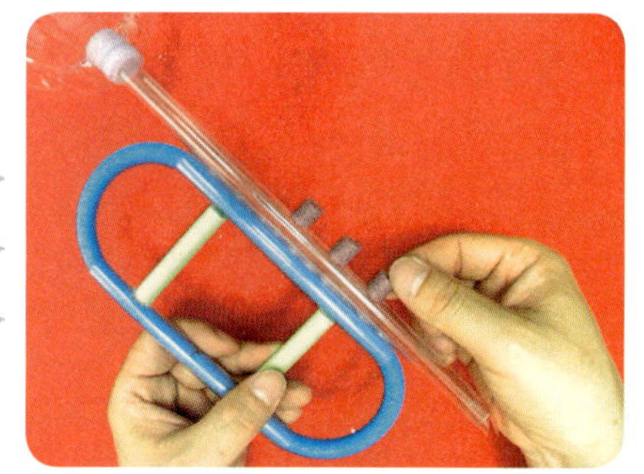

36 3개를 나란히 붙인다.

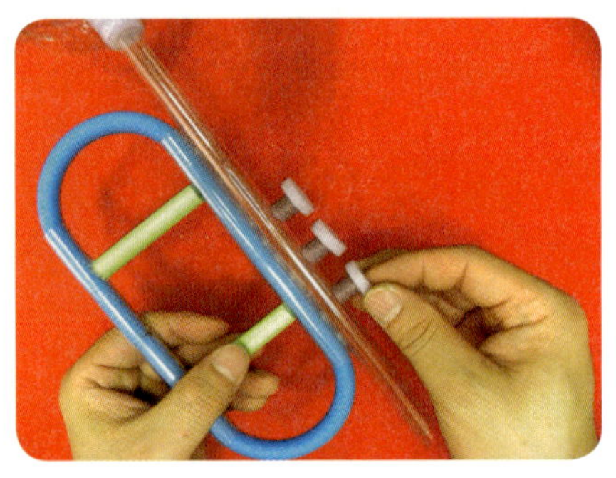

37 2T-2mm 백업을 붙이고

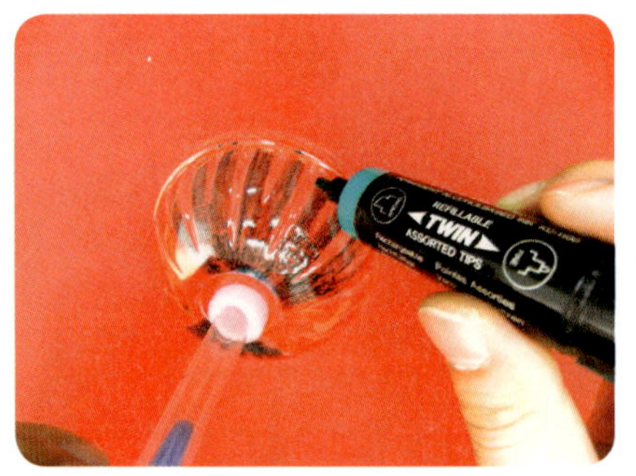

38 컬러 유성펜이나 아크릴 물감을 칠하여 마무리한다.

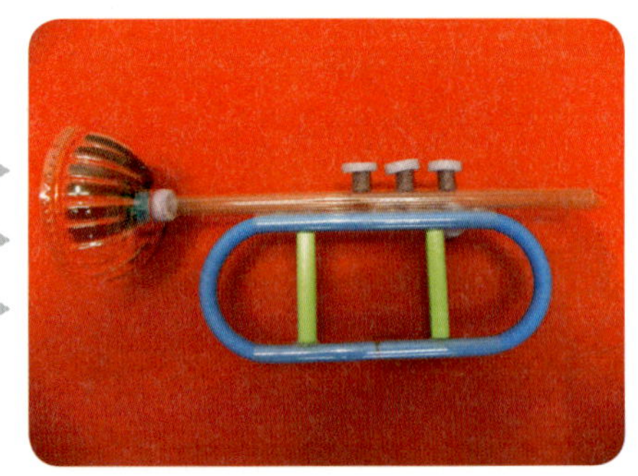

39 완성!

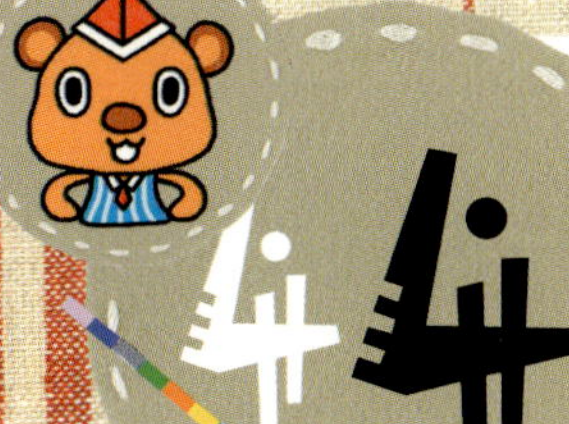

캔버스 스탠드

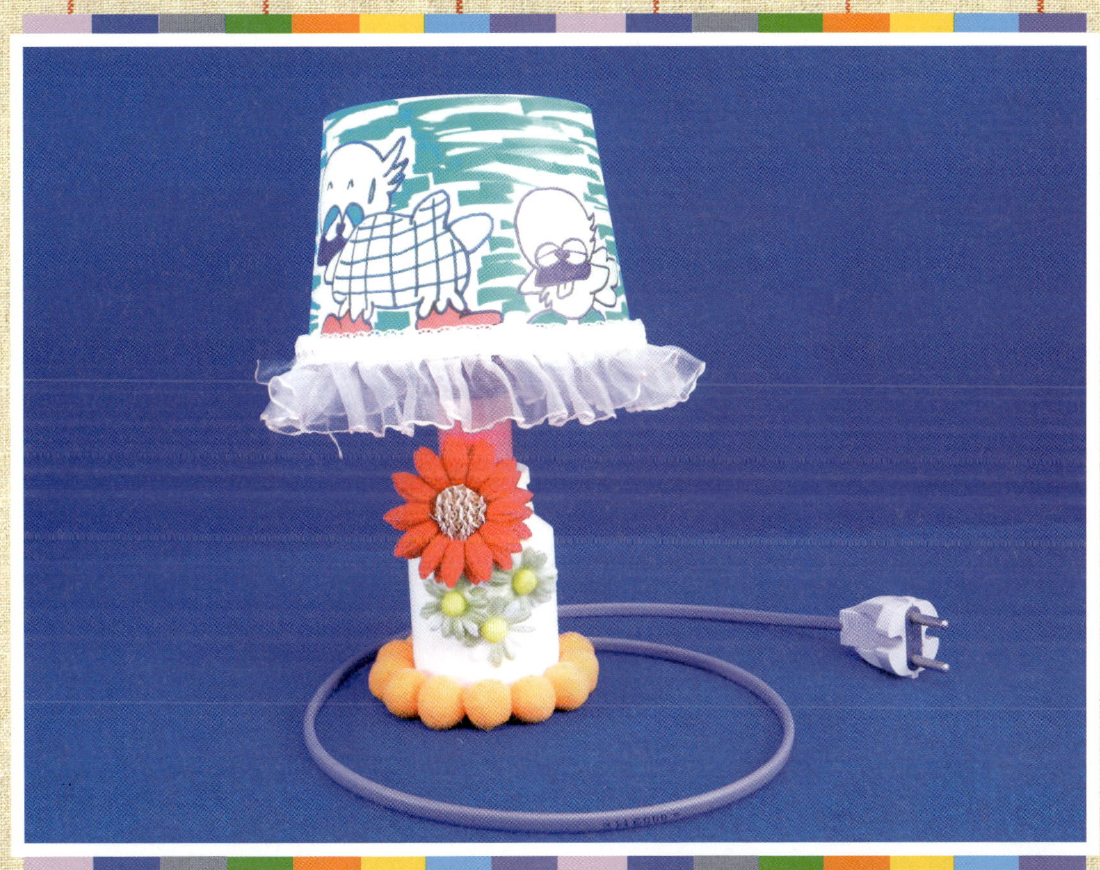

준비물 종이컵, 키소켓, 페트통, 알루미늄 와이어,
레이스, 3T백업, 전구, 콘센트, 전선, 니퍼,
드라이버, 글루건, 커터 칼, 자

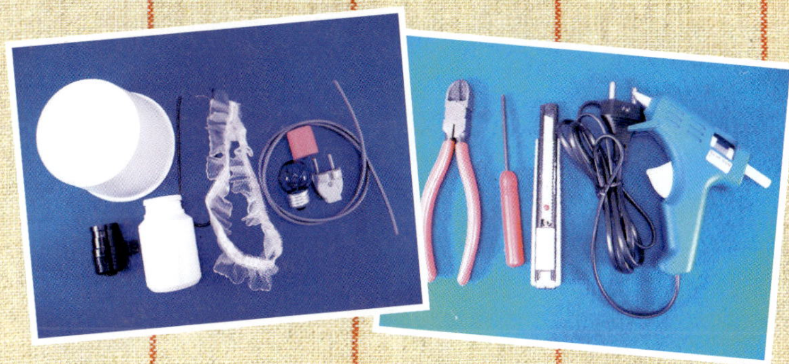

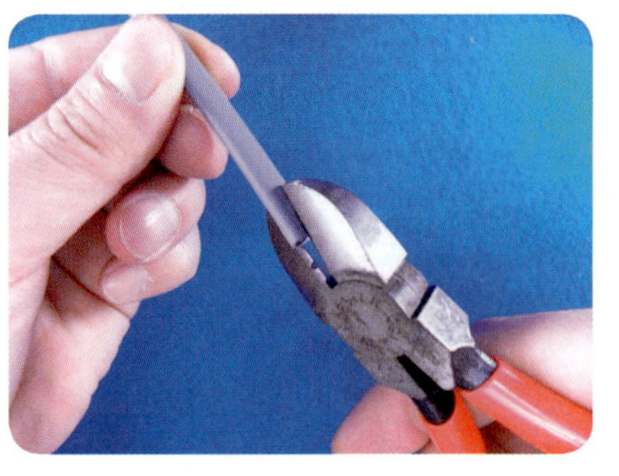

1 니퍼로 전선의 반을 자르고,

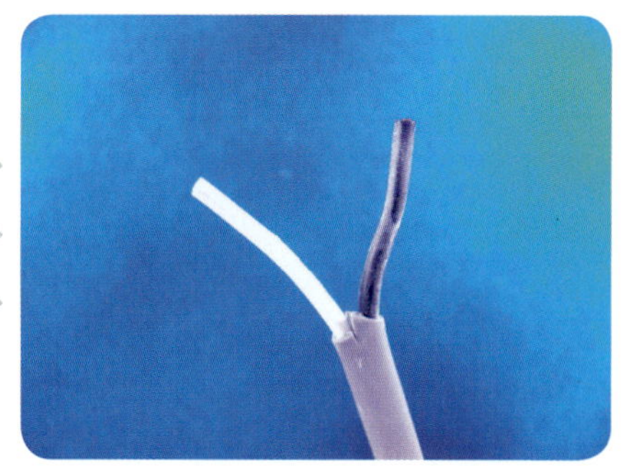

2 전선의 겉 피복을 약 2.5cm ~3cm 정도 벗겨낸다.

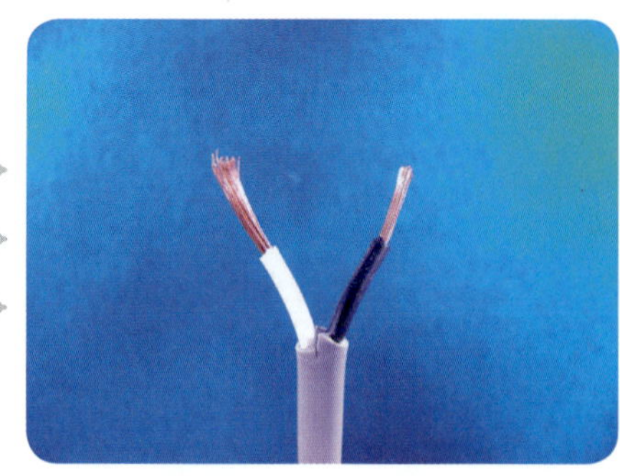

3 다시 약 1cm 정도 구리선이 보이게 벗겨낸다.

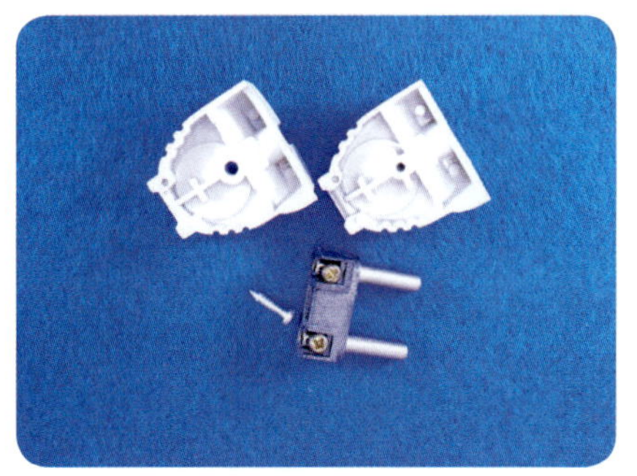

4 콘센트를 분리해,

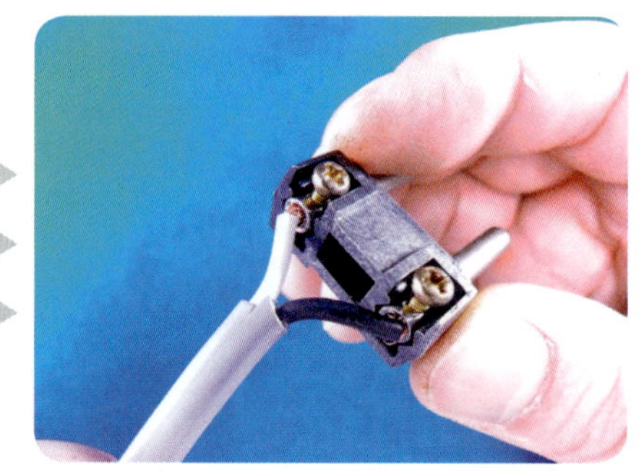

5 3의 선을 시계 방향으로 꼬아서 끼워 넣고

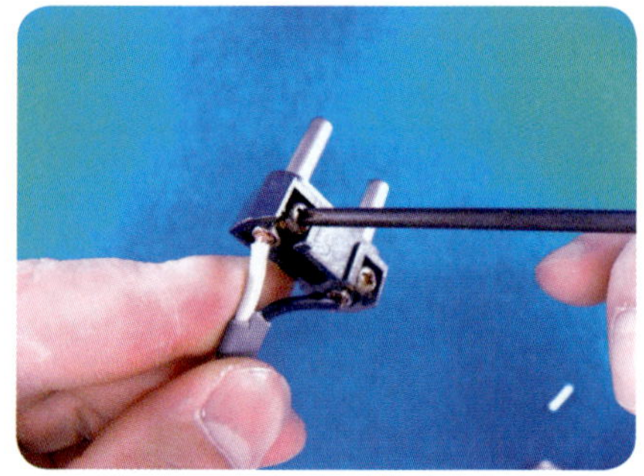

6 드라이버로 조인다.

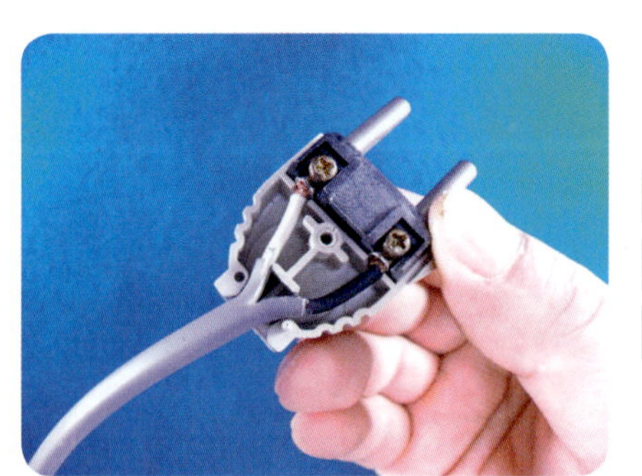

7 콘센트에 잘 맞게 끼워 넣고

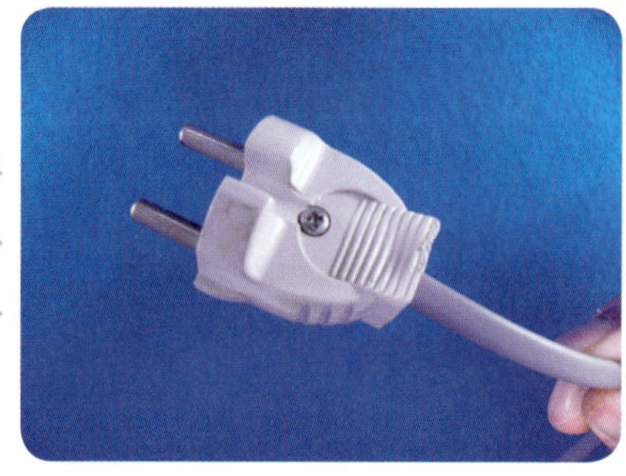

8 뚜껑을 닫아 나사를 조여 마무리한다.

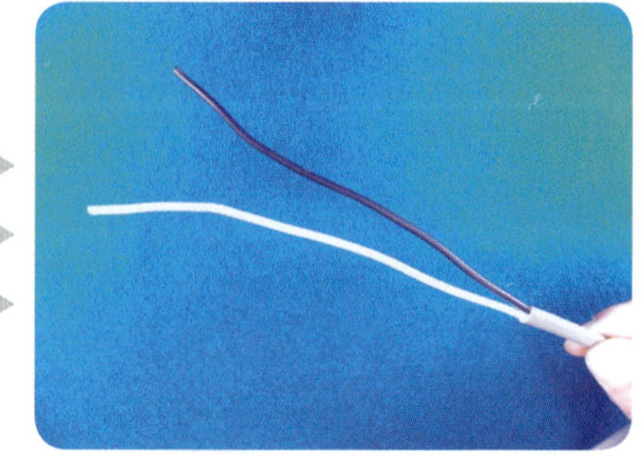

9 반대쪽 전선의 겉 피복은 약 15cm를 벗겨내고,

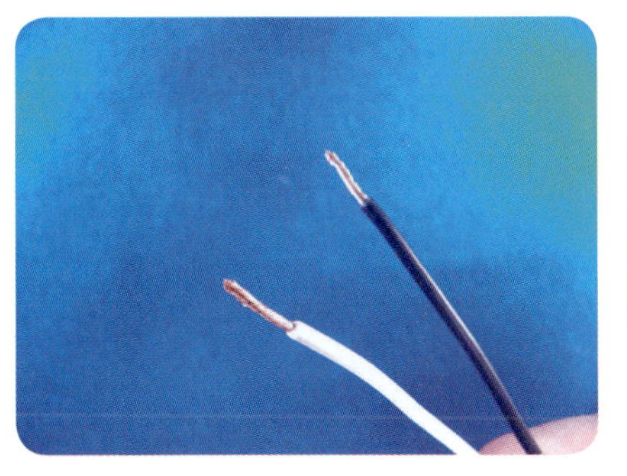

10 그 끝은 약 1cm 정도 구리선이 보이게 벗겨낸다.

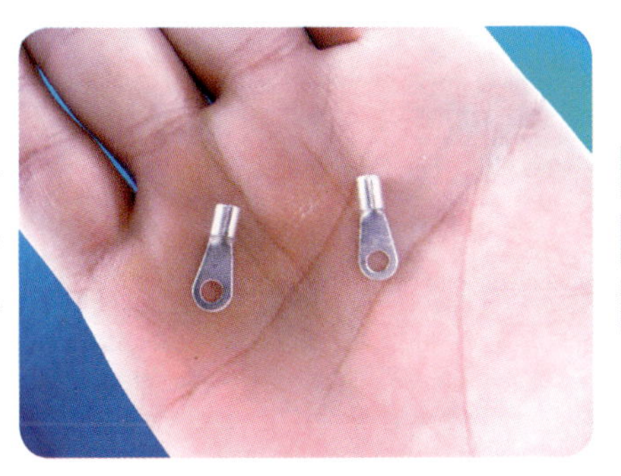

11 2개의 압착단자를

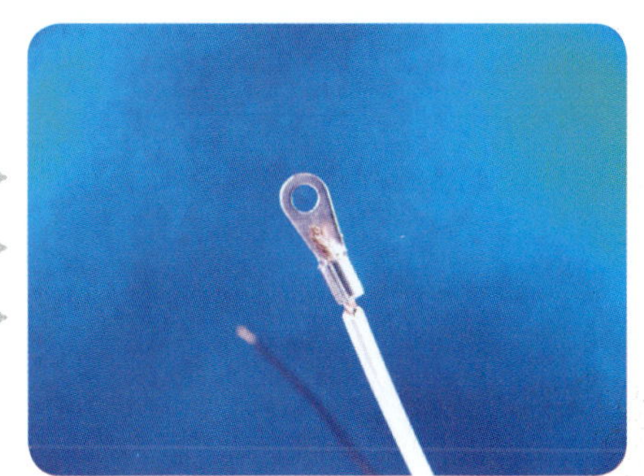

12 10의 전선 구리부분에 끼우고,

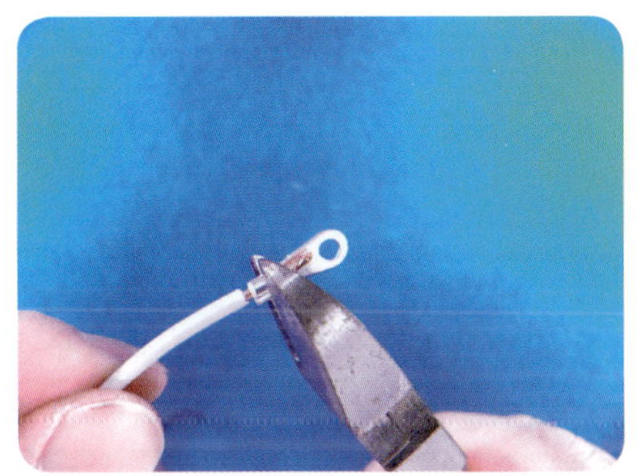

13 니퍼로 세게 한 번 집는다.

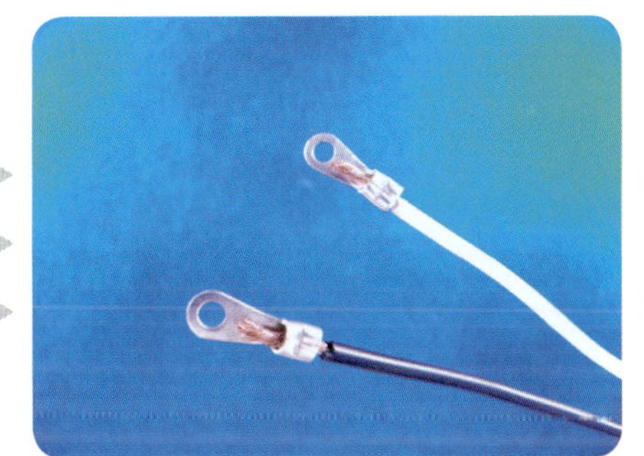

14 같은 방법으로 두 개를 완성해 둔다.

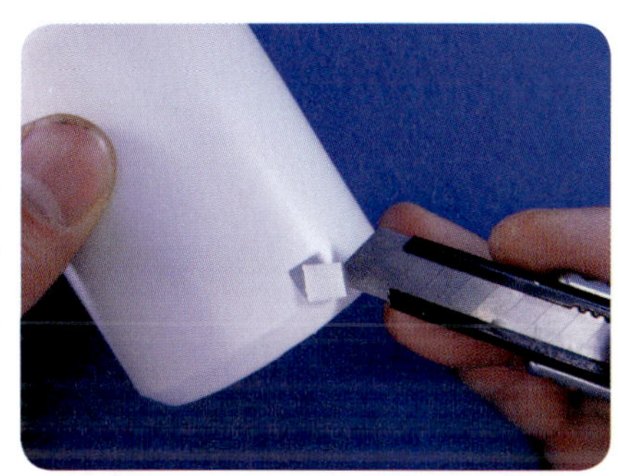

15 페트병의 밑부분을 전선의 굵기만큼 칼로 잘라,

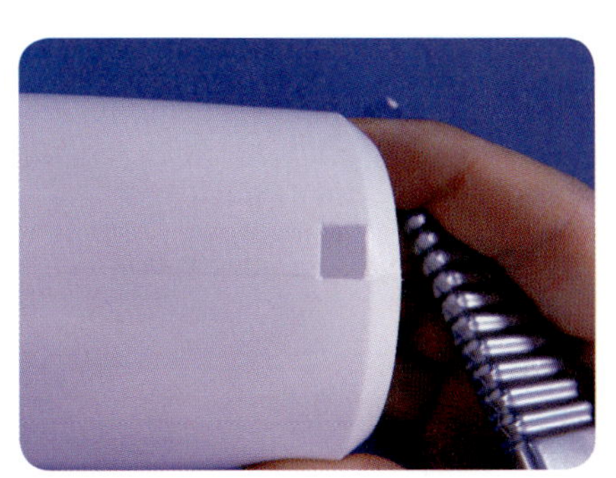

16 뚫어 놓는다.

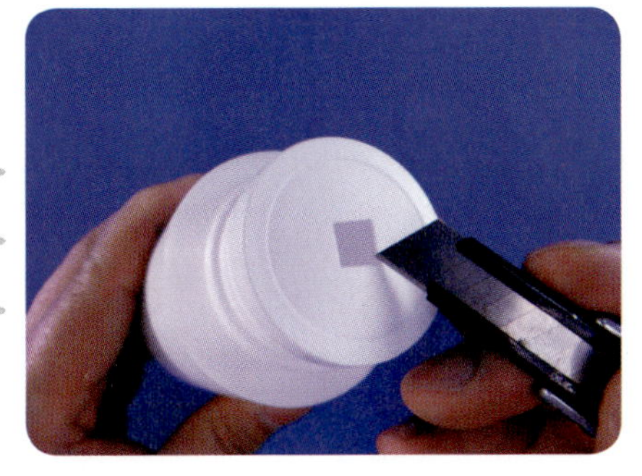

17 뚜껑의 윗부분도 같은 방법으로 뚫어 놓는다.

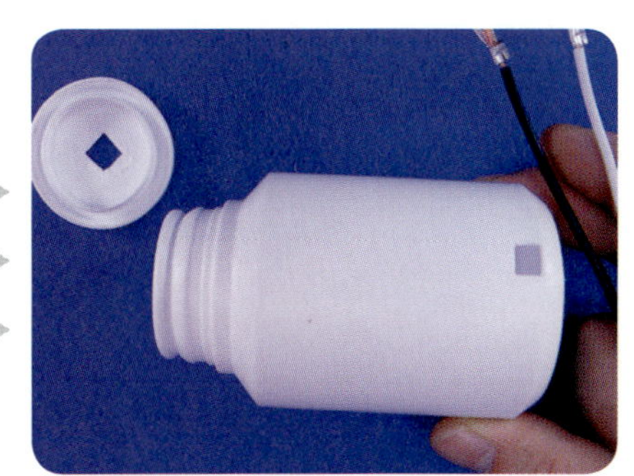

18 뚜껑을 열고,

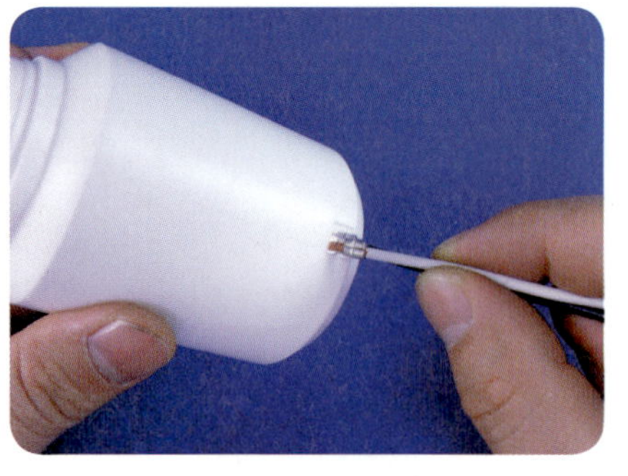

19 14의 전선을 모아서 구멍에 끼워 넣는다.

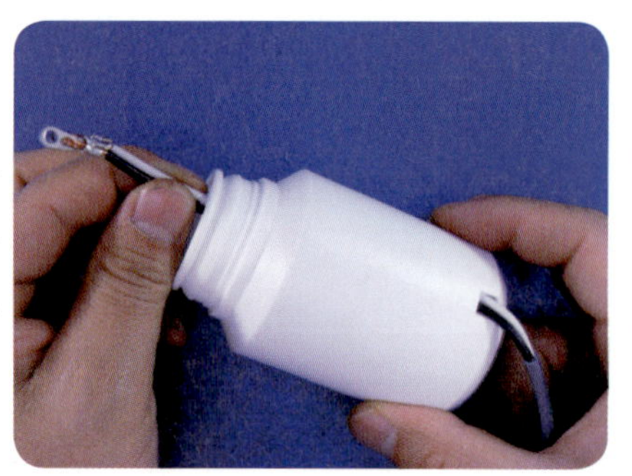

20 위로 빼내어,

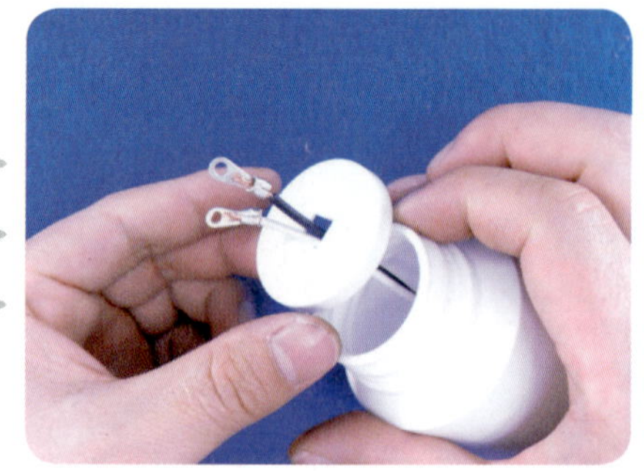

21 다시 뚜껑의 구멍에 끼우고

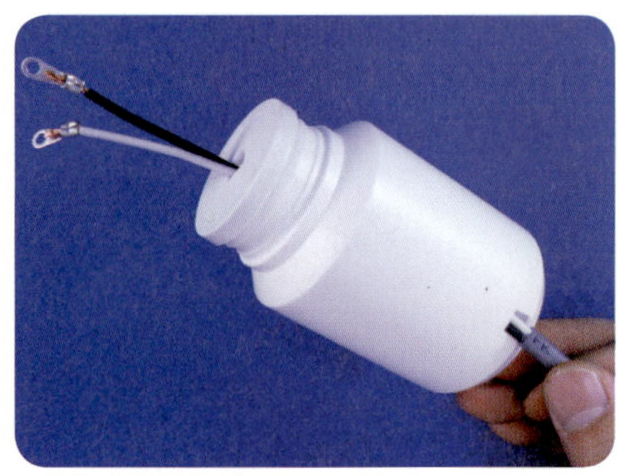

22 빼낸 다음 뚜껑을 닫는다.

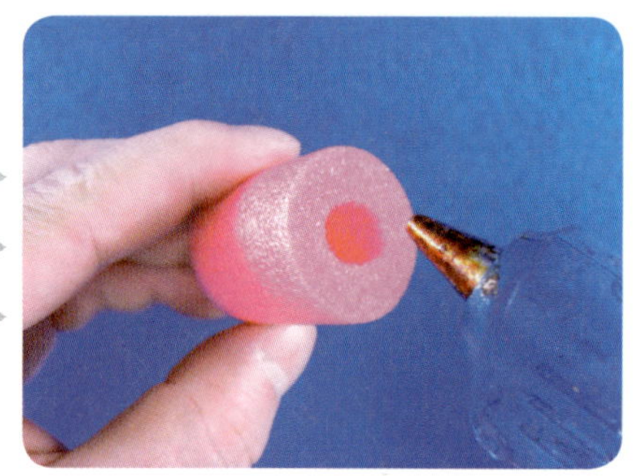

23 백업에 글루를 입으로 불면서 칠하고

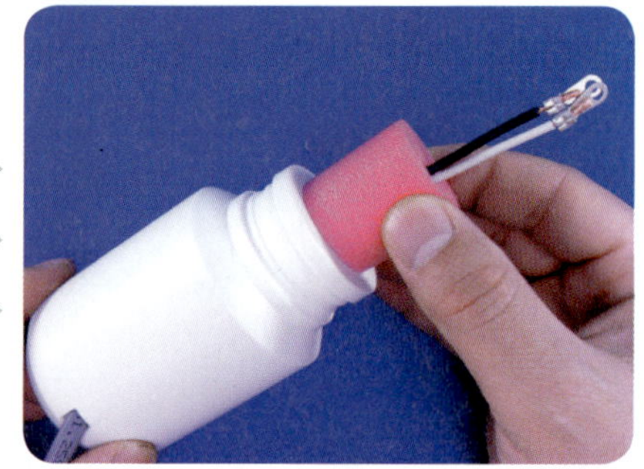

24 정중앙에 붙여서 고정한다.

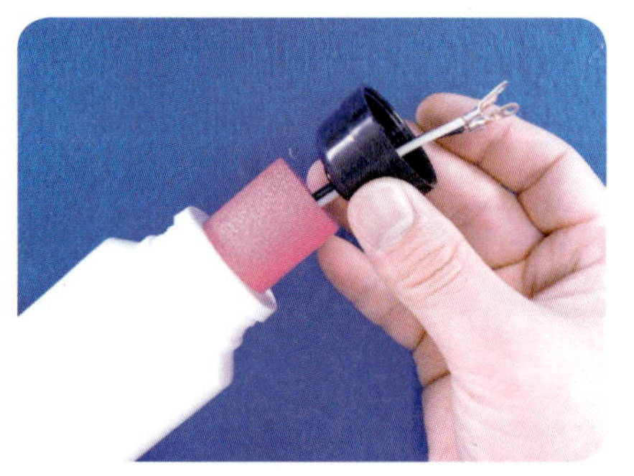

25 소켓의 뚜껑에 선을 끼워 넣고,

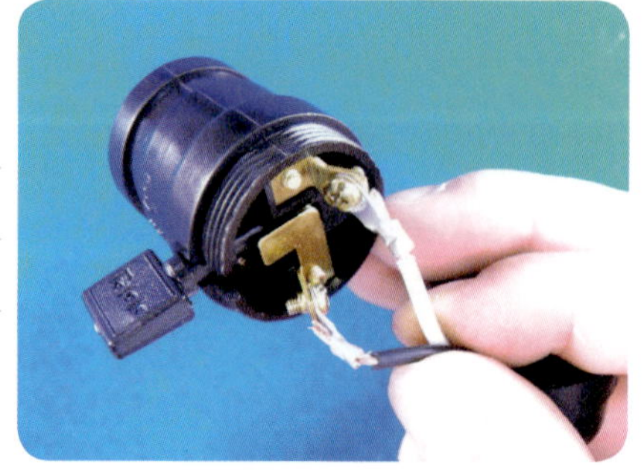

26 소켓의 양쪽 나사를 풀고 압착단자를 끼워 조인 후,

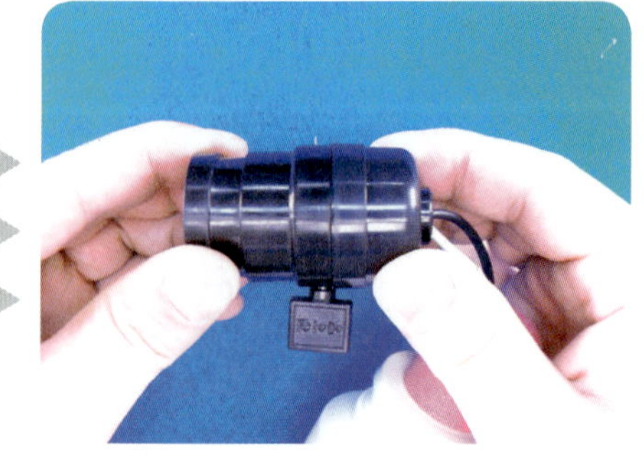

27 소켓의 뚜껑을 닫는다.

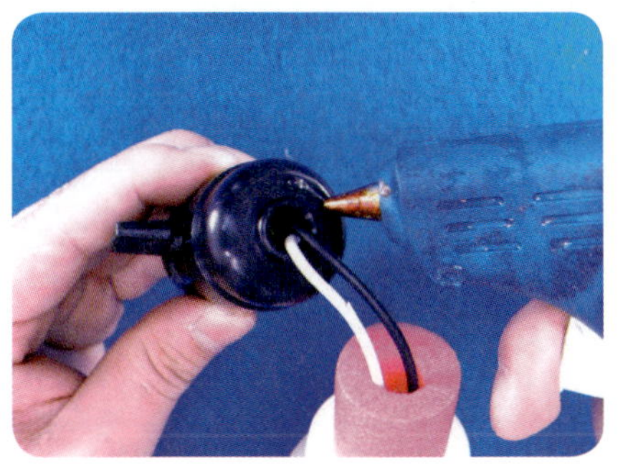

28 소켓의 뚜껑에 글루를 바르고

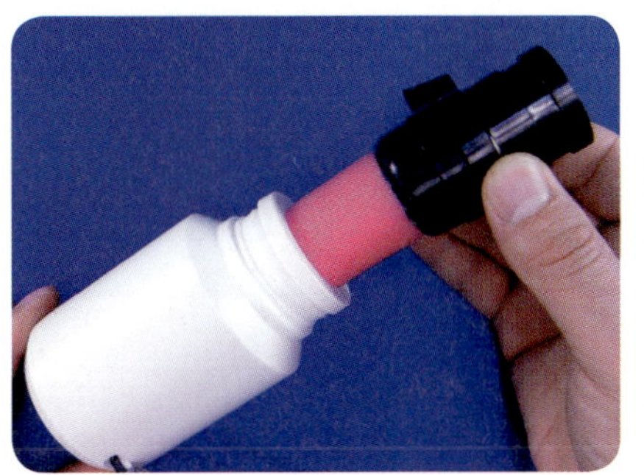

29 백업과 붙여서

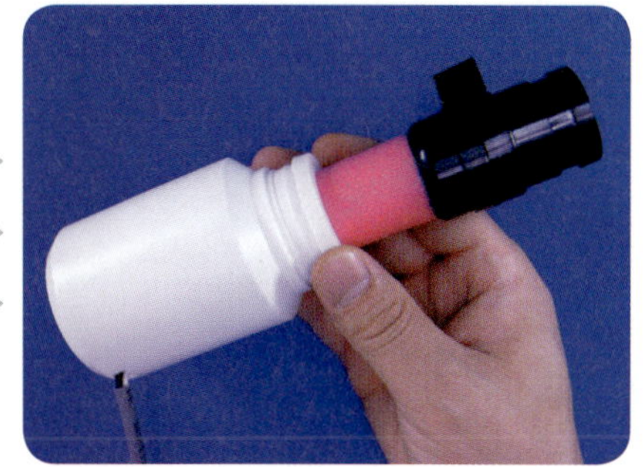

30 스탠드의 몸체를 완성한다.

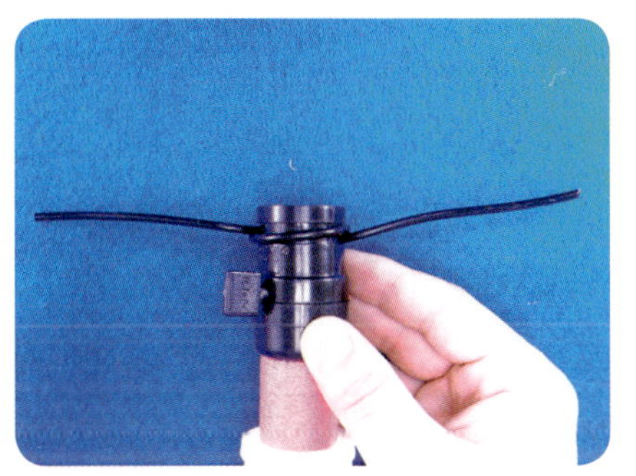

31 소켓의 옴폭한 부분에 알루미늄 와이어를 감고,

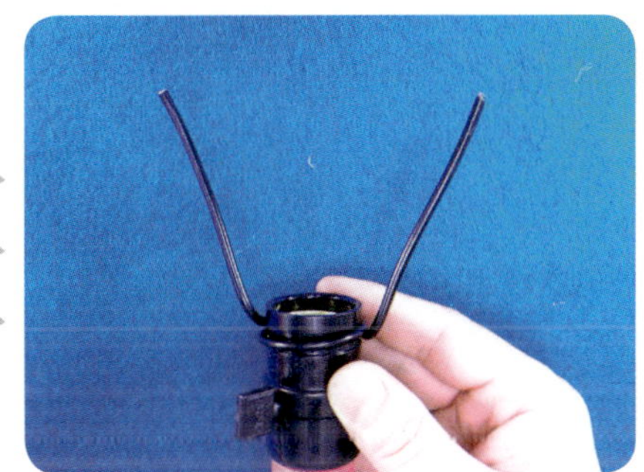

32 다시 위로 휜다.

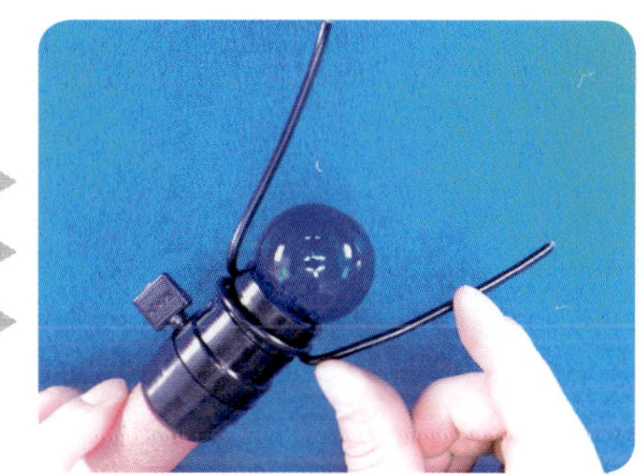

33 전구의 높이에서

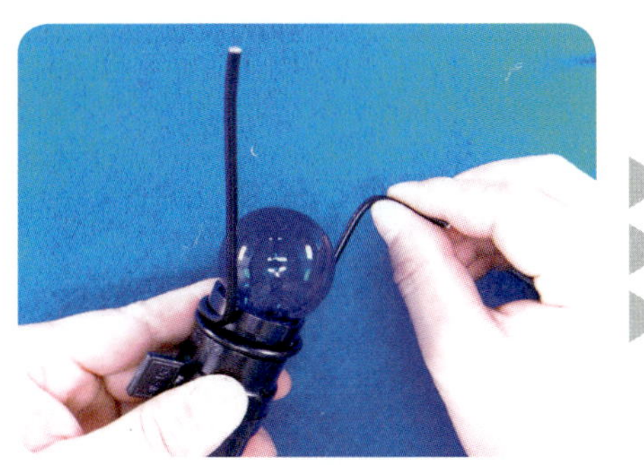

34 다시 옆으로 휘어

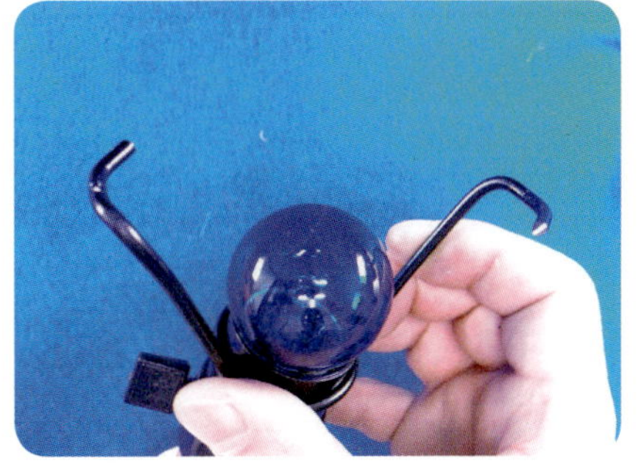

35 모양을 잡는다.

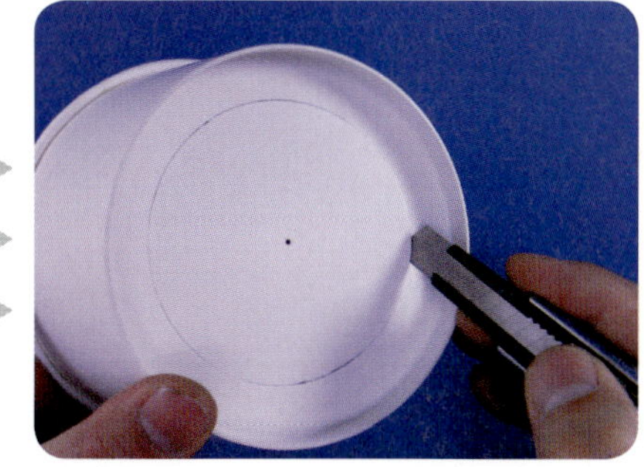

36 종이 갓에 컴퍼스나 둥근 것 등을 이용해 원을 그리고

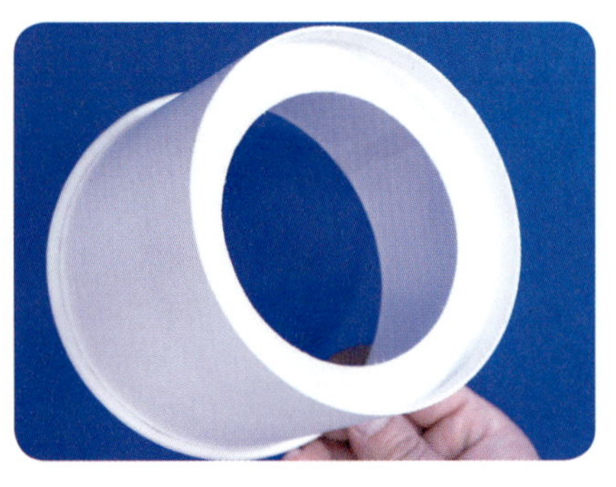

37 칼로 잘라낸다.

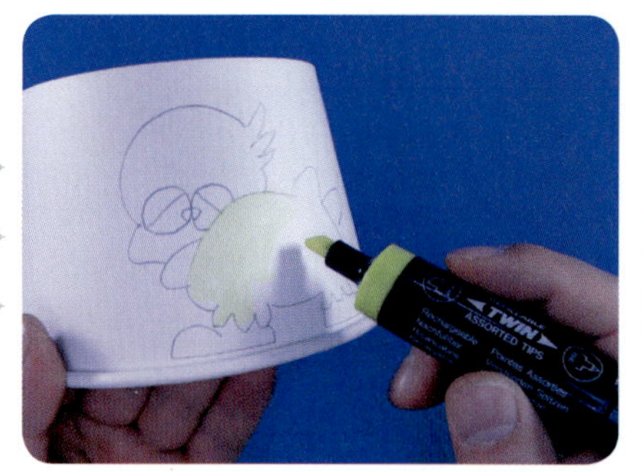

38 밑그림을 그리고 색을 칠하거나

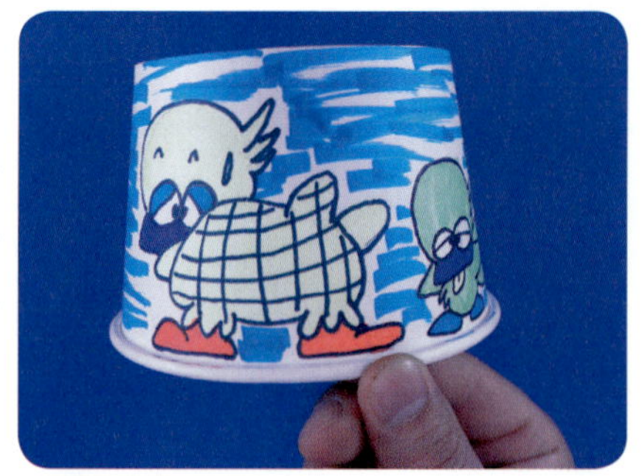

39 클레이, 또는 색종이를 오려 붙여서 갓을 장식한다.

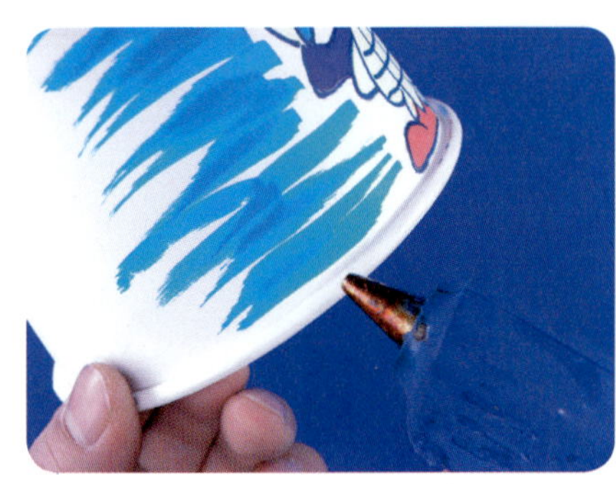

40 테두리에 글루를 바르고,

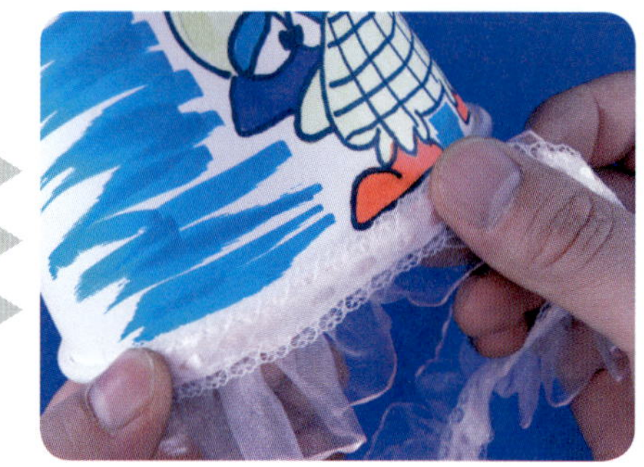

41 레이스를 이어서 붙여 나간다.

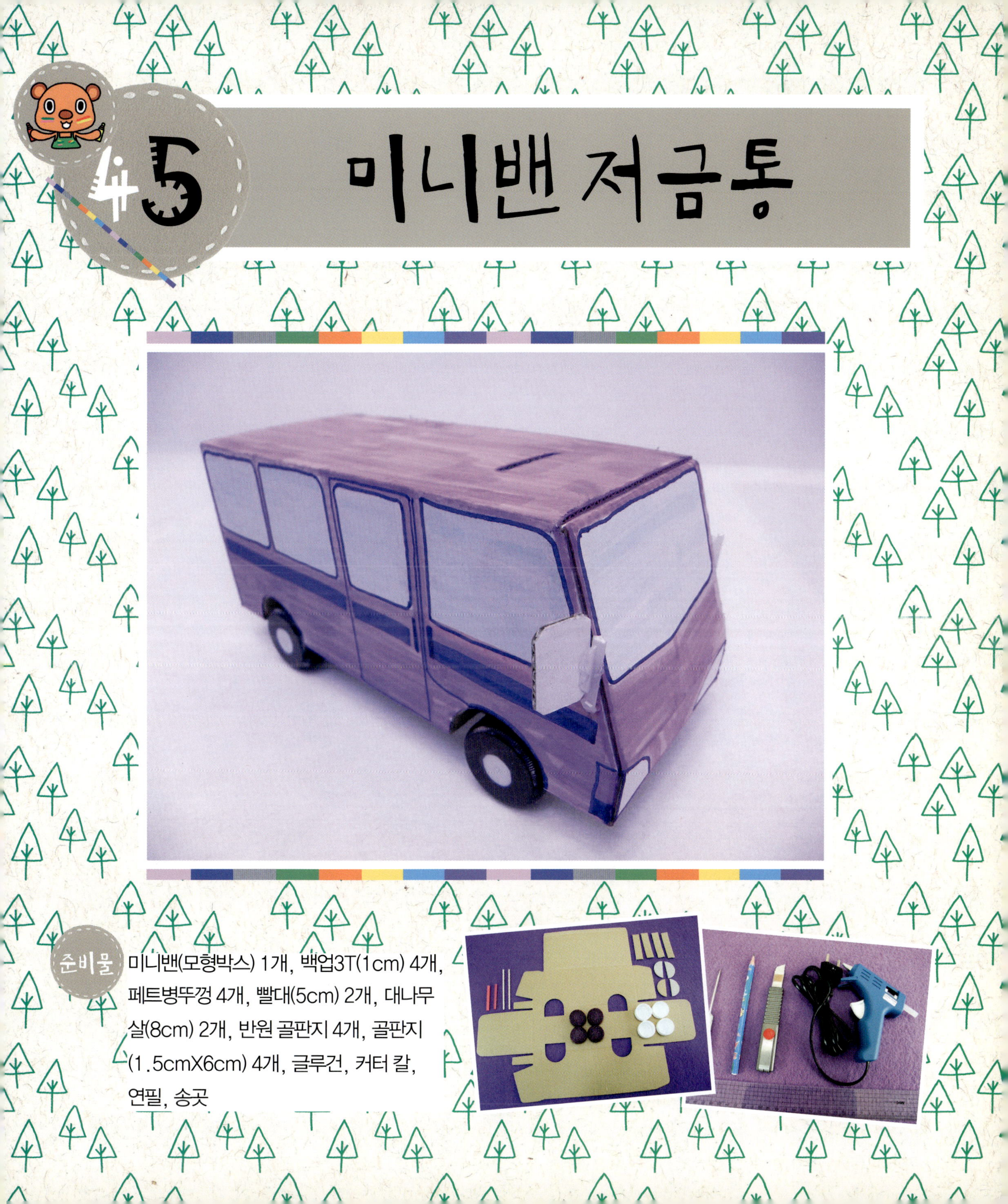

미니밴 저금통

미니밴(모형박스) 1개, 백업3T(1cm) 4개, 페트병뚜껑 4개, 빨대(5cm) 2개, 대나무 살(8cm) 2개, 반원 골판지 4개, 골판지(1.5cmX6cm) 4개, 글루건, 커터 칼, 연필, 송곳

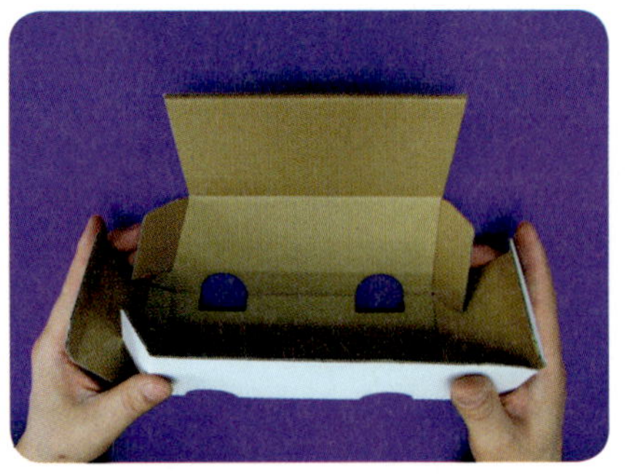

1 모형박스를 선을 따라서 접어 본다.

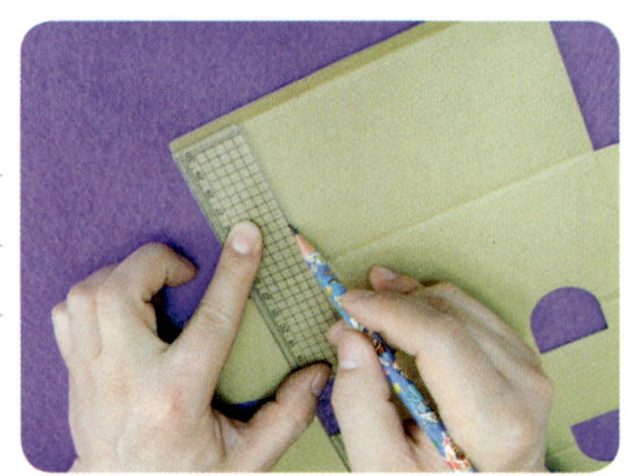

2 미니밴의 천정부분 안쪽에 500원짜리 동전이 들어갈 만큼 자와

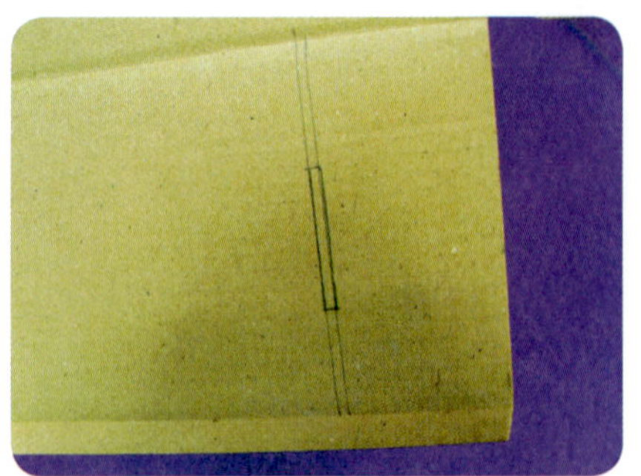

3 연필을 사용하여 밑그림을 그려놓고

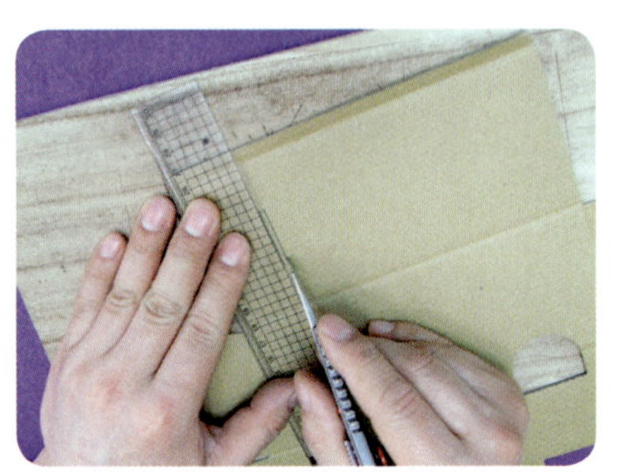

4 조심스럽게 칼로

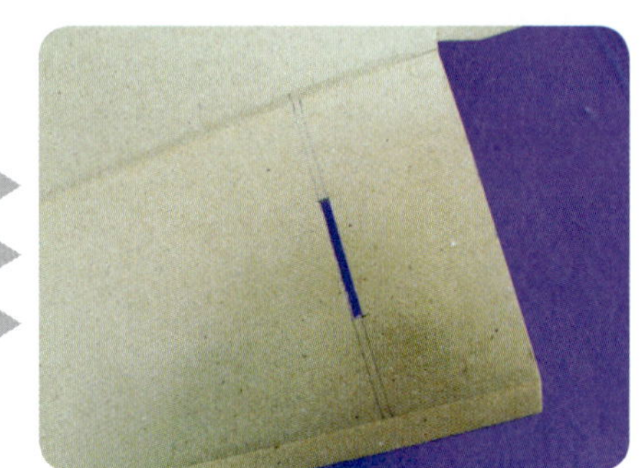

5 파낸다.

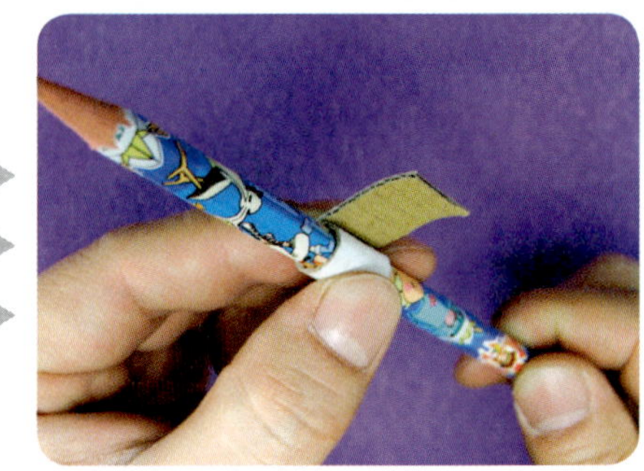

6 6cm짜리 골판지를 연필을 사용해서 둥글게 만다.

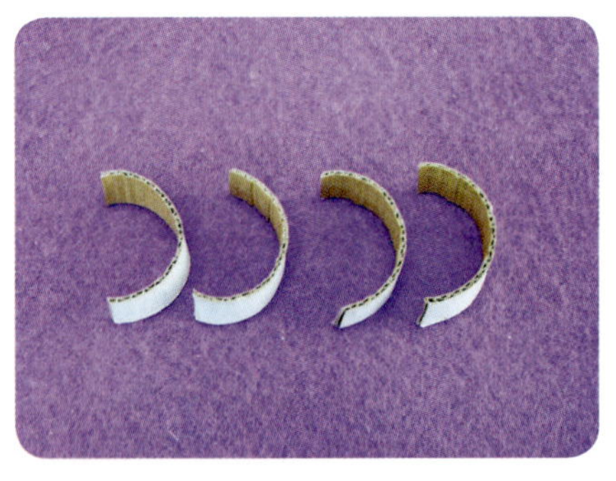

7 4개 모두를 둥글게 한 번씩 말아서 준비해 놓는다.

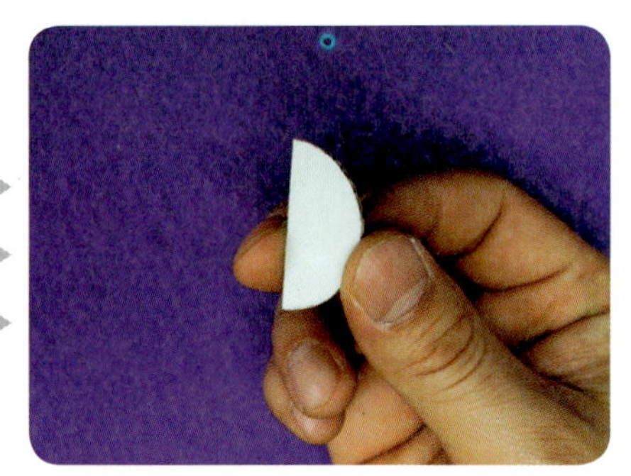

8 반원의

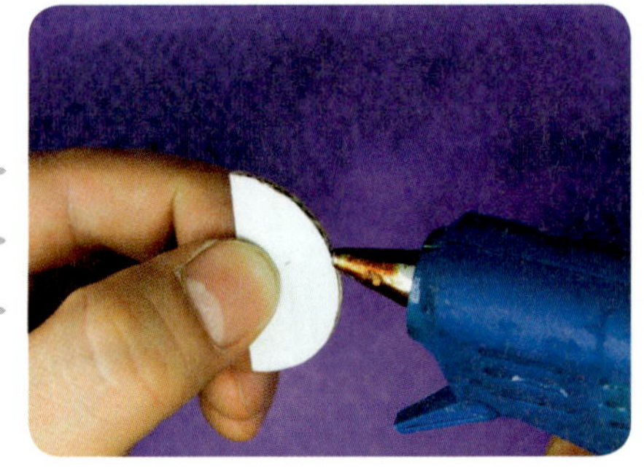

9 둥근 면에 글루건을 가늘게 쏘아주고

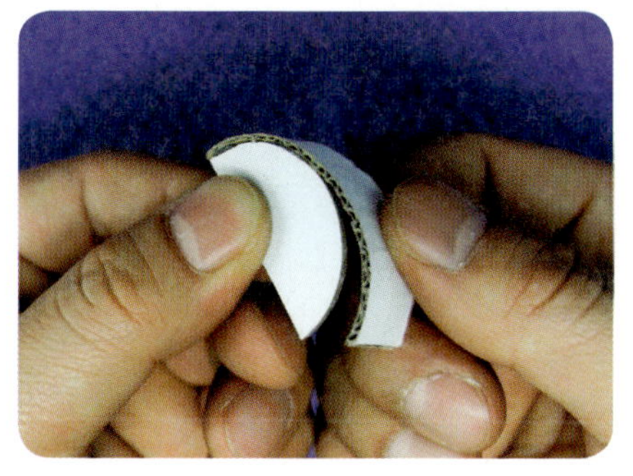

10 준비해 둔 7을 붙인다.

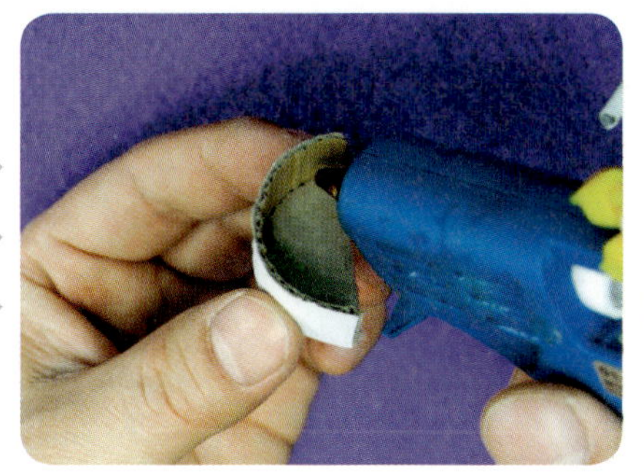

11 안쪽 접착면에도 글루건을 가늘게 쏘아

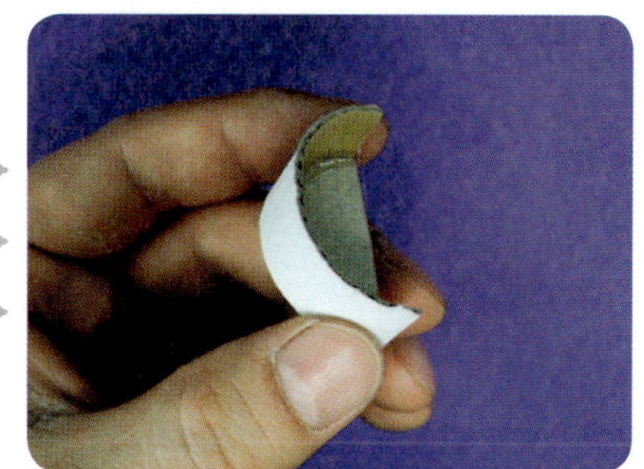

12 단단히 붙여 놓는다.

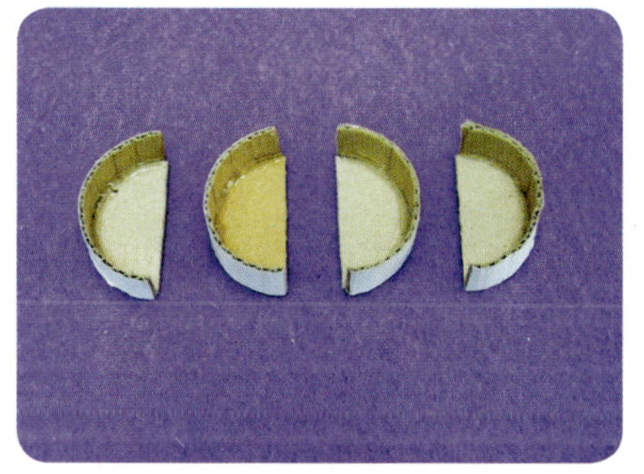

13 4개의 반원을 12와 같은 방법으로 모두 붙여 놓는다.

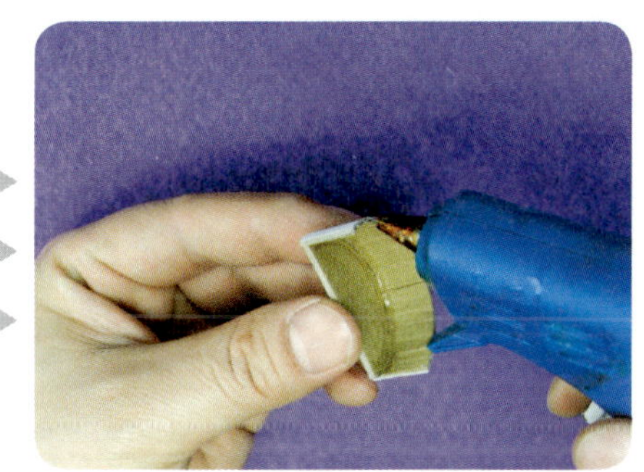

14 다시 둥근 면에 글루건을 가늘게 쏘고

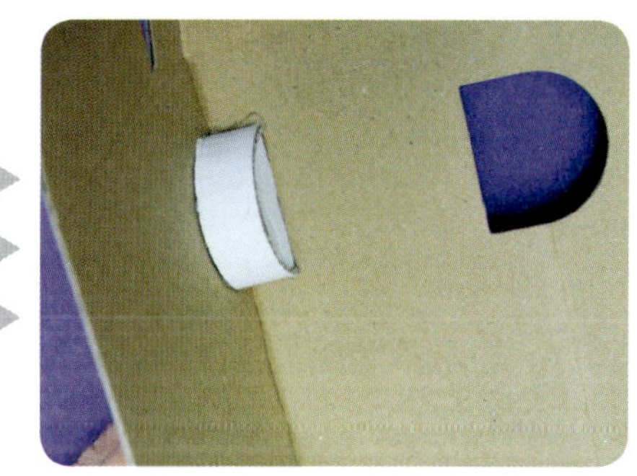

15 미니밴의 바퀴부분을 가려 붙인다.

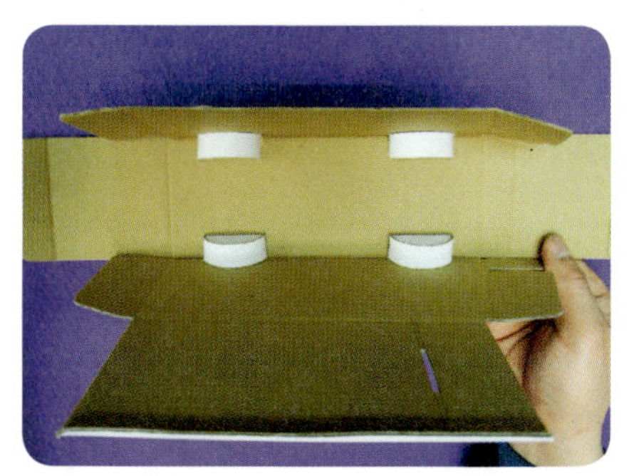

16 네 곳 모두 같은 방법으로

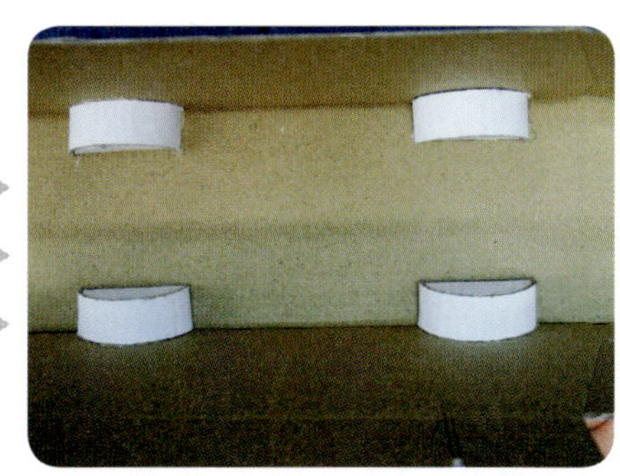

17 단단히 붙여서 고정한다.

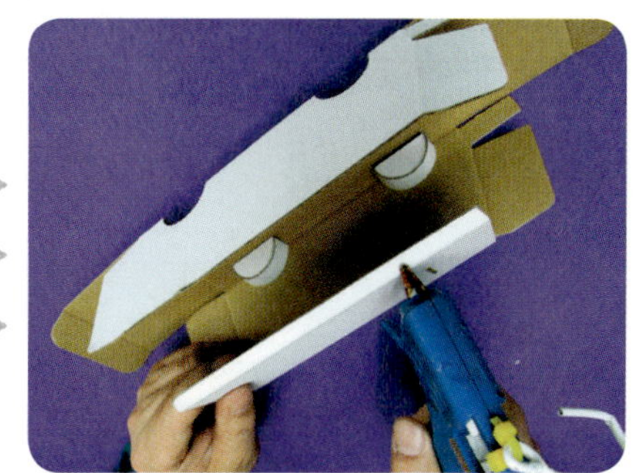

18 접어서 안으로 붙이는 부분에 양면테이프나 글루건을 쏘아

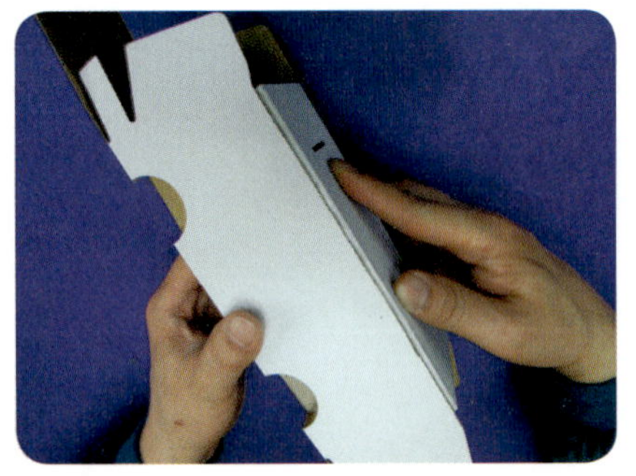

19 양손을 이용해서 단단히 붙인다.

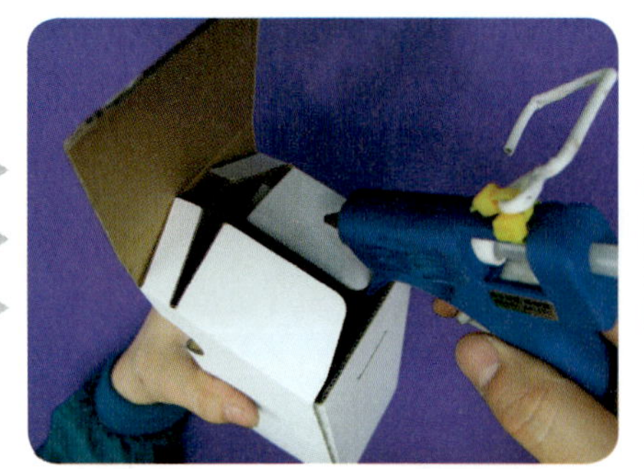

20 미니밴의 앞부분도 안으로 접혀서 들어가는 부분에 글루건을 고루 쏘아

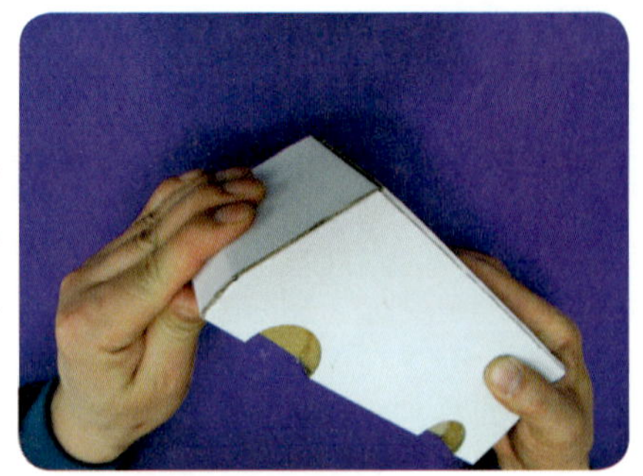

21 단단히 붙인다.

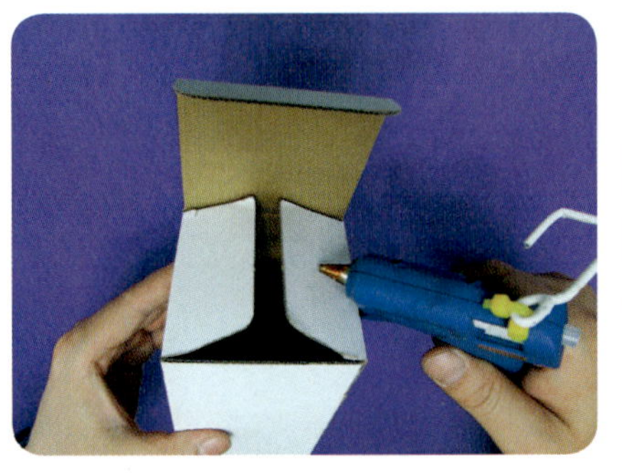

22 뒤쪽의 안으로 접히는 부분에도 글루건을 고루 쏘아

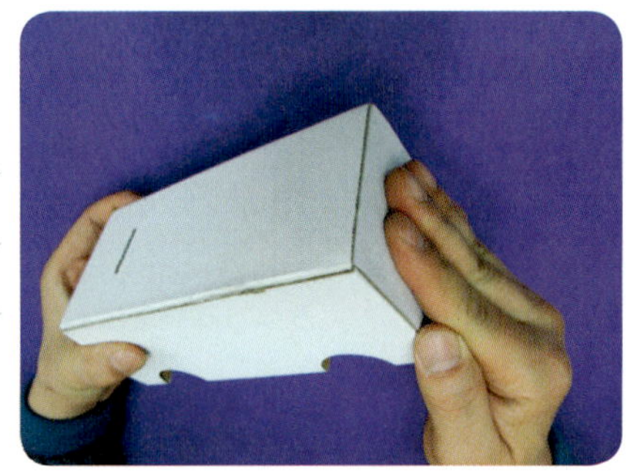

23 뚜껑을 덮어서 단단히 고정한다.

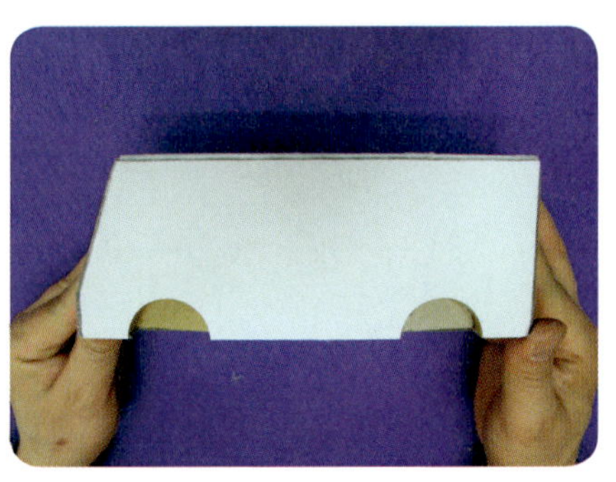

24 완성된 미니밴 차체

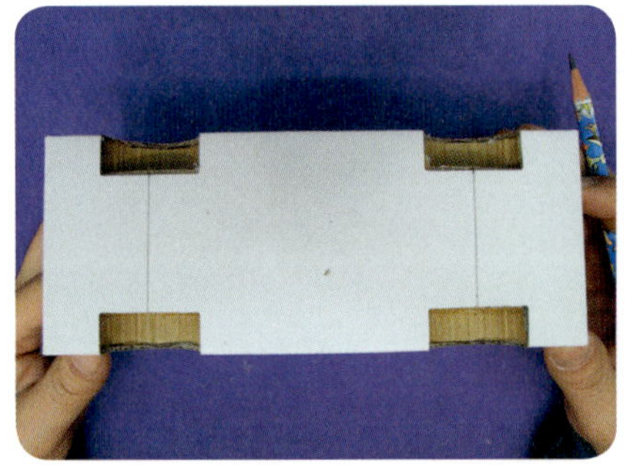

25 차체를 뒤집어 양쪽 바퀴의 정중앙에 연필로 표시하고

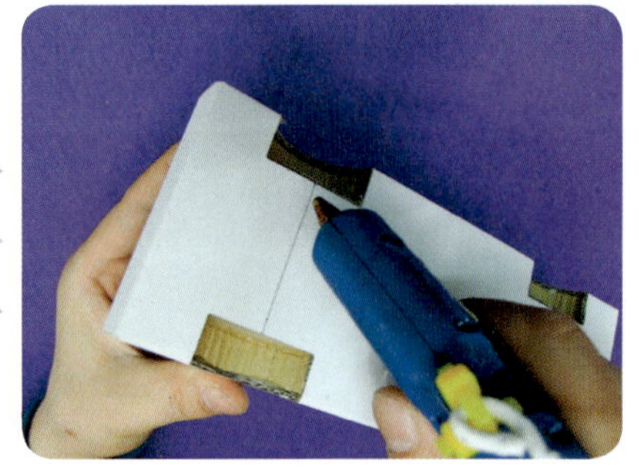

26 선을 따라서 글루건을 가늘게 쏜 후

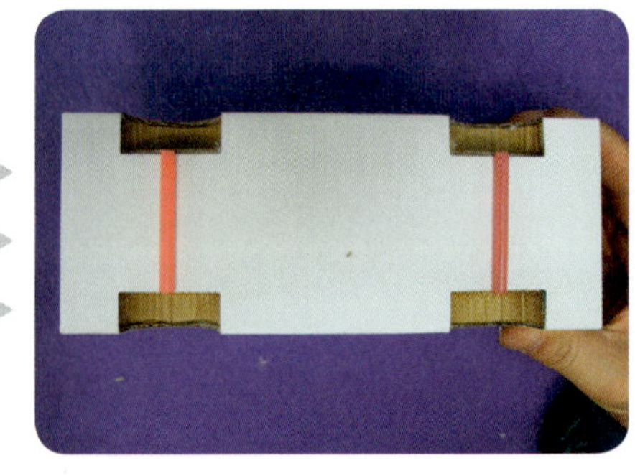

27 빨대의 중심을 잡아 잘 붙인다.

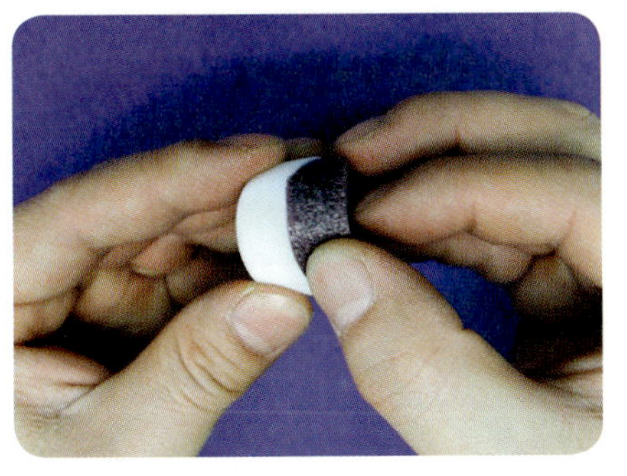

28 페트병뚜껑에 백업을 끼워 넣어

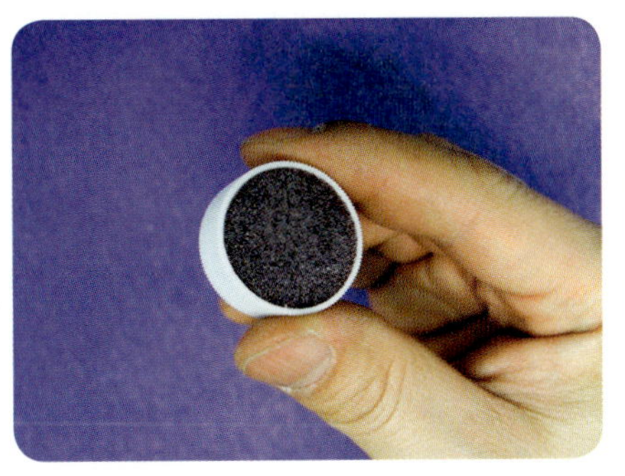

29 바퀴를 만든다.

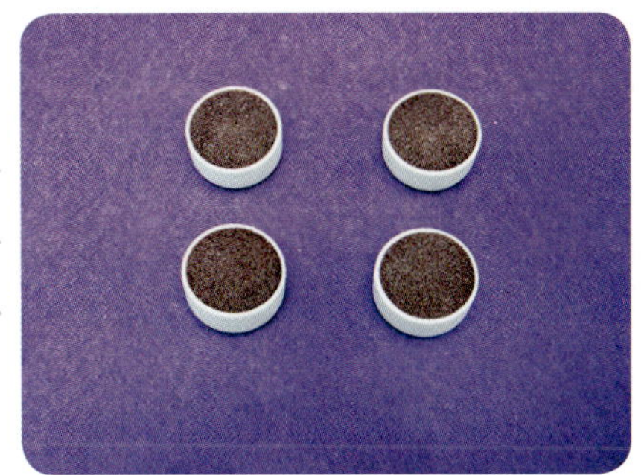

30 같은 방법으로 4개를 만들어 놓는다.

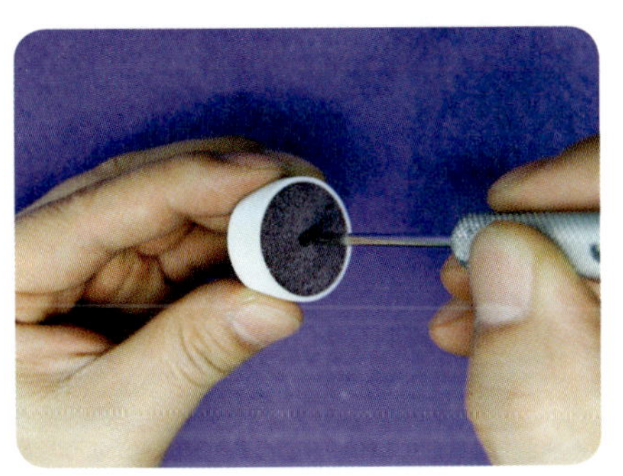

31 바퀴의 가장자리에 송곳으로 예비구멍을 뚫고

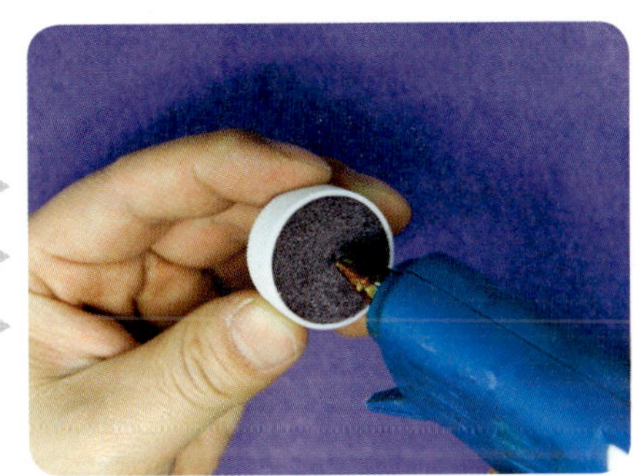

32 글루건 꼭지가 백업에 닿지 않게 입으로 불면서 글루건을 쏜다.

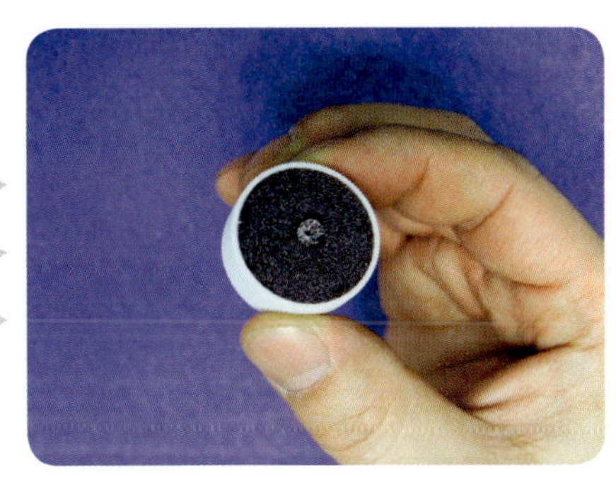

33 한 방울 떨어뜨리고

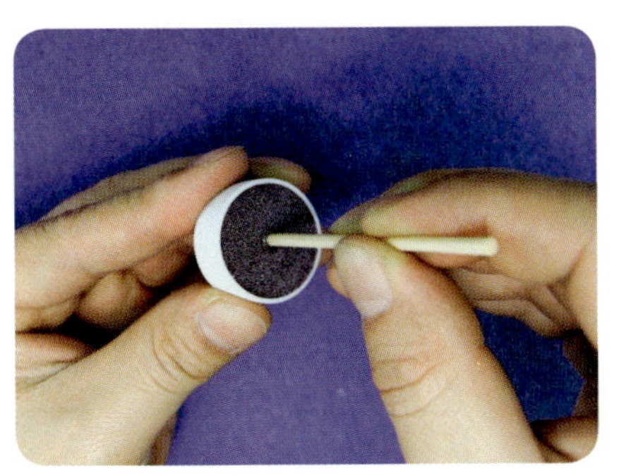

34 대나무살을 돌리면서 입으로 불고 끼워 넣는다.

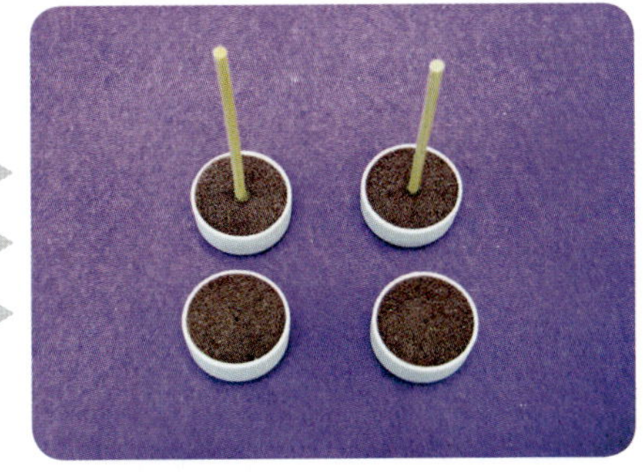

35 나머지도 같은 방법으로 준비해 놓는다.

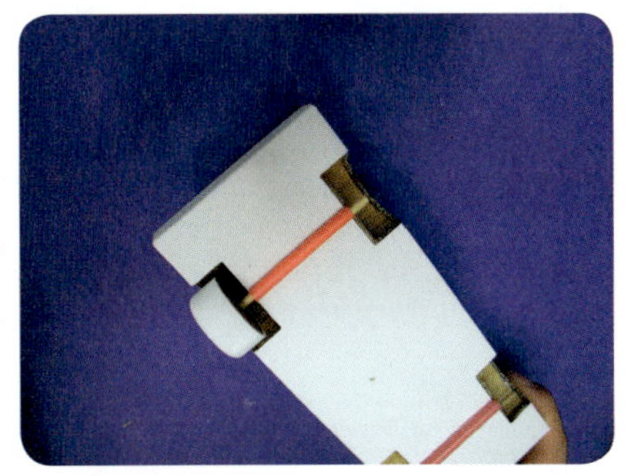

36 몸체 빨대에 바퀴를 끼워

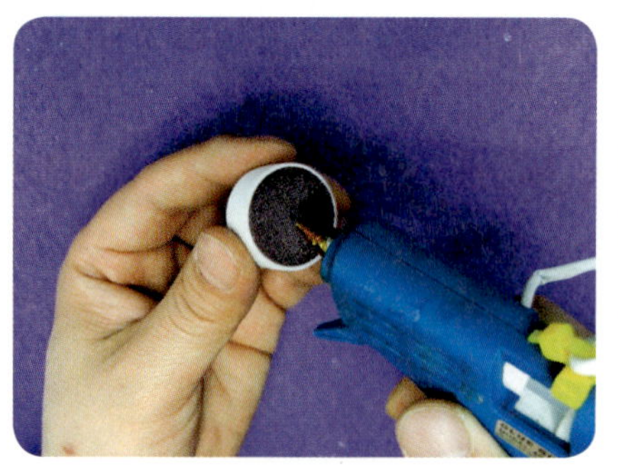

37 32와 같은 방법으로

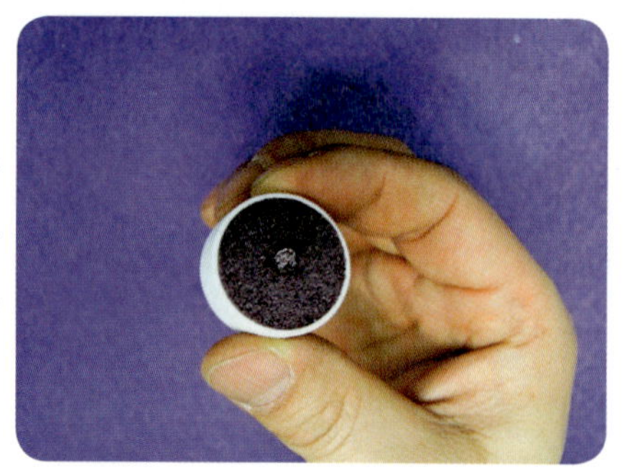

38 한 방울 떨어뜨리고 입으로 불면서

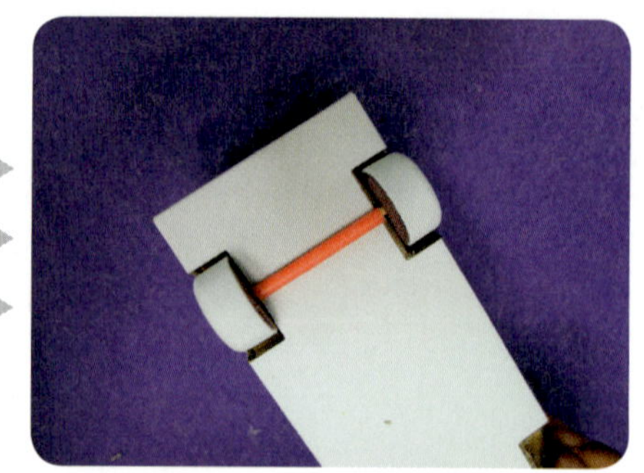

39 바퀴에 끼운다.

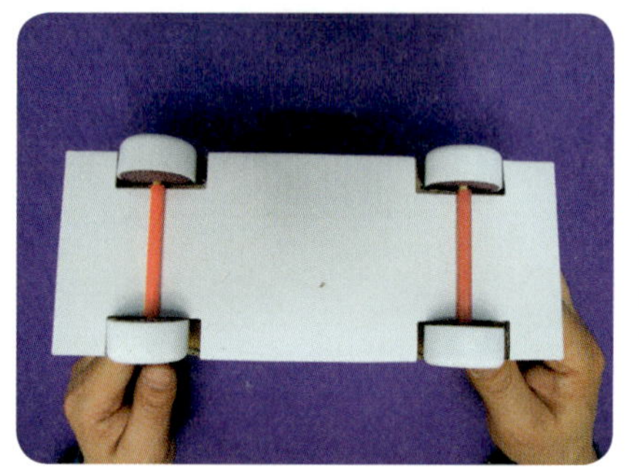

40 앞바퀴와 뒷바퀴 모두 완성한다.

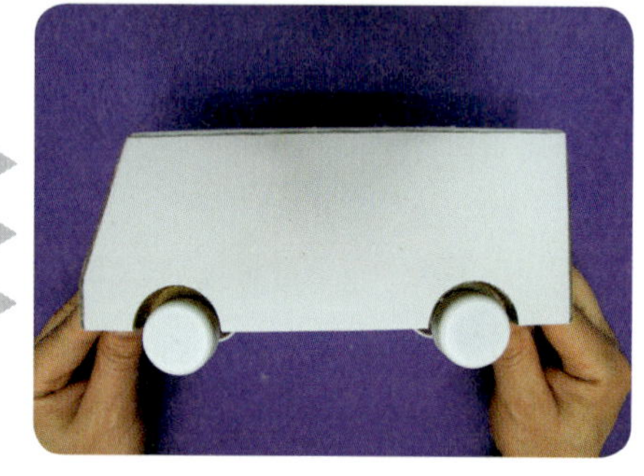

41 완성된 미니밴의 차체

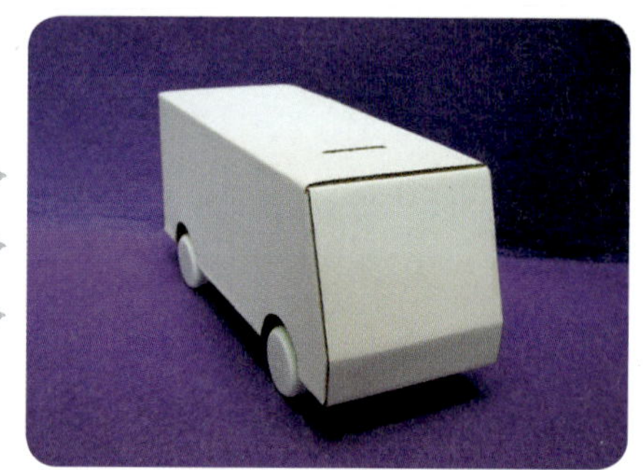

42 완성!

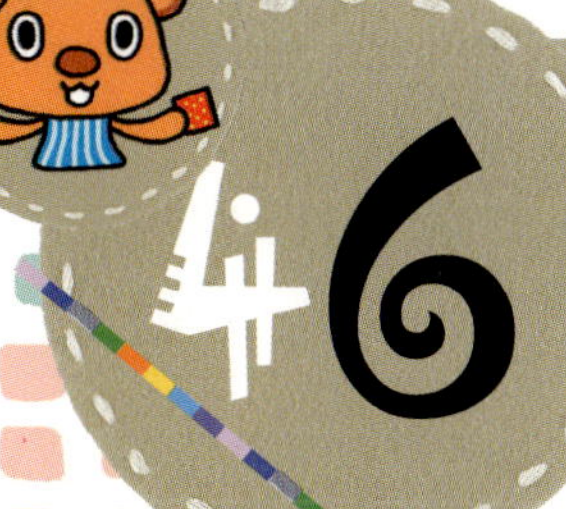

떠버리

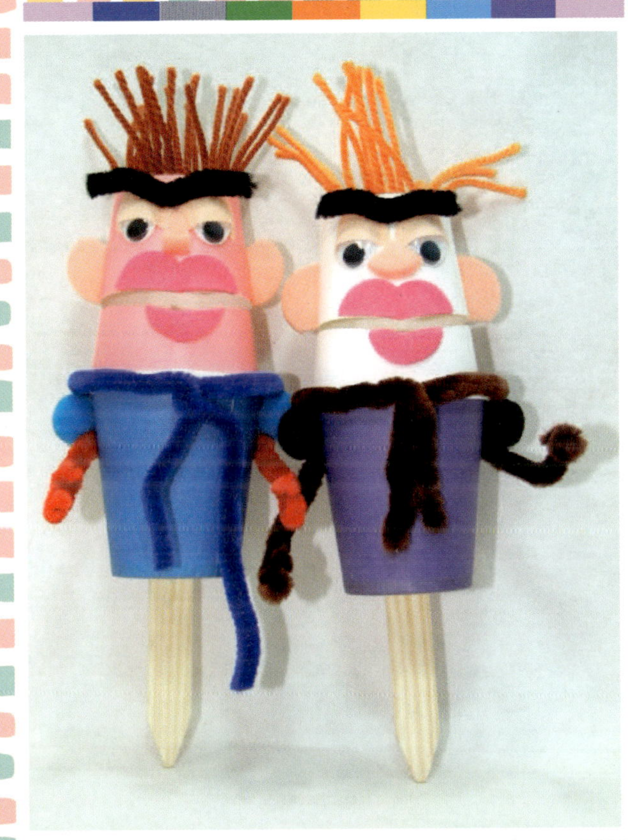

 컬러종이컵 2개, 모루 – 40cm 1줄/15cm 2줄/7cm 1줄, 뾰족스틱 1개, 뽕뽕이 2개, 백업 – 3T(1cm) 1개/3T(2mm) 2개, 털실 조금 , 컬러펠트지 조금 , 인형눈알(1.6cm) 2개, 주름빨대 1개, 유리테이프, 커터 칼, 가위, 핀셋, 글루건

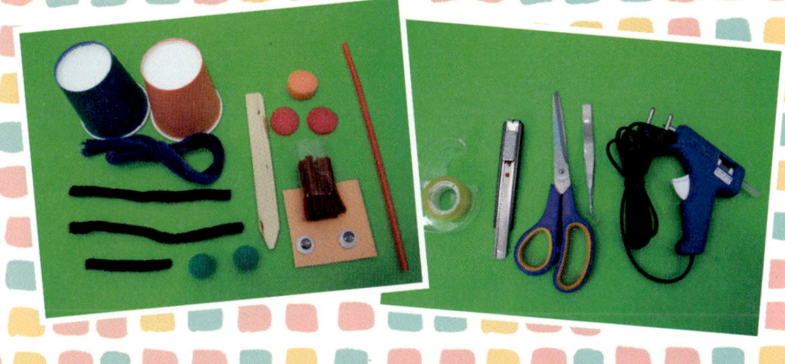

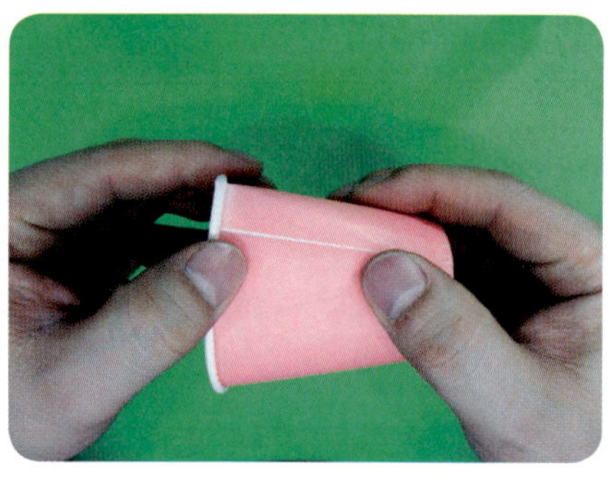

1 종이컵의 접착 부위를 중심으로

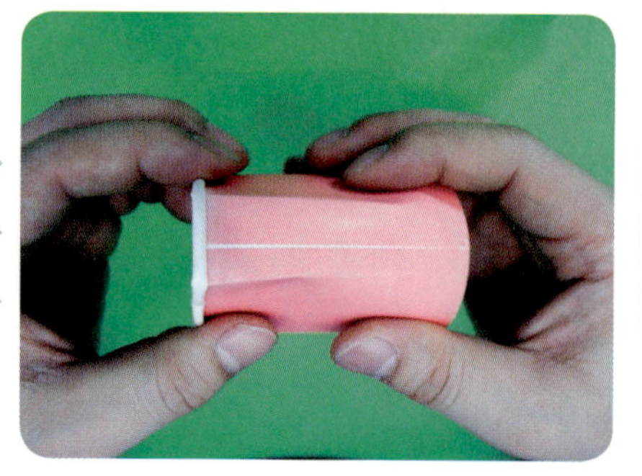

2 약 2cm 지점을 가볍게 누르면서 접는다.

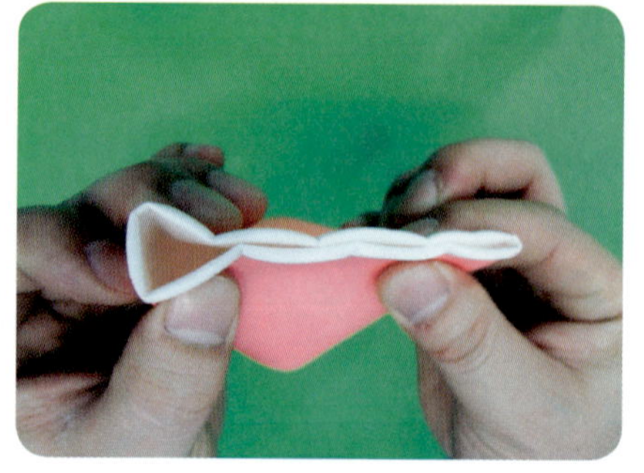

3 입구 쪽의 넓은 부분도 2cm의 접은 부분을 중심으로 고루 누르며 접는다.

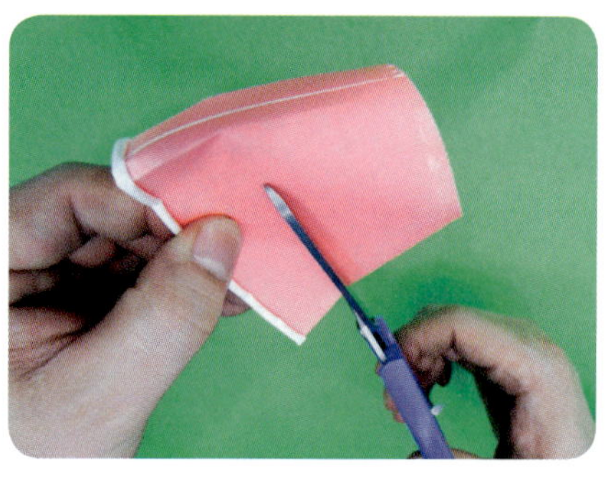

4 컵의 1/3 부분을 가위로 자르고

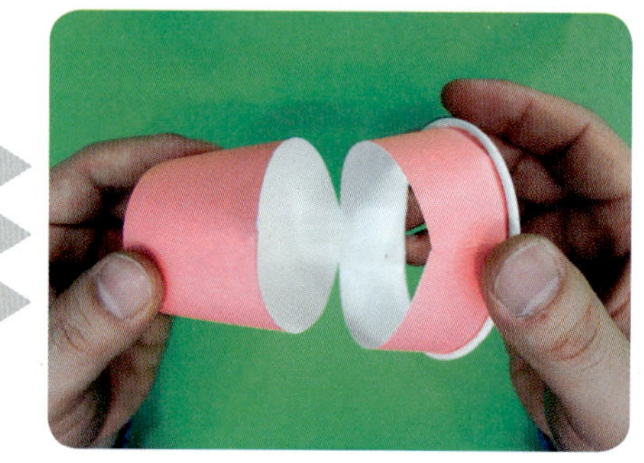

5 접착 부위의 2cm 정도만 남기고 자른다.

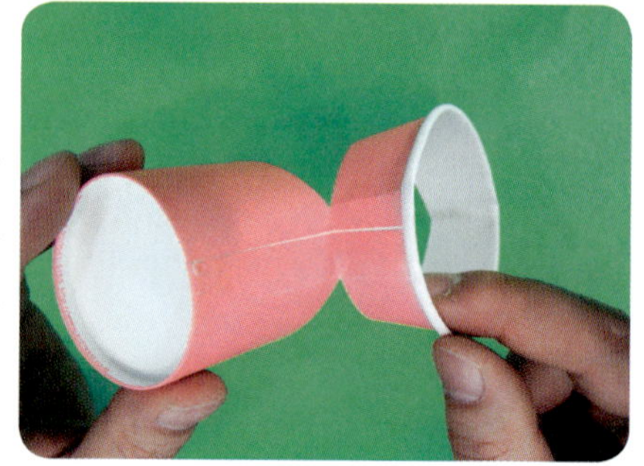

6 뒤로도 반듯하게 접어본다.

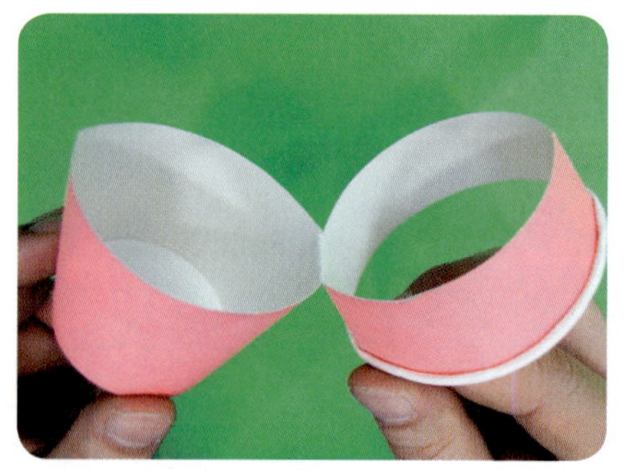

7 컵이 위 아래로 자연스럽게 움직일 수 있게 접착 부위를 잘 접는다.

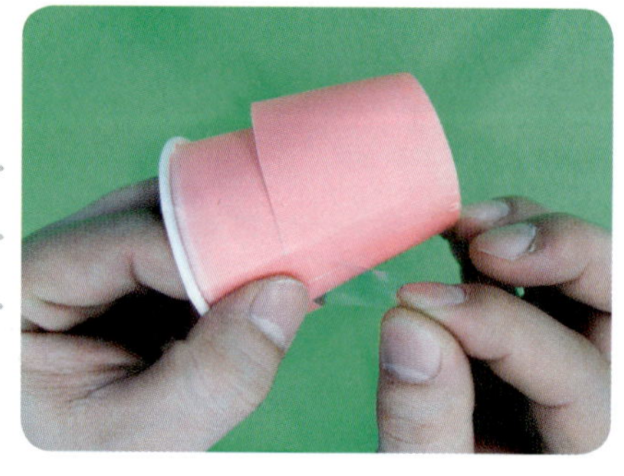

8 컵의 바깥쪽 접히는 부분에 유리 테이프를 붙이고

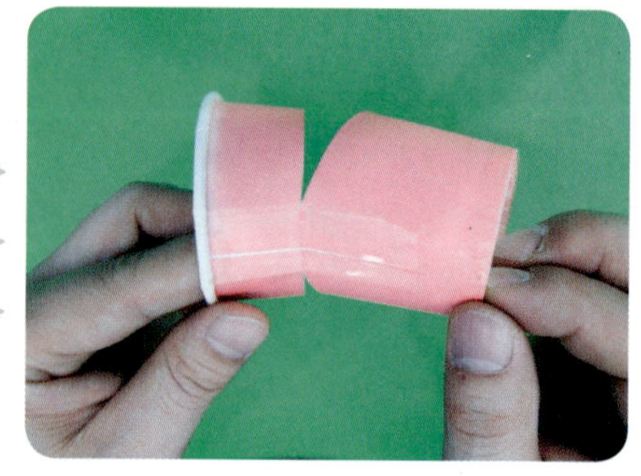

9 다시 한 번 뒤로 제쳐본다.

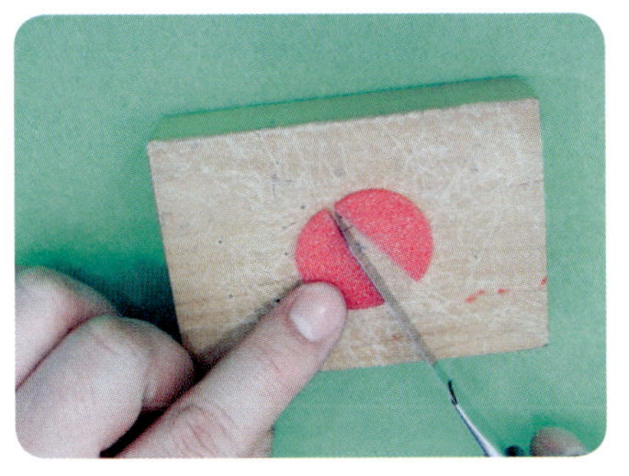

10 3T백업(2mm)을 반으로 잘라

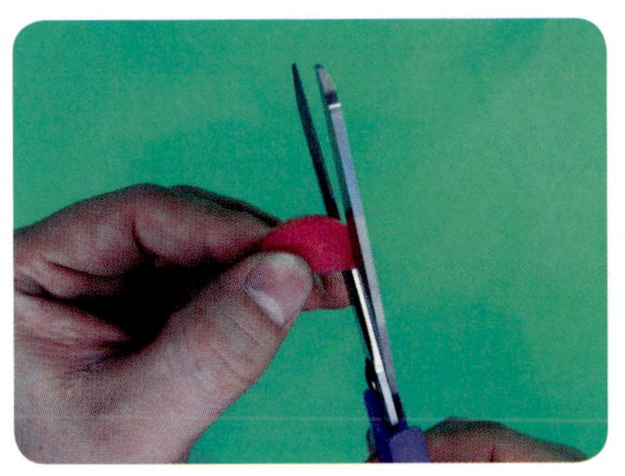

11 다듬어서

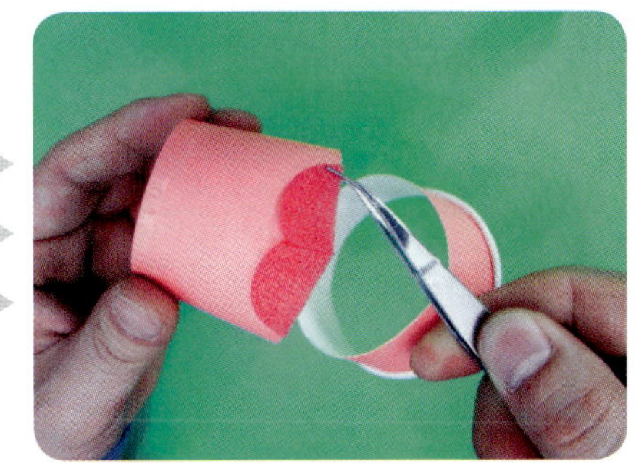

12 컵에 윗입술과

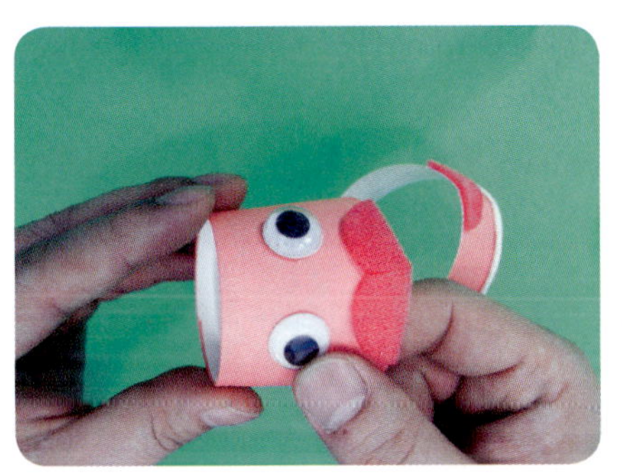

13 아랫입술로 붙인다.

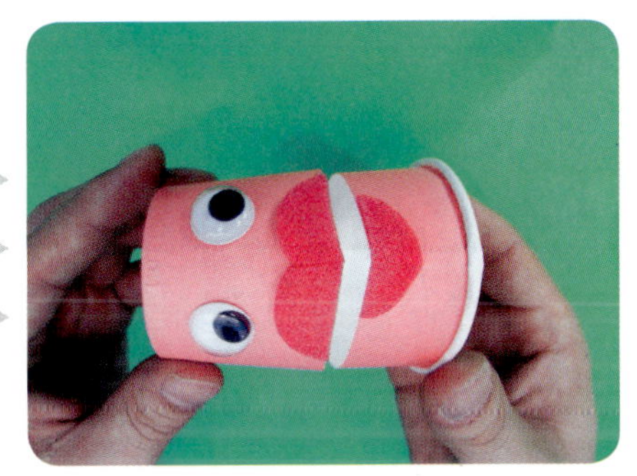

14 적당한 위치에 인형 눈알을 붙이고 얼굴을 완성한다.

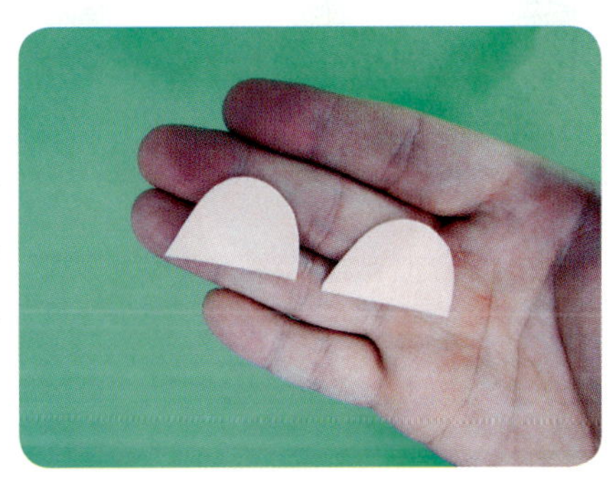

15 컬러펠트지를 눈알을 덮을 만큼의 크기로 자른 후

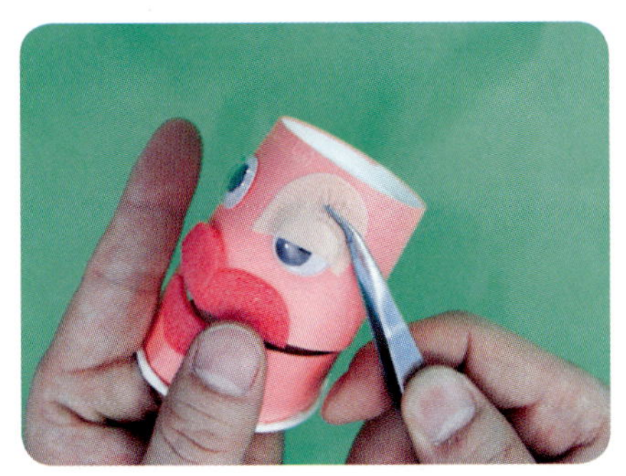

16 인형 눈의 1/2을 덮어 붙이고 핀셋이나 손으로 눌러

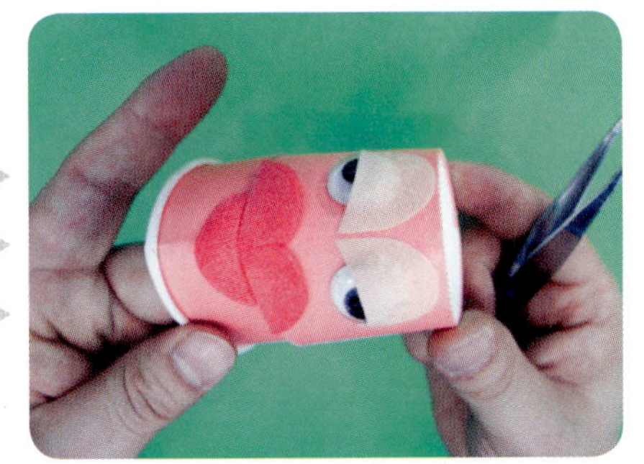

17 단단히 붙인다.

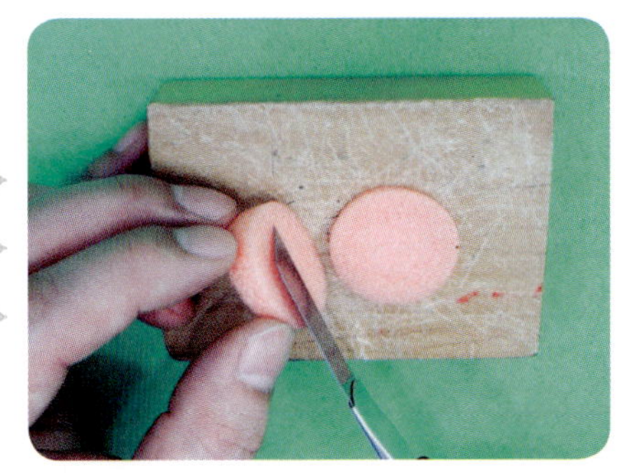

18 3T백업(1cm)을 얇게 썰어

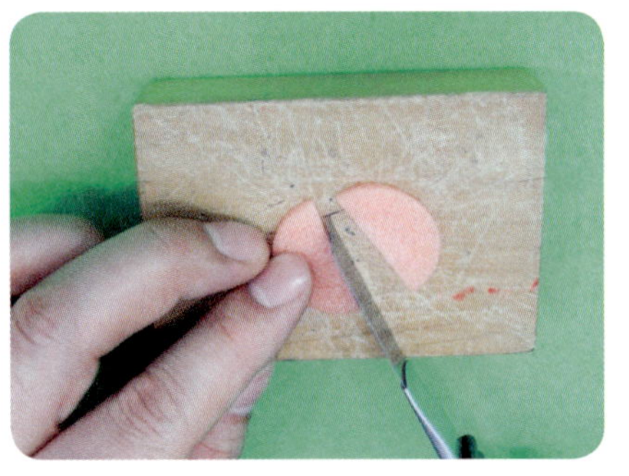

19 다시 반으로 나누고 다듬
어

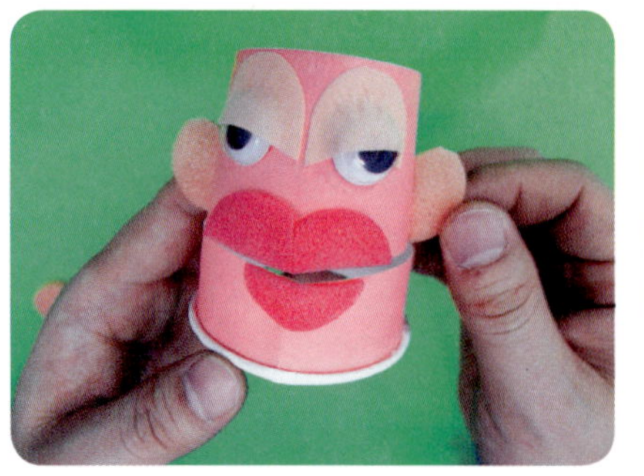

20 입술과 눈 사이의 적당
한 위치에 붙여서 귀를
만든다.

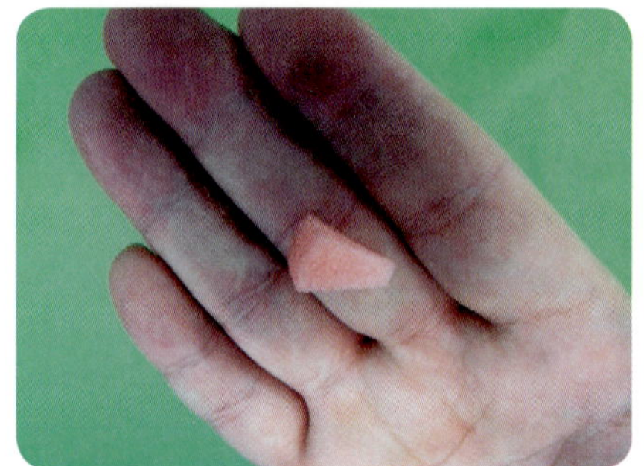

21 자투리로 남은 백업을 코
모양으로 잘라서

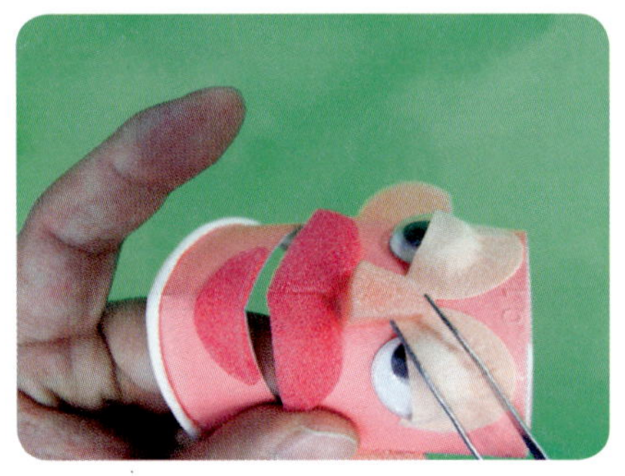

22 코를 장식한다.

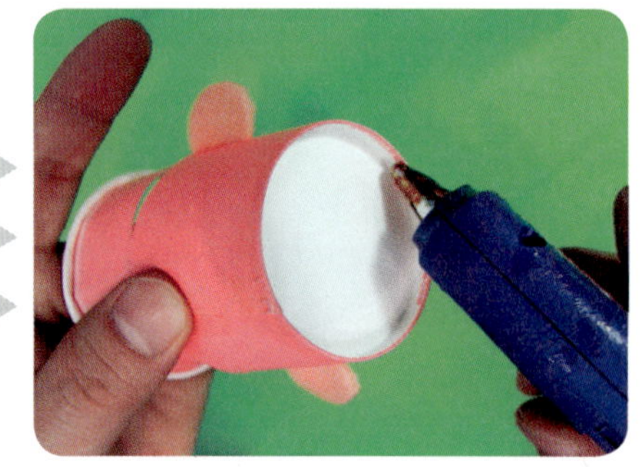

23 머리 부분 안쪽에 글루
건을 얇게 쏘아

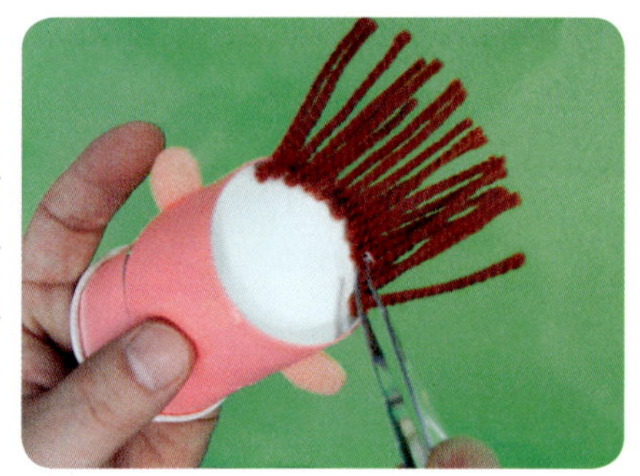

24 핀셋을 이용해서 털실
을 적당량 붙이고

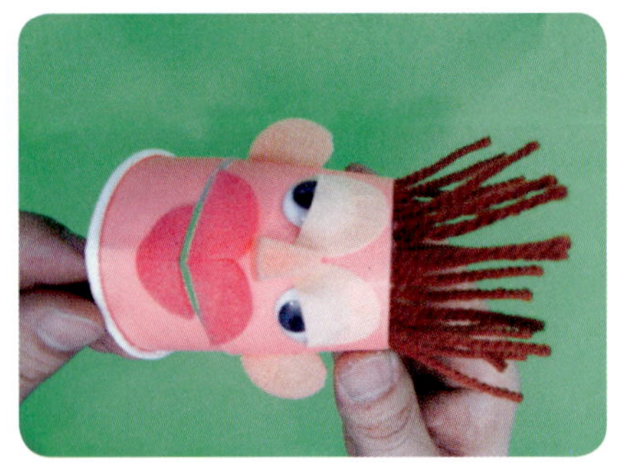

25 인형의 머리를 완성한
다.

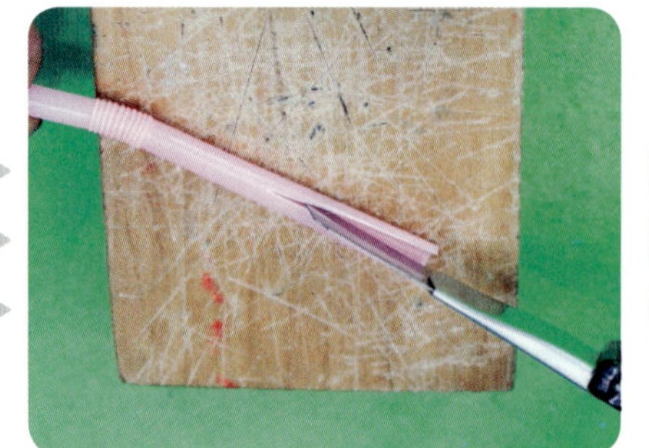

26 주름빨대 윗부분의 가
장자리를 약 3cm 정도
칼로 자르고

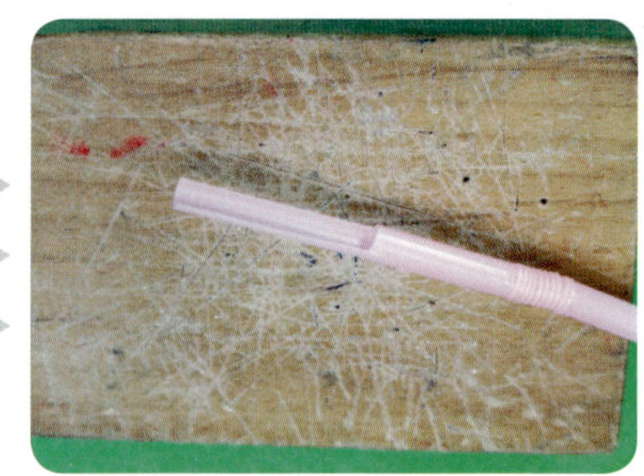

27 한쪽을 떼어낸다.

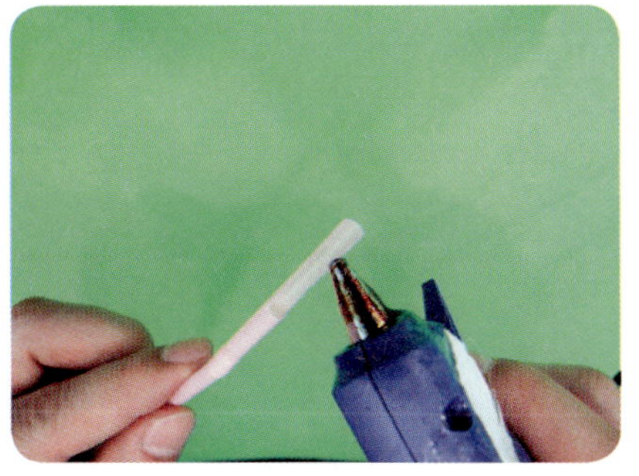

28 빨대에 글루건을 얇게 쏘아

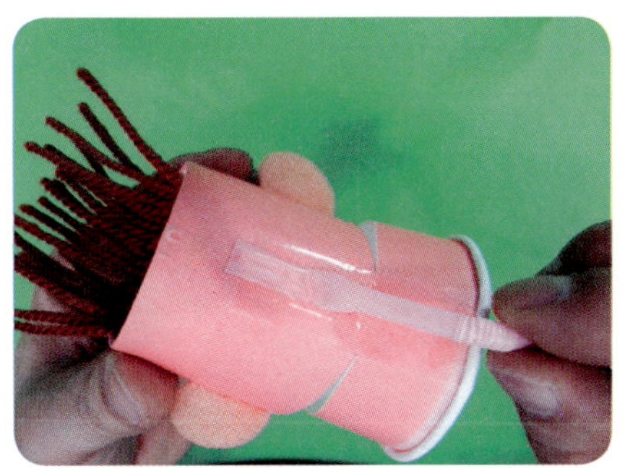

29 귀와 귀 사이 정중앙에 빨대를 붙인다.

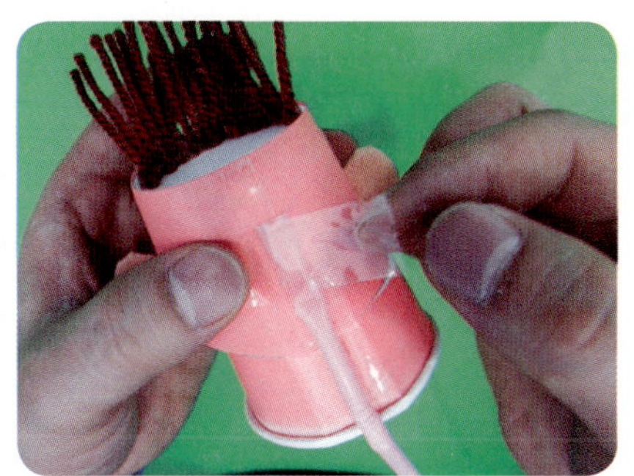

30 빨대를 붙이고 다시 가로로 유리테이프를 붙인다.

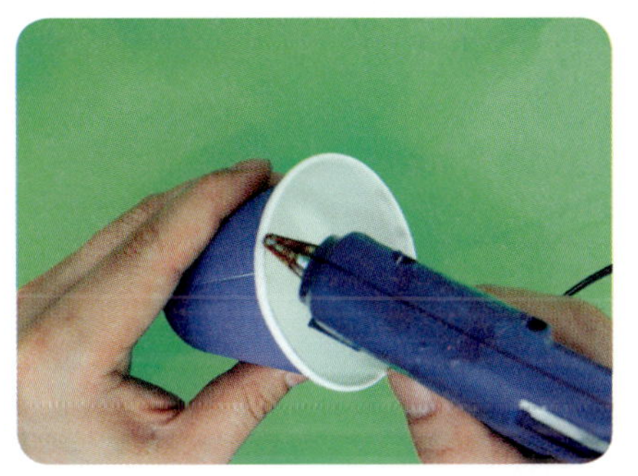

31 몸통이 될 다른 종이컵에 글루건을 골고루 길게 쏘아 **30**의 두상과 맞붙인다.

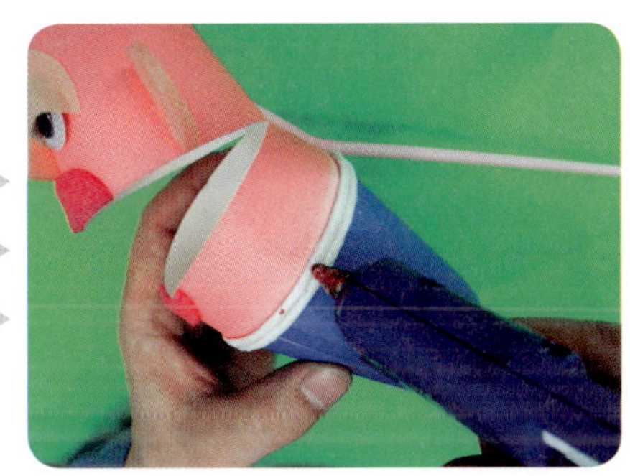

32 몸통을 돌려가며 글루건으로 단단히 붙인다.

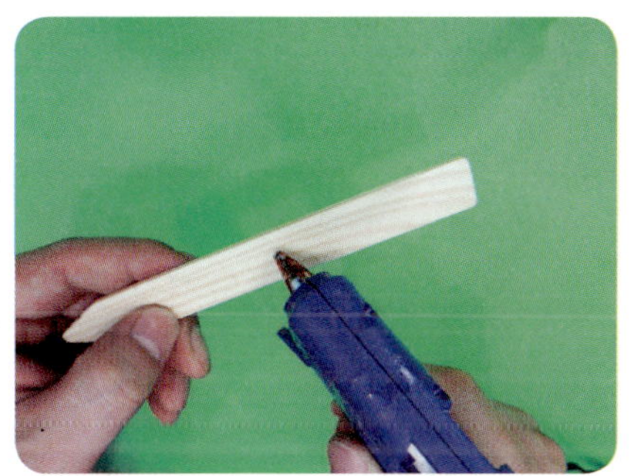

33 몸통의 길이만큼 나무막대에 글루건을 쏘고

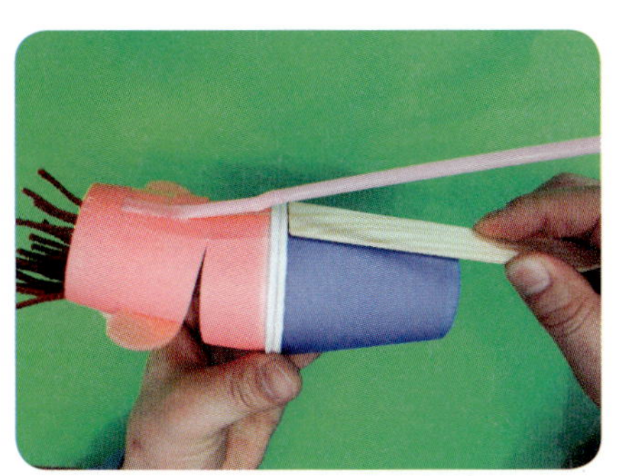

34 몸통의 뒤쪽에 단단히 붙인다.

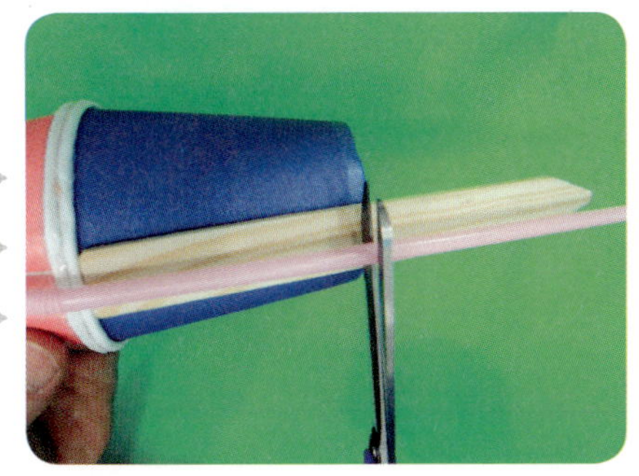

35 몸통의 길이만큼 가위로 빨대를 자르고

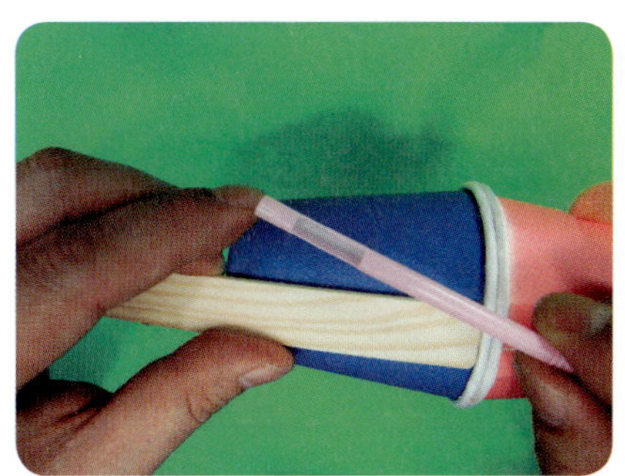

36 손으로 잡았을 때 미끄러지지 않게 빨대에 홈을 판다.

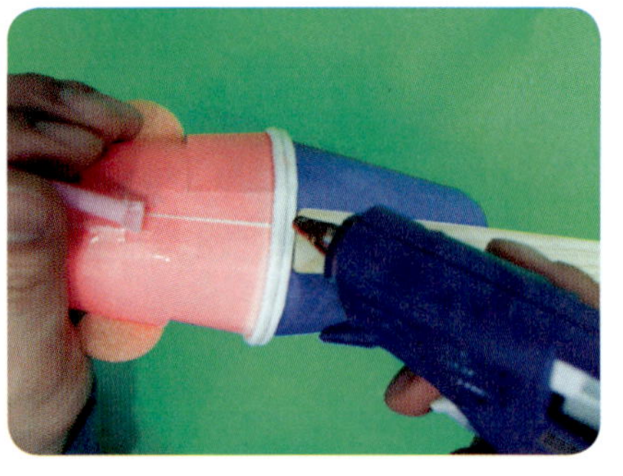

37 접착 부위에 다시 글루
건을 가늘게 쏘아

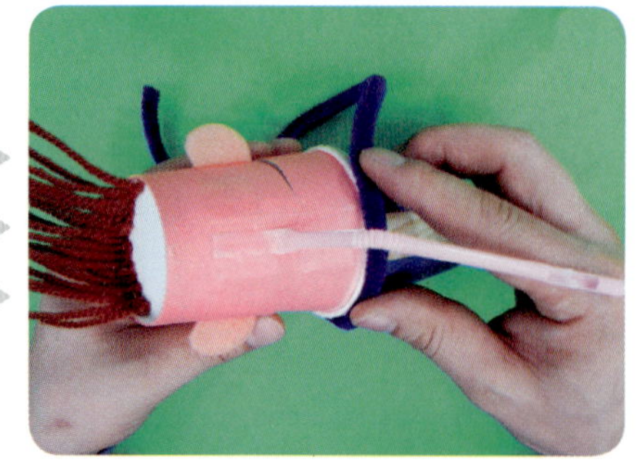

38 모루를 인형의 몸에

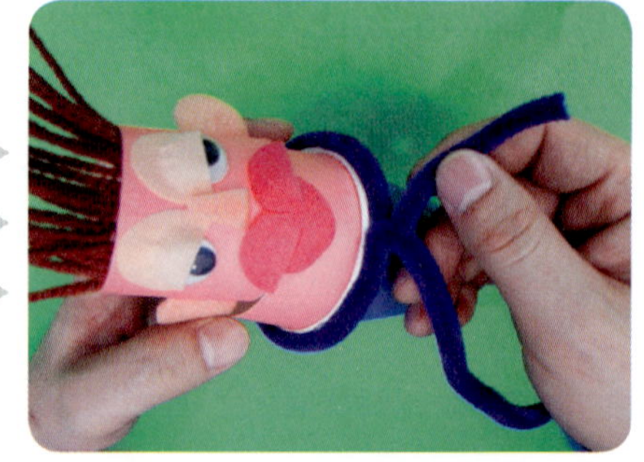

39 돌려가며 붙이고 앞부
분은 비틀어 꼰다.

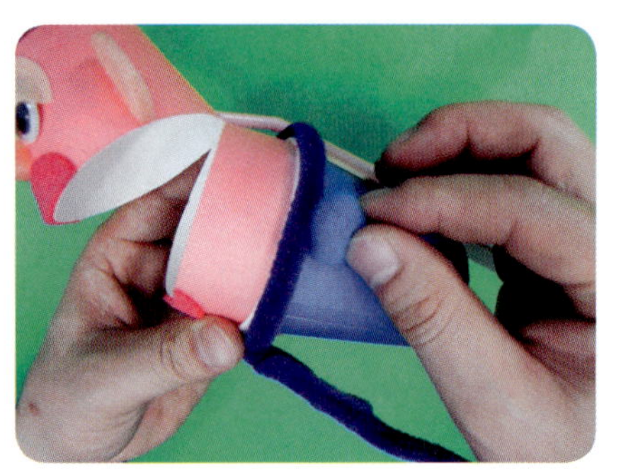

40 뽕뽕이를 붙여서

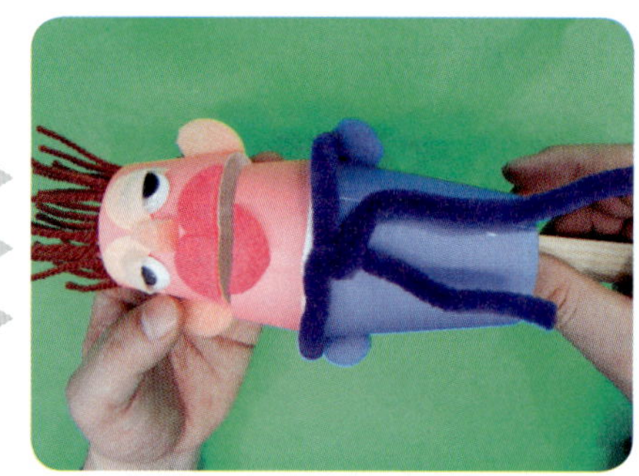

41 어깨를 만든다.

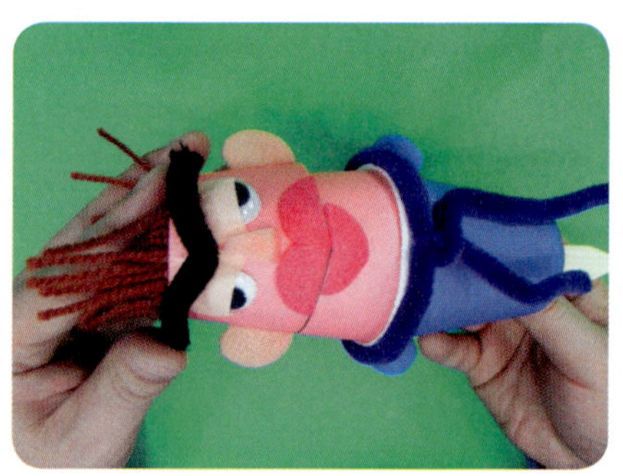

42 눈썹을 V자로 살짝 접
어 만들어 붙인다.

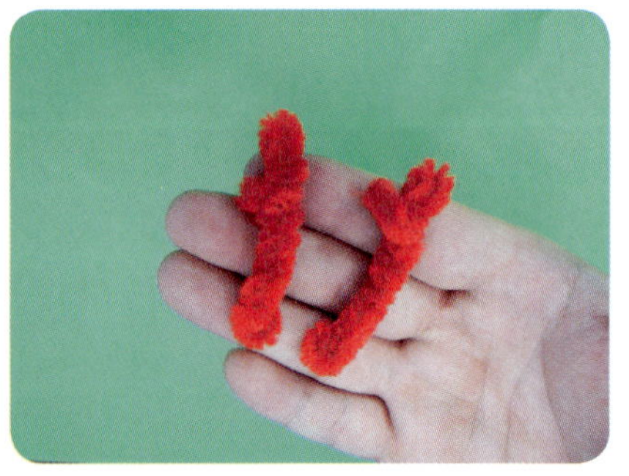

43 모루를 꼬아 양팔을 만
들어

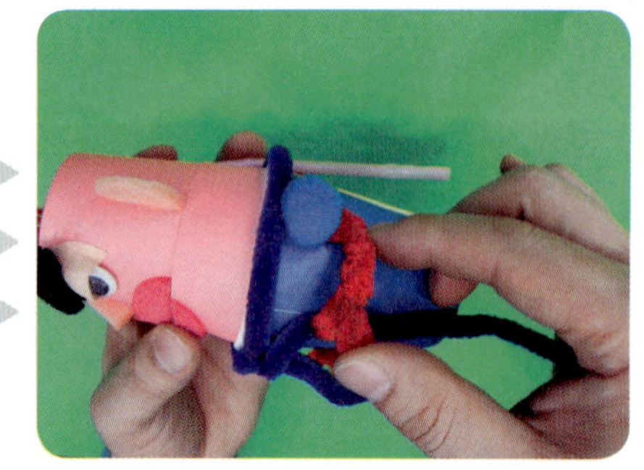

44 뽕뽕이의 아래쪽에 글루
건을 쏘고 양팔을 붙여

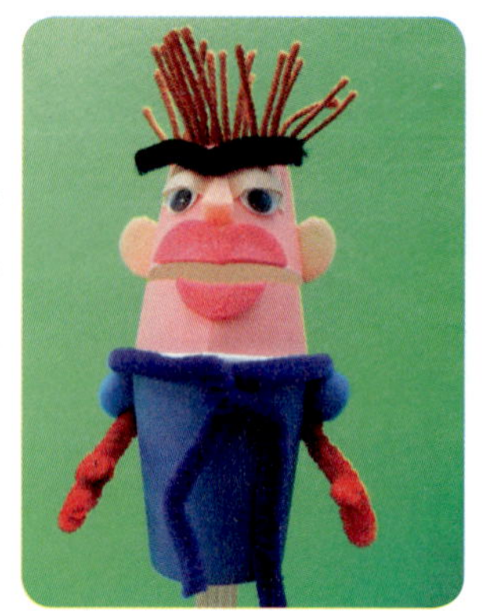

45 완성한다.

장승부부

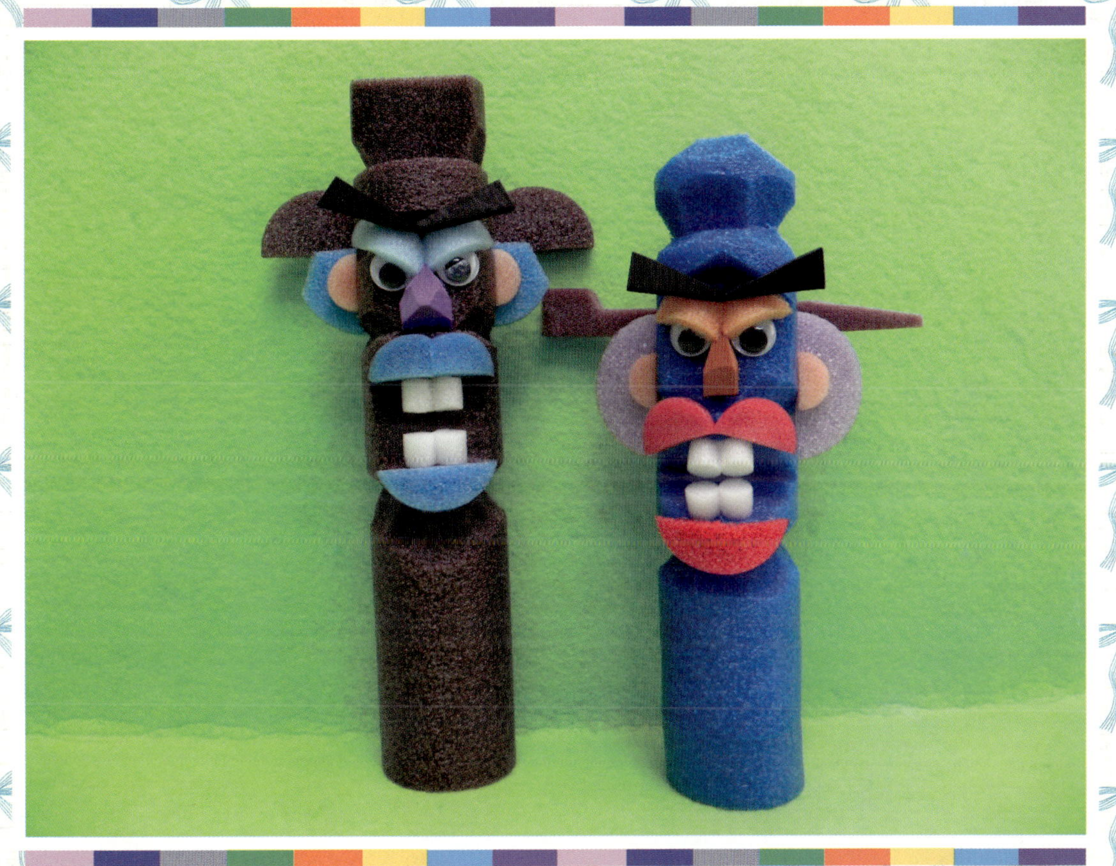

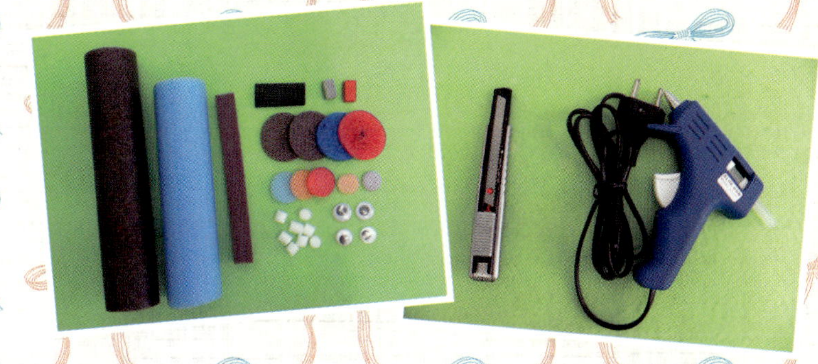

준비물 백업5T(20cm~25cm) 2개, 사각백업 2T(1/2) 15cm 1개, EVA 각각 조금씩, 백업 – 5T(5mm) 4개/3T(2mm) 3개 /2T(2mm) 2개/1T(2mm) 8~10개, 눈알 4개, 글루건, 커터 칼

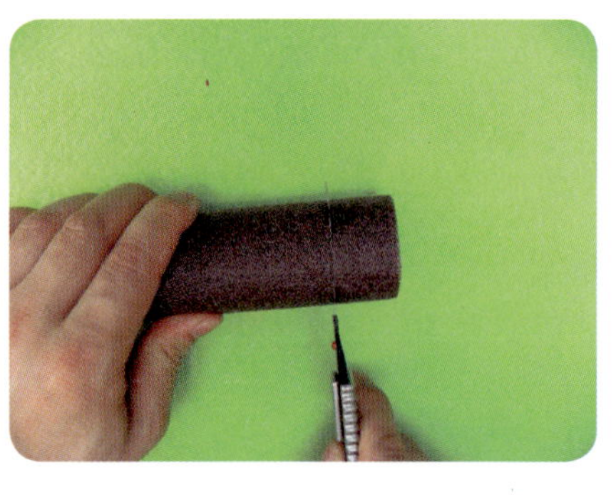

1 90도로 칼을 세워 백업 두께의 약 1/3까지 자른다.

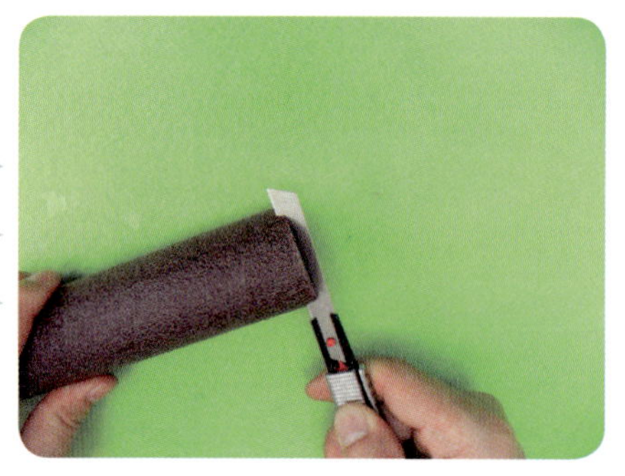

2 칼을 비스듬하게 눕혀

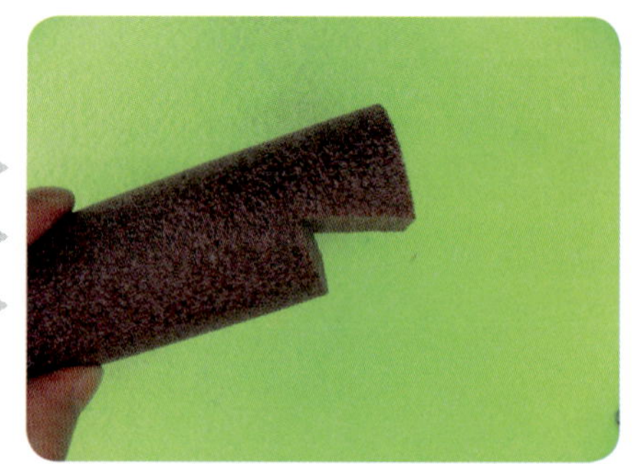

3 잘라낸다.

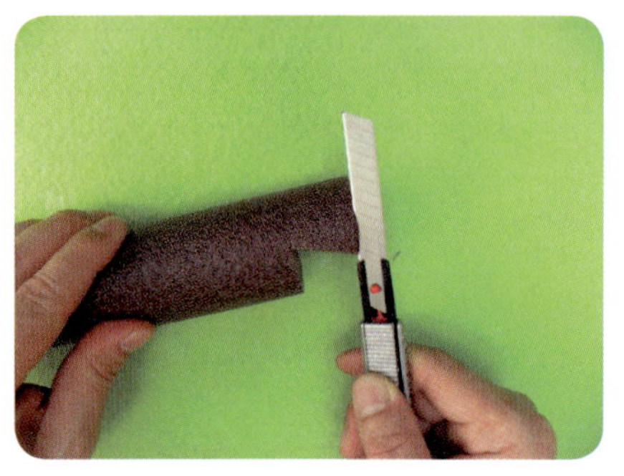

4 양쪽 옆면도 칼을 비스듬히 하여

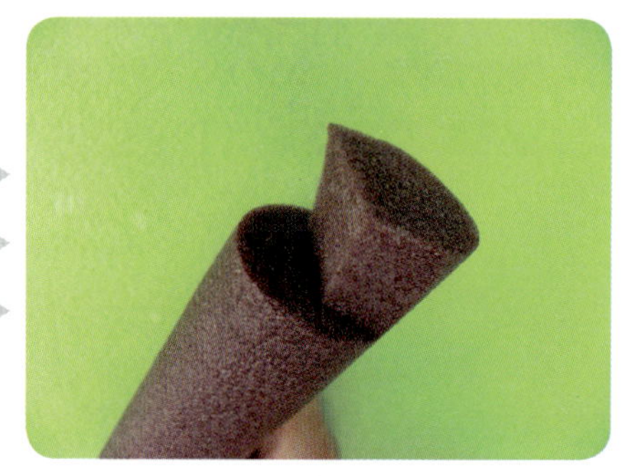

5 잘라낸다.

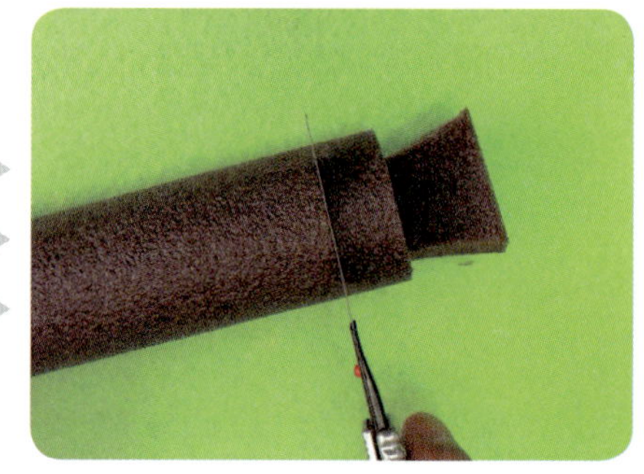

6 1cm~1.5cm 정도 간격을 두고 **1**과 같이 약 5mm 정도의 깊이로 자른 후

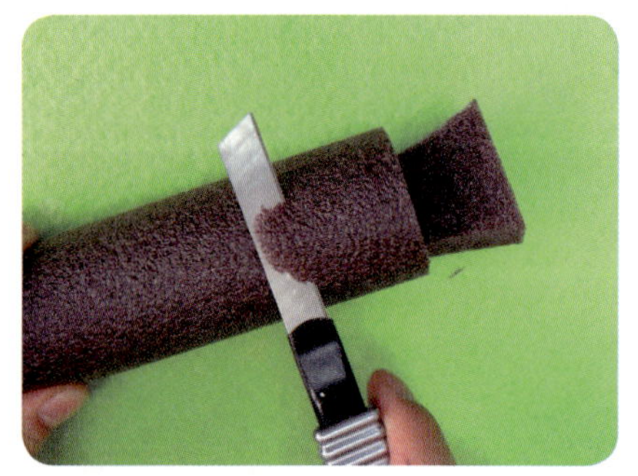

7 다시 **6**번까지 비스듬하게 잘라

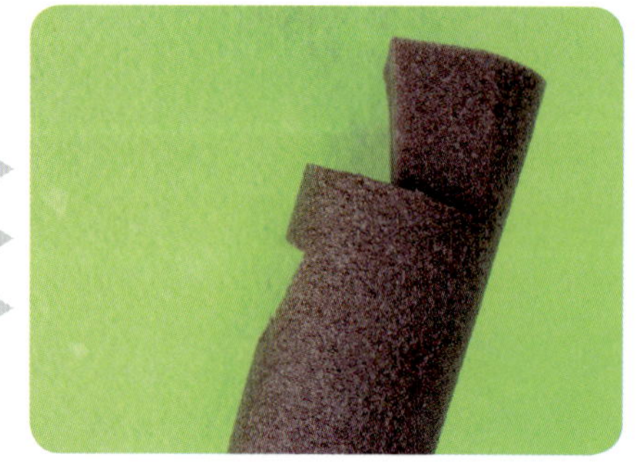

8 파낸다.

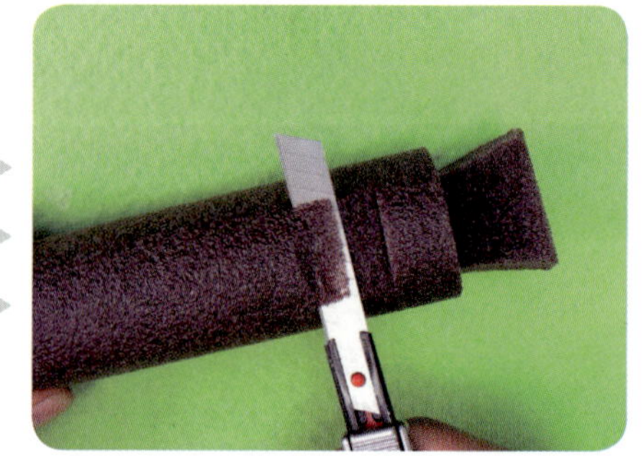

9 다시 반대 방향으로 칼을 눕혀서 자르고,

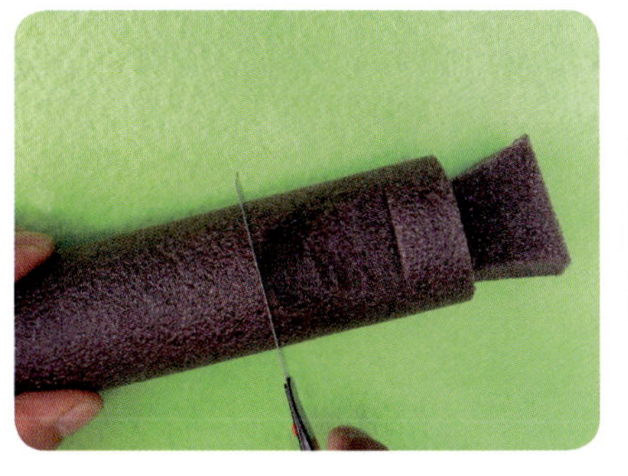

10 다시 90도로 5mm 정도의 깊이로 칼을 넣어

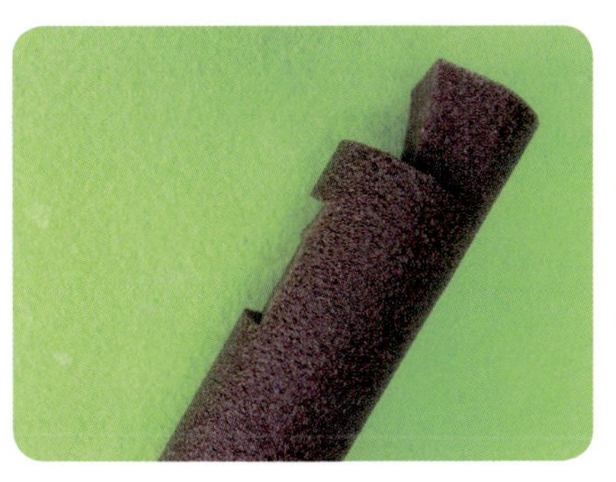

11 잘라낸다. (얼굴 부분)

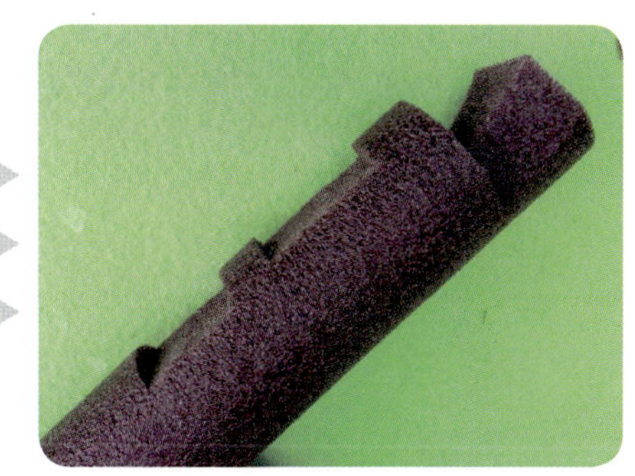

12 11과 같은 방법으로 약 1cm를 띄우고 11과 같은 넓이만큼 잘라낸다.

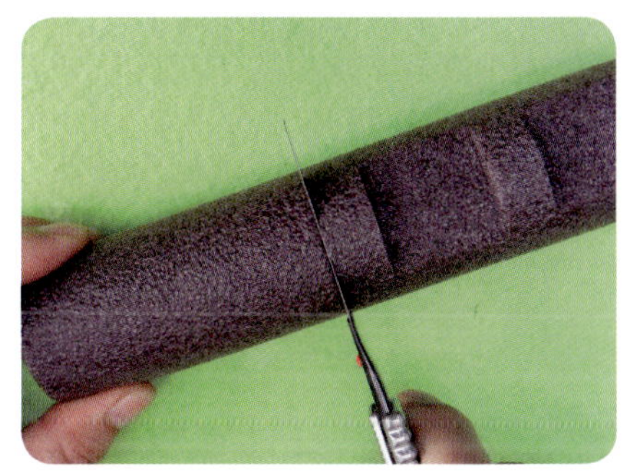

13 [턱 썰기] 1cm~1.5cm를 띄우고 칼을 90도로 세워 약 1cm 깊이까지 썰어

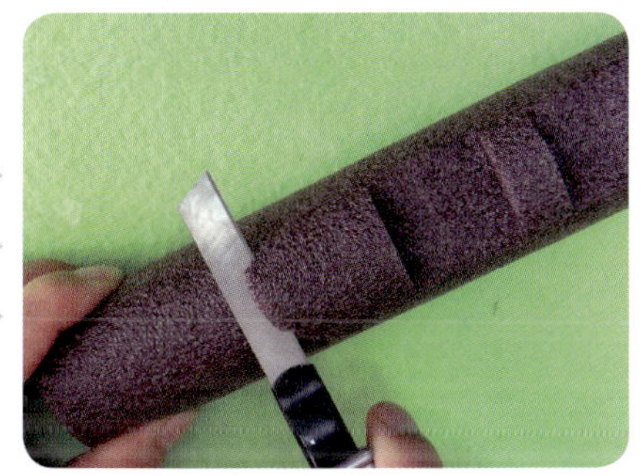

14 다시 칼을 비스듬하게 눕혀 잘라낸다.

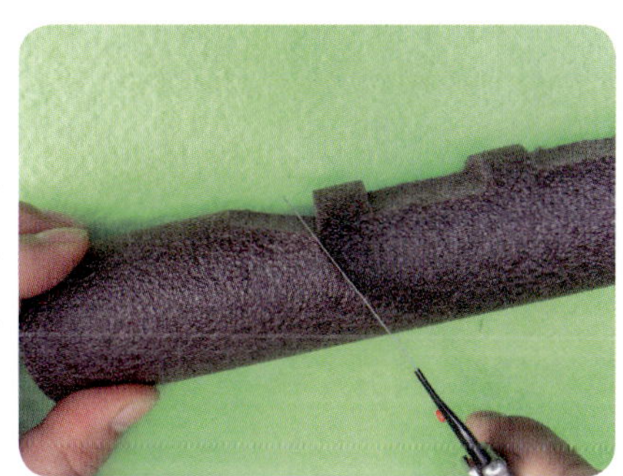

15 다시 측면도 약 1cm의 깊이까지 칼로

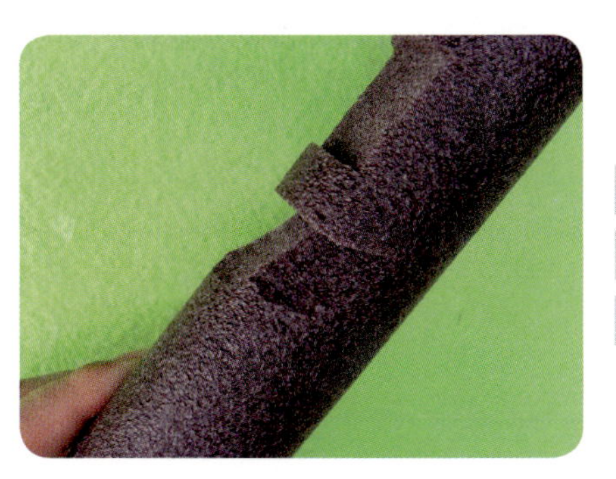

16 잘라낸다.

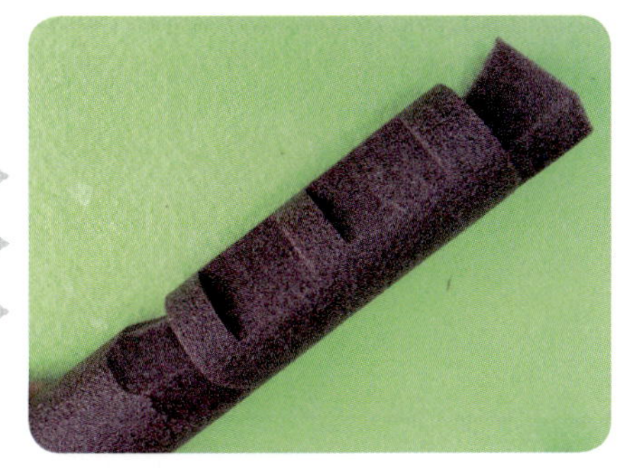

17 턱 완성

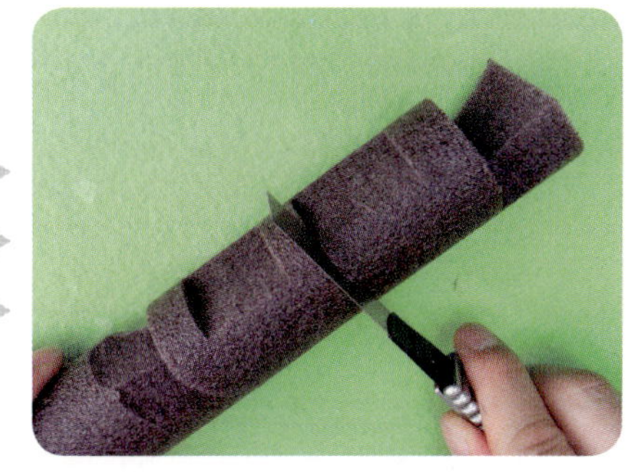

18 [얼굴 광대뼈 표현] 칼로 비스듬하게 잘라내어

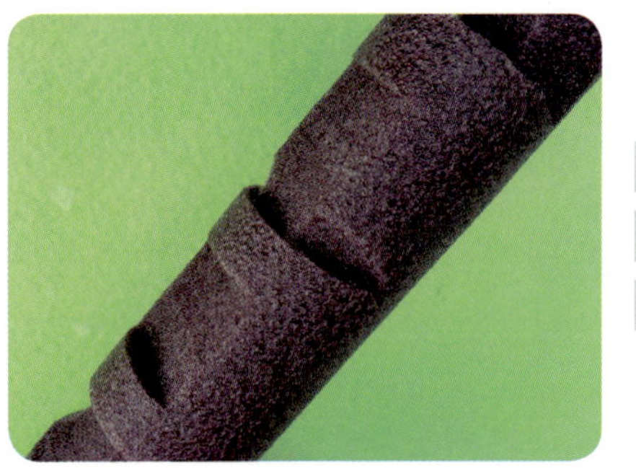

19 얼굴의 광대뼈 부분을 표현한다.

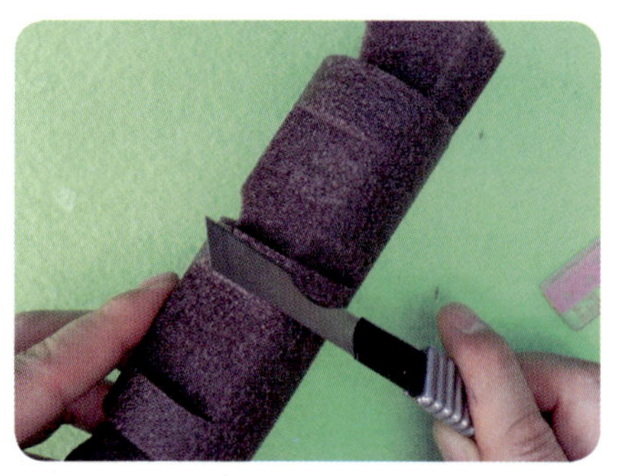

20 삼각형 모양으로 파서

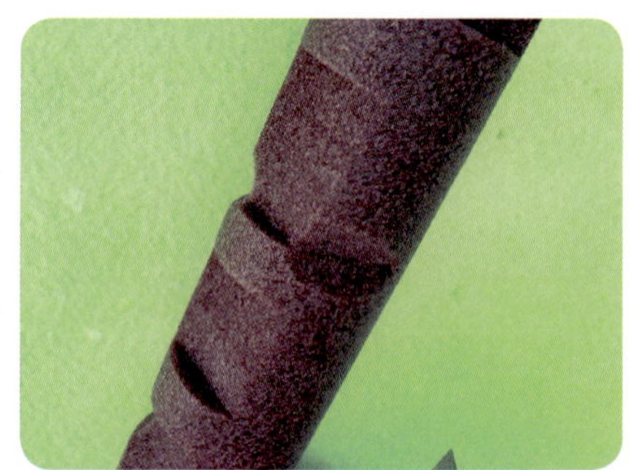

21 잘라낸다.

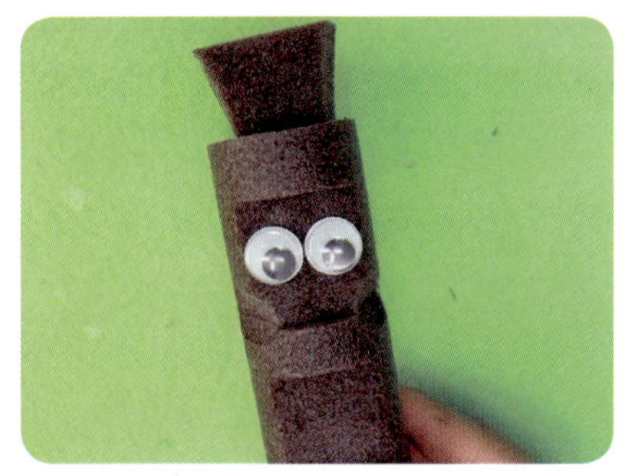

22 두 눈을 붙이고,

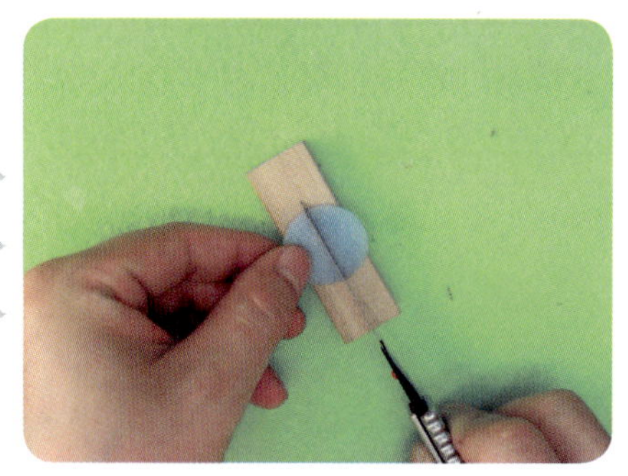

23 3T백업을 1/2로 잘라

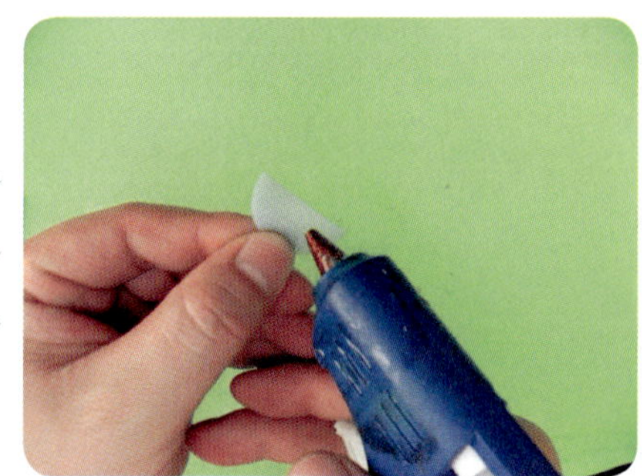

24 입으로 불면서 글루건을 쏘아

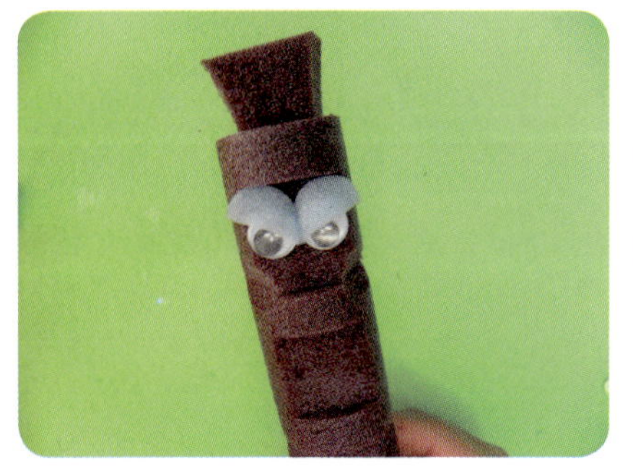

25 V형으로 눈꺼풀을 붙인다.

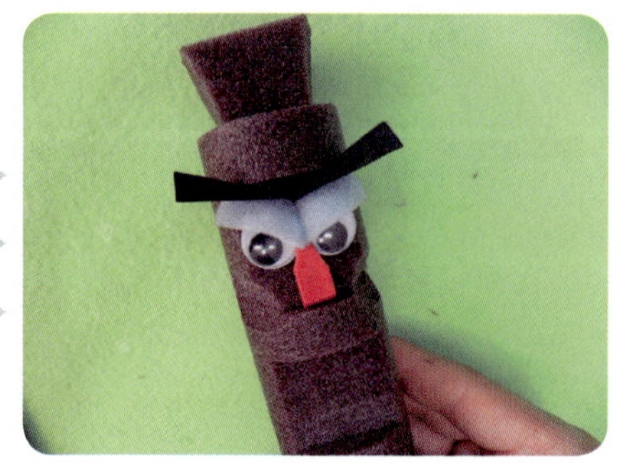

26 EVA를 잘라 눈썹과 코를 만들어 붙인다.

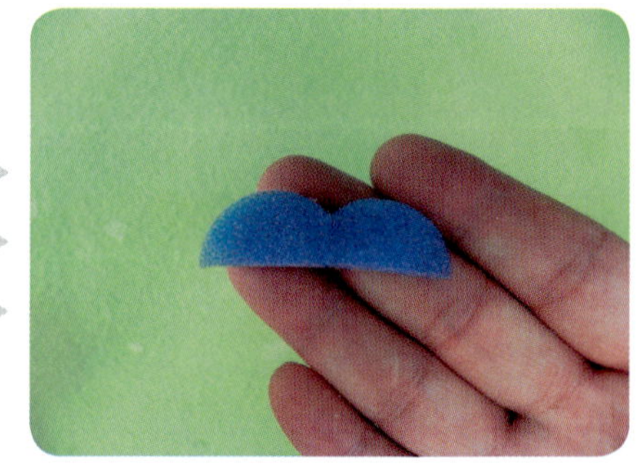

27 3T백업을 1/2로 썰어 끝을 조금씩 잘라내고 서로 붙여서,

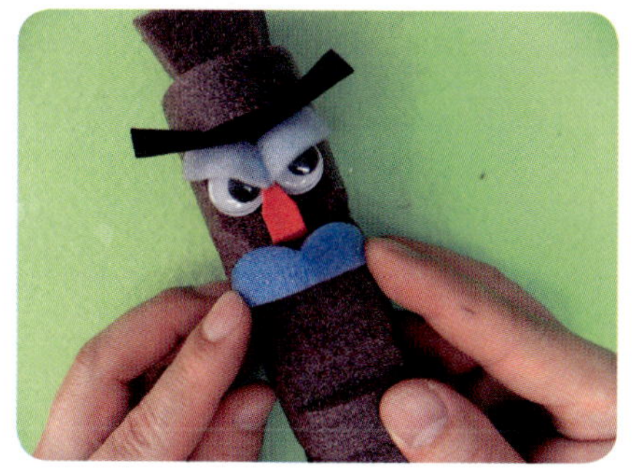

28 입술을 붙인다.

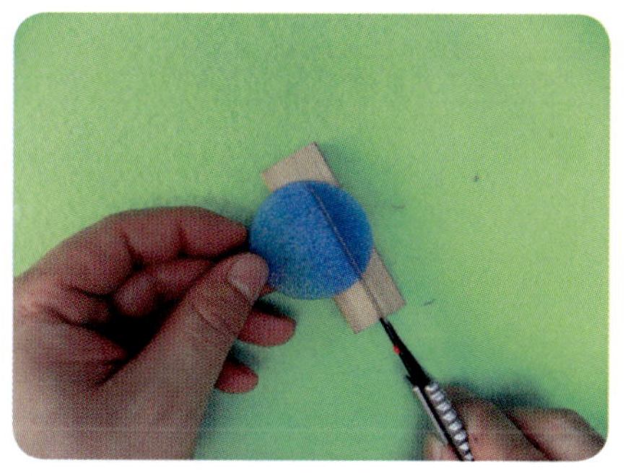

29 5T-2mm를 1/3 정도 썰어서

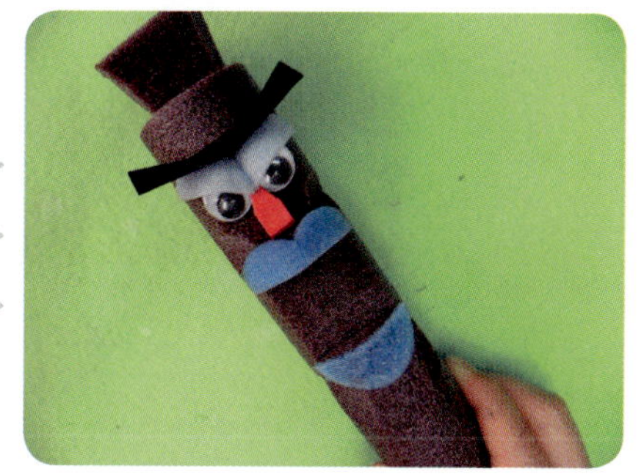

30 아랫입술로 붙여 장식한다.

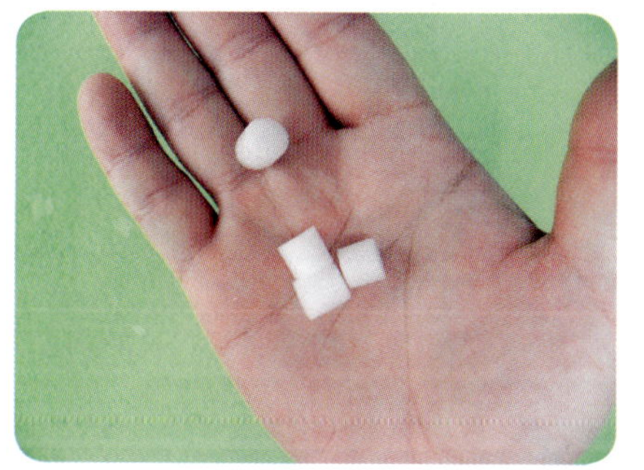

31 1T-1cm를 두 개씩 붙여서

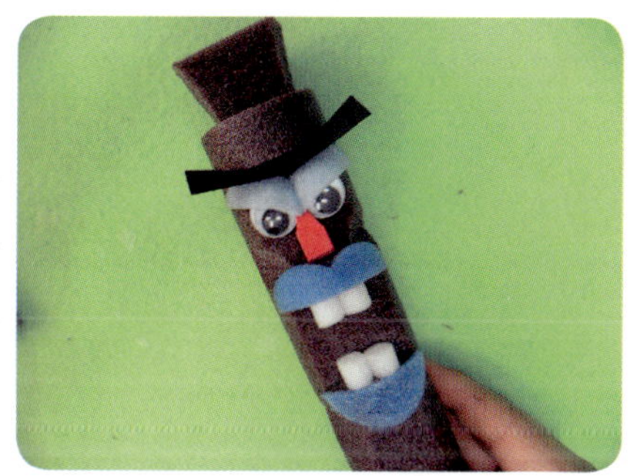

32 아랫니와 윗니로 붙여 장식한다.

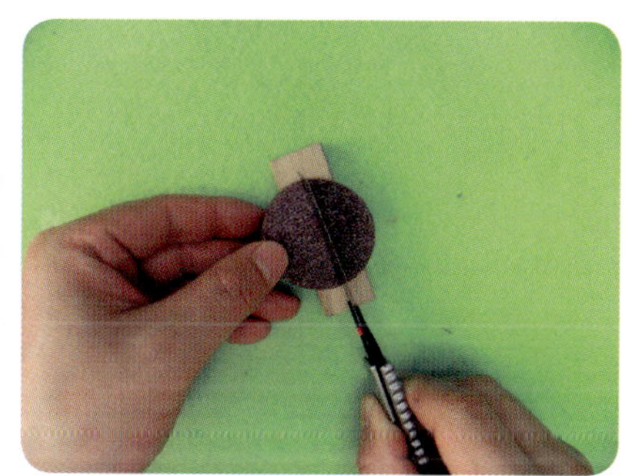

33 5T-2mm를 1/2로 잘라

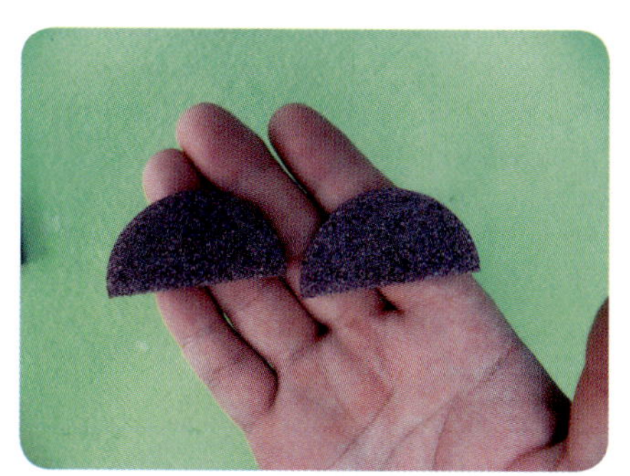

34 2장을 만들고

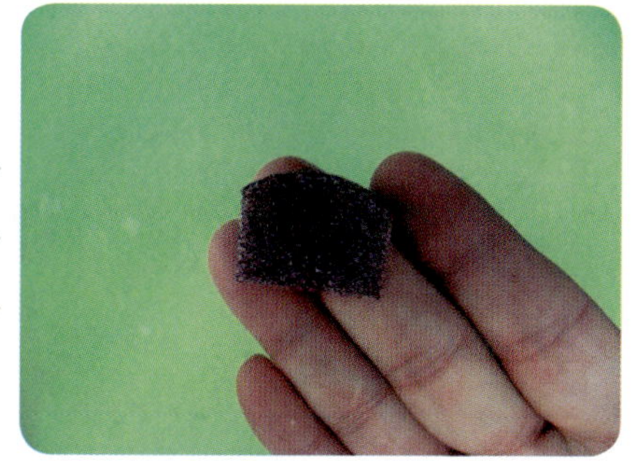

35 나머지 조각들을 이용해서 사진과 같은 조각을 만든다.

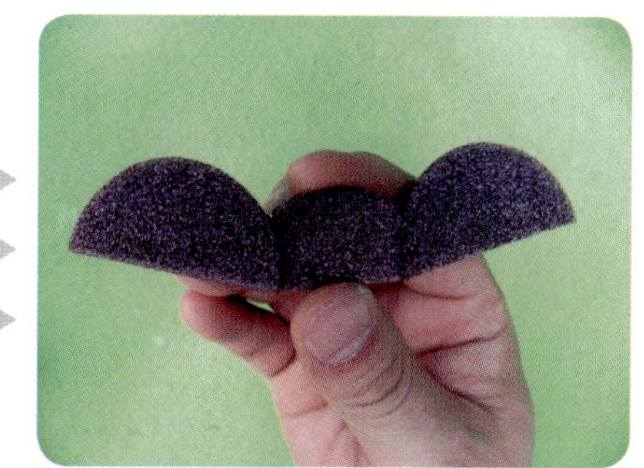

36 양쪽에 34의 두 장을 붙여서,

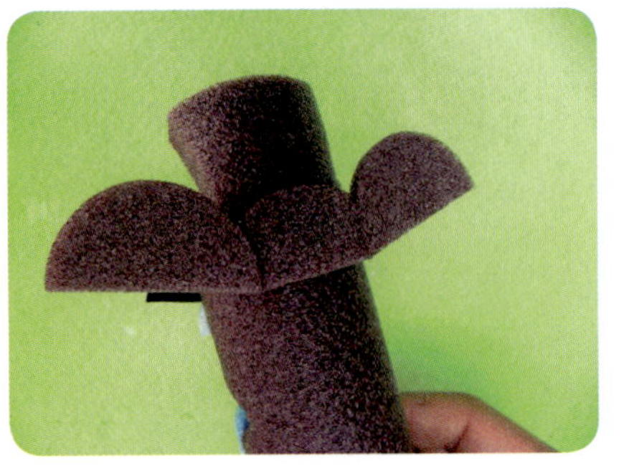

37 사모의 뒤에 붙인다.

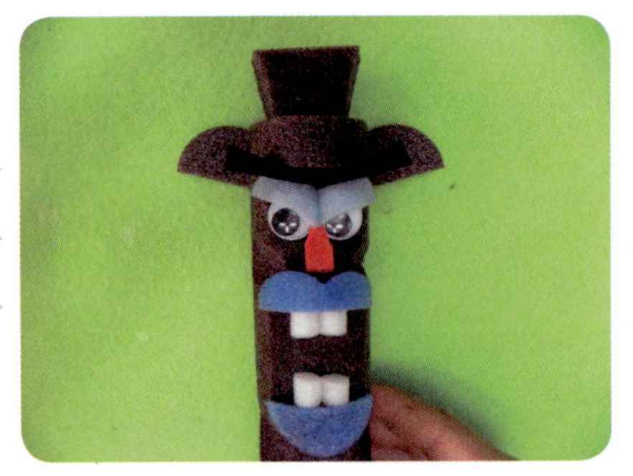

38 얼굴 완성

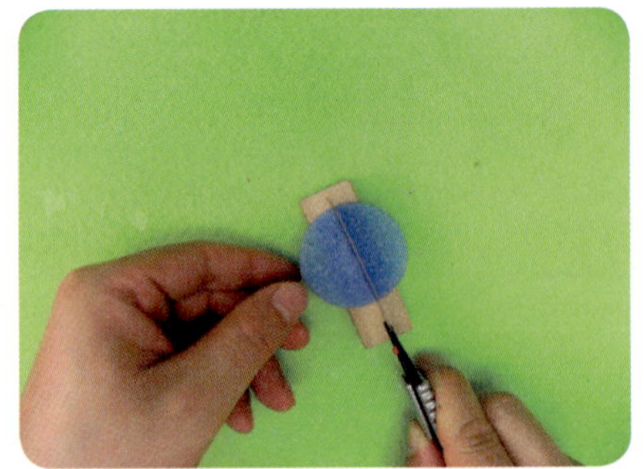

39 백업 5T-2mm를 1/2로 잘라

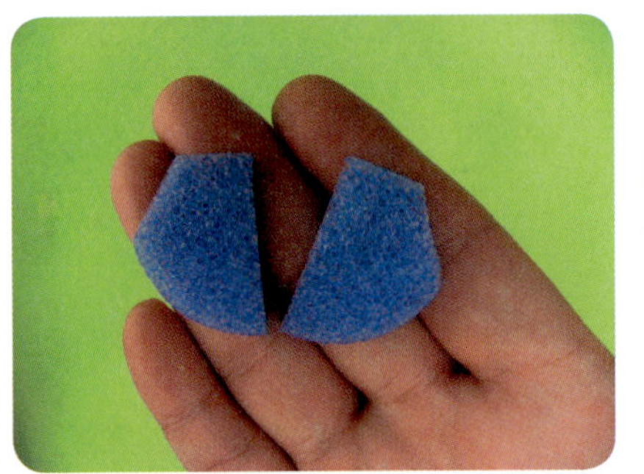

40 귀 모양으로 다듬는다.

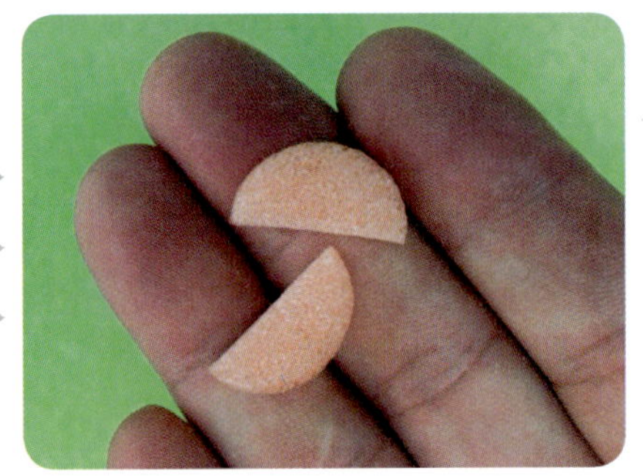

41 백업 2T-2mm를 1/2로 잘라

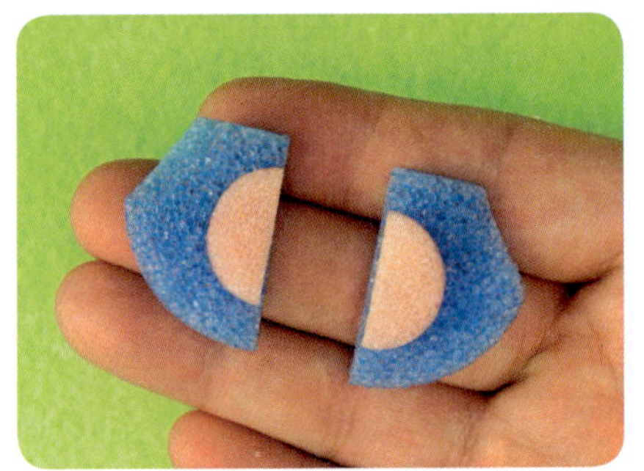

42 40에 붙이고

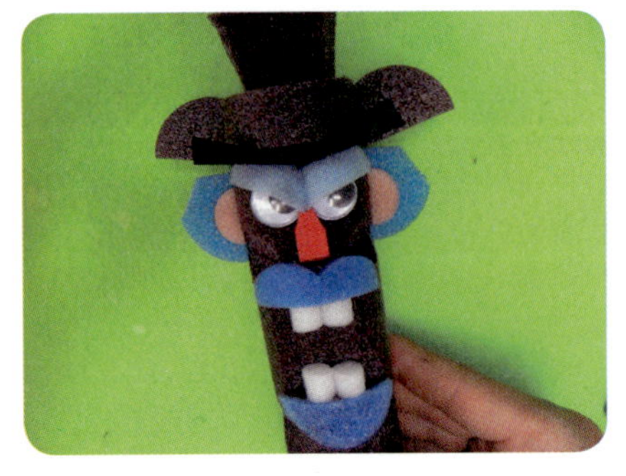

43 장승의 귀로 장식하여 붙인다.

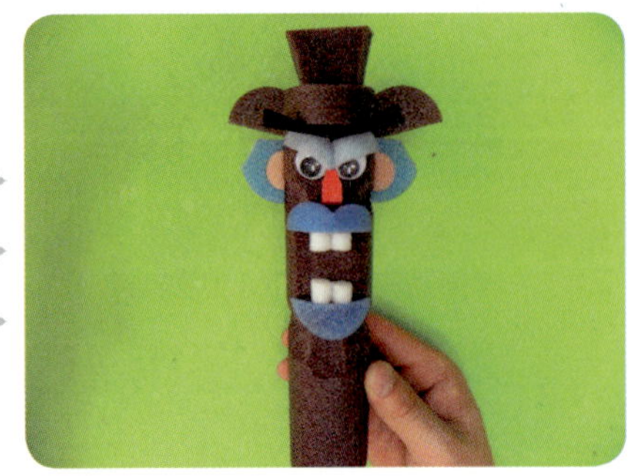

44 완성!

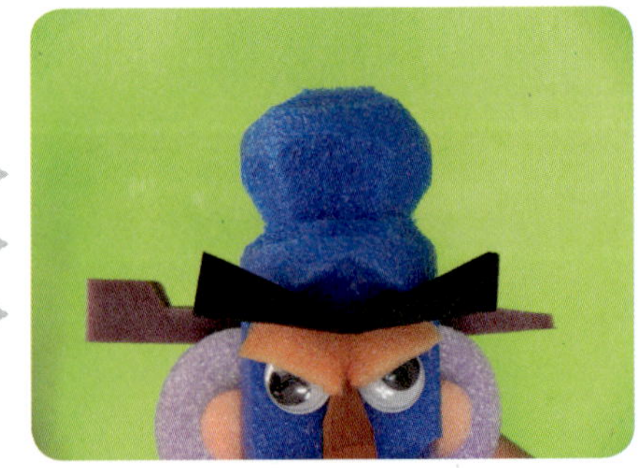

45 여 장승은 머리 부분을 돌아가며 둥글게

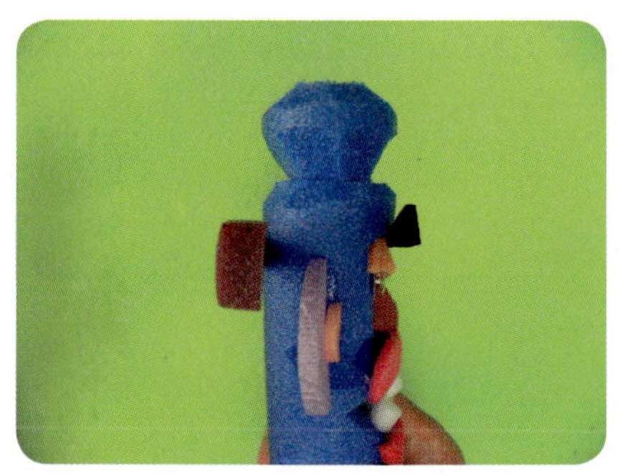

46 깎아 파낸다.

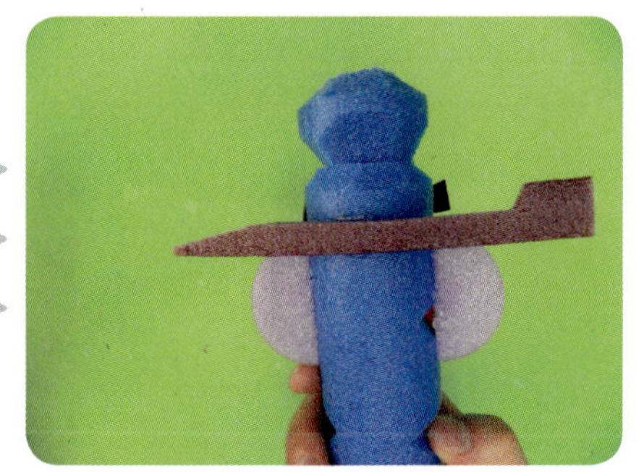

47 머리 뒤쪽에 사각백업 2T를 1/2로 잘라서 비녀 모양을 만들어 붙인다.

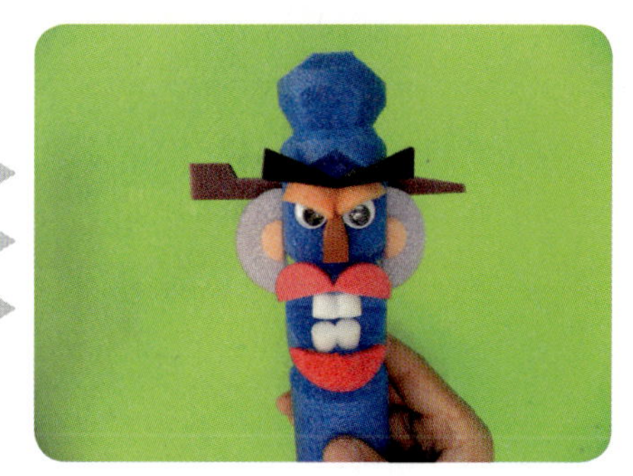

48 양면의 이마부분은 삼각 모양으로 깎고 나머지는 남자 장승과 같다.

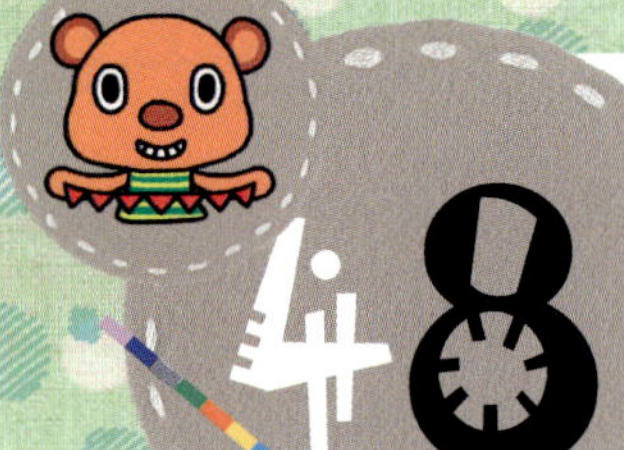

미니 석궁

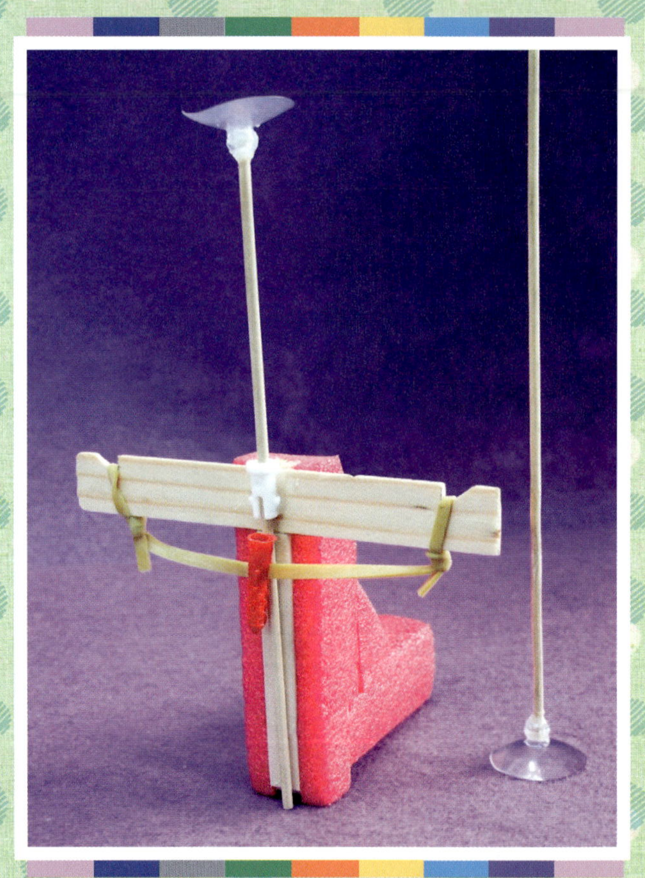

준비물 3T백업 – 10cm 1개/7cm 1개/3cm 1개, 나무젓가락 2개, 대나무살 1개, 고무줄 (25cm) 1개, 큐방(3cm) 1개, 아이스크림 막대 1개, 화살잡이 1개, 화살구 1개, 글루 건, 커터 칼, 송곳, 연필, 자

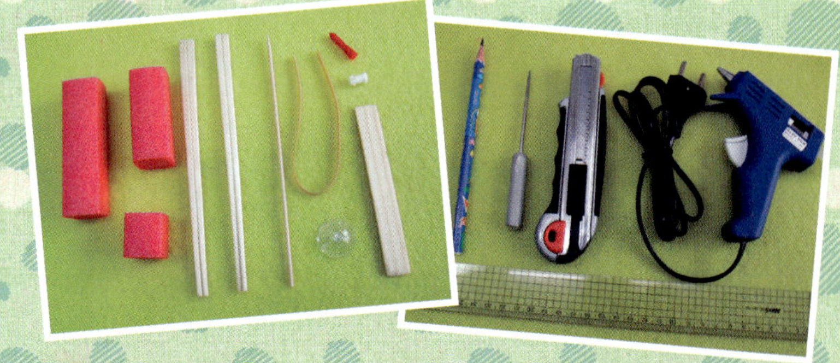

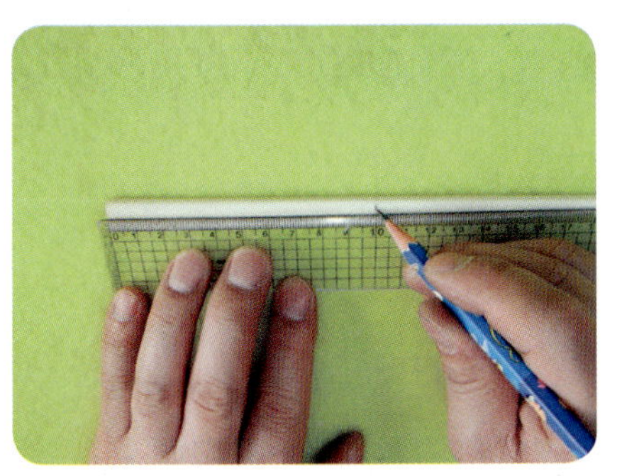

1 나무젓가락의 두꺼운 부분에서 10cm되는 지점을 표시하고

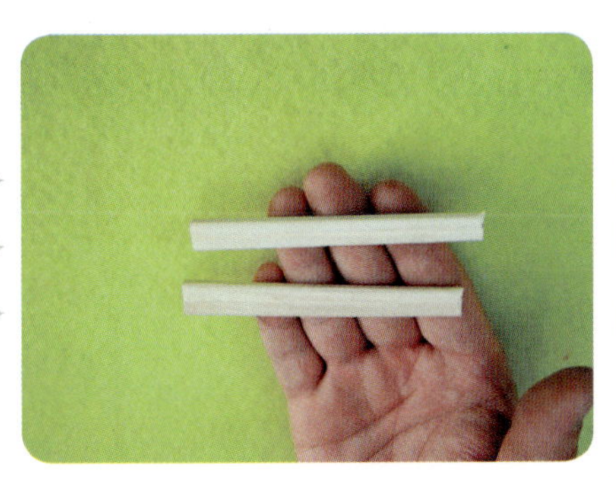

2 나무젓가락 2개를 같은 길이로 자른다.

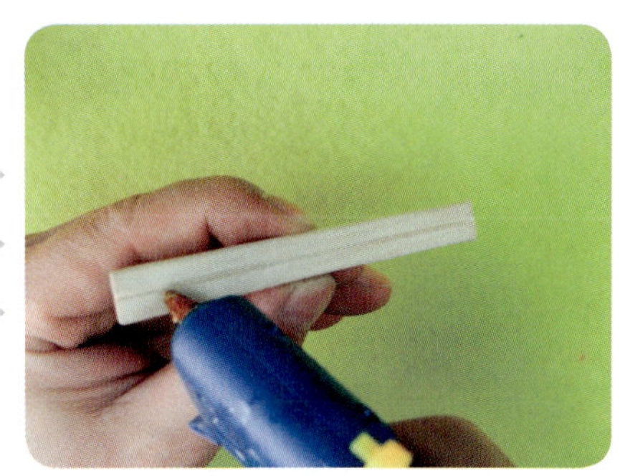

3 나무젓가락의 중심에 글루건을 쏘아

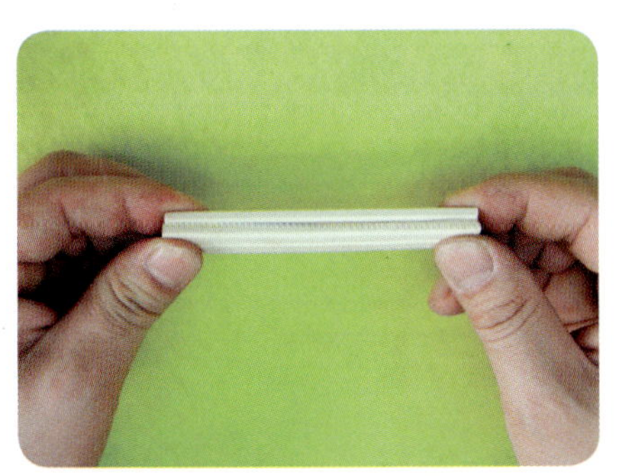

4 2개를 겹쳐서 단단히 붙인다.

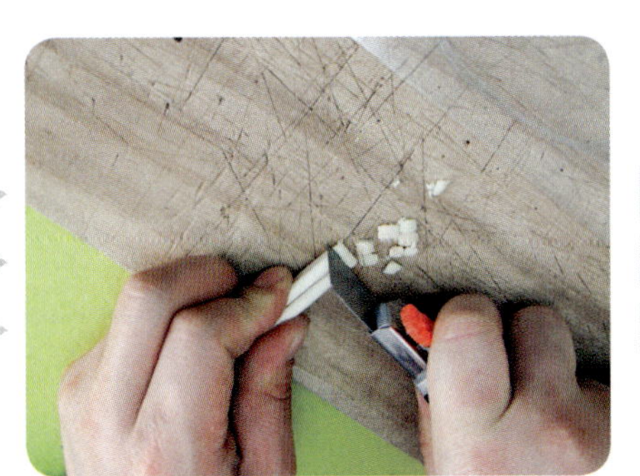

5 잘린 쪽을 칼로

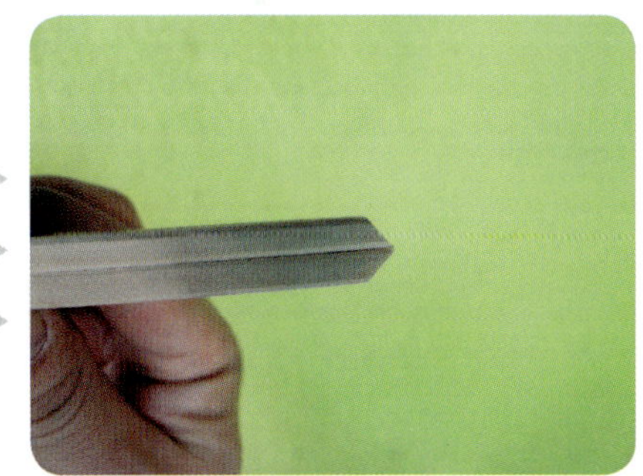

6 뽀족하게

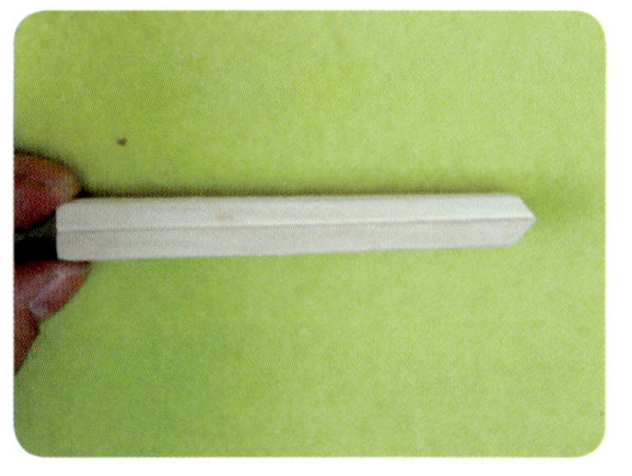

7 다듬어 놓는다.

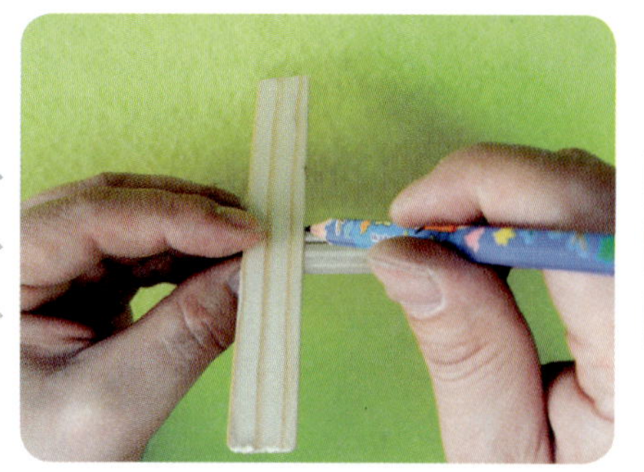

8 뾰족하지 않은 부분에 아이스크림 막대를 대고 넓이만큼 연필로

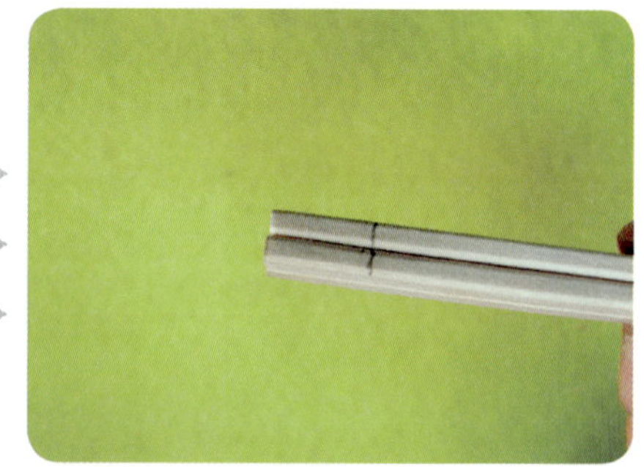

9 표시한 후

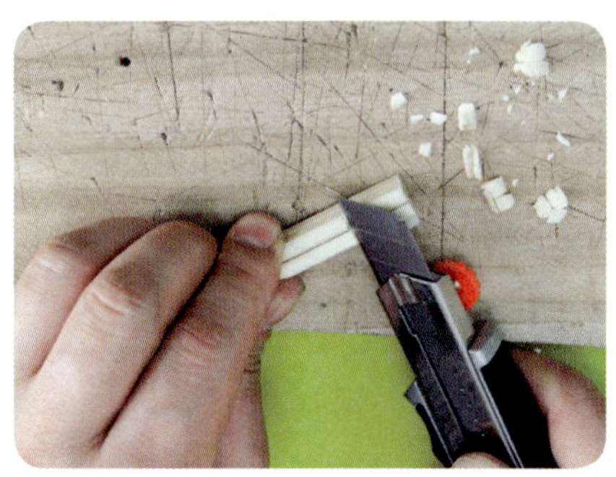

10 아이스크림 막대의 두께만큼 칼로 파낸다.

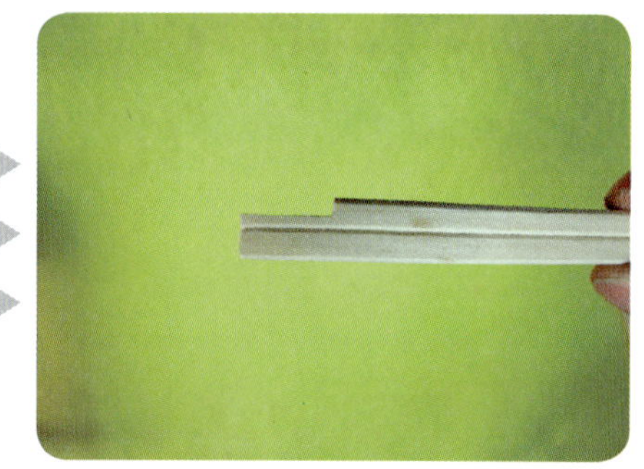

11 아이스크림 막대를 올렸을 때 한쪽으로 기울지 않게 나무젓가락의 홈을 반듯하게 파 놓는다.

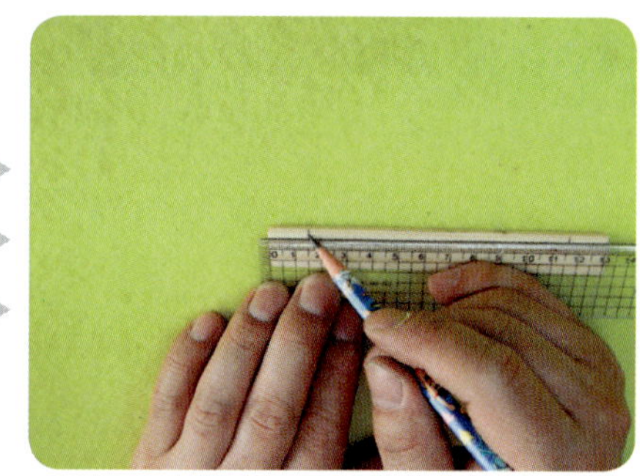

12 아이스크림 막대의 양쪽 끝부터 1.5cm되는 곳에

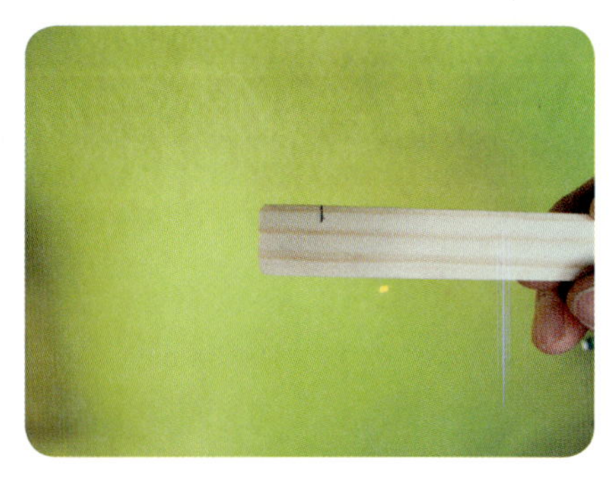

13 연필로 표시하고

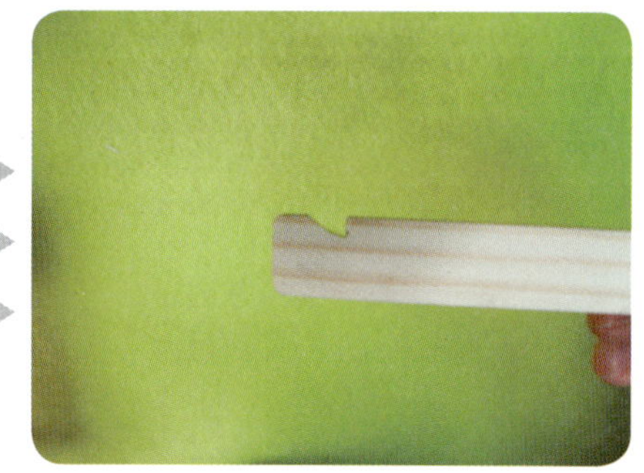

14 뾰족하게

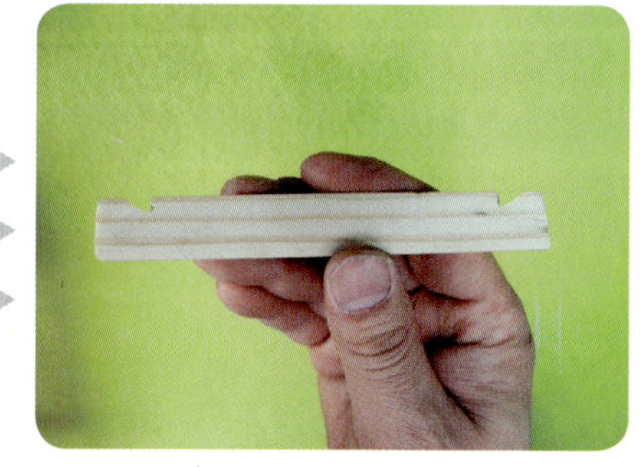

15 같은 방법으로 양쪽에 홈을 파 놓는다.

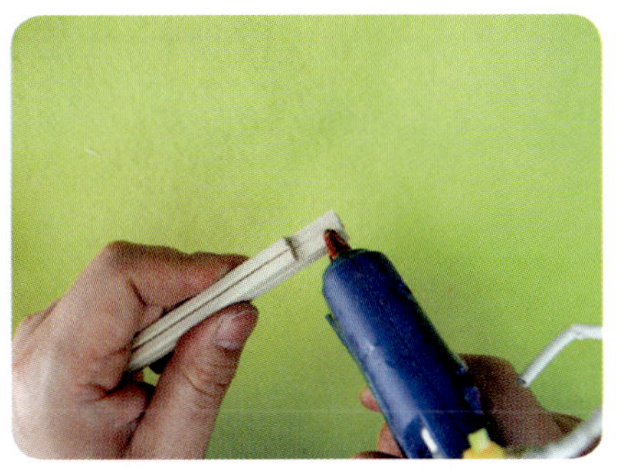

16 미리 홈을 파 놓은 **11**에 글루건을 쏘아

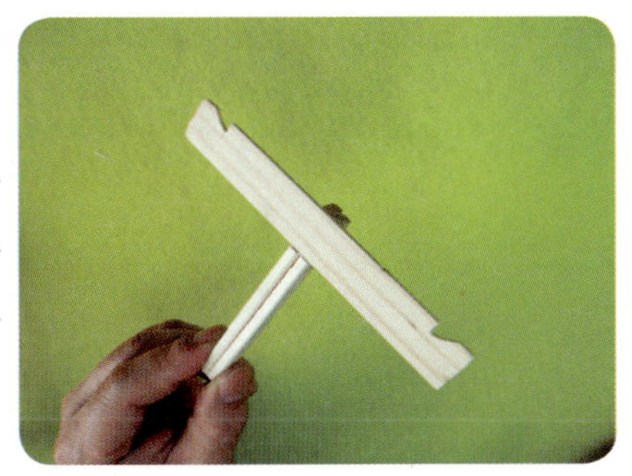

17 **15**의 중심을 잡아 붙여서 고정한다.

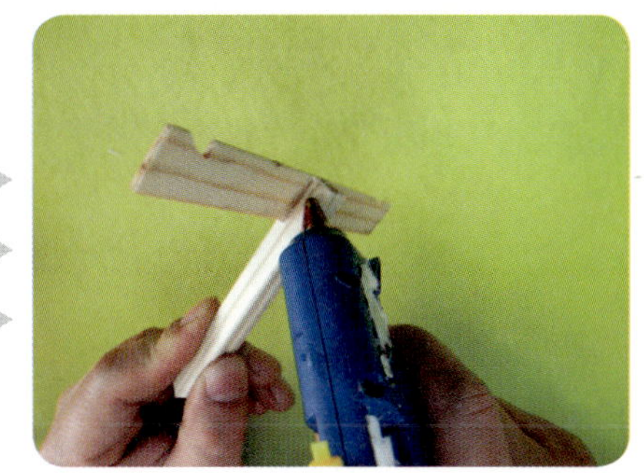

18 아랫부분도 글루건을 고루 쏘아 움직이지 않게 단단히 고정한다.

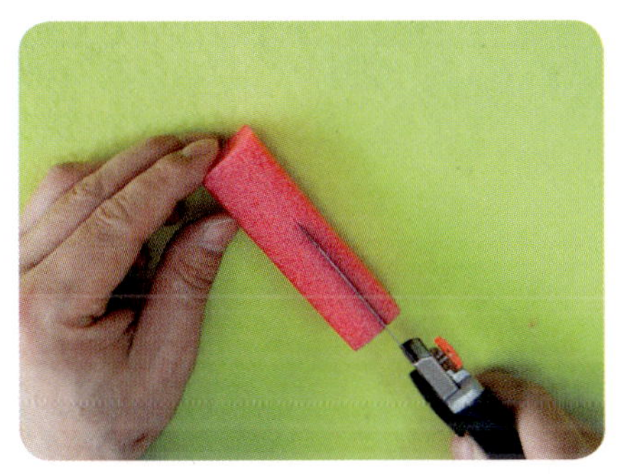

19 3T백업(10cm)을 나무 젓가락의 넓이만큼 칼로

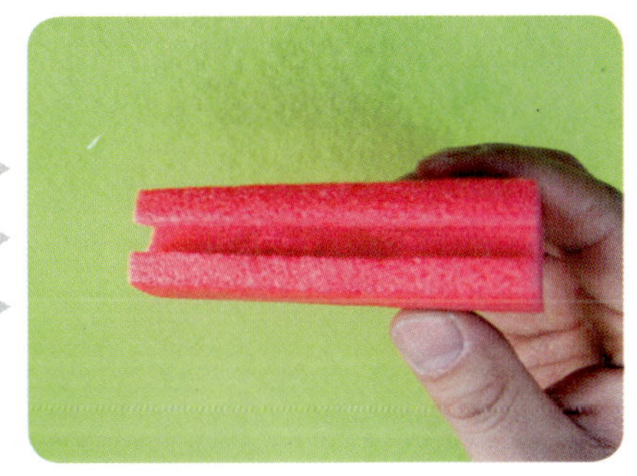

20 잘라서 파낸다.

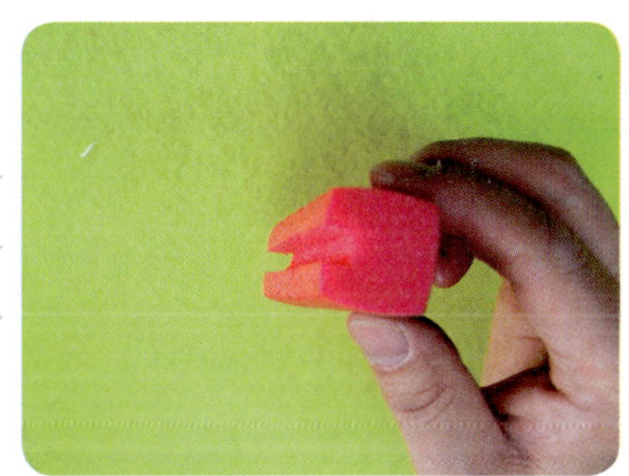

21 파낸 옆모습

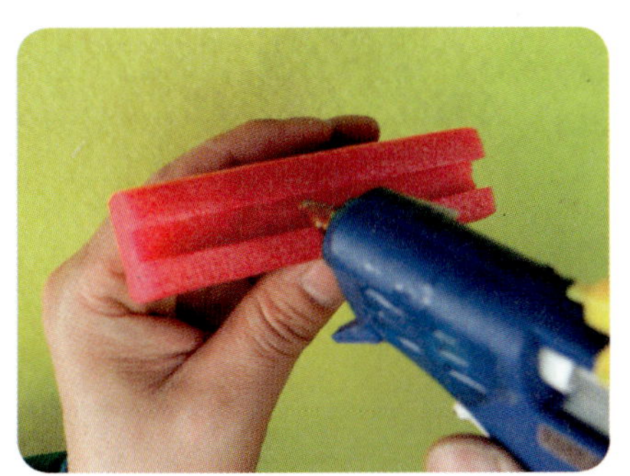

22 글루건의 끝이 백업에 닿지 않도록 길게 입으로 불며 쏘아주고

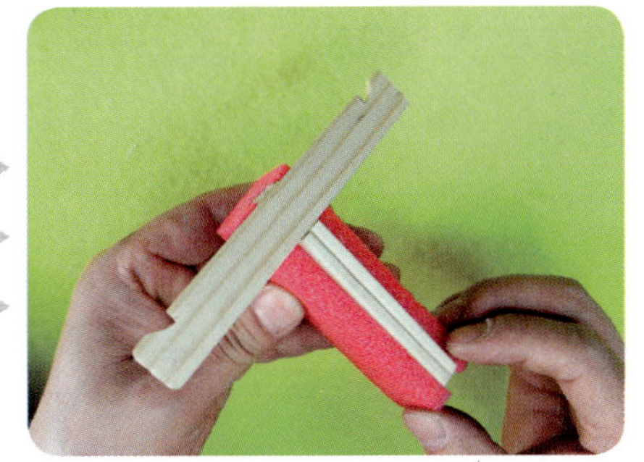

23 **17**을 홈에 끼워서 단단히 고정한다.

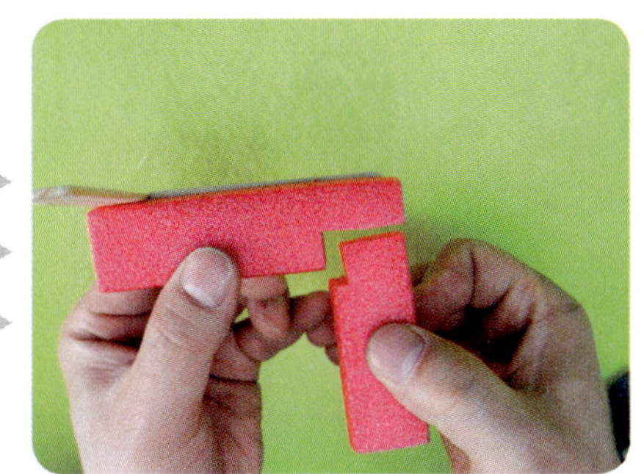

24 **23**의 아랫부분을 7cm의 백업과 맞물리게 파내고

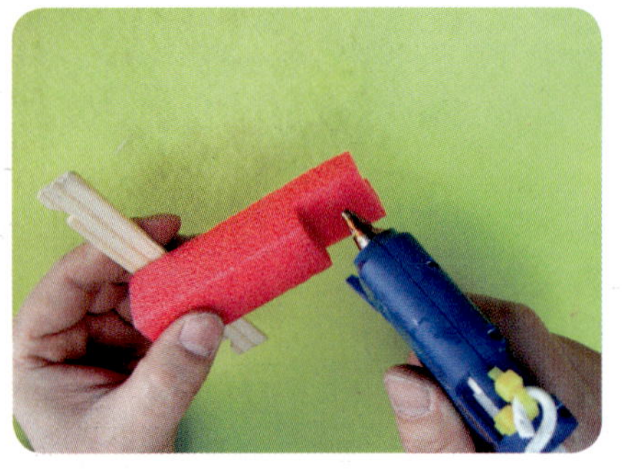

25 글루건을 입으로 불면서 쏘아 **24**와 같이 맞물리게 붙인다.

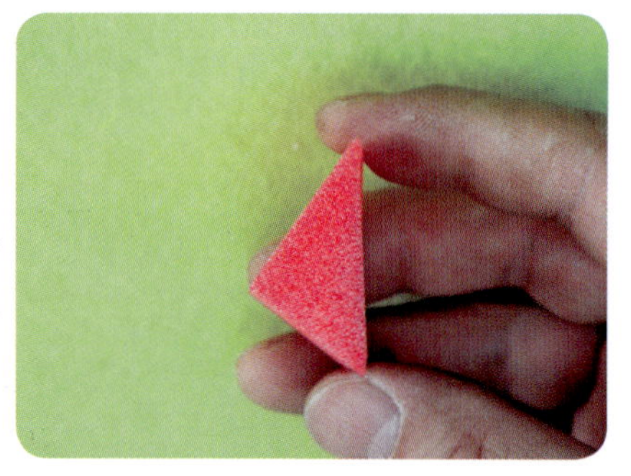

26 3T백업을 삼각형으로 잘라서

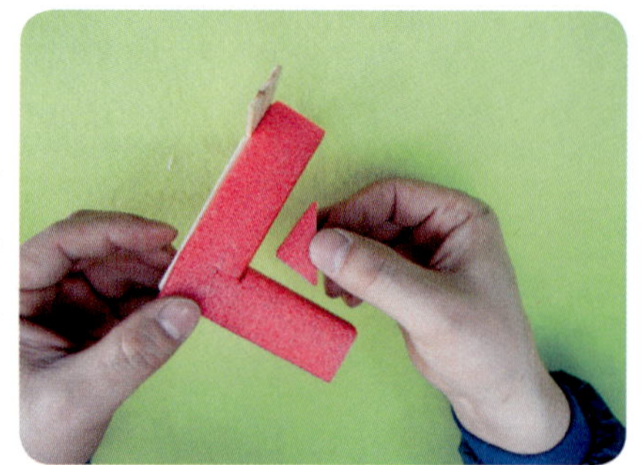

27 석궁의 손잡이로

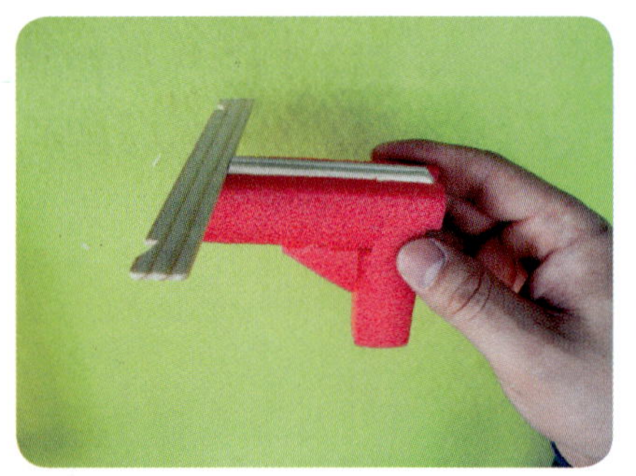

28 붙여서 고정한다.

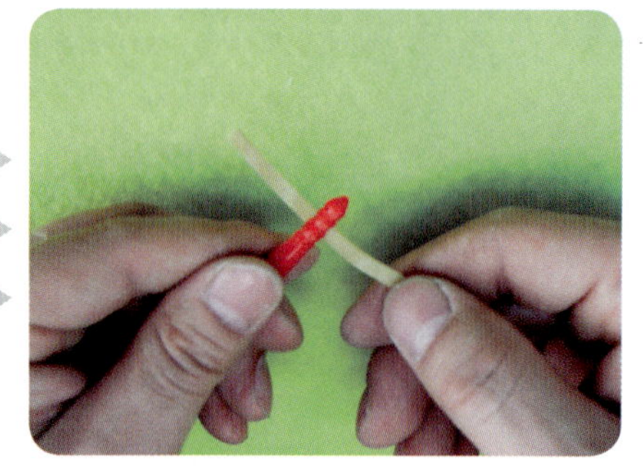

29 화살잡이 사이로 바늘귀에 실을 끼우듯 고무줄을 끼우고

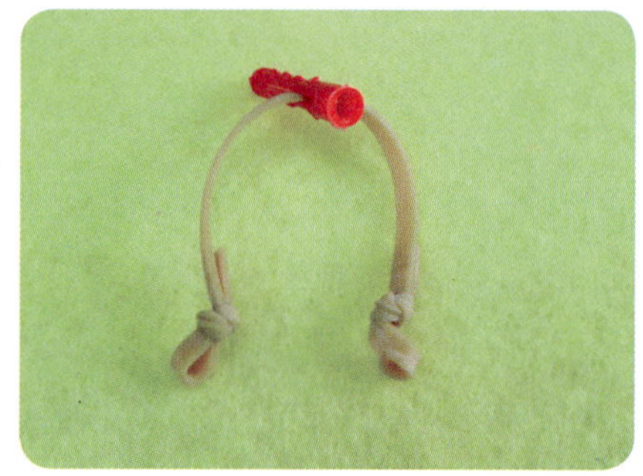

30 고무줄의 양쪽 끝을 묶어서 매듭을 만들어 놓는다.

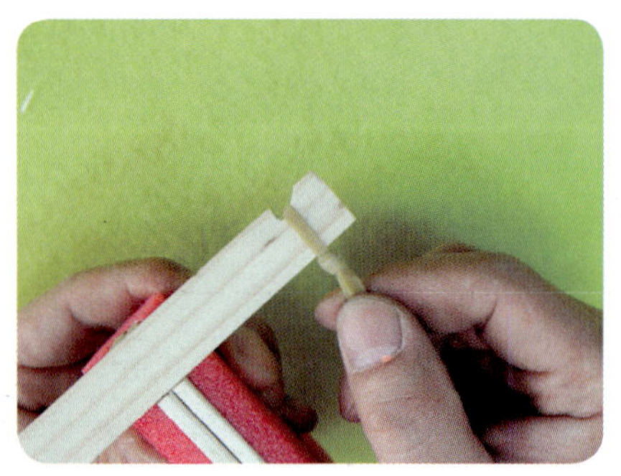

31 미리 파놓은 **15**의 홈에 고무줄을 끼워

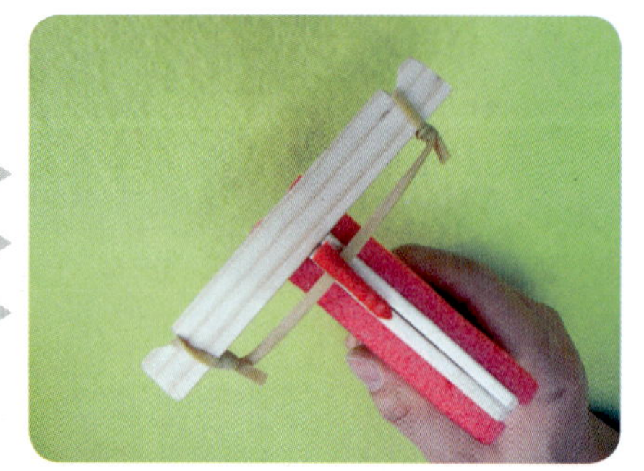

32 석궁의 형태를 갖춘다.

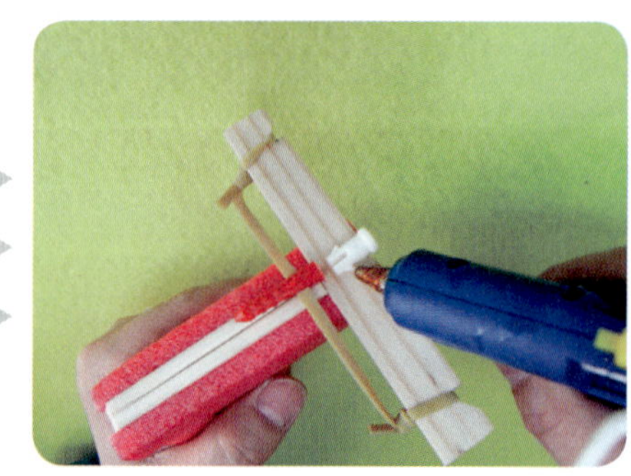

33 아이스크림 막대의 가장자리에 글루건을 쏘고

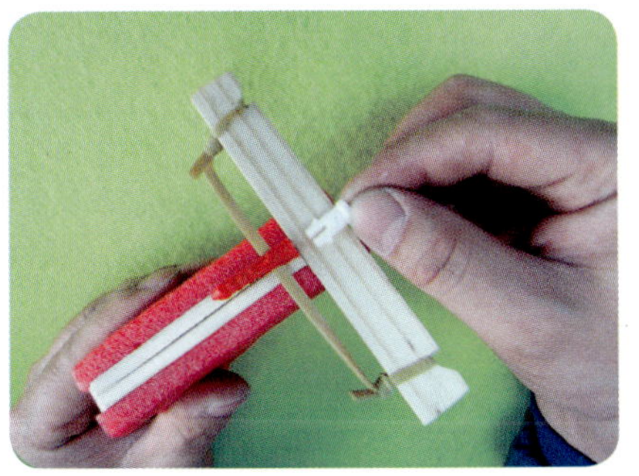

34 화살구를 붙인다.

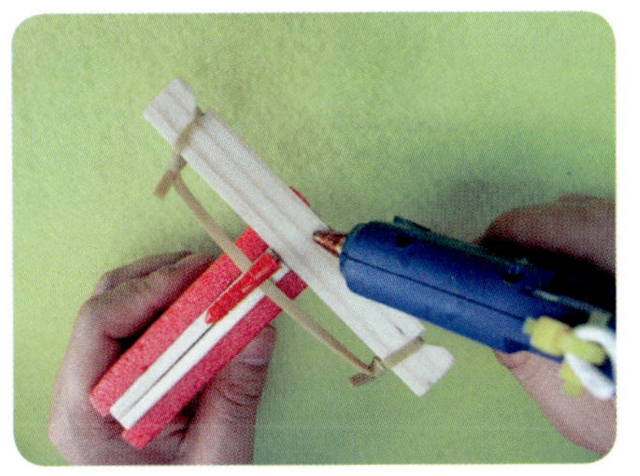

35 화살구가 막히지 않게 양쪽에만 글루건을 고루 쏘아 단단히 고정한다.

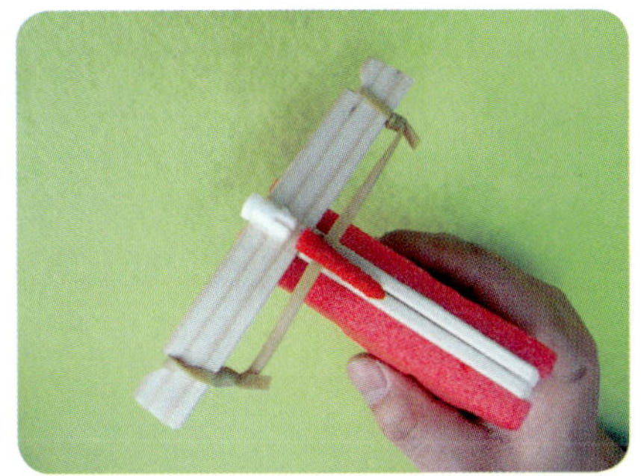

36 완성된 석궁

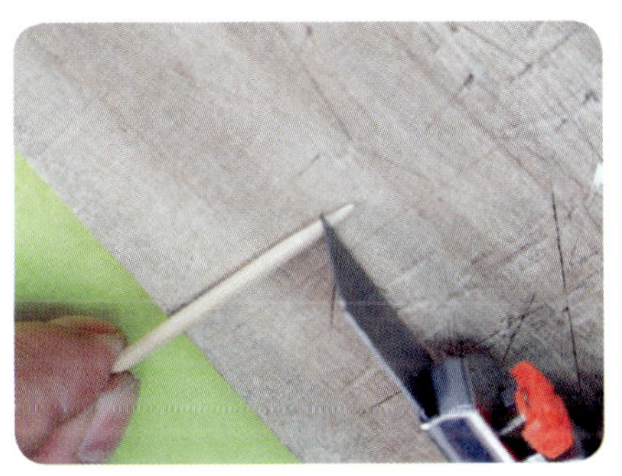

37 대나무살이 뾰족한 끝을 칼로 잘라

38 다듬어 놓는다.

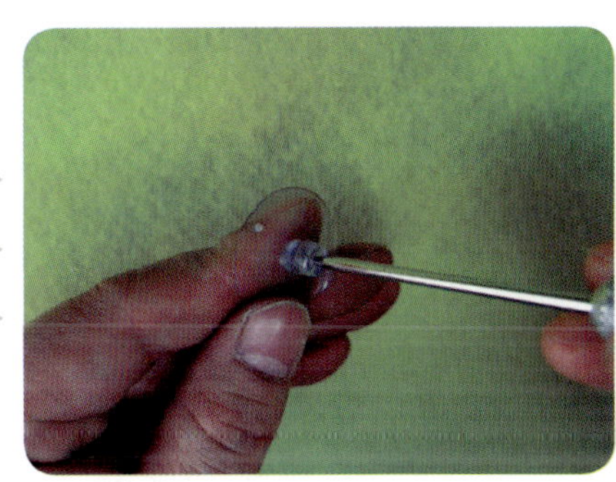

39 큐방의 가장자리를 송곳으로 예비구멍을 뚫고

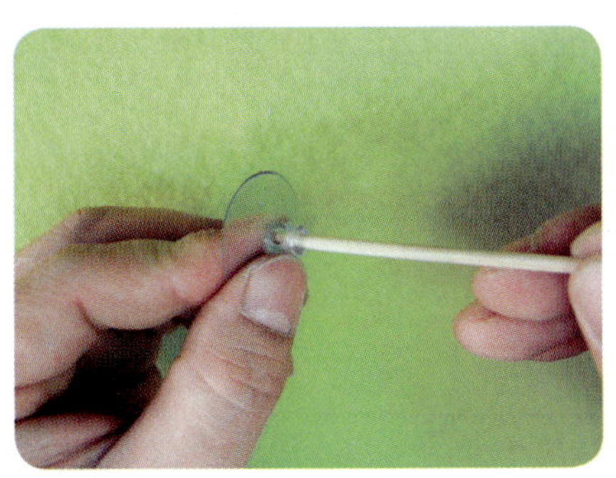

40 대나무살을 끼워 넣는다.

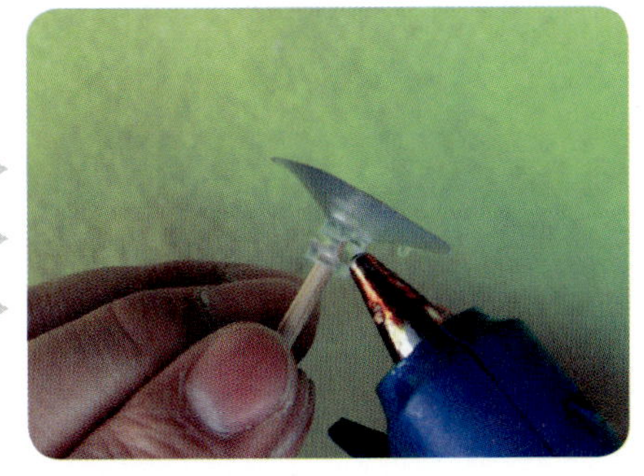

41 큐방의 양 홈에 글루건을 고루 쏘아 큐방이 빠지지 않게 단단히 고정한다.

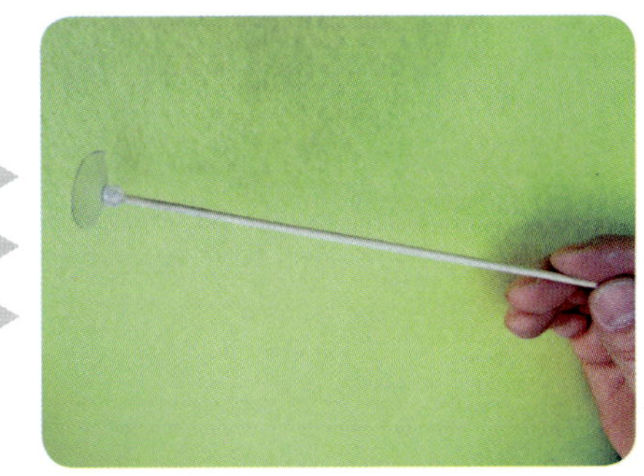

42 큐방을 붙여 만든 석궁 화살

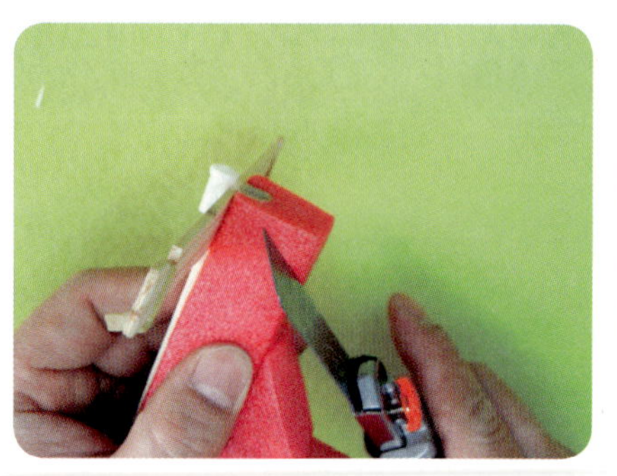

43 석궁의 총 심 아랫부분 을 커터 칼로 사용해서

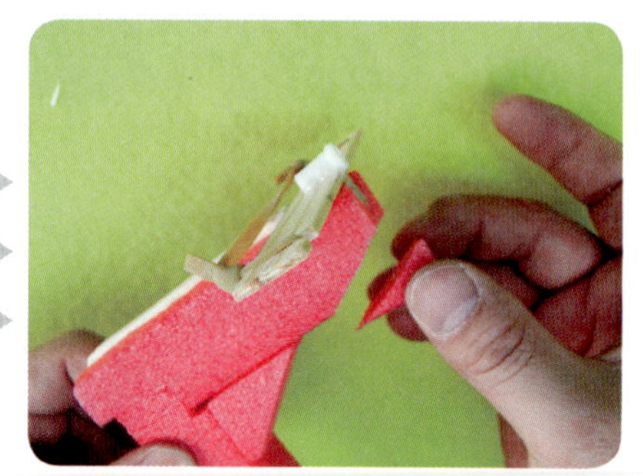

44 비스듬하게 잘라낸다.

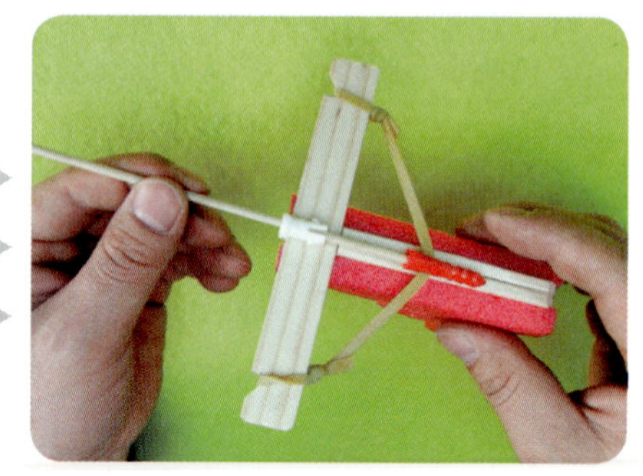

45 화살을 앞에서부터 꽂 아 밀어 화살잡이에 끼 워 밀고

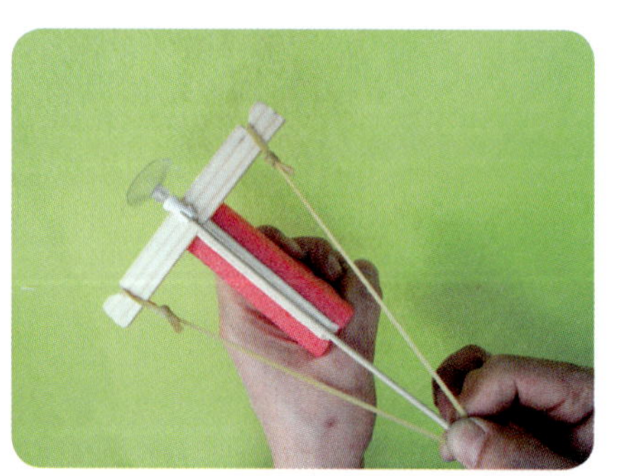

46 오른손으로 화살잡이와 화살을 동시에 잡아당 기다 놓으면 발사된다.

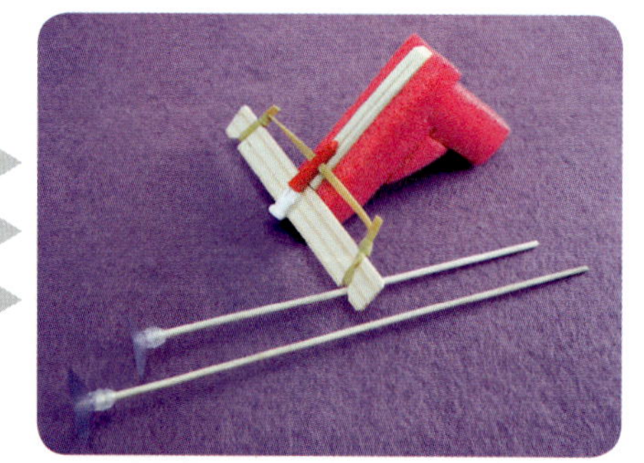

47 완성!

🚨 화살 끝에 큐방을 붙여 안전하지만 사 람의 얼굴을 향해서는 쏘지 않도록 교 육하여 주십시오. (유리를 향해 쏘면 유리에 착 달라붙습니다.)

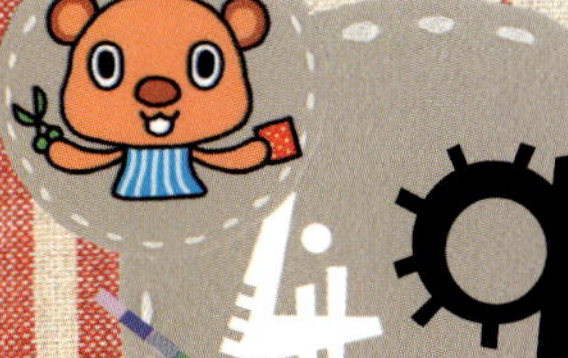

육각 휴지 케이스

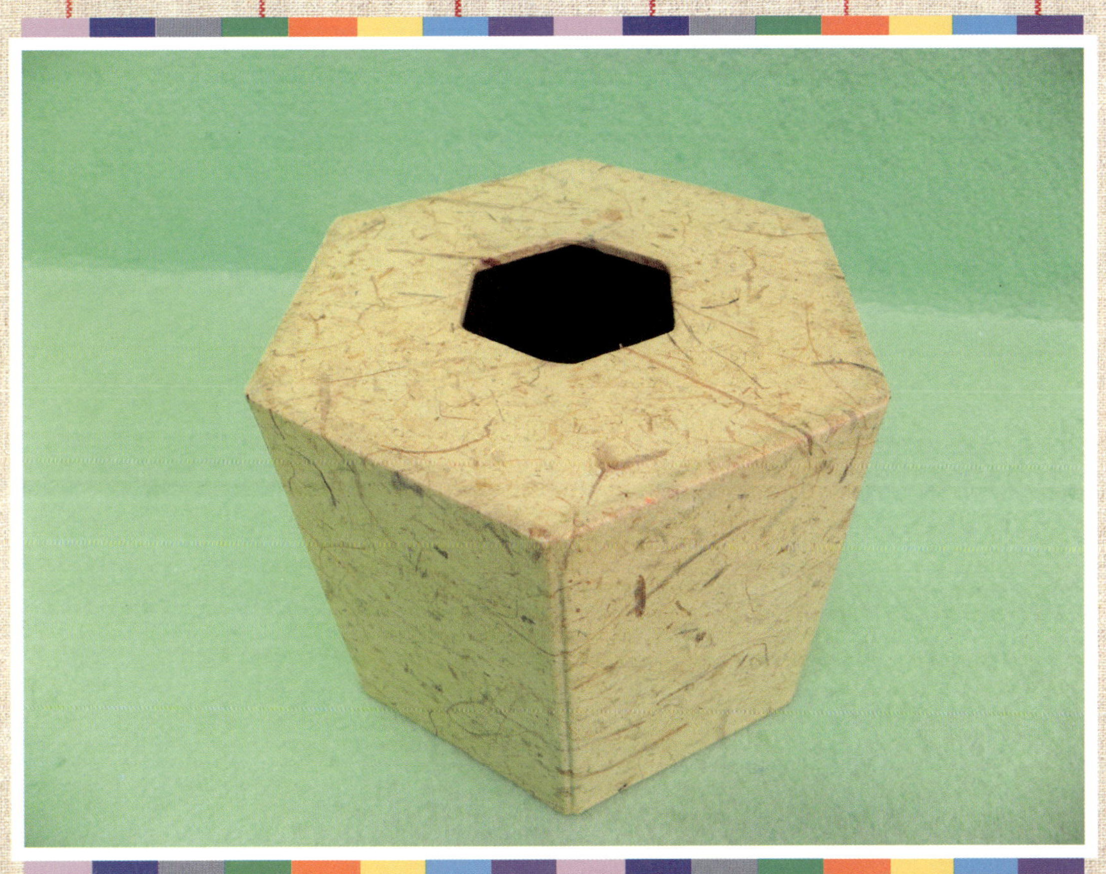

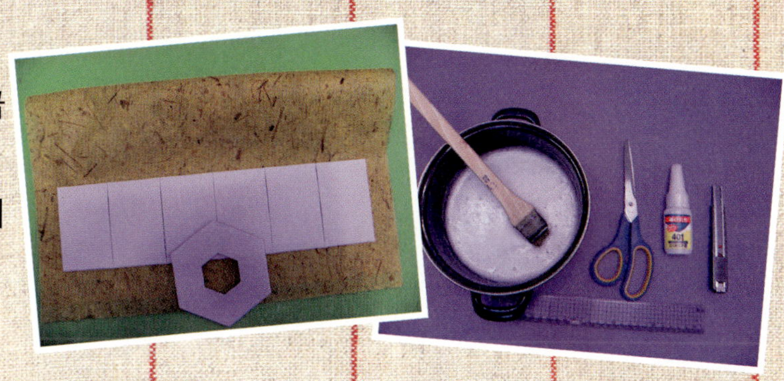

준비물 육각 휴지케이스 모형(하드보드지) 1개, 고급
한지 1장, 녹말가루(감자전분) + 밀가루—각
1스푼씩 넣고 끓인 풀, 가위, 강력본드, 커터
칼, 30cm 자

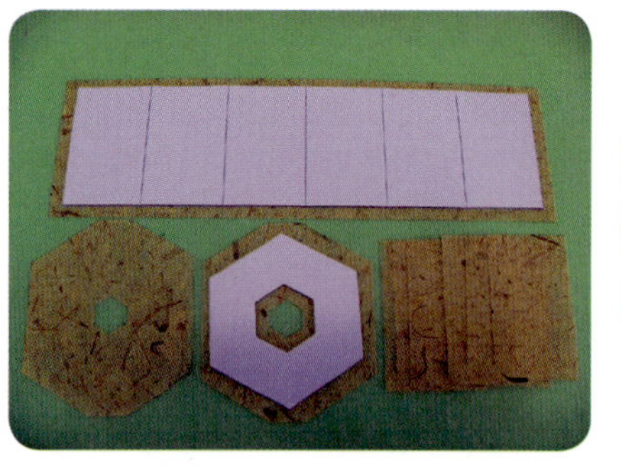

1 케이스 모형의 크기보다 1.5cm~2cm 크게 한지를 잘라 놓는다.

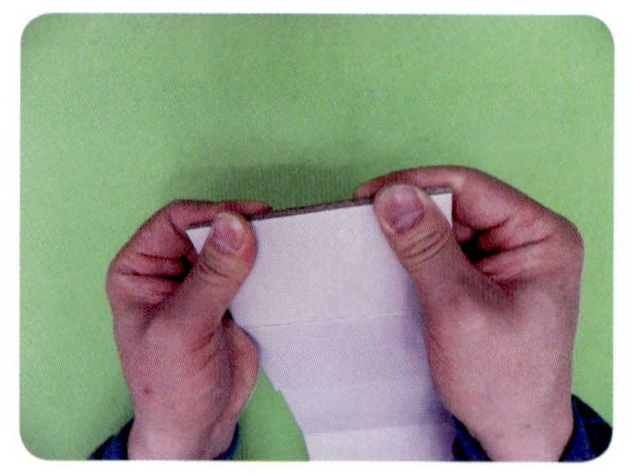

2 모형을 힘을 주어 한 번씩 접어보고

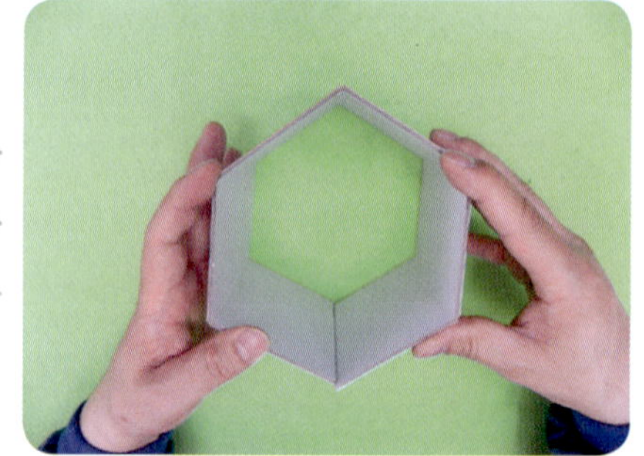

3 형태를 만들어 본다.

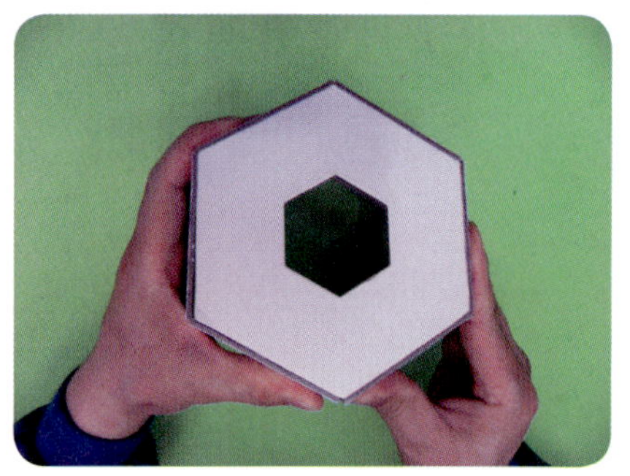

4 본드를 접착하기 전 모형 틀을 한 번 맞추어 본다.

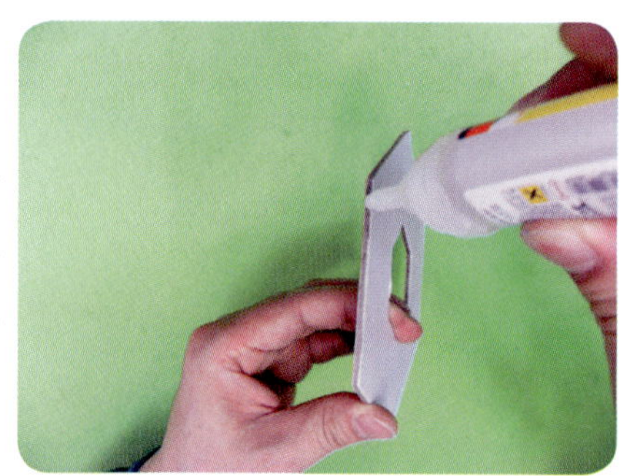

5 본드 칠을 하고

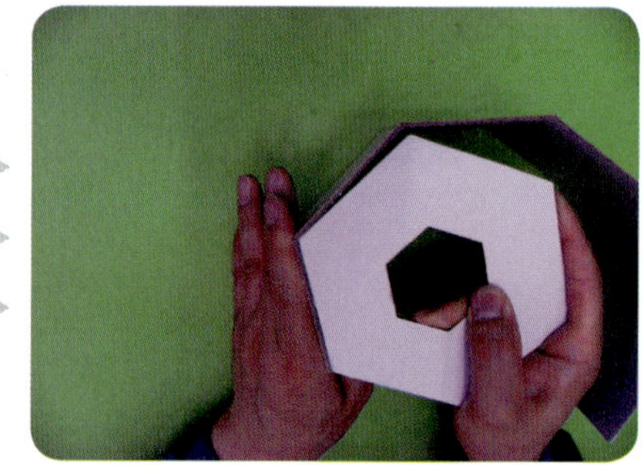

6 한 면씩 붙여 나간다.

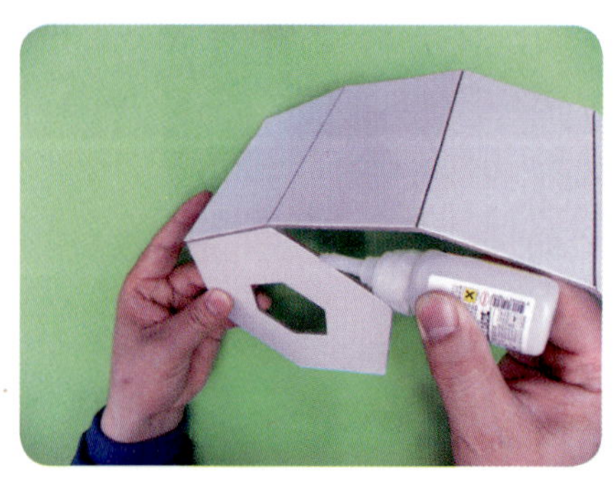

7 같은 방법으로 본드를 칠하면서

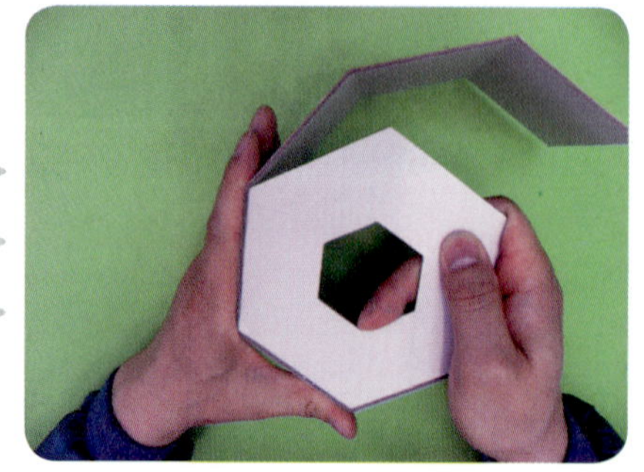

8 붙여나간다.

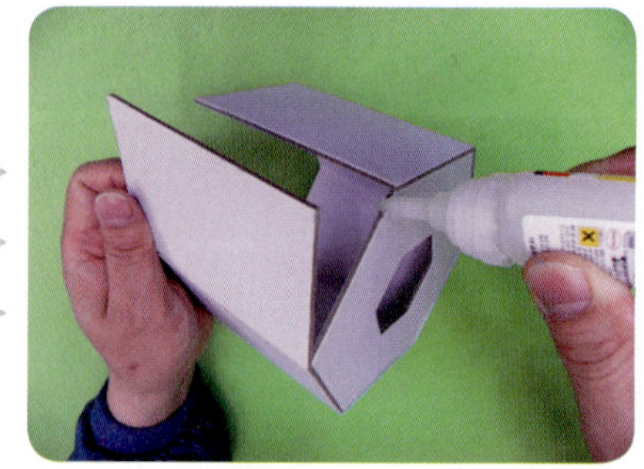

9 본드 칠을 하고

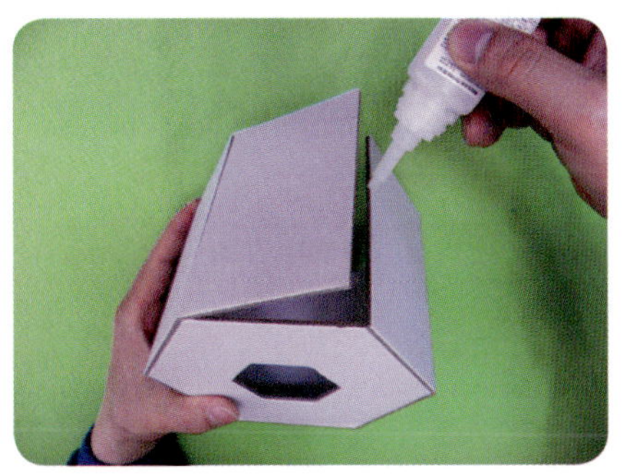

10 마지막 면을

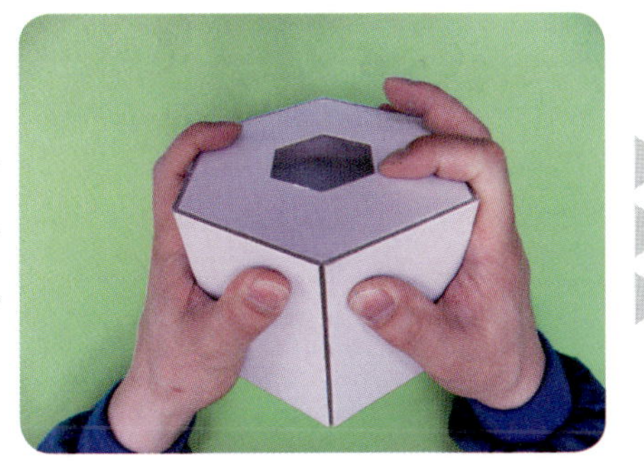

11 붙일 때는 틀어지지 않도록 잘 붙여서

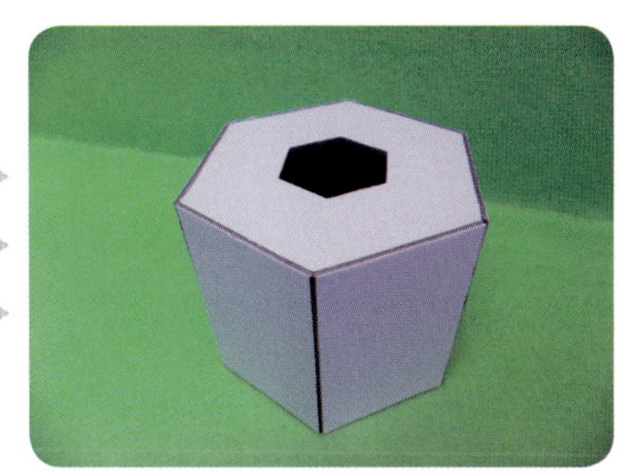

12 모형을 완성한다.

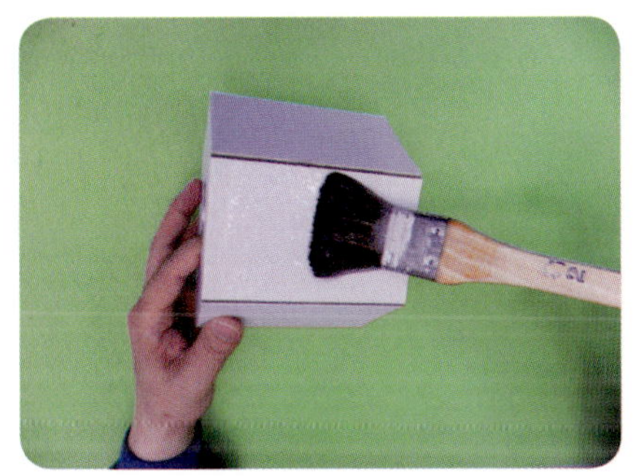

13 풀칠을 한다.

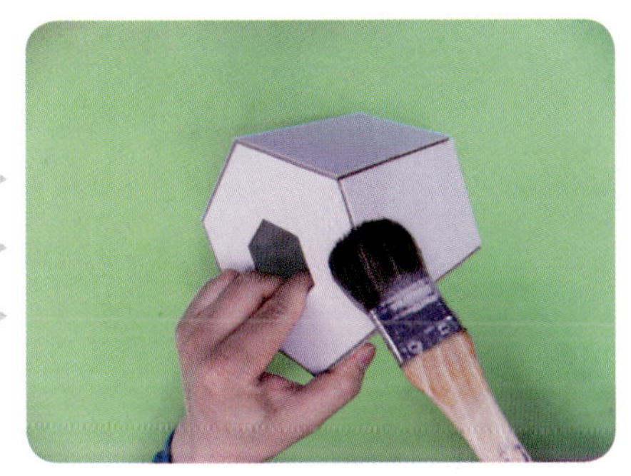

14 풀칠하는 면의 네 모서리까지 충분하게 풀칠을 한다.

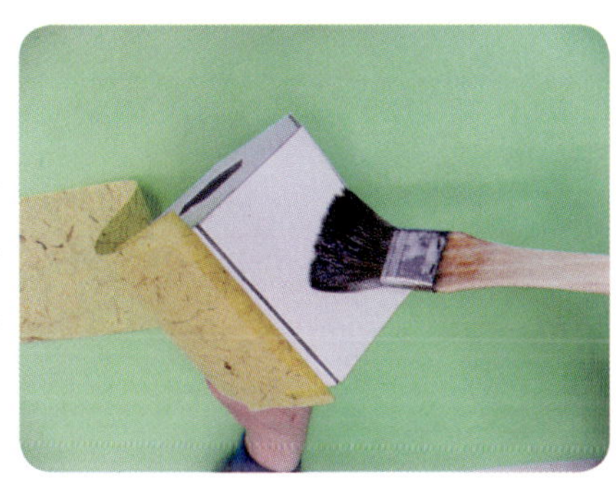

15 한지를 붙이면서 한 면씩 풀칠하고

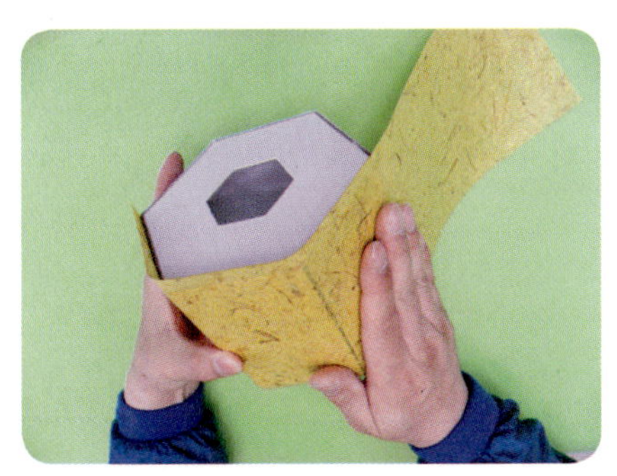

16 다시 한지를 붙이고

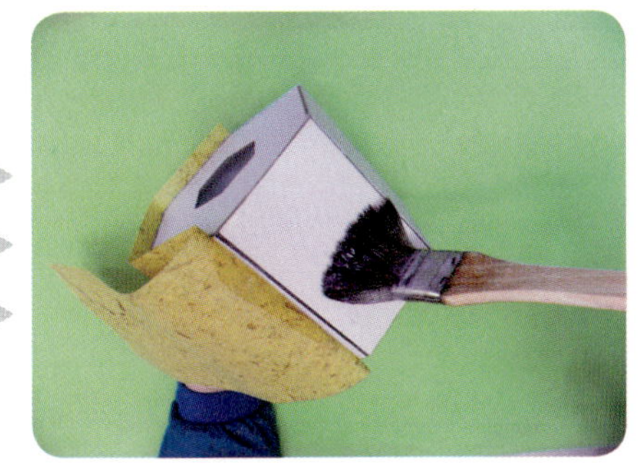

17 풀칠을 반복하면서

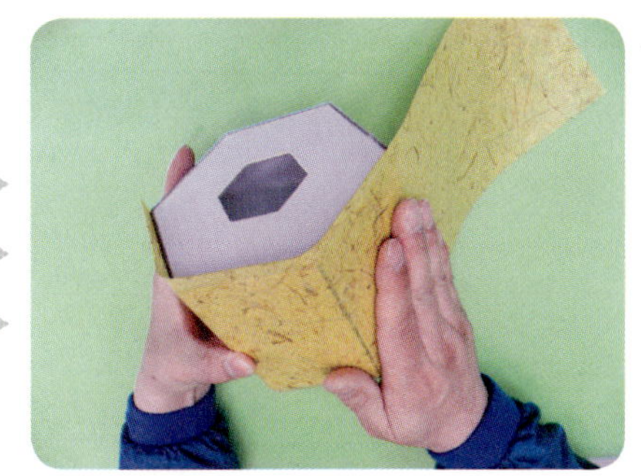

18 붙인다.

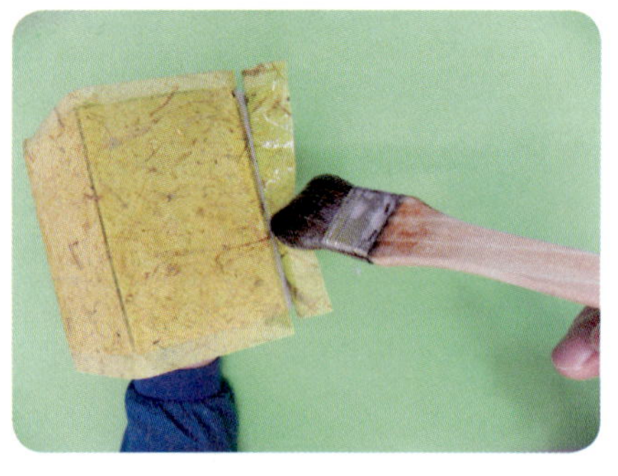

19 마지막 남는 부분에 풀칠을 충분히 하고

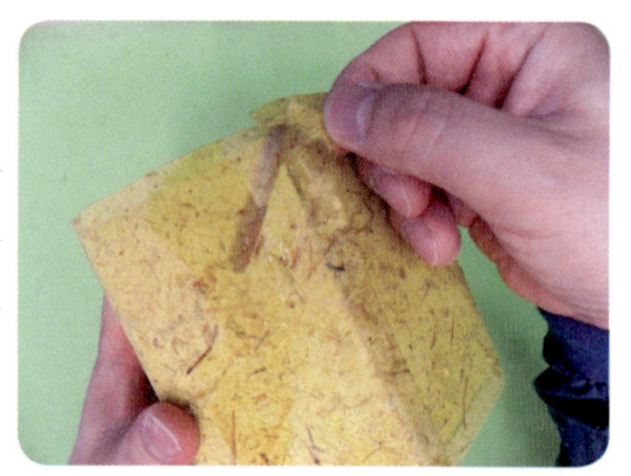

20 풀에 젖은 한지를 당기면서 찢듯 떼어내어

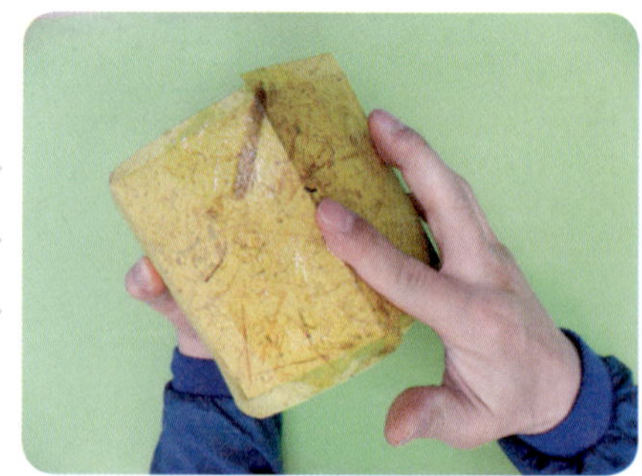

21 손으로 문지르면서 눌러 붙인다.

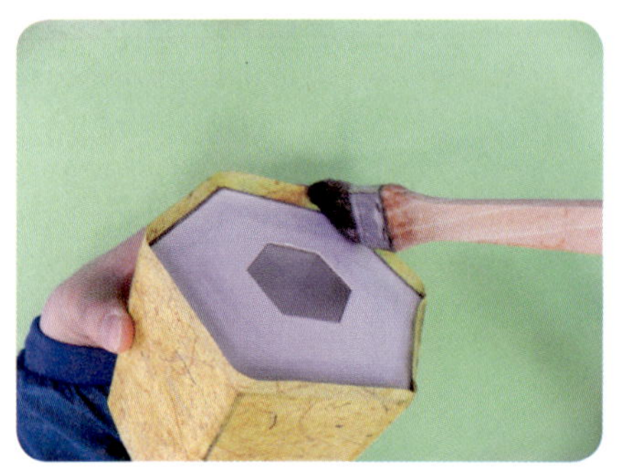

22 여분으로 튀어나온 부분은 풀칠을 해 충분히 젖으면

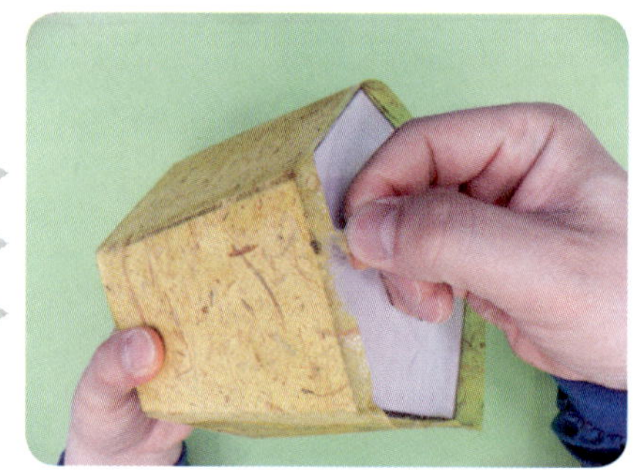

23 잡아당기며 찢듯 떼어내어

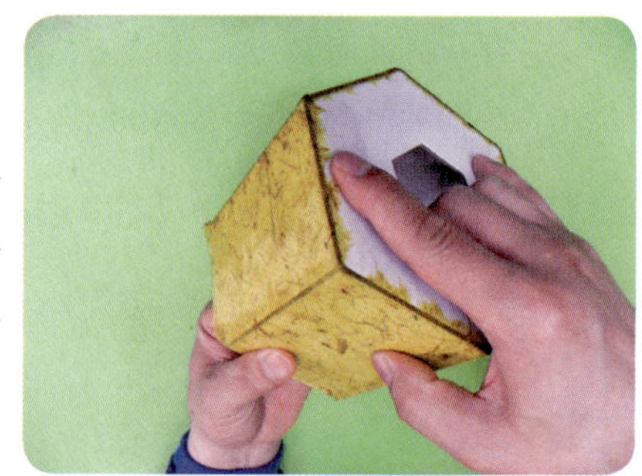

24 붙인다.

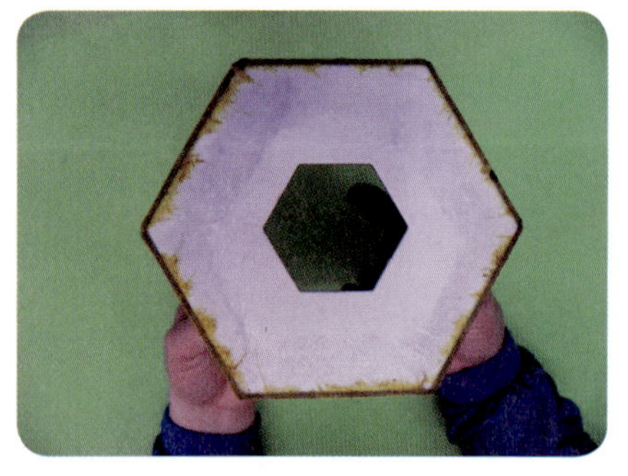

25 육면을 모두 찢듯 떼어내며 붙인다.

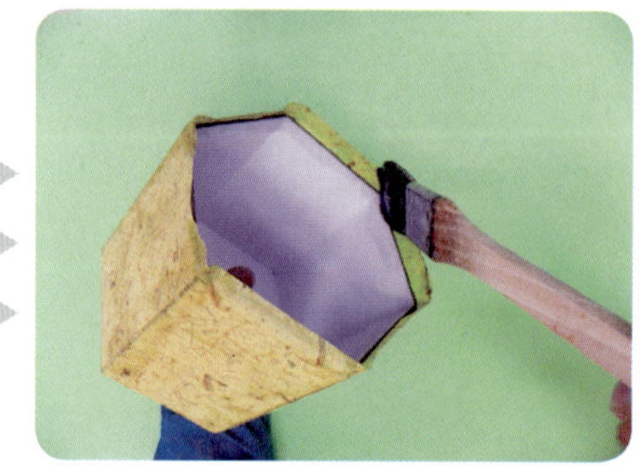

26 반대쪽의 여분에도 풀칠을 하고

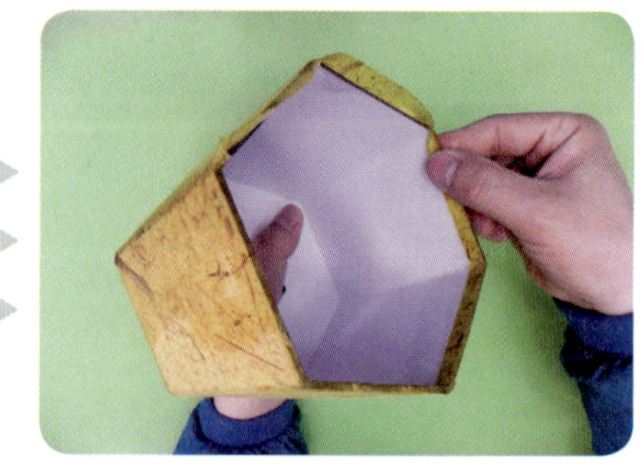

27 안으로 접어서 붙인다.

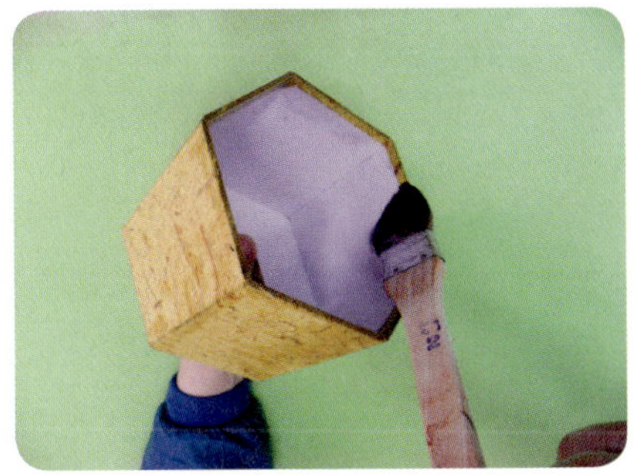

28 육면을 모두 안으로 접어서 붙였으면 붓으로 쓸어준다.

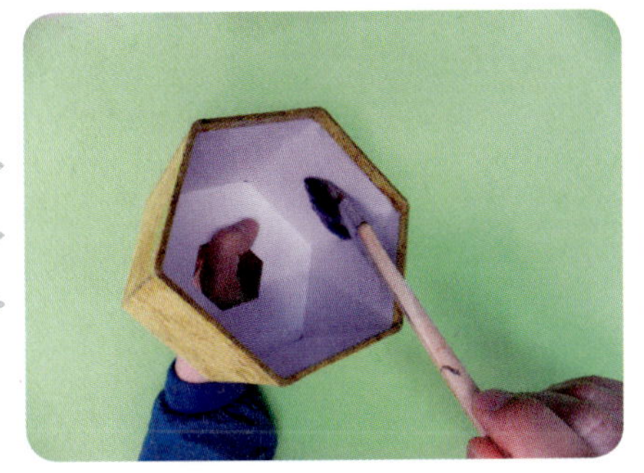

29 한 면에 충분히 풀칠을 하고

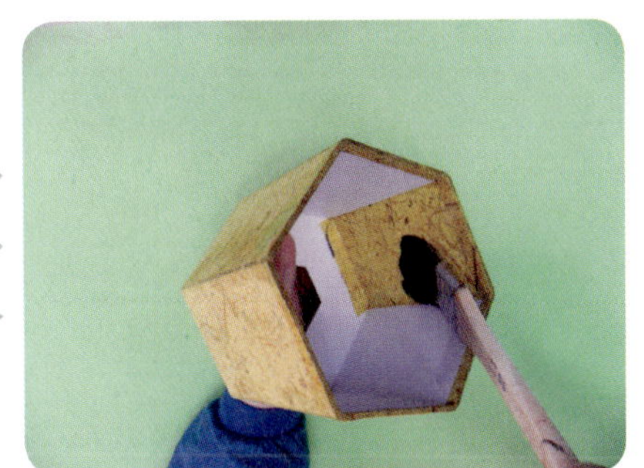

30 한지를 바르고 붓으로 쓸어준다.

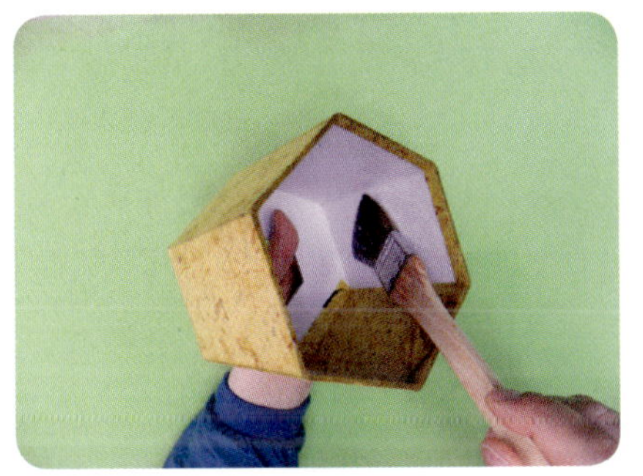

31 다시 풀칠을 하고

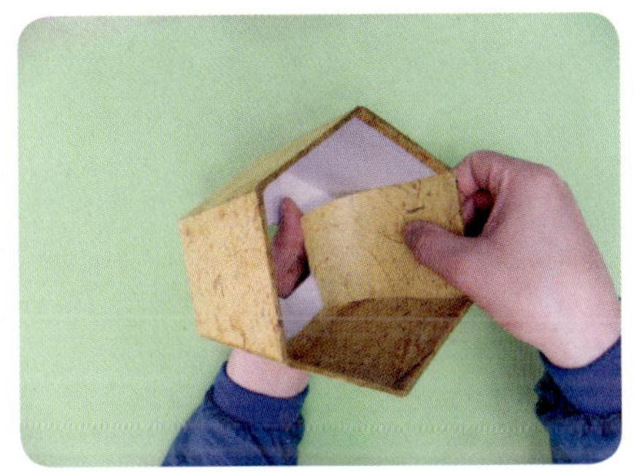

32 한지를 붙이고

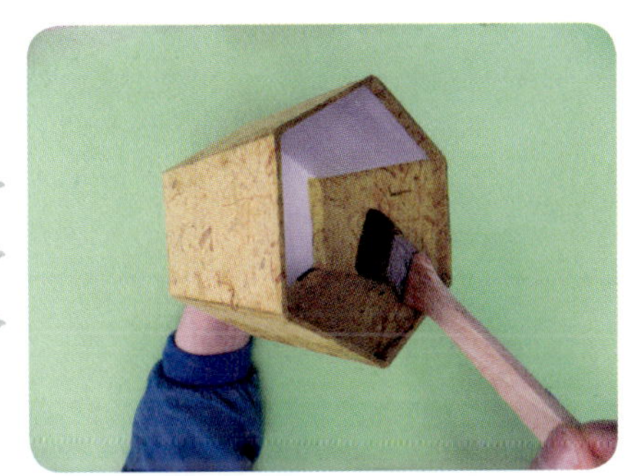

33 붓으로 쓸어준다.

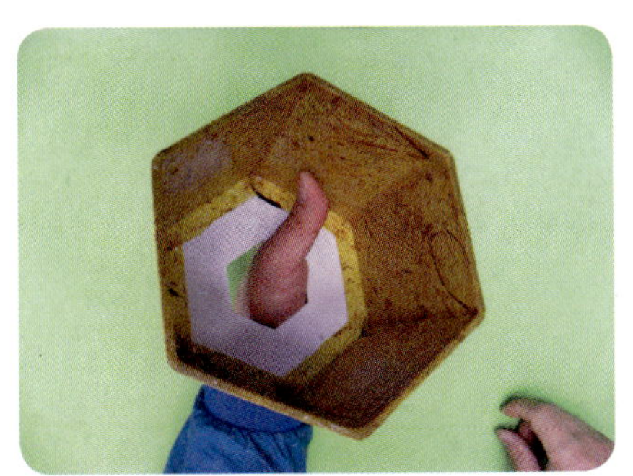

34 29~33번까지 반복해서 6면을 모두 붙였으면

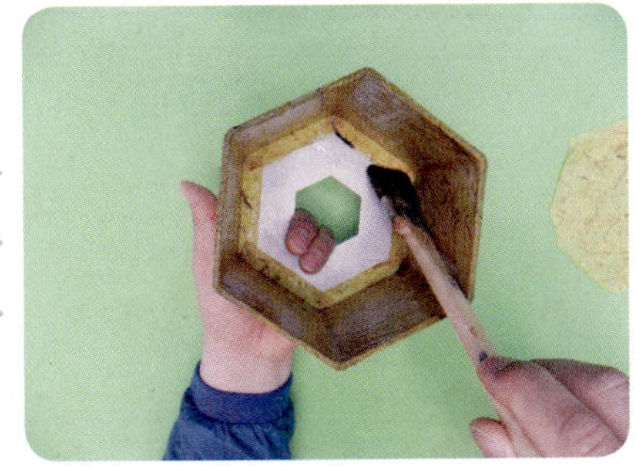

35 붓 끝으로 구석구석을 누르면서 마지막으로 바닥을 풀칠하고

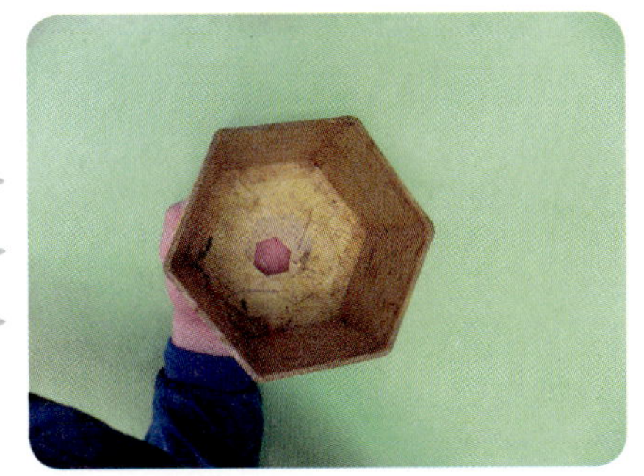

36 한지를 붙인다.

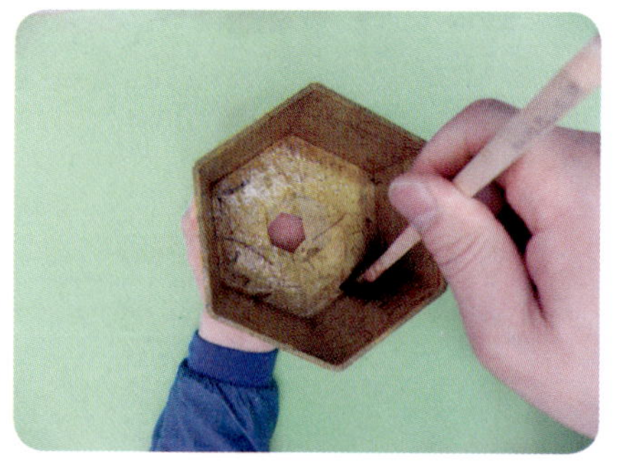

37 붓으로 한 번 쓸어준 후 구석구석 눌러준다.

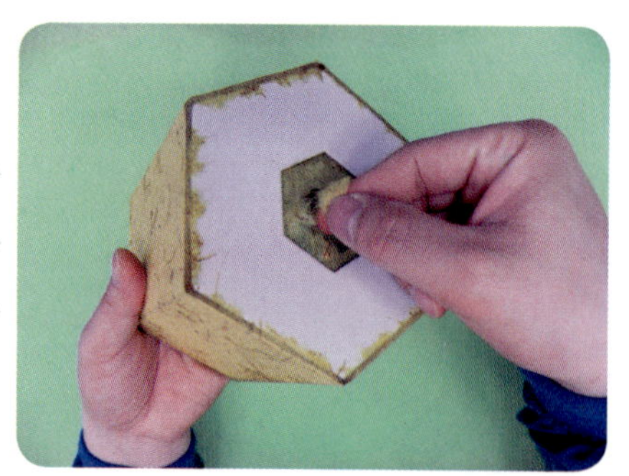

38 뒤집어서 반대쪽에서 찢듯 떼어내면서

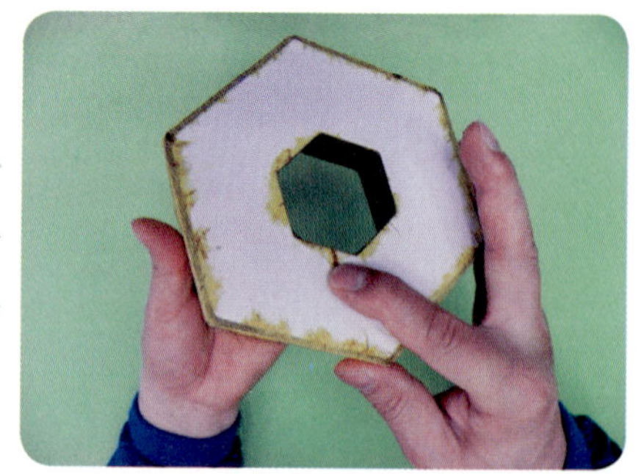

39 손끝으로 바닥에 붙인다.

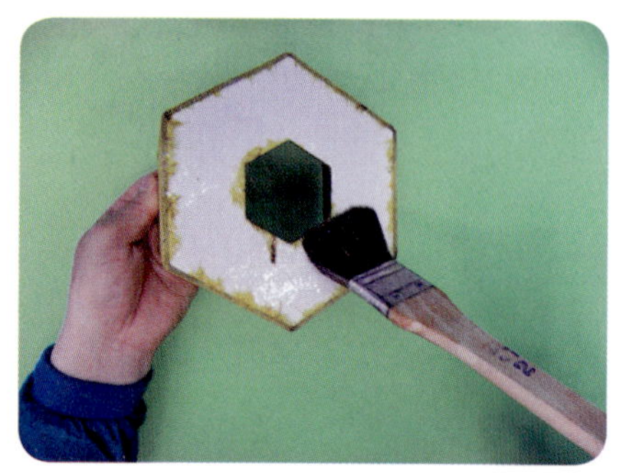

40 풀칠을 하고

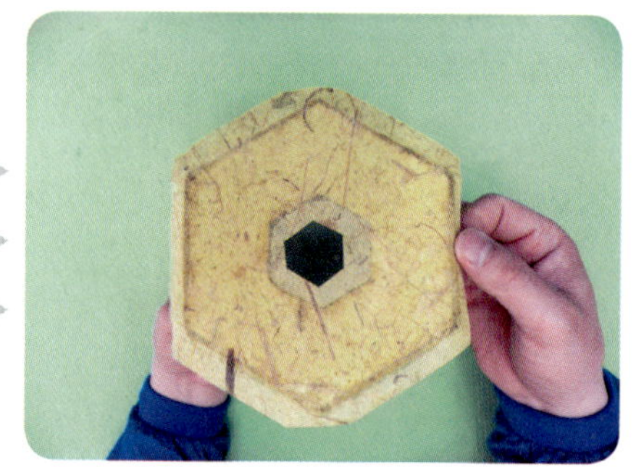

41 한지를 붙인다.

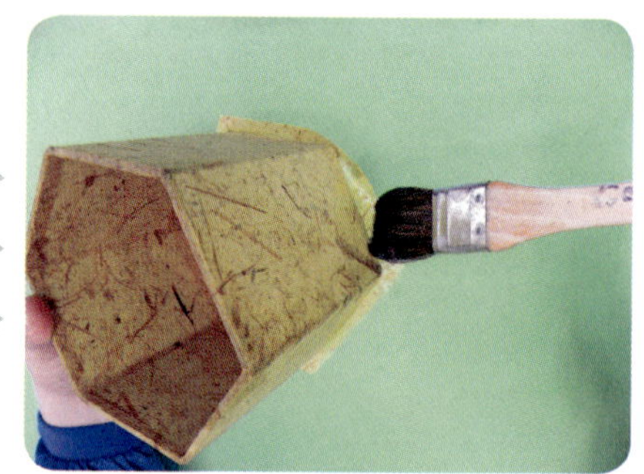

42 옆으로 나온 여유분에 풀칠을 충분히 하고

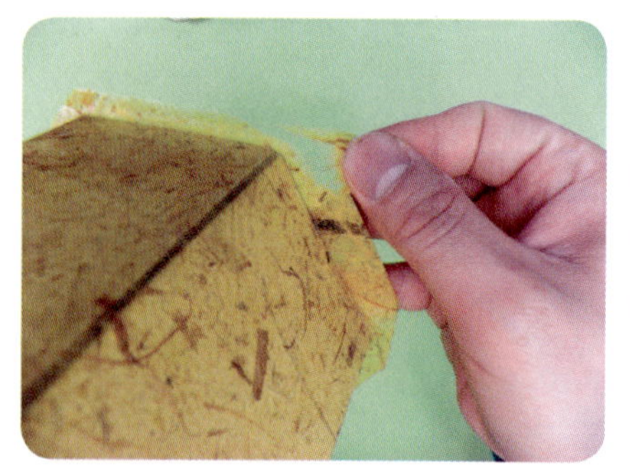

43 손으로 찢듯 떼어내고

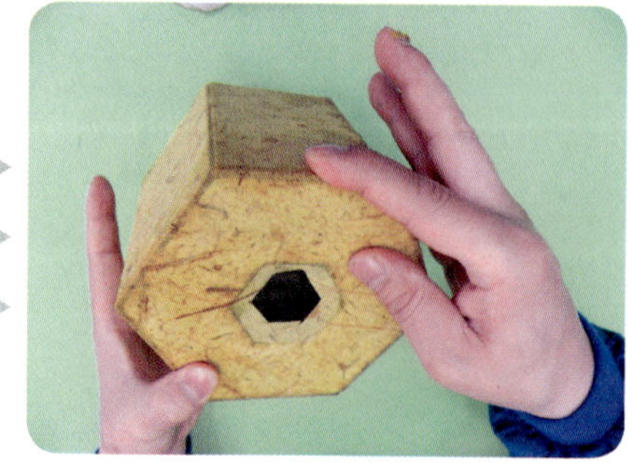

44 손끝으로 문질러

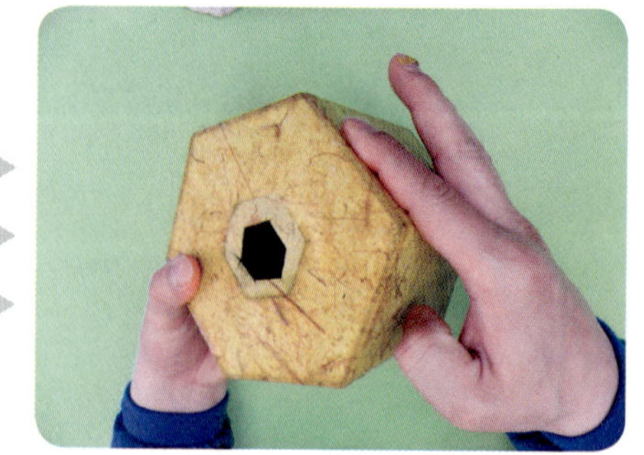

45 떼어 붙인 방향으로 밀어 붙인다.

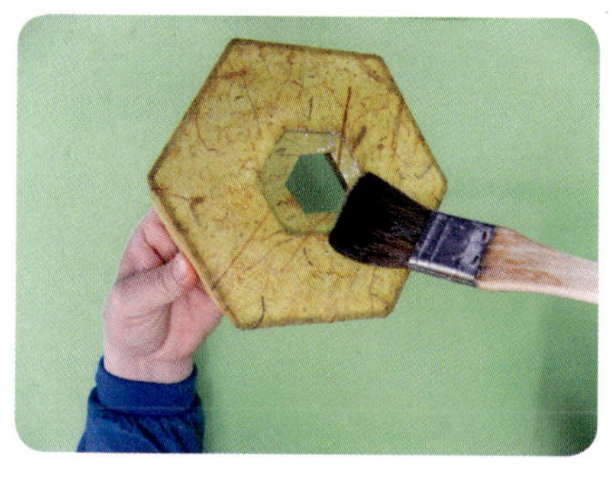

46 구멍 쪽에 풀칠을 충분하게 하고

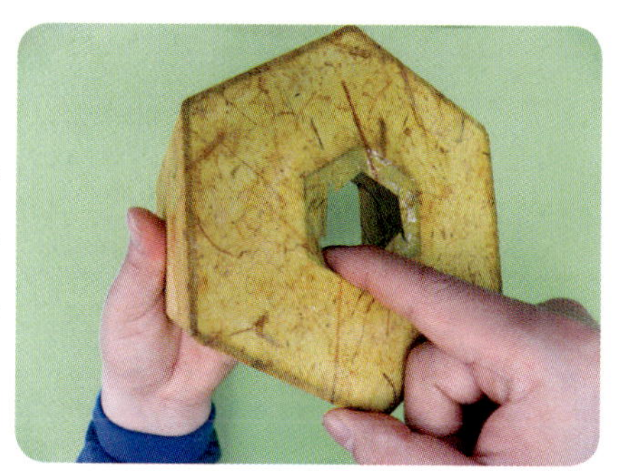

47 한 면 한 면 손가락을

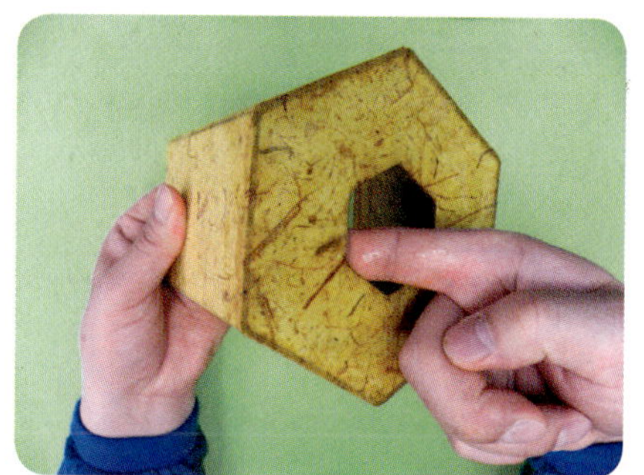

48 사용해서 안으로 밀어 붙인다.

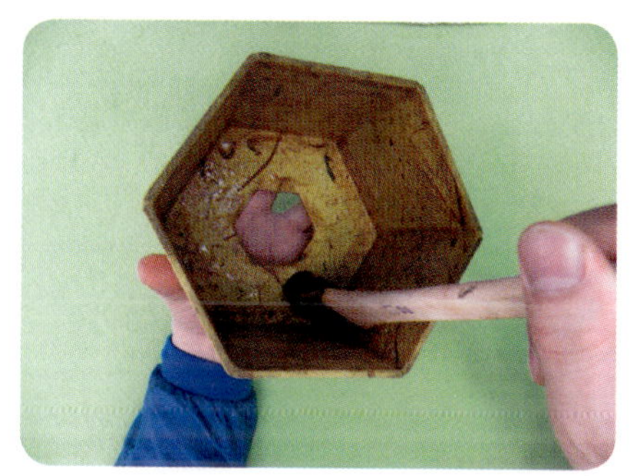

49 안쪽을 다시 붓으로 쓸어준다.

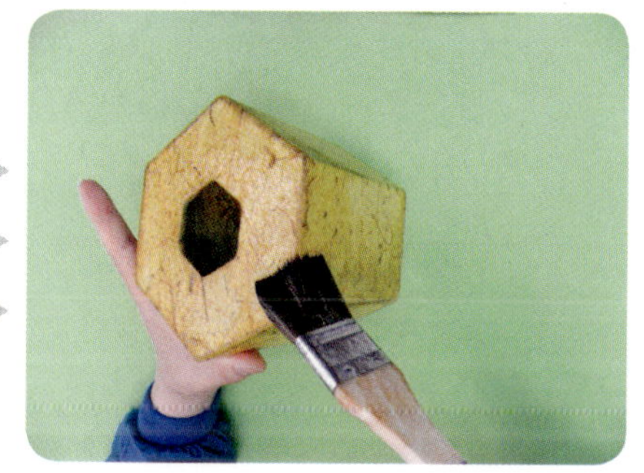

50 마무리 단계로 각 모서리를 한지를 붙인 방향으로 붓으로 한 번씩 쓸이준다.

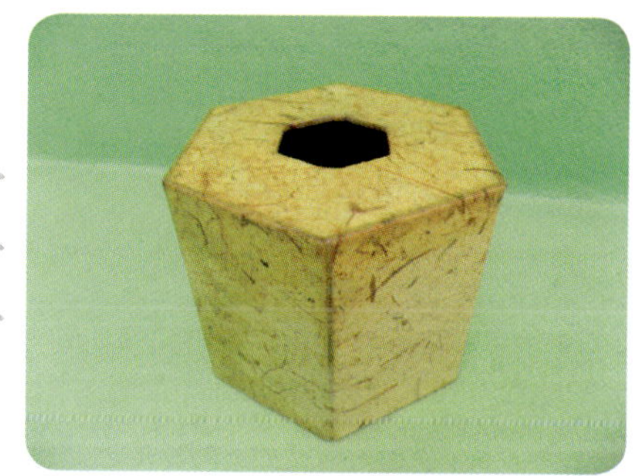

51 완성!

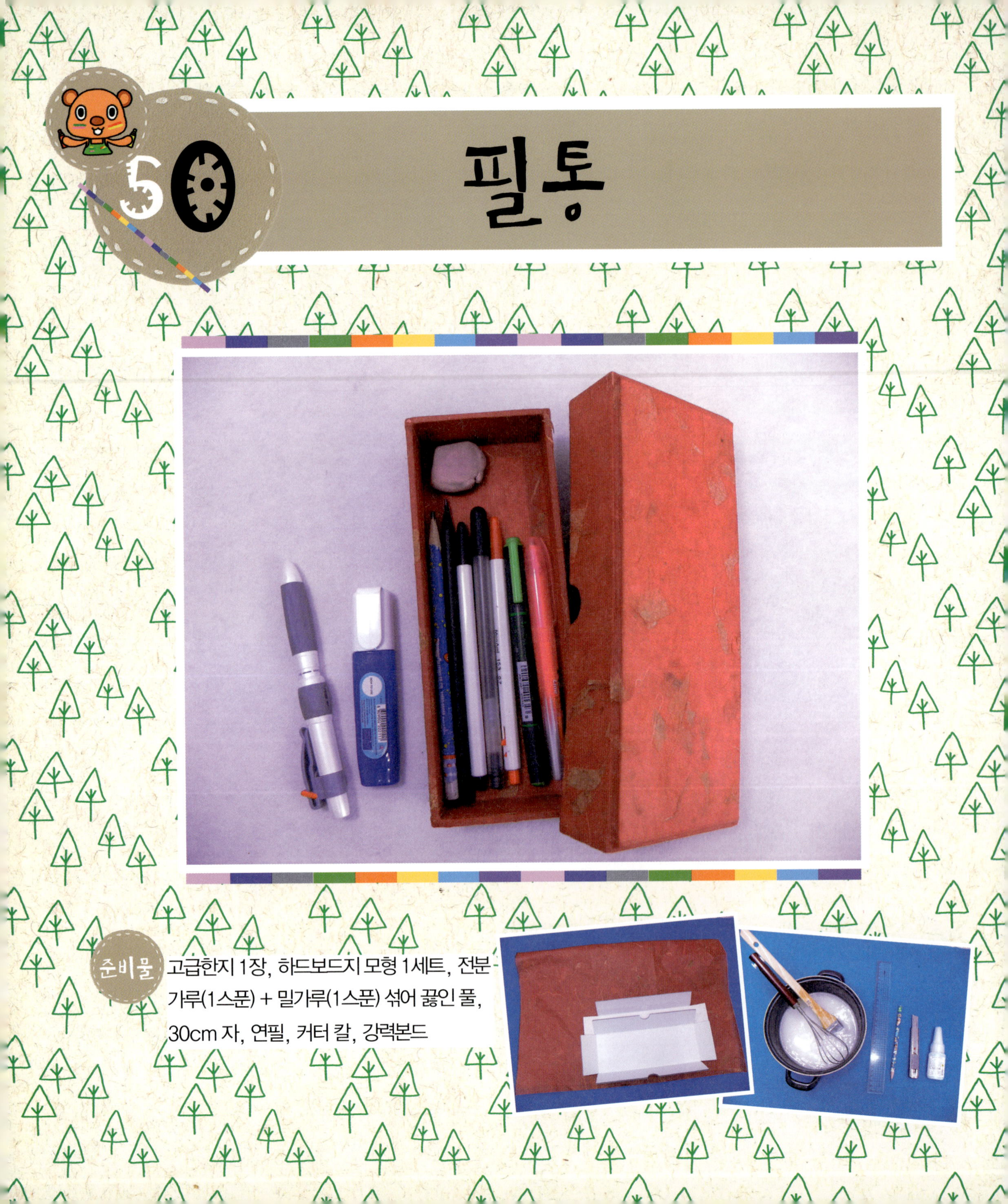

5. 필통

준비물
고급한지 1장, 하드보드지 모형 1세트, 전분
가루(1스푼) + 밀가루(1스푼) 섞어 끓인 풀,
30cm 자, 연필, 커터 칼, 강력본드

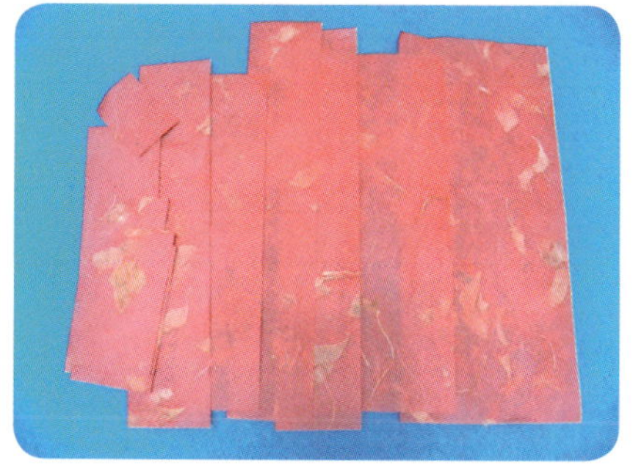

1 연필통 모형 크기보다 약 2cm 씩 크게 한지를 잘라 놓는다.

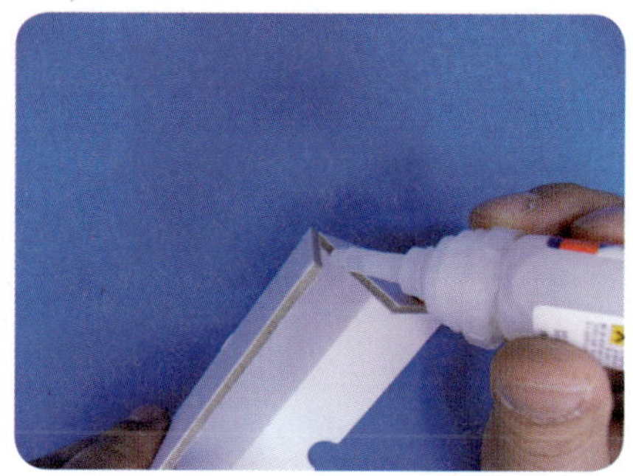

2 강력 접착제로

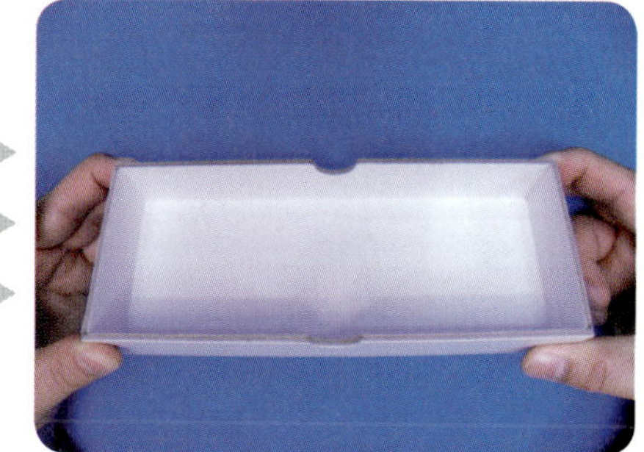

3 필통의 뚜껑의 모형을 완성 한다.

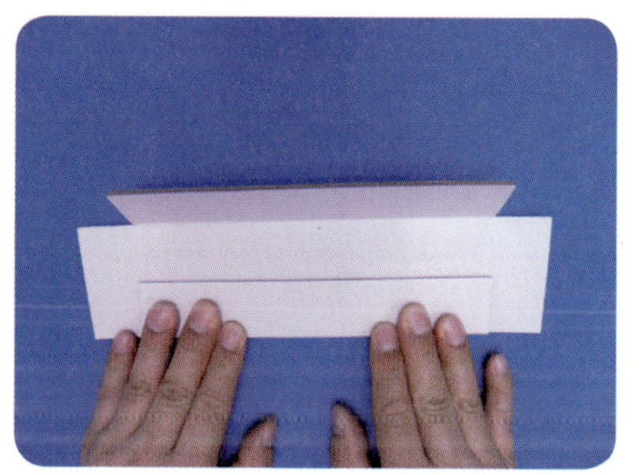

4 아랫부분의 모형도 네 면을

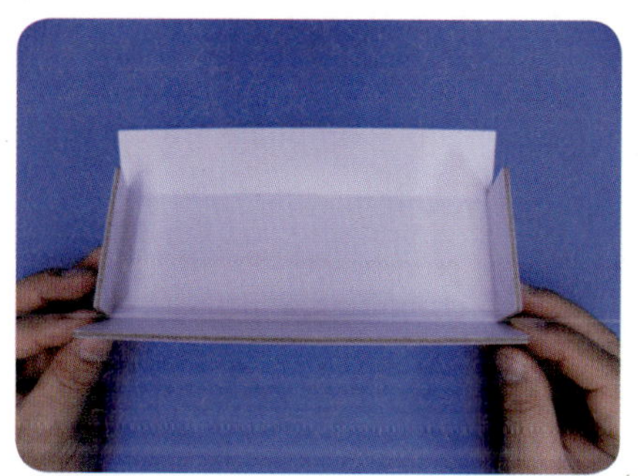

5 한 번씩 접어서

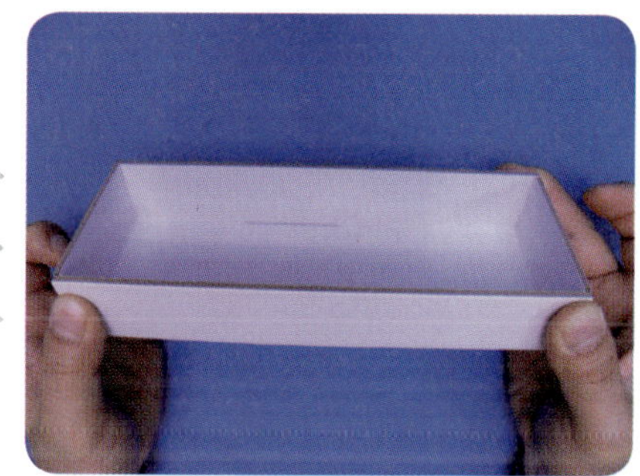

6 강력 본드를 이용하여 모형 을 완성한다.

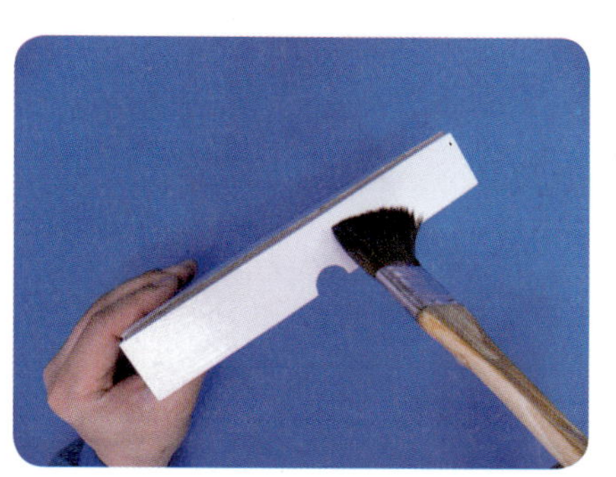

7 뚜껑의 한 면과

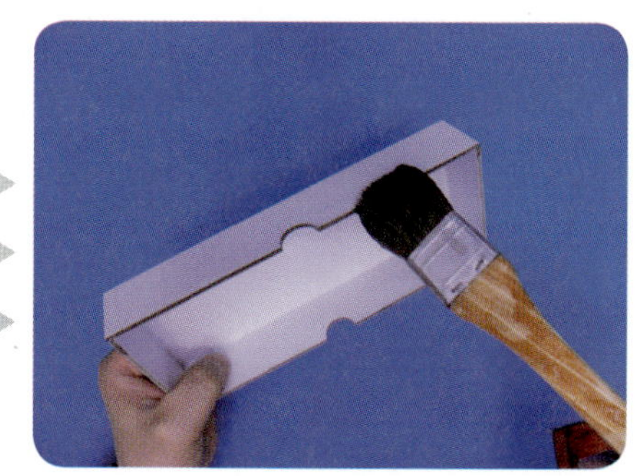

8 모서리에 꼼꼼히 풀칠을 한 다.

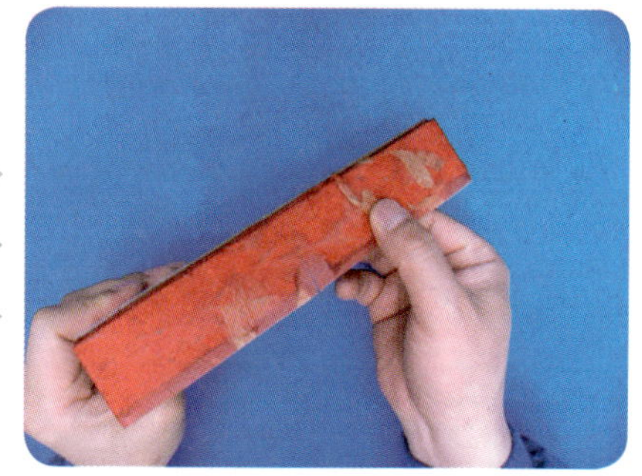

9 면에 맞게 잘라놓은 한지를 네 면에 여유 있게 붙이고

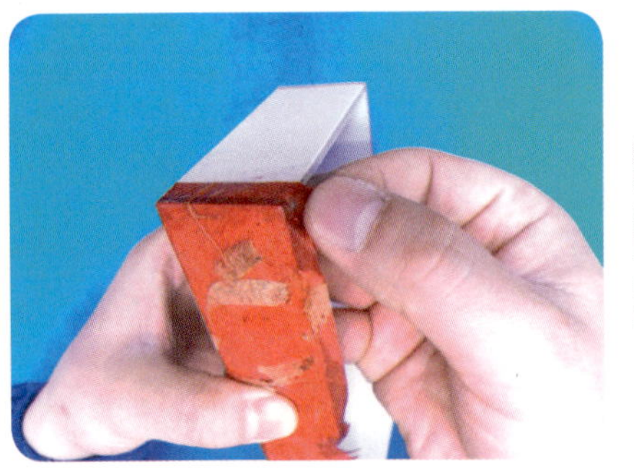

10 모서리를 붙일 때는 한지를 찢듯 떼어내어 붙인다.

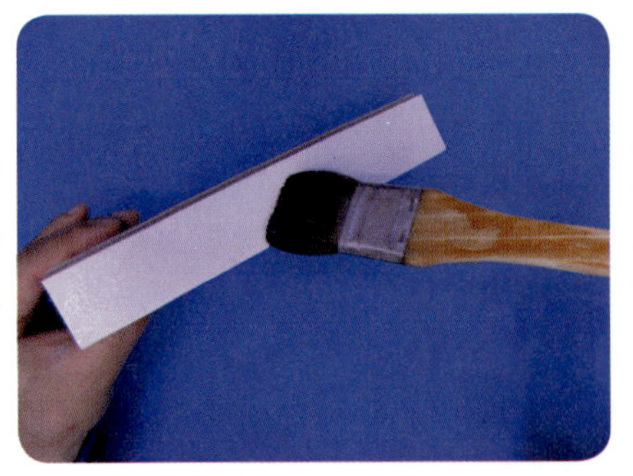

11 반대 면에도 같은 방법으로 풀칠을 하고

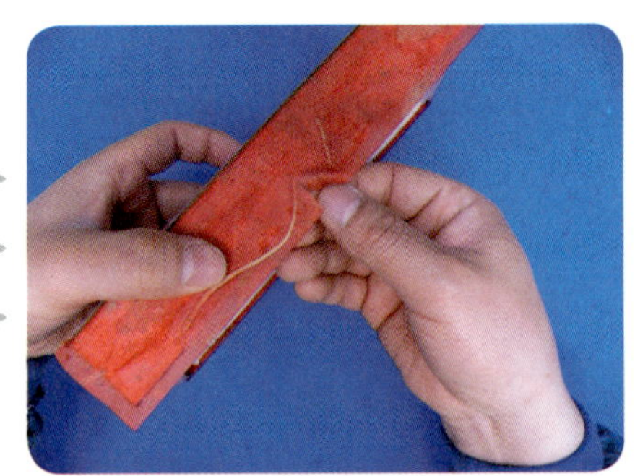

12 한지를 붙인다.

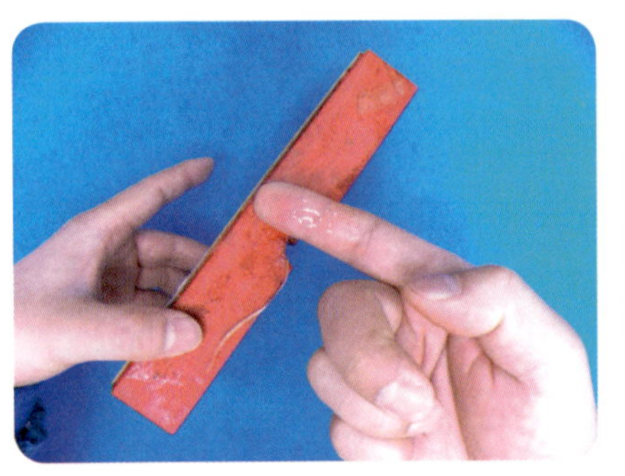

13 10과 같이 한지를 찢듯 붙이고 손에 풀을 묻혀서

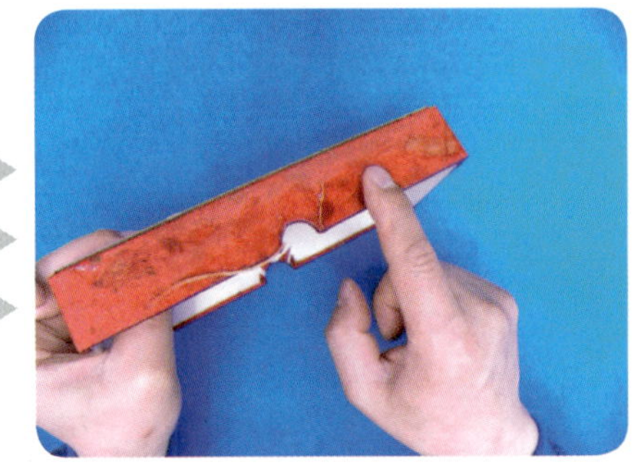

14 문지르듯 붙여 마무리한다.

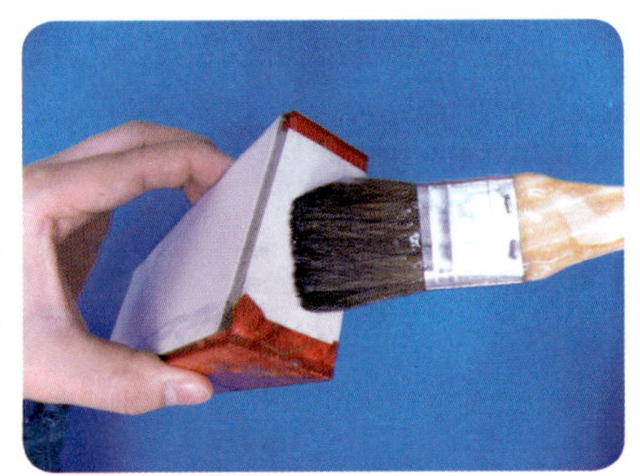

15 측면도 풀칠을 하고

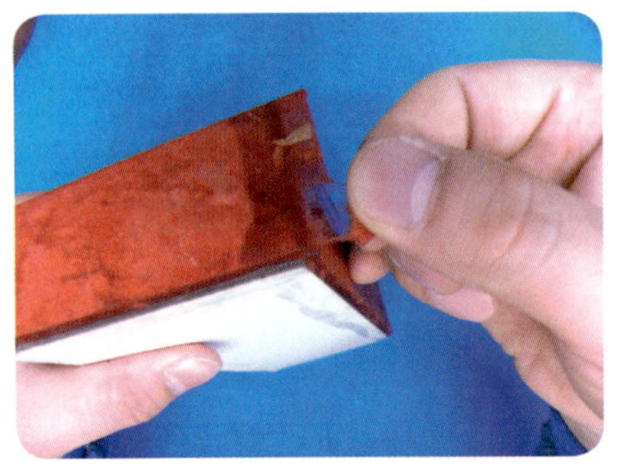

16 한지를 붙이고 찢듯 떼어내며 모서리를 마무리한다.

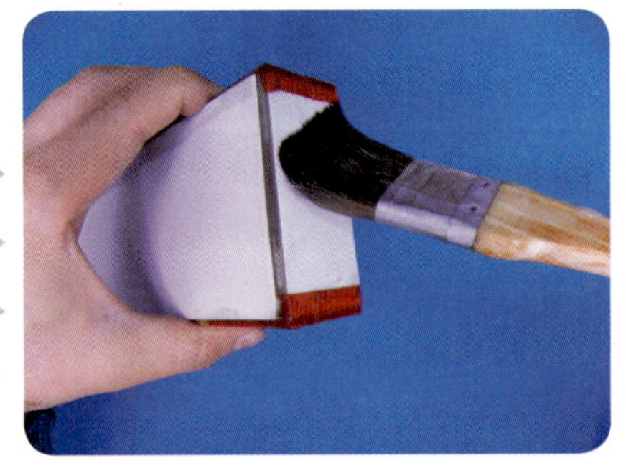

17 다른 한 면도 같은 방법으로 마무리한다.

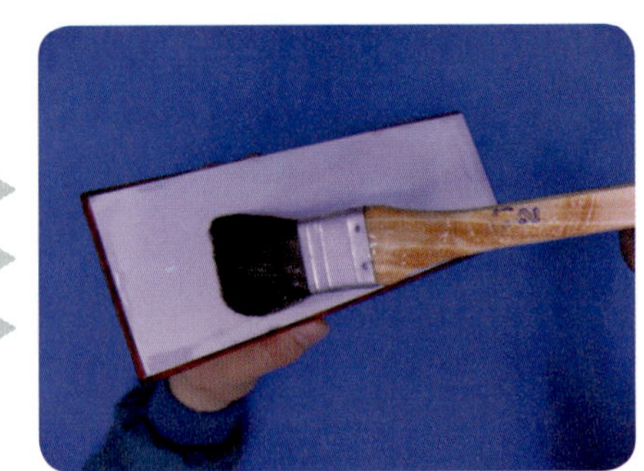

18 위쪽에 풀칠을 하고

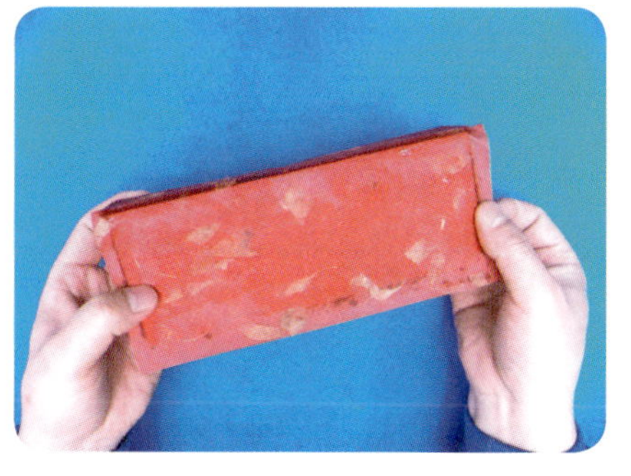

19 한지를 붙인다.

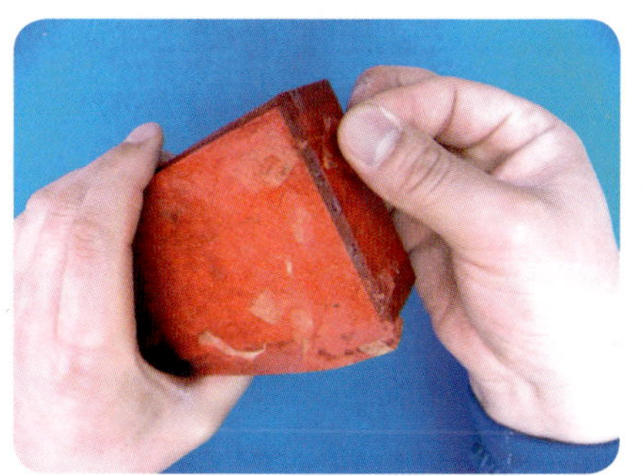

20 앞에서 해 왔던 대로 한지를 찢듯

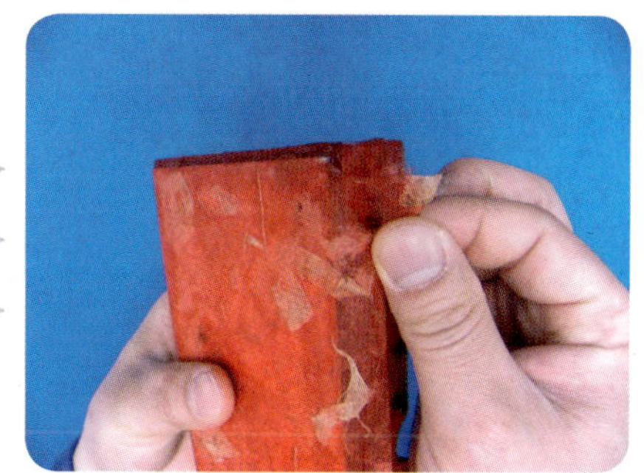

21 잡아당기며 붙여서

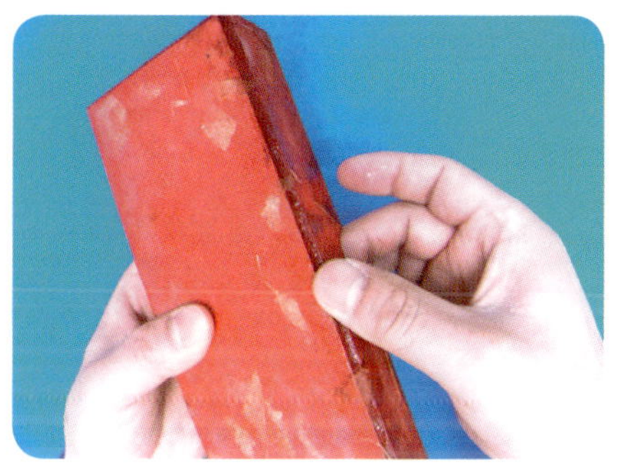

22 모서리의 면을 마무리한다.

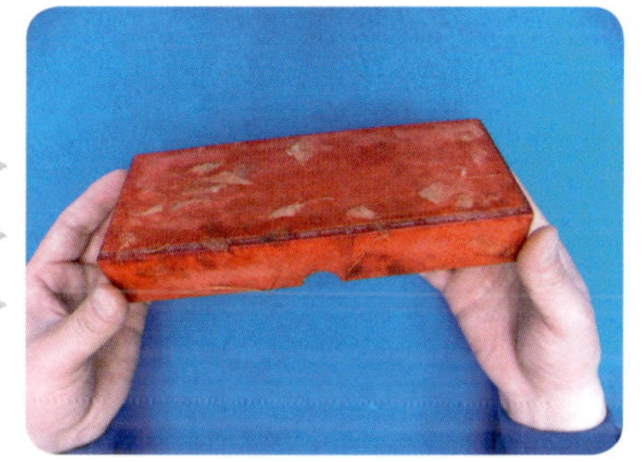

23 바깥쪽의 모든 면에 한지를 붙였으면 붓으로 한 번 쓸어준다.

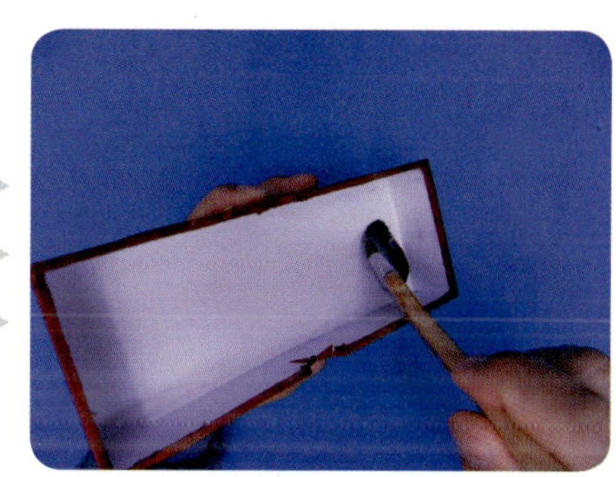

24 안쪽의 측면에 풀칠을 충분히 하고,

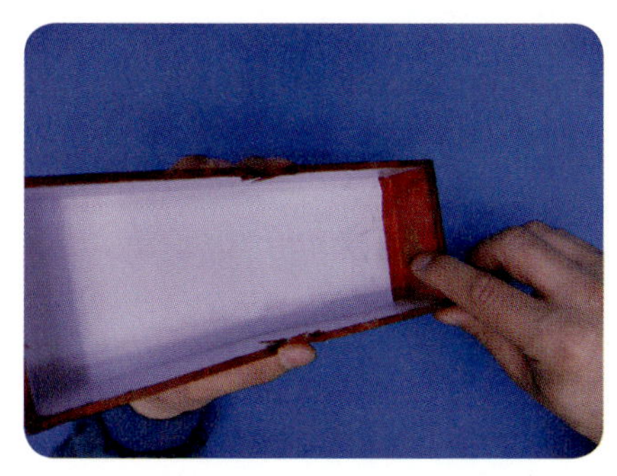

25 양면에 한지를 붙이고 손으로 문지르며 잘 붙인다.

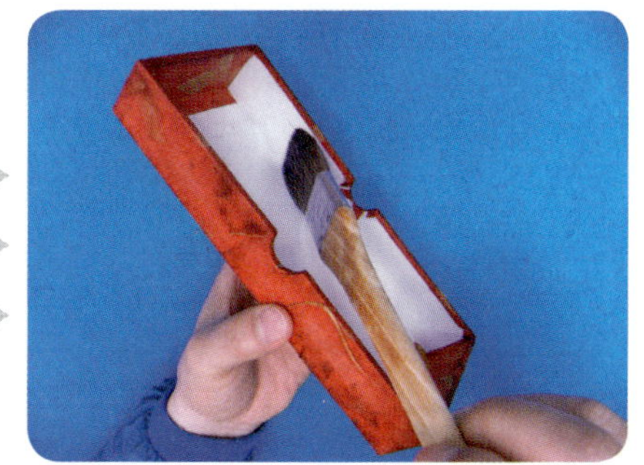

26 양면에 풀칠을 하고

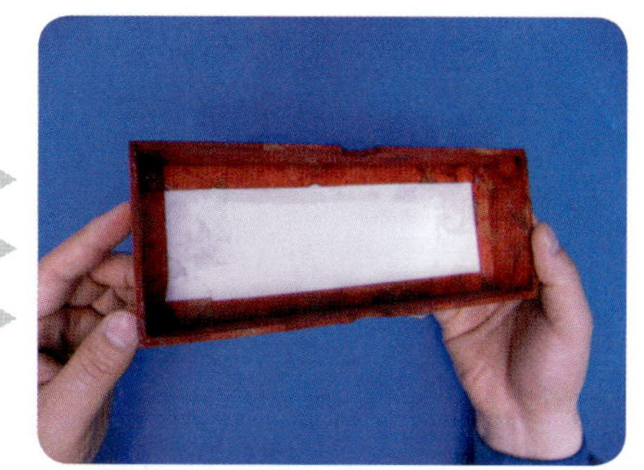

27 한지를 붙인다.

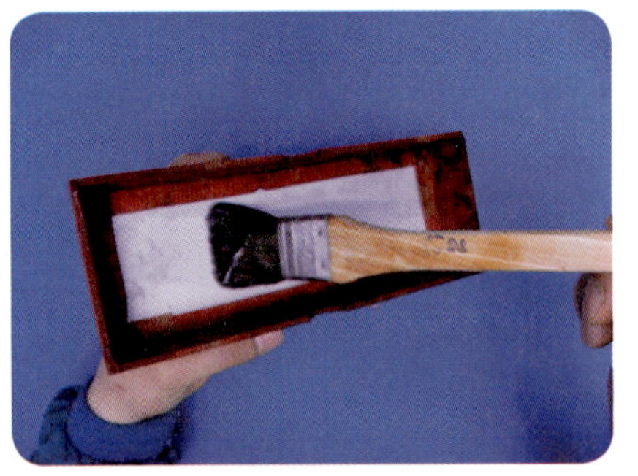

28 풀칠을 하고

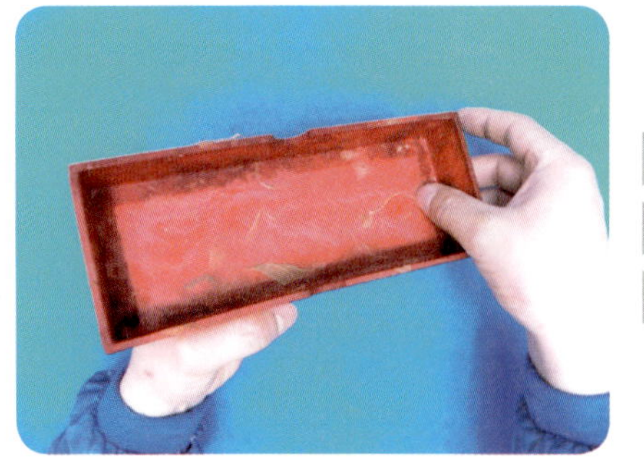

29 한지를 붙이고

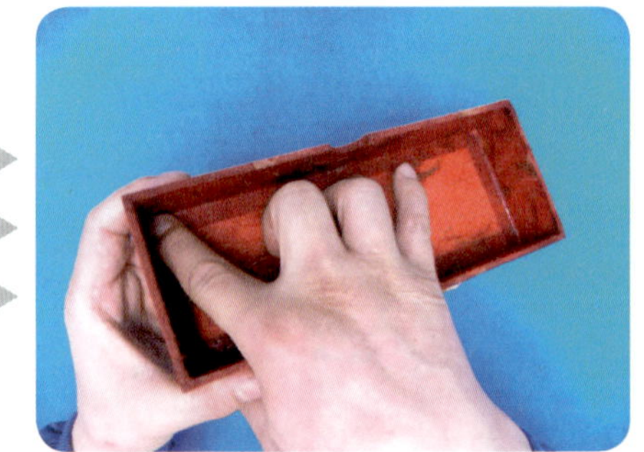

30 손에 풀을 묻혀 꺾이는 모서리는 신경을 써서 세심하게 붙인다.

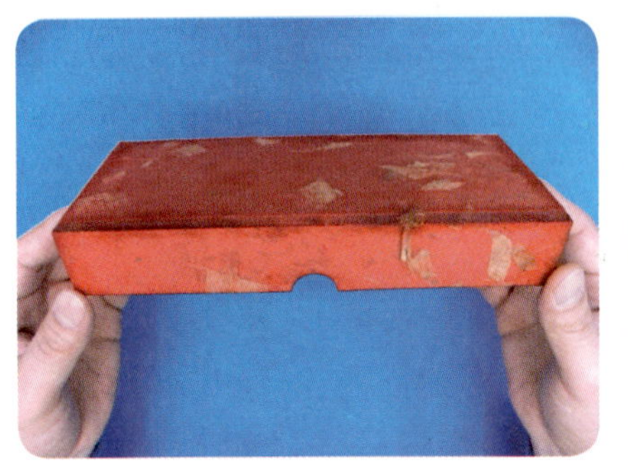

31 완성된 뚜껑

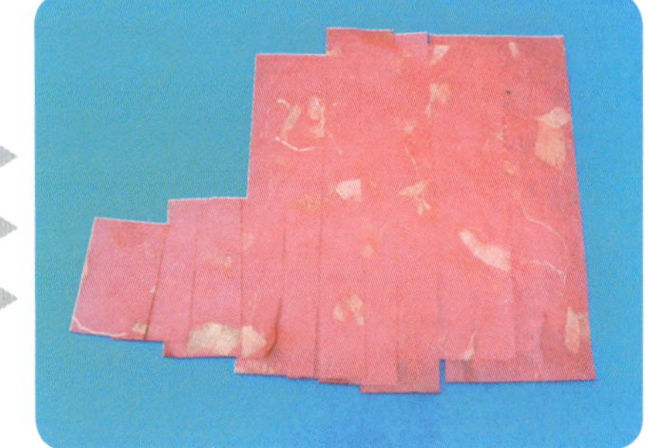

32 필통의 아래 칸의 모형을 재서 실제의 크기보다 약 2cm 넓게 한지를 잘라 놓는다.

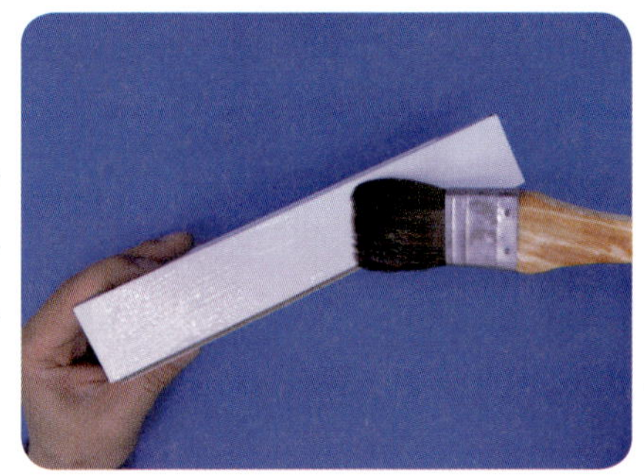

33 아래 칸도 뚜껑을 만들 때와 방법이 동일하다.

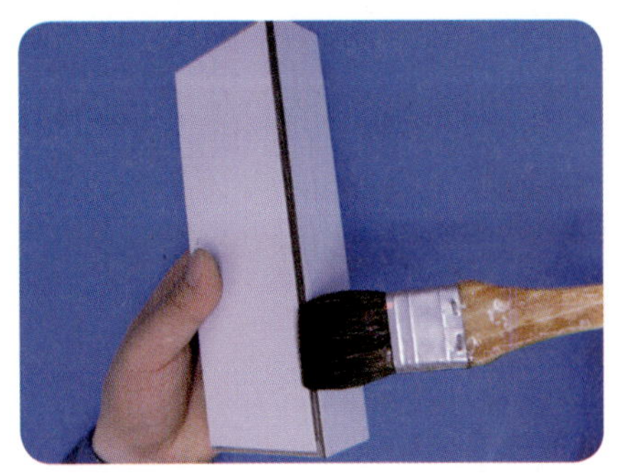

34 측면에 풀칠을 하고

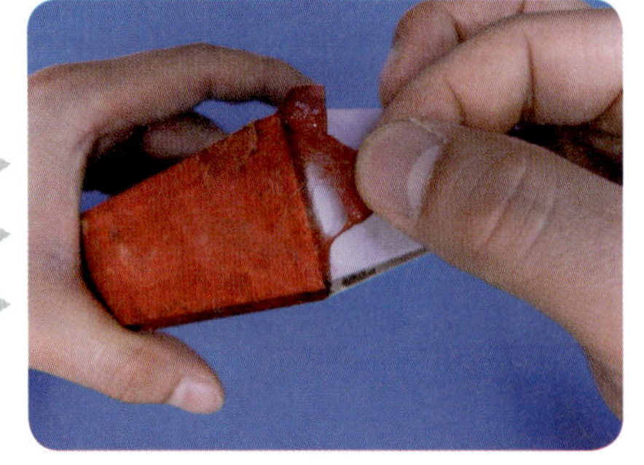

35 한지를 붙이고 손으로

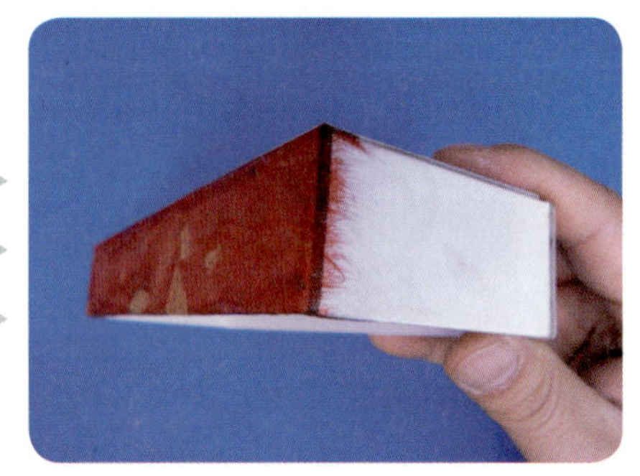

36 찢어낸다.

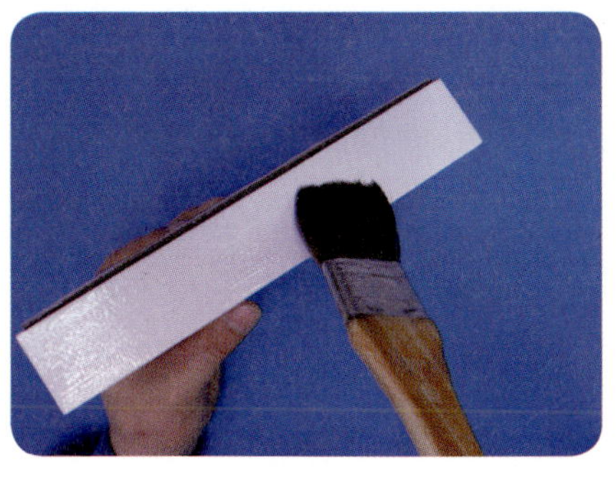

37 또 다른 측면에 풀칠을 하고

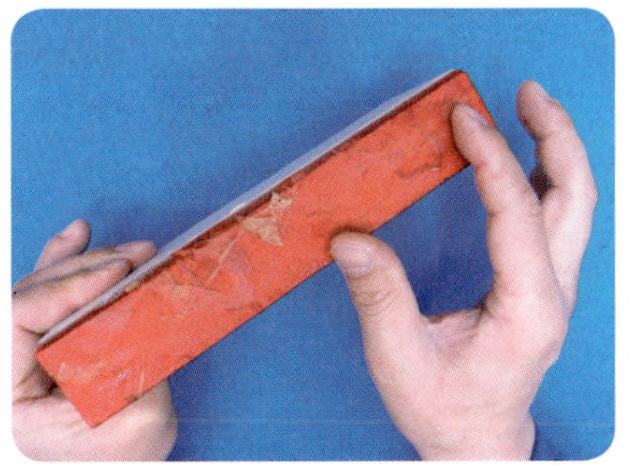

38 한지를 붙인 후 손으로

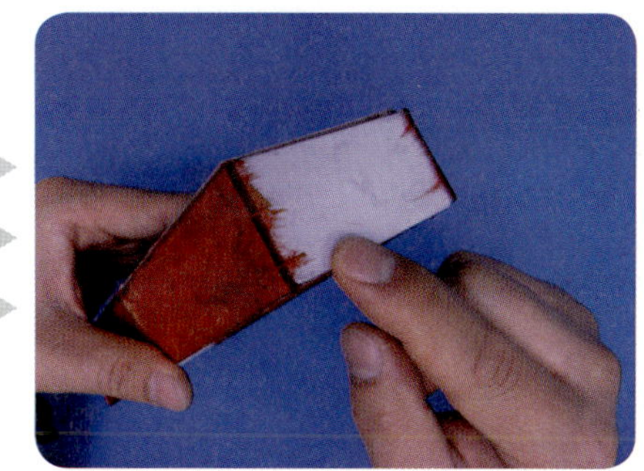

39 찢어낸다.

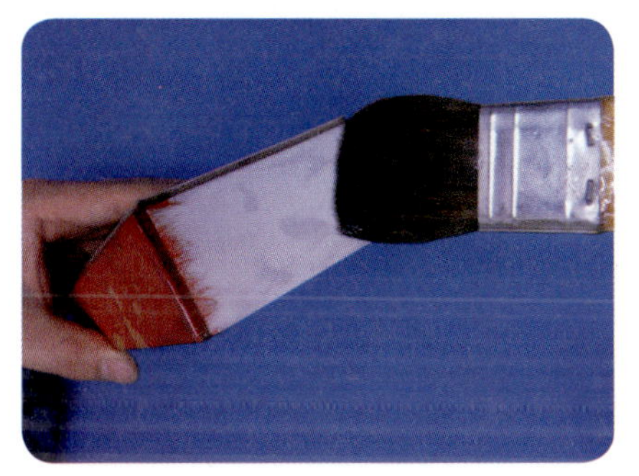

40 풀칠을 하고

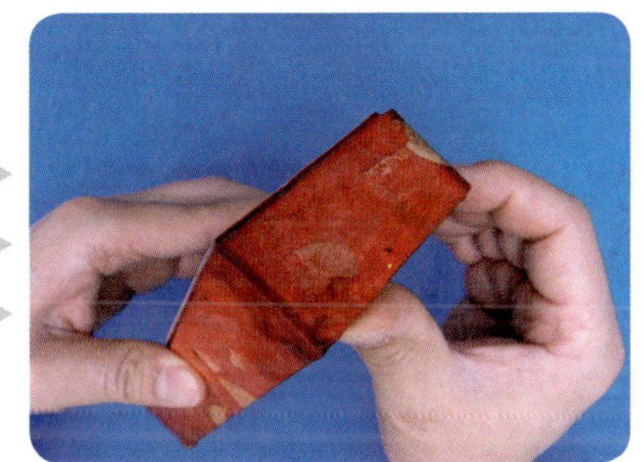

41 한지를 붙여

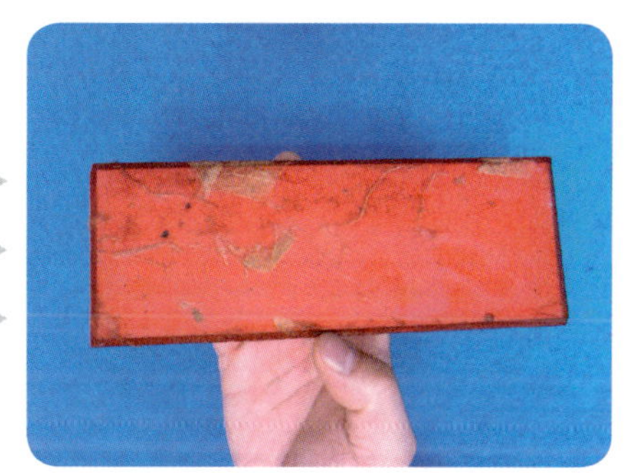

42 걷면을 마무리한다.

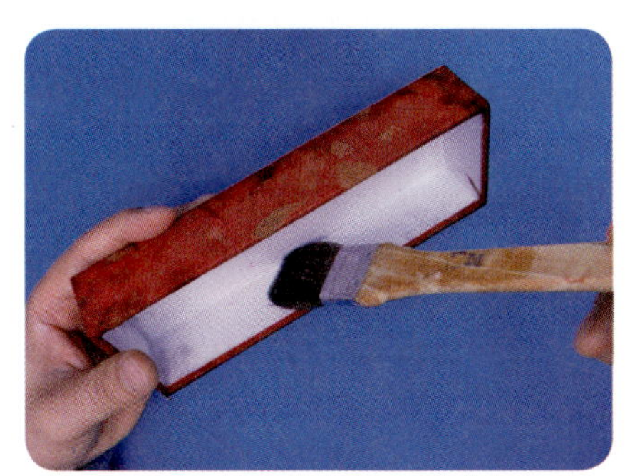

43 안쪽에 풀칠을 하고

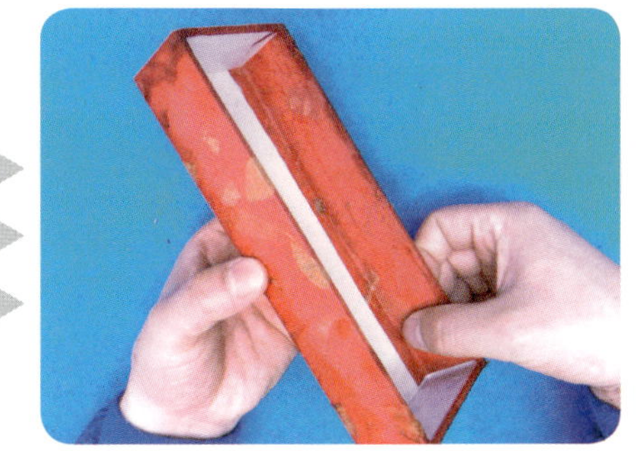

44 한지를 붙인다.

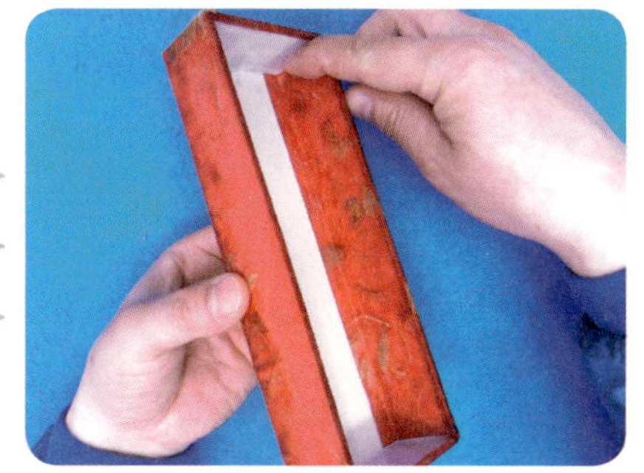

45 꺾이는 부분에 유의해서 붙인다.

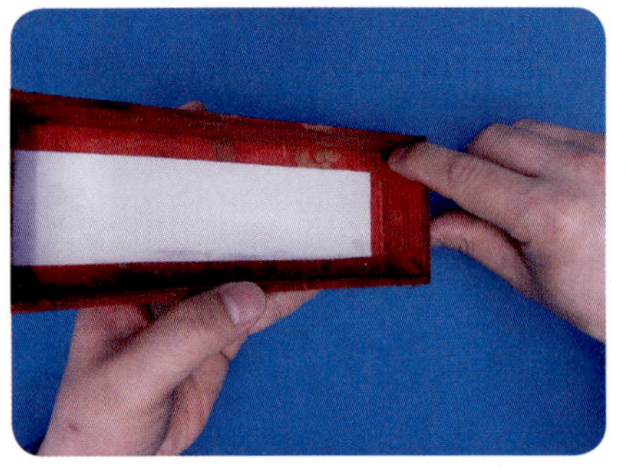

46 네 면을 모두 붙인다.

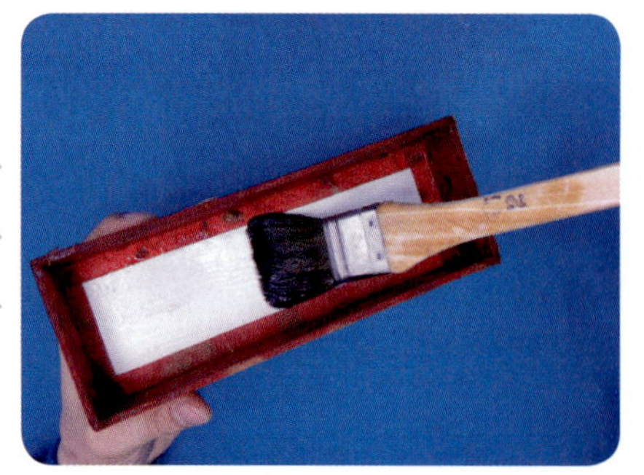

47 풀칠을 한다.

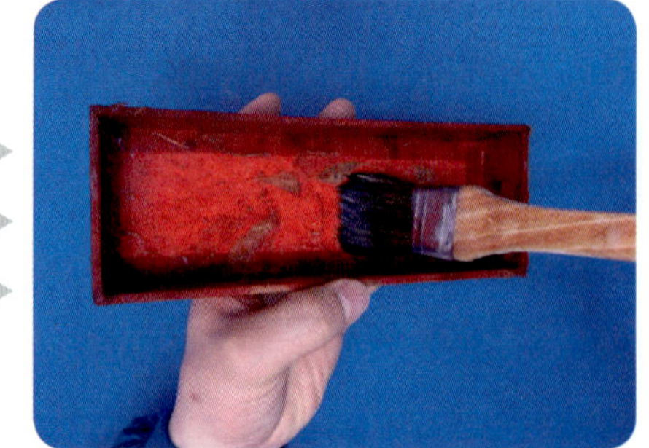

48 한지를 붙여 안쪽도 마무리한다.

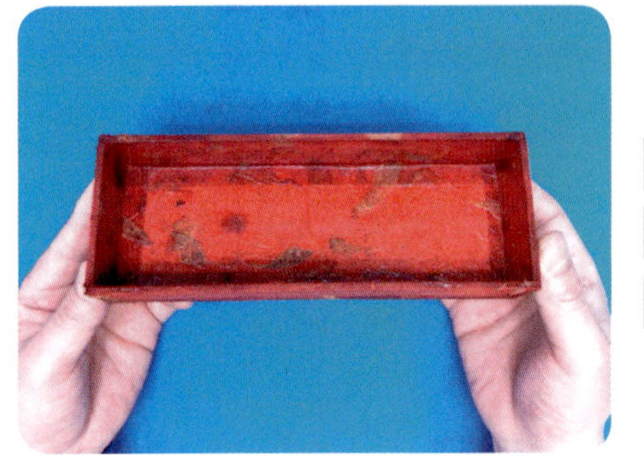

49 아래 칸까지 완성하였으면

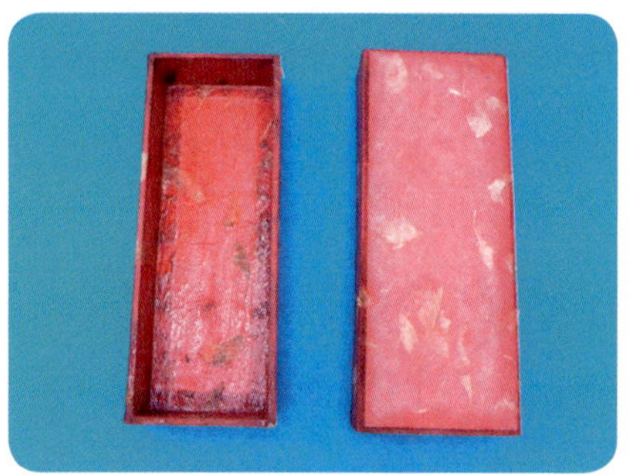

50 바람이 통하는 그늘에서 약 2시간 정도 말린다.

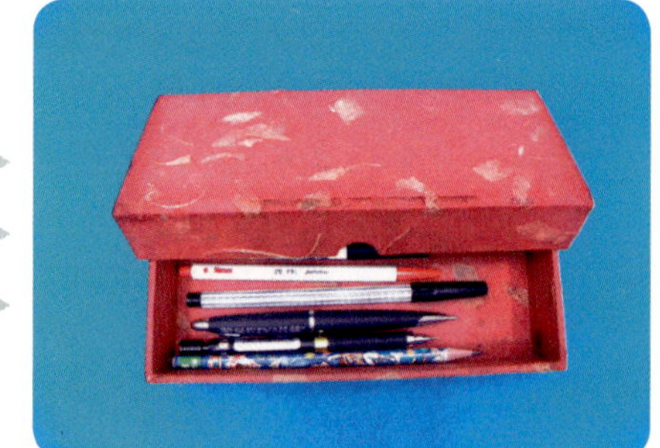

51 다 말랐으면 연필을 넣어 사용한다.

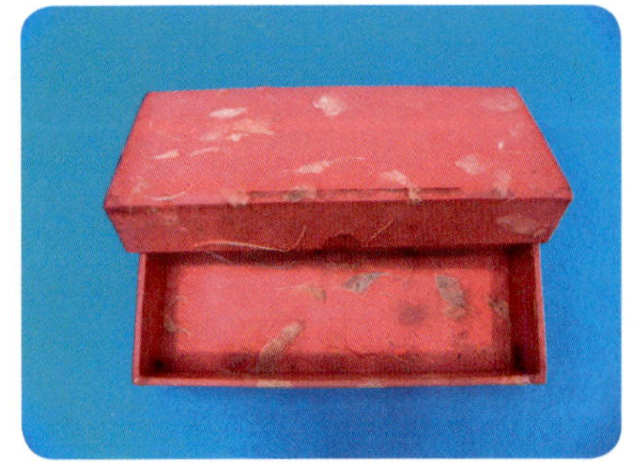

52 필통 완성

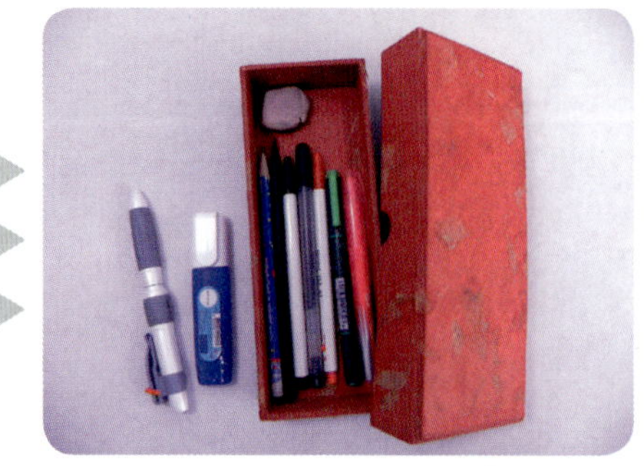

53 필기구를 넣어본다.

헬리콥터

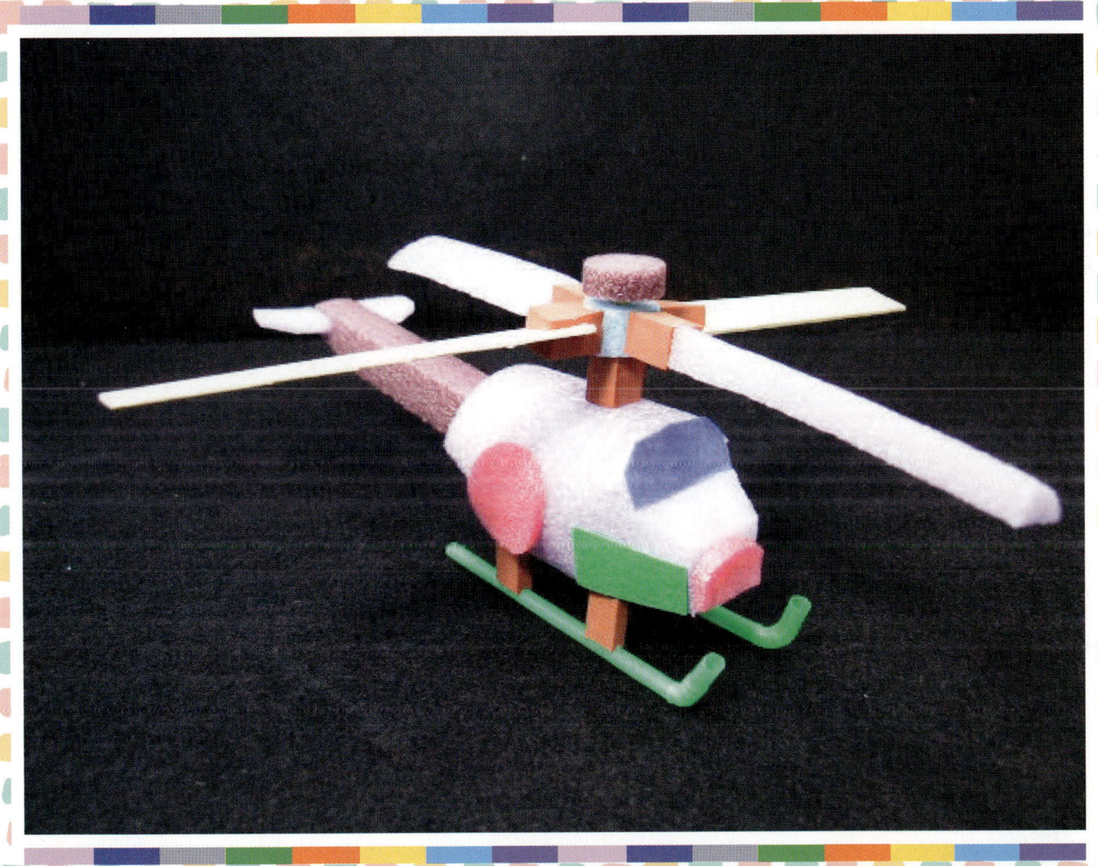

준비물 둥근 백업(5cmX8~10cm) 1개, 둥근 백업 얇게 (3cmX0.2cm) 자른 것 3~4개, 둥근 백업 (2cmX0.5cm) 1개, 둥근 백업(2cmX1.5cm) 1개, 사각백업(2cmX10~12cm) 1개, EVA (1cmX1.5cm) 약 7개, 떡꼬치 대나무살 1개, 주름빨대 2개, 하드스틱(대) 2개, 이쑤시개 1개, 컬러펠트지 약간, 가위, 송곳, 커터 칼, 글루건

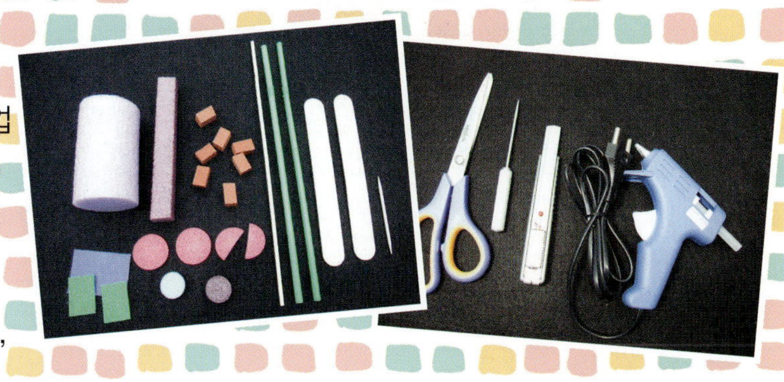

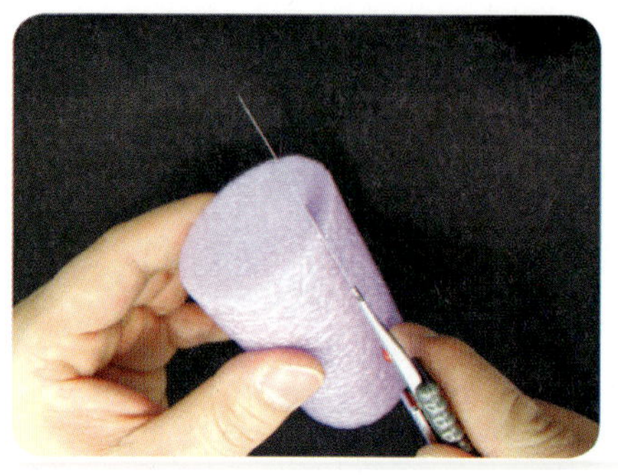

1 5cm 백업의 하단 1cm를 잘라

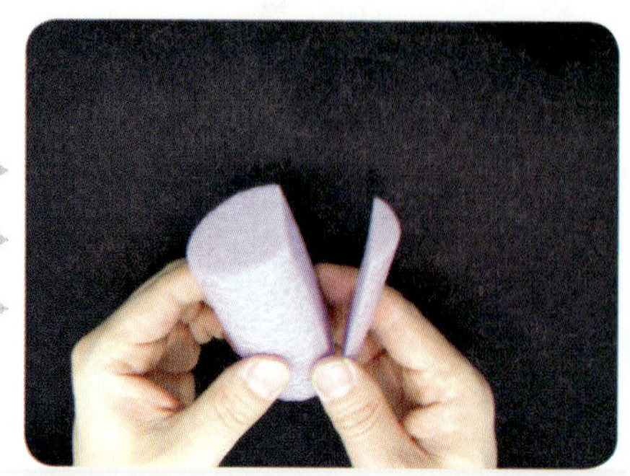

2 떼어내고

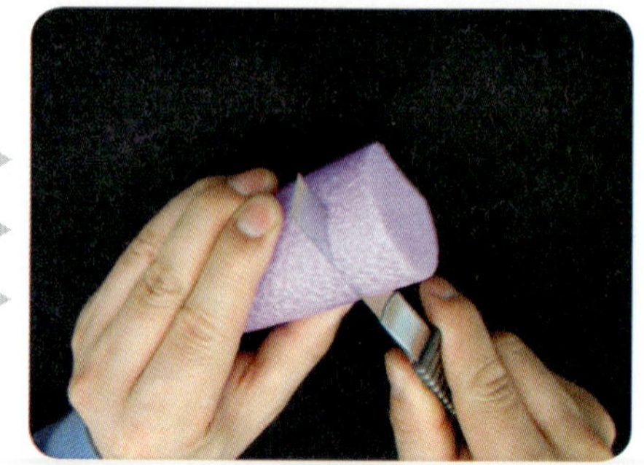

3 앞에서 2cm의 간격을 두고 다시, 1.5cm 정도의 깊이로 비스듬하게 자른다.

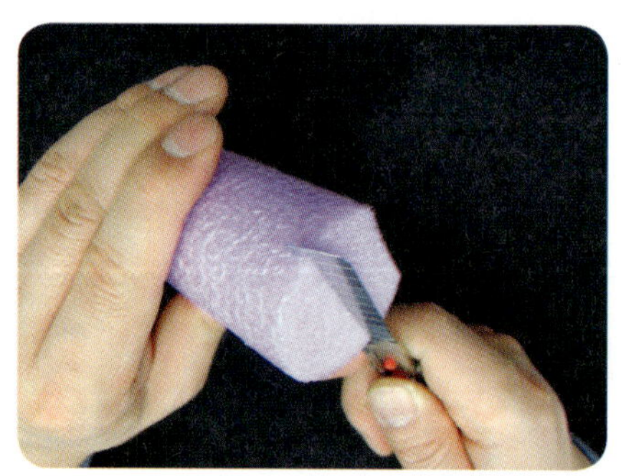

4 다시 앞에서 자른 부분까지 비스듬히 잘라

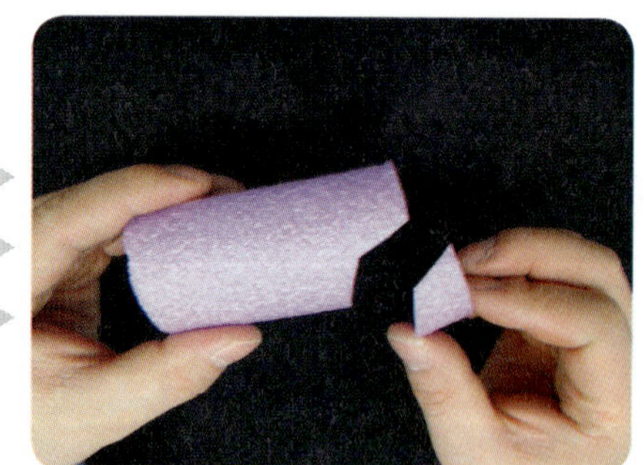

5 떼어낸다.

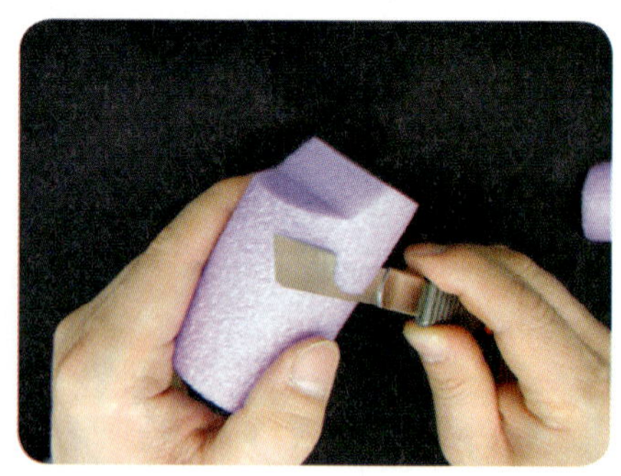

6 앞부분의 양쪽을 다시 비스듬히 잘라

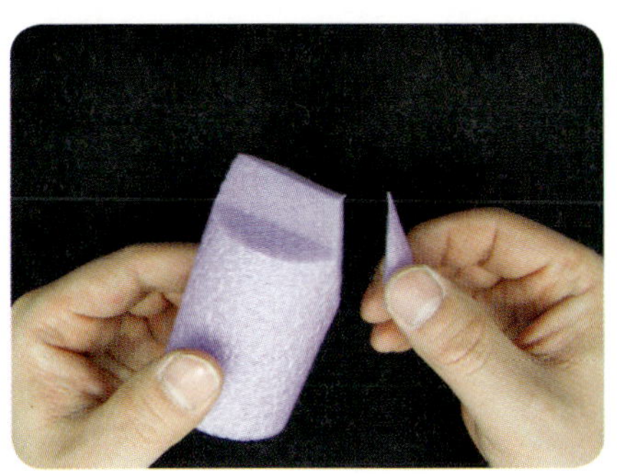

7 떼어내어

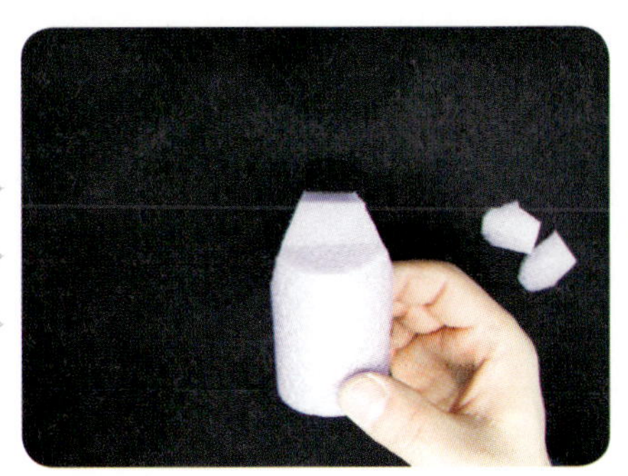

8 헬기 조종석의 모양을 만든다.

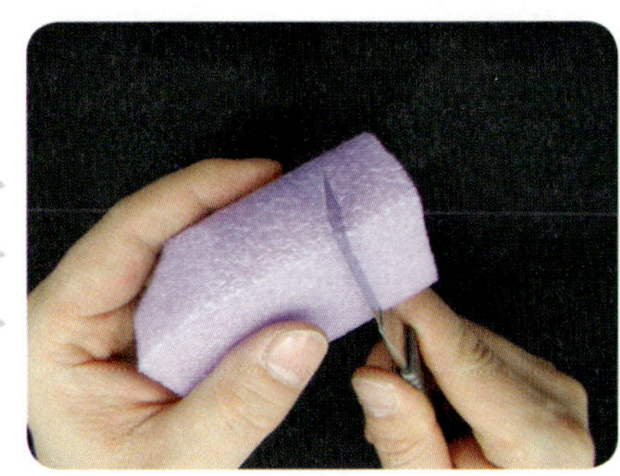

9 다시 하단에서 간격을 두고 위로 비스듬히 썰고

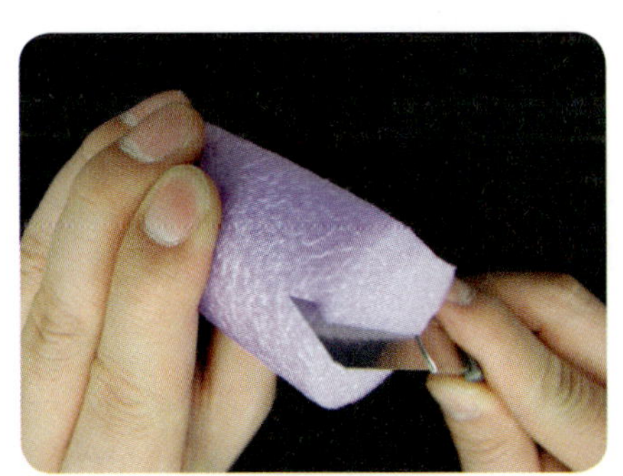

10 4와 같은 방법으로 다시 잘라서

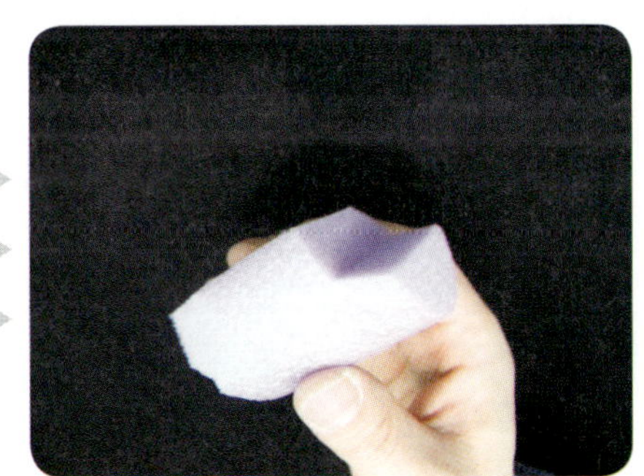

11 떼어낸다.

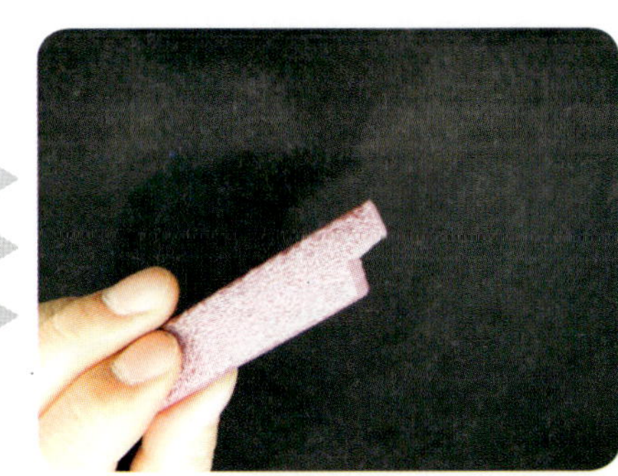

12 사각백업을 1cmX1cm 잘라낸다.

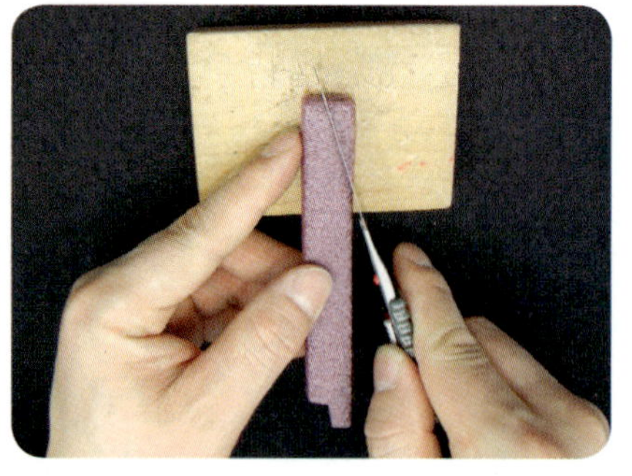

13 꼬리 쪽도 1cm를 간격을 두고 잘라내어

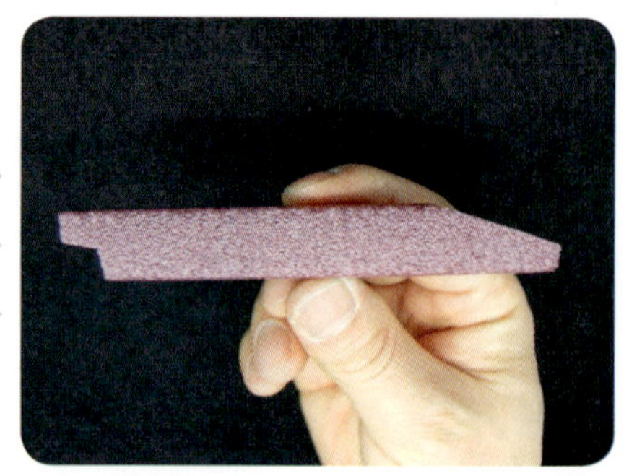

14 헬기의 꼬리를 만든다.

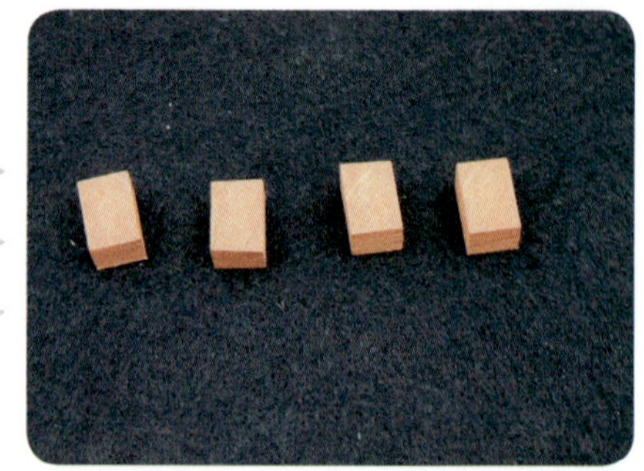

15 1cm의 EVA 4개 중

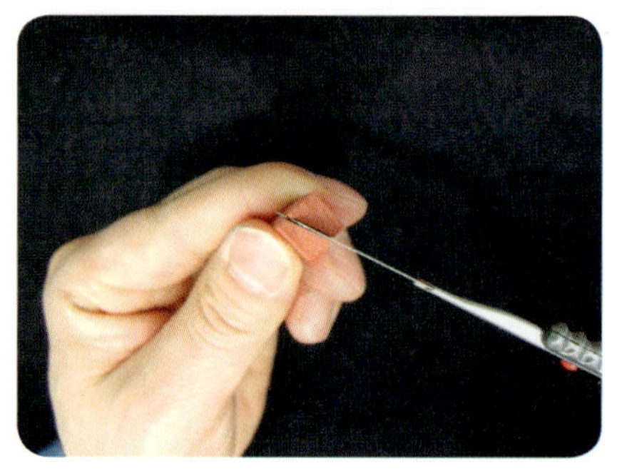

16 2개를 약 1cm의 깊이로 비스듬히

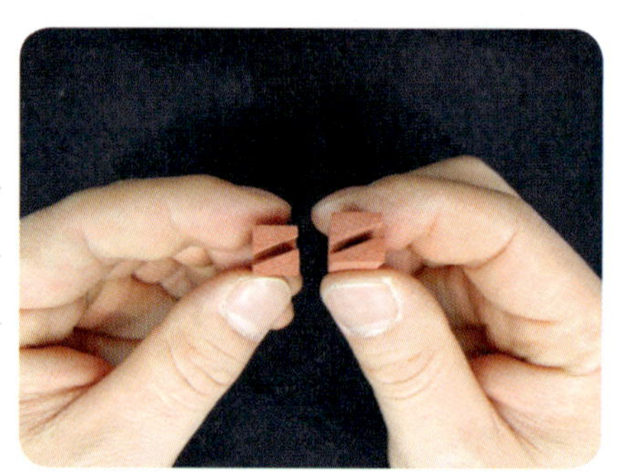

17 잘라서 홈을 파 놓는다.

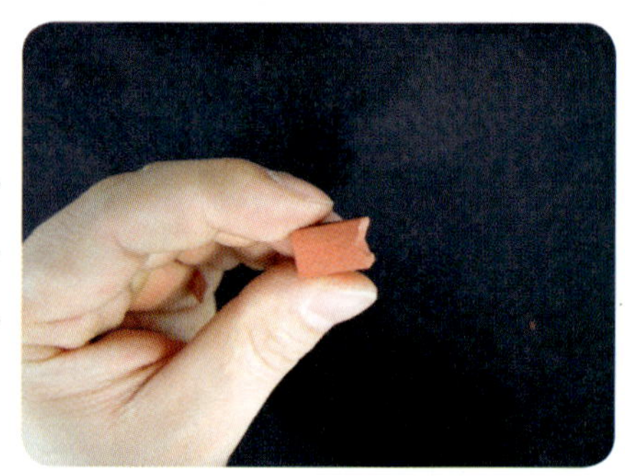

18 홈을 파 놓은 **16**의 2개와 나머지 2개의 뒤쪽에 V자 모양으로 홈을 파 놓는다.

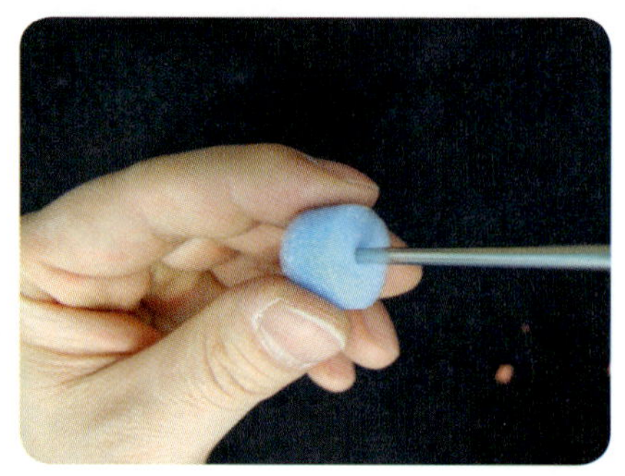

19 2cm×1.5cm의 둥근 백업 정중앙을 송곳으로 뚫어

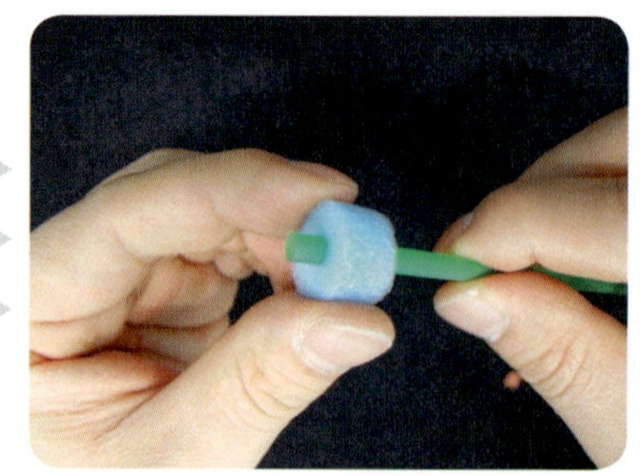

20 빨대를 꽂는다.

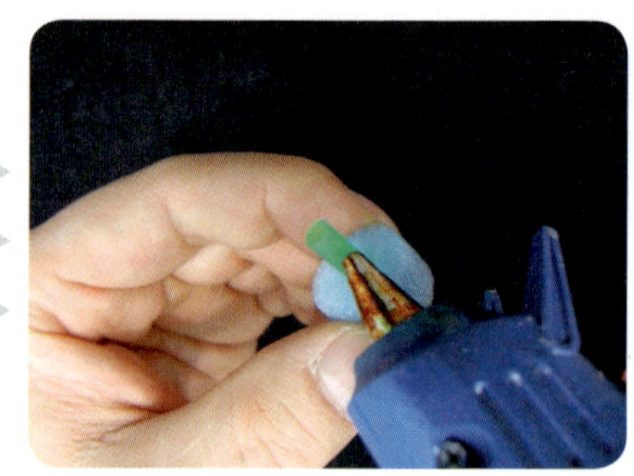

21 튀어나온 부분에 글루건을 가늘게 고루 쏘고

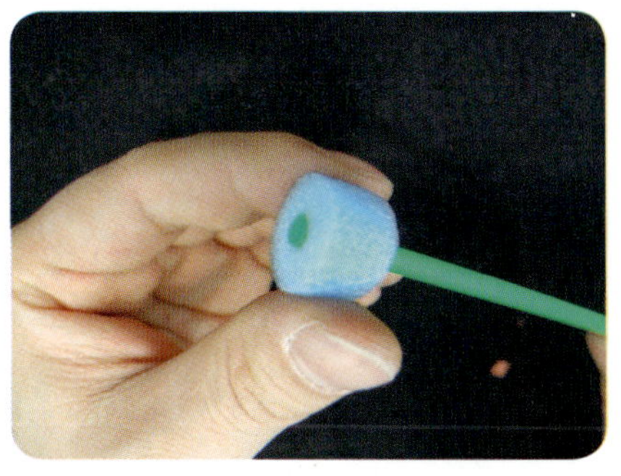

22 다시 빨대를 살짝 돌리면서 당긴다.

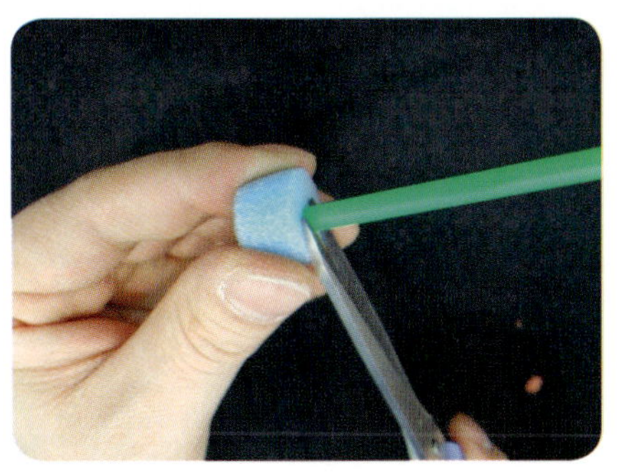

23 굳으면 여유분 빨대를 가위로

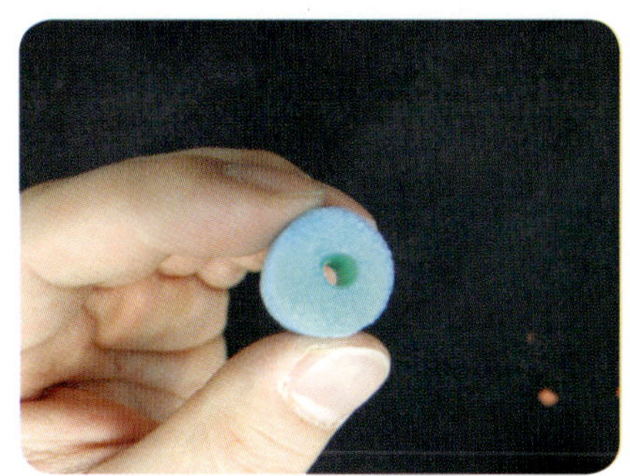

24 잘라낸다.

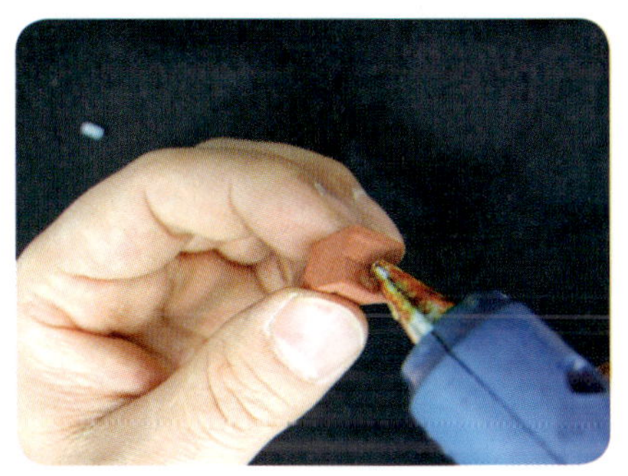

25 18의 EVA 조각에 글루건을 고루 쏘아서

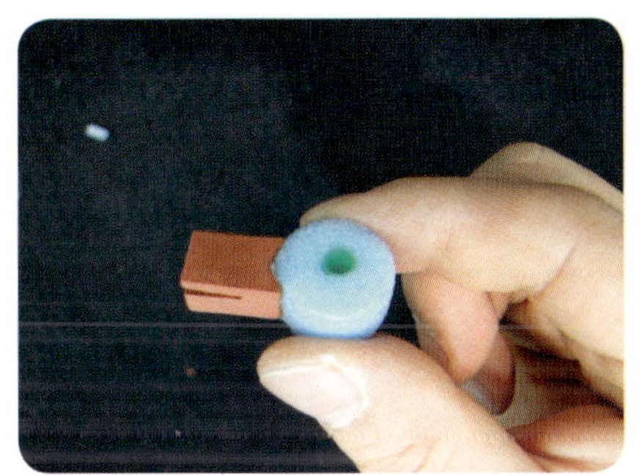

26 24에 붙인다.

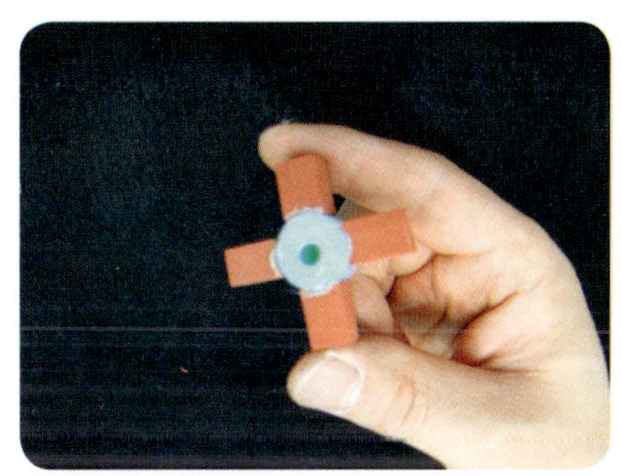

27 같은 모양 2개씩을 서로 마주보게 붙인다.

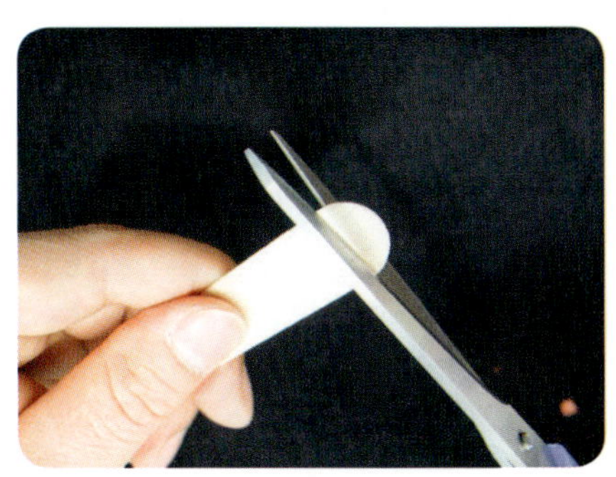

28 하드스틱(대)의 둥근 부분을 가위로 잘라 다듬고

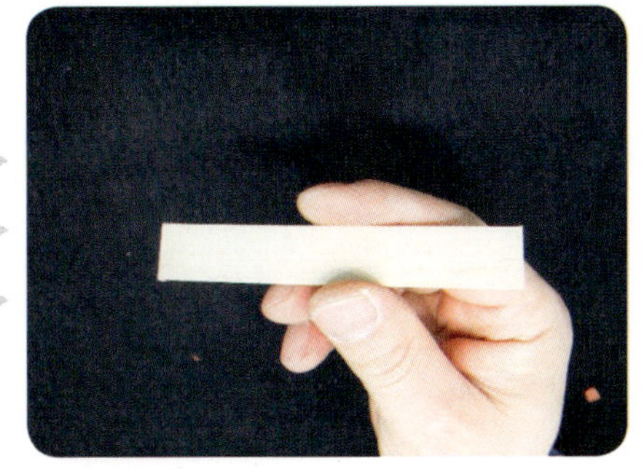

29 약 10cm~11cm로 자른다.

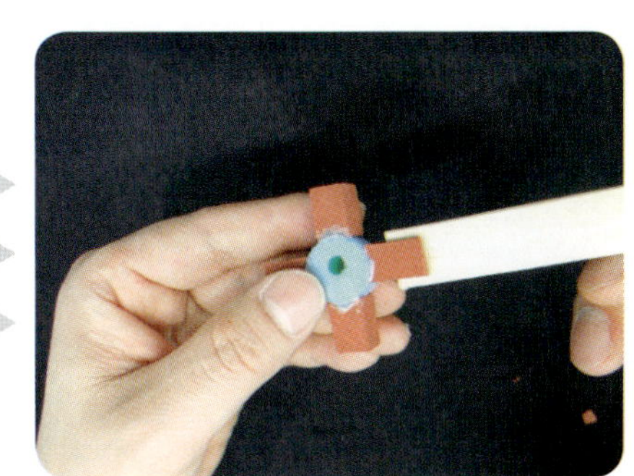

30 17의 홈에 글루건을 쏘고 29를 꽂아

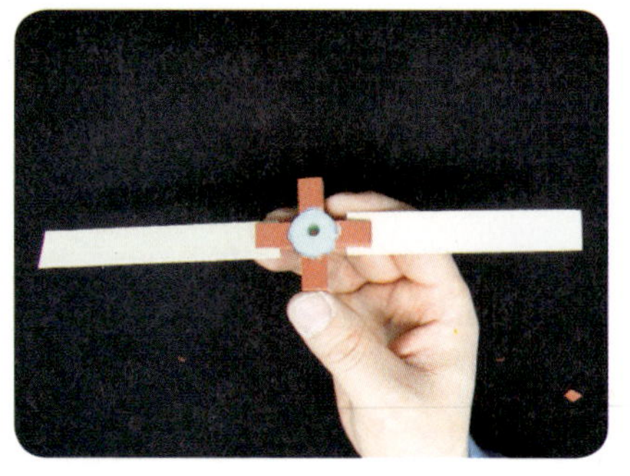

31 헬기의 프로펠러를 만든다.

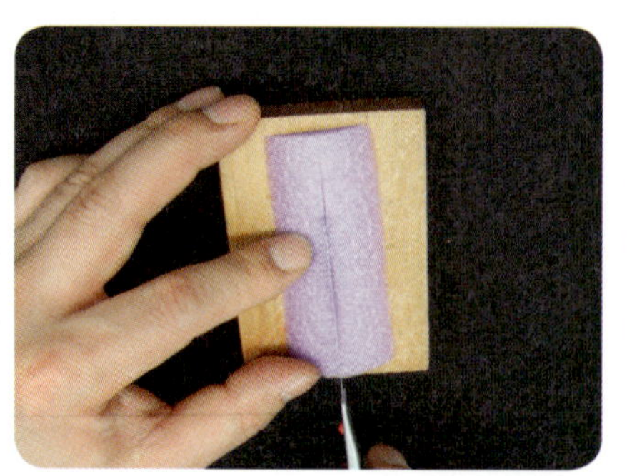

32 2에서 떼어놓은 조각을 반으로 잘라서

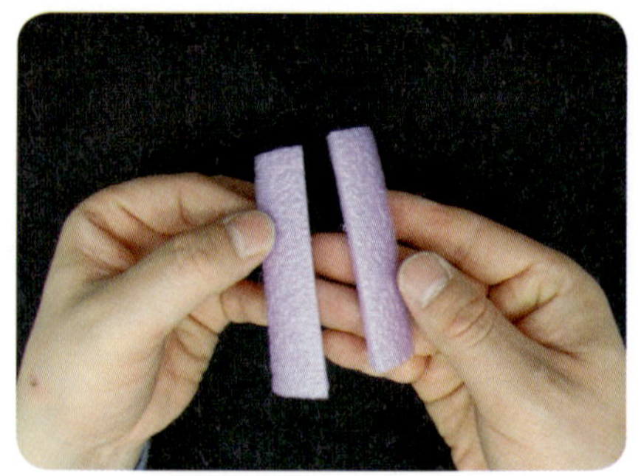

33 두 조각으로 나눈다.

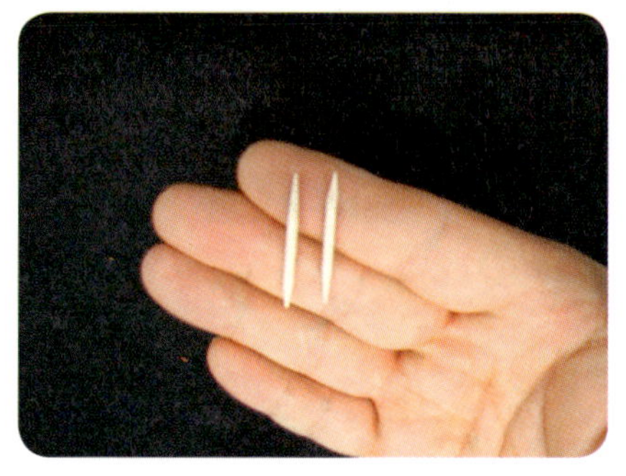

34 이쑤시개를 반으로 잘라 뾰족하게 다듬고

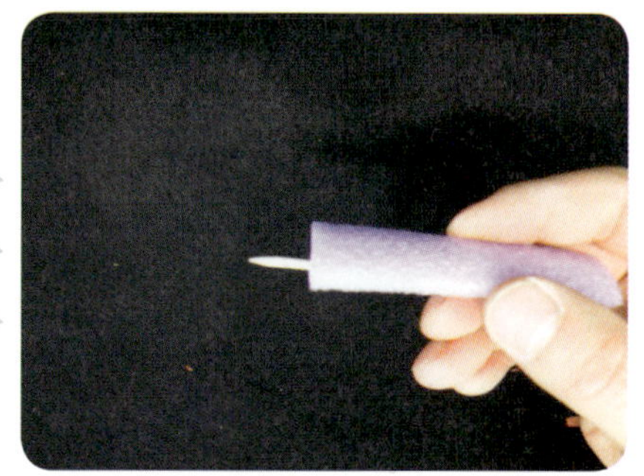

35 33에서 잘라놓은 백업 조각을 끼워

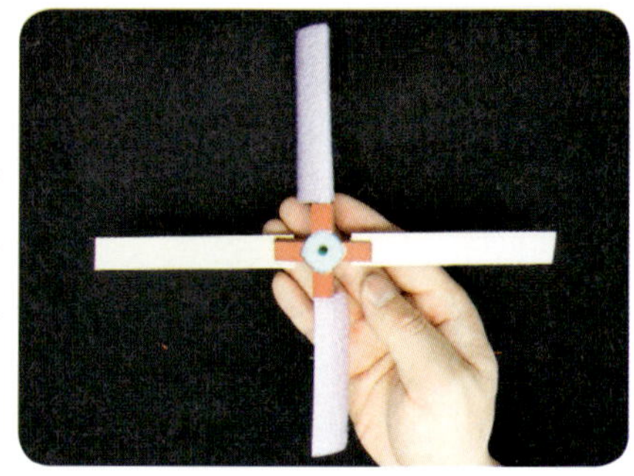

36 헬기의 프로펠러를 완성한다.

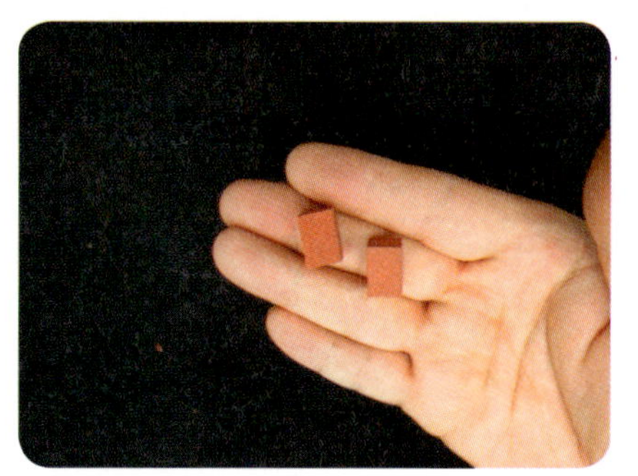

37 EVA조각 2개를

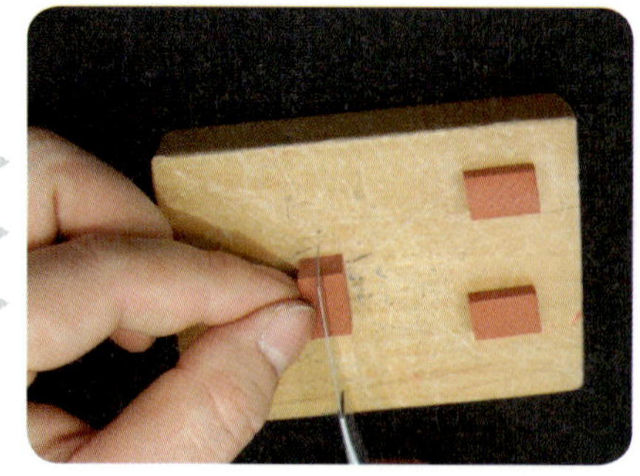

38 다시 반으로 갈라놓는다.

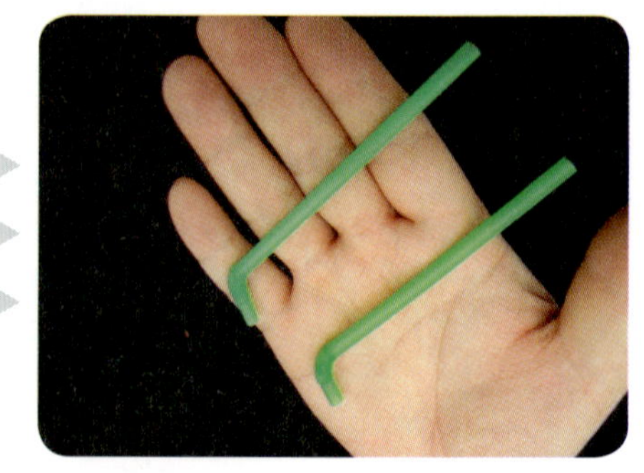

39 주름 빨대를 헬기의 다리모양으로 2개 잘라

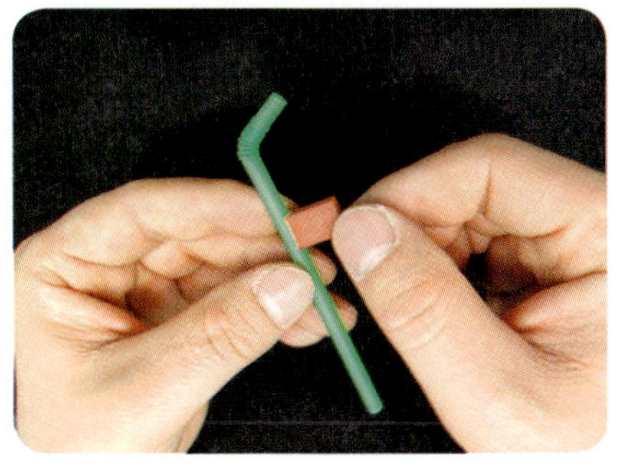

40 38의 조각들을 글루건을 이용하여 붙여서

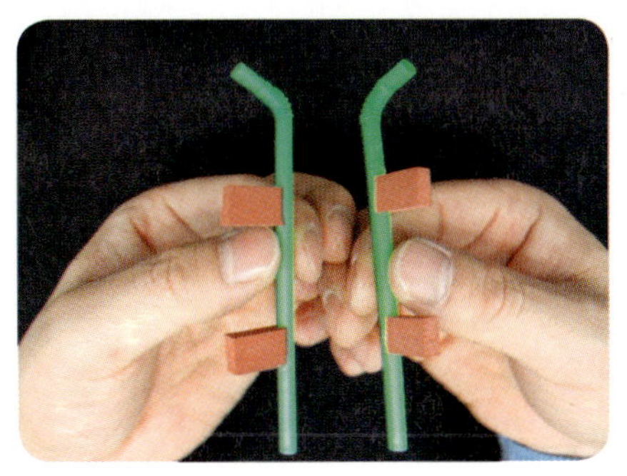

41 2개를 만들어 놓는다.

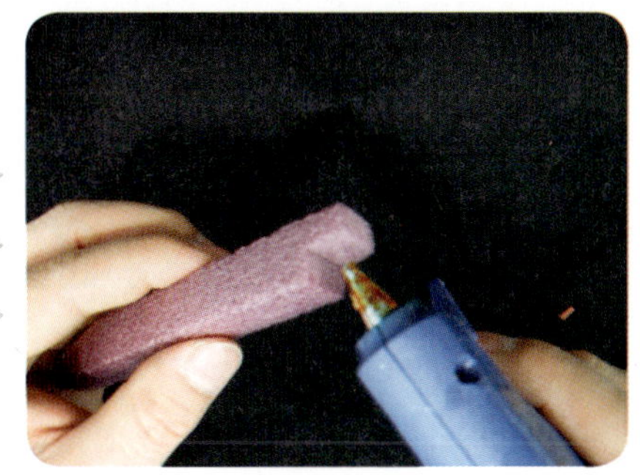

42 14번의 ㄱ자로 파낸 부분에 글루건을 쏘아

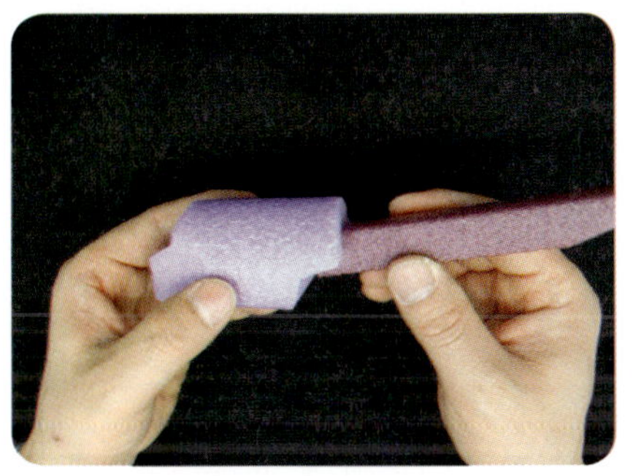

43 헬기의 몸체 뒷부분에 붙인다.

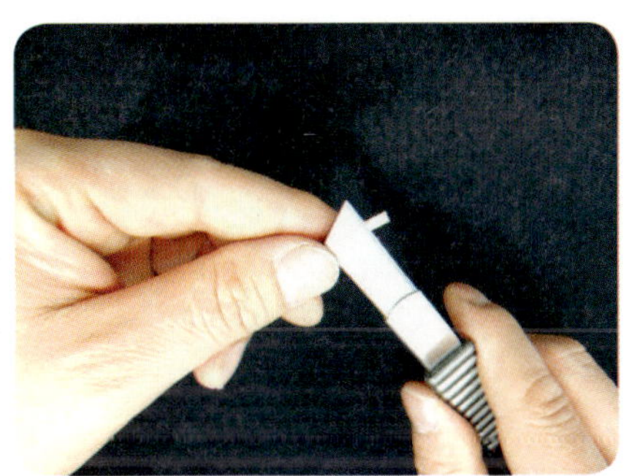

44 떡꼬치 대나무살의 한쪽을 뾰족하게 다듬어

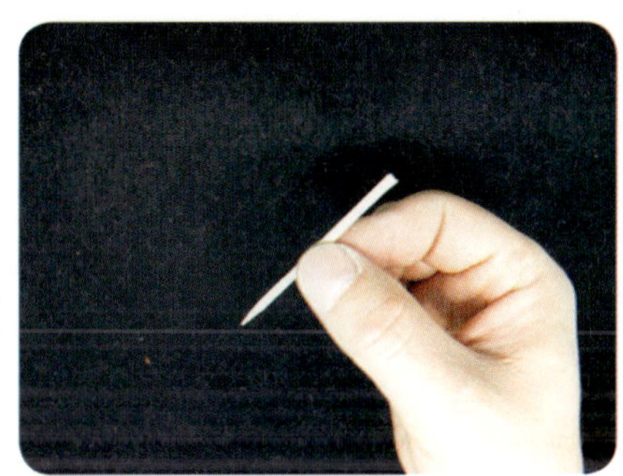

45 약 5cm 정도의 길이로 잘라서

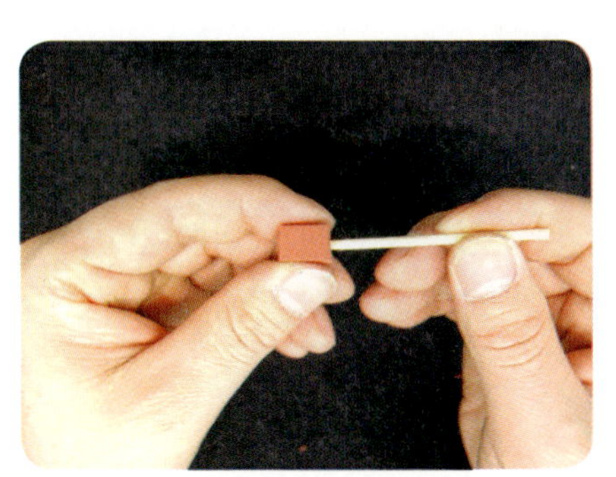

46 EVA 조각을 끼워 넣는다.

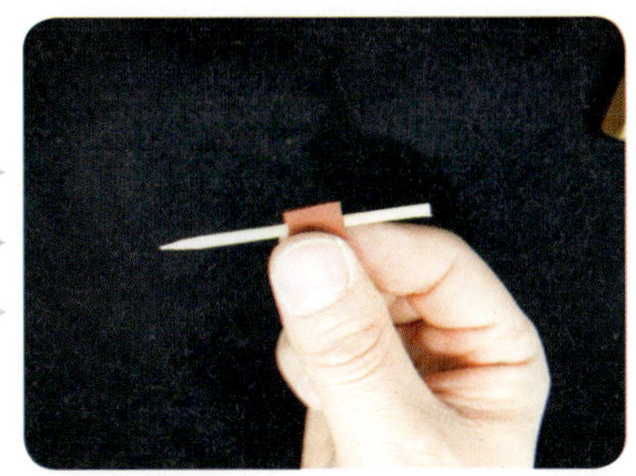

47 EVA를 뾰족한 반대쪽에서 약 2cm~2.5cm에 놓아야 프로펠러를 끼울 수가 있다.

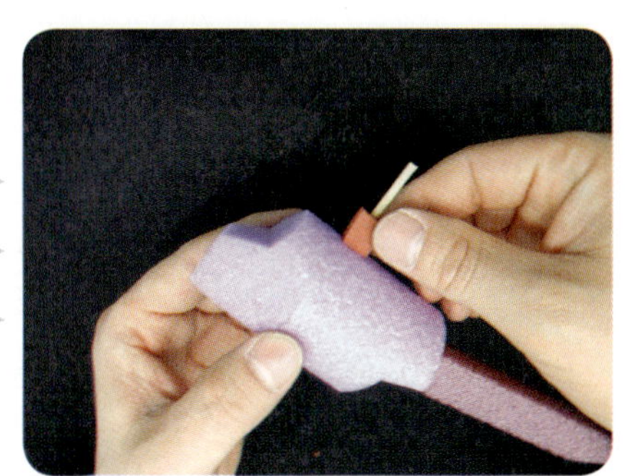

48 47을 헬기 몸체 위쪽의 적당한 위치에 꽂고

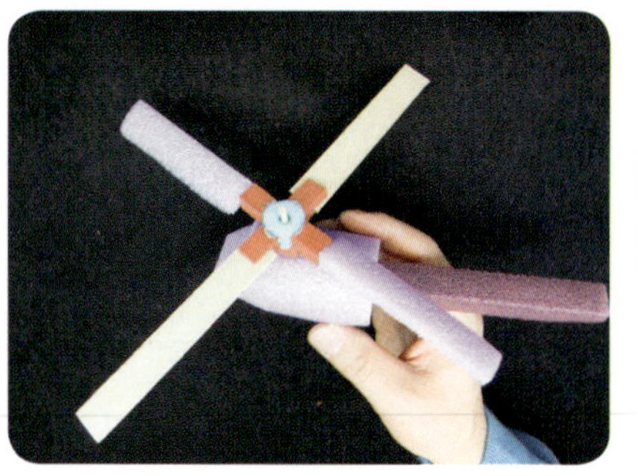

49 36을 끼운다.

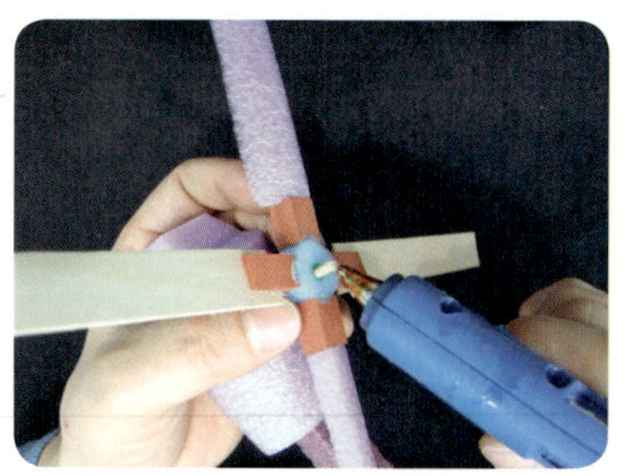

50 튀어나와 있는 대나무 살의 끝부분에 글루건 을 조금만 쏘아

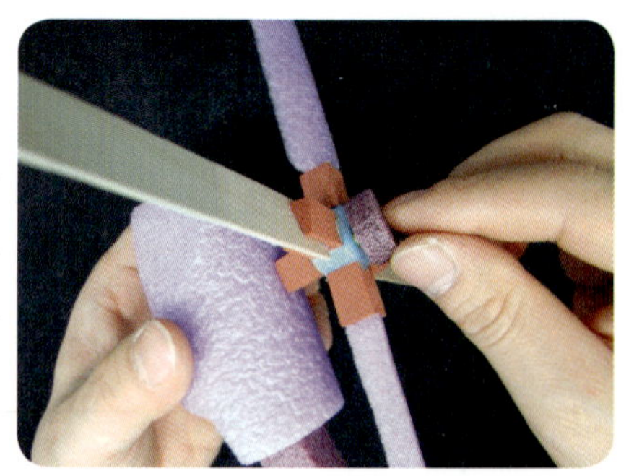

51 2cmX0.5cm의 백업을 꽂는다.

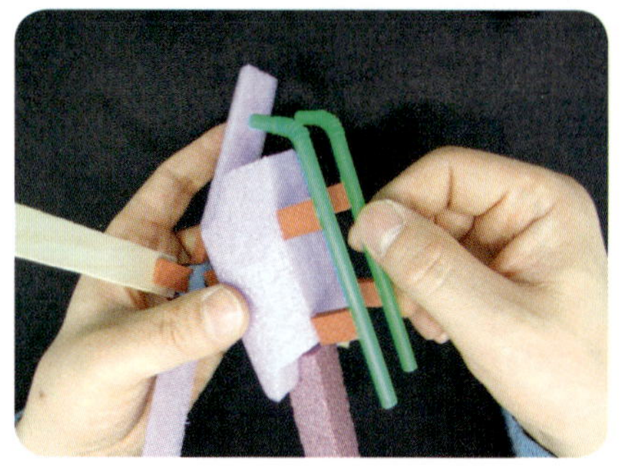

52 헬기의 몸체에 만들어 놓 은 41의 다리를 붙인다.

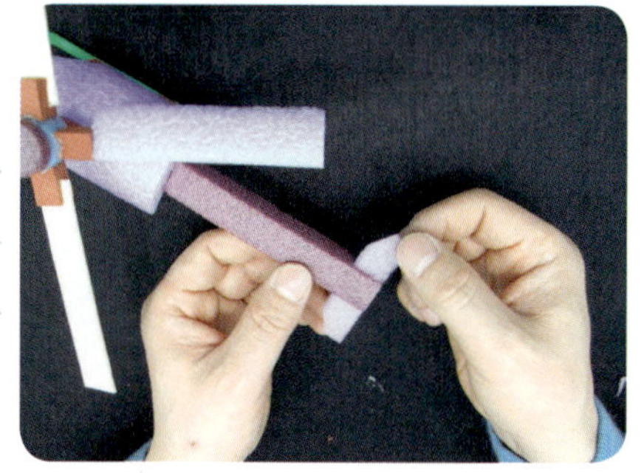

53 헬기를 만들 때 남은 조 각들을 재활용하여 꼬 리를 장식하고

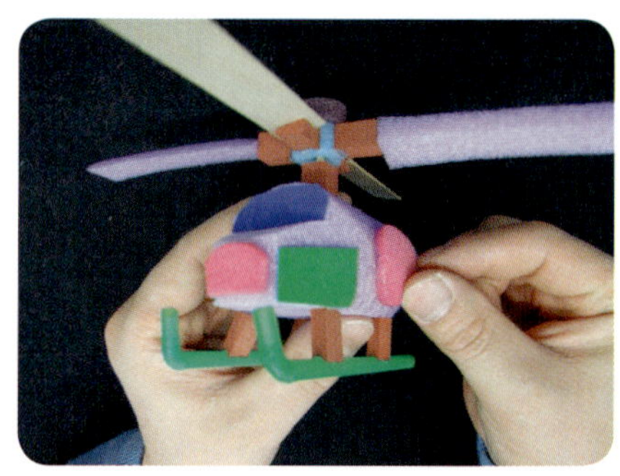

54 3cmX0.2cm의 백업 조각들과 함께 헬기의 몸체도 장식하여

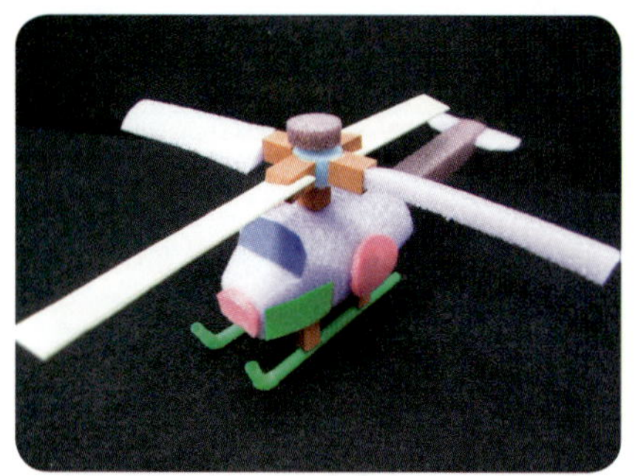

55 귀엽고 예쁜 헬기를 완 성한다.

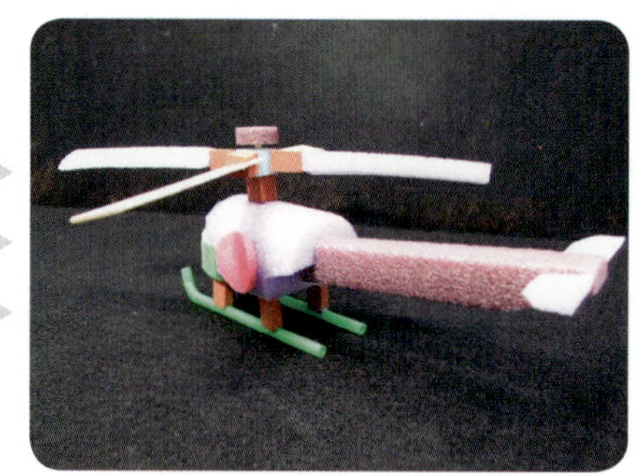

56 뒷모습

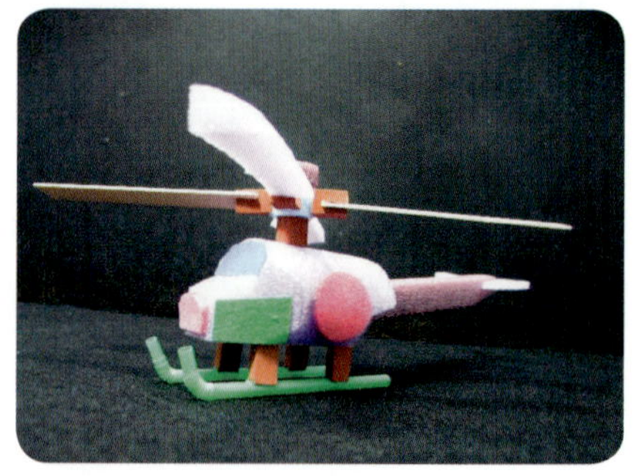

57 옆모습

화물트럭 저금통

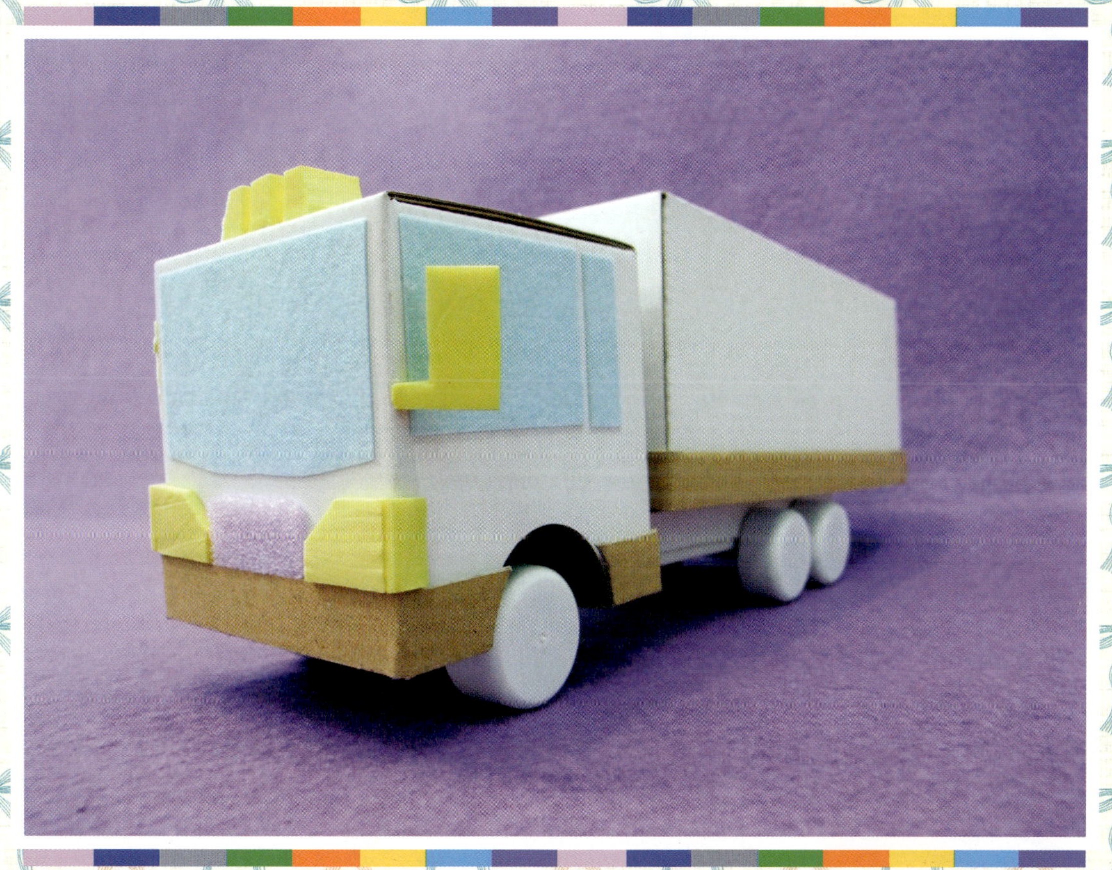

준비물 화물트럭 종이모형 1세트, 생수병뚜껑 6개, 백업 – 3T(1cm) 6개/5T(1cm) 1개, EVA 5T(1cm) 1개, 대나무살 – 3.5cm 2개 /8cm 1개, 컬러펠트지(접착식) 약간, 폐박스 (7.8cm x 7.8cm) 1장, 폐박스 조금, 글루 건, 가위, 송곳, 커터 칼, 자

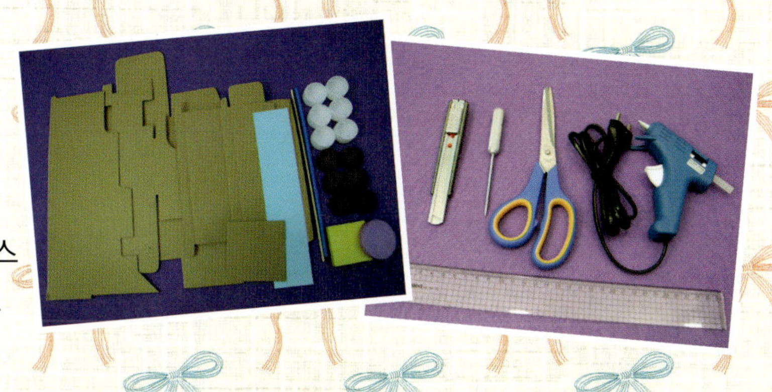

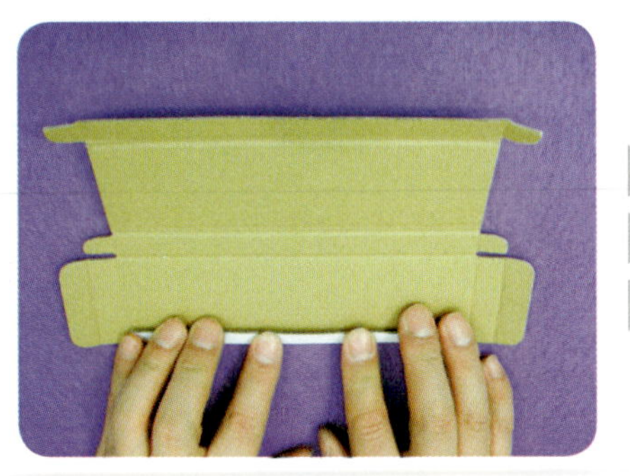

1 몸체 박스를 선대로

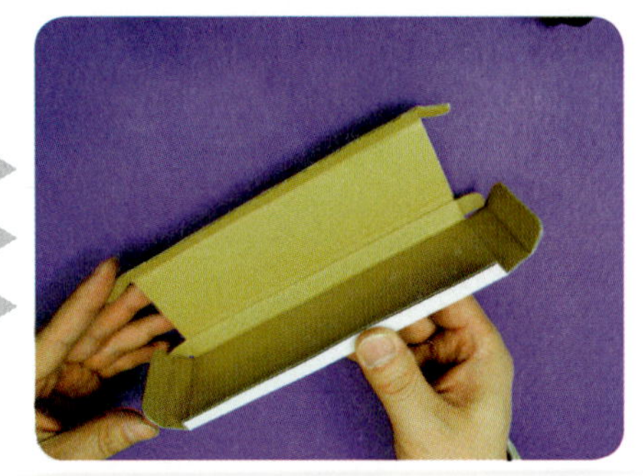

2 접어서 형태를 잡아 놓는다.

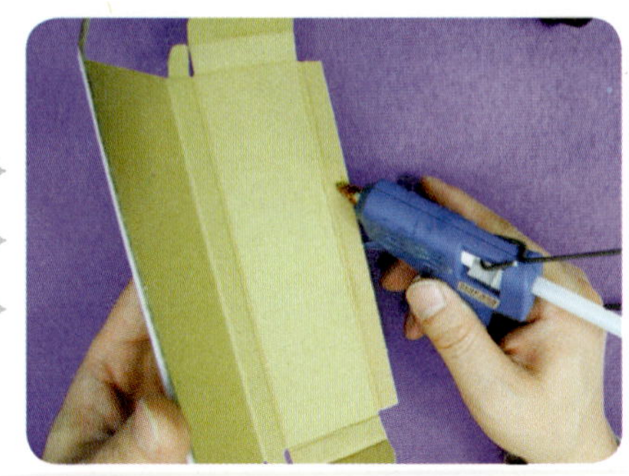

3 접착 부위를 풀이나 글루건 을 사용하여

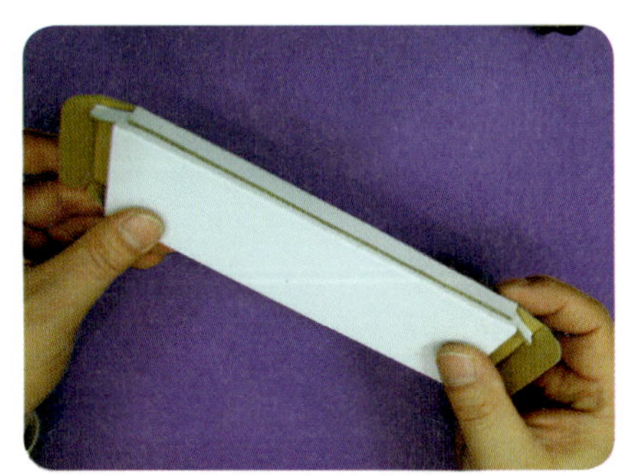

4 단단히 붙인다.

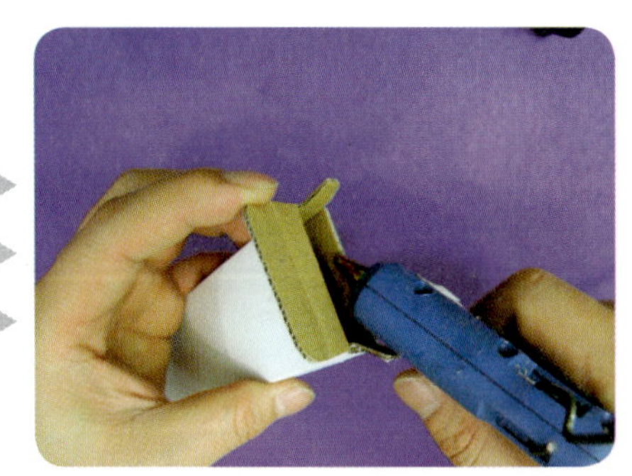

5 좁은 면의 안쪽에 글루건을 쏘고

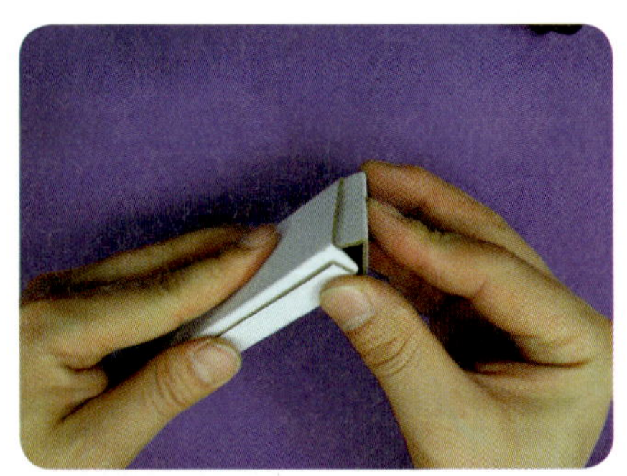

6 끼워 넣어

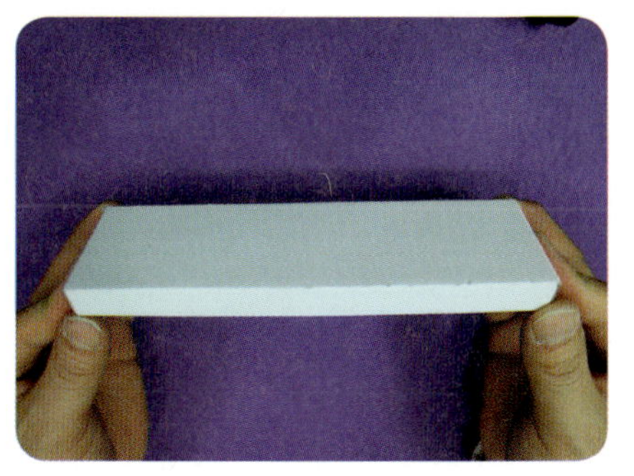

7 중간 몸체를 완성한다.

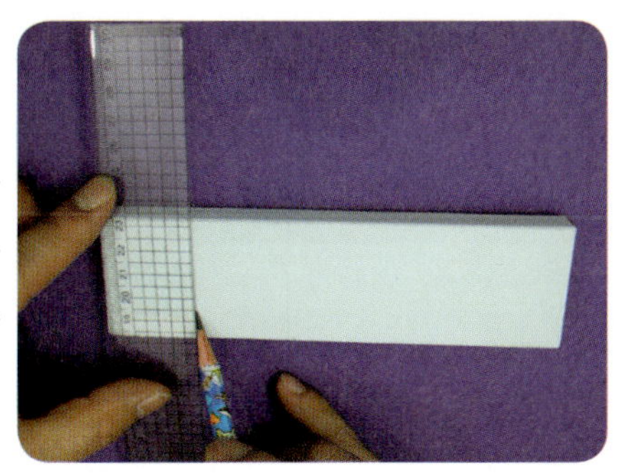

8 뒤로부터 3.5cm 지점에 연필로 선을 긋고

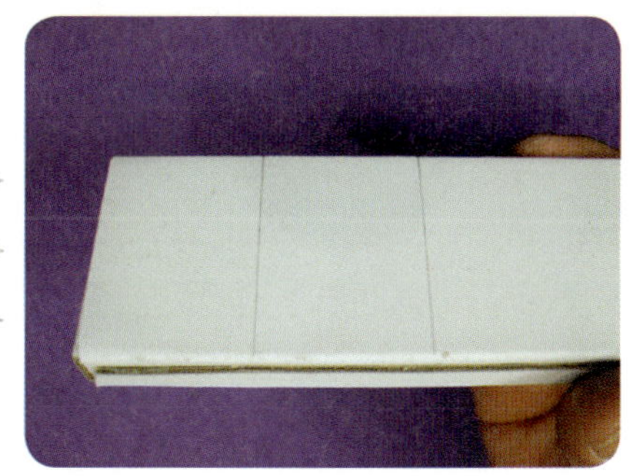

9 다시 3.5cm를 띄워서 또 하나의 선을 긋는다.

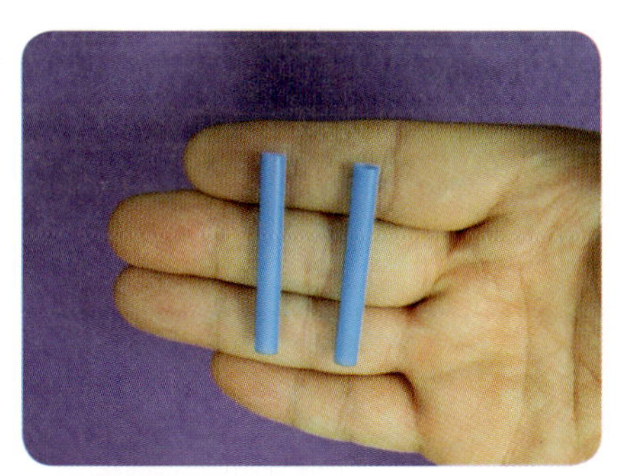

10 빨대를 5cm의 길이로 2개 자른다.

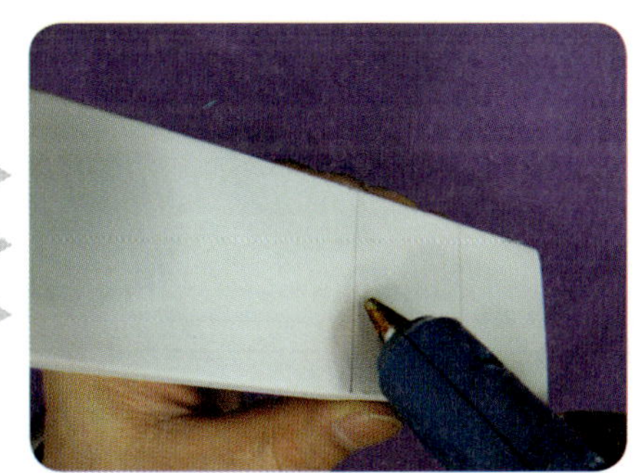

11 9에서 그려놓은 선을 따라 가늘게 글루건을 쏘고

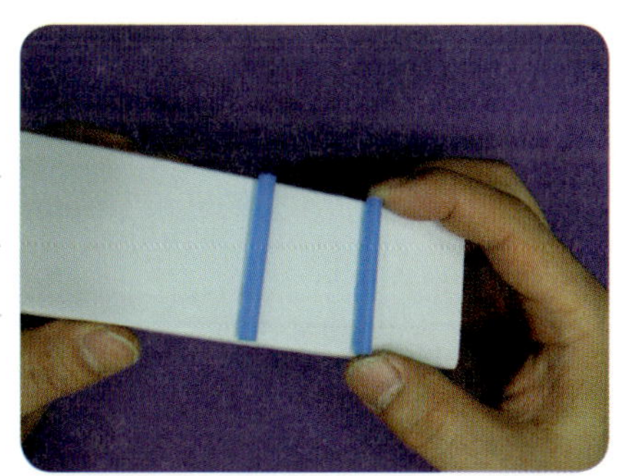

12 잘라놓은 빨대를 반듯하게 붙인다.

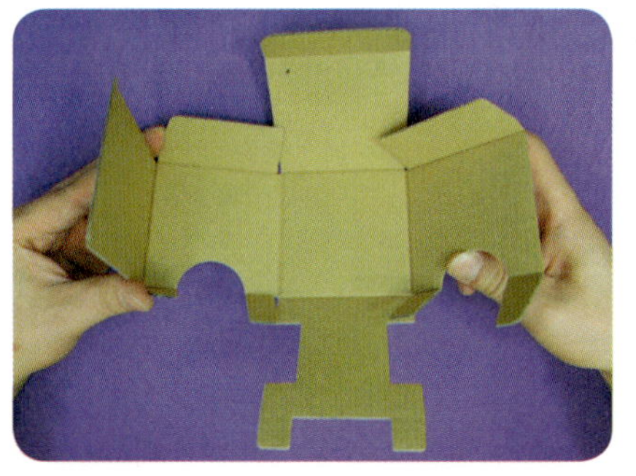

13 운전석 박스를 선을 따라 접어서 형태를 잡아본다.

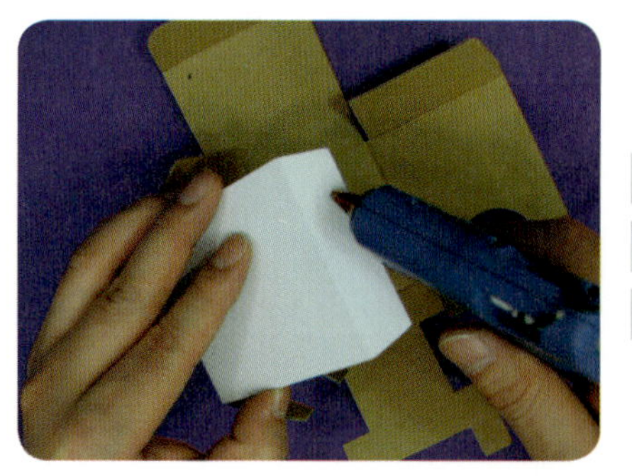

14 접착 부위를 풀이나 글루 건을 사용해서

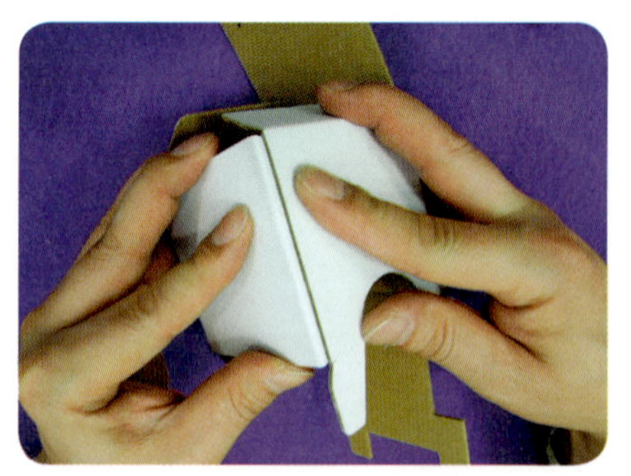

15 양쪽을 잘 맞추어 단단히 고정한다.

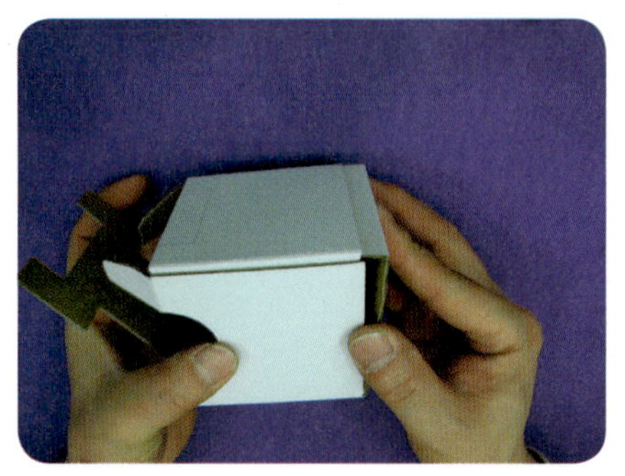

16 지붕 쪽의 박스를 끼우고 운전석 뒤쪽에 **12**가 들어갈 넓이만큼 칼로 파낸다.

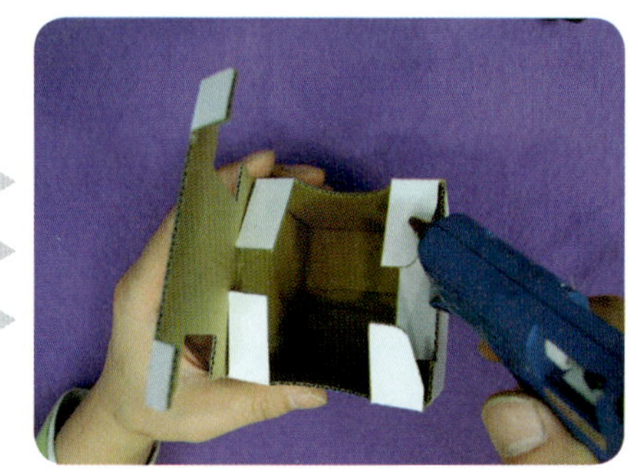

17 안으로 접히는 부분은 글루건이나 풀을 사용해서

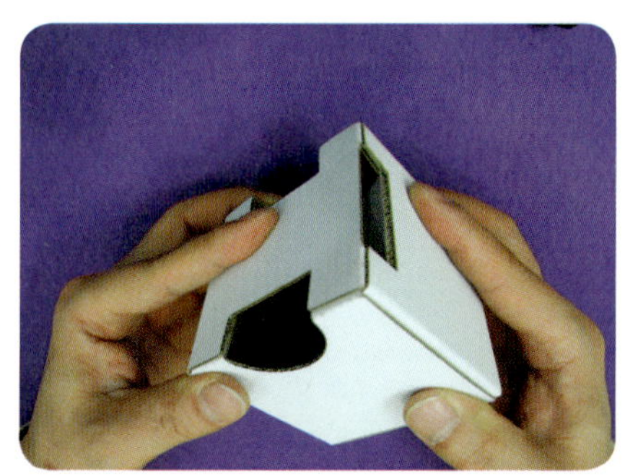

18 붙여 단단히 고정시킨다.

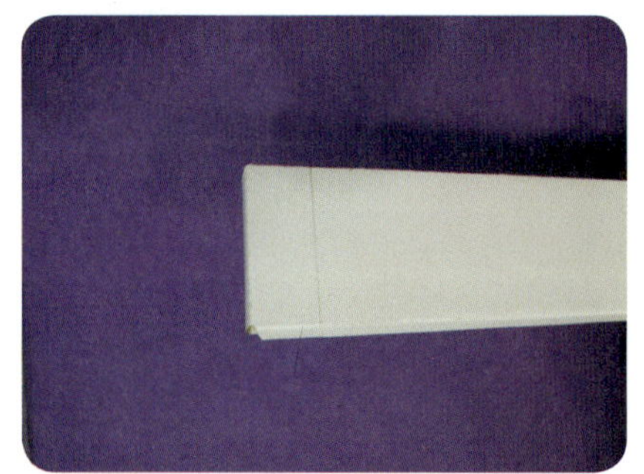

19 **12**의 반대쪽 끝부분에 1.5cm~2cm의 간격을 두고 연필로 선을 긋는다.

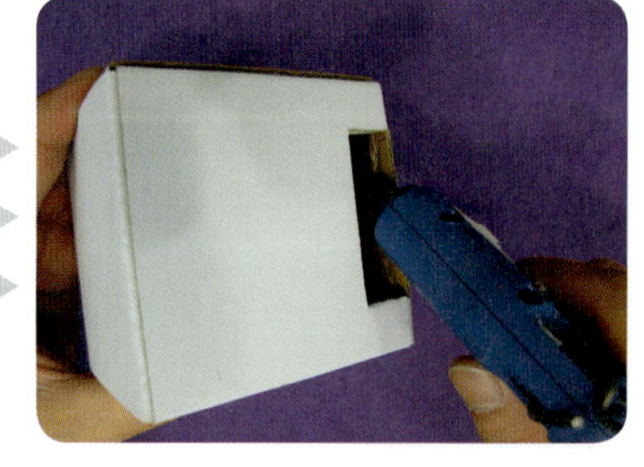

20 운전석 뒷부분의 뚫어놓은 구멍 아래쪽에 글루건을 고루 쏘고

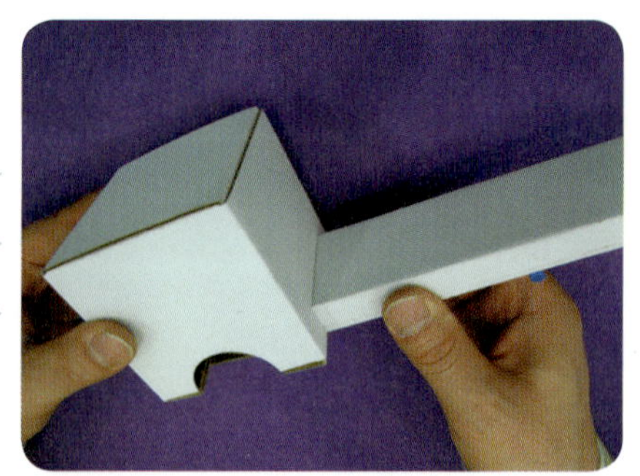

21 **19**에서 그어놓은 선 부분까지 끼워 넣는다.

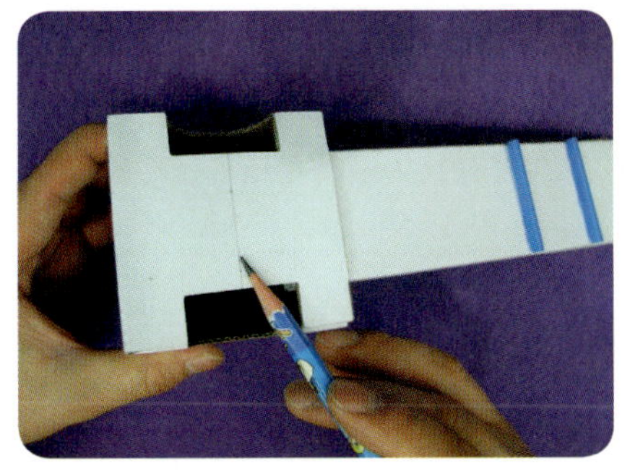

22 운전석의 바퀴 달 부분의 정중앙에 연필로 선을 그리고

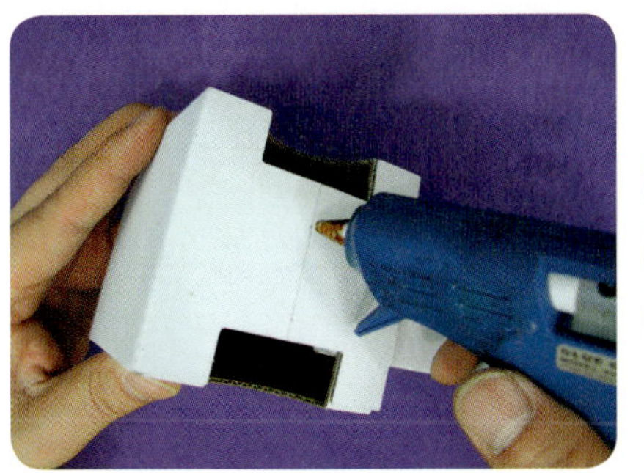

23 글루건을 쏘아 **10**과 같이 빨대를 약 5cm로 잘라 붙인다.

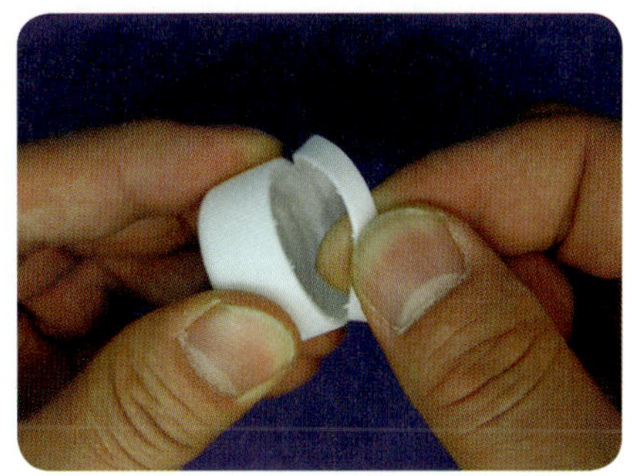

24 생수병 뚜껑의 아랫부분을 떼어내고

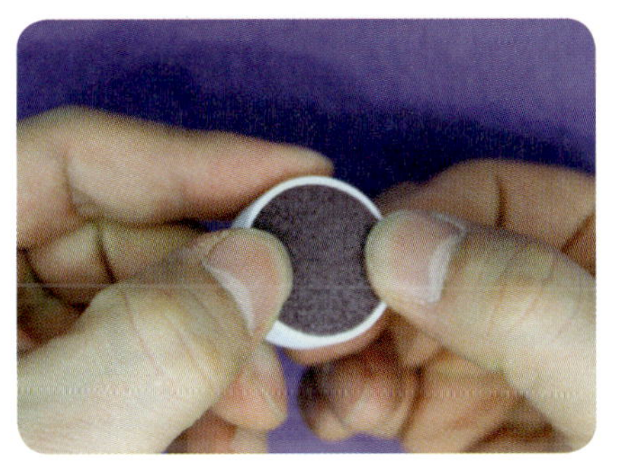

25 3T-1cm의 백업을 하나씩 누르면서 끼워 넣어

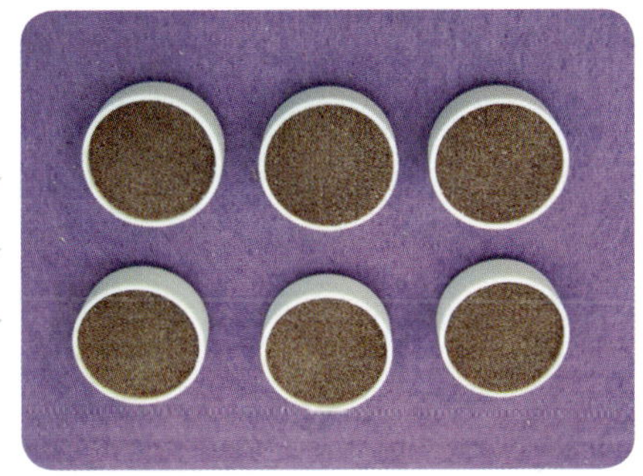

26 앞바퀴 2개 뒷바퀴 4개, 모두 6개를 만들어 놓는다.

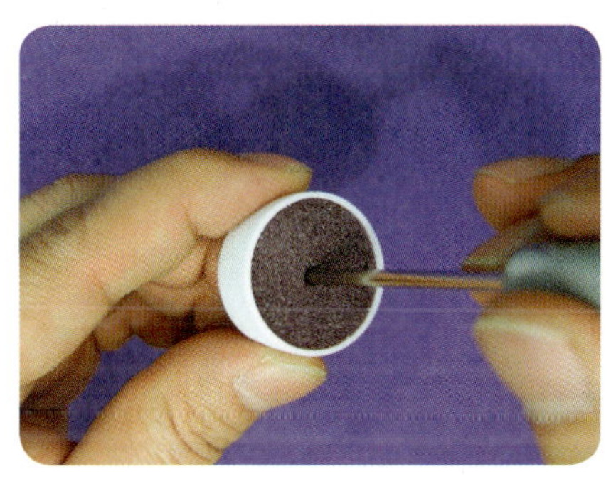

27 바퀴의 배업 가운데를 송곳으로 찔러 예비 구멍을 뚫어 놓는다.

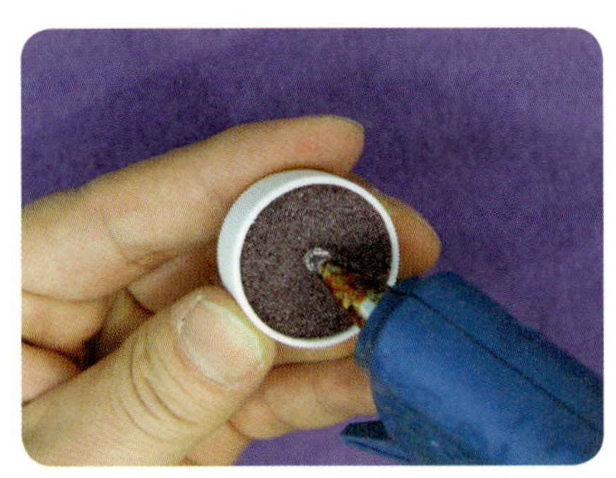

28 예비구멍 위에 글루건의 끝부분이 백업에 닿지 않게 조심하여

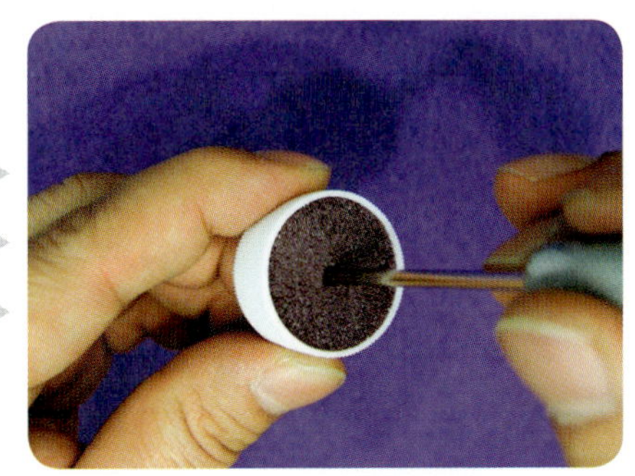

29 한 방울을 떨어뜨린다.

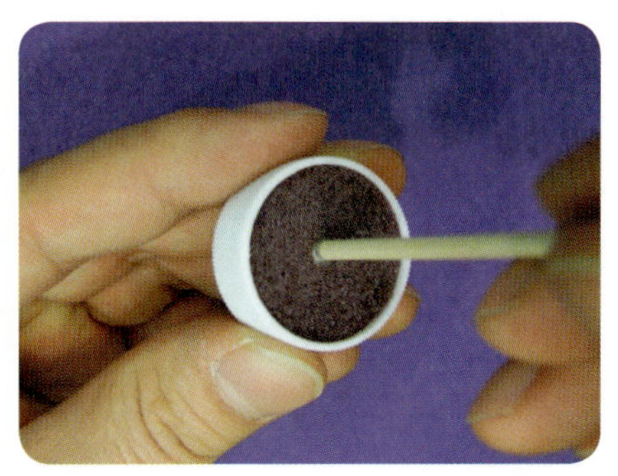

30 그 위를 대나무살을 돌리면서 깊이 꽂아 넣고

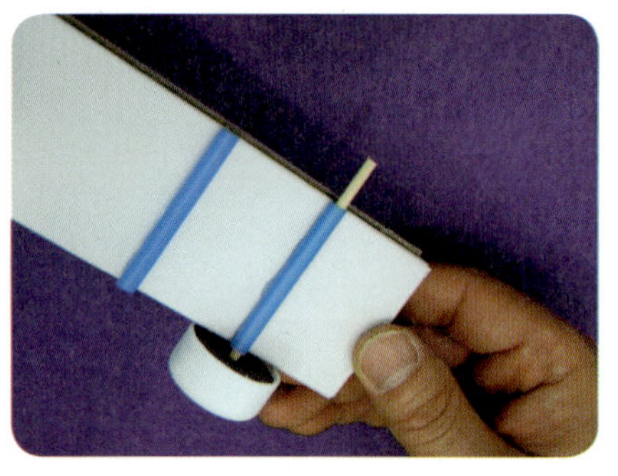

31 미리 만들어 놓은 12에 끼워 넣는다.

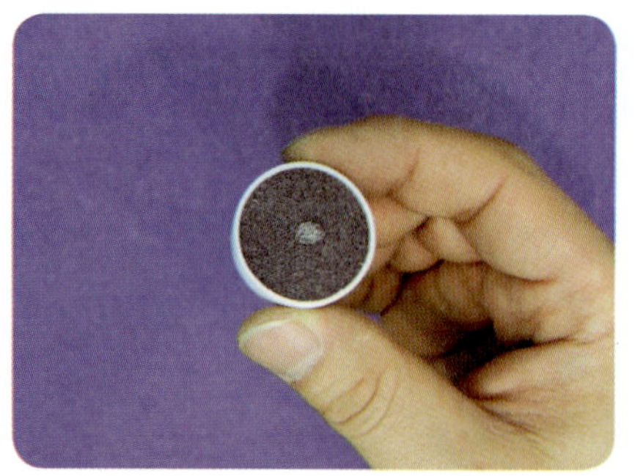

32 28과 같이 글루건을 한 방울 쏘아 떨어뜨리고

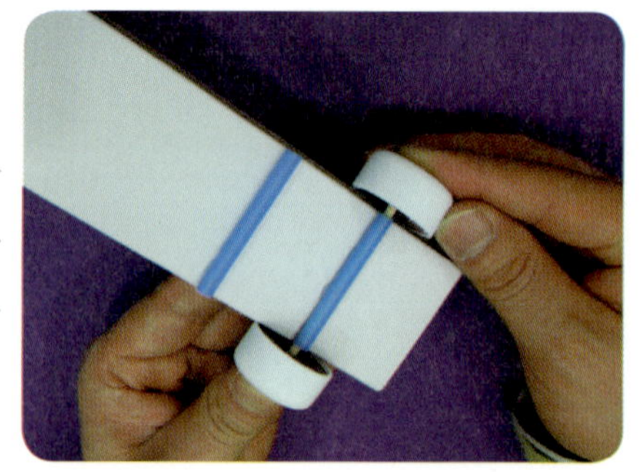

33 나머지 바퀴도 끼워 넣는다.

🚨 이때 바퀴와 빨대가 서로 붙지 않도록 주의해서 바퀴를 끼워야 한다.

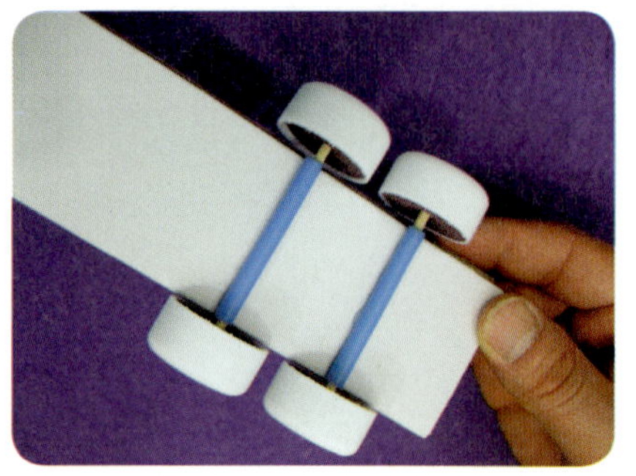

34 뒷바퀴의 조립이 모두 끝나면

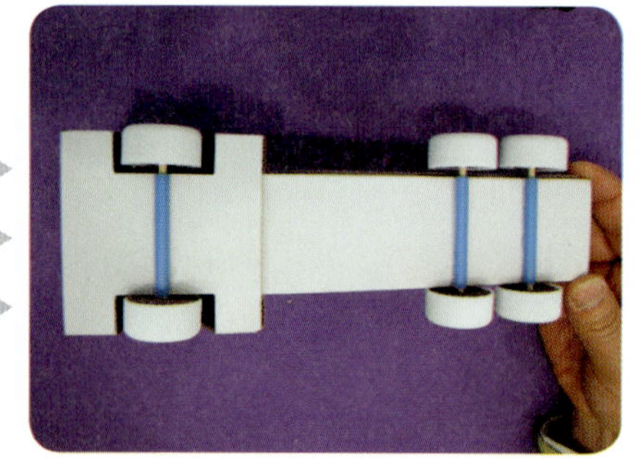

35 같은 방법으로 앞바퀴도 끼워 조립한다.

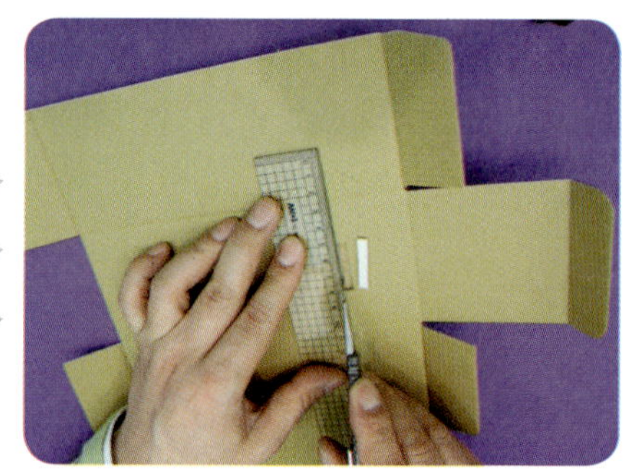

36 화물칸 박스에 500원짜리 동전이 들어갈 만한 크기의 밑그림을 그린 후 칼로 잘라낸다.

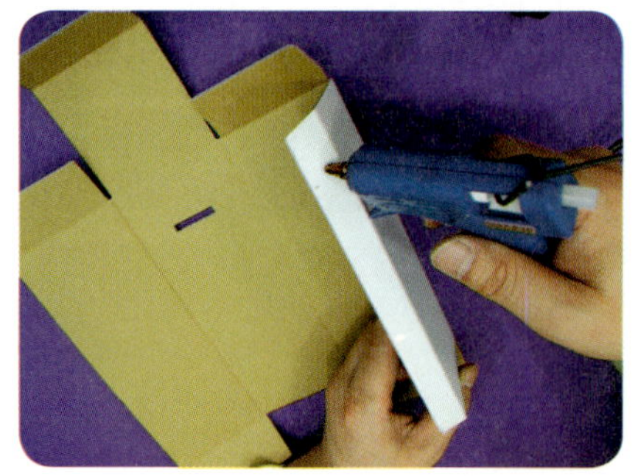

37 선을 따라 한 번씩 접어 형태를 잡아보고 접착부위에 풀이나 글루건을 쏘아

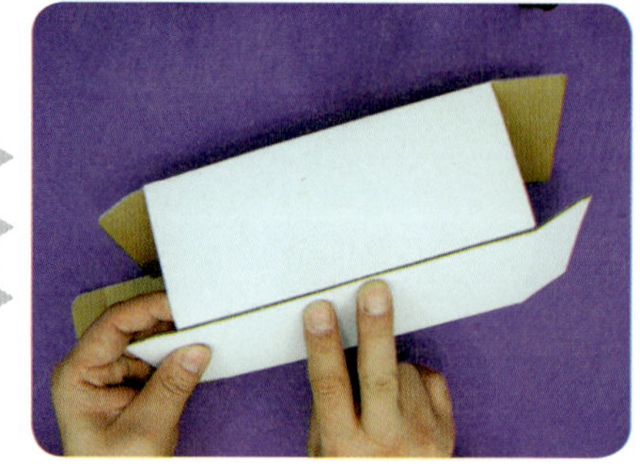

38 손가락으로 눌러가며 단단히 붙인다.

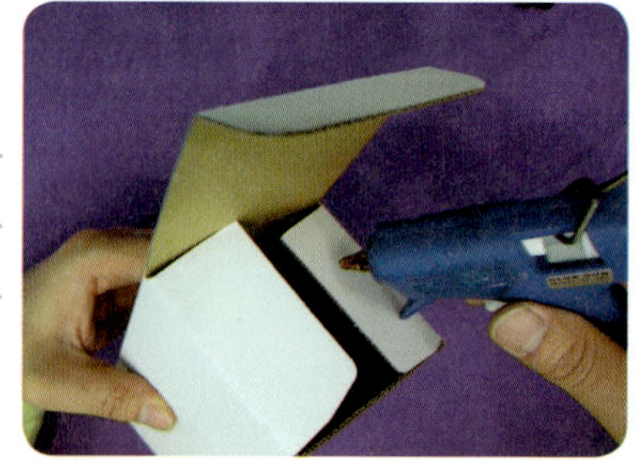

39 안으로 접히는 부분에 글루건을 고루 원을 그리듯 쏘고

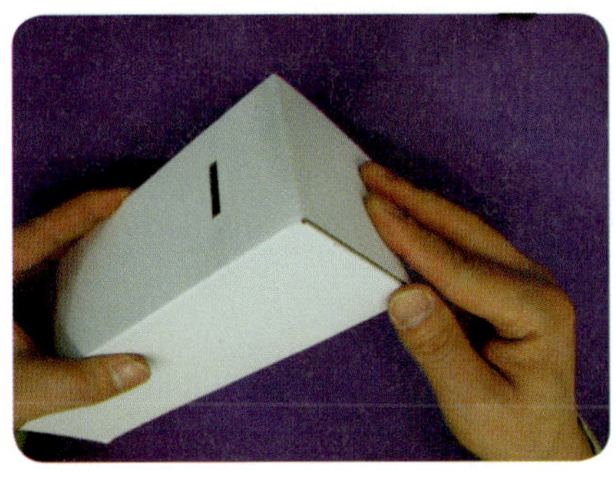

40 박스 뚜껑을 닫아 단단히 붙여서 고정한다.

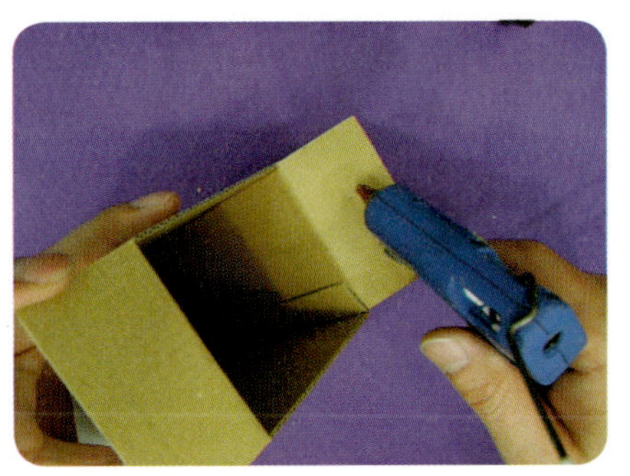

41 반대쪽 화물칸의 뒷문 안쪽에 글루건을 고루 쏘고

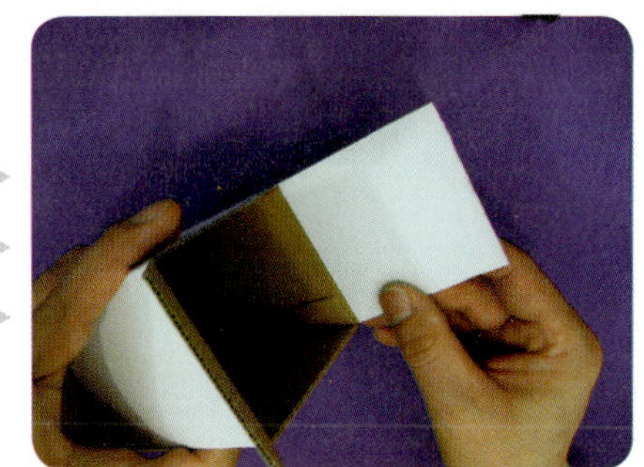

42 가로 8cm, 세로 8cm의 박스조각을 붙여

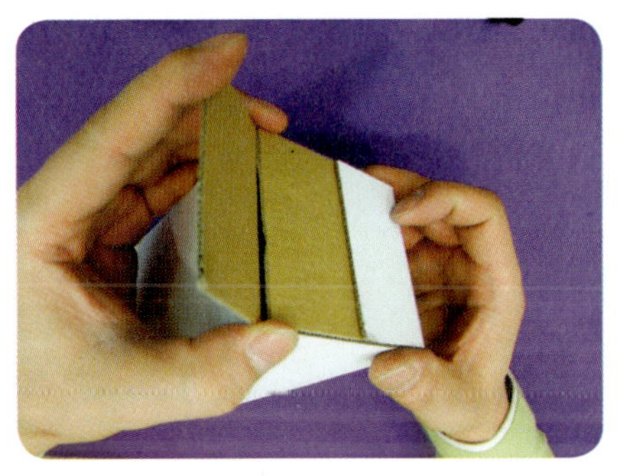

43 안으로 끼워 넣는다.

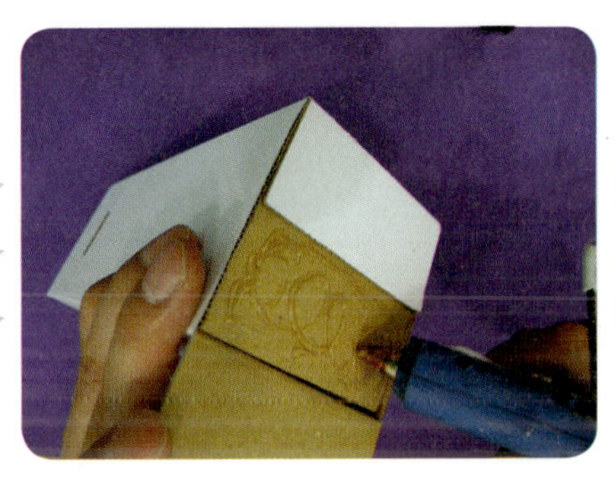

44 다시 글루건을 원을 그리듯 골고루 쏘아

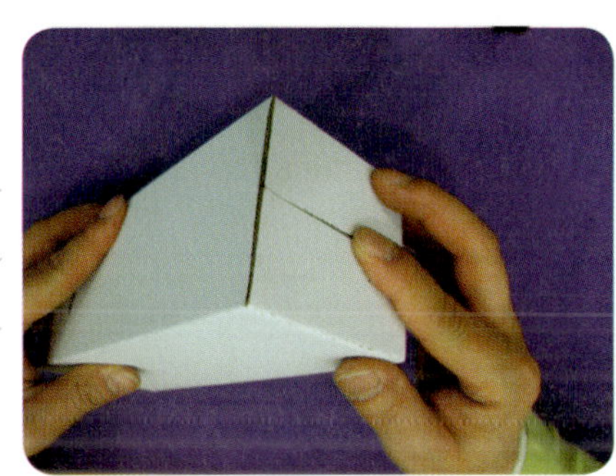

45 단단히 붙여 고정한다.

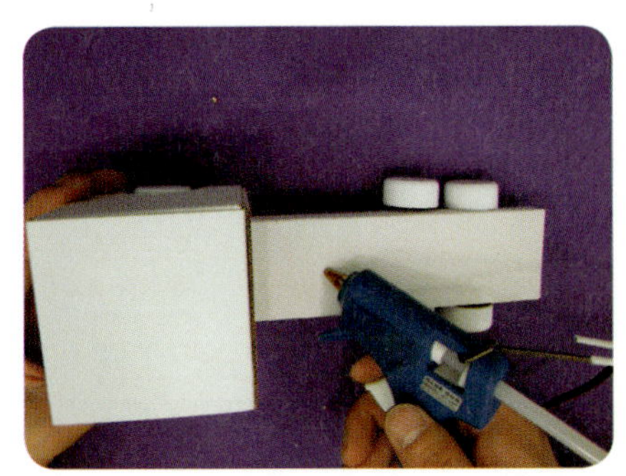

46 완성해 놓은 **35**의 차체에 글루건을 고루 쏘고

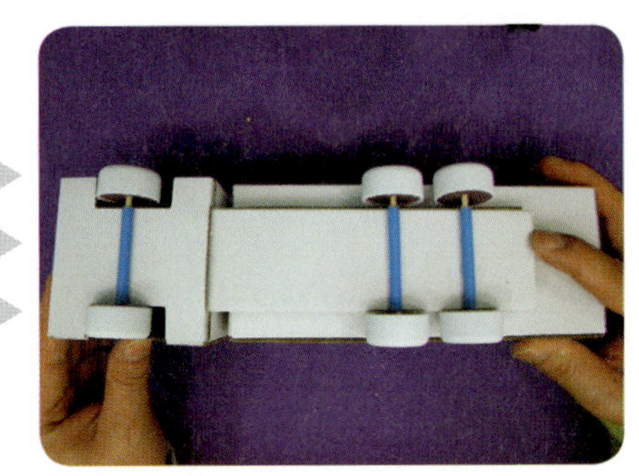

47 **45**를 반듯하게 놓고 그 위에 삐딱하지 않게

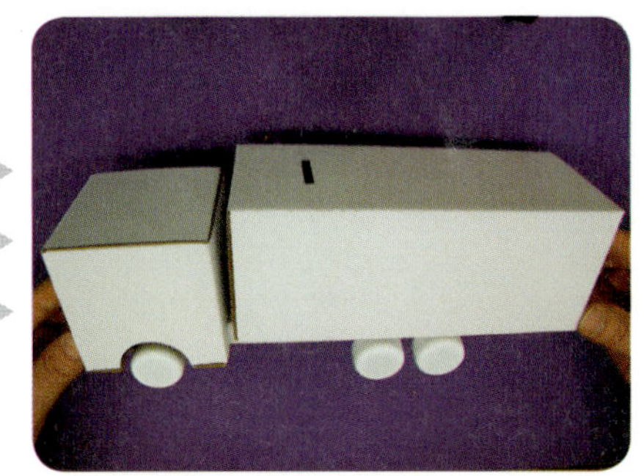

48 잘 붙인다.

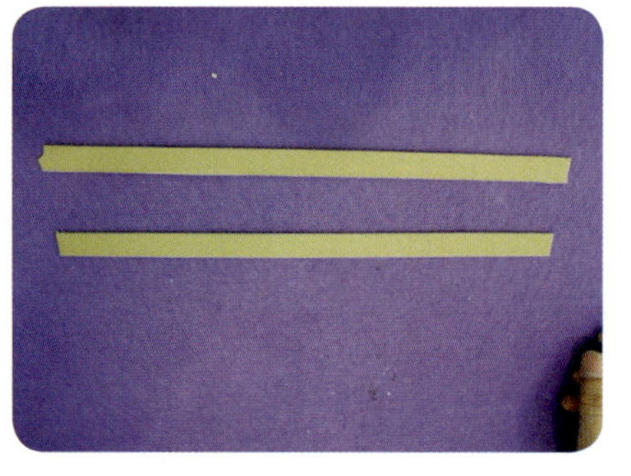

49 박스의 폭을 1cm~1.5cm로 해서 길게 자른다.

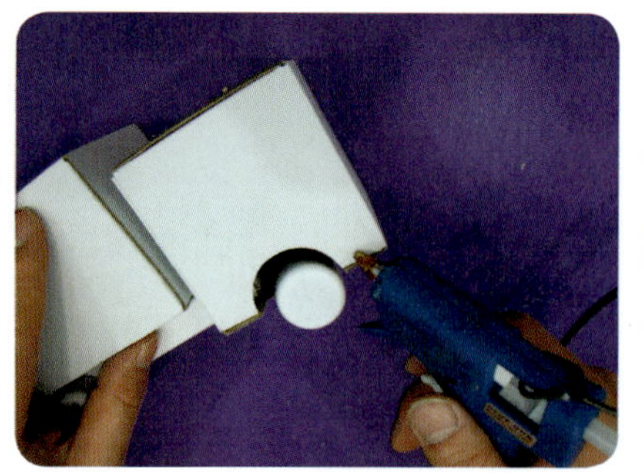

50 운전석의 맨 앞부분 아래를 글루건을 쏘면서

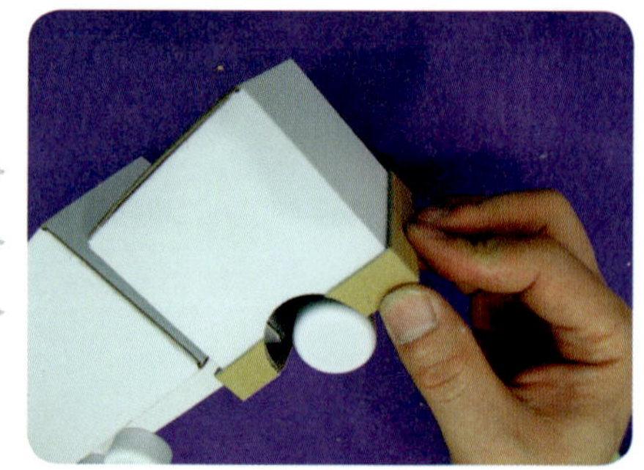

51 잘라놓은 박스를 띠 두르듯 붙여서 장식한다.

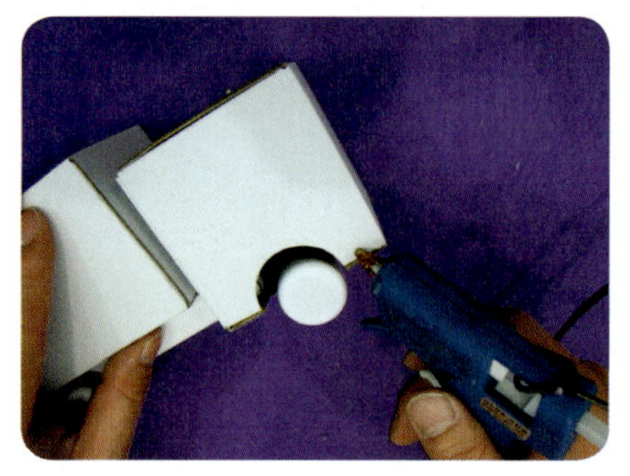

52 컬러펠트지를 적당한 크기로 잘라서 운전석의 유리창으로

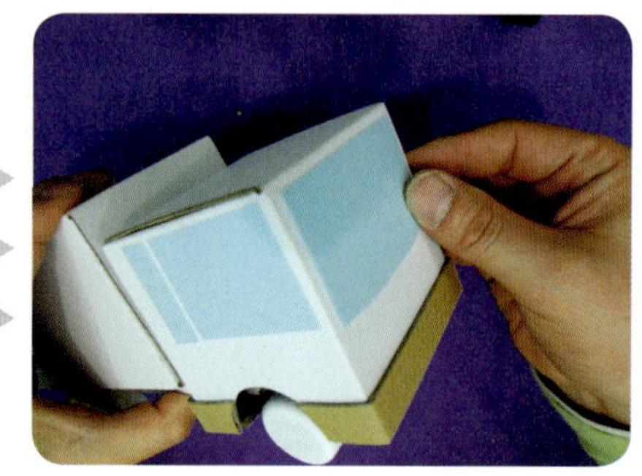

53 장식하여 붙인다.

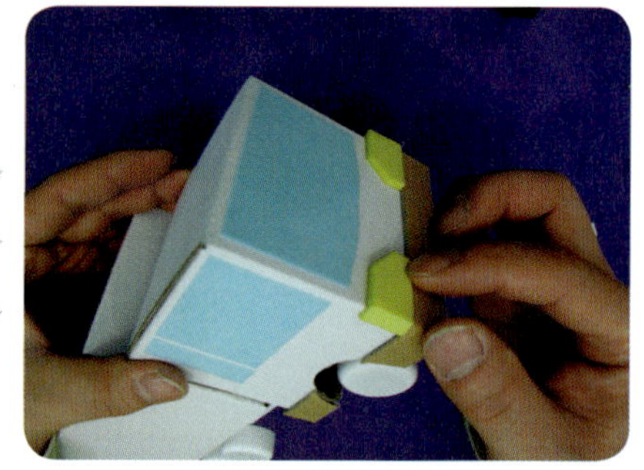

54 EVA 조각을 오려서 트럭의 헤드라이트를 장식한다.

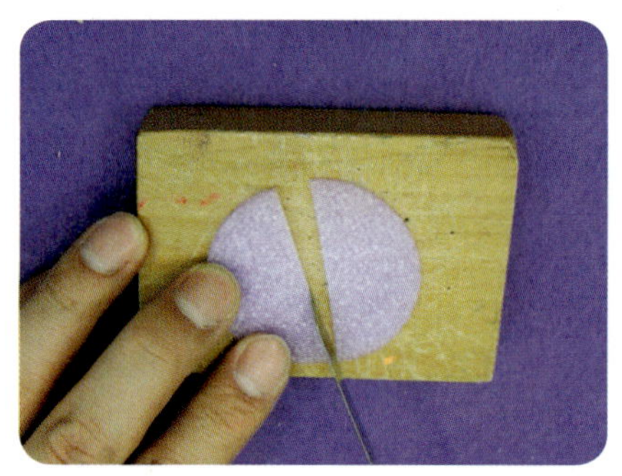

55 5T-5mm의 백업을 잘라서

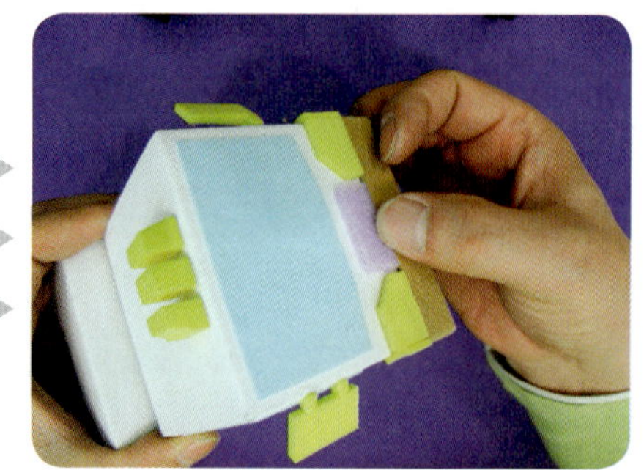

56 EVA조각과 함께 트럭을 장식한다.

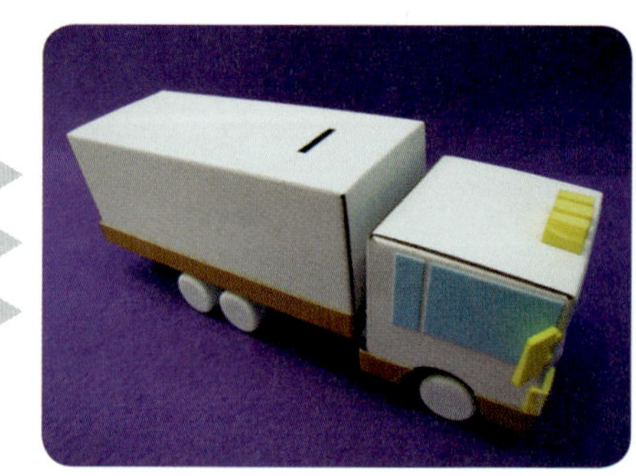

57 완성!

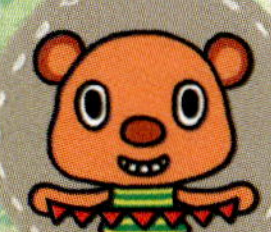

디딜방아

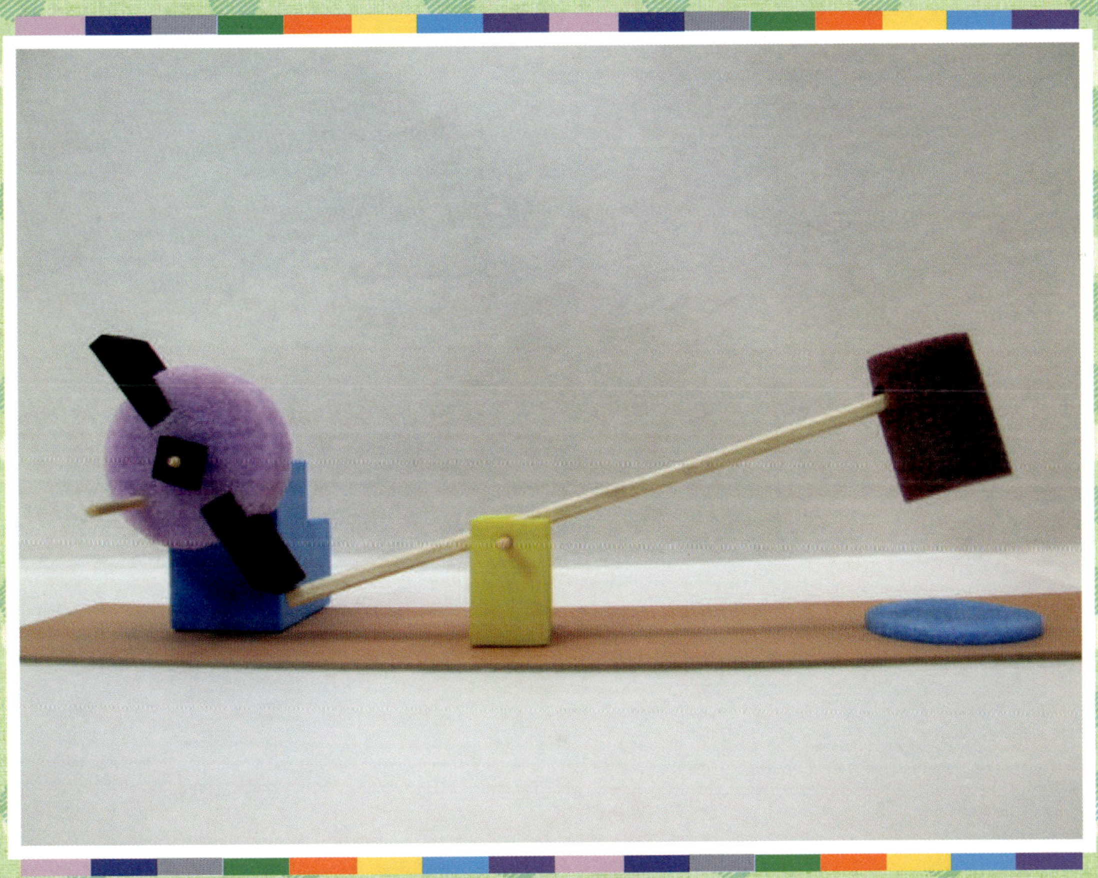

준비물 EVA – 5T(5cm) 1개/3T(2cm) 1개 /1T(10cm) 1개, 백업 – 5T(2cm) 2개 /3T(4cm) 1개, 주름빨대 1개, 떡꼬치 대 나무 1개, 나무젓가락 1개, 하드보드지 (30cm X 8cm) 1장, 글루건, 가위, 커터 칼, 송곳, 30cm 자

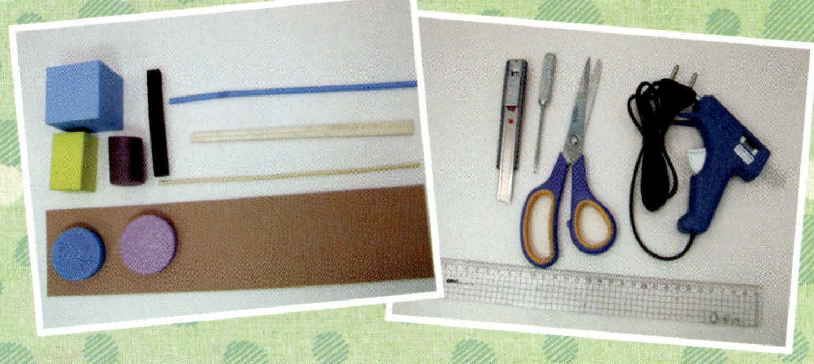

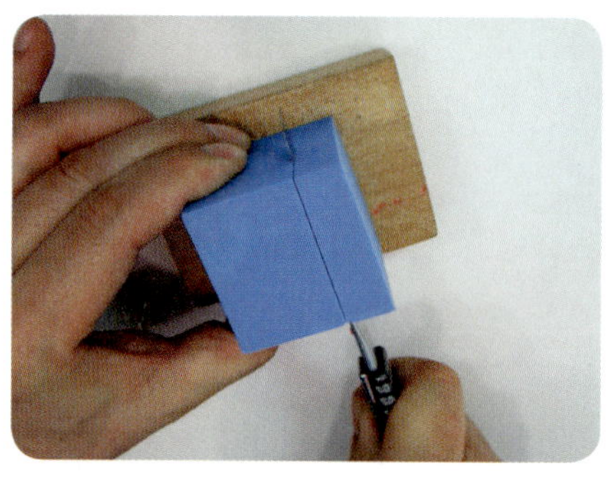

1 EVA 5T를 커터칼을 이용해

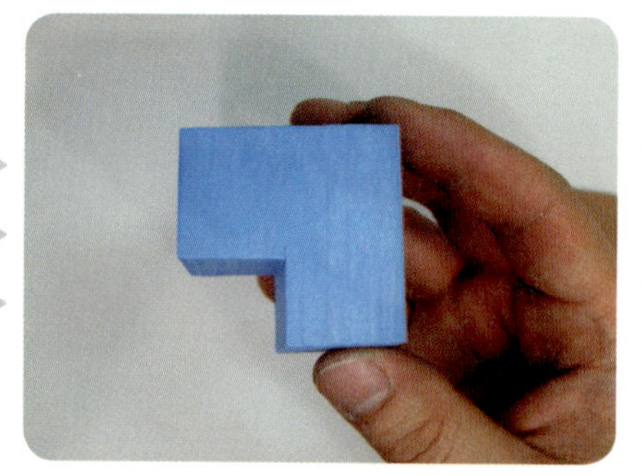

2 ㄴ자 모양으로 자른다.

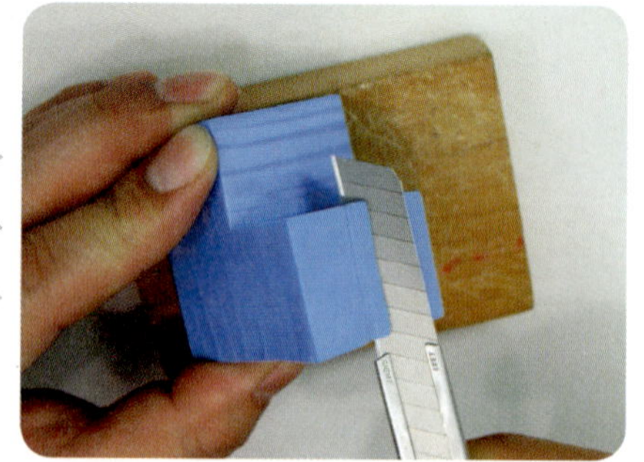

3 칼로 윗부분에 V자 홈을 파 낸다.

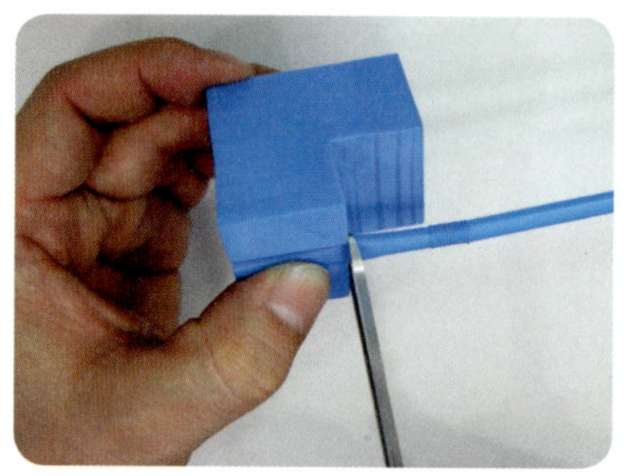

4 빨대를 대고 가위로 자른다.

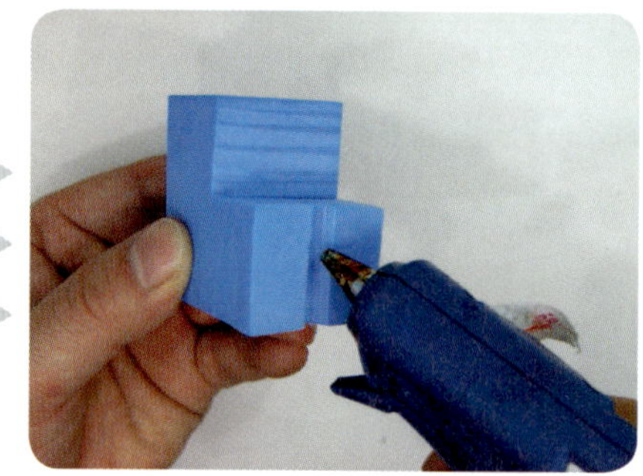

5 홈에 글루건을 얇게 쏘고

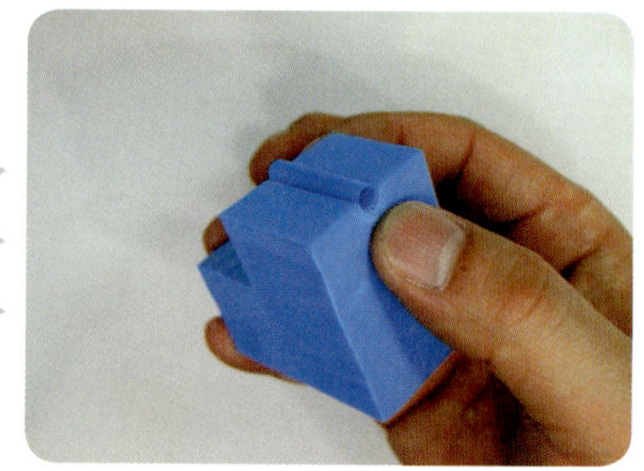

6 4에서 자른 빨대를 붙여 고 정한다.

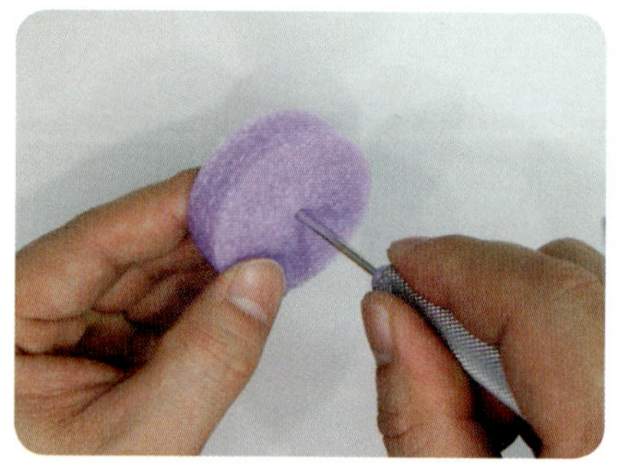

7 5T백업(1cm)의 가운데를 송곳으로 구멍을 내고

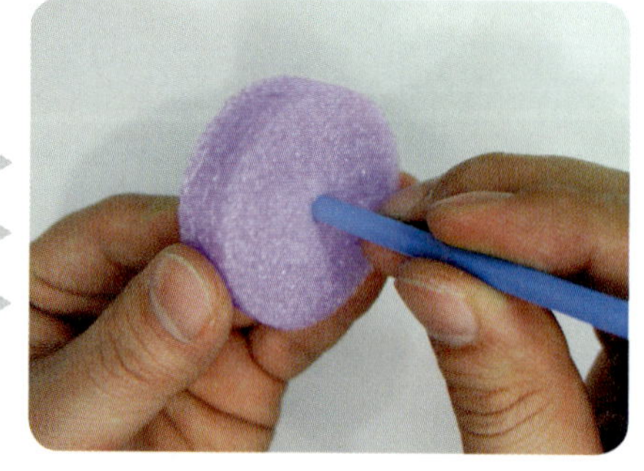

8 빨대를 끼운다.

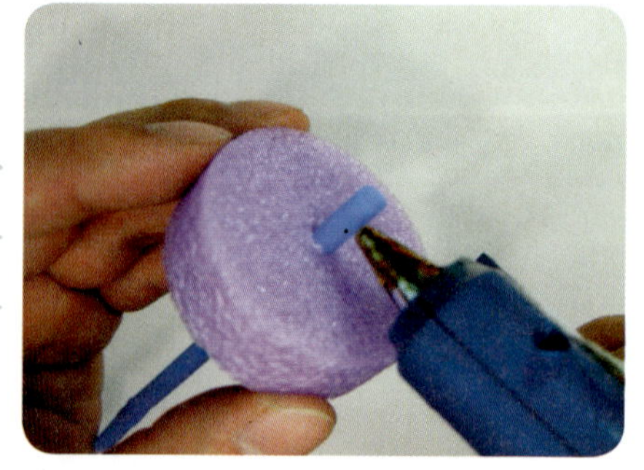

9 빨대를 약 1cm 정도 빼고 글루건을 얇게 쏜 후

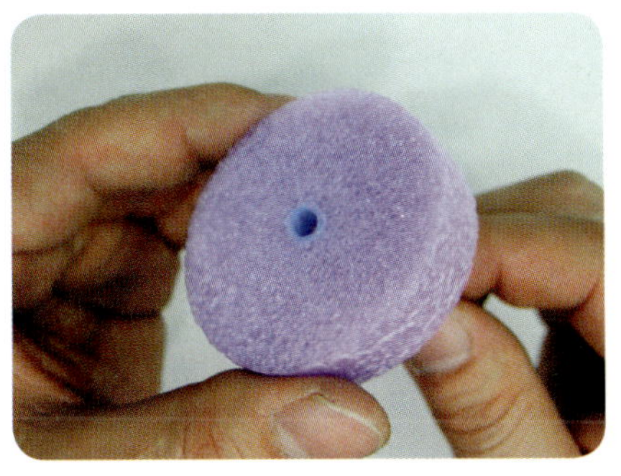

10 천천히 돌리며 잡아당긴다.

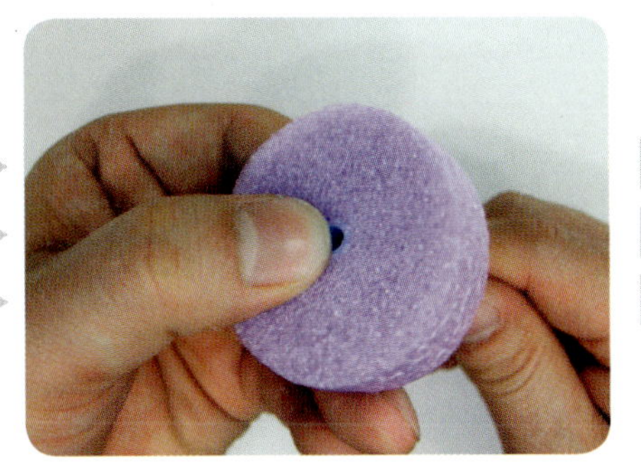

11 입으로 불며 손으로 살짝 눌러 마무리하고

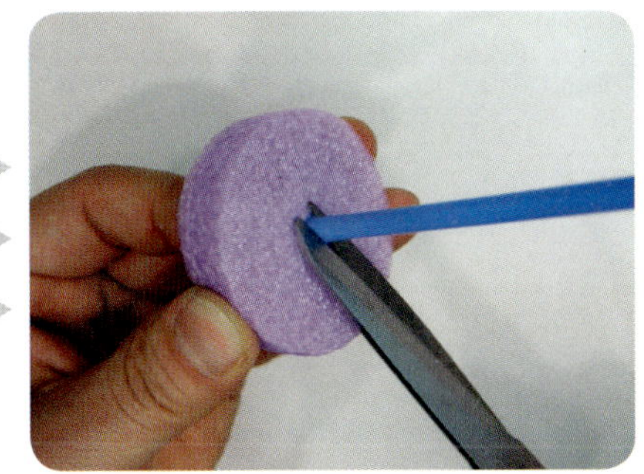

12 반대쪽의 여유분은 가위로 잘라내어

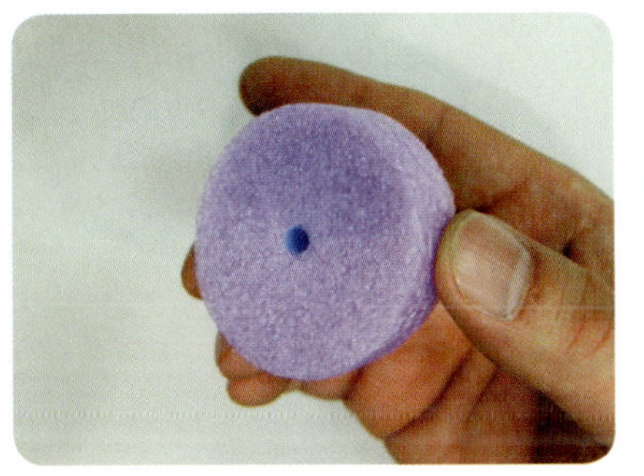

13 손잡이 회전판을 완성한다.

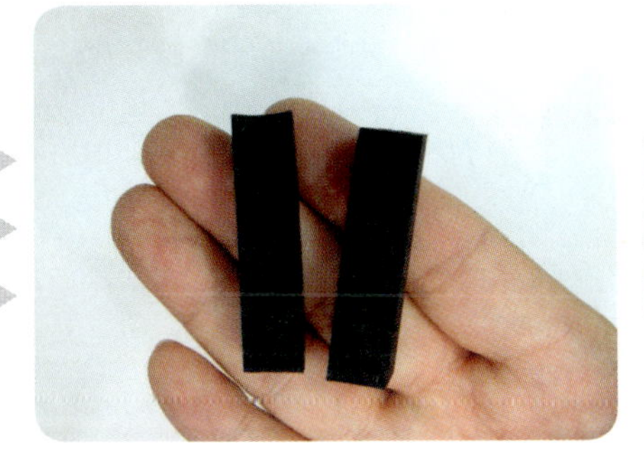

14 EVA 1T(10cm)를 바으로 잘라 두 조각으로 만든다.

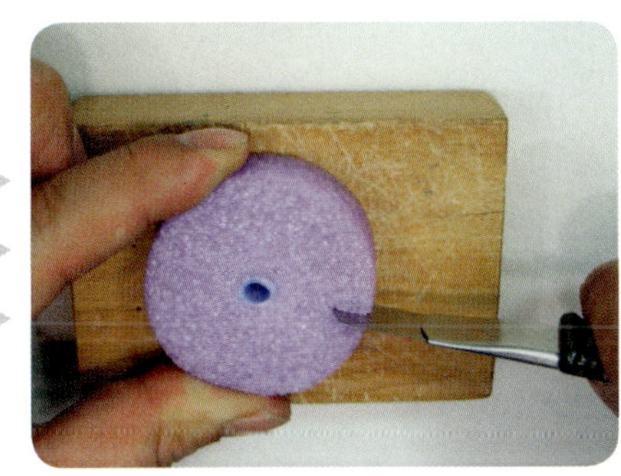

15 **13**의 손잡이 회전판의 양쪽을

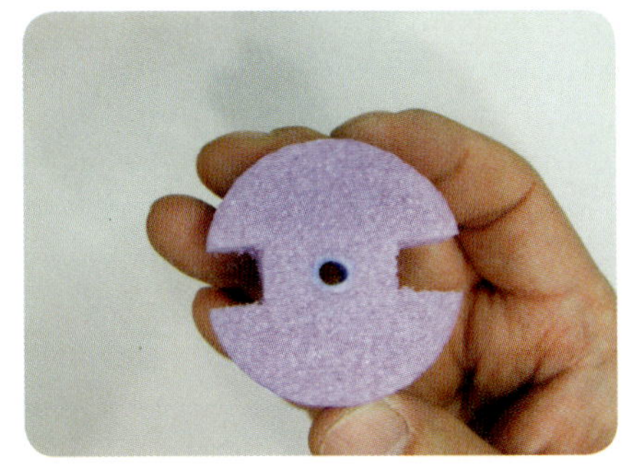

16 약 1cm씩 커터 칼로 잘라내고

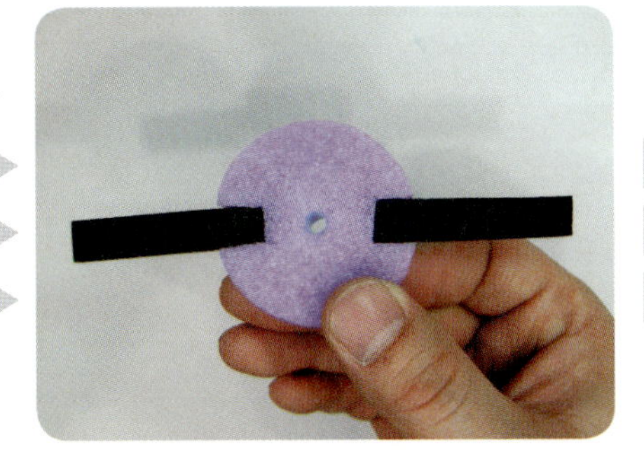

17 **14**의 EVA를 글루건을 사용하여 고정한다.

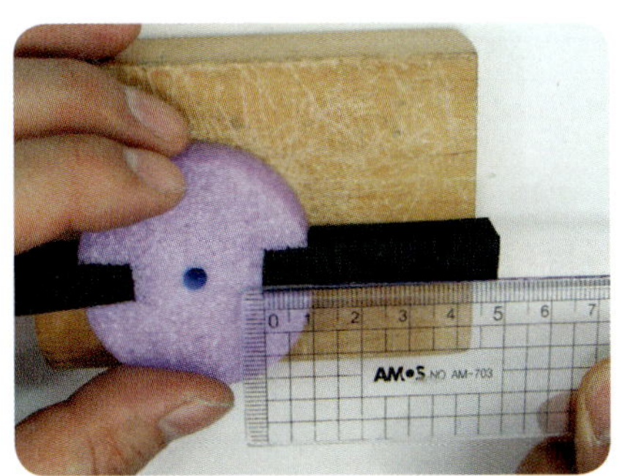

18 자를 대고 양쪽 모두를 약 3cm로 맞추고

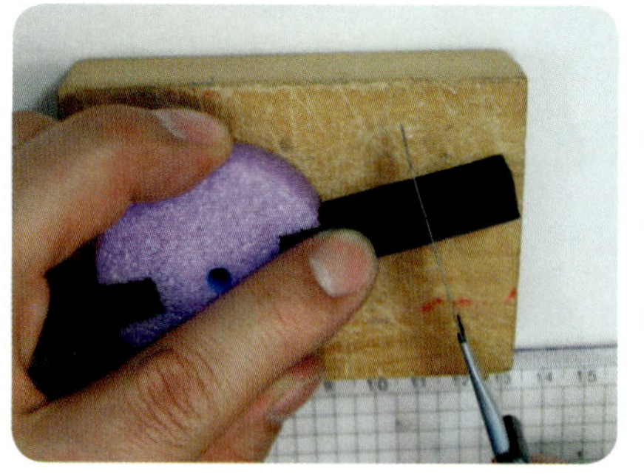

19 칼로 잘라낸다.

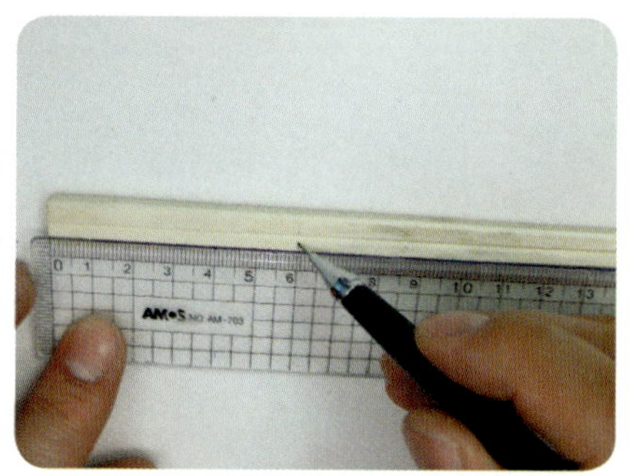

20 나무젓가락의 넓은 부분에서 약 5cm 지점에 자로 표시하고

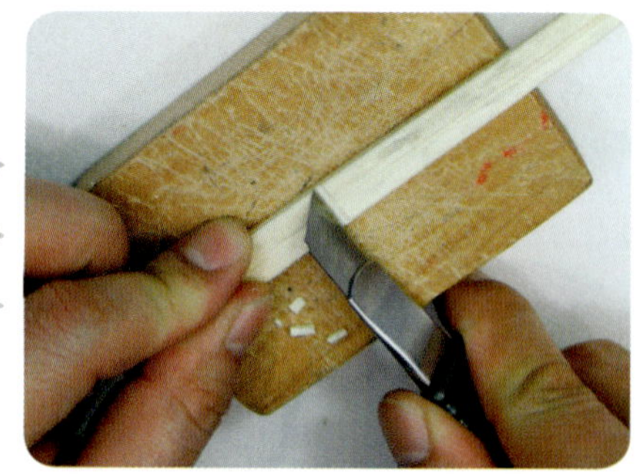

21 V자 홈으로

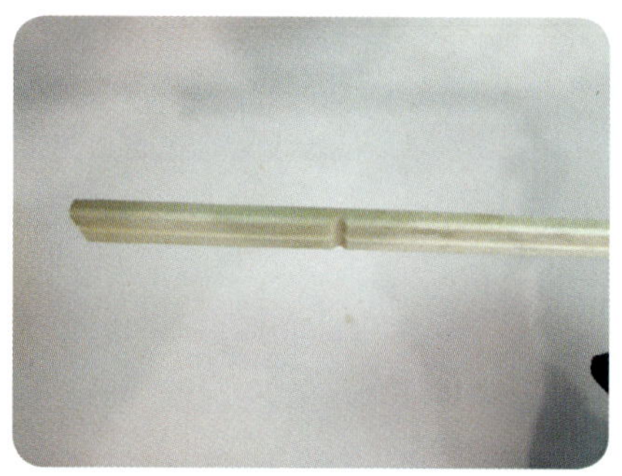

22 커터 칼을 이용하여 파낸다.

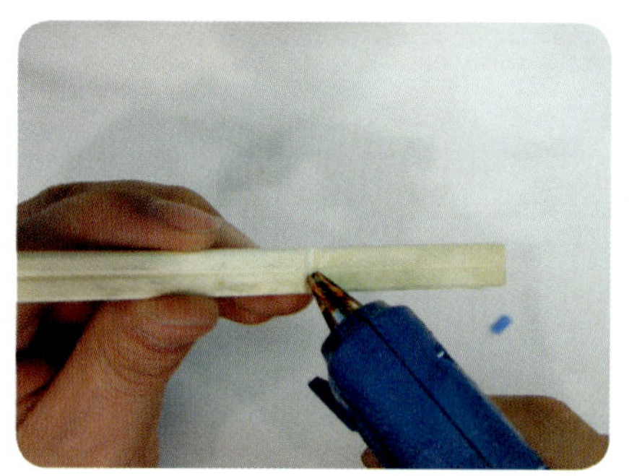

23 V자 홈에 글루건을 얇게 쏘고

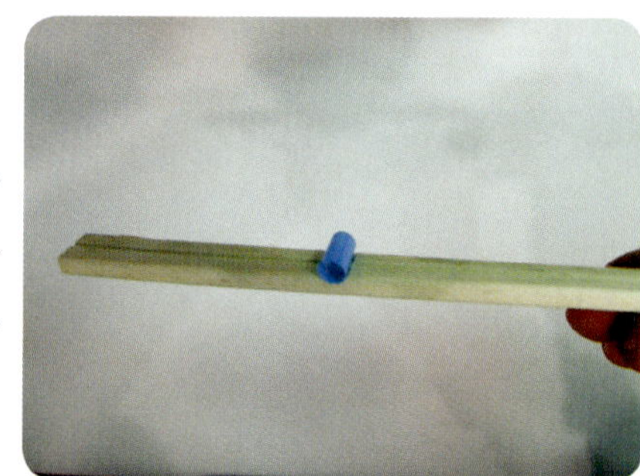

24 빨대를 나무젓가락 넓이만큼 잘라서 붙인다.

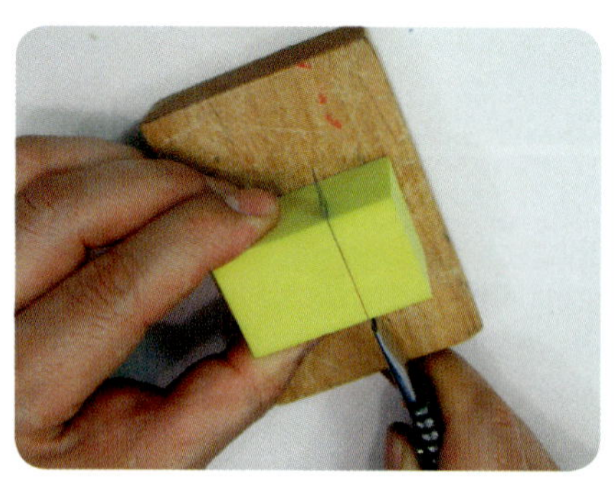

25 EVA 3T를 적당한 길이로 잘라

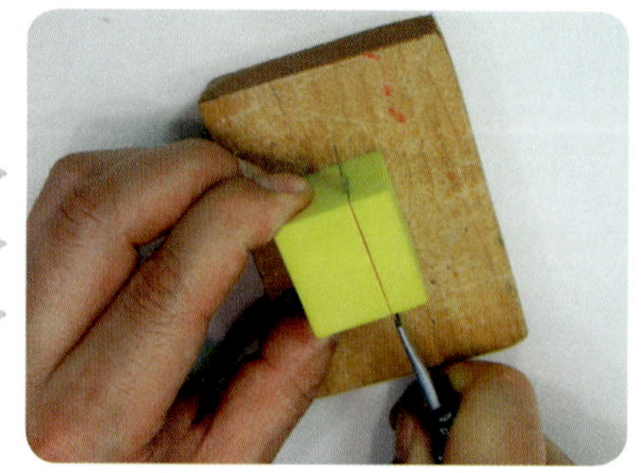

26 다시 세워 약 1cm를 잘라내고

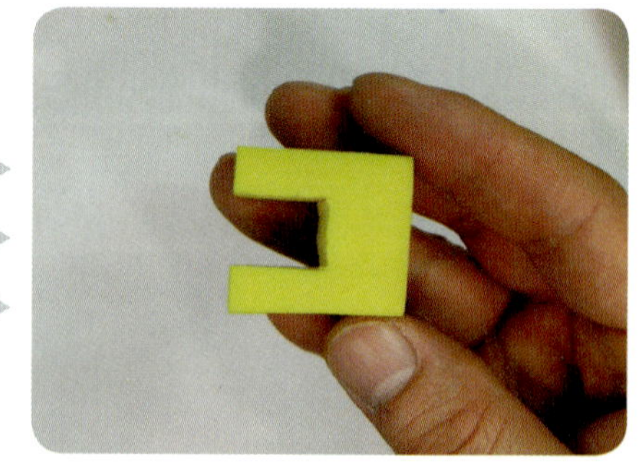

27 ㄷ자 모양으로 홈을 판다.

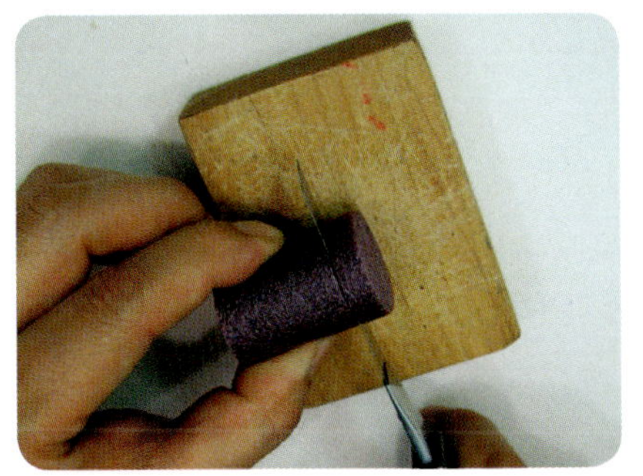

28 3T백업(4cm)을 약 1cm 정도 잘라 놓고

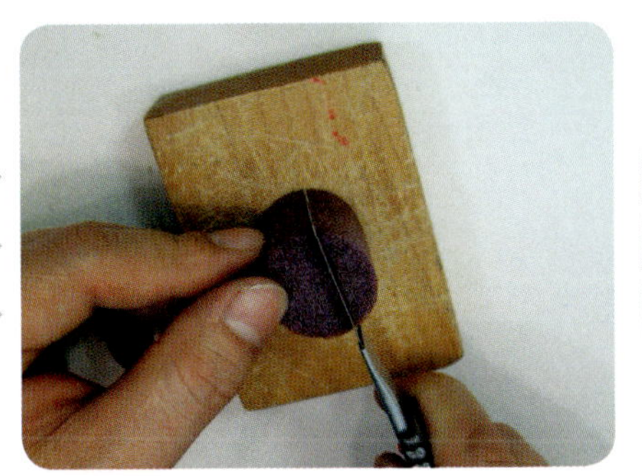

29 다시 세워

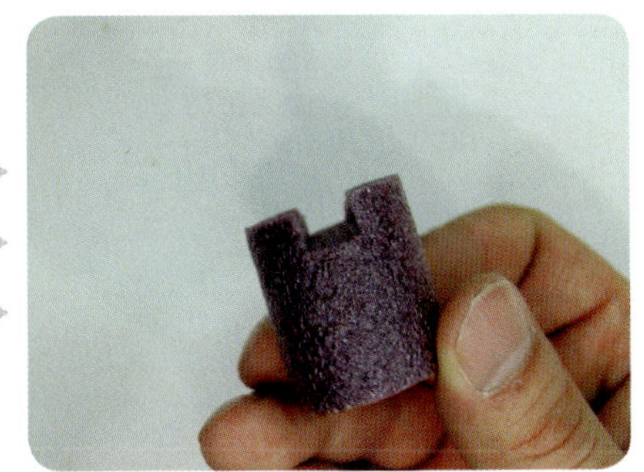

30 1cm의 홈을 판다.

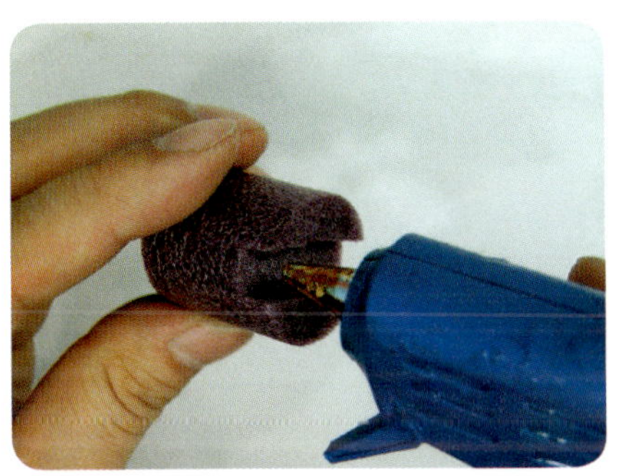

31 글루건을 얇게 쏘아

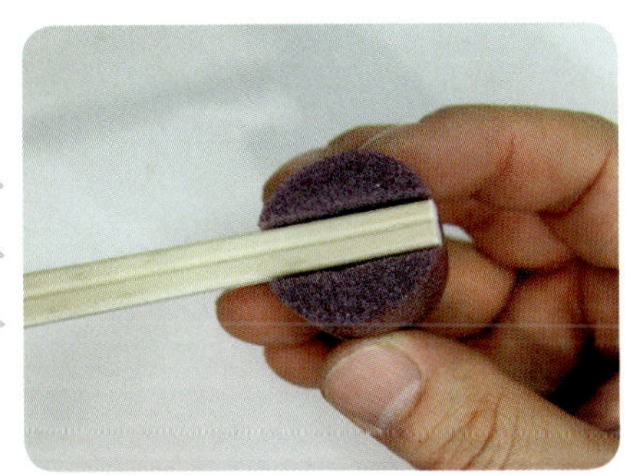

32 나무젓가락의 좁은 부분 끝에 붙이고

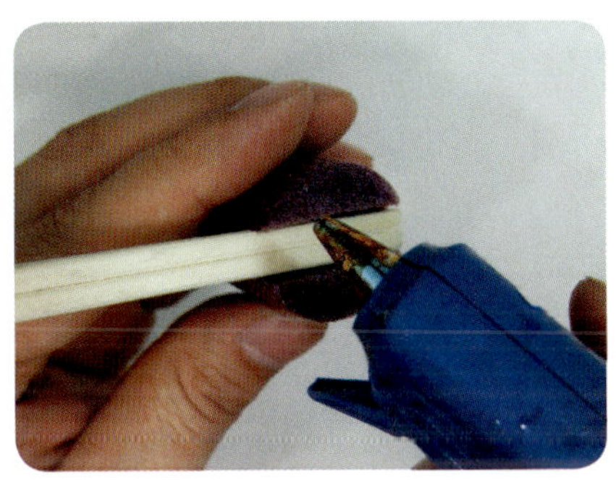

33 다시 그 위에 글루건을 고루 쏜다.

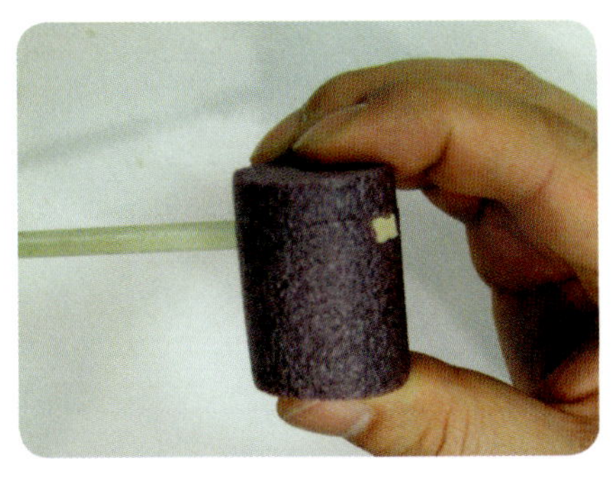

34 28에서 잘라놓은 1cm의 백업을 덮어 붙이고

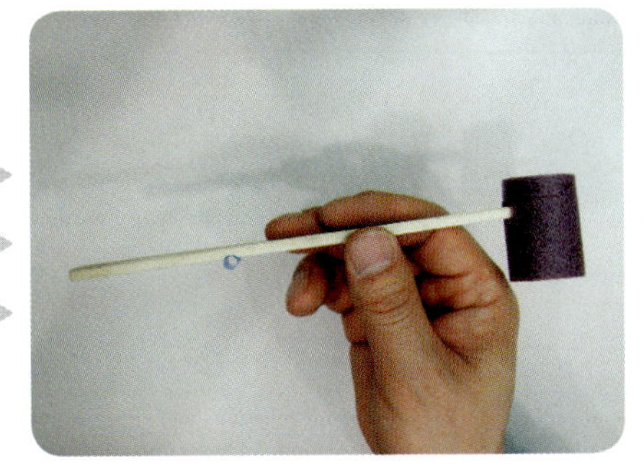

35 떡메를 완성한다.

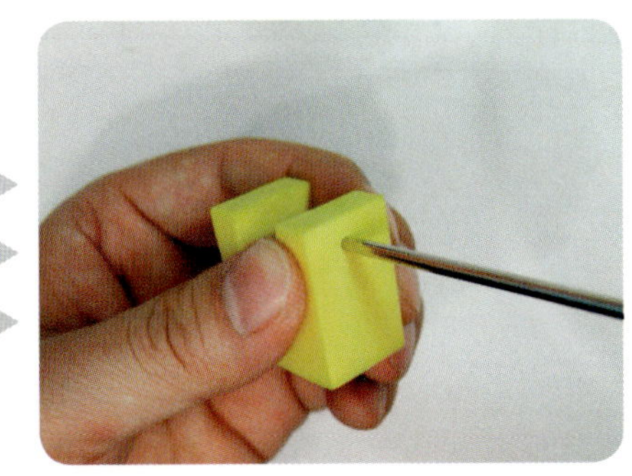

36 27의 양쪽에 송곳으로 구멍을 내고

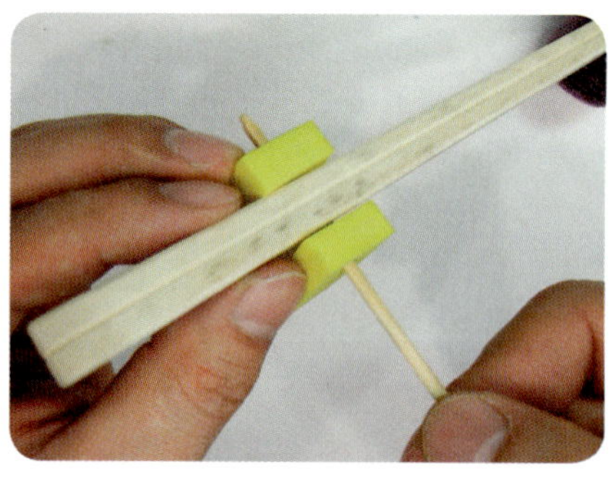

37 35을 끼우고 떡꼬치를 끼운다.

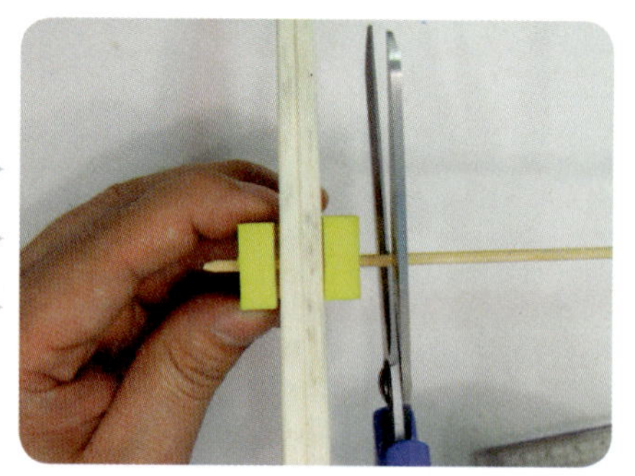

38 떡꼬치의 양쪽 모두 약 5mm 정도의 여유분을 남겨두고 가위로 잘라낸다.

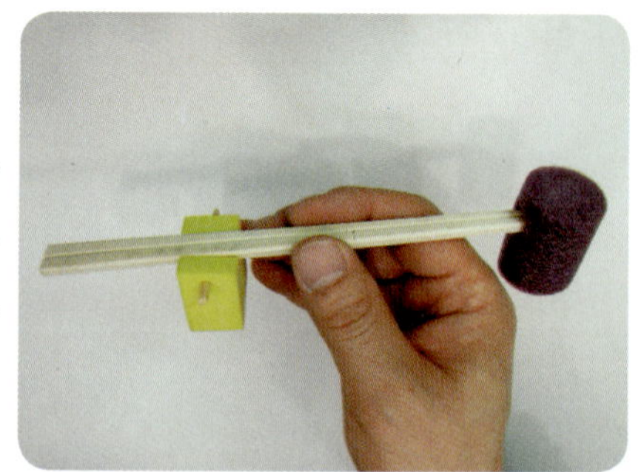

39 잘라낸 모습

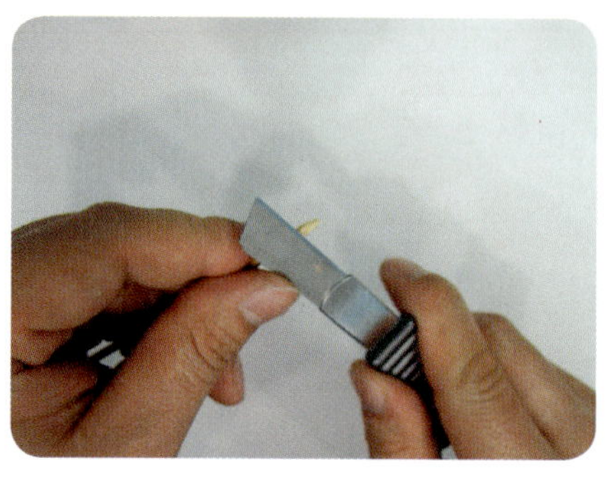

40 여분으로 남은 떡꼬치 대나무살의 끝을 칼로 뾰족하게 다듬어

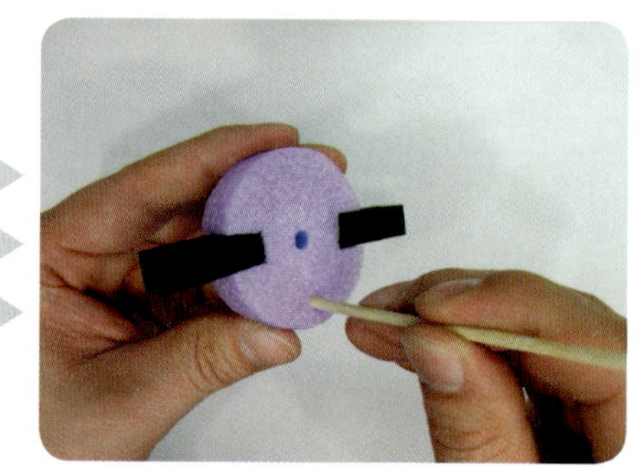

41 만들어 놓은 **19**의 회전판에 꽂아

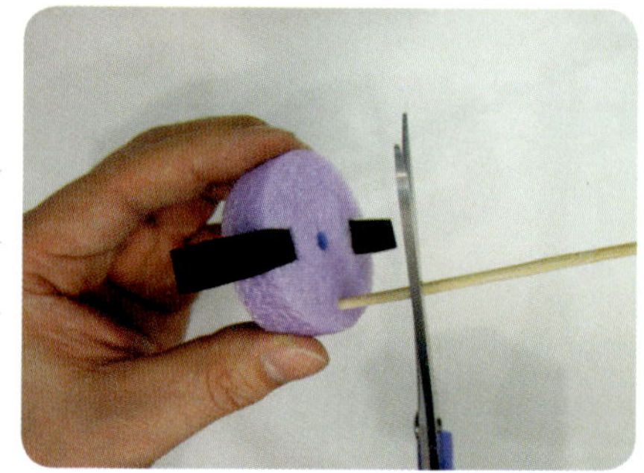

42 적당한 길이만 남겨두고 가위로 잘라낸다.

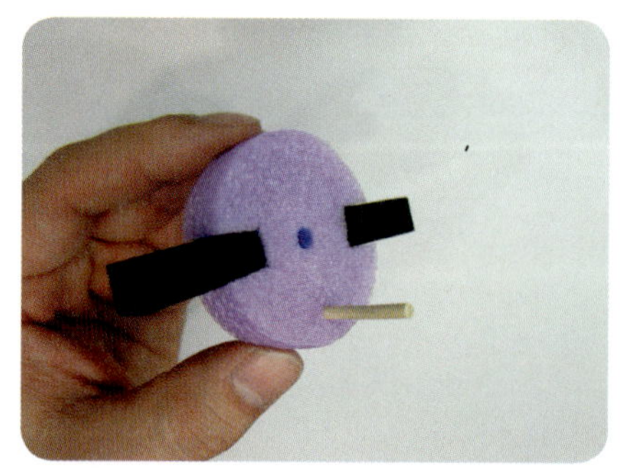

43 회전판의 손잡이를 완성한다.

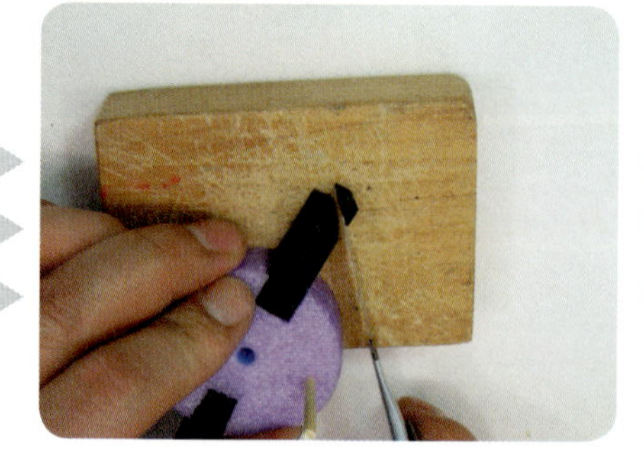

44 회전판 EVA의 끝을 칼로 잘라내고 다듬는다.

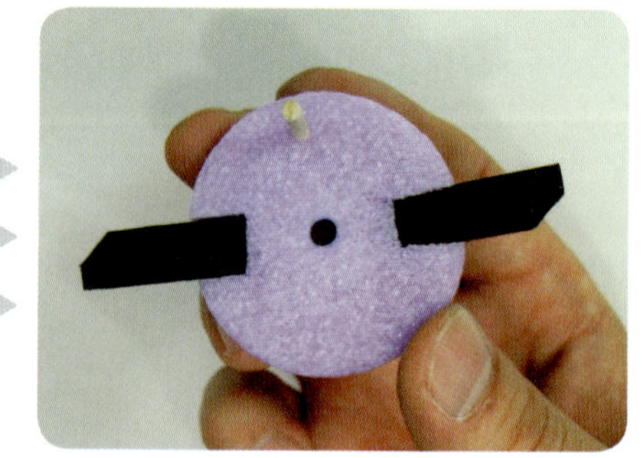

45 손잡이 회전판 완성

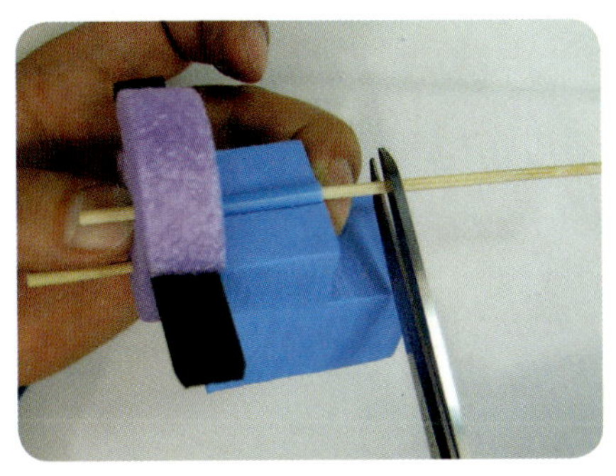

46 만들어 놓은 5에 떡꼬치 대나무살을 이용하여 손잡이 회전판을 끼우고 양쪽 모두

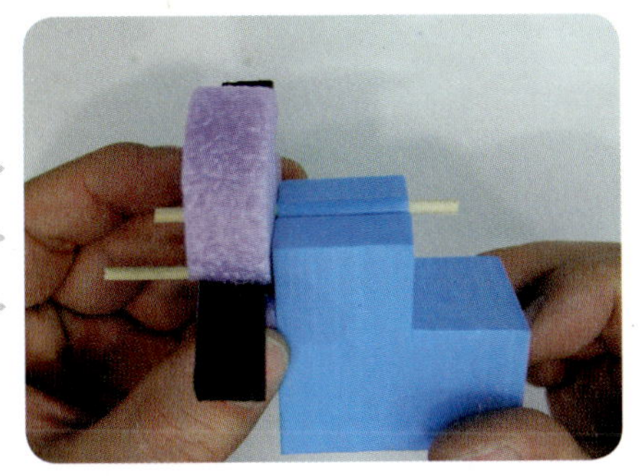

47 약 1cm의 여분을 남기고 가위로 잘라낸다.

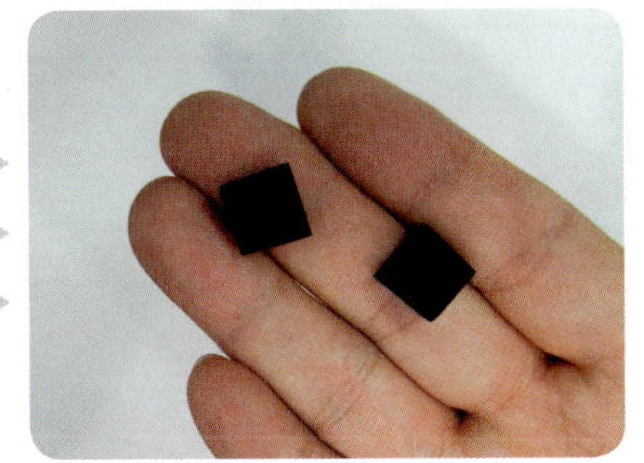

48 EVA 1T를 약 5mm의 두께로 2개를 잘라

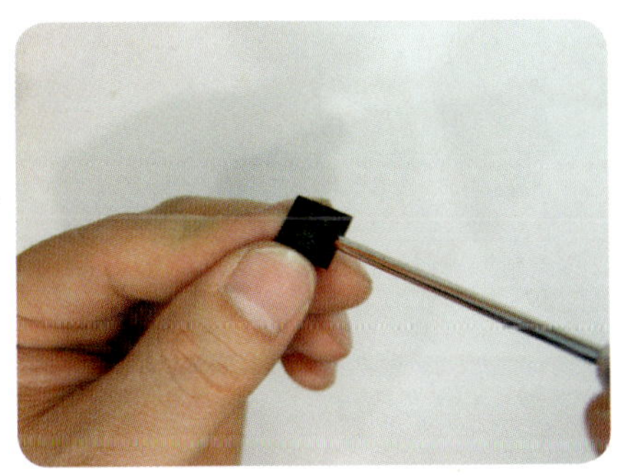

49 가장자리를 송곳으로 구멍을 내고

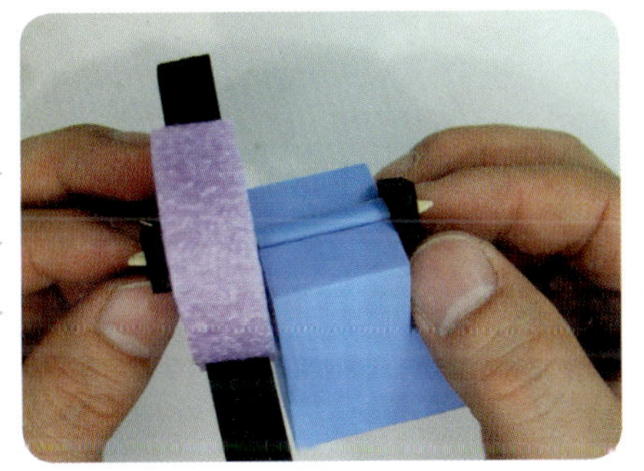

50 47의 양쪽에 끼운다.

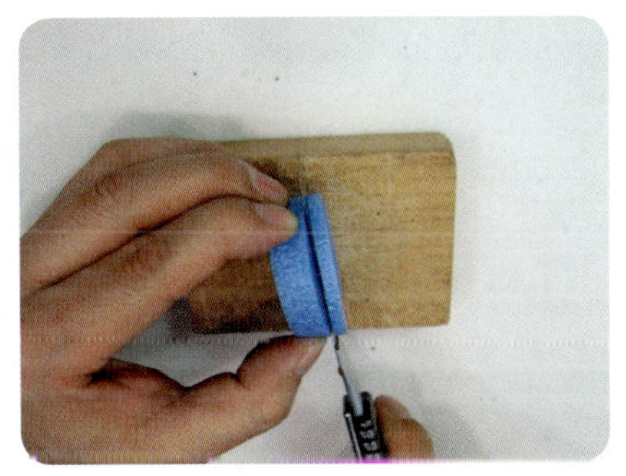

51 5T백업을 커터 칼로 얇게

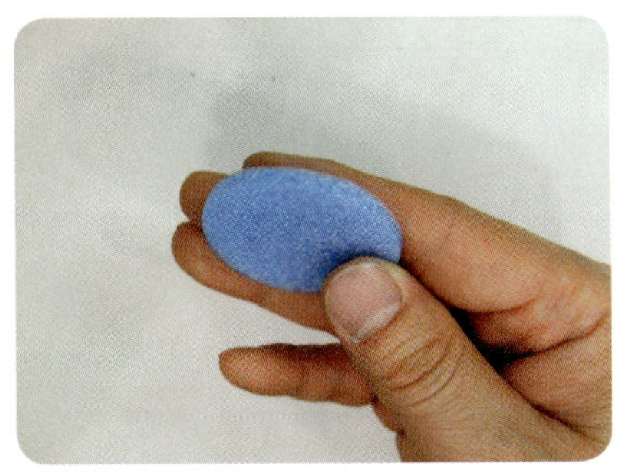

52 잘라

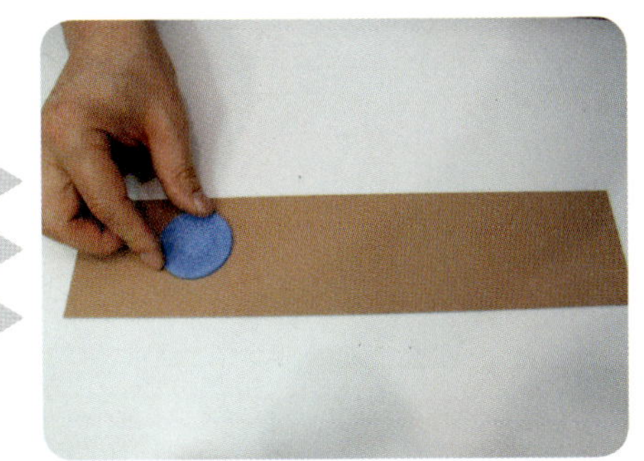

53 하드보드지의 한쪽 끝부분에 붙인다.

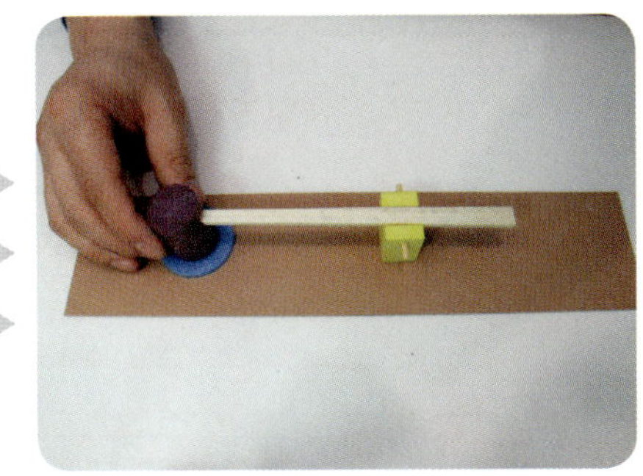

54 다음으로 떡메의 위치를 잡고 글루건을 사용하여 고정한다.

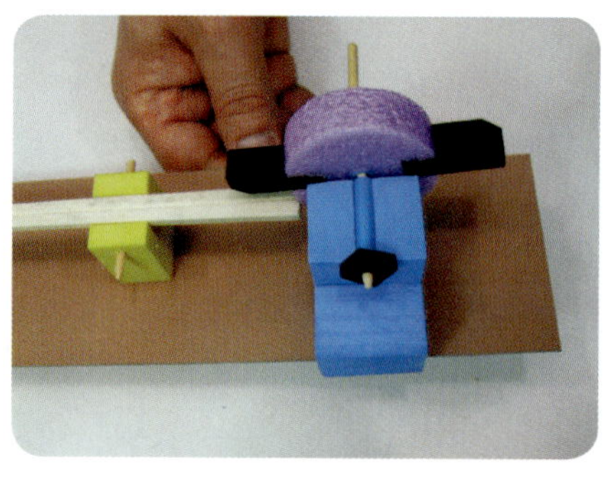

55 완성한 손잡이 회전판을 적당한 위치에 대고 글루건을 사용하여 고정한다.

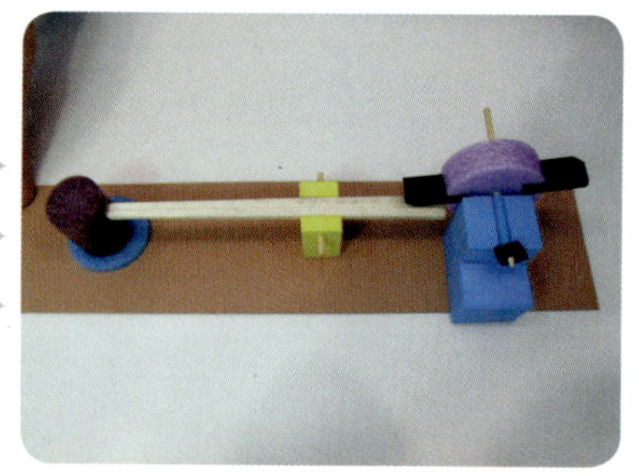

56 완성

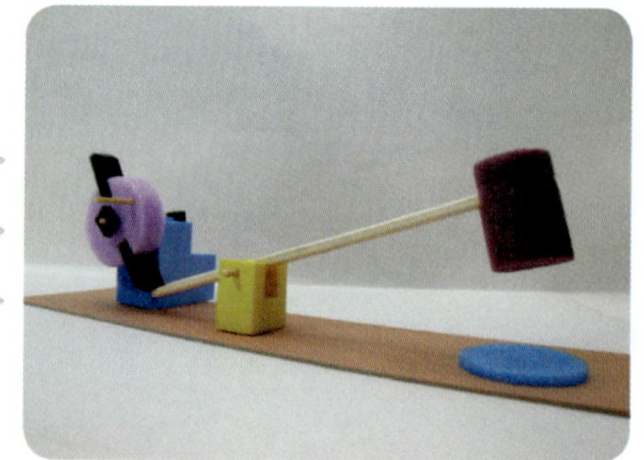

57 위아래로 움직여본다.

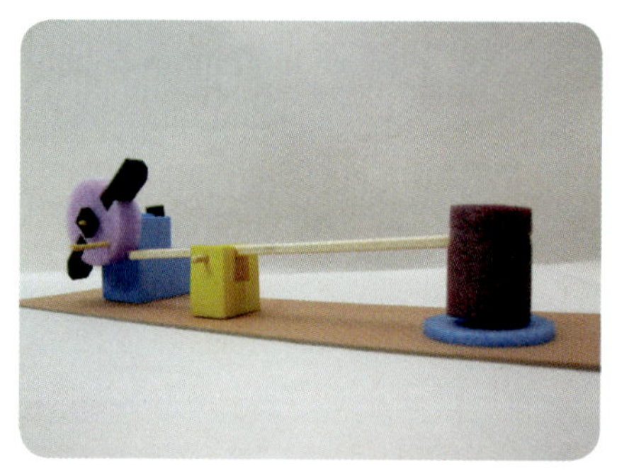

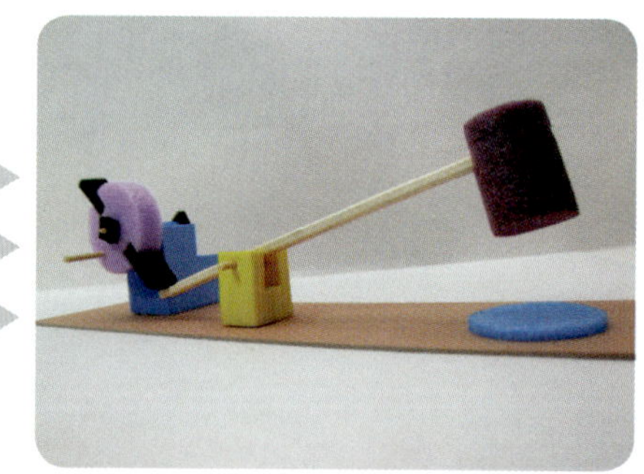

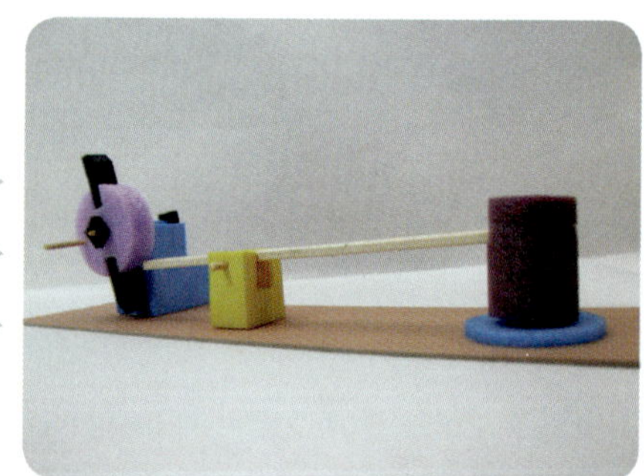

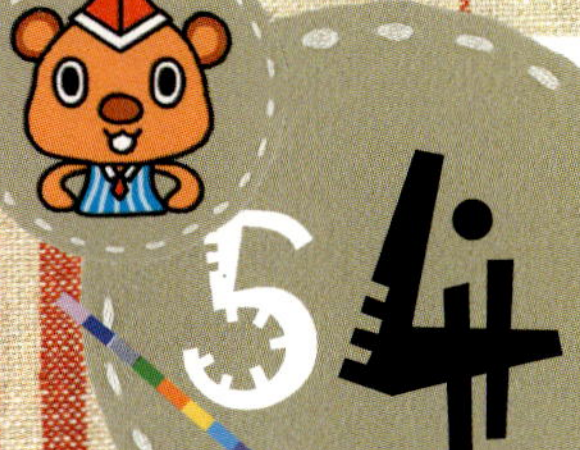

사각 휴지 케이스

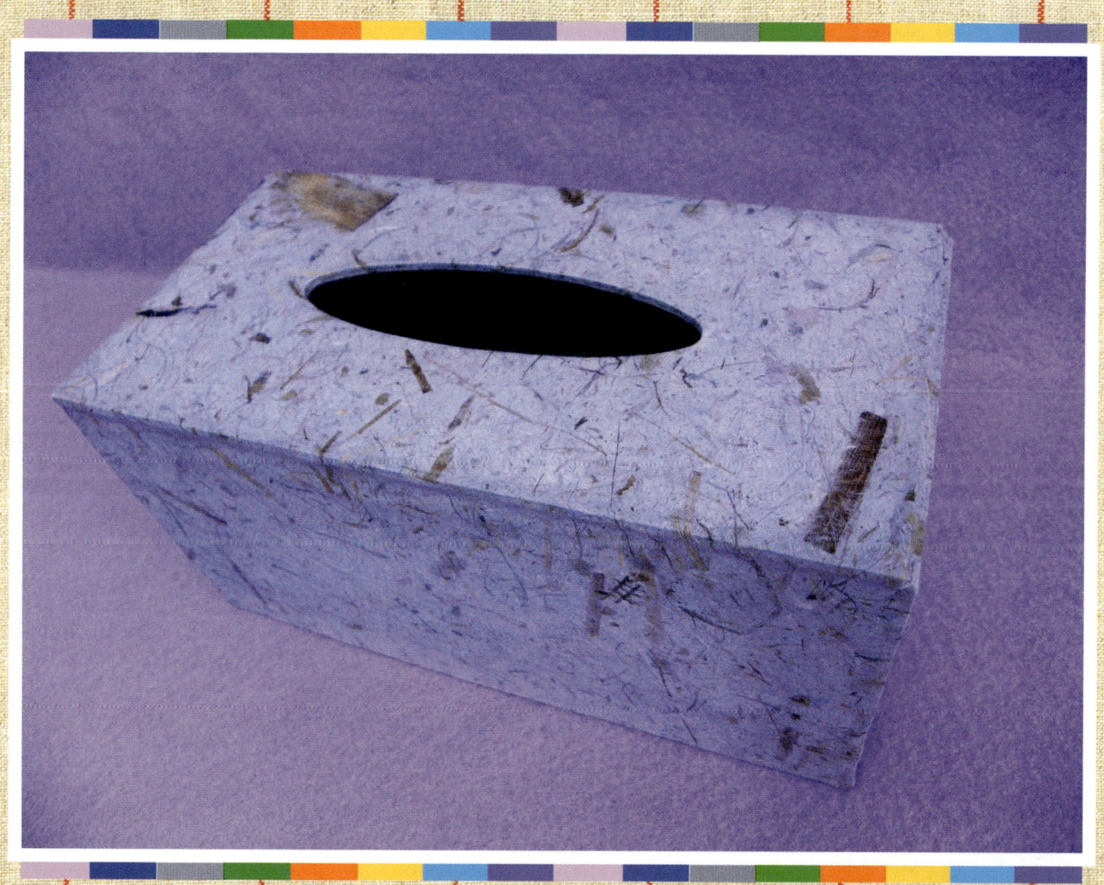

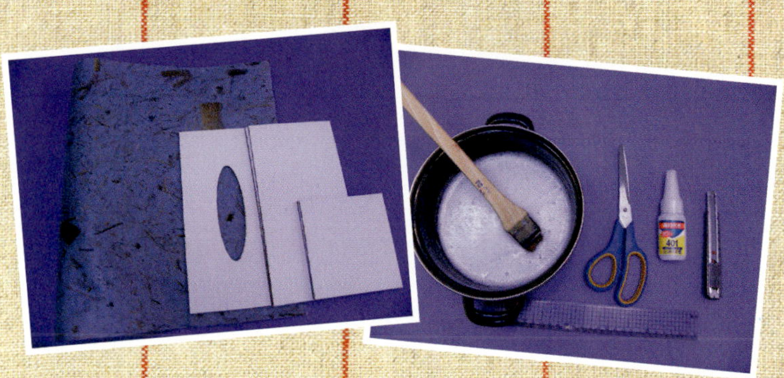

준비물 사각 휴지케이스 모형(하드보드지) 1개, 고급 한지 1장, 녹말가루(감자전분) + 밀가루—각 1스푼씩 넣고 끓인 풀, 가위, 강력본드, 커터 칼, 30cm 자

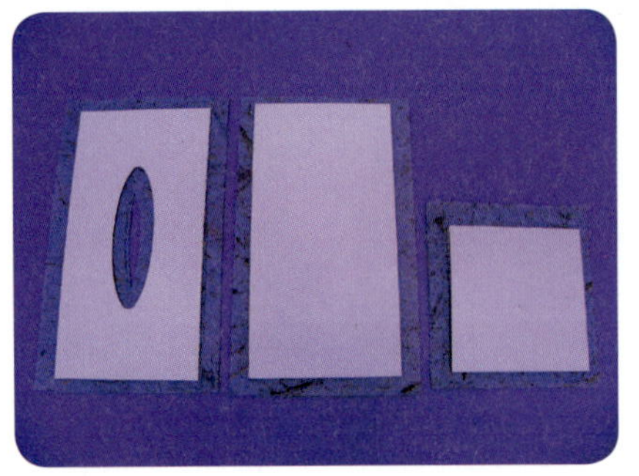

1 케이스 크기보다 약 1.5cm ~2cm 정도 더 크게 자른다.

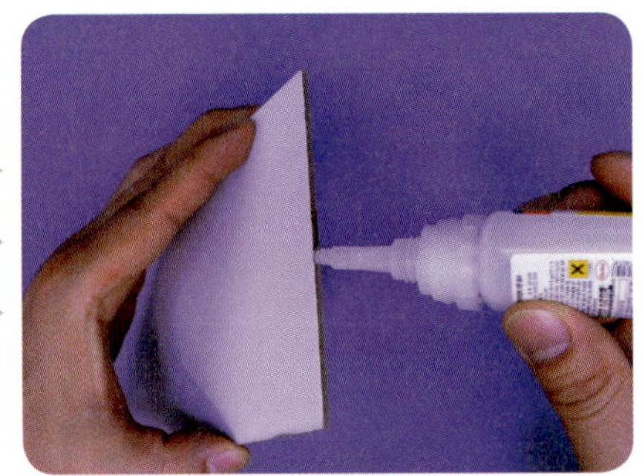

2 강력본드를 칠한다.

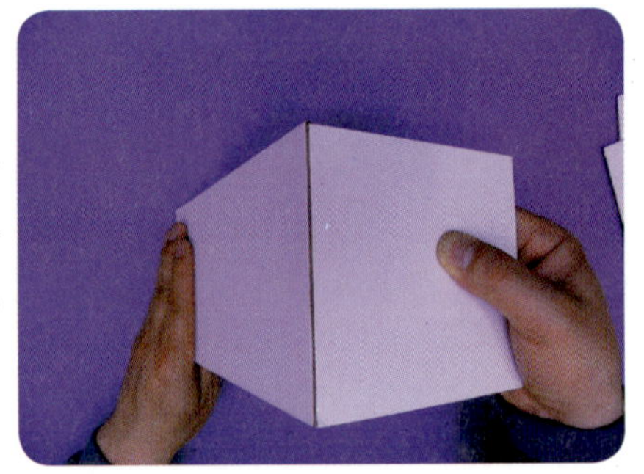

3 한 면을 붙인다.

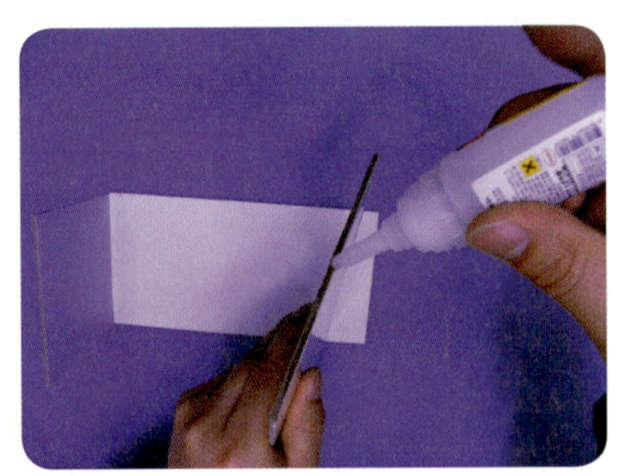

4 다른 면에 다시 본드를 칠하고

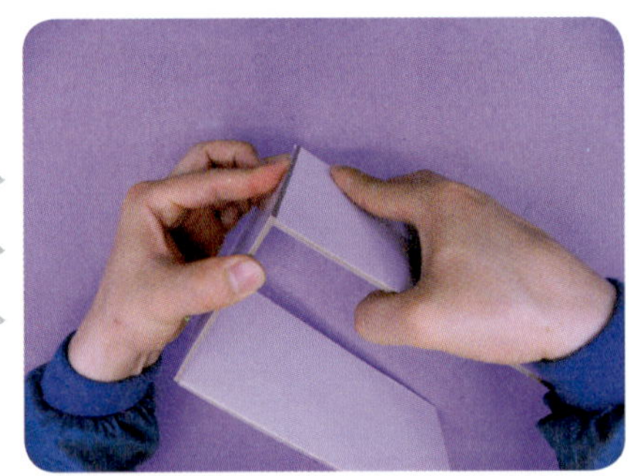

5 붙인다.

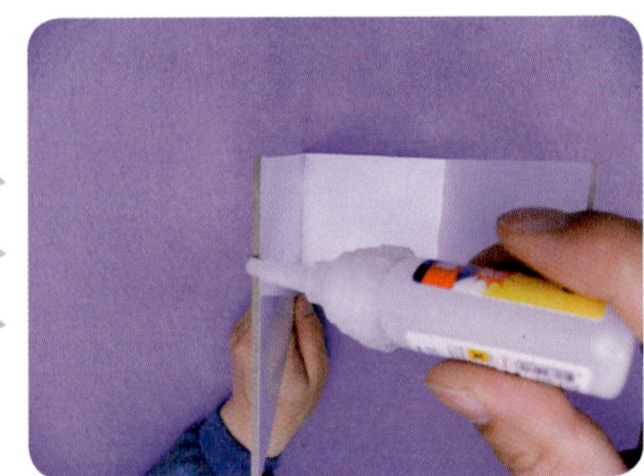

6 반대쪽의 면에도 같은 방법으로 본드를 칠하고

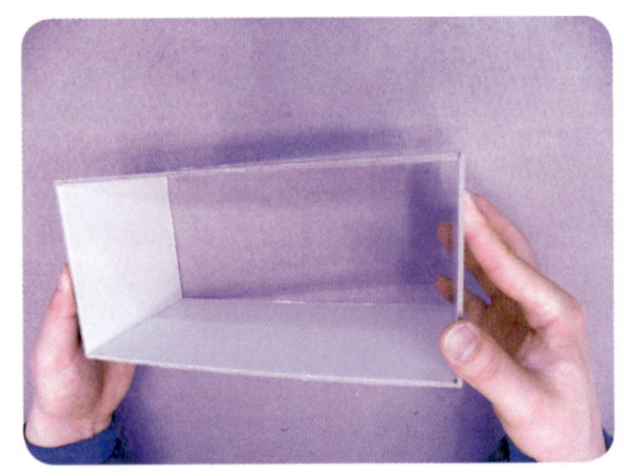

7 사면을 붙여 형태를 만든다.

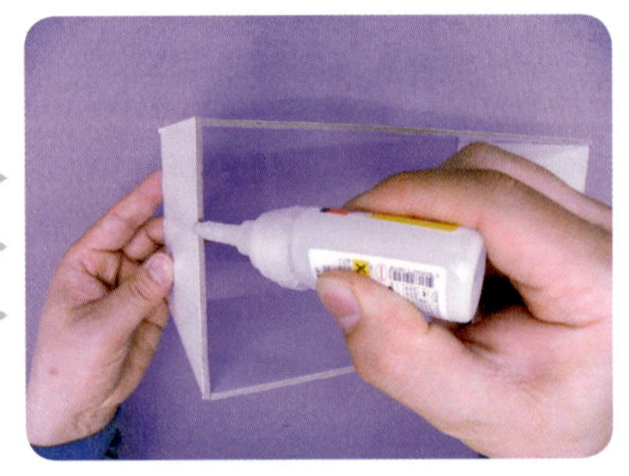

8 윗면에 본드를 칠하고

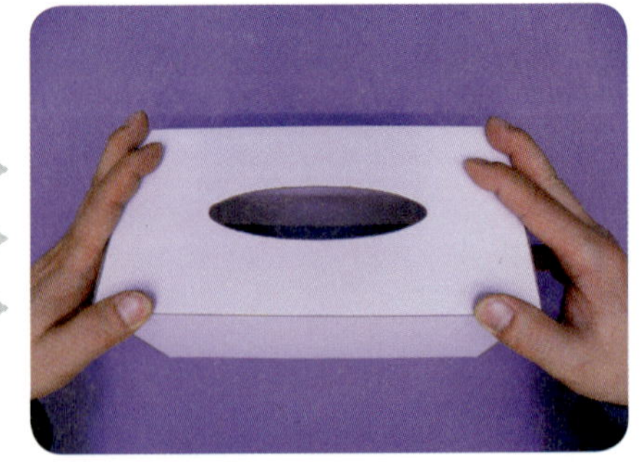

9 덮어서 붙인다.

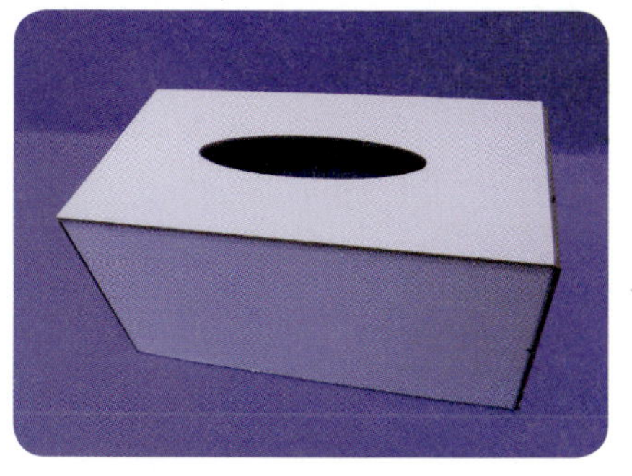

10 본드를 붙여 케이스 완성

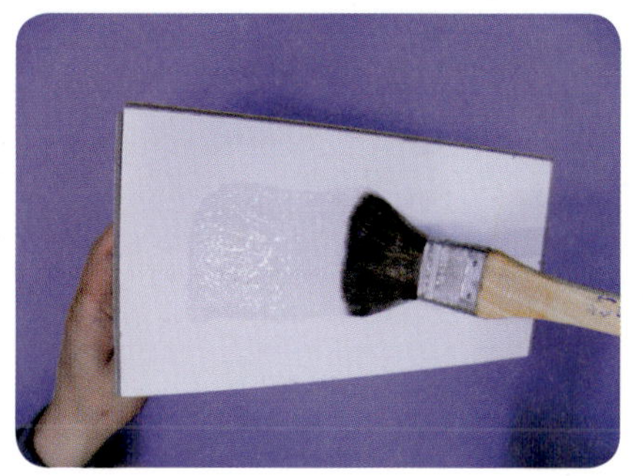

11 측면의 한 면과 모서리에 충분히 풀칠을 하고

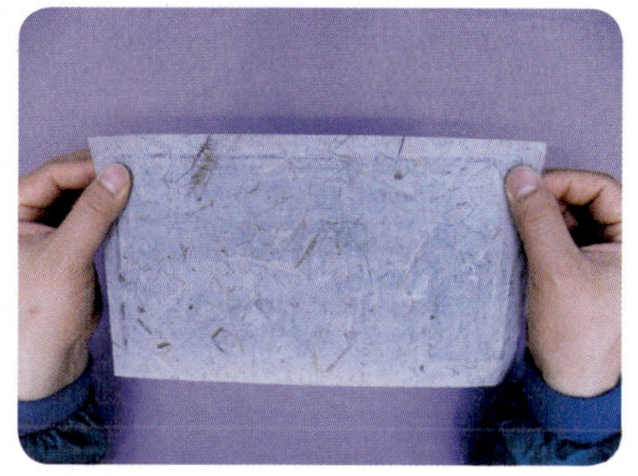

12 한지를 펴 붙인다.

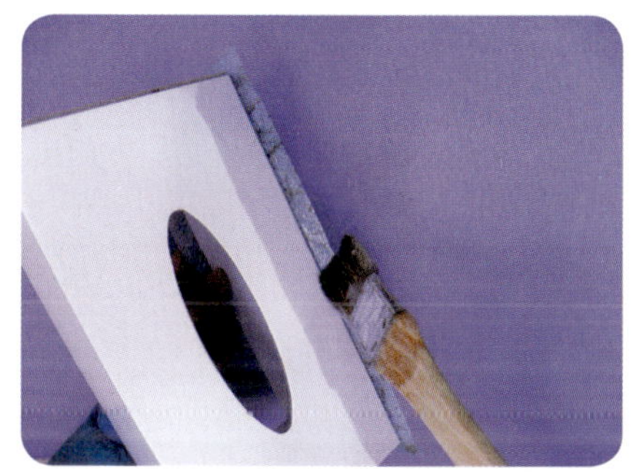

13 한지의 남은 부분에 풀칠을 하고

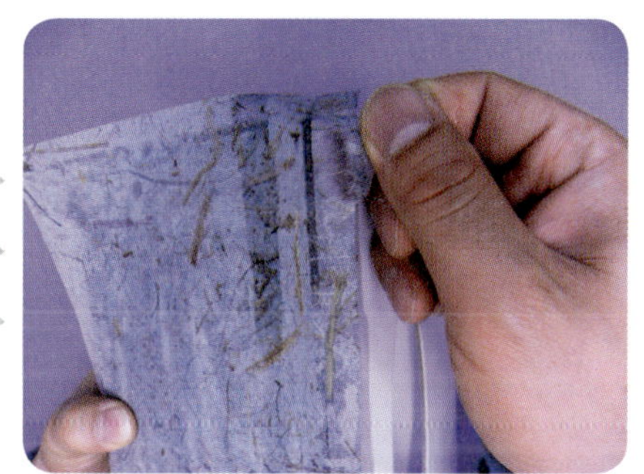

14 한지를 찢어

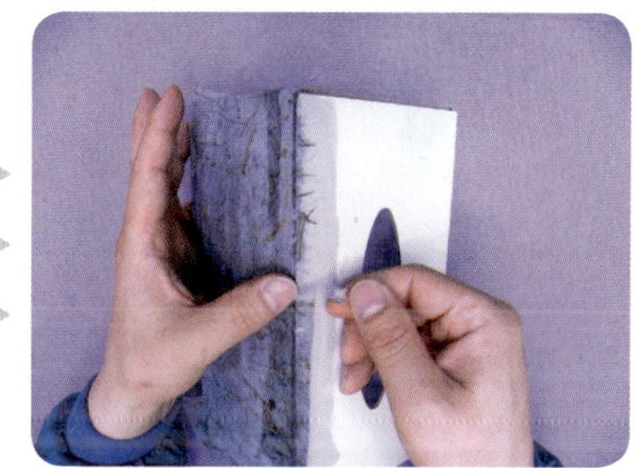

15 떼어낸다.

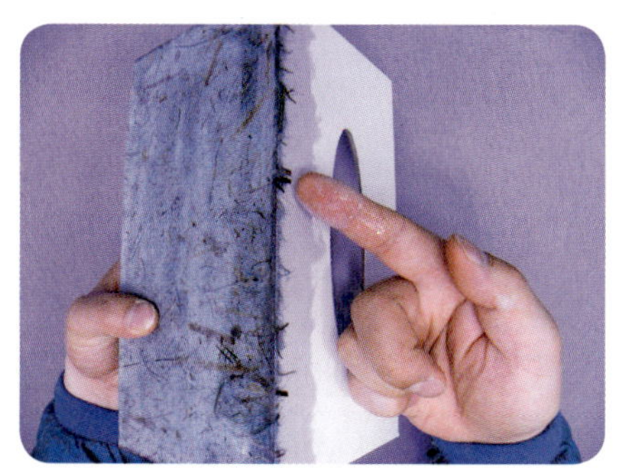

16 손에 풀을 발라서

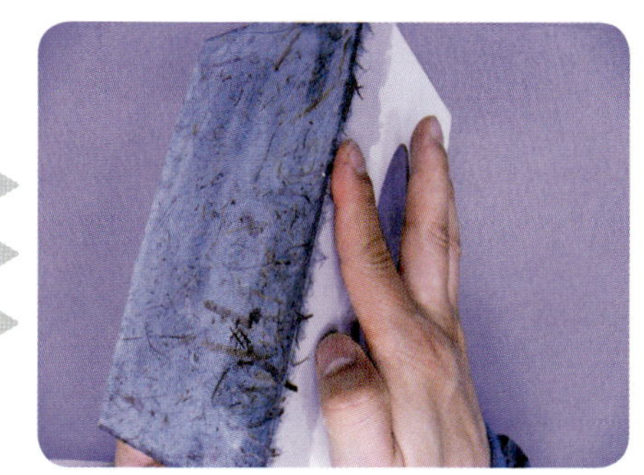

17 한지를 붙인 방향으로 문지르듯 바른다.

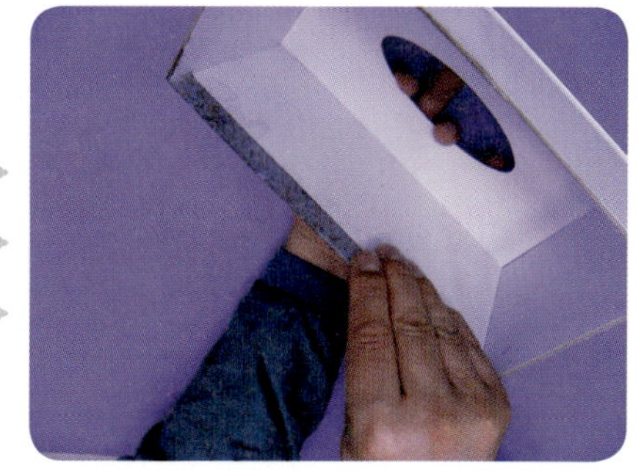

18 안쪽으로는 접어서 붙인다.

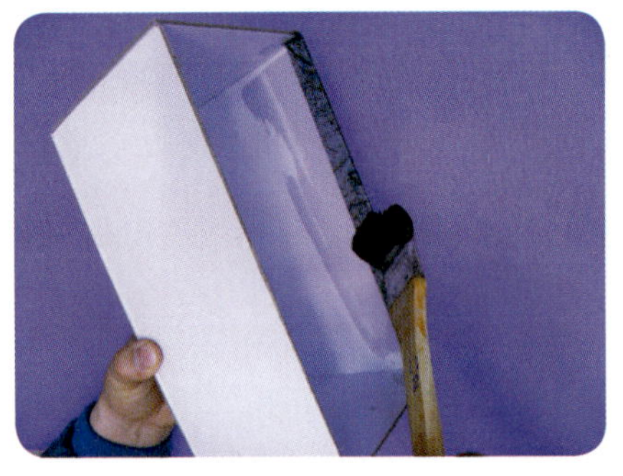

19 한지를 붙이고 붓으로 한 번 쓸어준다.

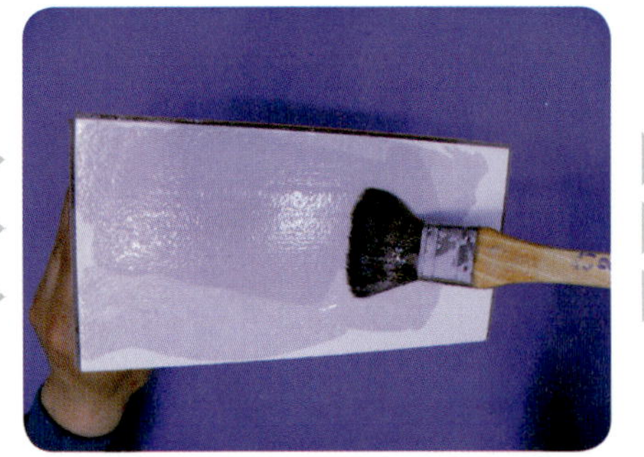

20 반대 면에도 풀칠을 하고

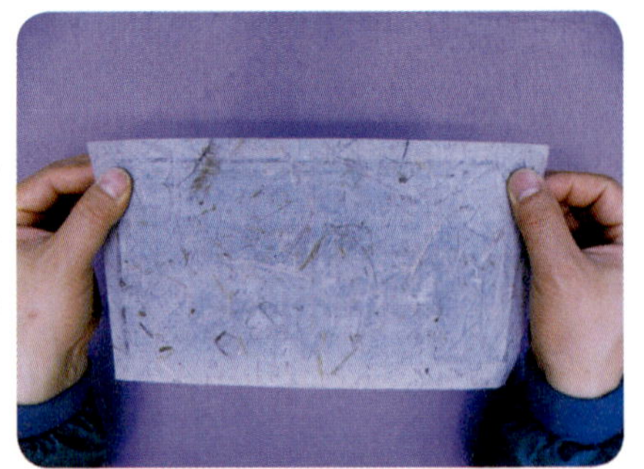

21 한지를 붙인다.

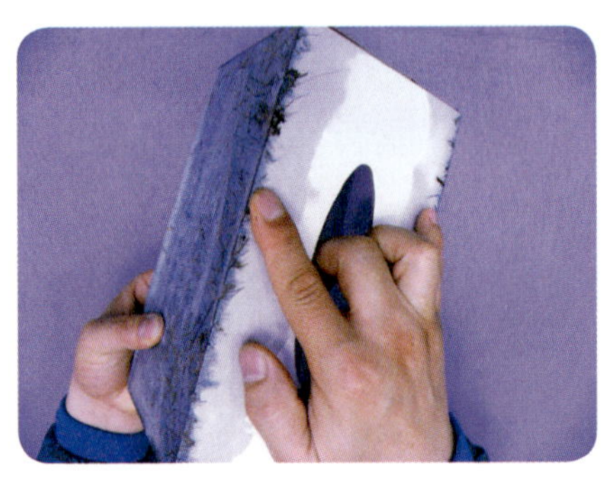

22 14번과 같이 찢어내어 붙이고 손에 풀을 발라

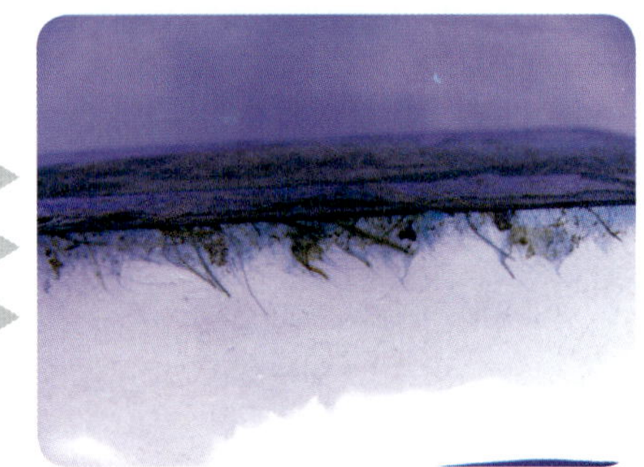

23 마무리한다.

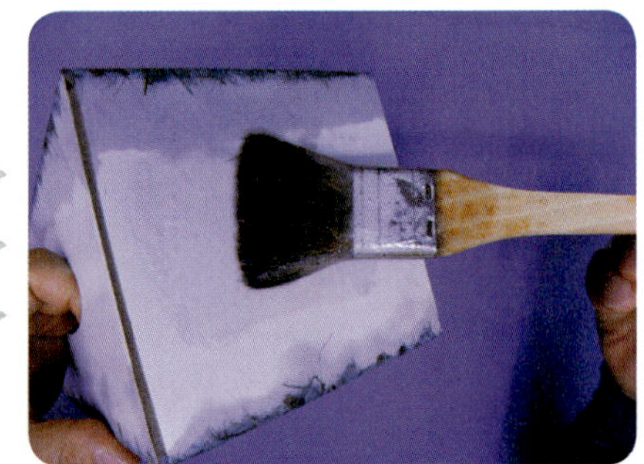

24 측면 좁은 면과

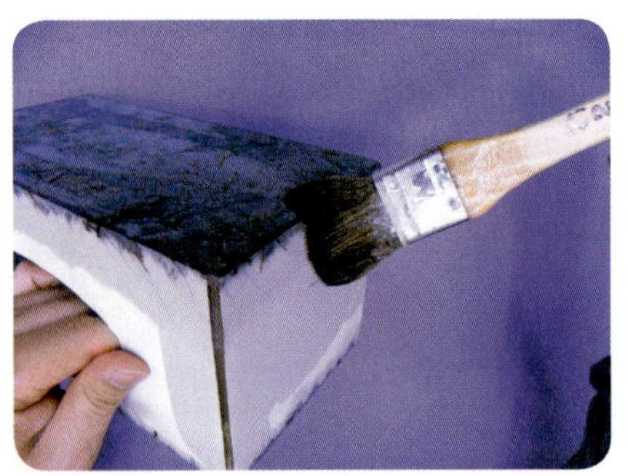

25 모서리에도 충분하게 풀칠을 하고

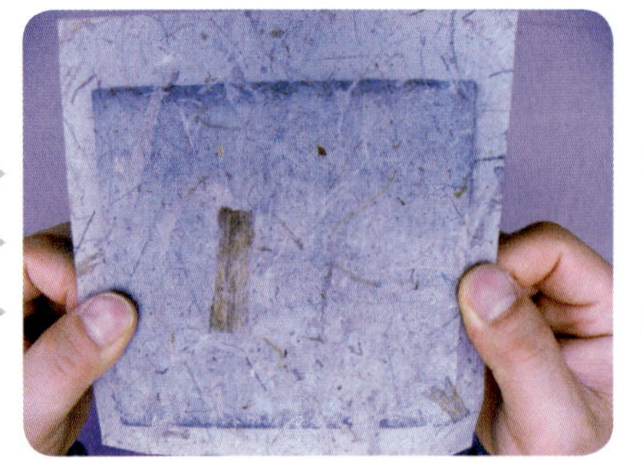

26 한지를 펴서 붙인다.

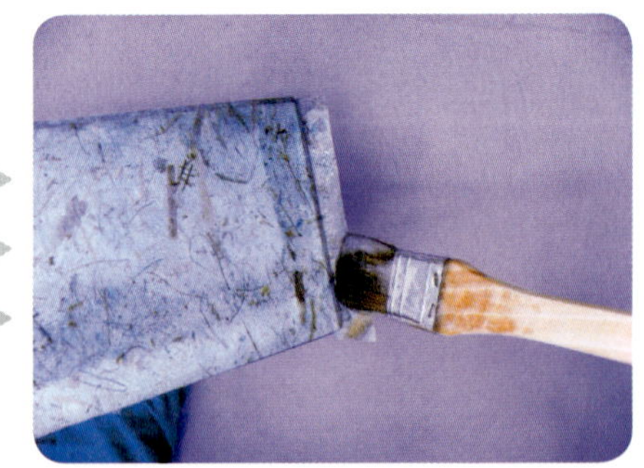

27 남는 한지에 풀칠을 하고

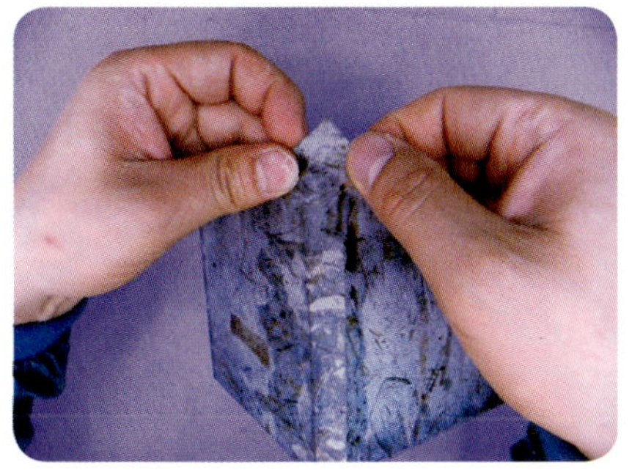

28 떼어내듯

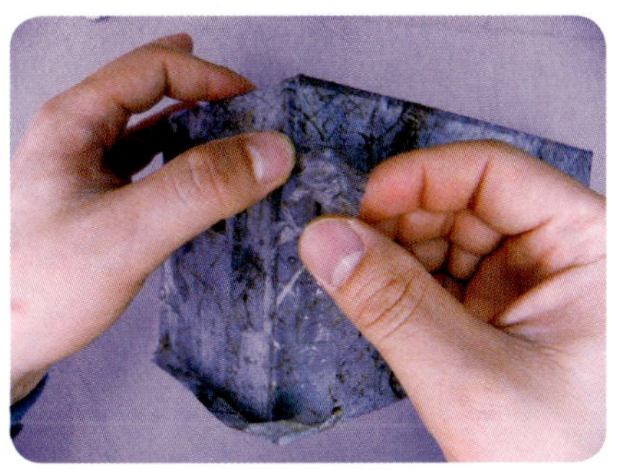

29 찢어서 붙인다.

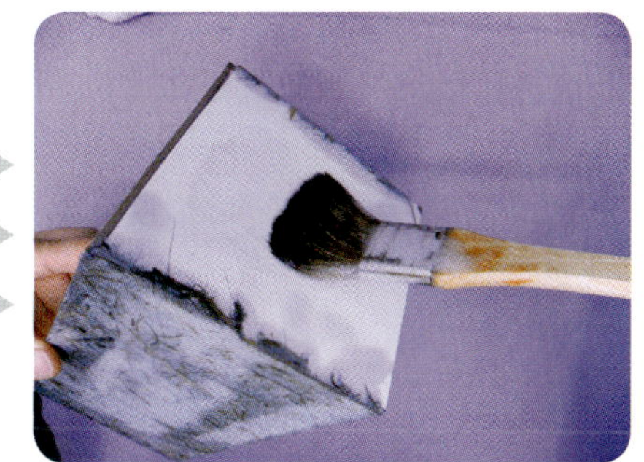

30 풀칠을 한다. 32까지 24~29와 같은 방법

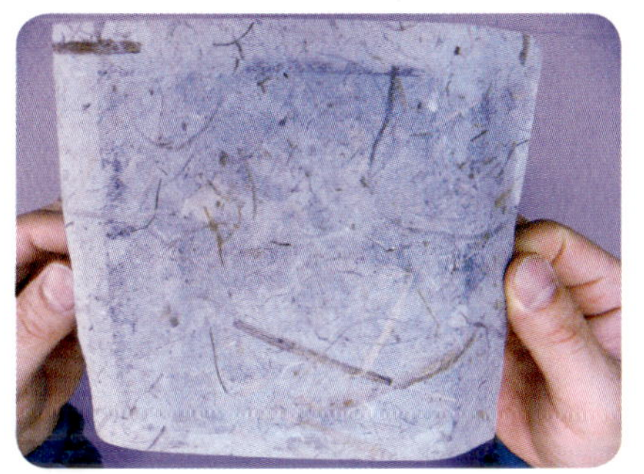

31 한지를 펴서 붙인다.

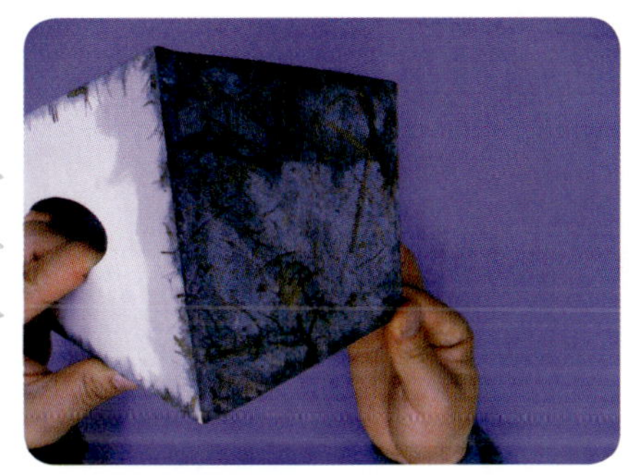

32 떼어내듯 찢어서 붙인다.

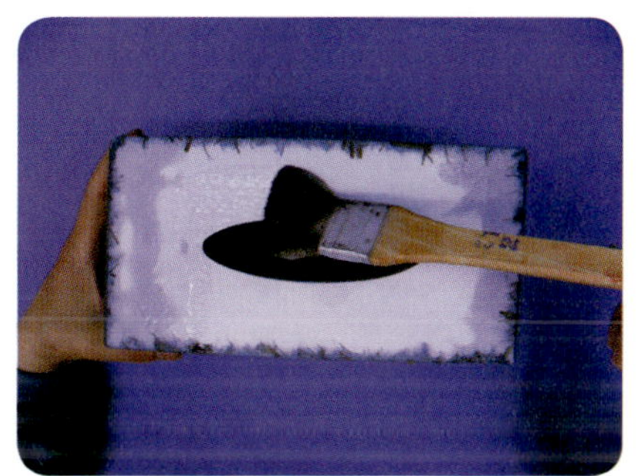

33 한지를 떼어내어 붙인 방향으로 쓸 듯 풀칠을 한다.

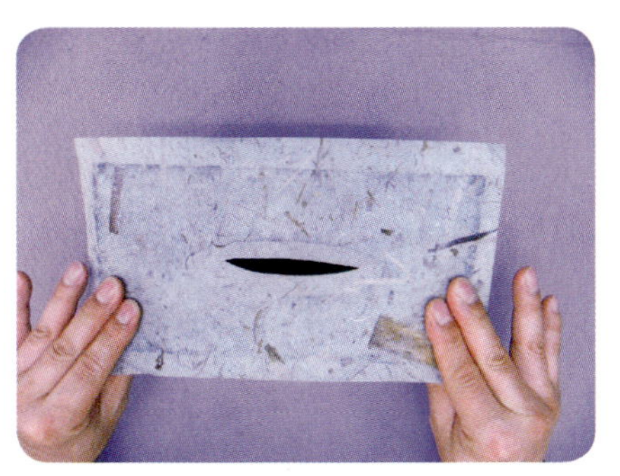

34 한지를 펴서 붙이고

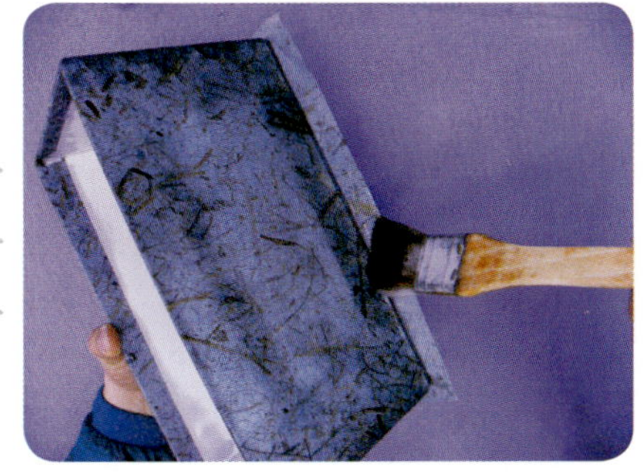

35 풀칠을 한다. 36까지 27~29와 같은 방법

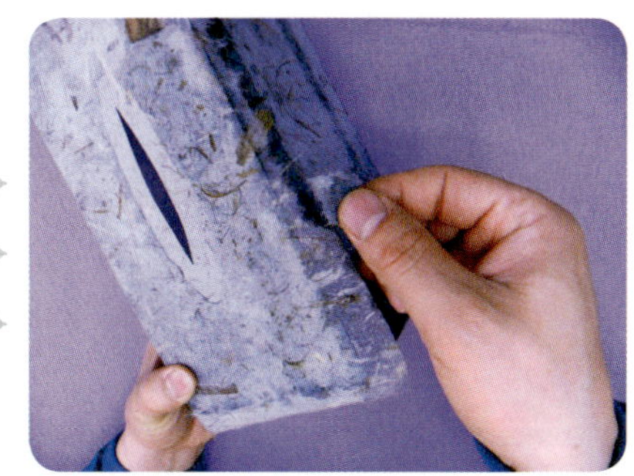

36 손에 풀칠을 하고 모서리를 비비듯 문질러 마무리한다.

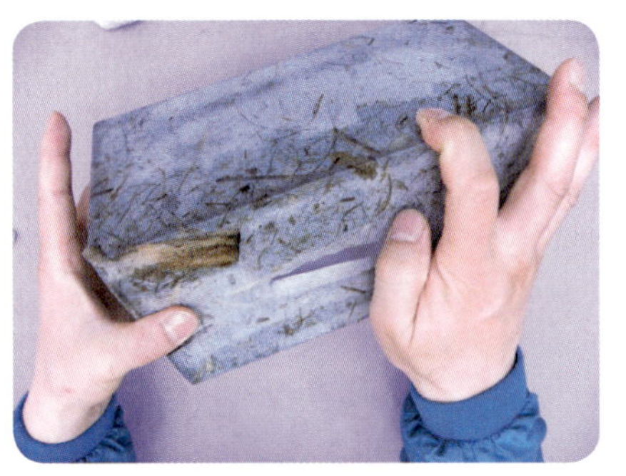

37 손에 풀칠을 하고 모서리를 비비듯 문질러 마무리한다.

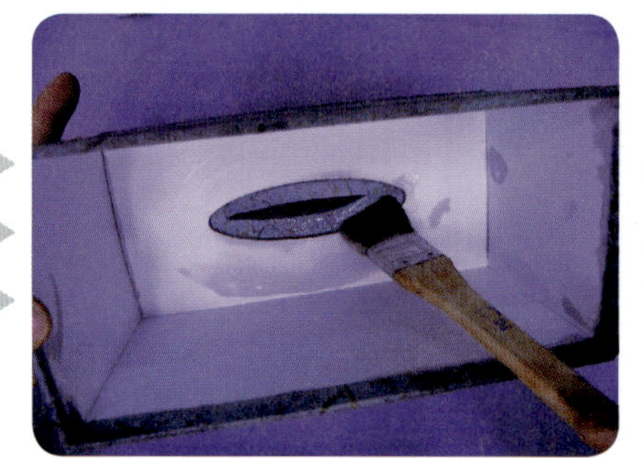

38 휴지 뽑는 구멍의 한지 여분에 풀칠을 한다.

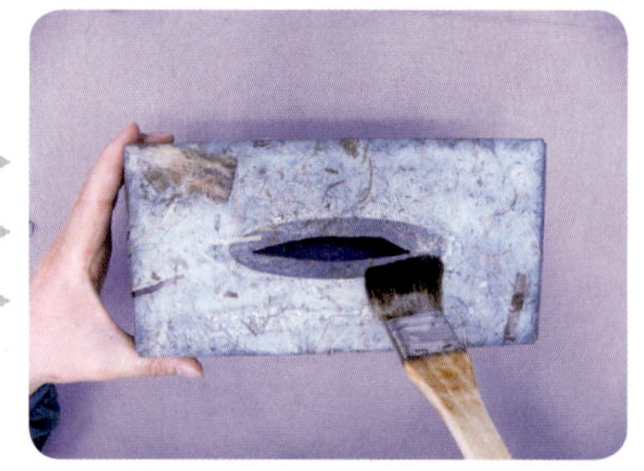

39 바깥쪽에서도 풀칠을 하고

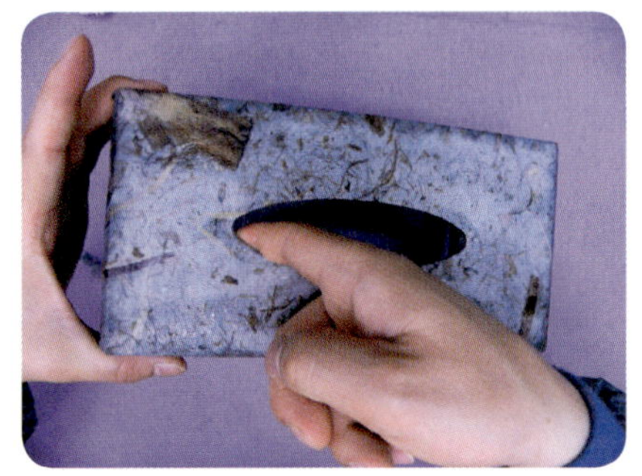

40 손으로 안쪽으로 눌러

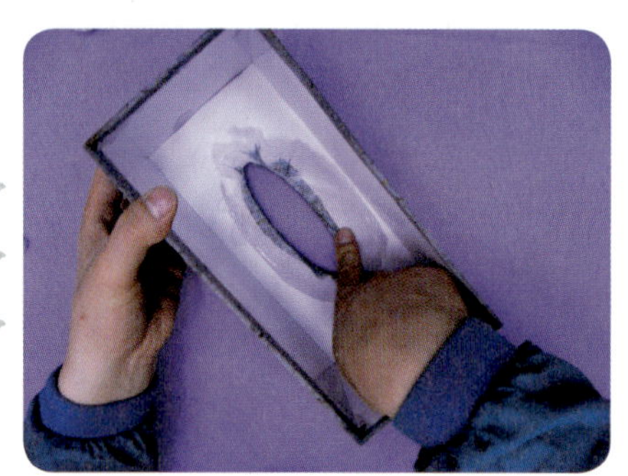

41 붙인다.

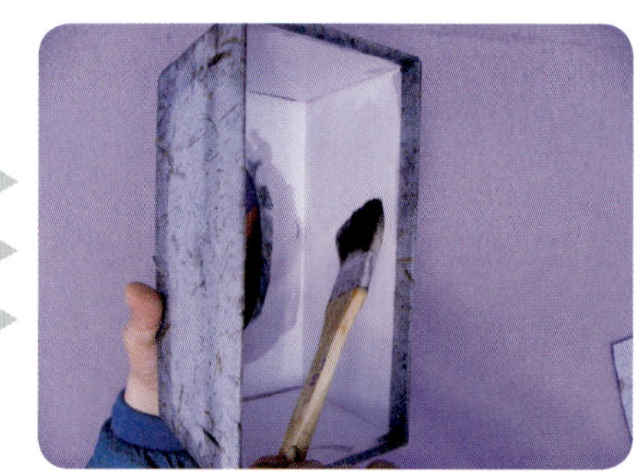

42 안쪽의 한 면에도 풀칠을 하고

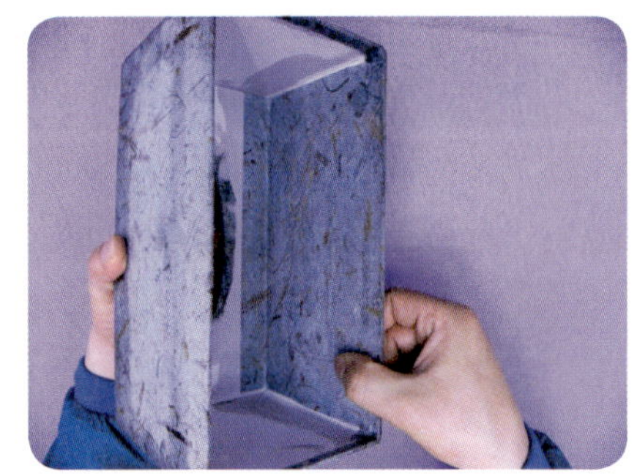

43 한지를 붙이고

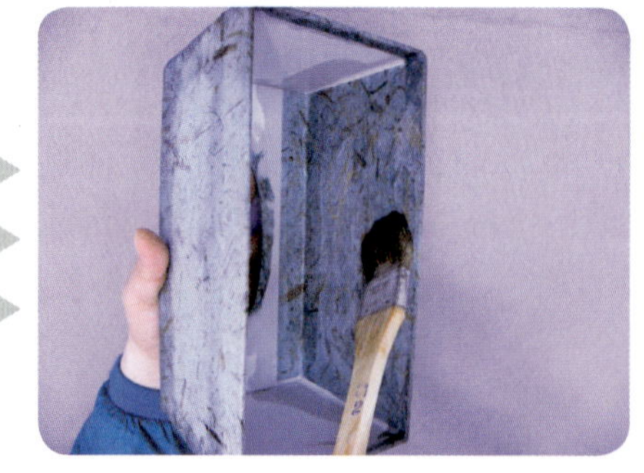

44 붓으로 한 번 쓸어 준다.

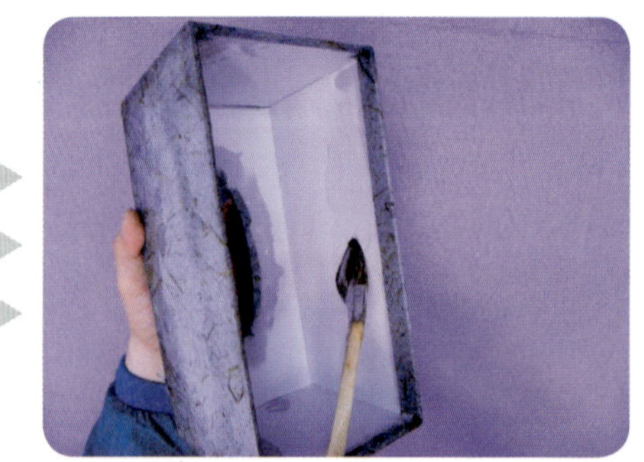

45 안쪽에도 풀칠을 하고

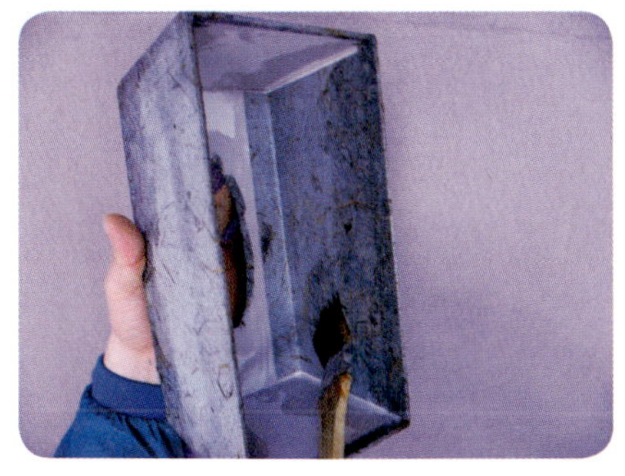

46 한지를 붙이고 붓으로 한 번 쓸어 준다.

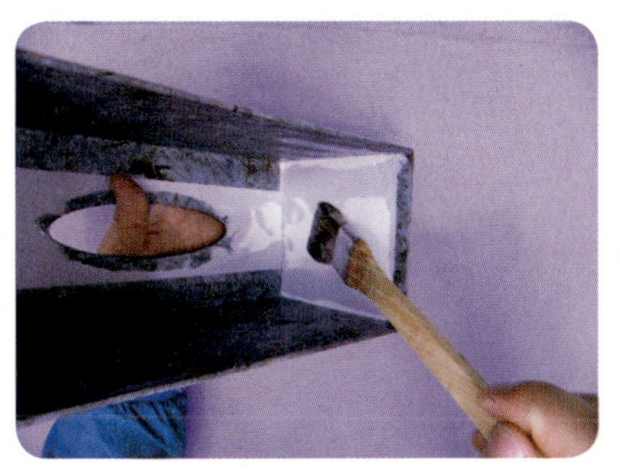

47 다른 측면에도 풀칠을 하고

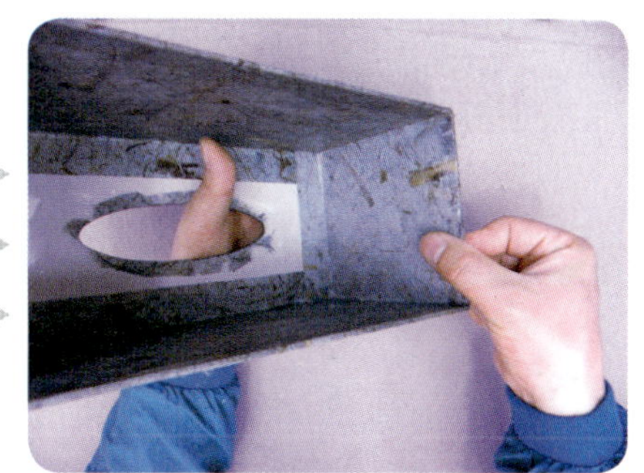

48 한지를 붙인 후

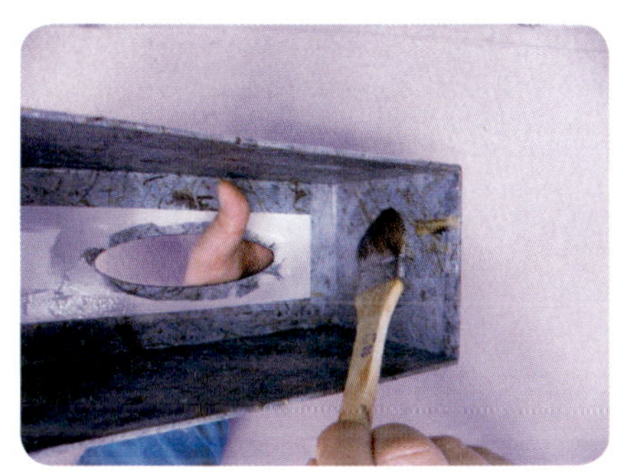

49 붓으로 쓸어 준다.

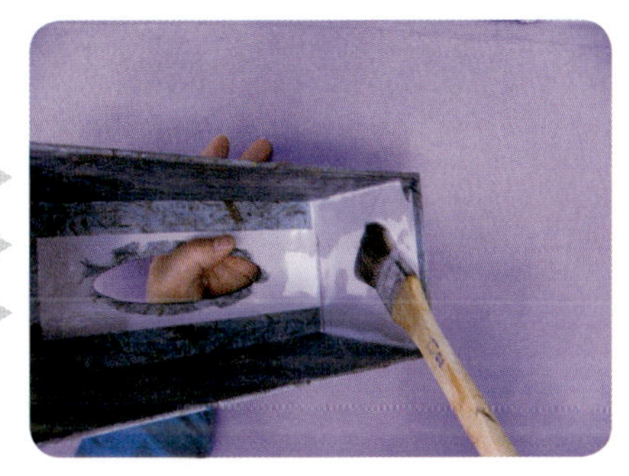

50 나머지 측면에도 풀칠을 하고

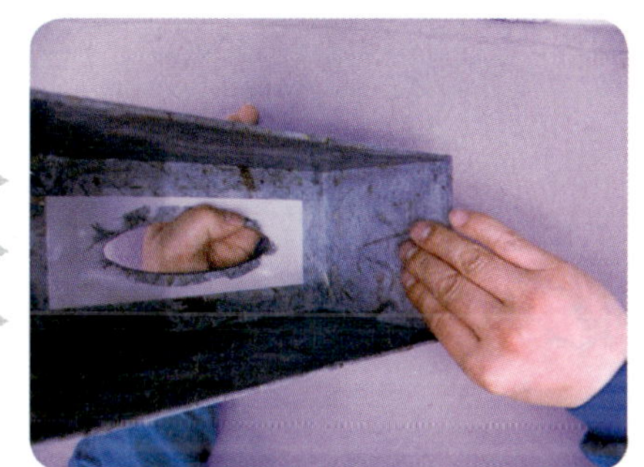

51 한지를 붙인 후

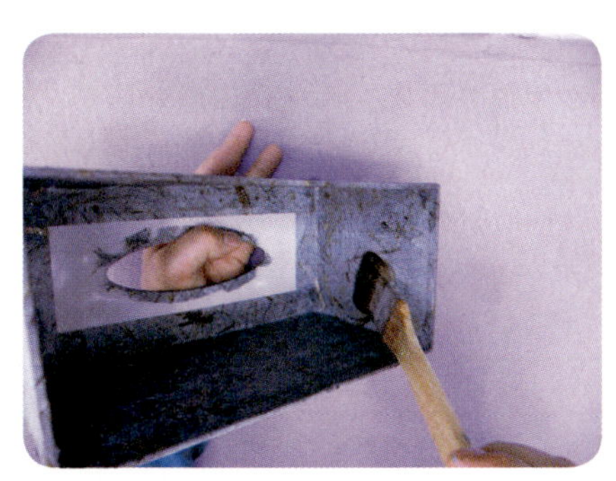

52 붓으로 쓸어 준다.

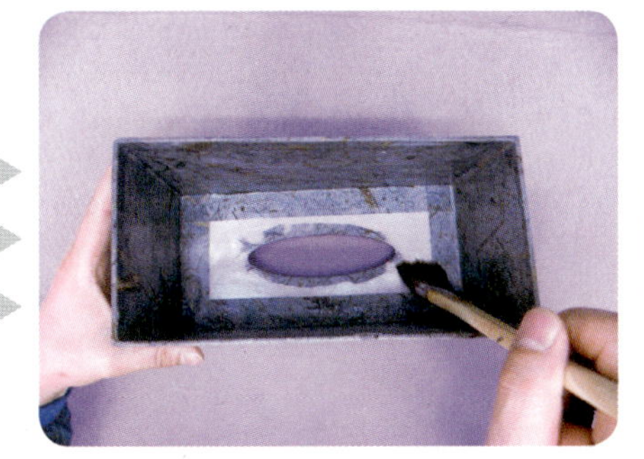

53 안쪽 면에 풀칠한다.

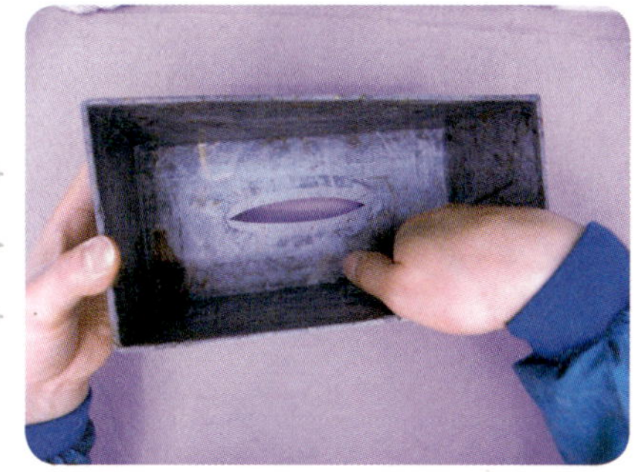

54 한지를 붙이고 구석의 꺾이는 부분은 손끝으로 눌러 붙이고

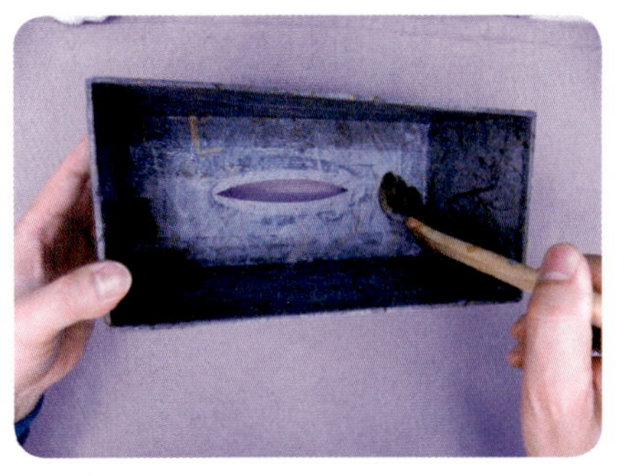

55 다시 붓 끝으로 눌러주며 쓸어준다.

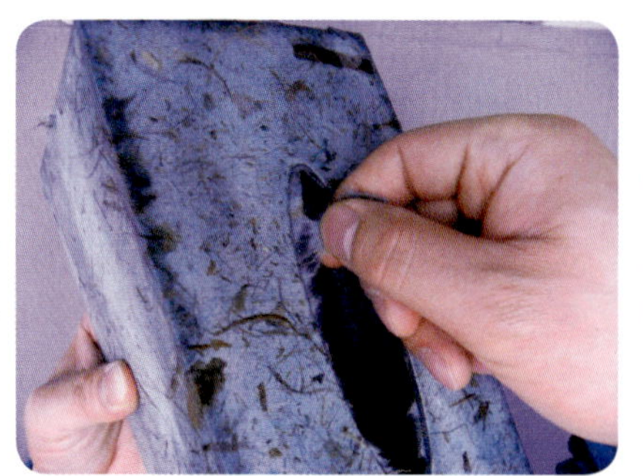

56 떼어내듯 찢어서 붙이고

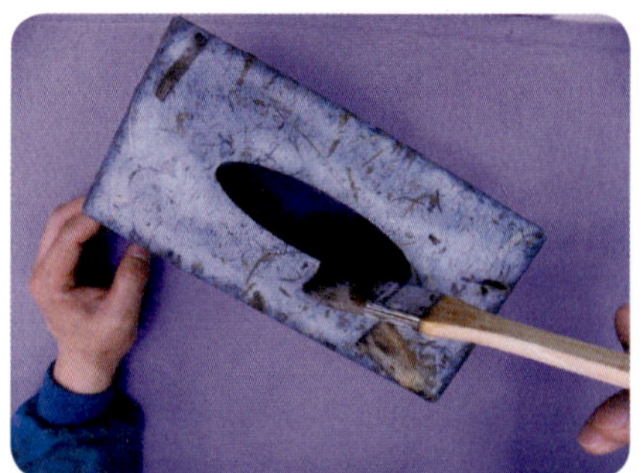

57 한지를 붙인 방향으로 붓을 쓸어준다.

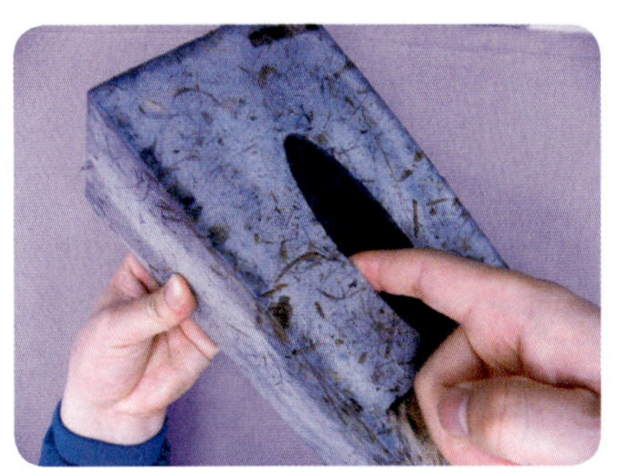

58 안쪽으로 손을 넣어 붙여서 마무리하고

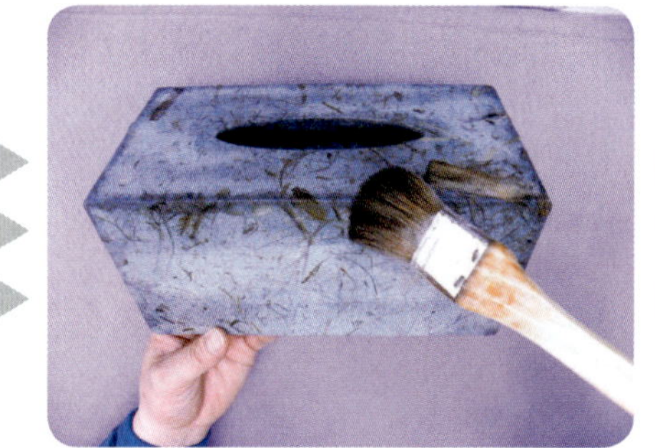

59 각 면과 모서리는 붓으로 쓸어서 마무리한다.

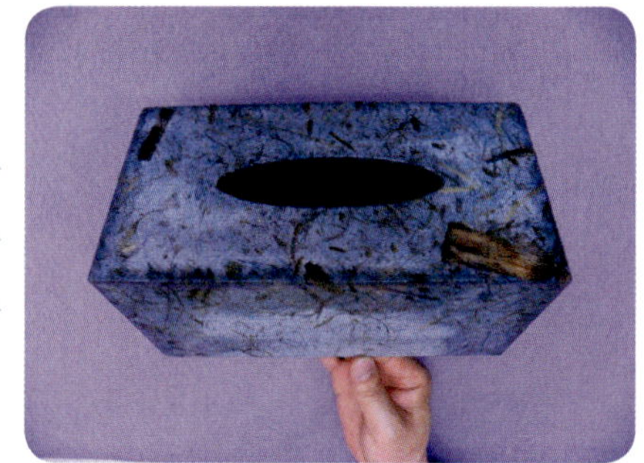

60 완성!

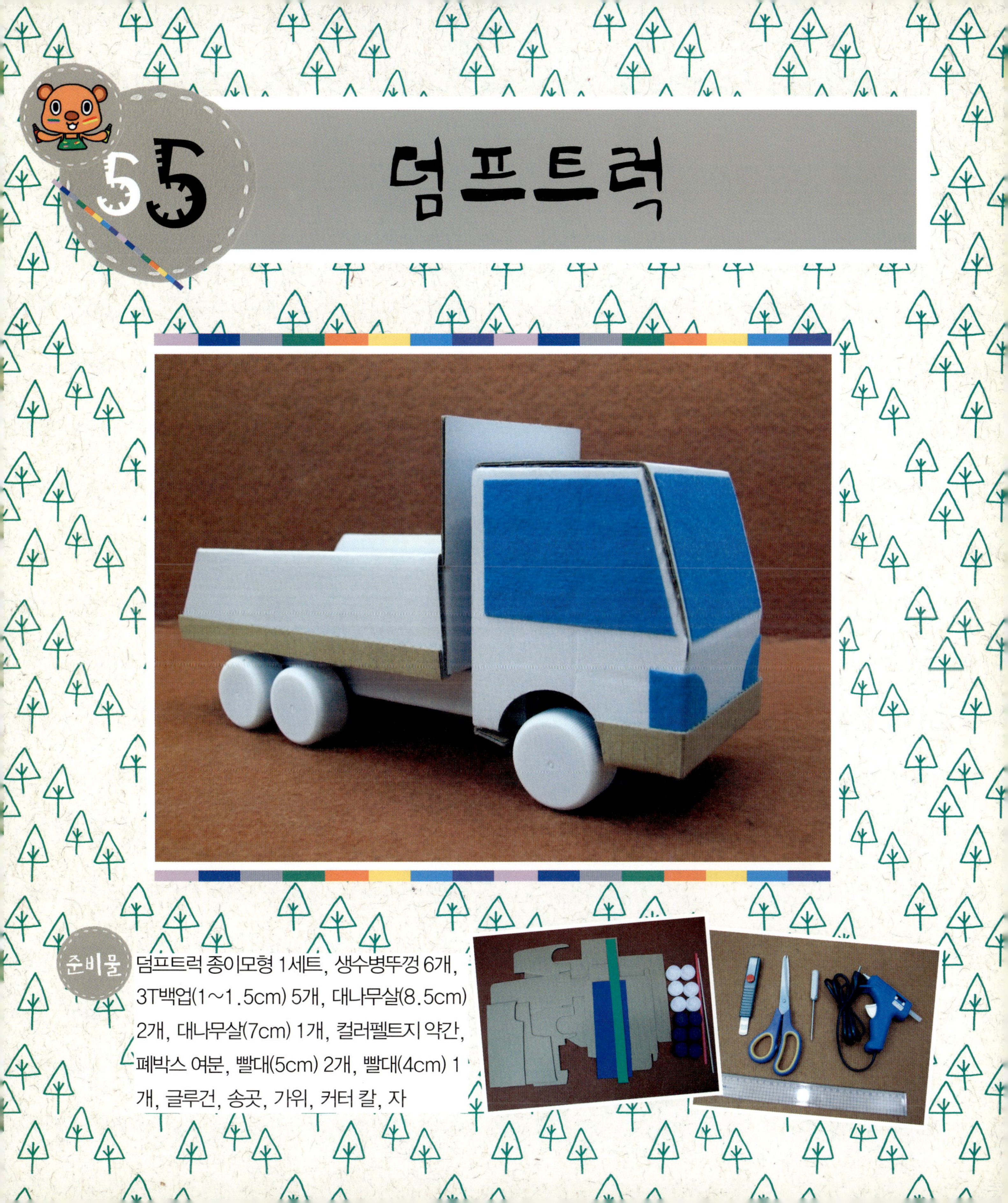

덤프트럭

준비물 덤프트럭 종이모형 1세트, 생수병뚜껑 6개, 3T백업(1~1.5cm) 5개, 대나무살(8.5cm) 2개, 대나무살(7cm) 1개, 컬러펠트지 약간, 폐박스 여분, 빨대(5cm) 2개, 빨대(4cm) 1개, 글루건, 송곳, 가위, 커터 칼, 자

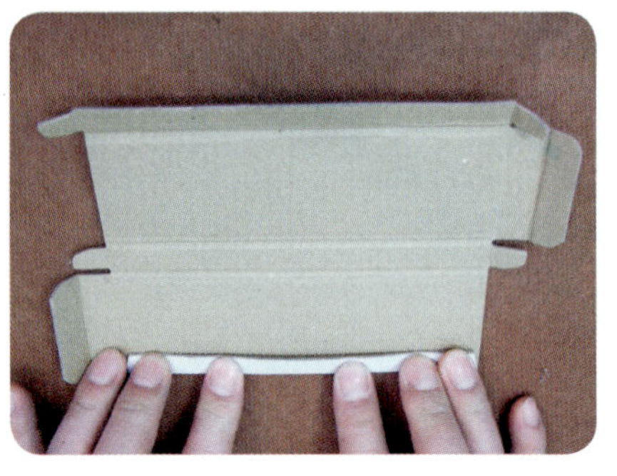

1 중간몸체의 접는 선대로 박스를 접어

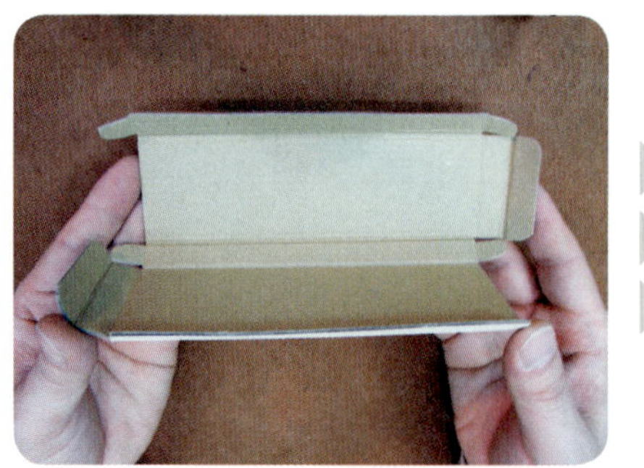

2 모형을 잡아본다.

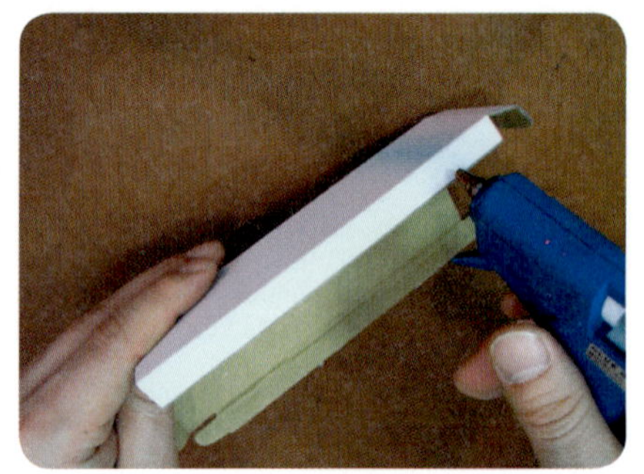

3 접착부위에 풀이나 글루건을 쏘아

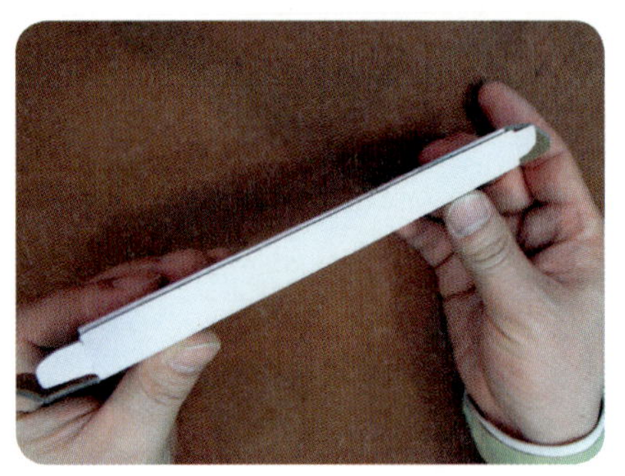

4 단단히 붙여 고정하고

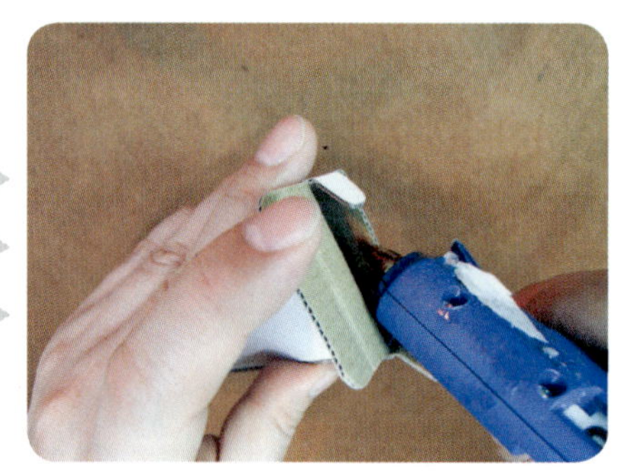

5 몸체박스 양쪽의 안쪽에 글루건을 쏘아

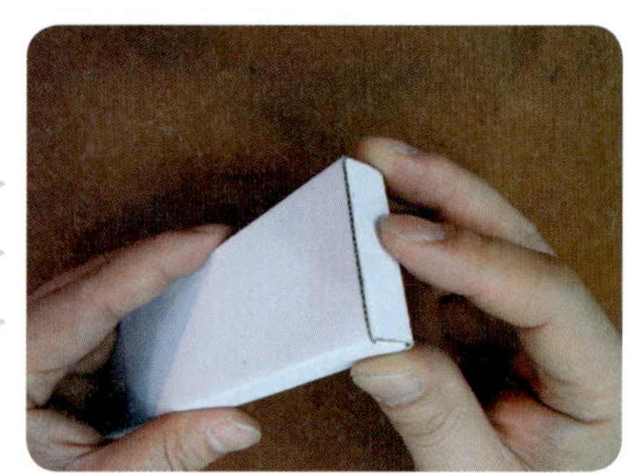

6 붙여서 고정한다.

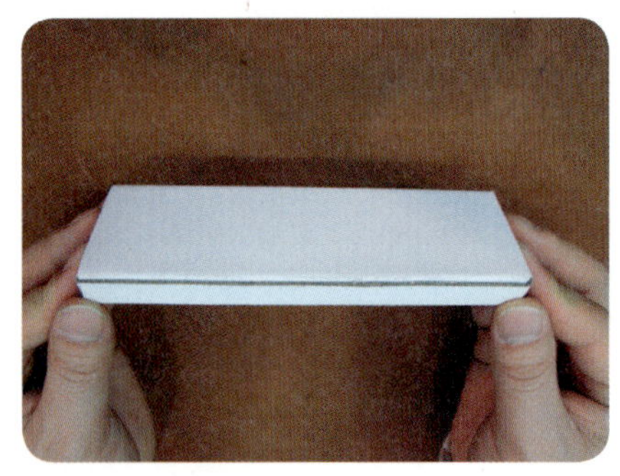

7 양손으로 꼭 눌러서 단단히 붙었는지 확인한다.

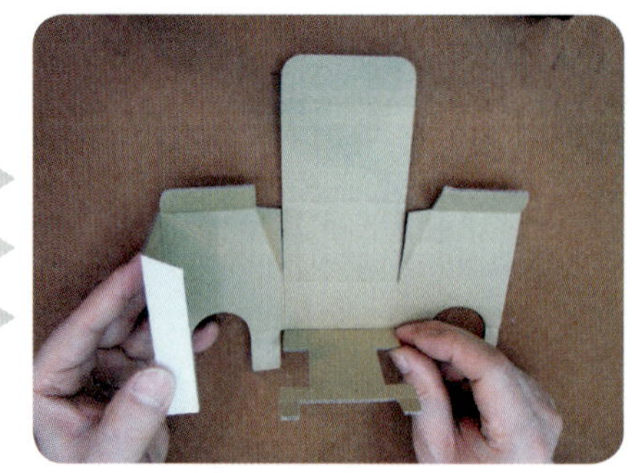

8 접는 선을 따라서 운전석의 모형을 한 번 접어보고

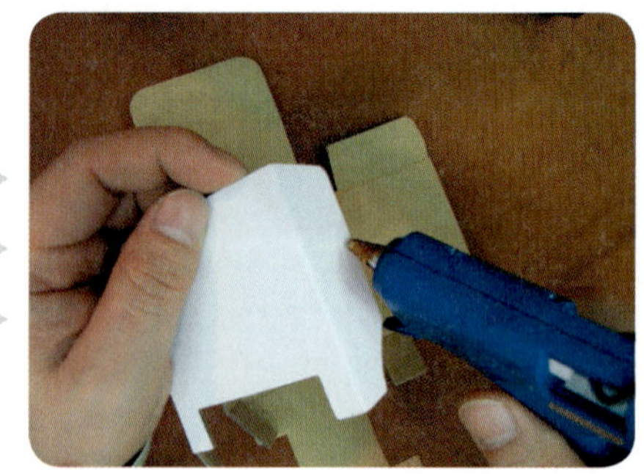

9 접착부위에 풀이나 글루건을 쏘아

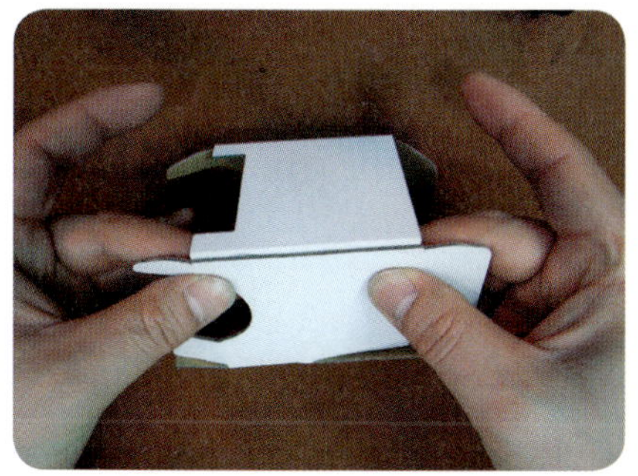

10 단단히 붙여서 고정한다.

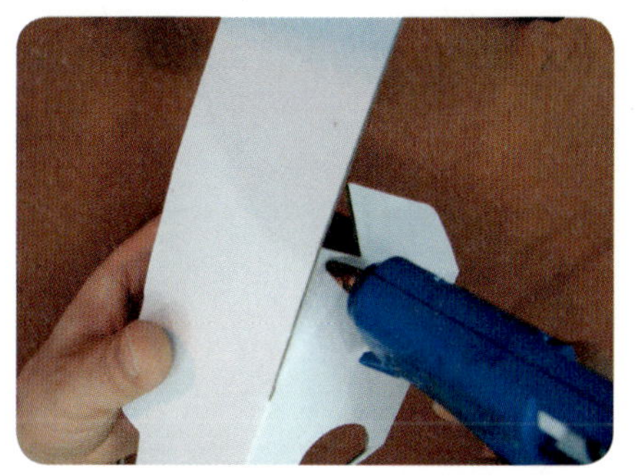

11 운전석의 앞 유리창이 될 부분의 안으로 접어야 할 삼각형 부위에 글루건을 쏘고

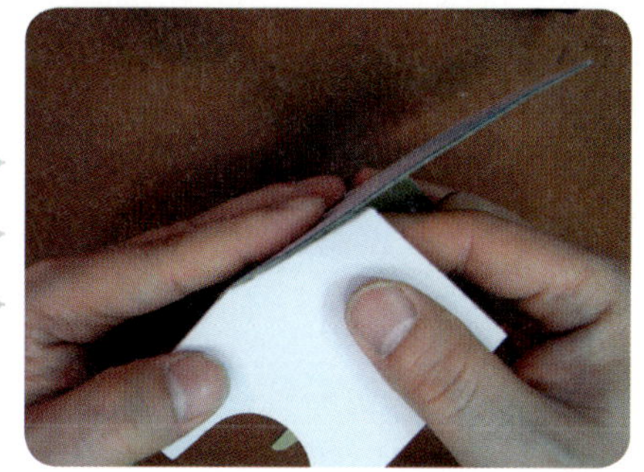

12 한 손으로는 안에서 받쳐주면서 단단히 눌러 붙인다.

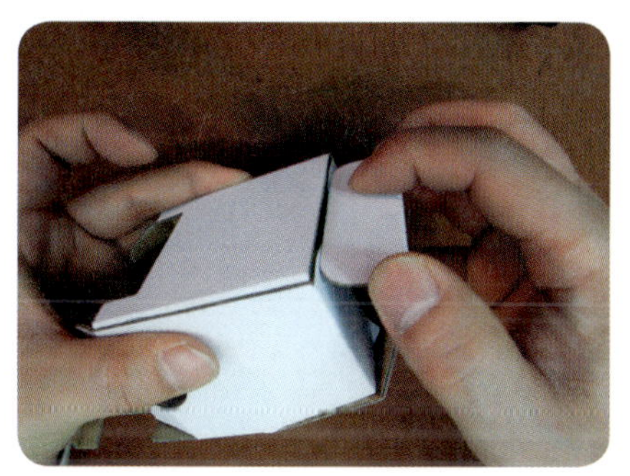

13 니머지는 꺾어서 끼워 넣고

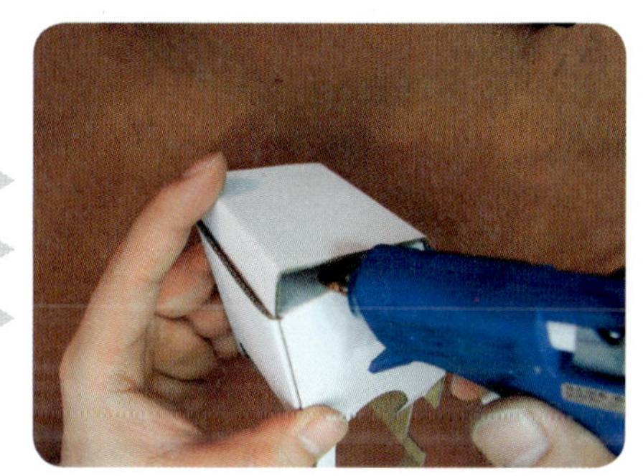

14 안쪽에 글루건을 쏘아 붙인다.

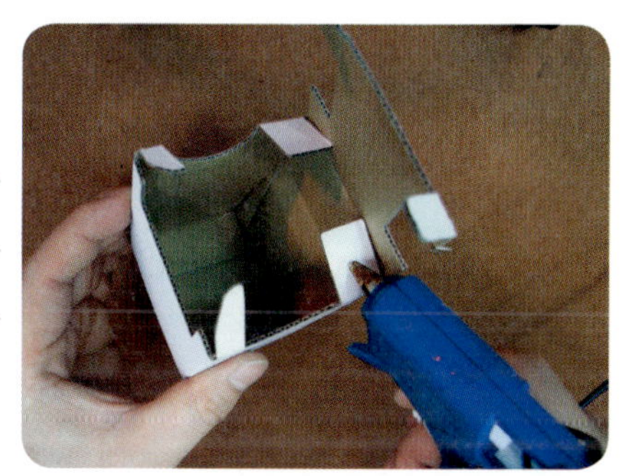

15 운전석이 아랫부분에도 접히는 부분에는 글루건을 쏘아서

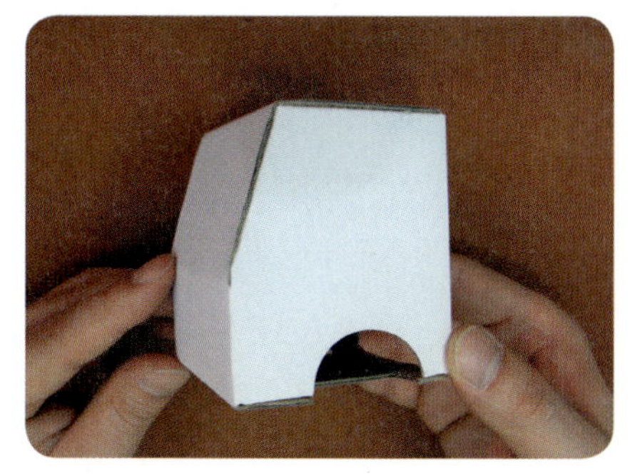

16 접어 넣어 붙인다.

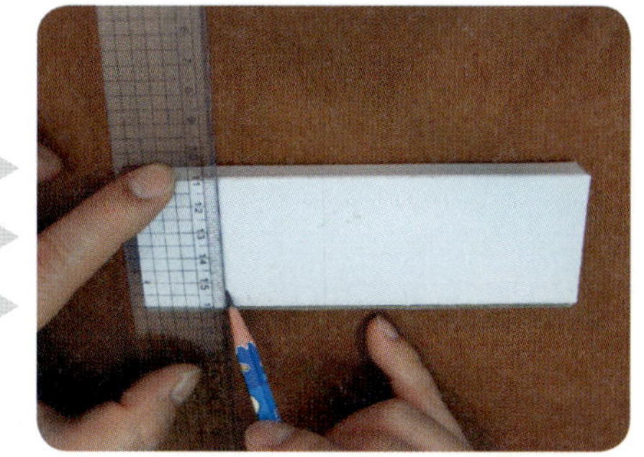

17 만들어놓은 7의 끝부분에서 약 3cm~3.5cm 정도에 연필로 선을 긋고

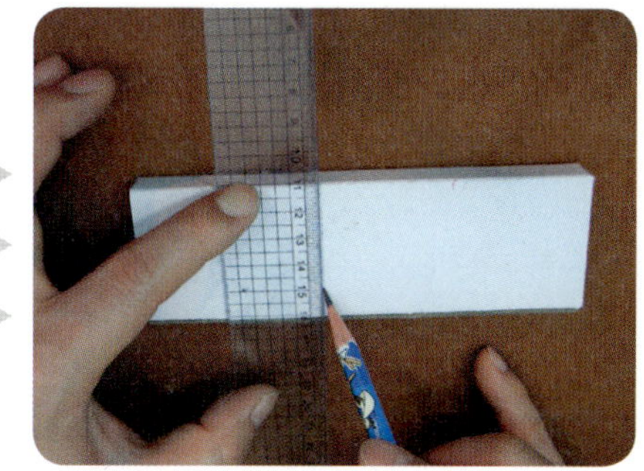

18 다시 3cm~3.5cm되는 부분에 선을 긋는다.

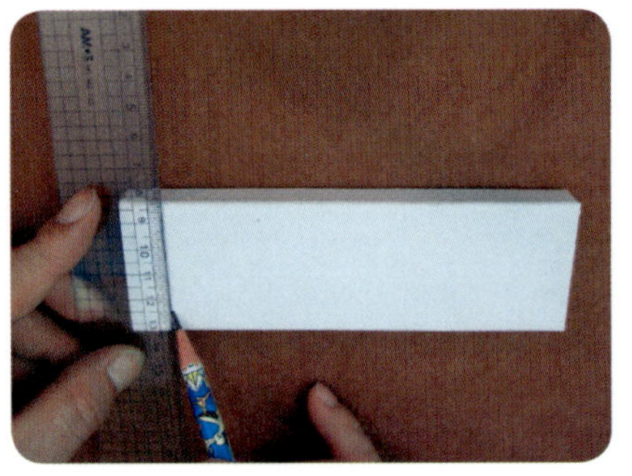

19 다시 뒤집어서 반대쪽 끝 부분에서 약 1cm 정도 되는 부분에 선을 긋는다.

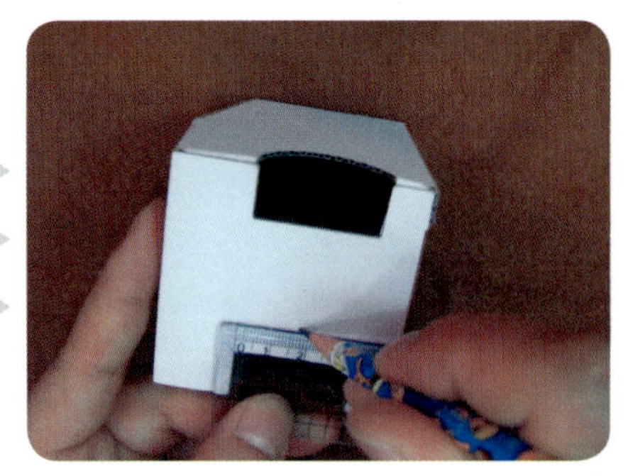

20 운전석의 바퀴를 달 부분을 자로 재어서 반에 체크하고

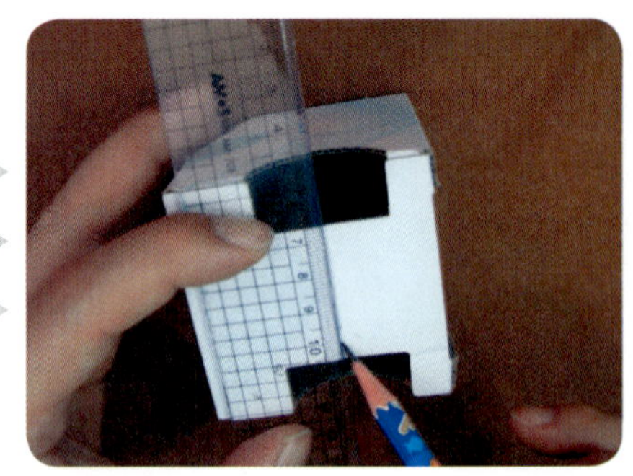

21 연필로 선을 긋고 글루건을 이용하여 빨대를 붙인다.

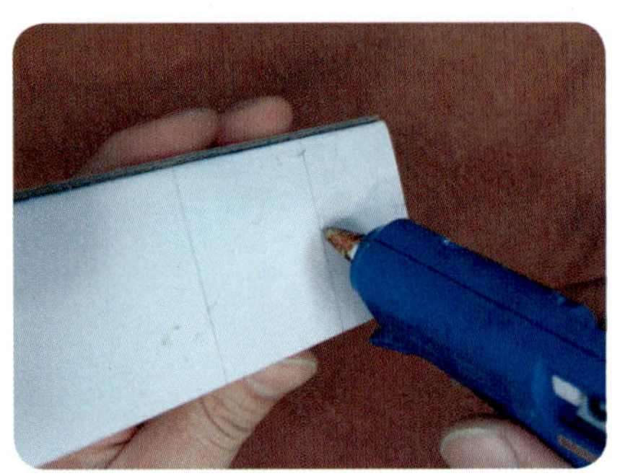

22 **18**에서 그어놓은 선을 따라서 글루건을 가늘게 쏘고

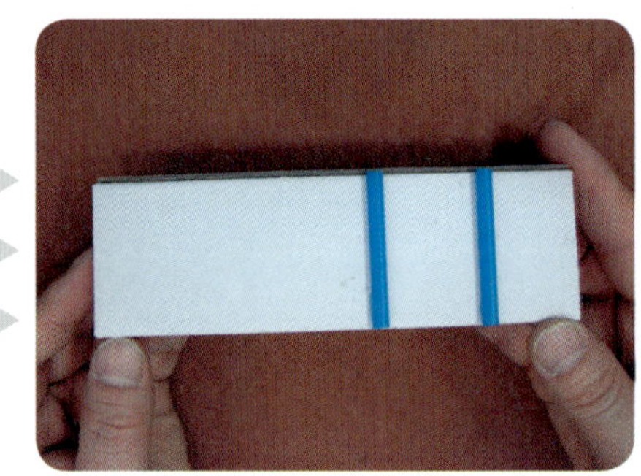

23 빨대를 붙인다.

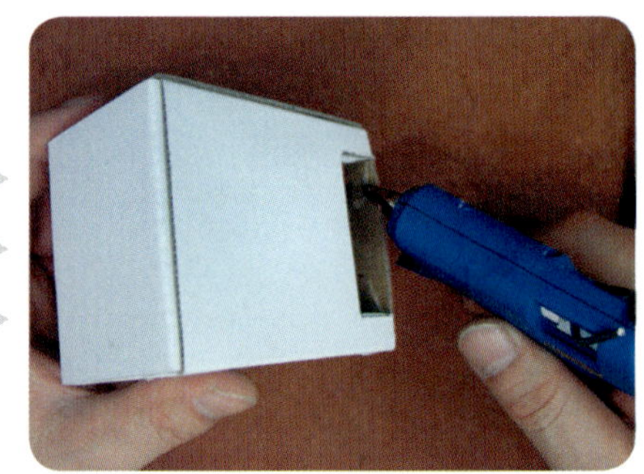

24 운전석의 뒤쪽 아래에 글루건을 쏘아

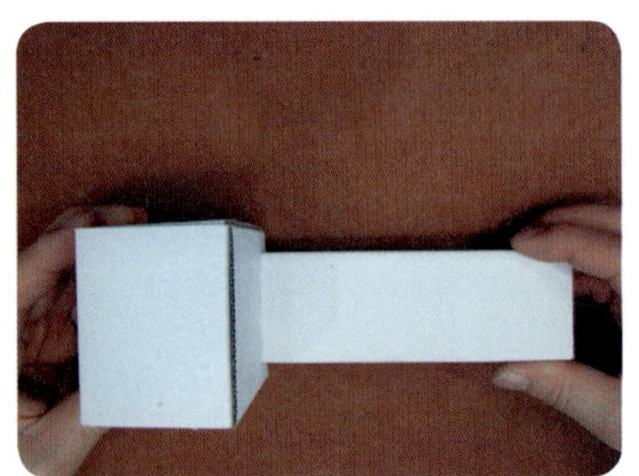

25 **23**의 중간 몸체를 끼워 넣는다.

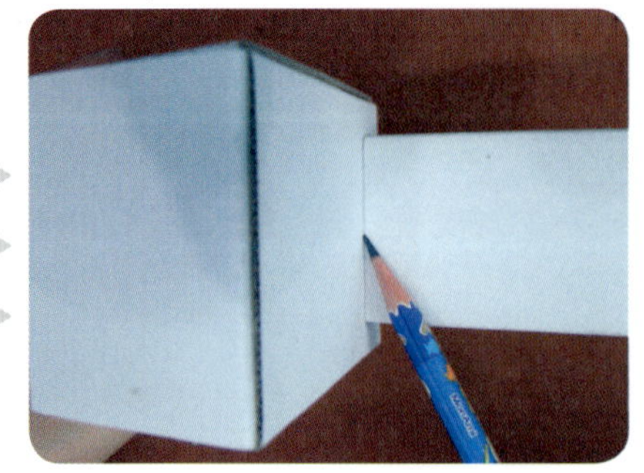

26 **19**에서 그어놓은 선까지 맞게 끼워 넣는다. (연필로 가리키는 곳)

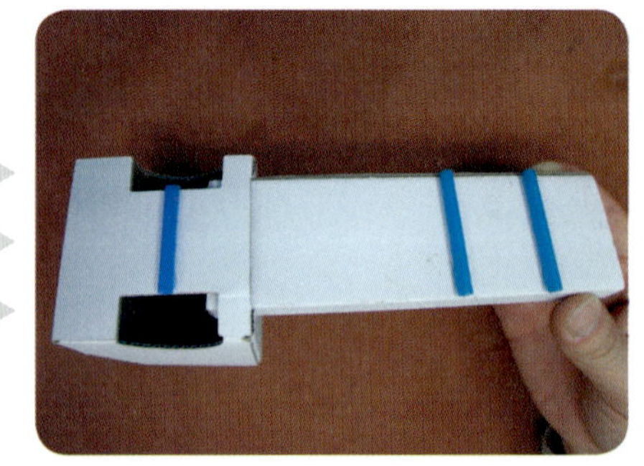

27 빨대를 붙여서 완성한 트럭의 몸체

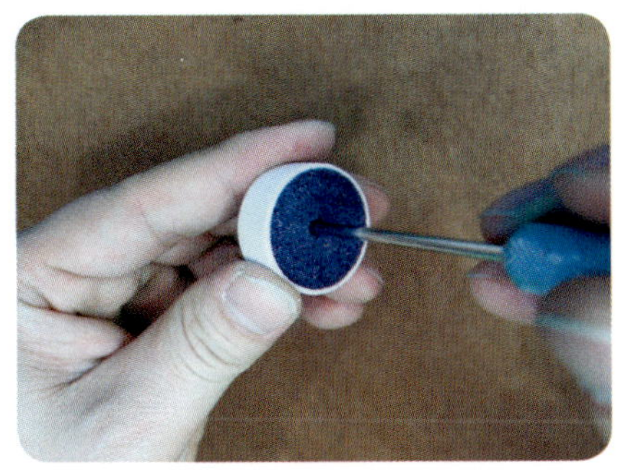

28 병뚜껑에 끼워 넣은 백업의 가운데에 송곳으로 예비 구멍을 뚫어

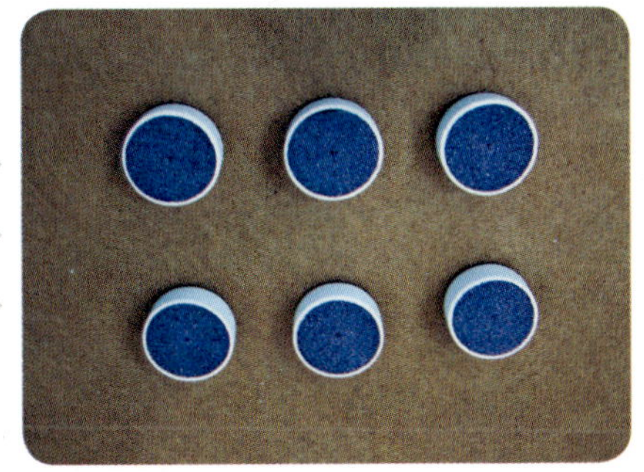

29 6개를 만들어 놓는다.

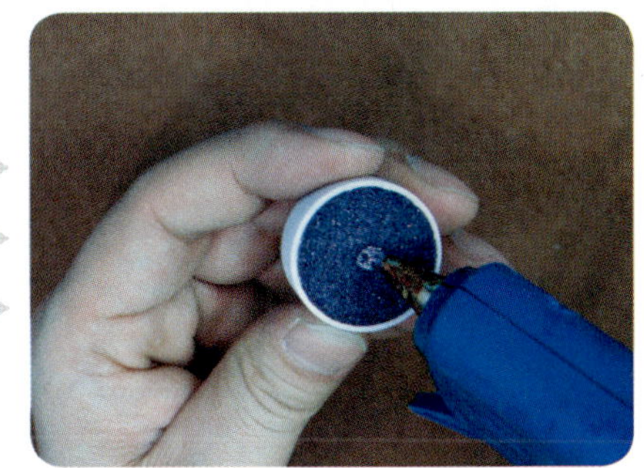

30 뚫어놓은 백업의 예비 구멍에 글루건의 끝이 닿지 않도록 하여

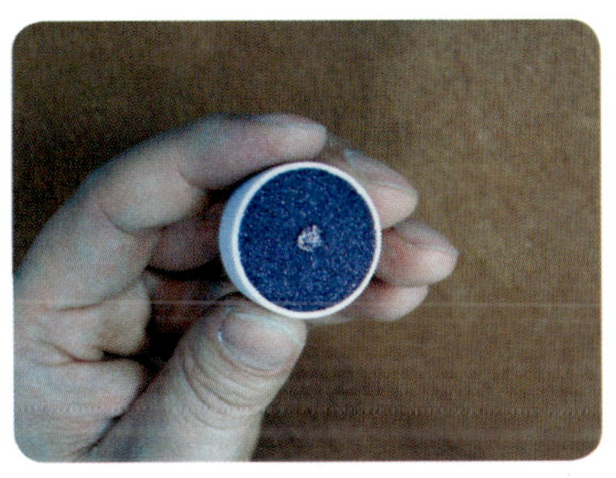

31 글루건을 한 방울 쏘아 떨어뜨리고

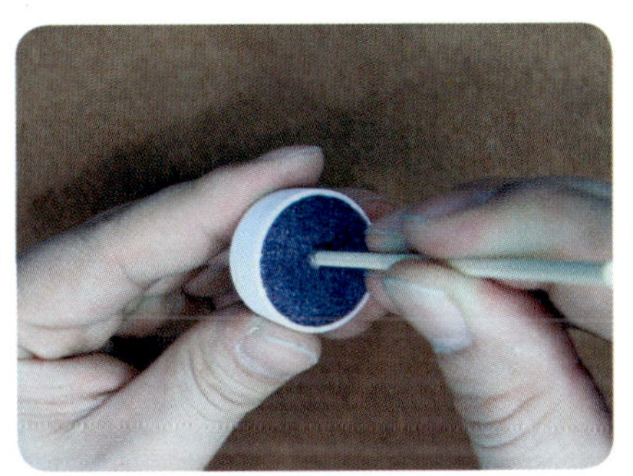

32 대나무살을 돌리면서 깊이 꽂는다.

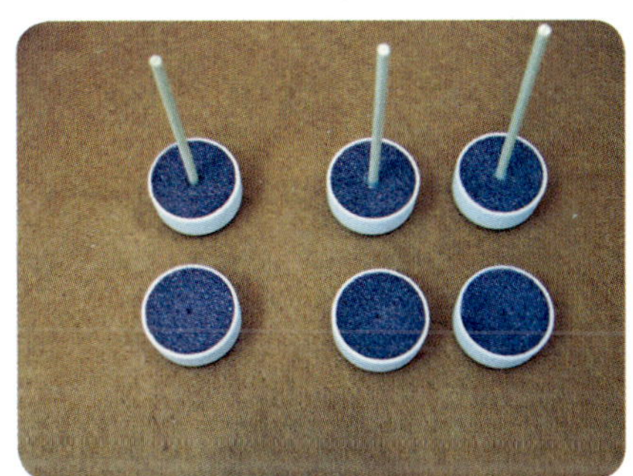

33 앞바퀴 1개, 뒷바퀴 2개 대나무살을 꽂아 준비해 놓고

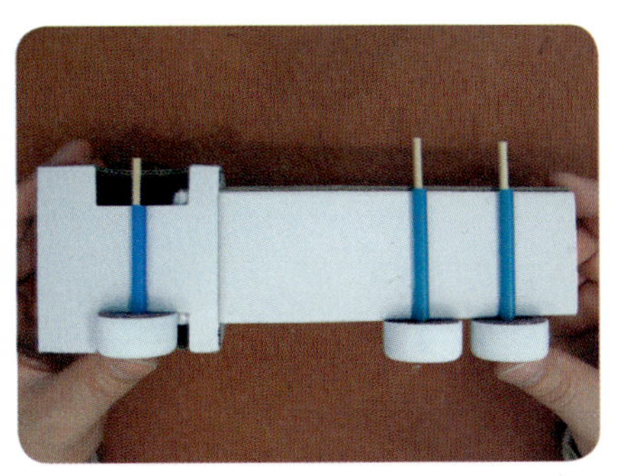

34 트럭의 몸체에 끼워 넣은 후

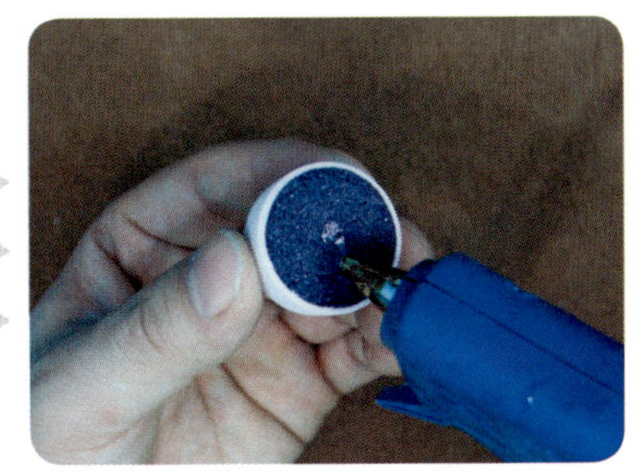

35 31과 같이 글루건을 쏜다.

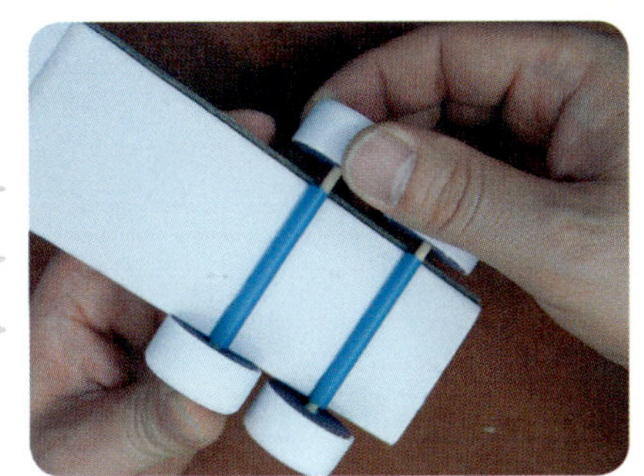

36 바퀴에 끼우고

🚨 바퀴를 끼울 때 바퀴와 빨대가 서로 붙지 않게 주의해서 붙인다.

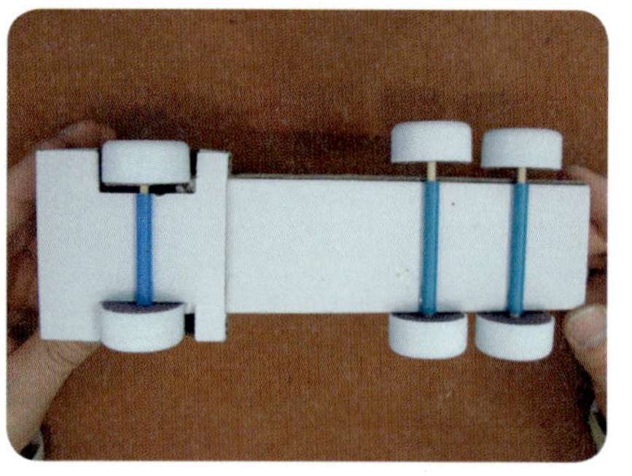

37 바퀴를 달아놓은 몸체를 완성해 놓는다.

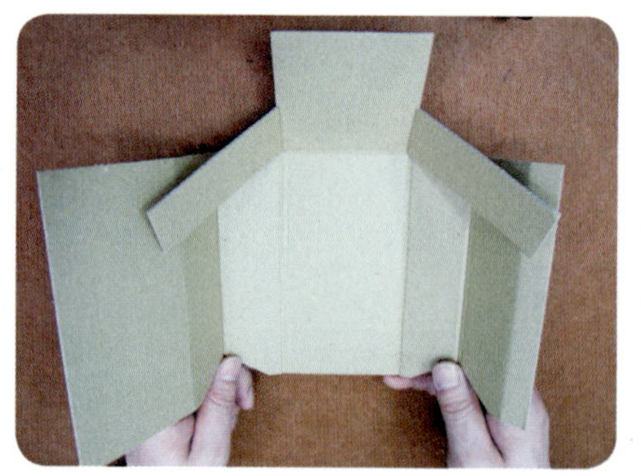

38 선을 따라서 접어서 형태를 만들어본다.

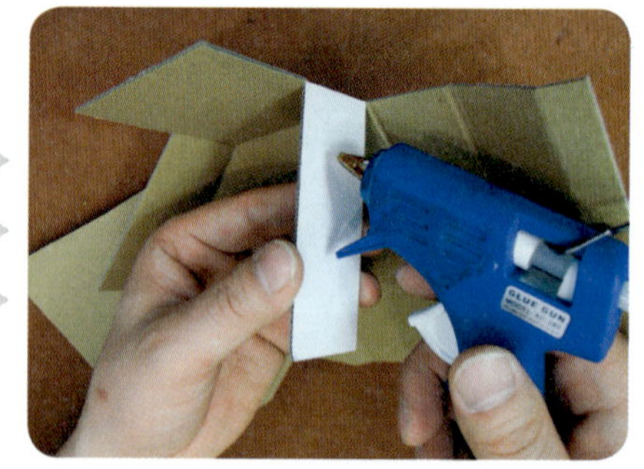

39 안으로 접혀서 들어가는 부위에 글루건을 넓게 고루 쏘아

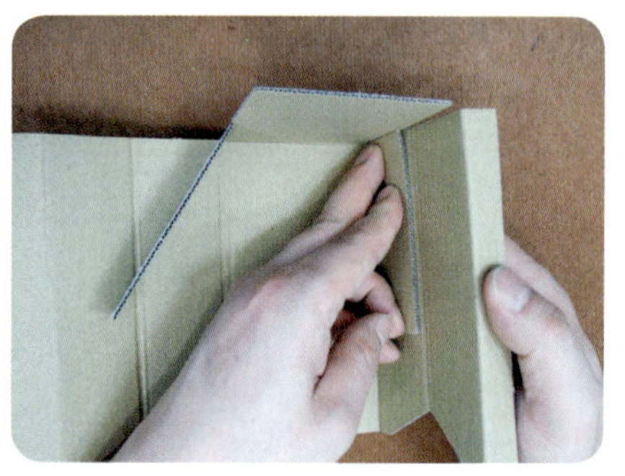

40 아래쪽에 눌러 붙이고

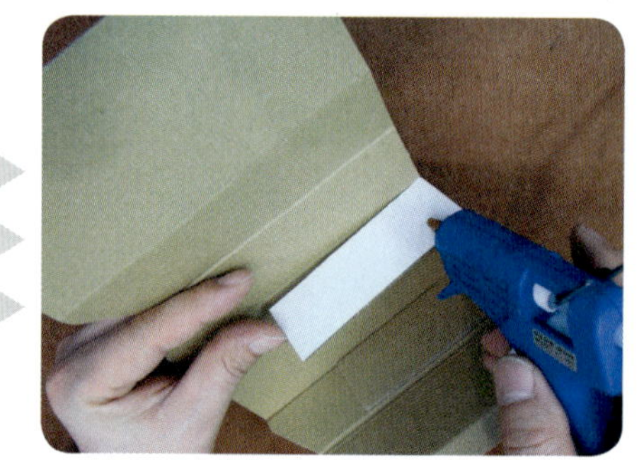

41 반대쪽의 다른 면에도 글루건을 쏘아 같은 방법으로 눌러 붙이고

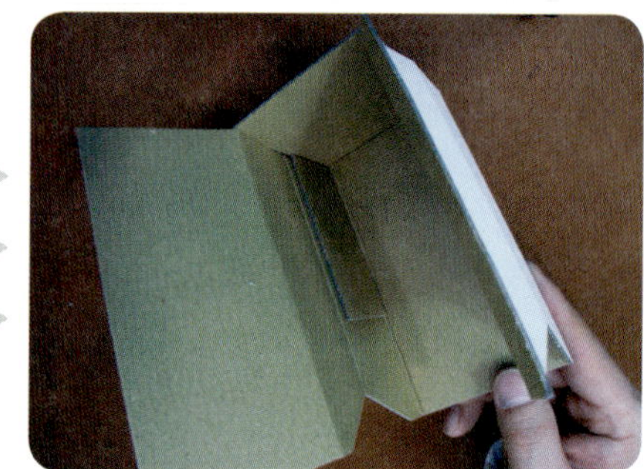

42 바로 붙었는지 확인해 본다.

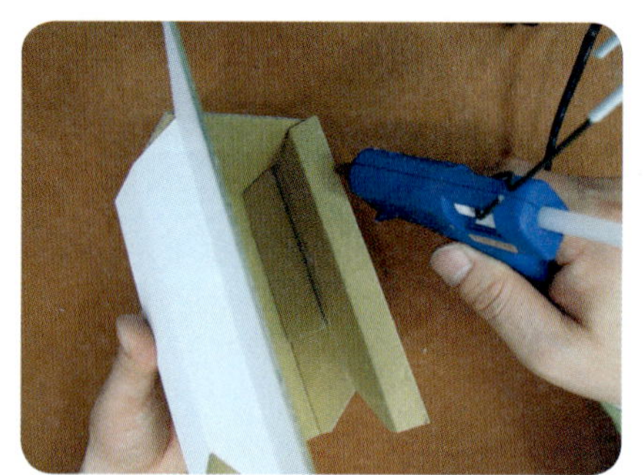

43 덤프의 바닥에 붙일 접착부위에 풀이나 글루건을 쏘아

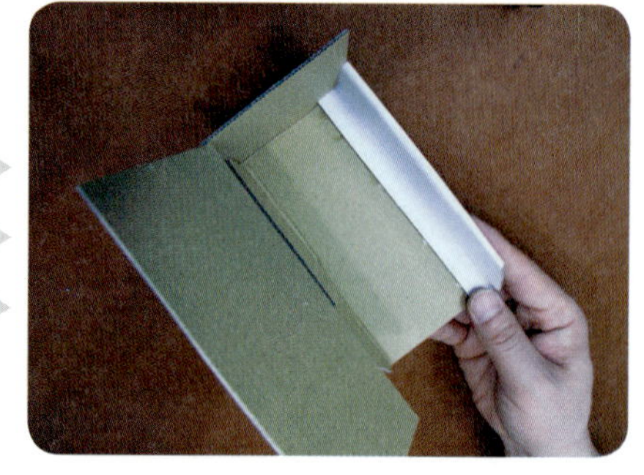

44 바닥부분에 잘 맞도록 붙인다.

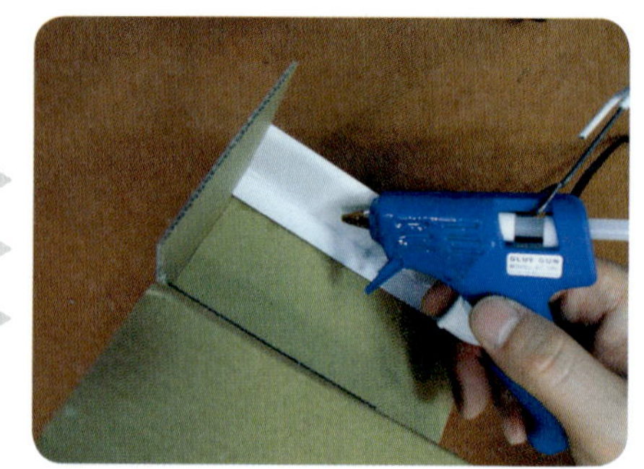

45 다시 꺾어 붙인 위쪽에 다시 글루건을 쏘아

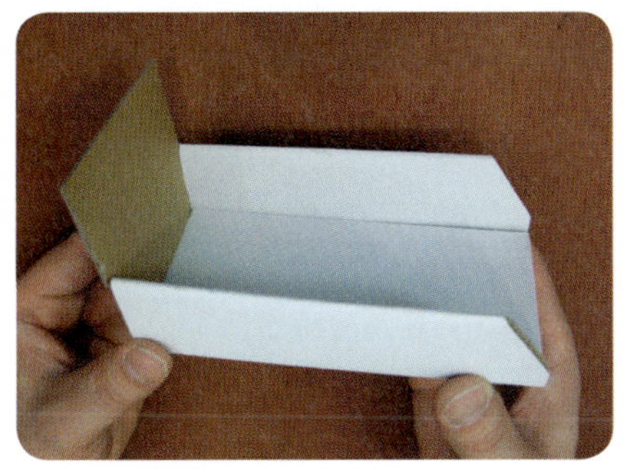

46 반대쪽의 덤프바닥 부분을 접어서 붙인다.

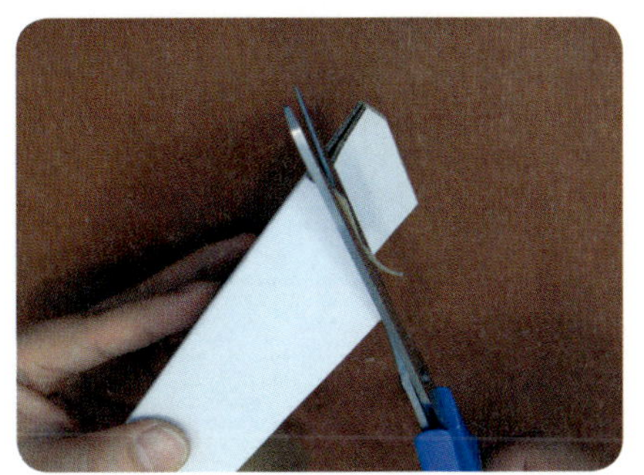

47 서로 맞지 않고 삐져나온 부분들은 가위로 잘라 다듬어

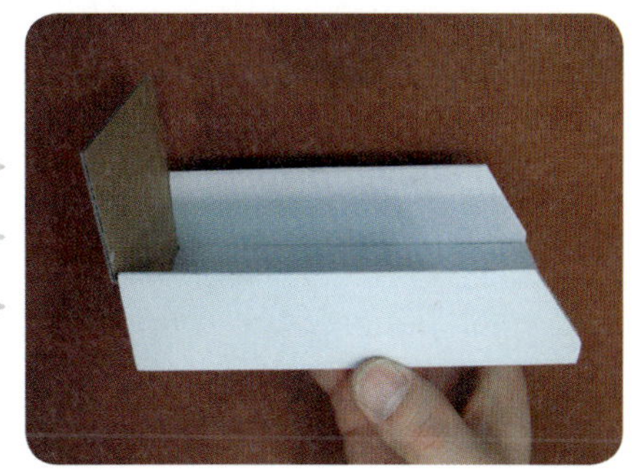

48 덤프를 완성한다.

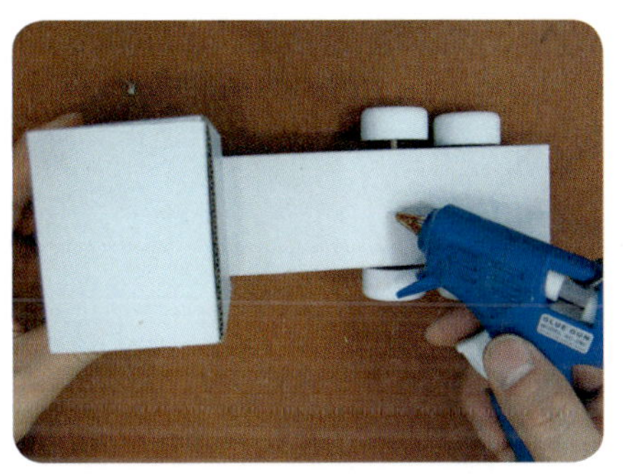

49 만들어 놓은 몸체의 윗부분에 글루건을 쏘아

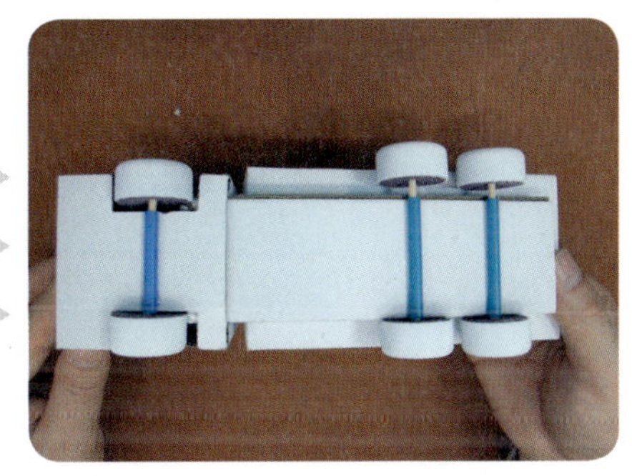

50 몸체를 뒤집어서 덤프의 좌우 여백이 맞도록 중심을 잡아 붙여

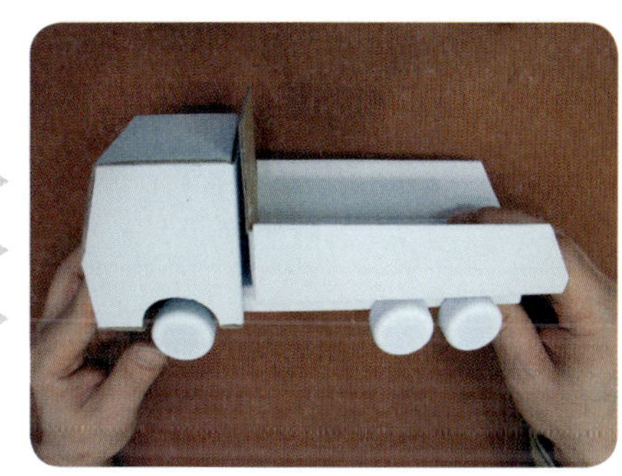

51 고정한다.

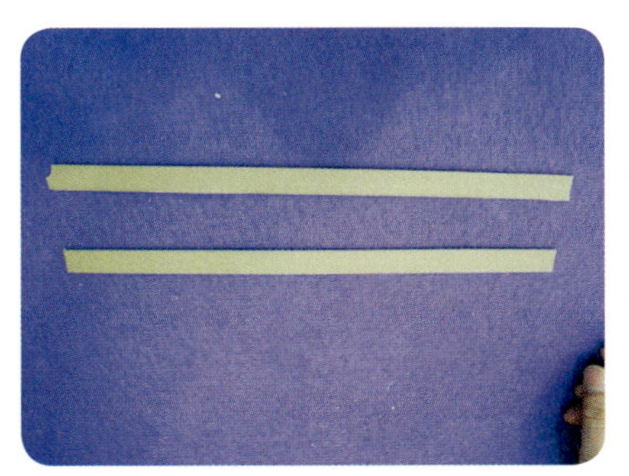

52 넓이 1cm~1.5cm의 폐박스를 길게 2개 정도 잘라 놓는다.

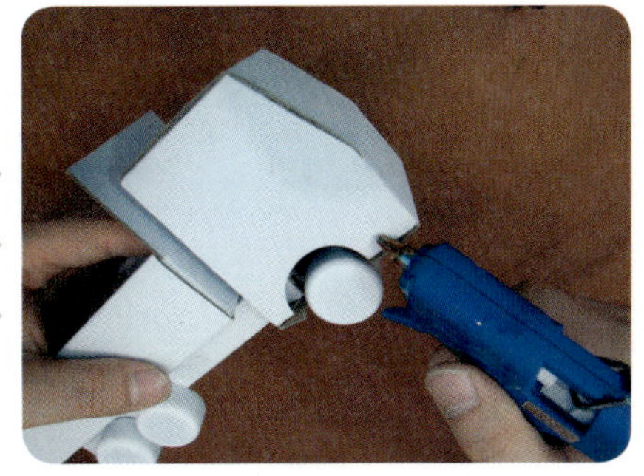

53 운전석의 아랫부분(범퍼)에 글루건을 가늘게 쏘고

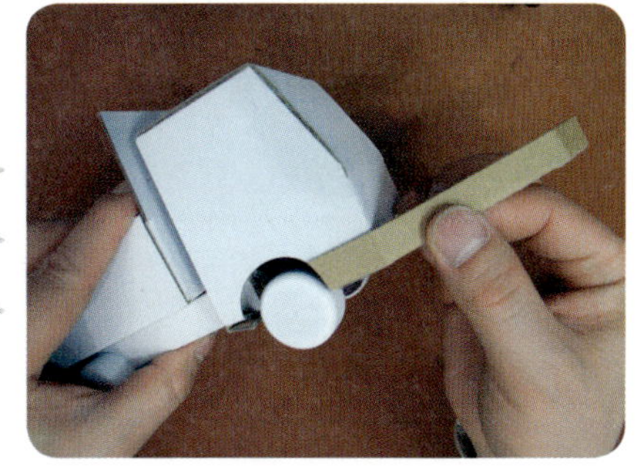

54 폐박스를 돌려가며

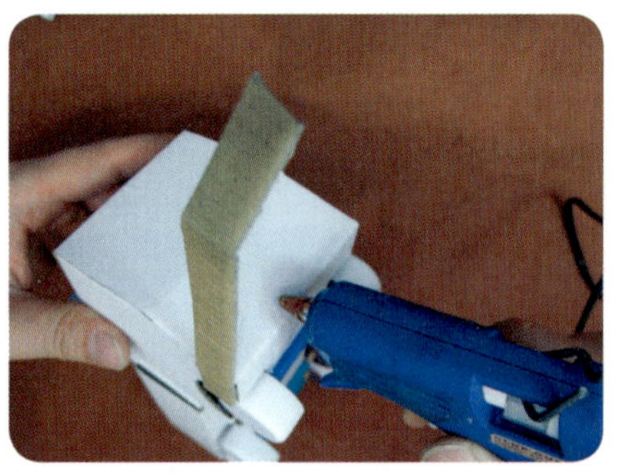

55 범퍼부위에 붙여

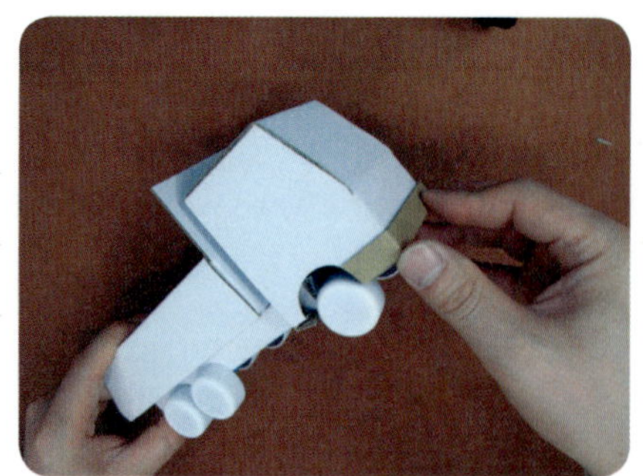

56 장식한다.

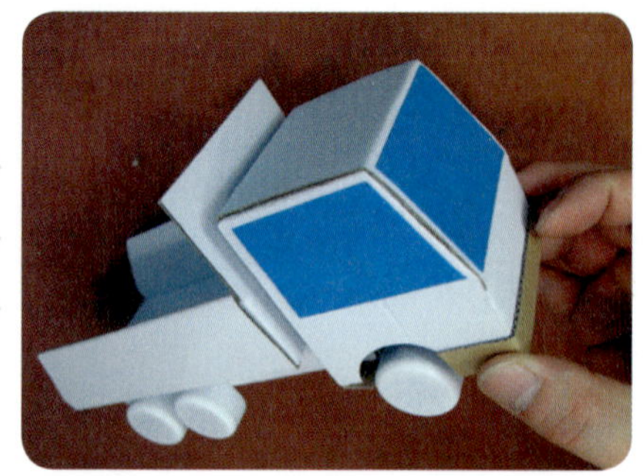

57 컬러펠트지를 유리 모양으로 잘라서 붙이고

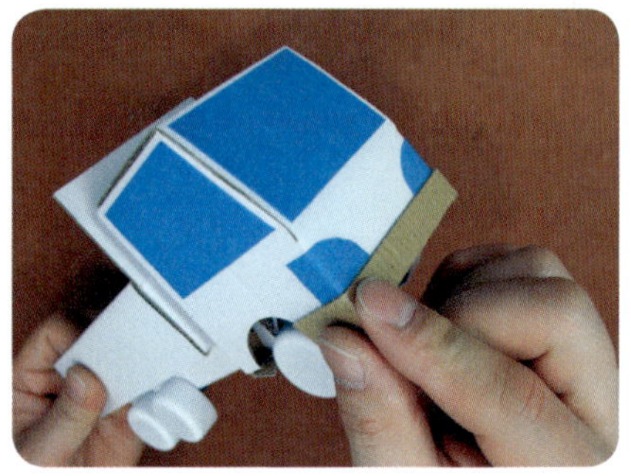

58 헤드라이트도 오려서 붙인다.

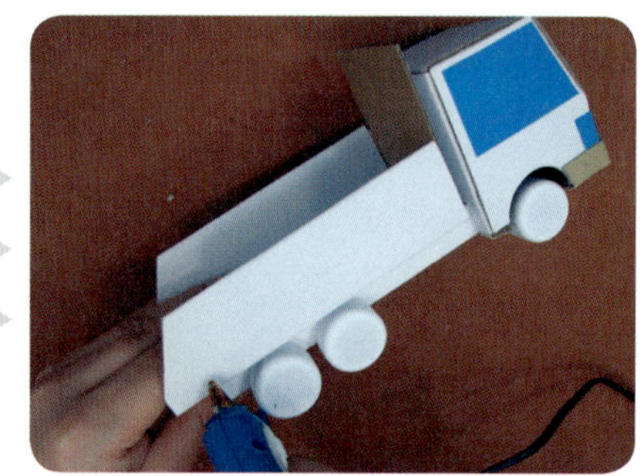

59 트럭의 덤프 아랫부분에도 가늘게 글루건을 쏘아

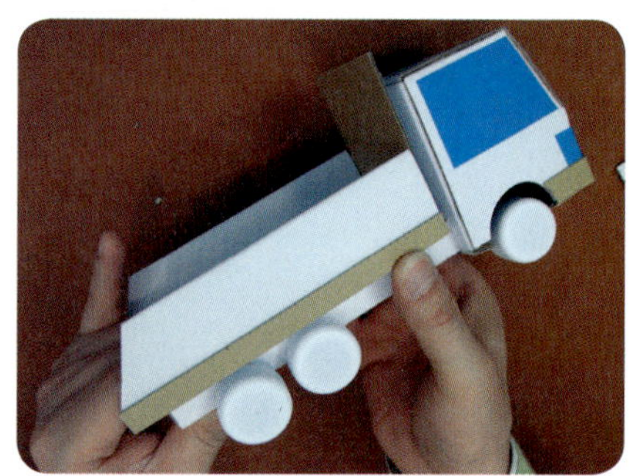

60 폐박스를 양쪽에 붙여

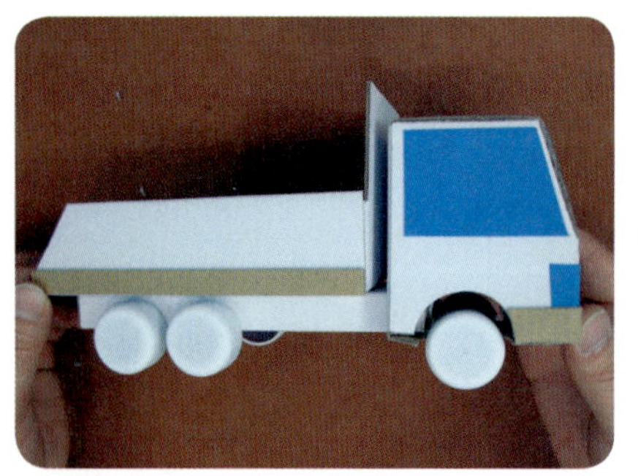

61 마무리한다.

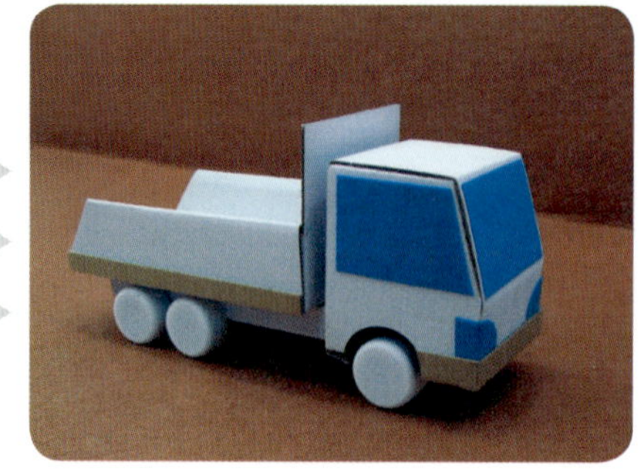

62 완성!

56

보석함

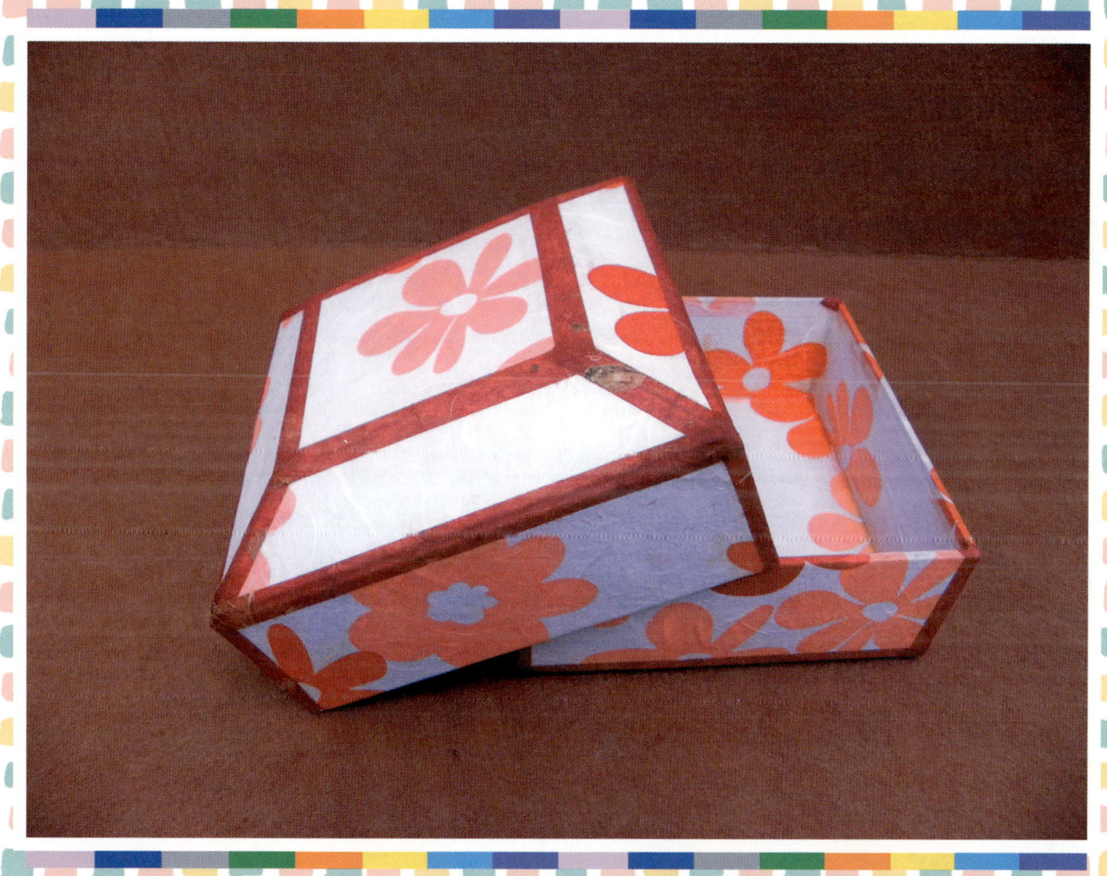

 하드보드지 모형 1개, 고급한지 1장, 감자전분(1스푼)+밀가루(1스푼) 넣어 끓인 풀, 밀가루 1스푼, 풀 붓, 커터 칼, 순간접착제, 연필, 30cm 자

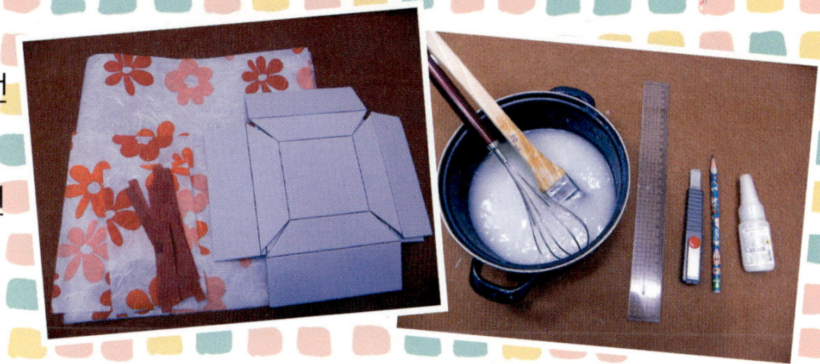

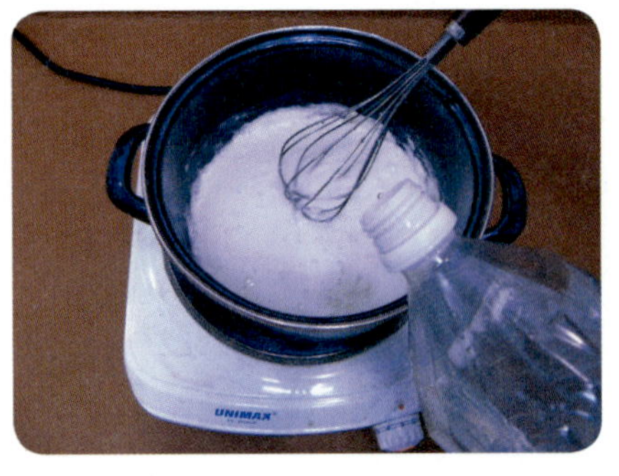

1 숟가락으로 감자(녹말)가루와 밀가루를 각 1스푼씩 넣고 물을 부으면서

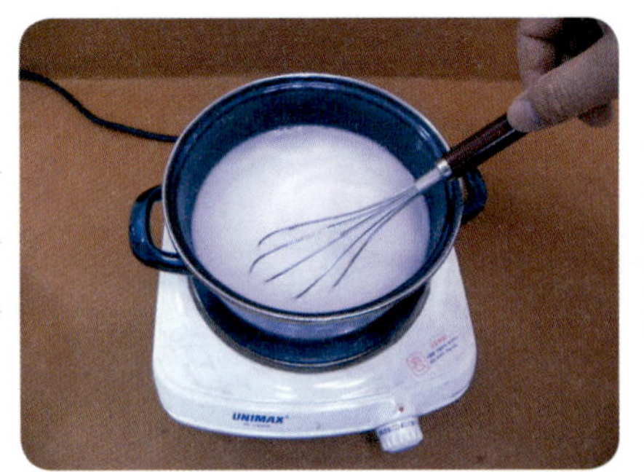

2 저어 희석시키면서 끓인다. 한 번 끓이고 식혀 풀을 만든다.

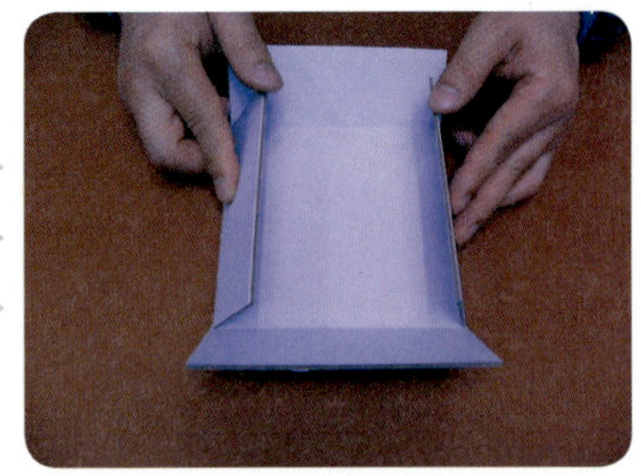

3 종이 원형을 양손으로 꼭 눌러 한 번씩 접어 본다.

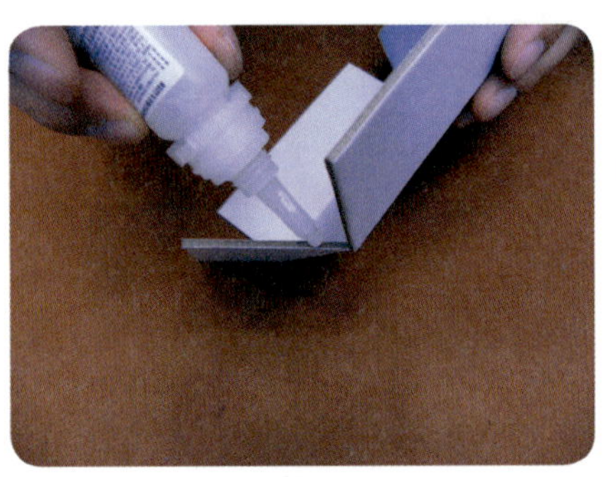

4 순간접착제로

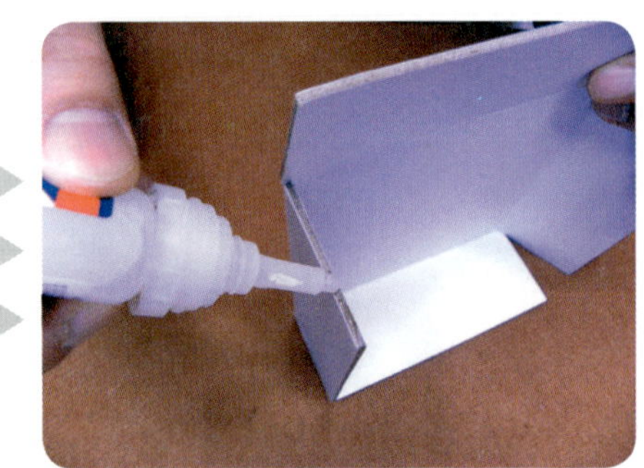

5 접착부위를 순서대로 발라

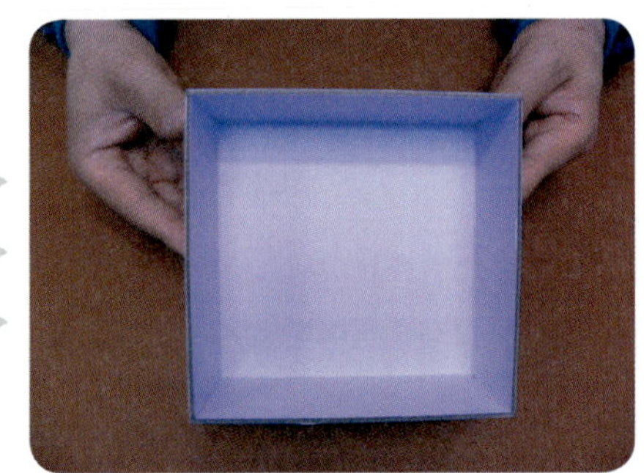

6 붙인다. (아래 칸 완성)

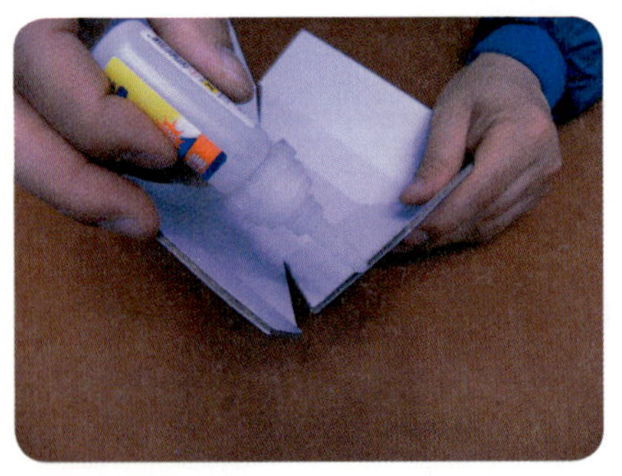

7 뚜껑도 순간접착제를 이용해서

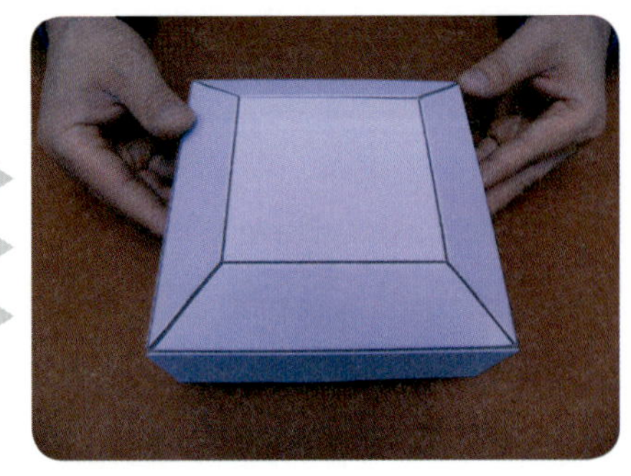

8 접착부위를 붙인다.

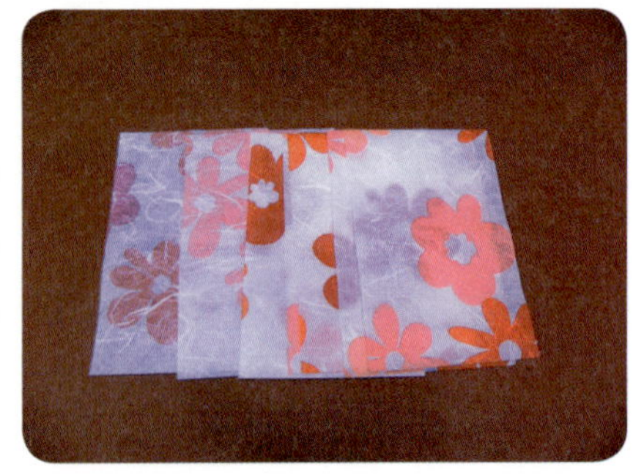

9 한지를 자를 때는 각 칸의 실제 사이즈보다 약 1cm씩 더 크게 자른다.

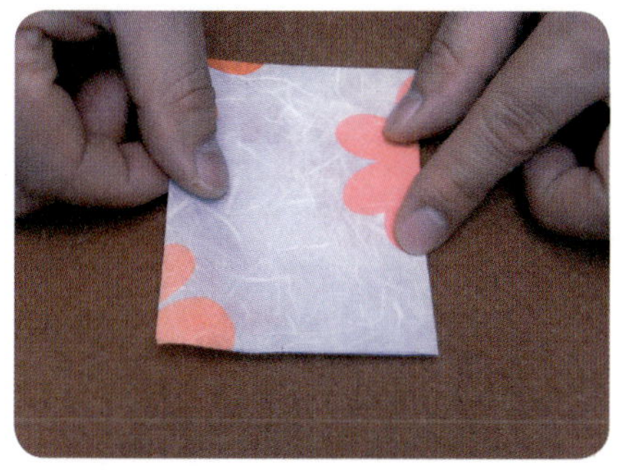

10 9의 제일 위 한 장을 다시 반으로 접고,

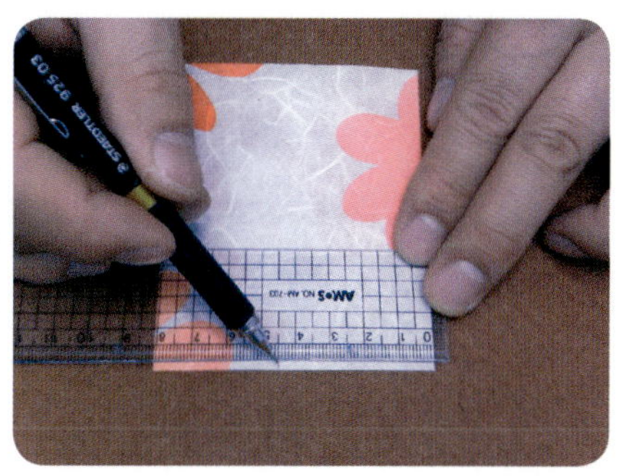

11 좁은 부분의 접힌 부분에서 약 4.5cm에 연필로 표시한다.

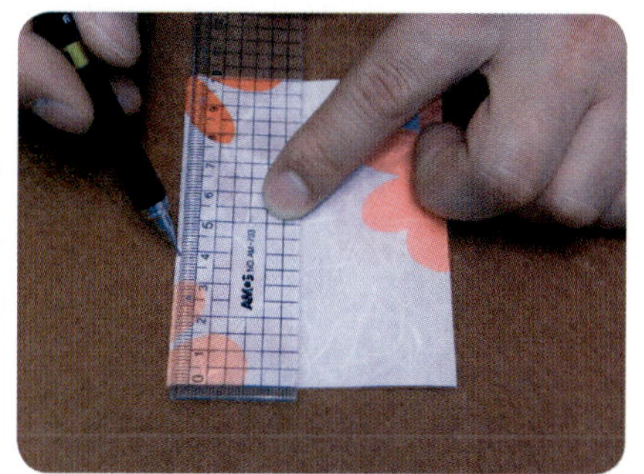

12 다시 넓은 부분의 접히지 않은 쪽 4cm 지점에 표시한다.

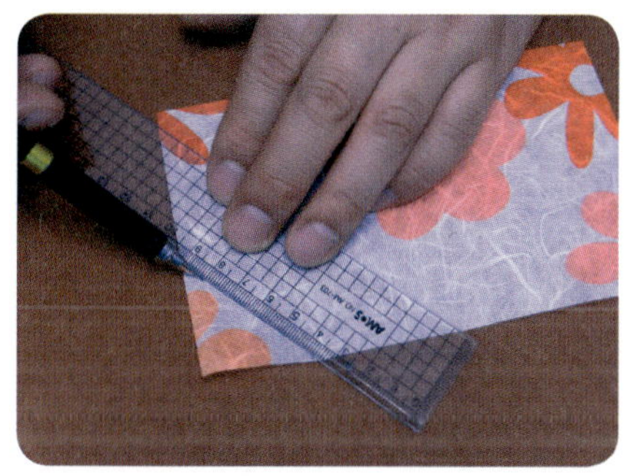

13 자를 대고 연필로

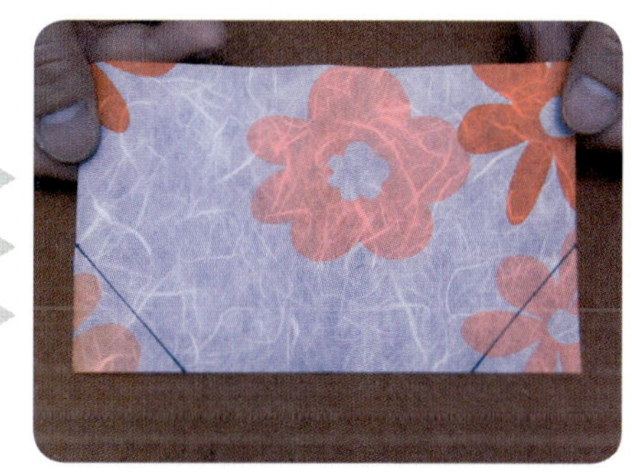

14 양 모서리에 선을 그어 넣고,

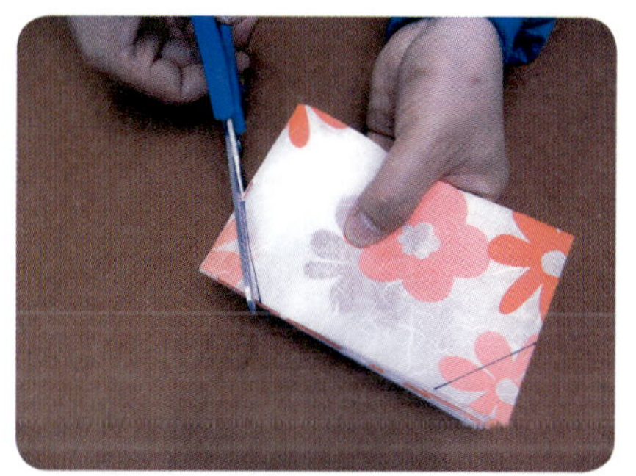

15 나머지 3장가 겹쳐서 가위로 자른다.

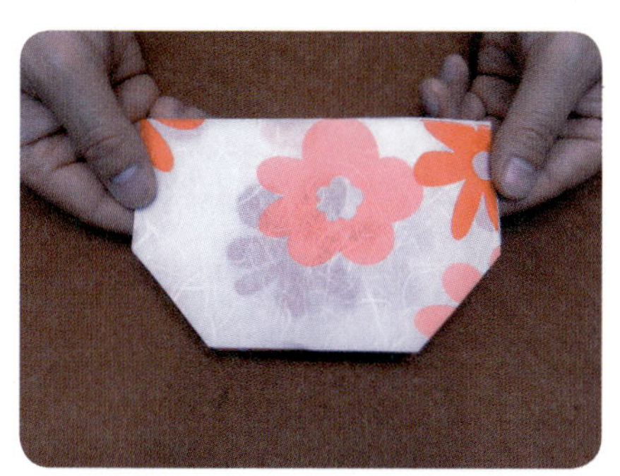

16 보석함 옆면의 모양대로 나오면

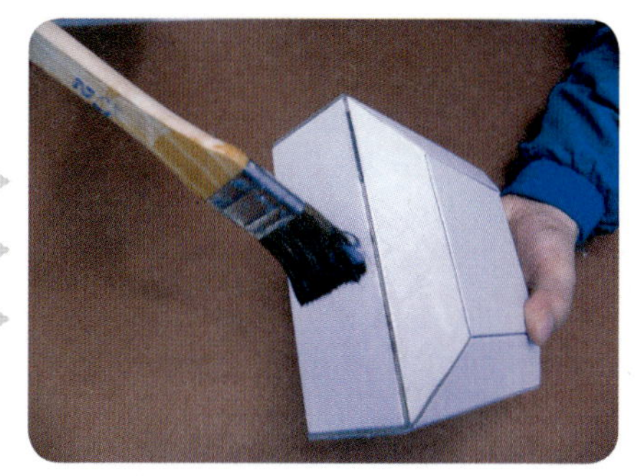

17 뚜껑의 한 면에 풀을 충분하게 바르고

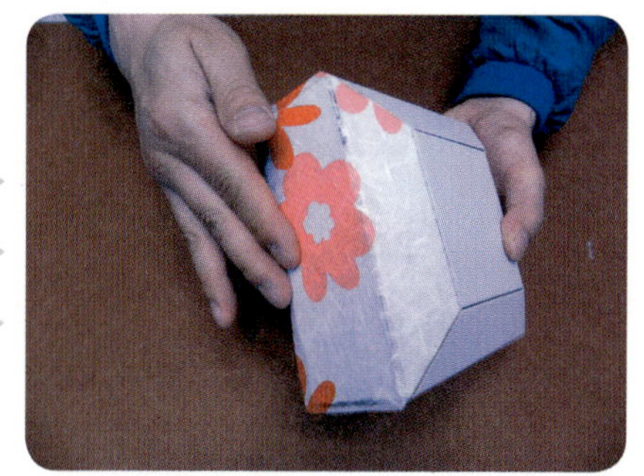

18 한 장씩 붙인다.

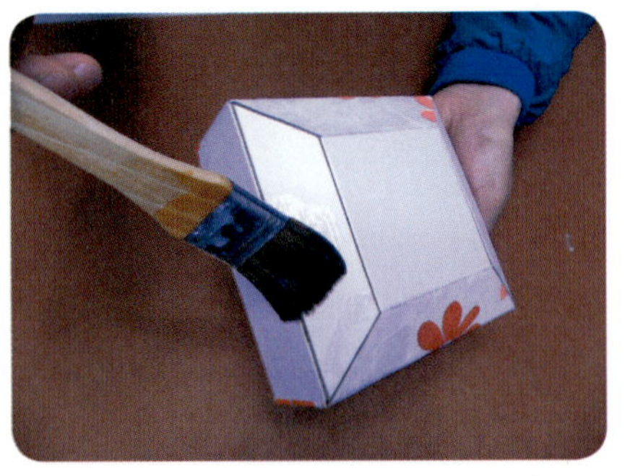

19 한지를 붙일 때는 서로 마주보는 순으로 붙인다.

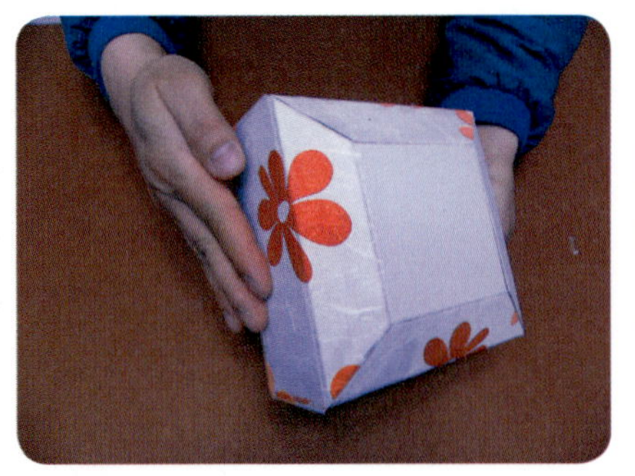

20 네 면에 한지를

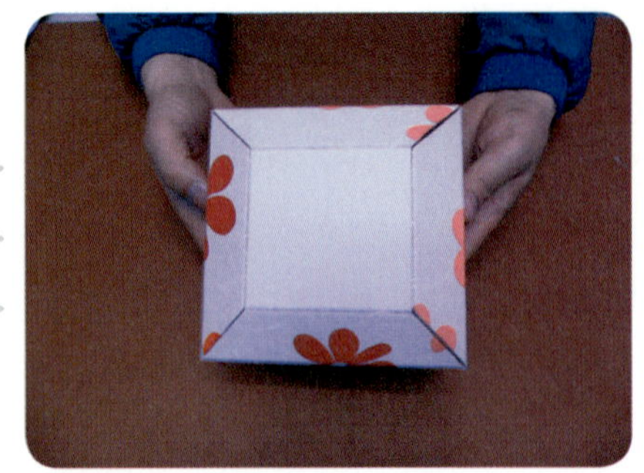

21 모두 붙였으면

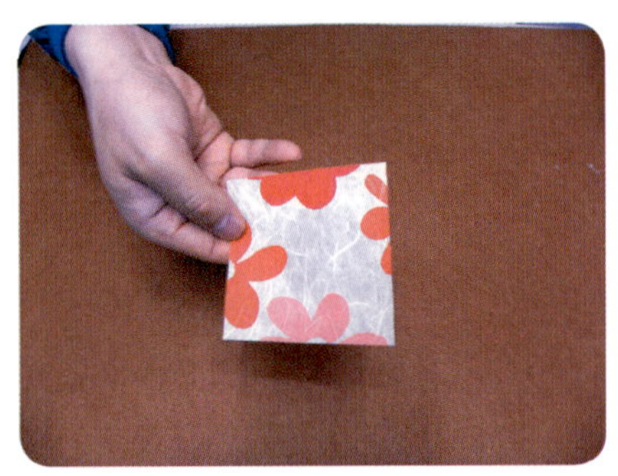

22 뚜껑에 붙일 한지를 사각형 모양으로 두 장 잘라서

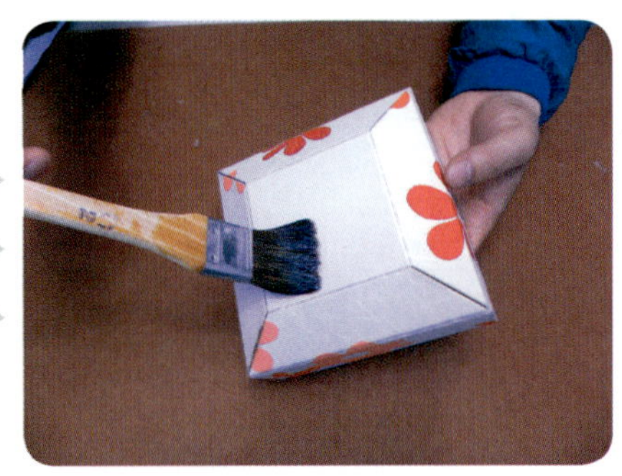

23 뚜껑의 위쪽에 충분히 풀칠을 하고

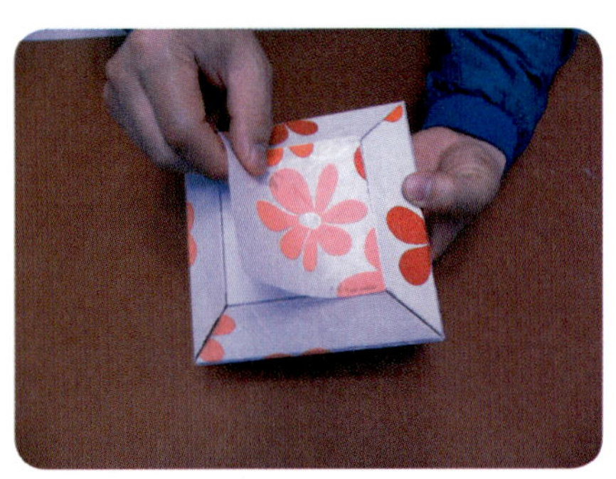

24 한지를 바른다.

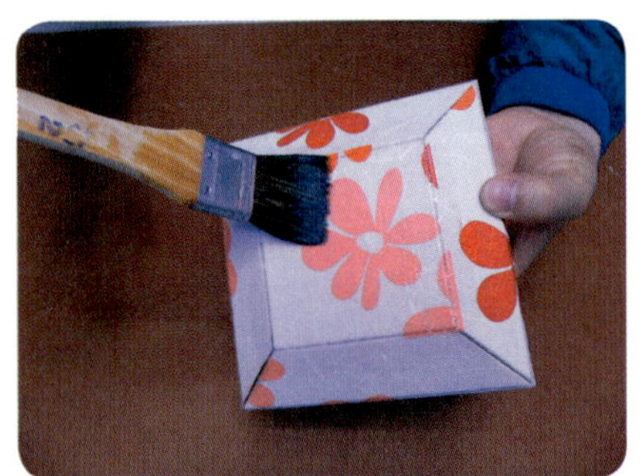

25 풀 붓으로 쓸어 주듯 눌러준다.

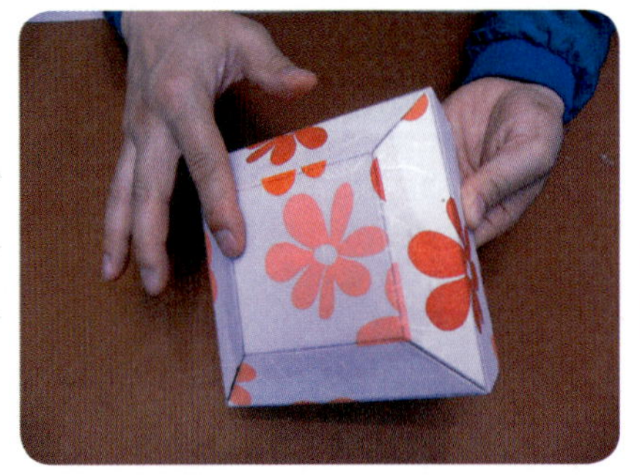

26 다시 손에 풀을 묻혀 모서리를 문지르듯 눌러준다.

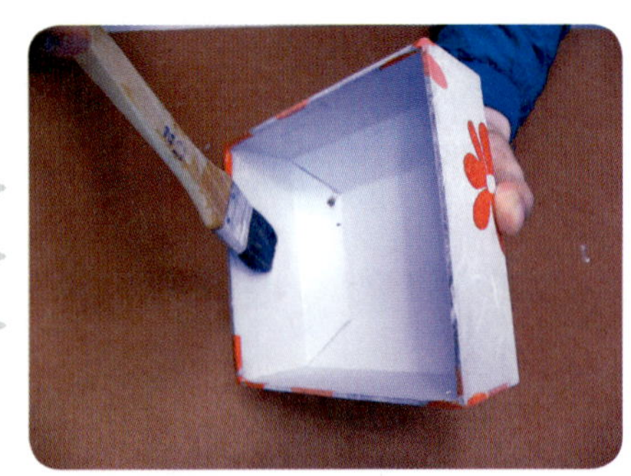

27 겉에 풀칠할 때와 같은 방법으로 안에 풀칠을 하고

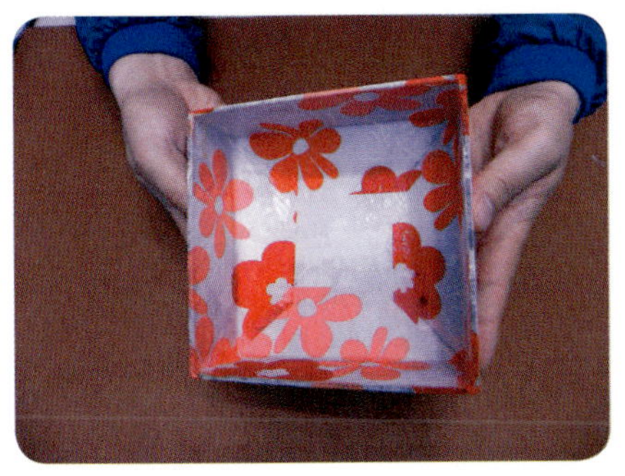 **28** 네 면 모두 한지를 바른 다.

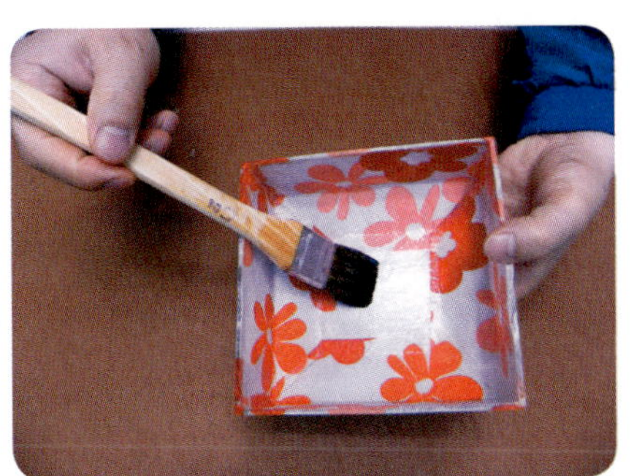 **29** 안쪽도 전체적으로 붓 으로 쓸어주듯 눌러 주 고 중앙에 풀칠을 한다.

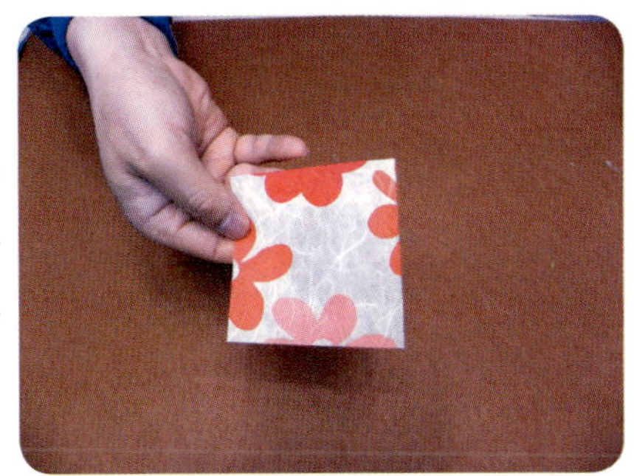 **30** 미리 잘라 놓았던 사각 형의 한지를

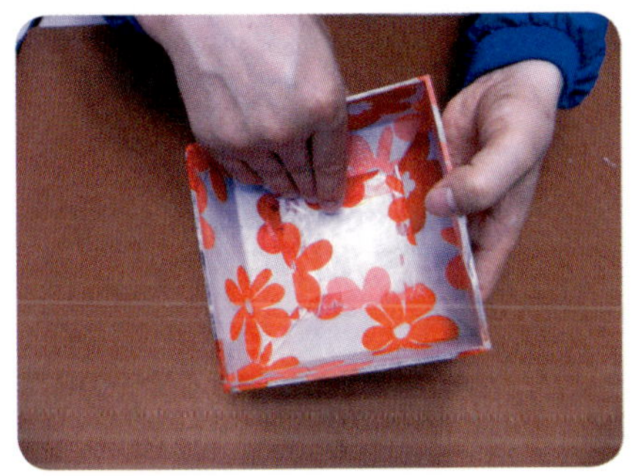 **31** 정중앙에 잘 맞추어 붙이 고

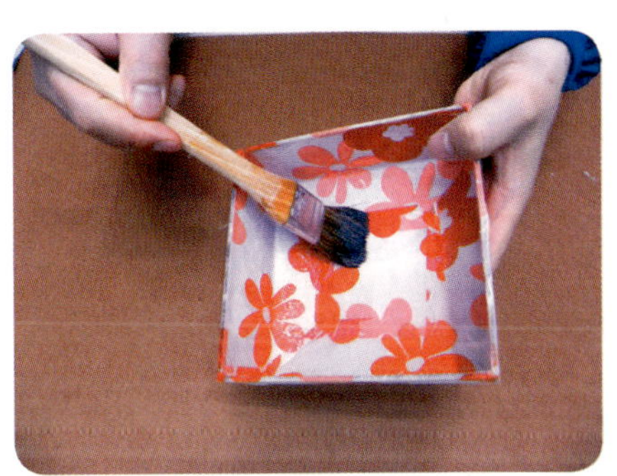 **32** 풀 붓으로 쓸어주듯 골 고루 눌러준다.

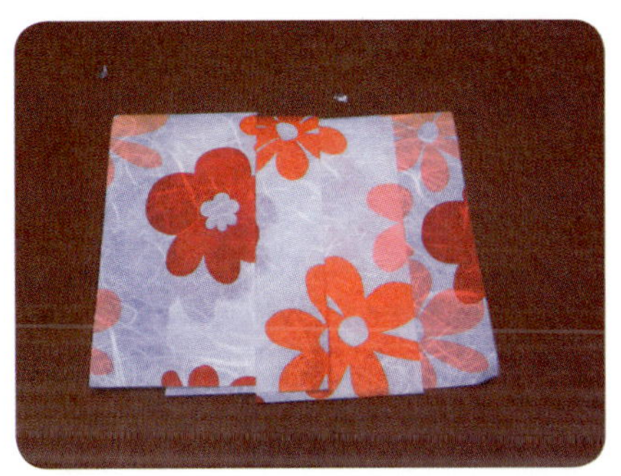 **33** 보석함 아래쪽 옆면의 크기대로 한지를 4장 자른다.

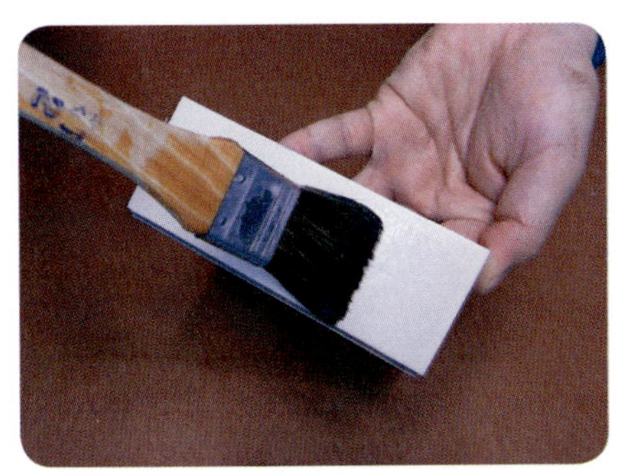 **34** 한 면씩 풀칠을 한 후,

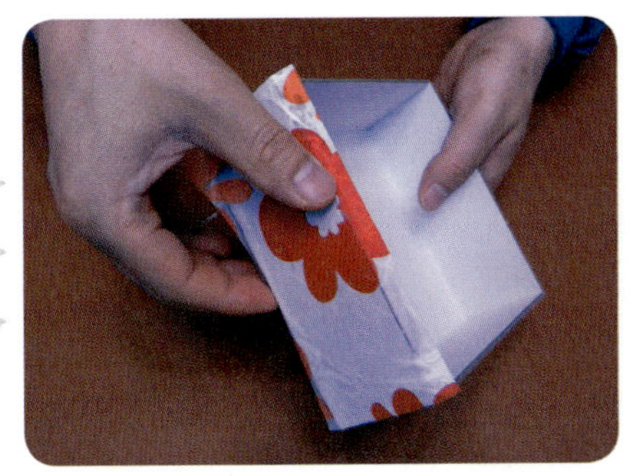 **35** 한지를 한 장씩 붙이고

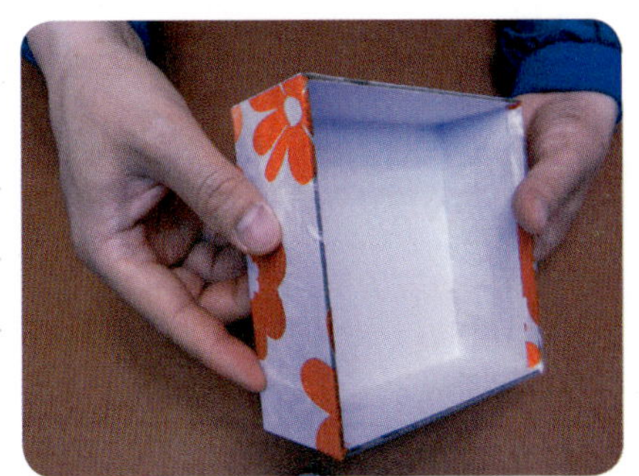 **36** 남는 한지는 안으로 꺾 어 붙인다.

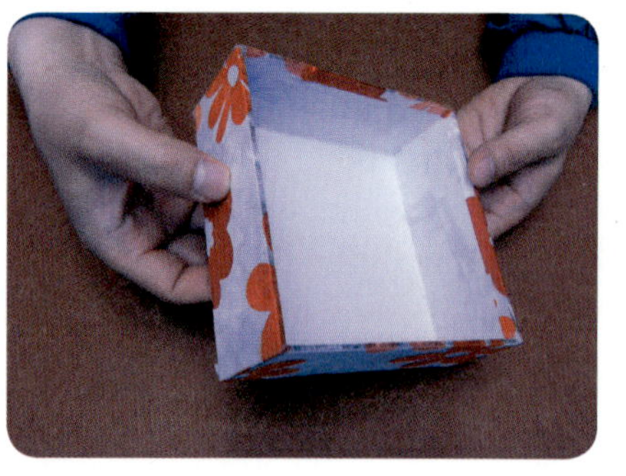

37 같은 방법으로 네 면을 다 붙인다.

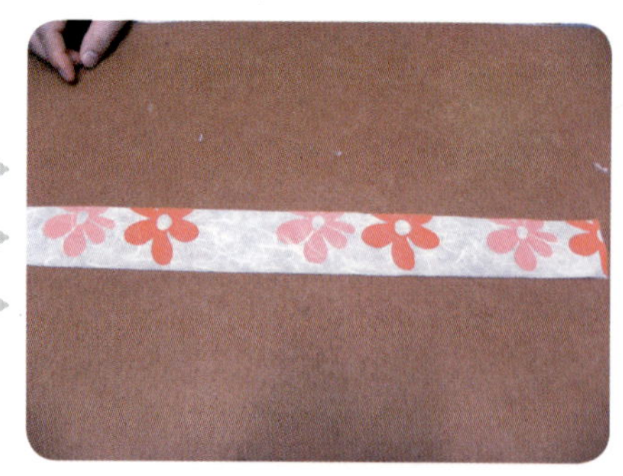

38 아래 칸 안쪽 옆 넓이와 네 면을 합친 길이만큼 한지를 자른다.

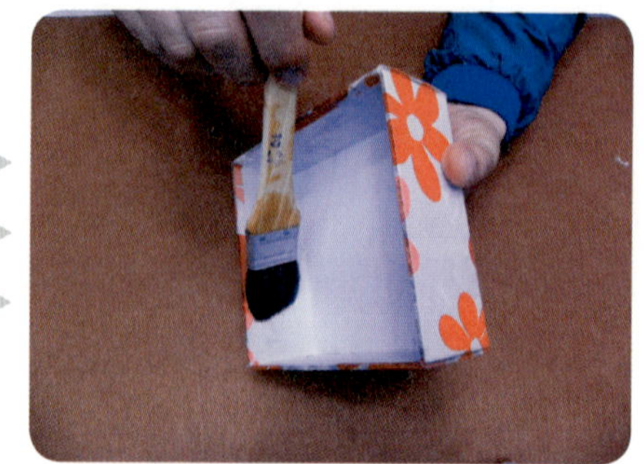

39 풀칠을 하고

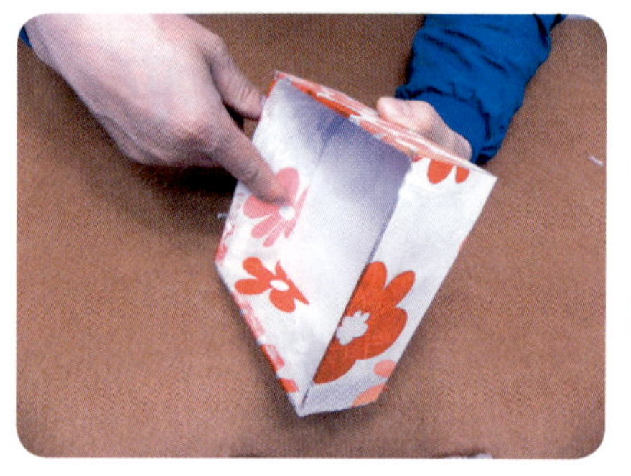

40 **38**의 길게 잘라놓은 한지를 붙인다.

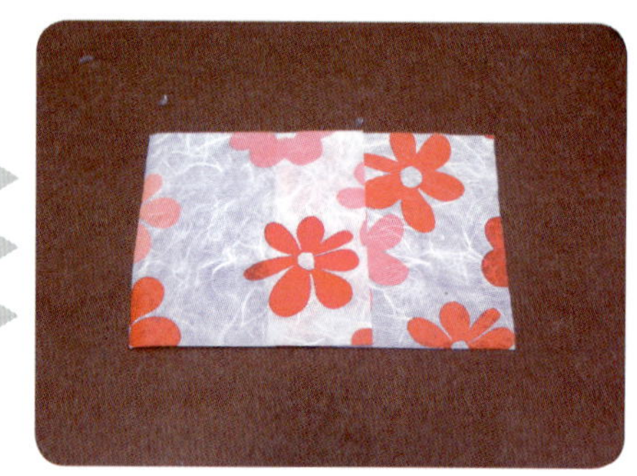

41 아래 칸의 안쪽 바닥의 넓이와 바깥쪽의 바닥 넓이만큼 한지 2장을 잘라,

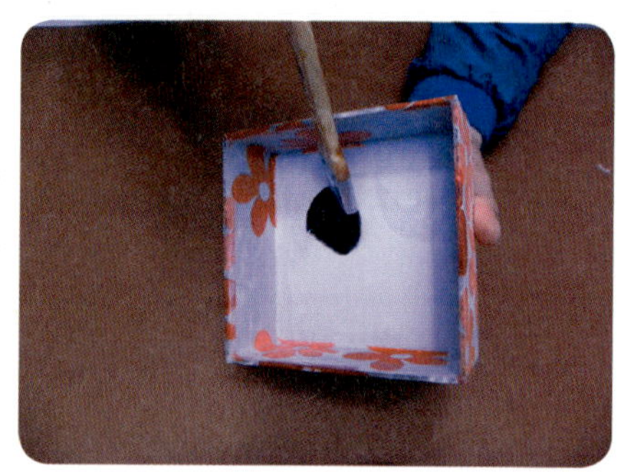

42 먼저 보석함 안쪽 바닥에 풀칠을 하고

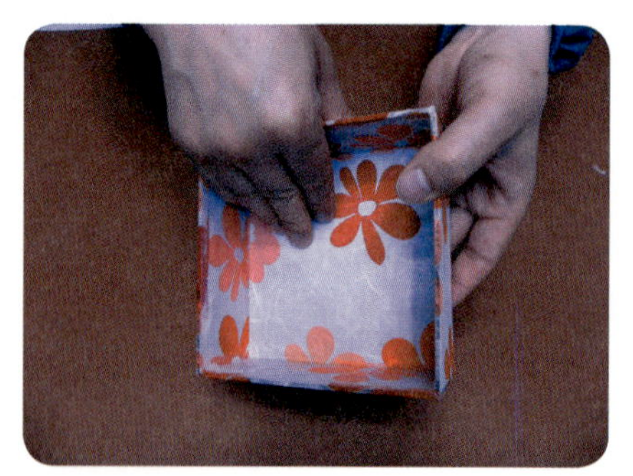

43 한지를 붙인다.

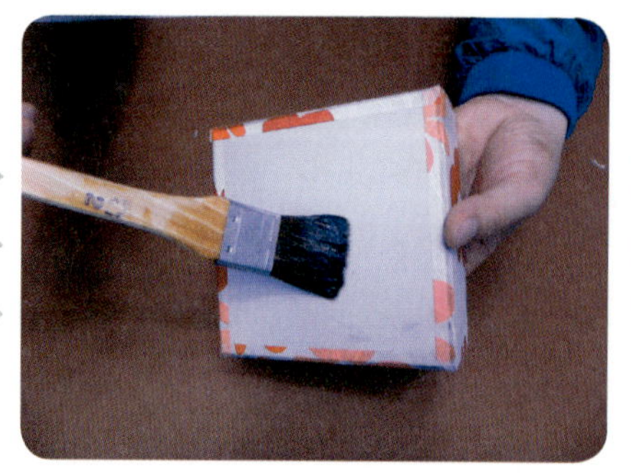

44 바닥에도 풀칠을 하고

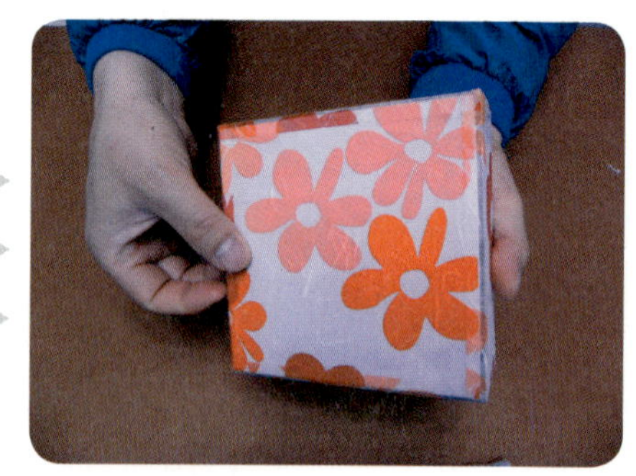

45 한지를 붙여서 완성한다.

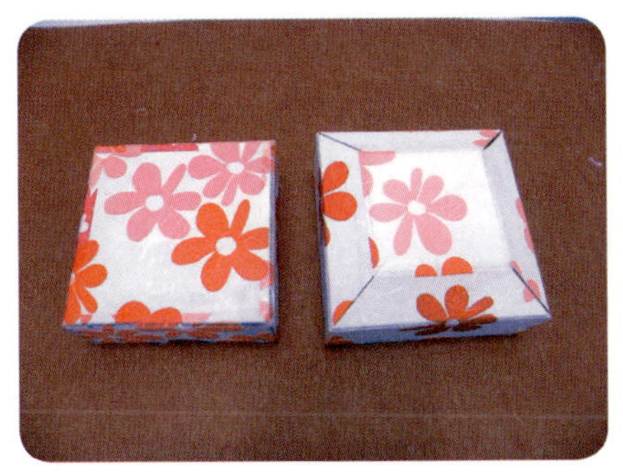

46 약 2시간 정도 바람이 잘 통하는 음지에서 말린다.

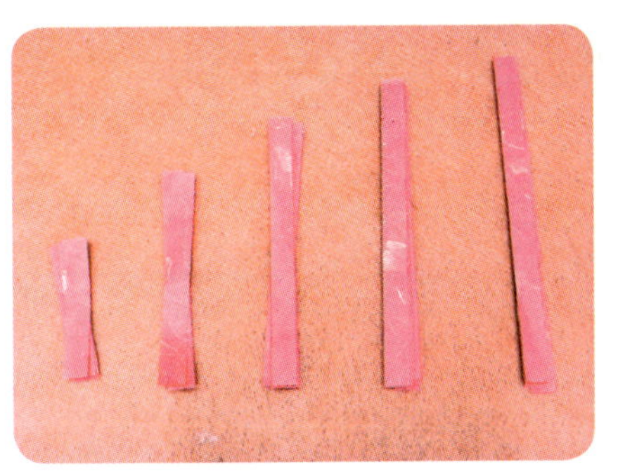

47 넓이 1cm, 길이는 보석함의 각각의 모서리 길이만큼 잘라 놓는다.

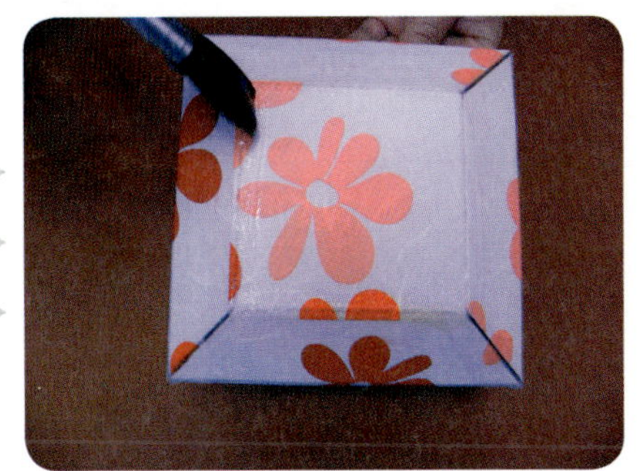

48 한 면 한 면 모서리에 풀칠을 하고

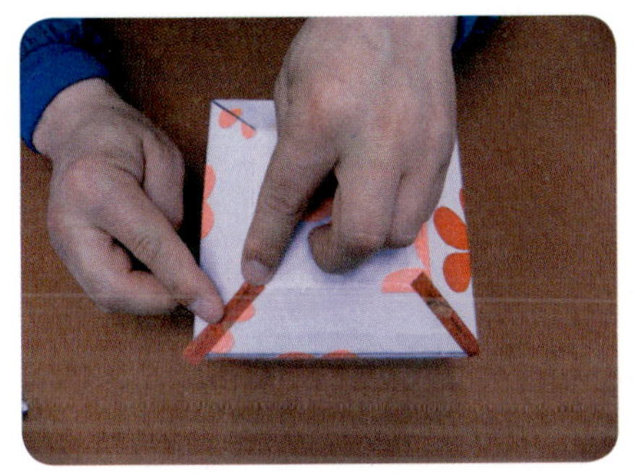

49 모서리에 한지를 붙인다.

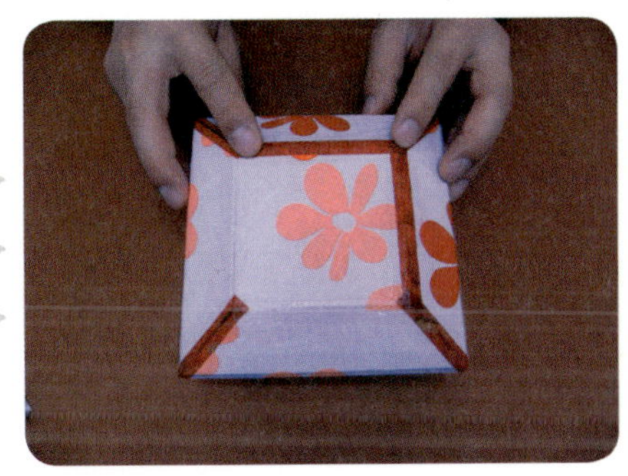

50 같은 방법으로 붙여 나간다.

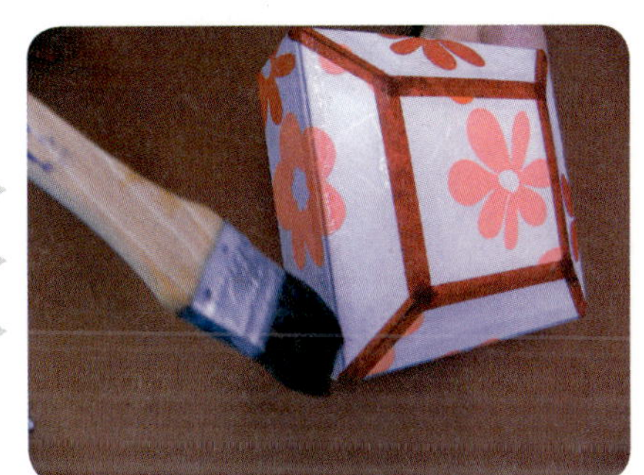

51

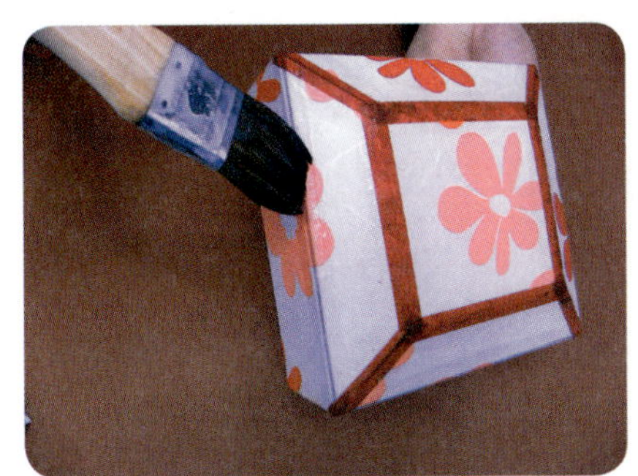

52

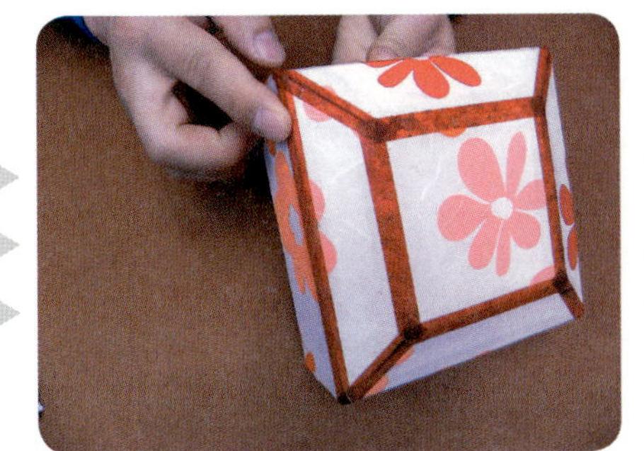

53

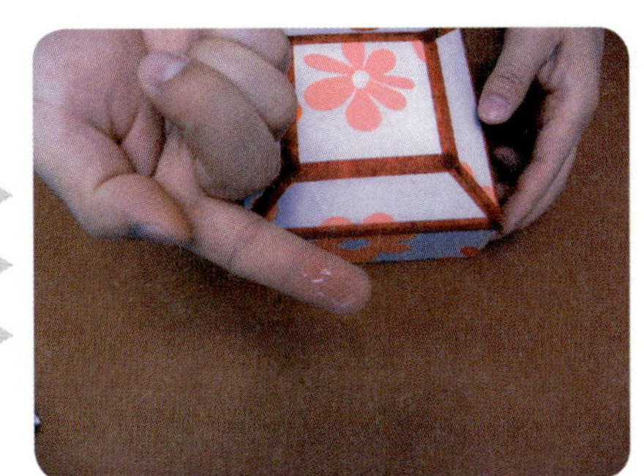

54

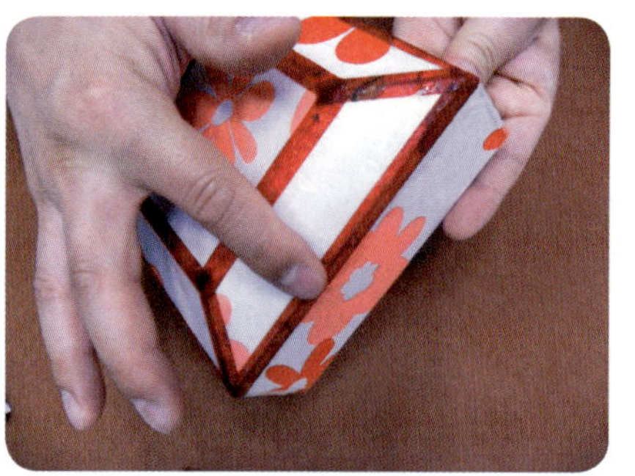

55

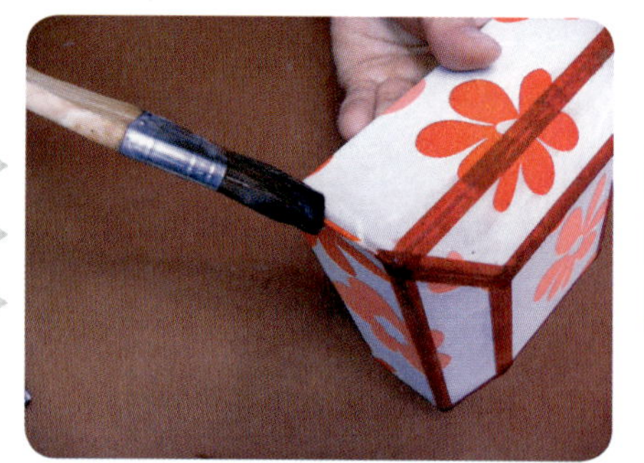

56

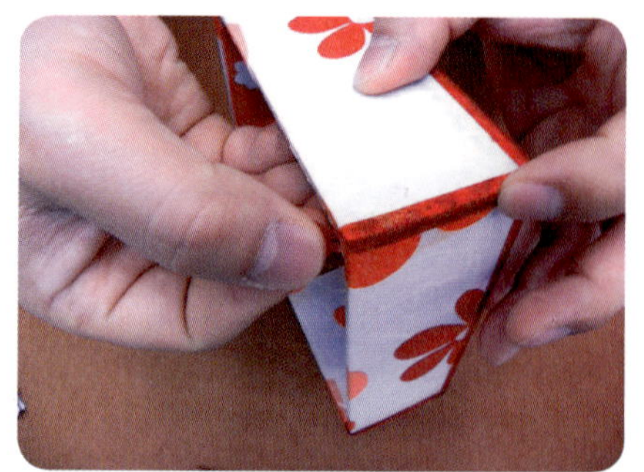

57 모서리 끝의 마무리는 한지를 잡아당기면서 찢어 안으로 붙인다.

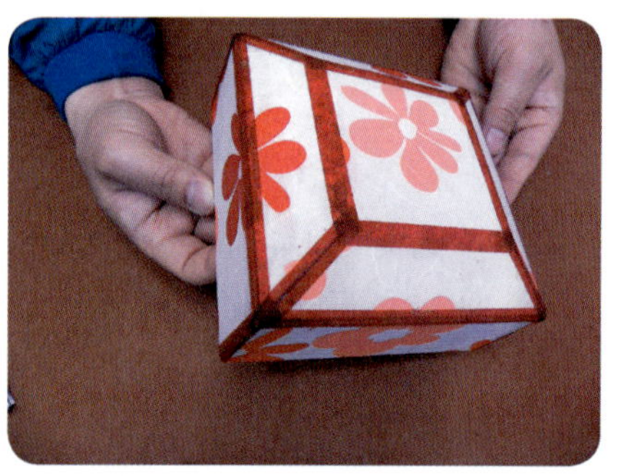

58 57과 같은 방법으로 네 모서리를 모두 붙이고 마무리한다.

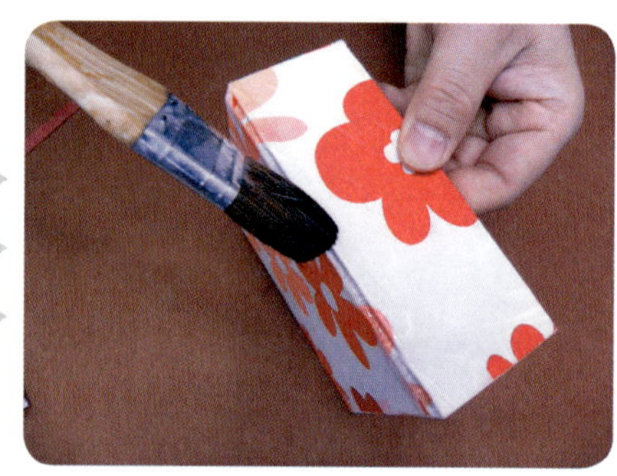

59 지금까지의 방법으로 보석함의 아래 칸도 각각의 모서리에 풀칠하고

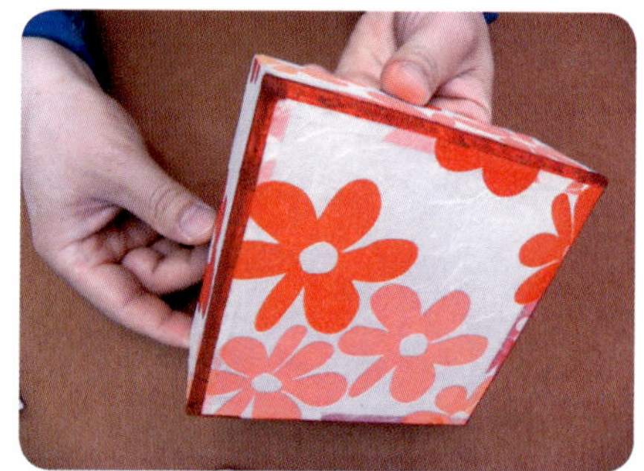

60 49~57번까지와 같이 모서리에 한지를 붙인다.

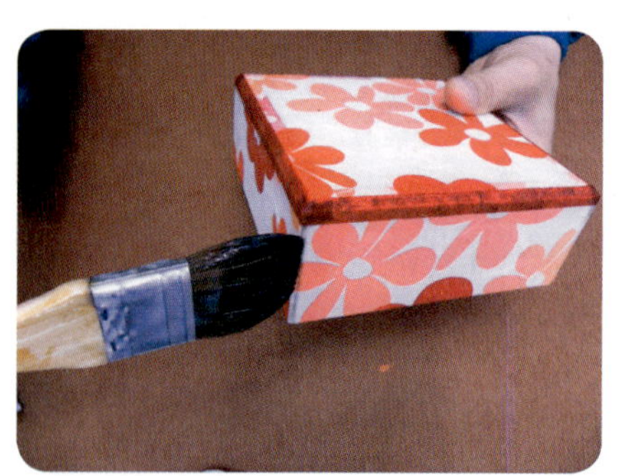

61 보석함에 풀칠을 하고

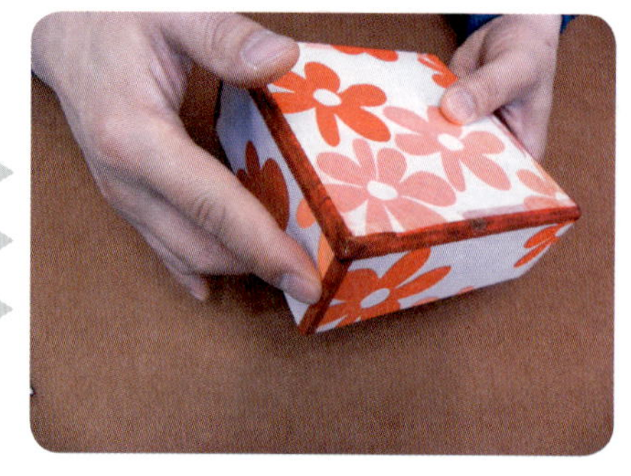

62 풀칠을 한 손으로 문지른다.

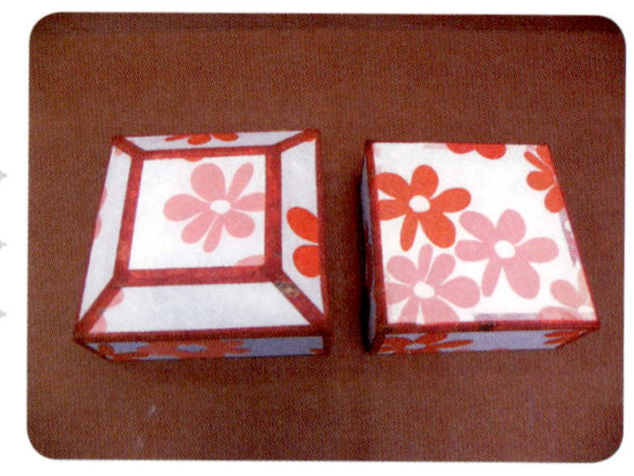

63 한지를 모두 붙였으면 다시 2시간 정도 음지에서 말려서 완성한다.

57 우주인 뽕망치

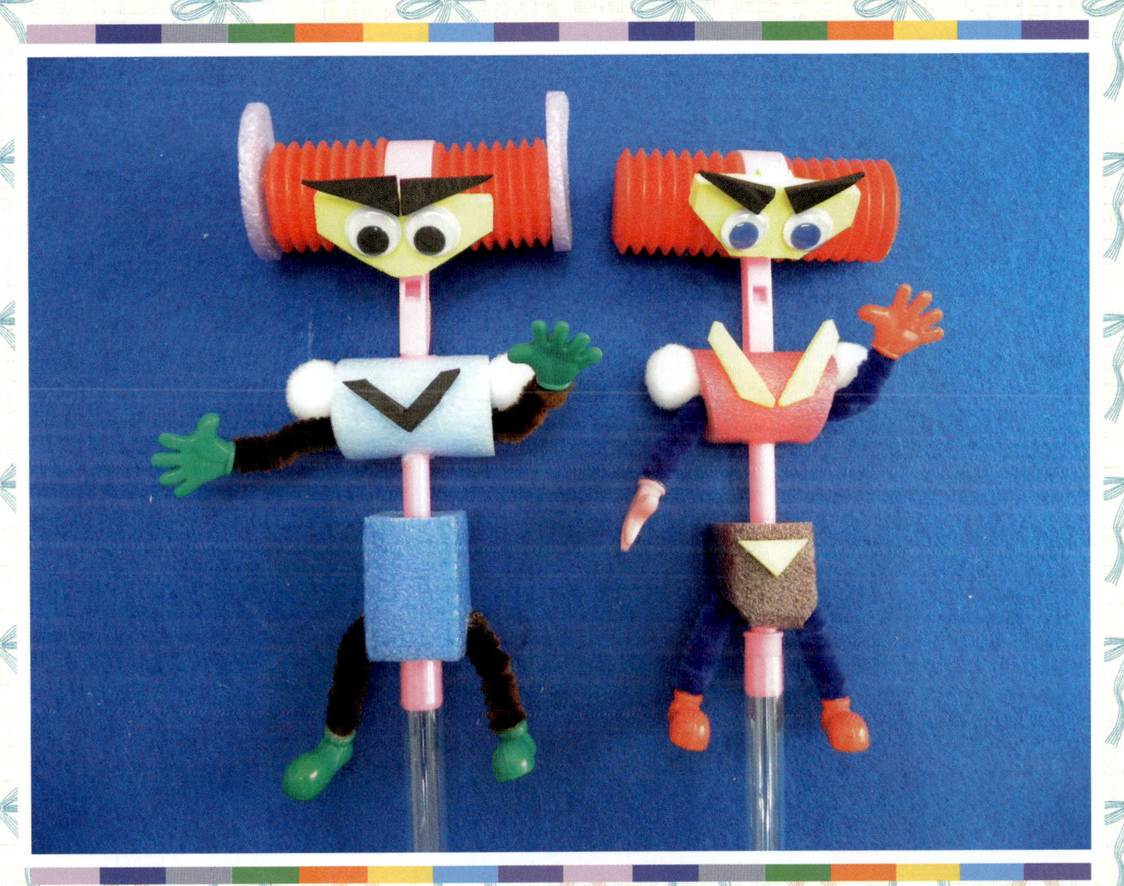

자바라 2개, 플라스틱 관 1개, 뽕 중심봉 1개, 인형 손과 발 각 1조각, 3T – 사각 백업, 둥근 백업 각 1개, 폼폼(뽕뽕이) 2개, 인형 눈 2개, EVA(노랑, 검정) 1개, 글루건, 커터 칼

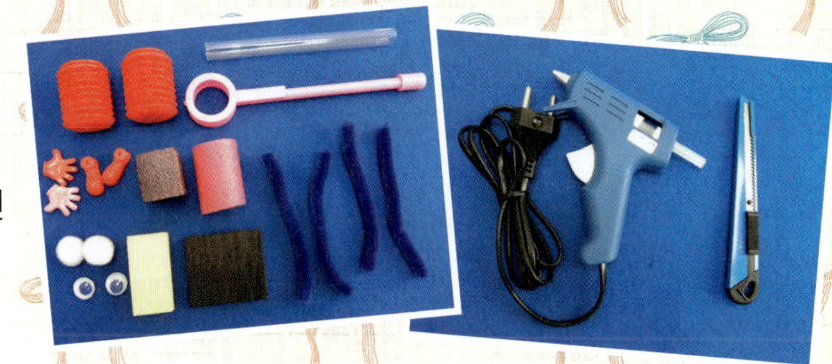

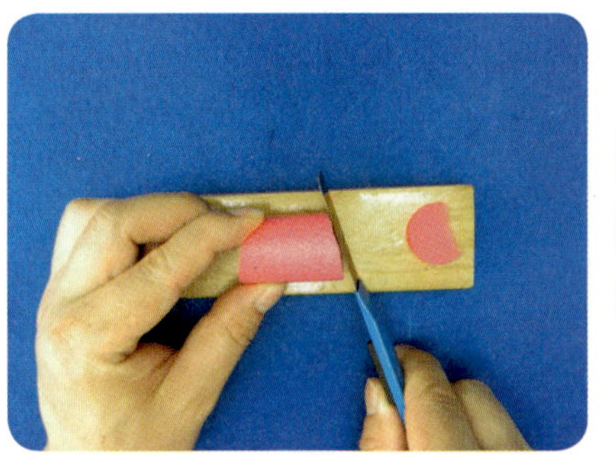

1 백업의 양면을 비스듬하게 잘라

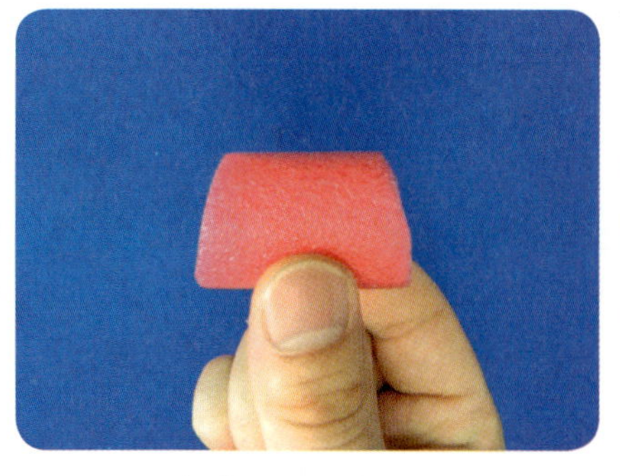

2 사다리꼴 모양이 나오게 다듬는다.

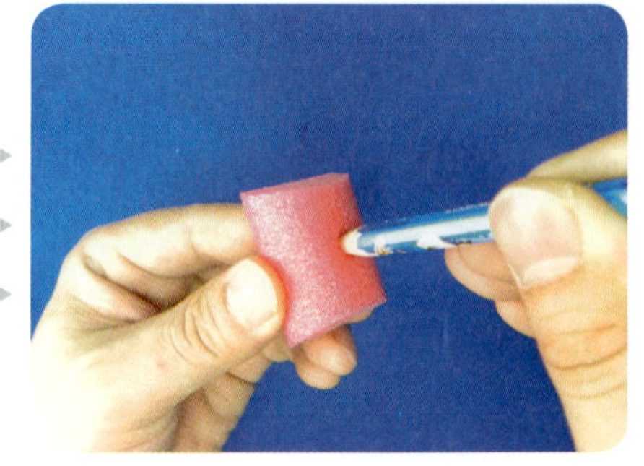

3 연필이나 뾰족한 것을 사용해서 백업의 정중앙 부분을

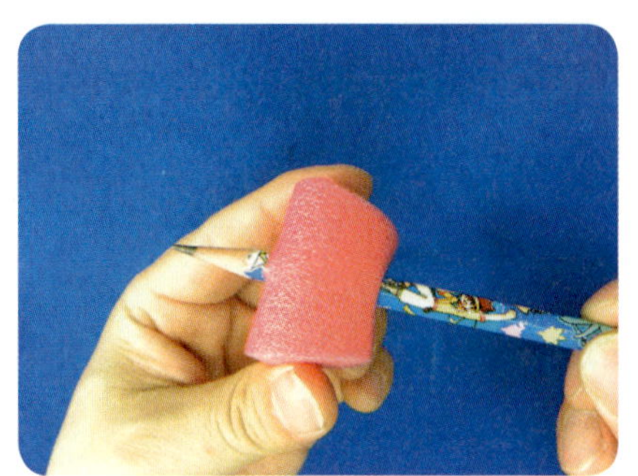

4 뚫어

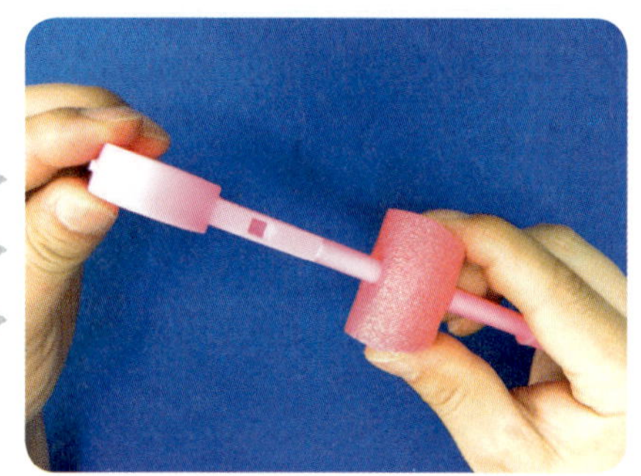

5 손잡이 중심대를 끼워 넣는다.

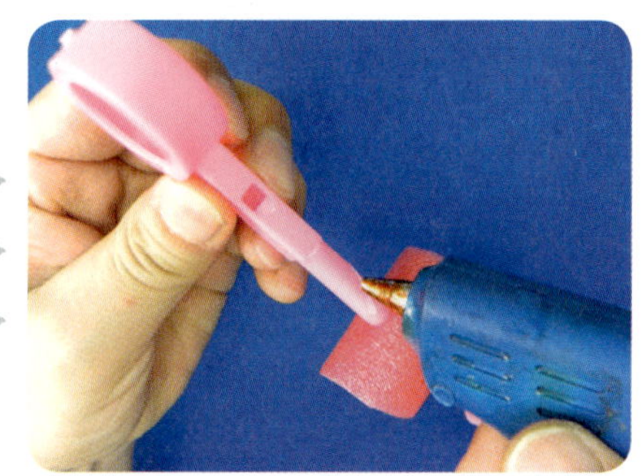

6 글루건을 가늘게 쏘고

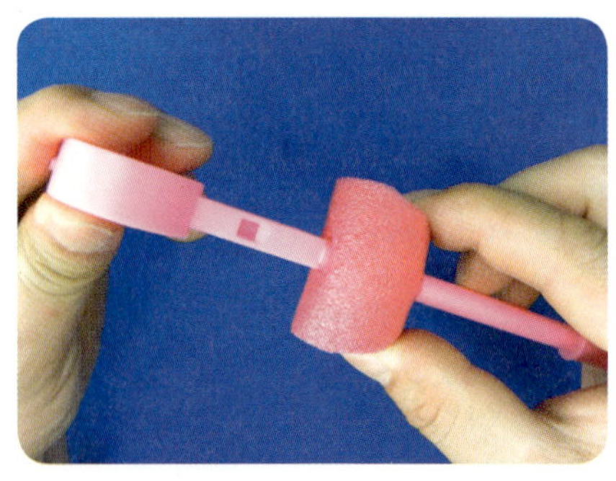

7 중심대 소리구멍 아래 경계선까지 백업을 올리고 손으로 꼭 누른다.

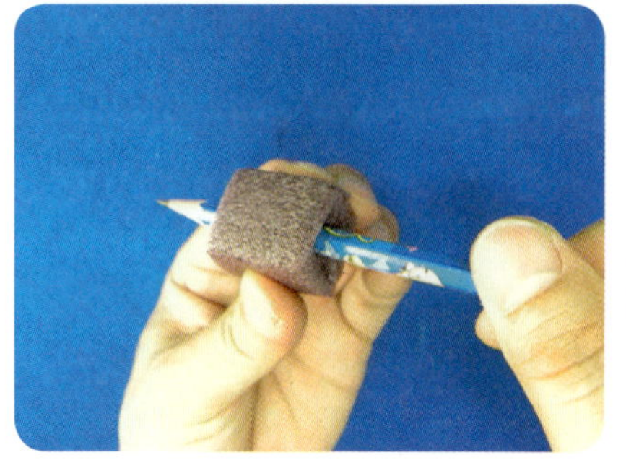

8 사각백업의 정중앙도 3~4처럼 연필로

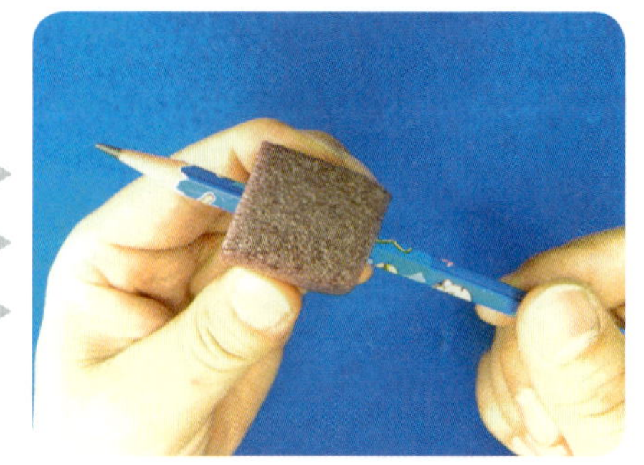

9 예비 구멍을 뚫어놓고

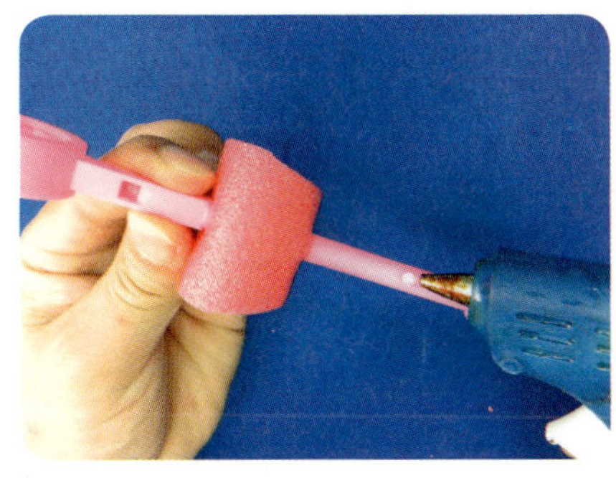

10 중심대에 글루건을 가늘게 쏘아

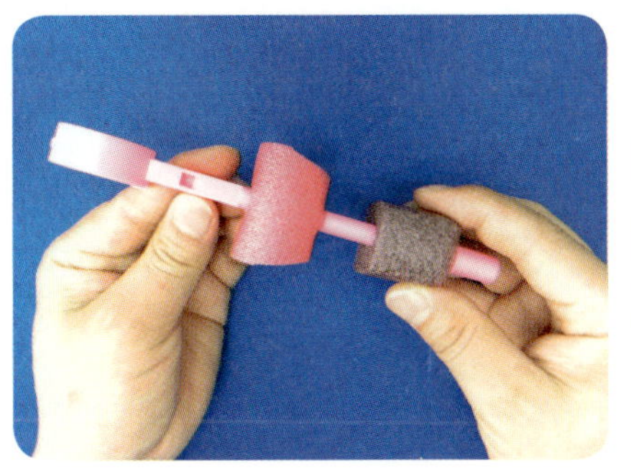

11 9의 백업을 끼워 넣는다.

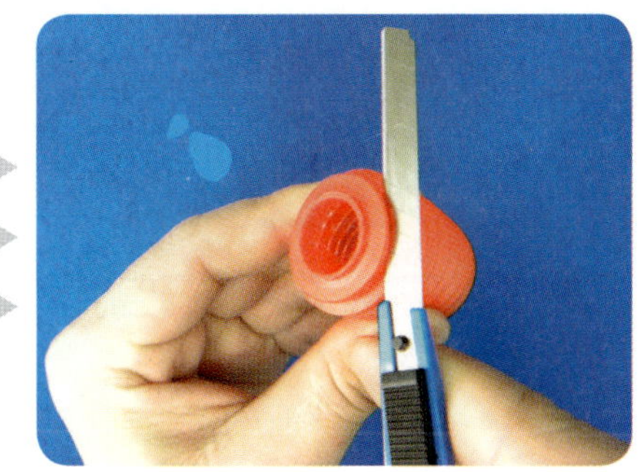

12 자바라의 첫 주름을 커터 칼로 주름의 2/3을

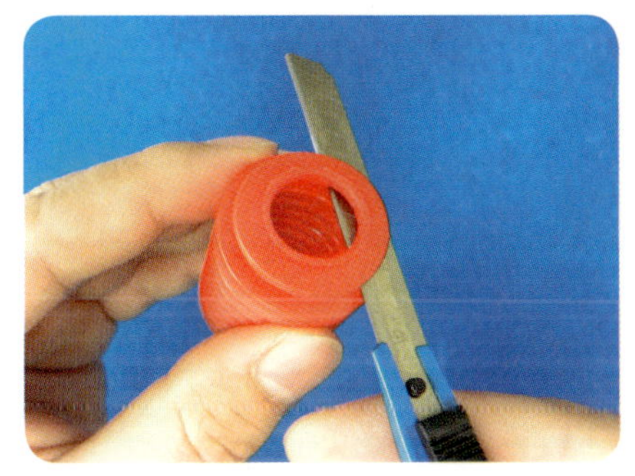

13 커터 칼날이 보일 때까지 살짝 자른다.

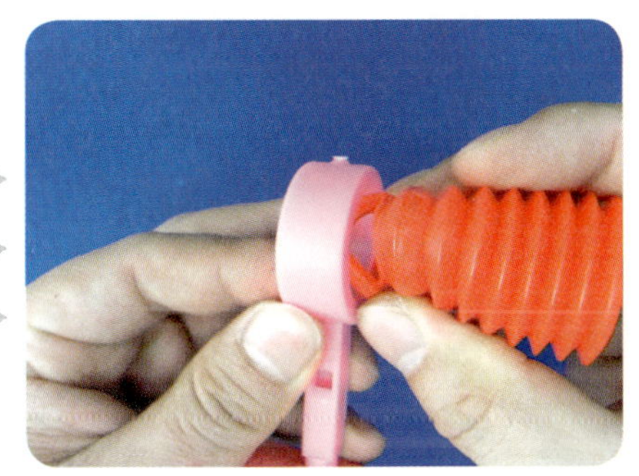

14 자른 부분을 양 손가락으로 살짝 눌러 오므린 다음

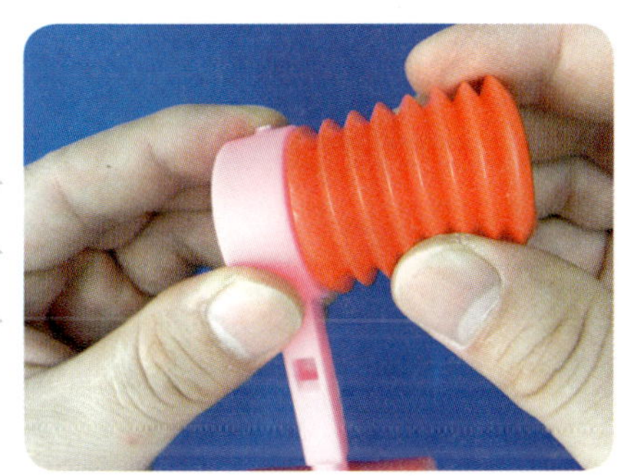

15 중심대에 넣고 자바라를 양 방향으로 돌리며 끼워 넣어,

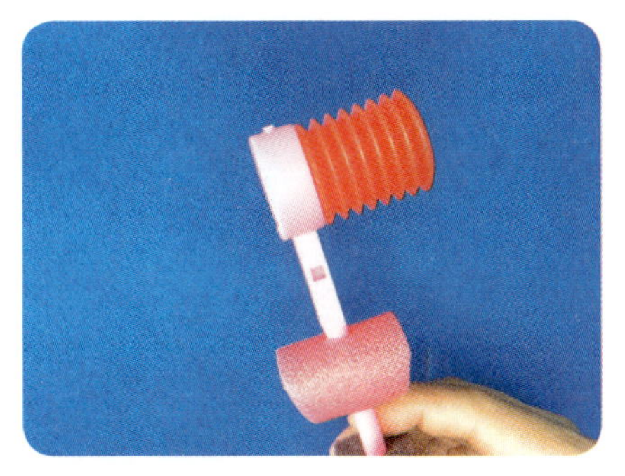

16 주름을 잡아준다.

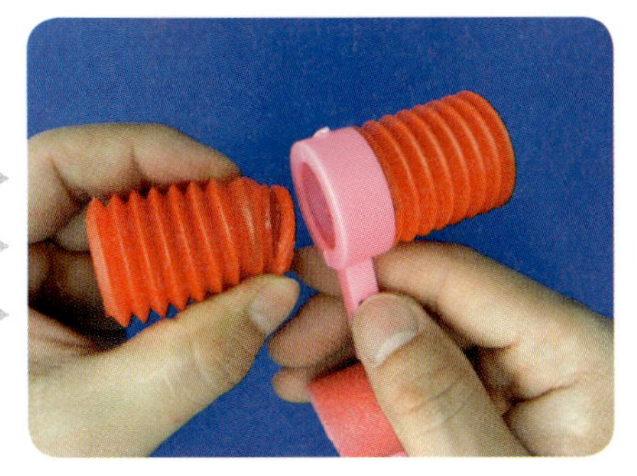

17 반대쪽도 13과 같은 방법으로 잘라서

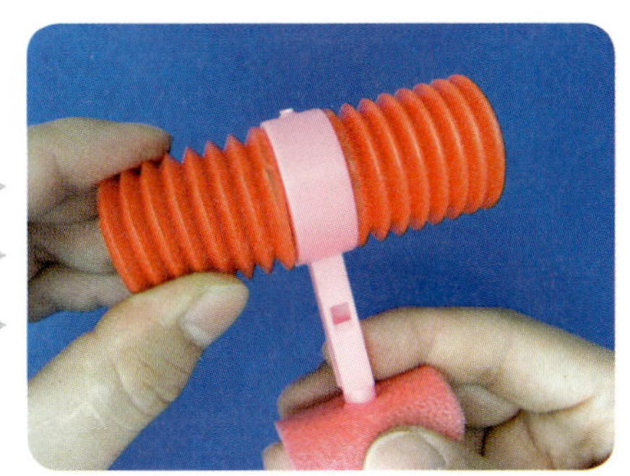

18 끼워 넣고

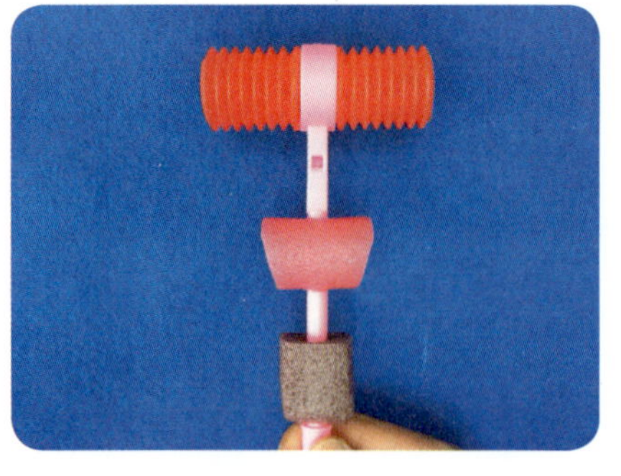

19 구겨진 주름을 잡고 망치 모양을 완성한다.

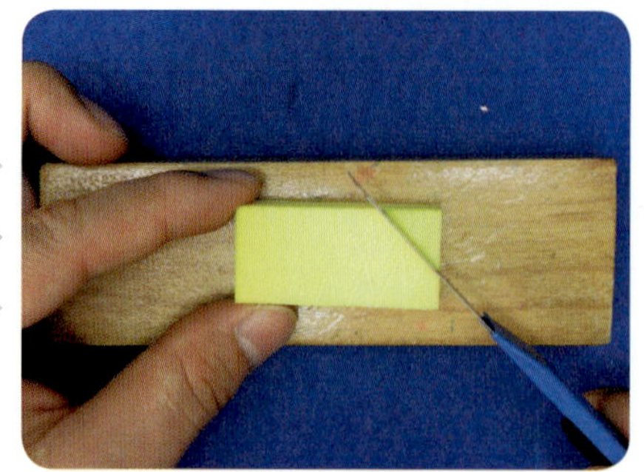

20 EVA 한쪽 면의 모서 리 부분을 칼로 비스듬 하게

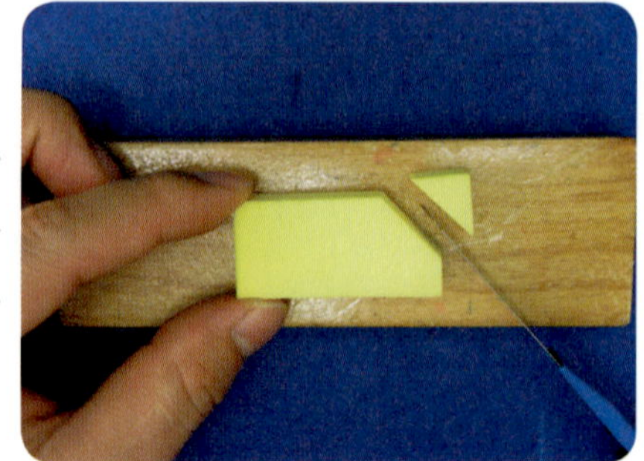

21 잘라내고

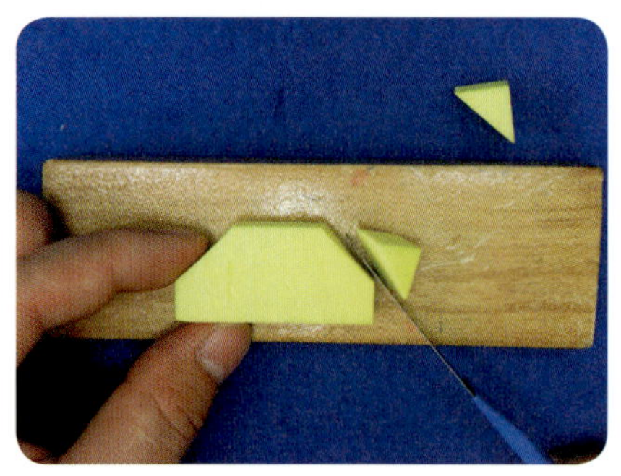

22 반대쪽도 같은 방법으 로 잘라내면

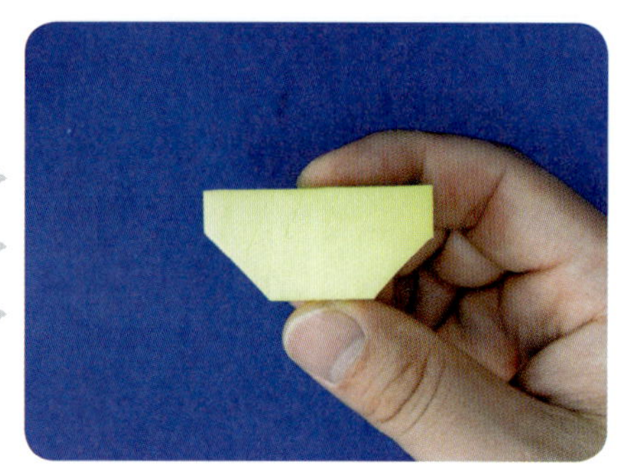

23 사진과 같은 모양이 나 온다.

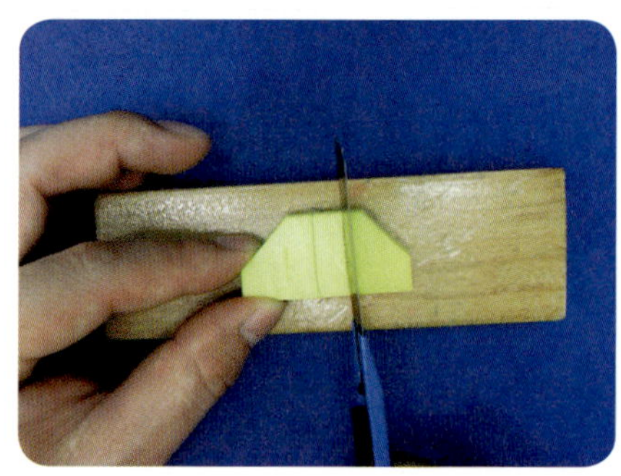

24 정중앙에 약 1cm~ 1.5cm 정도의 폭을 표시한 후 칼로

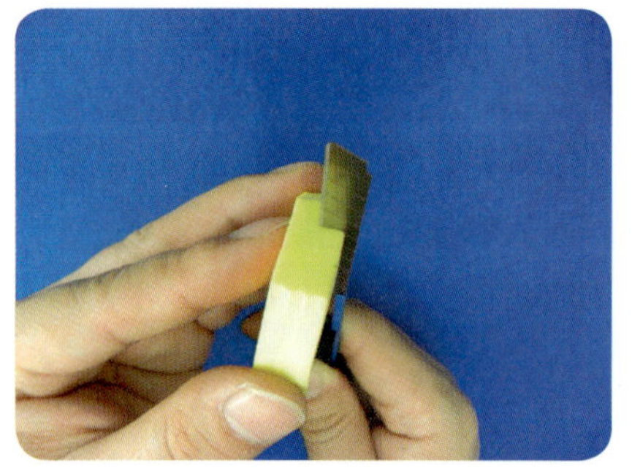

25 완전히 잘리지 않게 EVA두께의 1/2만 자 른다.

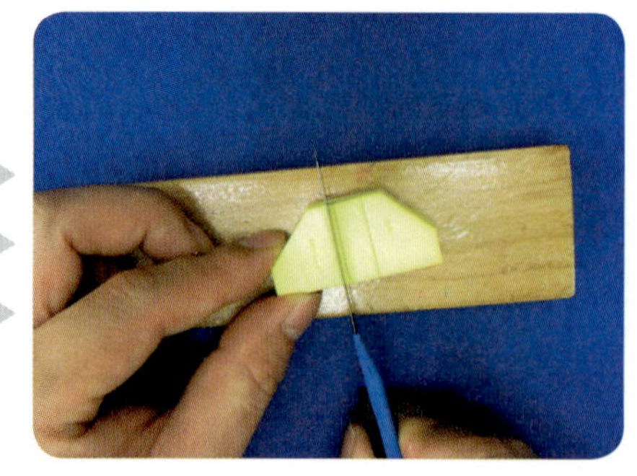

26 반대쪽도 같은 방법으 로 두께의 1/2만 자르 고

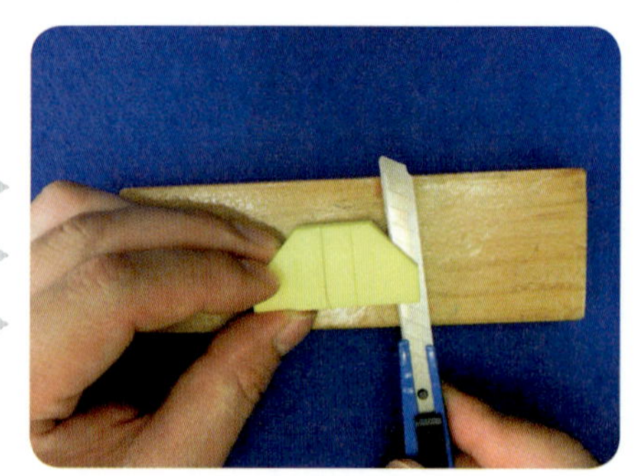

27 칼로 눕혀서

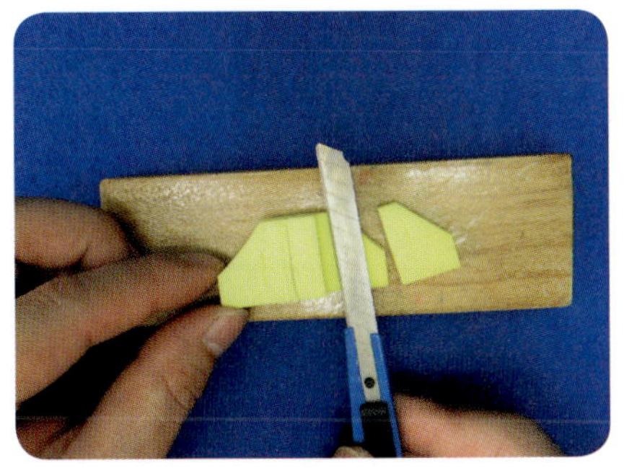

28 24에서 잘라놓은 곳까지만 자른다.

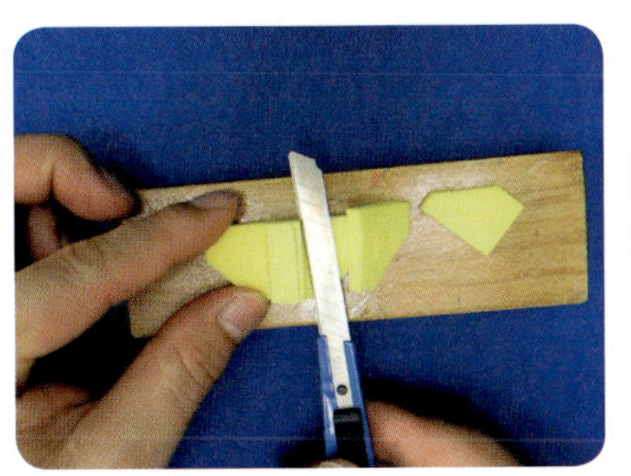

29 반대쪽도 같은 방법으로 칼로 자르면

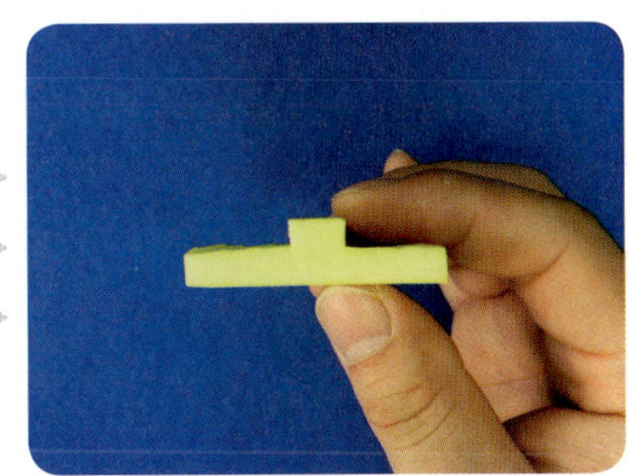

30 사진과 같은 모양이 나온다.

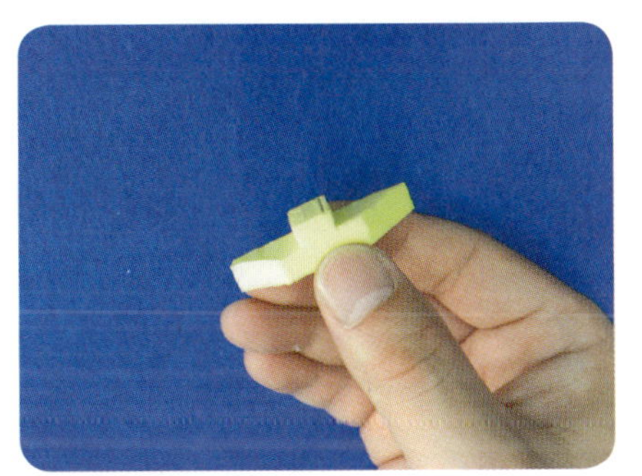

31 자른 모습

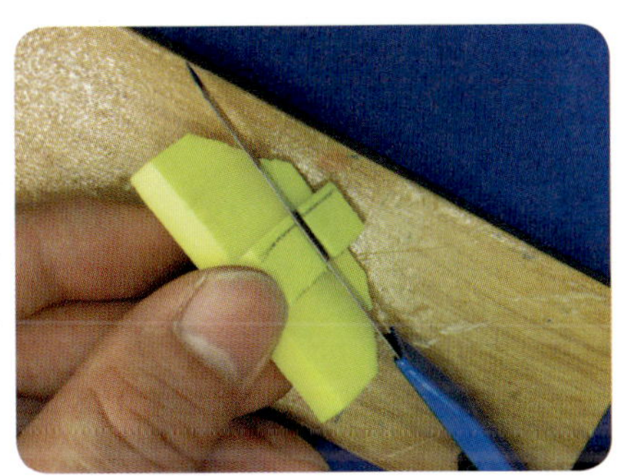

32 좁은 쪽의 끝 부분을

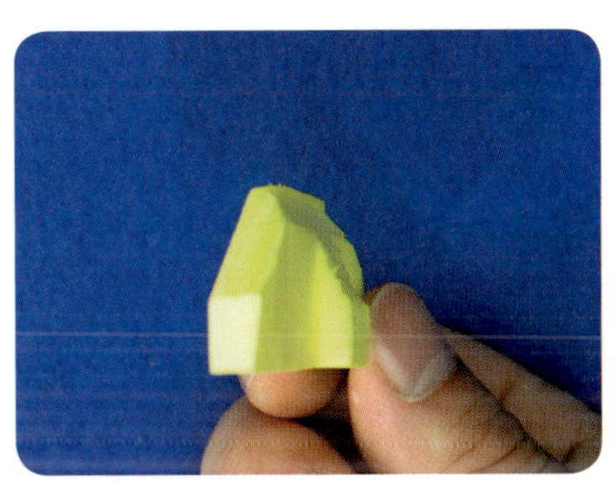

33 비스듬히 자르고

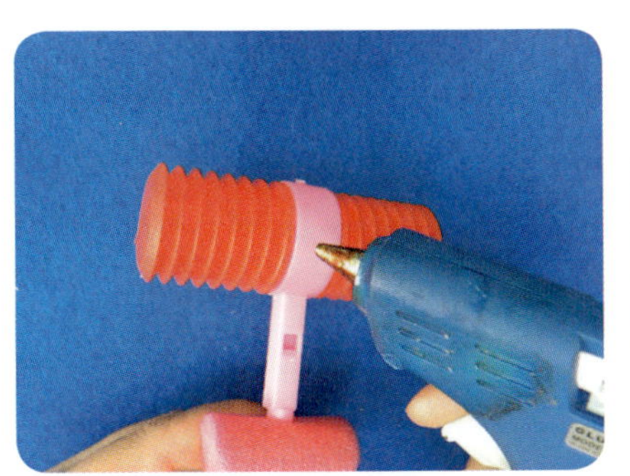

34 망치의 소리구멍 바로 위에 글루건을 살짝 쏘아

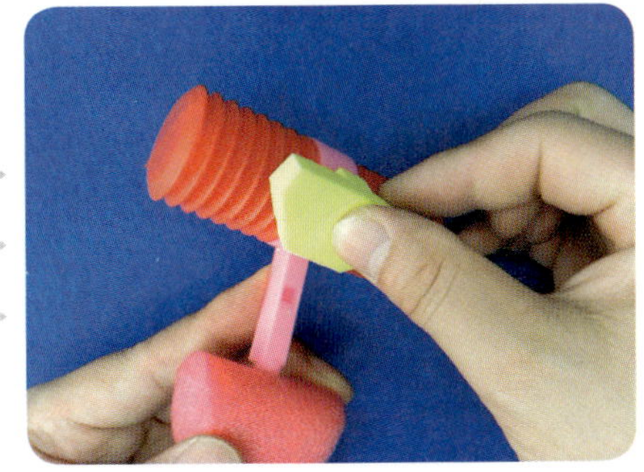

35 33을 붙인다.

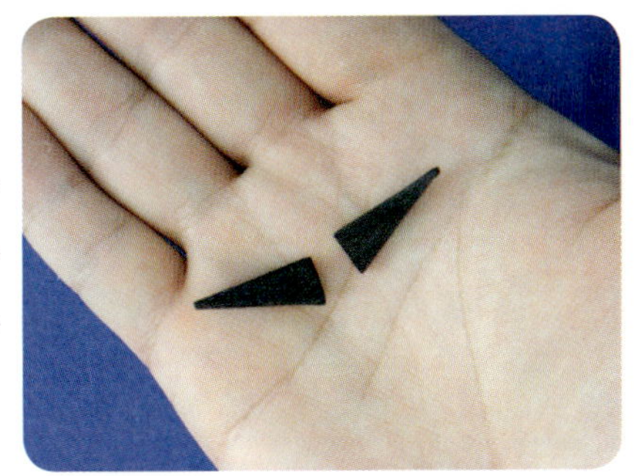

36 검은 EVA를 사진과 같이 잘라서

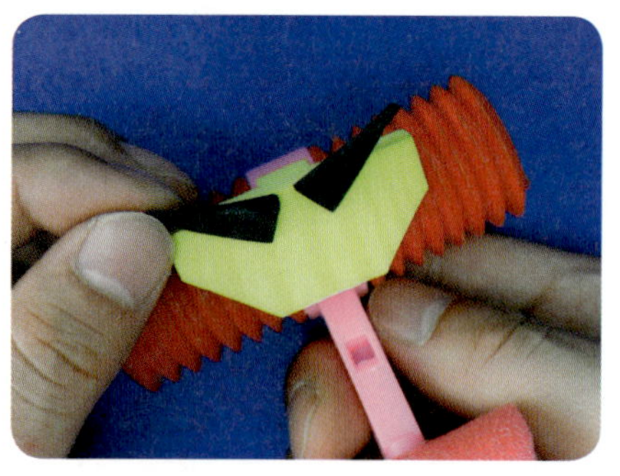

37 넓은 V자 모양으로 붙이고,

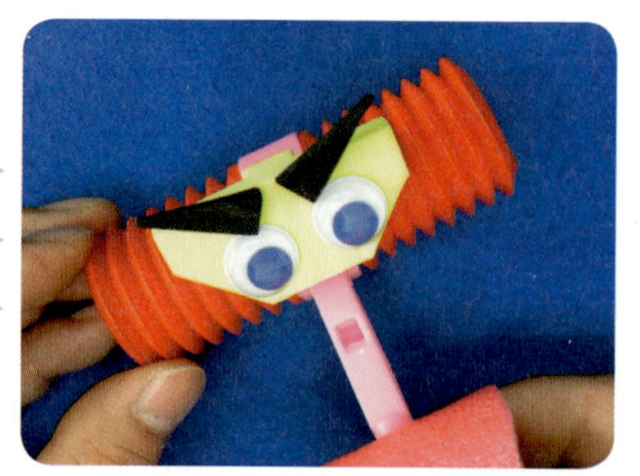

38 양 눈을 붙인다.

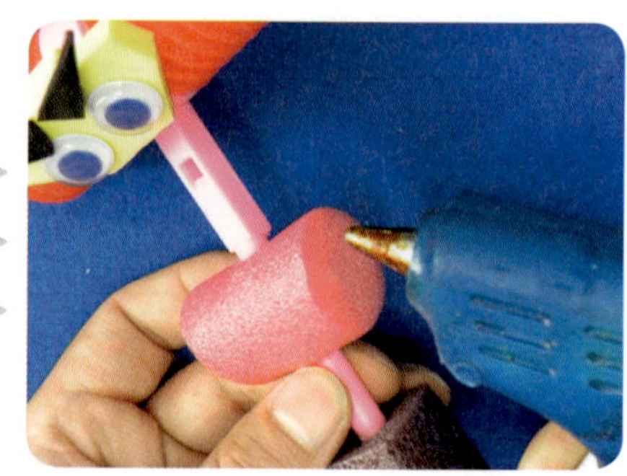

39 어깨 위쪽에 글루건을 가늘게 살짝 쏘고

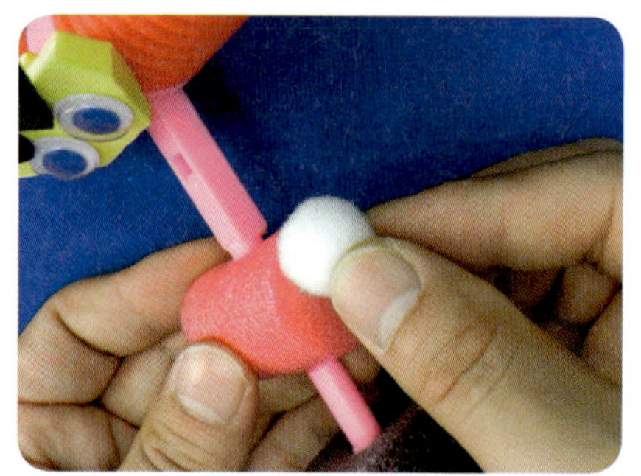

40 폼폼(뽕뽕)을 붙인다.

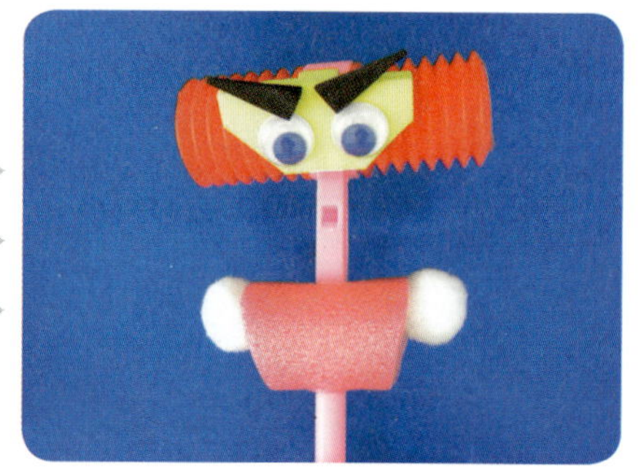

41 같은 방법으로 반대쪽 어깨도 장식한다.

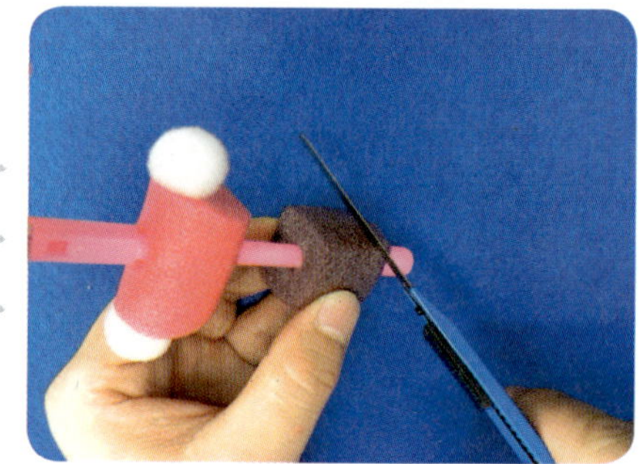

42 아랫부분도 칼로 비스듬히 잘라서

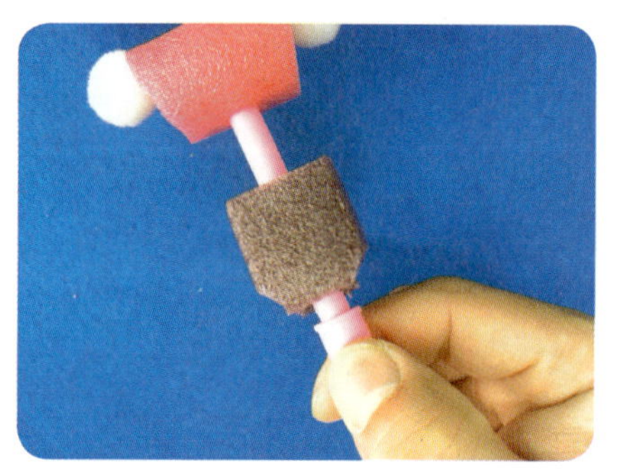

43 사진과 같이 다듬는다.

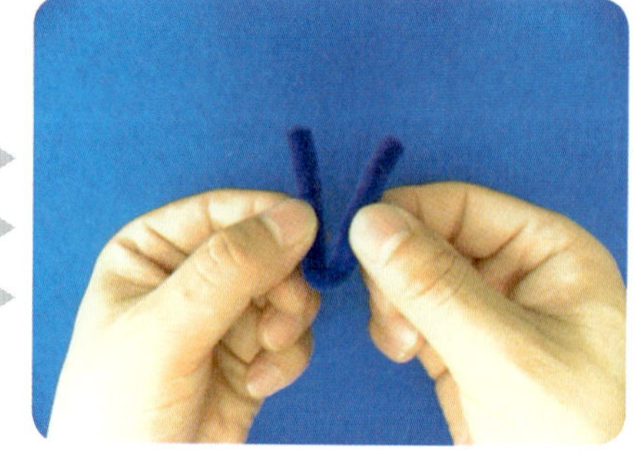

44 모루의 중간을 반으로 꺾어

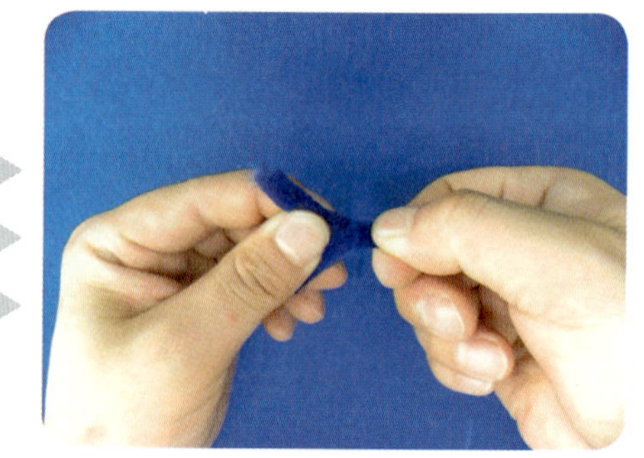

45 시계방향으로 꼬아

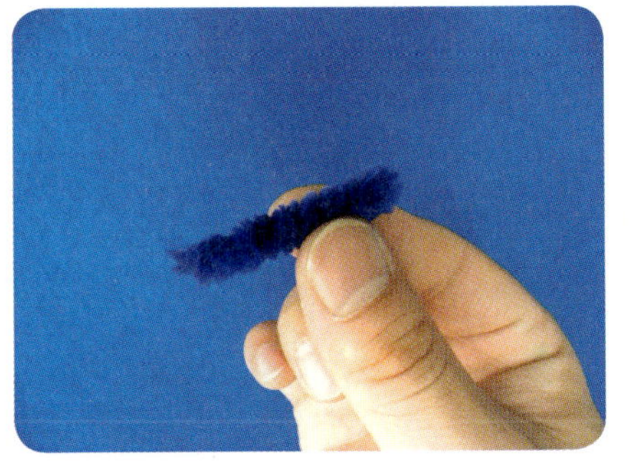

46 1자로 만든다.

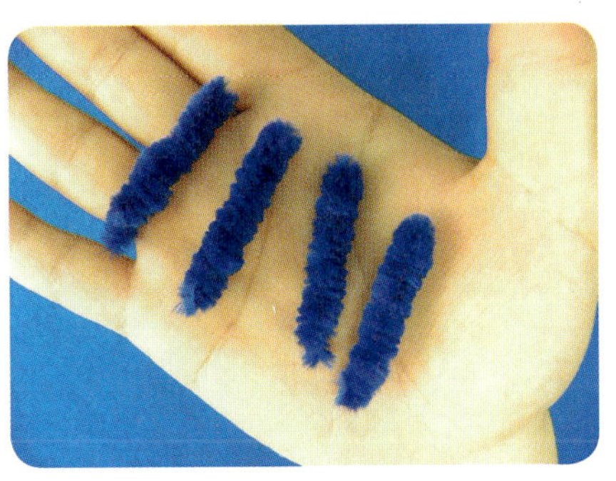

47 4개 모두를 만들어 놓는다.

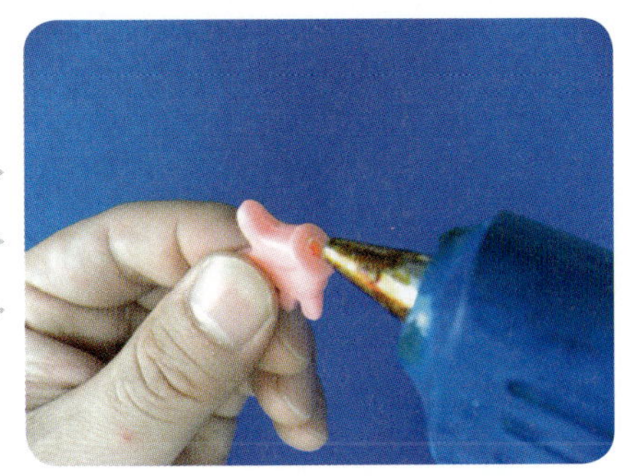

48 손의 구멍 안쪽에 글루건을 쏘고

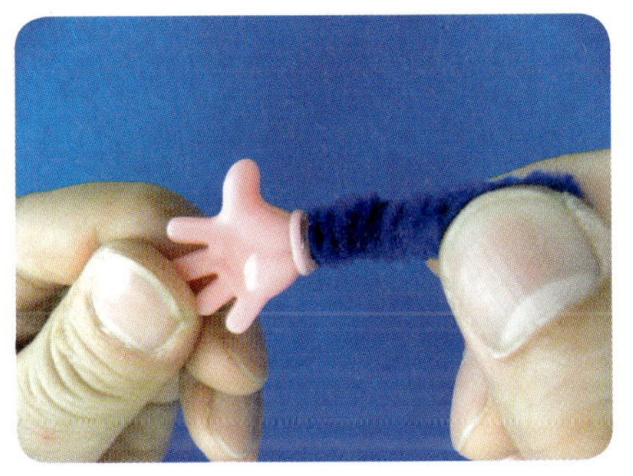

49 47에서 만들어 놓은 모루를 한 개 끼워 팔을 완성한다.

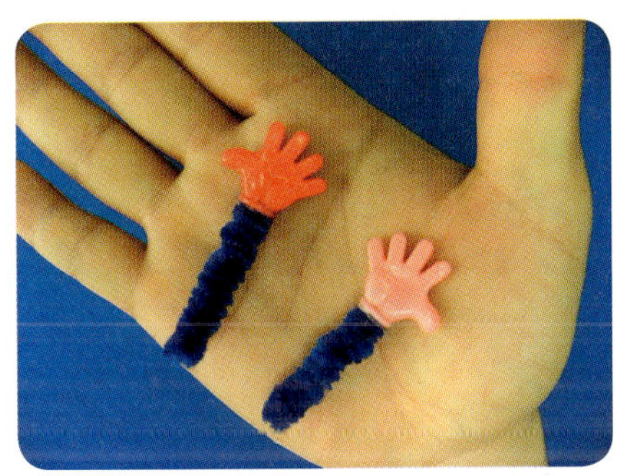

50 같은 방법으로 양팔을 만들어 놓는다.

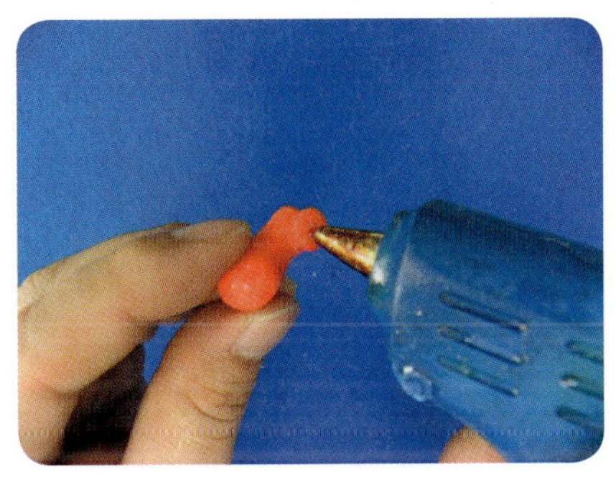

51 인형 신발의 구멍에 글루건을 쏘고

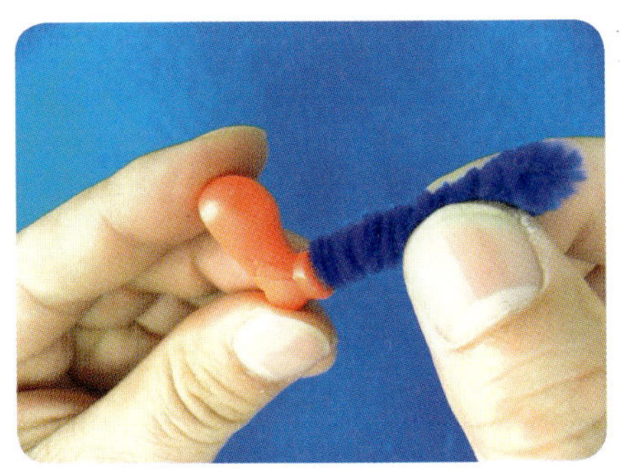

52 모루를 꽂아

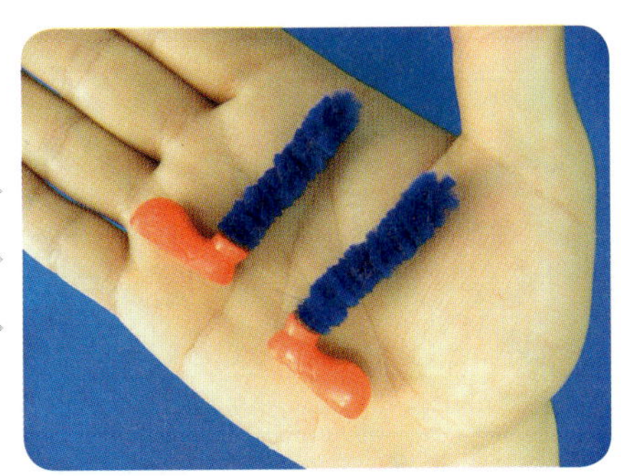

53 양발을 완성한다.

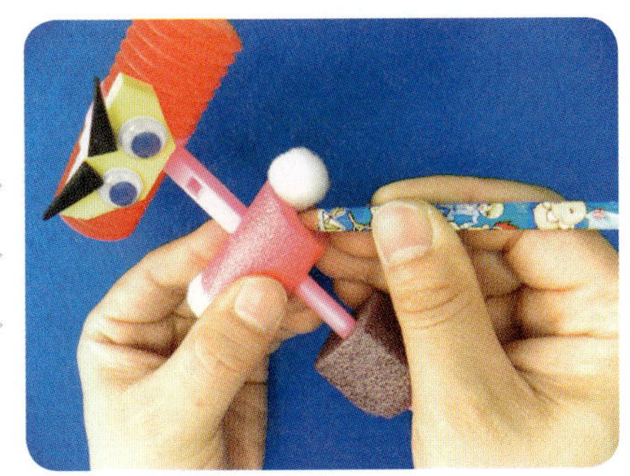

54 연필이나 뾰족한 송곳 등을 이용하여 예비 구멍을 뚫어

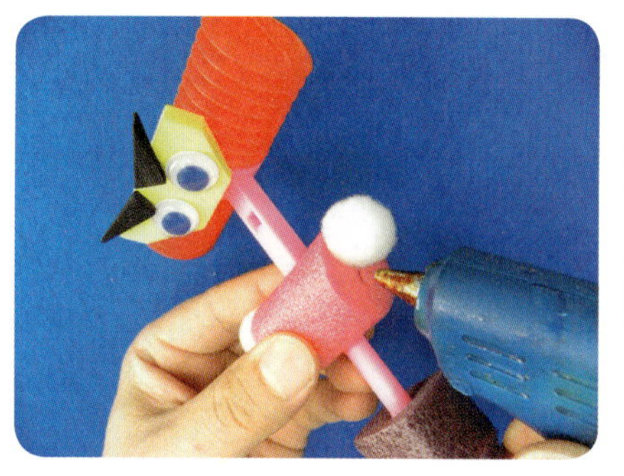

55 글루건을 쏘고

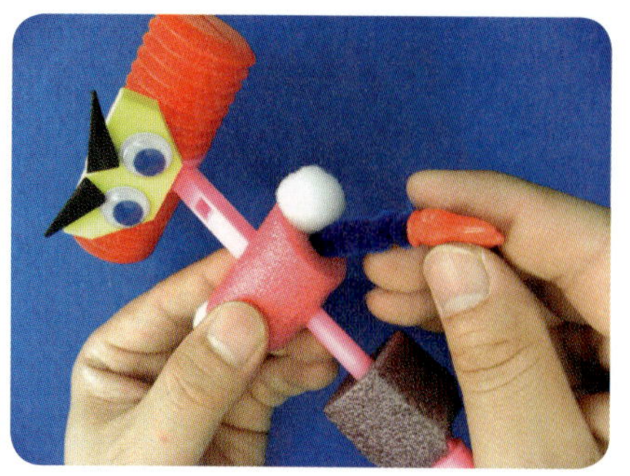

56 만들어 놓은 팔을 끼운다.

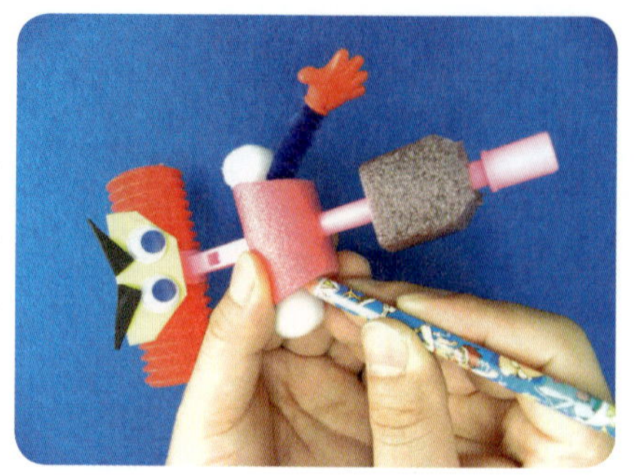

57 같은 방법으로 반대쪽 팔도

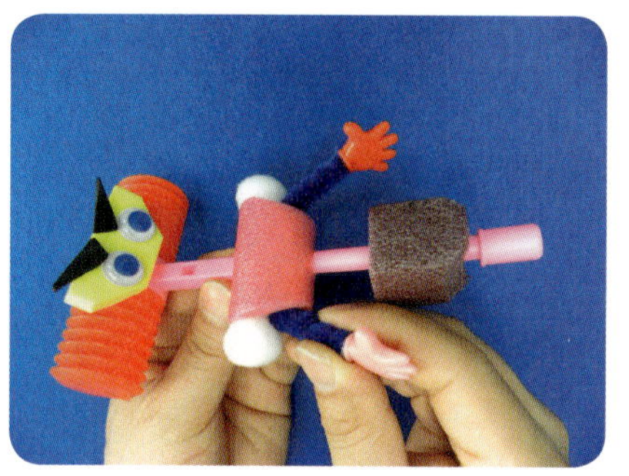

58 끼워 양팔을 완성한다.

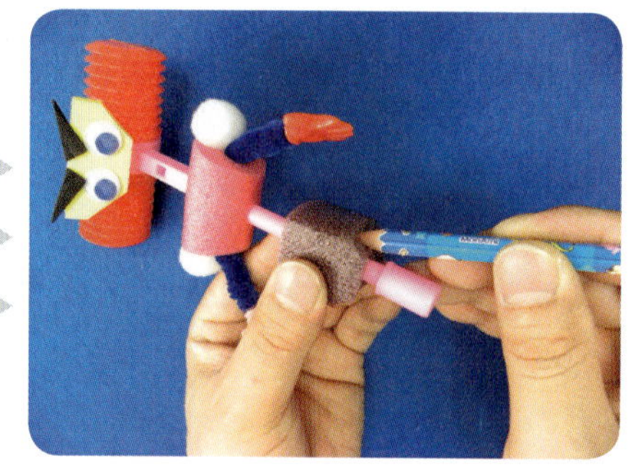

59 팔을 끼웠던 방법으로 연필을 이용해서

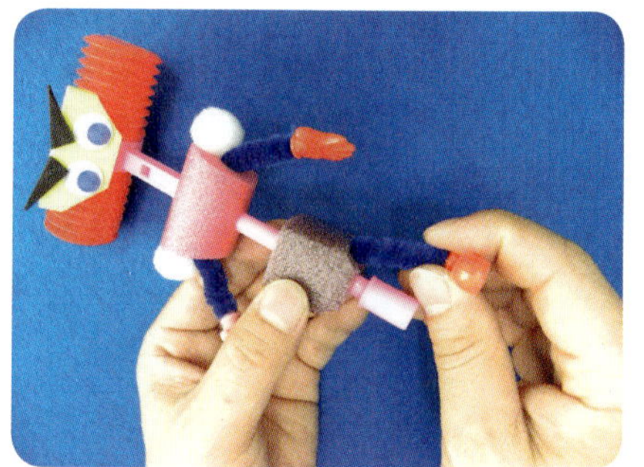

60 발을 끼워 넣는다.

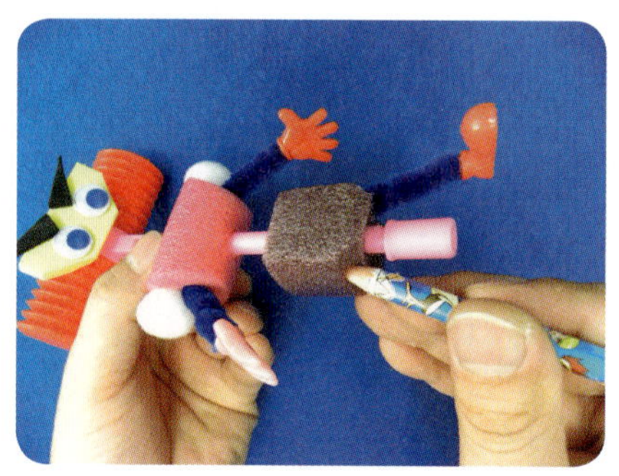

61 반대쪽도 같은 방법으로 연필로 구멍을 뚫고

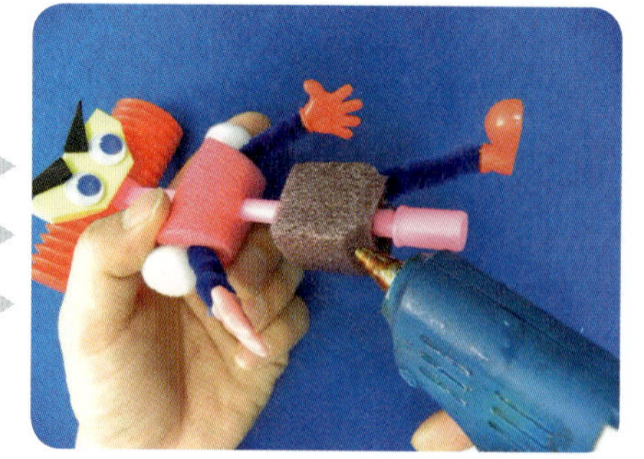

62 글루건을 쏘아

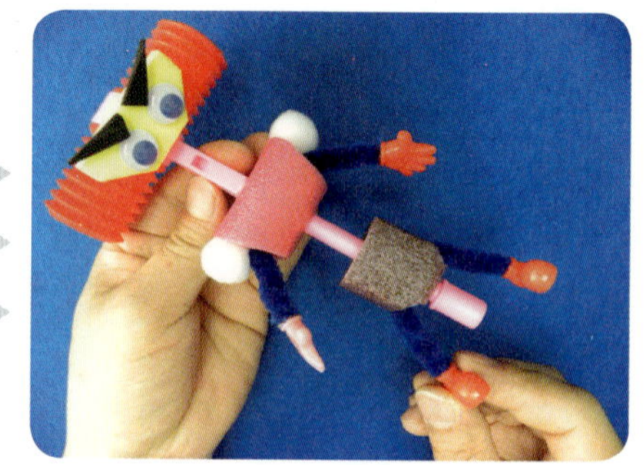

63 발을 끼워 양발을 완성한다.

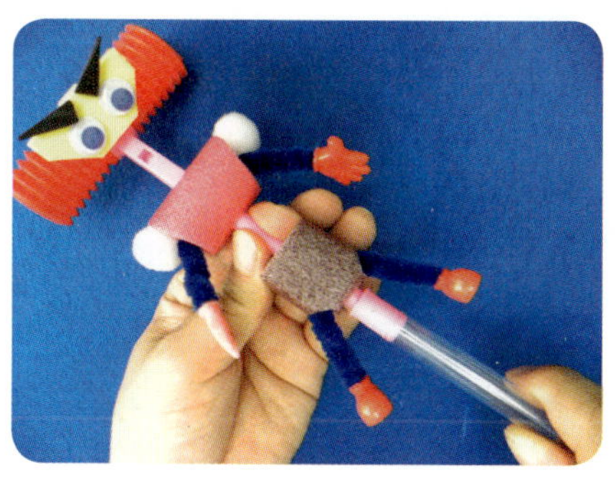

64 플라스틱 관을 끼워 망
치의 손잡이를

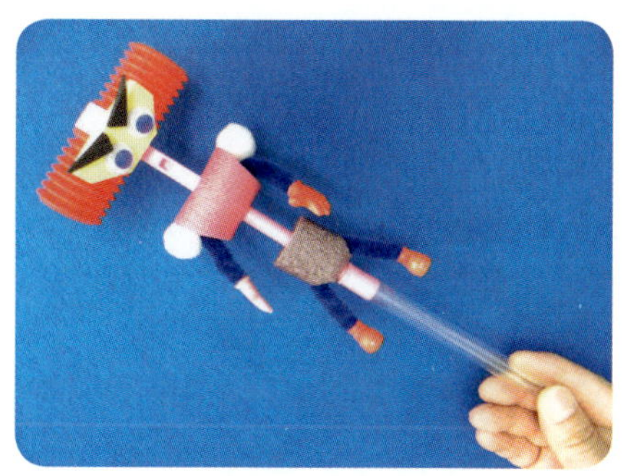

65 완성하고 우주인 뿅망
치를 완성한다.

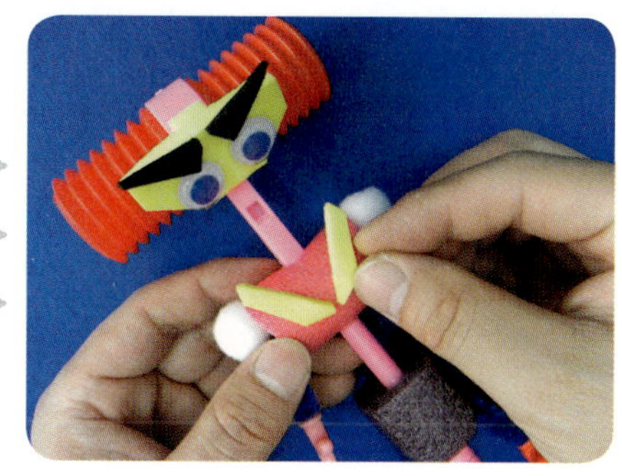

66 남은 EVA 조각들을
이용해서 마무리 장식
을 한다.

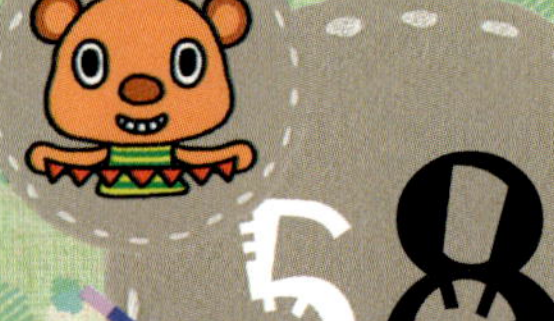

트레일러 저금통

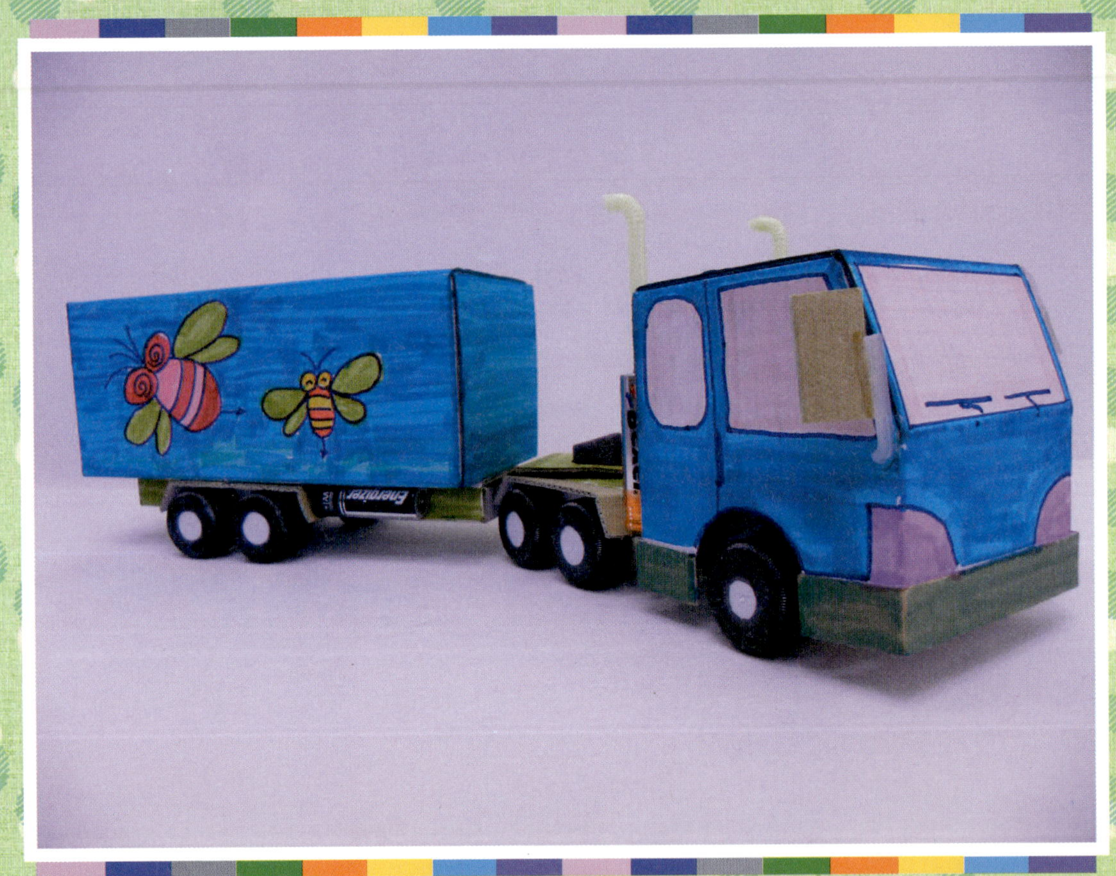

준비물 인트레일러 모형세트(박스) 1세트, 백업 – 3T(1cm) 12개/3T(3cm) 1개, 페트병뚜껑 10개, 빨대 5파이(5cm) 5개, 대나무살 (8cm~8.5cm) 5개, 하드나무 4개, 대살이나 나무젓가락 1개, 컬러펠트지 약간, 글루건, 커터칼, 송곳, 연필, 자

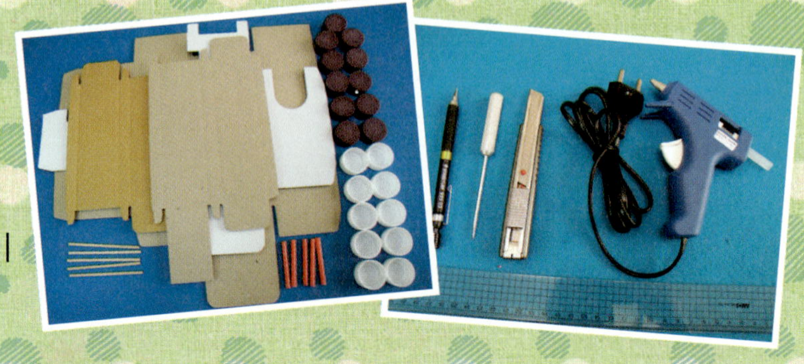

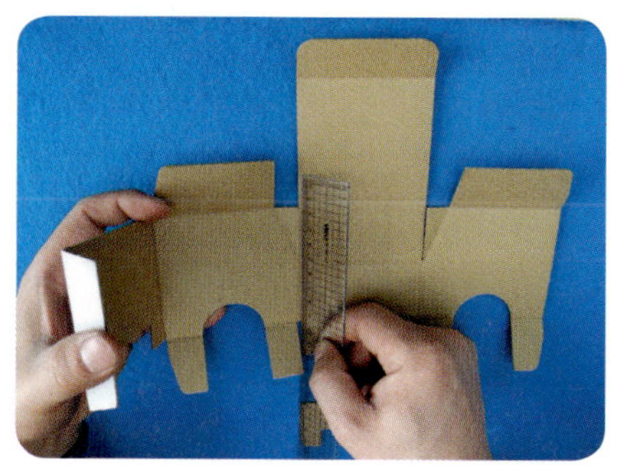

1 트레일러의 운전석 모형박스를 선을 따라 자를 사용해서 접어본다.

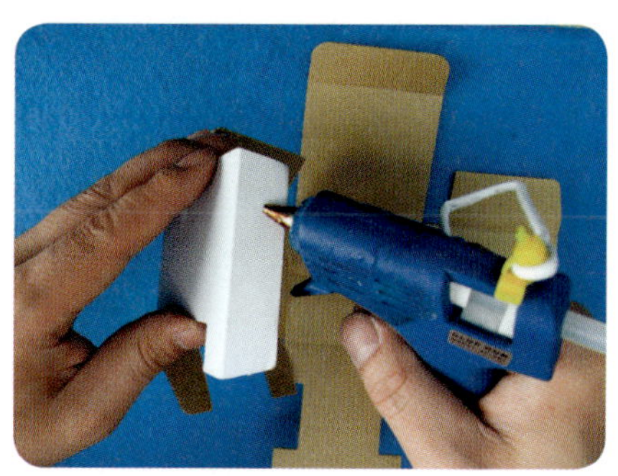

2 박스의 안으로 접히는 부분을 글루건이나 양면테이프를 사용해서

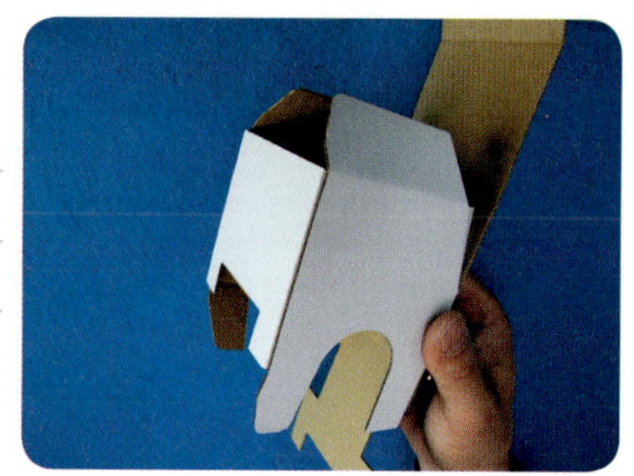

3 단단히 붙인다.

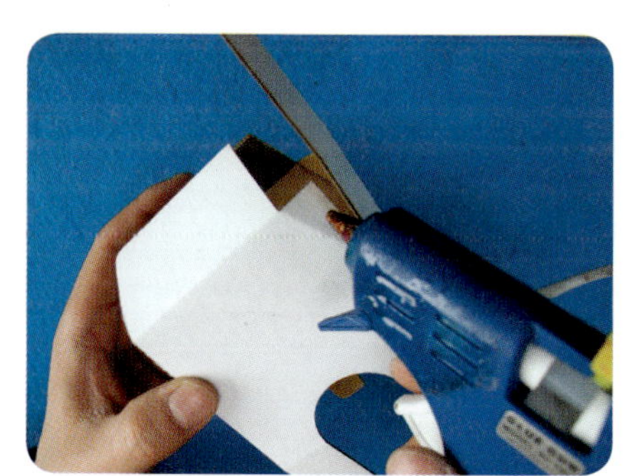

4 운전석 앞쪽 안으로 접히는 삼각형 모양에 글루건을 쏘아

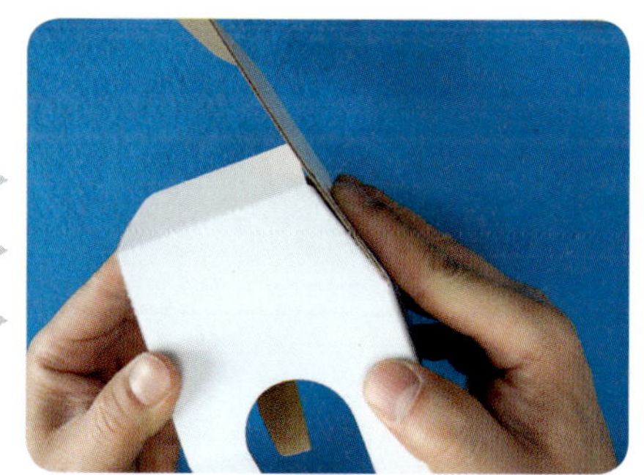

5 단단히 눌러 붙이고

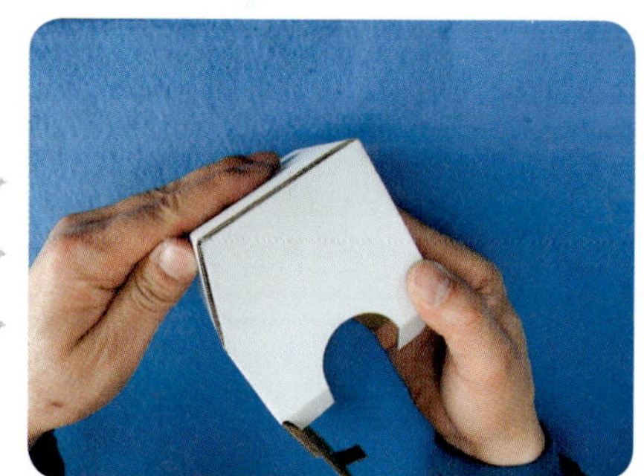

6 나머지 뚜껑(천장부분)도 닫는다.

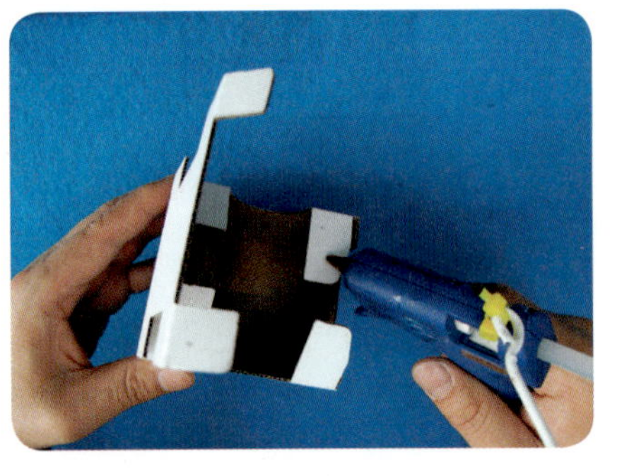

7 운전석 반대 아랫부분 안으로 접히는 부분에도 글루건을 쏘아

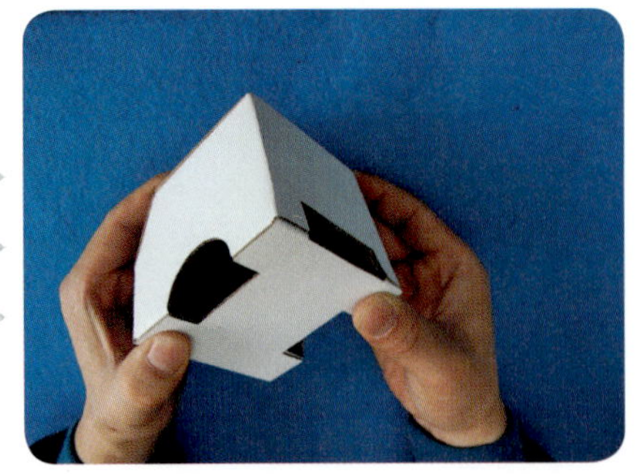

8 단단히 붙여

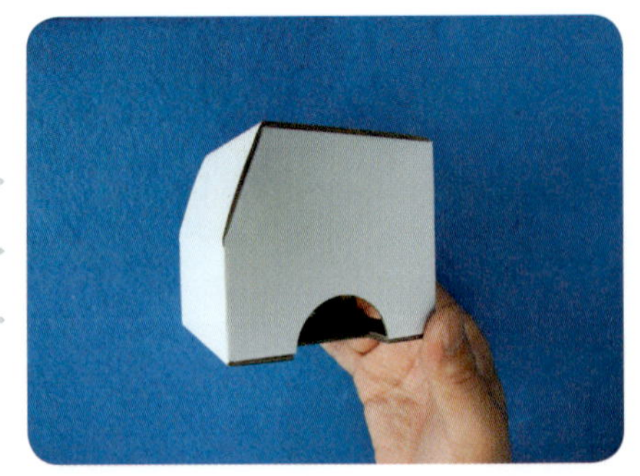

9 운전석을 완성한다.

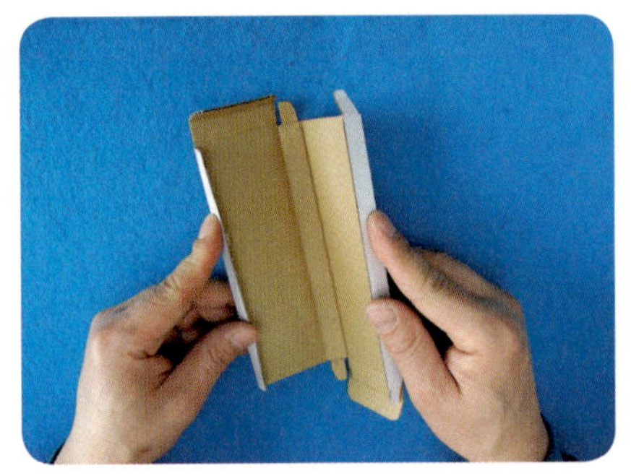

10 중간몸체의 모형을 선을 따라 한 번 접어본다.

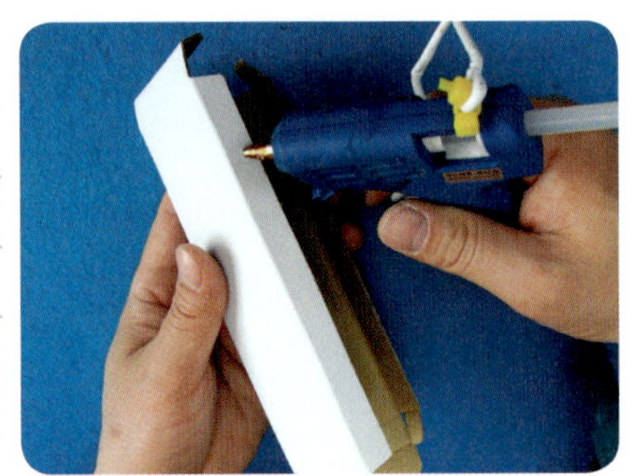

11 안으로 접어 붙이는 부분에 글루건을 가늘고 길게 쏘고

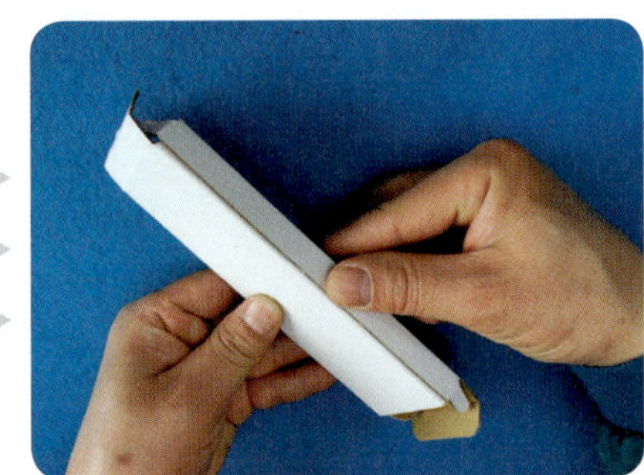

12 양손을 이용해서 단단히 붙인다.

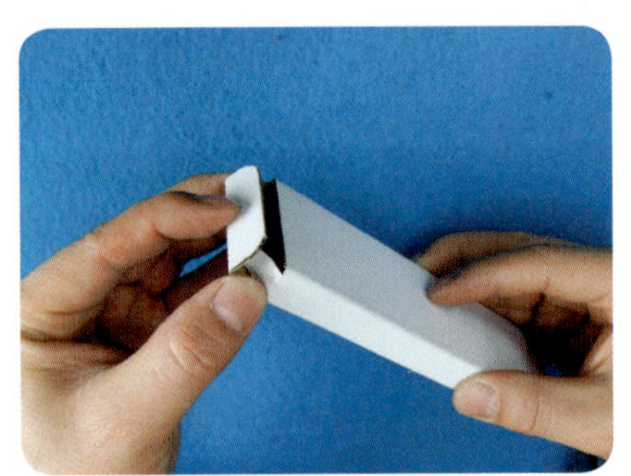

13 양쪽 뚜껑을 닫아

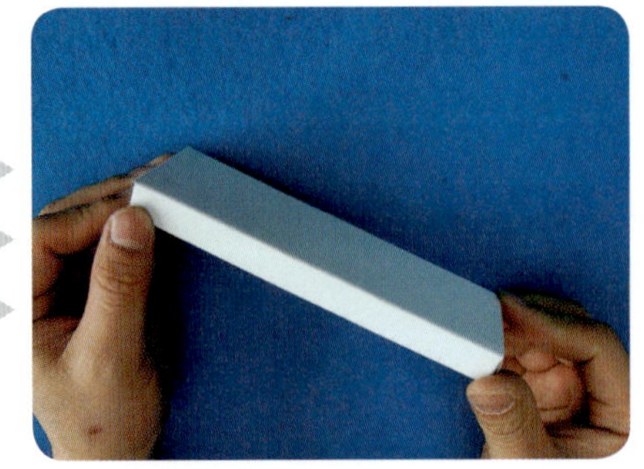

14 트레일러의 중간 몸체를 만든다.

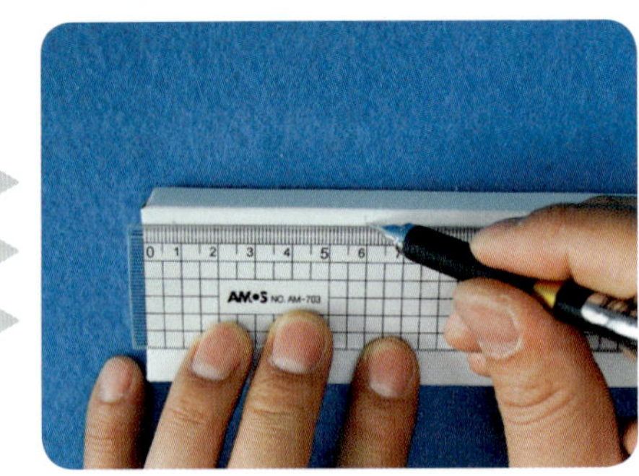

15 한쪽에서 약 6cm 떨어진 곳에 연필로 표시하고

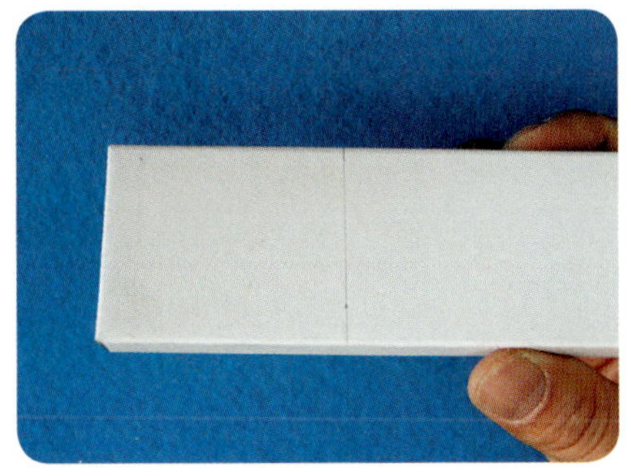

16 선을 그어놓는다.

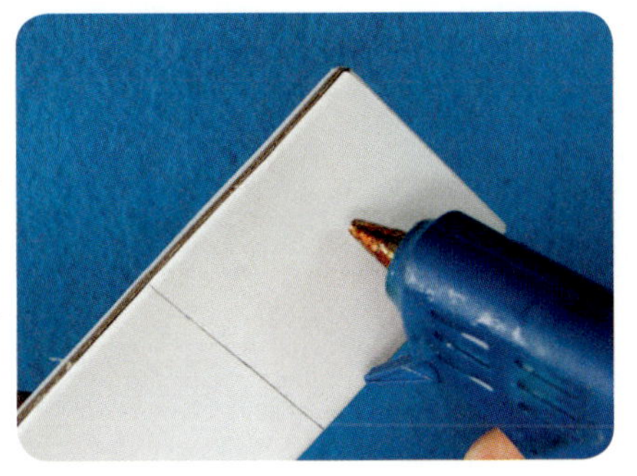

17 가장 중앙 부분부터 원을 그리듯 글루건을 쏘고

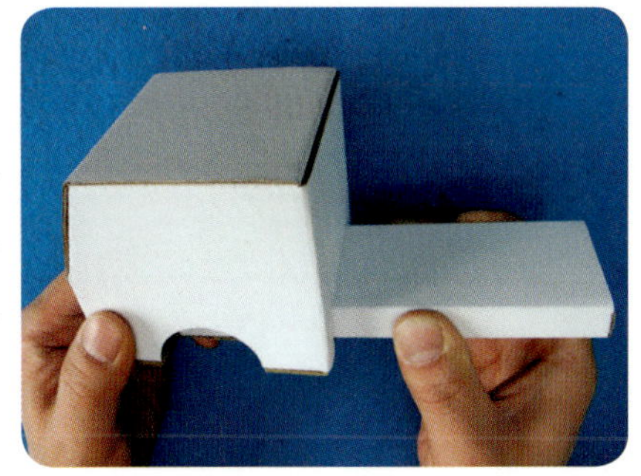

18 만들어 놓은 **9**의 뒷부분 에 선을 그어놓은 부분까 지 넣어 단단히 붙이고

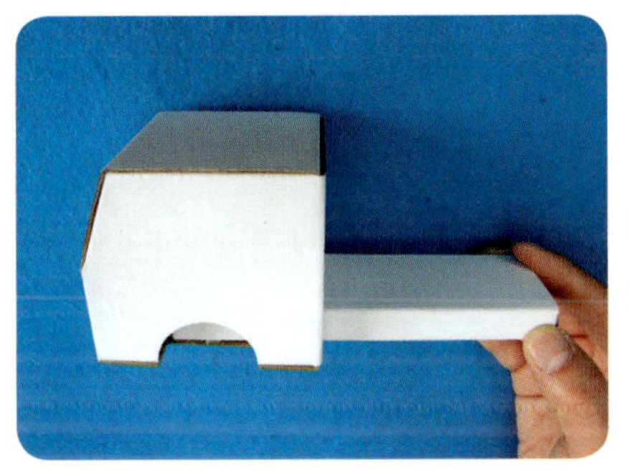

19 트레일러 몸체를 완성해 놓는다.

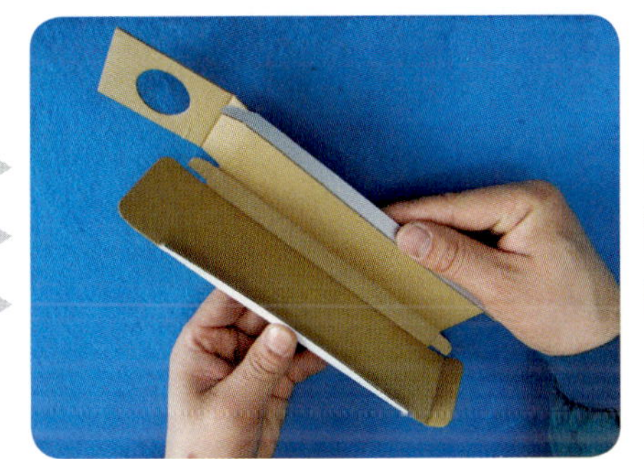

20 트레일러의 화물칸 몸 체의 모형을 선을 따라 서 접어본다.

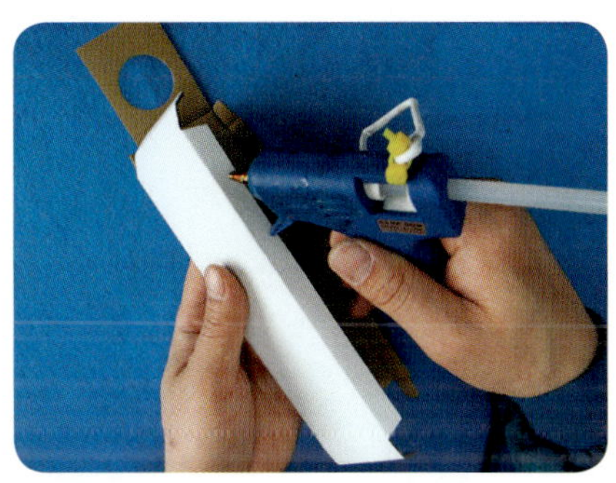

21 안으로 접어 붙이는 부분 에 글루건을 가늘고 길게 쏘아

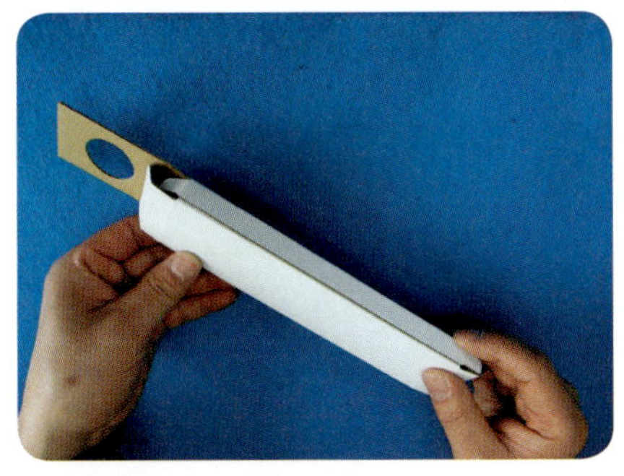

22 단단히 붙여 고정하고

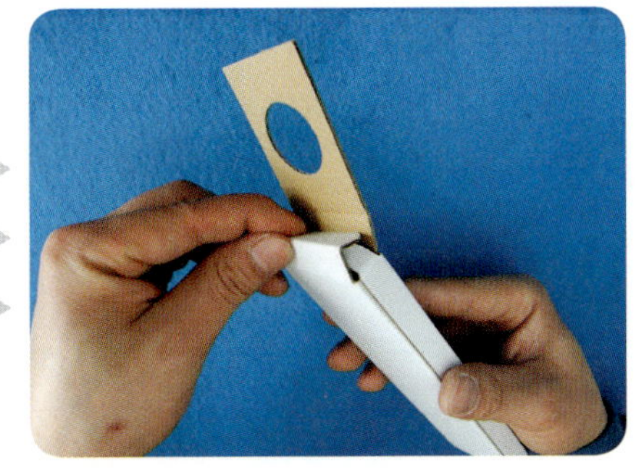

23 양쪽을 안으로 접어 넣 는다.

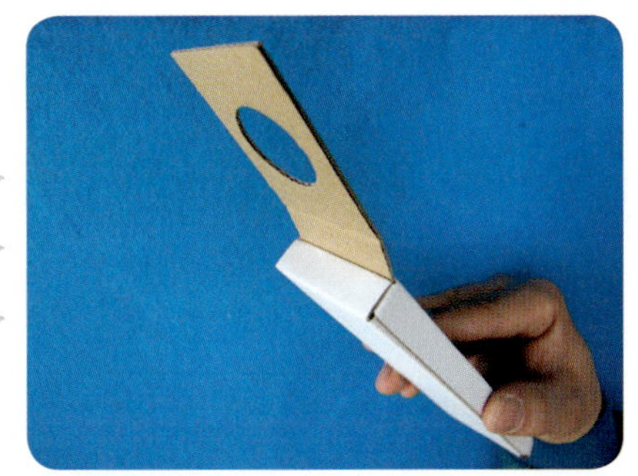

24 트레일러의 몸체에 연 결하는 부위를 선을 따 라

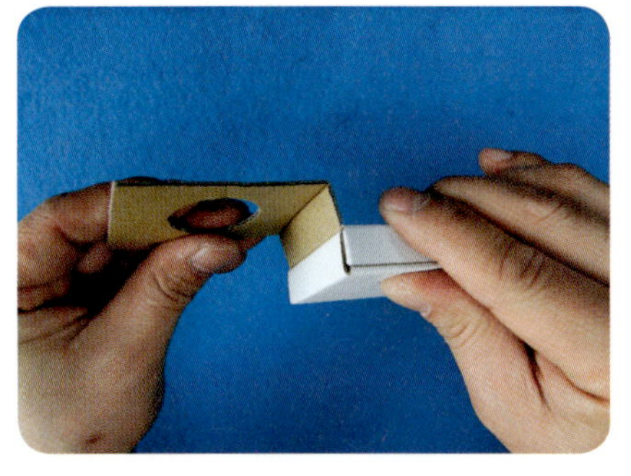

25 밀면서 꺾어

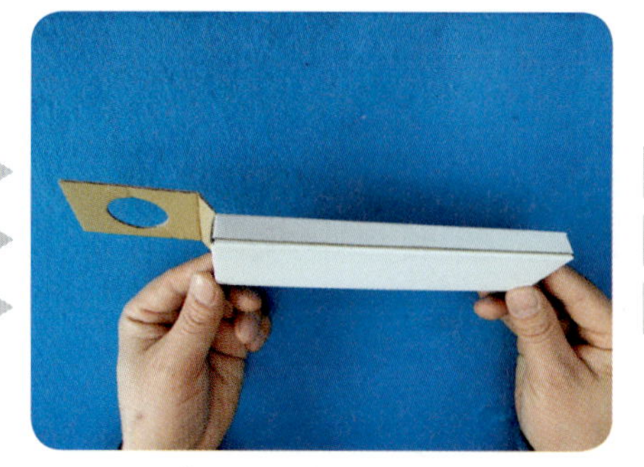

26 화물칸 몸체를 완성해 놓는다.

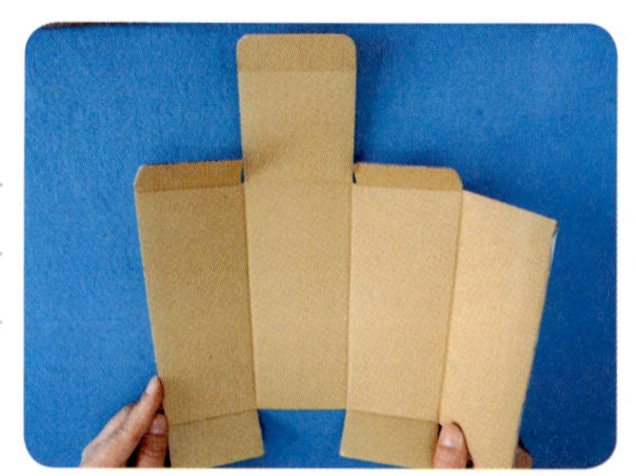

27 화물칸 모형에 연필로 500원짜리 동전이 들어 갈 크기만큼 밑그림을 그려놓고 선을 따라 칼로 한 번 더 살짝 그어 본다.

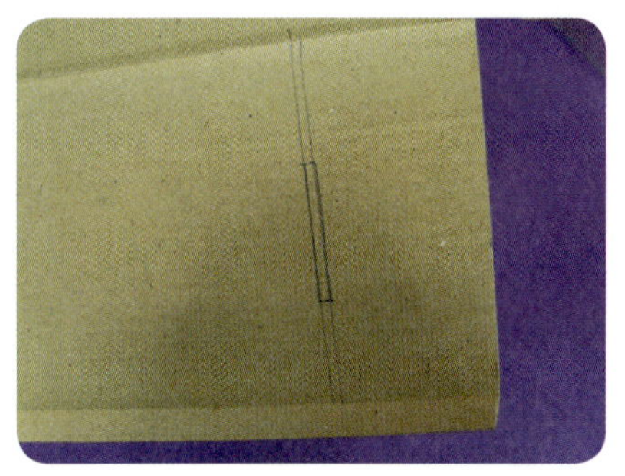

28 뒤집어서 반대쪽에도 다시 한 번 연필로 동전 들어갈 부분을 그려 놓고

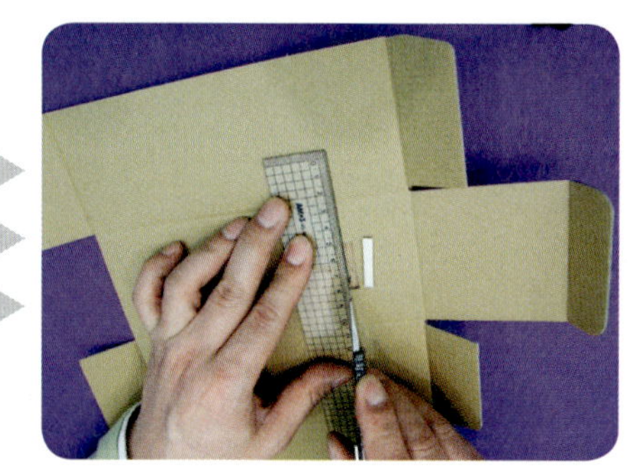

29 칼로 잘라낸다.

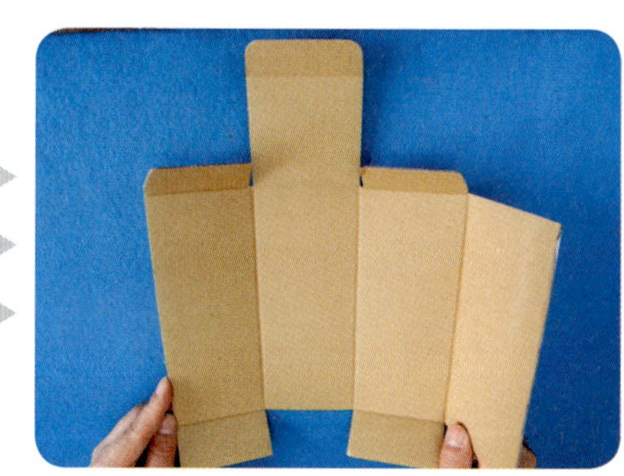

30 다시 박스의 선을 따라 접어서

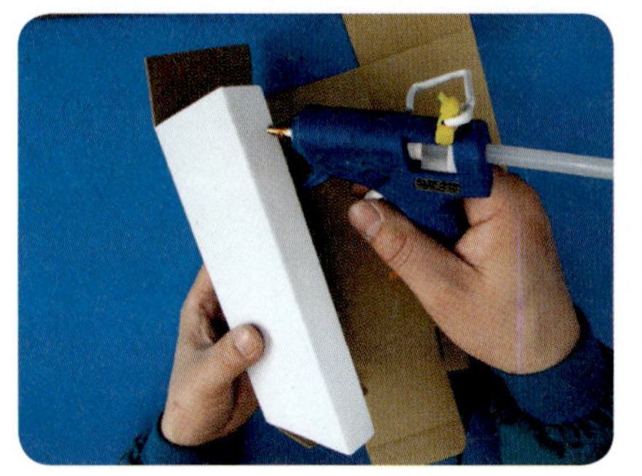

31 안으로 접히는 부분에 글루건을 쏘아

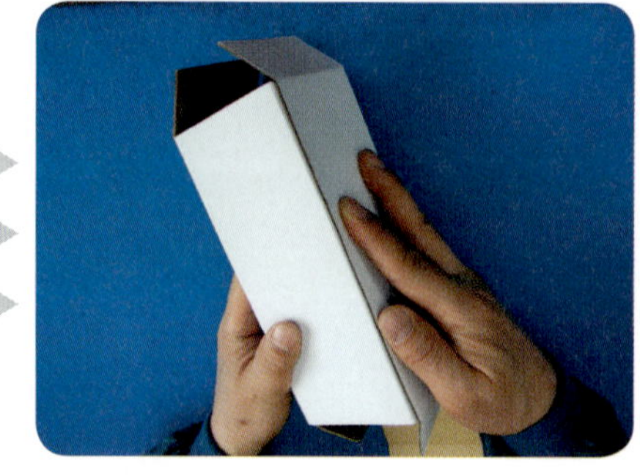

32 붙인다.

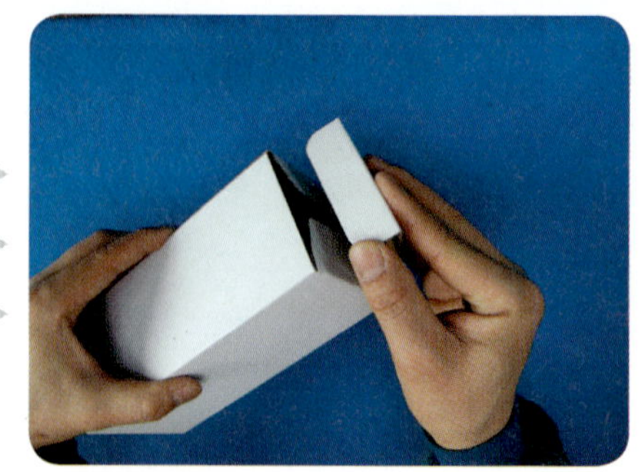

33 한쪽 면의 뚜껑을 닫아

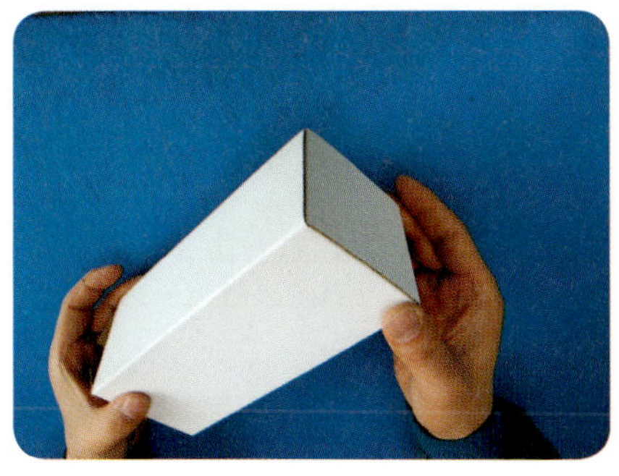

34 마무리하고

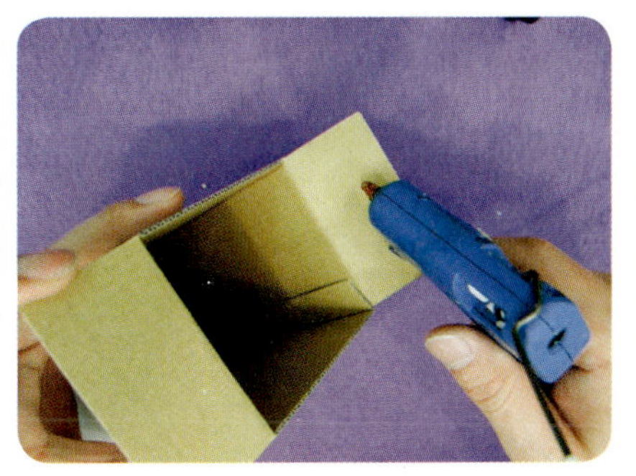

35 반대쪽 화물칸 한쪽 문의 안쪽에 글루건을 고루 쏘고

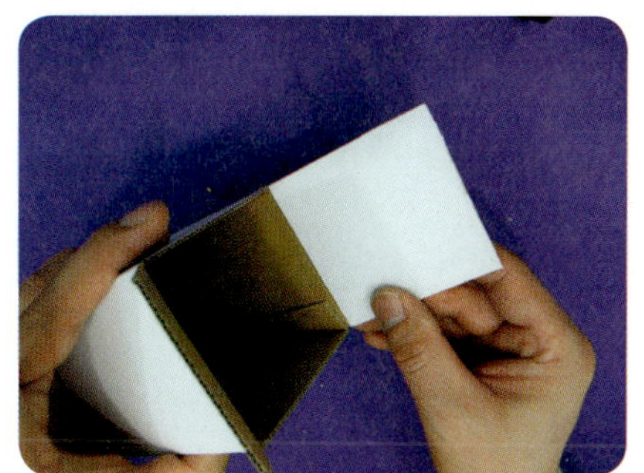

36 가로 7cm 세로 7cm의 골판지를 붙인다.

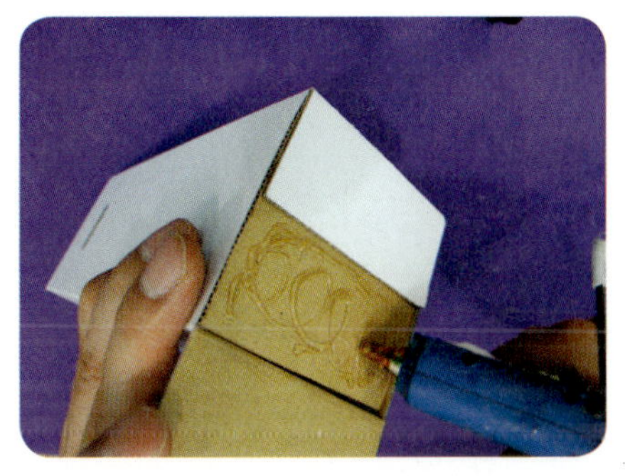

37 다시 안으로 밀어 놓은 다음 다시 글루건을 고루 쏘고

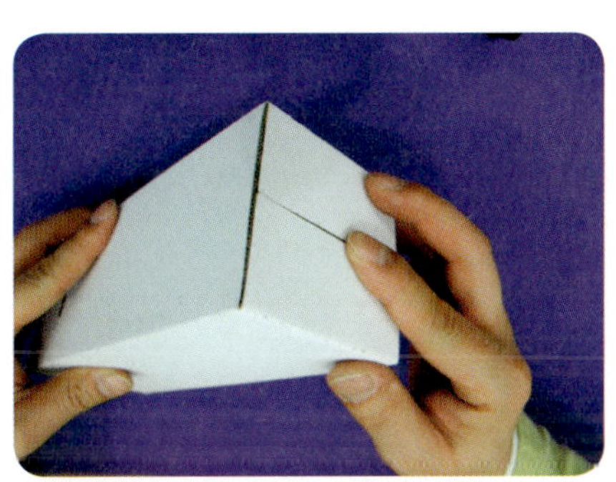

38 나머지 한쪽 문도 닫아 단단히 붙여

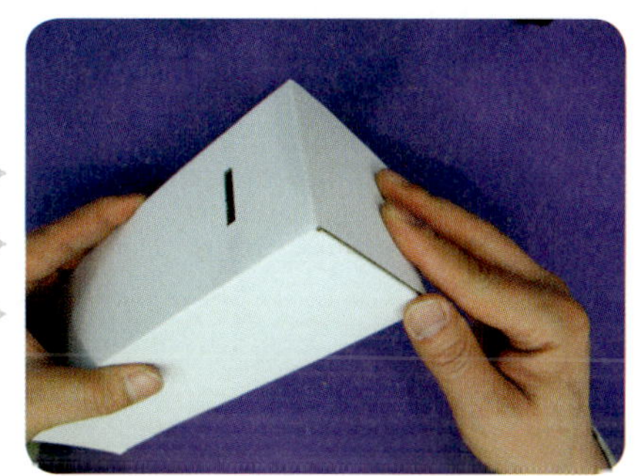

39 화물칸을 완성한다.

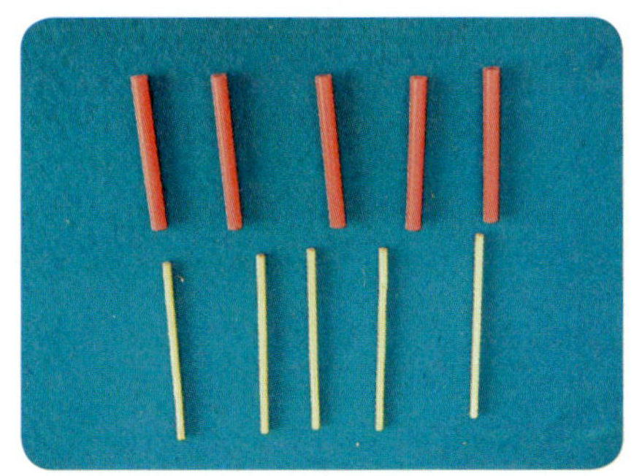

40 5cm의 빨대 5개와 8cm의 대나무살을 5개 준비한다.

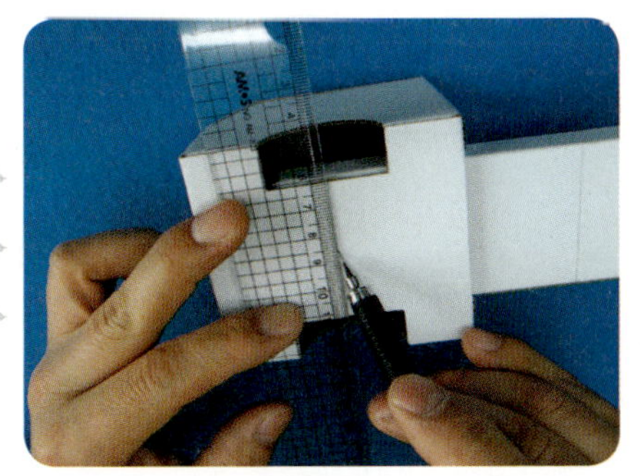

41 트레일러의 몸체를 뒤집고 양 바퀴를 달 부분의 정중앙에 연필로 선을 그어 놓는다.

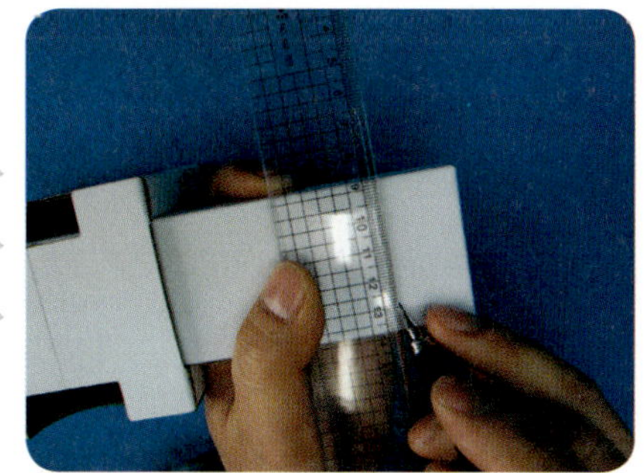

42 몸체의 뒷부분부터 2.5cm 되는 부분에 선을 긋고 다시 여기부터 3.5cm되는 부분에 또 하나의 선을 긋는다.

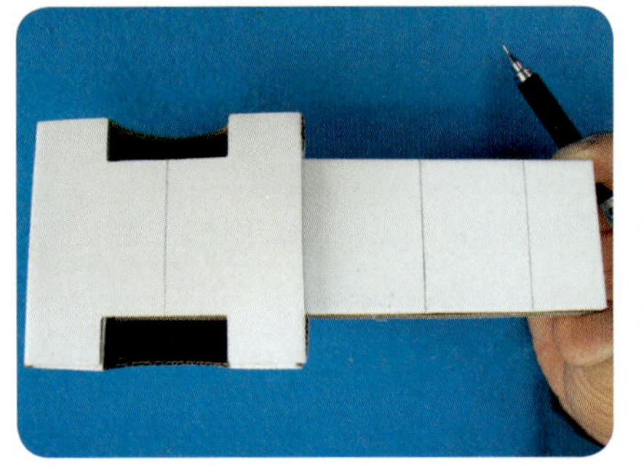

43 몸체에 3개의 선을 그어 놓는다.

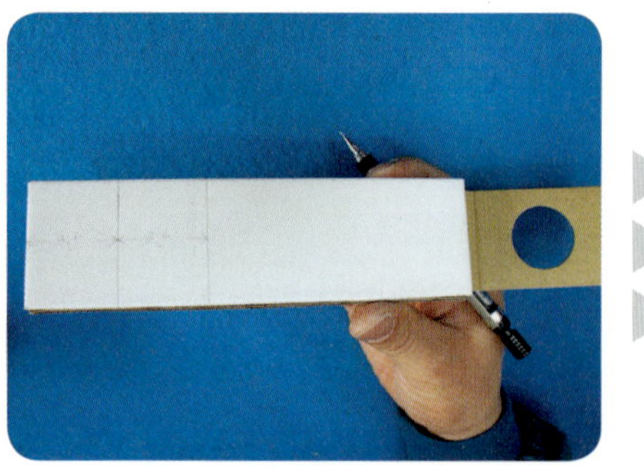

44 화물칸 몸 아랫부분에도 가장 뒤에서부터 3.5cm, 다시 3.5cm 되는 지점에 선을 긋는다.

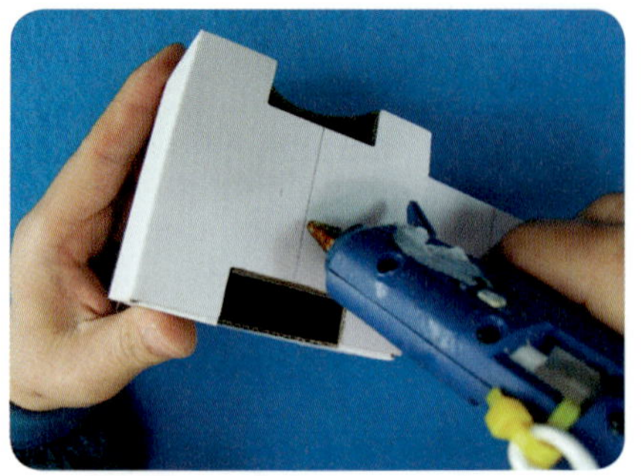

45 **43**과 **44**의 선을 따라 글루건을 가늘게 쏘고

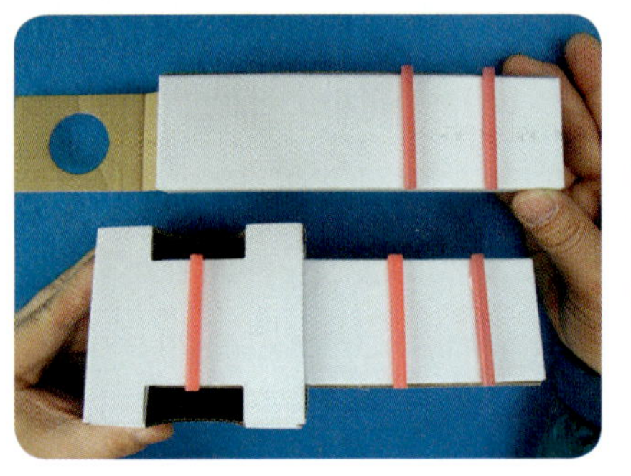

46 잘라놓은 빨대를 중심을 잡아 붙여 고정한다.

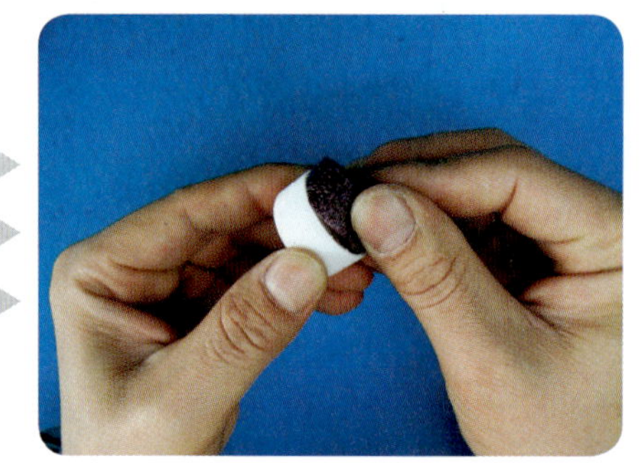

47 잘라놓은 백업을 페트병 뚜껑에

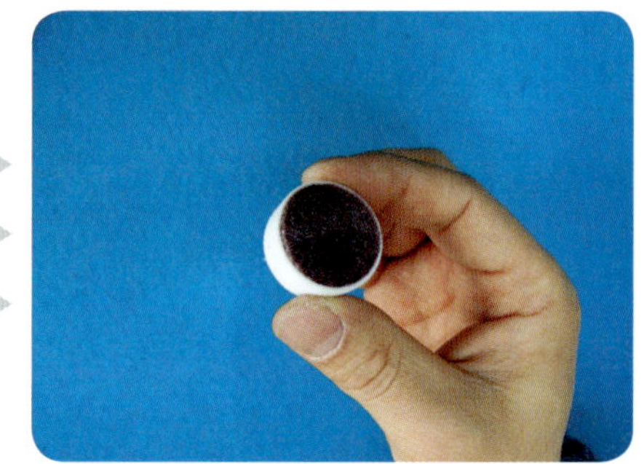

48 끼워 넣는다.

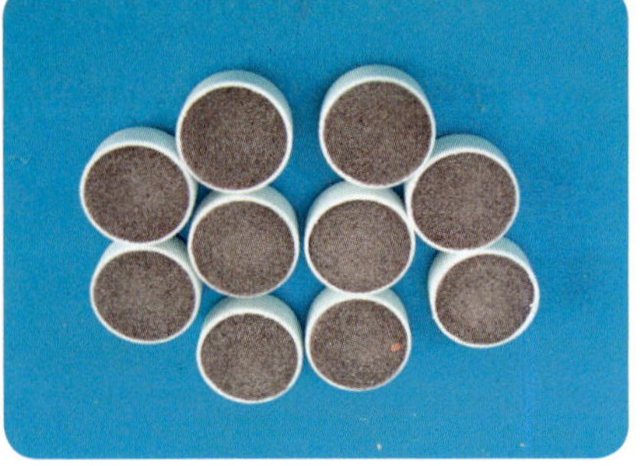

49 페트병 뚜껑에 백업을 모두 끼워 바퀴를 만들어 놓는다.

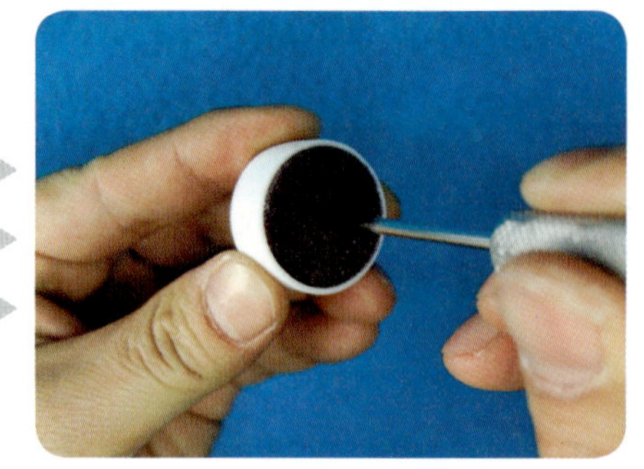

50 바퀴의 가운데를 송곳으로 찔러 예비 구멍을 내고

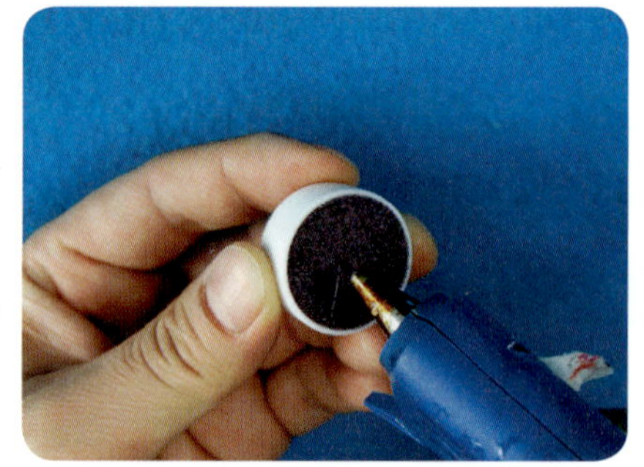

51 입으로 불며 글루건을 쏘아

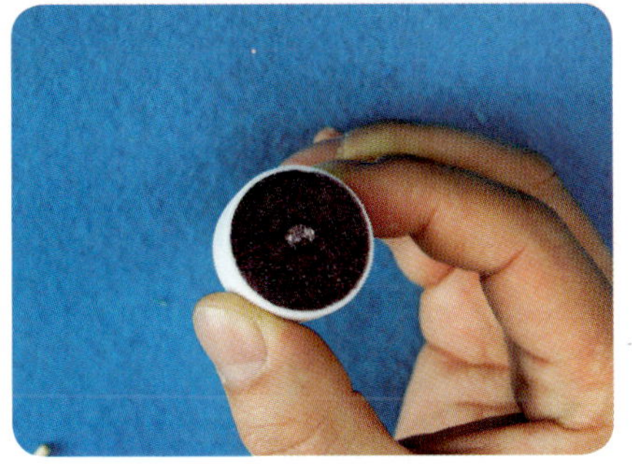

52 한 방울 떨어뜨리고

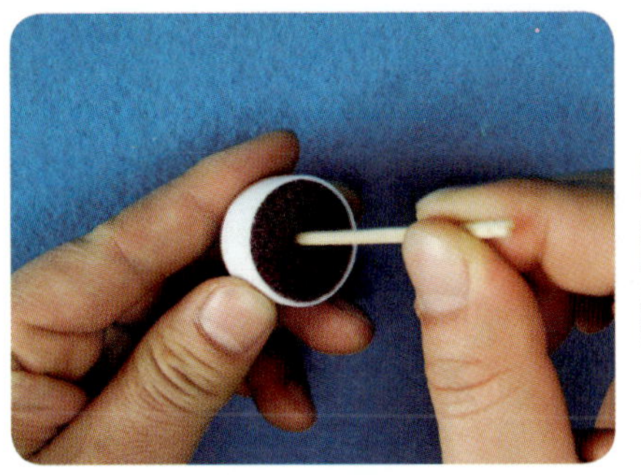

53 입으로 불면서 대나무살을 돌리며 꽂아 넣는다.

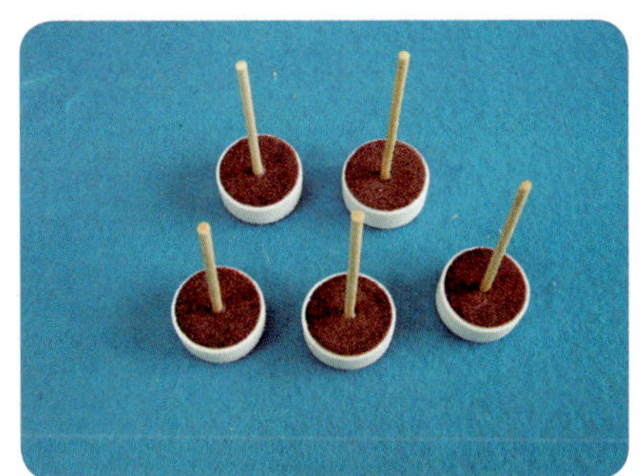

54 5개의 바퀴에 대나무살을 꽂아 놓는다.

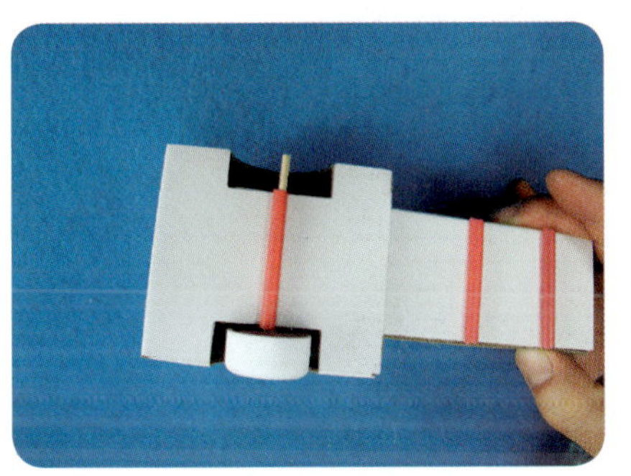

55 미리 붙여놓은 빨대에 바퀴를 끼우고

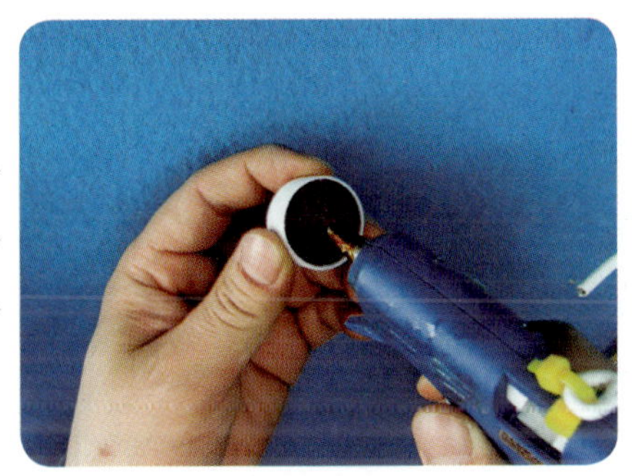

56 바퀴에 글루건을 쏘아

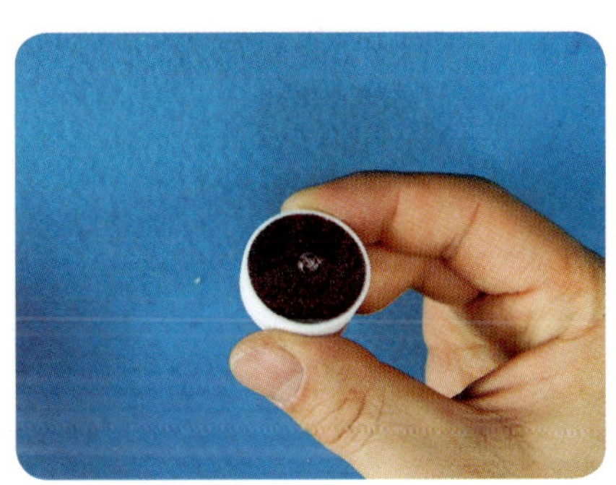

57 한 방울 떨어뜨리고 입으로 불며 식혀서

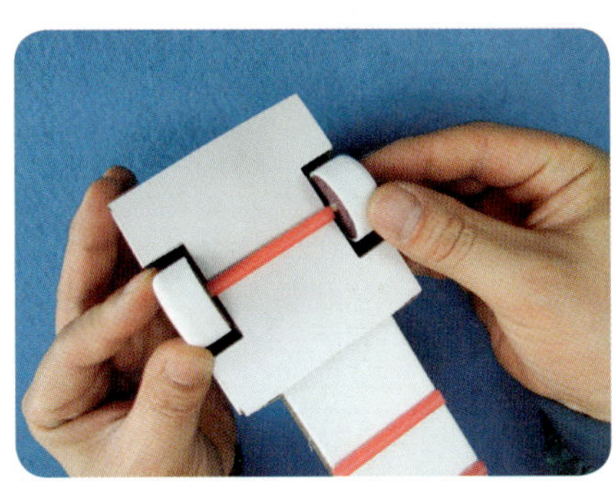

58 바퀴의 대나무에 끼워 바퀴를 완성한다.

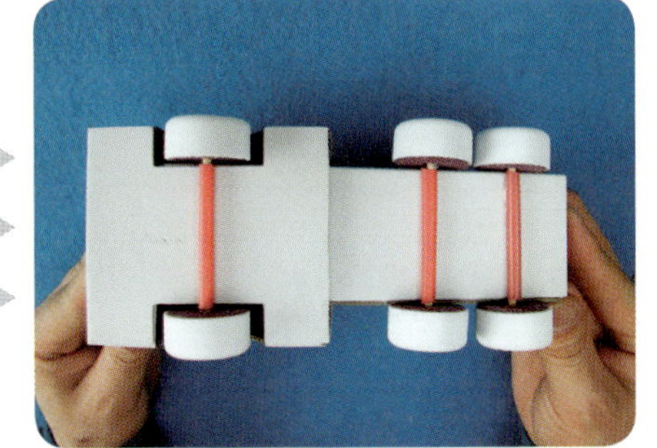

59 트레일러의 몸체 바퀴를 모두 끼워 완성하고

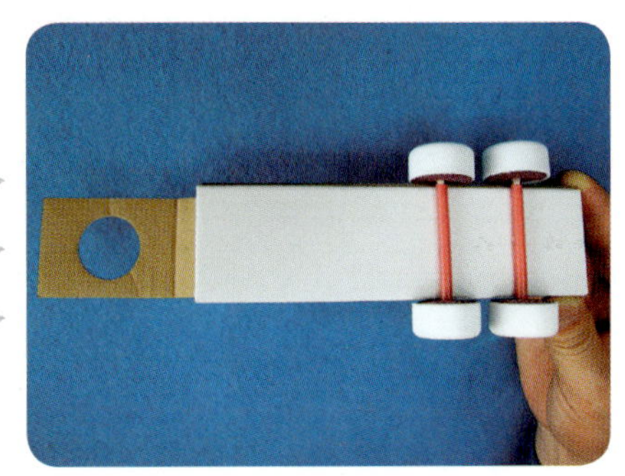

60 몸체 뒷부분도 바퀴를 끼워 완성한다.

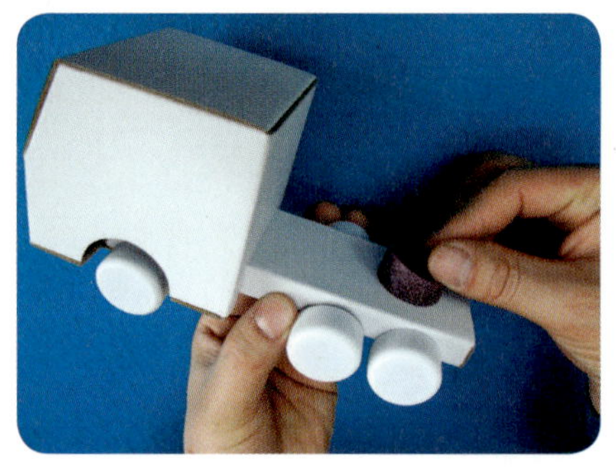

61 트레일러 몸체의 적당한 위치에 백업을 비스듬히 잘라 붙인다.

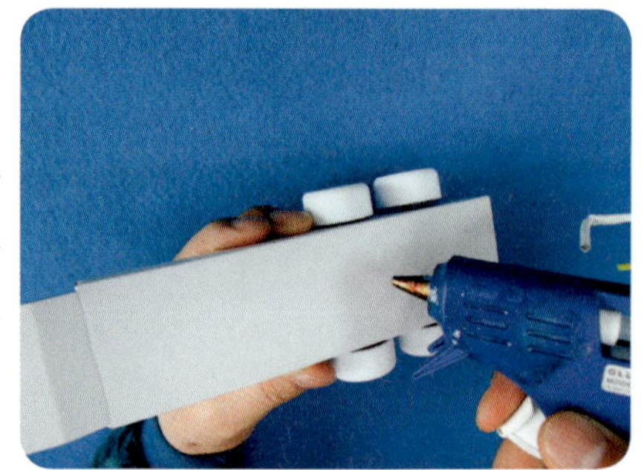

62 화물칸 몸체의 위쪽에 글루건을 고루 쏘고

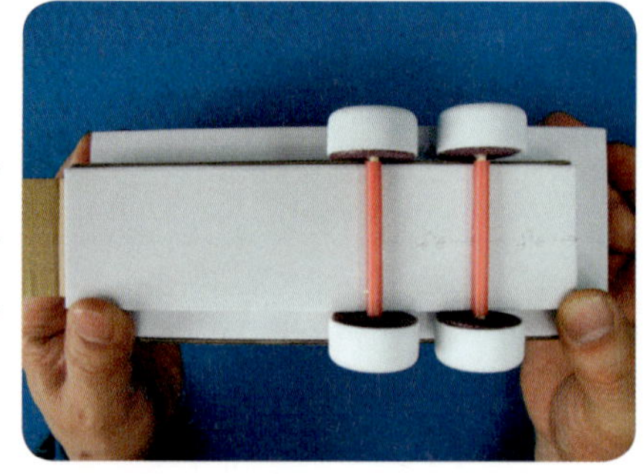

63 39를 아래에 눕혀두고 그 위에

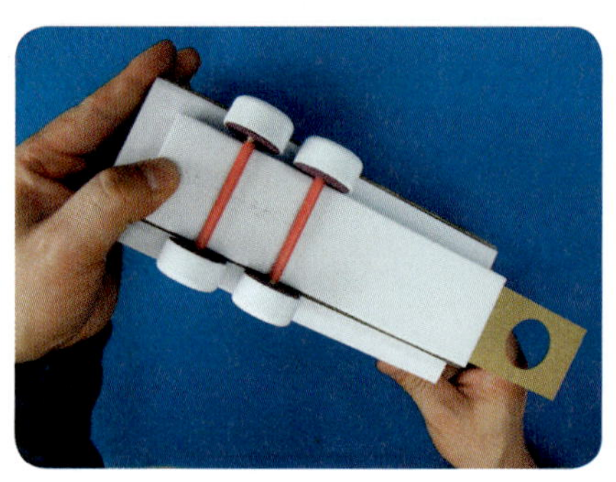

64 중심을 잡아 붙인다.

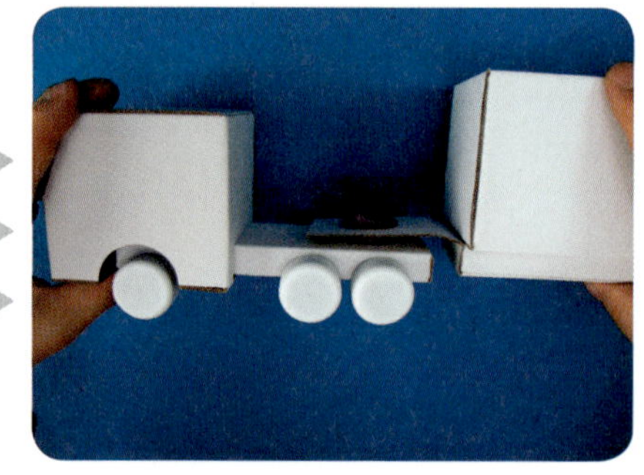

65 본체와 화물칸을 연결 하여

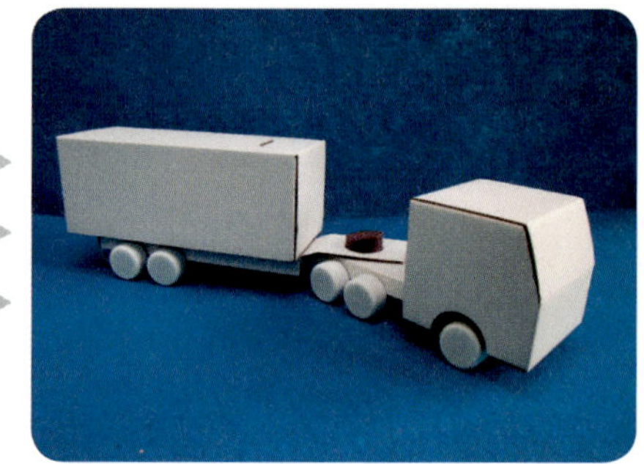

66 완성!

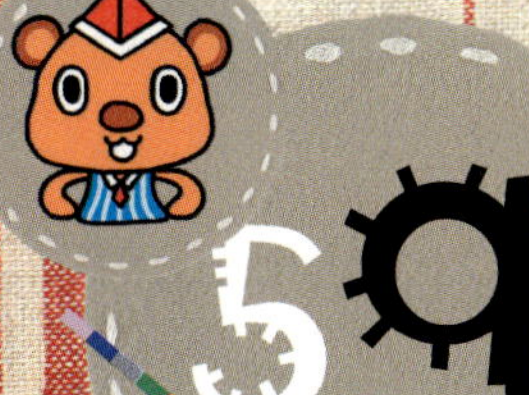

풍향계

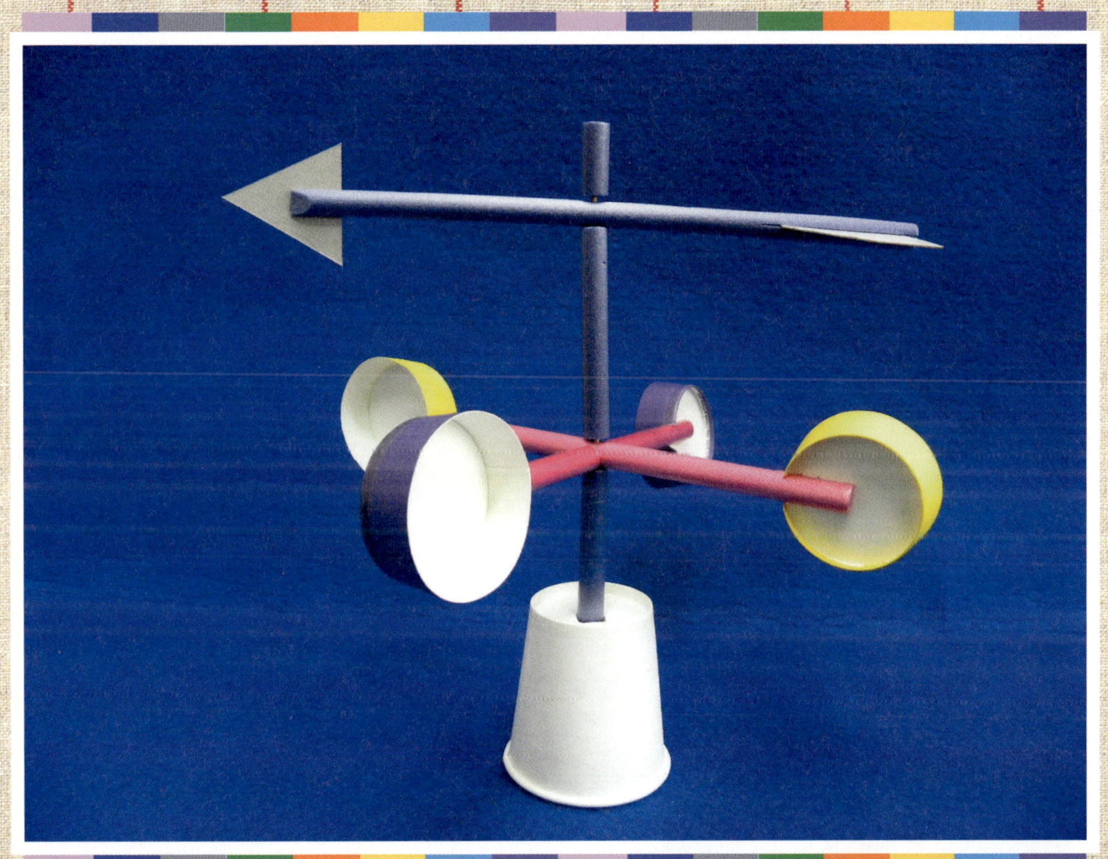

종이컵 5개, 도화지(작은 것) 1장, 수수깡 4개, 떡꼬치나무 – 소 2개/대 1개, 커터 칼, 가위, 자

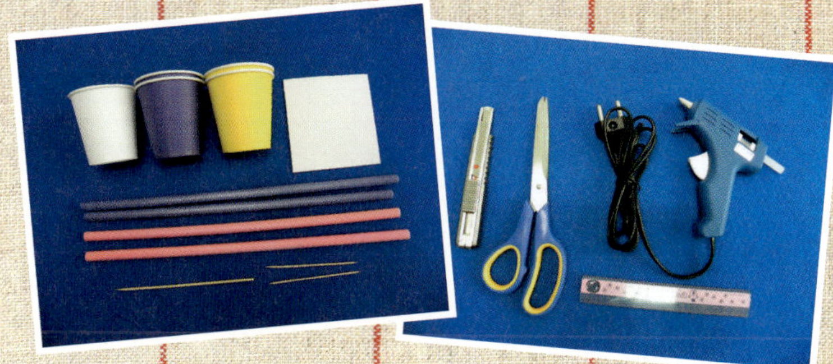

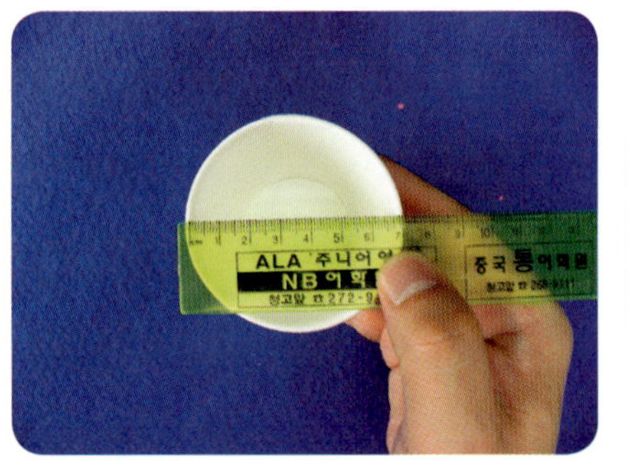

1 종이컵의 넓이만큼

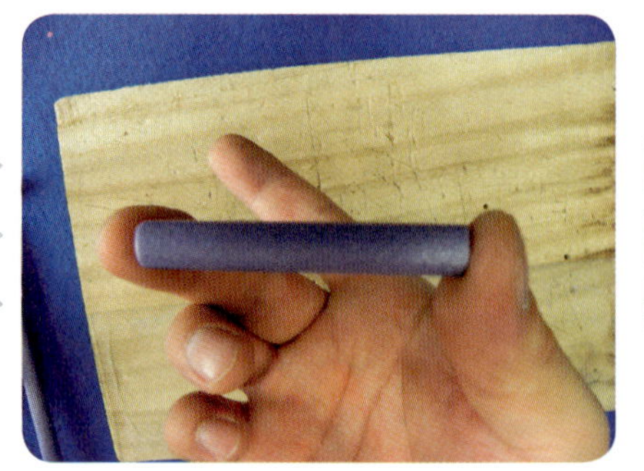

2 수수깡을 자른다.

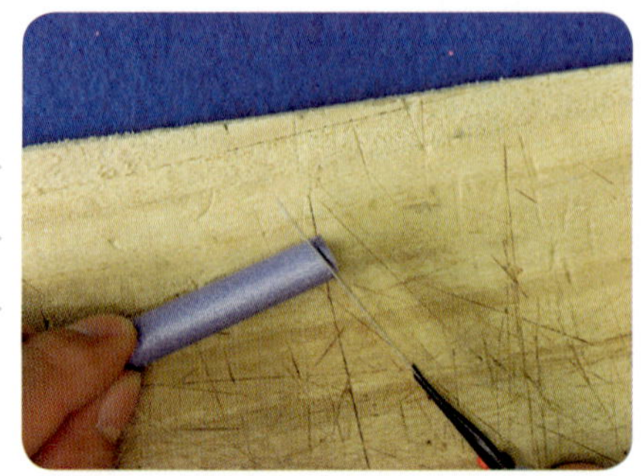

3 컵 안에 맞게 양 끝을 비스듬히 자른다.

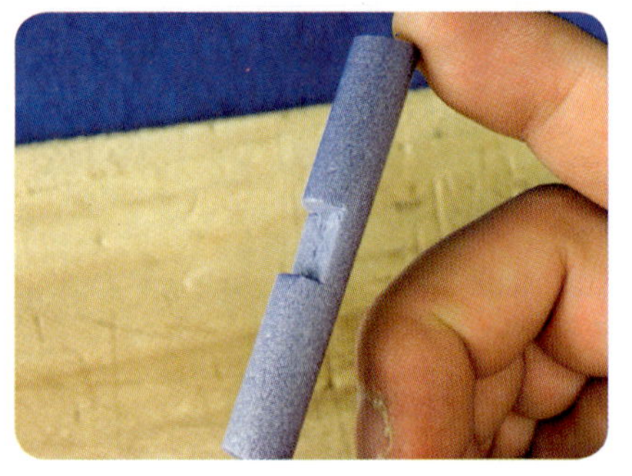

4 정중앙에 약 1cm 홈을 판다.

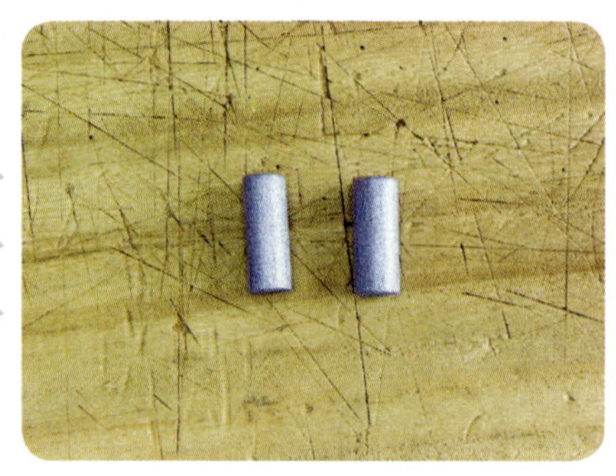

5 2.5cm씩 2개를 잘라 놓는다.

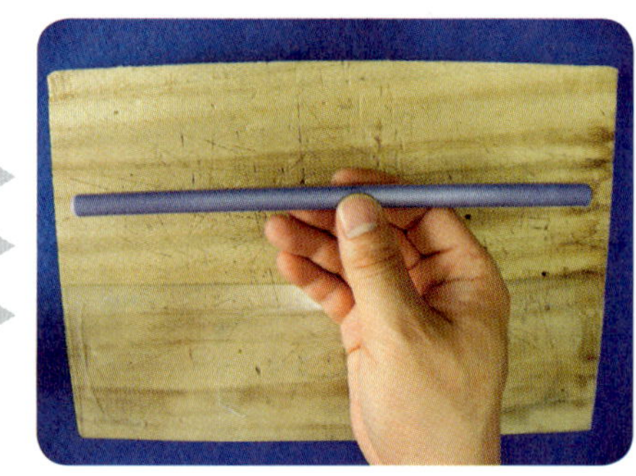

6 20cm 길이로 1개를 잘라 놓는다.

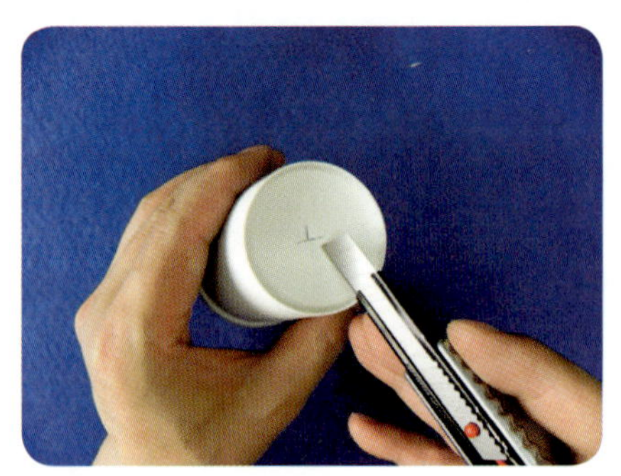

7 칼로 종이컵 바닥을 +자로 자른다.

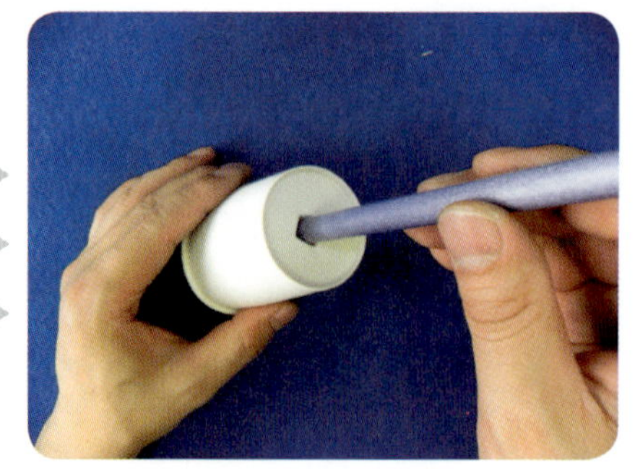

8 6의 수수깡을 끼워 넣고,

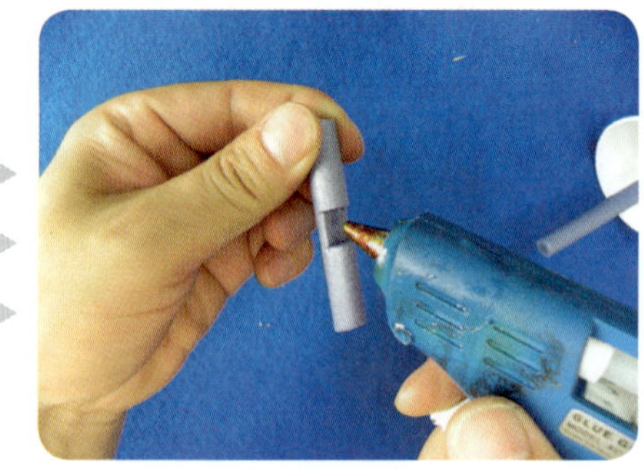

9 4에 글루건을 입으로 불면서 가늘게 쏜다.

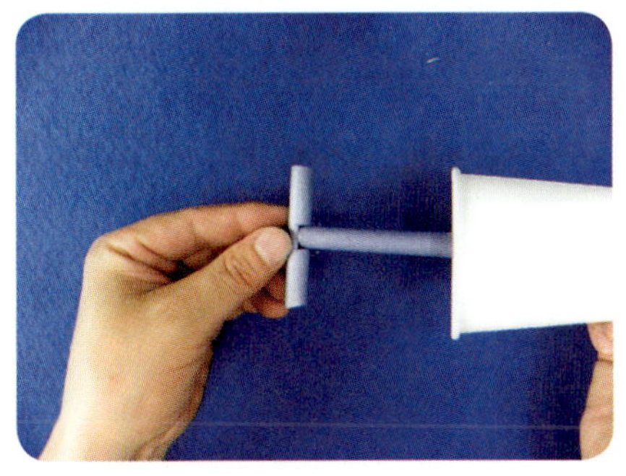

10 8의 안쪽으로 나온 수수깡에 9를 붙인다.

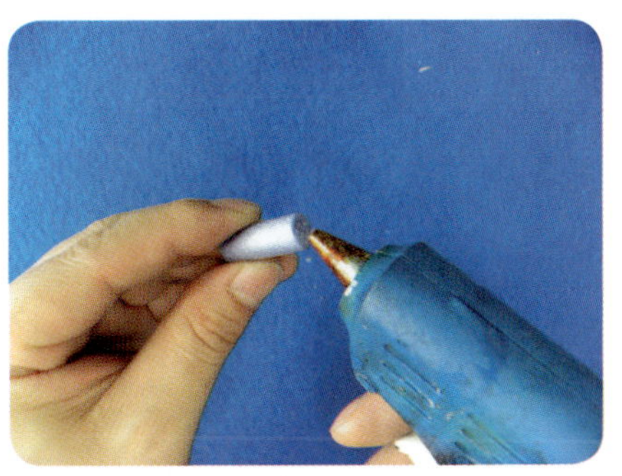

11 5에서 잘라놓은 2개에 글루건을 쏘고

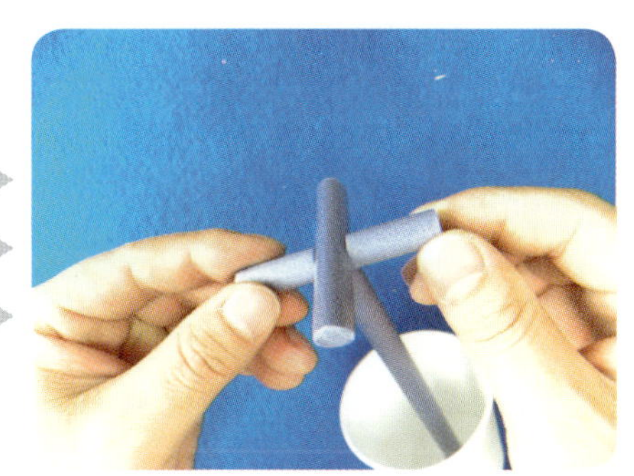

12 10의 양 옆에 붙인다.

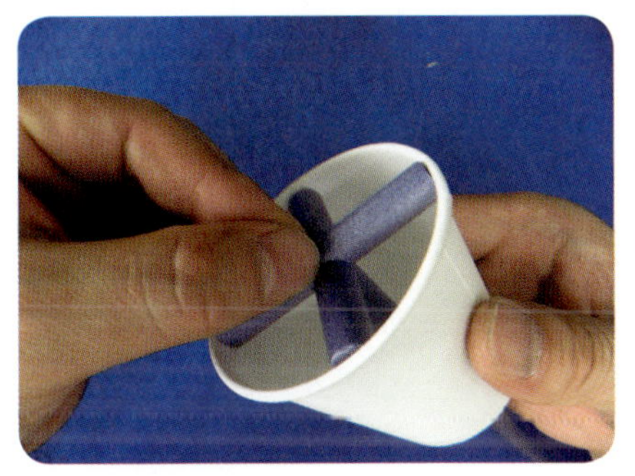

13 컵이 안쪽으로 밀어 넣고

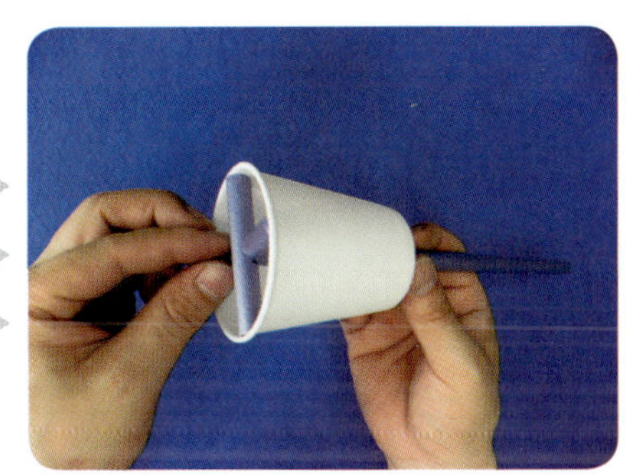

14 글루거으로 붙여

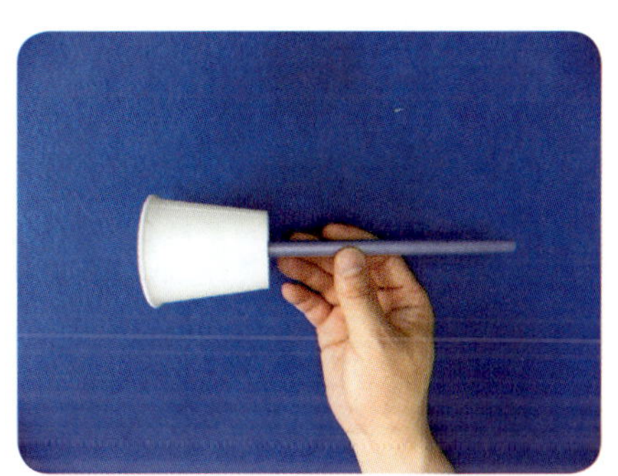

15 고정한다.

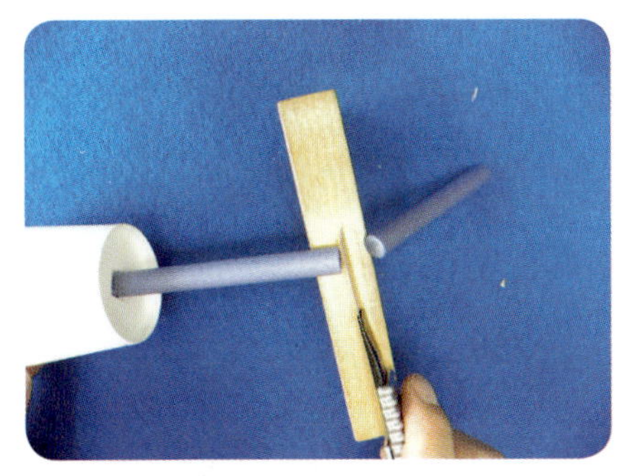

16 15를 적당한 길이로 잘라놓는다.

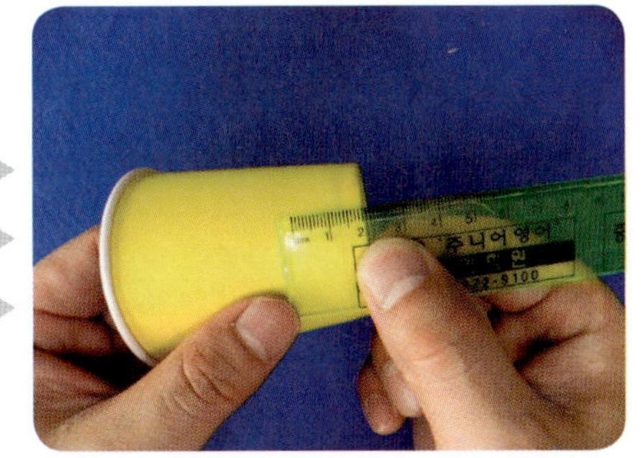

17 종이컵 4개의 바닥에서 2cm 되는 부분을

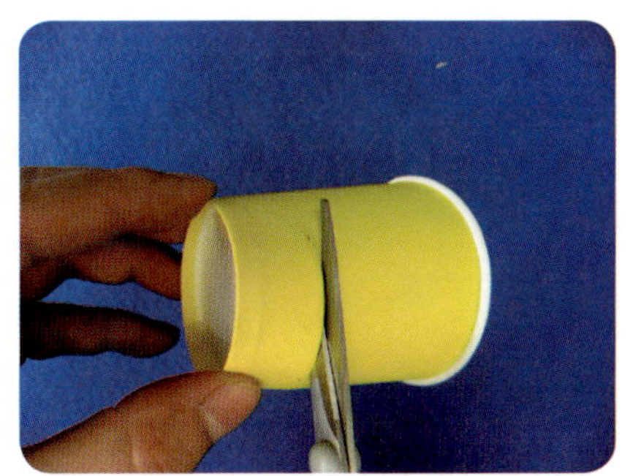

18 가위나 칼로 잘라낸다.

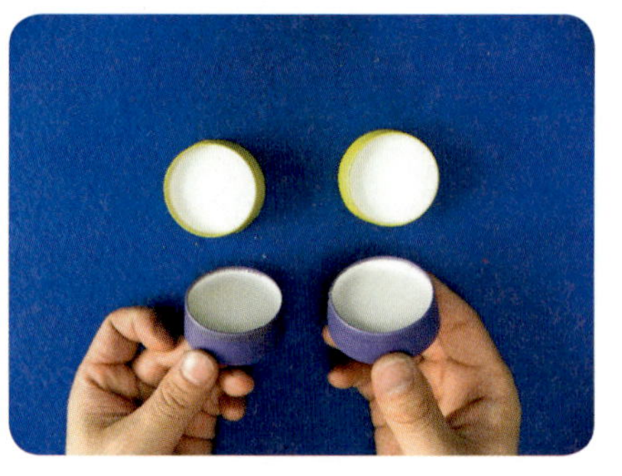

19 4개를 모두 같은 크기로 잘라 놓는다.

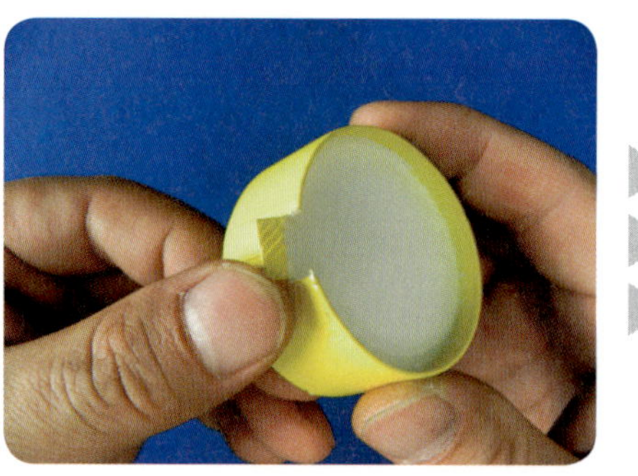

20 잘라놓은 4개를 모두 다 사진과 같이 1cm 넓이로 잘라

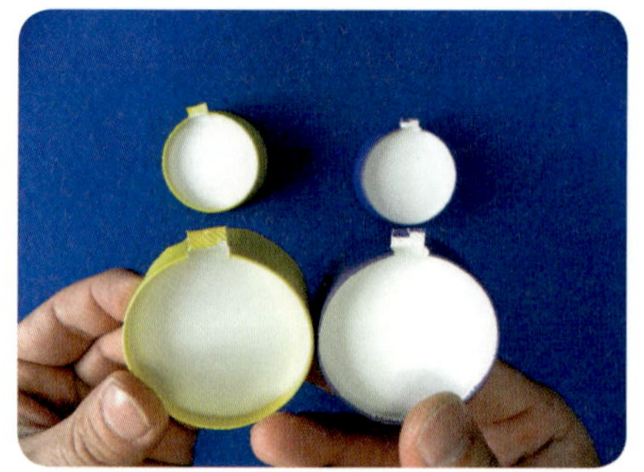

21 밖으로 꺾어 놓고

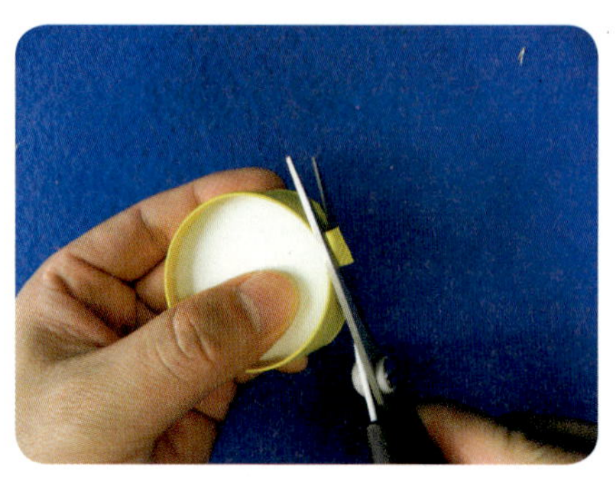

22 가위로 4개 모두를 잘라낸다.

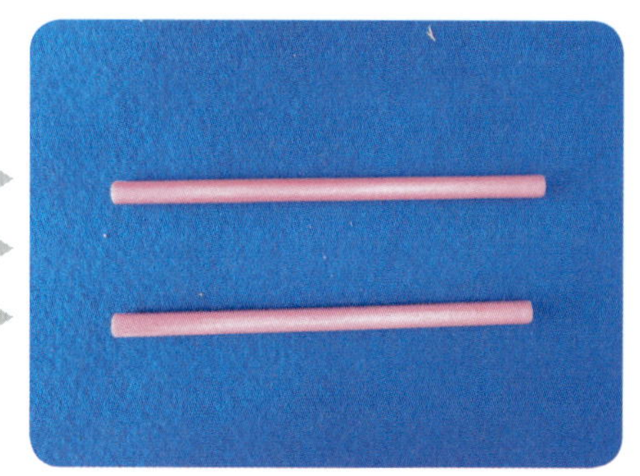

23 수수깡 2개를 20cm 길이로 자르고

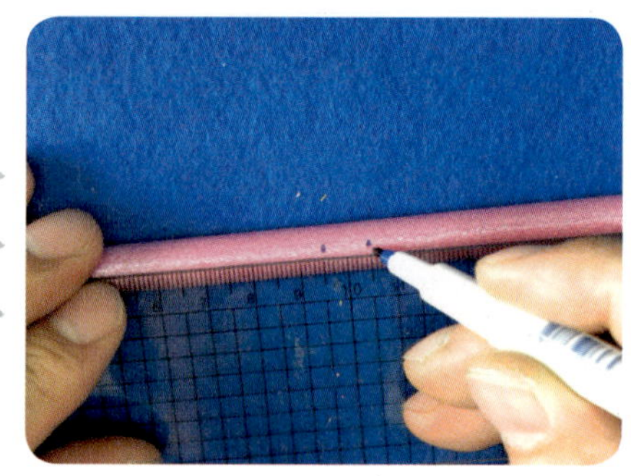

24 가운데에서 1cm의 넓이를 표시한 후,

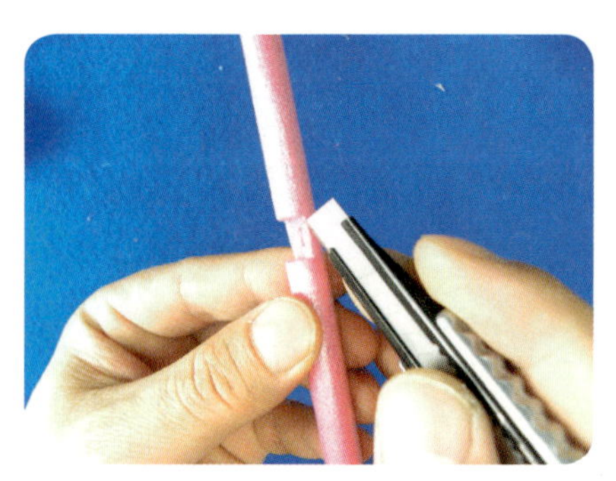

25 굵기의 1/2만

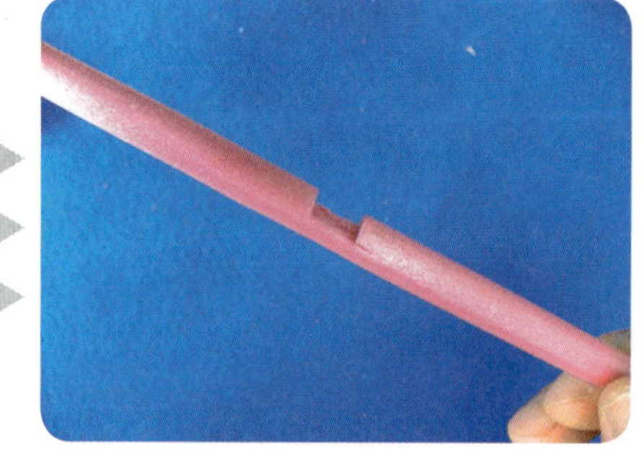

26 칼로 파낸다.

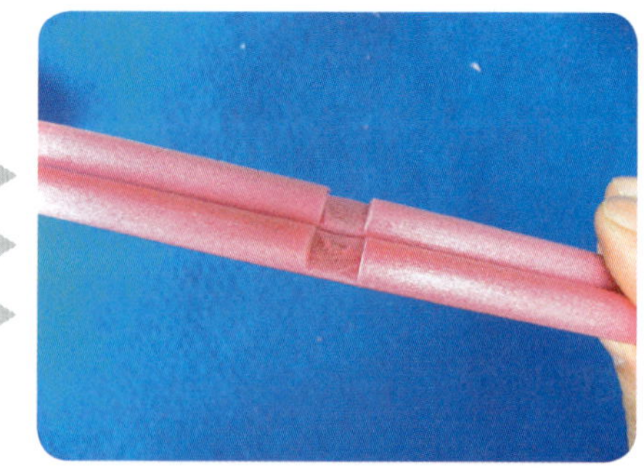

27 같은 위치 같은 넓이로 똑같이 파낸다.

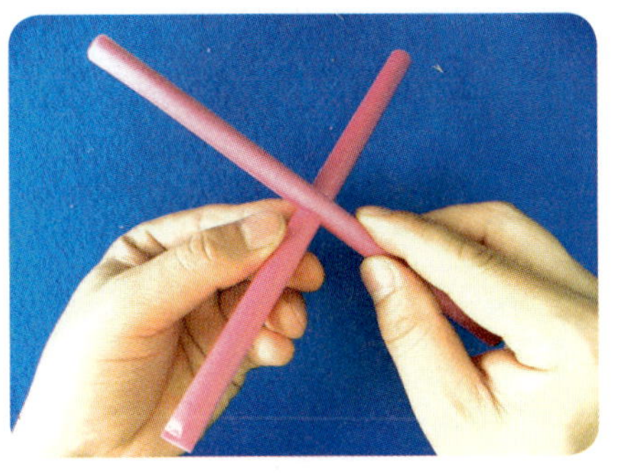

28 +모양으로 맞는지 조립해 본다.

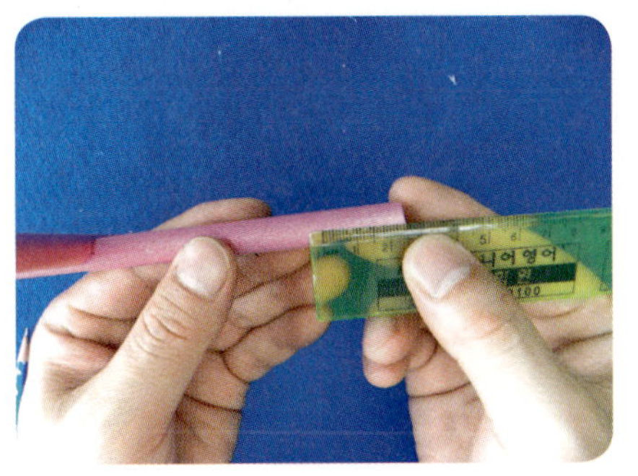

29 28의 끝부분에서 약 2.5cm에 펜으로

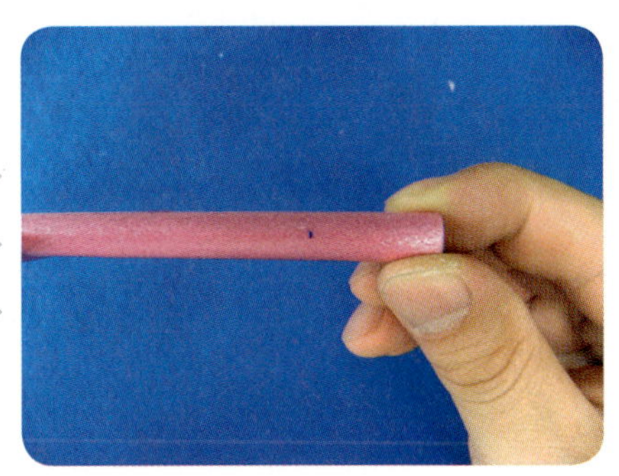

30 표시한다.

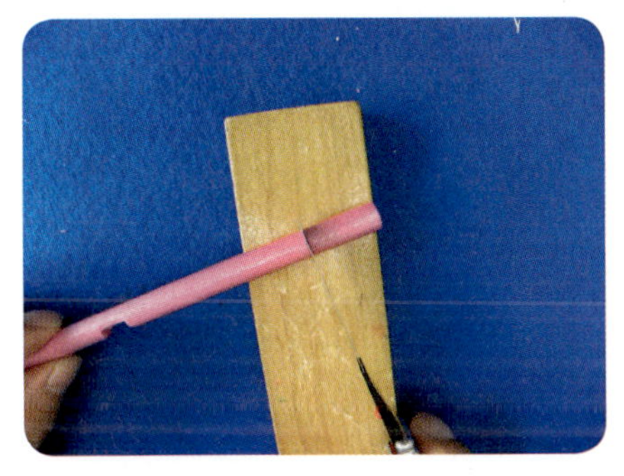

31 한 번은 칼을 90도 각도로 세워 굵기의 1/2까지만 직각으로 자르고,

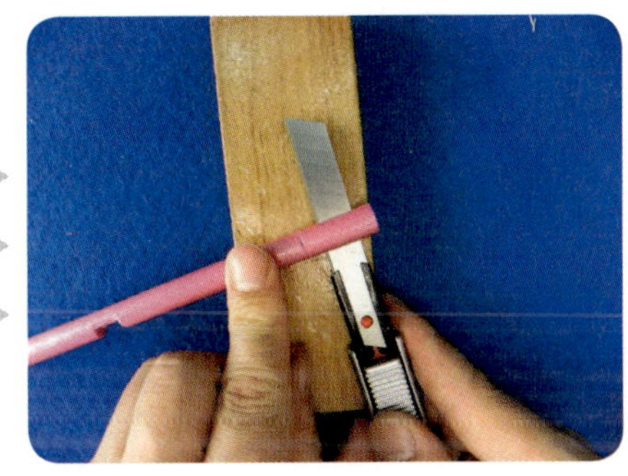

32 다시 칼을 눕혀서 31에서 자른 부분까지만 조심스럽게 자른다.

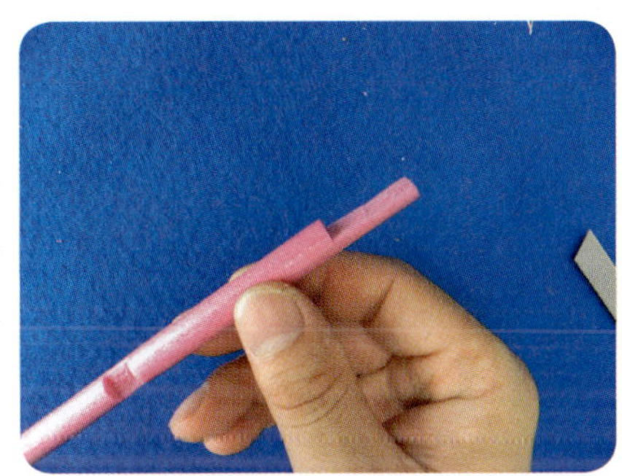

33 ㄴ자로 홈이 나게 4군데 모두 잘라놓고

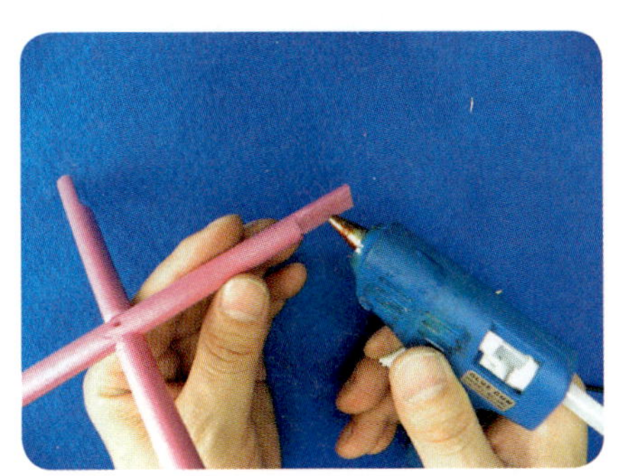

34 글루건을 입으로 불면서 가늘게 쏘아

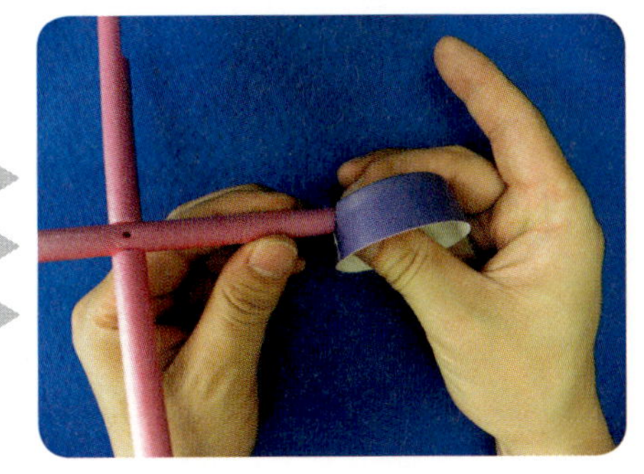

35 21에 잘라놓은 종이컵을 하나씩 붙인다.

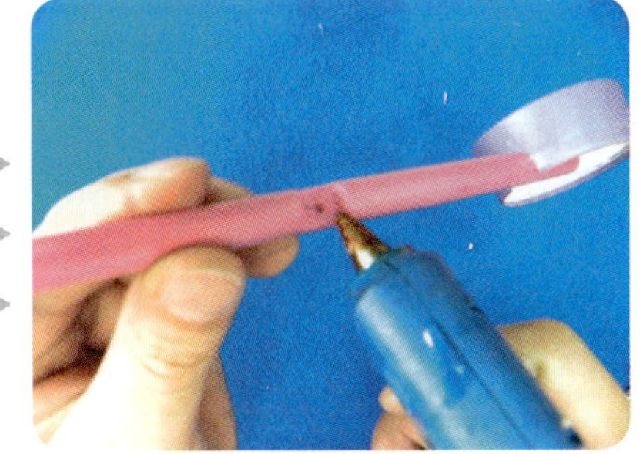

36 +자로 조립했던 수수깡 중앙의 구멍이 막히지 않게 글루건을 쏘아

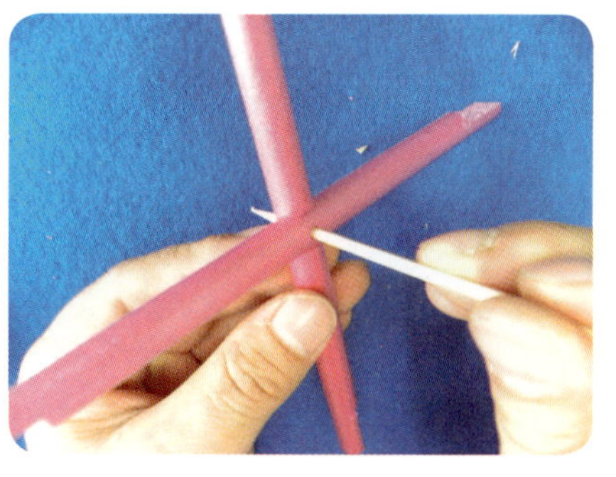

37 다시 +자로 붙이고 떡꼬치나무(대)로 구멍에 끼운다.

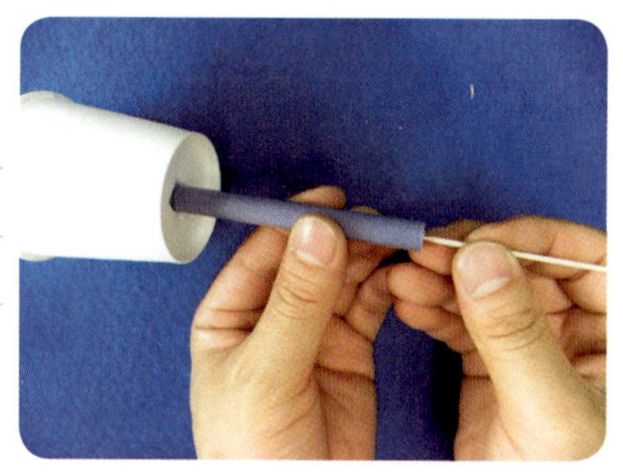

38 16의 정중앙에 떡꼬치나무(소)를

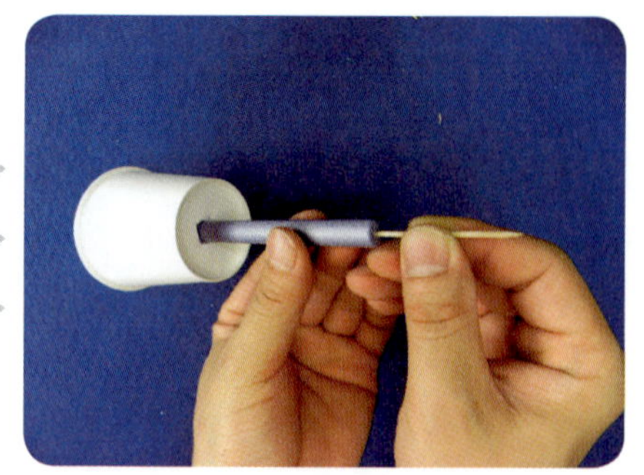

39 반듯하게 꽂아 넣는다.

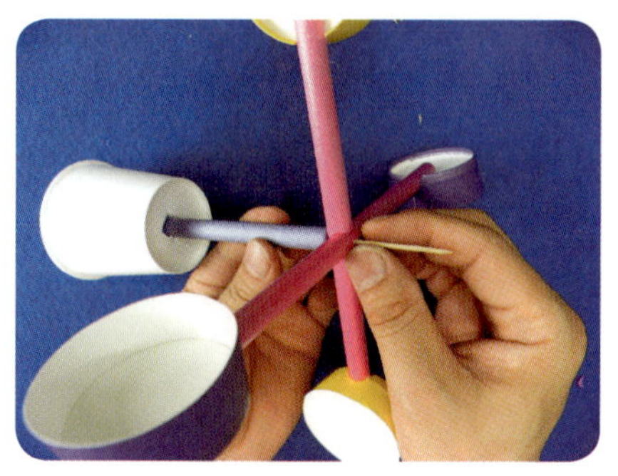

40 37을 다시 꽂고

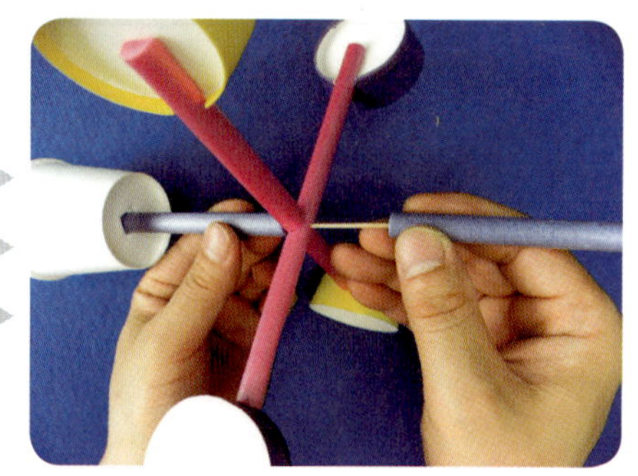

41 적당한 길이로 자른 수수깡을 다시 꽂아

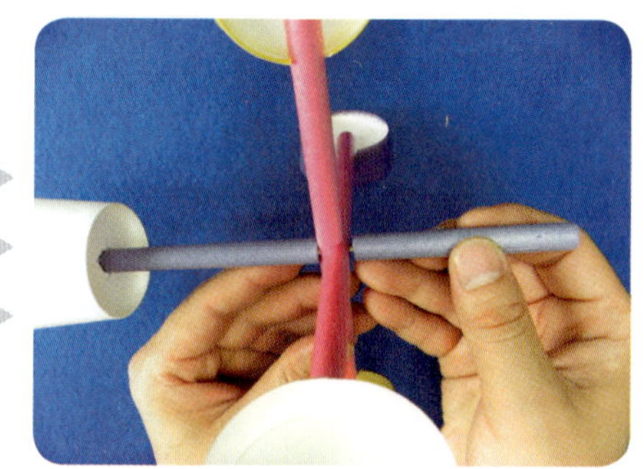

42 끼운다.

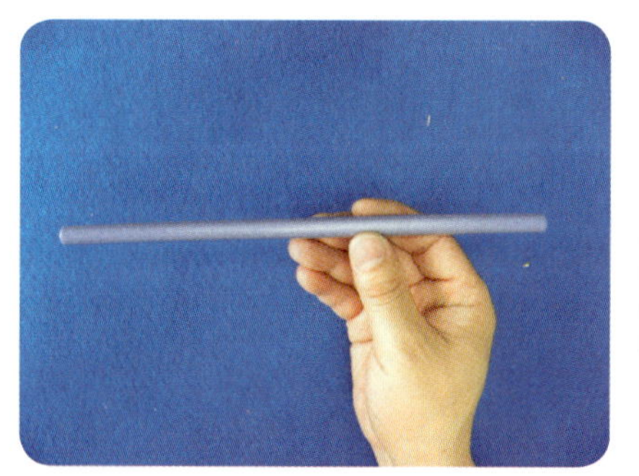

43 약 20cm의 수수깡을 잘라 놓는다.

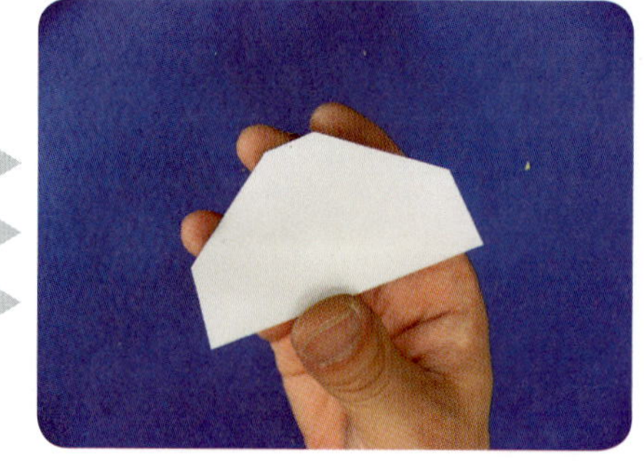

44 가로 8cm 세로 5cm의 도화지를 사진과 같은 모양으로 잘라놓고

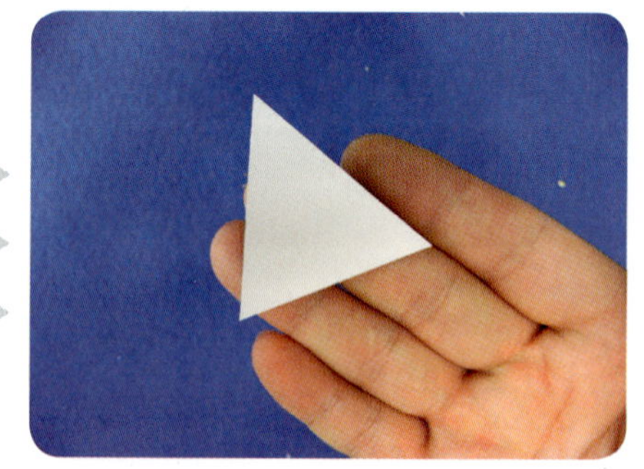

45 삼각형 모양의 도화지도 잘라놓는다.

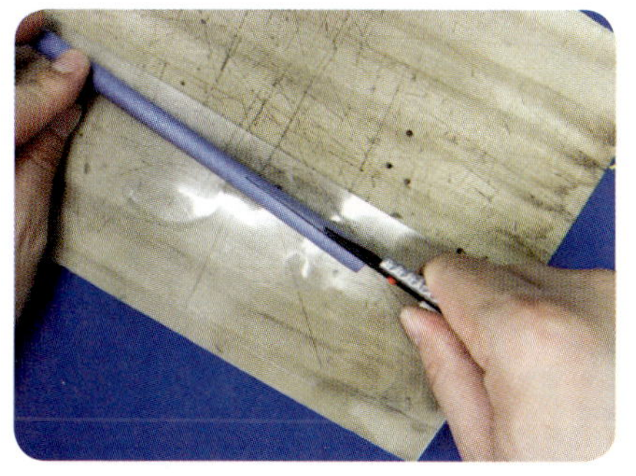

46 43의 한쪽 끝 약 6cm ~7cm 정도를 칼로

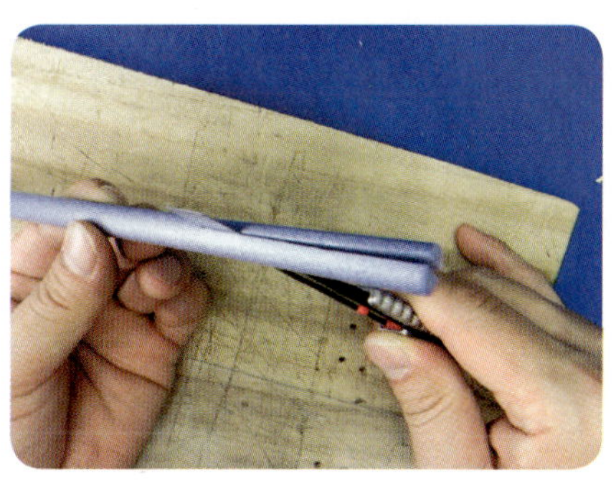

47 벌어지게 잘라 놓는다.

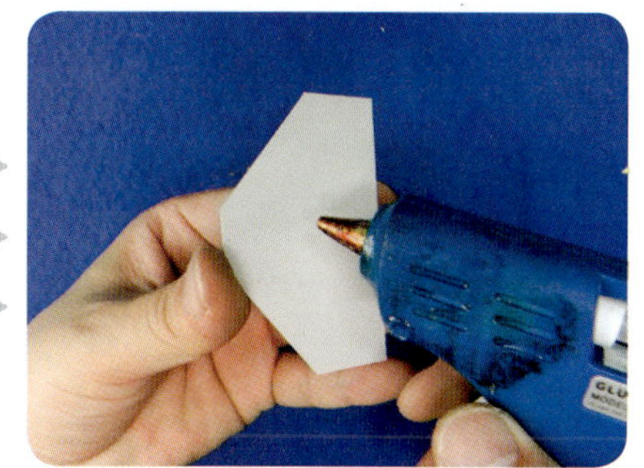

48 44의 정중앙에 글루건을 가늘게 쏘고

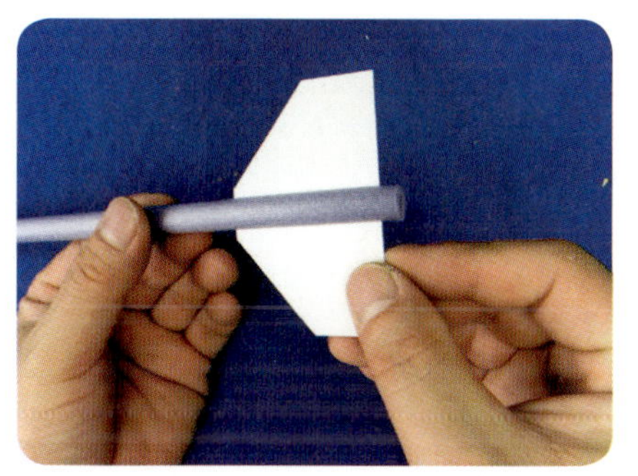

49 47에 꽂는다.

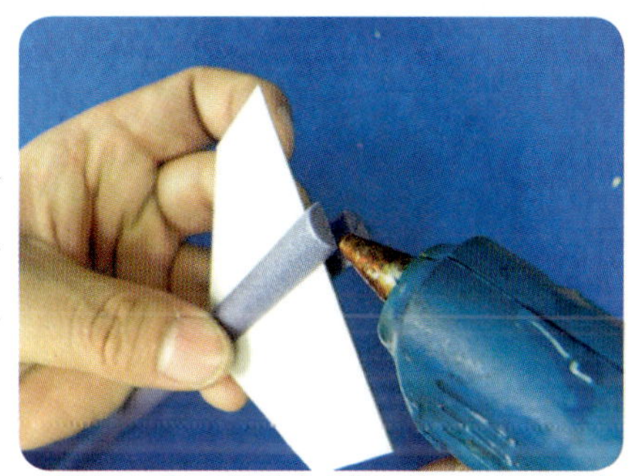

50 손끝으로 살짝 벌리고 글루건을 쏜 다음

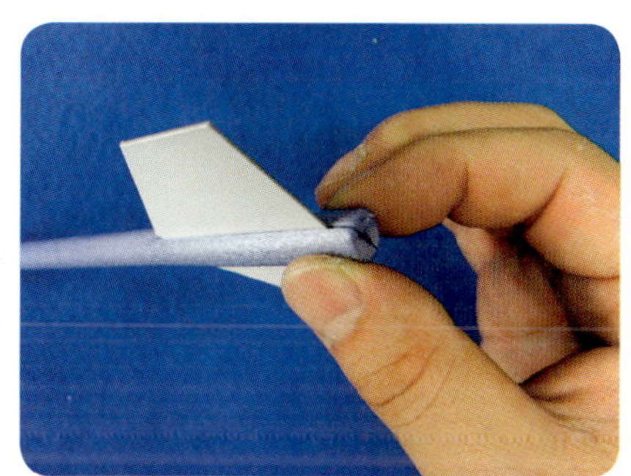

51 손으로 눌러 붙인다.

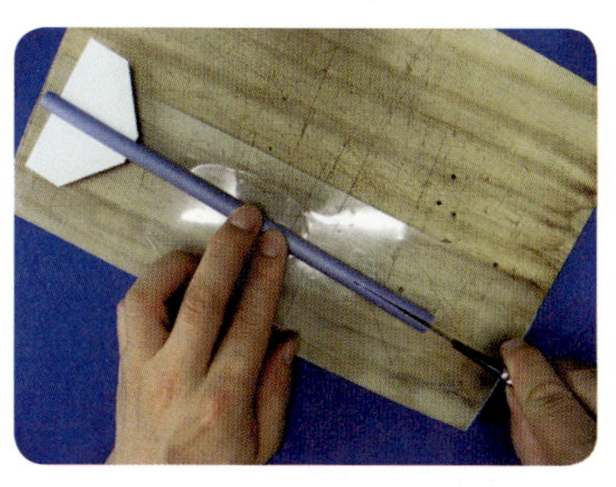

52 반대쪽 앞의 끝부분도 46~47과 같이 잘라 칼집을 내고

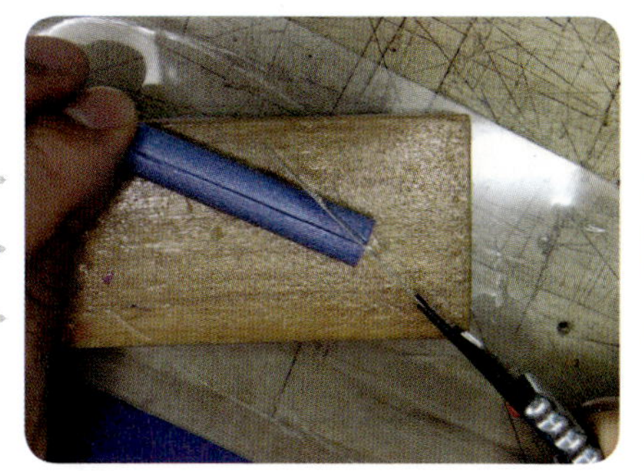

53 다시 비스듬히 잘라

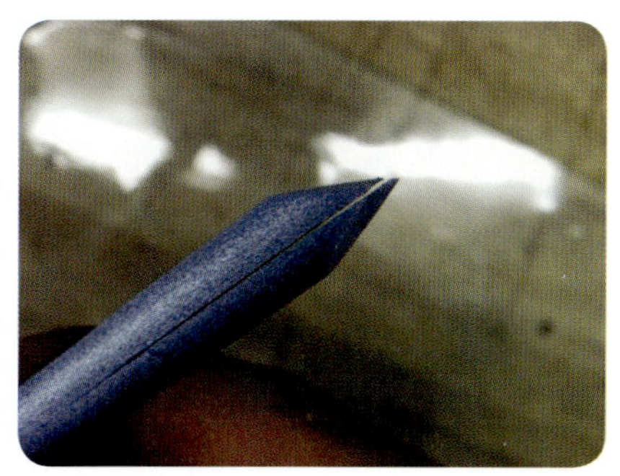

54 끝을 뾰족하게 한 다음

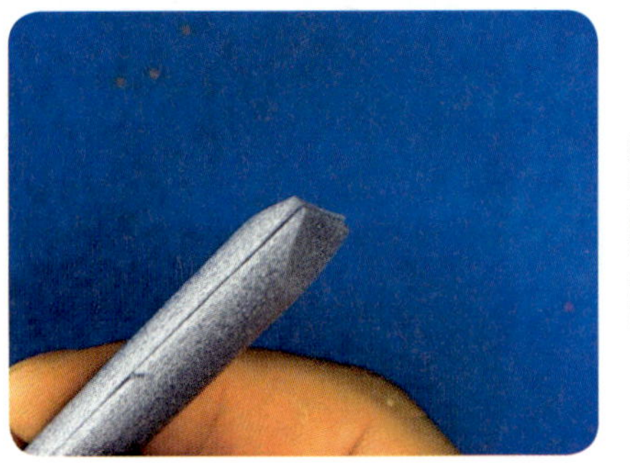

55 다시 반듯하게 잘라 다듬는다.

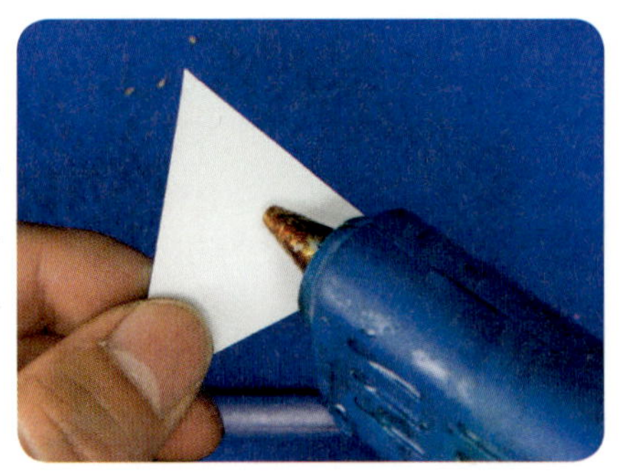

56 45에서 잘라놓은 종이에 글루건을 가늘게 쏘고

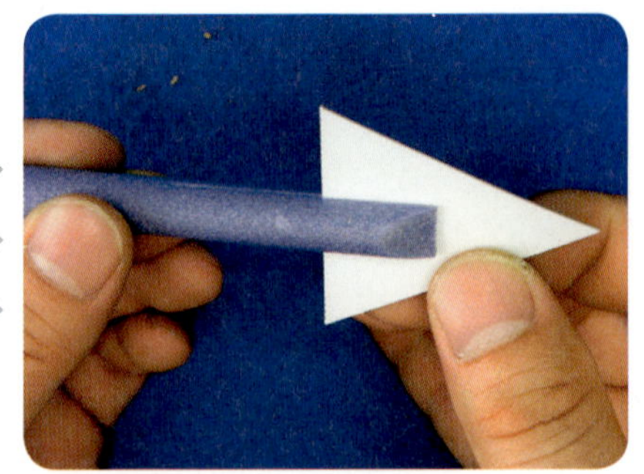

57 55에 끼워 붙인다.

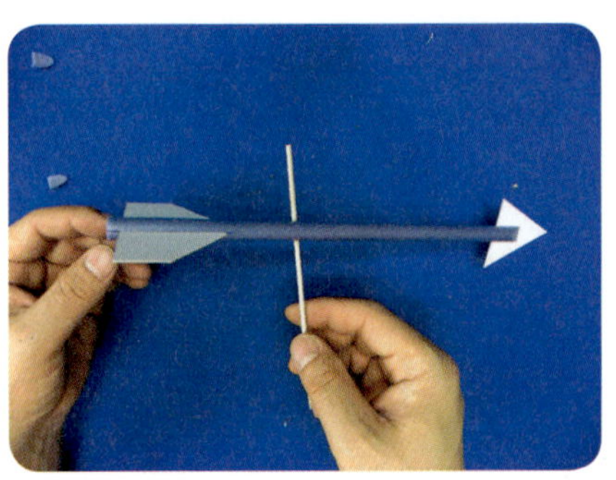

58 떡꼬치나무나 자 등을 이용해서 중심을 잡고

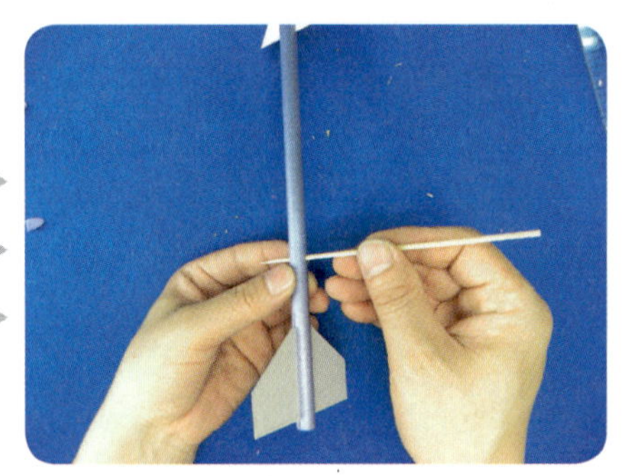

59 그 중심점에 떡꼬치나무(대)로 예비구멍을 뚫은 후,

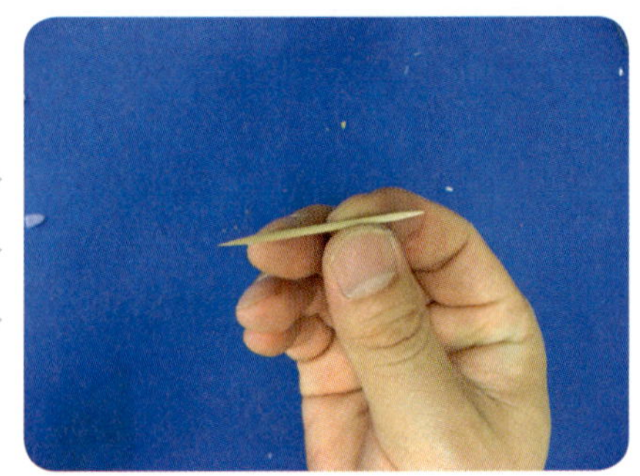

60 떡꼬치나무(소)를 적당한 길이로 잘라 끝을 뾰족하게 다듬는다.

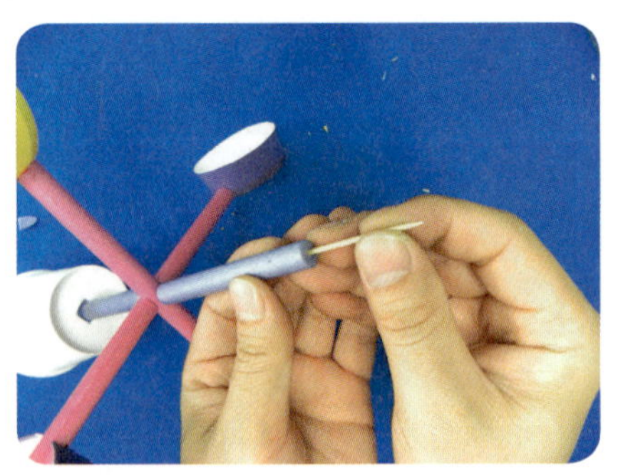

61 42에 끼우고 다시

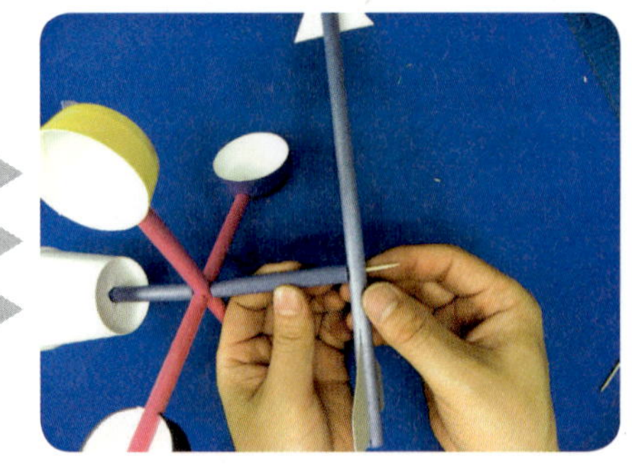

62 만들어 놓은 59를 끼운다.

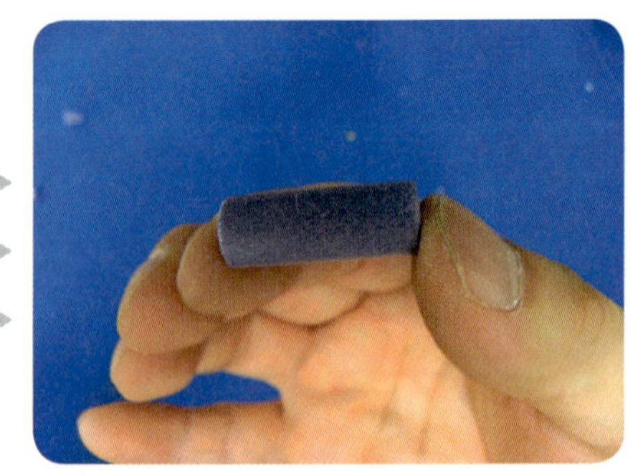

63 적당한 크기의 수수깡을 잘라 다듬고

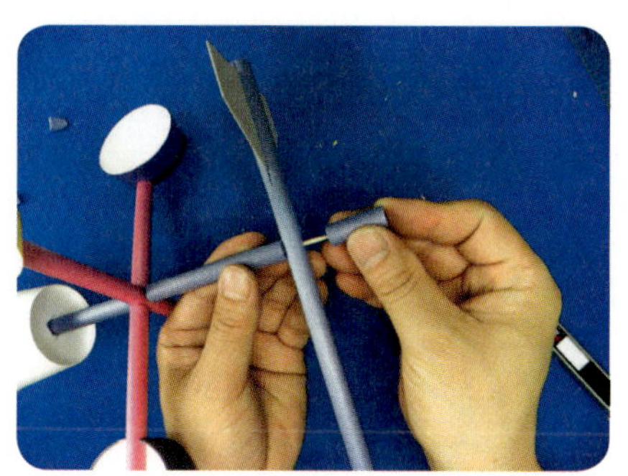

64 끝에 끼워

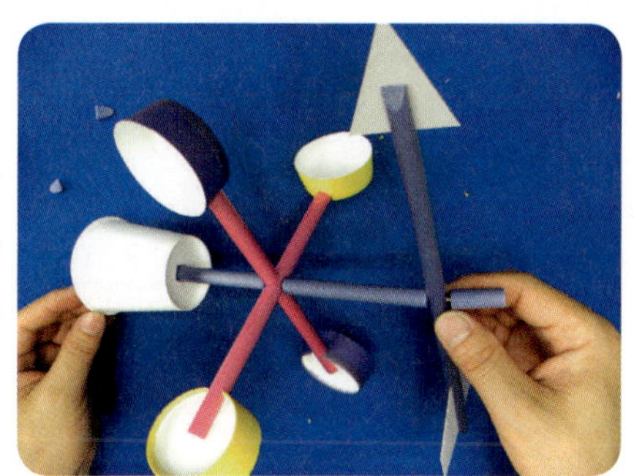

65 완성한다.

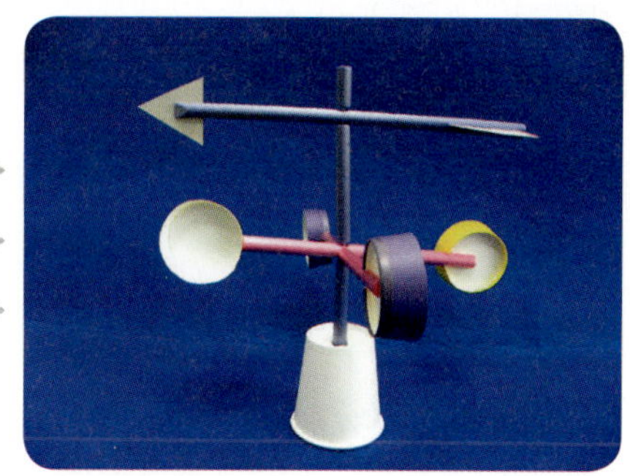

66 완성!

삑삑이 타조

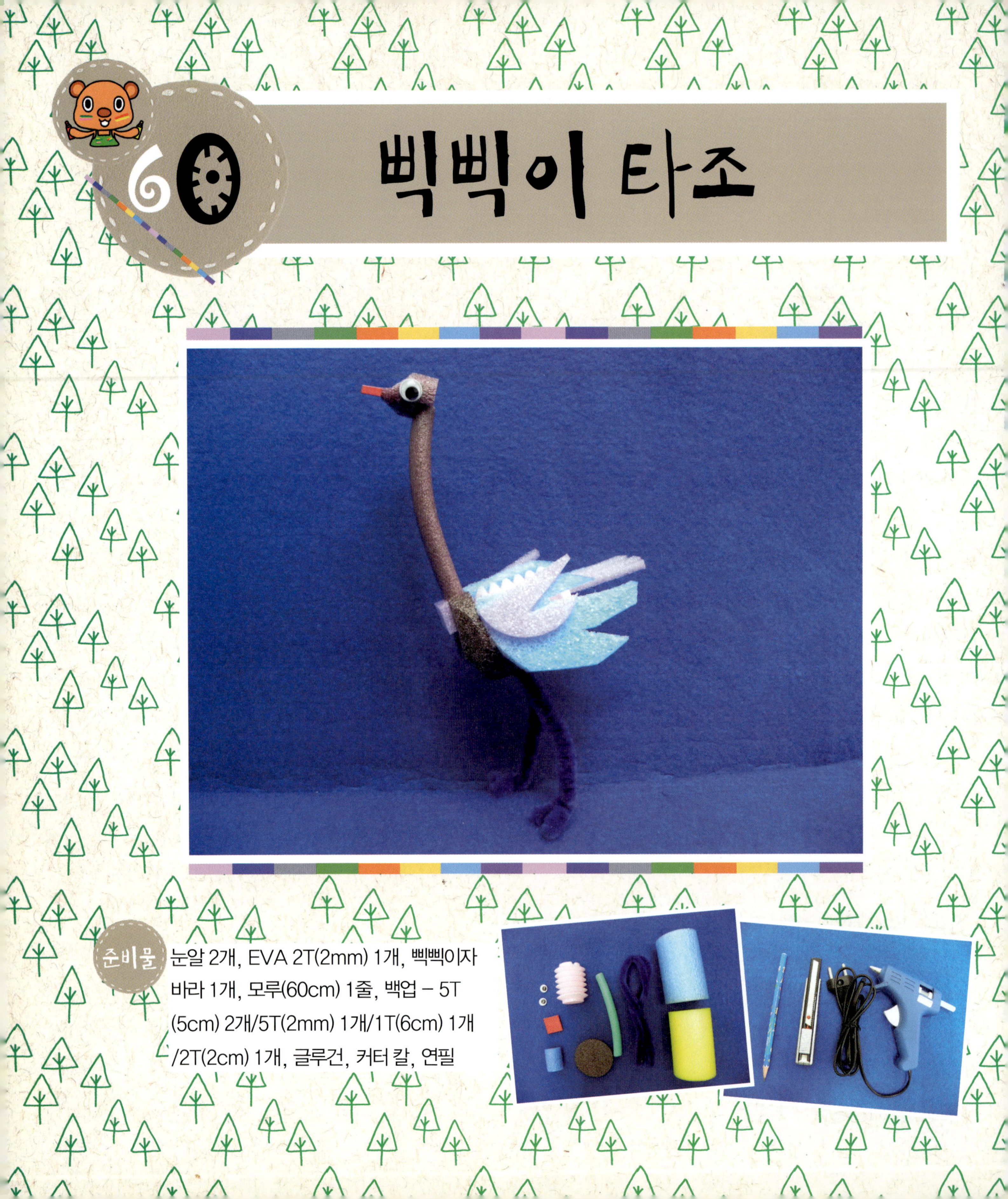

준비물 눈알 2개, EVA 2T(2mm) 1개, 삑삑이자
바라 1개, 모루(60cm) 1줄, 백업 – 5T
(5cm) 2개/5T(2mm) 1개/1T(6cm) 1개
/2T(2cm) 1개, 글루건, 커터 칼, 연필

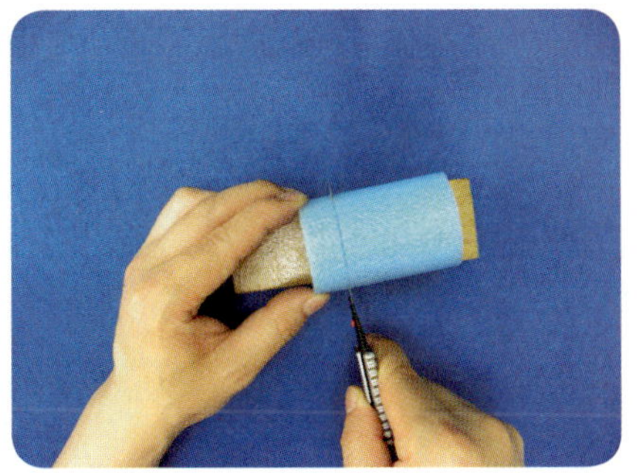

1 한쪽을 약 1.5cm 정도 남겨 두고 두께의 1/2정도를 칼로 자른다.

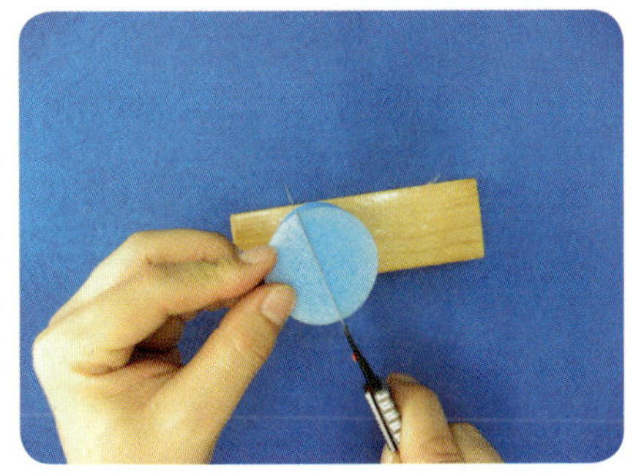

2 다시 세워서 칼로

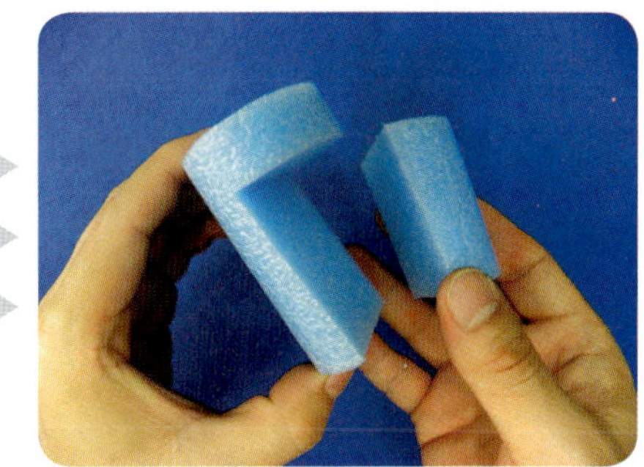

3 잘라낸다.

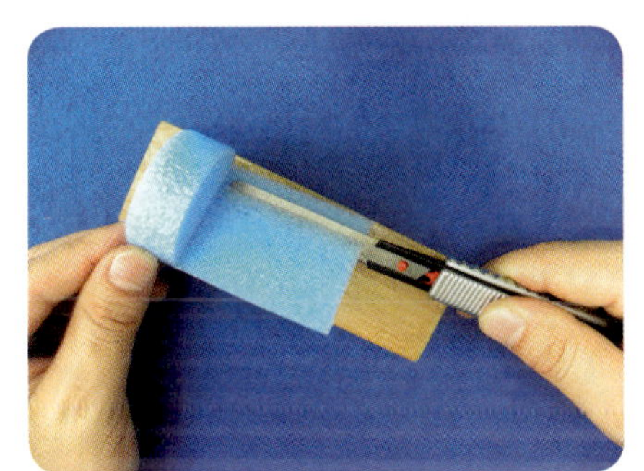

4 나시 V자 모양으로

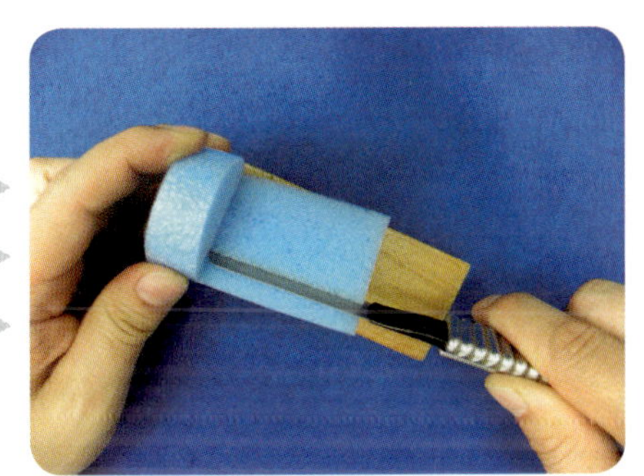

5 지르고

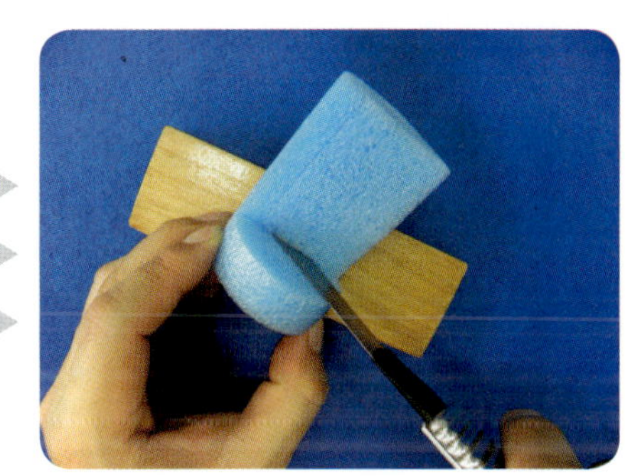

6 잘라서

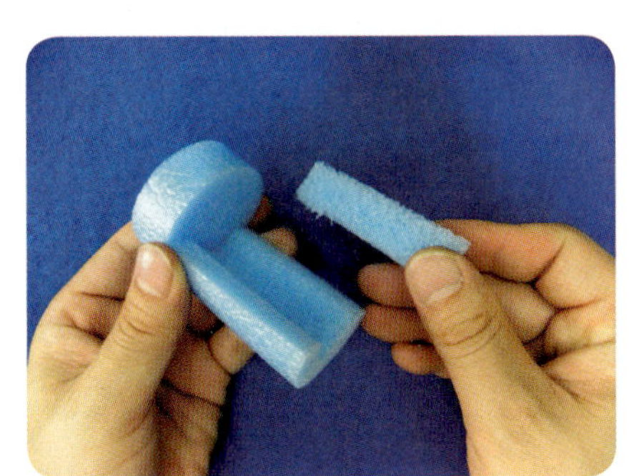

7 파낸다.

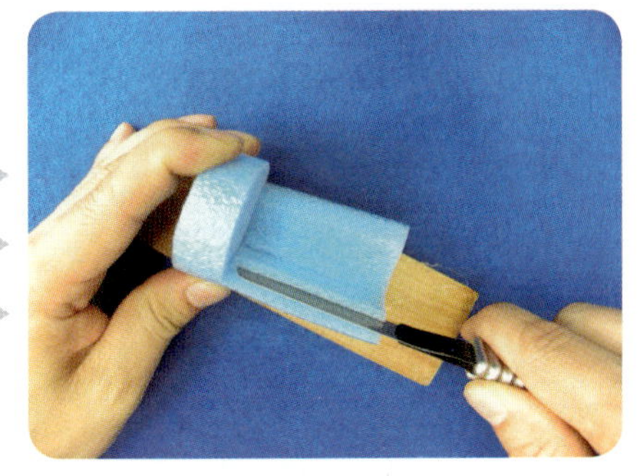

8 두께 5mm 정도만 남기고 칼로 잘라

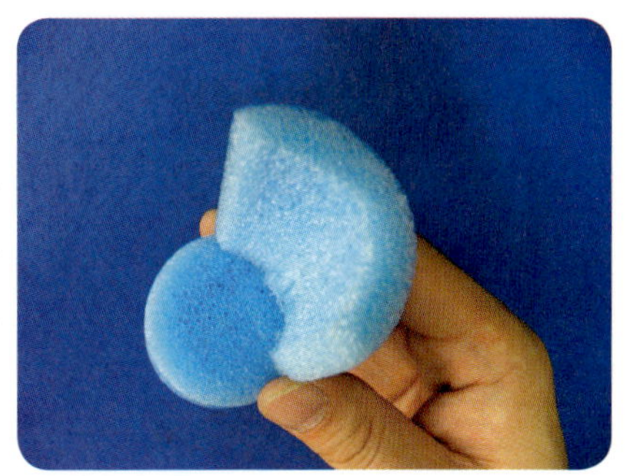

9 파낸다.

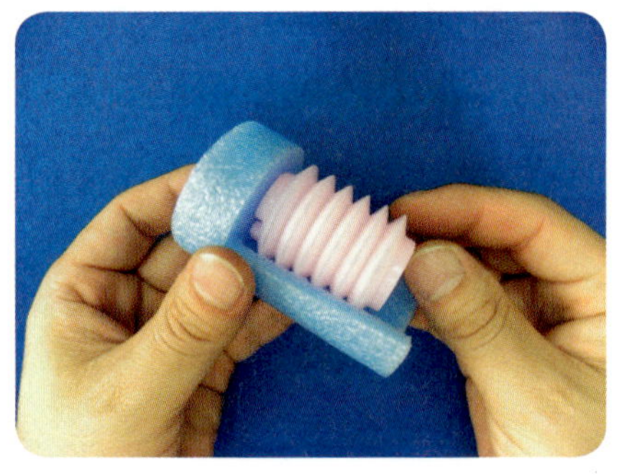

10 삑삑이 자바라를 한 번 넣어서 깊이를 맞추고

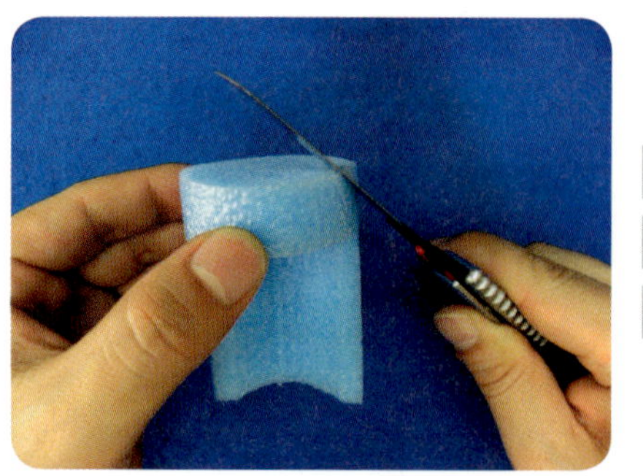

11 다시 백업의 모서리를 비스듬히

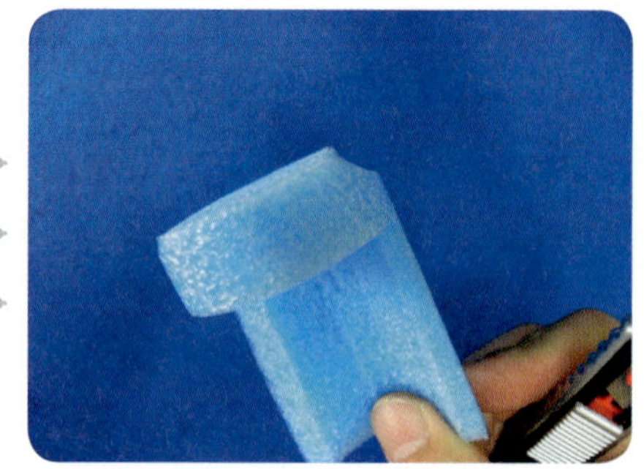

12 잘라낸다.

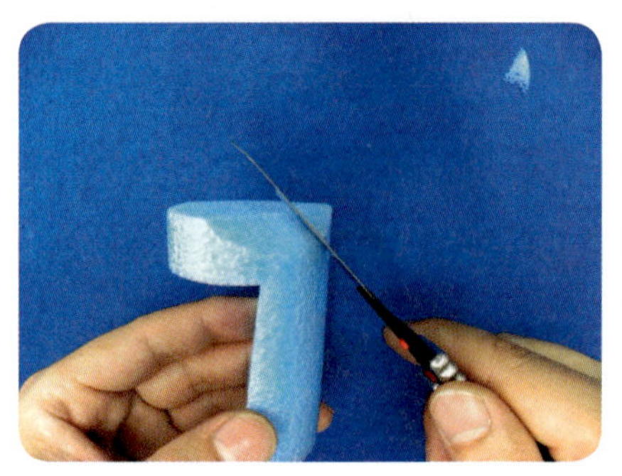

13 밑쪽도 비스듬히

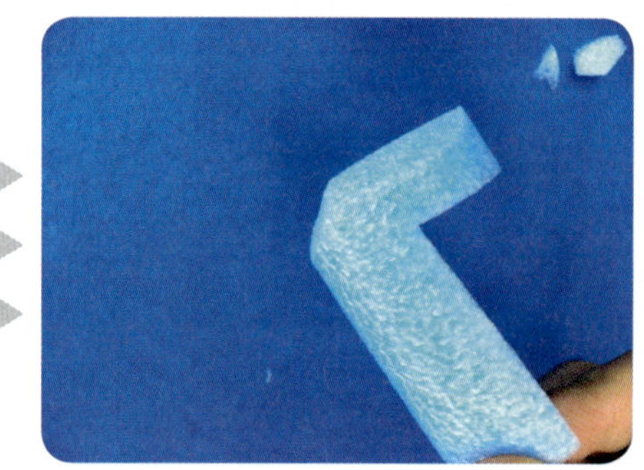

14 잘라낸다.

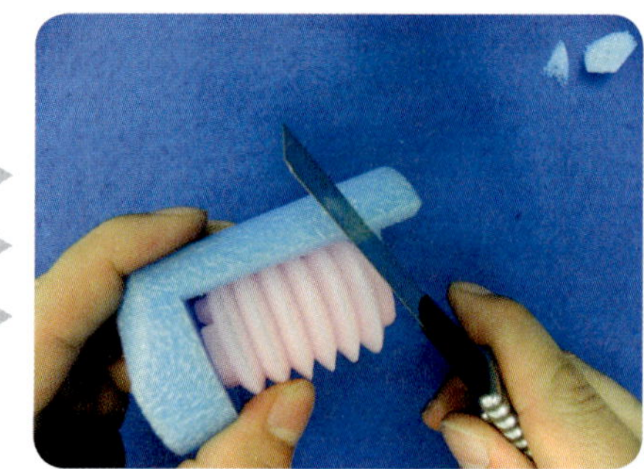

15 삑삑이 자바라와 길이를 맞춰서 칼로 잘라내고

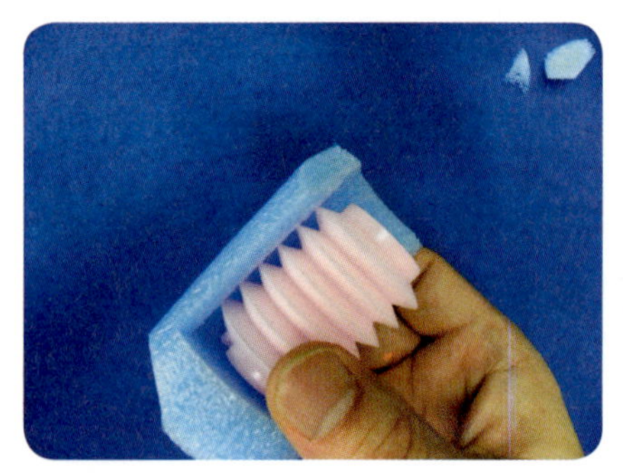

16 다듬는다.

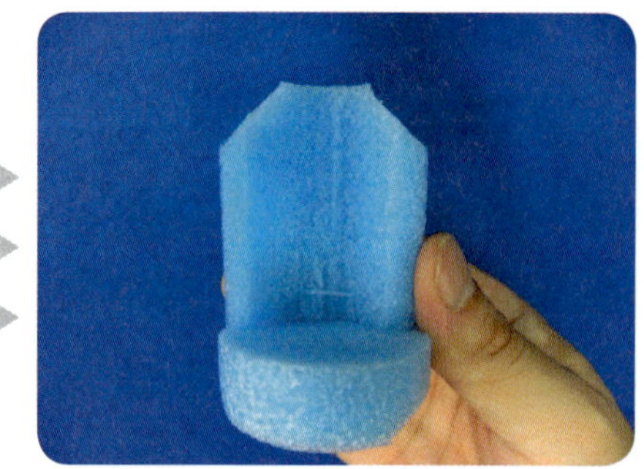

17 다듬은 모양

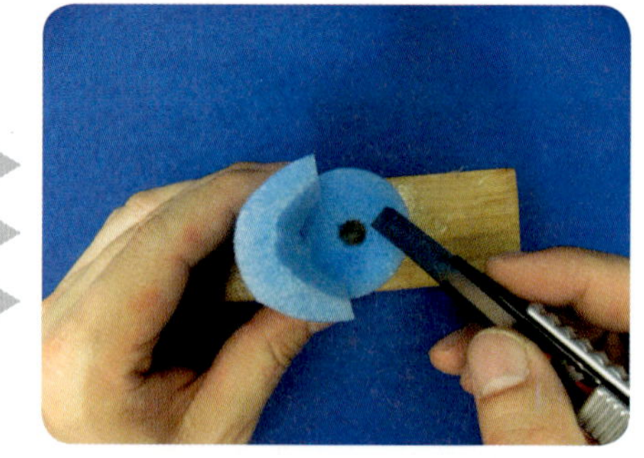

18 연필 등을 사용해서 구멍을

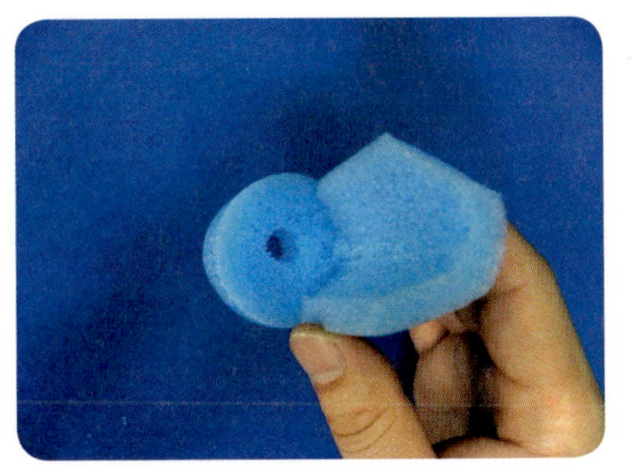

19 뚫어준다.

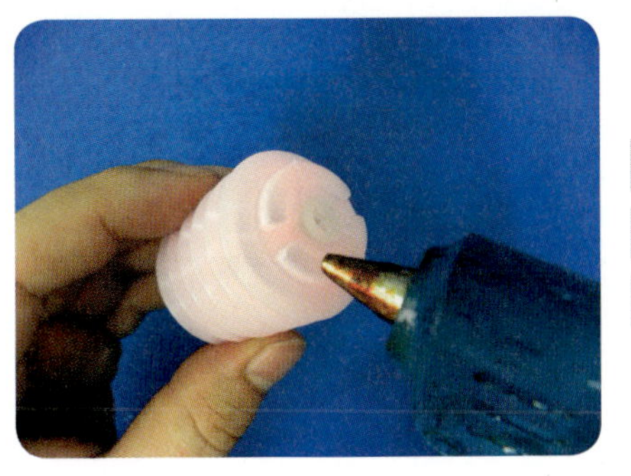

20 자바라의 소리가 나는 방향에 글루건을 가늘게 쏘고

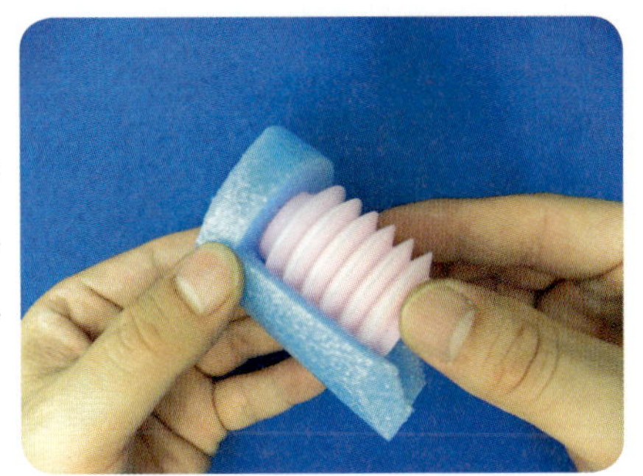

21 구멍에 맞춰서 붙인다.

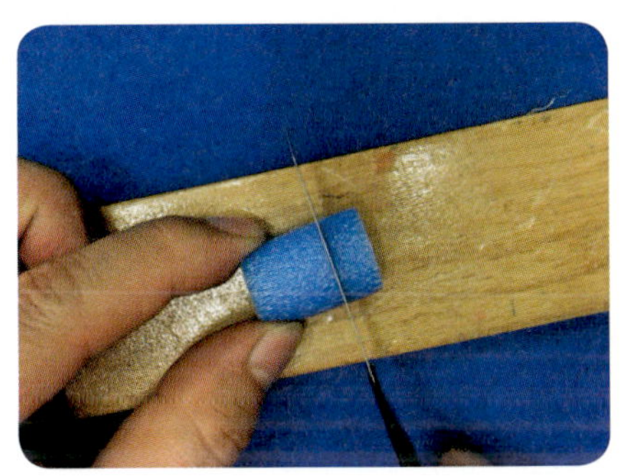

22 2T백업 한쪽의 약 5cm를 남겨두고 두께의 1/2를 자른다.

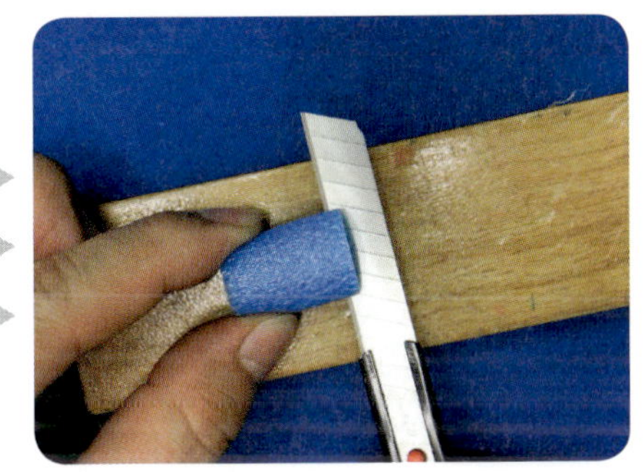

23 다시 칼을 눕혀서 22의 잘라 놓은 데까지

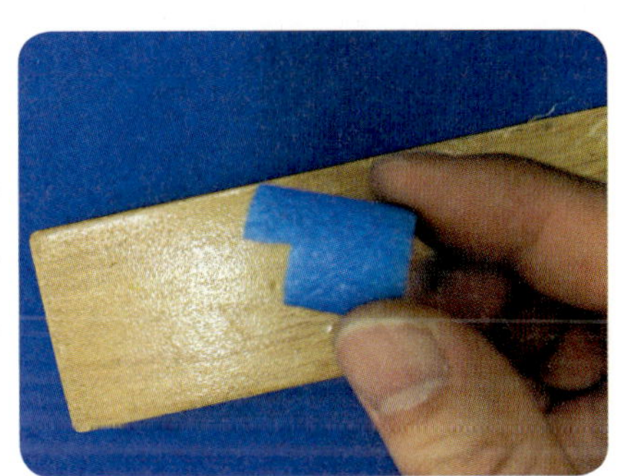

24 잘라낸다.

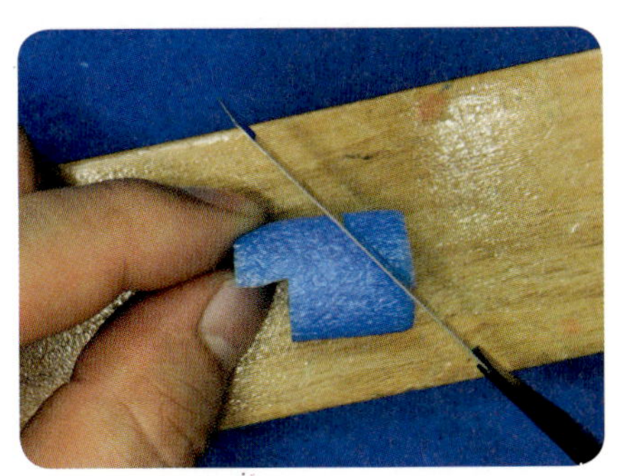

25 다시 다른 한쪽은 비스듬히

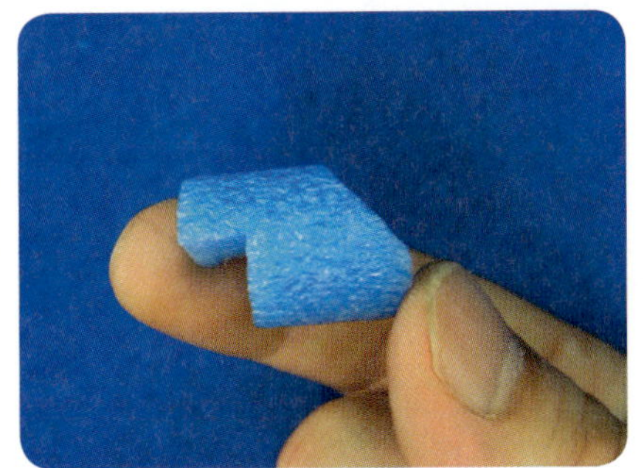

26 잘라낸다.

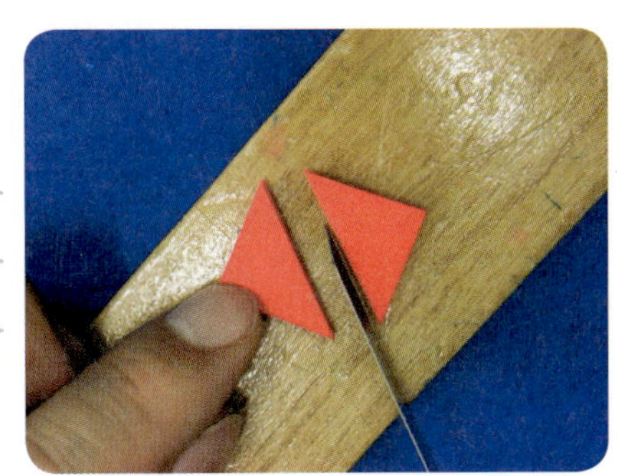

27 EVA 2T를 사선으로 반 잘라

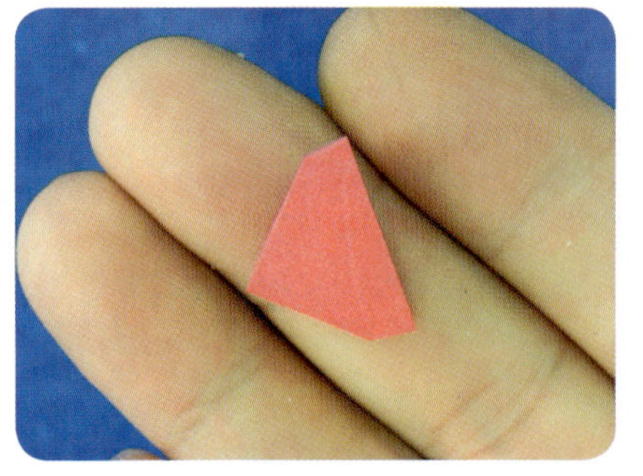

28 부리로 다듬고

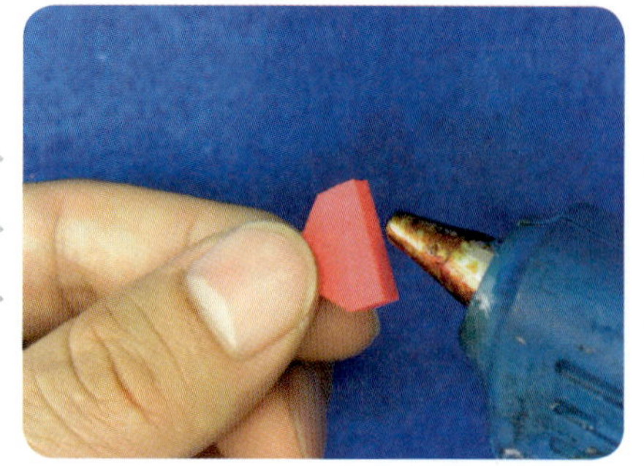

29 글루건을 가늘게 쏘아

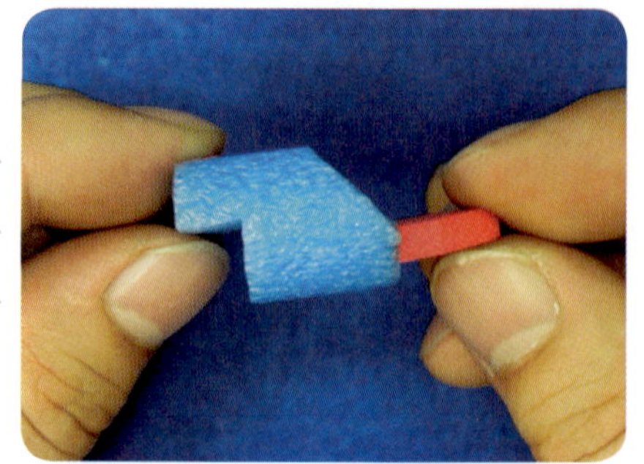

30 26에 붙인다.

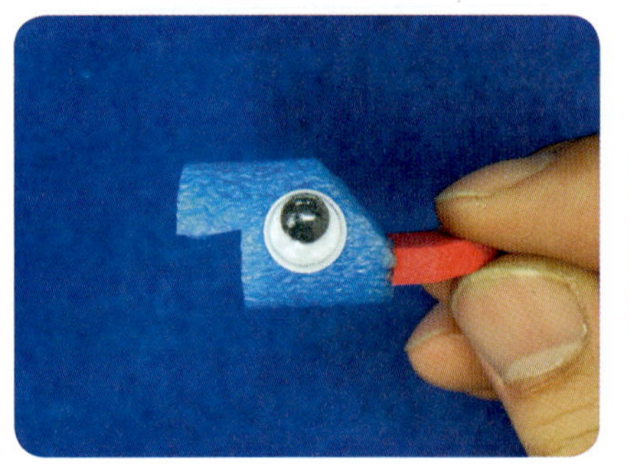

31 양쪽 눈도 붙이고

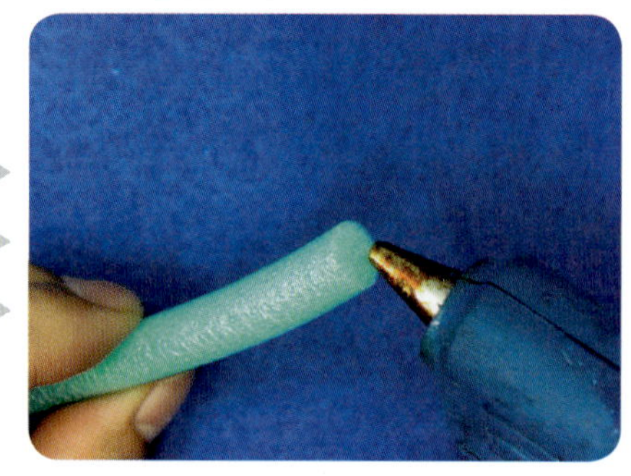

32 1T백업의 한쪽 끝에 입으로 불면서 글루건을 쏘아

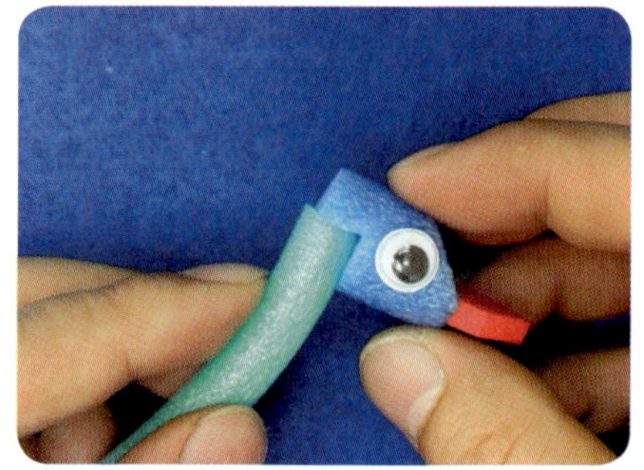

33 머리를 붙인다.

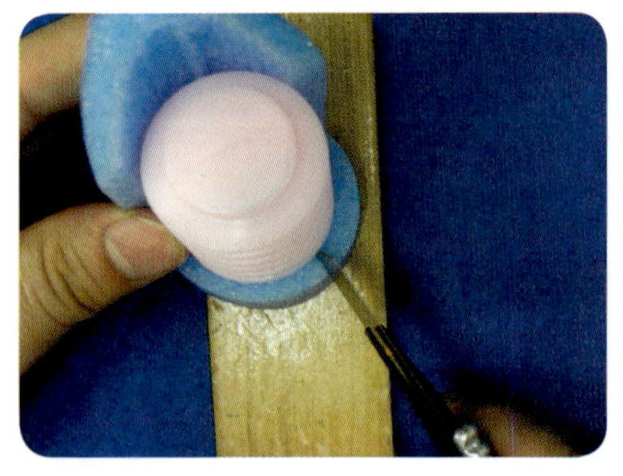

34 칼로 약 1cm를 살짝 자르고 주위 백업이 완전히 잘리지 않게

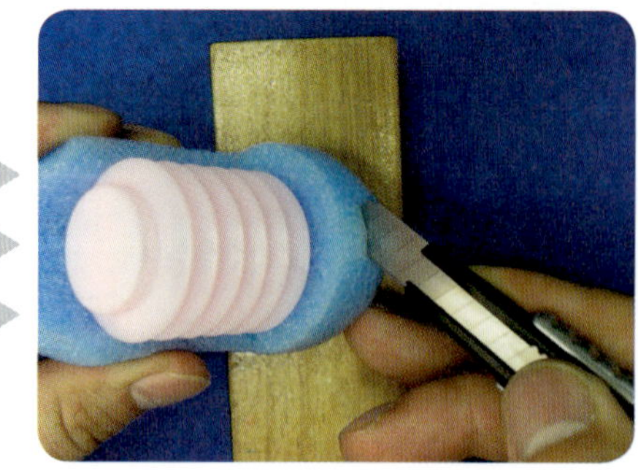

35 다시 ㄷ자로 잘라

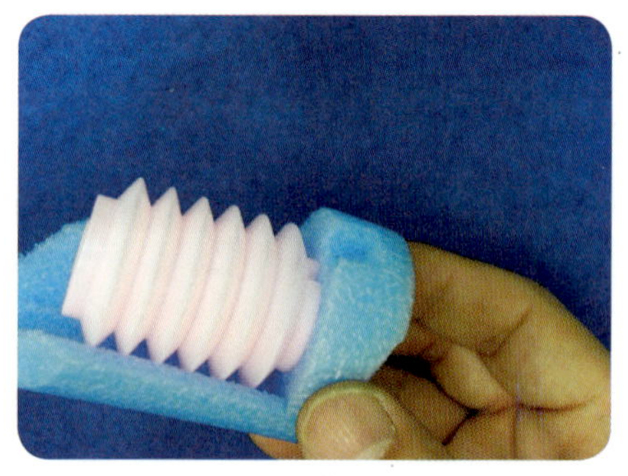

36 33의 목이 들어갈 만큼 홈을 파낸다.

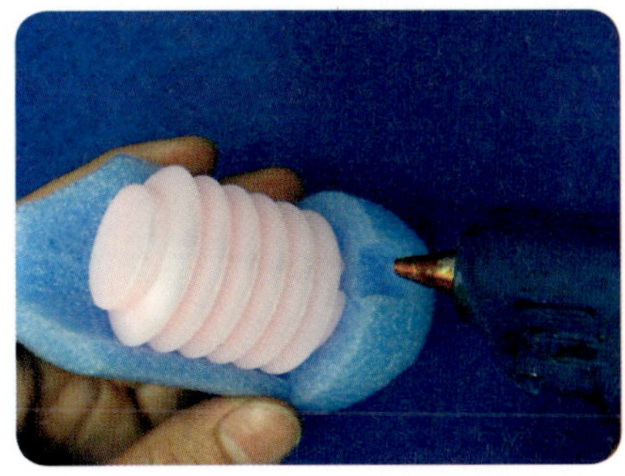

37 입으로 글루건 끝을 불면서 홈에 글루건을 쏘고

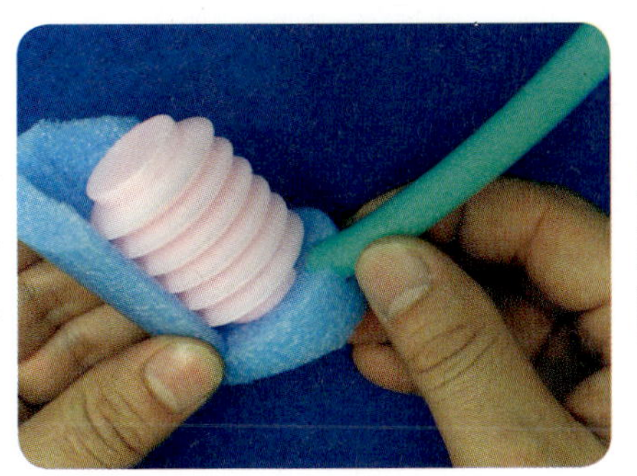

38 33을 넣어

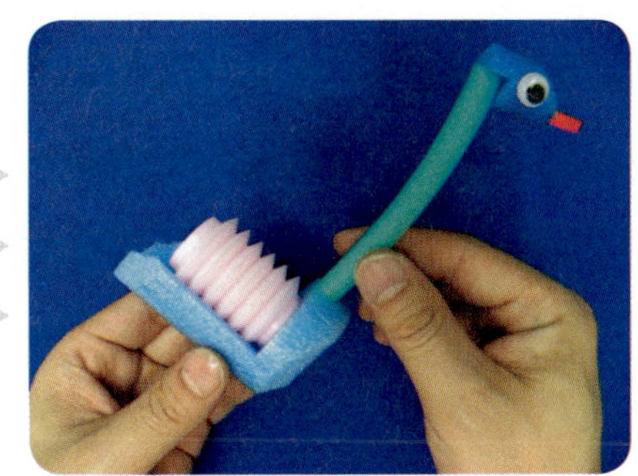

39 붙인다.

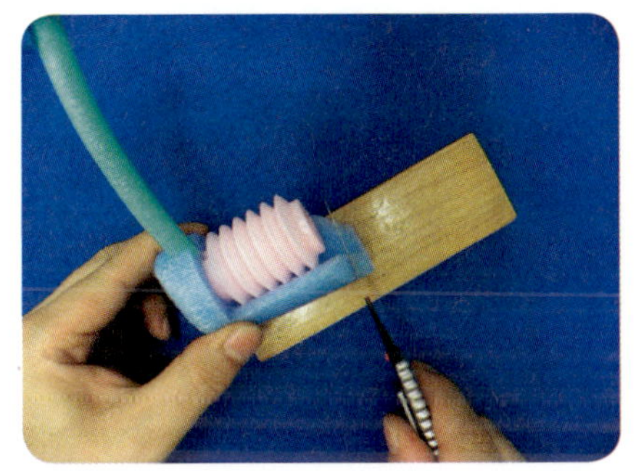

40 자바라 길이보다는 약간 길게 여유를 두고 잘라 다듬는다.

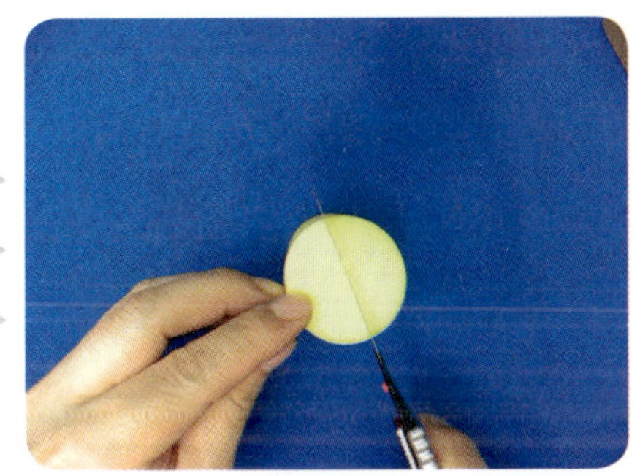

41 백업 5T-5cm를 세워

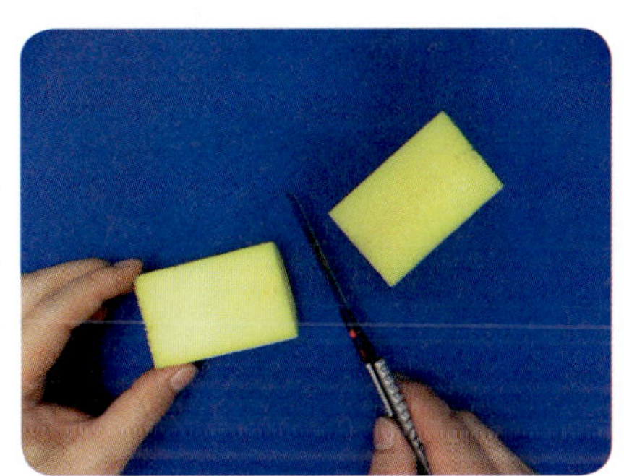

42 가운데를 잘라 이등분하고

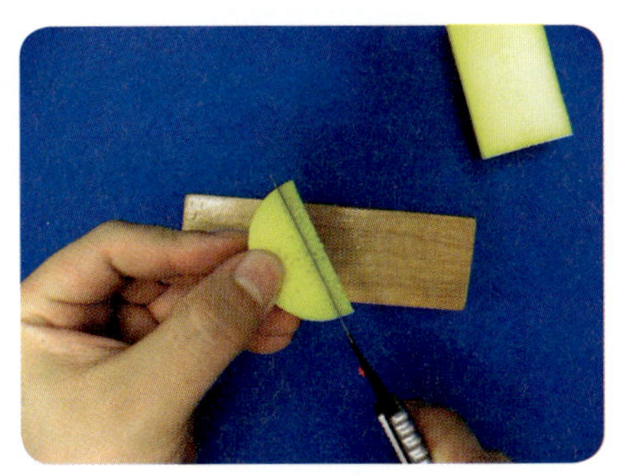

43 다시 5mm 두께로 썰어

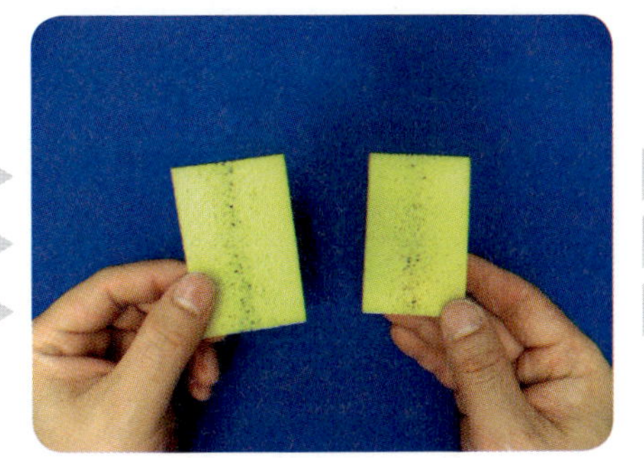

44 2장을 만들고

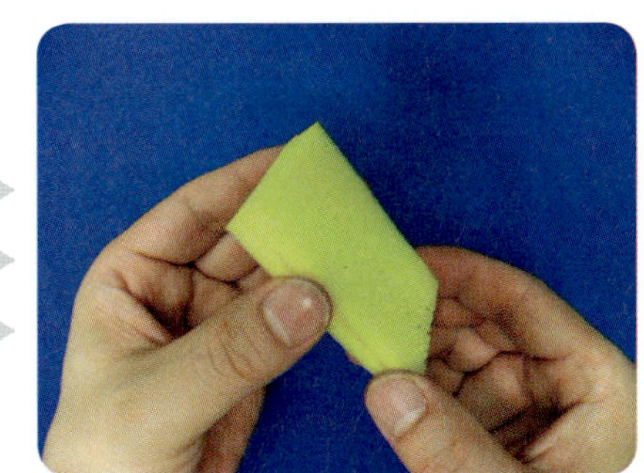

45 포갠다.

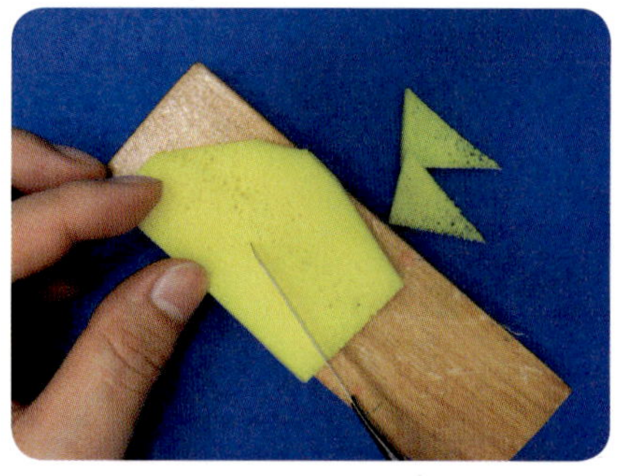 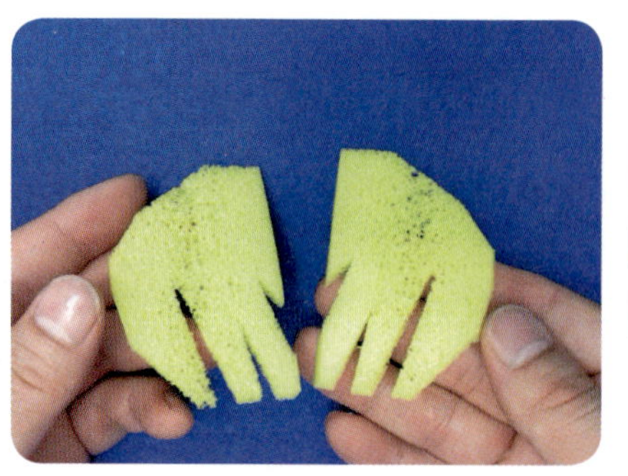 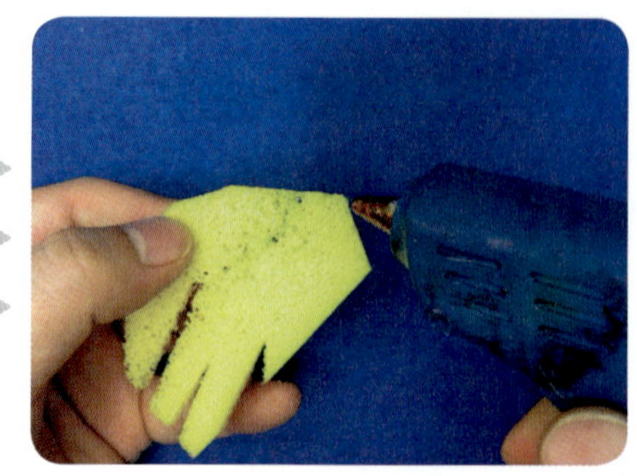

46 날개 모양으로 자르거나 오려서

47 같은 모양으로 2개를 만들어

48 날개 끝에 글루건을 입으로 불면서 가늘게 쏘고

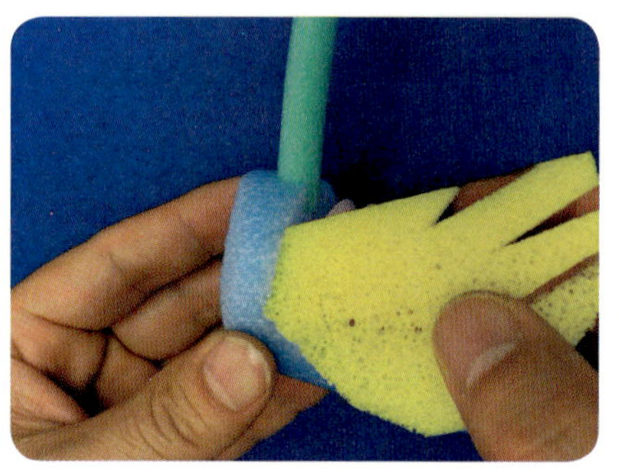 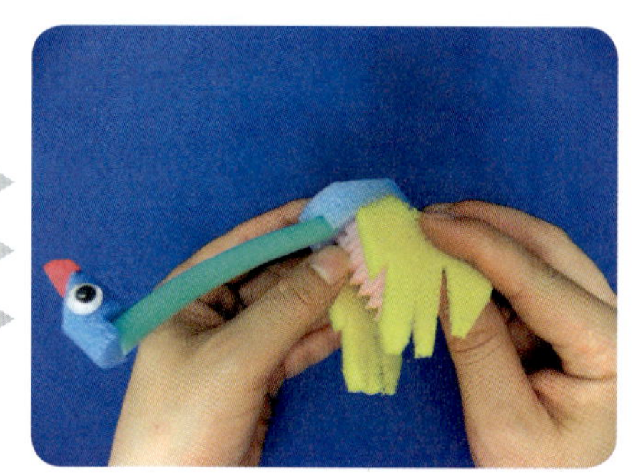 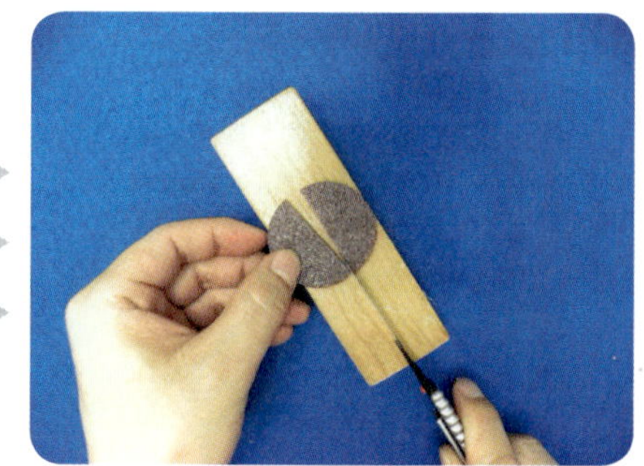

49 타조의 몸통 목 아래 부분에 붙인다.

50 반대쪽도 같은 부위에 붙인다.

51 백업 5T-3mm를 1/2로 잘라서

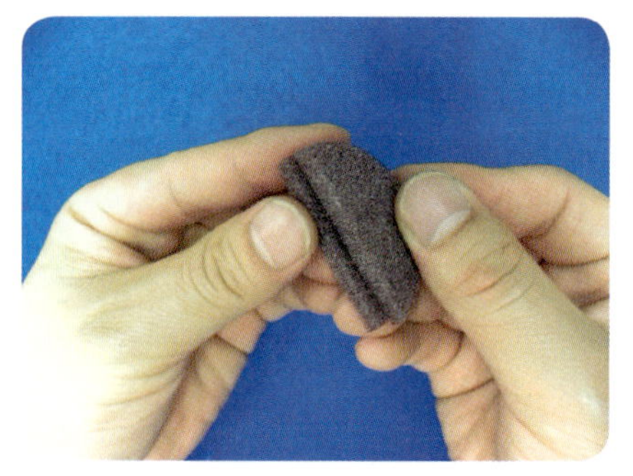 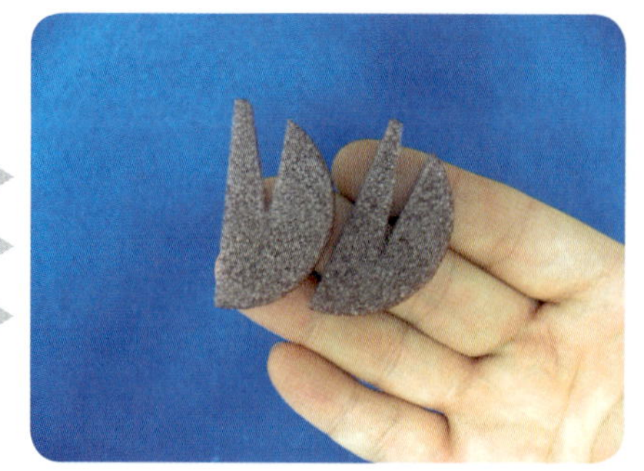 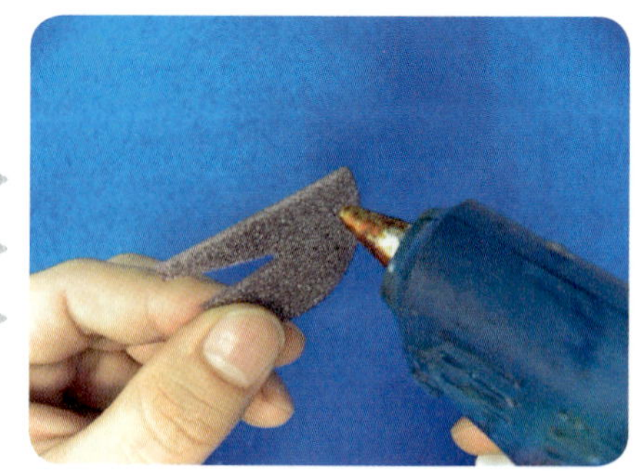

52 다시 포갠 다음

53 날개 모양으로 오리거나 칼로 잘라서

54 입으로 불면서 글루건을 쏘고

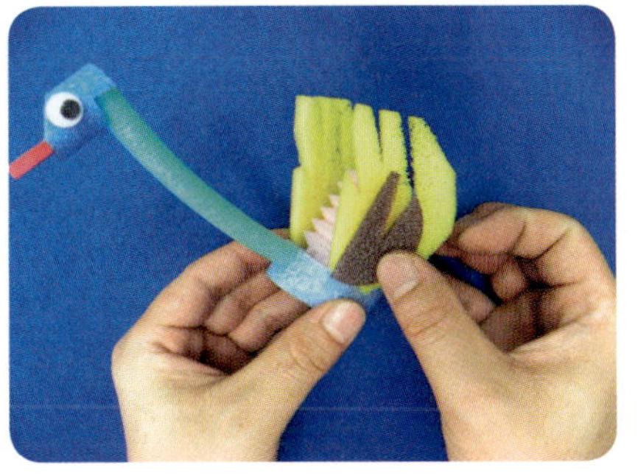

55 다시 타조의 날개 위에

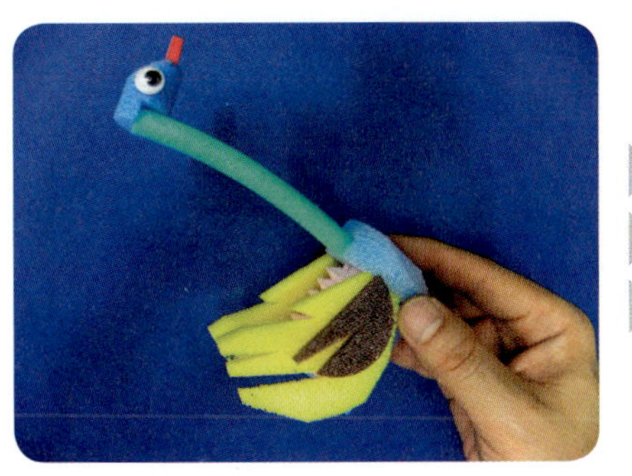

56 양쪽 모두 덧붙이기를 한다.

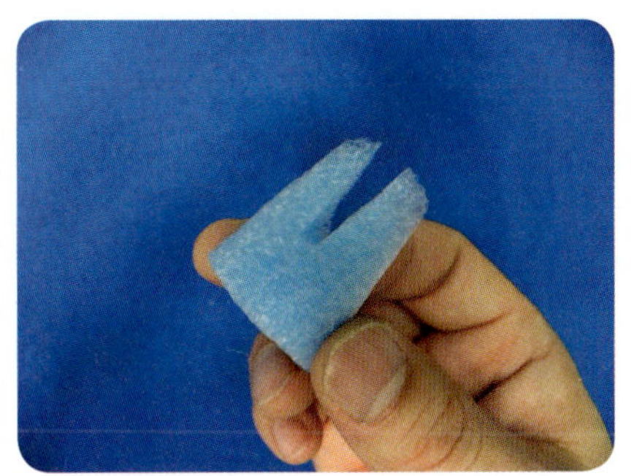

57 만들기를 하다 남은 조각을 다듬어서

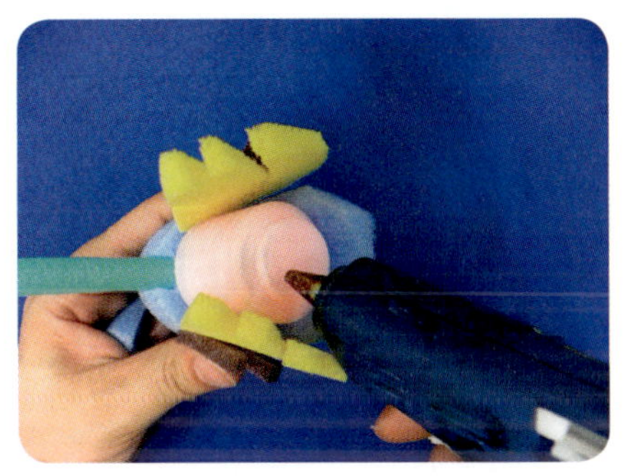

58 자바라의 뒷부분에 글루건을 쏘고

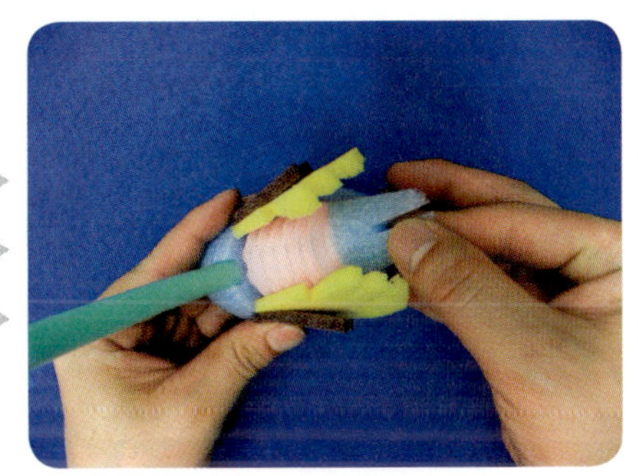

59 57을 붙인다.

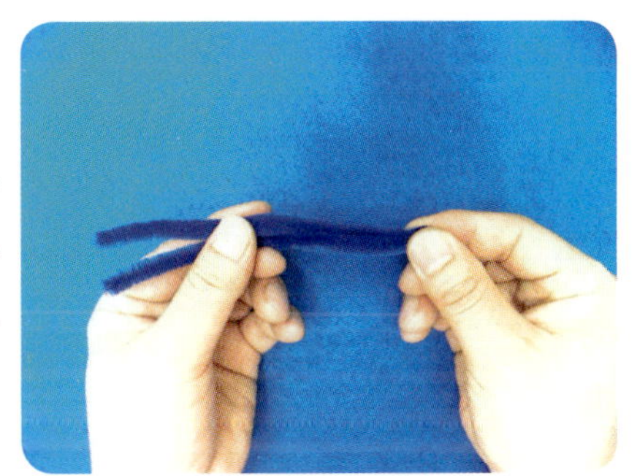

60 30cm의 모루를 반으로 접어 시계방향으로 꼰다.

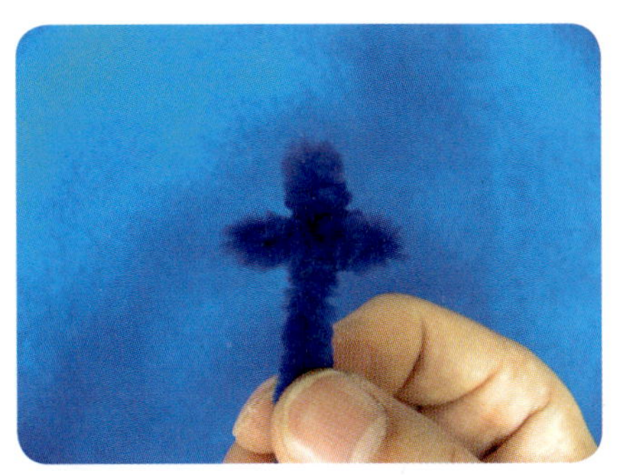

61 십자모양으로 타조의 발 모양을 만들고

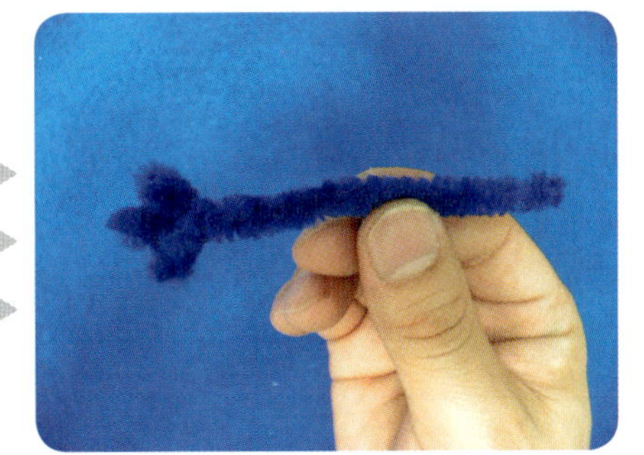

62 비틀어 꼬아서

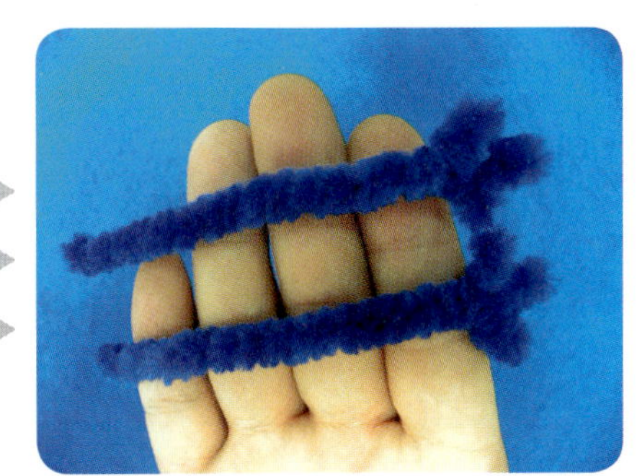

63 2개를 만들어 놓는다.

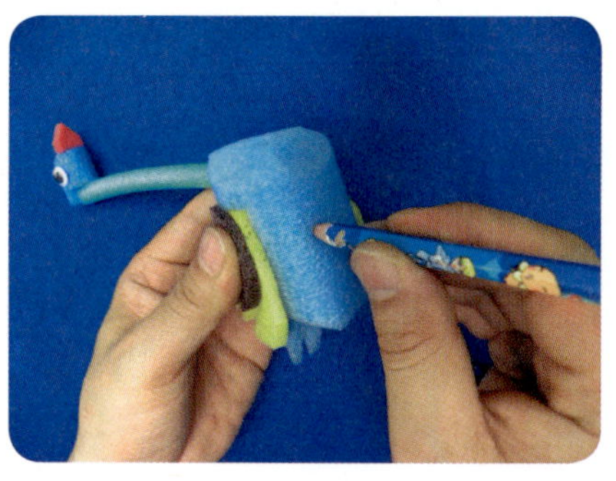

64 다리를 꽂을 부분에 연
필로 예비 구멍을 뚫고

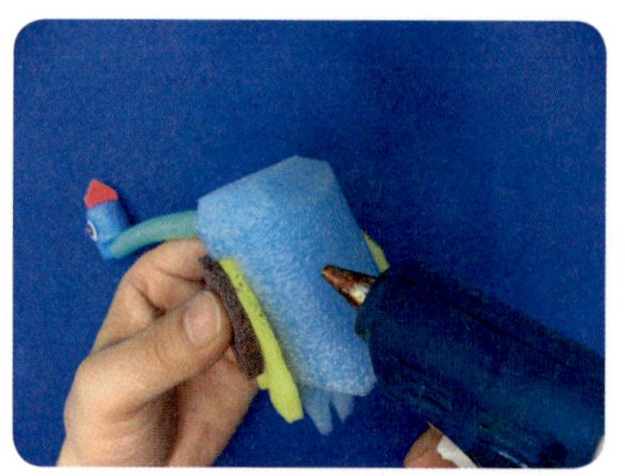

65 그 구멍에 입으로 불면
서 글루건을 쏘고

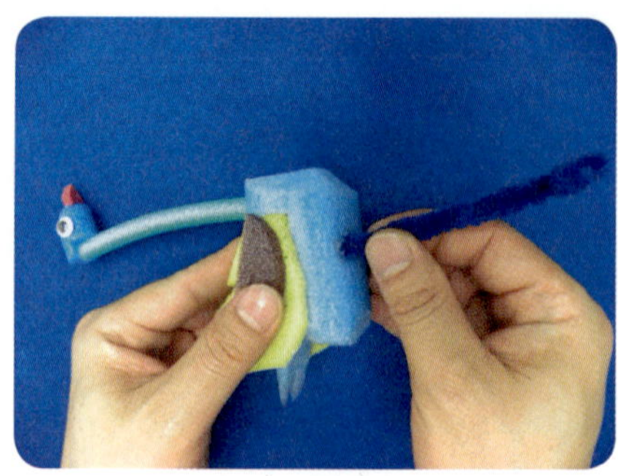

66 양다리를

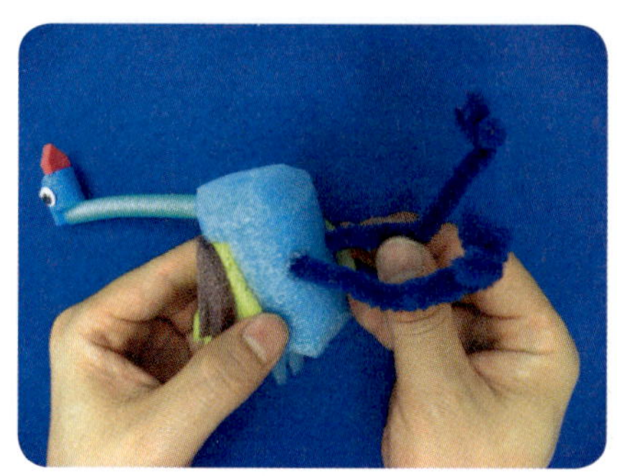

67 꽂아 마무리한다.

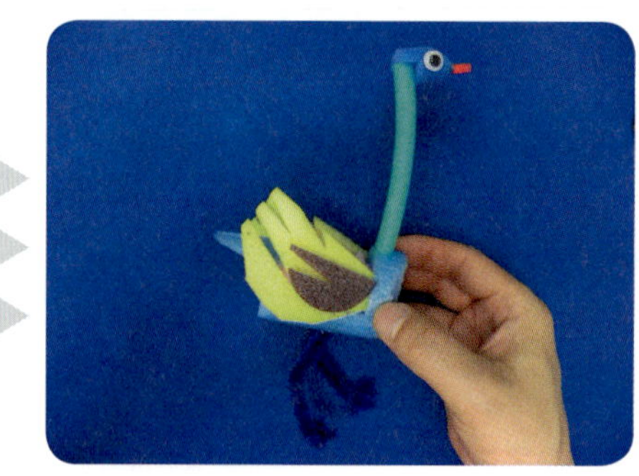

68 완성!

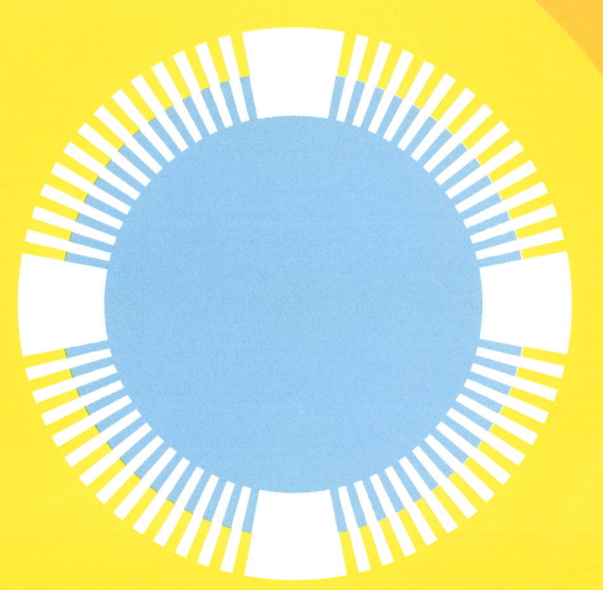
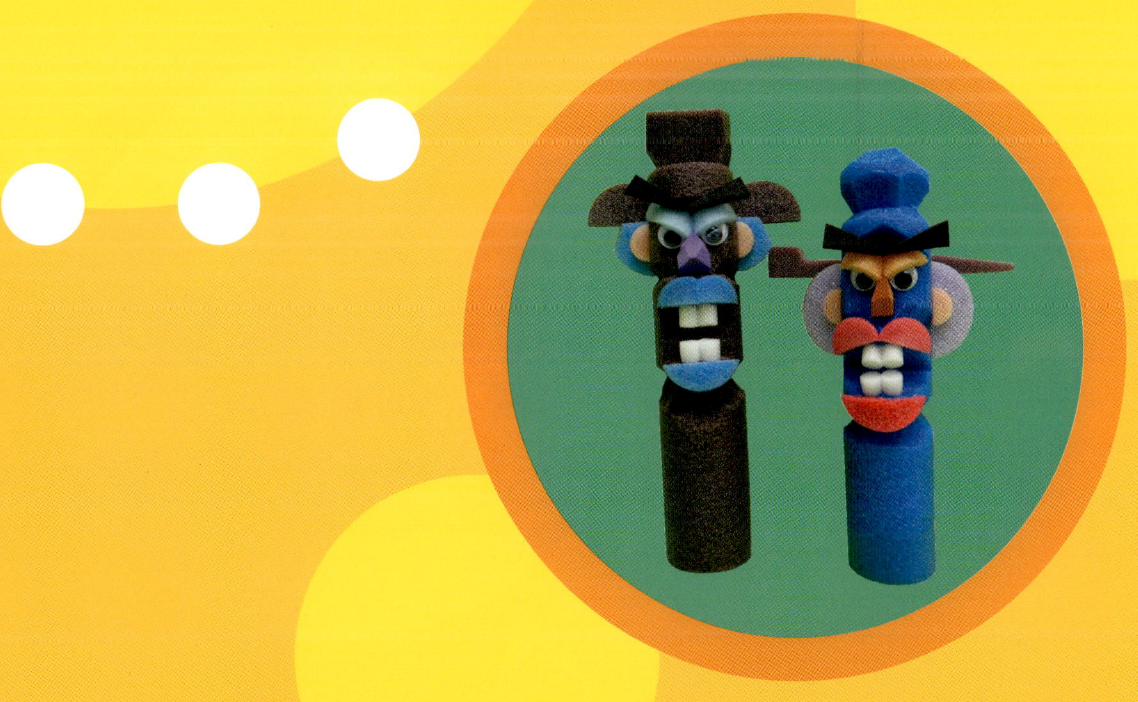

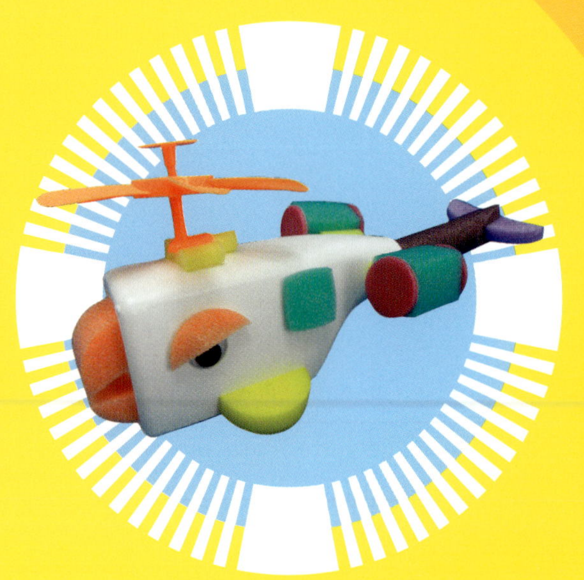
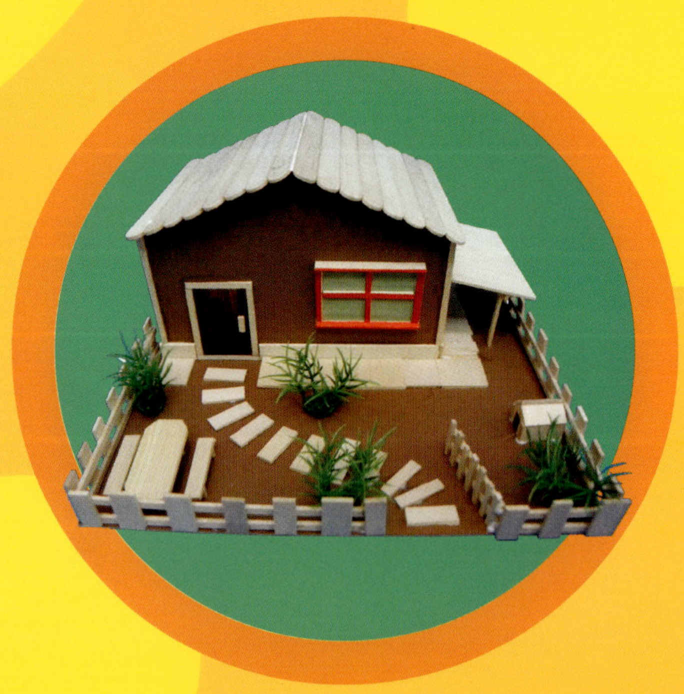

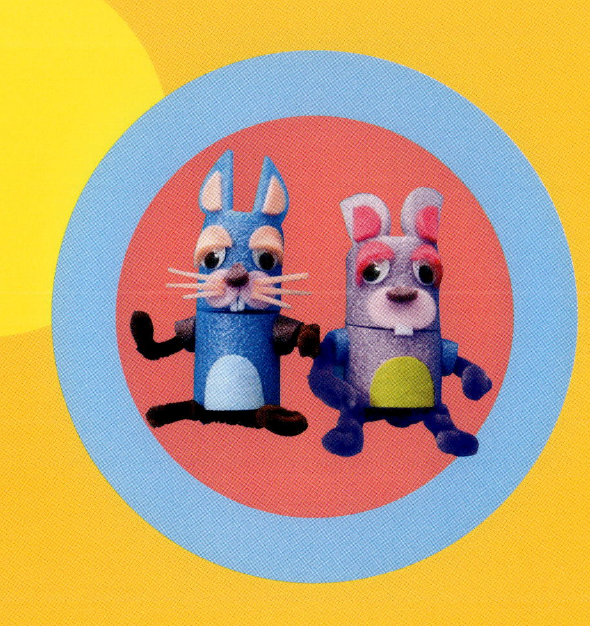
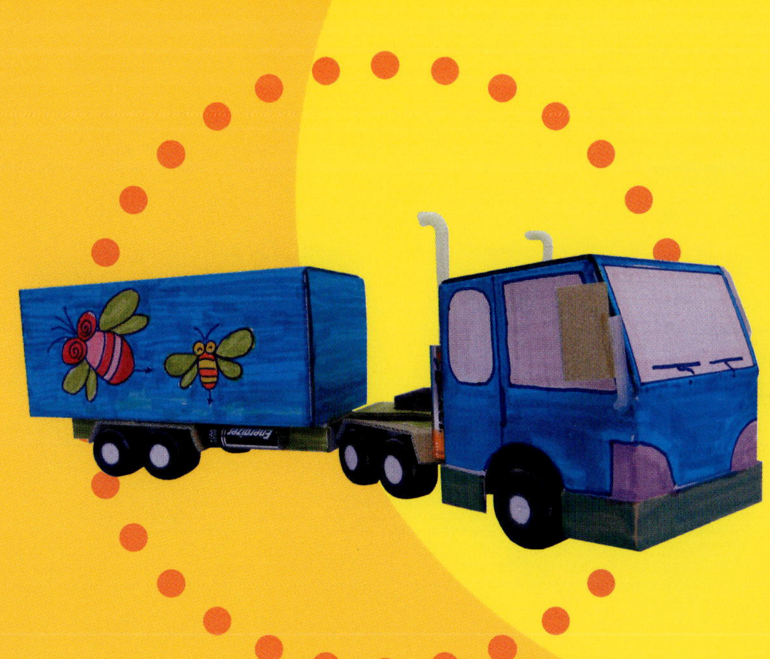

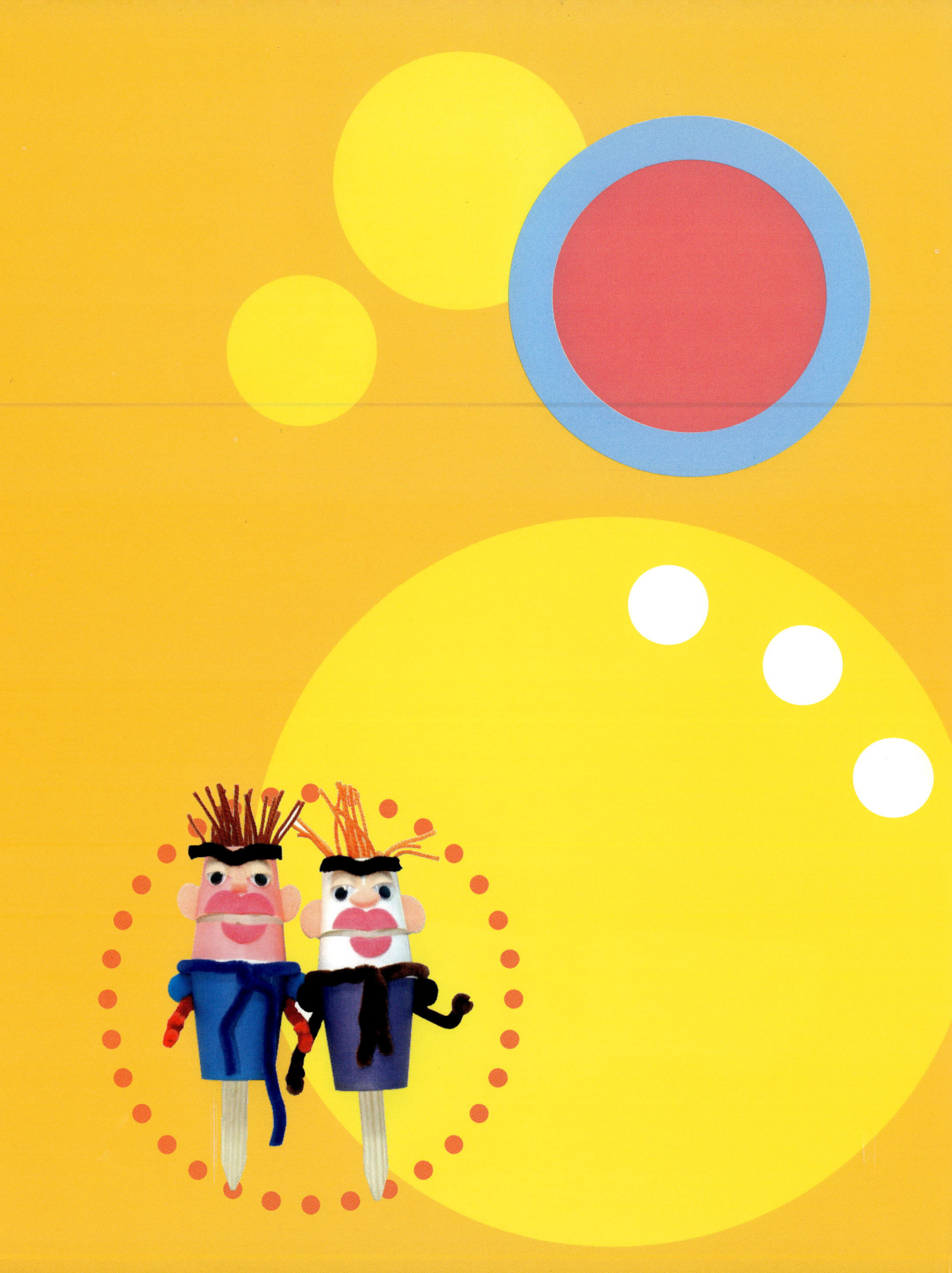